D1698045

Schneeloch

Betriebswirtschaftliche Steuerlehre

Band 2: Betriebliche Steuerpolitik

Betriebswirtschaftliche Steuerlehre

Band 2: Betriebliche Steuerpolitik

von

Dr. Dieter Schneeloch

Steuerberater
o. Professor der Betriebswirtschaftslehre
an der FernUniversität in Hagen

3., völlig neubearbeitete Auflage

Verlag Franz Vahlen München

ISBN 978-3-8006-3697-6

Vorwort zur dritten Auflage

Seit dem Erscheinen der zweiten Auflage dieses Buches vor rund acht Jahren hat das deutsche Steuerrecht tiefgreifende Veränderungen erfahren. Zu nennen sind in diesem Zusammenhang vor allem

- Rechtsänderungen im Rahmen der Unternehmensteuerreform der Jahre 2008 und 2009,
- die grundlegende Reform des Erbschaft- und Schenkungsteuerrechts zum 1.1.2009,
- wiederholte Änderungen des Bilanzsteuerrechts, insbesondere die durch das Bilanzrechtsmodernisierungsgesetz (BilMoG) mit Wirkung ab 2010 hervorgerufenen.

Von den genannten Veränderungen kommt der Reform der Unternehmensbesteuerung und den damit verbundenen Tarifänderungen eine herausragende Bedeutung zu. Insgesamt haben die Steuerrechtsänderungen eine grundlegende Überarbeitung und in weiten Bereichen sogar eine Neufassung des Buches erforderlich gemacht. Dies gilt insbesondere für dessen ersten und vierten Teil. Den ersten Teil, der sich mit den methodischen Grundlagen der betrieblichen Steuerpolitik beschäftigt, habe ich erneut ausgeweitet.

Die vorliegende dritte Auflage beruht auf dem im August 2009 geltenden Recht. Hierbei sind vom Gesetzgeber bereits beschlossene Steuerrechtsänderungen, die erst ab dem Veranlagungszeitraum 2010 wirksam werden, berücksichtigt.

Herzlich danken möchte ich an dieser Stelle den wissenschaftlichen Mitarbeiterinnen und Mitarbeitern meines Lehrstuhls für die kritische Durchsicht der im Laufe der letzten anderthalb Jahre immer wieder geänderten Manuskripte, für viele fruchtbare Diskussionen, verbunden mit zahlreichen wertvollen Hinweisen und Anregungen sowie für die Überarbeitung der zahlreichen Verzeichnisse. Namentlich danken möchte ich Frau Dipl.-Kff. K. Armbrecht, Frau Dipl.-Kff. M. Japes, Frau Dipl.-Kff. K. Jedicke, Frau Dipl.-Kff. I. Lühr, Herrn Dipl.-Ing. Dipl.-Kfm. S. P. Schröder, Frau Dipl.-Kff. M. Surmann und Herrn Dipl.-Ök. T. Vogelsang. Mein Dank gilt auch Frau N. Rüssing und Frau K. Weber für ihren unermüdlichen Einsatz und die Sorgfalt, mit der sie die oft geänderten Fassungen des Manuskripts geschrieben haben.

Hagen, im August 2009   *Dieter Schneeloch*

Aus dem Vorwort zur ersten Auflage

Das vorliegende Buch behandelt Probleme der betrieblichen Steuerpolitik, d.h. der Steuerplanung aus Sicht der einzelnen Wirtschaftssubjekte. Damit beschäftigt es sich mit Fragen aus dem Kernbereich der Betriebswirtschaftlichen Steuerlehre. Es baut auf dem bereits 1986 erschienenen Band 1 dieses zweibändigen Werkes auf. In Band 1 werden die steuerrechtlichen Grundlagen gelegt, die zum Verständnis dieses zweiten Bandes erforderlich sind.

Adressaten dieses Werkes sind vorrangig Studenten und ehemalige Studenten der Betriebswirtschaftslehre, und hier vor allem der Betriebswirtschaftlichen Steuerlehre. Darüber hinaus richtet es sich an diejenigen Juristen und angehenden Juristen, die im steuerlichen Bereich tätig sind oder werden wollen. Ihnen dürften Methoden zur Lösung von Problemen aus dem Bereich der betrieblichen Steuerplanung im Rahmen ihres Studiums regelmäßig nicht vermittelt worden sein. Außerdem sind Praktiker angesprochen, die Kenntnisse der betrieblichen Steuerpolitik erwerben oder auffrischen wollen.

Meinen wissenschaftlichen Mitarbeitern, Herrn Dipl.-Oec. *M. Hinz,* Dipl.-Kfm. Dr. *W. Schaum* und Dipl.-Kfm. *N. Seeger* danke ich für die kritische Durchsicht der Manuskripte und viele fruchtbare Diskussionen, verbunden mit zahlreichen wertvollen Hinweisen und Anregungen sowie für die Zusammenstellung der Literatur- und Sachverzeichnisse. Mein Dank gilt auch Frau *Ch. Knipper* und Frau *H. Zamel* für ihren unermüdlichen Einsatz und die Sorgfalt, mit der sie die oft geänderten Fassungen des Manuskriptes geschrieben haben. Letztlich möchte ich noch den an meinem Lehrstuhl beschäftigten Studenten, insbesondere Frau *U. Lamprecht,* für ihre vielfältigen Hilfstätigkeiten bei Erstellung des Werkes danken.

Hagen, im Oktober 1993   *Dieter Schneeloch*

Inhaltsverzeichnis

Anhang

Verzeichnisse

Verzeichnis der Abkürzungen

€ .... Euro
EF .... Eigenfinanzierung
EGHGB .... Einführungsgesetz zum Handelsgesetzbuch
ErbSt .... Erbschaft- und Schenkungsteuer
ErbStG .... Erbschaft- und Schenkungsteuergesetz
ErbStRG .... Erbschaftsteuerreformgesetz
ESt .... Einkommensteuer
EStG .... Einkommensteuergesetz
EStR .... Einkommensteuer-Richtlinien
EU .... Europäische Union
evtl. .... eventuell
f. .... folgende
FDP .... Freie Demokratische Partei
ff. .... fortfolgende
Fifo .... First-in-first-out
FR .... Finanz-Rundschau (Zeitschrift)

GAV .... Gewinnabführungsvertrag
GbR .... Gesellschaft bürgerlichen Rechts
GE .... Geldeinheiten
gem. .... gemäß
GewSt .... Gewerbesteuer
GewStG .... Gewerbesteuergesetz
GewStR .... Gewerbesteuer-Richtlinien
GFF .... Gesellschafterfremdfinanzierung
GG .... Grundgesetz
ggf. .... gegebenenfalls
GmbH .... Gesellschaft mit beschränkter Haftung
GmbH & CoKG .... Gesellschaft mit beschränkter Haftung und Compagnie Kommanditgesellschaft
GmbHG .... Gesetz betreffend die Gesellschaften mit beschränkter Haftung
GmbHR .... GmbH-Rundschau (Zeitschrift)
GrEStG .... Grunderwerbsteuergesetz
GrS .... Großer Senat
GrStG .... Grundsteuergesetz
GuV .... Gewinn- und Verlustrechnung

H .... Hinweis (verwendet vom Richtliniengeber bei bestimmten Steuerrichtlinien, insbesondere den EStR)
h. M. .... herrschende Meinung
HB .... Handbuch
HdR .... Handbuch der Rechnungslegung
HFA .... Hauptfachausschuss (des Instituts der Wirtschaftsprüfer)

HGB .... Handelsgesetzbuch
hrsg. .... herausgegeben

i. H. d. .... in Höhe des/der
i. d. F. .... in der Fassung
i. d. R. .... in der Regel
i. e. S. .... im engeren Sinne
i. H. v. .... in Höhe von
i. S. .... im Sinne
i. S. d. .... im Sinne des (der)
i. S. v. .... im Sinne von
i. V. m. .... in Verbindung mit
i. w. S. .... im weiteren Sinne
IAS .... International Accounting Standards
IDW .... Institut der Wirtschaftsprüfer
IFRS .... International Financial Reporting Standards
insb. .... insbesondere
InvZulG .... Investitionszulagengesetz

KapG .... Kapitalgesellschaft
KG .... Kommanditgesellschaft
KGaA .... Kommanditgesellschaft auf Aktien
KiSt .... Kirchensteuer
KÖSDI .... Kölner Steuerdialog (Zeitschrift)
KSt .... Körperschaftsteuer
KStG .... Körperschaftsteuergesetz

Lifo .... Last-in-first-out
LKW .... Lastkraftwagen
lt. .... laut
Ltd. .... private company limited by shares

m .... Meter
m. w. N. .... mit weiteren Nachweisen
mbH .... mit beschränkter Haftung
Mio. .... Million(en)
MoMiG .... Gesetz zur Modernisierung des GmbH-Rechts und zur
                              Bekämpfung von Missbräuchen

n. F. .... neue Fassung
Nr. .... Nummer
Nrn. .... Nummern

o. a. .... oben angegeben
OECD .... Organization for Economic Co-Operation and
                                    Developement, Organisation für wirtschaftliche
                                    Zusammenarbeit und Entwicklung
OFD .... Oberfinanzdirektion
OG .... Obergesellschaft
OHG .... Offene Handelsgesellschaft

p. a. .... per annum
PersU .... Personenunternehmen
PKW .... Personenkraftwagen

R .... Richtlinie (verwendet vom Richtliniengeber bei
                                    bestimmten Steuerrichtlinien, insbesondere den EStR)
rd. .... rund
RFH .... Reichsfinanzhof
Rn. .... Randnummer
Rz. .... Randziffer

S. .... Seite
s. .... siehe
SAHZ-Verfahren .... Schütt-aus-Hol-zurück-Verfahren
SEStEG .... Gesetz über steuerliche Begleitmaßnahmen zur Einfüh-
                                    rung der Europäischen Gesellschaft und zur Änderung
                                    weiterer steuerrechtlicher Vorschriften
SolZG .... Solidaritätszuschlaggesetz
Sp. .... Spalte
SPD .... Sozialdemokratische Partei Deutschland
StbJb .... Steuerberater-Jahrbuch
SteK .... Steuererlasse in Karteiform
StMBG .... Steuermissbrauchsbekämpfungs- und Steuerbereini-
                                    gungsgesetz
StuW .... Steuer und Wirtschaft (Zeitschrift)

T .... Tabelle
T€ .... Tausend Euro
Tz. .... Textziffer

u. .... und
u. a. .... unter anderem, und andere
u. U. .... unter Umständen
UG .... Untergesellschaft
UmwG .... Umwandlungsgesetz
UmwStG .... Umwandlungsteuergesetz

US-GAAP .... United States Generally Accepted Accounting Principles
UStG .... Umsatzsteuergesetz
UStR .... Umsatzsteuerrichtlinien

v. .... vom
vGA .... verdeckte Gewinnausschüttung
vgl. .... vergleiche
vs. .... versus

WiSt .... Wirtschaftswissenschaftliches Studium (Zeitschrift)
WISU .... Das Wirtschaftsstudium (Zeitschrift)
WPg .... Die Wirtschaftsprüfung (Zeitschrift)

z. B. .... zum Beispiel
z. T. .... zum Teil
z. Zt. .... zur Zeit
ZfB .... Zeitschrift für Betriebswirtschaft
Ziff. .... Ziffer

Verzeichnis der Symbole

1. Mit griechischen Buchstaben versehene Symbole

α .... Anrechnungsfaktor der Gewerbesteuer auf die Einkommensteuer nach § 35 EStG

α_{ges} .... Anrechnungsfaktor der Gewerbesteuer auf die Einkommensteuer des einzelnen Gesellschafters nach § 35 EStG

β .... Faktor der Hinzurechnung nach § 8 Nr. 1 GewStG

γ .... Faktor der Kürzung nach § 9 Nr. 1 GewStG (1,2 %) nach Multiplikation mit dem Faktor nach § 121a BewG (140 %)

δ .... Faktor, mit dem Dividenden (Ausschüttungen) unter Berücksichtigung des § 3 Nr. 40 EStG steuerpflichtig sind

ε .... Faktor der angibt, welcher Teil der aufgedeckten stillen Reserven zu Aufwand wird

2. Mit lateinischen Buchstaben versehene Symbole

A .... Ausschüttung(en)

A_b .... Abschreibungen

A_n .... Anrechnung

$A_{n/gewst}$ .... nach § 35 EStG auf die Einkommensteuer anrechenbare
Gewerbesteuer

A_{nn} .... Annuität

a .... Ausschüttungssatz bezogen auf das Nominalkapital

a^* .... Ausschüttungssatz bezogen auf das Effektivkapital

B .... Bruttobetrag (der Ausschüttung)

B_{ar} .... Barwert

$B_{ar/kap}$ .... Barwert der Steuerverlagerung bei Kapitalgesellschaften

$B_{ar/kauf}$ .... Barwert bei Kauf

$B_{ar/leas}$ .... Barwert bei Leasing

$B_{ar/persu}$ .... Barwert der Steuerverlagerung bei Personenunternehmen

$B_{ars\S34a(4)}$ .... Barwert der Steuerzahlungen i. S. d. § 34a(4) EStG

B_{gh} .... Belastung im Fall der Gehaltszahlung

B_r .... Brutto-Bemessungsgrundlage

B_s .... Belastung im Fall des Schütt-aus-Hol-zurück-Verfahrens

B_t .... Belastung im Fall der Thesaurierung

B_w .... Buchwert

E .... Erträge bzw. Aufwendungen unter Ausklammerung der betrieblichen Steuern

E^* .... zu versteuerndes Einkommen

E_e .... Einnahmen und Ausgaben, die das Einkommen, nicht aber den
Gewerbeertrag beeinflussen, ohne Abzug der Kirchensteuer

E_{ink} .... Einkommen vor Abzug der Kirchensteuer als Sonderausgabe

E_k .... Einnahmen und Ausgaben, die das körperschaftsteuerliche Einkommen, nicht aber den Gewerbeertrag beeinflussen

E_{st} .... Einkommensteuer

E_V .... Endvermögen

E_{wbgr} .... Einheitswerte der Betriebsgrundstücke

E_{wpgr} .... Einheitswerte der Privatgrundstücke

e .... nach § 20 EStG ermittelte Einkünfte (in § 32d Abs. 1 EStG definierte Bemessungsgrundlage)

$F_{e/ges}$ .... Freibeträge bei dem Gesellschafter

$F_{e\S11}$ .... Freibetrag gemäß § 11 Abs. 1 GewStG

$F_{e\S19}$ .... Freibeträge, die mit Einkünften aus § 19 EStG im Zusammenhang stehen

$F_{e\S20}$ .... Freibeträge, die mit Einkünften aus § 20 EStG im Zusammenhang stehen

G .... Gewinn(bestandteil)

G_{ewst} .... Gewerbesteuer

G_h .... Gehalt

G_{rst} .... Grundsteuer

G_{th} .... thesaurierter Gewinn

H_{ge} .... Hinzurechnungen und Kürzungen bei Ermittlung des Gewerbeertrags einschließlich des Freibetrags, aber ohne Kürzung nach § 9 Nr. 1 GewStG

h .... Gewerbesteuerhebesatz

I .... Investitionsauszahlung

i .... Zinssatz (Zinsfuß)

i^* .... interner Zinsfuß

i_b .... Bruttozinssatz

i_{haben} .... Habenzinssatz, Zinssatz für positive Finanzinvestitionen

i_n .... Nettozinssatz

$i_{n/kap}$ .... Nettozinssatz bei Kapitalgesellschaften

$i_{n/kap/zi}$ .... Nettozinssatz einer Supplementinvestition für Kapitalgesellschaften bei Aufbau einer positiven Finanzinvestition oder Abbau einer Verbindlichkeit, wenn Zinsen nicht zu einer Hinzurechnung nach § 8 Nr. 1 GewStG führen

$i_{n/nat}$ .... Nettozinssatz einer natürlichen Person bei Zinserträgen durch eine Supplementinvestition im nicht gewerblichen Bereich

$i_{n/nat\S32d}$ .... Nettozinssatz bei Anwendung des gesonderten Steuersatzes gemäß § 32d Abs. 1 EStG

$i_{n/persu}$ .... Nettozinssatz bei Personenunternehmen

$i_{n/persu/zi}$ .... Nettozinssatz einer Supplementinvestition eines Personenunternehmens einschließlich der Belastung der Mitunternehmer bei Aufbau einer positiven Finanzinvestition oder Abbau einer Verbindlichkeit, deren Zinsen nicht zu einer Hinzurechnung nach § 8 Nr. 1 GewStG führen

i_{soll} .... Sollzinssatz, also auf Verbindlichkeiten entfallender Zinssatz

j .... Gestaltungsalternativen (Index)

K .... Kapitalwert
K_{ef} .... effektiv aufgenommenes Kapital
$K_{ef/e}$ .... das im Fall der Eigenfinanzierung beschaffte Effektivkapital
$K_{ef/f}$ .... das im Fall der Fremdfinanzierung beschaffte Effektivkapital
K_{ist} .... Kirchensteuer
$K_{n/e}$ .... Nominalkapital bei Eigenfinanzierung
K_o .... Emissionskosten, Transaktionskosten
K_{st} .... Körperschaftsteuer
k .... bestimmtes Jahr im Planungszeitraum (Index)

$Max!$ .... Maximierungsbedingung
M_e .... Gewerbesteuermessbetrag
$Min!$ .... Minimierungsbedingung
m .... Anzahl der Gestaltungsalternativen (Index)
m_e .... Gewerbesteuermesszahl
$m_{e/kap}$ .... Steuermesszahl nach dem Gewerbeertrag bei Kapitalgesellschaften
$m_{e/persu}$ .... Steuermesszahl nach dem Gewerbeertrag bei Personenunternehmen

N_b .... Nachversteuerungsbetrag i. S. d. § 34a Abs. 4 EStG
n .... Anzahl der Perioden des Planungszeitraums (Index)

q .... Diskontierungsfaktor (1+i)
q^* .... Diskontierungsfaktor (1+i*)

R .... Restverkaufserlös
r .... Rendite des eingesetzten Kapitals
R_{still} .... stille Reserven

S .... Steuern, Steuerminderung
$S_{§32a}$ .... Steuerbelastung i. S. d. § 32a EStG
$S_{§34a(1)}$ .... Steuerbelastung i. S. d. § 34a Abs. 1 EStG
$S_{§34a(4)}$ .... Steuerbelastung i. S. d. § 34a Abs. 4 EStG
$S_{§37}$ .... Steuererstattung nach § 37 KStG
$S_{§38}$ .... Steuerzahlung nach § 38 KStG

S§3umwstg .... abgezinste Gesamtsteuerwirkung einer Aufdeckung stiller
Reserven nach § 3 UmwStG

Sa/ges .... Steuerbelastung des Gesellschafters (der Gesellschafter) bei
Ausschüttung

Sa/ug .... Steuerbelastung der Untergesellschaft bei Ausschüttung

Sab .... abzugsfähige Steuern

Sab/a .... Steuerbelastung, die von der Bemessungsgrundlage einer
anderen Steuerart abzugsfähig ist

San .... auf andere Steuerschuld anrechenbare Steuer

Saufw .... Steuerersparnis aufgrund eines durch eine Aufstockung nach
§ 3 UmwStG entstehenden zusätzlichen Aufwands

Se .... Steuerbelastung für den Fall der Eigenfinanzierung

Se§32a .... sich aus § 32a EStG ergebende kombinierte Einkommen-,
Kirchensteuer- und Solidaritätszuschlagbelastung

Sf .... Steuerbelastung für den Fall der Fremdfinanzierung

Sgav/pers .... Steuerbelastung im Falle einer Organschaft mit GAV bei einem
Personenunternehmen als Organträger

Sei§32d .... reine Einkommensteuerbelastung der Einkünfte i. S. d. §32d
Abs. 1 EStG

Sge/netto .... Netto-Gewerbesteuerbelastung

Sges/a .... durch die Ausschüttung einer Kapitalgesellschaft hervorgerufene Steuerbelastung des Gesellschafters

Sges/a/bv .... Steuerbelastung des Gesellschafters einer Kapitalgesellschaft
aufgrund einer Ausschüttung, wenn sich die Gesellschaftsan-
teile im Betriebsvermögen befinden

Sges/a/kap .... Steuerbelastung einer Kapitalgesellschaft aufgrund der Ausschüttung einer anderen Kapitalgesellschaft

Sges/a/pv .... Steuerbelastung des Gesellschafters einer Kapitalgesellschaft
aufgrund einer Ausschüttung, wenn sich die Gesellschaftsan-
teile im Privatvermögen befinden

Sges/zi .... Steuerbelastung des Gesellschafters im Fall einer Finanzierung
mit Zinszahlung

Sgt/persu .... Steuerbelastung des in einem Personenunternehmen thesaurierten Gewinns

Skap .... Summe der jährlichen Steuerbelastung einer Kapitalgesellschaft

Skap/a .... Steuerbelastung der Kapitalgesellschaft infolge einer Ausschüttung

Skap/gh .... durch die Gehaltszahlung einer Kapitalgesellschaft entstehende
Steuerbelastung

Skap/zi .... Steuerbelastung einer Kapitalgesellschaft im Falle von Zinserträgen bzw. bei der Verringerung von Zinsaufwendungen, die
nicht zu einer Hinzurechnung nach § 8 Nr. 1 GewStG führen

Skap/zi§8,1 .... Steuerbelastung einer Kapitalgesellschaft im Falle einer Hinzurechnung von Zinsen nach § 8 Nr. 1 GewStG

S_{com/ab/a} .... kombinierter Steuersatz einer Steuerart, die von der
Bemessungsgrundlage einer anderen Steuerart abzugsfähig ist

S_e .... kombinierter Einkommen-, Kirchensteuer- und Solidaritätszuschlagsatz

S_{e/a} .... kombinierter Einkommen-, Kirchensteuer- und
Solidaritätszuschlagsatz im Fall der Ausschüttung

S_{e/kap} .... kombinierter Einkommen-, Kirchensteuer- und Solidaritätszuschlagsatz im Falle von aus einer Kapitalgesellschaft
stammenden Einkünften

S_{e/mi} .... kombinierter Einkommen-, Kirchensteuer- und Solidaritätszuschlagsatz im Fall der Mietzahlung

S_{e/zi} .... kombinierter Einkommen-, Kirchensteuer- und Solidaritätszuschlagsatz im Fall der Zinszahlung

S_{e'} .... Grenzsteuersatz der Einkommensteuer

S_{e§32a} .... sich aus § 32a EStG ergebender kombinierter Einkommen-,
Kirchensteuer- und Solidaritätszuschlagsatz

S_{e§32d} .... kombinierter Einkommen-, Kirchensteuer- und Solidaritätszuschlagsatz für Einkünfte i. S. d. § 32d EStG

S_{e§34a(1)} .... kombinierter Einkommen-, Kirchensteuer- und Solidaritätszuschlagsatz für Einkünfte i. S. d. § 34a Abs. 1 EStG

S_{e§34a(4)} .... kombinierter Einkommen-, Kirchensteuer- und Solidaritätszuschlagsatz für Einkünfte i. S. d. § 34a Abs. 4 EStG

S_{ei} .... reiner Einkommensteuersatz ohne Kirchensteuer und ohne
Solidaritätszuschlag

S_{ei/a} .... reiner Einkommensteuersatz ohne Kirchensteuer und ohne
Solidaritätszuschlag im Fall der Ausschüttung

S_{ei/ges} .... reiner Einkommensteuersatz des Gesellschafters bei Ausschüttungen einer Kapitalgesellschaft

S_{ei/kap} .... reiner Einkommensteuersatz bei Einkünften aus einer Kapitalgesellschaft

S_{ei/persu} .... reiner Einkommensteuersatz bei Einkünften aus einem Personenunternehmen

S_{ei§32a} .... reiner Einkommensteuersatz für Einkünfte i. S. d. § 32a EStG

S_{ei§32d} .... reiner Einkommensteuersatz für Einkünfte i. S. d. § 32d EStG

S_{ei§34a(1)} .... reiner Einkommensteuersatz für Einkünfte i. S. d. § 34a
Abs. 1 EStG

S_{ei§34a(4)} .... reiner Einkommensteuersatz für Einkünfte i. S. d. § 34a
Abs. 4 EStG

S_{ge} .... Gewerbesteuersatz

S_{gr} .... Grundsteuersatz

S_k .... kombinierter Körperschaftsteuer- und Solidaritätszuschlagsatz

S_{ki} .... Kirchensteuersatz

S_{kö} .... Körperschaftsteuersatz ohne Solidaritätszuschlag

S_{na} .... Steuersatz einer Steuerart, deren Steuerschuld nichtabzugsfähig ist

S_{nab} .... Steuersatz einer nichtabzugsfähigen Steuerart

Solz .... Solidaritätszuschlagsatz

t .... Zeitindex

u .... Emissionskurs

W_{gf} .... Annuitäten- bzw. Wiedergewinnungsfaktor

Z .... Zahlungsüberschüsse

z .... Rechenkonstante i. S. d. § 32a Abs. 1 EStG

Z_a .... Auszahlungen unter Ausklammerung von Supplementinvestitionen

Z_a* .... Auszahlungen unter Berücksichtung von Supplementinvestitionen

Z_e .... Einzahlungen unter Ausklammerung von Supplementinvestitionen

Z_e* .... Einzahlungen unter Berücksichtung von Supplementinvestitionen

Z_{ef} .... Jahresbelastung aus Dividenden und Steuern bei Eigenfinanzierung

Z_{ff} .... Jahresbelastung aus Zinsen und Steuern bei Fremdfinanzierung

Z_i .... Zinsen

$Z_{i/persu/§8,1}$ .... Nettozinsaufwand eines Personenunternehmens im Falle einer Hinzurechnung von Zinsen nach § 8 Nr. 1 GewStG

Verzeichnis der Abbildungen

Verzeichnis der Tabellen

Teil I:
Grundlegende Zusammenhänge und Instrumentarium der betrieblichen Steuerpolitik

1 Einführung

Zweck dieses ersten Teils des vorliegenden Buches ist es, grundlegende betriebs-wirtschaftliche Zusammenhänge zu erörtern, deren Kenntnis für die Behandlung von Fragen der betrieblichen Steuerpolitik generell von Bedeutung ist. Dies soll in den nachfolgenden Gliederungspunkten 2 und 3 geschehen. Die Kenntnis dieser Zusammenhänge wird dann in den Punkten 4 bis 7 dieses Teils sowie in den Teilen II bis IV des Buches vorausgesetzt.

Weiterer Zweck dieses Teils des Buches ist es, ein Instrumentarium zu schaffen, mit dessen Hilfe Probleme der betrieblichen Steuerpolitik gelöst werden können. Dies soll in den Gliederungspunkten 4 bis 6 geschehen. Hier werden somit noch keine konkreten Probleme der betrieblichen Steuerpolitik behandelt, vielmehr werden lediglich methodische Grundlagen zu deren Lösung erarbeitet. In Gliede-rungspunkt 7 wird in knapper Form die Wirkungsweise unterschiedlicher Systeme der Unternehmensbesteuerung dargestellt. Die Ausführungen sollen es dem Leser ermöglichen, Steuerwirkungen auch bei anderen Systemen der Unternehmensbe-steuerung als dem derzeitigen deutschen zu ermitteln.

Probleme der betrieblichen Steuerpolitik gibt es in unübersehbarer Fülle. Aus der Vielzahl sollen in den Teilen II bis IV dieses Buches nur einige wenige herausge-griffen werden. Hierbei handelt es sich allerdings um solche, die nach meiner per-sönlichen Einschätzung eine herausragende Bedeutung besitzen. So werden in Teil II Probleme einer zeitlichen Einkommensverlagerungspolitik, insbesondere der Steuerbilanzpolitik, behandelt. In Teil III wird auf den Einfluss der Besteue-rung auf bestimmte betriebliche Funktionen eingegangen, und zwar auf die Funk-tionen Investition und Finanzierung. Nicht behandelt wird hingegen die Bedeu-tung der Besteuerung für Beschaffungs-, Produktions- und Absatzentscheidungen. Aus dem Bereich der konstitutiven Entscheidungen wird lediglich auf Probleme der Rechtsformwahl und des Rechtsformwechsels eingegangen. Dies geschieht in Teil IV dieses Buches. Steuerliche Probleme der Standortwahl hingegen werden im Rahmen dieses Buches nicht behandelt.

Der Begriff „betrieblich" im Zusammenhang mit dem der Steuerpolitik wird hier i. S. v. einzelwirtschaftlich verwendet. Er dient damit der Abgrenzung gegenüber dem Begriff gesamtwirtschaftlich. Betriebliche Steuerpolitik hat somit die Bedeutung einer Steuerpolitik, die durch die einzelnen Wirtschaftssubjekte im Rahmen ihrer einzelwirtschaftlichen Zielsetzungen betrieben wird. Nicht gemeint ist hingegen die staatliche Steuerpolitik. Zu den Betrieben gehören bei dieser

Begriffsabgrenzung neben den Unternehmen auch die privaten Haushalte. Damit ist klargestellt, dass im Rahmen der betrieblichen Steuerpolitik grundsätzlich auch die Einkommensteuer der betroffenen privaten Haushalte zu erfassen ist. Würde die Einkommensteuer nicht berücksichtigt, so würde die für einzelwirtschaftliche steuerpolitische Entscheidungen meist wichtigste Steuerart nicht erfasst. Krasse Fehlentscheidungen wären mit Sicherheit die häufige Folge einer solchen Vorgehensweise.

2 Betriebliche Steuerpolitik im Rahmen der Unternehmenspolitik

2.1 Betriebliche Steuerpolitik, steuerliche Aktionsparameter

Die **betriebliche Steuerpolitik** (nachfolgend meist nur „Steuerpolitik" genannt) ist Teil der allgemeinen Unternehmenspolitik. Sie kann als die *zielgerichtete*, d. h. *planmäßige Ausnutzung steuerlicher Gestaltungsmöglichkeiten* verstanden werden. Anstelle des Begriffs der betrieblichen Steuerpolitik wird deshalb häufig auch der der **betrieblichen Steuerplanung** (nachfolgend meist nur „Steuerplanung" genannt) verwendet[1].

Die steuerlichen Gestaltungsmöglichkeiten **(steuerliche Aktionsparameter)** lassen sich in drei Gruppen gliedern, und zwar in

1. steuerliche Wahlrechte,
2. steuerliche Ermessensspielräume und
3. steuerlich orientierte Sachverhaltsgestaltungen.

Steuerliche Wahlrechte sind Wahlmöglichkeiten, die in einem Gesetz oder in einer Verwaltungsanweisung ausdrücklich eingeräumt werden. Sie ermöglichen den Steuerpflichtigen bei gegebenem Sachverhalt die Wahl zwischen zwei oder mehreren Steuerfolgen. Steuerliche Wahlrechte gibt es in weiten Bereichen des Steuerrechts. Besonders verbreitet sind sie bei den Ertragsteuern und hier vor allem im Rahmen der steuerlichen Gewinnermittlung.

Ermessensspielräume sind Wahlmöglichkeiten, die nicht ausdrücklich gesetzlich vorgesehen sind, sich aber faktisch ergeben. Sie können auf unbestimmten Rechtsbegriffen, aber auch auf einer ungeklärten Rechtslage beruhen. Von Ermessensspielräumen soll hier nur dann gesprochen werden, wenn der Rahmen des rechtlich Vertretbaren nicht gesprengt wird. Ein bewusster Verstoß gegen eine Rechtsnorm hingegen soll als illegale Praktik bezeichnet werden. Illegale Praktiken werden grundsätzlich nicht behandelt.

Steuerlich orientierte Sachverhaltsgestaltungen können sowohl alle betrieblichen Aufbauelemente als auch die betrieblichen Funktionen betreffen. So hat die Besteuerung häufig Einfluss auf die Wahl der Rechtsform (Aufbauelement) oder auch auf die Art der Finanzierung (Funktion).

---

1   Die Begriffe „Steuerpolitik" und „Steuerplanung" werden im Schrifttum nicht von allen Autoren synonym verwendet. Die Begriffsabgrenzungen weichen z. T. erheblich voneinander ab. Im Einzelnen vgl. Heinhold, M., Steuerplanung, 1979, S. 20 ff.; Rödder, T., Steuerplanungslehre, 1988, S. 3; Grotherr, S., Grundlagen, 2003, S. 6 f.

2.2 Steuerliche Partialplanung und integrierte Steuerplanung

Soll das betriebliche Geschehen optimal gestaltet werden, so ist dies nur durch eine *Simultanplanung aller Teilbereiche* möglich. Dieser stehen in der betrieblichen Praxis *unüberwindliche Schwierigkeiten* entgegen, da die erforderliche Kenntnis aller für die Zukunft zu erwartenden Daten nicht, auch nicht im Schätzwege, erreichbar ist. Als Ausweg bleibt nur die Möglichkeit, eine *Teilplanung (Partialplanung)* einzelner betrieblicher Bereiche vorzunehmen. Die *Teilplanungen* sind dann *iterativ* aufeinander abzustimmen.

Es stellt sich die Frage, in welcher Weise die Besteuerung im Rahmen der betrieblichen Planung berücksichtigt werden kann. Es sind *zwei Fälle* zu unterscheiden, die wie folgt gekennzeichnet werden können:

1. Der *Sachverhalt* nichtsteuerlicher Art ist *gegeben*;
2. Der *Sachverhalt* soll *planerisch gestaltet* werden.

Im *ersten Fall* kann eine rein steuerliche Partialanalyse für die sich eventuell aus dem Sachverhalt ergebenden steuerlichen Wahlrechte (z. B. steuerliche Bilanzierungs- und Bewertungswahlrechte) durchgeführt werden. Das mit Hilfe dieser Analyse ermittelte Optimum kann dann als steuerlicher Teilplan in die Planung der übrigen Bereiche des Betriebes einbezogen werden. Die Erstellung derartiger steuerlicher Teilpläne wird nachfolgend als **steuerliche Partialplanung** oder als **autonome Steuerpolitik** bezeichnet.

Im *zweiten Fall* sind die Steuerfolgen als Daten innerhalb der möglichen Sachverhaltsgestaltungen zu berücksichtigen. Die Steuerplanung ist in derartigen Fällen in eine andere betriebliche Teilplanung, z. B. die Finanzplanung, zu integrieren. Diese Art der Planung wird nachfolgend als **integrierte Steuerplanung** bzw. als **integrierte Steuerpolitik** bezeichnet. Gibt es bei der Wahl zwischen mehreren Gestaltungsmöglichkeiten nichtsteuerlicher Art zugleich steuerliche Aktionsparameter, so kann die Planung in zwei Stufen vorgenommen werden. Auf der ersten wird im Rahmen einer steuerlichen Partialplanung die optimale Ausnutzung der steuerlichen Aktionsparameter ermittelt. Bei dem sich auf der zweiten Stufe anschließenden Vergleich der nichtsteuerlichen Gestaltungsmöglichkeiten miteinander wird von der optimalen Ausnutzung dieser steuerlichen Aktionsparameter ausgegangen. Nunmehr werden auch die nicht durch Aktionsparameter beeinflussbaren und bisher nicht berücksichtigten Steuerfolgen der miteinander zu vergleichenden Gestaltungsmaßnahmen berücksichtigt. An die steuerliche Partialplanung (erste Stufe) schließt sich somit eine integrierte Planung (zweite Stufe) an.

Beispiel

Die Geschäftsleitung eines Unternehmens steht vor der Wahl, eine Datenverarbeitungsanlage entweder zu kaufen oder zu leasen. Bei Kauf ergeben sich unterschiedliche steuerliche Abschreibungsmöglichkeiten. Weitere steuerliche Aktionsparameter bestehen nicht.

Für die Alternative „Kauf" ist die optimale Gestaltung der Abschreibungen zu ermitteln (erste Stufe). Diese ist anschließend beim Vorteilsvergleich von Kauf und Leasing im Fall des Kaufs zu berücksichtigen (zweite Stufe). In dem Vergleich der Alternativen Kauf und Leasing miteinander sind nunmehr auch alle bisher nicht berücksichtigten und durch steuerliche Wahlrechte nicht beeinflussbaren Steuerfolgen zu berücksichtigen.

2.3 Zur Ermittlung der Steuerzahlungen im Rahmen der Steuerplanung

Die hohe steuerliche Belastung der Unternehmen erfordert eine sorgfältige Steuerplanung. Diese beinhaltet eine *genaue Beachtung der Rechtsordnung* im Rahmen der steuerlichen Analyse. Beim Vergleich unterschiedlicher Gestaltungsmöglichkeiten sind demnach *grundsätzlich alle* Steuern, die durch die jeweilige Maßnahme ausgelöst werden, in den Vergleich einzubeziehen. Ist aber geklärt, dass sich einzelne Rechtsnormen auf alle Alternativen *in gleicher Weise* auswirken, Vor- oder Nachteile insoweit also bei keiner Gestaltungsmöglichkeit auftreten, können diese aus der Betrachtung ausgeschlossen werden. Gleiches gilt, wenn feststeht, dass der Einfluss der Steuerbelastung auf den Vergleich vernachlässigbar gering ist. Diese Frage ist allerdings vor der Entscheidung über die Nichtberücksichtigung sorgfältig zu prüfen.

Die hier vertretene Ansicht ist in der Betriebswirtschaftlichen Steuerlehre nicht unumstritten. Insbesondere im älteren Schrifttum wird häufig nur eine einzige Ertragsteuer berücksichtigt. Ein derartiges Vorgehen ist nur dann angebracht, wenn es darum geht, Steuerwirkungen modellmäßig, d. h. ohne Anknüpfung an ein in einem konkreten Raum und einer konkreten Zeit gültiges Steuersystem, zu analysieren. Geht es hingegen um eine Steuerplanung in einem realen Betrieb, so *kann* eine Außerachtlassung von Steuerfolgen zu völlig falschen Ergebnissen und damit zu Fehlentscheidungen führen.

Zur Beurteilung der Vorteilhaftigkeit von Gestaltungsmaßnahmen ist demnach oft die Berücksichtigung einer Vielzahl von Steuerzahlungen unterschiedlicher Steuerarten erforderlich. Es stellt sich die Frage, in welcher Weise die Steuerzahlungen ermittelt werden sollen.

Aus dem Schrifttum sind drei unterschiedliche Arten der Ermittlung bekannt, und zwar

- eine grobe Schätzung der Steuerzahlungen ohne Berücksichtigung der vielfachen Verästelungen des Steuerrechts,
- eine Ermittlung durch Veranlagungssimulation,
- eine mathematische Erfassung.

Eine *grobe Schätzung* der Steuerzahlungen kann zu Fehlschlüssen führen. Sie ist somit für planerische Entscheidungen ungeeignet und wird daher im Folgenden nicht näher behandelt.

Bei der *Veranlagungssimulation* werden die Steuerfolgen der in den Vergleich einzubeziehenden Gestaltungsmöglichkeiten mit Hilfe fiktiver Veranlagungen ermittelt. Dies geschieht für alle in Betracht kommenden Steuerarten gesondert. Die Summe der Wirkungen aller Steuerarten ergibt dann die Gesamtwirkung einer Gestaltungsmöglichkeit. Dieses in der Steuerberatungspraxis weitverbreitete Verfahren ist allerdings umständlich und zeitraubend, weil bei jeder Modifikation einer Steuerbemessungsgrundlage erneut eine Veranlagungssimulation erforderlich ist. Im Rahmen rechnergestützter Veranlagungssimulationen dürfte der so entstehende Nachteil allerdings nicht mehr groß sein. Ein anderer Nachteil kann aber auch durch rechnergestützte Veranlagungssimulation nicht beseitigt werden. Er besteht darin, dass die gegenseitigen Wechselwirkungen der Veränderung von steuerlichen Bemessungsgrundlagen infolge von Steuergestaltungsmaßnahmen nicht sichtbar werden. Diesen Nachteil der Veranlagungssimulation vermeiden die mathematischen Verfahren der Erfassung von Steuerwirkungen.

Ansätze zur *mathematischen Erfassung* von Steuerwirkungen gibt es bereits seit längerem. Sie betrafen zunächst aber nur Teilaspekte betrieblichen Geschehens. So wurden z. B. die Steuerwirkungen bestimmter Finanzierungsmaßnahmen mathematisch erfasst[2]. Methoden zur Berücksichtigung der steuerlichen Wirkungen beliebiger betrieblicher Dispositionen sind Ende der sechziger und Anfang der siebziger Jahre des vergangenen Jahrhunderts sowohl von *Rose* mit der *Teilsteuerrechnung* als auch vom *Verfasser* mit den auf *Gesamtbelastungsformeln* aufbauenden Steuerbelastungsvergleichen entwickelt worden[3]. Beide Methoden ermöglichen eine einfache Ermittlung der Jahressteuerbelastung alternativer Gestaltungsmaßnahmen. Berücksichtigt werden in diesen Verfahren ausschließlich Steuerfolgen bestimmter laufend veranlagter Steuerarten. Die Rechenmethoden sind allerdings darüber hinaus für beliebige Steuerarten offen. Die von dem Verfasser entwickelte Methode wird in den Gliederungspunkten 3 und 4 dargestellt.

Sind im Rahmen eines Vorteilsvergleichs außer Steuerzahlungen auch andere Zahlungen, wie z. B. Zinsen, zu berücksichtigen, so können diese gesondert neben den sich aus der Teilsteuerrechnung bzw. den Jahresbelastungsformeln ergebenden Beträgen in den Kalkül einbezogen werden. Sind die Jahresbelastungswerte ermittelt worden, so müssen diese ggf. in einem zweiten Verfahrensschritt in einen mehrperiodigen Belastungsvergleich einbezogen werden. Auf die Art dieses mehrperiodigen Vergleichs wird in Gliederungspunkt 5 noch näher einzugehen sein.

2.4 Handlungsmotive, Ziele, Vorteilskriterien

Vorteilskriterien für die Beurteilung steuerlicher Gestaltungsmaßnahmen müssen aus den Zielen des Steuerpflichtigen, die ihrerseits wiederum auf verschiedenartigen Handlungsmotiven beruhen können, ableitbar sein.

---

[2]   Vgl. z. B. Mertens, P., Ertragsteuerwirkungen, 1962, S. 570 ff.; Swoboda, P., Einflüsse, 1967, S. 1 ff.

[3]   Vgl. Schneeloch, D., Besteuerung, 1972, S. 58 ff.; Rose, G., Steuerbelastung, 1973, S. 56 ff.; Schneeloch, D., Steuerbelastungsvergleiche, 1975, S. 151 ff.

Handlungsmotive können nichtmonetärer, sie können aber auch monetärer Art sein. Nichtmonetär ist beispielsweise das Prestigemotiv. Als monetäre Motive kommen etwa das Verlangen nach dem Besitz eines höheren Vermögens oder der Wunsch nach einer Steigerung des Konsums in Betracht. Nichtmonetäre Motive dürften vermutlich nur selten die Antriebskraft für steuerplanerische Entscheidungen sein. Sie sollen deshalb aus den weiteren Überlegungen ausgeklammert werden.

Um planvoll handeln zu können, müssen die oft verschwommenen Motive in klar definierte *Ziele,* hier also in *monetäre Ziele,* transformiert werden. Auf derartige monetäre Ziele wird in Gliederungspunkt 5 näher eingegangen.

Ist das konkrete monetäre Ziel definiert, so ist das *Vorteilskriterium* zu bestimmen, anhand dessen ermittelt werden kann, ob und ggf. in welchem Umfang das Ziel erreicht wird.

Auf die Definition konkreter monetärer Ziele im Rahmen der betrieblichen Steuerpolitik sowie auf die Bestimmung von Vorteilskriterien wird in Gliederungspunkt 5 noch näher eingegangen.

2.5 Planungszeitraum - Vergleichszeitraum

Für den planmäßigen Einsatz steuerlicher Gestaltungsmaßnahmen, d. h. für eine aktive Steuerpolitik, ist die Kenntnis des Zeitraumes, für den geplant werden soll **(Planungszeitraum)**, unerlässlich. Die Bestimmung des Planungszeitraums gehört seit Jahrzehnten zu den umstrittenen Fragen der betriebswirtschaftlichen Theorie, insbesondere der Investitionstheorie. Letztlich nicht befriedigend lösbar ist das Problem der Zahlungen, die jenseits des Planungshorizonts anfallen, aber bereits im Planungszeitraum verursacht werden. Diese Zahlungen beeinflussen nämlich die Höhe des am Ende des Planungszeitraums vorhandenen Vermögens, dessen Kenntnis für den der Planung zugrunde liegenden Vorteilsvergleich unerlässlich ist.

Bei einer rein *steuerlichen Partialplanung* ist das Problem der Bestimmung des Planungszeitraumes weitgehend entschärft. Der Grund liegt darin, dass sich das Problem der Zahlungen jenseits des Planungshorizonts häufig nicht stellt. Oft dürfte es nämlich möglich sein, den Planungszeitraum von vornherein so festzulegen, dass sämtliche entscheidungsrelevanten Steuerzahlungen innerhalb dieses Zeitraums anfallen. Ist z. B. zu entscheiden, ob eine Maschine nur linear-gleichbleibend abgeschrieben oder ob zusätzlich eine Sonderabschreibung in Anspruch genommen werden soll, so ist es sinnvoll, als Planungszeitraum die betriebsgewöhnliche Nutzungsdauer festzulegen. Es ist zu erwarten, dass innerhalb dieses Zeitraums sämtliche für die Entscheidung relevanten Steuerzahlungen entstehen werden.

Als *Planungszeitraum einer autonomen Steuerpolitik* kann mithin vielfach der Zeitraum festgelegt werden, für den unterschiedliche steuerliche Wirkungen der Vergleichsmaßnahmen feststellbar sind **(Vergleichszeitraum)**. Dieser beginnt mit dem Zeitpunkt der Durchführung der Gestaltungsmaßnahme und endet mit dem Zeitpunkt, ab dem keine unterschiedlichen steuerlichen Folgen mehr auftreten. Dieses Verfahren kann allerdings in Einzelfällen Planungen über Jahrzehnte erfordern. In der Regel ist der Vergleichszeitraum aber wesentlich kürzer.

In den Fällen, in denen im Rahmen einer steuerlichen Partialplanung der Vergleichszeitraum unabsehbar oder für eine sinnvolle Planung zu lang ist, muss geprüft werden, welche Festlegung des Planungszeitraums am zweckmäßigsten ist. Auf dieses Problem wird in den Teilen II bis IV wiederholt einzugehen sein. Gleiches gilt für den Fall einer integrierten Steuerplanung.

2.6 Das Problem der unsicheren Erwartungen im Rahmen der betrieblichen Steuerpolitik

2.6.1 Unsicherheit hinsichtlich der künftigen wirtschaftlichen Entwicklung des Betriebes

Wirtschaftliches Planen erfordert das *Vorausschätzen* künftiger wirtschaftlicher Entwicklungen. Diese aber sind nicht mit Sicherheit vorhersehbar, ihre Prognose ist vielmehr mit Unsicherheit behaftet. Das sich hieraus ergebende Problem der *Entscheidungen unter Unsicherheit* gehört zu den schwierigsten der Betriebswirtschaftslehre. Da die Höhe der Steuerschulden von der wirtschaftlichen Entwicklung des Betriebes abhängt, ist es naheliegend anzunehmen, dass Unsicherheiten hinsichtlich dieser Entwicklung vergleichbare Unsicherheiten bei der Steuerplanung verursachen. Dass dies nur in wesentlich abgeschwächtem Maße der Fall ist, sollen die nachfolgenden Ausführungen erweisen.

Der eine Grund für diese Behauptung liegt darin, dass die Höhe der Belastungsdifferenzen zwischen alternativen Gestaltungsmöglichkeiten durch unterschiedliche wirtschaftliche Entwicklungen des Datenkranzes vielfach nicht berührt wird. Das gilt immer dann, wenn bei keiner der Gestaltungsmöglichkeiten steuerliche Verluste oder progressive Steuertarife eine Rolle spielen. Lediglich Verluste oder progressive Steuersätze können nämlich Veränderungen der Steuerbelastungsdifferenzen zwischen alternativen Gestaltungsmöglichkeiten bei unterschiedlichen Zukunftslagen bewirken. Sieht man von gesetzgeberischen Änderungen des Steuertarifs ab, so sind nach derzeitigem deutschen Recht beachtenswerte Änderungen des Steuersatzes im Rahmen von steuerlichen Partialanalysen nur bei der Einkommensteuer zu verzeichnen. Einkommensteuerliche Progressionseffekte nach deutschem Recht treten derzeit aber nur für Einkommen bis zu rd. 53 T€ bei unverheirateten und bis zu 106 T€ bei verheirateten Steuerpflichtigen auf (Tarif für den Veranlagungszeitraum 2010 nach dem Rechtsstand im Sommer 2009). Nur bis zu diesen Einkommenshöhen können sich somit unterschiedliche wirtschaftliche Entwicklungen auf die Höhe der Steuerbelastungsdifferenzen auswirken. Sind also bei allen Alternativen und allen für möglich erachteten wirtschaftlichen Entwicklungen die angeführten Einkommen überschritten, so haben die unsicheren Erwartungen keinen bzw. nur sehr geringen Einfluss auf die Höhe der Steuerbelastungsdifferenzen. Das hat zur Folge, dass ein exakter oder annähernd exakter steuerlicher Vorteilsvergleich auch bei unsicheren Erwartungen möglich ist.

Ein exakter Vorteilsvergleich kann aber nicht darüber hinwegtäuschen, dass bei Eintritt bestimmter Erwartungslagen einzelne Gestaltungsmöglichkeiten gegen die Nebenbedingung der Aufrechterhaltung der Liquidität verstoßen können. Dieser Frage muss dann im Rahmen einer Liquiditätsplanung nachgegangen werden. Hierbei müssen die Gesamtzahlungen der Alternativen berücksichtigt werden; die Kenntnis der Belastungsdifferenzen allein reicht dann nicht aus.

Der andere Grund für die vergleichsweise geringe Bedeutung des Unsicherheitsproblems im Rahmen der Steuerplanung liegt darin, dass zumindest über zeitliche Steuerverlagerungen mit Hilfe von steuerlichen Aktionsparametern häufig erst dann entschieden zu werden braucht, wenn die Unsicherheit bereits völlig oder doch weitgehend beseitigt ist. Selbst wenn progressive Steuersätze oder Verluste vorliegen, spielt dann das Unsicherheitsproblem keine Rolle. Der Grund für die zwischenzeitlich eingetretene Sicherheit besteht darin, dass die Entscheidung über eine zeitliche Steuerverlagerung erst bei Einreichung der Steuererklärung getroffen zu werden braucht. Das aber ist i. d. R. erst ein Jahr, oftmals auch anderthalb Jahre nach Ablauf des Jahres der Fall, für das die Erklärung zu erstellen ist (Veranlagungszeitraum). So reicht es z. B. vielfach aus, über Bewertungswahlrechte für das Jahr 1 erst im Frühjahr des Jahres 3 zu entscheiden. Dann aber liegen die wirtschaftlichen Ergebnisse für die Jahre 1 und 2 dem Steuerpflichtigen bereits vor. Zumindest für das Jahr 3 dürften zudem hinsichtlich der Steuerbemessungsgrundlagen zuverlässige Prognosen möglich sein. Zum Planerstellungszeitpunkt im Frühjahr des Jahres 3 hat der Steuerpflichtige somit für drei Jahre des Planungszeitraumes bereits Kenntnis des tatsächlichen Sachverhaltes oder doch Anhaltspunkte für eine hinreichend genaue Prognose.

Bilanzierende Steuerpflichtige haben zudem in Einzelfällen wesentlich später noch die Möglichkeit, im Wege einer *Bilanzänderung* die steuerlichen Bemessungsgrundlagen mit Wirkung für die Vergangenheit zu ändern. Hier sind allerdings die engen Voraussetzungen zu beachten, unter denen eine Bilanzänderung nach § 4 Abs. 2 EStG möglich ist.

2.6.2 Durch zu erwartende Steuerrechtsänderungen hervorgerufene Probleme

Unsicherheit herrscht häufig nicht nur hinsichtlich der zu erwartenden wirtschaftlichen Entwicklung des Betriebes, sondern auch hinsichtlich zu erwartender Änderungen des Steuerrechts. Diese können durch den Gesetzgeber, die Steuerrechtsprechung sowie durch die Finanzverwaltung hervorgerufen werden. Von herausragender Bedeutung sind in diesem Zusammenhang die durch den Gesetzgeber verursachten Steuerrechtsänderungen. Ihre Zahl und ihr Umfang haben während der letzten beiden Jahrzehnte nach Einschätzung des Verfassers gegenüber früheren Zeiten deutlich zugenommen. Als für Steuerbelastungsvergleiche und damit für steuerplanerische Überlegungen besonders wichtige Steuerrechtsänderungen seit 1990 können genannt werden:

- Senkung des Körperschaftsteuersatzes für thesaurierte Gewinne von 56 % auf 50 % zum 1.1.1990,
- Senkung des Spitzensteuersatzes der Einkommensteuer von 56 % auf 53 % zum 1.1.1990[4],
- Senkung des Körperschaftsteuersatzes für thesaurierte Gewinne von 50 % auf 45 % und des Steuersatzes für ausgeschüttete Gewinne von 36 % auf 30 % zum 1.1.1994[5],
- Einführung eines Solidaritätszuschlags zum 1.7.1991, dessen Abschaffung zum 30.6.1992 und seine Wiedereinführung zum 1.1.1995[6],
- Einfügung eines § 32c in das EStG und damit Einführung einer Tarifbegrenzung für gewerbliche Einkünfte auf 47 % ab 1994[7],
- erhebliche Änderungen bei der Erbschaft- bzw. Schenkungsteuer ab 1.1.1996 in Form einer generellen Steuerverschärfung bei hohem Vermögen und Entlastung der Vererbung gewerblichen Vermögens[8],
- faktische Abschaffung der seit Jahrzehnten erhobenen Vermögensteuer zum 1.1.1997[9],
- Abschaffung der seit Jahrzehnten erhobenen Gewerbekapitalsteuer zum 1.1.1998[10],
- Senkung des Solidaritätszuschlags ab 1.1.1998 auf 5,5 %[11],
- Senkung des Spitzensteuersatzes der Einkommensteuer für gewerbliche Einkünfte (§ 32c EStG) von 47 % (bis 1998) über 45 % (1999) auf 43 % im Veranlagungszeitraum 2000,

---

[4]   Die in den ersten beiden Punkten genannten Steuersatzsenkungen ergeben sich aus dem Steuerreformgesetz 1990 v. 25.7.1988, BStBl 1988 I, S. 224, Art. 1 u. 2.

[5]   Siehe Standortsicherungsgesetz v. 13.9.1993, BGBl 1993 I, S. 1569, Art. 1 u. 2.

[6]   Siehe Solidaritätsgesetz v. 24.6.1991, BGBl 1991 I, S. 1318, Art. 1, zuletzt geändert durch Steueränderungsgesetz 1992 v. 25.2.1992, BGBl 1992 I, S. 297, Art. 19; Gesetz zur Umsetzung des Föderalen Konsolidierungsprogramms v. 23.6.1993, BGBl 1993 I, S. 944, Art. 31, geändert durch Mißbrauchsbekämpfungs- und Steuerbereinigungsgesetz v. 21.12.1993, BGBl 1993 I, S. 2310, Art. 21.

[7]   Siehe Standortsicherungsgesetz v. 13.9.1993, BGBl 1993 I, S. 1569, Art. 1.

[8]   Siehe Jahressteuergesetz 1997 v. 20.12.1996, BStBl 1996 I, S. 1523, Art. 2 u. 3.

[9]   Die Nichterhebung der Vermögensteuer basiert auf dem Beschluß des BVerfG v. 22.6.1995, 2 BvL 37/91, BStBl 1995 II, S. 655; vgl. auch Schüppen, M., Nichtanwendbarkeit, 1997, S. 225.

[10] Siehe Gesetz zur Fortsetzung der Unternehmenssteuerreform v. 29.10.1997, BGBl 1997 I, S. 2590, Art. 4.

[11] Siehe Gesetz zur Senkung des Solidaritätszuschlags v. 21.11.1997, BGBl 1997 I, S. 2743, Art. 1.

- Senkung des Spitzensteuersatzes der Einkommensteuer für alle nicht gewerblichen Einkünfte von 53 % (bis 1999) auf 51 % im Veranlagungszeitraum 2000,
- Senkung des Körperschaftsteuersatzes für einbehaltene Gewinne von 45 % (bis 1998) auf 40 % ab 1999[12],
- Abschaffung des (in 1977 eingeführten) körperschaftsteuerlichen Anrechnungsverfahrens und Einführung eines einheitlichen Körperschaftsteuersatzes von 25 % ab 1.1.2001,
- Erfassung der Gewinnausschüttungen von Kapitalgesellschaften bei deren Gesellschaftern nur zur Hälfte durch das Halbeinkünfteverfahren ab 1.1.2001,
- Streichung des erst 1994 eingeführten § 32c EStG und damit Abschaffung der Tarifbegrenzung für gewerbliche Einkünfte ab 1.1.2001,
- Senkung der Einkommensteuersätze, insbesondere der Spitzensteuersätze, in mehreren Stufen, und zwar
  - auf 48,5 % ab 1.1.2001,
  - auf 47 % ab 1.1.2003 und
  - auf 43 % ab 1.1.2005,
- Anrechnung von Gewerbesteuer auf die Einkommensteuer[13], und zwar in Höhe des 1,8fachen des Steuermessbetrags bei gleichzeitiger Beibehaltung der Gewerbesteuer als abzugsfähige Betriebsausgabe ab 1.1.2001,
- Senkung der degressiven AfA nach § 7 Abs. 2 EStG von maximal 30 % und höchstens dem Dreifachen der linear-gleichbleibenden AfA auf maximal 20 % und das Zweifache ab 1.1.2001[14],
- Senkung der Einkommensteuersätze, insbesondere des Spitzensteuersatzes auf 42 %, ab 1.1.2005[15],
- Einfügung des Spitzensteuersatzes der Einkommensteuer für zu versteuernde Einkommen von mehr als 250 T€ (Grundtarif) bzw. 500 T€ (Splittingtarif) i. H. v. 45 % (sog. Reichensteuer) ab 2007[16],
- Abschaffung der Abzugsfähigkeit der Gewerbesteuer als abzugsfähige Betriebsausgabe bei gleichzeitiger Erhöhung des Anrechnungsfaktors von Gewerbesteuer auf die Einkommensteuer auf 3,8 ab 1.1.2008,

---

12 Die in den letzten drei Punkten genannten Steuersatzänderungen ergeben sich aus dem Steuerentlastungsgesetz 1999/2000/2002 v. 24.3.1999, BGBl 1999 I, S. 402, Art. 1 und 5, dem Gesetz zur Familienförderung v. 22.12.1999, BGBl 1999 I, S. 2552 und dem Steuerbereinigungsgesetz 1999 v. 22.12.1999, BGBl 1999 I, S. 2601.

13 In der Terminologie des § 35 EStG wird der hier mit „Anrechnung" bezeichnete Vorgang „Steuerermäßigung" genannt. Hierdurch soll zum Ausdruck kommen, dass es durch § 35 EStG nicht zu einer negativen Einkommensteuerschuld kommen kann. Vgl. Gliederungspunkt 4.2.

14 Die in den letzten sechs Punkten genannten Steuerrechtsänderungen sind alle eingeführt worden durch das Steuersenkungsgesetz v. 23.10.2000, BGBl 2000 I, S. 1433, Art. 1, 3 und 6.

15 Diese weitere Senkung der Einkommensteuersätze über das im Steuersenkungsgesetz beschlossene Maß hinaus ab 1.1.2005 ist herbeigeführt worden durch das Steuersenkungsergänzungsgesetz v. 19.12.2000, BGBl 2000 I, S. 1812.

16 Siehe Steueränderungsgesetz 2007 v. 24.7.2006, BGBl 2006 I, S. 1652.

- Abschaffung der degressiven AfA für abnutzbare Wirtschaftsgüter des beweglichen Anlagevermögens ab 1.1.2008,
- Einfügung einer Spezialvorschrift für die Begünstigung nicht entnommener Gewinne von Personenunternehmen in das Einkommensteuergesetz ab 1.1.2008,
- Abschaffung des (in 2001 eingeführten) Halbeinkünfteverfahrens, Einführung eines gesonderten Steuersatzes für Einkünfte aus Kapitalvermögen und Ausgestaltung der Kapitalertragsteuer als Abgeltungsteuer ab 1.1.2009[17],
- grundlegende Reform der Erbschaft- bzw. Schenkungsteuer und des Bewertungsrechts zum 1.1.2009[18],
- zeitlich befristete Wiedereinführung der degressiven AfA für abnutzbare bewegliche Wirtschaftsgüter des Anlagevermögens mit einem Höchstsatz von 25 % der Anschaffungs- oder Herstellungskosten und maximal dem 2,5fachen der linear-gleichbleibenden AfA ab 1.1.2009[19].

Angemerkt sei, dass nach der Bundestagswahl im Herbst 2009 eine Senkung des Einkommensteuertarifs möglich erscheint. Die Art der Senkung wird davon abhängen, welche Koalition die nächste Bundesregierung stellen wird[20]. Auch eine Erhöhung der „Reichensteuer" ist im Gespräch[21].

Die Vielzahl von Steuerrechtsänderungen erschwert die Steuerplanung in erheblichem Maße. Um die Probleme zu mindern, kann der Steuerpflichtige bzw. sein Berater lediglich versuchen, künftige Steuerrechtsänderungen möglichst frühzeitig zu antizipieren. Hierzu sollte er sorgfältig die politische Diskussion zum Steuerrecht verfolgen. Hilfreich sind hierbei Publikationen, die insbesondere von Verbänden und Kammern zur Information ihrer Mitglieder herausgegeben werden. Auch das einschlägige Fachschrifttum bietet eine wichtige Orientierungshilfe. Dieses kann auch hilfreich sein, wenn es darum geht, mögliche Änderungen der höchstrichterlichen Rechtsprechung zu prognostizieren. Größte Bedeutung kommt hierbei dem Studium der Vorlagebeschlüsse einzelner Senate des BFH an den Großen Senat des BFH zu. Gleiches gilt hinsichtlich der Vorlagebeschlüsse des BFH an das Bundesverfassungsgericht. Auch Äußerungen von Richtern des BFH sowie von Angehörigen der Finanzverwaltung im Schrifttum können genutzt werden, um möglichst frühzeitig künftige Steuerrechtsänderungen prognostizieren zu können.

---

[17]   Die in den letzten vier Punkten genannten Steuerrechtsänderungen sind alle eingefügt worden durch das Unternehmensteuerreformgesetz 2008 vom 14.8.2007, BGBl 2007 I, S. 1912.

[18]   Siehe Erbschaftsteuerreformgesetz v. 24.12.2008, BGBl 2008 I, S. 3018.

[19]   Siehe Gesetz zur Umsetzung steuerrechtlicher Regelungen des Maßnahmenpakets „Beschäftigungssicherung durch Wachstumsstärkung" v. 21.12.2008, BGBl 2008 I, S. 2896.

[20]   Vgl. die unterschiedlichen Vorstellungen zu künftigen Tarifgestaltungen in den Programmen der verschiedenen Parteien, so z. B. CDU/CSU, Regierungsprogramm, 2009; FDP, Deutschlandprogramm, 2009; SPD, Regierungsprogramm, 2009.

[21]   Vgl. SPD, Regierungsprogramm, 2009.

Zusammenfassend kann festgestellt werden, dass eine sorgfältige Beobachtung der politischen Diskussion und des einschlägigen Schrifttums für die Steuerplanung äußerst wichtig ist. Doch kann sie nicht völlig vor unerwarteten Entwicklungen schützen. Hinzu kommt, dass häufig eine Anpassung an künftige Entwicklungen des Steuerrechts nicht oder nur mit erheblichem Zeitaufwand und hohen Kosten möglich ist.

Positiv für die Steuerplanung wirkt sich allerdings die Vorschrift des § 176 AO aus. Nach Absatz 1 dieser Vorschrift darf eine Aufhebung oder Änderung eines bereits ergangenen Steuerbescheids zu *Lasten des Steuerpflichtigen nicht* auf folgende Sachverhalte gestützt werden:

1. Das Bundesverfassungsgericht stellt die Nichtigkeit einer gesetzlichen Vorschrift fest.
2. Ein oberstes Bundesgericht (i. d. R. der BFH) hält eine Steuerrechtsnorm für verfassungswidrig.
3. Ein oberstes Bundesgericht (i. d. R. der BFH) ändert seine Rechtsprechung.

Insbesondere der dritte der genannten Gründe ist von außerordentlich großer praktischer Bedeutung. Hierdurch ist der Steuerpflichtige davor gefeit, dass seine steuerplanerischen Maßnahmen im Nachhinein durch eine Änderung der Rechtsprechung des BFH zunichte gemacht werden. Einmal auf der Grundlage der alten Rechtsprechung gezogene und durch einen Bescheid erhärtete Steuerfolgen dürfen also *nicht* aufgrund einer geänderten Rechtsprechung mit Wirkung für die Vergangenheit *zu Ungunsten des Planenden* geändert werden. Änderungen zu Gunsten des Steuerpflichtigen hingegen können und müssen berücksichtigt werden, vorausgesetzt, es besteht in formeller Hinsicht eine Änderungsmöglichkeit. Diese dürfte vielfach auf der Grundlage des § 164 AO (Vorbehaltsfestsetzung) gegeben sein.

3 Steuersätze im Rahmen der betrieblichen Steuerpolitik

3.1 Grundsätzliches, Durchschnitts-, Differenz- und Grenzsteuersatz

Eine Steuerschuld besteht aus dem Produkt aus der Bemessungsgrundlage und dem hierauf anzuwendenden Steuersatz. Bei den meisten Steuerarten ist der Steuersatz konstant, d. h. er ist unabhängig von der Höhe der Bemessungsgrundlage. Von diesem Grundsatz gibt es - soweit ersichtlich - in allen Rechtsordnungen der Welt eine wichtige Ausnahme. Sie betrifft die Einkommensteuer. Bei dieser Steuerart ist der Tarif progressiv gestaltet, d. h. der Steuersatz steigt mit der Höhe des zu versteuernden Einkommens. Hierbei lassen sich systematisch die folgenden beiden Methoden zur Erreichung eines Progressionseffekts unterscheiden:

1. Der Einkommensteuersatz, mit dem die jeweils letzte Einheit des zu versteuernden Einkommens belastet wird, steigt mit steigendem zu versteuernden Einkommen stetig an.

2. Der Einkommensteuersatz steigt in Sprüngen, d. h. er beträgt z. B. für die ersten 10.000 Geldeinheiten 0 %, für die zweiten 30.000 Geldeinheiten 20 %, für die nächsten 30.000 Geldeinheiten 30 % und für alle (10.000 + 30.000 + 30.000 =) 70.000 Geldeinheiten übersteigenden Beträge 40 %.

In der Bundesrepublik Deutschland sind die beiden Methoden miteinander verknüpft. Hierauf wird im nächsten Gliederungspunkt eingegangen.

Bei der Einkommensteuer lassen sich drei Arten von Steuersätzen unterscheiden, und zwar

- der Durchschnittssteuersatz,
- der Differenzsteuersatz und
- der Grenzsteuersatz.

Der **Durchschnittssteuersatz** ist der Steuersatz, mit dem das zu versteuernde Einkommen durchschnittlich belastet ist. Es handelt sich also um den Quotienten aus der Einkommensteuerschuld und dem zu versteuernden Einkommen[22].

Der **Differenzsteuersatz** ist der Steuersatz, mit dem eine Einkommensdifferenz belastet ist. Es handelt sich also um den Quotienten aus der Steuerdifferenz und der Differenz aus dem zu versteuernden Einkommen.

Der Ermittlung des **Grenzsteuersatzes** liegt eine Marginalbetrachtung zugrunde. Der Grenzsteuersatz ist der Steuersatz, mit dem eine marginale Einkommensänderung belastet ist. Er wird ermittelt aus dem Quotienten aus der durch eine margi-

---

22   Vgl. Michels, R., Wahlrechte, 1982, S. 146.

nale Einkommensänderung hervorgerufenen Steuerdifferenz und der marginalen Einkommensänderung. Mathematisch handelt es sich also um die erste Ableitung der die Höhe der Einkommensteuer definierenden Gleichungen.

3.2 Einkommensteuersätze nach deutschem Recht

3.2.1 Einführung

Bereits seit Jahrzehnten ist der in der Bundesrepublik Deutschland geltende Einkommensteuertarif in der für den jeweiligen Veranlagungszeitraum geltenden Fassung in § 32a EStG geregelt. Beschließt der Gesetzeber für künftige Veranlagungszeiträume eine Tarifänderung, so regelt er diese traditionell in den Anwendungsvorschriften des § 52 EStG.

Während der letzten Jahre hat der deutsche Gesetzgeber den Einkommensteuertarif nur wenig verändert. So beträgt der Grundfreibetrag des § 32a Abs. 1 EStG für die Veranlagungszeiträume 2005 bis 2008 jeweils 7.664 €. Für den Veranlagungszeitraum 2009 hat ihn der Gesetzgeber geringfügig auf 7.834 € und für 2010 auf 8.004 € erhöht.

An den Grundfreibetrag schließen sich in allen genannten Veranlagungszeiträumen zwei Progressionsbereiche an. Sie werden durch zwei quadratische Gleichungen definiert. Die sich aus diesen Gleichungen ergebenden Kurvenverläufe weichen in den einzelnen Veranlagungszeiträumen nur minimal voneinander ab.

Für alle Einkommensteile, die oberhalb des Progressionsbereichs liegen, beträgt der Grenzsteuersatz der Einkommensteuer seit dem Veranlagungszeitraum 2005 einheitlich 42 %. Der Bereich oberhalb des Progressionsbereichs wird als (unterer) Proportionalbereich oder als **(unterer) Plafond** bezeichnet. Während aller genannten Jahre, d. h. seit 2005, beginnt er bei zu versteuernden Einkommen, die zwischen 52 T€ und 53 T€ liegen. Mit Wirkung ab dem Veranlagungszeitraum 2007 hat der Gesetzgeber für zu versteuernde Einkommen von mehr als 250 T€ einen gesonderten Steuersatz von 45 % eingeführt (Reichensteuer). Seither gibt es einen weiteren Proportionalbereich, der hier als oberer Proportionalbereich oder **oberer Plafond** bezeichnet wird.

Alle genannten Beträge des zu versteuernden Einkommens beziehen sich auf den Grundtarif. Bei Anwendung des Splittingtarifs verdoppeln sie sich.

3.2.2 Durchschnitts-, Differenz- und Grenzsteuersätze nach dem für 2010 geltenden Tarif

Der nach dem Rechtsstand im Sommer 2009 für das Jahr 2010 gesetzlich definierte Tarif ist im Anhang 1 zu diesem Buch unter „Vorbemerkungen" abgedruckt. Die Wiedergabe dieser Tarifvorschrift erfolgt deshalb, weil in nachfolgenden konkreten Berechnungen häufig auf sie zurückgegriffen wird. Die Wiedergabe soll es dem Leser ersparen, nach dieser Rechtsnorm, die in wenigen Jahren vermutlich geändert sein wird, in einer alten Gesetzessammlung suchen zu müssen. Vorstellbar ist es, dass der im Anhang wiedergegebene Tarif, der aus heutiger Sicht (Sommer 2009) für die Steuerplanung besonders wichtig erscheint, niemals zur Anwendung kommt, weil der Gesetzgeber nach der nächsten Bundestagswahl (Herbst 2009) Änderungen vornimmt. Zur Anwendung kommen aber sicherlich - für die jeweiligen Veranlagungszeiträume - die Tarife der Jahre 2008 und 2009, die von dem im Anhang wiedergegebenen Tarif nur geringfügig abweichen. *Nachfolgend wird der im Anhang wiedergegebene Tarif als der Tarif des Jahres 2010 bezeichnet, und zwar nach dem Rechtsstand im Sommer 2009.*

Wie bereits ausgeführt, beginnt der deutsche Einkommensteuertarif mit einem Grundfreibetrag, dessen Höhe in § 32a Abs. 1 EStG festgelegt ist. Im Veranlagungszeitraum 2010 beträgt dieser - nach dem Rechtsstand im Sommer 2009 - 8.004 €. Innerhalb dieses Bereichs betragen Durchschnitts-, Grenz- und Differenzsteuersatz jeweils 0 %. Bei einem zu versteuernden Einkommen von 8.005 € „springt" der Grenzsteuersatz auf 14 %.

An den Grundfreibetrag schließen sich zwei Progressionsbereiche an. Sie werden durch zwei quadratische Gleichungen definiert. Die Gleichung für den oberen progressiven Bereich, der für zu versteuernde Einkommen von 13.470 € bis 52.881 € anzuwenden ist, lautet gem. § 32a Abs. 1 Satz 2 Nr. 3 EStG wie folgt:

(1) $E_{st} = (228{,}74 \cdot z + 2.397) \cdot z + 1.038.$

Hierbei gibt E_{st} die Einkommensteuerschuld an. z ist nach § 32 Abs. 1 Satz 4 EStG ein Zehntausendstel des 13.469 € übersteigenden Teils des zu versteuernden Einkommens (E^{*}):

(2) $z = \dfrac{E^{*} - 13.469}{10.000}$ bzw.

(2a) $z = E^{*} \cdot 10^{-4} - 1{,}3469.$

Durch Einsetzen von Gleichung (2a) in Gleichung (1) ergibt sich:

(3) $E_{st} = 228{,}74 \cdot (E^{*2} \cdot 10^{-8} - 2{,}6938 \cdot E^{*} \cdot 10^{-4} + 1{,}81413961)$

$+ 2.397 \cdot (E^{*} \cdot 10^{-4} - 1{,}3469) + 1.038$ bzw.

(3a) $E_{st} = 228{,}74 \cdot E^{*2} \cdot 10^{-8} - 616{,}179812 \cdot E^{*} \cdot 10^{-4} + 414{,}9662944$

$+ 2.397 \cdot E^{*} \cdot 10^{-4} - 3.228{,}5193 + 1.038$ bzw.

(3b) $E_{st} = 228{,}74 \cdot E^{*2} \cdot 10^{-8} + 0{,}178082 \cdot E^{*} - 1.775{,}5530056.$

Der Grenzsteuersatz s_e' beträgt:

(4) $s_e' = \dfrac{dE_{st}}{dE^{*}}.$

Unter Berücksichtigung von Gleichung (3b) ergibt sich hierfür:

(5) $s_e' = 4{,}5748 \cdot E^{*} \cdot 10^{-6} + 0{,}178082.$

Hieraus lässt sich für ein konkretes zu versteuerndes Einkommen der zugehörige Grenzsteuersatz ermitteln.

Beispiel

Es ist der Grenzeinkommensteuersatz eines ledigen Steuerpflichtigen mit einem zu versteuernden Einkommen von 44.171 € zu bestimmen.

Der Grenzsteuersatz ergibt sich durch Einsetzen von $E^{*} = 44.171$ in Gleichung (5):

$s_e' = 4{,}5748 \cdot 44.171 \cdot 10^{-6} + 0{,}178082,$

$s_e' = 0{,}202074 + 0{,}178082,$

$s_e' = 38{,}02\ \%.$

Für alle Einkommensteile, die oberhalb des Progressionsbereichs liegen, beträgt - wie bereits ausgeführt - der Grenzsteuersatz der Einkommensteuer gem. § 32a Abs. 1 EStG einheitlich 42 % bzw. 45 % (oberhalb von 250 T€ bzw. 500 T€).

Die im Anhang befindliche Tabelle T-1 enthält in Spalte 2 Durchschnitts- und in Spalte 3 Grenzsteuersätze zu den in Spalte 1 aufgeführten zu versteuernden Einkommen. Der Tabelle liegt der Grundtarif des § 32a EStG für das Jahr 2010 (nach dem Rechtsstand im Sommer 2009) zugrunde. Bei allen in der Tabelle aufgeführten Steuersätzen handelt es sich um „reine" Einkommensteuersätze, d. h. Solidaritätszuschlag und Kirchensteuer sind nicht berücksichtigt.

Wird jeder der in Spalte 1 der *Tabelle T-1* enthaltenen Einkommenswerte als mittlerer Wert einer Einkommensdifferenz angesehen, so kann der hierzu korrespondierende Wert der Spalte 3 auch als Differenzsteuersatz dieser Einkommensdifferenz angesehen werden. *Grenzsteuersatz* und *Differenzsteuersatz* sind dann *identisch*. Das gilt nur unter der Voraussetzung, dass sich sowohl der obere als auch der untere Einkommenswert einheitlich entweder im Progressions- oder aber im Proportionalbereich befinden.

Beispiel

Das zu versteuernde Einkommen des ledigen und konfessionslosen Steuerpflichtigen A erhöht sich von 43 T€ auf 47 T€. A will wissen, mit welchem Steuersatz diese Einkommensdifferenz belastet ist.

Der mittlere Wert der Einkommensdifferenz beträgt 45 T€. Dieser Wert ist in Spalte 1 der Tabelle T-1 im Anhang aufgeführt. Für diesen Wert ergibt sich nach Spalte 3 dieser Tabelle ein Grenzsteuersatz von 38,39 %. Dies ist zugleich auch der gesuchte Wert des Differenzsteuersatzes der Einkommensdifferenz von 43 T€ bis 47 T€.

Die Werte der im Anhang wiedergegebenen Tabelle T-1 sind in *Abbildung I/1* eingetragen. Diese Abbildung enthält je eine Kurve der Durchschnitts- und der Grenzsteuersätze. Beide Kurven verlaufen bis zu einem Einkommen von 8 T€ (8.005 €) auf der Abszisse. Die Kurve der Grenzsteuersätze „springt" dann auf einen Steuersatz von 14 % und steigt anschließend in zwei aufeinanderfolgenden Tarifzonen jeweils linear an bis zu einem Einkommen von 52,9 T€ (52.882 €). Ab dieser Einkommenshöhe, also ab Beginn des unteren Plafonds, beträgt der Grenzsteuersatz stets 42 %, d. h. die Grenzsteuerkurve verläuft parallel zur Abszisse. Bei einem zu versteuernden Einkommen von 250,7 T€ (250.731 €) „springt" die Grenzsteuersatzkurve erneut, und zwar nunmehr von 42 % auf 45 %. Anschließend verläuft sie wiederum parallel zur Abszisse.

Die zu den einzelnen Punkten der Grenzsteuersatzkurve gehörigen Abszissenwerte können auch als mittlere Werte einer wohldefinierten Einkommensdifferenz angesehen werden. Die Grenzsteuersatzkurve wird dann zu einer Differenzsteuersatzkurve.

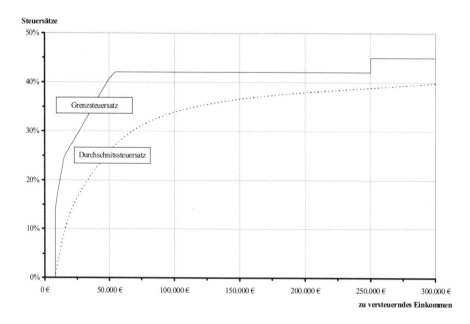

Abbildung I/1:   Durchschnitts- und Grenzsteuersätze bei Anwendung des Grundtarifs für das Jahr 2010 ohne Kirchensteuer und Solidaritätszuschlag

Die Ausführungen zum Grenzsteuersatz im Plafond gelten entsprechend für den Differenzsteuersatz, soweit dieser ebenfalls ausschließlich durch die für den Plafond geltende Tariffunktion bestimmt wird.

Im Gegensatz zur Grenzsteuersatzkurve steigt die Kurve der Durchschnittssteuersätze ab einem zu versteuernden Einkommen von 8 T€ stetig an. Sie verläuft stets unterhalb der Grenzsteuersatzkurve. Bei sehr hohen Einkommen nähert sie sich dieser asymptotisch. Die Kurve der Durchschnittssteuersätze weist somit immer dann, wenn der Grundfreibetrag überschritten ist, keinen linearen Verlauf auf. Dennoch erscheint es vertretbar, auch Durchschnittssteuersätze mit Hilfe der linearen Interpolation näherungsweise zu ermitteln.

Für *Ehegatten*, die nach den §§ 26 und 26b EStG zusammen zur Einkommensteuer veranlagt werden, gilt die Tariffunktion für die Hälfte des gemeinsam zu versteuernden Einkommens. Der ermittelte Steuerbetrag wird dann verdoppelt. Für Abbildung I/1 folgt daraus, dass bei Anwendung des Splittingtarifs bei einem unveränderten Verlauf der Durchschnitts- und der Grenzsteuersatzkurve die entsprechenden zu versteuernden Einkommen zu verdoppeln sind.

3.2.3 Kombinierte Einkommen-, Kirchensteuer- und Solidaritätszuschlagsätze

3.2.3.1 Allgemeine Ableitung

In der Bundesrepublik Deutschland wird von den Angehörigen der großen Kirchengemeinden Kirchensteuer erhoben. Unterliegt ein Steuerpflichtiger der Kirchensteuer, so ist es sinnvoll, Einkommen- und Kirchensteuer in einem kombinierten Steuersatz zusammenzufassen. Hierbei ist zu berücksichtigen, dass die Kirchensteuer (K_{ist}) nach derzeit geltendem Recht (Stand: Sommer 2009) selbst als Sonderausgabe abzugsfähig ist. Wird das Einkommen bzw. der Einkommensteil vor Abzug der Kirchensteuer mit E_{ink} bezeichnet, so hat die Bemessungsgrundlage sowohl der Einkommen- als auch der Kirchensteuer den Wert $E_{ink} - K_{ist}$. Die Einkommensteuer ergibt sich durch Multiplikation dieser Bemessungsgrundlage mit dem reinen Einkommensteuersatz (s_{ei}), die Kirchensteuer grundsätzlich durch Multiplikation des sich ergebenden Produkts mit dem Kirchensteuersatz (s_{ki}). Die Kirchensteuer kann mithin wie folgt geschrieben werden:

(6) $K_{ist} = (E_{ink} - K_{ist}) \cdot s_{ei} \cdot s_{ki}$.

Nach einigen Umformungen ergibt sich hieraus:

(6a) $K_{ist} = \dfrac{s_{ei} \cdot s_{ki}}{1 + s_{ei} \cdot s_{ki}} \cdot E_{ink}$.

Die Summe aus Einkommen- und Kirchensteuer entspricht dem Produkt aus dem Einkommen vor Abzug der Kirchensteuer E_{ink} und dem kombinierten Einkommen- und Kirchensteuersatz S_e:

(7) $E_{st} + K_{ist} = E_{ink} \cdot S_e$.

Diese Summe entspricht aber auch dem Produkt aus dem zu versteuernden Einkommen und dem reinen Einkommensteuersatz S_{ei}, zuzüglich des Produkts aus der Einkommensteuer und dem Kirchensteuersatz S_{ki}. Das zu versteuernde Einkommen ergibt sich durch Abzug der Kirchensteuer K_{ist} von E_{ink}. Die Einkommensteuer ergibt sich als das Produkt aus dieser Differenz und dem Einkommensteuersatz S_{ei}. Es kann demnach geschrieben werden:

(8) $E_{st} + K_{ist} = (E_{ink} - K_{ist}) \cdot S_{ei} + (E_{ink} - K_{ist}) \cdot S_{ei} \cdot S_{ki}$.

Aus den Gleichungen (7) und (8) kann gefolgert werden:

(9) $E_{ink} \cdot S_e = (E_{ink} - K_{ist}) \cdot S_{ei} + (E_{ink} - K_{ist}) \cdot S_{ei} \cdot S_{ki}$.

Durch Umformung ergibt sich hieraus:

(9a) $E_{ink} \cdot S_e = E_{ink} \cdot (S_{ei} + S_{ei} \cdot S_{ki}) - K_{ist} \cdot (S_{ei} + S_{ei} \cdot S_{ki})$.

Durch Einsetzen des Werts von K_{ist} aus Gleichung (6a) in Gleichung (9a) ergibt sich:

(10) $E_{ink} \cdot S_e = E_{ink} \cdot S_{ei} \cdot (1 + S_{ki}) - \dfrac{S_{ei} \cdot S_{ki}}{1 + S_{ei} \cdot S_{ki}} \cdot E_{ink} \cdot S_{ei} \cdot (1 + S_{ki})$.

Klargestellt sei, dass es sich bei der in den Gleichungen (6) bis (10) enthaltenen Bemessungsgrundlage E_{ink} keinesfalls um das gesamte Einkommen des Steuerpflichtigen handeln muss. Vielmehr sind diese Gleichungen auf beliebige Teile des Einkommens anwendbar, deren Belastung mit Einkommen- und Kirchensteuer ermittelt werden soll.

Nach Division der Gleichung (10) durch E_{ink} und Umformung ergibt sich:

(11) $S_e = S_{ei} \cdot (1 + S_{ki}) \cdot \left(1 - \dfrac{S_{ei} \cdot S_{ki}}{1 + S_{ei} \cdot S_{ki}}\right)$ bzw.

(12) $S_e = \dfrac{S_{ei} \cdot (1 + S_{ki})}{1 + S_{ki} \cdot S_{ei}}$.

Im Plafond der Einkommensteuer beträgt nach der derzeitigen Rechtslage der Grenz- und der Differenzsteuersatz der Einkommensteuer 42 % bzw. 45 %. Wird der Einkommensteuersatz von 42 % in Gleichung (12) eingesetzt und wird außerdem von einem Kirchensteuersatz von 9 % (ski = 0,09) ausgegangen, so ergibt sich ein kombinierter Steuersatz von

$$(12a) \quad se = \frac{0,42 \cdot (1 + 0,09)}{1 + 0,09 \cdot 0,42} \quad bzw.$$

$$(12b) \quad se = 0,4411255.$$

Im unteren Plafond und bei einem Kirchensteuersatz von 9 % beträgt der kombinierte Einkommen- und Kirchensteuersatz also rd. 44,113 %. Dies gilt sowohl für den Grenz- als auch für den Differenzsteuersatz. Der Durchschnittssteuersatz hingegen ist geringer. Er nähert sich mit steigendem Einkommen asymptotisch dem Wert von 44,113 %. Bei Anwendung des Einkommensteuersatzes für die „Reichensteuer" von 45 % beträgt der kombinierte Einkommen- und Kirchensteuersatz 47,141 %.

Nach dem Rechtsstand im Sommer des Jahres 2009 wird ein Solidaritätszuschlag zur Einkommensteuer erhoben. Er beträgt nach § 4 SolZG 5,5 % der Einkommensteuer. Ist der Steuerpflichtige konfessionslos, so beträgt der kombinierte Einkommensteuer- und Solidaritätszuschlagsatz z. B. bei einem „reinen" Einkommensteuersatz von 42 % (42 % + 5,5 % · 42 % =) 44,31 %. Unterliegt der Steuerpflichtige zusätzlich einer 9 %igen Kirchensteuer, so kann der kombinierte Einkommensteuer-, Kirchensteuer- und Solidaritätszuschlagsatz aus Gleichung (12) ermittelt werden, indem in diese Gleichung der Solidaritätszuschlag integriert wird. Gleichung (12) kann dann wie folgt abgewandelt werden:

$$(13) \quad se = \frac{sei \cdot (1 + solz + ski)}{1 + ski \cdot sei}.$$

Bei einem „reinen" Einkommensteuersatz von 30 % (sei = 0,3) beträgt dann der sich aus Gleichung (13) ergebende kombinierte Steuersatz 33,447 %, bei einem Einkommensteuersatz von 42 % (sei = 0,42) beträgt er 46,338 % und bei einem Einkommensteuersatz von 45 % (sei = 0,45) 49,519 %.

Die im Anhang befindliche Tabelle T-3 ist in gleicher Weise aufgebaut wie Tabelle T-1, die bereits unter Gliederungspunkt 3.2.2 erläutert worden ist. Sie unterscheidet sich von dieser lediglich dadurch, dass in ihr der Solidaritätszuschlag berücksichtigt ist. Die ebenfalls im Anhang befindliche Tabelle T-5 enthält zusätzlich noch eine 9 %ige Kirchensteuer.

3.2.3.2 Von der Bemessungsgrundlage der Einkommensteuer abweichende Bemessungsgrundlage der Kirchensteuer

Die im letzten Gliederungspunkt abgeleiteten Gleichungen (6) bis (13) gelten unter der Voraussetzung, dass die Bemessungsgrundlage, deren Belastung zu ermitteln ist, für die Einkommensteuer und für die darauf zu erhebenden Zuschlagsteuern gleich groß ist. Zwischen der (Teil-)Bemessungsgrundlage der Einkommensteuer und derjenigen der Zuschlagsteuern dürfen also keine Unterschiede bestehen. Diese Voraussetzung ist nur für die Einkommensteile erfüllt, für die § 51a Abs. 1 EStG gilt. Abweichungen können sich hingegen aus § 51a Abs. 2 EStG ergeben.

Nach § 51a Abs. 2 Satz 1 EStG ist zusätzlich zu dem zu versteuernden Einkommen ein fiktives zu versteuerndes Einkommen zu ermitteln. Dieses ergibt sich durch Abzug der Freibeträge für Kinder nach § 32 Abs. 6 EStG von dem tatsächlichen zu versteuernden Einkommen. Für steuerplanerische Zwecke ist diese Änderung ohne Bedeutung. Auf sie soll deshalb hier nicht weiter eingegangen werden.

Aus § 51a Abs. 2 Satz 3 EStG ergibt sich eine weitere Abweichung. Nach dieser Rechtsnorm ist bei der Ermittlung der fiktiven Einkommensteuer, die nach Satz 1 derselben Rechtsnorm die Bemessungsgrundlage der Zuschlagsteuern darstellt, § 35 EStG nicht anzuwenden. Hierauf wird in diesem Buch erst an späterer Stelle eingegangen[23].

3.2.4 Arten von Tabellen und Kurven und deren Anwendung

Im Anhang sind mit den Tabellen T-1 bis T-6 für den Rechtsstand des Veranlagungszeitraums ab 2010 (nach der Gesetzeslage im Sommer 2009) Tabellen mit Durchschnitts-, Grenz- und Differenzsteuersätzen wiedergegeben. Diese bilden nur einen Teil der während dieses Veranlagungszeitraums möglichen Kombinationen von Tarifen und einbezogenen Steuerarten ab. Für jeden beliebigen Rechtsstand lässt sich je eine Tabelle für folgende Kombinationen bilden:

• Grundtarif ohne Kirchensteuer und ohne Solidaritätszuschlag,
• Grundtarif mit Kirchensteuer, ohne Solidaritätszuschlag,
• Grundtarif ohne Kirchensteuer, mit Solidaritätszuschlag und
• Grundtarif mit Kirchensteuer und mit Solidaritätszuschlag.

Für den Splittingtarif lassen sich in gleicher Weise ebenfalls jeweils vier Tabellen erstellen. Die Zahl möglicher Tabellen je Rechtszustand lässt sich dann noch erhöhen, wenn unterschiedliche Kirchensteuersätze berücksichtigt werden. Derzeit gibt es bundesweit sowohl einen 8 %igen als auch einen 9 %igen Kirchensteuersatz. Außerdem gibt es Kirchensteuer mit und ohne Kappung. Bei einer

---

23   Vgl. Gliederungspunkt 4.2.2.

Kappung wird die Kirchensteuer auf einen bestimmten Prozentsatz des zu versteuernden Einkommens begrenzt.

Diese kurzen Ausführungen zeigen, dass allein für den hier angesprochenen Tarif des Jahres 2010 ein umfangreiches Tabellenwerk von Durchschnitts-, Grenz- und Differenzsteuersätzen erstellt werden könnte. Darauf aufbauend könnten entsprechende graphische Darstellungen erfolgen, wie sie aus Abbildung I/1 ersichtlich sind. Dies ist nicht Sinn und Zweck dieses Buches. Deshalb wird hierauf verzichtet. Im Rahmen dieses Buches wird vielmehr bei konkreten Berechnungen auf die durch die Tabellen T-1 bis T-6 gekennzeichneten Fälle zurückgegriffen. Diese beruhen auf dem Grundtarif des Jahres 2010 nach dem Rechtsstand im Sommer 2009.

Anhand der im Anhang befindlichen Tabellen lassen sich nur für wenige Einkommenshöhen und für wenige Einkommensdifferenzen Durchschnitts-, Grenz- und Differenzsteuersätze direkt ablesen. Mit Hilfe linearer Interpolation bzw. auf graphischem Wege lassen sich aber für nicht in den Tabellen aufgeführte Einkommen bzw. Einkommensdifferenzen die dazugehörigen Steuersätze schätzen. Hinsichtlich der Grenz- und der Differenzsteuersätze ist in diesem Zusammenhang eine Aufteilung des Tarifbereichs in die in § 32a Abs. 1 EStG vorgegebenen fünf Teilbereiche sinnvoll. Nach dem für den Veranlagungszeitraum 2010 geltenden Recht sind dies folgende fünf Bereiche:

1. der Bereich innerhalb des Grundfreibetrags von 8.004 € bzw. 16.008 €,
2. der untere Progressionsbereich von 8.005 € bzw. 16.010 € bis 13.469 € bzw. 26.938 €,
3. der obere Progressionsbereich von 13.470 € bzw. 26.939 € bis 52.881 € bzw. 105.762 €,
4. der untere Plafond, d. h. der Bereich von mehr als 52.881 € bzw. 105.762 € bis 250.730 € bzw. 501.460 €,
5. der obere Plafond (Reichensteuer) von mehr als 250.730 € bzw. 501.460 € an aufwärts.

Die jeweils zuerst genannte Zahl bezieht sich auf den Fall der Anwendung des Grundtarifs, die an zweiter Stelle genannte auf den der Anwendung des Splittingtarifs.

Innerhalb der einzelnen Bereiche bestehen jeweils lineare Zusammenhänge zwischen der Einkommenshöhe einerseits und der Höhe der Grenz- bzw. Differenzsteuersätze andererseits. Lineare Interpolationen sind somit ohne Einschränkungen möglich.

Beispiel

Der ledige Anton Berger (B) rechnet für das Jahr 2010 mit einem zu versteuernden Einkommen von 42 T€. Er steht vor der Frage, ob er das Einkommen um 6 T€ dadurch steigern soll, dass er eine Vortragstätigkeit übernimmt. Er will die Entscheidung u. a. davon abhängig machen, wie diese sich steuerlich auswirkt. Er stellt deshalb seinem Steuerberater folgende Fragen:

*   Wie verändern sich Durchschnitts-, Differenz- und Grenzsteuersätze aufgrund der Entscheidung,
*   mit welchem Steuersatz werden die zusätzlichen 6 T€ steuerlich belastet sein?

B gehört keiner Konfession an. Der Solidaritätszuschlag soll unberücksichtigt bleiben.

Zur Lösung der angeschnittenen Fragen kann von Tabelle T-1 des Anhangs ausgegangen werden. Ein zu versteuerndes Einkommen von 42 T€ ist in Tabelle T-1 nicht angegeben. Es liegt zwischen den in der Tabelle angegebenen Einkommen von 40 T€ und 45 T€. Bei einem Einkommen von 40 T€ beträgt der Durchschnittssteuersatz 22,52 % und der Grenzsteuersatz 36,11 %. Die entsprechenden Werte für ein Einkommen von 45 T€ lauten 24,16 % und 38,39 %. Das tatsächliche Einkommen liegt bei 40 % der Strecke zwischen beiden Einkommen oberhalb des unteren der beiden. Die Differenz der Durchschnittssteuersätze beträgt (24,16 % − 22,52 % =) 1,64 %, die Differenz der Grenzsteuersätze (38,39 % − 36,11 % =) 2,28 %. Für den Durchschnittssteuersatz bei einem Einkommen von 42 T€ ergibt sich ein Wert von (22,52 % + 40 % · 1,64 % =) 23,18 %. Der entsprechende Wert des Grenzsteuersatzes beläuft sich auf (36,11 % + 40 % · 2,28 % =) 37,02 %.

Wird das Einkommen um 6 T€ erhöht, so beträgt es 48 T€. Die Durchschnitts- und Grenzsteuersätze lassen sich in gleicher Weise berechnen, wie soeben dargestellt. Sie lauten 25,08 % und 39,77 %.

Der Durchschnittssteuersatz erhöht sich also bei einer Einkommenserhöhung von 42 T€ auf 48 T€ von 23,18 % auf 25,08 %.

Der Differenzeinkommensteuersatz, mit dem die Einkommenserhöhung von 6 T€ durchschnittlich belastet ist, kann als arithmetisches Mittel der beiden Grenzsteuersätze bei Einkommen von 42 T€ und 48 T€ ermittelt werden. Er beträgt [(37,02 % + 39,77 %) : 2 =] 38,40 %.

Es können aber auch die sich aus Spalte 5 der Tabelle T-1 des Anhangs ergebenden Steuersätze angewendet werden. Auf (45 − 42 =) 3 T€ ist dann ein Steuersatz von 37,25 % und auf (48 − 45 =) 3 T€ ein Steuersatz von 39,54 % anzuwenden. Es ergibt sich eine Differenzsteuerbelastung von (3.000 · 37,25 % + 3.000 · 39,54 % =) 2.304 €. Dies entspricht einem Differenzsteuersatz von (2.304 : 6.000 =) 38,40 %. Dies ist der Steuersatz, mit dem die zusätzlichen 6 T€ belastet werden.

In der nachfolgenden Abbildung I/2 sind die soeben geschilderten Zusammenhänge des Beispiels graphisch dargestellt.

Auszugehen ist bei der graphischen Darstellung von der im Anhang befindlichen Tabelle T-1. Es sind dann zu den jeweils relevanten Einkommenshöhen Parallelen zu der Ordinate zu ziehen. Die Schnittpunkte dieser Parallelen mit den entsprechenden Steuerkurven bestimmen die gesuchten Steuersätze. Diese ergeben sich, indem durch die Schnittpunkte Parallelen zur Abszisse gelegt werden. Die Punkte, an denen diese Parallelen die Ordinate schneiden, bestimmen die jeweiligen Steuersätze. Im Einzelnen ergeben sich folgende Steuersätze: Durchschnittssteuersatz bei einem Einkommen von 42 T€ = 23,17 %, Durchschnittssteuersatz bei einem Einkommen von 48 T€ = 25,08 %, Grenzsteuersatz bei einem Einkommen von 42 T€ = 37,02 %, Grenzsteuersatz bei einem Einkommen von 48 T€ = 39,77 %.

Der Differenzsteuersatz kann als arithmetisches Mittel der beiden Grenzsteuersätze ermittelt werden. Er beträgt dann [(37,02 % + 39,77 %) : 2 =] 38,40 %. Der Differenzsteuersatz kann aber auch direkt der Grenzsteuersatzkurve entnommen werden. Er entspricht dann dem Grenzsteuersatz des mittleren Wertes zwischen den beiden Einkommensbegrenzungen von 42 T€ und 48 T€, d. h. er entspricht dem Grenzsteuersatz, der sich für ein zu versteuerndes Einkommen von 45 T€ ergibt. Dieser Grenzsteuersatz lässt sich auf die soeben dargestellte Weise graphisch ermitteln. Er beträgt 38,40 %. Damit beträgt auch der gesuchte Differenzsteuersatz 38,40 %.

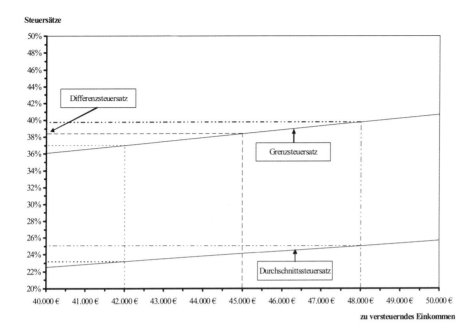

Abbildung I/2:   *Graphische Ermittlung konkreter Durchschnitts-, Grenz- und Differenzsteuersätze*

3.2.5 Zur Genauigkeit der ermittelten Werte für kombinierte Einkommen- und Kirchensteuersätze

Die auf der Grundlage der Gleichungen (12) bzw. (13) ermittelten Werte für kombinierte Einkommen- und Kirchensteuersätze beruhen auf der Prämisse, dass die Kirchensteuer im Veranlagungszeitraum ihrer Entstehung zum Abzug vom Einkommen führt. Dies setzt voraus, dass sie im Jahr ihrer Entstehung zu einer Auszahlung führt, und zwar genau in Höhe des Betrags ihrer Entstehung. Diese Prämisse ist zwar möglich, aber keinesfalls zwingend. Regelmäßig dürfte es in der Realität vielmehr so sein, dass sich die für ein Jahr zu entrichtende Kirchensteuer nicht genau mit der in diesem Jahr für dieses Jahr zu entrichtenden Kirchensteuer deckt. Bekanntlich kommt es dann in einem späteren Jahr zu einer Nachzahlung oder zu einer Erstattung von Kirchensteuer. Entstehung und Entrichtung der Kirchensteuer fallen somit teilweise zeitlich auseinander. Regelmäßig dürften die sich hierdurch ergebenden Effekte auf die Höhe der kombinierten Einkommen- und Kirchensteuersätze aber so gering sein, dass sie vernachlässigt werden können. Ausnahmen können sich allenfalls dann ergeben, wenn sich die zu versteuernden Einkommen im Zeitablauf unterhalb des Plafonds bewegen, aber innerhalb der relevanten Jahre ungewöhnlich großen Schwankungen unterliegen.

Eine Ermittlung kombinierter Einkommen- und Kirchensteuersätze nach den Gleichungen (12) und (13) und damit auch die Ermittlung von auf diesen Gleichungen beruhenden Tabellenwerten beinhaltet einen leichten methodischen Fehler. Er beruht darauf, dass bei Anwendung der Gleichungen (12) und (13) der reine Einkommensteuersatz sei nach dem vorläufigen zu versteuernden Einkommen E_{ink} bemessen wird, d. h. nach dem Einkommen, das sich vor Abzug der Kirchensteuer als Sonderausgabe ergibt. Korrekt wäre es aber, sei nach dem endgültigen zu versteuernden Einkommen zu bemessen. Dieses ist aber vor Kenntnis der noch zu bestimmenden Kirchensteuer unbekannt. Um zu einem exakten Ergebnis zu kommen, müssten also das zu versteuernde Einkommen und die zu dessen Ermittlung abzuziehende Kirchensteuer simultan ermittelt werden. Dies geschieht bei einer Ermittlung der kombinierten Steuersätze mit Hilfe der Gleichungen (12) und (13) nicht. Dadurch wird die Steuerbelastung systematisch überschätzt. Das gilt aber nur in den Fällen, in denen die Steuersätze bei unterschiedlichen Einkommen differieren. Dies ist nur der Fall

- bei allen Durchschnittssteuersätzen, die sich auf Einkommen oberhalb des Grundfreibetrags beziehen,
- bei Differenz- und Grenzsteuersätzen nur dann, wenn sich die Einkommen im Progressionsbereich und nicht im Plafond befinden.

In den Fällen, in denen die Steuerbelastung bei Anwendung der Gleichungen (12) bzw. (13) überschätzt wird, ist die Abweichung gegenüber dem exakten Ergebnis allerdings so gering, dass sie i. d. R. vernachlässigt werden kann. Die Abweichung soll anhand eines Beispiels veranschaulicht werden.

Beispiel

Das zu versteuernde Einkommen eines ledigen Steuerpflichtigen vor Abzug der Kirchensteuer als Sonderausgabe beträgt 30.006 €. Der Steuerpflichtige unterliegt einer 9 %igen Kirchensteuer, der Solidaritätszuschlag soll unberücksichtigt bleiben. Es ist die kombinierte Einkommen- und Kirchensteuer nach Gleichung (12) sowie mit Hilfe einer exakten Ermittlung zu berechnen. Ferner ist die Abweichung zwischen beiden Werten in % des vorläufigen zu versteuernden Einkommens, d. h. des Einkommens vor Abzug der Kirchensteuer als Sonderausgabe, zu ermitteln. Es ist von dem für das Jahr 2010 geltendem Recht - nach dem Rechtsstand im Sommer 2009 - auszugehen.

Wird auf den genannten Betrag von 30.006 € der Grundtarif des Jahres 2010 angewendet, ergibt sich eine Einkommensteuer von 5.627 € und ein reiner Einkommensteuersatz s_{ei} von 18,75 %. Wird dieser Wert in Gleichung (12) eingesetzt, so ergibt sich für den kombinierten Einkommen- und Kirchensteuersatz s_e ein Wert von 20,10 %.

Die exakte Steuerbelastung soll mit Hilfe eines iterativen Verfahrens ermittelt werden. Dieses besteht darin, dass in einem ersten Schritt die Einkommensteuer ohne Berücksichtigung der Abzugsfähigkeit der Kirchensteuer als Sonderausgabe ermittelt wird. Von der sich ergebenden Einkommensteuer wird eine vorläufige Kirchensteuer ermittelt. Diese wird in einem zweiten Schritt von dem Ausgangsbetrag von 30.006 € als Sonderausgabe abgezogen. Von dem sich nunmehr ergebenden zu versteuernden Einkommen wird wiederum die Einkommensteuer und von dieser die Kirchensteuer ermittelt. Dieses Verfahren wird noch so oft angewendet, bis sich zeigt, dass durch weitere Schritte keine Veränderungen mehr eintreten. Dies ist hier mit dem vierten Schritt der Fall, so dass die sich dann ergebende Einkommen- und Kirchensteuer die durch iterative Vorgehensweise ermittelte Steuerbelastung darstellt. Im Einzelnen ergibt sich Folgendes:

€

1. Schritt
Einkommensteuer auf E$_{ink}$, d. h. auf 30.006 €   5.627
9 % Kirchensteuer von 5.627 €   506

2. Schritt
Nach dem Ergebnis des ersten Schritts geändertes zu versteuerndes Einkommen
(30.006 – 506 =)   29.500
Einkommensteuer auf 29.500 €   5.468
9 % Kirchensteuer von 5.468 €   492

3. Schritt
Nach dem Ergebnis des zweiten Schritts geändertes zu versteuerndes Einkommen
(30.006 – 492 =)   29.514
Einkommensteuer auf 29.514 €   5.473
9 % Kirchensteuer auf 5.473 €   493

4. Schritt
Nach dem Ergebnis des dritten Schritts geändertes zu versteuerndes Einkommen
(30.006 – 493 =)   29.513
Einkommensteuer auf 29.513 €   5.473
9 % Kirchensteuer auf 5.473 €   493

Ein Vergleich der Ergebnisse der Schritte 3 und 4 zeigt, dass hinsichtlich der Höhe der Kirchensteuer kein Unterschied mehr vorhanden ist. Damit erübrigen sich weitere Schritte. Die sich im dritten Schritt ergebenden Steuerbelastungen stellen also die sich mit Hilfe der iterativen Steuerermittlung ergebenden endgültigen dar.

Die mit Hilfe der iterativen Ermittlung sich ergebende Steuerbelastung beträgt demnach (5.473 + 493 =) 5.966 €. Die Durchschnittsteuerbelastung von E$_{ink}$ beträgt demnach:

$$\frac{5.966}{30.006} = 19,88 \%.$$

Wie bereits dargestellt, beträgt der Durchschnittssteuersatz bei Anwendung von Gleichung (12) hingegen 20,10 %. Die Differenz der sich durch iterative Abstimmung ergebenden Durchschnittssteuersätze beträgt demnach (20,10 % – 19,88 % =) 0,22 % des vorläufigen zu versteuernden Einkommens von 30.006 €. Die absolute Steuerdifferenz beträgt (0,22 % · 30.006 € =) rd. 66 €. Diese Differenz ist für Entscheidungsrechnungen i. d. R. vernachlässigbar gering.

3.2.6 Steuersätze bei außerordentlichen Einkünften

3.2.6.1 Einführung

Alle bisherigen Ausführungen zu den Einkommensteuersätzen beruhen auf dem „Normaltarif" des § 32a EStG. Nicht berücksichtigt sind die Steuersätze, die sich aus § 34 EStG für außerordentliche Einkünfte ergeben können. § 34 EStG hat Begünstigungscharakter; die auf dieser Vorschrift beruhenden Steuersätze können zu einer niedrigeren Einkommensteuerbelastung führen als sich bei alleiniger Anwendung des § 32a EStG ergibt. Voneinander zu unterscheiden sind die sich aus § 34 *Abs. 1* EStG und die sich aus § 34 *Abs. 3* EStG ergebenden Steuersätze. Zu beachten ist, dass *Abs. 3* nur dann zur Anwendung kommt, wenn der Steuerpflichtige beantragt, diese Vorschrift anstelle derjenigen des § 34 Abs. 1 EStG anzuwenden. Im Gegensatz zu § 34 Abs. 1 EStG ist die Anwendung des § 34 Abs. 3 EStG darüber hinaus auf Veräußerungsgewinne beschränkt. Außerdem kann § 34 Abs. 3 EStG von dem Steuerpflichtigen nur einmal im Leben in Anspruch genommen werden. Eine solche Beschränkung gibt es bei § 34 Abs. 1 EStG nicht. Weitere Voraussetzung bei Anwendung des § 34 Abs. 3 EStG ist, dass der Steuerpflichtige das 55. Lebensjahr vollendet hat oder im sozialversicherungsrechtlichen Sinne dauernd berufsunfähig ist.

3.2.6.2 Wirkungen der Fünftelregelung des § 34 Abs. 1 EStG

Nach § 34 Abs. 1 Satz 2 EStG ist *zunächst* die Einkommensteuer auf das um die außerordentlichen Einkünfte geminderte zu versteuernde Einkommen **(verbleibendes zu versteuerndes Einkommen)** zu ermitteln. In einem *zweiten Schritt* ist dann die Einkommensteuer auf die *Summe aus verbleibendem zu versteuernden Einkommen und einem Fünftel* der außerordentlichen Einkünfte zu berechnen. In einem *dritten Schritt* ist die *Differenz* zwischen diesen beiden Beträgen zu bilden und der sich ergebende Betrag zu *verfünffachen*. Dieser verfünffachte Differenzbetrag ist der Betrag, mit dem gem. § 34 Abs. 1 Satz 2 EStG die außerordentlichen Einkünfte zu versteuern sind. Das in § 34 Abs. 1 EStG kodifizierte Verfahren ist im Schrifttum unter der Bezeichnung **Fünftelregelung**[24] bekannt.

Beispiel

Das zu versteuernde Einkommen des in Köln wohnhaften ledigen Alfons Müller (M) beträgt im Jahr 2010 190.446 €. Hierin ist ein Veräußerungsgewinn i. S. d. § 16 EStG i. H. v. 150.000 € enthalten.

Die Steuerschuld des M für das Jahr 2010 kann wie folgt ermittelt werden:

- verbleibendes zu versteuerndes Einkommen (190.446 – 150.000 =) 40.446 €,
- auf das verbleibende zu versteuernde Einkommen entfallende Einkommensteuer lt. Grundtabelle 9.169 €,
- verbleibendes zu versteuerndes Einkommen plus 1/5 der außerordentlichen Einkünfte (40.446 + 1/5 · 150.000 = 40.446 + 30.000 =) 70.446 €,
- Einkommensteuer auf 70.446 € lt. Grundtarif (0,42 · 70.446 – 8.172 =) 21.415 €,
- Differenz der Einkommensteuerbelastungen (21.415 – 9.169 =) 12.246 €,
- fünffache Differenzbelastung = Steuerbelastung der außerordentlichen Einkünfte (12.246 · 5 =) 61.230 €,
- Jahressteuerschuld des M für das Jahr 2010 (9.169 + 61.230 =) 70.399 €.

Ohne Anwendung des § 34 Abs. 1 EStG ergibt sich die Einkommensteuerschuld des M für 2010 aus der vierten Tarifformel des § 32a Abs. 1 EStG. Die Einkommensteuerschuld 2010 beträgt dann (0,42 · 190.446 – 8.172 =) 71.815 €. Die Steuerersparnis durch Anwendung des § 34 Abs. 1 EStG beträgt mithin (71.815 – 70.399 =) 1.416 €.

---

24 Vgl. Schmidt, B., Wiedereinführung, 2000, S. 2401; Hagen, O./Schynol, D., Besteuerung, 2001, S. 397; Pedack, E., Besteuerung, 2001, S. 165; Houben, H., Zusammenwirken, 2006, S. 200; Siegel, T./Diller, M., Stellungnahme, 2008, S. 178.

§ 34 Abs. 1 EStG hat zur Folge, dass eine *Steuerermäßigung nur dann* eintreten kann, *wenn* das *verbleibende zu versteuernde Einkommen unterhalb des Plafonds* liegt. Nur dann kann es zu einer Senkung des auf die außerordentlichen Einkünfte entfallenden Steuersatzes kommen. Liegt das verbleibende zu versteuernde Einkommen hingegen *im Plafond*, so ist auf die außerordentlichen Einkünfte vor und nach der Verteilungsrechnung i. S. d. § 34 Abs. 1 EStG der *Spitzensteuersatz* der Einkommensteuer anzuwenden.

Ist das verbleibende zu versteuernde Einkommen *negativ*, das zu versteuernde Einkommen hingegen *positiv*, so ist nicht Satz 2, sondern Satz 3 des § 34 Abs. 1 EStG anzuwenden. Nach dieser Vorschrift beträgt die Einkommensteuer das Fünffache der auf ein Fünftel des zu versteuernden Einkommens entfallenden Einkommensteuer.

Beispiel

Das zu versteuernde Einkommen des M aus dem letzten Beispiel beträgt nicht 190.446 €, sondern lediglich 140.446 €.

Das verbleibende zu versteuernde Einkommen ergibt sich durch Abzug des Veräußerungsgewinns von 150.000 € von dem zu versteuernden Einkommen von 140.446 €. Das verbleibende zu versteuernde Einkommen beträgt (140.446 – 150.000 =) – 9.554 €. Es ist also negativ. Die Jahressteuerschuld des M lässt sich nach § 34 Abs. 1 Satz 3 EStG wie folgt ermitteln:

* 1/5tel des zu versteuernden Einkommens (140.446 : 5 =) 28.089 €,
* Einkommensteuer auf 28.089 € lt. Grundtabelle 5.031 €,
* Verfünffachung des Betrages von 5.031 € (5.031 · 5 =) 25.155 €.

Ohne Anwendung des § 34 Abs. 2 EStG ergibt sich die Einkommensteuerschuld des M für 2010 auch in diesem Beispiel aus der vierten Tarifformel des § 32a Abs. 1 EStG. Die Einkommensteuerschuld des Jahres 2010 beträgt dann (0,42 · 140.446 – 8.172 =) 50.815 €. Die Steuerersparnis durch Anwendung des § 34 Abs. 1 Satz 3 EStG beträgt (50.815 – 25.155 =) 25.660 €.

Die Ausführungen lassen erkennen, dass bei einem negativen verbleibenden zu versteuernden Einkommen aufgrund der Fünftelregelung des § 34 Abs. 1 EStG für den Steuerpflichtigen im Vergleich zur Anwendung des Normaltarifs erhebliche steuerliche Vorteile entstehen können. Der Steuersatz, mit dem das zu versteuernde Einkommen zu belegen ist, kann wesentlich unter dem liegen, der sich bei Anwendung des § 32a EStG ergibt.

Der maximal mögliche Vorteil, der sich bei Anwendung des § 34 Abs. 1 EStG im Vergleich zur Anwendung des § 32a EStG ergeben kann, beläuft sich auf das Vierfache des Formelabzugsbetrags des § 32a Abs. 1 Satz 2 Nr. 5 EStG[25]. Dies liegt daran, dass bei Anwendung des § 34 Abs. 1 EStG dieser Abzugsbetrag infolge der Fünftelregelung fünffach zur Anwendung kommt, bei Anwendung des § 32a Abs. 1 EStG hingegen nur einmal. Für den Veranlagungszeitraum 2010 beträgt der maximale Vorteil (15.694 · 4 =) 62.776 € bei Anwendung der Grund-

---

25 Vgl. Herzig, N./Förster, G., Steuerentlastungsgesetz 1999, S. 714.

tabelle und das Doppelte des Betrages, d. h. 125.552 €, bei Anwendung der Splittingtabelle.

3.2.6.3 Wirkungen des ermäßigten Steuersatzes des § 34 Abs. 3 EStG

Ist in dem zu versteuernden Einkommen eines Steuerpflichtigen ein *Veräußerungsgewinn* enthalten, so kann dieser - soweit die in dieser Vorschrift genannten weiteren Voraussetzungen erfüllt sind - nach § 34 Abs. 3 EStG auf Antrag des Steuerpflichtigen nach einem **ermäßigten Steuersatz** besteuert werden. Auf das restliche zu versteuernde Einkommen **(verbleibendes zu versteuerndes Einkommen)** ist der Normaltarif des § 32a EStG anzuwenden.

Der *ermäßigte Steuersatz* beträgt nach der für das Jahr 2009 geltenden Rechtslage 56 % des durchschnittlichen Steuersatzes, der sich ergeben würde, wenn die tarifliche Einkommensteuer nach dem gesamten zu versteuernden Einkommen zu bemessen wäre. Er beträgt aber mindestens 15 %. Dieser *Mindeststeuersatz* sollte nach der dem Gesetz zugrunde liegenden Logik dem Grenzsteuersatz am unteren Tarifende entsprechen. Tatsächlich beträgt dieser Grenzsteuersatz 14 %. Vermutlich ist die Diskrepanz auf ein Versehen im Gesetzgebungsverfahren zurückzuführen. Die Anwendung des ermäßigten Steuersatzes ist auf einen Veräußerungsgewinn von maximal 5 Mio € begrenzt. Auf den übersteigenden Betrag ist der Normaltarif des § 32a EStG anzuwenden.

Das Konzept des § 34 Abs. 3 EStG geht also von einer Kombination aus 56 % des Durchschnittssteuersatzes und dem Mindeststeuersatz aus. Zur Anwendung des 56 %igen Durchschnittssteuersatzes kommt es erst dann, wenn das zu versteuernde Einkommen eine Höhe erreicht, bei der der Durchschnittssteuersatz (15 % : 56 % =) 26,79 % überschreitet. Das ist bei zu versteuernden Einkommen von rd. 53,7 T€ der Fall. Dieses zu versteuernde Einkommen gilt bei Anwendung des Grundtarifs; bei Anwendung des Splittingtarifs verdoppelt es sich. Bis zu der genannten Einkommenshöhe ist bei Anwendung des § 34 Abs. 3 EStG also der Mindeststeuersatz anzusetzen, erst bei darüber hinausgehenden Einkommenshöhen kommt es zur Anwendung des Steuersatzes von 56 % des Durchschnittssteuersatzes.

Ein Vorteil im Vergleich zur Anwendung des Normaltarifs kann mit Hilfe des ermäßigten Steuersatzes nur dann erzielt werden, wenn der Mindeststeuersatz niedriger ist als der auf das gesamte zu versteuernde Einkommen bezogene Durchschnittssteuersatz. Dies ist nur bei zu versteuernden Einkommen der Fall, die rd. 22,4 T€ übersteigen. Der genannte Betrag gilt wiederum bei Anwendung der Grundtabelle; bei Anwendung der Splittingtabelle verdoppelt er sich. Mit wachsendem zu versteuernden Einkommen wächst der absolute Vorteil. Er ist aber zunächst noch geringer als der sich bei Anwendung der Fünftelregelung ergebende[26].

Große Vorteile bewirkt der ermäßigte Steuersatz bei hohen Veräußerungsgewinnen und gleichzeitig verbleibenden zu versteuernden Einkommen im Plafond. Dies sind genau die Fälle, in denen die Fünftelregelung keinen Vorteil im Vergleich zum Normaltarif bewirkt. Es handelt sich somit um die Fälle, in denen die Anwendung des ermäßigten Steuersatzes am ehesten in Betracht kommt. Vor einer entsprechenden Antragstellung sollte aber jeweils sorgfältig geprüft werden, ob nicht noch weitere Veräußerungsgewinne zu erwarten sind und hieraus evtl. höhere Steuervorteile entstehen. Diese sind dann zu ermitteln, auf den Vergleichszeitpunkt abzuzinsen und mit dem Vorteil bei einer Antragstellung „jetzt" zu vergleichen. Dieser Vergleich ist erforderlich, da der Steuerpflichtige nur einmal in seinem Leben in den Genuss des ermäßigten Steuersatzes kommen kann.

3.2.7 Gesonderter Steuersatz für Einkünfte aus Kapitalvermögen

Seit dem Beginn des Jahres 2009 ist gem. § 32d EStG auf Einkünfte aus Kapitalvermögen ein gesonderter Einkommensteuersatz anzuwenden. Dieser beträgt nach Abs. 1 Satz 1 dieser Rechtsnorm grundsätzlich 25 % der entsprechenden Einkünfte. Zwischen der Höhe dieser Einkünfte und der auf sie entfallenden Steuerschuld besteht also ein linearer Zusammenhang. Unter Einbeziehung des derzeitigen 5,5 %igen Solidaritätszuschlags ergibt sich in den Fällen des § 32d Abs. 1 Satz 1 EStG ein kombinierter Einkommensteuer-Solidaritätszuschlagsatz i. H. v. (25 % · 1,055 =) 26,375 %. Sowohl die Einkommensteuer als auch der Solidaritätszuschlag auf Einkünfte aus Kapitalvermögen werden gem. § 43 Abs. 1 i. V. m. § 51a Abs. 1 EStG i. V. m. § 3 Abs. 1 Nr. 5 SolzG grundsätzlich im Wege des Kapitalertragsteuerabzugs erhoben. Mit der Kapitalertragsteuer gilt die auf die Einkünfte aus Kapitalvermögen entfallende Einkommensteuer gem. § 43 Abs. 5 EStG grundsätzlich als abgegolten.

Unterliegt der Steuerpflichtige zusätzlich zu der Einkommensteuer auch der Kirchensteuer, so ermäßigt sich nach § 32d Abs. 1 Satz 3 EStG die Einkommensteuer um 25 % der auf die Kapitalerträge entfallenden Kirchensteuer. Mit dieser Regelung wird die Abzugsfähigkeit der Kirchensteuer von der einkommensteuerlichen Bemessungsgrundlage als Sonderausgabe gem. § 10 Abs. 1 Nr. 4 EStG erfasst. § 32d Abs. 1 Satz 3 EStG definiert für diesen Fall eine Formel. Danach ergibt sich die Einkommensteuer auf die dem Steuersatz des § 32d Abs. 1 EStG unterliegenden Einkünfte (Sei§32d) wie folgt:

$$(14) \quad \text{Sei§32d} = \frac{e - 4q}{4 + k} \cdot$$

---

26   Vgl. Schmidt, B., Wiedereinführung, 2000, S. 2401 ff.

Hierbei haben die vom Gesetzgeber verwendeten Symbole folgende Bedeutung:

e = nach § 20 EStG ermittelte Einkünfte,

q = auf die Einkommensteuerschuld anrechenbare ausländische Einkommensteuer,

k = Kirchensteuersatz.

Wird der Fall betrachtet, dass keine anrechenbaren ausländischen Steuern vorliegen (q = 0) und wird der Kirchensteuersatz k durch das in Gleichung (12) hierfür
verwendete Symbol ski ersetzt, so kann Gleichung (14) wie folgt geschrieben werden:

$$(15) \quad \text{Sei}_{\S 32d} = \frac{e}{4 + \text{ski}} .$$

Die gesamte Steuerbelastung auf die Bemessungsgrundlage setzt sich dann aus
Sei$_{\S 32d}$ und der auf Sei$_{\S 32d}$ entfallenden Kirchensteuer zusammen. Diese Gesamtbelastung ist genau so hoch wie diejenige, die sich bei Anwendung des aus Gleichung (12) ermittelbaren kombinierten Einkommensteuer- und Solidaritätszuschlagsatzes se auf die Bemessungsgrundlage e ergibt. Auf eine allgemeine Ableitung der behaupteten Identität soll hier verzichtet und diese lediglich anhand eines
Beispiels aufgezeigt werden.

Beispiel

Der Steuerpflichtige S bezieht Einkünfte i. S. d. § 20 EStG i. H. v. 100.000 €. Er unterliegt der
Kirchensteuer; der Kirchensteuersatz beträgt 9 %.

Aus dem Sachverhalt ergibt sich für e i. S. d. Gleichung (15) ein Wert von 100.000 € und für ski
ein Wert von 0,09. Durch Einsetzen dieser Werte in Gleichung (15) ergibt sich eine Einkommensteuerbelastung von

$$\text{ESt} = \frac{100.000 \, €}{4 + 0,09} \quad \text{bzw.}$$

ESt = 24.450 €.

Die Kirchensteuer (KiSt) ergibt sich als das Produkt aus dieser Einkommensteuer und dem Kirchensteuersatz von 9 %. Sie beträgt:

KiSt = 24.450 · 9 % bzw.

KiSt = 2.200 €.

Insgesamt ergibt sich eine Steuerschuld von (24.450 + 2.200 =) 26.650 €.

Wird die Gesamtsteuerschuld nicht mit Hilfe der Gleichung (15), sondern mit der der Gleichung (12) ermittelt, so ist der aus dieser Gleichung ermittelte kombinierte Einkommensteuer- und
Solidaritätszuschlagsatz mit der Bemessungsgrundlage e von 100.000 € zu multiplizieren. In dieser Gleichung sind sei mit 25 % (0,25) und ski mit 9 % (0,09) anzusetzen. Es ergibt sich Folgendes:

$$\text{ESt} + \text{KiSt} = \frac{0,25 \cdot (1 + 0,09)}{1 + 0,09 \cdot 0,25} \cdot 100.000 \, € \quad \text{bzw.}$$

ESt + KiSt = 26.650 €.

Die Ergebnisse stimmen also überein.

Soweit an späteren Stellen in diesem Buch der für Einkünfte aus Kapitalvermögen maßgebende kombinierte Einkommen- und Kirchensteuersatz bzw. der kombinierte Einkommen-, Kirchensteuer- und Solidaritätszuschlagsatz anzuwenden ist, wird dieser aus Gleichung (13) und nicht aus den Gleichungen (14) bzw. (15) ermittelt.

3.2.8 Auf den nicht entnommenen Gewinn anzuwendende Steuersätze

Einkommensteuerpflichtige können auf nicht entnommene Gewinne bzw. Gewinnbestandteile anstelle des Tarifs des § 32a EStG einen in § 34a Abs. 1 EStG festgelegten linearen Steuersatz anwenden. Dieser beträgt nach dem Rechtsstand im Sommer 2009 28,25 %. Bemessungsgrundlage ist der Teil des thesaurierten Gewinnes, für dessen begünstigte Besteuerung der Steuerpflichtige einen Antrag nach § 34a Abs. 1 EStG stellt. Auf die sich als Produkt aus Bemessungsgrundlage und Thesaurierungssteuersatz ergebende Einkommensteuer sind in der üblichen Weise nach § 51a Abs. 1 EStG Zuschlagsteuern zu erheben, die bekanntlich aus dem Solidaritätszuschlag und ggf. der Kirchensteuer bestehen. Der kombinierte Einkommensteuer-, Kirchensteuer- und Solidaritätszuschlagsatz kann dann durch Einsetzen der konkreten Werte für s_{ei}, s_{ki} und s_{olz} aus der in Gliederungspunkt 3.2.3.1 abgeleiteten Gleichung (13) ermittelt werden. Bei Ansatz der derzeitigen gesetzlichen Steuersätze für s_{ei} von 28,25 % und für s_{olz} von 5,5 % sowie einem Kirchensteuersatz s_{ki} von 9 % ergibt sich ein kombinierter Steuersatz von 31,544 %. Unterliegt der Steuerpflichtige nicht der Kirchensteuer ($s_{ki} = 0$), so ergibt sich ein kombinierter Einkommensteuer- und Solidaritätszuschlagsatz von 29,804 %.

Kommt es in einem späteren Jahr nach § 34a Abs. 4 EStG zu einer Nachversteuerung, so unterliegt der Nachversteuerungsbetrag nach derzeitigem Recht einem linearen Einkommensteuersatz von 25 % ($s_{ei} = 0,25$). Durch Einsetzen der Werte für s_{olz} und s_{ki} kann auch hier der kombinierte Einkommen-, Kirchensteuer- und Solidaritätszuschlagsatz ermittelt werden. Bei einem Kirchensteuersatz von 9 % und einem Solidaritätszuschlagsatz von 5,5 % beträgt er 27,995 %. Unterliegt der Steuerpflichtige nicht der Kirchensteuer, so beträgt der kombinierte Einkommensteuer- und Solidaritätszuschlagsatz 26,375 %. Klargestellt sei, dass die kumulierten Nachversteuerungsbeträge i. S. d. § 34a Abs. 4 EStG kleiner sind als die kumulierten Beträge, die zuvor dem Begünstigungssteuersatz des § 34a Abs. 1 EStG unterlegen haben. Dies ergibt sich bereits daraus, dass der entnahmefähige Betrag um die sich aus § 34a Abs. 1 EStG ergebenden Steuerbeträge kleiner sein muss als der der Besteuerung nach dieser Vorschrift unterliegende Bruttothesaurierungsbetrag. Eine quantitative Analyse erfolgt aber erst an späterer Stelle[27].

---

27 Vgl. Teil IV, Gliederungspunkt 2.4.3.6.

3.3 Steuersätze bei anderen Steuerarten als der Einkommensteuer

Im Gegensatz zur Einkommensteuer (einschließlich der Zuschlagsteuern) weisen fast alle laufend veranlagten Steuerarten nach derzeit geltendem deutschen Recht (Stand Sommer 2009) einen linearen Tarifverlauf aus. Dies ist keinesfalls selbstverständlich. So hat bis zum Erhebungszeitraum 2007 die von gewerblichen Personenunternehmen zu entrichtende Gewerbesteuer einen nicht durchgängig linearen Verlauf gehabt[28]. Gleiches hat bis zum Veranlagungszeitraum 1976 für die von bestimmten kleinen Kapitalgesellschaften zu entrichtende Körperschaftsteuer gegolten[29]. Auch in anderen Ländern als der Bundesrepublik Deutschland gibt es nicht lineare Tarife außer bei der Einkommensteuer z. T. auch bei anderen laufend veranlagten Steuerarten. In den meisten Fällen handelt es sich dann um eine der deutschen Körperschaftsteuer vergleichbare Steuer (ausländische Körperschaftsteuer).

Weist eine Steuerart einen durchgängig linearen Tarif aus, so ist die Ermittlung der Steuerschuld denkbar einfach: Sie ergibt sich aus dem Produkt aus der Bemessungsgrundlage und dem anzuwendenden Steuersatz. Gleiches gilt dann auch hinsichtlich der Ermittlung eines für eine konkrete steuerplanerische Frage relevanten Differenz- bzw. Grenzsteuersatzes. Dieser entspricht dann dem im Gesetz festgelegten Steuersatz.

In den Fällen eines nicht durchgängig linearen Tarifs kann die Ermittlung des für steuerplanerische Zwecke anwendbaren Differenz- bzw. Grenzsteuersatzes aufwendig sein. Vielfach dürfte es aber vertretbar sein, ihn näherungsweise im Schätzwege zu ermitteln. Naheliegend ist es in diesem Zusammenhang, den relevanten Durchschnitts- bzw. Grenzsteuersatz in ähnlicher Weise zu schätzen wie dies in Gliederungspunkt 3.2 dargestellt worden ist.

Unter den nicht laufend veranlagten, d. h. unter den auf Grund eines besonderen Ereignisses erhobenen Steuern, hat die Erbschaft- bzw. Schenkungsteuer eine herausragende Bedeutung. Eine derartige Steuer wird weltweit in fast allen Ländern erhoben[30]. Soweit ersichtlich, weist sie überall einen progressiven Tarif auf. Dieser ist regelmäßig in ähnlicher Weise gestaffelt wie dies in der Bundesrepublik Deutschland in § 19 ErbStG der Fall ist. Da planerische Überlegungen im Hinblick auf die Erbschaft- bzw. Schenkungsteuer regelmäßig nur in großen Zeitabständen vorgenommen werden müssen, fällt der Aufwand, der zur Ermittlung der relevanten Steuersätze alternativer Gestaltungsmaßnahmen betrieben werden muss, nicht ins Gewicht. Regelmäßig lässt sich der Steuersatz für jede Alternative unmittelbar dem einschlägigen Gesetz entnehmen.

---

[28]   Näheres hierzu s. bei Schneeloch, D., Steuerpolitik, 2002, S. 36 ff.

[29]   Näheres hierzu s. bei Burwitz, G., in: Herrmann, C./Heuer, G./Raupach, A., Kommentar, § 23 KStG, Anm. 2 ff.; Dötsch, E., in: Dötsch, E./Jost, W. F./Pung, A./Witt, E., Körperschaftsteuer, § 23 KStG, Tz. 1 ff.

[30]   Vgl. Mennel, A./Förster, J., Steuern, Allgemeiner Teil, Rn. 40.

3.4 Aufgabe 1

Ministerialrat Manske (M) steht vor der Frage, ob er das Angebot eines Fachverlages annehmen soll, in dessen Auftrag mehrere Wochenendseminare durchzuführen. Nimmt er das Angebot an, so erhöht sich das zu versteuernde Einkommen der Eheleute M im Veranlagungszeitraum um 10 T€ von 80 T€ auf voraussichtlich 90 T€. Beide Ehegatten sind evangelisch. Beide Ehegatten beabsichtigen, die Zusammenveranlagung zu beantragen. Vor einer Entscheidung über die Annahme oder Ablehnung des Angebots will M den Durchschnitts-, den Differenz- und den Grenzsteuersatz, den eine Annahme bewirken würde, erfahren. Er beauftragt Sie, als seinen Steuerberater, mit der Ermittlung dieser Steuersätze. Außerdem will er wissen, welcher der drei Steuersätze sinnvollerweise für seine Entscheidung von Bedeutung sein sollte. Bei der Lösung soll von dem für das Jahr 2010 geltenden Tarif ausgegangen werden, und zwar nach dem Rechtsstand im Sommer 2009. Es wird ein 5,5 %iger Solidaritätszuschlag erhoben.

3.5 Einfache und kombinierte Ertragsteuersätze bei Abzug und Anrechnung von Steuern

3.5.1 Grundsätzliches

Im Rahmen der Steuerplanung spielen die Ertragsteuern zweifellos eine herausragende Rolle. Diese können unverbunden nebeneinander stehen. Sie können aber auch durch Abzug von einer Bemessungsgrundlage oder durch Anrechnung auf eine Steuerschuld miteinander verbunden sein. Außerdem kann die Steuerschuld einer Steuerart von der Bemessungsgrundlage derselben Steuerart abzugsfähig sein. Letztlich kann die Steuerschuld einer Ertragsteuerart die Bemessungsgrundlage für eine andere Steuerart darstellen.

In allen Fällen der Verbundenheit von zwei oder mehr Ertragsteuerarten miteinander ist es im Rahmen der Steuerplanung zweckmäßig, die Abhängigkeit voneinander formelmäßig darzustellen. So sind die Zusammenhänge besser durchschaubar als bei einer isolierten Berechnung der Steuerschulden der einzelnen Steuerarten. Die Abhängigkeiten können durch die Ermittlung kombinierter Ertragsteuersätze erfasst werden. Dies soll nachfolgend geschehen. Vorab soll der Fall behandelt werden, dass die Steuerschuld einer Steuerart von ihrer eigenen Bemessungsgrundlage abzugsfähig ist. Kombinierte Steuersätze sollen anschließend für folgende Fälle ermittelt werden:

- Eine Ertragsteuer ist von ihrer eigenen Bemessungsgrundlage und von der einer anderen abzugsfähig.
- Eine Ertragsteuer ist von der Bemessungsgrundlage einer anderen abzugsfähig.
- Es findet eine Anrechnung oder teilweise Anrechnung einer Ertragsteuer auf die Steuerschuld einer anderen statt.
- Eine Ertragsteuer stellt die Bemessungsgrundlage für eine andere dar.

3.5.2 Abzug einer Ertragsteuer von ihrer eigenen Bemessungsgrundlage

Zunächst soll der Fall behandelt werden, dass die Steuerschuld einer Steuerart von der Bemessungsgrundlage dieser Steuerart abzugsfähig ist. I. d. R. dürfte es sich um den Abzug einer Ertragsteuer von ihrer eigenen Bemessungsgrundlage handeln.

Ausgegangen wird von der Brutto-Bemessungsgrundlage (Br) der Steuern, die abzugsfähig sind. Hierbei kann es sich um einen Teil der gesamten Bemessungsgrundlage der entsprechenden Steuerart (Teilbemessungsgrundlage) handeln. Die Wahl einer Teilbemessungsgrundlage für die Berechnung ist dann sinnvoll, wenn es darum geht zu ermitteln, mit welcher Steuer eine Erhöhung oder Verminderung der Bemessungsgrundlage der betrachteten Steuerart belastet ist.

Der Steuersatz, mit der Br belastet ist, wird mit s und die sich ergebende Steuerschuld mit S bezeichnet.

Die gesetzliche Bemessungsgrundlage der Steuerart ergibt sich durch Abzug der Steuerschuld S von der Bruttobemessungsgrundlage Br. Diese ist mit dem gesetzlichen Steuersatz belastet. Aus diesem Zusammenhang ergibt sich folgende Formel für die Steuerbelastung:

$$(16) \quad S = (Br - S) \cdot s.$$

Diese Gleichung kann umgeformt werden zu:

$$(17) \quad S = \frac{s}{1+s} \cdot Br.$$

In Steuerbelastungsrechnungen kann es im Einzelfall sinnvoll sein, mit den Bruttogrößen, d. h. den Erträgen und Aufwendungen (Einnahmen und Ausgaben) vor Berücksichtigung der auf diese entfallenden Steuer zu rechnen. Geschieht dies, so kann allerdings nicht mit dem gesetzlichen Steuersatz, vielmehr muss mit einem geminderten Steuersatz gerechnet werden. Dieser bezieht sich dann auf die Bruttogrößen. Wird dieser Steuersatz mit s^* bezeichnet, so besteht also folgender Zusammenhang:

$$(18) \quad S = Br \cdot s^*.$$

Wird S in Gleichung (16) durch den sich aus Gleichung (17) ergebenden Wert ersetzt, so ergibt sich:

$$(19) \quad Br \cdot s^* = \frac{s}{1+s} \cdot Br.$$

Gleichung (19) kann vereinfacht werden zu:

$$(20) \quad s^* = \frac{s}{1 + s}.$$

Gleichung (20) bildet also den Zusammenhang zwischen den auf die Brutto-Bemessungsgrundlage Br bezogenen Steuersatz s^* und dem gesetzlichen Steuersatz s ab. Dieser ist auf die gesetzliche Bemessungsgrundlage, d. h. auf den um die Steuerschuld S geminderten Bruttobetrag bezogen.

Gleichung (20) ermöglicht es, für beliebige gesetzliche Steuersätze die entsprechenden auf die Brutto-Bemessungsgrundlage bezogenen Steuersätze zu ermitteln. Diese sind - wie Gleichung (20) unschwer entnommen werden kann - niedriger als die gesetzlichen Steuersätze.

3.5.3 Abzug einer Ertragsteuer von ihrer eigenen Bemessungsgrundlage und der einer anderen

Nunmehr soll der Fall betrachtet werden, dass eine Steuerschuld von ihrer eigenen Bemessungsgrundlage und von der einer anderen abzugsfähig ist. Die Steuerschuld aus der anderen Steuerart ist weder von der Bemessungsgrundlage der einen noch von der der anderen abzugsfähig.

Die hier geschilderte Situation hat es in der Bundesrepublik Deutschland bis zum Erhebungs- bzw. Veranlagungszeitraum 2007 gegeben. Bis zu diesem Zeitraum war die Gewerbesteuer eine abzugsfähige Betriebsausgabe. Sie minderte ihre eigene Bemessungsgrundlage und die entweder der Einkommen- oder die der Körperschaftsteuer. Seit dem Erhebungszeitraum 2008 gehört die Gewerbesteuer bekanntlich aufgrund der Einfügung des neu in das Gesetz eingefügten § 4 Abs. 5b EStG zu den nicht abzugsfähigen Betriebsausgaben.

Nachfolgend sollen die abzugsfähigen Steuern mit Sab, die nicht abzugsfähigen mit Snab bezeichnet werden. Entsprechend soll der Steuersatz der abzugsfähigen Steuern mit sab, derjenige der nicht abzugsfähigen mit snab gekennzeichnet werden. Die Summe der Steuern beider Steuerarten (S) beträgt dann:

$$(21) \quad S = S_{ab} + S_{nab}.$$

Die Bemessungsgrundlage der abzugsfähigen Steuern entsteht aus der Brutto-Bemessungsgrundlage Br durch Abzug der abzugsfähigen Steuern. Wird auf diese Bemessungsgrundlage der Steuersatz sab angewendet, so ergeben sich die abzugsfähigen Steuern mit:

$$(22) \quad S_{ab} = (Br - S_{ab}) \cdot s_{ab}.$$

Diese Gleichung kann umgeformt werden zu:

(23) $S_{ab} = \dfrac{S_{ab}}{1 + S_{ab}} \cdot Br.$

Bemessungsgrundlage der nicht abzugsfähigen Steuern ist - ebenso wie derjenige der abzugsfähigen - die Brutto-Bemessungsgrundlage Br nach Abzug der abzugsfähigen Steuern Sab. Hierauf ist der Steuersatz snab anzuwenden, so dass sich die abzugsfähigen Steuern wie folgt ergeben:

(24) $S_{nab} = (Br - S_{ab}) \cdot s_{nab}$ bzw.

(25) $S_{nab} = Br \cdot s_{nab} - S_{ab} \cdot s_{nab}.$

Durch Einsetzen des Werts von Sab aus Gleichung (23) in (25) kann geschrieben werden:

(26) $S_{nab} = Br \cdot s_{nab} - \dfrac{S_{ab}}{1 + S_{ab}} \cdot Br \cdot s_{nab}.$

Gleichung (26) kann umformuliert werden zu:

(27) $S_{nab} = \dfrac{s_{nab}}{1 + S_{ab}} \cdot Br.$

Durch Einsetzen der Werte von Sab aus Gleichung (23) und von Snab aus Gleichung (27) in Gleichung (21) ergibt sich die Gesamtsteuerbelastung mit:

(28) $S = \dfrac{S_{ab}}{1 + S_{ab}} \cdot Br + \dfrac{s_{nab}}{1 + S_{ab}} \cdot Br.$

Gleichung (28) kann vereinfacht werden zu:

(29) $S = \dfrac{S_{ab} + s_{nab}}{1 + S_{ab}} \cdot Br.$

Der kombinierte Steuersatz (scom), mit dem die gemeinsame (Teil-)Bemessungsgrundlage beider Steuerarten Br belastet ist, ergibt sich als Quotient der Gesamtsteuerbelastung gem. Gleichung (29) und Br:

(30) $\quad$ Scom $= \dfrac{S}{Br}$.

Durch Einsetzen des Werts von S aus Gleichung (29) in Gleichung (30) ergibt sich:

(31) $\quad$ Scom $= \dfrac{Sab + Snab}{1 + Sab}$.

Tabelle I/1 enthält kombinierte Steuersätze für verschiedene Kombinationen zweier Steuersätze, von denen einer zu einer abzugsfähigen, der andere zu einer nichtabzugsfähigen Steuerart gehört.

Tabelle I/1 enthält in der Kopfzeile verschiedene konkrete Steuersätze der abzugsfähigen Steuerart, und zwar Steuersätze von 0 %, 10 % usw. bis zu 50 %. In der ersten Spalte auf der linken Seite der Tabelle sind konkrete Steuersätze der nichtabzugsfähigen Steuerart verzeichnet, und zwar ebenfalls Steuersätze von 0 %, 10 % usw. bis zu 50 %. Die Tabellenwerte unterhalb der Kopfzeile und rechts von der linken Spalte geben die kombinierten Steuersätze an, die sich aus den jeweiligen abzugsfähigen und nichtabzugsfähigen Steuersätzen ergeben. So ergibt sich bei einem Steuersatz Sab von 0 % und einem Steuersatz Snab von ebenfalls 0 % ein kombinierter Steuersatz Scom von 0 %. Betragen Sab und Snab hingegen jeweils 50 %, so ergibt sich ein kombinierter Steuersatz von 66,67 % (Wert rechts unten).

Tabelle I/1: $\quad$ *Kombinierter Steuersatz (Scom) bestehend aus den Steuersätzen einer abzugsfähigen (Sab) und einer nicht abzugsfähigen (Snab) Steuerart in % der Brutto-Bemessungsgrundlage (Br)*

Sab \ Snab	0 %	10 %	20 %	30 %	40 %	50 %
0 %	0,00	9,09	16,67	23,08	28,57	33,33
10 %	10,00	18,18	25,00	30,77	35,71	40,00
20 %	20,00	27,27	33,33	38,46	42,86	46,67
30 %	30,00	36,36	41,67	46,15	50,00	53,33
40 %	40,00	45,45	50,00	53,85	57,14	60,00
50 %	50,00	54,55	58,33	61,54	64,29	66,67

In *Abbildung I/3* sind für Steuersätze von Sab = 0 %, Sab = 20 % und Sab = 50 %
sowie für Steuersätze von Snab = 0 bis zu Snab = 50 % die zugehörigen kombinierten Steuersätze Scom in % der Brutto-Bemessungsgrundlage Br eingezeichnet. Die
sich ergebenden Kurven beruhen auf Gleichung (31) bzw. auf den Werten der
Tabelle I/1. Die Kurven veranschaulichen die aufgezeigten Wirkungszusammen-
hänge.

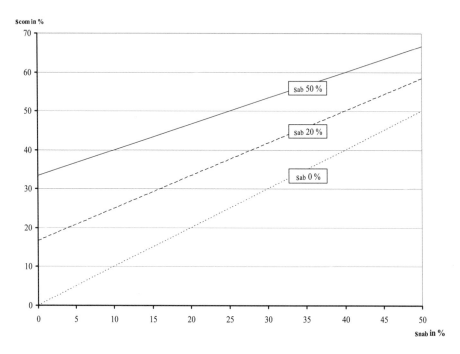

*Abbildung I/3:   Kombinierter Steuersatz scom in Abhängigkeit von dem Steuer-
satz der nichtabzugsfähigen Steuerart snab bei unterschiedlichen
Höhen des Steuersatzes der abzugsfähigen Steuerart in % der
Brutto-Bemessungsgrundlage Br*

3.5.4 Abzug einer Ertragsteuer von der Bemessungsgrundlage einer anderen

Nunmehr soll der Fall behandelt werden, dass eine Ertragsteuer von der Bemessungsgrundlage einer anderen, nicht aber von der der eigenen abzugsfähig ist.
Nach geltendem deutschen Recht kann sich dieser Fall aus § 34c Abs. 2 EStG
ergeben. Nach dieser Rechtsnorm können der deutschen Einkommensteuer vergleichbare ausländische Steuern auf Antrag anstatt von der deutschen Einkommensteuerschuld von der Bemessungsgrundlage der Einkommensteuer abgezogen

werden. Wie in Band 1 dieses Werkes ausgeführt, kann ein derartiger Antrag in solchen Jahren vorteilhaft sein, in denen der Steuerpflichtige Verluste erzielt[31].

In den hier betrachteten Fällen besteht die gesamte Steuerbelastung (S) aus der Steuerbelastung der Steuerart, die von keiner Bemessungsgrundlage abzugsfähig ist (Sna), und der Steuerbelastung, die zwar nicht von der eigenen Bemessungsgrundlage, wohl aber von der Bemessungsgrundlage der anderen Steuerart abzugsfähig ist (Sab/a):

(32) $S = S_{na} + S_{ab/a}$.

Sab/a ergibt sich als das Produkt aus der Brutto-Bemessungsgrundlage (Br) und dem Steuersatz sab/a:

(33) $S_{ab/a} = Br \cdot s_{ab/a}$.

sab/a ist der Steuersatz der von der Bemessungsgrundlage der Steuerschuld der anderen Steuerart abzugsfähigen Steuer.

Bemessungsgrundlage von Sna ist die Brutto-Bemessungsgrundlage Br nach Abzug von Sab/a. Auf diese Bemessungsgrundlage ist der Steuersatz sna anzuwenden. Es ergibt sich also:

(34) $S_{na} = (Br - S_{ab/a}) \cdot s_{na}$.

In Gleichung (34) gibt sna den Steuersatz der Steuerart an, deren Steuerschuld nicht abzugsfähig ist.

Durch Einsetzen der Werte aus den Gleichungen (33) und (34) in Gleichung (32) ergibt sich:

(35) $S = Br \cdot s_{ab/a} + Br \cdot s_{na} - S_{ab/a} \cdot s_{na}$.

Durch Einsetzen des Werts von Gleichung (33) in Gleichung (35) und nach Umformung ergibt sich:

(36) $S = (s_{ab/a} + s_{na} - s_{ab/a} \cdot s_{na}) \cdot Br$.

Aus Gleichung (36) kann der kombinierte Steuersatz beider Steuerarten (scom/ab/a) ermittelt werden. Er ergibt sich durch Division dieser Gleichung durch Br. Er beträgt also:

---

[31]   Näheres s. bei Schneeloch, D., Besteuerung, 2008, S. 136 f.

(37) $S_{com/ab/a} = S_{ab/a} + S_{na} - S_{ab/a} \cdot S_{na}.$

Mit Hilfe dieser Gleichung können in ähnlicher Weise Tabellenwerte kombinierter Steuersätze bei unterschiedlichen Sätzen der beiden Einzelsteuersätze ermittelt werden wie dies in Tabelle I/1 geschehen ist. Diese lassen sich in ähnlicher Weise graphisch darstellen wie das in Abbildung I/3 aufgezeigt worden ist. Auf eine Darstellung soll hier aber verzichtet werden.

3.5.5 Anrechnung oder teilweise Anrechnung einer Ertragsteuer auf die Steuerschuld einer anderen

Insbesondere im grenzüberschreitenden Bereich spielt die Anrechnung von Steuern aus einer Steuerart auf die Steuerschuld einer anderen eine Rolle. So kann es z. B. zur Anrechnung einer an einen ausländischen Fiskus entrichteten Steuer auf die deutsche Einkommen- oder Körperschaftsteuer kommen. Die entsprechenden Regelungen finden sich bekanntlich in den §§ 34c und 34d EStG bzw. in § 26 KStG. Derartige Anrechnungen sind weltweit bedeutsam. Im Einzelfall kann es zu einer vollständigen oder auch nur zu einer teilweisen Anrechnung kommen.

Neben der Anrechnung ausländischer Steuern auf die deutsche Einkommen- oder Körperschaftsteuer kennt das deutsche Steuerrecht die Anrechnung von Gewerbesteuer in pauschaler Form auf die Einkommensteuer gem. § 35 EStG[32]. Auch hier kann es im Einzelfall zu einer teilweisen oder vollständigen Anrechnung kommen.

Wird die auf eine andere Steuerschuld anrechenbare Steuer mit S_{an} und die nicht auf eine andere Steuerschuld anrechenbare Steuer mit S_{nan} bezeichnet, so setzt sich die gesamte Steuerschuld des Steuerpflichtigen (S) wie folgt zusammen:

(38) $S = S_{an} + S_{nan} - S_{an}$ bzw.

(39) $S = S_{nan}.$

Auf den Fall der Anrechnung von Gewerbesteuer auf die Einkommensteuerschuld eines Steuerpflichtigen wird an späterer Stelle noch näher eingegangen[33].

---

[32]   In der Terminologie des § 35 EStG handelt es sich nicht um eine „Anrechnung", sondern um eine Steuerermäßigung. Hierdurch soll zum Ausdruck kommen, dass eine Anrechnung nur bis zu einer Steuerschuld von 0 € möglich ist, mithin es aufgrund des § 35 EStG nicht zu einer Erstattung kommen kann.

[33]   Vgl. Gliederungspunkt 4.2.2 und 4.2.3.

3.5.6 Zuschlag einer Steuer auf die Steuerschuld einer anderen

Kombinierte Steuersätze können sich auch dadurch ergeben, dass die Steuerschuld einer Steuerart auf der Steuerschuld einer anderen als Bemessungsgrundlage beruht. Nach deutschem Recht ist dies hinsichtlich der Zuschlagsteuern i. S. d. § 51a EStG der Fall. Bekanntlich dient die Einkommen- bzw. Körperschaftsteuer als Bemessungsgrundlage für den Solidaritätszuschlag, die Einkommensteuer darüber hinaus auch als Bemessungsgrundlage für die Kirchensteuer. Die Vorgehensweise zur Erfassung der Zusammenhänge zwischen der Einkommen- bzw. Körperschaftsteuer und den Zuschlagsteuern ist bereits ausführlich dargestellt worden[34]. An dieser Stelle braucht deshalb nicht hierauf eingegangen zu werden.

---

34 Vgl. Gliederungspunkt 3.2.3.

4 Formelmäßige Erfassung von Steuerbelastungen und kombinierten Steuersätzen nach geltendem deutschen Recht

4.1 Ziel und Einschränkung der mathematischen Darstellung

Ein wesentliches Ziel dieses Teils der Ausführungen ist es, die nach deutschem Recht durch Steuergestaltungsmaßnahmen hervorgerufenen Steuerzahlungen mathematisch zu erfassen. Dies soll aber nur insoweit erfolgen, wie es zweckmäßig erscheint. Das ist nur bei laufend veranlagten Steuern der Fall. Die Berücksichtigung einmaliger Steuern hingegen ist zu aufwendig. Diese werden besser im Einzelfall gesondert erfasst. Gleiches gilt für branchenspezifische Steuern, die allenfalls in einer Belastungsformel der entsprechenden Branche berücksichtigt werden sollten. Steht von vornherein fest, dass einzelne Steuerarten die Ergebnisse der durchzuführenden Steuerbelastungsvergleiche nicht beeinflussen können, so werden sie in den Gesamtbelastungsformeln ebenfalls nicht berücksichtigt.

Bei einer Durchsicht der rund 40 Steuerarten, die nach deutschem Recht derzeit erhoben werden, ergibt sich, dass nach den genannten Kriterien lediglich folgende Steuerarten mit ihren gegenseitigen Abhängigkeiten für eine formelmäßige Erfassung in Betracht kommen: die Lohn-, Einkommen-, Körperschaft-, Kapitalertrag-, Gewerbe- und Kirchensteuer sowie der Solidaritätszuschlag als Ertragsteuern, ferner die Grundsteuer als Substanzsteuer und letztlich die Umsatzsteuer. Von den genannten Steuerarten brauchen aber die Lohn- und Kapitalertragsteuer nicht gesondert behandelt zu werden, da sie als besondere Erhebungsformen der Einkommensteuer bei dieser erfasst werden können.

Auch eine formelmäßige Erfassung der Umsatzsteuer ist nicht sinnvoll. Der Grund liegt darin, dass die Umsatzsteuer wegen des Vorsteuerabzugs wirtschaftlich gesehen regelmäßig wie ein durchlaufender Posten wirkt. Auf ihre Erfassung kann deshalb i. d. R. völlig verzichtet werden. Lediglich in den Fällen, in denen es nach § 15 Abs. 2 UStG zu einer vollständigen oder teilweisen Versagung des Vorsteuerabzugs kommt, müssen die Umsatz- und Vorsteuerzahlungen berücksichtigt werden. Dies geschieht dann aber zweckmäßigerweise außerhalb einer formelmäßigen Erfassung.

Für eine mathematische Erfassung verbleiben somit lediglich die Einkommen- und Kirchensteuer einschließlich des Solidaritätszuschlags, die Körperschaftsteuer ebenfalls einschließlich des Solidaritätszuschlags, die Gewerbesteuer und die Grundsteuer. Hierbei kommt Einkommensteuer nur bei natürlichen Personen in Betracht, Körperschaftsteuer hingegen nur bei Kapitalgesellschaften (und sonstigen Körperschaften i. S. d. KStG). Als Folge dieses Unterschieds ist je eine Belastungsformel für natürliche Personen und für Kapitalgesellschaften abzuleiten.

Da alle für die mathematische Erfassung verbliebenen Steuern Jahressteuern sind, werden die Belastungsformeln als Jahresbelastungsformeln konzipiert.

4.2 Steuerbelastung und kombinierte Steuersätze bei natürlichen Personen

4.2.1 Belastungsformel für natürliche Personen

Nach den voranstehenden Ausführungen sollen durch die Steuerbelastungsformel eines Jahres die vermögensabhängige Grund- (Grst) sowie die ertragsabhängige Gewerbe- (Gewst) und Einkommensteuer (Est) erfasst werden. Die Einkommensteuer Est soll nachfolgend auch die auf die Einkommensteuer entfallenden Zuschlagsteuern (Solidaritätszuschlag und Kirchensteuer) erfassen. Wird die Summe dieser Steuern mit Snat bezeichnet, so kann geschrieben werden:

(40) $S_{nat} = G_{rst} + G_{ewst} + E_{st}$.

Die Grundsteuer ergibt sich durch Multiplikation der Einheitswerte der Betriebs- (Ewbgr) und der Privatgrundstücke (Ewpgr) mit dem Grundsteuersatz (Sgr):

(41) $G_{rst} = E_{wbgr} \cdot s_{gr} + E_{wpgr} \cdot s_{gr}$.

Der Gewerbesteuer unterliegen die im Steuerbilanzgewinn enthaltenen Erträge nach Abzug der gewinnmindernden Aufwendungen. Sowohl die Erträge als auch die Aufwendungen werden durch das Symbol E erfasst, wobei nur das Vorzeichen unterschiedlich ist.

Die Bemessungsgrundlage der Gewerbesteuer wird durch Hinzurechnungen erhöht und durch Kürzungen vermindert. Hierfür wird das Symbol Hge eingeführt. Mit Hge können alle tatsächlichen und fiktiven Einnahmen und Ausgaben erfasst werden, die die Höhe der Gewerbesteuer, nicht aber die der Einkommensteuer berühren. Als Hge mit negativem Vorzeichen kann auch der Freibetrag gem. § 11 Abs. 1 GewStG behandelt werden.

Nicht in Hge erfasst werden soll die Kürzung nach § 9 Nr. 1 GewStG, dergemäß grundsätzlich ein Betrag i. H. v. 1,2 % des Einheitswerts der Betriebsgrundstücke von der Bemessungsgrundlage der Gewerbesteuer abgezogen wird. Dieser Betrag ist nach § 121a BewG mit 1,4 zu multiplizieren. Es ergibt sich dann ein zusätzlicher Abzug von $\gamma \cdot E_{wbgr}$. Der Faktor γ gibt hierbei das Produkt aus dem Faktor nach § 9 Nr. 1 GewStG von derzeit 1,2 % und dem Faktor nach § 121a BewG von derzeit 140 % an. Die Kürzung nach § 9 Nr. 1 GewStG wird zweckmäßigerweise nicht in Hge berücksichtigt, damit sämtliche Wirkungen der Bemessungsgrundlage „Ewbgr" zusammengefasst werden können. Gesondert erfasst werden außerdem die bei der Gewerbesteuer abzugsfähigen Steuern. Dies ist seit dem Veranlagungs- bzw. Erhebungszeitraum 2008 von den hier formelmäßig zu erfassenden Steuern lediglich noch bei der Grundsteuer der Fall. Bis zum Erhebungszeitraum 2007 einschließlich war hingegen zusätzlich die Gewerbesteuer abzugsfähig; sie minderte also ihre eigene Bemessungsgrundlage. Zu beachten ist, dass die Grundsteuer nur insoweit von der Bemessungsgrundlage der Gewerbesteuer abzugsfähig ist, als sie durch Betriebsgrundstücke verursacht wird.

Die Gewerbesteuer ist das Produkt aus der so definierten Bemessungsgrundlage und dem Gewerbesteuersatz s_{ge}:

(42) $G_{ewst} = (E + H_{ge} - \gamma \cdot E_{wbgr} - E_{wbgr} \cdot s_{gr}) \cdot s_{ge}$.

Der Gewerbesteuersatz s_{ge} ist das Produkt aus der Steuermesszahl nach dem Gewerbeertrag m_e und dem Gewerbesteuerhebesatz h.

Die Bemessungsgrundlage der Einkommensteuer wird durch die auch bei der Gewerbesteuer anzusetzenden betrieblichen Erträge nach Abzug der entsprechenden Aufwendungen bestimmt, d. h. der Erträge und Aufwendungen, die durch E gekennzeichnet werden. Nicht in E enthalten ist auch hier wieder die betriebliche Grundsteuer. Bis einschließlich 2007 war außerdem die Gewerbesteuer abzugsfähig. Zusätzlich zur betrieblichen mindert auch die private Grundsteuer das Einkommen, sofern sie mit Einkünften aus Vermietung und Verpachtung im Zusammenhang steht. Neben den durch E gekennzeichneten Betriebseinnahmen und Betriebsausgaben können auch andere Einnahmen und Ausgaben das Einkommen beeinflussen. Erwähnt seien die nichtgewerblichen Einkünfte, die Sonderausgaben, außergewöhnlichen Belastungen und die verschiedenen Freibeträge. Gemeinsam ist allen diesen tatsächlichen und fiktiven Einnahmen und Ausgaben, dass sie zwar das Einkommen, nicht aber den Gewerbeertrag beeinflussen. Sie werden insgesamt mit dem Symbol E_e versehen. Nicht in E_e erfasst werden soll aber die als Sonderausgabe abzugsfähige Kirchensteuer.

Die Einkommensteuer ergibt sich durch Multiplikation der so definierten Bemessungsgrundlage mit dem Einkommensteuersatz s_e. Seit dem Veranlagungszeitraum 2001 ist von diesem Produkt die nach § 35 EStG auf die Einkommensteuer anrechenbare pauschalierte Gewerbesteuer ($A_{n/gewst}$) abzuziehen. In Höhe von $A_{n/gewst}$ mindert sich nach § 3 Abs. 2 SolZG auch die Bemessungsgrundlage des Solidaritätszuschlags[35], nach § 51a Abs. 2 Satz 3 EStG aber nicht diejenige der Kirchensteuer. Insgesamt findet also eine Anrechnung von Gewerbesteuer auf Einkommensteuer und Solidaritätszuschlag i. H. v. $A_{n/gewst} \cdot (1 + s_{olz})$ statt. Unter Berücksichtigung dieses Anrechnungsbetrages ergibt sich die Einkommensteuerschuld (einschließlich der Zuschlagsteuern) wie folgt:

(43) $E_{st} = (E + E_e - E_{wbgr} \cdot s_{gr} - E_{wpgr} \cdot s_{gr}) \cdot s_e - A_{n/gewst} \cdot (1 + s_{olz})$.

Es ist bereits darauf hingewiesen worden, dass § 35 EStG *nicht* den Begriff der *Anrechnung, sondern* den der *Ermäßigung* der Einkommensteuer verwendet. Hierdurch will der Gesetzgeber klarstellen, dass es aufgrund des § 35 EStG nicht zu einer Erstattung von Einkommensteuer kommen kann. Vielmehr kommt nach § 35 EStG nur eine Ermäßigung der Einkommensteuer bis zu einer Steuerschuld von minimal 0 € in Betracht. Auch eine Übertragung eines Anrechnungsgutha-

---

[35]   Vgl. BMF-Schreiben v. 24.2.2009, III C 6 - S 2296 - a/08/10002, BStBl 2009 I, S. 440, Tz. 4.

bens in einen anderen Veranlagungszeitraum kommt nicht in Betracht. *Trotz der gesetzlich anderslautenden Terminologie wird hier der Begriff der Anrechnung verwendet.* Hierdurch wird es möglich, als Symbol „An" in der Weise zu verwenden, dass es die Anfangsbuchstaben des Substantivs wiedergibt, das es symbolisieren soll. Bei Verwendung des Begriffs der Ermäßigung wäre die Verwendung eines Symbols mit dem Hauptbuchstaben „E" naheliegend. Dieses Hauptsymbol wird aber in vielen anderen Zusammenhängen benötigt. Eine Verwendung für den in § 35 EStG geregelten Tatbestand erscheint nicht sinnvoll.

Das mit „An" in Gleichung (43) multiplikativ verbundene Symbol Solz gibt den Solidaritätszuschlagsatz an.

Ausdrücklich sei noch einmal darauf hingewiesen, dass der Steuersatz Se einen kombinierten Einkommen-, Kirchensteuer- und Solidaritätszuschlagsatz beinhaltet. Bei gegebenem „reinen" Einkommensteuersatz Sei kann er den bereits an früherer Stelle abgeleiteten Gleichungen (12) bzw. (13) entnommen werden[36].

Durch Einsetzen der Gleichungen (41), (42) und (43) in (40) ergibt sich nach einigen Umformungen die Gesamtbelastungsformel natürlicher Personen mit[37]:

(I) $\quad S_{nat} = E \cdot (Se + Sge) + Ee \cdot Se + Hge \cdot Sge - An/gewst \cdot (1 + Solz)$

$\quad\quad\quad + Ewbgr \cdot (1 - Se) \cdot (Sgr - \gamma \cdot Sge) + Ewpgr \cdot Sgr \cdot (1 - Se).$

Angemerkt sei, dass sich durch den Abzug der Gewerbesteuer als Betriebsausgabe für die Jahre bis 2007 für natürliche Personen folgende Gesamtbelastung (Snat/2007) ergeben hat[38]:

(44) $\quad S_{nat/2007} = E \cdot \dfrac{Se + Sge}{1 + Sge} + Ee \cdot Se + Hge \cdot \dfrac{Sge \cdot (1 - Se)}{1 + Sge} - An/gewst \cdot (1 + Solz)$

$\quad\quad\quad + Ewbgr \cdot (1 - Se) \cdot \dfrac{Sgr - \gamma \cdot Sge}{1 + Sge} + Ewpgr \cdot Sgr \cdot (1 - Se).$

Bei Anwendung der Gleichung (I) ist stets darauf zu achten, dass ein *Steuersatz nur dann* einen *von 0 verschiedenen Wert* annehmen kann, *wenn* die *Bemessungsgrundlage* der jeweils zugehörigen Steuerart abzüglich evtl. vorhandener Freibeträge oder Freigrenzen *größer als 0* ist. So beträgt z. B. Sge immer 0, wenn der Gewerbeertrag den Freibetrag von 24.500 € nicht übersteigt.

---

36   Vgl. Gliederungspunkt 3.2.3.
37   Für den Untersuchungsgang wichtige Gleichungen werden mit römischen Zahlen gekennzeichnet. Sie werden außerdem in den Anhang unter „Anhang 3: Wichtige Formeln" aufgenommen.
38   Zur Ableitung dieser Gleichung s. Schneeloch, D., Steuerpolitik, 2002, S. 40 ff.

Mit Ausnahme der Einkommensteuer verlaufen alle in Gleichung (I) enthaltenen Steuern grundsätzlich linear zu ihrer jeweiligen Bemessungsgrundlage. Allerdings macht der Gewerbesteuersatz bei Personenunternehmen bei einem Gewerbeertrag von 24.500 € einen „Sprung". Bis zu 24.499 € Gewerbeertrag beträgt der Gewerbesteuersatz 0 %, anschließend „springt" der Grenzsteuersatz der Gewerbesteuer auf einen von 0 verschiedenen Wert, der dann für alle Gewerbeerträge ab 24.500 € gilt. Bei Kapitalgesellschaften weist die Gewerbesteuerfunktion hingegen einen durchgängig linearen Verlauf aus.

4.2.2 Formelmäßige Erfassung des Anrechnungsguthabens gem. § 35 EStG und Einfügung in die Gesamtbelastungsformel

4.2.2.1 Allgemeine Ableitung

In Gleichung (I) wird das sich nach § 35 EStG ergebende Anrechnungsguthaben ohne Bezugnahme auf die in dieser Gleichung enthaltenen Teilbemessungsgrundlagen von der Steuerschuld abgezogen. Nunmehr sollen die mathematischen Abhängigkeiten des Anrechnungsguthabens von diesen Teilbemessungsgrundlagen berücksichtigt werden. Abhängigkeiten bestehen nur zu den Teilbemessungsgrundlagen, die mit Gewerbesteuer belastet sind bzw. eine Gewerbesteuerentlastung bewirken, die mithin zu einer Beeinflussung des Gewerbesteuermessbetrages i. S. d. § 35 EStG führen. Diese sind alle in der die Gewerbesteuer definierenden Gleichung (42) enthalten, die bereits weiter oben abgeleitet worden ist. Wird in dieser der Gewerbesteuersatz s_{ge} durch das Produkt aus Steuermesszahl m_e und dem Hebesatz h ersetzt, so ergibt sich:

$$(45) \quad G_{ewst} = (E + H_{ge} - \gamma \cdot E_{wbgr} - E_{wbgr} \cdot s_{gr}) \cdot m_e \cdot h.$$

Der Klammerausdruck in Gleichung (45) stellt die Bemessungsgrundlage der Gewerbesteuer, den Gewerbeertrag, dar. Das Produkt aus dieser Bemessungsgrundlage und der Steuermesszahl m_e ergibt den Gewerbesteuer-Messbetrag M_e. Dieser kann also wie folgt geschrieben werden:

$$(46) \quad M_e = (E + H_{ge} - \gamma \cdot E_{wbgr} - E_{wbgr} \cdot s_{gr}) \cdot m_e.$$

Der Gewerbesteuer-Messbetrag ist nach § 35 Abs. 1 EStG die Bemessungsgrundlage des Anrechnungsbetrages $A_{n/gewst}$. Dieser ergibt sich durch Multiplikation des Wertes des Steuermessbetrages in Gleichung (46) mit dem Anrechnungsfaktor α. Es kann also formuliert werden:

$$(47) \quad A_{n/gewst} = (E + H_{ge} - \gamma \cdot E_{wbgr} - E_{wbgr} \cdot s_{gr}) \cdot m_e \cdot \alpha.$$

Bei α handelt es sich um den im jeweiligen konkreten Fall anzusetzenden Anrechnungsfaktor. Dieser kann derzeit nach § 35 Abs. 1 EStG maximal 3,8 betragen, er kann aber auch infolge der verschiedenen in § 35 EStG definierten Beschränkungen der Anrechnung darunter liegen. Nach derzeitigem Recht gilt also nach § 35 Abs. 1 EStG:

(48) $\alpha \leq 3,8$.

Durch Einsetzen des Werts aus Gleichung (47) in Gleichung (I) und Ersatz des Ausdrucks „sge" in dieser Gleichung durch „me · h" ergibt sich Folgendes:

(49) $S_{nat} = E \cdot (s_e + m_e \cdot h) + E_e \cdot s_e + H_{ge} \cdot m_e \cdot h$

   $- (E + H_{ge} - \gamma \cdot E_{wbgr} - E_{wbgr} \cdot s_{gr}) \cdot m_e \cdot \alpha \cdot (1 + s_{olz})$

   $+ E_{wbgr} \cdot (1 - s_e) \cdot (s_{gr} - \gamma \cdot m_e \cdot h) + E_{wpgr} \cdot s_{gr} \cdot (1 - s_e)$.

Gleichung (49) kann umformuliert werden zu:

(Ia) $S_{nat} = E \cdot \{s_e + m_e \cdot [h - \alpha \cdot (1 + s_{olz})]\} + E_e \cdot s_e$

   $+ H_{ge} \cdot m_e \cdot [h - \alpha \cdot (1 + s_{olz})]$

   $+ E_{wbgr} \cdot [s_{gr} \cdot (1 - s_e) - \gamma \cdot m_e \cdot h \cdot (1 - s_e) + (\gamma + s_{gr}) \cdot m_e \cdot \alpha \cdot (1 + s_{olz})]$

   $+ E_{wpgr} \cdot s_{gr} \cdot (1 - s_e)$.

4.2.2.2 Spezialfall eines unter dem gesetzlich genannten Anrechnungsfaktor von 3,8 liegenden Gewerbesteuerhebesatzes

Nunmehr soll der wichtige Spezialfall untersucht werden, dass der gewerbesteuerliche Hebesatz geringer ist als der gesetzlich höchstmögliche Anrechnungsfaktor von derzeit 3,8. In diesem Fall nimmt α den Wert des Gewerbesteuerhebesatzes h an. Gleichung (47) kann dann wie folgt geschrieben werden:

(50) $A_{n/gewst} = (E + H_{ge} - \gamma \cdot E_{wbgr} - E_{wbgr} \cdot s_{gr}) \cdot m_e \cdot h$.

Durch Einsetzen dieses Wertes in Gleichung (49) ergibt sich Folgendes:

(51) $S_{nat} = E \cdot (s_e + m_e \cdot h) + E_e \cdot s_e + H_{ge} \cdot m_e \cdot h$

   $- (E + H_{ge} - \gamma \cdot E_{wbgr} - E_{wbgr} \cdot s_{gr}) \cdot m_e \cdot h \cdot (1 + s_{olz})$

   $+ E_{wbgr} \cdot (1 - s_e) \cdot (s_{gr} - \gamma \cdot m_e \cdot h) + E_{wpgr} \cdot s_{gr} \cdot (1 - s_e)$.

Gleichung (51) kann vereinfacht werden zu:

(Ib) $S_{nat} = E \cdot (s_e - m_e \cdot h \cdot s_{olz}) + E_e \cdot s_e - H_{ge} \cdot m_e \cdot h \cdot s_{olz}$

$+ E_{wbgr} \cdot \{s_{gr} \cdot [1 - s_e + m_e \cdot h \cdot (1 + s_{olz})] + \gamma \cdot m_e \cdot h \cdot (s_e + s_{olz})\}$

$+ E_{wpgr} \cdot s_{gr} \cdot (1 - s_e).$

4.2.2.3 Nicht formelmäßig erfasste Einschränkungen und interpersonelle Verschiebungen der Anrechnung

4.2.2.3.1 Problemstellung

Mit Hilfe der Gleichung (Ia) allein lassen sich nicht alle in § 35 EStG formulierten Einschränkungen der Anrechnung erfassen. In einigen Fällen bedarf es vielmehr einer Nebenrechnung. Auch interpersonelle Verschiebungen der Anrechnung zwischen Gesellschaftern bedürfen zusätzlicher Überlegungen. Mit den sich ergebenden Problemen beschäftigen sich die nachfolgenden Ausführungen.

4.2.2.3.2 Anwendungsbereich bei Einzelunternehmen

Bei gewerblichen Einzelunternehmen kann die Gleichung (Ia) in aller Regel angewendet werden. Ausnahmen ergeben sich dann, wenn das 3,8fache des Steuermessbetrags größer ist als die auf die gewerblichen Einkünfte anteilig entfallende Einkommensteuer des Unternehmers. Insoweit als das 3,8fache des Gewerbesteuermessbetrags diese anteilige Einkommensteuer übersteigt, kommt es nach § 35 Abs. 1 EStG nicht zu einer Anrechnung. In aller Regel wird sich leicht abschätzen lassen, ob dieser Effekt eintreten kann.

Beispiel

Der verwitwete Bäckermeister B erzielt im Jahr 2009 einen Gewinn aus Gewerbebetrieb von 110.394 € und einen Gewerbeertrag von 120.500 €. Außerdem bezieht er weitere Einkünfte, so dass das zu versteuernde Einkommen des B 165.591 € beträgt. Der Hebesatz beträgt 400 %.

B kommt in den Genuss des Freibetrags des § 11 Abs. 1 GewStG. Es ergibt sich ein Gewerbesteuermessbetrag i. H. v. [(120.500 – 24.500) · 3,5 % =] 3.360 €. Die nach § 35 Abs. 1 GewStG maximal anrechenbare Gewerbesteuer beträgt (3.360 · 3,8 =) 12.768 €. Ohne nähere Prüfung kann davon ausgegangen werden, dass dieser Betrag erheblich niedriger ist als die auf die gewerblichen Einkünfte von 110.394 € anteilig entfallende Einkommensteuer. Damit kann von einer vollständigen Anrechnung nach § 35 Abs. 1 EStG ausgegangen werden.

Misstraut der Leser diesem Ergebnis und will er es sicherheitshalber durch eine Berechnung belegen, so ergibt sich Folgendes:

- Tarifliche Einkommensteuer auf 165.591 € lt. Grundtarif, (0,42 · 165.591 – 8.172 =) 61.376 €.
- Davon entfallen auf gewerbliche Einkünfte $\left(\dfrac{110.394}{165.591} \cdot 61.376 =\right)$ 40.917 €.

Die auf die gewerblichen Einkünfte entfallende Einkommensteuer beträgt somit 40.917 €. Damit ist die maximal anrechenbare Gewerbesteuer von 12.768 € in vollem Umfang anrechenbar.

Eine weitere Ausnahme ergibt sich dadurch, dass die Anrechnung nicht zu einem Einkommensteuer-Erstattungsanspruch führen kann, da der Gesetzgeber in § 35 Abs. 1 EStG keinen Anrechnungs-, sondern einen Ermäßigungsanspruch formuliert hat. Es muss also in Fällen, in denen der Verdacht besteht, dass es nach Gleichung (Ia) zu einer insgesamt negativen Einkommensteuerschuld kommen könnte, geprüft werden, ob dies tatsächlich der Fall ist. Derartige Fälle können (nur) dann auftreten, wenn das zu versteuernde Einkommen im Vergleich zum Gewerbeertrag sehr gering ist. Auf eine nähere Analyse muss hier aus Platzgründen verzichtet werden.

4.2.2.3.3 Anwendungsbereich und Modifikation bei Mitunternehmerschaften

Bei Mitunternehmerschaften ist hinsichtlich der Anwendung der Gleichung (Ia) zu unterscheiden zwischen

- dem Fall der Anwendung auf die Mitunternehmerschaft als Ganzes und
- dem Fall der Anwendung auf den einzelnen Mitunternehmer.

Bei einer Anwendung der Gleichung auf die gesamte Mitunternehmerschaft kann nur dann der sich aus § 35 EStG ergebende Anrechnungsfaktor von 3,8 ($\alpha \leq 3,8$) angesetzt werden, wenn bei allen Mitunternehmern eine vollständige Anrechnung des auf sie entfallenden maximalen Anrechnungsbetrages möglich ist. Dies ist nur dann der Fall, wenn bei jedem Gesellschafter die auf seine gewerblichen Einkünfte entfallende tarifliche Einkommensteuer höher ist als sein sich aus § 35 Abs. 1 EStG ergebender anteiliger Anrechnungsbetrag. Ist diese Voraussetzung nicht erfüllt, so nimmt α einen Wert an, der kleiner ist als der sich aus § 35 EStG ergebende Faktor von derzeit maximal 3,8. Sollen Gleichungen (Ia) bzw. (Ib) auf die gesamte Mitunternehmerschaft angewendet werden, so ist der in ihr enthaltene Einkommensteuersatz se als der Differenzeinkommensteuersatz anzusehen, der sich im gewogenen Durchschnitt aller Mitunternehmer ergibt. Dies setzt voraus, dass dieser Steuersatz - zumindest im Schätzwege - ermittelt werden kann.

Soll Gleichung (Ia) bzw. (Ib) auf einen einzelnen Mitunternehmer angewendet werden, so ist die sich aus § 35 Abs. 1 EStG ergebende Einschränkung der Anrechnung auf diesen zu beachten. Eine Anrechnung des anteiligen Anrechnungsguthabens findet also nur insoweit statt, als die auf die gewerblichen Einkünfte des Gesellschafters entfallende anteilige Einkommensteuer das anteilige Anrechnungsguthaben abdeckt. Ist das anteilige Anrechnungsguthaben größer als die auf die gewerblichen Einkünfte des Gesellschafters entfallende Einkommensteuer, so ist der übersteigende Betrag nicht anrechenbar. Der auf den einzelnen Gesellschafter bezogene Anrechnungsfaktor α (α_{ges}) nimmt dann einen kleineren Wert an, als der sich aus § 35 EStG ergebende Faktor von derzeit 3,8.

Bei Ermittlung des anteiligen Anrechnungsbetrags des einzelnen Mitunternehmers ist § 35 Abs. 3 Satz 2 EStG zu beachten. Danach richtet sich der für die Anrechnung maßgebliche Anteil eines Mitunternehmers am Gewerbesteuermessbetrag nach dem gesellschaftsrechtlichen Gewinnverteilungsschlüssel. Vorabgewinne sind ausdrücklich bei Ermittlung des Anteils nicht zu berücksichtigen. Hierdurch können sich erhebliche Abweichungen zwischen dem Anteil des einzelnen Mitunternehmers an dem steuerlichen Gewinn der Mitunternehmerschaft einerseits und seinem Anteil am Gewerbesteuermessbetrag andererseits ergeben. Ein Beispiel soll dies verdeutlichen.

Beispiel

An dem Gewinn (Jahresüberschuss) der A-KG sind nach deren Gesellschaftsvertrag die Gesellschafter A, B und C zu je einem Drittel beteiligt. Im Jahr 1 erzielt die KG einen Jahresüberschuss von 300 T€. Abweichungen zwischen Handels- und Steuerbilanz der KG bestehen nicht, so dass auch der Steuerbilanzgewinn der A-KG 300 T€ beträgt. Diesen Gewinn haben Gehaltszahlungen der A-KG an A i. H. v. 180 T€ gemindert. Weitere Vergütungen i. S. d. § 15 Abs. 1 Satz 1 Nr. 2 EStG hat die KG nicht geleistet. Gewerbesteuerliche Hinzurechnungen und Kürzungen sind im Jahr 1 nicht vorzunehmen.

Die Gehaltszahlung an A stellt einen Vorabgewinn i. S. d. § 15 Abs. 1 Satz 1 Nr. 2 EStG dar. Der steuerliche Gewinn der Mitunternehmerschaft setzt sich aus dem Gewinn der Gesellschaft i. H. v. 300 T€ und dem Vorabgewinn des A i. H. v. 180 T€ zusammen. Insgesamt beträgt der Gewinn der Mitunternehmerschaft also (300 + 180 =) 480 T€. Da weder Hinzurechnungen noch Kürzungen vorzunehmen sind, ergibt sich ein Gewerbeertrag in gleicher Höhe. Nach Abzug des sich aus § 11 Abs. 1 GewStG ergebenden Freibetrags von 24,5 T€ kann auf den verbleibenden Betrag von (480 - 24,5 =) 455,5 T€ eine Steuermesszahl von 3,5 % angewendet werden. Der Gewerbesteuermessbetrag beträgt (455,5 T€ · 3,5 % =) 15.943 €.

Würde der Gewerbesteuermessbetrag entsprechend ihrem Anteil am steuerlichen Gesamtgewinn auf die Mitunternehmer aufgeteilt, so ergäbe sich für Gesellschafter A ein Anteil i. H. v.

$$\frac{180.000 + 100.000}{480.000} \cdot 15.943 = 9.300 \text{ €}.$$

Der Rest, d. h. (15.943 − 9.300 =) 6.643 €, entfiele je zur Hälfte auf die Gesellschafter B und C. Ihr Anteil am Gewerbesteuermessbetrag beliefe sich also auf je 3.321 €. Diese Aufteilung entspricht aber nicht der gesetzlichen Regelung des § 35 Abs. 2 Satz 2 EStG. Nach dieser Rechtsnorm ist der den Gesellschaftern zuzurechnende Anteil an dem Gewerbesteuermessbetrag anhand des gesellschaftsrechtlichen Gewinnverteilungsschlüssels zu ermitteln. Nach diesem entfällt aber je ein Drittel des handelsrechtlichen Gewinns von 300 T€ auf jeden der drei Gesellschafter. Damit beträgt der Anteil eines jeden der Gesellschafter am Gewerbesteuermessbetrag (1/3 · 15.943 =) 5.314 €. A erhält somit ein um (9.300 − 5.314 =) 3.986 € geringeres Anrechnungsguthaben als er erhielte, wenn die Anrechnung an seinen Anteil am zu versteuernden Gesamtgewinn anknüpfte. Entsprechend erhöhen sich die Anrechnungsbeträge der Gesellschafter B und C um je (5.314 - 3.321 =) 1.993 €. Aufgrund der gesetzlichen Regelung findet also eine Verschiebung des Anrechnungsbetrages zu Lasten des Gesellschafters A und zu Gunsten der Gesellschafter B und C statt.

Das Beispiel verdeutlicht, dass der prozentuale Anteil eines Mitunternehmers an dem sich aus § 35 EStG ergebenden maximalen Anrechnungsbetrag nicht seinem prozentualen Anteil am zu versteuernden Gewinn der Mitunternehmerschaft entsprechen muss. Durch die Zahlung von Vorabvergütungen kann es vielmehr zu einer Verschiebung zwischen diesen Prozentsätzen kommen. Durch eine Vorabvergütung verringert sich - c. p. - der prozentuale Anteil des die Vergütung empfangenden Gesellschafters an der maximalen Anrechnung im Vergleich zu seinem prozentualen Anteil an dem zu versteuernden Gewinn der Mitunternehmerschaft. Damit kann das auf seine Person bezogene α i. S. d. Gleichung (Ia) geringer werden als der sich aus § 35 EStG ergebende (anteilige) Anrechnungsfaktor. Entsprechend steigt der Anrechnungsfaktor derjenigen Gesellschafter, die keine oder nur geringe Vorabvergütungen erhalten. Bei einer auf den einzelnen Gesellschafter bezogenen Anwendung der Gleichung (Ia) für die Anrechnung von Gewerbesteuer kann also der Faktor α i. S. dieser Gleichung einen von dem gesetzlichen Wert von derzeit 3,8 bzw. h abweichenden Wert annehmen. Der Wert kann kleiner, er kann aber auch größer sein als 3,8. Es gilt also:

(48a) $0 < \alpha_{ges} < \infty$.

Allerdings dürfte ein deutlich über 3,8 liegender Wert des Anrechnungsfaktors eines Gesellschafters selten sein.

Der konkrete Wert von α_{ges} ist bei Bedarf in einer Nebenrechnung zu ermitteln. Klargestellt sei aber nochmals, dass die Summe der maximalen Anrechnung aller Gesellschafter das 3,8fache des Gewerbesteuermessbetrags beträgt. Bezogen auf die gesamte Mitunternehmerschaft gilt also stets $\alpha \leq 3,8$.

4.2.3 Gesamtwirkung der Gewerbesteuer und ihrer pauschalen Anrechnung

Gesetzgeberisches Ziel bei Schaffung des § 35 EStG war es, die Belastung der Personenunternehmen mit Gewerbesteuer im Ergebnis aufzuheben. Dies sollte für einen durchschnittlichen Gewerbesteuerhebesatz gelten. Dieses Ziel wird offenbar dann erreicht, wenn der sich aus Gleichung (45) für die Gewerbesteuer ergebende Wert exakt dem aus Gleichung (47) für den Anrechnungsbetrag ermittelten entspricht:

(52) $\text{Gewst} \overset{!}{=} \text{Angewst}$.

Durch Einsetzen der Werte aus den genannten Gleichungen ergibt sich hieraus:

(53) $(E + H_{ge} - \gamma \cdot E_{wbgr} - E_{wbgr} \cdot S_{gr}) \cdot m_e \cdot h$
$\overset{!}{=} (E + H_{ge} - \gamma \cdot E_{wbgr} - E_{wpgr} \cdot S_{gr}) \cdot m_e \cdot \alpha$.

Als Gleichheitsbedingung folgt hieraus:

(54) $h = \alpha$.

Da nach der derzeit geltenden Fassung des § 35 EStG stets gilt $\alpha \leq 3,8$, folgt, dass es zu einer vollen Anrechnung der Gewerbesteuer bei der Einkommensteuer nur dann kommen kann, wenn der Gewerbesteuerhebesatz nicht größer ist als 380 %. Übersteigt er diesen Satz, so kommt es zu einem Überhang an Gewerbesteuer, d. h. die Gewerbesteuerschuld ist größer als das Anrechnungsguthaben bei der Einkommensteuer. Hinzu kommt allerdings die entsprechende Anrechnung bei dem Solidaritätszuschlag. Zu einer Anrechnung, die höher ist als die Gewerbesteuerschuld kann es nicht kommen, da der Anrechnungsbetrag nach § 35 Abs. 1 Satz 5 EStG auf die tatsächlich zu zahlende Gewerbesteuer beschränkt ist, d. h. es gilt stets:

(55) $\alpha \leq h$.

Ist der Hebesatz nicht größer als 380 % (h ≤ 3,8), kommt es also grundsätzlich zu einer vollständigen Anrechnung der Gewerbesteuer auf die Einkommensteuer. Das gilt nach § 35 Abs. 1 Satz 2 EStG aber dann nicht, wenn die auf die gewerblichen Einkünfte entfallende Einkommensteuer geringer ist als der sich aus Gleichung (47) ergebende Betrag. Die Anrechnung ist dann auf den sich in § 35 Abs. 1 Satz 5 EStG definierten Anrechnungshöchstbetrag beschränkt. Diese Beschränkung kann wie folgt formuliert werden:

$$(56) \qquad \text{An}_{\text{gewst}} \leq \frac{\Sigma \text{ der positiven gewerblichen Einkünfte}}{\Sigma \text{ aller positiven Einkünfte}} \cdot \text{tarifliche ESt.}$$

Diese Schranke ist bei jeder Berechnung des Anrechnungsbetrags zu beachten. In den meisten Fällen dürfte sich aber eine konkrete Berechnung erübrigen, weil infolge der Höhe der Einkommensteuer und des hohen Anteils der gewerblichen Einkünfte an diesem problemlos ersichtlich ist, dass die Bedingung der Gleichung (56) erfüllt ist.

Aus Gleichung (I) ergibt sich - in Übereinstimmung mit § 51a Abs. 2 EStG - dass die Anrechung bei der Einkommensteuer mit dem Faktor (1 + solz) zu multiplizieren ist. Nur so wird die *Gesamtwirkung der Anrechnung* erkennbar. Die Anrechnung wirkt sich eben nicht nur bei der Einkommensteuer, sondern über § 51a Abs. 2 EStG darüber hinaus auch bei dem Solidaritätszuschlag aus. Soll die Bedingung formuliert werden, unter der die Gesamtwirkung der Anrechnung, also An/gewst · (1 + solz), gerade noch so groß sein kann wie die Gewerbesteuerschuld, so ist die rechte Seite der Gleichung (47) mit dem Faktor (1 + solz) zu multiplizieren und für α dessen maximaler Wert einzusetzen. Nach § 35 EStG kann α derzeit einen Wert von höchstens 3,8 annehmen. Es ergibt sich dann Folgendes:

$$(53a) \quad (E + H_{\text{ge}} - \gamma \cdot E_{\text{wbgr}} - E_{\text{wbgr}} \cdot S_{\text{gr}}) \cdot m_e \cdot h$$
$$\overset{!}{=} (E + H_{\text{ge}} - \gamma \cdot E_{\text{wbgr}} - E_{\text{wbgr}} \cdot S_{\text{gr}}) \cdot m_e \cdot 3,8 \cdot (1 + \text{solz}).$$

Als Gleichheitsbedingung folgt hieraus:

$$(54a) \quad h = 3,8 \cdot (1 + \text{solz}).$$

Wird in dieser Gleichung der Solidaritätszuschlagsatz mit seinem derzeitigen gesetzlichen Wert von 5,5 % angesetzt (solz = 0,055), so ergibt sich Folgendes:

$$(54b) \quad h = 4,009.$$

Hieraus folgt, dass unter Berücksichtigung der Anrechnungswirkung auf den Solidaritätszuschlag eine vollständige Anrechnung der Gewerbesteuer bei einem Hebesatz von maximal 400,9 % möglich ist.

4.2.4 Teilbemessungsgrundlagen und kombinierte Steuersätze bei natürlichen Personen und Personengesellschaften

Die Gleichungen (I), (Ia) bzw. (Ib) enthalten insgesamt fünf **Teilbemessungsgrundlagen**, und zwar E, E_e, H_{ge}, E_{wbgr} und E_{wpgr}. Diese Teilbemessungsgrundlagen führen zu unterschiedlichen Steuerbelastungen. Die Steuerbelastung ergibt sich aus dem Produkt der jeweiligen Teilbemessungsgrundlage und dem zugehörigen kombinierten Steuersatz.

In Spalte 1 der *Tabelle I/2* sind die genannten Teilbemessungsgrundlagen, in Spalte 2 die dazu gehörenden kombinierten Steuersätze in allgemeiner Form aufgeführt. Die Spalten 3 bis 10 enthalten kombinierte Steuersätze in konkreten Zahlen. Der Inhalt der Tabelle 4 ist zusätzlich im Anhang in *Tabelle T-7* wiedergegeben.

Allen Spalten der Tabelle mit konkreten Steuersätzen, d. h. den Spalten 3 bis 10 liegen folgende gemeinsame Voraussetzungen zugrunde:

- Der Faktor für die Anrechnung von Gewerbesteuer auf die Einkommensteuer beträgt - dem höchstmöglichen Anrechnungsfaktor nach der derzeitigen Fassung des § 35 EStG entsprechend - 3,8 ($\alpha = 3,8$).
- Der Faktor der Kürzung nach § 9 Nr. 1 GewStG i. V. m. § 121a BewG wird - ebenfalls dem geltenden Recht entsprechend - mit (1,2 % · 140 % =) 1,68 % angesetzt ($\gamma = 0,0168$).
- Der Grundsteuersatz wird mit dem Wert 1,4 % berücksichtigt ($s_{gr} = 0,014$). Dies entspricht einem Grundsteuerhebesatz von 400 %.

Spalte 3 der Tabelle I/2 enthält den Fall, der hier als **Ausgangsfall** bezeichnet werden soll. Er ist gekennzeichnet durch

- einen Gewerbesteuersatz von 14 % ($s_{ge} = 0,14$), d. h. eine Steuermesszahl von 3,5 % ($m_e = 0,035$) und einen Hebesatz von 400 % (h = 4),
- einen Einkommensteuersatz von 42 % ($s_{ei} = 0,42$), d. h. den Steuersatz im unteren Plafond,
- einen Solidaritätszuschlagsatz von 0 % ($s_{olz} = 0$) und
- einen Kirchensteuersatz von 0 % ($s_{ki} = 0$).

Der Ausgangsfall kann hinsichtlich der Höhe des Einkommensteuersatzes als typisch für viele mittelgroße und große, aber auch für einen erheblichen Teil der kleinen Betriebe in den Rechtsformen eines Einzelunternehmens oder einer Personenhandelsgesellschaft angesehen werden. Unternehmer von Kleinstbetrieben, aber auch einige Unternehmer von Kleinbetrieben dürften hingegen häufig einem deutlich unter 42 % liegenden Steuersatz unterliegen, während Alleininhaber bzw. Mehrheitsgesellschafter von Großunternehmen vielfach mit 45 % besteuert werden.

Die Spalten 4 bis 10 beinhalten allesamt Varianten des Ausgangsfalls. Spalte 4 unterscheidet sich von Spalte 3 dadurch, dass nunmehr ein 5,5 %iger Solidaritätszuschlag berücksichtigt wird. In Spalte 5 wird zusätzlich eine 9 %ige Kirchensteuer berücksichtigt. Dieser Fall wird nachfolgend als **Standardfall** bezeichnet. Auf diesen Fall wird nachfolgend besonders häufig zurückgegriffen. Die in den einzelnen Zeilen dieser Spalte enthaltenen Werte sind deshalb fett gedruckt.

Tabelle I/2:   Teilbemessungsgrundlagen und kombinierte Steuersätze für natürliche Personen*

Zeile	Teilbemessungs-grundlage	Kombinierte Steuersätze in allgemeiner Form	Konkrete kombinierte Steuersätze in % der jeweiligen Teilbemessungsgrundlage							
Spalte 1		Spalte 2	Spalte 3	Spalte 4	Spalte 5	Spalte 6	Spalte 7**	Spalte 8	Spalte 9	Spalte 10
			m_e = 3,5 % h = 400 % Sei = 42 % Solz = 0 % Ski = 0 %	m_e = 3,5 % h = 400 % Sei = 42 % Solz = 5,5 % Ski = 0 %	m_e = 3,5 % h = 400 % Sei = 42 % Solz = 5,5 % Ski = 9 %	m_e = 3,5 % h = 500 % Sei = 42 % Solz = 0 % Ski = 0 %	m_e = 3,5 % h = 400 % Sei = 25 % Solz = 5,5 % Ski = 9 %	m_e = 3,5 % h = 400 % Sei = 30 % Solz = 5,5 % Ski = 9 %	m_e = 3,5 % h = 400 % Sei = 45 % Solz = 5,5 % Ski = 9 %	m_e = 0 % h = offen Sei = 42 % Solz = 5,5 % Ski = 9 %
1	E	$S_e + m_e \cdot [h - \alpha \cdot (1 + Solz)]$	42,700	44,279	46,307	46,200	27,964	33,415	49,488	46,338
2	E_e	S_e	42,000	44,310	46,338	42,000	27,995	33,447	49,519	46,338
3	H_{ge}	$m_e \cdot [h - \alpha \cdot (1 + Solz)]$	0,700	− 0,031	− 0,031	4,200	− 0,031	− 0,031	− 0,031	0,000
4	E_{wbgr}	$S_{gr} \cdot (1 - S_e)$ $- \gamma \cdot m_e \cdot h \cdot (1 - S_e)$ $+ (\gamma + S_{gr}) \cdot m_e \cdot \alpha \cdot (1 + Solz)$	1,085	1,081	1,057	1,051	1,271	1,207	1,020	0,751
5	E_{wpgr}	$S_{gr} \cdot (1 - S_e)$	0,812	0,780	0,751	0,812	1,008	0,932	0,707	0,751

* Der Faktor α, d. h. der Faktor, mit dem der der Gewerbesteuermessbetrag nach § 35 EStG zu multiplizieren ist, wird in dieser Tabelle generell mit dem Wert von 3,8 angesetzt. Klargestellt sei, dass in Fällen, in denen keine Gewerbesteuer entsteht (m_e = 0), es nicht zu einer Anrechnung von Gewerbesteuer kommen kann. Der G-rundsteuersatz Sgr wird mit dem Wert 1,4 % berücksichtigt. Dies entspricht einem Grundsteuerhebesatz von 400 %. Der Faktor γ wird mit 1,68 % angesetzt. Dies entspricht einer Kürzung nach § 9 Nr. 1 GewStG von 1,2 % und einer Multiplikation mit 140 % nach § 121a BewG.

** Der Hauptanwendungsfall eines Einkommensteuersatzes von 25 % ist der des Abgeltungssteuersatzes i. S. d. § 32d Abs. 1 EStG.

In Spalte 6 wird gegenüber dem Ausgangsfall der Gewerbesteuerhebesatz variiert. Er beträgt nunmehr 500 %.

Spalte 7 knüpft an den Standardfall an. Er unterscheidet sich von diesem dadurch, dass der Einkommensteuersatz lediglich 25 % beträgt. In Spalte 8 hingegen beträgt dieser 30 % und in Spalte 9 45 %.

In Spalte 10 fällt überhaupt keine Gewerbesteuer an. Dies wird dadurch gekennzeichnet, dass $m_e = 0$ gesetzt wird.

Die Abhängigkeit der kombinierten Steuersätze von der Höhe der Einkommensteuer- bzw. der Gewerbesteuerhebesätze kann auch graphisch dargestellt werden. Dies ist in *Abbildung I/4* für den kombinierten Steuersatz, mit dem Betriebseinnahmen (E) belastet sind, dargestellt. Die Abbildung zeigt, dass der Einkommensteuersatz einen großen, der Gewerbesteuerhebesatz hingegen nur einen geringen Einfluss auf den kombinierten Steuersatz, mit dem E belastet ist, ausübt.

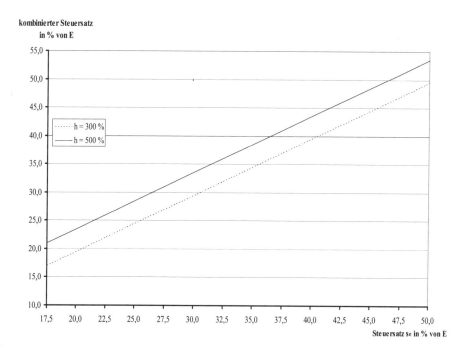

Abbildung I/4:   *Kombinierter Steuersatz, mit dem „E" belastet ist, in Abhängigkeit vom Steuersatz s_e und vom Gewerbesteuerhebesatz in % von E*

Angemerkt sei, dass in Abbildung I/4 lediglich Einkommensteuersätze von mindestens 17,5 % (sei $\geq$ 17,5 %) berücksichtigt werden. Der Grund hierfür liegt darin, dass bei h = 500 % erst ab diesem Einkommensteuersatz die Anrechnung von Gewerbe- auf die Einkommensteuer vollständig möglich ist. Bei geringeren Einkommensteuersätzen ergibt sich hingegen eine Beschränkung der Gewerbesteueranrechnung infolge einer zu geringen Einkommensteuer[39].

4.2.5 Zum Anwendungsbereich der Gesamtbelastungsformel

Die Gesamtbelastungsformel und die in ihr enthaltenen Teilbemessungsgrundlagen und kombinierten Steuersätze eignen sich gut zur Ermittlung von *Steuerbelastungsdifferenzen alternativer Gestaltungsmaßnahmen*. Hierbei kann eine der möglichen Gestaltungsmaßnahmen auch in der *Unterlassungsalternative,* d. h. in dem Verzicht auf eine Maßnahme, bestehen.

Beispiel

Universitätsprofessor U überlegt, ob er das Angebot eines befreundeten Anwalts, für ihn ein Gutachten anzufertigen, annehmen soll. U will die Annahme des Angebots von den zu erwartenden Steuerfolgen abhängig machen.

Die alternativen Gestaltungsmaßnahmen bestehen in der Annahme des Angebots bzw. in dessen Ablehnung (Unterlassungsalternative). Nimmt U das Angebot an, so erhöht sich bei ihm E_e i. S. v. Gleichung (I) bzw. (Ia) gegenüber der Unterlassungsalternative. Die zusätzliche Steuerbelastung kann dadurch ermittelt werden, dass das zusätzliche Honorar, ggf. gekürzt um zusätzliche Betriebsausgaben, mit dem Steuersatz s_e multipliziert wird.

Soweit durch alternative Gestaltungsmaßnahmen kombinierte Steuersätze berührt werden, in denen die Einkommensteuersätze s_e enthalten sind, handelt es sich bei diesen um *Differenzsteuersätze*. Es handelt sich um diejenigen Einkommensteuersätze, ggf. um die kombinierten Einkommen-, Solidaritätszuschlag- und Kirchensteuersätze, die auf die sich ändernden Teilbemessungsgrundlagen, also z. B. auf die Veränderung von E und E_e, anzuwenden sind.

Beispiel

U aus dem letzten Beispiel rechnet für das laufende Jahr mit einem zu versteuernden Einkommen von rd. 90 T€. Hierin ist der Gewinn, den er bei Annahme des Angebots zur Erstellung eines Gutachtens erzielen kann, noch nicht enthalten. U schätzt den bei Anfertigung des Gutachtens entstehenden Gewinn auf 5 T€. U ist seit Jahren geschieden. Er unterliegt einer 9 %igen Kirchensteuer. Es ist das im Jahr 2010 geltende Recht (nach dem Rechtsstand im Sommer 2009) anzuwenden.

Bei Übernahme des Gutachtens erhöht sich das Einkommen des U von 90 T€ auf 95 T€. In dieser Höhe entsteht zusätzliches E_e i. S. v. Gleichung (Ia). Da der Grundtarif anzuwenden ist, bewegt sich das Differenzeinkommen von 5 T€ in vollem Umfang im unteren Plafond. Als Differenzsteuersatz ist der im Plafond unter Berücksichtigung einer 9 %igen Kirchensteuer und des Solidaritätszuschlags von 5,5 % sich ergebende Differenzsteuersatz anzuwenden. Er beträgt 46,338 %. Dieser Wert ist als der mit E_e zu verknüpfende kombinierte Steuersatz s_e in Gleichung (Ia) anzusetzen.

---

[39]   Vgl. auch Gliederungspunkt 4.2.2.3.2.

Die bei Übernahme des Gutachtens zu erwartende zusätzliche Steuerbelastung beträgt (5.000 · 46,338 % =) 2.317 €.

Das Beispiel lässt erkennen, dass die Anwendung der Gleichungen (I) bzw. (Ia) im Rahmen von Steuerbelastungsvergleichen dann unproblematisch ist, wenn sich das Differenzeinkommen im Plafond bewegt. Doch ist ihre Anwendung auch im Progressionsbereich der Einkommensteuer ohne große Probleme möglich.

Beispiel

Es handelt sich um das gleiche Beispiel wie das zuletzt behandelte. Ein Unterschied besteht lediglich insoweit, als das zu versteuernde Einkommen ohne Übernahme des Gutachtens voraussichtlich lediglich 40 T€ betragen wird.

Bei Übernahme des Gutachtens entsteht auch hier zusätzliches E_e i. S. v. Gleichung (Ia) i. H. v. 5 T€. Da sich das zu versteuernde Einkommen hier aber nicht innerhalb des Plafonds, sondern innerhalb des Progressionsbereichs der Einkommensteuer erhöht, kann der Steuersatz nicht Tabelle I/2 entnommen, vielmehr muss auf die im Anhang befindliche Tabelle T-5 zurückgegriffen werden. Er beträgt für die hier relevante Einkommenssteigerung von 40 T€ auf 45 T€ 41,27 %. Die zusätzliche Steuerbelastung des U bei Übernahme des Gutachtens wird voraussichtlich (5.000 · 41,27 % =) 2.064 € betragen.

Sollen keine Steuerbelastungsdifferenzen ermittelt, sondern die absoluten Höhen von Steuerbelastungen berechnet werden, so dürfte es häufig zweckmäßiger sein, diese nicht anhand der Gleichungen (I) bzw. (Ia) zu ermitteln, sondern Veranlagungssimulationen durchzuführen.

4.2.6 Aufgaben 2 und 3

Aufgabe 2

Der Installateur I steht vor der Frage, ob er einen Auftrag, dessen Ausführung er eigentlich erst zu Beginn des Jahres 2 vornehmen wollte, noch Ende des Jahres 1 durchführen soll. Mit einem Eingang des Geldes wäre allerdings auch in diesem Falle im Jahre 2 zu rechnen. Ein Vorziehen des Auftrags hätte eine Gewinnrealisation von 5 T€ im Jahre 1 statt im Jahre 2 zur Folge. Hierbei ist die auf diesen Gewinn entfallenden Steuern noch nicht berücksichtigt. I rechnet für beide Jahre mit einem zu versteuernden Einkommen und einem Gewerbeertrag von mehr als jeweils 150 T€. I erwägt, den Auftrag deshalb vorzuziehen, weil der Rat der Stadt, in der I ansässig ist, eine Anhebung des Gewerbesteuerhebesatzes von 450 % auf 480 % zum 1.1.2 beschlossen hat. Es ist davon auszugehen, dass Supplementinvestitionen, die I tätigt, eine Nettoverzinsung von 3 % p. a. erzielen. Die Nettoverzinsung ergibt sich aus der Bruttoverzinsung nach Abzug der auf die Supplementinvestition entfallenden Steuern. I ist verheiratet. Die Eheleute sind römisch-katholisch und wählen beide die Zusammenveranlagung. Es ist von dem Recht des Jahres 2010 nach dem Rechtsstand im Sommer 2009 auszugehen.

Aufgabe 3

Der Gewerbetreibende G will Ende des Jahres 1 für 100 T€ Teilschuldverschreibungen der „Sylvesteranleihe" des Bundes erwerben. Der Emissionskurs der Anleihe beträgt 100 %, der Zinssatz 8 % p. a. G steht vor der Frage, ob er die Wertpapiere als gewillkürtes Betriebsvermögen oder als gewillkürtes Privatvermögen behandeln soll. Zur Vorbereitung der Entscheidung hierüber will er wissen, wie hoch die Alternativen jährlich mit Steuern belastet sind. Da er die Wertpapiere bis zum Ende ihrer Laufzeit behalten will, sollen die Auswirkungen eventueller künftiger Kursschwankungen nicht berücksichtigt werden. Es ist von dem für das Jahr 2010 geltenden Recht (nach dem Rechtsstand im Sommer 2009) auszugehen.

G ist verheiratet. Beide Ehegatten sind evangelisch. Der Kirchensteuersatz beträgt 9 % (ohne Kappung). G geht von folgenden künftigen Daten aus:

- Das zu versteuernde Einkommen der Ehegatten wird sich stets im unteren Plafond bewegen,
- der Gewerbeertrag wird voraussichtlich stets größer als 150 T€ sein,
- der Hebesatz der Gewerbesteuer wird voraussichtlich 480 % betragen,
- die Einkünfte aus Kapitalvermögen der Eheleute G dürften stets mindestens 10 T€ betragen,
- das übrige zu versteuernde Einkommen stammt aus gewerblichen Einkünften.

4.3 Steuerbelastung und kombinierte Steuersätze bei Kapitalgesellschaften

4.3.1 Belastungsformel für Kapitalgesellschaften

Die jährliche Steuerbelastung einer Kapitalgesellschaft (S_{kap}) kann in gleicher Weise ermittelt werden wie die Steuerbelastung einer natürlichen Person. Allerdings findet keine Anrechnung von Gewerbesteuer auf die Körperschaftsteuer statt, da das KStG keine dem § 35 EStG entsprechende Vorschrift enthält. Grundsätzlich fallen die gleichen Steuerarten an wie bei natürlichen Personen. Lediglich die Einkommensteuer wird durch die Körperschaftsteuer (K_{st}) ersetzt. Anstelle von Gleichung (40) kann somit geschrieben werden:

(57) $S_{kap} = G_{rst} + G_{ewst} + K_{st}.$

Grundstücke können abweichend von natürlichen Personen bei Kapitalgesellschaften nur Betriebsgrundstücke sein, so dass sich die Grundsteuer wie folgt ergibt:

(58) $G_{rst} = E_{wbgr} \cdot S_{gr}.$

Die Gewerbesteuer lässt sich in gleicher Form erfassen wie bei natürlichen Personen, so dass insoweit auf Gleichung (42) verwiesen werden kann. Wie bereits ausgeführt, lautet diese:

(42) $G_{ewst} = (E + H_{ge} - \gamma \cdot E_{wbgr} - E_{wbgr} \cdot S_{gr}) \cdot S_{ge}.$

Zu beachten ist lediglich, dass § 11 GewStG keinen Freibetrag für Kapitalgesellschaften vorsieht.

Körperschaftsteuer fällt entsprechend den Ausführungen zur Einkommensteuer auf den Saldo der voll anzusetzenden Erträge und Aufwendungen (E) und auf den Saldo der nur bei der Körperschaftsteuer, nicht aber bei der Gewerbesteuer anzusetzenden Einnahmen und Ausgaben (Ek) an. Abzuziehen ist die Grundsteuer. Auf die so gewonnene Bemessungsgrundlage ist der Körperschaftsteuersatz (sk) anzuwenden. Dieser ist ggf. in der bereits bekannten Weise um den Solidaritätszuschlag zu erhöhen. Es handelt sich dann bei sk also um einen kombinierten Körperschaft- und Solidaritätszuschlagsatz. Nach dem seit 2008 geltenden Recht beträgt er (15 % + 5,5 % · 15 % =) 15,825 %.

Bei Kapitalgesellschaften, die bereits zur Zeit des körperschaftsteuerlichen Anrechnungsverfahrens bestanden haben, können aus dieser Zeit latente Steuerguthaben i. S. d. § 37 KStG und latente Steuerschulden i. S. d. § 38 KStG vorhanden sein. Diese Guthaben und Schulden sind gem. § 37 Abs. 5 KStG bzw. § 38 Abs. 4 KStG letztmalig zum 31.12.2006 formell festgestellt worden. Während der Veranlagungszeiträume 2008 bis 2017 sind diese Guthaben bzw. Schulden in zehn gleichen Beträgen von dem Finanzamt an die Kapitalgesellschaft (§ 37 KStG) bzw. von der Kapitalgesellschaft an das Finanzamt zu zahlen (§ 38 KStG). Nachfolgend werden die zu zahlenden Jahresbeträge, d. h. je ein Zehntel des Guthabens bzw. der Schulden, mit S§37 bzw. S§38 bezeichnet. Sie werden also mit den einmal berechneten Jahresbeträgen in die Steuerbelastungsformel aufgenommen.

Die Körperschaftsteuer beträgt demnach:

(59) $K_{st} = (E + E_k - G_{rst}) \cdot s_k - S_{§37} + S_{§38}.$

Durch Einsetzen der Werte der Gleichungen (58), (42) und (59) in Gleichung (57) und nach einigen Umformungen ergibt sich die Steuerbelastung der Kapitalgesellschaft mit:

(II) $S_{kap} = E \cdot (s_k + s_{ge}) + E_k \cdot s_k + H_{ge} \cdot s_{ge} - S_{§37} + S_{§38}$

$+ E_{wbgr} \cdot [(1 - s_k) \cdot s_{gr} - (\gamma + s_{gr}) \cdot s_{ge}].$

Auch bei Anwendung dieser Gleichung ist darauf zu achten, dass ein Steuersatz nur dann einen von Null verschiedenen Wert annehmen kann, wenn die Bemessungsgrundlage der jeweils zugehörigen Steuerart abzüglich eventuell vorhandener Freibeträge oder Freigrenzen größer als Null ist.

Auch bei Kapitalgesellschaften kann es in Einzelfällen sinnvoll sein, den Gewerbesteuersatz s_{ge} als das Produkt aus Steuermesszahl m_e und Hebesatz h zu schreiben. Geschieht dies, so wird Gleichung (II) zu:

(IIa) $S_{kap} = E \cdot (s_k + m_e \cdot h) + E_k \cdot s_k + H_{ge} \cdot m_e \cdot h - S_{§37} + S_{§38}$

$+ E_{wbgr} \cdot [(1 - s_k) \cdot s_{gr} - (\gamma + s_{gr}) \cdot m_e \cdot h].$

4.3.2 Teilbemessungsgrundlagen und kombinierte Steuersätze bei Kapitalgesellschaften

Gleichung (II) bzw. (IIa) enthält insgesamt vier Teilbemessungsgrundlagen, und zwar E, Ek, Hge, und Ewbgr. Die Steuerbelastung der jeweiligen Teilbemessungsgrundlage ergibt sich als das Produkt aus dieser Teilbemessungsgrundlage und dem zugehörigen kombinierten Steuersatz.

In Spalte 1 der *Tabelle I/3* sind die genannten Teilbemessungsgrundlagen, in Spalte 2 die dazu gehörenden kombinierten Steuersätze in allgemeiner Form aufgeführt. Die Spalten 3 bis 8 enthalten kombinierte Steuersätze in konkreten Zahlen. Allen Tabellenwerten liegt auch hier ein Grundsteuerhebesatz von 400 % zugrunde. Die übrigen Steuersätze hingegen werden in der Tabelle variiert. Der Inhalt der Tabelle I/3 ist zusätzlich im Anhang in *Tabelle T-8* wiedergegeben.

Den in Zeile 4 der Tabelle I/3 enthaltenen konkreten Werten liegen gemeinsam folgende Voraussetzungen zugrunde:

- Der Faktor der Kürzung nach § 9 Nr. 1 GewStG i. V. m. § 121a BewG wird - dem geltenden Recht entsprechend - mit 1,68 % angesetzt ($\gamma = 0{,}0168$).
- Der Grundsteuersatz wird mit dem Wert 1,4 % berücksichtigt (sgr = 0,014). Dies entspricht einem Grundsteuerhebesatz von 400 %.

Die übrigen die kombinierten Steuersätze beeinflussenden Faktoren hingegen werden in den Spalten 3 bis 8 variiert. Hierbei handelt es sich um folgende Steuersätze:

- den „reinen" Körperschaftsteuersatz skö, d. h. den Körperschaftsteuersatz ohne Berücksichtigung des Solidaritätszuschlags,
- den Solidaritätszuschlag solz und
- den Gewerbesteuerhebesatz h.

Spalte 3 enthält den Fall, der als **Ausgangsfall bei Kapitalgesellschaften** bezeichnet werden soll. Er ist gekennzeichnet durch

- einen Gewerbesteuerhebesatz von 400 % (h = 4),
- einen Körperschaftsteuersatz von 15 % (skö = 0,15) und
- eine Nichterhebung bzw. Nichtberücksichtigung von Solidaritätszuschlag (solz = 0). Der kombinierte Körperschaft- und Solidaritätszuschlagsatz sk entspricht demnach dem reinen Körperschaftsteuersatz skö von 15 %.

Spalte 4 der Tabelle I/3 unterscheidet sich vom Standardfall der Spalte 3 lediglich dadurch, dass nunmehr ein 5,5 %iger Solidaritätszuschlag erhoben wird. Er wird hier als **Standardfall bei Kapitalgesellschaften** bezeichnet. Auf ihn wird in den späteren Ausführungen besonders häufig zurückgegriffen.

In den Spalten 5 und 6 wird der Ausgangsfall der Spalte 3 hinsichtlich der Höhe des Gewerbesteuerhebesatzes variiert. In Spalte 5 beträgt dieser 500 %, in Spalte 6 hingegen 300 %.

Tabelle I/3: Teilbemessungsgrundlagen und kombinierte Steuersätze bei Kapitalgesellschaften*

Zeile	Teilbemessungs-grundlagen	Kombinierte Steuer-sätze in allgemeiner Form	Konkrete kombinierte Steuersätze in % der jeweiligen Teilbemessungsgrundlage					
	Spalte 1	Spalte 2	Spalte 3	Spalte 4	Spalte 5	Spalte 6	Spalte 7	Spalte 8
			Skö = 15 % Solz = 0 % h = 400 %	Skö = 15 % Solz = 5,5 % h = 400 %	Skö = 15 % Solz = 0 % h = 500 %	Skö = 15 % Solz = 0 % h = 300 %	Skö = 25 %** Solz = 0 % h = 400 %	Skö = 40 %*** Solz = 0 % h = 400 %
1	E	$S_k + m_e \cdot h$	29,000	29,825	32,500	25,500	39,000	54,000
2	E_k	S_k	15,000	15,825	15,000	15,000	25,000	40,000
3	H_{ge}	$m_e \cdot h$	14,000	14,000	17,500	10,500	14,000	14,000
4	E_{wbgr}	$(1 - S_k) \cdot S_{gr} - (\gamma + S_{gr}) \cdot m_e \cdot h$	0,759	0,747	0,651	0,867	0,619	0,409

* In dieser Tabelle werden m_e mit 3,5 % und γ mit 1,68 % angesetzt. Letzteres entspricht demjenigen, der während der Jahre 2001 bis 2007 anwendbar war. Abweichend von der Behandlung hier war die Gewerbesteuer damals eine abzugsfähige Betriebsausgabe.

** Dieser Körperschaftsteuersatz entspricht demjenigen, der während der Jahre 1999 und 2000. d. h. in der Schlussphase des körperschaftsteuerlichen Anrechnungsverfahrens, anwendbar war. Abweichend von der Behandlung hier war die Gewerbesteuer damals eine abzugsfähige Betriebsausgabe.

*** Ein Körperschaftsteuersatz von 40 % entspricht einer Kürzung nach § 9 Nr. 1 GewStG von 1,2 % und einer Multiplikation mit 140 % nach § 121a BewG. Außerdem wird der Grundsteuersatz mit 1,4 % (S_{gr} = 1,4 %) konstant gehalten. Dies entspricht einem Grundsteuerhebesatz von 400 %.

In den Spalten 7 und 8 wird der Körperschaftsteuersatz variiert. Er beträgt in Spalte 7 25 % und in Spalte 8 40 %. Einen Körperschaftsteuersatz von 25 % hat es in der Bundesrepublik Deutschland zur Zeit des Halbeinkünfteverfahrens, d. h. während der Jahre 2001 bis 2007, gegeben, einen Steuersatz von 40 % während der Jahre 1999 bis 2000, d. h. in der Endphase des körperschaftsteuerlichen Anrechnungsverfahrens. Zu beachten ist aber, dass damals das System der Ertragsbesteuerung sich deutlich von dem heutigen unterschieden hat. Insbesondere war die Gewerbesteuer eine abzugsfähige Betriebsausgabe. Die in den Spalten 7 und 8 ermittelten kombinierten Steuersätze entsprechen also nicht denjenigen, die sich damals tatsächlich ergeben haben[40].

4.3.3 Einbeziehung der Gesellschafter in die Betrachtung

Bisher ist lediglich die Steuerbelastung der Kapitalgesellschaft berücksichtigt worden. Nunmehr soll die Belastung der Gesellschafter betrachtet werden. Diese beziehen in Höhe der Hälfte (bis 2008) bzw. in voller Höhe (seit 2009) der Ausschüttungen steuerpflichtige Einnahmen. Da für steuerplanerische Zwecke i. d. R. nur noch das ab 2009 geltende Recht relevant ist, wird nachfolgend nur dieser Fall betrachtet.

Sofern sich die Anteile an der Kapitalgesellschaft im Privatvermögen des Gesellschafters (Aktionärs) befinden, handelt es sich bei der Ausschüttung um Einnahmen aus Kapitalvermögen. Diese haben die Wirkung von E_e i. S. v. Gleichung (I) bzw. (Ia).

Infolge einer Ausschüttung kann es im Einzelfall zum Abzug eines Teils des Sparer-Pauschbetrags ($F_{e\S20}$) kommen. Dies ist dann der Fall, wenn ohne die betrachtete Ausschüttung die Einnahmen aus Kapitalvermögen geringer sind als der Sparer-Pauschbetrag, d. h. wenn dieser noch nicht durch andere Einnahmen aus Kapitalvermögen voll ausgeschöpft ist.

Wird die Steuerbelastung des Gesellschafters aufgrund der Ausschüttung mit $S_{ges/a/pv}$ bezeichnet, so ergibt sich diese nach den bisherigen Ausführungen wie folgt:

(III) $S_{ges/a/pv} = (A - F_{e\S20}) \cdot s_{e\S32d}$.

Hierbei gibt $s_{e\S32d}$ den für Einkünfte aus Kapitalvermögen geltenden Steuersatz i. S. d. § 32d EStG an.

Auch dann, wenn die Anteile zum Betriebsvermögen eines gewerblichen (Mit-)Unternehmers gehören, zeitigen die Ausschüttungen bei dem Empfänger im Ergebnis keine gewerbesteuerlichen Folgen. Der Grund liegt in der Kürzungsvor-

---

[40] Vgl. Schneeloch, D., Steuerpolitik, 2002, S. 59.

schrift des § 9 Nr. 2 GewStG. Die Ausschüttung unterliegt also auch in diesem Fall lediglich der Einkommensteuer. Allerdings kommt es in diesem Fall nicht zur Anwendung des gesonderten Steuertarifs gem. § 32d EStG, da diese Rechtsnorm Einkünfte aus Kapitalvermögen voraussetzt. Hier aber handelt es sich um Einkünfte aus Gewerbebetrieb, für die das Teileinkünfteverfahren gem. § 3 Nr. 40 EStG gilt. Danach ist die Ausschüttung lediglich mit dem Anteil δ steuerpflichtig. Die Steuerbelastung kann daher als Produkt von δ und dem normalen Einkommensteuersatz $s_{e\S32a}$ ermittelt werden. Der Freibetrag $F_{e\S20}$ ist ebenfalls nicht anwendbar, da auch er Einkünfte aus Kapitalvermögen voraussetzt. Die Steuerbelastung des Gesellschafters in dem Fall, dass er die Ausschüttungen in seinem gewerblichen Betriebsvermögen bezieht ($S_{ges/a/bv}$) ergibt sich demnach wie folgt:

(IIIa) $S_{ges/a/bv} = δ \cdot A \cdot s_{e\S32a}.$

Ist Empfänger einer Ausschüttung weder eine natürliche Person noch eine Personengesellschaft, sondern eine Kapitalgesellschaft, so kommt § 8b Abs. 1 KStG zur Anwendung. Damit bleibt die Ausschüttung bei der sie empfangenden Gesellschaft außer Ansatz, d. h. sie bleibt steuerfrei. Damit ergeben sich lediglich bei der ausschüttenden Gesellschaft die sich aus Gleichung (II) ermittelbaren Steuerwirkungen. Erst dann, wenn auch die die Ausschüttung empfangende Gesellschaft ihrerseits eine Ausschüttung vornimmt, können Steuerwirkungen gem. den Gleichungen (III) bzw. (IIIa) eintreten. Dies ist aber nur dann der Fall, wenn der Empfänger dieser Ausschüttung eine natürliche Person bzw. eine Personengesellschaft ist.

Zu beachten ist, dass seit dem Veranlagungszeitraum 2004 nach § 8b Abs. 5 KStG 5 % der Ausschüttungen bei der die Ausschüttung empfangenden Kapitalgesellschaft als nichtabziehbare Ausgaben gelten. Dies hat seither zur Folge, dass 5 % der Ausschüttungen bei der die Ausschüttung empfangenden Gesellschaft der Körperschaft- und der Gewerbesteuer zu unterwerfen sind. 5 % der Ausschüttungen stellen also E i. S. v. Gleichung (II) bzw. (IIa) dar. Es entsteht also folgende Steuerbelastung:

(IIIb) $S_{ges/a/kap} = 0{,}05 \cdot A \cdot (s_k + m_e \cdot h).$

Klargestellt sei, dass eine (95 %ige) Freistellung von der Gewerbesteuer nur dann eintritt, wenn das Schachtelprivileg des § 9 Nr. 2a bzw. Nr. 7 GewStG zur Anwendung kommt.

4.3.4 Aufgabe 4

Der Alleingesellschafter G der X-GmbH erwägt, dieser zur Verbesserung ihres Bilanzbildes 100.000 € Eigenkapital zur Verfügung zu stellen. Die GmbH soll hierfür Ende des Jahres 1 Teilschuldverschreibungen der „Sylvesteranleihe" des Bundes erwerben. Der Emissionskurs der Anleihe beträgt 100 %, der Zinssatz 8 % p. a. Bevor G eine Entscheidung trifft, will er die jährlichen Steuerfolgen der von ihm erwogenen Maßnahme kennenlernen. Das Geld für die Eigenkapitalerhöhung der GmbH kann G aus dem Verkauf von zu seinem Privatvermögen gehörenden Bauland gewinnen. Der Einheitswert dieses Baulandes beträgt 5.000 €. Der Tatbestand des § 23 EStG wird bei der Veräußerung nicht erfüllt. Die durch den Erwerb der Wertpapiere zu erwartenden Zinserträge beabsichtigt G i. H. v. 4.000 € für zusätzliche Ausschüttungen zu verwenden.

Der Gewerbesteuerhebesatz der Gemeinde wird während der nächsten Jahre voraussichtlich 400 % betragen, derjenige der Grundsteuer ebenfalls. Die auf das Bauland angefallene Grundsteuer war bei G bisher weder als Werbungskosten noch als Betriebsausgaben abzugsfähig, da das Bauland brach lag.

G geht davon aus, dass sich sein zu versteuerndes Einkommen während der nächsten Jahre stets im unteren Plafond bewegen wird. Der mit Einkünften aus Kapitalvermögen im Zusammenhang stehende Sparer-Pauschbetrag des § 20 Abs. 9 EStG ist bereits ausgeschöpft. G ist konfessionslos. Es ist von dem im Veranlagungszeitraum 2010 geltenden Einkommensteuertarif (nach dem Rechtsstand im Sommer 2009) auszugehen.

5 Ziele und Vorteilskriterien im Rahmen der betrieblichen Steuerpolitik

5.1 Endvermögensmaximierung, Konsummaximierung, Wohlstandsmaximierung

Die Ziele der betrieblichen Steuerpolitik dürften i. d. R. nur monetärer Art sein. Als Ziele monetärer Art kommen in Betracht:

- die Maximierung des Endvermögens (Endvermögensmaximierung),
- die Maximierung der für Konsumzwecke zur Verfügung stehenden Mittel (Konsummaximierung),
- eine Kombination der beiden genannten Ziele (Wohlstandsmaximierung).

Im Fall der **Endvermögensmaximierung** will der Handelnde bei vorgegebener jährlicher Konsumentnahme sein Vermögen am Ende des Planungszeitraums maximieren. Zielgröße ist also das Endvermögen am Planungshorizont. Unbeeinflusst vom Zielerreichungsgrad ist hingegen die Höhe der für Konsumzwecke vorgesehenen Entnahmen bzw. Gewinnausschüttungen.

Im Fall der **Konsummaximierung** will der Handelnde während des Planungszeitraums seine Konsumentnahmen bzw. die für Konsumzwecke vorgesehenen Ausschüttungen maximieren. Hierbei geht er von einem vorgegebenen Endvermögen am Planungshorizont aus, d. h. das Endvermögen wird unabhängig von der Höhe der Entnahmen bzw. Ausschüttungen geplant. Die Zielsetzung der Konsummaximierung ist nicht eindeutig, vielmehr sind unterschiedliche Varianten denkbar. So kann das konkrete Ziel darin bestehen,

- einen konstanten oder
- einen gewichteten

Entnahmestrom (Ausschüttungsstrom) zu maximieren. Im ersten Fall ist also die Höhe der Entnahmen während des ganzen Planungszeitraums konstant. Im zweiten Fall hingegen werden die Entnahmen innerhalb des Planungszeitraums hinsichtlich des von ihnen ausgehenden Nutzens unterschiedlich gewichtet. So wird regelmäßig davon ausgegangen, dass eine Entnahme im Jahre 1 einen größeren Nutzen erbringt als eine gleich hohe Entnahme im Jahre 2.

Beim **Wohlstandsstreben**, als dritter möglicher Zielsetzung, sind sowohl Konsum als auch Vermögen variabel. Das Streben des Handelnden richtet sich auf die Erlangung von beidem. Da Konsum und Vermögen aber nicht gleichzeitig maximiert werden können, setzt Wohlstandsstreben eine Austauschregel zwischen beiden Zielen voraus. Derartige Austauschregeln zwischen Konsumstreben einerseits und Vermögensstreben andererseits hängen von den individuellen Nutzenfunktionen der Handelnden ab. Generell gültige Austauschregeln können demnach nicht ermittelt werden. Damit kann auch keine allgemeingültige Zielfunktion für das Wohlstandsstreben abgeleitet werden.

5.2 Endvermögensmaximierung

Endvermögensmaximierung, Konsummaximierung und Wohlstandsmaximierung können als Ziele auf der obersten monetären Zielebene bezeichnet werden. Von diesen drei möglichen Zielen wird nachfolgend nur das erstgenannte, d. h. also das Ziel der Endvermögensmaximierung, weiter betrachtet. Der Grund liegt darin, dass die beiden anderen Ziele - wie bereits ausgeführt - nicht allgemeingültig bestimmbar sind, vielmehr der Konkretisierung im individuellen Einzelfall bedürfen.

Bestehen j Gestaltungsmöglichkeiten (j = 1, 2, ..., m), so sind im Rahmen eines Vorteilsvergleichs deren Endvermögen (EV) miteinander zu vergleichen. Bei zielgerechtem Verhalten ist die Alternative mit dem höchsten Endvermögen zu wählen:

$$(60) \quad EV_j \rightarrow Max!$$

Das Endvermögen wird durch die Summe der Einzahlungen (Ze^*) nach Abzug der Summe der Auszahlungen (Za^*) bis zum Ende des Planungszeitraums bestimmt. Sind Zahlungen noch jenseits des Planungshorizonts zu erwarten, so besteht am Ende des Planungszeitraums ein Restwert (R). Beträgt der Planungszeitraum t Jahre (t = 0, 1, 2, ..., n), so kann das Endvermögen am Planungshorizont wie folgt geschrieben werden:

$$(61) \quad EV = \sum_{t=0}^{n} (Ze^*_t - Za^*_t) + R.$$

Der Restwert R gibt den abgezinsten Wert der Einzahlungen und Auszahlungen von jenseits des Planungshorizonts am Planungshorizont an. Seine Schätzung kann im Einzelfall außerordentlich problematisch sein.

Unterschiedliche Gestaltungsmaßnahmen führen zu unterschiedlichen Zahlungsreihen. Als Konsequenz hieraus ergeben sich bei der Endvermögensmaximierung unterschiedliche betriebliche Investitionen, da annahmegemäß der Konsum von der Wahl der Gestaltungsmaßnahmen nicht beeinflusst wird. Bei diesen **Differenzinvestitionen**, häufig auch **Supplementinvestitionen** genannt, kann es sich sowohl um **Realinvestitionen** (z. B. Anschaffung eines Grundstücks, einer Maschine, Herstellung eines Gebäudes) als auch um **Finanzinvestitionen** (z. B. Erhöhung der Bankguthaben oder Abbau von Verbindlichkeiten) handeln.

Bei einer *autonomen betrieblichen Steuerpolitik* erfolgen die Differenzinvestitionen stets in der Form von Finanzinvestitionen, da voraussetzungsgemäß das reale

Geschehen bei allen Vergleichstatbeständen gleich ist. Aber auch in einer Vielzahl von Fällen, in denen *keine* autonome Steuerpolitik angebracht ist, die Steuerplanung vielmehr in eine größere betriebliche Teilplanung integriert werden soll, ist die Annahme gleicher Realinvestitionen für alle Gestaltungsmaßnahmen sinnvoll. So hat z. B. die Wahl zwischen den Rechtsformen der GmbH und der KG häufig keinen Einfluss auf die Höhe der Realinvestitionen. Gleiches gilt hinsichtlich der Wahl zwischen mehreren Finanzierungsalternativen. Nachfolgend wird deshalb in aller Regel von geplanten Realinvestitionen ausgegangen, so dass unterschiedliche Ein- und Auszahlungsreihen lediglich die Finanzinvestitionen beeinflussen. Nur bei Fragestellungen, die die Art, den Umfang oder den Zeitpunkt von Realinvestitionen zum Inhalt haben, wird z. T. von dieser Regel abgewichen.

Ze^* und Za^* können nach der hier gewählten Definition auch Zinseinnahmen und Zinsausgaben (korrekt: Zinseinzahlungen und Zinsauszahlungen) enthalten. Führen *Zahlungsdifferenzen* zu *Supplementinvestitionen* in der Form von *Finanzinvestitionen,* so können die auf diese entfallenden Zinseinzahlungen bzw. verhinderten Zinsauszahlungen auch mit den üblichen Mitteln der *Finanzmathematik* berücksichtigt werden. Dies bedeutet, dass diese Zinseinzahlungen bzw. Zinsauszahlungen und die diesen zugrundeliegenden Finanzinvestitionen nicht in Ze^* bzw. Za^* erfasst werden müssen, vielmehr mit Hilfe der jeweils relevanten Zinssätze dieser Finanzinvestitionen berücksichtigt werden können. Bei diesen Zinssätzen kann es sich also je nach Lage des Einzelfalls sowohl um Soll- als auch um Habenzinsen handeln. Werden die um die genannten Zinseinzahlungen bzw. Zinsauszahlungen und um die Finanzinvestitionen gekürzten Einzahlungen und Auszahlungen mit Ze bzw. Za bezeichnet, so kann das Endvermögen wie folgt geschrieben werden:

$$(62) \quad EV = \sum_{t=0}^{n} (Ze_t - Za_t) \cdot \prod_{y=t+1}^{n} q_y + R \quad \left\{ \begin{array}{l} \text{mit } q_y = (1 + isoll_t) \\[2mm] \text{mit } q_y = (1 + ihaben_t). \end{array} \right.$$

Wird davon ausgegangen, dass *in einer Periode* ein *einheitlicher Zinssatz* i_t herrscht, so kann dieser als der **Kalkulationszinsfuß** dieser Periode bezeichnet werden. Gleichung (62) wird dann zu:

$$(63) \quad EV = \sum_{t=0}^{n} (Ze_t - Za_t) \cdot (1 + i_t)^{n-t} + R.$$

Wird definiert:

$$(64) \quad 1 + i_t = q_t,$$

so kann Gleichung (63) wie folgt geschrieben werden:

$$(65) \quad EV = \sum_{t=0}^{n} (Ze_t - Za_t) \cdot q_t^{n-t} + R.$$

Die Einzahlungen Ze und die Auszahlungen Za werden in den Gleichungen (62), (63) und (65) also auf das Ende des Planungszeitraums aufgezinst. Hierbei wird unterstellt, dass die Zahlungen eines Jahres jeweils an dessen Ende anfallen. Trifft diese Prämisse nicht zu, so vernachlässigen die Gleichungen unterjährige Verzinsungen.

5.3 Kapitalwertmaximierung

Kann innerhalb einer Periode von einem einheitlichen Kalkulationszinsfuß ausgegangen werden, so kann zur Vergleichbarmachung der zu unterschiedlichen Zeitpunkten anfallenden Zahlungen statt einer Aufzinsung auch eine Abzinsung vorgenommen werden. Der abgezinste Wert **(Barwert)** wird in der Betriebswirtschaftslehre üblicherweise als **Kapitalwert** (K) bezeichnet. Für den auf das Ende des Jahres t = 0 (Beginn des Planungszeitraums) abgezinsten Kapitalwert ergibt sich dann:

$$(66) \quad K = \sum_{t=0}^{n} (Ze_t - Za_t) \cdot (1 + i_t)^{-t} + R \cdot (1 + i_t)^{-n}$$

bzw.

$$(67) \quad K = \sum_{t=0}^{n} (Ze_t - Za_t) \cdot q_t^{-t} + R \cdot q_t^{-n}.$$

q_t^{-t} wird hierbei als der **Abzinsungsfaktor** oder **Diskontierungsfaktor** bezeichnet.

Wird der Kapitalwert als Vorteilskriterium gewählt, so wird aus dem Ziel der Endvermögensmaximierung das Ziel der **Kapitalwertmaximierung**. Aus Gleichung (60) wird dann:

$$(68) \quad K_j \rightarrow Max!$$

Wird der Kapitalwert als Vorteilskriterium für betriebliche Entscheidungen gewählt, so wird diese Vorgehensweise als **Kapitalwertverfahren** bezeichnet.

In den Darstellungsweisen der Gleichungen (63), (65), (66) und (67) weisen alle Supplementinvestitionen des Jahres t einen einheitlichen Kalkulationszinssatz i_t auf. Im Schrifttum wird in diesem Zusammenhang üblicherweise von der Vorstellung eines *vollkommenen Kapitalmarktes* ausgegangen. Diese beinhaltet, dass auf dem Kapitalmarkt ein einheitlicher Zinssatz herrscht, zu dem Finanzanlagen in beliebiger Höhe getätigt und Kredite ebenfalls in beliebiger Höhe aufgenommen werden können.

Ein Blick in die Finanzierungspraxis zeigt, dass die Annahme eines vollkommenen Kapitalmarkts *realitätsfern* ist. So sind Sollzinsen üblicherweise deutlich höher als Habenzinsen. Die Höhe der Sollzinsen ihrerseits richtet sich in erheblichem Maße nach der Bonität des Schuldners und nach den von ihm zur Verfügung gestellten Sicherheiten. Die Höhe der Habenzinsen hingegen richtet sich in erster Linie nach der gewählten Anlageform. So weist eine Termineinlage i. d. R. einen erheblich höheren Zinssatz auf als ein Kontokorrentguthaben.

Auf den ersten Blick erscheint damit der Kapitalwert in der hier dargestellten Form als Entscheidungskriterium unbrauchbar. Die Nichtanwendung des Kapitalwertkriteriums hätte zur Folge, dass stets das wesentlich aufwendigere Verfahren der Endvermögensmaximierung mit Hilfe der Aufstellung vollständiger Finanzpläne angewendet werden müsste. Bei näherem Hinsehen ist aber die Anwendung eines einheitlichen Kalkulationszinssatzes häufig aus Vereinfachungsgründen vertretbar. Das kann z. B. dann der Fall sein, wenn bei allen Entscheidungsvarianten stets nur Supplementinvestitionen im Bereich positiver Finanzinvestitionen auftreten. In derartigen Fällen kann vielfach zumindest *näherungsweise* von einem *einheitlichen Habenzinssatz* für alle diese Finanzinvestitionen ausgegangen werden. Gleiches gilt häufig für die Fälle, in denen bei allen Entscheidungsvarianten stets nur Supplementinvestitionen im Bereich der Verbindlichkeiten auftreten. Die Supplementinvestitionen bestehen hier in einem Abbau von Verbindlichkeiten. Auch in derartigen Fällen kann häufig zumindest *näherungsweise* von einem *einheitlichen Sollzinssatz* ausgegangen werden. In Gliederungspunkt 6.8 wird darüber hinaus begründet werden, dass häufig auch die Anwendung eines *Mischkalkulationszinssatzes* vertretbar ist. Hierbei handelt es sich um einen fiktiven Zinssatz, der anhand von zwei oder mehreren für den Betrieb real relevanten Zinssätzen geschätzt wird. Dieser kann sich sowohl aus Soll- als auch aus Habenzinssätzen zusammensetzen.

Im Schrifttum wird bei Ermittlung des Kapitalwerts häufig nicht nur von einem einheitlichen, sondern auch von einem *im Zeitablauf konstanten Kalkulationszinssatz i* ausgegangen. Die Gleichungen (66) bzw. (67) werden dann zu

$$(69) \quad K = \sum_{t=0}^{n} (Ze_t - Za_t) \cdot (1 + i)^{-t} + R \cdot (1 + i)^{-n}$$

bzw.

$$(70) \quad K = \sum_{t=0}^{n} (Ze_t - Za_t) \cdot q^{-t} + R \cdot q^{-n}.$$

5.4 Steuerendwert- und Steuerbarwertminimierung

Eine erhebliche *Vereinfachung* des Vorteilsvergleichs ergibt sich dann, wenn die Einzahlungen in den Vergleichsfällen *in gleicher Höhe* prognostiziert werden können. Dies ist z. B. bei einem Rechtsformvergleich der Fall. So ist nicht einzusehen, weshalb sich die Einzahlungen bei Wahl der Rechtsform einer KG anders entwickeln sollten, als bei Wahl der Rechtsform einer GmbH.

Sind die Einzahlungen in den Vergleichsfällen gleich, so haben sie *keinen* Einfluss auf die relative Vorteilhaftigkeit. Sie können dann aus dem Vorteilsvergleich herausgenommen werden. Dies kann dadurch geschehen, dass *Ze* in den abgeleiteten Gleichungen der Wert *0* zugeordnet wird. Aus dem Ziel der Endvermögensmaximierung wird dann das Ziel der Minimierung des Auszahlungsendwerts und aus dem Ziel der Kapitalwertmaximierung wird das Ziel der Minimierung des *Barwerts der Auszahlungen*. Auf eine explizite mathematische Darstellung dieser Ziele wird hier verzichtet. Werden nur einzelne Auszahlungen berücksichtigt, so soll von einem *wohldefinierten Auszahlungsbarwert* gesprochen werden.

Im Rahmen einer steuerlichen Partialplanung sind lediglich Steuerzahlungen, d. h. Auszahlungen, zu berücksichtigen. Die Einzahlungen hingegen sind bei allen in der Planung zu beachtenden Alternativen gleich, so dass sie außer Betracht bleiben können. Endvermögen und Kapitalwert sind unter diesen Umständen umso größer, je kleiner die Summe der Steuerzahlungen und der durch sie verursachten Zinsauszahlungen (bzw. fortfallenden Zinseinzahlungen) bis zum Ende des Planungszeitraums ist. Fallen bei einzelnen Alternativen Steuerzahlungen jenseits des Planungshorizonts an, so sind sie auf das Ende des Planungszeitraums abzuzinsen und in den Vorteilsvergleich einzubeziehen. Dieser Fall soll aber nachfolgend nicht weiter betrachtet werden. Vielmehr soll grundsätzlich davon ausgegangen werden, dass der Planungszeitraum alle Perioden erfasst, während bei den unterschiedlichen Gestaltungsmöglichkeiten unterschiedliche Steuerzahlungen anfallen.

Wird die Summe der auf das Ende des Planungszeitraums aufgezinsten Steuerzahlungen als **Steuerendwert** bezeichnet, so kann im Rahmen einer autonomen Steuerpolitik formuliert werden:

> Das Endvermögensmaximum wird erreicht durch eine *Minimierung des Steuerendwerts.* Als *Zielvorschrift* einer rein steuerlichen Partialplanung kann also die Minimierung des Steuerendwerts angesehen werden.

Wird die Summe der auf den Anfang des Planungszeitraums abgezinsten Steuerzahlungen als **Steuerbarwert** bezeichnet, so kann definiert werden:

> Das Ziel einer autonomen Steuerpolitik ist die *Minimierung des Steuerbarwerts.*

Nachfolgend soll lediglich auf die Steuerbarwertminimierung, nicht hingegen auf die Steuerendwertminimierung näher eingegangen werden. Dies geschieht deshalb, weil die Steuerbarwertminimierung im Schrifttum zur Betriebswirtschaftlichen Steuerlehre wesentlich weiter verbreitet ist als die Steuerendwertminimierung[41]. Der Grund liegt vermutlich darin, dass ein Steuerbarwert für anschaulicher gehalten wird als ein auf einen evtl. fernen Zeitpunkt errechneter Steuerendwert.

Bei der Steuerbarwertermittlung ist der *Barwert* (Bar) der sich aus der jeweiligen Gestaltungsmaßnahme ergebenden Steuerzahlungen zu ermitteln. Er ergibt sich als die Summe der auf den Beginn des Planungszeitraums ($t = 0$) abgezinsten Steuerzahlungen:

$$(71) \quad Bar = \sum_{t=0}^{n} S_t \cdot q^{-t}.$$

Hierbei gibt S_t die Jahressteuerbelastung des Jahres t an. Sie kann grundsätzlich mit Hilfe der bereits abgeleiteten Jahresbelastungsformeln ermittelt werden. Ist im Einzelfall eine steuerliche Wirkung nicht durch die Belastungsformel erfassbar, so ist sie gesondert zu ermitteln und der Steuerbelastung des entsprechenden Jahres hinzuzurechnen.

Bestehen j steuerliche Gestaltungsalternativen ($j = 1, 2, ..., m$), so sind im Rahmen der Steuerplanung deren Barwerte (Bar_j) miteinander zu vergleichen. Die Alternative mit dem geringsten Barwert ist sodann bei zieladäquatem Verhalten zu wählen:

$$(72) \quad Bar_j \rightarrow Min!$$

Vielfach erweist sich die Errechnung der Barwerte für den Vorteilsvergleich als nicht erforderlich, vielmehr reicht die Kenntnis der *Differenz der* miteinander zu vergleichenden *Barwerte.* Sind in derartigen Fällen die Barwerte der Alternativen (1) und (2) miteinander zu vergleichen, so kann die Differenz der Barwerte als **Barwert der jährlichen Steuerdifferenzen** zwischen den Alternativen geschrieben werden:

---

41   Vgl. Marettek, A., Entscheidungsmodell, 1970; Siegel, T., Steuerwirkungen, 1982, S. 73.

$$(73) \quad \sum_{t=0}^{n} S1_t \cdot q^{-t} - \sum_{t=0}^{n} S2_t \cdot q^{-t} = \sum_{t=0}^{n} (S1_t - S2_t) \cdot q^{-t}.$$

Alternative (1) ist dann vorteilhafter, wenn gilt:

$$(74) \quad \sum_{t=0}^{n} (S1_t - S2_t) \cdot q^{-t} < 0.$$

Die Zahlen „1" und „2" nach dem Hauptsymbol „S" in den Gleichungen (73) und (74) kennzeichnen die gleichnamigen Alternativen.

Aus Gründen der sprachlichen Vereinfachung wird in den weiteren Ausführungen anstelle des Begriffs des Barwerts der Steuerdifferenzen häufig auch der Begriff des **Differenzenbarwerts** verwendet.

5.5 Vereinfachende Ersatzkriterien des Vorteilsvergleichs und allgemeingültige Aussagen

Endvermögensmaximierung bzw. Kapitalwertmaximierung und Steuerbarwertmi-nimierung erweisen sich oft als aufwendige Verfahren des Vorteilsvergleichs. Daher wird in den nachfolgenden Teilen des Buches versucht, für einzelne Frage-stellungen vereinfachende Vorteilskriterien zu finden. Diese müssen aber jeweils mit der Zielsetzung der Kapitalwertmaximierung bzw. der Barwertminimierung *vereinbar* sein und sich aus ihr ergeben. Bei der Suche nach derartigen **Ersatzkri-terien** des Vorteilsvergleichs wird teilweise auf eine streng mathematische Ableitung aus dem Kapitalwert- bzw. Steuerbarwertkriterium verzichtet. Es wer-den dann Plausibilitätsüberlegungen, d. h. heuristische Methoden, angewendet. Als brauchbare Ersatzkriterien werden sich z. B. in vielen Fällen des Rechtsform-vergleichs die Jahresbelastungsdifferenzen zwischen den zu untersuchenden Rechtsformen erweisen. Als Ersatzkriterien im Rahmen der Steuerbilanzpolitik lassen sich unter bestimmten Voraussetzungen Zinssätze ableiten.

Eine weitere erhebliche Vereinfachung des Vorteilsvergleichs ergibt sich dann, wenn es gelingt, zu allgemeingültigen Aussagen über die Vorteilhaftigkeit von Steuergestaltungsmaßnahmen zueinander zu gelangen. Der Frage, ob und unter welchen Voraussetzungen derartige Aussagen möglich sind, wird in den Teilen II bis IV wiederholt nachgegangen.

5.6 Systematische Darstellung der Zusammenhänge

Abbildung I/5 soll die wichtigsten Zusammenhänge nochmals verdeutlichen. Die Abbildung weist auf der obersten monetären Zielebene das Ziel der Endvermögensmaximierung aus. Wird von der Anwendung der Regeln der Finanzmathematik ausgegangen, so kann anstelle des Ziels der Endvermögensmaximierung das Ziel der Kapitalwertmaximierung formuliert werden.

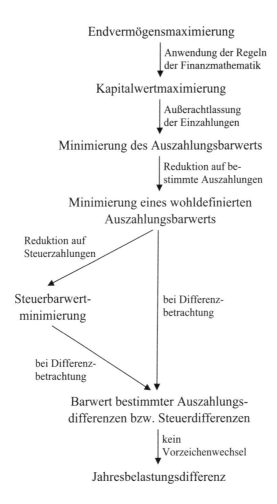

Abbildung I/5:   Zielebenen im Rahmen der betrieblichen Steuerpolitik

Können im Rahmen des Vorteilsvergleichs die Einzahlungen außer Acht gelassen werden, so kommt man von der Kapitalwertmaximierung zur Minimierung des Auszahlungsbarwerts, bei Reduktion auf bestimmte Auszahlungen zu einem wohldefinierten Auszahlungsbarwert.

Wird der Vorteilsvergleich allein auf die Steuerzahlungen und die hieraus entstehenden Supplementinvestitionen reduziert, so kann das weiter vereinfachende Vorteilskriterium des Steuerbarwerts angewendet werden. Zu minimieren ist dann der Steuerbarwert.

Sollen mehrere Steuerbarwerte miteinander verglichen werden, so reicht es aus, die Barwerte der Steuerdifferenzen zu ermitteln. Mit Hilfe der Differenzbetrachtung wird dann die Alternative mit dem geringsten Steuerbarwert ersichtlich. Erfolgt im Planungszeitraum kein Vorzeichenwechsel, so reicht die Ermittlung einer Jahresbelastungsdifferenz aus.

Die Ermittlung aller bisher aufgezeigten Vorteilskriterien kann sehr zeitaufwendig und damit auch kostenträchtig sein. Dies gilt umso mehr, je höher die Zielebene ist, auf der die Vorteilskriterien angesiedelt sind. So dürfte die Ermittlung eines Steuerbarwerts regelmäßig wesentlich weniger zeitaufwendig sein als die Ermittlung des Endvermögens bei gleichem zu beurteilenden Sachverhalt. Dennoch kann aber auch die Ermittlung eines Steuerbarwerts noch sehr zeitaufwendig sein. Es ist daher angebracht, im konkreten Einzelfall nach weiter vereinfachenden Vorteilskriterien zu suchen. Diese müssen aber mit den übergeordneten Zielen vereinbar sein, sie müssen sich aus ihnen ergeben.

5.7 Aufgaben 5 und 6

Aufgabe 5

Ermitteln Sie die Steuerbarwerte (bei i = 6 %) folgender Steuerzahlungsreihen:

Jahr	Alternative 1	Alternative 2
	€	€
0	100.000	100.000
1	120.000	125.000
2	130.000	125.000
3	180.000	180.000
Σ	530.000	530.000

Die Abzinsung soll zum 31.12. des Jahres 0 erfolgen. Es wird davon ausgegangen, dass die Steuerzahlungen jeweils zum 31.12. des Jahres ihrer Entstehung erfolgen.

Aufgabe 6

Wählen Sie unter dem Gesichtspunkt der Kapitalwertmaximierung die günstigere der beiden nachfolgend aufgeführten Alternativen aus. Hierbei ist von einem Kalkulationszinsfuß von 8 % p. a. auszugehen. Die Abzinsung soll zum 31.12. des Jahres 0 erfolgen.

| Jahr | Alternative 1 | | Alternative 2 | |
	Einzahlungen	Auszahlungen	Einzahlungen	Auszahlungen
	T€	T€	T€	T€
0	90	23	80	26
1	92	24	95	29
2	103	31	109	30
3	117	12	116	12
Σ	402	90	400	97

6 Zinssätze der Differenzinvestitionen

6.1 Zur Problematik des Kalkulationszinsfußes

Die Errechnung von Steuerbar- bzw. Kapitalwerten setzt die Kenntnis eines *Kalkulationszinsfußes* voraus. Es ist nun zu untersuchen, welcher Kalkulationszinsfuß zu wählen ist. Die Frage nach dem „richtigen" Kalkulationszinsfuß ist in der Literatur immer wieder gestellt und recht unterschiedlich beantwortet worden[42]. Wie bereits dargestellt, sind Kalkulationszinsfüße lediglich in Partial-, nicht hingegen in Totalmodellen erforderlich. Der Ansatz eines Kalkulationszinsfußes wird durch die vereinfachenden Annahmen des Partialmodells erzwungen. Hieraus folgt, dass sich die Höhe des Kalkulationszinsfußes nach den Vereinfachungen des Modells richtet. Aus dieser Erkenntnis kann nur die Konsequenz gezogen werden, dass es unmöglich ist, einen allgemein „richtigen" Kalkulationszinsfuß zu ermitteln. Es ist deshalb lediglich zu erörtern, welcher Kalkulationszinsfuß sich aus den hier gesetzten Prämissen ergibt.

Die *grundlegende Prämisse* der meisten Ausführungen dieses Buches besteht in der Annahme geplanter Realinvestitionen. Differenzinvestitionen zwischen einzelnen Gestaltungsmöglichkeiten können somit im Hinblick auf die meisten Fragestellungen lediglich die Form von *Finanzinvestitionen* haben. Sie können demnach entweder die Höhe der positiven Finanzanlagen oder die der Verbindlichkeiten beeinflussen.

Die *Zinssätze dieser Differenzinvestitionen* sind die Ausgangsgrößen für die Kalkulationszinssätze der hier beabsichtigten Partialanalysen. Fraglich ist nur, ob von diesen Zinssätzen Steuern abzuziehen sind.

Im Schrifttum war es lange umstritten, ob und gegebenenfalls welche Steuerbelastungen im Kalkulationszinsfuß zu berücksichtigen sind. So hat noch vor wenigen Jahrzehnten die Literatur Steuern überwiegend überhaupt nicht in den Kalkulationszinsfuß aufgenommen. Heute kann es als herrschende Meinung angesehen werden, dass Steuern im Kalkulationszinsfuß zu berücksichtigen sind[43]. Vielen Veröffentlichungen, in denen Steuern im Kalkulationszinsfuß berücksichtigt wer-

---

[42] Hinsichtlich grundlegender Ausführungen zur Bestimmung des Kalkulationszinsfußes s. insbesondere Moxter, A., Bestimmung, 1961, S. 186 ff.; Schult, E., Steuerpolitik, 1977, S. 108 ff.; Schneider, D., Investition, 1992, S. 102 f.; Bitz, M., Investition, 2005, S. 109 f.; Hering, T., Investitionstheorie, 2008, S. 33 ff.; Kruschwitz, L., Investitionsrechnung, 2009, S. 92 ff.

[43] Vgl. Haberstock, L., Ansatz, 1970; Wagner, F. W./Dirrigl, H., Steuerplanung, 1980, S. 30 ff.; Baan, W., Kapitalwertmethode, 1980; Siegel, T., Steuerwirkungen, 1982, S. 69 ff.; Kußmaul, H., Steuerlehre, 2008, S. 149; Haberstock, L./Breithecker, V., Einführung, 2008, S. 135 ff.

den, ist aber gemeinsam, dass nicht die Komplexität des Steuerrechts beachtet, vielmehr die Steuerbelastung mit Hilfe eines pauschalen Steuersatzes erfasst wird. Allgemein ergibt sich dann der Nettozinssatz (in) durch Abzug des Produkts aus dem Bruttozinssatz (ib) und dem Steuersatz (s) von dem Bruttozinssatz. Es kann also geschrieben werden:

$$(75) \quad in = ib \cdot (1 - s).$$

Werden die Steuerwirkungen in der in Gleichung (75) dargestellten Weise lediglich mit Hilfe eines pauschalen Steuersatzes erfasst, so können derart große Fehler entstehen, dass der Vorteilsvergleich bereits im Ansatz völlig unzuverlässig wird. Nachfolgend sollen deshalb die Gesamtwirkungen des Steuerrechts auf den Kalkulationszinsfuß berücksichtigt werden. Hierbei wird wegen der unterschiedlichen steuerlichen Wirkungen zwischen der Ermittlung von Nettozinssätzen bei Kapitalgesellschaften in/kap, bei Personenunternehmen in/persu und im nichtgewerblichen Bereich natürlicher Personen in/nat unterschieden. Da die Steuerwirkungen bei Kapitalgesellschaften infolge des Fehlens einer dem § 35 EStG entsprechenden Vorschrift wesentlich leichter überschaubar sind als bei Personenunternehmen, soll mit der Ermittlung von Nettozinssätzen bei Kapitalgesellschaften begonnen werden.

Es ist bereits darauf hingewiesen worden, dass bei geplanten Realinvestitionen Endwert- und Kapitalwertmaximierung bzw. Steuerendwert- und Steuerbarwertminimierung austauschbare Ziele sind. Voraussetzung ist allerdings, dass die Abzinsung bei Steuerbarwertminimierung zu den gleichen Nettozinssätzen erfolgt, wie die Aufzinsung bei Steuerendwertminimierung. Nachfolgend wird deshalb so vorgegangen, dass die Nettoverzinsung bei Aufzinsung ermittelt wird; der Zinssatz wird sodann als Kalkulationszinsfuß für die Errechnung des Barwertes verwendet. Da Kapitalgesellschaften teilweise mit anderen Steuern belastet sind als natürliche Personen (Körperschaftsteuer statt Einkommensteuer), müssen die Nettozinssätze für natürliche Personen und für Kapitalgesellschaften gesondert ermittelt werden. Bei natürlichen Personen muss - wie bereits ausgeführt - zwischen gewerblichem und nicht gewerblichem Bereich unterschieden werden.

Bei allen Steuerschulden, die in die Belastungsvergleiche eingehen, wird stets davon ausgegangen, dass die Zahlungen mit Ablauf des Jahres ihrer Entstehung erfolgen, mithin zu diesem Zeitpunkt Differenzinvestitionen entstehen, die nachfolgend zu Differenzerträgen bzw. -aufwendungen, i. d. R. also zu Zinserträgen bzw. Zinsaufwendungen, führen.

6.2 Ableitung von Nettozinssätzen bei Kapitalgesellschaften

Tätigt eine *Kapitalgesellschaft* mit Ablauf des Jahres 0 eine Differenzinvestition (I₀) in Form einer *positiven Finanzinvestition* oder eines *Abbaus von Verbindlichkeiten,* die nicht zu einer Hinzurechnung nach § 8 Nr. 1 Buchstabe a GewStG führen (**Nicht-Hinzurechnungszinsen**), so entstehen im Jahr 1 Supplementzinserträge bzw. es verringern sich die Zinsaufwendungen in Höhe von:

(76) $Zi_1 = I_0 \cdot ib.$

ib gibt den Bruttozinssatz, d. h. den Zinssatz vor Steuern der Finanzinvestition an.

Die Nicht-Hinzurechnungszinsen erhöhen das Einkommen und den Gewerbeertrag des Jahres 1, d. h. sie sind als E im Sinne von Gleichung (II) bzw. (IIa) anzusehen. Hierdurch entstehen - bei Verwendung der Schreibweise von Gleichung (IIa) - als Folge der Supplementinvestition folgende zusätzliche Steuerzahlungen ($Skap/zi_1$):

(77) $Skap/zi_1 = I_0 \cdot ib \cdot (sk + me \cdot h).$

Das bis zum Ende des Jahres 1 entstandene Supplementvermögen (I_1) ergibt sich aus der Summe des ursprünglichen Supplementvermögens (I_0) und der hieraus entstandenen Zinsdifferenz des Jahres 1 (Zi_1) nach Abzug der zusätzlich anfallenden Steuerzahlungen ($Skap/zi_1$):

(78) $I_1 = I_0 + Zi_1 - Skap/zi_1.$

Durch Einsetzen der Werte der Gleichungen (76) und (77) in Gleichung (78) und nach einigen Umformungen ergibt sich:

(79) $I_1 = I_0 + I_0 \cdot ib \cdot (1 - sk - me \cdot h).$

Die letzten beiden Faktoren im zweiten Summanden der Gleichung (79) stellen den Nettozinssatz der Supplementinvestition im Jahre 1 ($in/kap/zi_1$) dar, so dass geschrieben werden kann:

(80) $I_1 = I_0 + I_0 \cdot in/kap/zi_1.$

Allgemein und unter Verzicht auf Indizierung kann der Nettozinssatz ($in/kap/zi$) wie folgt geschrieben werden:

(81) $in/kap/zi = ib \cdot (1 - sk - me \cdot h).$

Bisher ist nur der Fall behandelt worden, dass es sich bei den Supplementinvestitionen um positive Finanzinvestitionen oder um den Abbau solcher Verbindlichkeiten handelt, die nicht zu einer Hinzurechnung nach § 8 Nr. 1 Buchstabe a GewStG führen. Nunmehr soll der Fall behandelt werden, dass die Supplementinvestitionen zum Abbau von solchen Zinsen, die zu einer Hinzurechnung gem. § 8 Nr. 1 Buchstabe a GewStG führen (**Hinzurechnungszinsen**) verwendet werden. In diesem Fall ändert sich die Steuerbelastung gegenüber dem bisher betrachteten und in Gleichung (81) abgebildeten Fall. Die Änderung ergibt sich durch die Hinzurechnungsvorschrift des § 8 Nr. 1 Buchstabe a GewStG. Fallen durch eine Supplementinvestition Hinzurechnungszinsen weg, so entfällt gleichzeitig die 25 %ige Hinzurechnung nach § 8 Nr. 1 Buchstabe a GewStG. 25 % der fortfallenden Zinsen ($0{,}25 \cdot I_0 \cdot ib$) führten somit zu einer Minderung von Hge i. S. v. Gleichung (II) bzw. (IIa). Im Übrigen ergeben sich die gleichen Steuerwirkungen wie in Gleichung (77) dargestellt.

Insgesamt ergeben sich im Falle von Hinzurechnungszinsen im Jahre 1 also folgende Steuerwirkungen ($S_{kap/zi\S8,1}$):

(82) $S_{kap/zi\S8,1} = I_0 \cdot ib \cdot (sk + me \cdot h) - 0{,}25 \cdot I_0 \cdot ib \cdot me \cdot h.$

Wird der Faktor, mit dem die Zinsen dem Gewerbeertrag hinzugerechnet werden, nicht mit 0,25, sondern allgemein mit β bezeichnet, so ergibt sich nach einigen Umformungen:

(83) $S_{kap/zi\S8,1} = I_0 \cdot ib \cdot (sk + me \cdot h - \beta \cdot me \cdot h).$

Wird $S_{kap/zi\S8,1}$ anstelle von $S_{kap/zi1}$ in die Gleichungen (77) und (78) eingesetzt, so kann analog zur Ableitung von Gleichung (79) Folgendes ermittelt werden:

(84) $I_1 = I_0 + I_0 \cdot ib - I_0 \cdot ib \cdot (sk + me \cdot h - \beta \cdot me \cdot h).$

Durch Umformung ergibt sich hieraus:

(85) $I_1 = I_0 + I_0 \cdot ib \cdot (1 - sk - me \cdot h + \beta \cdot me \cdot h).$

Der Bruttozinssatz multipliziert mit dem Klammerausdruck im zweiten Summanden von Gleichung (85) stellt die Nettoverzinsung von I_0 dar. Diese kann wie folgt geschrieben werden:

(IV) $i_{n/kap} = ib \cdot [1 - sk - me \cdot h \cdot (1 - \beta)].$

Wird in Gleichung (IV) β mit 0 angesetzt, so ergibt sich aus Gleichung (IV) die bereits bekannte Gleichung (81). Damit zeigt sich, dass Gleichung (IV) als allgemeiner Fall zu Gleichung (81) aufgefasst werden kann.

Der Gewerbesteuersatz, d. h. me · h, in Gleichung (IV) nimmt keinesfalls immer positive Werte an, vielmehr kann er auch 0 % betragen. Letzterer Fall ist so zu interpretieren, dass die Gewerbesteuer nicht durch die Differenzerträge erhöht wird.

6.3 Ableitung von Nettozinssätzen bei natürlichen Personen und Personenunternehmen

6.3.1 Einführung und Fallunterscheidung

Allen hier zu behandelnden Fällen ist gemeinsam, dass die Zinsen aus Supplementinvestitionen in der Form von Finanzinvestitionen nicht der Körperschaftsteuer, grundsätzlich aber der Einkommensteuer unterliegen. Im Übrigen können die Steuerfolgen aber stark voneinander abweichen. Einflussfaktoren auf die Höhe des Nettozinssatzes bei gleichem Bruttozinssatz sind:

- der anzuwendende Einkommensteuertarif, d. h. die Anwendung des allgemeinen Tarifs nach § 32a EStG oder des gesonderten Steuertarifs des § 32d EStG,
- der Anfall bzw. Nichtanfall von Gewerbesteuer,
- im Falle des Anfalls von Gewerbesteuer die Unterfälle
  - der Anwendung des § 8 Nr. 1 Buchstabe a GewStG und
  - der Nichtanwendung des § 8 Nr. 1 Buchstabe a GewStG.

In *Abbildung I/6* sind die Zusammenhänge schaubildmäßig zusammengefasst. In den nachfolgenden Ausführungen wird anhand der in der Abbildung getroffenen Unterscheidungen vorgegangen.

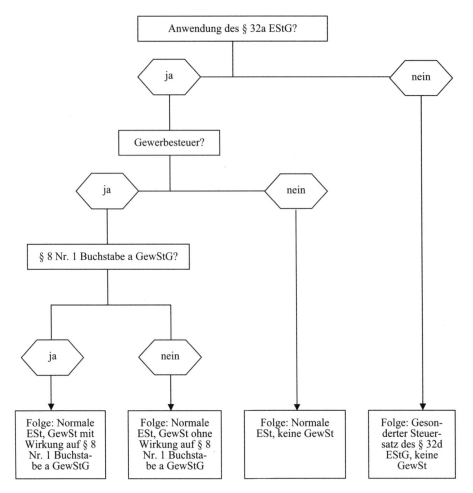

Abbildung I/6:   Einflussfaktoren auf die Nettozinssätze bei natürlichen Personen und Personenunternehmen

6.3.2 Nettozinssätze bei Anwendung des allgemeinen Tarifs des § 32a EStG

6.3.2.1 Einführung

Der allgemeine Tarif des § 32a EStG kommt bei der Besteuerung von Supplementinvestitionen in der Form von Finanzinvestitionen grundsätzlich dann zur Anwendung, wenn die des gesonderten Steuertarifs des § 32d Abs. 1 EStG ausgeschlossen ist. Diese Voraussetzung ist erfüllt, wenn die Supplementinvestitionen

- im gewerblichen Bereich oder
- im Rahmen der Einkünfte aus § 13, 18 oder 21 EStG

erfolgen.

6.3.2.2 Ableitung von Nettozinssätzen bei gewerblichen Personenunternehmen

Tätigt ein gewerbliches Personenunternehmen (gewerbliches Einzelunternehmen oder Mitunternehmerschaft i. S. d. § 15 EStG) eine Differenzinvestition in der Form einer *positiven Finanzinvestition* oder eines *Abbaus von Verbindlichkeiten*, bei denen es nicht es zu einer *Hinzurechnung* nach § 8 Nr. 1 Buchstabe a GewStG kommt, so entstehen Supplementzinserträge bzw. es verringern sich die Zinsaufwendungen in gleicher Weise wie in Gleichung (76) dargestellt. Die Supplementerträge ($I_0 \cdot$ ib) unterliegen aber nunmehr nicht der Körperschaftsteuer, sondern der Einkommensteuer des (Mit-)Unternehmers. Hierbei sind in dem anzuwendenden Steuersatz se ggf. die Zuschlagsteuern (Kirchensteuer, Solidaritätszuschlag) in der aus den Gleichungen (12) bzw. (13) bekannten Weise zu berücksichtigen. Ein weiterer Unterschied im Vergleich zu den Wirkungen bei Kapitalgesellschaften ergibt sich dadurch, dass Gewerbesteuer i. H. d. Faktors α multipliziert mit der Steuermesszahl bzw. in Höhe der tatsächlich entrichteten Gewerbesteuer nach § 35 EStG auf die Einkommensteuer des (Mit-)Unternehmers anzurechnen ist. Beides wird in dem kombinierten Steuersatz berücksichtigt, der mit E i. S. v. Gleichung (Ia)[44] verknüpft ist. Die Supplementerträge des Jahres 1 ($I_0 \cdot$ ib) haben somit die Wirkung von E i. S. v. Gleichung (Ia). Hieraus ergibt sich eine Steuerbelastung des Personenunternehmens einschließlich derjenigen seines (Mit-)Unternehmers ($S_{persu/zi1}$) i. H. v.:

(86) $S_{persu/zi1} = I_0 \cdot$ ib $\cdot$ [se§32a + me $\cdot$ h $- \alpha \cdot$ me $\cdot$ (1 + solz)].

Diese Steuerbelastung wird in gleicher Weise wie in Gleichung (79) dargestellt von den Bruttosupplementerträgen ($I_0 \cdot$ ib) abgezogen. Es kann dann in gleicher Weise, wie in Gleichung (81) aufgezeigt, der Nettozinssatz ($i_{n/persu/zi}$) ermittelt werden. Dieser beträgt:

(87) $i_{n/persu/zi} = [1 -$ se§32a $-$ me $\cdot$ h $+ \alpha \cdot$ me $\cdot$ (1 + solz)] $\cdot$ ib.

Tätigt ein Personenunternehmen Differenzinvestitionen in der Form eines *Abbaus von Schulden*, so haben die fortfallenden *Zinsaufwendungen* die Wirkung fortfallender Betriebsausgaben und damit die Wirkungen von E i. S. v. Gleichung (Ia). Außerdem können die fortfallenden Zinsen einen Fortfall von Hinzurechnungen nach § 8 Nr. 1 Buchstabe a GewStG bewirken. In Höhe von maximal einem Viertel (β) der Zinsen entfällt dann H_{ge} i. S. v. Gleichung (Ia). Insgesamt hat die Differenzinvestition I_0 also in diesem Fall folgende Steuerwirkungen ($S_{persu/zi§8,1}$):

---

44   Vgl. Gliederungspunkt 4.2.2.1 und Anhang 3.

(88) $S_{persu/zi\S8,1} = I_0 \cdot ib \cdot [se\S32a + me \cdot h - \alpha \cdot me \cdot (1 + solz)]$

$- \beta \cdot I_0 \cdot ib \cdot me \cdot [h - \alpha \cdot (1 + solz)]$.

Auch in dieser Gleichung gibt β den Faktor an, mit dem Zinsen nach § 8 Nr. 1 Buchstabe a GewStG hinzugerechnet werden.

Gleichung (88) kann transformiert werden zu:

(89) $S_{persu/zi\S8,1} = I_0 \cdot ib \cdot \{se\S32a + me \cdot [h \cdot (1 - \beta) - \alpha \cdot (1 + solz) \cdot (1 - \beta)]\}$.

Die Nettozinsen des Personenunternehmens im Falle einer Investition im Bereich des § 8 Nr. 1 Buchstabe a GewStG ($Z_{i/persu/\S8,1}$) ergeben sich aus den Bruttozinsen ($I_0 \cdot ib$) durch Abzug der darauf lastenden Steuerbelastung gem. Gleichung (89). Sie betragen:

(90) $Z_{i/persu/\S8,1} = I_0 \cdot ib \cdot \{1 - se\S32a - me \cdot [h \cdot (1 - \beta)$

$- \alpha \cdot (1 + solz) \cdot (1 - \beta)]\}$.

In dieser Gleichung stellt der Klammerausdruck den Nettozinssatz ($i_{n/persu/\S8,1}$) dar. Dieser beträgt also:

(91) $i_{n/persu/\S8,1} = \{1 - se\S32a - me \cdot [h \cdot (1 - \beta) - \alpha \cdot (1 + solz) \cdot (1 - \beta)]\} \cdot ib$.

Wird in Gleichung (91) $\beta = 0$ gesetzt, d. h. findet keine Hinzurechnung von Zinsen statt, so erhält die rechte Seite der Gleichung (91) die gleiche Gestalt wie die bereits bekannte Gleichung:

(87) $i_{n/persu/zi} = [1 - se\S32a - me \cdot h + \alpha \cdot me \cdot (1 + solz)] \cdot ib$.

Dieser Zusammenhang zeigt, dass Gleichung (87) als Spezialfall zu Gleichung (91) aufgefasst werden kann, als ein Fall, in dem der Faktor der Hinzurechnung von Zinsen zum Gewerbeertrag 0 % beträgt. Damit kann Gleichung (91) - unter Verzicht auf eine Kennzeichnung der Zinsen mit „/§8,1" - auch als allgemeine Form der Nettozinsen im Falle von Personenunternehmen formuliert werden. Sie lautet:

(V) $i_{n/persu} = \{1 - se\S32a - me \cdot [h \cdot (1 - \beta) - \alpha \cdot (1 + solz) \cdot (1 - \beta)]\} \cdot ib$.

Die bisherigen Ausführungen zeigen, dass die Zusammenhänge bei der Besteuerung von Zinsen im gewerblichen Bereich von Personenunternehmen äußerst komplex sind. Die Komplexität steht aber ausschließlich mit der Gewerbesteuer im Zusammenhang. Wie in Gliederungspunkt 4.2.3 gezeigt worden ist, heben sich die einzelnen Wirkungen bei Hebesätzen von bis zu rd. 401 % aber i. d. R. gegenseitig auf. Bis zu einem Hebesatz von 380 % kommt es sogar häufig zu einer Entlastung von Gewerbesteuer, die größer ist als die Belastung. Dieser Effekt beruht darauf, dass Gewerbesteuer über § 51a Abs. 1 EStG auch auf den Solidaritätszuschlag angerechnet wird. Dies gilt zumindest für den Fall gewerblicher Einzelunternehmen. Bei gewerblichen Personengesellschaften kann vielfach wenigstens näherungsweise davon ausgegangen werden, dass sich die Wirkungen gegenseitig aufheben. Liegt der Gewerbesteuerhebesatz über 401 %, so ist zwar die Gewerbesteuerbelastung größer als die Anrechnung von Gewerbesteuer auf die Einkommensteuer, näherungsweise dürfte es aber auch in derartigen Fällen häufig vertretbar sein, davon auszugehen, dass sich die Wirkungen gegenseitig aufheben.

Heben sich die Wirkungen der Gewerbesteuer und deren Anrechnung in pauschaler Form gegenseitig auf oder wird es für vertretbar gehalten, hiervon im Rahmen einer konkreten Steuerplanung näherungsweise auszugehen, so vereinfacht sich Gleichung (V) deutlich. In diesem Fall nimmt nämlich der mit me verknüpfte Term den Wert 0 an. Gleichung (V) wird dann zu:

(Va) $i_{n/persu} = (1 - s_{e\S32a}) \cdot i_b$.

6.3.2.3 Nettozinssätze in anderen Fällen der Anwendung des § 32a EStG

Werden von natürlichen Personen Supplementinvestitionen in der Form eines *Aufbaus von positiven Finanzinvestitionen* (Aufbau von Guthaben) außerhalb des gewerblichen Bereichs getätigt, so unterliegen die Zinserträge nur der Einkommensteuer und den auf diese erhobenen Zuschlagsteuern. Die Zinserträge können hierbei im Rahmen der Einkünfte aus

- Land- und Forstwirtschaft (§ 13 EStG),
- selbständiger Arbeit (§ 18 EStG),
- Kapitalvermögen (§ 20 EStG) und
- Vermietung und Verpachtung (§ 21 EStG)

anfallen. Auf Zinserträge im Rahmen der Einkünfte aus Kapitalvermögen ist § 32a EStG, dessen Anwendung in diesem Gliederungspunkt vorausgesetzt wird, aber nur dann tatsächlich anzuwenden, wenn die Steuerschuld nicht nach § 32d Abs. 1 i. V. m. § 43 Abs. 5 EStG mit der Erhebung von Kapitalertragsteuer abgegolten ist.

Erfolgen die Supplementinvestitionen in der Form eines *Abbaus von Verbindlichkeiten*, so führen die ersparten Zinsaufwendungen vielfach zu einer Erhöhung der Einkünfte aus einer der soeben genannten Einkunftsarten. Diese zusätzlichen Einkünfte werden dann grundsätzlich ebenfalls mit Einkommensteuer und deren Zuschlagsteuern - und zwar nur mit diesen Steuern belastet. Die Wirkungen sind also grundsätzlich die gleichen wie in den Fällen der zuerst genannten Zinserträge.

Stehen *Zinsaufwendungen mit keiner Einkunftsart im Zusammenhang*, so berührt ihr Fortfall nicht die Höhe des zu versteuernden Einkommens. Mathematisch kann dies am einfachsten dadurch ausgedrückt werden, dass dem Einkommensteuersatz der Wert Null zugeordnet wird.

Auch in den hier behandelten Fällen erhöht sich das zu Beginn eines Jahres vorhandene Supplementvermögen um die Bruttozinseinnahmen bzw. die verhinderten Bruttozinsausgaben und vermindert sich um die Steuern, die auf die Zinsen der Supplementinvestition entfallen. Diese Zusammenhänge können unverändert in der in Gleichung (78) wiedergegebenen Form dargestellt werden, wobei lediglich S_{kap/zi_1} durch S_{nat/zi_1} zu ersetzen ist. Die Gleichung lautet dann:

$$(92) \quad I_1 = I_0 + Z_{i_1} - S_{nat/zi_1}.$$

Im Gegensatz zu Zinsen im gewerblichen Bereich haben Zinsen hier - wie soeben dargestellt - lediglich Einfluss auf die Höhe des zu versteuernden Einkommens, nicht hingegen des Gewerbeertrags. Sie stellen also E_e i. S. v. Gleichung (I) bzw. (Ia) dar. Eine Supplementinvestition und die darauf entfallenden Zinsen verursachen somit folgende Steuerwirkungen:

$$(93) \quad S_{nat/zi_1} = I_0 \cdot ib \cdot s_{e\S32a}.$$

Das am Ende des Jahres 0 vorhandene Supplementvermögen (I_0) steigt somit bis zum Ende des Jahres 1 an auf:

$$(94) \quad I_1 = I_0 + I_0 \cdot ib - I_0 \cdot ib \cdot s_{e\S32a}.$$

Gleichung (94) kann umgeformt werden zu:

$$(95) \quad I_1 = I_0 + I_0 \cdot ib \cdot (1 - s_{e\S32a}).$$

Auch hier stellen die beiden letzten Faktoren im zweiten Summanden der Gleichung den Nettozinssatz dar. Dies ergibt sich durch einen Vergleich der Gleichung (95) mit Gleichung (94). Die Nettoverzinsung beträgt also:

$$(Va) \quad i_{n/nat} = (1 - s_{e\S32a}) \cdot ib.$$

Diese Gleichung ist für einen Spezialfall im gewerblichen Bereich bereits am Schluss des letzten Gliederungspunktes abgeleitet worden.

Das gleiche Ergebnis, wie soeben abgeleitet, ergibt sich auch dann, wenn in der weiter oben abgeleiteten Gleichung (V) $m_e = 0$ gesetzt wird.

6.3.3 Nettozinssatz bei Anwendung des gesonderten Steuersatzes des § 32d EStG

Der gesonderte Steuersatz des § 32d Abs. 1 EStG kann nach dieser Rechtsnorm nur auf Einkünfte aus Kapitalvermögen angewendet werden. Weitere Voraussetzungen sind, dass seine Anwendung nicht nach § 32d Abs. 2 EStG ausgeschlossen ist und der Steuerpflichtige keinen Antrag auf Einbeziehung der Einkünfte in die Veranlagung gestellt hat.

Ein Ausschluss der Anwendung des gesonderten Steuersatzes nach § 32d Abs. 1 EStG ergibt sich insbesondere in folgenden beiden Fällen (§ 32d Abs. 2 EStG):

*   Gläubiger und Schuldner der Zinsen sind einander nahestehende Personen.
*   Die Zinsen werden von einer Kapitalgesellschaft geschuldet und der Empfänger der Zinsen ist an der Kapitalgesellschaft zu mindestens 10 % beteiligt.

Kommt es zur Anwendung des gesonderten Steuersatzes des § 32d EStG, so ist die entstehende Steuerschuld nach § 43 EStG in Form der Kapitalertragsteuer zu erheben und an das Finanzamt abzuführen. Mit der Kapitalertragsteuer gilt die Steuerschuld des Zinsempfängers gem. § 43 Abs. 5 EStG als abgegolten. Dies bedeutet, dass der Schuldner der Zinsen zwar die Steuerschuld einzubehalten und zu entrichten hat, dass Steuerschuldner aber der Zinsempfänger ist. Bei dem Kapitalertragsteuersatz handelt es sich somit um eine spezielle Ausprägung des Einkommensteuersatzes s_{ei}. Der Steuersatz in diesen Fällen ($s_{ei§32d}$) beträgt also stets 25 % (Rechtsstand im Sommer des Jahres 2009). Hinzu kommt nach § 1 i. V. m. § 3 Abs. 1 und § 4 SolZG ein 5,5 %iger Solidaritätszuschlag, so dass ein kombinierter Einkommensteuer- und Solidaritätszuschlagsatz i. H. v. [25 % · (1 + 5,5 %) =] 26,375 % entsteht.

Unterliegt der Steuerpflichtige der Kirchensteuer, so ist diese nach § 32d Abs. 1 Sätze 3 und 4 EStG - und zwar unter Beachtung der Abzugsfähigkeit der Kirchensteuer als Sonderausgabe - ebenfalls zu berücksichtigen. Wie bereits an früherer Stelle dargestellt, führt die gesetzliche Regelung des § 32d Abs. 1 Sätze 3 und 4 EStG zu dem gleichen Ergebnis wie die Anwendung der in Gliederungspunkt 3.2.3 abgeleiteten Gleichung (13)[45]. Damit kann der Zusammenhang zwischen dem „reinen" Einkommensteuersatz $s_{ei§32d}$ und dem kombinierten Einkommen-, Kirchensteuer- und Solidaritätszuschlagsatz Gleichung (13) entnommen werden. Durch Einsetzen der konkreten Steuersätze von

* $s_{ei§32d} = 0,25$,
* $s_{olz} = 0,055$ und
* $s_{ki} = 0,09$

ergibt sich der kombinierte Einkommen-, Kirchensteuer- und Solidaritätszuschlagsatz $s_{e§32d}$ gem. § 32d EStG wie folgt:

---

[45] Vgl. Gliederungspunkt 3.2.7.

$$Se\S 32d = \frac{0,25 \cdot (1 + 0,055 + 0,09)}{1 + 0,09 \cdot 0,25} \; .$$

Dies ergibt:

$Se\S 32d = 0,27995.$

Bei einem 9 %igen Kirchensteuersatz beträgt der kombinierte gesonderte Steuersatz also 27,995 %. Bei Anwendung eines lediglich 8 %igen Kirchensteuersatzes ermäßigt sich der kombinierte Steuersatz geringfügig auf 27,819 %.

Der Nettozinssatz bei Anwendung des gesonderten Steuersatzes kann als Unterfall des sich aus Gleichung (Vb) für die Supplementinvestitionen natürlicher Personen ergebenden Nettozinssatzes dargestellt werden. Er beträgt demnach:

(96) $in/nat\S 32d = ib \cdot (1 - Se\S 32d).$

In Gleichung (96) gibt $in/nat\S 32d$ den zu ermittelnden Nettozinssatz und $Se\S 32d$ den kombinierten Einkommensteuer-, Kirchensteuer- und Solidaritätszuschlagsatz bei Anwendung des sich aus § 32d Abs. 1 EStG ergebenden gesonderten Tarifs an.

6.3.4 Zusammenfassung der Ergebnisse

Die Untersuchung zu den Nettozinssätzen von Supplementinvestitionen, die von natürlichen Personen und Personenunternehmen durchgeführt werden, haben Folgendes ergeben:

1. Außerhalb des gewerblichen Bereichs wird der Bruttozinssatz ib stets nur durch den kombinierten Einkommen-, Kirchensteuer- und Solidaritätszuschlagsatz gemindert. Der Nettozinssatz in kann dann jeweils anhand folgender einfacher Formel ermittelt werden: $in = (1 - Se) \cdot ib$. Hierbei handelt es sich bei Se, je nach Fallgruppe, entweder um $Se\S 32a$ oder um $Se\S 32d$.

2. Innerhalb des gewerblichen Bereichs sind die Zusammenhänge zwischen Brutto- und Nettozinssätzen aufgrund der gewerbesteuerlichen Effekte wesentlich komplizierter als außerhalb. Dies gilt insbesondere dann, wenn es zu einer Hinzurechnung von Zinsen zum Gewerbeertrag gem. § 8 Nr. 1 Buchstabe a GewStG kommt. Sofern der Gewerbesteuerhebesatz nicht mehr als 401 % beträgt, heben sich die gewerbesteuerlichen Effekte und die Anrechnung von Gewerbesteuer auf die Einkommensteuer der (Mit-)Unternehmer allerdings regelmäßig vollständig oder doch weitgehend gegenseitig auf. In derartigen Fällen kann deshalb für steuerplanerische Zwecke auf die unter 1. dargestellte Formel zurückgegriffen werden.

6.4 Ermittlung von konkreten Nettozinssätzen auf nichtmathematischem Wege

Bisher sind Nettozinssätze formelmäßig abgeleitet worden. Dies ist aber nicht zwingend. Vielmehr lässt sich im konkreten Einzelfall ein Nettozinssatz auch dadurch bestimmen, dass von dem Bruttozinssatz die auf die Erträge der Finanzinvestition entfallenden Steuerbelastungen abgezogen werden. Die Zusammenhänge sollen anhand eines Beispiels verdeutlicht werden:

Beispiel

Der Gesellschafter-Geschäftsführer G der X-GmbH beabsichtigt zum Ende des Jahres 1 für ein Jahr 100 T€ auf einem betrieblichen Festgeldkonto anzulegen. Er rechnet mit einer Verzinsung dieses Guthabens i. H. v. 10 % p. a. Für das Jahr 2 geht er von folgenden steuerlichen Bemessungsgrundlagen aus: Gewerbeertrag 2 Mio €, zu versteuerndes Einkommen 900 T€. Der Gewerbesteuerhebesatz beträgt 440 %. Solidaritätszuschlag wird i. H. v. 5,5 % erhoben. Es ist der Nettozinssatz zu ermitteln.

Der Nettozinssatz der sich aus dem Festgeldkonto ergebenden Zinserträge lässt sich wie folgt ermitteln:

	% des Festgeldguthabens
Bruttozinssatz	10,00
Gewerbesteuer (3,5 % · 440 % · 10,00 =)	−1,54
Körperschaftsteuer (15 % · 10 =)	−1,50
Solidaritätszuschlag auf die Körperschaftsteuer (5,5 % · 1,50 =)	−0,08
Nettozinssatz	6,88

Eine etwas andere Darstellungsweise ergibt sich, wenn die Supplementinvestition die Form der Minderung von Schulden hat und dies durch fortfallende Zinsen nach § 8 Nr. 1 Buchstabe a GewStG i. H. v. 25 % zu einer Minderung der Hinzurechnung führt. Auch dies soll anhand eines Beispiels dargestellt werden.

Beispiel

Es handelt sich um das gleiche Beispiel wie das zuletzt behandelte mit der Abweichung, dass die Supplementinvestitionen in der Form eines Abbaus von Schulden erfolgen. Die auf die Schulden entfallenden Schuldzinsen werden nach § 8 Nr. 1 Buchstabe a GewStG zu 25 % dem Gewinn aus Gewerbebetrieb zur Ermittlung des Gewerbeertrags hinzugerechnet.

Es ergibt sich Folgendes:

		% der Schuldenverringerung
Bruttozinssatz		10,00
Zinsen	10,00	
fortfallende Hinzurechnung von Schuldzinsen	−2,50	
Änderung des Gewerbeertrags	7,50	
Gewerbesteuer (3,5 % · 440 % · 7,50 =)		−1,16
Körperschaftsteuer (15 % · 10,00 =)		−1,50
Solidaritätszuschlag auf die Körperschaftsteuer (5,5 % · 1,50 =)		−0,08
Nettozinssatz		7,26

Deutlich komplizierter als bei Kapitalgesellschaften sind die Zusammenhänge zur Ermittlung von Nettozinssätzen bei Personenunternehmen. Dies liegt - wie bereits weiter oben ausgeführt - zum einen an der Anrechnung von Gewerbesteuer auf die Einkommensteuer des (Mit-)Unternehmers, zum anderen an der Abzugsfähigkeit der Kirchensteuer als Sonderausgabe. Diese Abzugsfähigkeit lässt sich ohne großen Rechenaufwand nur lösen, wenn insoweit doch auf eine formelmäßige Ermittlung, und zwar durch Anwendung der Gleichung (12) bzw. (13) zurückgegriffen wird. Auch diese Zusammenhänge sollen wiederum anhand eines Beispiels verdeutlicht werden.

Beispiel

Einzelunternehmer E. beabsichtigt zum Ende des Jahres 1 100 T€ auf einem betrieblichen Festgeldkonto anzulegen. Er rechnet mit einer Verzinsung dieses Guthabens i. H. v. 10 % p. a. Für das Jahr 2 geht er von folgenden steuerlichen Bemessungsgrundlagen aus: Gewerbeertrag 1 Mio €, zu versteuerndes Einkommen 900 T€. Der Gewerbesteuerhebesatz beträgt 440 %, der Spitzensteuersatz der Einkommensteuer 45 %. E ist evangelisch. Der Kirchensteuersatz beträgt 9 %. Es wird ein Solidaritätszuschlag i. H. v. 5,5 % erhoben.

Der Nettozinssatz der sich aus dem Festgeldkonto ergebenden Zinserträge lässt sich wie folgt ermitteln:

	% des Festgeldguthabens
Bruttozinssatz	10,00
Gewerbesteuer (3,5 % · 440 % · 10,00 =)	−1,54
Kombinierte Einkommen- und Kirchensteuer plus Solidaritätszuschlag gem. Gleichung (13)	
$\left(\dfrac{0,45 \cdot (1 + 0,055 + 0,09)}{1 + 0,09 \cdot 0,45} \cdot 10,00 = \right)$	− 4,95
verbleiben vor Anrechnung gem. § 35 EStG	3,51
Anrechnung gem. § 35 EStG (3,5 % · 380 % · 10,00 =)	+1,33
Verringerung des Solidaritätszuschlags (5,5 % · 1,33 =)	+0,07
Nettozinssatz	4,91

Aus einem Bruttozinssatz von 10,00 % wird also im konkreten Fall ein Nettozinssatz von lediglich 4,91 %. Wird der Nettozinssatz zu Kontrollzwecken nach Gleichung (87) ermittelt, so ergibt sich ein Nettozinssatz von ebenfalls [(1 − 49,5 % − 3,5 % · 440 % + 380 % · 3,5 % · (1 + 5,5 %) · 10,00 % =] 4,91 %. Werden hingegen aus Vereinfachungsgründen die Wirkungen der Gewerbesteuer und ihrer pauschalen Anrechnung auf die Einkommensteuer vernachlässigt, so kann der Nettozinssatz nach Gleichung (Va) ermittelt werden. Er beträgt dann [(1 − 49,5 %) · 10 % =] 5,05 %. Er ist somit geringfügig, d. h. um (5,05 % − 4,91 % =) 0,14 %, geringer als bei einer exakten Ermittlung.

6.5 Aufgabe 7

Durch die Vornahme einer Sonderabschreibung auf ein Betriebsgebäude kann in den Fällen a) und b) im Jahre 1 jeweils eine Steuerersparnis von 100.000 € erzielt werden. Wird von dieser Möglichkeit Gebrauch gemacht, so kommt es zum 1.1. des Jahres 2 jeweils zu einer Supplementinvestition in Höhe dieser Steuerersparnis. Die Fälle a) und b) sind wie folgt gekennzeichnet:

a) Die Sonderabschreibung und die Supplementinvestitionen erfolgen in der X-GmbH, wobei die Supplementinvestitionen in einem Abbau der Schulden bestehen. Für diese wird mit einem Bruttozinssatz von 12 % p. a. gerechnet. Ohne Berücksichtigung der Supplementerträge erwartet der Geschäftsführer G für die X-GmbH einen Gewerbeertrag von 420.000 € und ein zu versteuerndes Einkommen von 320.000 €. Die Verringerung der Zinsen führt i. H. v. 25 % zu einer Verringerung der Hinzurechnung gem. § 8 Nr. 1 Buchstabe a GewStG. Der Gewerbesteuerhebesatz für das Jahr 2 beträgt 360 %.

b) Die Sonderabschreibung und die Supplementinvestitionen erfolgen in dem Unternehmen des Einzelunternehmers Werner Müller (M). Die Supplementinvestition hat die Form einer positiven Finanzinvestition mit einem Bruttozinssatz von 9 % p. a. Für das Jahr 2 erwartet M ohne Berücksichtigung der Supplementerträge einen Gewerbeertrag von 420.000 € und ein aus gewerblichen Einkünften bestehendes zu versteuerndes Einkommen von 320.000 €. Der Gewerbesteuerhebesatz für das Jahr 2 beträgt 480 %. M ist evangelisch und ledig. Der Kirchensteuersatz beträgt 9 %.

Es sind die Nettozinssätze zu ermitteln. Es ist von dem für das Jahr 2010 geltenden Recht (nach dem Rechtsstand im Sommer 2009) auszugehen.

6.6 Einflussfaktoren auf die Höhe der Nettozinssätze

6.6.1 Einführung

Die Gleichungen (IV), (V) und (Va) weisen die Einflussfaktoren aus, von denen die Höhe der Nettokalkulationszinssätze abhängt. Wie bereits ausgeführt, gilt Gleichung (IV) für Kapitalgesellschaften, die Gleichungen (V) und (Va) gelten für natürliche Personen. Einflussfaktor ist in allen Fällen der Bruttozinssatz ib. Die übrigen Einflussfaktoren auf die Höhe des Nettozinssatzes hingegen weichen in den Gleichungen (IV), (V) und (Va) voneinander ab. Nachfolgend sollen die Einflussfaktoren näher betrachtet werden. Da die Zusammenhänge bei natürlichen Personen wegen des progressiven Einkommensteuertarifs, wegen der Kirchensteuer und wegen der notwendigen Unterscheidung zwischen Zinsen im gewerblichen und im nichtgewerblichen Bereich komplexer sind als bei Kapitalgesellschaften, sollen zunächst die Einflussfaktoren bei Kapitalgesellschaften betrachtet werden. Anschließend werden dann die Einflussfaktoren auf die Nettozinssätze bei natürlichen Personen behandelt.

6.6.2 Untersuchung für Kapitalgesellschaften

Wie sich aus Gleichung (IV) ergibt, hängt die Höhe der Nettozinssätze bei Kapitalgesellschaften von

- der Höhe des Bruttozinssatzes ib,
- der Höhe des Körperschaftsteuersatzes bzw. des kombinierten Körperschaftsteuer- und Solidaritätszuschlagsatzes sk,
- der Höhe des Gewerbesteuersatzes $s_{ge} = m_e \cdot h$ und

- dem Umstand ab, ob die Zinsen zu einer (teilweisen) Hinzurechnung nach § 8 Nr. 1 Buchstabe a GewStG führen oder nicht, d. h. davon, welchen Wert β annimmt.

Aus Gleichung (IV) ist ersichtlich, dass zwischen dem Nettozinssatz $i_{n/kap}$ und den diesen bestimmenden Einflussfaktoren ausschließlich lineare Zusammenhänge bestehen. Dieser Umstand ermöglicht es - c. p. -, das Verhältnis der Nettoverzinsung unabhängig von der konkreten Höhe des Bruttozinssatzes zu ermitteln. Dies ist in Tabelle I/4 geschehen.

Tabelle I/4 enthält in Spalte 1 drei unterschiedliche Gewerbesteuersätze, und zwar i. H. v. 10,5 % (Zeilen 1 und 4), 14 % (Zeilen 2 und 5) und 17,5 % (Zeilen 3 und 6). Dies entspricht Gewerbesteuerhebesätzen von 300 %, 400 % und 500 %. Damit wird das gängige Spektrum der Hebesätze abgedeckt. Bei allen drei Gewerbesteuersätzen wird jeweils zwischen dem Fall β = 0 (Zeilen 1 bis 3) und β = 0,25 (Zeilen 4 bis 6) unterschieden. Es sei daran erinnert, dass β = 0 kennzeichnet, dass es nicht zu einer Hinzurechnung der Zinsen zum Gewerbeertrag nach § 8 Nr. 1 Buchstabe a GewStG kommt. β = 0,25 hingegen gibt an, dass in Höhe von 25 % der Zinsen eine Hinzurechnung nach § 8 Nr. 1 Buchstabe a GewStG vorzunehmen ist.

Die Spalten 2 bis 5 enthalten jeweils im Kopf unterschiedliche Körperschaftsteuer- (skö) und Solidaritätszuschlagsätze (Solz). Die Körperschaftsteuersätze betragen in den Spalten 2 und 3 jeweils 15 % und in den Spalten 4 und 5 30 %. Ein Körperschaftsteuersatz von 15 % entspricht der seit Veranlagungszeitraum 2008 geltenden Fassung des § 23 Abs. 1 KStG, ein Körperschaftsteuersatz von 30 % kommt nach derzeitigem Recht nicht vor. In den Spalten 2 und 4 wird jeweils kein Solidaritätszuschlag berücksichtigt (Solz = 0), in den Spalten 3 und 5 hingegen ist jeweils ein Solidaritätszuschlag von 5,5 % erfasst.

Tabelle I/4:   *Nettoverzinsung in % der Bruttoverzinsung bei Kapitalgesellschaften in Abhängigkeit von den Werten für skö, Solz, sge und β*

Zeile	Gewerbesteuerliche Variable	Nettozinssätze $i_{n/kap}$ im Verhältnis zu den Bruttozinssätzen i_b ($i_{n/kap}$: i_b)			
	Spalte 1	Spalte 2	Spalte 3	Spalte 4	Spalte 5
		Skö = 15 % Solz = 0 %	Skö = 15 % Solz = 5,5 %	Skö = 30 % Solz = 0 %	Skö = 30 % Solz = 5,5 %
1	Sge = 10,5 %, β = 0	74,50 %	73,68 %	59,50 %	57,85 %
2	Sge = 14,0 %, β = 0	71,00 %	70,18 %	56,00 %	54,35 %
3	Sge = 17,5 %, β = 0	67,50 %	66,68 %	52,50 %	50,85 %
4	Sge = 10,5 %, β = 0,25	77,13 %	76,30 %	62,13 %	60,48 %
5	Sge = 14,0 %, β = 0,25	74,50 %	73,68 %	59,50 %	57,85 %
6	Sge = 17,5 %, β = 0,25	71,88 %	71,05 %	56,88 %	55,23 %

Der Anteil der Nettozinsen an den Bruttozinsen sinkt sowohl mit steigendem Körperschaft- als auch mit steigendem Gewerbesteuersatz. Außerdem ist er bei einer vollen Versteuerung mit Gewerbesteuer niedriger als bei einer nur 25 %igen, wie sie im Falle der Hinzurechnung nach § 8 Nr. 1 Buchstabe a GewStG, stattfindet. Es unterscheiden sich - c. p. - die Werte für $\beta = 0$ und $\beta = 0,25$ voneinander. Die Werte für $\beta = 0$ sind niedriger als die Werte für $\beta = 0,25$. In Tabelle I/4 zeigen sich diese Zusammenhänge darin, dass sich die höchste Nettoverzinsung bei $h = 300\,\%$, $\beta = 0,25$, $sk = 15\,\%$ und $solz = 0\,\%$ (Spalte 2, Zeile 4), die niedrigste hingegen bei $h = 500\,\%$, $\beta = 0$, $sk = 30\,\%$ und $solz = 5,5\,\%$ (Spalte 5, Zeile 1) befindet.

In *Abbildung I/7* sind für zwei unterschiedliche Konstellationen steuerlicher Einflussfaktoren Nettozinssätze in Abhängigkeit von den Bruttozinssätzen dargestellt. Da - wie aus Gleichung (IV) ersichtlich - ausschließlich lineare Zusammenhänge vorliegen, erfolgt die Abbildung in zwei Geraden. Die obere von ihnen ist durch $skö = 0$ und $sge = 0$ bestimmt. Die Zinsen werden hier also weder mit Körperschaft- noch mit Gewerbesteuer belastet. Die untere der beiden Geraden ist durch $skö = 15\,\%$, $solz = 5,5\,\%$, $sge = (3,5\,\% \cdot 500\,\% =)\ 17,5\,\%$ und $\beta = 0$ bestimmt. Die beiden Geraden markieren die nach geltendem Recht höchstmögliche (Fall 1) bzw. niedrigstmögliche (Fall 2) Nettoverzinsung bei vorgegebenem Bruttozinssatz.

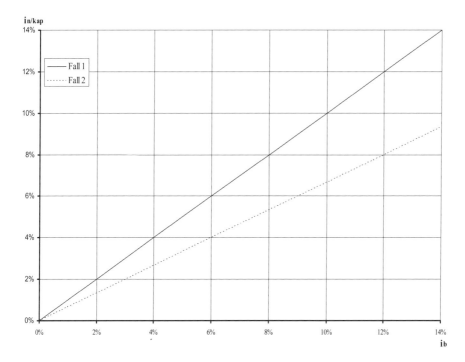

Abbildung I/7:   *Nettozinssätze in Abhängigkeit von der Höhe der Bruttozinssätze bei unterschiedlichen steuerlichen Einflussfaktoren*
Fall 1: Höchstmögliche Nettoverzinsung nach geltendem Recht
Fall 2: Niedrigstmögliche Nettoverzinsung nach geltendem Recht

6.6.3 Untersuchung für natürliche Personen

6.6.3.1 Übersicht über die Einflussfaktoren auf die Höhe der Nettozinssätze

Tätigt eine natürliche Person eine Finanzinvestition, so ist deren Nettoverzinsung außer von der Höhe des Bruttozinssatzes von folgenden steuerlichen Einflussfaktoren abhängig:

- dem Einkommensteuersatz sei,
- dem Kirchensteuersatz ski,
- dem Solidaritätszuschlagsatz solz,
- der Gewerbesteuermesszahl me,
- dem Gewerbesteuerhebesatz h,
- dem Faktor der Hinzurechnung von Zinsen zum Gewerbeertrag β und
- dem Faktor α, d. h. dem Faktor, mit dem eine Anrechnung von Gewerbesteuer auf die Einkommensteuer stattfindet.

Nach derzeit geltendem Recht (Stand Sommer 2009) kann die Steuermesszahl entweder einen Wert von 3,5 % (bei Zinsen im Bereich gewerblicher Personenunternehmen) bzw. von 0 (in allen anderen Fällen, in denen natürliche Personen Zinsen vereinnahmen oder verausgaben) annehmen.

Die Zahl der Einflussfaktoren ist größer als die entsprechende im Falle einer von einer Kapitalgesellschaft getätigten Finanzinvestition. Bei Kapitalgesellschaften sind folgende Einflussfaktoren nicht vorhanden:

- der Kirchensteuersatz und
- der Faktor α.

Dem Einkommensteuersatz bei natürlichen Personen entspricht bei Kapitalgesellschaften der Körperschaftsteuersatz. Dieser kann nach geltendem Recht nur 15 % oder 0 % betragen. Der Einkommensteuersatz hingegen kann nach geltendem Recht beliebige Werte zwischen 0 % und 45 % annehmen. Dies gilt für die - für steuerplanerische Zwecke regelmäßig relevanten - Differenzsteuersätze.

In den folgenden Gliederungspunkten werden zunächst die Einkommen- und Kirchensteuersätze sowie der Solidaritätszuschlag variiert. Anschließend wird auf den Einfluss der Gewerbesteuermesszahl, des Gewerbesteuerhebesatzes und des Faktors β eingegangen. Letztlich werden unterschiedliche Werte für den Anrechnungsfaktor α berücksichtigt.

6.6.3.2 Einkommensteuersatz und Zuschlagsteuersätze

Tabelle I/5 enthält in den Spalten 2 bis 6 Nettozinssätze im Falle von Personenunternehmen in Abhängigkeit von der Höhe des Bruttozinssatzes einerseits und von den Einkommensteuer-, Kirchensteuer- und Solidaritätszuschlagsätzen andererseits. Die unterschiedlichen Bruttozinssätze sind in Spalte 1 aufgeführt. Allen Werten der Tabelle I/5 liegt eine Gewerbesteuermesszahl von 3,5 % (me = 0,035), ein Hebesatz von 400 % (h = 4) und ein Anrechnungsfaktor von Gewerbesteuer auf die Einkommensteuer i. H. v. 3,8 ($\alpha = 3,8$) zugrunde. Außerdem wird in Tabelle I/5 stets davon ausgegangen, dass die Zinsen nicht zu einer Hinzurechnung nach § 8 Nr. 1 Buchstabe a GewStG führen, d. h. es gilt $\beta = 0$.

In Spalte 2 der Tabelle I/5 wird von einem Einkommensteuersatz von 0 % (sei = 0) ausgegangen. Hierdurch nehmen sowohl der Kirchensteuer- als auch der Solidaritätszuschlagsatz ebenfalls den Wert 0 an, d. h. es gilt ski = 0 und solz = 0. Die hier zugrunde gelegte Konstellation der steuerlichen Einflussfaktoren kennzeichnet solche Fälle, in denen der zu betrachtende Teil des Gewerbeertrags oberhalb des sich aus § 11 Abs. 1 GewStG ergebenden Freibetrags liegt, das zu versteuernde Einkommen des (Mit-)Unternehmers aber geringer ist als der Grundfreibetrag des Einkommensteuertarifs nach § 32a EStG.

Tabelle I/5:   *Nettozinssätze bei Personenunternehmen* in/persu *in Abhängigkeit vom Bruttozinssatz* ib *und von dem Einkommen-, Kirchensteuer- und Solidaritätszuschlagsatz*[*]

Zeile	Brutto-zinssatz	Nettozinssätze in/persu					
	Spalte 1	Spalte 2	Spalte 3	Spalte 4	Spalte 5	Spalte 6
	ib	Sei = 0 % Ski = 0 % Solz = 0 %	Sei = 42 % Ski = 0 % Solz = 0 %	Sei = 45 % Ski = 0 % Solz = 0 %	Sei = 42 % Ski = 9 % Solz = 0 %	Sei = 42 % Ski = 9 % Solz = 5,5 %
1	0,5 %	0,43 %	0,29 %	0,27 %	0,28 %	0,27 %
2	2,0 %	1,72 %	1,15 %	1,09 %	1,10 %	1,07 %
3	6,0 %	5,16 %	3,44 %	3,26 %	3,31 %	3,22 %
4	10,0 %	8,60 %	5,73 %	5,43 %	5,52 %	5,37 %
5	14,0 %	12,04 %	8,02 %	7,60 %	7,73 %	7,52 %

[*] Allen Tabellenwerten liegt eine Steuermesszahl von 3,5 % (me = 0,035), ein Hebesatz von 400 % (h = 4) und ein Anrechnungsfaktor nach § 35 EStG von 3,8 ($\alpha = 3,8$) zugrunde. Lediglich in Spalte 2 kommt es mangels einer Einkommensteuerbelastung nicht zu einer Anrechnung von Gewerbesteuer. Außerdem wird davon ausgegangen, dass die Zinsen nicht zu einer Hinzurechnung nach § 8 Nr. 1 Buchstabe a GewStG führen, d. h. es gilt $\beta = 0$.

In den Spalten 3 bis 6 der Tabelle I/5 wird jeweils von einem Grenz- bzw. Differenzsteuersatz der Einkommensteuer ausgegangen, und zwar in den Spalten 3, 5 und 6 von dem des unteren (sei = 0,42) und in Spalte 4 von dem des oberen Plafonds (sei = 0,45). In den Spalten 3 und 4 betragen sowohl der Kirchensteuer- als auch der Solidaritätszuschlagsatz jeweils 0 % (ski = 0, solz = 0). In Spalte 5 wird - unter Zugrundelegung des Einkommensteuersatzes des unteren Plafonds - eine 9 %ige Kirchensteuer (ski = 0,09) und in Spalte 6 zusätzlich ein 5,5 %iger Solidaritätszuschlag (solz = 0,055) berücksichtigt.

Tabelle I/5 lässt erkennen, dass sowohl die Höhe des Bruttozinssatzes als auch die des Einkommensteuersatzes einen großen Einfluss auf die Höhe des Nettozinssatzes hat. Der Einfluss der Kirchensteuer und der des Solidaritätszuschlags hingegen ist gering.

6.6.3.3 Gewerbesteuerliche Einflüsse

Als gewerbesteuerliche Einflüsse auf die Höhe der Nettozinssätze kommen in Betracht:

- die Höhe der Steuermesszahl me,
- die Höhe des Gewerbesteuerhebesatzes h,
- die Hinzurechnung bzw. Nichthinzurechnung nach § 8 Nr. 1 Buchstabe a GewStG, gekennzeichnet durch den Faktor β.

In *Tabelle I/6* sind für unterschiedliche Konstellationen von me, h und β Nettozinssätze zu den aus Spalte 1 ersichtlichen Bruttozinssätzen wiedergegeben. Allen Tabellenwerten liegt der Einkommensteuersatz im unteren Plafond i. H. v. 42 % (sei = 0,42) zugrunde. Zuschlagsteuern sind in allen Fällen nicht berücksichtigt, d. h. es gilt stets ski = 0 und solz = 0. Außerdem wird in allen Fällen, in denen Gewerbesteuer entsteht, von einer pauschalen Anrechnung von Gewerbesteuer auf die Einkommensteuer i. H. des 3,8fachen des Steuermessbetrages ausgegangen. Der Faktor α beträgt also in allen Fällen 3,8.

Die Werte der Spalten 2 bis 4 der Tabelle I/6 beruhen auf einer Steuermesszahl von 3,5 %. Der hier betrachtete Teil des Gewerbeertrags liegt also oberhalb des Freibetrags des § 11 Abs. 1 GewStG. Die Spalten 2 bis 4 unterscheiden sich hinsichtlich der Höhe des Gewerbesteuerhebesatzes. Dieser beträgt in Spalte 2 stets 300 %, in Spalte 3 400 % und in Spalte 4 500 %. In allen drei Spalten findet keine Hinzurechnung von Zinsen zum Gewerbeertrag statt, d. h. es gilt β = 0. Spalte 5 entspricht der Spalte 3 mit der Ausnahme, dass nunmehr ein Viertel der Zinsen als Schuldzinsen dem Gewerbeertrag hinzugerechnet werden. Es gilt also β = 0,25.

Tabelle I/6:   Nettozinssätze natürlicher Personen (in/persu bzw. in/nat) in Abhängigkeit vom Bruttozinssatz ib und von den gewerbesteuerlichen Einflussfaktoren[*]

Zeile	Brutto-zinssatz	Nettozinssätze in/persu bzw. in/nat				
	Spalte 1	Spalte 2	Spalte 3	Spalte 4	Spalte 5	Spalte 6
	ib	me= 3,5 % h=300 % β= 0	me= 3,5 % h= 400 % β= 0	me= 3,5 % h= 500 % β= 0	me= 3,5 % h= 400 % β= 0,25	me= 0 % h≥ 0 % β≥ 0
1	0,5 %	0,29 %	0,29%	0,27%	0,29%	0,29 %
2	2,0 %	1,16 %	1,15%	1,08%	1,15 %	1,16 %
3	6,0 %	3,48 %	3,44%	3,23%	3,45%	3,48 %
4	10,0 %	5,80 %	5,73 %	5,38 %	5,75%	5,80 %
5	14,0 %	8,12 %	8,02 %	7,53 %	8,05%	8,12 %

[*] Allen Tabellenwerten liegt ein Einkommensteuersatz von 42 % (sei = 0,42), ein Kirchensteuersatz von 0 % (ski = 0) und ein Solidaritätszuschlagsatz von 0 % (solz = 0) zugrunde. Außerdem wird davon ausgegangen, dass der Faktor der Anrechnung von Gewerbesteuer auf die Einkommensteuer α bei h < 380 % dem Hebesatz h entspricht, bei höheren Hebesätzen hingegen stets 380 % beträgt.

In Spalte 6 beträgt die Steuermesszahl 0 %. Dies kann bedeuten, dass die Zinsen außerhalb des gewerblichen Bereichs erzielt bzw. aufgewendet werden. Es kann aber auch bedeuten, dass es sich zwar um Zinsen im gewerblichen Bereich handelt, diese aber einem Teil des Gewerbeertrags zugeordnet werden, der innerhalb des Freibetrags des § 11 Abs. 1 GewStG liegt. Da bei $m_e = 0$ auf keinen Fall Gewerbesteuer anfällt, ist es ohne Bedeutung, ob der Hebesatz 0 % beträgt oder aber einen positiven Wert annimmt. Es gilt also $h \geq 0$. Außerdem ist es irrelevant, ob eine Hinzurechnung von Zinsen als Dauerschuldzinsen stattfindet oder nicht. Es gilt also $\beta \geq 0$.

Bei einem Vergleich der Werte der Tabelle I/6 mit denen der Tabelle I/5 zeigt sich, dass die in Tabelle I/6 berücksichtigten Einflussfaktoren nur einen vergleichsweise geringen Einfluss auf die Höhe der Nettozinssätze haben.

6.6.3.4 Umfang der Anrechnung von Gewerbesteuer auf die Einkommensteuer

§ 35 EStG sieht grundsätzlich eine Anrechnung von Gewerbesteuer i. H. des 3,8fachen des Gewerbesteuermessbetrages vor. Wie bereits ausgeführt[46], ergibt sich hieraus aber keinesfalls stets ein Anrechnungsfaktor α von 3,8. Vielmehr kann α auch kleinere Werte annehmen. Diese können sich insbesondere für einzelne Mitunternehmer einer Mitunternehmerschaft ergeben[47].

Tabelle I/7 enthält in ihrer Spalte 1 die bereits aus der Tabelle I/5 und der Tabelle I/6 bekannten Bruttozinssätze. Die Spalten 2 bis 6 enthalten in ihren jeweiligen Zeilen 1 bis 5 Nettozinssätze. Allen Tabellenwerten liegt ein Einkommensteuersatz von 42 % ($s_{ei} = 0,42$) zugrunde. Es handelt sich also um den Grenz- bzw. Differenzsteuersatz im unteren Plafond der Einkommensteuer. In allen Spalten ist weder Kirchensteuer noch Solidaritätszuschlag berücksichtigt, d. h. es gilt stets $s_{ki} = 0$ und $s_{olz} = 0$. Außerdem wird stets von einer Gewerbesteuermesszahl von 3,5 % ($m_e = 0,035$) und einem Hebesatz von 400 % ($h = 4$) ausgegangen. In allen Fällen führen die Zinsen nicht zu einer Hinzurechnung gem. § 8 Nr. 1 Buchstabe a GewStG.

Die Spalten 2 bis 6 unterscheiden sich ausschließlich durch die Höhe des Anrechnungsfaktors. Berücksichtigt sind Anrechnungsfaktoren der Gesellschafter einer Mitunternehmerschaft (α_{ges}). Diese nehmen Werte von 0,1 (Spalte 2), 1,0 (Spalte 3), 2,0 (Spalte 4), 3,0 (Spalte 5) und 3,8 (Spalte 6) an. Ein Anrechnungsfaktor von 0 wird nicht berücksichtigt. Ein derartiger Wert ist zwar grundsätzlich möglich, aber nur in dem Fall, dass die Einkommensteuer des Mitunternehmers kleiner ist als die anrechenbare Gewerbesteuer. Dieser Fall ist nicht vereinbar mit der Prämisse, dass der Einkommensteuersatz 42 % beträgt.

---

46   Vgl. Gliederungspunkt 4.2.2.
47   Zur möglichen Höhe von α vgl. Gliederungspunkt 4.2.2.

Tabelle I/7:   Nettozinssätze bei Personenunternehmen (in/persu) in Abhängigkeit vom Bruttozinssatz i_b und von dem Faktor einer pauschalen
Anrechnung von Gewerbesteuer auf die Einkommensteuer α_{ges}*

Zeile	Bruttozinssatz	Nettozinssätze in/persu				
	Spalte 1	Spalte 2	Spalte 3	Spalte 4	Spalte 5	Spalte 6
	i_b	$\alpha_{ges}=0{,}1$	$\alpha_{ges}=1{,}0$	$\alpha_{ges}=2{,}0$	$\alpha_{ges}=3{,}0$	$\alpha_{ges}=3{,}8$
1	0,5 %	0,22 %	0,24%	0,26%	0,27 %	0,29%
2	2,0 %	0,89%	0,95 %	1,02 %	1,09 %	1,15%
3	6,0 %	2,66 %	2,85 %	3,06 %	3,27 %	3,44%
4	10,0 %	4,44%	4,75 %	5,10 %	5,45 %	5,73 %
5	14,0 %	6,21%	6,65 %	7,14 %	7,63 %	8,02 %

* Allen Tabellenwerten liegt ein Einkommensteuersatz von 42 % ($s_{ei} = 0{,}42$), ein Kirchensteuersatz von 0 % ($s_{ki} = 0$) und ein Solidaritätszuschlagsatz von 0 % ($s_{olz} = 0$) zugrunde. Außerdem
wird stets von einer Gewerbesteuermesszahl von 3,5 % ($m_e = 0{,}035$) und einem Hebesatz von
400 % ($h = 4$) ausgegangen. Bei den Zinsen kommt es in allen Fällen nicht zu einer Hinzurechnung gem. § 8 Nr. 1 Buchstabe a GewStG, d. h. es gilt $\beta = 0$.

Tabelle I/7 zeigt, dass der Anrechnungsfaktor α durchaus einen beachtenswerten
Einfluss auf die Höhe der Nettozinsen hat.

6.6.3.5 Verhältnis der Netto- zur Bruttoverzinsung

Gleichung (V), d. h. die Gleichung zur Ermittlung von Nettozinssätzen aus vorgegebenen Bruttozinssätzen für natürliche Personen, beinhaltet ebenso wie die entsprechende Gleichung (IV) für Kapitalgesellschaften ausschließlich lineare
Zusammenhänge. Im Gegensatz zu Gleichung (IV) gilt Linearität bei Gleichung
(V) uneingeschränkt aber nur dann, wenn auf die Einkommensteuersätze s_e und
nicht auf die diesen zugrunde liegenden zu versteuernden Einkommen abgestellt
wird. Bekanntlich sind die Zusammenhänge zwischen den zu versteuernden Einkommen und den sich aus diesen ergebenden Differenz- bzw. Grenzsteuersätzen
nur innerhalb des Grundfreibetrags und des Plafonds linear. Im Progressionsbereich hingegen bestehen quadratische Beziehungen.

Wird von Einkommensteuersätzen und nicht von zu versteuernden Einkommen
ausgegangen, so können in ähnlicher Weise wie dies in Gliederungspunkt 6.6.2
für Kapitalgesellschaften geschehen ist, auch im Falle natürlicher Personen anteilige Nettoverzinsungen aus vorgegebenen Bruttoverzinsungen ermittelt werden.
Dies ist in *Tabelle I/8* beispielhaft für die dort angegebenen Steuersätze und sonstigen steuerlichen Daten geschehen. Tabelle I/8 enthält also unter Zugrundelegung
unterschiedlicher steuerlicher Daten Nettoverzinsungen in % der jeweiligen
Bruttoverzinsung.

Tabelle I/8 enthält in den Spalten 2 bis 6 für unterschiedliche steuerliche Konstellationen Nettozinssätze in % des Bruttozinssatzes i_b. Die unterschiedlichen steuerlichen Konstellationen ergeben sich zum einen aus den in Spalte 1 angegebenen
kombinierten Einkommen-, Kirchensteuer- und Solidaritätszuschlagsätzen, zum

anderen aus den unterschiedlichen gewerbesteuerlichen Einflussfaktoren, die jeweils im Kopf der Spalten 2 bis 6 angegeben sind.

Tabelle I/8 lässt erkennen, dass die Höhe des Einkommensteuersatzes - bei unverändertem Bruttozinssatz - für die Höhe des Nettozinssatzes von herausragender Bedeutung ist.

Tabelle I/8: *Nettoverzinsung in % der Bruttoverzinsung bei natürlichen Personen in Abhängigkeit von unterschiedlichen steuerlichen Situationen*

Zeile	Kombinierter Steuersatz	Nettozinssätze in/persu bzw. in/nat im Verhältnis zu den Bruttozinssätzen i_b				
	Spalte 1	Spalte 2	Spalte 3	Spalte 4	Spalte 5	Spalte 6
	s_e [*]	$m_e = 3,5\ \%$ $h = 400\ \%$ $\alpha = 3,8$ $\beta = 0$	$m_e = 3,5\ \%$ $h = 500\ \%$ $\alpha = 3,8$ $\beta = 0$	$m_e = 3,5\ \%$ $h = 400\ \%$ $\alpha = 3,8$ $\beta = 0,25$	$m_e = 3,5\ \%$ $h = 500\ \%$ $\alpha = 3,8$ $\beta = 0,25$	$m_e = 0\ \%$ $h \geq 0\ \%$ $\alpha \geq 0,0$ $\beta \geq 0$
1	0,00 % [**]	86,00 %	82,50 %	89,50 %	86,88 %	100,00 %
2	30,00 %	70,03 %	66,53 %	70,02 %	67,40 %	70,00 %
3	42,00 % [***]	57,30 %	53,80 %	57,48 %	54,85 %	58,00 %
4	44,31 % [***]	55,72 %	52,22 %	55,71 %	53,09 %	55,69 %
5	46,34 % [***]	53,69 %	50,19 %	53,68 %	51,06 %	53,66 %
6	49,52 % [***]	50,51 %	47,01 %	50,50 %	47,88 %	50,48 %

[*] Bei dem Steuersatz s_e handelt es sich um den kombinierten Einkommen-, Kirchensteuer- und Solidaritätszuschlagsatz. Hierbei kann sowohl der Kirchensteuer- als auch der Solidaritätszuschlagsatz den Wert 0 annehmen.

[**] In Zeile 1, d. h. bei $s_e = 0$ nimmt auch der Anrechnungsfaktor von Gewerbesteuer auf die Einkommensteuer α nach § 35 EStG den Wert 0 an.

[***] Der Steuersatz von 42,00 % für s_e in Zeile 3 entspricht dem Differenz- bzw. Grenzsteuersatz der Einkommensteuer im unteren Plafond ohne Kirchensteuer und ohne Solidaritätszuschlag. Der Steuersatz von 44,31 % in Zeile 4 umfasst zusätzlich einen 5,5 %igen Solidaritätszuschlag und der Steuersatz von 46,34 % in Zeile 5 zusätzlich eine 9 %ige Kirchensteuer. Der Steuersatz von 49,52 % in Zeile 6 beruht auf einem Einkommensteuersatz von 45 %, einem Kirchensteuersatz von 9 % und einem Solidaritätszuschlagsatz von 5,5 %. Es handelt sich um den derzeit (Sommer 2009) höchstmöglichen kombinierten Einkommen-, Kirchensteuer- und Solidaritätszuschlagsatz.

6.7 Von der Art des Investors und von der Art der Finanzinvestition abhängige Nettozinssätze

Die bisherigen Ausführungen lassen erkennen, dass - bei gleich hohen Bruttozinssätzen - die Höhe der Nettozinssätze u. a. von der Art des Investors und der Art der Finanzinvestition abhängt.

Als *Arten von Investoren* lassen sich im Rahmen dieses Buches folgende Gruppen unterscheiden:

- gewerbliche Unternehmer bzw. Mitunternehmer, die Finanzinvestitionen im Rahmen ihres Betriebsvermögens tätigen (gewerbliche Personenunternehmer),

- Kapitalgesellschaften,
- natürliche Personen, die Finanzinvestitionen im nichtgewerblichen Bereich tätigen.

Als Arten der Finanzinvestitionen kommen in Betracht:

- positive Finanzinvestitionen, d. h. Investitionen im Bereich von Finanzguthaben,
- Investitionen im Bereich von Verbindlichkeiten mit den Unterfällen,
  - dass die fortfallenden Schuldzinsen zu einer Verringerung der Hinzurechnung nach § 8 Nr. 1 Buchstabe a GewStG führen und
  - dass dies nicht geschieht.

Die Art des Investors bestimmt, welche Steuerarten und welche speziellen Vorschriften des Steuerrechts die Höhe der Nettozinssätze beeinflussen. So unterliegen von gewerblichen Personenunternehmen in deren Betriebsvermögen getätigte Finanzinvestitionen sowohl der Gewerbe- als auch der Einkommensteuer, ggf. zuzüglich der auf letztere entfallenden Zuschlagsteuern. Außerdem kann es zur Anwendung des Freibetrags nach § 11 Abs. 1 GewStG sowie zur Anrechnung von Gewerbesteuer auf die Einkommensteuer nach § 35 EStG kommen.

Von Kapitalgesellschaften erzielte Zinsen unterliegen der Gewerbe- und der Körperschaftsteuer, letztere derzeit erhöht um den Solidaritätszuschlag. Im Gegensatz zu den Verhältnissen bei gewerblichen Unternehmen bzw. Mitunternehmern kommt es aber nicht zur Anwendung eines Freibetrags nach § 11 Abs. 1 GewStG. Auch eine Anrechnung von Gewerbesteuer - entsprechend der Regelung des § 35 EStG - kommt nicht in Betracht.

Sowohl bei gewerblichen Personenunternehmen als auch bei Kapitalgesellschaften ist die *Art der Finanzanlage* insofern von Bedeutung, als Zinsaufwendungen evtl. anders behandelt werden als Zinserträge. Der Unterschied liegt in der Hinzurechnungsvorschrift des § 8 Nr. 1 Buchstabe a GewStG.

Tätigen natürliche Personen positive Finanzinvestitionen im Bereich nichtgewerblicher Einkünfte (Einkünfte aus Land- und Forstwirtschaft, aus freiberuflicher Tätigkeit, aus Kapitalvermögen sowie aus Vermietung und Verpachtung), so unterliegen hieraus entstehende Zinseinnahmen grundsätzlich der Einkommensteuer, ggf. zusätzlich der auf diese entfallenden Zuschlagsteuern. Bei Einkünften aus Kapitalvermögen ist i. d. R. der gesonderte Steuersatz des § 32d Abs. 1 EStG, und zwar in der Form der Abgeltungsteuer, anzuwenden. Gewerbesteuer hingegen fällt in allen genannten Fällen nicht an. Bei der Ermittlung der Einkünfte kann es durch die Zinseinnahmen zum Abzug des Sparer-Pauschbetrags des § 20 Abs. 9 EStG kommen. Dies setzt u. a. voraus, dass die Zinsen im Rahmen der Einkünfte aus Kapitalvermögen vereinnahmt werden.

Werden Finanzinvestitionen in der Form einer Rückzahlung von Verbindlichkeiten im nichtgewerblichen Bereich getätigt, so hängen die Steuerfolgen der Zinszahlungen davon ab, ob diese im Rahmen einer Einkunftsart oder im privaten

Bereich anfallen. Im ersten Falle mindern sie die Einkünfte der jeweiligen Einkunftsart. Im zweiten Falle sind sie hingegen nicht abzugsfähig.

Diese kurzen Ausführungen zeigen, dass bei gleich hohen Bruttozinssätzen die Nettozinssätze bei unterschiedlichen Arten von Investoren und bei unterschiedlicher Art der Anlage unterschiedlich hoch sein können. Die Unterschiede sind durch die voneinander abweichende Besteuerung bedingt. In *Tabelle I/9* wird dies beispielhaft für einen Bruttozinssatz von 10 % p. a. demonstriert. Der Tabelle liegt das für den Veranlagungszeitraum 2010 geltende Recht (nach dem Rechtsstand im Sommer 2009) zugrunde.

Ist Investor der Finanzinvestition einer Kapitalgesellschaft (Spalte 2), so wird von dem derzeit geltenden Körperschaftsteuersatz von 15 % (skö = 0,15), einem Solidaritätszuschlag von 5,5 % (solz = 0,055) und einem Gewerbesteuerhebesatz von 400 % ausgegangen. Unterschieden wird zwischen dem Fall, dass die Kapitalgesellschaft Zinserträge erwirtschaftet (Zeile 1) und dem, dass sie durch Schuldenabbau Zinsaufwendungen mindert. Im letzteren Fall wird weiter danach unterschieden, ob die Zinsaufwendungen zu einer Hinzurechnung nach § 8 Nr. 1 Buchstabe a GewStG führen (Zeile 2) oder ob dies nicht geschieht (Zeile 3).

Spalte 3 enthält Werte für die Fallgruppe, dass es sich bei dem Finanzinvestor um ein gewerbliches Personenunternehmen handelt. Hierbei wird von einem Einkommensteuersatz im unteren Plafond (sei = 0,42), einem Solidaritätszuschlag von 5,5 % (solz = 0,055), einem Kirchensteuersatz von 9 % (ski = 0,09) und einem Gewerbesteuerhebesatz von 400 % (h = 4) ausgegangen. Im Falle einer Anrechnung von Gewerbesteuer auf die Einkommensteuer wird ein Anrechnungsfaktor von 3,8 (α = 3,8) zugrunde gelegt. Zeile 1 gilt auch hier wieder für den Fall, dass Zinserträge anfallen. In den Zeilen 2 und 3 werden durch die Finanzinvestition Zinsaufwendungen gemindert. In Zeile 2 findet keine Hinzurechnung der Zinsaufwendungen nach § 8 Nr. 1 Buchstabe a GewStG statt, in Zeile 3 hingegen geschieht dies.

Spalte 4 beinhaltet Fälle, in denen der Investor ein Land- und Forstwirt, ein Freiberufler oder ein privater Vermieter ist und dieser Investitionen im Rahmen der genannten Einkunftsarten tätigt. Im Falle von Zinseinnahmen bzw. Zinserträgen (Zeile 1) wird von dem Einkommensteuersatz im unteren Plafond von 42 % (sei = 0,42), einem 5,5 %igen Solidaritätszuschlag (solz = 0,055) und von einem Kirchensteuersatz von 9 % (ski = 0,09) ausgegangen. Im Falle einer Verringerung der Zinsauszahlungen bzw. der Zinsaufwendungen (Zeile 2) kommen die gleichen Sätze zur Anwendung. Zeile 3 ist nicht definiert, da bei den genannten Steuerarten keine Gewerbesteuer entstehen kann, mithin auch keine Hinzurechnung nach § 8 Nr. 1 Buchstabe a GewStG in Betracht kommt.

Spalte 5 enthält den Fall eines privaten Kapitalanlegers. Auch hier sind nur die Zeilen 1 und 2 relevant. Zeile 1 liegen Zinseinnahmen im Rahmen der Einkünfte aus Kapitalvermögen zugrunde. Zinsausgaben auf private Schulden (Zeile 2) sind bei Ermittlung des zu versteuernden Einkommens nicht abzugsfähig. Die Nettozinsen entsprechen somit den Bruttozinsen. Der Fall einer Hinzurechnung von Zinsen nach § 8 Nr. 1 Buchstabe a GewStG (Zeile 3) kann bei der Aufnahme von Kapital im Privatbereich nicht auftreten.

Tabelle I/9:   *Nettozinssätze in % bei unterschiedlichen Investoren und unterschiedlicher Art der Anlage bei einem Bruttozinssatz von 10 %*
(ib = 10 %)

Zeile	Kennzeichnung der Art der Investition durch Zinserträge bzw. Zinseinnahmen bzw. Zinsaufwendungen bzw. Zinsausgaben	Art des Investors			
		Kapitalgesellschaft*	Gewerbliches Personenunternehmen**	Land- und Forstwirt, Freiberufler, privater Vermieter***	Privater Kapitalanleger bzw. -aufnehmer****
		Spalte 2	Spalte 3	Spalte 4	Spalte 5
	Spalte 1				
1	Zinserträge bzw. Zinseinnahmen	7,02	5,37	5,37	7,20
2	Zinsaufwand bzw. Zinsausgaben ohne Hinzurechnung nach § 8 Nr. 1 Buchstabe a GewStG	7,02	5,37	5,37	10,00
3	Zinsaufwand mit Hinzurechnung nach § 8 Nr. 1 Buchstabe a GewStG	7,37	5,37	-	-

*   Werte ermittelt für s$_{kö}$ = 15 %, s$_{olz}$ = 5,5 %, h = 400 %.

**   Werte ermittelt für s$_{ei}$ = 42 %, s$_{olz}$ = 5,5 %, s$_{ki}$ = 9 %, h = 400 %, α = 3,8.

***   Werte ermittelt für s$_{ei}$ = 42 %, s$_{olz}$ = 5,5 %, s$_{ki}$ = 9 %.

****   Werte ermittelt für s$_{ei§32d}$ = 25 % (bei Zinseinnahmen), s$_{olz}$ = 5,5 %, s$_{ki}$ = 9 %.

Die Tabelle lässt erkennen, dass bei konstantem Bruttozinssatz die Nettozinsen je nach Art des Investors und der Art der Investition erheblich voneinander abweichen können. Zu beachten ist, dass Tabelle I/9 in den Fällen, in denen es sich bei dem Investor um eine natürliche Person handelt (Spalten 3 bis 5), stets entweder von einem Einkommensteuersatz von 42 % oder 25 % ausgegangen wird. Unterliegt der Investor nicht diesen Steuersätzen, sondern entweder dem höchstmöglichen Einkommensteuersatz von 45 % (s$_{ei}$ = 0,45) oder dem niedrigstmöglichen von 0 % (s$_{ei}$ = 0), so ergeben sich beachtliche Abweichungen von den in der Tabelle wiedergegebenen Werten. So verringern sich z. B. die in der Spalte 4 enthaltenen Werte der Nettozinssätze bei einem Einkommensteuersatz von 45 % von 5,37 % auf 5,05 %. Bei einem Einkommensteuersatz von 0 % erhöhen sie sich hingegen auf 10 %.

6.8 Mischkalkulationszinssätze

Die bisherigen Ausführungen lassen erkennen, dass bei unterschiedlich hohen Bruttozinsen die Nettozinssätze regelmäßig wesentlich dichter beieinander liegen als die Bruttozinssätze. Diese *Nivellierung* ist - c. p. - umso stärker, je höher die

Steuerbelastung der Zinsen ist. Besonders deutlich wird dies in der im Anhang befindlichen Tabelle T-11. Wird dort Zeile 13 betrachtet, so weisen die Spalten 3 bis 7 folgende Nettozinssätze aus: 2,020 %, 3,031 %, 4,041 %, 5,051 % und 6,061 %. Die zugehörigen Bruttozinssätze hingegen betragen 4 %, 6 %, 8 %, 10 % und 12 %. Die Abstände zwischen den genannten Bruttozinssätzen betragen jeweils 2 %, die Abstände zwischen den dazugehörigen Nettozinssätzen hingegen lediglich rd. 1,01 %. Damit schrumpfen im konkreten Fall die Abstände zwischen den Zinssätzen durch die Berücksichtigung von Steuern auf lediglich rd. 50,5 % ihres Ausgangswertes zusammen.

Mit der Verringerung der Abstände zwischen den Zinssätzen *sinkt* auch die *Bedeutung einer Fehlschätzung ihrer Bruttohöhe* für die Ermittlung von Kapital- bzw. von Steuerbarwerten. Die Gefahr, dass infolge einer Fehlschätzung des zu erwartenden Zinssatzes eine nachteilige Entscheidung getroffen wird, ist nämlich - c. p. - umso geringer, je geringer das Ausmaß dieser Fehlschätzung ist. So kann eher dann aus einem positiven ein negativer Kapitalwert werden, wenn der Zinssatz von 10 % auf 6 %, als wenn er lediglich von rd. 5 % auf 3 % sinkt. Aber selbst dann, wenn sich in beiden Fällen das Vorzeichen des Kapitalwerts ändert, ist zu erwarten, dass der Absolutbetrag der Änderung bei Anwendung der Bruttozinssätze wesentlich größer ist als bei Anwendung der zugehörigen Nettozinssätze.

Auch eine Fehleinschätzung dergestalt, dass die Supplementinvestitionen *nicht* in der erwarteten Weise in positiven *Finanzinvestitionen, sondern* in einem *Abbau von Schulden* bestehen, hat bei Anwendung der Nettozinssätze geringeren Einfluss auf das Ergebnis, als dies bei einer Berücksichtigung der Bruttozinssätze der Fall wäre. Auch hier findet nämlich unter Berücksichtigung der Besteuerung eine *Nivellierung der Kalkulationszinssätze* statt. Ein Beispiel soll die Zusammenhänge verdeutlichen.

Beispiel

Der Gewerbetreibende G (Einzelunternehmer) nimmt an, dass Differenzinvestitionen, die bei der Auswahl zwischen alternativen Investitionen entstehen, in der Form von Festgeldanlagen erfolgen. Er rechnet mit einem Zinssatz von 4 % p. a. Tatsächlich führen die Zahlungsdifferenzen zwischen den Alternativen zu einem Abbau von Schulden. Deren Zinssatz beträgt 8 % p. a. Die Zinsen führen nicht zu einer Hinzurechnung nach § 8 Nr. 1 Buchstabe a GewStG. Der Gewerbesteuerhebesatz beträgt 400 %. G geht davon aus dass sich sein zu versteuerndes Einkommen während der nächsten Jahre im unteren Plafond bewegen wird. Es ist das für 2010 geltende Recht (nach dem Rechtsstand im Sommer 2009) unter Berücksichtigung des Solidaritätszuschlags von 5,5 % und einer 9 %igen Kirchensteuer anzuwenden.

Die Fehleinschätzung des Bruttozinssatzes beträgt (8 % − 4 % =) 4 %. Der Nettozinssatz einer Festgeldeinlage von brutto 4 % beträgt nach der im Anhang befindlichen Tabelle T-11, Spalte 3, Zeile 12 2,148 %. Der Nettozinssatz bei einem Bruttozinssatz von 8 % beträgt 4,295 % (Tabelle T-11, Spalte 5, Zeile 12). Die durch die Fehleinschätzung hervorgerufene Differenz der Nettozinssätze beträgt (4,295 − 2,148 =) rd. 2,1 %.

Die aufgezeigten Zusammenhänge lassen es in Fällen, in denen nicht klar vorhersehbar ist, ob und in welchem Umfang Zahlungsdifferenzen die Höhe der positiven Finanzinvestitionen oder die der Verbindlichkeiten berühren, eher vertretbar erscheinen, mit *geschätzten Mischkalkulationszinsfüßen* zu rechnen, als dies der Fall wäre, wenn es den dargestellten Nivellierungseffekt nicht gäbe. Gleiches gilt für den Fall, dass das Unternehmen bei unterschiedlicher Ausnutzung seines Beleihungsrahmens unterschiedliche Zinskonditionen erhält. Auch hier ist unter Berücksichtigung des Zinsnivellierungseffekts die Anwendung eines geschätzten Mischkalkulationszinssatzes eher vertretbar, als wenn es diesen Effekt nicht gäbe.

Beispiel

a) Es handelt sich um den gleichen Sachverhalt wie im letzten Beispiel. Doch nimmt G nunmehr von vornherein an, dass Zahlungsdifferenzen zwischen alternativen Investitionsentscheidungen z. T. Einfluss auf die Höhe der positiven Finanzinvestitionen, z. T. aber auch auf die Höhe der Verbindlichkeiten haben werden. Er hält es für wahrscheinlich, dass etwa 50 % der Differenzinvestitionen die Form positiver Finanzinvestitionen und die übrigen 50 % die Form eines Abbaus von Verbindlichkeiten haben werden. Er hält es aber auch für möglich, dass die beiden Arten von Differenzinvestitionen im Verhältnis 75 % : 25 % oder auch 25 % zu 75 % zueinander stehen werden. Wie im letzten Beispiel geht G bei den positiven Finanzinvestitionen von einem Bruttozinssatz von 4 % und bei den negativen von einem Zinssatz von 8 % aus.

Wie bereits im letzten Beispiel ermittelt, beträgt der Nettozinssatz einer positiven Finanzinvestition 2,148 %, der einer negativen 4,295 %. Wird der von G für am wahrscheinlichsten gehaltene Fall der Planung zugrunde gelegt, so sind die genannten Nettozinssätze in gleicher Weise zu gewichten. Es kann dann von einem Mischkalkulationszinssatz von [(2,148 % + 4,295 %) · 0,5 =] rd. 3,2 % p. a. ausgegangen werden. Wird hingegen der Nettozinssatz der positiven Finanzinvestitionen mit 75 % und derjenige der Verbindlichkeiten mit 25 % gewichtet, so ergibt sich ein Mischkalkulationszinssatz von [(2,148 % · 3 + 4,295 % · 1) · 0,25 =] rd. 2,7 %. Erfolgt die Gewichtung hingegen im Verhältnis 25 % zu 75 %, so ergibt sich ein Mischkalkulationssatz von [2,148 % · 1 + 4,295 % · 3) · 0,25 =] rd. 3,8 %. Die von G für möglich gehaltenen Nettozinssätze bewegen sich demnach zwischen rd. 2,7 % und rd. 3,8 %. Die maximal für möglich gehaltene Nettodifferenz beträgt demnach lediglich (3,8 – 2,7 =) rd. 1,1 % p. a. Die Schätzung eines mittleren Wertes von 3,3 % p. a. erscheint hier vertretbar.

b) Es handelt sich weitgehend um den gleichen Fall wie unter a) dargestellt. Ein Unterschied besteht aber insoweit, als G nunmehr annimmt, dass die Zahlungsdifferenzen ausschließlich auf die Höhe des Fremdkapitals Einfluss haben. Dieses verzinst sich je zur Hälfte zu 8 % und zu 12 %. Abweichungen von dieser Schätzung hält G in gleicher Weise für möglich wie unter a). Er nimmt an, dass das Fremdkapital auf keinen Fall zu einer Hinzurechnung i. S. d. § 8 Nr. 1 Buchstabe a GewStG führen wird.

Der Nettozinssatz bei einem Bruttozinssatz von 8 % beträgt - wie bereits ermittelt - 4,295 %. Der Nettozinssatz für einen Bruttozinssatz von 12 % kann Tabelle T-11, Spalte 7, Zeile 12 entnommen werden. Er beträgt 6,442 %. Wird der von G für am wahrscheinlichsten gehaltene Fall der Planung zugrunde gelegt, so sind die Nettozinssätze von 4,295 % und 6,442 % in gleicher Weise zu gewichten. Es kann dann von einem Mischkalkulationszinsfuß von [(4,295 % + 6,442 %) · 0,5 =] rd. 5,4 % p. a. ausgegangen werden. Wird hingegen der Nettozinssatz von 4,295 % mit 75 % und derjenige von 6,442 % mit 25 % gewichtet, so ergibt sich ein Mischkalkulationszinsfuß von [(4,295 % · 3 + 6,442 % · 1) · 0,25 =] rd. 4,8 % p. a. Erfolgt die Gewichtung im Verhältnis 25 % zu 75 %, so ergibt sich ein Mischkalkulationszinsfuß von [(4,295 % · 1 + 6,442 % · 3) · 0,25 =] rd. 5,9 % p. a. Die von G für möglich gehaltenen Nettozinssätze bewegen sich demnach zwischen einem Wert von 4,8 % und 5,9 % p. a. Die maximal für möglich gehaltene Nettozinsdifferenz beträgt demnach lediglich (5,9 % – 4,8 % =) 1,1 % p. a. Die Schätzung eines mittleren Werts von 5,4 % erscheint hier vertretbar.

Die Schätzung von *Mischkalkulationszinssätzen* ermöglicht es, den *Anwendungsbereich des Kapitalwert- bzw. des Steuerbarwertkriteriums* erheblich *auszudehnen*. Nunmehr ist es nicht erforderlich, dass in einer Periode ein einheitlicher Soll- oder ein einheitlicher Habenzinssatz gegeben ist. Vielmehr können Kapitalwerte auch dann berechnet werden, wenn die Zahlungsdifferenzen zwischen alternativen Gestaltungsmaßnahmen, Guthaben mit unterschiedlichen Habenzinssätzen oder Verbindlichkeiten mit unterschiedlichen Sollzinssätzen oder aber sowohl Guthaben- als auch Verbindlichkeitenzinsen sich verändern. Im Ergebnis hat die Schätzung von Mischkalkulationszinssätzen somit die gleiche Wirkung wie die Annahme eines *vollkommenen Kapitalmarktes*. Die Begründung für die Annahme eines einheitlichen Kalkulationszinsfußes ist aber eine völlig andere. Während dem vollkommenen Kapitalmarkt die Annahme zugrunde liegt, dass Kapital in beliebiger Höhe zu einem einheitlichen Zinssatz aufgenommen und angelegt werden könne, bedarf es einer derart realitätsfernen Annahme bei Schätzung eines Mischkalkulationszinssatzes nicht. Hier wird vielmehr von den zu erwartenden realen Anlage- und Finanzierungsmöglichkeiten des einzelnen Betriebes ausgegangen. Unter Berücksichtigung der Besteuerung wird dann ein Mischkalkulationszinssatz geschätzt. Schätzungsfehler werden durch den Nivellierungseffekt der Besteuerung erheblich abgemildert.

7 Unterschiedliche Systeme der Unternehmensbesteuerung

7.1 Einführung

Besteuerungssysteme und damit auch deren Subsysteme der Unternehmensbesteuerung unterliegen einem ständigen durch politische und soziale Veränderungen induzierten Wandel. Ein bestimmtes System gilt deshalb auch nur innerhalb eines bestimmten Raumes, etwa innerhalb der Bundesrepublik Deutschland, zu einer bestimmten Zeit, etwa im Jahre 2009. Es ist somit raum- und zeitbezogen. Das gilt auch für das Subsystem der Unternehmensbesteuerung.

Unter einem **Besteuerungssystem** soll hier das Zusammenwirken aller gesetzlichen und verwaltungsmäßigen Regelungen und der Rechtsprechung, die bei der Durchführung der Besteuerung zu beachten sind, verstanden werden. Ein *System der* **Unternehmensbesteuerung** ist der Teil des Besteuerungssystems, der die Besteuerung der Unternehmen und deren (Mit-)Unternehmer bzw. Gesellschafter regelt.

Das System der *Unternehmensbesteuerung in Deutschland* wird bereits seit vielen Jahrzehnten von der *Besteuerung der Gewinne* bzw. Gewerbeerträge beherrscht. Die Gewinnbesteuerung spielt auch in allen anderen hochindustrialisierten Staaten eine herausragende Rolle. Bis Mitte der neunziger Jahre waren in der Bundesrepublik Deutschland ansässige Unternehmen zusätzlich mit von der Substanz abhängigen Steuern (Gewerbekapital- und Vermögensteuer) belastet. Derartige Steuern gibt es z. Zt. in der Bundesrepublik Deutschland mit Ausnahme der Grundsteuer nicht, wohl aber vergleichbare Steuern in einigen wenigen anderen Industriestaaten.

Steuerpflichtiger und Steuerschuldner der deutschen *Umsatzsteuer* ist zwar der Unternehmer, wirtschaftlich Belasteter i. d. R. aber nicht er, sondern der Endverbraucher. Gleichartige Verhältnisse wie in der Bundesrepublik Deutschland sind hinsichtlich der Umsatzsteuer in fast allen hoch entwickelten Staaten anzutreffen. Auch dort werden also nicht die Unternehmer bzw. die Unternehmen mit der Umsatzsteuer belastet, sondern die Endverbraucher. Aufgrund dieses Sachverhalts soll die Umsatzsteuer hier nicht als Unternehmensteuer angesehen werden; sie ist nach dieser Klassifikation also nicht in das System der Unternehmensbesteuerung einbezogen.

Aus den bisherigen Ausführungen ergibt sich, dass in der historischen Situation zum Ende der ersten Dekade des einundzwanzigsten Jahrhunderts weltweit die Systeme der Unternehmensbesteuerung durch *Ertragsteuern* bestimmt werden. Nur auf derartige Steuern soll deshalb nachfolgend eingegangen werden.

Bei einem Vergleich des Systems der Unternehmensbesteuerung in der Bundesrepublik Deutschland im zeitlichen Ablauf zeigt sich, dass dieses während der letzten 50 Jahre erhebliche Veränderungen erfahren hat. Die gravierendsten Veränderungen haben bei der Besteuerung der Kapitalgesellschaften und ihrer Gesellschafter stattgefunden. Besonders hervorzuheben sind in diesem Zusammenhang

- der Wechsel von einem System einer definitiven doppelten Belastung der Kapitalgesellschaften und ihrer Gesellschafter mit Körperschaft- und Einkommensteuer zu einem körperschaftsteuerlichen Anrechnungsverfahren zum 1.1.1977,
- der Wechsel von dem körperschaftsteuerlichen Anrechnungsverfahren zum Halbeinkünfteverfahren zum 1.1.2001 und
- die Unternehmensteuerreform der Jahre 2008/2009 mit der Einführung einer Abgeltungsteuer.

Bei einem Vergleich der Besteuerungssysteme einzelner Länder ergeben sich durchaus Gemeinsamkeiten, aber auch vielfache Unterschiede. Am auffälligsten sind die Unterschiede hinsichtlich

- der Höhe der Steuersätze und
- der Art der Besteuerung der Kapitalgesellschaften und ihrer Gesellschafter.

Nachfolgend sollen zunächst wichtige Einflussfaktoren, die die Systeme der Unternehmensbesteuerung bestimmen, herausgearbeitet werden. Anschließend sollen einige von ihnen näher betrachtet, insbesondere ihre Steuerwirkungen erörtert werden.

7.2 Einflussfaktoren auf die Steuerbelastung der Unternehmen

Derzeit und während der vergangenen Jahrzehnte werden bzw. wurden die Systeme der Unternehmensbesteuerung in den Industrieländern insbesondere beeinflusst durch:

1. die Zahl und die Arten der Ertragsteuern, mit denen die Gewinne belastet werden und deren Wechselwirkungen untereinander,
2. den Umfang der Bemessungsgrundlagen und die Höhe der Steuersätze,
3. den Zeitraum, innerhalb dessen Aufwand steuerlich abgezogen werden kann und Erträge zu erfassen sind und
4. den Umfang, in dem eine Doppel- oder Mehrfachbelastung ausgeschütteter Gewinne herbeigeführt oder vermieden wird.

Auf diese Einflussfaktoren soll in den nächsten Gliederungspunkten in knapper Form eingegangen werden. Der Schwerpunkt der Ausführungen wird hierbei auf den unter 4. angesprochenen Einflussfaktoren liegen.

7.3 Anzahl der gewinnabhängigen Steuern und ihre Beziehungen zueinander

In einem Unternehmen entstandene Gewinne können mit einer einzigen, sie können aber auch mit mehr als einer Steuerart belastet werden. Letzteres ist z. B. seit Jahrzehnten in der Bundesrepublik Deutschland der Fall. Hier unterliegen Gewinne bekanntlich grundsätzlich sowohl der Einkommen- bzw. Körperschaftsteuer als auch der Gewerbesteuer. Außerdem unterliegen sie derzeit noch zumindest einer sog. Zuschlagsteuer, nämlich dem Solidaritätszuschlag. Handelt es sich bei dem Unternehmen um ein Personenunternehmen, so kann außerdem noch bei dem (Mit-)Unternehmer Kirchensteuer entstehen.

Die Belastung der Gewinne von Personenunternehmern mit Einkommen- und der Gewinne von Kapitalgesellschaften mit Körperschaftsteuer ist auch in anderen Besteuerungssystemen üblich. Hingegen ist eine Steuerart, die an eine ähnliche Größe wie den Gewerbeertrag anknüpft, in anderen Rechtsordnungen nur vereinzelt anzutreffen, und zwar in Ländern, die historisch gesehen von der deutschen Rechtsordnung maßgeblich beeinflusst worden sind. Das Fehlen einer der deutschen Gewerbesteuer ähnlichen Steuerart in einem anderen Staat bedeutet aber nicht zwingend, dass dort nur eine einzige gewinnabhängige Steuer erhoben wird. Vielmehr werden in einer Reihe von Ländern rein gewinnabhängige Steuern auf unterschiedlichen staatlichen Ebenen erhoben[48]. So gibt es z. B. in der Schweiz sowohl eine bundesstaatliche Einkommen- bzw. Körperschaftsteuer als auch eine kantonale. In den USA wird Einkommen- bzw. Körperschaftsteuer sowohl von dem Bund als auch von den einzelnen Staaten erhoben.

Wird mehr als eine gewinnabhängige Steuerart erhoben, so ist für die Ermittlung der Gesamtsteuerwirkung das Verhältnis dieser Steuerarten zueinander von erheblicher Bedeutung[49]. Werden zwei gewinnabhängige Steuern nebeneinander erhoben, so sind insbesondere folgende Konstellationen denkbar:

1. Die beiden Steuern beeinflussen sich gegenseitig nicht.
2. Eine der beiden Steuern ist von der Bemessungsgrundlage der anderen abzugsfähig.
3. Eine der beiden Steuern ist von der Bemessungsgrundlage beider Steuern abzugsfähig.
4. Beide Steuern sind von der Bemessungsgrundlage einer der beiden Steuern abzugsfähig.
5. Beide Steuern sind von den Bemessungsgrundlagen beider Steuern abzugsfähig.
6. Die Steuerschuld einer der beiden Steuerarten ist von der Steuerschuld der anderen Steuerart abzugsfähig.

---

[48] Hinsichtlich einer Übersicht s. Mennel, A./Förster, J., in: Mennel, A./Förster, J., Steuern, Allg. Teil, Rz. 108.

[49] Vgl. zu den nachfolgenden Ausführungen auch Gliederungspunkt 3.5.

Werden mehr als zwei gewinnabhängige Steuern erhoben, so vervielfachen sich die möglichen Konstellationen. Auch sind Kombinationen denkbar, in denen eine Steuerschuld von einer Bemessungsgrundlage, eine andere von einer Steuerschuld abzugsfähig ist.

Bei einem Vergleich der o. a. sechs Konstellationen miteinander ist - c. p. - die Gesamtsteuerbelastung bei der ersten am höchsten. Hinsichtlich der Rangfolge der Gesamtsteuerbelastungen der anderen Konstellationen lassen sich keine allgemeingültigen Aussagen treffen. Lediglich lässt sich feststellen, dass der Abzug einer Steuerschuld von einer anderen Steuerschuld zu einer geringeren Gesamtsteuerbelastung führt als ein Abzug lediglich von der Bemessungsgrundlage. Ein Beispiel soll die möglichen erheblichen Belastungsunterschiede zwischen drei möglichen Fällen veranschaulichen.

Beispiel

In den Ländern A, B und C werden jeweils zwei gewinnabhängige Steuern erhoben und zwar die KSt I und die KSt II. Der Steuersatz der KSt I beträgt jeweils 25 %, der der KSt II je 20 %. Im Land A stehen KSt I und KSt II unverbunden nebeneinander. Keine der beiden Steuern ist also von der Bemessungsgrundlage oder der Steuerschuld der anderen abzugsfähig. In Land B ist KSt II sowohl von der Bemessungsgrundlage der KSt I als auch von ihrer eigenen abzugsfähig. In Land C hingegen ist KSt II auf die Steuerschuld der KSt I anrechenbar. In allen drei Ländern entsteht ein Gewinn vor Steuern i. H. v. 100 GE.

Die Gesamtsteuerbelastung und der verbleibende Betrag in Land A können wie folgt ermittelt werden:

	GE	GE
Gewinn vor Steuern		100
KSt I (100 · 25 % =)	25	./. 25
KSt II (100 · 20 % =)	20	./. 20
Gesamtsteuerbelastung	45	
Verbleibender Betrag		55

Die Situation in Land B entspricht derjenigen, die in der Bundesrepublik Deutschland zu Anfang des einundzwanzigsten Jahrhunderts, d. h. zu Zeiten des Halbeinkünfteverfahrens, bestanden hat. KSt I entspricht der damaligen 25 %igen Körperschaftsteuer nach § 23 Abs. 1 KStG a. F. KSt II kann als die damals als Betriebsausgabe abzugsfähige deutsche Gewerbesteuer bei einem Hebesatz von 400 % interpretiert werden. Die Belastung kann deshalb aus der in Gliederungspunkt 3.5.3 abgeleiteten Gleichung (29) ermittelt werden, indem dort für B_r 100 GE eingesetzt wird. Es ergibt sich dann eine Gesamtsteuerbelastung in Land B von 37,5 GE und ein verbleibender Betrag von (100 − 37,5 =) 62,5 GE.

Die Gesamtsteuerbelastung und der verbleibende Betrag in Land C können wie folgt ermittelt werden:

	GE	GE	GE
Gewinn vor Steuern			100
KSt II (100 · 20 % =)		20	./. 20
KSt I (100 · 25 % =)	25		
./. Anrechnung von KSt II	./. 20	5	./. 5
Gesamtsteuerbelastung		25	
Verbleibender Betrag			75

Die Ausführungen zeigen, dass die Gesamtsteuerbelastung in den drei Ländern des Beispiels erheblich voneinander abweicht. Allerdings ist anzumerken, dass eine vollständige Anrechnung der Steuern einer Gebietskörperschaft auf die Steuerschuld einer anderen Gebietskörperschaft desselben Staates - wenn überhaupt - nur äußerst selten vorkommen dürfte. Grenzüberschreitend hingegen sind derartige Anrechnungen häufig anzutreffen. Nach deutschem Recht regelt § 34c EStG eine derartige grenzüberschreitende Anrechnung.

7.4 Umfang der Bemessungsgrundlagen und Höhe der Steuersätze

In der deutschen Steuerreformdiskussion während der neunziger Jahre des zwanzigsten Jahrhunderts hat das Argument, die deutschen Steuersätze seien international gesehen viel zu hoch, eine herausragende Rolle gespielt. Tatsächlich sind die Einkommen- und Körperschaftsteuersätze in der Folge auch mehrfach deutlich gesenkt worden[50]. Im Gegenzug zu den Senkungen der Steuersätze wurde im politischen Raum diskutiert, die Bemessungsgrundlagen der Einkommen- und Körperschaftsteuer zu erweitern. Tatsächlich ist auch eine Vielzahl von Maßnahmen ergriffen worden. Doch haben die meisten von ihnen keine dauerhafte Verbreiterung der Bemessungsgrundlagen, sondern lediglich eine Vorverlagerung der Besteuerung im Vergleich zum alten Recht zur Folge gehabt. Hierauf wird im nächsten Gliederungspunkt noch einzugehen sein.

In vielen anderen Staaten hat während der vergangenen Jahre eine ähnliche Debatte stattgefunden wie in Deutschland. Auch dort hat es z. T. erhebliche Senkungen der Steuersätze gegeben. In einigen Fällen sind sie mit einer Verbreiterung der Bemessungsgrundlagen verbunden gewesen.

Der weltweiten Diskussion um eine Senkung der Steuersätze bei gleichzeitiger Verbreiterung der Bemessungsgrundlagen liegen mehrere Annahmen zugrunde. Zwei hier besonders wichtige lassen sich wie folgt zusammenfassen:

1. Niedrige Steuersätze lassen ein Land als günstigen Investitionsstandort erscheinen.
2. Breite Bemessungsgrundlagen wirken auf potentielle Investoren nicht so abschreckend wie niedrige Steuersätze anziehend wirken.

Beide Annahmen beziehen sich auf das empirische Verhalten potentieller Investoren. Es handelt sich also um Thesen über das Verhalten von Wirtschaftssubjekten. Diese könnten mit Hilfe der empirischen Sozialforschung auf ihren Wahrheitsgehalt überprüft werden. Soweit ersichtlich, ist dies bisher nicht geschehen.

Die Steuerbelastung aus einer Steuerart ergibt sich bekanntlich als das Produkt ihrer Bemessungsgrundlage und dem anzuwendenden Tarif, bei linearem Tarifverlauf also dem Steuersatz. Soll die Steuerbelastung mit einer Steuerart in einem

---

[50] Im Einzelnen s. hierzu Gliederungspunkt 2.6.2.

Land mit derjenigen in einem anderen Land verglichen werden, so sind also sowohl die Bemessungsgrundlagen als auch die Steuersätze miteinander zu vergleichen. Das gleiche gilt dann, wenn die Steuerbelastung mit einer Steuerart innerhalb des Landes zu unterschiedlichen Zeiten verglichen werden soll.

Ein Vergleich der Tarife miteinander lässt sich i. d. R. leicht durchführen. Die auf den Tarifen beruhenden Steuerbelastungen lassen sich meistens ohne Probleme den entsprechenden Gesetzen entnehmen. Dies ist zumindest bei einem linearen Tarifverlauf der Fall. Lineare Tarifverläufe finden sich weltweit i. d. R. bei der Körperschaftsteuer und ab einer bestimmten Einkommenshöhe auch bei der Einkommensteuer.

Wesentlich problematischer kann der Vergleich der Bemessungsgrundlagen sein. Sollen z. B. die Bemessungsgrundlagen der Körperschaftsteuer in verschiedenen Ländern miteinander verglichen werden, so müssen folgende Fragen beantwortet werden:

1. Welche betrieblichen Aufwendungen sind in welchem Land steuerlich nicht abzugsfähig, stellen also nach der im deutschen Steuerrecht üblichen Terminologie nichtabzugsfähige Betriebsausgaben dar?
2. Welche betrieblichen Erträge werden in welchem Land ausdrücklich von der Besteuerung ausgenommen, stellen also steuerfreie Betriebseinnahmen dar?
3. Gibt es in den einzelnen Ländern fiktive Betriebsausgaben, also Betriebsausgaben, denen keine tatsächlichen Aufwendungen zugrunde liegen?
4. Sind in einzelnen Ländern fiktive Betriebseinnahmen zu versteuern, also Betriebseinnahmen, denen keine Erträge zugrunde liegen?

Will ein Unternehmen, etwa zur Vorbereitung der Standortwahl für eine Tochtergesellschaft, konkret die zu erwartende Körperschaftsteuerbelastung in den in Betracht kommenden Ländern miteinander vergleichen, so muss es die aufgeworfenen Fragen sorgfältig prüfen. Hierbei muss es die zu erwartenden Bemessungsgrundlagen quantifizieren. Es leuchtet ein, dass diese bei unterschiedlicher Beantwortung der aufgeworfenen Fragen - c. p. - erheblich voneinander abweichen können.

Werden die gestellten Fragen anhand des derzeit geltenden deutschen Steuerrechts für die Verhältnisse in der Bundesrepublik Deutschland untersucht, so ergibt sich Folgendes:

- Betriebliche Aufwendungen, die steuerlich ausdrücklich nicht zum Abzug als Betriebsausgaben zugelassen sind, finden sich sowohl im EStG als auch im KStG. Zu nennen sind in diesem Zusammenhang insbesondere
  - die nicht abzugsfähigen Betriebsausgaben i. S. d. § 4 Abs. 5 EStG,
  - Ausgaben, die mit steuerfreien Einnahmen in unmittelbarem wirtschaftlichen Zusammenhang stehen (§ 3c EStG),
  - die nichtabziehbaren Aufwendungen i. S. d. § 10 KStG.

- Betriebliche Erträge, die ausdrücklich von der Besteuerung ausgenommen werden, gibt es nach derzeitigem deutschen Steuerrecht nur in geringem Umfang. Zu nennen sind hier insbesondere die Investitionszulagen (nicht Investitionszuschüsse), die nach § 13 InvZulG 2010 nicht zu den Einkünften zählen.
- Fiktive Betriebsausgaben spielen nach derzeitigem deutschen Steuerrecht keine Rolle.
- Fiktive Betriebseinnahmen können sich insbesondere nach dem Recht der verdeckten Gewinnausschüttungen ergeben. Gewährt z. B. eine GmbH ihrem beherrschenden Gesellschafter ein zinsloses Darlehen, so liegt eine verdeckte Gewinnausschüttung vor. Die Gesellschaft hat (fiktive) Zinsen zu versteuern.

7.5 Zeitpunkt des Abzugs von Aufwendungen und der Erfassung von Erträgen

Im letzten Gliederungspunkt ist u. a. auf unterschiedliche Abweichungen zwischen betrieblichen Aufwendungen und abzugsfähigen Betriebsausgaben in unterschiedlichen Besteuerungssystemen eingegangen worden. In diesem Gliederungspunkt geht es um Aufwendungen, die in den miteinander zu vergleichenden Besteuerungssystemen Betriebsausgaben darstellen, bei denen der Abzug aber zu unterschiedlichen Zeiten erfolgt. Derartige zeitliche Verwerfungen können vielfältige Ursachen haben. Zu nennen sind in diesem Zusammenhang vor allem

- unterschiedliche steuerliche Abschreibungsmodalitäten und
- die Möglichkeiten der Bildung von Rückstellungen sowie deren Bewertung.

Je früher die Anschaffungs- oder Herstellungskosten eines Wirtschaftsgutes als steuerliche Abschreibungen geltend gemacht werden können, um so eher mindern sie den steuerlichen Gewinn. Hierdurch entstehen zwar - c. p. - keine endgültigen Steuerersparnisse, wohl aber Zinsgewinne.

Zinseffekte können sich auch durch unterschiedliche Möglichkeiten der Bildung und Bewertung von Rückstellungen ergeben. Können z. B. in dem Land A Rückstellungen für drohende Verluste aus schwebenden Geschäften mit steuerlicher Wirkung gebildet werden, in dem Land B hingegen nicht, so hat dies zwar keinen Einfluss auf den Totalgewinn in den Vergleichsfällen, doch ergeben sich Gewinnverschiebungen. Im Land A kann der steuerliche Gewinn früher gemindert werden als in dem Land B. Im Land A ergibt sich die Gewinnminderung bereits im Jahr der Bildung der Rückstellung, im Land B hingegen erst in dem Jahr, in dem der Verlust tatsächlich anfällt. Zeigt sich im Nachhinein, dass tatsächlich kein Verlust entstanden ist, so ist im Land A dennoch in einem früheren Jahr eine Minderung des steuerlichen Gewinns erfolgt, der dann in einem späteren Jahr eine gleich hohe Gewinnerhöhung gegenübersteht. Im Land B hingegen ist weder in der Vergangenheit eine Gewinnminderung erfolgt, noch ergibt sich nunmehr eine Gewinnerhöhung. Der Totalgewinn ist somit in den Vergleichsfällen gleich groß. Doch sind im Land A vorübergehende Steuerersparnisse im Vergleich zum Land

B entstanden. Diese führen in der Form von Supplementerträgen zu Vorteilen im Land A im Vergleich zum Land B.

Auch Erträge können in unterschiedlichen Besteuerungssystemen zu unterschiedlichen Zeitpunkten steuerlich zu erfassen sein. Der vielleicht wichtigste Anwendungsfall ergibt sich aus einer unterschiedlichen Bewertung der am Bilanzstichtag vorhandenen unfertigen und fertigen Erzeugnisse. Können diese im Land A niedriger bewertet werden als im Land B, so erfolgt im Land A - c. p. - „jetzt" ein geringerer Gewinnausweis. Dies ergibt sich daraus, dass der Ertrag aus der Erhöhung des Bestands an fertigen und unfertigen Erzeugnissen im Land A mit einem geringeren Betrag zu verbuchen ist als im Land B.

Andere Abweichungen können sich aus unterschiedlichen Regelungen zur Zuschreibung nach vorangegangenen außerplanmäßigen Abschreibungen ergeben. So brauchten z. B. nach dem bis einschließlich 1998 geltenden deutschen Recht früher vorgenommene Teilwertabschreibungen nicht durch Zuschreibungen wieder ausgeglichen zu werden, wenn der Teilwert zum Bilanzstichtag wieder gestiegen war. Seit 1999 hingegen muss nach § 6 Abs. 1 Nrn. 1 und 2 EStG in derartigen Fällen bekanntlich eine Zuschreibung erfolgen. Nach altem Recht brauchte somit in derartigen Fällen kein Ertrag ausgewiesen zu werden, nach neuem Recht hingegen muss dies geschehen.

7.6 Besteuerung ausgeschütteter Gewinne

7.6.1 Einführung

Gewinnausschüttungen stellen zunächst einmal Gewinne dar. Üblicherweise unterliegen sie deshalb auch bei der Kapitalgesellschaft der Gewinnbesteuerung in der Form einer Belastung mit Körperschaftsteuer. In verschiedenen Ländern können dann noch weitere Steuern hinzukommen, wie z. B. in Deutschland die Gewerbesteuer. Auf derartige zusätzliche Steuern soll nachfolgend nicht eingegangen, vielmehr lediglich die Belastung mit Körperschaftsteuer betrachtet werden.

Mit der Ausschüttung gelangen Gewinnbestandteile in den Verfügungsbereich der Gesellschafter (Aktionäre). Bei diesen werden sie üblicherweise als steuerpflichtige Einnahmen behandelt, in der Bundesrepublik Deutschland bekanntlich als Einnahmen aus Kapitalvermögen. Sofern der jeweilige Gesetzgeber keine abweichenden Regelungen schafft, kommt es somit zu einer definitiven Doppelbelastung derselben Gewinnbestandteile, und zwar einmal zu einer Belastung mit Körperschaftsteuer bei der Gesellschaft, zum anderen mit Einkommensteuer bei den Gesellschaftern.

In vielen Ländern hält der Gesetzgeber die aufgezeigte definitive Doppelbelastung für nicht erwünscht. Er hat deshalb Regelungen getroffen, um sie zu beseitigen oder zu verringern. Einige Länder halten allerdings an einer ungemilderten Doppelbelastung fest. Weltweit gibt es daher derzeit viele unterschiedliche Systeme der Besteuerung von Gewinnausschüttungen bei den Kapitalgesellschaften und deren Gesellschaftern. Diese Systeme lassen sich in unterschiedlicher Weise zu Gruppen zusammenfassen. Hier soll zwischen folgenden Systemen unterschieden werden:

1. Systeme einer ungemilderten definitiven Doppelbelastung mit Körperschaft- und Einkommensteuer (klassische Systeme),
2. Systeme mit einer Milderung der Steuerbelastung auf der Gesellschaftsebene mit Hilfe eines ermäßigten Körperschaftsteuersatzes für Ausschüttungen (Systeme eines gespaltenen Körperschaftsteuersatzes),
3. Systeme mit einer Entlastung auf Gesellschafterebene mit Hilfe einer vollständigen oder teilweisen Anrechnung der Körperschaftsteuer auf die Einkommensteuer (Voll- und Teilanrechnungssysteme),
4. Systeme mit einer Entlastung auf der Gesellschafterebene mit Hilfe einer vollständigen oder teilweisen Freistellung der Ausschüttungen von der Einkommensteuer (Freistellungssysteme) und
5. Systeme einer Entlastung auf der Gesellschafterebene mit Hilfe eines ermäßigten Einkommensteuersatzes (Systeme eines ermäßigten Einkommensteuersatzes, auch Shareholder-Relief-Verfahren genannt).

Nachfolgend soll auf die genannten Systeme in knapper Form eingegangen werden.

7.6.2 Klassisches System der Doppelbelastung

Das üblicherweise als *klassisch* bezeichnete System einer *Doppelbelastung ausgeschütteter Gewinne* zeichnet sich dadurch aus, dass weder bei der Kapitalgesellschaft noch bei ihren Gesellschaftern irgendeine Milderung der doppelten Belastung vorgenommen wird. Es kann bereits bei im internationalen Vergleich niedrigen Körperschaftsteuersätzen zu einer insgesamt recht *hohen Gesamtbelastung* führen.

Beispiel

Die A-Kapitalgesellschaft (A-KapG) in A-Land unterliegt einer 15 %igen Körperschaftsteuer. Ausschüttungen der A-KapG an ihre Gesellschafter unterliegen bei diesen dem Spitzensteuersatz der Einkommensteuer in A-Land i. H. v. 45 %. Die A-KapG hat 100 GE Gewinn vor Steuern zur Verfügung. Diese sollen ausgeschüttet werden, soweit sie nicht für Steuerzahlungen benötigt werden. Die Steuerzahlungen und der den Gesellschaftern zufließende Nettobetrag (Verfügungsbetrag) können wie folgt ermittelt werden:

	GE	GE
Gewinn vor Steuern		100,00
Körperschaftsteuer (100 · 15 % =)	15,00	./. 15,00
Ausschüttung		85,00
Einkommensteuer (85 · 45 % =)	38,25	./. 38,25
Gesamtsteuerbelastung	53,25	
Verfügungsbetrag		46,75

Der letztlich den Gesellschaftern zur Verfügung stehende Betrag beläuft sich also auf lediglich 46,75 GE, der größere Teil des Ausgangsbetrags, nämlich 53,25 GE ist an das Finanzamt zu entrichten. Klargestellt sei, dass ein Körperschaftsteuersatz von 15 % im internationalen Vergleich gering und ein Spitzensteuersatz der Einkommensteuer von 45 % nicht sonderlich hoch ist.

Das Beispiel veranschaulicht, dass bei Anwendung des klassischen Systems die Gesamtbelastung außerordentlich hoch sein kann. Dies wird weltweit überwiegend als nicht sachgerecht angesehen. Insbesondere wird die Gefahr gesehen, dass die hohe Steuerbelastung potentielle Eigenkapitalgeber abschrecke. Das klassische System wird deshalb auch nur noch in wenigen Staaten angewendet[51].

7.6.3 System eines gespaltenen Körperschaftsteuersatzes

Eine Möglichkeit, die definitive Belastung mit Körperschaft- und Einkommensteuer zu mildern, besteht darin, ausgeschüttete Gewinne mit einem - bezogen auf thesaurierte Gewinne - ermäßigten Körperschaftsteuersatz zu besteuern. Dieses System wurde weltweit mehrere Jahrzehnte in vielen Ländern angewendet. In der Bundesrepublik Deutschland hat es bis einschließlich 1976 bestanden. Das deutsche System war damals durch folgende Steuersätze gekennzeichnet:
* einen Körperschaftsteuersatz auf thesaurierte Gewinne von 51 % und
* einen Körperschaftsteuersatz auf ausgeschüttete Gewinne von 15 %.
Außerdem wurde damals - ebenso wie heute - Gewerbesteuer erhoben. Da der Spitzensteuersatz der Einkommensteuer damals deutlich höher lag als heute (im Jahr 1976 betrug er 56 %), konnte sich im Einzelfall eine exorbitant hohe Steuerbelastung ergeben. Auf eine Darstellung im Einzelnen soll hier verzichtet werden.

7.6.4 Voll- und Teilanrechnungssysteme

Voll- und Teilanrechnungssysteme sind dadurch gekennzeichnet, dass in ihnen die auf die ausgeschütteten Gewinne entfallende Körperschaftsteuer in vollem Umfang (Vollanrechnungssysteme) oder teilweise (Teilanrechnungssysteme) auf die Einkommensteuer der Gesellschafter angerechnet wird. Bei einer *Vollanrechnung* werden ausgeschüttete Gewinne letztlich nur mit der Einkommensteuer des Gesellschafters belastet. Sie unterliegen also im Ergebnis dem individuellen Einkommensteuersatz (Differenzsteuersatz) des jeweiligen Gesellschafters. Damit erfolgt eine Besteuerung nach der Leistungsfähigkeit des jeweiligen Gesellschafters. Bei konsequenter Anwendung dieses der Vollanrechnung zugrunde liegenden Prinzips muss eine Anrechnung der Körperschaftsteuer auch dann erfolgen, wenn Gewinne bzw. Gewinnteile nicht im Jahr ihrer Entstehung, sondern zu irgendeinem späteren Zeitpunkt ausgeschüttet werden.

---

51   Z. B. in Irland. Vgl. Jacobs, O., Unternehmensbesteuerung, 2007, S. 116.

Weltweit als erstes Land hatte die Bundesrepublik Deutschland zum 1.1.1977 ein Vollanrechnungssystem eingeführt. Es wurde als *körperschaftsteuerliches Anrechnungsverfahren* bezeichnet. Innerhalb der EU haben in späteren Jahren Frankreich, Italien und Finnland ebenfalls ein Vollanrechnungssystem eingeführt[52]. In der Bundesrepublik Deutschland selbst ist es mit Ablauf des Jahres 2001 wieder abgeschafft worden. Allerdings besteht nach den § 37 und 38 KStG eine Übergangsfrist bis zum Veranlagungszeitraum 2017, in der sich noch Wirkungen aus dem Anrechnungsverfahren ergeben können[53]. Angemerkt sei, dass nach Ansicht des Verfassers die Argumente, die in der Bundesrepublik Deutschland zur Abschaffung des körperschaftsteuerlichen Anrechnungsverfahrens geführt haben, wenig überzeugend waren[54].

Im Gegensatz zu den Vollanrechnungssystemen wird bei den *Teilanrechnungssystemen* die auf die Ausschüttungen entfallende Körperschaftsteuer nicht in vollem Umfang, sondern lediglich teilweise auf die Einkommensteuer der Gesellschafter angerechnet. Innerhalb der EU gibt es das Teilanrechnungssystem derzeit nur in Spanien[55].

7.6.5 Freistellungssysteme

Eine doppelte Definitivbelastung ausgeschütteter Gewinne mit Körperschaft- und Einkommensteuer lässt sich dadurch erreichen, dass die Ausschüttungen bei den Gesellschaftern von der Einkommensteuer freigestellt werden. In einem derartigen *Freistellungssystem* werden die Gewinne also nur mit Körperschaftsteuer, nicht hingegen mit Einkommensteuer belastet. Innerhalb der EU wird eine vollständige Freistellung der Ausschüttungen von der Einkommensteuer derzeit in Estland, Griechenland, Lettland und der Slowakei praktiziert[56].

Anstelle einer vollständigen ist auch eine teilweise Freistellung der Ausschüttungen von der Einkommensteuer denkbar. Ein derartiges System der teilweisen Freistellung wurde bzw. wird in der Bundesrepublik Deutschland mit dem *Halbeinkünfteverfahren* bzw. dem 60 %-Einkünfteverfahren praktiziert[57].

---

[52] Vgl. Bareis, P., Halbeinkünfteverfahren, 2000, S. 139.

[53] Im Einzelnen s. hierzu Gliederungspunkt 4.3.

[54] Zur Kritik an der Abschaffung des Anrechnungsverfahrens s. Schneeloch, D./Trockels-Brand, T., Anrechnungsverfahren, 2000, S. 907 ff.

[55] Vgl. Jacobs, O., Unternehmensbesteuerung, 2007, S. 116.

[56] Vgl. Jacobs, O., Unternehmensbesteuerung, 2007, S. 116.

[57] Hinsichtlich einer Aufzählung weiterer EU-Länder, die ein Freistellungssystem anwenden, s. Jacobs, O., Unternehmensbesteuerung, 2007, S. 120.

7.6.6 Ermäßigter Einkommensteuersatz

Eine Möglichkeit, die doppelte Belastung ausgeschütteter Gewinne mit Körperschaft- und Einkommensteuer zu mildern, besteht darin, die Ausschüttungen bei dem Gesellschafter nicht mit dem normalen, sondern mit einem ermäßigten Einkommensteuersatz zu besteuern. Eine derartige Vorgehensweise ist auch unter dem Begriff des *Shareholder-Relief-Verfahrens* bekannt. Innerhalb der EU findet es in Belgien, Dänemark, Großbritannien, Litauen, Niederlande, Österreich, Polen, Schweden, Tschechien, Ungarn, Zypern und - seit dem Veranlagungszeitraum 2009 - auch in der Bundesrepublik Deutschland Anwendung[58].

Eine Ermäßigung des Einkommensteuersatzes kann im Hinblick auf zwei unterschiedliche Bezugsgrößen erfolgen. Die erste Möglichkeit besteht darin, dass die Bezugsgröße in dem Spitzensteuersatz des Landes besteht. Der ermäßigte Steuersatz ist dann in Bezug auf den Spitzensteuersatz ermäßigt. Bei dieser Vorgehensweise kann die Einkommensteuer auf die Gewinnausschüttung als Abgeltungsteuer gestaltet werden. Sie wird dann von der ausschüttenden Gesellschaft bzw. von der Depotbank einbehalten und für Rechnung des Steuerschuldners an das Finanzamt abgeführt. Die Ausschüttung wird nicht in die Veranlagung zur Einkommensteuer einbezogen. Zu einer Ermäßigung der Steuerbelastung gegenüber einer Einbeziehung der Ausschüttung in das zu versteuernde Einkommen kann es bei dieser Vorgehensweise nur dann kommen, wenn der Abgeltungsteuersatz niedriger ist als der Differenzeinkommensteuersatz im Falle einer Einbeziehung in das zu versteuernde Einkommen. Ist der Abgeltungsteuersatz hingegen höher, so kommt es nicht zu einer Entlastung, sondern zu einer Verschärfung der Doppelbelastung. Dies kann dadurch vermieden werden, dass dem Steuerpflichtigen das Recht eingeräumt wird, eine Einbeziehung der Ausschüttungen in das zu versteuernde Einkommen zu beantragen. Dies ist z. B. in Deutschland der Fall. Das soeben dargestellte System wird in der Bundesrepublik Deutschland seit dem Veranlagungszeitraum 2009 angewendet.

Die zweite mögliche Bezugsgröße für die Ermäßigung des Einkommensteuersatzes kann der „normale" individuelle Einkommensteuersatz des einzelnen Gesellschafters sein. So kann der ermäßigte Einkommensteuersatz z. B. ein bestimmter Prozentsatz des Durchschnittssteuersatzes des einzelnen Gesellschafters sein. Die Art der Ermäßigung ist dann vergleichbar mit derjenigen, die sich nach deutschem Recht aus § 34 Abs. 3 EStG ergibt. Klargestellt sei, dass § 34 Abs. 3 EStG (selbstverständlich) keine Begünstigungsvorschrift für Gewinnausschüttungen darstellt. Begünstigt werden nach dieser Vorschrift vielmehr - unter den engen Voraussetzungen dieser Vorschrift - bestimmte außerordentliche Einkünfte.

---

58   Vgl. Jacobs, O., Unternehmensbesteuerung, 2007, S. 117.

Die bisherigen Ausführungen zeigen Folgendes:

- Wird als Bezugsgröße für die Festlegung eines ermäßigten Einkommensteuer-satzes der Spitzensteuersatz des jeweiligen Landes gewählt, so kann im individuellen Einzelfall die Situation entstehen, dass es überhaupt nicht zu einer Einkommensteuerentlastung kommt oder statt einer Entlastung sogar eine zusätzliche Belastung entsteht.

- Wird als Bezugsgröße eines ermäßigten Steuersatzes hingegen der „normale" Einkommensteuersatz des jeweiligen Gesellschafters gewählt, so kommt es stets zu einer Ermäßigung der Steuerbelastung im Vergleich zu einer „normalen" Besteuerung.

7.6.7 Das Problem einer Mehrfachbelastung

In vielen Ländern ist zwar eine definitive Doppelbelastung ausgeschütteter Gewinne mit Körperschaft- und Einkommensteuer gewollt, nicht aber eine doppelte oder gar mehrfache Belastung mit Körperschaftsteuer. Zu einer derartigen Doppelbelastung mit Körperschaftsteuer kommt es aber grundsätzlich dann, wenn eine Kapitalgesellschaft an einer anderen beteiligt ist und von dieser Gewinnausschüttungen erhält. Eine *Mehrfachbelastung* entsteht dann, wenn Beteiligungen übereinander geschachtelt sind, etwa Kapitalgesellschaft A an Kapitalgesellschaft B und diese an Kapitalgesellschaft C beteiligt ist.

Soll eine derartige Doppel- oder Mehrfachbelastung mit Körperschaftsteuer vermieden werden, so kann dies am einfachsten dadurch geschehen, dass die Ausschüttungen bei der Gesellschaft, die die Beteiligung hält (Obergesellschaft), steuerbefreit werden. Dies ist eine Regelung, die in der Bundesrepublik Deutschland mit dem Übergang zum Halbeinkünfteverfahren durch § 8b KStG herbeigeführt worden ist. Allerdings sind auf Grund des § 8b Abs. 5 KStG tatsächlich derzeit (Rechtsstand Sommer 2009) nur 95 % der Ausschüttungen befreit. Zu Zeiten des körperschaftsteuerlichen Anrechnungsverfahrens war eine Regelung wie hier dargestellt nicht erforderlich, da die Körperschaftsteuer der ausschüttenden Kapitalgesellschaft bei der Obergesellschaft angerechnet wurde.

Auch in anderen Ländern als der Bundesrepublik Deutschland bleiben Ausschüttungen bei einer Obergesellschaft körperschaftsteuerfrei. Das gilt innerhalb Europas für die Länder Dänemark, Finnland, Großbritannien, Irland, Italien, Luxemburg, Österreich, Spanien und Schweden. Einige dieser Länder, nämlich Dänemark, Luxemburg, die Niederlande, Schweden und Spanien setzen allerdings eine Mindestbeteiligung der Obergesellschaft an der ausschüttenden Gesellschaft (Untergesellschaft) voraus[59]. Dies entspricht dem in Deutschland von der Gewerbesteuer her bekannten und in § 9 Nr. 2a GewStG geregelten Schachtelprivileg.

---

[59] Siehe hierzu die Länderteile in Mennel, A./Förster, J., Steuern, unter dem Stichwort „Schachtelprivileg".

7.6.8 Vergleich der Systeme miteinander

Ein Vergleich der Systeme miteinander zeigt, dass eine definitive Doppelbelastung mit Körperschaft- und Einkommensteuer nur dann vollständig vermieden werden kann, wenn entweder eine *vollständige Anrechnung* der Körperschaftsteuer auf die Einkommensteuer oder aber eine *vollständige Freistellung* der Ausschüttungen bei dem Empfänger erfolgt. In allen anderen Fällen hingegen wird eine Doppelbelastung überhaupt nicht oder nur teilweise vermieden[60].

Die Systeme der Vollanrechnung und der vollständigen Freistellung sind auch die einzigen, die keine Spezialregelung zur Vermeidung einer doppelten oder mehrfachen Belastung mit Körperschaftsteuer erforderlich machen. Die Steuerwirkungen dieser beiden Systeme können allerdings erheblich voneinander abweichen. Während bei der Vollanrechnung letztlich eine Belastung mit dem individuellen Einkommensteuersatz des Gesellschafters erfolgt, ergibt sich bei der Freistellungsmethode eine Belastung mit dem Körperschaftsteuersatz der Kapitalgesellschaft. Wird eine Besteuerung nach der Leistungsfähigkeit der einzelnen Gesellschafter angestrebt, so kommt nur ein System der vollständigen Anrechnung der Körperschaftsteuer auf die Einkommensteuer in Betracht.

7.7 Aufgabe 8

Seit seiner Scheidung vor einem Jahr ist Björn Björnson (B) aus Kiruna der langen nordschwedischen Winter überdrüssig. Er beschließt deshalb, in südlichere Gefilde auszuwandern und seinen hochrentablen Betrieb der Nanotechnik in seine neue Heimat zu verlagern. Seine besten Mitarbeiter hat er bereits davon überzeugt, dass sie im Süden wesentlich besser leben können; sie haben zugesagt, auch in seinem neuen Betrieb zu arbeiten.

Nach einer sorgfältigen Untersuchung nichtsteuerlicher Faktoren und langen Diskussionen mit seinen Mitarbeitern kommt B zu dem Ergebnis, dass als Zielländer der geplanten Auswanderung lediglich die Länder D und F in Betracht kommen. Vor einer endgültigen Entscheidung will B wissen, welches der beiden Länder für ihn steuerlich vorteilhafter ist. Er beauftragt seinen Steuerberater Sven Svenson (S) mit einer entsprechenden Untersuchung. Da B erbschaft- und schenkungsteuerliche Aspekte trotz seines hohen Vermögens nicht interessieren und da weiterhin in beiden Ländern umsatzsteuerlich das Mehrwertsteuersystem angewendet wird, soll sich die Untersuchung auf ertragsteuerliche Wirkungen beschränken. Aus Haftungsgründen kommt für B in beiden Ländern nur die Gründung einer Kapitalgesellschaft in Betracht. B will Alleingesellschafter der Kapitalgesellschaft werden. In beiden Ländern ist dies gesellschaftsrechtlich möglich.

Im Rahmen seiner Untersuchung stellt S fest, dass in D-Land eine 25 %ige Körperschaftsteuer erhoben wird. Diese ist nicht als Betriebsausgabe abzugsfähig. Außerdem wird in D-Land eine regionale Steuer erhoben. Der Steuersatz dieser Steuer variiert zwischen den einzelnen Regionen. Im Durchschnitt beträgt er etwa 20 %. Die regionale Steuer ist als Betriebsausgabe bei der Gewinnermittlung abzugsfähig. Sowohl die Kör-

---

60   Siehe hierzu die Aufstellung von Sigloch, J., Unternehmenssteuerreform, 2000, S. 165.

perschaftsteuer als auch die regionale Steuer haben definitiven Charakter, d. h. sie werden unabhängig davon erhoben, ob die der Besteuerung zugrunde liegenden Gewinne einbehalten oder ausgeschüttet werden. Auch eine Anrechnung dieser Steuern auf die persönliche Einkommensteuer der Gesellschafter findet nicht statt. Werden Gewinne ausgeschüttet, so unterliegt die Hälfte der Ausschüttungen der Einkommensteuer der Gesellschafter; die andere Hälfte ist einkommensteuerfrei. Der Spitzensteuersatz der Einkommensteuer beträgt 42 %.

In F-Land erhebt lediglich der Zentralstaat eine Körperschaftsteuer. Eine zusätzliche regionale Steuer wird also nicht erhoben. Der Körperschaftsteuersatz beträgt 45 %. Die Körperschaftsteuer stellt bei der steuerlichen Gewinnermittlung keine abzugsfähige Betriebsausgabe dar. Schüttet eine Kapitalgesellschaft Gewinne aus, so unterliegt die Ausschüttung bei dem Gesellschafter in vollem Umfang der Einkommensteuer. Der Spitzensatz der Einkommensteuer entspricht dem Körperschaftsteuersatz. Er beträgt also 45 %. Auf die Einkommensteuer wird die von der Kapitalgesellschaft gezahlte Körperschaftsteuer insoweit in vollem Umfang angerechnet, als sie auf die ausgeschütteten Gewinnbestandteile entfällt. Der Gesellschafter hat zusätzlich zu der Gewinnausschüttung auch das auf ihn entfallende körperschaftsteuerliche Anrechnungsguthaben zu versteuern.

Nehmen Sie bitte auf der Grundlage des geschilderten Sachverhalts zu der Frage Stellung, welches der beiden Ländern sich für B aus steuerlicher Sicht besser zur Auswanderung eignet. Sollte der Sachverhalt für eine abschließende Beurteilung nicht hinreichend geklärt sein, erläutern Sie bitte, welche Einflussfaktoren noch zusätzlich untersucht werden sollten.

Teil II:
Steuerbilanzpolitik, sonstige zeitliche Einkommens-
verlagerungspolitik

1 Einführung

Dieser Teil des Buches behandelt schwerpunktmäßig Probleme der **Steuerbilanzpolitik**. Hierbei handelt es sich um den Spezialfall der *betrieblichen Steuerpolitik*[1], der sich mit der optimalen Gestaltung der Steuerbilanz beschäftigt[2]. Zur Beantwortung der hierbei auftretenden Fragen bedarf es der Kenntnis der für die Steuerbilanzpolitik verfügbaren Gestaltungsmöglichkeiten. Derartige Aktionsparameter der Steuerbilanzpolitik werden in Gliederungspunkt 2 behandelt.

Im Rahmen der Steuerbilanzpolitik kommt es zu zeitlichen Gewinnverlagerungen und damit auch zu entsprechenden Einkommensverlagerungen. Zeitliche Einkommensverlagerungen kann es aber nicht nur im Rahmen der Steuerbilanzpolitik, vielmehr auch bei einer Gewinnermittlung nach § 4 Abs. 3 EStG sowie im Rahmen der Ermittlung anderer Einkünfte als der Gewinneinkünfte geben. Aktionsparameter einer derartigen zeitlichen Einkommensverlagerungspolitik werden in Gliederungspunkt 3 behandelt.

Zur Durchführung steuerbilanzpolitischer Maßnahmen bedarf es nicht nur der Kenntnis einschlägiger Aktionsparameter, sondern auch der Zielfunktion, die der Steuerbilanzpolitik zugrunde liegt. Auf die Zielfunktion soll in Gliederungspunkt 4 eingegangen werden. Breiten Raum wird hierbei die Diskussion der Frage einnehmen, welche vereinfachenden Vorteilskriterien sich aus der für die Steuerbilanzpolitik allgemein gültigen Zielfunktion ableiten lassen.

Auf Besonderheiten bei Verlusten soll in Gliederungspunkt 5 eingegangen werden. Anschließend sollen in Gliederungspunkt 6 spezielle Gestaltungsmaßnahmen einer Einlagen- und Entnahmenpolitik, mit deren Hilfe das steuerbilanzielle Ergebnis beeinflusst werden kann, behandelt werden. In dem abschließenden Gliederungspunkt 7 soll in äußerst knapper Form auf Zusammenhänge zwischen der Steuerbilanzpolitik einerseits und der Handelsbilanzpolitik andererseits eingegangen werden.

---

1   Zur Definition der betrieblichen Steuerpolitik s. Teil I, Gliederungspunkt 2.1.
2   Zur Definition der Steuerbilanzpolitik vgl. auch Dieckmann, K., Steuerbilanzpolitik, 1972, S. 66; Börner, D./Krawitz, N., Steuerbilanzpolitik, 1977, S. 38; Brönner, H./Bareis, P., Bilanz, 1991, I, Rn. 48; Marten, K.-U./Klopsch, E., Steuerbilanzpolitik, 1994, S. 1910; Hinz, M., Grundlagen, 1995, S. 63; Scheffler, W., Entwicklungsstand, 1998, S. 409; Winnefeld, R., Bilanz-HB, 2006, C, Rz. 690; Kußmaul, H., Steuerlehre, 2008, S. 135 ff.

2 Aktionsparameter der Steuerbilanzpolitik

2.1 Überblick

Aktionsparameter der Steuerbilanzpolitik können sowohl bei der Bilanzierung als auch der Bewertung bestehen. Es gibt also Gestaltungsmöglichkeiten sowohl bei der Frage, *was* überhaupt in der Bilanz anzusetzen ist als auch bei derjenigen, *welcher Wert* den in der Bilanz anzusetzenden Posten beizumessen ist. Aktionsparameter der Steuerbilanzpolitik können sich sowohl aus Wahlrechten als auch aus Ermessensspielräumen ergeben[3]. Ein *Wahlrecht* besteht z. B. dann, wenn der Bilanzierende kraft ausdrücklicher gesetzlicher Regelung zusätzlich zu einer AfA nach § 7 Abs. 1 EStG eine Sonderabschreibung nach § 7g Abs. 5 EStG in Anspruch nehmen kann. Ein *Ermessensspielraum* ist z. B. regelmäßig bei der Schätzung der voraussichtlichen Nutzungsdauer einer Maschine für Abschreibungszwecke vorhanden.

Ermessensspielräume bestehen auch in den Fällen, in denen zu einem bestimmten Problem die Rechtslage ungeklärt ist. Derartige Situationen sind keinesfalls selten. In diesen Fällen kann die Unternehmensleitung ihre steuerbilanzpolitischen Entscheidungen nicht hinausschieben, bis vielleicht in zwei, fünf oder zehn Jahren eine Klärung durch den Gesetzgeber oder den BFH herbeigeführt sein wird. Gehandelt, d. h. bilanziert und bewertet werden muss vielmehr jetzt. Rechtliche Überlegungen helfen somit in derartigen Entscheidungssituationen nicht weiter. Vielmehr liegt hier ein betriebswirtschaftliches Problem vor, und zwar handelt es sich um eine Entscheidung unter Unsicherheit.

Bilanzierungs- und Bewertungsentscheidungen können aufgrund der Maßgeblichkeit in Handels- und Steuerbilanz häufig nur einheitlich getroffen werden[4]. Eine Entscheidung über steuerbilanzpolitische Aktionsparameter beinhaltet somit vielfach zugleich auch eine Entscheidung über handelsbilanzpolitische Aktionsparameter.

---

[3] Zur Definition der steuerlichen Wahlrechte und Ermessensspielräume s. Teil I, Gliederungspunkt 2.1. Zur Charakterisierung von Wahlrechten und Ermessungsspielräumen im Rahmen der Bilanzpolitik vgl. auch Marettek, A., Ermessensspielräume, 1976, S. 515 ff.; Siegel, T., Wahlrecht, 1986, S. 416 ff.; Klein, H.-D., Konzernbilanzpolitik, 1989, S. 91 ff.; Küting, K./Weber, C.-P., Bilanzanalyse, 2006, S. 37 ff.; Winnefeld, R., Bilanz-HB, 2006, C, Rz. 693 ff.; Kußmaul, H., Steuerlehre, 2008, S. 139 ff.

[4] Zur Maßgeblichkeit s. Schneeloch, D., Besteuerung, 2008, S. 208 f. sowie ergänzend z. B. Dziadkowski, D./Henselmann, K., in: Beck HdR, B 120; Herzig, N., in: HdR, 1995, I, Rn 194 ff.; Federmann, R., Bilanzierung, 2000, S. 182 ff., Bitz, M./Schneeloch, D./Wittstock, W., Jahresabschluß, 2003, S. 385 ff.; Schön, W., Steuerliche Maßgeblichkeit, 2005, § 1 ff.; Bareis, P., Maßgeblichkeit, 2008, S. 31 ff.

Bilanzierungs- und Bewertungsentscheidungen lassen das reale wirtschaftliche Geschehen unverändert. Sie werden nach dem Abschlusstichtag bei Erstellung des Jahresabschlusses durchgeführt. Neben diesen bilanzpolitischen Aktionsparametern im engeren, gibt es auch solche im weiteren Sinne. Hierbei handelt es sich um jahresabschlusspolitisch motivierte Sachverhaltsgestaltungen, die dazu dienen, das Bild des Jahresabschlusses zu beeinflussen[5]. Beeinflusst werden soll i. d. R. der handelsrechtliche Jahresabschluss und nicht der Steuerbilanzgewinn. Doch sind auch Situationen denkbar, in denen der Steuerbilanzgewinn beeinflusst werden soll. Eine Unternehmenspolitik, die über derartige Sachverhaltsgestaltungen eine Beeinflussung des steuerlichen Ergebnisses bezweckt, wird häufig als Steuerbilanzpolitik im weiteren Sinne bezeichnet. Hier soll dieser Einteilung nicht gefolgt werden. Derartige Maßnahmen sollen vielmehr gemeinsam mit anderen gesondert als steuerpolitisch motivierte Sachverhaltsgestaltungen behandelt werden. Steuerbilanzpolitische Aktionsparameter im hier definierten Sinne sind somit ausschließlich Bilanzierungs- und Bewertungswahlrechte und -ermessensspielräume, die durch bloße „Federstriche" nach dem Bilanzstichtag ausgeübt werden können.

2.2 Aktionsparameter bei der Bilanzierung

2.2.1 Bilanzierungswahlrechte

Handelsbilanziell bestehen aufgrund ausdrücklicher gesetzlicher Vorschriften einige Bilanzierungswahlrechte, und zwar sowohl Aktivierungs- als auch Passivierungswahlrechte. Nach der Reform des HGB durch das Bilanzrechtsmodernisierungsgesetz (BilMoG) im Frühjahr 2009 räumt der Gesetzgeber Unternehmen aller Rechtsformen handelsrechtlich insbesondere folgende *Aktivierungswahlrechte* ein:

* nach § 248 Abs. 2 HGB den Ansatz bzw. Nichtansatz selbstgeschaffener immaterieller Vermögensgegenstände des Anlagevermögens,

* nach § 250 Abs. 3 HGB die Aktivierung bzw. Nichtaktivierung eines Disagios.

Wie bereits in Band 1 dargestellt, führen *handelsbilanzielle Aktivierungswahlrechte* nach der Rechtsprechung des BFH[6] grundsätzlich *steuerlich zu Aktivierungsgeboten*[7]. Dieser Grundsatz führt dazu, dass steuerlich ein Disagio aktiviert werden muss. Für selbstgeschaffene immaterielle Vermögensgegenstände des Anlagevermögens hingegen besteht aufgrund der Spezialnorm des § 5

---

5   Ausführlich zu Sachverhaltsgestaltungen, Hinz, M., Sachverhaltsgestaltungen, 1994; Baetge, J./Kirsch, H.-J./Thiele, S., Bilanzanalyse, 2004, S. 157 ff.; Wagenhofer, A./Ewert, R., Externe Unternehmensrechnung, 2007, S. 240 f.

6   Vgl. BFH-Beschluss v. 3.2.1969, GrS 2/68, BStBl 1969 II, S. 291 und dazu ausführlich Winnefeld, R., Bilanz-HB, 2006, C, Rz. 580 ff.

7   Vgl. Schneeloch, D., Besteuerung, 2008, S. 223 ff.

Abs. 2 EStG steuerlich ausdrücklich ein Aktivierungsverbot. Dies gilt nicht nur für selbstgeschaffene immaterielle Wirtschaftsgüter des Anlagevermögens, für die handelsrechtlich das soeben angesprochene Aktivierungswahlrecht des § 248 Abs. 2 HGB besteht, sondern auch für entgeltlich erworbene derartige Wirtschaftsgüter, für die handelsrechtlich über den Vollständigkeitsgrundsatz des § 246 Abs. 1 HGB ein Aktivierungsgebot gilt.

Nur für Kapitalgesellschaften besteht handelsrechtlich ein Wahlrecht zur Bilanzierung von aktiven latenten Steuern (§ 274 Abs. 1 HGB). Steuerlich dürfen diese nicht aktiviert werden.

Bis einschließlich 2009 bestehen handelsrechtliche *Passivierungswahlrechte* für

- Rückstellungen für unterlassene Instandhaltungsaufwendungen, die zwar nicht innerhalb von drei Monaten, wohl aber innerhalb eines Jahres nach dem Abschlussstichtag nachgeholt werden (§ 249 Abs. 1 Satz 3 HGB a. F.) und
- Aufwandsrückstellungen i. S. d. § 249 Abs. 2 HGB a. F., insbesondere Rückstellungen für künftige Großreparaturen.

Diese Passivierungswahlrechte werden durch Art. 1 BilMoG ab 2010 abgeschafft. Steuerlich durften derartige Rückstellungen bereits in der Vergangenheit nach der Rechtsprechung des Großen Senats des BFH vom 3.2.1969 zur Maßgeblichkeit[8] nicht gebildet werden. Hieran hat sich durch das BilMoG nichts geändert.

Eigenständige steuerliche Passivierungswahlrechte bestehen in den Fällen, in denen die Voraussetzungen für die Bildung einer *steuerfreien Rücklage* erfüllt sind. Einen Überblick über derzeit (Sommer 2009) bestehende Möglichkeiten zur Bildung steuerfreier Rücklagen gibt *Tabelle II/1*. Voraussetzung für die Bildung einer steuerfreien Rücklage ist, dass diese in ein nach § 5 Abs. 1 Sätze 2 und 3 EStG zu führendes Verzeichnis aufgenommen wird. Die frühere Notwendigkeit der Übernahme einer derartigen steuerfreien Rücklage in die Handelsbilanz[9] hingegen ist durch die Abschaffung der umgekehrten Maßgeblichkeit und Neufassung des § 5 Abs. 1 Satz 2 EStG durch Art. 3 BilMoG vom Gesetzgeber aufgegeben worden. Seither darf eine steuerfreie Rücklage nicht mehr in die Handelsbilanz übernommen werden.

Ein handelsrechtliches Passivierungswahlrecht besteht hinsichtlich der Bildung von Pensionsrückstellungen für *Altzusagen* i. S. d. Art. 28 Abs. 1 EGHGB. Dieses Passivierungswahlrecht besteht nach § 6a Abs. 1 EStG auch steuerlich. Hinsichtlich der Bewertung ist steuerlich allerdings das Nachholverbot des § 6a Abs. 4 EStG zu beachten. Zur Klarstellung sei angemerkt, dass sowohl handels- als auch steuerrechtlich ein Passivierungswahlrecht nur dann besteht, wenn bisher die entsprechende Pensionsverpflichtung noch nicht passiviert worden ist.

---

[8]   BFH-Beschluss vom 3.2.1969, GrS 2/68, BStBl 1969 II, S 291.
[9]   Vgl. Schneeloch, D., Besteuerung, 2008, S. 237.

Tabelle II/1:   Steuerfreie Rücklagen

Vorschrift	Skizzierung der Vorschrift
§ 6b Abs. 3 EStG (Reinvestitionsrücklage)	Erfolgsneutrale Übertragung von bei der Veräußerung bestimmter Wirtschaftsgüter entstehender Gewinne auf Reinvestitionsgüter bei verzögerter Reinvestition. Übertragung auf Reinvestitionsgut innerhalb von vier bzw. sechs Jahren.
§ 6 Abs. 1 UmwStG (Umwandlungsrücklage)	Bei dem übernehmenden Rechtsträger für den Gewinn, der bei der Umwandlung einer Kapitalgesellschaft aus der Vereinigung von Forderungen und Verbindlichkeiten und der Auflösung von Rückstellungen entsteht. Auflösung in den auf ihre Bildung folgenden drei Jahren mit mindestens je einem Drittel.
§ 6b Abs. 8 EStG i. V. m. Baugesetzbuch (Städtebauförderungsrücklage)	Rücklage für Veräußerungsgewinne bei städtebaulichen Sanierungs- oder Entwicklungsmaßnahmen bis zur Höhe des Veräußerungsgewinns. Übertragung innerhalb von sieben Jahren, bei neu erstellten Gebäuden innerhalb von neun Jahren.
R 6.5 Abs. 4 EStR (Zuschussrücklage)	Bei Gewährung von Investitionszuschüssen, sofern das Anlagegut ganz oder teilweise erst in einem auf die Zuschussgewährung folgenden Wirtschaftsjahr angeschafft oder hergestellt wird. Übertragung auf Investitionsgut im Jahr der Anschaffung oder Herstellung. Minderung der Anschaffungs- oder Herstellungskosten um den Zuschuss.
R 6.6 EStR (Rücklage für Ersatzbeschaffung)	Bei Aufdeckung stiller Reserven aufgrund eines hoheitlichen Aktes oder höherer Gewalt, solange Ersatzwirtschaftsgut nicht beschafft. Übertragung auf Ersatzwirtschaftsgut bei beweglichen Wirtschaftsgütern innerhalb von einem Jahr und bei unbeweglichen innerhalb von zwei Jahren.

2.2.2 Ermessensspielräume

Ermessensspielräume bei der Bilanzierung können sowohl die Aktiv- als auch die Passivseite der Bilanz betreffen.

Ermessensspielräume bei der *Aktivierung* sind selten. Zu nennen ist in diesem Zusammenhang bei Personenunternehmen das faktische Wahlrecht, ein Wirtschaftsgut des gewillkürten Betriebsvermögens entweder als Betriebs- oder aber als Privatvermögen zu behandeln[10]. Dieser Ermessensspielraum besteht hingegen bei Kapitalgesellschaften nicht, da letztere keine Privatsphäre und damit auch kein Privatvermögen besitzen. Auch bei der *Passivierung* sind Ermessensspielräume selten anzutreffen. Sie dürften ausschließlich den *Ansatz von Rückstellungen* betreffen. So setzt eine Rückstellung für ungewisse Verbindlichkeiten nach der BFH-Rechtsprechung u. a. voraus, dass die Wahrscheinlichkeit für das Ent- bzw. Bestehen einer Verbindlichkeit und einer künftigen Inanspruchnahme größer ist als die Wahrscheinlichkeit dagegen[11]. Die Bildung einer solchen Rückstellung hängt somit von der subjektiven Einschätzung des Bilanzierenden ab. Derartige Ermessensspielräume bestehen insbesondere bei Rückstellungen für Garantie- und

---

10   Zu den Voraussetzungen s. R 4.2 EStR. Vgl. auch z. B. Förschle, G./Kroner, M., in: Beck'scher Bilanzkommentar, 2006, § 246 HGB, Rz. 55 ff.; Kußmaul, H., Steuerlehre, 2008, S. 41 ff.

11   Siehe BFH-Urteil vom 1.8.1984, I R 88/80, BStBl 1985 II, S. 44.

Produkthaftpflichtrisiken, Risiken aus Prozessen und Risiken aus der Verletzung von Rechten.

2.3 Bewertungsparameter

2.3.1 Bewertungswahlrechte

2.3.1.1 Überblick

Die Zahl der Bewertungswahlrechte war jahrzehntelang groß[12]. Das galt sowohl für die Handels- als auch für die Steuerbilanz. Die Wahlrechte betrafen sowohl die Aktiv- als auch die Passivseite der Bilanz. Allerdings überwogen die Wahlrechte auf der Aktivseite diejenigen auf der Passivseite zahlenmäßig bei weitem. Während der letzten rd. 20 Jahre ist die Zahl der Wahlrechte vom Gesetzgeber tendenziell immer mehr eingeschränkt worden. Diese Entwicklung hat zunächst nur die Steuerbilanz betroffen[13]. Mit der Verabschiedung des BilMoG[14] durch den Gesetzgeber im Jahre 2009 hat diese Entwicklung aber auch die Handelsbilanz erfasst[15]. Trotz dieser Einschränkung durch den Gesetzgeber gibt es aber auch heute noch Bewertungswahlrechte.

Die *Wahlrechte* bei Bewertung *der Aktiva* werden nachfolgend untergliedert in

- Wahlrechte bei Ermittlung der Anschaffungs- oder Herstellungskosten,
- Wahlrechte zwischen unterschiedlichen Werten (Wertansatzwahlrechte) und
- Wahlrechte zwischen unterschiedlichen Abschreibungsverfahren.

Die *Wahlrechte* bei Bewertung der *Passiva* werden nachfolgend nicht weiter untergliedert.

2.3.1.2 Wahlrechte bei Bewertung der Aktiva

2.3.1.2.1 Wahlrechte bei Ermittlung der Anschaffungs- und Herstellungskosten

Wahlrechte bei Ermittlung der *Anschaffungskosten* sind im Vergleich zu den Wahlrechten bei Ermittlung der Herstellungskosten i. d. R. von minderer Bedeutung. Steuerlich bestehen sie im Wesentlichen aus der Wahlmöglichkeit zwischen der Bewertung nach dem gewogenen Durchschnittsverfahren einerseits und dem

---

12 Ausführliche Darstellungen von Bewertungswahlrechten finden sich z. B. in: Pfleger, G., Bilanzpolitik, 1991; Wöhe, G., Bilanzierung, 1997; Winnefeld, R., Bilanz-HB, 2006, C.

13 Zu dieser Entwicklung im Zusammenhang mit der Maßgeblichkeit s. ausführlich Schön, W., Steuerliche Maßgeblichkeit, 2005, § 2.

14 BT-Drucks. 270/09 vom 27.3.2009.

15 Vertiefend hierzu s. Zündorf, H., Bewertungswahlrechte, 2008, S. 83 ff.

Lifo-Verfahren andererseits. Handelsrechtlich besteht darüber hinaus nach § 256 HGB die Möglichkeit, das Fifo-Verfahren anzuwenden[16].

Wahlrechte bei Ermittlung der *Herstellungskosten* sind im Wesentlichen auf Betriebe des produzierenden Gewerbes (Industrie, Handwerk, Gewinnungsbetriebe) beschränkt. Bei diesen spielen sie allerdings regelmäßig eine außerordentlich große Rolle. Handelsbilanziell beschränkte sich die Wertuntergrenze nach § 255 Abs. 2 HGB a. F. auf die Materialeinzelkosten, die Fertigungseinzelkosten und die Sondereinzelkosten der Fertigung. Steuerlich waren zusätzlich noch in oft erheblichem Umfang bestimmte Gemeinkosten einbeziehungspflichtig[17].

Durch Art. 1 BilMoG ist § 255 Abs. 2 HGB neu gefasst worden. Hierdurch ist die Wertuntergrenze der Herstellungskosten deutlich angehoben worden. Seither stimmen handels- und steuerrechtliche Wertuntergrenze - zumindest weitestgehend - überein. Einbeziehungspflichtig in die Herstellungskosten sind nach § 255 Abs. 2 HGB n. F. nunmehr auch angemessene Teile der Materialgemeinkosten sowie der Fertigungsgemeinkosten. Dies gilt auch für den (durch Abschreibungen kenntlich gemachten) Werteverzehr des Anlagevermögens.

Ein Wahlrecht zur Einbeziehung in die Herstellungskosten besteht hingegen unverändert hinsichtlich angemessener Teile

- der allgemeinen Verwaltungskosten und
- der Kosten für freiwillige soziale Leistungen und für eine betriebliche Altersversorgung.

Voraussetzung für eine Einbeziehung in die Herstellungskosten ist jeweils, dass die entsprechenden Kosten auf den Zeitraum der Herstellung des zu bewertenden Wirtschaftsgutes entfallen.

Nicht in die Herstellungskosten einbeziehungsfähig sind nach § 255 Abs. 2 Satz 4 HGB Forschungs- und Vertriebskosten. Nicht einbeziehungsfähig sind außerdem - wie seit eh und je - kalkulatorische Kosten, wie ein kalkulatorischer Unternehmerlohn oder kalkulatorische (Eigenkapital-)Zinsen[18].

Tabelle II/2 gibt einen Überblick über die Einbeziehungspflichten, -wahlrechte und -verbote, die bei der Ermittlung der Herstellungskosten eines Wirtschaftsgutes sowohl nach Handels- als auch nach Steuerrecht bestehen. Hierbei werden zunächst die Regelungen nach dem bis 2009 geltenden Handelsrecht (§ 255 HGB a. F.) und anschließend die ab 2010 geltende handelsrechtliche Fassung (§ 255 HGB n. F.) dargestellt. Letztere entsprechen der in R 6.3 EStR wiedergegebenen steuerlichen Rechtslage.

---

16 Zur Erläuterung des Lifo- und des Fifo-Verfahrens s. Bitz, M./Schneeloch, D./Wittstock, W., Jahresabschluß, 2003, S. 354 ff. Vgl. auch Siegel, T., Lifo-Methode 1991, S. 1941 ff.; Mayer-Wegelin, E., in: HdR, 1995, § 256 HGB, Rn. 41 ff.; Sprey, R., LIFO-Verfahren, 1997.

17 Vgl. hierzu die Ausführungen in Schneeloch, D., Besteuerung, 2008, S. 248 ff.

18 Vgl. Winnefeld, R., Bilanz-HB, 2006, E, Rz. 597 f.; Baetge, J./Kirsch, H.-J./Thiele, S., Bilanzen, 2007, S. 5 und 129.

*Tabelle II/2:   Einbeziehungswahlrechte und -pflichten von in die Herstellungs-
kosten einbeziehungsfähigen bzw. -pflichtigen Gemeinkosten*

Bezeichnung der Kosten	Einbeziehungswahlrechte, -pflichten und -verbote		
	§ 255 HGB a. F.	§ 255 HGB n. F.	R 6.3 EStR
Materialgemeinkosten wie: – Transportkosten des Materials – Miete für Materiallagerhalle – Abschreibungen auf Materiallagerhalle und Betriebsvorrichtungen zur Lagerhaltung – Personalkosten der Lagerhaltung und -überwachung – Kosten der Materialprüfung	Wahlrecht	Pflicht	Pflicht
Fertigungsgemeinkosten wie: – Vorbereitung und Kontrolle der Fertigung – technische Betriebsleitung – Raumkosten, Sachversicherungen – Unfallstationen – Lohnbüro – Abschreibungen, die dem notwendigen Werteverzehr des der Fertigung dienenden Anlagevermögens entsprechen	Wahlrecht	Pflicht	Pflicht
Kosten der allgemeinen Verwaltung wie: – Geschäftsleitung, Einkauf – Betriebsrat, Personalbüro – Nachrichten-, Ausbildungs-, Rechnungswesen – Abschreibungen auf die Verwaltungsgebäude und Büroeinrichtungen	Wahlrecht	Wahlrecht	Wahlrecht
Sozialbereich: – Betriebliche Altersversorgung – freiwillige Sozialleistungen	Wahlrecht	Wahlrecht	Wahlrecht
Sonstiges: – Zinsen für Fremdkapital, sofern die Voraussetzungen des § 255 Abs. 3 Satz 2 HGB erfüllt sind	Wahlrecht	Wahlrecht	Wahlrecht
– Grundsteuer, soweit sie auf den Material- und Fertigungsbereich entfällt	Wahlrecht	Wahlrecht	Pflicht
– Grundsteuer, soweit sie auf den Verwaltungs- und den Sozialbereich entfällt	Wahlrecht	Wahlrecht	Wahlrecht
Forschungskosten, Vertriebskosten, kalkulatorische Kosten	Verbot	Verbot	Verbot

2.3.1.2.2 Wertansatzwahlrechte

Die steuerlichen Wertansatzwahlrechte bei Bewertung der Aktiva ergeben sich aus § 6 Absätze 1 und 2 EStG, die handelsbilanziellen aus den §§ 253 und 255 HGB.

Bei alleiniger Betrachtung des Steuerrechts ergibt sich ein Wertansatzwahlrecht sowohl aus § 6 Abs. 1 *Nr. 1* Satz 2 EStG als auch aus § 6 Abs. 1 *Nr. 2* Satz 2 EStG. Nach diesen Vorschriften kann der Steuerpflichtige eine Teilwertabschreibung vornehmen, wenn der Teilwert niedriger ist als der Wert der (fortgeschriebenen) Anschaffungs- oder Herstellungskosten. Dies gilt aber nur dann, wenn es sich um eine *voraussichtlich* dauernde, nicht hingegen, wenn es sich um eine voraussichtlich nur vorübergehende *Wertminderung* handelt. Handelsrechtlich ist in derartigen Fällen eine außerplanmäßige Abschreibung zwingend vorgeschrieben. Dies ergibt sich aus § 253 Abs. 3 Satz 3 HGB für Vermögensgegenstände des Anlage- und aus § 253 Abs. 4 HGB für Vermögensgegenstände des Umlaufvermögens. Aus diesem handelsrechtlichen folgt nach § 5 Abs. 1 Satz 1 EStG auch ein steuerrechtlicher *Zwang* zum Ansatz des niedrigeren Teilwertes in der Steuerbilanz. Dies gilt aber nur für die unter § 5 EStG fallenden Gewerbetreibenden, nicht hingegen für die nach § 4 Abs. 1 EStG bilanzierenden Land- und Forstwirte und Freiberufler. Gewerbetreibende müssen also in derartigen Fällen eine Teilwertabschreibung vornehmen, Land- und Forstwirte sowie Freiberufler hingegen haben ein Wahlrecht, eine Teilwertabschreibung vorzunehmen oder darauf zu verzichten.

Sinkt der Teilwert *voraussichtlich* lediglich *vorübergehend*, so darf nach § 6 Abs. 1 Nr. 1 bzw. 2 EStG keine Teilwertabschreibung vorgenommen werden. Steuerlich darf diese Wertminderung also nicht berücksichtigt werden. Dies gilt sowohl für alle Wirtschaftsgüter des Anlagevermögens als auch für die des Umlaufvermögens. Handelsrechtlich hingegen ist in derartigen Fällen zwischen drei Gruppen zu bewertender Vermögensgegenstände zu unterscheiden. Ist der zu bewertende Vermögensgegenstand dem Anlagevermögen zuzurechnen, gehört er aber nicht zu den Finanzanlagen (erste Gruppe), so darf wegen einer voraussichtlich nur vorübergehenden Wertminderung keine außerplanmäßige Abschreibung vorgenommen werden. Insoweit besteht Übereinstimmung zwischen Handels- und Steuerrecht. Handelt es sich hingegen um eine Finanzanlage (zweite Gruppe), so darf nach § 253 Abs. 3 Satz 4 HGB auch im Falle einer voraussichtlich nicht dauernden Wertminderung eine außerplanmäßige Abschreibung vorgenommen werden. Insoweit besteht eine Abweichung zum Steuerrecht. Gehört der Vermögensgegenstand zum Umlaufvermögen (dritte Gruppe), so muss nach § 253 Abs. 4 HGB auch bei einer voraussichtlich nur vorübergehenden Wertminderung eine Abschreibung auf den niedrigeren Börsen- oder Marktpreis bzw. den niedrigeren beizulegenden Wert vorgenommen werden. Auch hier besteht eine Abweichung zum Steuerrecht.

Die Ausführungen ergeben also, dass in der ersten Fallgruppe Übereinstimmung zwischen Handels- und Steuerrecht besteht. In der zweiten und dritten Fallgruppe hingegen bestehen Abweichungen. In der zweiten Fallgruppe führt dies dazu, dass aufgrund einer handelsbilanzpolitischen Entscheidung eine Abweichung zwischen den konkreten Wertansätzen in Handels- und Steuerbilanz entstehen kann. In der dritten Fallgruppe hingegen entsteht zwingend eine Abweichung zwischen den Wertansätzen in der Handels- und in der Steuerbilanz. Allerdings ist zu vermuten, dass derartige Fälle in der Praxis selten auftreten werden. Der Grund liegt darin, dass der BFH inzwischen entschieden hat, dass in Fällen, in denen der Börsenkurs eines Wertpapiers des Anlagevermögens am Bilanzstichtag unter dessen Anschaffungskosten liegt, von einer voraussichtlich dauernden Wertminderung des Wertpapiers ausgegangen werden könne[19]. Voraussetzung ist nach Ansicht des BFH, dass zum Zeitpunkt der Bilanzerstellung keine konkreten Anhaltspunkte für eine als baldige Wertaufholung vorliegen. Damit ist in derartigen Fällen - wie weiter oben ausgeführt - steuerlich eine Teilwertabschreibung zulässig. Das BMF hat das Urteil des BFH zwar für über den entschiedenen Fall hinaus anwendbar erklärt, legt es zugleich aber äußerst restriktiv aus. Nach seiner Ansicht ist von einer voraussichtlich dauernden Wertminderung nur dann auszugehen, „wenn der Börsenkurs von börsennotierten Aktien zu dem jeweils aktuellen Bilanzstichtag um mehr als 40 % unter die Anschaffungskosten gesunken ist oder zu dem jeweils aktuellen Bilanzstichtag und dem vorangegangenen Bilanzstichtag um mehr als 25 % unter die Anschaffungskosten gesunken ist"[20]. Es bleibt abzuwarten, ob der BFH diese Interpretationen in zu erwartenden weiteren Urteilen akzeptieren wird.

Steuerlich kann sich in den Fällen einer *vorausgegangenen Teilwertabschreibung* aus § 6 Abs. 1 Nr. 1 Satz 4 i. V. m. Satz 1 EStG bzw. aus § 6 Abs. 1 Nr. 2 Satz 3 EStG i. V. m. den genannten Vorschriften ein Wahlrecht zur Beibehaltung des niedrigeren Wertansatzes *(Beibehaltungswahlrecht)* ergeben. Dieses beinhaltet zugleich ein *Zuschreibungswahlrecht*. Das *Beibehaltungswahlrecht* gilt aber *nur* dann, wenn der Steuerpflichtige nachweist, dass der *Teilwert auch an diesem Bilanzstichtag niedriger* ist als die (fortgeschriebenen) Anschaffungs- oder Herstellungskosten. Erbringt er diesen Nachweis nicht, so *muss* er auf die (fortgeschriebenen) Anschaffungs- oder Herstellungskosten bzw. den darunter liegenden Wert am Bilanzstichtag *zuschreiben*. Im Ergebnis entsprechen die genannten steuerrechtlichen Regelungen den handelsrechtlichen, die sich aus § 253 Abs. 5 HGB ergeben. Danach darf ein aufgrund einer außerplanmäßigen Abschreibung nach den Absätzen 3 oder 4 des § 253 HGB entstandener niedrigerer Wertansatz *nicht* beibehalten werden, wenn der Grund für diese Abschreibung nicht mehr besteht. Es muss also eine Zuschreibung erfolgen. Ein Wahlrecht besteht also weder handels- noch steuerrechtlich.

2.3.1.2.3 Abschreibungswahlrechte

Die Bedeutung der *Abschreibungswahlrechte* ist häufig sehr groß. Die Wahlrechte ergeben sich aus der Möglichkeit, unterschiedliche Abschreibungsmethoden

---

[19] BFH-Urteil vom 26.9.2007, I R 58/06, BStBl 2009 I, S. 514.
[20] BMF-Schreiben vom 26.3.2009, IV C6 - S 2171 - b/o, DB 2009, S. 707.

anwenden zu können[21]. Hinzu kommt bei der geometrisch-degressiven Abschreibung die Wahlmöglichkeit zwischen unterschiedlichen Abschreibungssätzen. Außerdem besteht in einigen Fällen die Möglichkeit, steuerlich erhöhte Absetzungen oder Sonderabschreibungen vorzunehmen. Diese Möglichkeit besteht handelsrechtlich seit der Abschaffung der umgekehrten Maßgeblichkeit (§ 5 Abs. 1 Satz 2 EStG a. F.) und der steuerrechtlichen Abschreibung i. S. d. § 254 HGB a. F. durch das BilMoG nicht mehr[22].

Tabelle II/3 enthält eine Übersicht über die derzeit (Stand Sommer 2009) anwendbaren erhöhten Absetzungen und Sonderabschreibungen im Betriebsvermögen. Dort findet sich auch jeweils eine Kurzskizzierung der Begünstigungsvorschrift.

Tabelle II/3:   *Übersicht über erhöhte Absetzungen und Sonderabschreibungen*

Rechtsnorm	Kurzskizzierung der Begünstigungsvorschrift
Erhöhte Absetzungen:	
§ 7h EStG	bis zu 9 % Abschreibung im Jahr der Anschaffung oder Herstellung und in den folgenden sieben Jahren sowie bis zu 7 % in den folgenden vier Jahren für bestimmte förderungswürdige Baumaßnahmen in einem Sanierungsgebiet bzw. städtebaulichen Entwicklungsgebiet
§ 7i EStG	bis zu 9 % Abschreibung im Jahr der Herstellung und in den folgenden sieben Jahren sowie bis zu 7 % in den folgenden vier Jahren bei Baudenkmälern
Sonderabschreibungen:	
§ 7g Absätze 5 und 6 EStG	bis zu 20 % Abschreibung im Jahr der Anschaffung oder Herstellung und in den folgenden vier Jahren auf neue bewegliche Wirtschaftsgüter des Anlagevermögens kleiner und mittlerer Betriebe

Die steuerlichen Abschreibungswahlrechte sind im Vergleich zu den handelsrechtlichen in zweifacher Hinsicht eingeschränkt. Die eine Beschränkung ergibt sich aus § 7 Abs. 2 EStG, die andere aus § 7 Abs. 4 EStG. Nach § 7 Abs. 2 EStG in der für das Jahr 2009 geltenden Fassung darf der anzuwendende unveränderliche AfA-Satz höchstens 25 % des Restbuchwertes betragen und zu keiner höheren AfA als dem Zweieinhalbfachen der alternativ zulässigen linear-gleichbleibenden AfA führen. Nach der Rechtslage im Sommer 2009 ist § 7 Abs. 2 EStG nur auf Investitionen der Jahre 2009 und 2010 anwendbar. Sollte es bei dieser Rechtslage bleiben, kann auf Investitionen im Bereich des abnutzbaren beweglichen Anlagevermögens, die ab dem Jahr 2011 getätigt werden, steuerlich überhaupt keine degressive Abschreibung mehr vorgenommen werden. Den sich aus § 7 Abs. 2 EStG ergebenden steuerrechtlichen Beschränkungen vergleichbare gibt es handelsrechtlich nicht.

---

21 Vgl. hierzu z. B. Bitz, M./Schneeloch, D./Wittstock, W., Jahresabschluß, 2003, S. 263 ff.; Baetge, J./Kirsch, H.-J./Thiele, S., Bilanzen, 2007, S. 225 ff.

22 Zur Rechtslage vor Inkrafttreten des BilMoG s. Schneeloch, D., Besteuerung, 2008, S. 277.

In § 7 Abs. 4 EStG sind bekanntlich grundsätzlich feste Prozentsätze für Abschreibungen auf Gebäude festgelegt[23]. Diese starren Sätze brauchen handelsrechtlich nicht beachtet zu werden.

2.3.1.3 Wahlrechte bei Bewertung der Passiva

Rechtlich ausdrücklich zugelassene Bewertungswahlrechte sind auf der Passivseite der Bilanz selten. Vorrangig zu nennen sind in diesem Zusammenhang die Möglichkeiten, *steuerfreie Rücklagen* mit einem niedrigeren Wert als dem höchstzulässigen anzusetzen. Handelsrechtlich dürfen steuerfreie Rücklagen bekanntlich[24] nicht mehr gebildet werden, so dass die hier angesprochenen Wahlrechte rein steuerlicher Art sind.

2.3.2 Ermessensspielräume bei der Bewertung

2.3.2.1 Ermessensspielräume bei Bewertung der Aktiva

Ermessensspielräume sind bei der *Bewertung* häufig anzutreffen. Das gilt sowohl für die Bewertung der Aktiva als auch für die der Passiva.

Bei Bewertung der *Aktiva* bestehen *Ermessensspielräume* vor allem bei der Bestimmung der *Nutzungsdauer* von Vermögensgegenständen des abnutzbaren Anlagevermögens und bei der Ermittlung der *Herstellungskosten*.

Beispiel

Der Einzelunternehmer A schafft für seinen Betrieb eine neue Maschine mit Anschaffungskosten von 200 T€ an. Die betriebsgewöhnliche Nutzungsdauer der Maschine schätzt er auf 6 bis 8 Jahre.

A hat bei Festlegung des Abschreibungszeitraumes einen Ermessensspielraum. Er kann ihn auf 6, 7 oder 8 Jahre festlegen. Da A bei Ermittlung der Herstellungskosten der in seinem Betrieb produzierten Erzeugnisse gem. § 255 Abs. 2 HGB bzw. gem. R 6.3 EStR Abschreibungen auf diese Maschine einbeziehen muss, hat die Festlegung des Abschreibungszeitraumes zugleich auch Auswirkungen auf den Wertansatz der Erzeugnisse. Die Ausübung des Ermessensspielraumes hat somit eine zweifache Auswirkung, und zwar zum einen auf die Höhe der Abschreibungen in der Gewinn- und Verlustrechnung sowie auf die Höhe des Wertansatzes der Maschine in der Bilanz und zum anderen auf die Höhe des Wertansatzes der Erzeugnisse.

Ermessensspielräume bei Ermittlung der *Herstellungskosten* können sich insbesondere aufgrund der in § 255 Abs. 2 HGB verwendeten unbestimmten Rechtsbegriffe ergeben. So sind in die Herstellungskosten *angemessene Teile* der Material- und der Fertigungsgemeinkosten einzubeziehen. Ferner dürfen *angemessene Teile* der Kosten der allgemeinen Verwaltung sowie *angemessene* Aufwendungen für soziale Einrichtungen des Betriebs, für freiwillige soziale Leistungen und für die betriebliche Altersversorgung einbezogen werden. Die genannten Aufwen-

---

23 Im Einzelnen s. Schneeloch, D., Besteuerung, 2008, S. 278 f.
24 Vgl. Gliederungspunkt 2.2.1.

dungen können nur insoweit in die Herstellungskosten einbezogen werden, als sie auf den *Zeitraum der Herstellung* entfallen. *Ermessensspielräume* können hier sowohl bei der Festlegung der *Angemessenheit* als auch bei der Bestimmung des *Zeitraums der Herstellung* bestehen.

Ermessensspielräume erheblichen Ausmaßes können sich in forschungs- und entwicklungsintensiven Betrieben ergeben. *Forschungskosten* dürfen nach § 255 Abs. 2 Satz 4 HGB *nicht* in die Herstellungskosten einbezogen werden. *Entwicklungskosten* hingegen sind - wie sich § 255 Abs. 2a HGB entnehmen lässt - danach zu differenzieren, welcher Kategorie der in § 255 Abs. 2 HGB genannten Kosten sie zugeordnet werden können. Sie sind dann handelsrechtlich den Regelungen dieser Rechtsnorm entsprechend in die Herstellungskosten einbeziehungspflichtig oder lediglich einbeziehungsfähig.

Die Unterscheidung zwischen Forschungs- und Entwicklungskosten kann somit in forschungs- und entwicklungsintensiven Betrieben einen erheblichen Einfluss auf die Höhe der Herstellungskosten haben. Forschung ist nach der Legaldefinition des § 255 Abs. 2a Satz 3 HGB „... die eigenständige und planmäßige Suche nach neuen wissenschaftlichen oder technischen Erkenntnissen oder Erfahrungen allgemeiner Art, über deren technische Verwertbarkeit und wirtschaftliche Erfolgsaussichten grundsätzlich keine Aussagen gemacht werden können." Entwicklung stellt nach § 255 Abs. 2a Satz 2 HGB „... die Anwendung von Forschungsergebnissen oder von anderem Wissen für die Neuentwicklung von Gütern oder Verfahren..." dar. Hierzu gehört auch die Weiterentwicklung von Gütern oder Verfahren mittels wesentlicher Änderungen. Es leuchtet ein, dass bei der Beantwortung der Frage, ob einzelne Kosten (noch) dem Forschungs- oder (schon) dem Entwicklungsbereich zuzuordnen sind, ein erheblicher Ermessensspielraum bestehen kann. Hieran ändert auch § 255 Abs. 2a Satz 4 HGB wenig. Nach dieser Rechtsnorm dürfen Kosten dann nicht in die Herstellungskosten einbezogen werden, wenn nicht verlässlich bestimmt werden kann, ob sie dem Forschungs- oder dem Entwicklungsbereich zuzuordnen sind.

Entwicklungskosten können im Rahmen der Herstellung sowohl eines materiellen als auch eines immateriellen Vermögensgegenstandes anfallen. Entstehen sie im Rahmen der Herstellung eines *materiellen Vermögensgegenstandes,* so können bzw. müssen sie nach § 255 Abs. 2 HGB bei Ermittlung der Herstellungskosten dieses Vermögensgegenstandes erfasst werden. Entstehen Entwicklungskosten für die Erstellung eines *immateriellen Vermögensgegenstandes,* insbesondere also für die Entwicklung eines *Patents,* so hat der Kaufmann zunächst zu entscheiden, ob er den immateriellen Vermögensgegenstand aktiveren will oder nicht. Bekanntlich hat er insoweit nach § 248 Abs. 2 HGB ein Wahlrecht. Entscheidet er sich zur Aktivierung, so hat er nach den Regeln des § 255 Abs. 2a i. V. m. Abs. 2 HGB die Herstellungskosten zu ermitteln. Wie bereits ausgeführt, können hierbei in erheblichem Maße Ermessensspielräume entstehen.

Zu beachten ist, dass eine Aktivierung selbstgeschaffener immaterieller Vermögensgegenstände (Wirtschaftsgüter) des Anlagevermögens *nur handelsrechtlich*

zulässig ist. *Steuerrechtlich* hingegen ist eine Aktivierung derartiger Wirtschaftsgüter nach § 5 Abs. 2 EStG *unzulässig.* Damit entfällt steuerrechtlich auch die
Bewertung derartiger Wirtschaftsgüter. Damit entfallen bei der steuerlichen
Gewinnermittlung bilanzpolitische Aktivierungsparameter, die es bei der Erstellung des handelsrechtlichen Jahresabschlusses gibt.

2.3.2.2 Ermessensspielräume bei Bewertung der Passiva

Ermessensspielräume bei der Bewertung der Passiva bestehen vor allem im Rahmen der Schätzung von *Rückstellungen.* Den hierbei auftretenden Spielräumen
dürfte große praktische Bedeutung zukommen.

Ermessensspielräume oft erheblichen Ausmaßes dürften regelmäßig bei der
Schätzung ungewisser Verbindlichkeiten auftreten. So sind z. B. Prozessrisiken
häufig nur schwer abschätzbar.

Auch bei der Bewertung von *Rückstellungen für drohende Verluste aus schwebenden Geschäften* können handelsrechtlich im Einzelfall erhebliche Ermessensspielräume bestehen. Steuerrechtlich existieren diese hingegen nicht, da die Bildung derartiger Rückstellungen nach § 5 Abs. 4a EStG unzulässig ist. Damit entfällt auch eine Bewertung derartiger Rückstellungen in der Steuerbilanz.

Ermessensspielräume erheblichen Ausmaßes können sich auch bei der Anwendung des § 6 Abs. 1 Nr. 3a EStG ergeben:

- So ist nach Buchstabe a) dieser Vorschrift bei der Bewertung gleichartiger
  Rückstellungsverpflichtungen die *Wahrscheinlichkeit* zu schätzen, dass der
  Steuerpflichtige nur zu einem Teil der Summe dieser Verpflichtungen in
  Anspruch genommen wird. Bei dieser Schätzung sind die Erfahrungen der
  Vergangenheit zugrunde zu legen.
- Rückstellungen für Sachleistungsverpflichtungen sind nach Buchstabe b) mit
  den Einzelkosten und den *angemessenen Teilen* der *notwendigen Gemeinkos-
  ten* zu bewerten. Ermessensspielräume werden hier regelmäßig sowohl bei
  Bestimmung der angemessenen Teile als auch der notwendigen Gemeinkosten
  bestehen.
- Nach Buchstabe c) ist der Rückstellungsbetrag in bestimmten Fällen um *künftig
  zu erwartende Vorteile* zu mindern. Die Schätzung derartiger künftiger Vorteile
  wird ebenfalls regelmäßig einen breiten Ermessensspielraum eröffnen.

2.3.3 Aktionsparameter und Stetigkeitsgrundsätze

Vor Inkrafttreten des BilMoG kannte das HGB lediglich den Grundsatz der
Bewertungsstetigkeit. Dieser war in § 252 Abs. 1 Nr. 6 HGB a. F. nur als Sollvor-

schrift formuliert[25]. Einen Grundsatz der Bilanzierungsstetigkeit beinhaltete das HGB hingegen nicht.

Durch Art. 1 BilMoG ist erstmalig der Grundsatz der Bilanzierungsstetigkeit in das HGB aufgenommen und außerdem der Grundsatz der Bewertungsstetigkeit dadurch verschärft worden, dass aus der bisherigen Sollvorschrift eine Mussvorschrift geworden ist. Der Grundsatz der Bilanzierungsstetigkeit (Ansatzstetigkeit) ist in § 246 Abs. 3 HGB enthalten. Dessen Satz 1 lautet: „Die auf den vorhergehenden Jahresabschluss angewandten Ansatzmethoden sind beizubehalten." Der in § 252 Abs. 1 Nr. 6 HGB kodifizierte Grundsatz der Bewertungsstetigkeit lautet nunmehr: „Die auf den vorhergehenden Jahresabschluss angewandten Bewertungsmethoden sind beizubehalten." Von beiden Grundsätzen kann nach § 252 Abs. 2 HGB in begründeten Ausnahmefällen abgewichen werden. Für den Grundsatz der Bewertungsstetigkeit ergibt sich dies unmittelbar aus § 252 Abs. 2 HGB, für den Grundsatz der Bilanzierungsstetigkeit durch einen Verweis in § 246 Abs. 3 Satz 2 HGB auf § 252 Abs. 2 HGB. Über den Maßgeblichkeitsgrundsatz des § 5 Abs. 1 Satz 1 EStG gelten alle genannten Rechtsnormen auch für die steuerliche Gewinnermittlung.

Steuerlich spielt der Grundsatz der *Bilanzierungsstetigkeit* allenfalls eine unbedeutende Rolle. Der Grund liegt darin, dass es steuerlich kaum jemals ein Bilanzierungswahlrecht gibt. Auch Ermessensspielräume bei der Bilanzierung dürften selten vorkommen. Ist im Einzelfall ein derartiger Spielraum gegeben, so dürfte er kaum jemals „methodisch" genutzt werden. Der Stetigkeitsgrundsatz setzt aber voraus, dass eine „Methode" stetig angewendet wird.

Im Gegensatz zum Grundsatz der Bilanzierungsstetigkeit spielt der der *Bewertungsstetigkeit* nicht nur handels-, sondern auch steuerrechtlich eine erhebliche Rolle. Allerdings hat er für die verschiedenen Aktionsparameter unterschiedliche Bedeutung. Diese ist groß bei *Ermittlung der Herstellungskosten* und damit insbesondere bei der Bewertung der Vorräte. Es kann die These gewagt werden, dass der Hauptanwendungsfall des § 252 Abs. 1 Nr. 6 HGB bei der *Bewertung der Vorräte* gegeben ist. Allerdings dürfte es möglich sein, in Abständen von jeweils mehreren Jahren die Bewertungsmethode zu ändern. Es muss dann eine begründete Ausnahme von der Stetigkeit i. S. d. § 252 Abs. 2 HGB gefunden werden. Von Bedeutung ist in diesem Zusammenhang, dass das IDW, das die berufsständische Meinung der Wirtschaftsprüfer artikuliert, eine sehr großzügige Interpretation der begründeten Ausnahme i. S. d. § 252 Abs. 2 HGB vorgenommen hat[26]. Aufgrund dieser müsste es möglich sein, zumindest in größeren zeitlichen Abständen eine Änderung der Methode zur Bewertung der Vorräte herbeizuführen. Zwar hat das IDW seine Rechtsansicht zur alten Rechtslage vertreten, doch ist § 252 Abs. 2 HGB, auf dem diese beruht, durch das BilMoG nicht geändert worden. Eine jährliche Änderung der Methode entsprechend den jeweiligen

---

25   Näheres hierzu s. bei Schneeloch, D., Steuerpolitik, 2002, S. 132 ff., sowie ausführlich Schneeloch, D., Bewertungsstetigkeit, 1987, S. 405 ff.
26   Vgl. IDW, HFA 3/1997, 1997, S. 541.

Erfordernissen der Bilanzpolitik dürfte allerdings nicht möglich sein. Diese Ausführungen gelten sowohl für die Handels- als auch für die Steuerbilanz.

Handelsrechtliche Abschreibungsmethoden sind Bewertungsmethoden i. S. d.
§ 252 Abs. 1 Nr. 6 HGB. Das hat zur Folge, dass eine einmal gewählte Abschrei-
bungsmethode bei vergleichbaren Vermögensgegenständen grundsätzlich beibehalten werden muss. Auch bei diesen dürfte es aber - mit Begründung - in größeren zeitlichen Abständen möglich sein, einen Methodenwechsel vorzunehmen.

Mit der Schaffung von Vorschriften über *steuerliche Sonderabschreibungen und
erhöhte Absetzungen* verfolgt der Gesetzgeber politische Zwecke. Diesen entsprechend verhalten kann sich der einzelne Steuerpflichtige nur dann, wenn er die
Möglichkeit zur Vornahme von Sonderabschreibungen und erhöhten Absetzungen
flexibel handhaben kann. Dies setzt voraus, dass insoweit der Stetigkeitsgrundsatz
nicht greift. Es ist deshalb davon auszugehen, dass der Stetigkeitsgrundsatz auf
Sonderabschreibungen und erhöhte Absetzungen nicht anzuwenden ist.

Nach der hier vertretenen und im Schrifttum weitverbreiteten Ansicht unterliegen
in der *Steuerbilanz* auch alle übrigen *steuerlichen Abschreibungen* nicht dem Stetigkeitsgebot. Dies hat für die Bilanzpolitik zur Folge, dass dem Stetigkeitsgebot
bei Festlegung der Abschreibungen in der Steuerbilanz keine Bedeutung beigelegt
zu werden braucht.

Für die *steuerlichen Bewertungswahlrechte* des § 6 EStG wird von einem erhebli-
chen Teil des Schrifttums die Ansicht vertreten, dass deren Ausübung durch das
Stetigkeitsgebot nicht beeinträchtigt werde[27]. Für die Steuerbilanzpolitik hat dies
zur Folge, dass *diese Wertansatzwahlrechte derzeit uneingeschränkt durch das
Stetigkeitsgebot zu steuerbilanziellen Zwecken eingesetzt* werden können. Allerdings ist nicht völlig auszuschließen, dass sich hier in Zukunft eine andere
Rechtsansicht durchsetzen wird. Dies hätte zur Folge, dass im Rahmen von
Betriebsprüfungen Wertansätze geändert würden. Eine Steuerbilanzpolitik, beru-
hend auf der Ausübung von Wertansatzwahlrechten i. S. d. § 6 EStG unter Verneinung des Stetigkeitsgebots, beinhaltet demnach aus heutiger Sicht *Entscheidungen unter Unsicherheit.* Allerdings ist die Zahl und die Bedeutung der sich aus
§ 6 EStG ergebenden Wahlrechte gering.

Für die *Passivposten* der Bilanz hat das *Stetigkeitsgebot* nur *geringe Bedeutung.*
Der Grund liegt darin, dass bei der Bewertung der Passiva i. d. R. keine „Methoden" i. S. d. § 252 Abs. 1 Nr. 6 HGB angewendet werden. So beruht die Bildung
und Bewertung einer Rückstellung in den meisten Fällen auf einer Einzelfallent-
scheidung und damit eben nicht auf einer Bewertungs*methode.* Diese Einschätzung dürfte zumindest bei der großen Zahl kleiner Unternehmen zutreffen. Großunternehmen hingegen werden bei der Bewertung von Rückstellungen häufig
„Methoden" anwenden, um die Bewertung bei einer größeren Zahl vergleichbarer
Sachverhalte zu schematisieren und damit zu vereinfachen. In derartigen Fällen
greift der Stetigkeitsgrundsatz. Bei der Bildung und Bewertung der steuerfreien

---

27   Vgl. Schneeloch, D., Bewertungsstetigkeit, 1987, S. 411 ff. m. w. N.

Rücklagen dürfte es i. d. R. nicht zur Anwendung einer Bewertungsmethode kommen, so dass der Stetigkeitsgrundsatz nicht greift.

Allerdings gibt es auch bei der Bewertung der *Passiva* durch kleine Unternehmen Fälle, in denen der Stetigkeitsgrundsatz zur Anwendung kommt. Dies gilt handelsbilanziell insbesondere hinsichtlich der Bewertung von *Pensionsrückstellungen*. Derartige Rückstellungen sind nach § 253 Abs. 2 HGB abzuzinsen. Hierbei kann der Bilanzierende zwischen den in den Sätzen 1 und 2 dieser Rechtsnorm festgelegten Zinssätzen wählen. Mit der einmal getroffenen Wahl begründet er eine Bewertungs*methode*. An diese ist er grundsätzlich in Zukunft gebunden. Steuerlich besteht hinsichtlich der Festlegung des Rechnungszinsfußes kein Wahlrecht, da der Zinsfuß gem. § 6a Abs. 3 EStG mit 6 % p. a. festgelegt ist. Damit stellt sich steuerbilanziell auch nicht die Frage nach einer stetigen Anwendung des Rechnungszinsfußes. Angemerkt sei, dass Pensionszusagen in kleinen Unternehmen nur selten gegeben werden. Ausgenommen sind Pensionszusagen an die Gesellschafter-Geschäftsführer kleiner Gesellschaften mbH.

Zusammenfassend kann festgestellt werden, dass der Stetigkeitsgrundsatz sowohl handels- als auch steuerbilanziell bei kleinen Unternehmen nur die Wahlmöglichkeiten einiger weniger bilanzpolitischer Aktionsparameter einschränkt. Die wichtigste Einschränkung dürfte bei der Bewertung der Vorräte gegeben sein. Diese Einschränkung ist allerdings bei Unternehmen des produzierenden Gewerbes gravierender Art. Bei Großunternehmen hingegen dürfte der Grundsatz der Bewertungsstetigkeit eine größere Rolle spielen. Generell kann vermutet werden, dass die Bedeutung des Stetigkeitsgrundsatzes - c. p. - mit der Unternehmensgröße steigt.

2.4 Aktionsparameter nach § 7g EStG

Eine besondere Stellung nehmen die sich aus § 7g EStG ergebenden Aktionsparameter einer steuerlichen Gewinnverlagerungspolitik ein. § 7g EStG bezweckt die Förderung kleiner und mittlerer Betriebe. Welche Voraussetzungen erfüllt sein müssen, damit ein kleiner oder mittlerer Betrieb i. S. d. § 7g EStG vorliegt, regelt Abs. 1 dieser Rechtsnorm.

§ 7g EStG unterscheidet zwischen zwei Arten der Förderung kleiner und mittlerer Betriebe, und zwar einer Förderung durch die Inanspruchnahme

- eines Investitionsabzugsbetrages nach Abs. 1 und
- einer Sonderabschreibung nach den Absätzen 5 und 6

der genannten Rechtsnorm. Während die Sonderabschreibung - wie jede andere Abschreibung auch - im Rechenwerk der steuerlichen Gewinnermittlung vorzunehmen ist, kommt der Investitionsabzugsbetrag außerbilanziell, d. h. im Rahmen einer Nebenrechnung, zum Abzug.

Ein *Investitionsabzugsbetrag* kann nach § 7g Abs. 1 EStG in einer Höhe von bis zu 40 % der voraussichtlichen Anschaffungs- oder Herstellungskosten eines noch zu investierenden Wirtschaftsgutes des beweglichen abnutzbaren Anlagevermö-

gens in Anspruch genommen werden. § 7g Abs. 1 EStG erlaubt also die Geltendmachung von Betriebsausgaben auf die Anschaffungs- oder Herstellungskosten
einer künftigen Investition. Er hat also die Wirkung einer vorgezogenen Sonderabschreibung. Voraussetzung ist nach § 7g Abs. 1 Satz 2 EStG u. a., dass der
Steuerpflichtige beabsichtigt, das begünstigte Wirtschaftsgut innerhalb von drei
Jahren nach dem Jahr des Abzugs anzuschaffen oder herzustellen. Die Summe der
Abzugsbeträge darf innerhalb des in § 7g Abs. 1 Satz 4 EStG definierten Vierjah-
reszeitraums 200 T€ nicht übersteigen.

Im Jahr der späteren Investition hat der Steuerpflichtige nach § 7g Abs. 2 Satz 1
EStG den in Anspruch genommenen Investitionsabzugsbetrag den Anschaffungs-
oder Herstellungskosten des investierten Wirtschaftsguts gewinnerhöhend hinzuzurechnen. Gleichzeitig kann er nach § 7g Abs. 2 Satz 2 EStG die tatsächlichen
Anschaffungs- oder Herstellungskosten des Wirtschaftsguts in einer Höhe von bis
zu 40 % gewinnmindernd kürzen. Entspricht der früher geltend gemachte Investitionsabzugsbetrag exakt 40 % der nunmehr ermittelten Anschaffungs- oder Herstellungskosten, so steht einer Erhöhung des steuerlichen Gewinns nach § 7g
Abs. 2 Satz 1 EStG eine Gewinnminderung nach § 7g Abs. 2 Satz 2 EStG in gleicher Höhe gegenüber. Der Vorteil für den Steuerpflichtigen besteht dann in der
ursprünglichen steuerlichen Gewinnminderung infolge der Geltendmachung des
Investitionsabzugsbetrages nach § 7g Abs. 1 EStG.

Zusätzlich zu dem bereits vor der Investition geltend gemachten Investitionsabzugsbetrag kann der Steuerpflichtige nach § 7g Abs. 5 EStG im Jahr der Investition eine Sonderabschreibung vornehmen. Diese beträgt maximal 20 % der nach
§ 7g Abs. 2 EStG korrigierten Anschaffungs- oder Herstellungskosten. Außerdem
kommt - selbstverständlich - die Normal-AfA nach § 7 EStG zum Ansatz.

3 Sonstige Aktionsparameter einer zeitlichen Einkommensverlagerungspolitik

3.1 Einführung

Allen bisher behandelten Aktionsparametern - mit Ausnahme der Begünstigung nach § 7g Abs. 1 EStG - ist gemeinsam, dass sie bilanzpolitischer Natur sind. *Bilanz*politik kann aber nur innerhalb des betrieblichen Bereichs eines Steuerpflichtigen erfolgen, da nur für den betrieblichen, nicht hingegen auch für den privaten Bereich Bilanzen zu erstellen sind. Doch können auch im privaten Bereich Aktionsparameter einer zeitlichen Einkommensverlagerungspolitik vorhanden sein. Diese Aktionsparameter sind also mit den Aktionsparametern der Steuerbilanzpolitik vergleichbar. Sie unterscheiden sich allerdings insofern von ihnen, als sie lediglich die Einkommensteuer einschließlich der darauf entfallenden Zuschlagsteuern, nicht hingegen die Körperschaft- und Gewerbesteuer beeinflussen können.

Die Zahl der sonstigen Aktionsparameter einer zeitlichen Einkommensverlagerungspolitik ist geringer als die der Steuerbilanzpolitik. Im Einzelfall können sie aber dennoch erhebliche Bedeutung erlangen. Das gilt insbesondere im Bereich der Einkünfte aus Vermietung und Verpachtung. Aktionsparameter einer zeitlichen Einkommensverlagerungspolitik sind im privaten Bereich fast ausschließlich innerhalb dieser Einkunftsart anzutreffen.

Eine besondere Stellung nehmen Aktionsparameter innerhalb der Gewinnermittlung nach § 4 Abs. 3 EStG ein[28]. Sie sind dadurch gekennzeichnet, dass es sich einerseits um Parameter im betrieblichen Bereich handelt, andererseits aber keine Bilanzen erstellt werden, vielmehr eine Einnahmenüberschussrechnung durchgeführt wird. Diese ist weitgehend vergleichbar mit den Überschussrechnungen zur Ermittlung der Einkünfte der Einkunftsarten 4 - 7 i. S. d. § 2 Abs. 1 Satz 1 EStG. Bekanntlich können vor allem Freiberufler ihren Gewinn nach § 4 Abs. 3 EStG ermitteln.

Nachfolgend werden zunächst Aktionsparameter bei der Gewinnermittlung nach § 4 Abs. 3 EStG behandelt. Anschließend wird auf Aktionsparameter im nichtbetrieblichen Bereich eingegangen. Hierbei werden fast ausschließlich Aktionsparameter bei Ermittlung der Einkünfte aus Vermietung und Verpachtung betrachtet.

---

[28] Zur Einnahmen-Überschussrechnung s. Schneeloch, D., Besteuerung, 2008, S. 69 f.; vgl. auch Segebrecht, H., Einnahmen-Überschussrechnung, 2005; Ramb, J./Schneider, J., Einnahmen-Überschussrechnung, 2007; Scheffler, W., Besteuerung II, 2007, S. 13 f und 391 ff.; Kußmaul, H., Steuerlehre, 2008, S. 15 ff.

3.2 Aktionsparameter bei der Gewinnermittlung nach § 4 Abs. 3 EStG

Bei der Gewinnermittlung nach § 4 Abs. 3 EStG wird der Gewinn nicht durch Bestandsvergleich, sondern mit Hilfe einer Einnahmenüberschussrechnung ermittelt. Es herrscht also grundsätzlich das Zu- und Abflussprinzip des § 11 EStG. Damit entfallen grundsätzlich alle mit der Bilanzierung und Bewertung im Zusammenhang stehenden Aktionsparameter. Eine Ausnahme bilden diejenigen Aktionsparameter, die im Rahmen der Steuerbilanzpolitik hinsichtlich der steuerlichen Abschreibungen bestehen. Diese Aktionsparameter sind auch im Rahmen einer Gewinnverlagerungspolitik bei Gewinnermittlung nach § 4 Abs. 3 EStG vorhanden. Gleiches gilt hinsichtlich des Investitionsabzugsbetrages i. S. d. § 7g Abs. 1 EStG.

Durch den Fortfall aller der mit der Bilanzierung und der meisten der mit der Bewertung im Zusammenhang stehenden Aktionsparameter verringert sich bei einer Gewinnermittlung nach § 4 Abs. 3 EStG die Zahl der Aktionsparameter der Gewinnverlagerungspolitik im Vergleich zu den Verhältnissen bei einer Gewinnermittlung durch Bestandsvergleich. Die Zahl der Aktionsparameter einer Gewinnverlagerungspolitik ohne Sachverhaltsgestaltung ist somit im Vergleich zur Zahl der Aktionsparameter im Rahmen der Steuerbilanzpolitik deutlich geringer. Dafür können aber durch *geringfügige Sachverhaltsänderungen* Aktionsparameter eingesetzt werden, die es im Rahmen der Bilanzpolitik nicht gibt. Diese Sachverhaltsgestaltungen betreffen den Zeitpunkt des Zu- und Abflusses von Betriebseinnahmen und Betriebsausgaben. So kann versucht werden, Betriebseinnahmen aus dem alten in das neue Jahr nachzuverlagern oder aber sie aus dem neuen in das alte Jahr vorzuziehen.

Eine Nachverlagerung von Betriebseinnahmen lässt sich normalerweise bereits dadurch erreichen, dass das Versenden von Kundenrechnungen über den Jahreswechsel hinaus verschoben wird. Betriebsausgaben lassen sich häufig bereits dadurch in ein anderes Jahr verlagern, dass die Bezahlung von Lieferantenrechnungen hinausgeschoben wird oder aber Lieferantenrechnungen besonders frühzeitig angefordert und bezahlt werden. Auch Abschlagszahlungen auf zu erwartende Lieferantenrechnungen können zum Zweck einer Gewinnachverlagerung eingesetzt werden.

Alle diese Gestaltungsmaßnahmen einer Gewinnverlagerung durch Variation des Zahlungszeitpunktes bestehen im Rahmen der Steuerbilanzpolitik durch Bestandsvergleich nicht. Strenggenommen gehören diese Maßnahmen aber nicht mehr zu den Aktionsparametern ohne Änderung des Sachverhalts, sondern zu denjenigen durch Änderung des Sachverhalts. Doch ist die Sachverhaltsänderung häufig von so geringer Bedeutung, dass die Aktionsparameter denjenigen ohne Sachverhaltsänderung gleichgestellt werden können.

3.3 Aktionsparameter bei Einkünften aus Vermietung und Verpachtung und bei selbstgenutztem Wohnraum

Aktionsparameter der Einkommensverlagerungspolitik im Bereich der Einkünfte aus Vermietung und Verpachtung betreffen im Wesentlichen die steuerlichen Abschreibungen. Derartige Aktionsparameter können allerdings nur dann auftreten, wenn das vermietete oder verpachtete Grundstück nicht nur die Voraussetzungen einer AfA nach § 7 Abs. 4 EStG, sondern zusätzlich zumindest die einer weiteren Abschreibungsvorschrift erfüllt. Nach geltendem Steuerrecht kann diese Voraussetzung regelmäßig nur bei neuen Gebäuden bzw. neu durchgeführten Baumaßnahmen im Jahr der Anschaffung oder Herstellung und in einigen darauffolgenden Jahren erfüllt sein. Eine Übersicht über die derzeit (Sommer des Jahres 2009) über § 7 EStG hinausgehenden steuerlichen Abschreibungsmöglichkeiten im Zusammenhang mit den Einkünften aus Vermietung und Verpachtung gibt *Tabelle II/4.* Aufgenommen worden sind nur diejenigen Vorschriften, die nach dem 31.12.2008 noch Aktionsparameter beinhalten.

Tabelle II/4:   *Übersicht über Abschreibungsmöglichkeiten bei den Einkünften aus Vermietung und Verpachtung mit Begünstigungscharakter*

Rechtsnorm	Kurzskizzierung der Begünstigungsvorschrift
§ 7h EStG	bis zu 9 % Abschreibung im Jahr der Anschaffung oder Herstellung und in den folgenden sieben Jahren sowie bis zu 7 % in den folgenden vier Jahren für bestimmte förderungswürdige Baumaßnahmen in einem Sanierungsgebiet bzw. städtebaulichen Entwicklungsgebiet
§ 7i EStG	bis zu 9 % Abschreibung im Jahr der Herstellung und in den folgenden sieben Jahren sowie bis zu 7 % in den folgenden vier Jahren bei Baudenkmälern
§ 7k EStG	bis zu 10 % Abschreibung im Jahr der Fertigstellung und in den folgenden vier Jahren und bis zu 7 % Abschreibung in den darauffolgenden fünf Jahren für bestimmte Wohnungen mit Sozialbindung

Allen bisher behandelten Aktionsparametern ist gemeinsam, dass durch sie der reale Sachverhalt nicht verändert wird. Sie wirken also wie steuerbilanzpolitische Aktionsparameter im engeren Sinne. Darüber hinaus gibt es Gestaltungsmöglichkeiten dergestalt, dass Zu- und Abflüsse in zeitlicher Nähe zum Jahreswechsel vorgezogen oder hinausgeschoben werden können. Bei der zeitlichen Verteilung der Einkünfte aus Vermietung und Verpachtung gibt es somit Aktionsparameter, die lediglich auf der Verschiebung des Zahlungszeitpunktes beruhen, im Übrigen aber das reale Geschehen unberührt lassen. Derartige Gestaltungsmöglichkeiten bestehen im Rahmen der Steuerbilanzpolitik nicht, da dort nicht das Zu- und Abflussprinzip gilt, sondern die Gewinnermittlung durch Berücksichtigung der Erträge und Aufwendungen erfolgt.

Werden Wohnungen vom Eigentümer selbst genutzt, so führt dieser Vorgang grundsätzlich nicht zu Einkünften aus Vermietung und Verpachtung. Damit kommen auch die in Tabelle II/4 aufgeführten Abschreibungen nicht zur Anwendung. In einigen dieser Fälle können aber Abschreibungen bzw. Erhaltungsaufwendungen wie Sonderausgaben vom Gesamtbetrag der Einkünfte abgezogen werden. Eine Übersicht über die in diesem Zusammenhang derzeit bestehenden Aktionsparameter (Stand Sommer 2009) gibt *Tabelle II/5*.

Tabelle II/5:   *Abschreibungen und Erhaltungsaufwendungen im Bereich der Sonderausgaben*

Rechtsnorm	Kurzskizzierung der Begünstigungsvorschrift
§ 10f EStG	bis zu jeweils 9 % bestimmter Aufwendungen für zu eigenen Wohnzwecken genutzte Baudenkmäler und Gebäude in Sanierungs- und städtebaulichen Entwicklungsgebieten, wie Sonderausgaben im Jahr des Abschlusses der Baumaßnahme und in den folgenden neun Jahren abzugsfähig
§ 10g EStG	bis zu jeweils 9 % der Herstellungs- und Erhaltungsaufwendungen für bestimmte Kulturgüter im Jahr der Durchführung der Herstellungs- bzw. Erhaltungsmaßnahme und in den folgenden neun Jahren, wie Sonderausgaben abzugsfähig

4 Barwertminimierung und Ersatzkriterien des Vorteilsvergleichs

4.1 Einführung

Steuerbilanzpolitik kann als steuerliche *Partialplanung* betrieben werden, da der wirtschaftliche Sachverhalt durch steuerbilanzpolitische Maßnahmen im engeren Sinne unberührt bleibt. Als Ziel einer steuerlichen Partialplanung kann die *Minimierung des Steuerbarwertes* der möglichen Maßnahmen angesehen werden[29]. Auf die Steuerbilanzpolitik bezogen bedeutet dies, dass die Steuerbarwerte unter Zugrundelegung der in Betracht kommenden steuerbilanzpolitischen Maßnahmen zu errechnen und das Minimum zu ermitteln ist.

Es liegt auf der Hand, dass ein derartiges Verfahren arbeitsaufwendig ist. Bei seiner Anwendung besteht die Gefahr, dass der Planungsaufwand den möglichen Planungsertrag bei weitem übersteigt. Damit erhebt sich die Frage, ob für die Steuerbilanzpolitik *Ersatzkriterien des Vorteilsvergleichs* ableitbar sind. Derartige *Ersatzkriterien* müssen mit der Zielsetzung der *Steuerbarwertminimierung vereinbar* sein und sich logisch aus ihr ergeben.

Nachfolgend wird zunächst untersucht, ob und gegebenenfalls welche Vorteilskriterien sich für die Ausübung bzw. Nichtausübung von steuerbilanzpolitischen Wahlrechten ableiten lassen. Anschließend wird der Frage nachgegangen, ob und inwieweit eventuelle Ergebnisse verallgemeinert werden können.

4.2 Darstellung einer Steuerverlagerung und deren Barwert

Durch die Ausübung eines Bilanzierungs- oder Bewertungsparameters (nachfolgend vereinfachend auch „Bewertungswahlrecht" oder „Wahlrecht" genannt) für das Jahr $t = 0$ in der Form, dass ein niedrigerer als der höchstzulässige Wert angesetzt wird, erhöht sich der steuerlich voll abzugsfähige Aufwand dieser Periode, d. h. E i. S. d. in Teil I abgeleiteten Gesamtbelastungsgleichungen[30] vermindert sich.

Wird die aus der Ausübung des Wahlrechts durch ein Personenunternehmen resultierende Verringerung der Steuerbemessungsgrundlage als Bw_0 bezeichnet, so ergibt sich für das Jahr der Aufwandsvorverrechnung eine Steuerminderung (S_0) von:

(1) $S_0 = Bw_0 \cdot [se_0 + me_0 \cdot h_0 - \alpha_0 \cdot me_0 \cdot (1 + solz_0)]$.

---

29   Vgl. Teil I, Gliederungspunkt 5.4. Vgl. auch Marettek, A., Steuerbilanzpolitik, 1971, S. 169 ff.; Siegel, T., Steuerwirkungen, 1982, S. 178 ff.; Siegel, T., Steuerbarwertminimierung, 1989; Kußmaul, H., Steuerlehre, 2008, S. 138.

30   Vgl. Teil I, Gliederungspunkte 4.2.1 und 4.3.1 sowie Anhang 3.

Wird das Wahlrecht nicht im Rahmen eines Gewerbebetriebes ausgeübt, so nimmt me_0 in Gleichung (1) den Wert 0 an, d. h. Bw_0 hat die Wirkung einer Minderung von Ee i. S. v. Gleichung (I).

Die volle oder teilweise Auflösung der durch die Ausübung eines Bewertungswahlrechts gebildeten stillen Reserven (Bw_t) in einem oder in mehreren späteren Jahren ($t = 1, 2, ..., n$) führt zu einer Erhöhung des steuerlichen Gewinns, so dass sich im Jahre t eine zusätzliche Steuerbelastungsdifferenz (S_t) ergibt. Diese beträgt:

(2) $S_t = Bw_t \cdot [se_t + me_t \cdot h_t - \alpha_t \cdot me_t \cdot (1 + solz_t)].$

Handelt es sich um ein nicht in einem Gewerbebetrieb ausgeübtes Wahlrecht, so nimmt me_t den Wert 0 an, d. h. Bw_t hat die Wirkung einer Erhöhung von Ee i. S. v. Gleichung (I).

Die Differenz aus der Steuerersparnis bei Ausübung des Wahlrechts und dem Barwert der Steuermehrzahlungen als Folge der Auflösung des Bewertungswahlrechtes wird *Barwert der Steuerverlagerung* genannt. Bei Personenunternehmen beträgt dieser Barwert ($Bar/persu$):

(3) $Bar/persu = Bw_0 \cdot [se_0 + me_0 \cdot h_0 - \alpha_0 \cdot me_0 \cdot (1 + solz_0)]$

$$- \sum_{t=1}^{n} Bw_t \cdot [se_t + me_t \cdot h_t - \alpha_t \cdot me_t \cdot (1 + solz_t)] \cdot q^{-t}.$$

Die Ausübung des Bewertungswahlrechts ist vorteilhaft, wenn gilt:

(4) $Bw_0 \cdot [se_0 + me_0 \cdot h_0 - \alpha_0 \cdot me_0 \cdot (1 + solz_0)]$

$$> \sum_{t=1}^{n} Bw_t \cdot [se_t + me_t \cdot h_t - \alpha_t \cdot me_t \cdot (1 + solz_t)] \cdot q^{-t}.$$

Wird ein Bewertungswahlrecht von einer Kapitalgesellschaft ausgeübt bzw. aufgelöst, kann dieser Vorgang dadurch berücksichtigt werden, dass se in den Gleichungen (1) bis (3) durch sk ersetzt wird. Außerdem findet keine Anrechnung von Gewerbesteuer nach § 35 EStG statt, d. h. es gilt $\alpha = 0$. Gleichung (3) und Ungleichung (4) werden dann zu:

(3a) $Bar/kap = Bw_0 \cdot (sk_0 + me_0 \cdot h_0) - \sum_{t=1}^{n} Bw_t \cdot (sk_t + me_t \cdot h_t) \cdot q^{-t}.$

bzw.

(4a) $\quad Bw_0 \cdot (sk_0 + me_0 \cdot h_0) > \sum_{t=1}^{n} Bw_t \cdot (sk_t + me_t \cdot h_t) \cdot q^{-t}.$

Beispiel

Die X-GmbH hat im Januar des Jahres t = 0 eine Spezialmaschine zum Gebrauch im eigenen Betrieb fertiggestellt und in Betrieb genommen. Während des Herstellungszeitraums sind der X-GmbH Kosten für die allgemeine Verwaltung und für soziale Einrichtungen im Betrieb in Höhe von 8.000 € entstanden. Die betriebsgewöhnliche Nutzungsdauer der Spezialmaschine beträgt 2 Jahre, der Körperschaftsteuersatz 15 %, der Solidaritätszuschlag 5,5 %. Der Hebesatz der Gewerbesteuer beträgt 400 %. Ohne nähere Untersuchung soll hier aus Vereinfachungsgründen davon ausgegangen werden, dass mögliche Steuerersparnisse des Jahres t = 0 mit einem Nettozinssatz, d. h. einem Zinssatz nach Steuern, in Höhe von 4 % angelegt werden können.

Bei Ansatz der Maschine im Anlagevermögen der X-GmbH dürfen angemessene Teile der Kosten für die allgemeine Verwaltung und für soziale Einrichtungen im Betrieb einbezogen werden. Ausgehend davon, dass die entstandenen Kosten in Höhe von 8.000 € als angemessen zu betrachten sind, besteht ein Wahlrecht. Die angefallenen Kosten, die als Aufwand verbucht worden sind, können im Rahmen der Ermittlung der Herstellungskosten erfasst werden. Der Buchungssatz lautet dann: „Maschine 8.000 € an aktivierte Eigenleistungen 8.000 €". Es wird also im Jahr t = 0 ein Ertrag (aktivierte Eigenleistung) i. H. v. 8.000 € verbucht. In den Jahren t = 0 und t = 1 muss die X-GmbH dann jeweils eine Abschreibung von 4.000 € vornehmen. Per Saldo ergibt sich also im Jahr t = 0 eine Gewinnerhöhung von 4.000 € und im Jahr t = 1 eine Gewinnminderung von ebenfalls 4.000 €. Infolgedessen nehmen sowohl Bw_0 als auch Bw_i in Gleichung (3a) den Wert 4.000 € an. Der Barwert der Steuerverlagerung beträgt dann (4.000 · 0,29825 − 4.000 · 0,29825 · 1,04^{-1} ≈) 45,88 €. Die X-GmbH kann aber auch auf eine Einbeziehung der allgemeinen Verwaltungskosten in die Herstellungskosten verzichten. Es entsteht dann weder im Jahr t = 0 eine Gewinnerhöhung, noch im Jahr t = 1 eine Gewinnminderung. Damit entsteht auch kein Barwert der Steuerverlagerung.

4.3 Vorteilskriterien und abgeleitete Zielsetzungen bei linearen und im Zeitablauf gleichbleibenden Steuersätzen

4.3.1 Nettozinssätze als Vorteilskriterien

Weiter oben wurde festgestellt, dass in aller Regel die Auflösung eines Bewertungswahlrechtes insgesamt mit demselben Betrag erfolgt wie die vorhergegangene Ausübung. Nur dieser Fall wird hier betrachtet. Sind alle Steuersätze (se, me · h) sowie der Anrechnungsfaktor α während des gesamten Planungszeitraums konstant, so kann anstelle von Ungleichung (4) folgende Gleichung geschrieben werden:

(5) $\quad Bw_0 \cdot [se_0 + me_0 \cdot h_0 - \alpha_0 \cdot me_0 \cdot (1 + solz_0)]$

$$= \sum_{t=1}^{n} Bw_t \cdot [se_t + me_t \cdot h_t - \alpha_t \cdot me_t \cdot (1 + solz_t)].$$

Entsprechend ergibt sich für Kapitalgesellschaften anstelle von Ungleichung (4a) folgende Gleichung

$$(5a) \quad Bw_0 \cdot (sk_0 + me_0 \cdot h_0) = \sum_{t=1}^{n} Bw_t \cdot (sk_t + me_t \cdot h_t).$$

In diesen Fällen ist die Bedingung der Ungleichung (4) bzw. (4a) zumindest dann erfüllt, wenn gilt:

$$(6) \quad \frac{1}{q} < 1 \text{ bzw.}$$

$$(7) \quad q > 1.$$

Da definitionsgemäß gilt

$$(8) \quad q = 1 + in,$$

kann Ungleichung (7) in der Form

$$(9) \quad 1 + in > 1$$

geschrieben werden. Hieraus ergibt sich als Vorteilskriterium:

$$(10) \quad in > 0.$$

Verbal bedeutet Ungleichung (10) Folgendes: Eine *Einkommensnachverlagerung* ist zumindest immer dann *vorteilhaft*, wenn der *Nettozinssatz* der Differenzinvestitionen während des ganzen Vergleichszeitraums stets *größer* als *Null* ist.

Ungleichung (10) ist nur dann anwendbar, wenn die Einkommen- (Körperschaft-) und Gewerbesteuersätze, die zu Steuerent- bzw. -belastungen führen, für alle relevanten Jahre gleich sind. Bei natürlichen Personen ist dies nur dann der Fall, wenn sich deren Einkommen mit und ohne Einkommensnachverlagerung in einem - und zwar in demselben - Proportionalbereich des Einkommensteuertarifs befinden. In aller Regel kann dies nur ein Bereich oberhalb des Progressionsbereichs, d. h. der untere oder der obere Plafond, sein.

Ist der Nettozinssatz der Supplementinvestitionen in einzelnen Jahren positiv, in anderen negativ, so kann Ungleichung (10) grundsätzlich nicht für einen vereinfachten Vorteilsvergleich herangezogen werden. Vorteilskriterium ist dann gemäß Ungleichung (4) bzw. (4a) der Barwert der Steuerverlagerung. Ist aber die Nettoverzinsung lediglich in einem oder wenigen Jahren negativ, in allen anderen Jahren des Vergleichszeitraums hingegen positiv, so lässt sich vielfach schätzen, ob die Zinswirkung die Steuerverlagerung insgesamt vorteilhaft werden lässt. In diesen Fällen kann Ungleichung (10) somit Grundlage einer Schätzung der Vorteilhaftigkeit sein. In Gliederungspunkt 4.3.3 wird begründet werden, dass ein negativer Nettozinssatz in der Bundesrepublik Deutschland derzeit nicht vorkommen kann.

4.3.2 Die Zielsetzung der maximalen Einkommensnachverlagerung

Der Nettozinssatz als Vorteilskriterium ist für einen einzelnen steuerbilanzpolitischen Aktionsparameter abgeleitet worden. Es fragt sich, ob dieses Vorteilskriterium auch bei einer Vielzahl von Aktionsparametern Anwendung finden kann. Ist dies der Fall, so lautet die Handlungsanweisung für eine nach dem Vorteilskriterium ausgerichtete Steuerverlagerungspolitik: Betreibe in jeder Periode **maximale Einkommensnachverlagerung**, d. h. *maximale Aufwandsvorverrechnung und maximale Ertragsnachverrechnung*. Unter einer **maximalen Aufwandsvorverrechnung** wird eine möglichst frühzeitige Verrechnung von Aufwendungen, unter einer **maximalen Ertragsnachverrechnung** eine möglichst späte Erfassung von Erträgen verstanden.

Gegen eine Politik der maximalen Aufwandsvorverrechnung sind in der Literatur Bedenken erhoben worden[31]. Sie lassen sich dahingehend zusammenfassen, dass die Gefahr bestünde, dass durch eine maximale Aufwandsvorverrechnung in einem Jahr höhere Aufwandsverrechnungen in späteren Jahren, die insgesamt zu einem besseren Ergebnis führten, verhindert würden. Sollte diese Befürchtung zu Recht bestehen, wäre das hier entwickelte Vorteilskriterium nur in Ausnahmefällen anwendbar. Der in der Literatur vorgebrachte Einwand ist deshalb nunmehr zu untersuchen.

Eine maximale Aufwandsvorverrechnung in einem Jahr kann bei positiven Nettozinssätzen der Supplementinvestitionen nur dann zu einem späteren Gesamtnachteil führen, wenn die maximale Aufwandsvorverrechnung zu irgendeinem späteren Zeitpunkt zu einer geringeren kumulierten Aufwandsverrechnung führt. Ob dies möglich ist, lässt sich nur durch eine Untersuchung der einzelnen steuerlichen Aktionsparameter feststellen. Dies soll nachfolgend geschehen, wobei die Aktionsparameter grundsätzlich in der bereits bekannten Weise zu Gruppen zusammengefasst werden. Soweit bei einzelnen dieser Gruppen eine Untergliederung sinnvoll ist, wird diese vorgenommen und durch eine entsprechende Bezeichnung kenntlich gemacht.

Steuerliche *Aktivierungsparameter* sind äußerst selten. Sie können lediglich aufgrund von Ermessensspielräumen, nicht hingegen aufgrund von Wahlrechten vorkommen. Eine Nichtaktivierung und gleichzeitige Verbuchung von Aufwand kann nicht zu einem insgesamt höheren Gewinn führen als eine Aktivierung.

---

31 Vgl. Müller-Kröncke, G., Entscheidungsmodelle, 1974, S. 243 f.

Steuerliche *Passivierungsparameter* betreffen im Wesentlichen den Ansatz von Rückstellungen und steuerfreien Rücklagen. Ein Verzicht auf den Ansatz einer möglichen Rückstellung bzw. der meisten steuerfreien Rücklagen kann nicht zu einem höheren Gesamtaufwand führen als im Alternativfall einer Passivierung der Rückstellung bzw. dieser Rücklagen entsteht.

Allerdings ordnet das Gesetz in einigen wenigen Fällen im Zuge der Auflösung einer steuerfreien Rücklage ausdrücklich die Versteuerung eines fiktiven Gewinns an. Dies geschieht derzeit in den Fällen des § 6b Abs. 7 EStG. Hier hat der Steuerpflichtige eine Reinvestitionsrücklage i. S. d. § 6b Abs. 3 EStG gebildet, erfüllt aber anschließend nicht die Voraussetzungen, die § 6b EStG an die Investition eines Ersatzwirtschaftsgutes knüpft. In diesem Fall ist der steuerliche Gewinn für jedes volle Wirtschaftsjahr, in dem die steuerfreie Rücklage ungerechtfertigterweise bestanden hat, um 6 % des ungerechtfertigten Rücklagenbetrags zu erhöhen. Ein steuerplanerisches Problem ergibt sich in derartigen Fällen aber nur dann, wenn der Steuerpflichtige erwägt, eine derartige steuerfreie Rücklage zu bilden, obwohl er weiß, dass er später nicht die Voraussetzungen für eine begünstigte Investition wird erfüllen können oder wollen. Nur in diesen Fällen reicht der Nettokalkulationszinsfuß als Ersatzkriterium des Vorteilsvergleichs nicht aus. Nur dann muss der Steuerpflichtige die Steuerfolgen der Hinzurechnung eines fiktiven Gewinns in den Kalkül einbeziehen. Die Bildung einer steuerfreien Rücklage ist in einem derartigen Fall nur dann vorteilhaft, wenn die Nettozinsen, die aufgrund der Steuerverlagerung entstehen, die infolge der Versteuerung eines fiktiven Gewinns anfallenden zusätzlichen Steuern übersteigen. Auf eine formale Darstellung dieser verbal formulierten Bedingung wird hier verzichtet.

Können die *Anschaffungs-* oder *Herstellungskosten* eines Wirtschaftsgutes aufgrund von Bewertungsparametern in unterschiedlicher Höhe ermittelt werden, so führt die Methode mit dem geringsten Wertansatz im Jahr der Anschaffung oder Herstellung zum höchsten Aufwand. Handelt es sich um ein abnutzbares Wirtschaftsgut des Anlagevermögens oder um ein Wirtschaftsgut, das später veräußert wird, so wird die kumulierte Aufwandsverrechnung mit der vollständigen Absetzung bzw. mit dem Verkauf gleich groß. Handelt es sich um ein nichtabnutzbares Wirtschaftsgut, das nicht veräußert wird, so ist die kumulierte Aufwandsverrechnung auf Dauer umso größer, je höher die Aufwandsverrechnung im Jahr der Anschaffung oder Herstellung gewählt wird.

Steuerbilanzpolitische Aktionsparameter, die durch die Wahl der *Absetzungsmethode*, durch die Schätzung der *Nutzungsdauer*, durch Wahlrechte im Zusammenhang mit möglichen *Teilwertabschreibungen* oder *außergewöhnlichen technischen* oder *wirtschaftlichen Abnutzungen* bestehen, haben gleichartige Wirkungen; sie lassen sich deshalb zusammenfassen. In allen Fällen gleichen sich unterschiedlich hohe Aufwandsverrechnungen des Erstjahres in den nachfolgenden Jahren aus. Dies geschieht entweder im Rahmen der Abschreibungen oder eines Verkaufs des Wirtschaftsgutes.

Wahlrechte und Ermessensspielräume bei der Bewertung von *Verbindlichkeiten, Rückstellungen* und *steuerfreien Rücklagen* haben gleichartige Wirkungen. Unterschiedliche Aufwandsverrechnungen im Erstjahr als Folge unterschiedlicher Inanspruchnahme eines Aktionsparameters gleichen sich im Zeitablauf aus, dann nämlich, wenn die Verbindlichkeit getilgt oder die Rückstellung bzw. steuerfreie Rücklage aufgelöst wird. Die kumulierte Aufwandsverrechnung ist somit bei allen Bewertungsalternativen gleich.

Hiermit sind alle Arten der Bilanzierungs- und Bewertungsparameter, die zu Aufwandsvorverrechnungen eingesetzt werden können, untersucht. Von einer Art Strafbesteuerung als Folge einer sachlich nicht gerechtfertigten Bildung einer steuerfreien Rücklage abgesehen, haben sich keine Fälle finden lassen, in denen die maximale Aufwandsvorverrechnung im Vergleich zu einem Verzicht hierauf nachteilig ist. *Maximale Aufwandsvorverrechnung* ist somit bei ausschließlich linearen und im Zeitablauf gleichbleibenden Steuersätzen in aller Regel eine *zieladäquate Verhaltensweise*[32].

Ergänzend sei hinzugefügt, dass auch den augenblicklichen Vorteilen der wenigen Möglichkeiten einer Ertragsnachverlagerung in späteren Jahren keine Nachteile gegenüberstehen. Allen derartigen Möglichkeiten ist nämlich gemeinsam, dass die Summe der zu versteuernden Gewinne konstant bleibt, lediglich ihre Verteilung auf die einzelnen Jahre ist je nach Ausübung des Wahlrechts verschieden.

Als Ergebnis kann somit festgehalten werden:

Bei *linearen* und *im Zeitablauf gleichbleibenden Steuersätzen* ist die Zielsetzung der *maximalen Einkommensnachverlagerung* mit der der Steuerbarwertminimierung in aller Regel identisch. Maximale Einkommensnachverlagerung ist somit eine *abgeleitete Zielsetzung*.

4.3.3 Der mindest erforderliche Bruttozinssatz

Für die Disposition eines Steuerpflichtigen reicht die Erkenntnis nicht aus, dass eine Steuerverlagerung nur dann vorteilhaft ist, wenn der Nettozinssatz möglicher Supplementinvestitionen größer als Null ist. Vielmehr muss er wissen, welcher Bruttozinssatz zu einem positiven Nettozinssatz führt.

Der zu einem vorgegebenen Nettozinssatz gehörige Bruttozinssatz lässt sich den in Teil I, Gliederungspunkt 6 abgeleiteten Gleichungen zur Ermittlung der Nettozinssätze von Finanzinvestitionen entnehmen. Der Nettozinssatz bei Kapitalgesellschaften beträgt nach Teil I, Gleichung (IV):

(IV) $i_{n/kap} = [1 - sk - me \cdot h \cdot (1 - \beta)] \cdot ib.$

---

32 Vgl. auch Marettek, A., Steuerbilanzpolitik, 1971, S. 190; Siegel, T., Steuerwirkungen, 1982, S. 182.

Der Nettozinssatz für Personenunternehmen mit Supplementinvestitionen im gewerblichen Bereich ergibt sich aus der ebenfalls in Teil I abgeleiteten Gleichung (V). Er beträgt:

(V) $i_{n/persu} = \{1 - s_{e\S32a} - m_e \cdot [h \cdot (1 - \beta) - \alpha \cdot (1 + s_{olz}) \cdot (1 - \beta)]\} \cdot i_b.$

Aus der Struktur der Gleichungen (IV) und (V) lässt sich ersehen, dass $i_{n/kap}$ bzw. $i_{n/persu}$ nur dann einen negativen Wert annehmen kann, wenn entweder $s_k > 1$ bzw. $s_{e\S32a} > 1$ oder $i_b < 0$ ist.

Körperschaft- oder Einkommensteuersätze von mehr als 100 % ($s_k > 1$ bzw. $s_{e\S32a} > 1$) gibt es in der Bundesrepublik Deutschland nicht. Sie sind hier auch derzeit bereits aus rechtlichen Gründen nicht vorstellbar. Damit ist geklärt, dass bei linearen und im Zeitablauf gleichbleibenden Steuersätzen eine Politik der maximalen Einkommensnachverlagerung grundsätzlich dann vorteilhaft ist, wenn der Bruttozinssatz der Supplementinvestitionen größer als Null ist. Bruttozinssätze von weniger als 0 % sind zwar prinzipiell vorstellbar, auf absehbare Zeit aber zumindest in der Bundesrepublik Deutschland nicht zu erwarten. Damit kann derzeit davon ausgegangen werden, dass bei linearen und im Zeitablauf gleichbleibenden Steuersätzen eine Politik der maximalen Einkommensnachverlagerung vorteilhaft ist.

Angemerkt sei, dass sich auch bei einem positiven Bruttozinssatz in Ausnahmefällen eine negative Nettoverzinsung ergeben kann, und zwar dann, wenn der Bruttozinssatz sehr niedrig ist. Voraussetzung ist allerdings, dass die Supplementinvestitionen nicht nur - wie hier - mit Ertrag- sondern auch mit Substanzsteuern belastet werden. Dies war in der Bundesrepublik Deutschland bis einschließlich des Veranlagungszeitraums 1996 der Fall. Näheres hierzu ist in der ersten Auflage dieses Buches dargestellt worden[33].

4.3.4 Aufgabe 1

Der Geschäftsführer G der X-GmbH erwägt, zum 31.12.2009 eine rechtlich zulässige Sonderabschreibung vorzunehmen. Die GmbH könnte hierdurch ihr zu versteuerndes Einkommen für das Jahr 2009 um 150 T€ senken. Sie müsste dann in den folgenden 10 Jahren eine Einkommenserhöhung von je 15 T€ in Kauf nehmen. G geht davon aus, dass temporäre Steuerersparnisse eine Verringerung der kurzfristigen Kontokorrentverbindlichkeiten der X-GmbH bewirken werden. Er nimmt an, dass der Sollzinssatz 11 % p. a. betragen wird, die Zinsen aber nicht zu einer Hinzurechnung gem. § 8 Nr. 1 GewStG führen werden. G rechnet für alle relevanten Jahre mit positiven zu versteuernden Einkommen. Er nimmt an, dass die für das Jahr 2009 geltende Rechtslage auch während der folgenden 10 Jahre bestehen wird. Er geht davon aus, dass der Gewerbesteuerhebesatz stets 420 % betragen wird.

Es ist zu untersuchen, ob bei steuerlicher Partialbetrachtung die Vornahme der Sonderabschreibung vorteilhaft ist.

---

[33]   Vgl. Schneeloch, D., Steuerpolitik, 1994, S. 92 ff.

4.4 Vorteilskriterien und abgeleitete Zielsetzungen bei natürlichen Personen mit Einkommen im Progressionsbereich der Einkommensteuer

4.4.1 Gleichwertigkeitsbedingung und Gleichwertigkeitsskalen

Hat ein Steuerpflichtiger Einkommen im Progressionsbereich der Einkommensteuer, so können die Nettozinssätze nicht als Vorteilskriterien dienen. Hier ist eine Einkommensverlagerung aus dem Jahre t in das Jahr t + 1 vielmehr erst dann vorteilhaft, d. h. der Steuerbarwert vermindert sich, wenn folgende Bedingung erfüllt ist:

Die Steuerersparnis im Jahre t als Folge der Einkommensnachverlagerung, erhöht um den hieraus entstehenden Nettodifferenzertrag bis zum Ende des Jahres t + 1, muss größer sein als die hierdurch hervorgerufene Steuermehrzahlung im Jahre t + 1.

Die Steuerersparnis des Jahres t ergibt sich aus Gleichung (1), die Steuermehrzahlung des Jahres t + 1 aus Gleichung (2). Der Differenzertrag ist das Produkt aus der Steuerersparnis des Jahres t und dem Nettozinssatz des Jahres t + 1. Der Nettozinssatz ist aus Gleichung (V) zu errechnen. Die Vorteilhaftigkeitsbedingung ist erfüllt, wenn gilt:

$$(11) \quad Bw_t \cdot [se_t + me_t \cdot h_t - \alpha_t \cdot me_t \cdot (1 + solz_t)] \cdot (1 + in/persu_{t+1})$$
$$> Bw_{t+1} \cdot [se_{t+1} + me_{t+1} \cdot h_{t+1} - \alpha_{t+1} \cdot me_{t+1} \cdot (1 + solz_{t+1})].$$

In dieser und den folgenden Gleichungen wird aus Vereinfachungsgründen darauf verzichtet, den kombinierten Einkommen-, Kirchensteuer- und Solidaritätszuschlagsatz se mit „§ 32a" besonders zu kennzeichnen.

Wird davon ausgegangen, dass der Gewerbesteuersatz me · h und der Solidaritätszuschlagsatz solz sowie α in den Jahren t und t + 1 gleich groß sind, so kann auf eine Indizierung von me, h, solz und α verzichtet werden. Ungleichung (11) vereinfacht sich dann zu:

$$(12) \quad Bw_t \cdot [se_t + me \cdot h - \alpha \cdot me \cdot (1 + solz)] \cdot (1 + in/persu_{t+1})$$
$$> Bw_{t+1} \cdot [se_{t+1} + me \cdot h - \alpha \cdot me \cdot (1 + solz)].$$

Ob Ungleichung (12) erfüllt ist, hängt außer von der Höhe des Nettozinssatzes von den Einkommensteuersätzen se_t und se_{t+1} ab, von den Steuersätzen also, mit denen die Einkommensdifferenz alternativ in den Jahren t und t + 1 belastet ist. Diese Steuersätze ihrerseits werden durch die Höhe der Einkommen in beiden Jahren bestimmt. Es gibt somit bei gegebenem Nettozinssatz ein optimales Verhältnis der Einkommenshöhen der Jahre t und t + 1 zueinander. Es gilt, dieses

Optimum durch eine entsprechende Ausübung der Bewertungswahlrechte zu erreichen. Für den letzten - theoretisch infinitesimalen - Teil des im Jahre t noch geltend gemachten Bewertungswahlrechts muss somit gelten, dass er im Jahre t genau den gleichen Vorteil bringt, als wenn er im Jahre t + 1 geltend gemacht würde. Die Optimumbedingung kann somit wie folgt geschrieben werden:

$$(13) \quad Bw_t \cdot [se_t + me \cdot h - \alpha \cdot me \cdot (1 + solz)] \cdot (1 + in/persu_{t+1})$$

$$= Bw_{t+1} \cdot [se_{t+1} + me \cdot h - \alpha \cdot me \cdot (1 + solz)].$$

se_t und se_{t+1} sind dann als Grenzsteuersätze aufzufassen.

Bw_t bzw. Bw_{t+1} stellen hierbei den Teil eines steuerbilanziellen Aktionsparameters dar, für den es gleich vorteilhaft ist, ihn im Jahre t oder im Jahre t + 1 geltend zu machen. Bw_t und Bw_{t+1} sind also definitionsgemäß gleich:

$$(14) \quad Bw_t = Bw_{t+1}.$$

Gleichung (13) kann somit vereinfacht werden zu:

$$(15) \quad [se_t + me \cdot h - \alpha \cdot me \cdot (1 + solz)] \cdot (1 + in/persu_{t+1})$$

$$= se_{t+1} + me \cdot h - \alpha \cdot me \cdot (1 + solz).$$

Nach einigen Umformungen und Auflösung der Gleichung nach se_t ergibt sich:

$$(VI) \quad se_t = \frac{se_{t+1} - me \cdot [h - \alpha \cdot (1 + solz)] \cdot in/persu_{t+1}}{1 + in/persu_{t+1}}.$$

Bei vorgegebenem Einkommen des Jahres t + 1 lässt sich aus Gleichung (VI) das Einkommen des Jahres t ermitteln, bei dem eine Einkommensminderung im Jahre t einen Vorteil in genau der Höhe erbringt, wie eine entsprechende Einkommenserhöhung im Jahre t + 1 einen Nachteil bewirkt. Die Einkommensänderungen in beiden Jahren sind somit „gleichwertig". Die Bedingung der Gleichung (VI) wird deshalb nachfolgend **Gleichwertigkeitsbedingung**, die zugehörigen Einkommen werden **gleichwertige Einkommen** oder **Gleichwerte** für die Jahre t und t + 1 genannt.

Die Ermittlung gleichwertiger Einkommen ist dann sehr einfach, wenn eine Tabelle der Grenzsteuersätze der Einkommensteuer und eine Tabelle der Nettozinssätze der Grenzinvestitionen zu Hilfe genommen werden kann. Tabellen, die die zu bestimmten Einkommensklassen gehörenden Grenzsteuersätze bei Anwendung des Grund- und des Splittingtarifs enthalten, sind im Anhang am Ende dieses Buches wiedergegeben. Diese Tabellen (T-1 bis T-6) sind bereits in Teil I dieses Buches erläutert worden. Gleiches gilt hinsichtlich der zu Tabelle T-1 erstellten und sie ergänzenden Abbildung A-1. Tabellen, die konkrete Nettozinssätze enthalten, sind ebenfalls im Anhang wiedergegeben, und zwar als Tabellen T-9 bis T-12.

Die Ermittlung gleichwertiger Einkommen unter Zuhilfenahme von Tabellen soll nachfolgend anhand eines Beispiels erläutert werden.

Beispiel

Das Einkommen des ledigen Steuerpflichtigen S im Jahre t + 1 beträgt 50 T€. Gesucht ist das hierzu gleichwertige Einkommen im Jahre t unter der Voraussetzung, dass Einkommensverlagerung und Differenzinvestition in einem Gewerbebetrieb ohne Hinzurechnung nach § 8 Nr. 1 GewStG erfolgen und dass folgende Werte vorgegeben sind: Bruttozinssatz 8 %, Gewerbesteuerhebesatz 400 %, der Freibetrag bei der Gewerbesteuer ist überschritten. Für die Jahre t und t + 1 ist von dem im Jahre 2010 geltenden Steuerrecht (nach dem Rechtsstand im Sommer 2009) auszugehen. Der Solidaritätszuschlag beträgt 5,5 %. S zahlt 9 % Kirchensteuer.

Der Grenzsteuersatz der Einkommensteuer einschließlich der Zuschlagsteuern beträgt nach der im Anhang befindlichen Tabelle T-5, Spalte 3, bei einem Einkommen von 50 T€ 44,94 %. Dieser Wert ist in Gleichung (VI) für se_{t+1} einzusetzen. Die Nettoverzinsung der Supplementinvestition einer im Jahre t durch eine steuerbilanzpolitische Maßnahme erzielten Supplementinvestition kann Tabelle T-11 des Anhangs entnommen werden. Die dort der Spalte 5, drittletzte Zeile, zugrundeliegenden Steuersätze entsprechen genau den in diesem Beispiel angenommenen. Für einen Bruttozinssatz von 8 % (i_B = 8 %) ergibt sich dort ein Nettozinssatz von 4,4 %. Dieser Zinssatz ist als $i_{n/pers_{t+1}}$ in Gleichung (VI) einzusetzen. m_e in Gleichung (VI) beträgt 3,5 % und h 400 %. Durch Einsetzen der genannten Werte in Gleichung (VI) ergibt sich für se_t:

$$se_t = \frac{0{,}4494 - 0{,}035 \cdot (4 - 3{,}8 \cdot 1{,}055) \cdot 0{,}044}{1 + 0{,}044}$$

se_t = 43,04 %.

Der gesuchte Einkommensteuersatz des Jahres t beträgt demnach 43,04 %. Diesem Grenzsteuersatz entspricht ein zu versteuerndes Einkommen von rd. 46,14 T€. Dieser Wert kann durch Interpolation Tabelle T-5, Spalten 1 und 3 entnommen werden. Er lässt sich auch auf graphischem Wege der Abbildung A-2 entnehmen.

Ebenso wie für die Jahre t und t + 1 lassen sich gleichwertige Einkommen auch für die Jahre t − 1 und t finden. Gibt es aber für die Jahre t − 1 und t einerseits und die Jahre t und t + 1 andererseits gleichwertige Einkommen, so muss dies auch für die Jahre t − 1 und t + 1 gelten. Entsprechende gleichwertige Einkommen lassen sich auch für die Jahre t − n und t + m zueinander finden. Daraus folgt, dass sich der gesamte Progressionsbereich der Einkommensteuer mit einer Skala zueinander gleichwertiger Einkommen durchziehen lässt. Eine derartige Skala wird **Gleichwertigkeitsskala** genannt.

Der Zeitraum, der durch eine Gleichwertigkeitsskala bestimmt ist, wird **Verknüpfungszeitraum** genannt. Ein Verknüpfungszeitraum kann unterschiedlich viele Jahre umfassen. Seine Länge richtet sich nach den Daten des Einzelfalls, so insbesondere nach der Höhe des Zinssatzes der Differenzinvestitionen. Im Einzelnen wird hierauf noch weiter unter Gliederungspunkt 4.4.3 eingegangen werden.

Für natürliche Personen mit Einkommen, die sich mehrere Jahre im Progressionsbereich der Einkommensteuer befinden, muss die Handlungsanweisung einer vorteilsorientierten Einkommensverlagerungspolitik also lauten:

„Verlagere die Einkommen in zeitlicher Hinsicht so, dass sie auf der in Betracht kommenden Gleichwertigkeitsskala liegen oder doch den Werten dieser Skala möglichst weit angenähert sind; hierbei ist mit einem möglichst niedrigen Wert auf der Skala zu beginnen."

Der letzte Teil der Anweisung stellt klar, dass die Summe der Einkommen innerhalb des Planungszeitraumes möglichst gering gehalten werden soll[34].

4.4.2 Gleichwertigkeitstabellen und Gleichwertigkeitskurven als Hilfsmittel einer vorteilsorientierten Steuerbilanzpolitik

Für den praktischen Gebrauch ist es zu zeitraubend, Gleichwerte im Einzelfall zu errechnen. Ein Ausweg kann mit Hilfe der mathematischen Programmierung gesucht werden. Um dies zu erreichen, müsste Gleichung (VI) so umgestaltet werden, dass in ihr nicht mehr die Einkommensteuersätze s_{e_t} und $s_{e_{t+1}}$, sondern die diesen zugrundeliegenden Einkommen enthalten sind. Werden s_{e_t} und $s_{e_{t+1}}$ nicht als Differenz-, sondern als Grenzsteuersätze aufgefasst, so lässt sich dies unter Zuhilfenahme der funktionalen Zusammenhänge des Tarifs nach § 32a EStG erreichen. Hierbei könnte auf die in Teil I herausgearbeiteten funktionalen Zusammenhänge zwischen dem zu versteuernden Einkommen und dem Grenzsteuersatz zurückgegriffen werden.

Der so skizzierte Weg soll hier nicht weiter verfolgt, vielmehr soll ein Verfahren aufgezeigt werden, das anschaulich und leicht anwendbar ist. Für didaktische Zwecke dürfte es besser geeignet sein als das angedeutete Verfahren der mathematischen Programmierung.

Das Verfahren sieht eine Zusammenfassung verschiedener, auf unterschiedlichen Datenkonstellationen beruhenden Gleichwertigkeitsskalen in Tabellenform vor. Eine derartige **Gleichwertigkeitstabelle** ist in *Tabelle II/6* abgedruckt. Dort sind Gleichwertigkeitsskalen für Bruttozinssätze der Differenzinvestitionen von 4 %, 8 % und 12 % aufgeführt. Vorausgesetzt ist, dass die Differenzinvestitionen innerhalb eines Gewerbebetriebs, aber außerhalb einer Hinzurechnung nach § 8 Nr. 1 GewStG getätigt werden und mit Gewerbesteuer belastet sind. Der Gewerbesteuerhebesatz beträgt 400 %. Solidaritätszuschlag und Kirchensteuer sind berücksichtigt. Zugrunde gelegt ist der für das Jahr 2010 (nach dem Rechtsstand im Sommer 2009) geltende Grundtarif der Einkommensteuer. Die Werte der Tabelle II/6 sind aus Gleichung (VI) unter Zuhilfenahme der Tabellen T-5 und T-11 des Anhangs ermittelt worden.

---

[34] Im Schrifttum sind noch weitere Verfahren zur Bestimmung der optimalen Gewinnausweisreihe vorgeschlagen worden. Vgl. hierzu Siegel, T., Verfahren, 1972, S. 65 ff.; Okraß, J., Steuerbarwertminimierung, 1973, S. 492 ff.; Günther, R., Ermittlung, 1980, S. 32 ff.; Schult, E., Steuerbasic, 1993, S. 174 ff.

Allen derartigen Gleichwertigkeitsskalen ist gemeinsam, dass sie im letzten Jahr des jeweiligen Verknüpfungszeitraumes einen Gleichwert von rd. 52,9 T€ aufweisen. Dies beruht auf einer Festlegung. Die Gleichwertigkeitsskalen sind nämlich so ausgelegt, dass das Einkommen des letzten Jahres des Verknüpfungszeitraums einen Grenzsteuersatz der Einkommensteuer von 42 % verursacht. Dies ist in 2010 der Steuersatz im unteren Plafond. Festgelegt wird somit jeweils der Wert der Gleichwertigkeitsskala, der sich bereits außerhalb des Progressionsbereichs befindet. Unterschiedlich können hierdurch alle anderen Tabellenwerte, einschließlich des ersten, sein. Diese anderen Werte werden retrograd ermittelt. Zu beachten ist, dass der letzte Tabellenwert, d. h. der Wert im Plafond, nicht 52,9 T€, sondern E > 52,9 T€ lautet. Das bedeutet, dass der vorletzte Wert des Verknüpfungszeitraums, d. h. der letzte Wert im Progressionsbereich (z. B. 46,25 T€ in Spalte 3 der Tabelle II/6), jedem beliebigen Einkommen von mindestens 52,9 T€ im letzten Jahr des Verknüpfungszeitraums entspricht.

Der unterste Wert eines Verknüpfungszeitraums ist bei Zugrundelegung des für 2010 geltenden Grundtarifs mit E < 8 T€ bei allen Arten von Gleichwertigkeitsskalen gleich. 8 T€ ist der Beginn des unteren Progressionsbereichs des Einkommensteuertarifs. Dem Gleichwert im Jahre $t = 0$ entspricht im Jahre $t = 1$ jeweils ein Wert im Progressionsbereich der Einkommensteuer. Einen Gleichwert zu dem Betrag von 8 T€ kann es hingegen unterhalb des Progressionsbereichs, d. h. innerhalb des Grundfreibetrags, nicht geben, da innerhalb dieses Bereichs nur eine Politik der Einkommensvorverlagerung vorteilhaft sein kann.

Gleichwertigkeitsskalen lassen sich graphisch in **Gleichwertigkeitskurven** abbilden[35]. *Abbildung II/1* zeigt drei derartige Kurven. Abgebildet sind die Gleichwertigkeitsskalen der *Tabelle II/6*. Die Bruttozinssätze der Supplementinvestitionen sind in der Legende der Abbildungen vermerkt.

Da, wie aus Tabelle II/6 ersichtlich, im Jahre 0 jedes unter 8 T€ liegende Einkommen ein gleichwertiges Einkommen ist, es sich folglich um eine Fläche und nicht um einen definitiven Punkt handelt, sind die Gleichwertigkeitskurven erst im Jahre 1 definiert. Infolgedessen beginnen die Gleichwertigkeitskurven erst im Jahre 1 mit Ordinatenwerten von rd. 8 T€. Von dort aus verlaufen die Kurven während des ganzen Progressionsbereichs steigend. Die Anzahl der Jahre innerhalb des Progressionsbereichs ist je nach Höhe des Bruttozinssatzes und der Art der Gleichwertigkeitskurve verschieden. Die Kurven enden bei einem Ordinatenwert von 52,9 T€, da alle Einkommen > 52,9 T€ dem Einkommen im vorletzten Verknüpfungsjahr gleichwertig sind.

---

[35] Vgl. auch das graphische Verfahren bei Marettek, A., Steuerbilanzplanung, 1980.

Tabelle II/6:   *Gleichwertige Einkommen unter Zugrundelegung des Einkommensteuergrundtarifs 2010 bei ski = 9 %, solz = 5,5 %, me = 3,5 %, h = 400 %, α = 3,8 und β = 0*

Jahr des Verknüp-fungszeitraums	Gleichwertige Einkommen in €		
	ib = 4 %	ib = 8 %	ib = 12 %
Spalte 1	Spalte 2	Spalte 3	Spalte 4
0	< 8005	< 8005	< 8005
1	8163	8082	8169
2	8338	8427	8694
3	8516	8789	9255
4	8699	9166	9854
5	8886	9561	10493
6	9077	9974	11177
7	9272	10406	11908
8	9472	10858	12689
9	9676	11330	13687
10	9885	11823	17248
11	10099	12340	21055
12	10317	12880	25128
13	10541	13445	29486
14	10769	15728	34150
15	11003	18194	39143
16	11242	20773	44489
17	11487	23472	≥ 52882
18	11737	26297	
19	11993	29253	
20	12255	32348	
21	12523	35587	
22	12797	38978	
23	13077	42530	
24	13364	46249	
25	14220	≥ 52882	
26	15416		
27	16641		
28	17893		
29	19175		
30	20486		
31	21827		
32	23200		
33	24604		
34	26041		
35	27511		
36	29016		
37	30556		
38	32131		
39	33744		
40	35394		
41	37083		
42	38811		
43	40581		
44	42391		
45	44245		
46	46142		
47	48084		
48	≥ 52882		

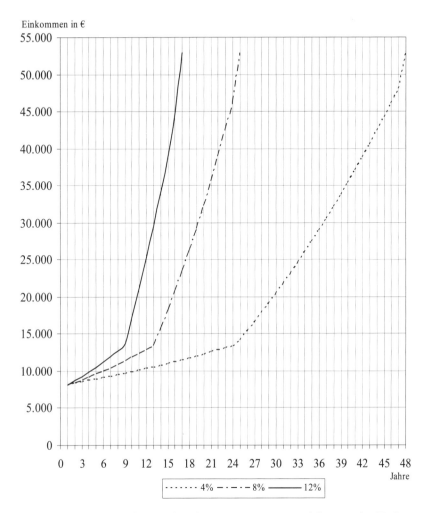

Abbildung II/1: Gleichwertigkeitskurven unter Zugrundelegung des Einkommensteuergrundtarifs 2010 bei ski = 9 %, solz = 5,5 %, me = 3,5 %,
h = 400 %, α = 3,8 und β = 0 %

Die hier dargestellten Gleichwertigkeitsskalen und -kurven beruhen alle auf der
Anwendung des einkommensteuerlichen Grundtarifs zuzüglich Solidaritätszuschlag und Kirchensteuer. Im *Splittingfall verdoppeln* sich alle Einkommenswerte
dieser Skalen bzw. Kurven.

Eine Verbindung der einzelnen Gleichwerte zu Kurven, d. h. die Annahme stetiger Funktionen, erscheint auf den ersten Blick ungerechtfertigt und zudem ohne
Sinn, handelt es sich doch bei den gleichwertigen Einkommen um die Einkommen
einzelner Jahre. Als Einkommen eines Veranlagungszeitraumes, d. h. eines Kalenderjahres, ist das Einkommen auch steuerlich definiert. Ein Einkommen des Jah-

res t = 1, das z. B. dem „Einkommen" der ersten zwei Monate des Jahres t = 5 gleichwertig wäre, kann es somit nicht geben.

Die Annahme stetiger Funktionen ist aber aus einem anderen Grunde gerechtfertigt. Soll nämlich der Gleichwert nach n Jahren zu einem Einkommen, das nicht in einer Gleichwertigkeitstabelle verzeichnet ist, gefunden werden, so kann er anhand der dazugehörigen Gleichwertigkeitskurve geschätzt werden. Hierzu ist zunächst der zu den vorgegebenen Einkommen gehörende Abszissenwert der Gleichwertigkeitskurve, d. h. die Jahreszahl innerhalb des Verknüpfungszeitraums, festzustellen. Anschließend ist auf der Abszisse um n Jahre nach rechts zu gehen. Der Schnittpunkt der Parallelen zur Ordinate durch diesen neuen Abszissenwert schneidet die Gleichwertigkeitskurve an der gesuchten Stelle. Der Ordinatenwert dieses Schnittpunktes gibt das gleichwertige Einkommen nach n Jahren an.

Das soeben erläuterte Verfahren soll nunmehr anhand eines Beispiels verdeutlicht werden.

Beispiel

Gesucht ist das einem Einkommen von 35 T€ im Jahre t + 1 gleichwertige Einkommen des Jahres t. Es sollen die der Abbildung II/1 zugrundeliegenden Voraussetzungen vorliegen, der Bruttozinssatz der Supplementinvestition soll 8 % betragen. Es kann demnach von der mit „8 %" bezeichneten Kurve in Abbildung II/1 ausgegangen werden.

Durch den Wert 35 T€ auf der Ordinate wird eine Parallele zur Abszisse gezogen. Der Schnittpunkt mit der Kurve „8 %" hat einen Abszissenwert von rd. 20,9 Jahren, d. h. t + 1 hat einen Wert von 20,9. Damit beträgt t = 19,9. Die Parallele zur Ordinate durch den Abszissenwert schneidet die Kurve „8 %" an der gesuchten Stelle. Der Ordinatenwert dieses Schnittpunkts in Höhe von rund 32 T€ gibt das gesuchte gleichwertige Einkommen des Jahres t an.

Ist die Gleichwertigkeitskurve zu einem bestimmten Bruttozinssatz ib nicht ermittelt, so kann ihr Verlauf anhand anderer Kurven gleichen Typs geschätzt werden. Diese auf dem Schätzwege ermittelte „Zwischenkurve" kann sodann nach dem soeben geschilderten Verfahren Grundlage zur Ermittlung gesuchter Gleichwerte werden. So sind z. B. in *Abbildung II/1* drei Gleichwertigkeitskurven eingezeichnet. Sie unterscheiden sich lediglich in der Höhe des Bruttozinssatzes der Supplementinvestitionen. Er beträgt 4 %, 8 % und 12 %. Sollen unter sonst gleichen Voraussetzungen gleichwertige Einkommen bei einem Zinssatz von 10 % ermittelt werden, so kann die erforderliche Kurve „10 %" näherungsweise auf halbem Wege zwischen den Kurven „8 %" und „12 %" eingezeichnet werden[36].

4.4.3 Einflussfaktoren auf die Art der Gleichwertigkeitsskalen bzw. Gleichwertigkeitskurven

Die im Einzelfall anwendbare Gleichwertigkeitsskala bzw. Gleichwertigkeitskurve wird durch die konkreten Werte der sich aus Gleichung (VI) ergebenden Variablen bestimmt. Wie bereits abgeleitet, lautet diese:

---

[36] Ähnlich Marettek, A., Steuerbilanzplanung, 1980.

(VI) $Se_t = \dfrac{Se_{t+1} - me \cdot [h - \alpha \cdot (1 + Solz)] \cdot in/persu_{t+1}}{1 + in/persu_{t+1}}$.

Veränderliche in dieser Gleichung sind Se, me, h, α und $in/persu$. Der Nettozinssatz $in/persu$ lässt sich aus der ebenfalls bereits abgeleiteten Gleichung (V) ermitteln. Diese lautet:

(V) $in/persu = \{1 - Se\S32a - me \cdot [h \cdot (1 - \beta) - \alpha \cdot (1 + Solz) \cdot (1 - \beta)]\} \cdot ib$.

Aus dieser Gleichung ergeben sich als zusätzliche Variable der Bruttozinssatz ib und der Hinzurechnungsfaktor bei Ermittlung des Gewerbeertrags β.

Sowohl Gleichung (V) als auch Gleichung (VI) enthalten den Steuersatz Se. Bei diesem kann es sich um einen reinen Einkommensteuersatz, es kann sich aber auch um einen kombinierten Einkommen- und Kirchensteuersatz oder sogar um einen kombinierten Einkommen-, Kirchensteuer- und Solidaritätszuschlagsatz handeln. Der im konkreten Einzelfall anwendbare kombinierte Steuersatz kann unter Zuhilfenahme der in Teil I abgeleiteten Gleichung (13) errechnet werden. Zur Erinnerung sei auch diese Gleichung noch einmal aufgeführt. Sie lautet:

$$Se = \frac{Sei \cdot (1 + Solz + Ski)}{1 + Ski \cdot Sei}\ .$$

Aus den bisherigen Ausführungen ergeben sich folgende Faktoren, die die konkrete Form der Gleichwertigkeitsskalen bzw. der Gleichwertigkeitskurven bestimmen:

- der Bruttozinssatz ib,
- der in dem Verknüpfungszeitraum geltende Einkommensteuertarif,
- die Erhebung bzw. Nichterhebung eines Solidaritätszuschlags während des Verknüpfungszeitraums und dessen Höhe,
- die Zugehörigkeit bzw. Nichtzugehörigkeit zu einer Kirchengemeinde und der für diese geltende Kirchensteuersatz,
- die Belastung bzw. Nichtbelastung der Supplementinvestitionen mit Gewerbesteuer und der konkrete Gewerbesteuersatz,
- die gewerbesteuerliche Art der Behandlung der Zinsen der Supplementinvestitionen, d. h. die Frage, ob die Zinsen zu einer Hinzurechnung nach § 8 Nr. 1 GewStG führen oder nicht,
- bei gewerblichen Einkünften die Höhe des sich aus § 35 EStG ergebenden Anrechnungsfaktors.

4.4.4 Mindest erforderlicher Verknüpfungszeitraum

Der mit der Anpassung der Einkommen an eine Gleichwertigkeitskurve erzielbare Effekt ist - c. p. - umso größer, je vollständiger der Verknüpfungszeitraum ausgenutzt werden kann. Beträgt z. B. der Verknüpfungszeitraum 17 Jahre (vgl. Abbildung II/1 bei ib = 12 %), so ist der Barwert der möglichen Steuerersparnis durch Anpassung der zu versteuernden Einkommen an die zugehörige Gleichwertigkeitskurve dann am größten, wenn es gelingt, die Einkommen während der vollen 17 Jahre anzupassen. Ist eine Anpassung hingegen nur für vier der 17 Jahre möglich, so ist der zu erwartende Effekt deutlich geringer. Auch hier lohnt aber eine Anpassung der Einkommen dieser vier Jahre an den relevanten Teil der Gleichwertigkeitskurve.

Begrenzungen des Verknüpfungszeitraums können sich aus unterschiedlichen Gründen ergeben. Ein häufiger Grund dürfte darin liegen, dass sich die Einkommen des Steuerpflichtigen nur innerhalb weniger Jahre im Progressionsbereich der Einkommensteuer bewegen. Andere können sich aus gesetzgeberischen Maßnahmen, insbesondere aus Änderungen des Einkommensteuertarifs oder einer Veränderung des Solidaritätszuschlagsatzes ergeben. Derartige gesetzgeberische Maßnahmen haben vor allem während der letzten rd. zwei Jahrzehnte eine erhebliche Rolle gespielt. Auch während der kommenden Jahre sind häufige Änderungen des Einkommensteuertarifs oder des Solidaritätszuschlages zu erwarten.

Damit stellt sich die Frage, wie viele Jahre ein Verknüpfungszeitraum mindestens umfassen muss. Die Antwort lautet zwei Jahre. Bereits für derart wenige Jahre können einander gleichwertige Einkommen ermittelt werden. Allerdings ist der Steuerbarwert der Steuerersparnisse bei einem derart kurzen Verknüpfungszeitraum gering.

4.4.5 Zu den Zielsetzungen „Gewinnivellierung" und „Anpassung an die Gleichwertigkeitskurven"

Die bisherigen Ausführungen haben gezeigt, dass die *bestmögliche Anpassung* der Einkommen an die jeweils maßgebliche *Gleichwertigkeitskurve* die vorteilhafteste Maßnahme ist. Sie ist also auch vorteilhafter als die im Schrifttum häufig vertretene Zielsetzung der *Gewinnivellierung*[37]. Letztere Zielsetzung bedeutet, dass in allen Jahren des Planungszeitraums eine gleichmäßige Gewinnhöhe angestrebt wird, um so eine gleichmäßige Einkommensteuerbelastung zu erreichen.

Klargestellt sei, dass anstelle von *Gewinnivellierung* eigentlich von *Einkommensnivellierung* gesprochen werden müsste, da nur diese eine gleichmäßige Einkommensteuerbelastung gewährleistet. Da sich der Begriff „Gewinnivellierung" aber im Schrifttum durchgesetzt hat, soll er hier synonym verwendet werden, obwohl Einkommensnivellierung gemeint ist.

Der Vorteil einer Anpassung der Einkommen an die jeweils relevanten Gleichwerte gegenüber einer Gewinnivellierung ist umso größer, je höher die Nettoverzinsung der Supplementinvestitionen ist. Der Vorteil steigt also - c. p. - mit steigendem Bruttozinssatz, er steigt aber auch mit abnehmender Steuerbelastung der Supplementinvestitionen. Außerdem ist er im oberen Progressionsbereich größer

---

37   Siehe hierzu grundlegend Vogt, F. J., Bilanztaktik, 1963, S. 24 ff.

als im unteren, da dort die gleichwertigen Einkommen weiter auseinander liegen. Aber selbst bei hoher Nettoverzinsung der Supplementinvestitionen und Einkommen im oberen Progressionsbereich ist der Vorteil einer Anpassung der Einkommen an die relevante Gleichwertigkeitskurve im Vergleich zu einer Einkommensnivellierung gering. Einen Anhaltspunkt für die Größenordnung des Vorteils einer Anpassung der Gleichwerte im oberen Progressionsbereich bei hohem Zinssatz gegenüber einer Einkommensnivellierung gibt das nachfolgende Beispiel. Hierbei ist zu beachten, dass es sich lediglich um die Anpassung der Einkommen von zwei aufeinanderfolgenden Jahren handelt.

Beispiel

Der ledige Steuerpflichtige S erzielt in den Jahren t und t + 1 voraussichtlich ein zu versteuerndes Einkommen von jeweils 48.686 €. Nicht berücksichtigt ist hierbei, dass er die Möglichkeit hat, bis zu 20 T€ Einkommen des Jahres t mit Hilfe von Bewertungswahlrechten in das Jahr t + 1 zu verlagern. Die hierdurch entstehende zeitweilige Steuerersparnis kann er zu 12 % p. a. brutto anlegen. Im Übrigen gelten die Voraussetzungen, die Tabelle II/6 bzw. T-13 des Anhangs zugrunde liegen, d. h. es gelten s_{ki} = 9 %, s_{olz} = 5,5 %, m_e = 3,5 %, h = 400 %, α = 3,8 und β = 0.

Das Beispiel ist so gewählt, dass es eine Anpassung der Einkommen der beiden Jahre t und t + 1 genau an die beiden obersten Gleichwerte der Spalte 4 in Tabelle II/6 wiedergegebenen Gleichwertigkeitsskala ermöglicht. Wird das Einkommen entsprechend dieser Skala verteilt, so beträgt es im Jahre t 44.489 € und im Jahre t + 1 52.882 €. Gegenüber gleich hohen Einkommen in beiden Jahren i. H. v. 48.686 € ist das Einkommen des Jahres t dann um 4.196 € geringer. Die hieraus entstehende vorübergehende Steuerersparnis kann unmittelbar aus der Reihe der in Tabelle T-5 (Tabellenanhang) Spalte 4 aufgeführten Differenzeinkommen und der dazugehörigen Differenzsteuersätzen der Spalte 5 dieser Tabelle ermittelt werden. Es reicht also die Berücksichtigung der dort aufgeführten kombinierten Einkommen-, Kirchensteuer- und Solidaritätszuschlagsätze in der Form von Differenzsteuersätzen. Gewerbesteuerliche Effekte brauchen nicht berücksichtigt zu werden, da die Gewerbesteuer bei einem Hebesatz von 400 % und α = 3,8 in vollem Umfang nach § 35 EStG auf die Einkommensteuer angerechnet wird. Wird aus Vereinfachungsgründen der in Spalte 5 der genannten Tabelle für Einkommensdifferenzen von 45 T€ bis 50 T€ aufgeführte kombinierte Steuersatz von rd. 43,7 % angewendet, so kann die vorübergehende Steuerersparnis auf (4.196 € · 0,437 =) 1.834 € geschätzt werden.

Die vorübergehende Steuerersparnis von 1.834 € wird annahmegemäß im Jahr t + 1 zu einem Zinssatz von 12 % brutto angelegt. Hierdurch entstehen zusätzliche Bruttozinsen von (1.834 € · 12 %=) 220 €. Durch diese ragt das zu versteuernde Einkommen im Jahre t + 1 genau um diese 220 € in den unteren Plafond hinein. Der kombinierte Einkommen-, Kirchensteuer- und Solidaritätszuschlagsatz beträgt dann lt. Tabelle T-5, Spalte 5, 46,34 %. Hieraus entsteht eine Steuerbelastung von (220 € · 46,34 % =) 102 €. Der Nettozinsvorteil beträgt demnach (220 - 102 =) 118 €.

Die aus dem Jahr t in das Jahr t + 1 verlagerte Einkommensdifferenz unterliegt in t + 1 dem Differenzsteuersatz, der sich für eine Einkommensdifferenz zwischen 52.882 € und 48.686 € ergibt. Der auf diese Einkommensdifferenz anzuwendende kombinierte Steuersatz kann anhand der Tabelle T-5 auf 44,3 % geschätzt werden. Unter Zugrundelegung dieses Wertes ergibt sich im Jahre t + 1 eine Steuermehrbelastung von (4.196 € · 44,3 % =) 1.859 €.

Damit ergibt sich folgendes Ergebnis:

	€
Steuerentlastung im Jahr t	1.834
+ Nettozinsen	+ 118
./. Steuermehrbelastung im Jahr t+1	./. 1.859
Nettovorteil	93

In dem soeben behandelten Beispiel ergibt sich also ein Vorteil aus einer Gewinnverlagerung um ein Jahr von 93 €. Im Falle einer Zusammenveranlagung von
Ehegatten und einer Verdoppelung aller in dem Beispiel genannten Einkommens-
zahlen würde sich ein Vorteil in doppelter Höhe, also i. H. v. (93 · 2 =) 186 €
ergeben. Zu beachten ist, dass dieser Vorteil relativ groß ist. Dies ergibt sich zum
einen aus dem hohen Bruttozinssatz von 12 % und zum anderen daraus, dass es
sich um eine Gewinnverlagerung im Grenzbereich zwischen progressivem Tarif
und unterem Plafond handelt. Hierdurch wird eine vergleichsweise große Gewinnverlagerung vorteilhaft. Dies ergibt sich daraus, dass die Gleichwerte mit 44,5 T€
und 52,9 T€ weiter auseinanderliegen als alle anderen Gleichwerte der hier verwendeten Gleichwertigkeitsskala.

Wird z. B. die Gleichwertigkeitsskala der Spalte 2 in Tabelle II/6 betrachtet, so
ergeben sich für den Progressionsbereich gleichwertige Einkommen, die wesentlich enger zusammenliegen, als die in dem Beispiel zur Anwendung kommenden
Gleichwerte der Spalte 4 derselben Gleichwertigkeitsskala.

4.4.6 Allgemeine Schlussfolgerungen

Die bisherigen Ausführungen lassen für den Fall, dass sich die Einkommen im
Progressionsbereich der Einkommensteuer bewegen, Folgendes erkennen:

1. Eine Politik maximaler Einkommensnachverlagerung entspricht nicht dem
   übergeordneten Ziel einer Steuerbarwertminimierung.
2. Vereinbar mit dem Ziel einer Steuerbarwertminimierung ist die Anpassung
   der Einkommen im Zeitablauf an die jeweils einschlägige Gleichwertigkeitsskala bzw. -kurve.
3. Die gleichwertigen Einkommen zweier aufeinanderfolgender Jahre liegen
   - c. p. - um so weiter auseinander, je höher die Bruttozinsen der Supplementinvestitionen sind. Hierbei sind die Abstände im unteren Progressionsbereich
   deutlich geringer als im oberen. Bei einem Bruttozinssatz von 4 % betragen
   sie im untersten Progressionsbereich lediglich 0,2 T€ und im obersten rd.
   4,8 T€. Bei einem Bruttozinssatz von 12 % ergeben sich Werte von rund
   0,5 T€ im untersten und von 8,4 T€ im obersten Progressionsbereich.
4. Die Vorteile einer Anpassung der Einkommen an die jeweils relevante Gleichwertigkeitskurve gegenüber einer Politik der Einkommensnivellierung sind
   i. d. R. sehr gering. Sie dürften für zwei aufeinanderfolgende Jahre bei Einkommen jeweils im Progressionsbereich selten 100 € übersteigen.
5. Eine Politik der Einkommensnivellierung führt nur zu geringen Abweichungen vom Optimum und ist damit akzeptabel, doch ist häufig ohne nen-
   nenswerte Mehrarbeit auch eine näherungsweise Schätzung der relevanten
   gleichwertigen Einkommen möglich. Bei dieser Schätzung können die unter 3.
   aufgeführten Ergebnisse zu Hilfe genommen werden. Ohne große Mehrarbeit
   ist dann eine bessere Anpassung an das Optimum möglich. Eine Politik der
   Anpassung der Einkommen an bekannte oder geschätzte Gleichwerte ist deshalb einer Politik der Einkommensnivellierung vorzuziehen.

6. Deutlich größer als unter 4. geschätzt, können die Vorteile einer Anpassung der Einkommen an die relevanten Gleichwerte gegenüber einer Politik der Einkommensnivellierung dann sein, wenn das Einkommen im letzten Jahr des Verknüpfungszeitraumes in den Plafond hineinragt. Hier sollte auf jeden Fall einer Politik der Anpassung der Einkommen an die Gleichwerte gegenüber einer Politik der Einkommensnivellierung der Vorzug gegeben werden.

4.4.7 Der Einfluss des Zeitpunktes der Steuerentrichtung auf die Gleichwertigkeitsskalen und Gleichwertigkeitskurven

Die Gleichwertigkeitsskalen und -kurven beruhen auf der Annahme, dass sich alle Steuerverlagerungen am Ende des Jahres ihrer Entstehung auf die Auszahlungen auswirken (zahlungswirksam werden). In der Besteuerungspraxis dürfte dies die Ausnahme sein. Hier sind diese Belastungsdifferenzen vielfach bereits in den Vorauszahlungen des Entstehungsjahres berücksichtigt. In anderen Fällen hingegen wirken sie sich erst wesentlich später im Rahmen der Veranlagung aus. Es lässt sich aber zeigen, dass in aller Regel in derartigen Fällen die Abweichungen der Vorteilskriterien von den Gleichwertigkeitsskalen bzw. -kurven äußerst gering sind[38]. Näherungsweise sind sie daher auch in derartigen Fällen anwendbar. Die Auswirkungen auf die Liquidität in zeitlicher Hinsicht müssen dann aber gesondert ermittelt werden.

4.4.8 Aufgabe 2

Der Steuerberater S des Gewerbebetreibenden G erstellt im März des Jahres 3 die Steuererklärungen seines Mandanten für das Jahr 1. Nach seinen vorläufigen Berechnungen ergibt sich für das Jahr 1 ein zu versteuerndes Einkommen von 56 T€. Nicht berücksichtigt ist hierbei eine mögliche Sonderabschreibung von maximal 20 % auf eine neu angeschaffte Maschine mit Anschaffungskosten von 175 T€. Diese Sonderabschreibung kann neben der AfA nach § 7 Abs. 1 EStG in vollem Umfang im Jahre 1 in Anspruch genommen, sie kann aber auch beliebig auf die Jahre 1 bis 5 verteilt werden. S ist in seinen Berechnungen von einer 10 %igen AfA nach § 7 Abs. 1 EStG ausgegangen. Für das Jahr 2 ermittelt S - ebenfalls vorläufig - ein zu versteuerndes Einkommen von 50 T€. Auch dieser Berechnung liegt eine 10 %ige AfA auf die Maschine zugrunde. In einer Bilanzbesprechung vor der endgültigen Erstellung des Jahresabschlusses und der Steuererklärungen für das Jahr 1 kommen G und S gemeinsam zu dem Ergebnis, dass für die Jahre 3 ff. jeweils von einem zu versteuernden Einkommen von 55 T€ ausgegangen werden kann. Auch diesen Schätzungen liegt eine 10 %ige AfA auf die Maschine zugrunde.

Supplementinvestitionen, die durch die Vornahme von Sonderabschreibungen ermöglicht werden, sollen voraussichtlich zu einem Abbau von Verbindlichkeiten verwendet werden. Es ist von einer 8 %igen Bruttoverzinsung auszugehen. Mit einer Hinzurechnung der auf diese Verbindlichkeiten entfallenden Zinsen nach § 8 Nr. 1 GewStG ist nicht zu rechnen.

---

38 Vgl. zur expliziten Berücksichtigung des Auseinanderfallens von Steuerentstehungs- und Steuerentrichtungszeitpunkt Dedner, M./Günther, R., Ertragsteuerplanung, 1980, S. 853 ff.; Siegel, T., Auseinanderfallen, 1980, S. 377 ff.

Während aller Jahre wird der Gewerbeertrag voraussichtlich stets mehr als 50 T€ betragen. Der Gewerbesteuerhebesatz wird für alle Jahre auf 400 % geschätzt. S und G gehen davon aus, dass während des gesamten Planungszeitraums der Einkommensteuerertarif des Jahres 2010 (Rechtsstand Sommer 2009) gelten wird und während aller Jahre Solidaritätszuschlag erhoben wird.

G ist ledig und unterliegt einer 9 %igen Kirchensteuerpflicht.

Es ist zu prüfen, ob und in welcher Weise von der Möglichkeit einer Sonderabschreibung auf die o. a. Druckmaschine Gebrauch gemacht werden soll. Hierbei ist

a) von einer Politik der Gewinnivellierung,

b) von einer Politik der Anpassung der Einkommen an die Gleichwerte auszugehen.

4.5 Folgerungen aus der Notwendigkeit der Aufrechterhaltung der Liquidität

Die Verbesserung der Liquidität ist zwar keine eigenständige unternehmerische Zielsetzung, doch ist die Aufrechterhaltung der Zahlungsfähigkeit eine *notwendige Voraussetzung* für den Fortbestand des Unternehmens. Auch im Rahmen der Steuerbilanzpolitik ist diese *Nebenbedingung* zu beachten. Es erhebt sich die Frage, ob durch sie andere Handlungsweisen erforderlich werden, als sich aus der jeweiligen Zielsetzung der Steuerbilanzpolitik ergeben. Zur Beantwortung dieser Frage ist wiederum zu unterscheiden zwischen natürlichen Personen mit Einkommen im Progressionsbereich der Einkommensteuer und allen übrigen Steuerpflichtigen, d. h. den Steuerpflichtigen mit ausschließlich linearen und im Zeitablauf gleichbleibenden Steuersätzen.

Bei *linearen* und *im Zeitablauf gleichbleibenden Steuersätzen* besteht die Zielsetzung der Steuerbilanzpolitik bekanntlich in einer maximalen Einkommensnachverlagerung. Ein Handeln nach dieser Zielsetzung gewährleistet zugleich den größtmöglichen Beitrag der Steuerbilanzpolitik zur Aufrechterhaltung der Liquidität. Das bedeutet: Aus der Nebenbedingung der Aufrechterhaltung der Liquidität ergeben sich *keine anderen Folgerungen* für die Steuerbilanzpolitik *als aus der Zielsetzung der maximalen Einkommensnachverlagerung*.

Anders verhält es sich bei natürlichen Personen mit Einkommen im *Progressionsbereich* der Einkommensteuer. Die für diesen Personenkreis gültige Zielsetzung der Anpassung der Einkommen an die jeweils maßgebliche Gleichwertigkeitskurve führt häufig nicht zur höchstmöglichen Liquidität. Diese ist (kurzfristig) allein durch eine maximale Einkommensnachverlagerung erreichbar. Hieraus folgt: Kommt es zu *Liquiditätsengpässen,* so kann unter dem Gesichtspunkt der Aufrechterhaltung der Liquidität eine *stärkere Einkommensnachverlagerung* erforderlich werden, als dies der Zielsetzung der Anpassung der Einkommen an die relevante Gleichwertigkeitskurve entspricht. Die Liquiditätsbedingung kann also ein *Abweichen von der optimalen Einkommensgestaltung* erzwingen[39]. Eine Politik der Anpassung der Einkommen an die maßgebliche Gleichwertigkeits-

---

39 Vgl. Selchert, F. W., Besteuerung, 1975, S. 442.

kurve führt allerdings stets zu einer größeren Einkommensnachverlagerung und damit zu einem späteren Abfluss liquider Mittel als eine Politik der Gewinnivellierung. Auch unter Liquiditätsgesichtspunkten ist die erstgenannte somit der letzteren vorzuziehen.

4.6 Vorteilskriterien bei Tarifänderungen

4.6.1 Problemstellung

Es stellt sich die Frage, wie sich Tarifänderungen auf die anzuwendenden Vorteilskriterien auswirken. Tarifänderungen hat es in der Vergangenheit häufig gegeben. Voraussichtlich wird dies auch in Zukunft der Fall sein. Diese können nicht nur auf Bundesebene, vielmehr können sie auch auf lokaler Ebene durch eine Änderung des Gewerbesteuerhebesatzes erfolgen.

Erfolgt eine Erhöhung des Hebesatzes in einem Jahr, in dem eine Senkung des Einkommen- oder Körperschaftsteuertarifs vorgenommen wird, so ergeben sich zwei gegenläufige Effekte. Soweit einer der beiden Effekte den anderen überwiegt, kann bei der Beurteilung unmittelbar von dem saldierten Betrag ausgegangen werden.

Nachfolgend wird zunächst der Fall betrachtet, dass es im Zeitablauf zu einer Tarifsenkung, anschließend derjenige, dass es zu einer Tariferhöhung kommt.

4.6.2 Tarifsenkungen

Kommt es zu einer *Tarifsenkung*, so lassen sich zwei Fälle unterscheiden. Diese lassen sich wie folgt kennzeichnen:

1. Vor und nach der Tarifsenkung sind *nur lineare Steuersätze* anwendbar.
2. Es kommen *progressive Tarifverläufe* zur Anwendung.

Der erste Fall ist typisch für Kapitalgesellschaften sowie für Personenunternehmen, bei denen sich der (Mit-)Unternehmer in einem Plafond der Einkommensteuer befindet.

Im ersten Fall wird der unter Gliederungspunkt 4.3 abgeleitete Vorteil einer Politik der maximalen Gewinnachverlagerung noch verstärkt. Bei linearen und im Zeitablauf gleichbleibenden Steuersätzen (Gliederungspunkt 4.3) kommt der Vorteil einer derartigen Politik ausschließlich durch Zinseffekte zustande. Hier wird dieser Vorteil noch durch einen *zusätzlichen Tarifvorteil* verstärkt. Zu beachten ist aber, dass der Zinseffekt durch eine Erhöhung des Nettokalkulationszinssatzes infolge der Tarifsenkung geringfügig sinkt.

Im zweiten Fall stehen sich - grundsätzlich in gleicher Weise wie unter Gliederungspunkt 4.4 dargestellt - Zins- und Progressionseffekte gegenüber. Hier ist es deshalb vorteilhaft, die Einkommen aufeinander folgender Jahre anhand von Gleichwertigkeitsskalen bzw. -kurven zu bestimmen. In Jahren einer Tarifsenkung kommt es dann zu einem „Sprung". Vor der Tarifsenkung ist anhand einer auf dem bisherigen Recht beruhenden Gleichwertigkeitskurve, nach der Tarifsenkung hingegen anhand einer auf dem neuen Recht basierenden vorzugehen. Zwischen dem letzten Jahr mit altem und dem ersten Jahr mit neuem Tarif ist dann der Abstand zwischen den einander gleichwertigen Einkommen größer als in den übrigen Jahren.

4.6.3 Tariferhöhungen

Erfolgt eine *Tariferhöhung*, so ist es wiederum sinnvoll, zwischen den beiden aus dem letzten Gliederungspunkt bekannten Fällen zu unterscheiden, nämlich dem, dass vor und nach der Tarifsenkung lineare und dem, dass progressive Tarifverläufe eine Rolle spielen. Nachfolgend soll lediglich auf den ersten dieser beiden Fälle eingegangen werden.

Im ersten Fall kann die Situation dann relativ leicht beurteilt werden, wenn sich die mögliche Steuerverlagerung nur in dem Jahr vor und in dem Jahr nach der Tariferhöhung auswirkt. Hier ist eine Steuerverlagerung dann vorteilhaft, wenn der durch die Steuerverschiebung erzielbare Nettozinseffekt größer ist als die im zweiten Jahr sich ergebende Steuermehrbelastung. Wesentlich schwieriger lässt sich der Vor- oder Nachteil einer Steuerverlagerung dann beurteilen, wenn sich die Steuerverlagerung in mehr als zwei Jahren auswirkt.

Beispiel

Eine GmbH hat im Rahmen der Gewinnermittlung für das Jahr 1 die Möglichkeit, eine Sonderabschreibung von 10 T€ vorzunehmen oder hierauf zu verzichten. Ende des Jahres 1 beschließt der Rat der Stadt, in der die X-GmbH ihren Sitz hat, den Gewerbesteuerhebesatz von 420 % auf 450 % zu erhöhen.

Hier ist die Steuerersparnis im Falle einer Inanspruchnahme der Sonderabschreibung geringer als bei einem Verzicht auf eine derartige Maßnahme. Diesem Nachteil stehen Zinsvorteile während mehrerer Jahre gegenüber.

Die Beurteilung der Vorteilhaftigkeit einer Gewinnachverlagerung in Fällen der hier dargestellten Art dürfte regelmäßig nur mit Hilfe eines *Steuerbarwertvergleichs* möglich sein. Hierbei ist die Ermittlung des Differenzenbarwerts ausreichend.

4.7 Anzahl der Aktionsparameter und Handeln gemäß den Vorteilskriterien

Es erhebt sich die Frage, ob die Einkommensverlagerungsmöglichkeiten (Aktionsparameter) so einfach überschaubar sind, dass ein Handeln gemäß den hier abgeleiteten Vorteilskriterien überhaupt sinnvoll erscheint. Das beinhaltet, dass der zu erwartende *Planungsertrag* den entsprechenden *Planungsaufwand* übertrifft. Zur Prüfung dieser Frage wird wiederum zwischen den beiden Fallgruppen unterschieden, dass die Vorteilhaftigkeit einer Einkommensverlagerung beurteilt werden kann

1. allein nach dem Nettozinssatz der Supplementinvestitionen,
2. anhand der zutreffenden Gleichwertigkeitsskala bzw. -kurve.

Ist der *Nettozinssatz Vorteilskriterium*, so ist bei einem positiven Nettozinssatz die maximale Einkommensnachverlagerung zugleich die optimale Handlungsweise. Der Grund liegt darin, dass es hier stets nur darum geht, den niedrigstmöglichen Wert der Aktiva und den höchstmöglichen Wert der Passiva zu bestimmen. Bei der Bestimmung dieser Werte ergeben sich i. d. R. keine Ermittlungs-, sondern höchstens Rechtsprobleme. Derartige rechtliche Probleme beeinträchtigen aber die Steuerplanung dann nicht, wenn der Steuerpflichtige von zwei oder mehreren vertretbaren Rechtspositionen diejenige einnimmt, die die größte Einkommensnachverlagerung ermöglicht.

Anders verhält es sich hingegen in der *zweiten Fallgruppe*. Optimale Steuerbilanzpolitik ist hier - wie in Gliederungspunkt 4.4 abgeleitet - nur in Ausnahmefällen identisch mit einer maximalen Einkommensnachverlagerung. Aus diesem Grunde muss darauf geachtet werden, dass nicht durch Einkommensverlagerungen vorteilhaftere Anpassungsmaßnahmen in späteren Zeiträumen verhindert werden. Es liegt die Annahme nahe, dass die Lösung des Problems mit den hier aufgezeigten Mitteln nur mit einem unangemessen großen Zeitaufwand möglich sei. Eine derartige Annahme geht aber i. d. R. fehl. In den meisten Fällen ist die Zahl der Aktionsparameter nämlich aus den nachfolgenden Gründen eng begrenzt und daher leicht übersehbar.

Zu beachten ist in diesem Zusammenhang zunächst, dass es sich im Allgemeinen um Steuerpflichtige handelt, die keine oder nur vergleichsweise kleine Betriebe besitzen. Groß- und Mittelbetriebe führen i. d. R. nicht über Jahre hinaus zu Einkünften innerhalb des Progressionsbereichs der Einkommensteuer. Im Normalfall dürften hier die Einkünfte in einem Plafond liegen, in Ausnahmefällen auch darunter, dann aber häufig in der Verlustzone.

Wird davon ausgegangen, dass Anpassungen der Einkommen an Gleichwertigkeitsskalen bei Groß- und Mittelbetrieben i. d. R. nicht in Betracht kommen, so bleiben Steuerpflichtige übrig, die im Allgemeinen nur über eine *eng begrenzte Zahl von Aktionsparametern* verfügen. Das ist vor allem deshalb der Fall, weil ein großer Teil der im Zeitablauf entstehenden Aktionsparameter bereits durch in der Vergangenheit getroffene Entscheidungen „verbraucht" ist. Das gilt z. B. grundsätzlich für alle Aktionsparameter bei abnutzbaren Wirtschaftsgütern des Anlagevermögens, die bereits am letzten Bilanzstichtag zum Betriebsvermögen gehört haben. Ihr Wertansatz ist durch die Anschaffungs- oder Herstellungskosten, die voraussichtliche Nutzungsdauer und - falls ausnahmsweise Wahlmöglichkeiten bestehen - Absetzungsmethode bestimmt. Die Zahl der tatsächlich verfügbaren Aktionsparameter dürfte daher in aller Regel überschaubar sein.

4.8 Erbschaft- und schenkungsteuerliche Konsequenzen und Gesamtwirkungen

Bisher sind ausschließlich ertragsteuerliche Folgen der Steuerbilanzpolitik betrachtet worden. Neben diesen können auch erbschaft- bzw. schenkungsteuerli-

che Folgen auftreten. Dies ist dann der Fall, wenn Maßnahmen der Steuerbilanzpolitik den Wert des steuerpflichtigen Erwerbs i. S. d. § 10 ErbStG verändern.
Diese erbschaft- bzw. schenkungsteuerlichen Wirkungen beeinflussen die Vorteilhaftigkeit der betreffenden Maßnahmen insgesamt.

Erbschaft- und schenkungsteuerliche Folgen kann die Steuerbilanzpolitik nur dann
bewirken, wenn im Erbschafts- bzw. Schenkungsfall die Freibeträge des ErbStG
überschritten sind[40]. Dies dürfte selten der Fall sein. Weitere Voraussetzung ist,
dass der Wert des Unternehmens bzw. der Anteile an dem Unternehmen durch steuerbilanzpolitische Maßnahmen beeinflussbar ist. Dies ist nur dann möglich, wenn
der gemeine Wert des Unternehmens bzw. der Anteile hieran mit Hilfe des Ertragswertverfahrens, des DCF-Verfahrens oder des vereinfachten Ertragswertverfahrens
i. S. d. §§ 200 ff. BewG ermittelt wird. Hier soll nur kurz auf den Fall der Anwendung des vereinfachten Ertragswertverfahrens eingegangen werden, da dieses
vermutlich künftig am häufigsten angewendet werden wird.

Der gemeine Wert nach dem vereinfachten Ertragswertverfahren wird weitgehend
von den Betriebsergebnissen der letzten drei Jahre vor dem Bewertungsstichtag
bestimmt (§ 201 Abs. 2 BewG). Diese Betriebsergebnisse werden - nach den allgemeinen Regeln der Buchhaltung und des Jahresabschlusses - durch Erträge
erhöht und durch Aufwendungen vermindert. Gelingt es mit Hilfe steuerbilanzpolitischer Maßnahmen die Ergebnisse der drei genannten Jahre zu senken, so hat
dies zunächst eine Verringerung des gemeinen Werts und damit des steuerpflichtigen Erwerbs zur Folge. Zu beachten ist aber, dass die meisten dieser Maßnahmen nach § 202 BewG außerbilanziell wieder rückgängig zu machen sind. Dies
gilt insbesondere für Sonderabschreibungen, erhöhte Absetzungen, Teilwertabschreibungen sowie für die Zuführungen zu steuerfreien Rücklagen. Damit werden die Betriebsergebnisse in dem gleichen Maße, in dem sie zuvor mit Hilfe
steuerbilanzpolitischer Maßnahmen gesenkt worden sind, durch Hinzurechnungen
wieder erhöht. Per Saldo haben also die steuerbilanzpolitischen Maßnahmen
i. d. R. keinen Einfluss auf den gemeinen Wert des Unternehmens bzw. auf den
gemeinen Wert der Anteile hieran.

Zusammenfassend lässt sich feststellen, dass mit Hilfe steuerbilanzpolitischer
Maßnahmen allenfalls in seltenen Fällen eine Senkung der Erbschaft- bzw.
Schenkungsteuer möglich erscheint. Diese dürfte dann gering ausfallen.

---

[40]   Näheres hierzu in Teil IV, Gliederungspunkt 2.3.

5 Besonderheiten bei Verlusten

5.1 Einführung

Außerordentlich kompliziert ist die Situation in Verlustsituationen. Im Schrifttum wird z. T. die Ansicht vertreten, dass in Verlustsituationen eine Politik der maximalen Gewinnachverlagerung nicht sinnvoll sei[41]. Begründet wird dies damit, dass es keinen Sinn ergebe, Verluste, die im Jahr ihrer Entstehung einem Steuersatz von 0 % unterliegen, durch eine Politik der maximalen Gewinnachverlagerung noch zu erhöhen. Auf diese Art könne keine Steuerentlastung erreicht werden, vielmehr würden spätere Entlastungsmöglichkeiten verringert. Diese Behauptung ist in dieser allgemeinen Form nicht haltbar. Der Grund liegt darin, dass einkommen- bzw. körperschaftsteuerlich eine einjährige Verlustrücktrags- und eine unbeschränkte Verlustvortragsmöglichkeit besteht. Nachfolgend wird deshalb zwischen dem Fall unterschieden, dass eine Erhöhung des Verlustes aufgrund der Ausübung von Aktionsparametern der Steuerbilanzpolitik zu einem zusätzlichen Verlustrücktrag führt und demjenigen, dass hierdurch lediglich ein zusätzlicher Verlustvortrag entsteht.

Zu beachten ist, dass Verluste nach § 10d Abs. 1 Satz 1 EStG lediglich bis zu einem Betrag von 511,5 T€ rücktragsfähig sind. Höhere nicht ausgleichsfähige und nicht rücktragsfähige Verluste gehen aber nicht verloren, sie werden vielmehr zu vortragsfähigen Verlusten, unterliegen dann aber den Beschränkungen des § 10d Abs. 2 EStG. Auf Einzelheiten kann hier nicht eingegangen werden. Insoweit muss auf die Ausführungen in Band 1 dieses Werkes verwiesen werden[42]. Ferner ist zu beachten, dass Verluste lediglich bei der Einkommen- bzw. Körperschaftsteuer rücktragsfähig sind. Gewerbesteuerlich ist nach § 10a GewStG lediglich ein Verlustvortrag möglich.

Nachfolgend wird lediglich auf solche Verluste bzw. Verlustanteile eingegangen, die nicht den Abzugsbeschränkungen des § 10d Abs. 2 EStG unterliegen.

5.2 Rücktragsfähige Verluste

Führt die Ausübung eines steuerbilanzpolitischen Aktionsparameters zu einer Erhöhung des Verlustes im Jahr t = 0, so kommt es nach § 10d Abs. 1 EStG vorrangig zu einem Verlustrücktrag in das Jahr t = –1. Dies führt für das genannte Jahr zu Steuererstattungen. Diese wirken sich zahlungsmäßig i. d. R. in dem Jahr

---

41 So z. B. Laule, G., Steuerplanung, 1983, S. 313, der in Verlustjahren einen möglichst hohen Ansatz der Herstellungskosten und damit eine Aufwandsnachverlagerung nahelegt.

42 Vgl. Schneeloch, D., Besteuerung, 2008, S. 191 ff.

aus, in dem die Veranlagung für das Jahr t = 0 durchgeführt wird. In den meisten
Fällen ist dies das Jahr t = +1 oder das Jahr t = +2. Hinsichtlich des Zahlungszeitpunktes hat somit ein Verlustrücktrag in das Jahr t = −1 in vielen Fällen die gleiche Wirkung wie ein Verlustausgleich für das Jahr t = 0. In diesen Fällen gelten
hinsichtlich einer maximalen Gewinnachverlagerung bzw. einer Anpassung der
Einkommen an eine Gleichwertigkeitskurve die gleichen Überlegungen wie sie in
Gliederungspunkt 4 dargestellt worden sind. Verlustrückträge in das Jahr t = −1
aufgrund steuerbilanzpolitischer Maßnahmen, die im Jahr t = 0 zur Verlustentstehung führen, sind somit regelmäßig in gleicher Weise zu behandeln wie Gewinnminderungen im Jahr t = 0 im „Normalfall". Zu beachten ist also, dass das Jahr
t = −1 in gleicher Weise zu behandeln ist wie „normalerweise" das Jahr t = 0. Ein
Beispiel soll den Zusammenhang verdeutlichen.

Beispiel

Die X-GmbH hat bisher für das Jahr t = −1 ein Einkommen von 2 Mio € versteuert. Im Mai des
Jahres t = +1 ermittelt der Steuerberater S der X-GmbH für das Jahr t = 0 ein zu versteuerndes
Einkommen von 100 T€. Hierbei ist noch nicht berücksichtigt worden, dass die X-GmbH für das
Jahr t = 0 Sonderabschreibungen i. H. v. 200 T€ geltend machen könnte. Für das Jahr t = +1 rechnen der Geschäftsführer der X-GmbH G und der Steuerberater S nach einer gemeinsamen Beratung mit einem steuerlichen Verlust von 1 bis 1,5 Mio € und für das Jahr t = +2 von 0,5 bis
1 Mio €. Ab dem Jahr t = +3 rechnen sie wieder mit steuerlichen Gewinnen. Werden Steuerzahlungen aufgrund einer Sonderabschreibung in die Zukunft verlagert, so hat dies die Verringerung
eines Kontokorrentkredites zur Folge. Gerechnet wird damit, dass der Kontokorrentkredit im
Durchschnitt der nächsten Jahre mit 10 % p. a. zu verzinsen sein wird. Eine Hinzurechnung der
Zinsen nach § 8 Nr. 1 GewStG ist aufgrund des in dieser Vorschrift enthaltenen Freibetrags von
100 T€ nicht zu erwarten. G will von S wissen, ob und in welcher Höhe von der Möglichkeit der
Sonderabschreibung Gebrauch gemacht werden sollte. S und G gehen von dem für das Jahr 2009
geltenden Steuerrecht aus.

Durch die Inanspruchnahme der Sonderabschreibung kann der steuerliche Gewinn des Jahres t = 0
in einen steuerlichen Verlust verwandelt werden. Der höchstmögliche Verlustausweis für das Jahr
t = 0 beträgt (100 − 200 =) −100 T€. Dieser ist in vollem Umfang in das Jahr t = −1 rücktragsfähig.
Von dieser Möglichkeit sollte Gebrauch gemacht werden. Der Grund liegt darin, dass die Minderungen der Steuerzahlungen für das Jahr t = −1 zu Differenzinvestitionen verwendet werden, die
bei einem Bruttozinssatz von 10 % p. a. einen Nettozinssatz von deutlich größer als 0 % p. a. aufweisen[43]. Soll ein Verlustrücktrag von 0,1 Mio € erreicht werden, so muss die GmbH im Jahr
t = 0 eine Sonderabschreibung von 0,2 Mio € vornehmen.

5.3 Vortragsfähige Verluste

Vortragsfähige Verluste mit Hilfe von steuerbilanzpolitischen Aktionsparametern
zu erzeugen, kann - wenn überhaupt - nur dann vorteilhaft sein, wenn diese Aktionsparameter im ersten Jahr, in dem voraussichtlich wieder Gewinn entsteht, nicht
mehr ausgeübt werden können. Weitere Voraussetzung ist, dass mit Hilfe dieser
steuerbilanzpolitischen Maßnahmen die kumulierten Gewinne (nach Abzug der

---

[43] Hinsichtlich der möglichen Nettozinssätze bei einem vorgegebenen Bruttozinssatz von 10 %
      s. Tabelle T-9 des Anhangs, Zeile 4.

Verluste) nach Wiedereintritt des Unternehmens in eine Gewinnphase (vorüber-gehend) niedriger sind als bei Verzicht auf diese Maßnahmen.

Diese Ausführungen gelten für den Fall, dass alle Steuersätze linear sind. Sofern progressive Einkommensteuersätze zu berücksichtigen sind, ist eine bilanzpoli-tische Maßnahme zur Erzeugung eines vortragsfähigen Verlustes dann vorteilhaft, wenn so eine bessere Anpassung der Einkommen an eine (niedrigere) Gleich-wertigkeitskurve gelingt. Auf die komplizierten Zusammenhänge soll nicht weiter eingegangen werden.

5.4 Aufgabe 3

Während des Jahres t = –1 hat die X-GmbH einen steuerlichen Verlust von 50 T€ erzielt. Dieser ist körperschaftsteuerlich in das Jahr t = –2 zurückgetragen und dort abgezogen worden. Gewerbesteuerlich wird der Verlust des Jahres t = –1 durch eine Hinzurechnung in gleicher Höhe ausgeglichen. Im Jahre t = 0 ist gewerbesteuerlich weder eine Hinzu-rechnung nach § 8 GewStG noch eine Kürzung nach § 9 GewStG vorzunehmen. Für das Jahr t = 0 weist die X-GmbH in ihrer vorläufigen Steuerbilanz einen Gewinn von 100 T€ aus. In diesem Gewinn ist die mögliche Bildung einer steuerfreien Rücklage nach § 6b Abs. 3 EStG (6b-Rücklage) von maximal 200 T€ noch nicht berücksichtigt. Im Zeitpunkt der Erstellung der vorläufigen Bilanz für das Jahr t = 0 zeichnet sich für t = 1 ein steuerli-cher Gewinn von 150 T€ ab. Für die weitere Zukunft rechnet der Geschäftsführer (G) mit deutlich steigenden Gewinnen der X-GmbH. G rechnet damit, dass die X-GmbH im Jahre t = +2 eine Investition tätigen wird, die eine die Anschaffungskosten mindernde Auflösung der 6b-Rücklage in diesem Jahr ermöglicht. Die Investition wird in der Anschaffung von Grund und Boden bestehen.

Es ist zu prüfen, ob sich aus dem hier geschilderten Sachverhalt steuerbilanzpolitische Aktionsparameter ergeben. Sollte dies der Fall sein, ist zu prüfen, wie diese bei einer steuerbilanzpolitischen Partialbetrachtung genutzt werden sollen. Hierbei ist davon aus-zugehen, dass Supplementinvestitionen stets in der Form eines Abbaus von Schulden durchgeführt werden. G geht in diesem Zusammenhang von einer 10 %igen Verzinsung aus. Er nimmt an, dass es nicht zu einer Hinzurechnung der Zinsen nach § 8 Nr. 1 GewStG kommt. Es ist das für das Jahr 2009 geltende Steuerrecht anzuwenden. Der nach dem Recht dieses Jahres zu erhebende Solidaritätszuschlag soll berücksichtigt werden. Der Gewerbesteuerhebesatz beträgt 400 %. Ein aus vorangegangenen Jahren stammender gewerbesteuerlicher Verlustvortrag besteht nicht.

6 Einlagen- und Entnahmenpolitik

6.1 Einführung

Die bisherigen Ausführungen in diesem Teil des Buches haben sich auf Maßnahmen der Steuerbilanzpolitik im engeren Sinne bezogen, auf Maßnahmen also, die auf der Ausnutzung von Bilanzierungs- und Bewertungsparametern beruhen. Maßnahmen zur Gestaltung des realen Sachverhalts hingegen sind grundsätzlich nicht behandelt worden. Lediglich in Gliederungspunkt 3 sind mit den sonstigen Aktionsparametern einer zeitlichen Einkommensverlagerungspolitik auch minimale Änderungen des realen Sachverhalts berücksichtigt worden. Nunmehr sollen einige wenige Maßnahmen besprochen werden, die den Rahmen einer Bilanzpolitik im engeren Sinne sprengen. Hierbei handelt es sich um Maßnahmen, die Einlagen in und Entnahmen aus dem Unternehmen zum Gegenstand haben. Es handelt sich also um Maßnahmen einer Einlagen- und Entnahmenpolitik, mit deren Hilfe steuerliche Vorteile erzielt werden sollen. Derartige Maßnahmen setzen voraus, dass der handelnde Steuerpflichtige in seinem Privatbereich entweder über ausreichende eigene finanzielle Mittel oder aber über entsprechende Kreditspielräume verfügt, die Einlagen in das Betriebsvermögen ermöglichen.

Steuerliche Vorteile mit Hilfe einer Einlagen- und Entnahmenpolitik sind erzielbar durch

- Gestaltungsmaßnahmen beim Schuldzinsenabzug im Rahmen des § 4 Abs. 4a EStG und

- Gestaltungsmaßnahmen bei der Verlustverrechnung i. S. d. § 15a EStG.

Sowohl § 4 Abs. 4a EStG als auch § 15a EStG finden *nur bei Personenunternehmen,* nicht hingegen bei Kapitalgesellschaften Anwendung. Die nachfolgend zu erörternden Probleme können somit nur bei Personenunternehmen, nicht hingegen bei Kapitalgesellschaften auftreten. Die Vorschrift des § 15a EStG ist darüber hinaus innerhalb der Personenunternehmen nur auf beschränkt haftende Gesellschafter einer Mitunternehmerschaft anwendbar, in erster Linie also auf die Kommanditisten einer KG.

Nachfolgend wird zunächst auf Gestaltungsmaßnahmen im Zusammenhang mit § 4 Abs. 4a EStG, anschließend auf solche im Zusammenhang mit § 15a EStG eingegangen.

6.2 Gestaltungsmaßnahmen im Zusammenhang mit dem Abzug von Schuldzinsen

6.2.1 Gesetzlicher Rahmen und Problemstellung

Betrieblich veranlasste Schuldzinsen stellen handelsbilanziell Aufwand und steuerbilanziell Betriebsausgaben dar. Doch wird der (steuerliche) Abzug als Betriebsausgaben gem. § 4 Abs. 4a Satz 1 EStG in den Fällen einer *Überentnahme* eingeschränkt. Der Umfang dieser Einschränkung ergibt sich aus den Sätzen 2 bis 4 des § 4 Abs. 4a EStG. Technisch gesehen wird allerdings auch der nichtabzugsfähige Teil der Schuldzinsen als Aufwand verbucht. Dieser wird dann nach seiner Ermittlung in einer Nebenrechnung im Rahmen der vorbereitenden Jahresabschlussbuchungen außerbilanziell dem steuerlichen Gewinn hinzugerechnet **(Hinzurechnungsbetrag)**. Dies ergibt sich auch ausdrücklich aus § 4 Abs. 4a Satz 4 EStG.

Eine **Überentnahme** ist nach § 4 Abs. 4a Satz 2 EStG der Betrag, um den die Entnahmen die Summe des Gewinns und der Einlagen des Wirtschaftsjahres übersteigen. Die *Bemessungsgrundlage des Hinzurechnungsbetrages* setzt sich zusammen aus der Überentnahme des Jahres zuzüglich der Überentnahmen vorangegangener Wirtschaftsjahre, abzüglich der Unterentnahmen vorangegangener Jahre (§ 4 Abs. 4a Satz 3 EStG). Eine **Unterentnahme** ist der Betrag, um den der steuerliche Gewinn und die Einlagen eines Jahres die Entnahmen dieses Jahres übersteigen.

Die Bemessungsgrundlage des Hinzurechnungsbetrages ist nach § 4 Abs. 4a Satz 3 EStG mit einem typisierten Zinssatz von 6 % p. a. zu multiplizieren. Das Produkt stellt nach § 4 Abs. 4a Satz 4 EStG den Hinzurechnungsbetrag zum steuerlichen Gewinn dar. Die Hinzurechnung wird der Höhe nach allerdings auf den Betrag beschränkt, um den die tatsächlichen Schuldzinsen den Betrag von 2.050 € überschreiten. Der Betrag von 2.050 € wird im Schrifttum oft als Bagatellbetrag bezeichnet.

Beispiel

Im Jahr 3 erzielt der Gewerbetreibende G einen steuerlichen Gewinn von 145.830 €. Er entnimmt 450.840 € und legt 120.824 € ein. Aus den Jahren vor dem Jahr 2 besteht per Saldo eine kumulierte Unterentnahme von 50.820 €. Der im gewerblichen Bereich im Jahr 2 angefallene Zinsaufwand des G beträgt 27.482 €.

Der Hinzurechnungsbetrag gem. § 4 Abs. 4a EStG ergibt sich wie folgt:

		€
1.	Entnahme des Jahres 2	450.840
	– steuerlicher Gewinn des Jahres 2	– 145.830
	– Einlagen des Jahres 2	– 120.824
2.	Überentnahme des Jahres 2	184.186
	– kumulierte Unterentnahme der Vorjahre	– 50.820
3.	Bemessungsgrundlage des Hinzurechnungsbetrages	133.366

4. Hinzurechnungsbetrag (133.366 · 6 % =)   8.002

                                                                    €
5. Tatsächlicher Zinsaufwand   27.482
    – Bagatellbetrag   – 2.050
6. Begrenzung der Hinzurechnung auf   25.432
7. Minderung des Hinzurechnungsbetrags
    (aus Vergleich 4. mit 6.)
    Hinzurechnungsbetrag zum Gewinn des
    Jahres 2 gem. § 4 Abs. 4a EStG   .   8.002

Dieser Betrag erhöht den steuerlichen Gewinn des G im Jahr 2 von 145.830 € auf
(145.830 + 8.002 =) 153.832 €.

Nach § 4 Abs. 4a Satz 3 zweiter Halbsatz EStG ist bei Ermittlung der Überentnahme von dem Gewinn ohne Berücksichtigung der infolge der Überentnahmevor-
schrift nicht abziehbaren Schuldzinsen auszugehen. Für das soeben behandelte Beispiel bedeutet dies, dass der dort unter 1. von den Entnahmen abgezogene steuerliche Gewinn nicht um die nicht abziehbaren Schuldzinsen zu kürzen ist.

6.2.2 Aktionsparameter und deren Steuerwirkungen

6.2.2.1 Problemstellung

Eine Hinzurechnung von Zinsen zum steuerlichen Gewinn hat regelmäßig eine
Erhöhung der Ertragsteuern zur Folge. Diese hat definitiven Charakter, da der
Hinzurechnung in einem Jahr keine Kürzung in irgendeinem anderen Jahr gegenübersteht. Aus diesem Grunde ist es naheliegend zu versuchen, die Höhe des Hinzurechnungsbetrages durch geeignete Gestaltungsmaßnahmen zu verringern. Dies
kann geschehen durch

*   eine Verringerung der Überentnahmen bzw. der kumulierten Überentnahmen und
*   eine Verringerung des maßgeblichen tatsächlichen Zinsaufwandes.

Auf Probleme, die sich hierbei ergeben, soll nachfolgend eingegangen werden.
Hierbei sollen auch besondere Probleme, die sich bei Mitunternehmerschaften
ergeben, behandelt werden.

Die Bemessungsgrundlage des Hinzurechnungsbetrages wird außerdem durch den
kumulierten Betrag der Über- bzw. Unterentnahmen der Vergangenheit beeinflusst. Dieser Betrag kann aber - zumindest soweit er durch mehrere Jahre zurück-
liegende Entscheidungen hervorgerufen worden ist - im Planungszeitpunkt regelmäßig nicht mehr beeinflusst werden. Er soll deshalb hier aus Vereinfachungsgründen nicht unter die Aktionsparameter aufgenommen werden.

6.2.2.2 Verringerung der Überentnahmen

Die Höhe der Überentnahmen bzw. der Unterentnahmen wird bestimmt durch

1. die Höhe der *Entnahmen*,
2. die Höhe der *Einlagen* und
3. die Höhe des *steuerlichen Gewinns*.

Hierbei erhöhen die Entnahmen die Höhe der Überentnahmen, während Gewinn-erhöhungen und Einlagen sie mindern.

Soll eine drohende Überentnahme durch eine *Verringerung der Entnahmen* bzw. eine *Erhöhung der Einlagen* verhindert bzw. ihre Höhe verringert werden, so kann dies nur vor dem Bilanzstichtag, i. d. R. also vor dem Ende eines Kalenderjahres geschehen. Maßnahmen, die später erfolgen, können das Entstehen bzw. eine Erhöhung von Überentnahmen nicht mehr verhindern.

Eine *Verringerung der Entnahmen* kann insbesondere erreicht werden durch

1. einen Verzicht auf Konsum oder ein zeitliches Hinausschieben dieses Konsums bzw.
2. die Verwendung privater anstelle betrieblicher Mittel für den Konsum bzw. für einen Teil des Konsums.

Auch durch die Aufnahme von Fremdkapital im Privatbereich können die Entnahmen verringert werden. Zu beachten ist hierbei aber, dass die dann anfallenden Zinsen i. d. R. nach § 12 EStG zu den nichtabzugsfähigen Kosten der Lebenshaltung gehören. An die Stelle der pauschalen Hinzurechnung von Zinsen nach § 4 Abs. 4a EStG treten tatsächliche Zinsen, die nach § 12 EStG nicht abzugsfähig sind.

Eine *Erhöhung der Einlagen* kann insbesondere durch die Verwendung privater Finanzmittel erfolgen. Diese hat eine Verringerung von im Privatvermögen anfallenden Zinserträgen zur Folge. Hierdurch wird die Hinzurechnungsbesteuerung nach § 4 Abs. 4a EStG verringert. Gleichzeitig entfällt die Besteuerung von Einnahmen aus Kapitalvermögen i. S. d. § 20 EStG.

6.2.2.3 Verringerung des maßgeblichen tatsächlichen Zinsaufwandes

Nach § 4 Abs. 4a Satz 4 EStG wird die Hinzurechnung begrenzt auf die Höhe des maßgeblichen tatsächlichen Zinsaufwands abzüglich eines im Schrifttum als „Bagatellbetrag" bezeichneten Betrages von 2.050 €. Die Höhe des maßgeblichen tatsächlichen Zinsaufwandes lässt sich durch Gestaltungsmaßnahmen beeinflussen. Diese beruhen auf § 4 Abs. 4a Satz 5 EStG. Nach dieser Vorschrift gehören „... Schuldzinsen für Darlehen zur Finanzierung von Anschaffungs- oder Herstellungskosten von Wirtschaftsgütern des Anlagevermögens ..." nicht zu dem maßgeblichen tatsächlichen Zinsaufwand (begünstigter Zinsaufwand). Zu beachten ist, dass derartiger begünstigter Zinsaufwand zwar den tatsächlichen maßgeblichen Zinsaufwand (nichtbegünstigter Zinsaufwand) zu beeinflussen vermag, nicht aber die Höhe der (fortgeschriebenen) Überentnahmen. Damit zeitigt ein Ersatz nichtbegünstigten Zinsaufwandes durch begünstigten Zinsaufwand nur dann Wirkung, wenn hierdurch der nichtbegünstigte tatsächliche Zinsaufwand abzüglich des Bagatellbetrages unter den pauschalen Zinshinzurechnungsbetrag abgesenkt werden kann[44]. Ein Beispiel soll die aufgezeigten Zusammenhänge veranschaulichen.

Beispiel

Zum 31.12.1 ermittelt der Gewerbetreibende G eine kumulierte Überentnahme i. H. v. 120.852 €. Im Jahr 2 rechnet er mit einer Überentnahme von

a)   160 T€,
b)   10 T€.

Den voraussichtlichen Zinsaufwand während des Jahres 2 schätzt G auf 20 T€. Hierin enthalten ist ein Betrag von 10 T€, der auf Zinsen für eine noch zu tätigende Anschaffung eines betrieblichen LKW entfällt. G kann diese Investition entweder über sein einen Sollsaldo aufweisendes Kontokorrentkonto oder aber zu gleichen Konditionen durch die Aufnahme eines speziellen Investitionskredits seiner Hausbank finanzieren.

Die mögliche Verringerung der Hinzurechnung von Zinsen infolge der Aufnahme eines Investitionsdarlehens anstelle einer Finanzierung des LKW über das Kontokorrentkonto lässt sich wie folgt ermitteln:

Zeile		Fall a)	Fall b)
		€	€
1	Kumulierte Überentnahmen der Vorjahre	120.852	120.852
2	Voraussichtliche Überentnahme im Jahr 2	160.000	10.000
3	Kumulierte Überentnahme Ende des Jahres 2	280.852	130.852
4	Pauschale Zinsen auf 280.852 € bzw. 130.852 €	16.851	7.851
5	Voraussichtlicher tatsächlicher Zinsaufwand im Jahr 2	20.000	20.000
6	./. Bagatellbetrag	./. 2.050	./. 2.050
7	Höchstbetrag der Zinshinzurechnung bei Finanzierung der Investition über Kontokorrentkonto	17.950	17.950
8	./. Mögliche begünstigte Zinsen	./. 10.000	./. 10.000
9	Höchstbetrag der Zinshinzurechnung bei Finanzierung mit Investitionsdarlehen	7.950	7.950
10	Pauschale Zinsen lt. Zeile 4	16.851	7.851
11	./. Höchstbetrag lt. Zeile 9	./. 7.950	./. 7.950
12	Verringerung der Hinzurechnung durch Finanzierung mit Investitionsdarlehen	8.901	0

Im Fall a) lässt sich also die Hinzurechnung von Zinsen gem. § 4 Abs. 4a EStG durch die Aufnahme eines Investitionsdarlehens anstelle einer Finanzierung der Anschaffung des LKW über einen Kontokorrentkredit um 8.901 € senken. Im Fall b) hingegen ist durch eine derartige Gestaltungsmaßnahme keine Verringerung der Hinzurechnung möglich.

6.2.3 Zusatzwirkungen als Folge der Hinzurechnungsbesteuerung bei der Inanspruchnahme steuerbilanzpolitischer Aktionsparameter

Wie bereits ausgeführt, kann auch durch eine *Erhöhung des steuerlichen Gewinns* eine Verringerung der Hinzurechnungsbesteuerung nach § 4 Abs. 4a EStG bewirkt

---

[44]   Siehe auch den Hinweis bei Korn, K., Einschränkung, 2000, S. 12555.

werden. Zu beachten ist aber, dass eine Erhöhung des Gewinns nach den allgemeinen Grundsätzen zusätzliche Gewerbe- und Einkommensteuer zur Folge hat. Diese dürften die Verringerung derselben Steuern infolge einer Verringerung der Hinzurechnung gem. § 4 Abs. 4a EStG i. d. R. weit überkompensieren. Doch ist zu beachten, dass die Gewinnerhöhung nach den allgemeinen Regeln lediglich vorübergehenden Charakter hat und in späteren Jahren durch Gewinnminderungen wieder ausgeglichen wird. Die Steuerbelastung infolge einer Hinzurechnung nach § 4 Abs. 4a EStG hingegen hat definitiven Charakter. Die Zusammenhänge sind damit äußerst komplex. Auf eine nähere Analyse wird hier verzichtet.

6.2.4 Vorteilskriterien zur Beurteilung möglicher Gestaltungsmaßnahmen

Unter Gliederungspunkt 4 ist für den Fall der Steuerbilanzpolitik herausgearbeitet worden, dass für den Vorteilsvergleich alternativer Gestaltungsmaßnahmen eine Berücksichtigung der Steuerzahlungen bzw. der Steuerzahlungsdifferenzen ausreichend ist. Auf die Einbeziehung anderer Zahlungen als Steuerzahlungen in den Vergleich kann im Rahmen einer Steuerbilanzpolitik i. e. S. verzichtet werden. Diese sehr weitgehende Vereinfachung kann bei Gestaltungsmaßnahmen im Rahmen des § 4 Abs. 4a EStG nicht ohne weiteres vorgenommen werden. Hier ist vielmehr im Einzelfall zu prüfen, ob und ggf. welche weiteren Zahlungen zuzüglich zu den Steuerzahlungen und den auf Steuerdifferenzen beruhenden Zinsen für Supplementinvestitionen durch Gestaltungsmaßnahmen verändert werden. Dabei dürfte sich häufig ergeben, dass die Zielsetzung der Steuerbarwertminimierung durch eine etwas umfassendere Zielsetzung ersetzt werden muss. Hierbei wird es vielfach um die Minimierung eines wohldefinierten Auszahlungsbarwerts gehen. Auf eine ausführliche Untersuchung an dieser Stelle muss aber aus Platzgründen verzichtet werden.

6.3 Gestaltungsmaßnahmen im Zusammenhang mit § 15a EStG

Bekanntlich hat die Gewinnverwendung bei Personenunternehmen grundsätzlich keinen Einfluss auf die Besteuerung. Eine Ausnahme ergibt sich aus § 15a EStG für Kommanditisten und diesen gleichgestellte beschränkt haftende Mitunternehmer. Nachfolgend werden explizit nur die Kommanditisten genannt; die Ausführungen gelten aber auch für die ihnen gleichgestellten übrigen beschränkt haftenden Mitunternehmer.

Nach § 15a Abs. 1 EStG sind Verlustanteile eines Kommanditisten nur insoweit ausgleichs- und abzugsfähig, als das Kapitalkonto des Kommanditisten positiv ist. Nicht ausgleichs- und abzugsfähige Verluste sind lediglich in späteren Wirtschaftsjahren mit Gewinnen aus derselben Beteiligung verrechenbar (verrechenbare Verluste). Einlagen erhöhen nach h. M. das Potential ausgleichs- und abzugs-fähiger Verluste[45].

Beispiel

Das Kapitalkonto des Kommanditisten K1 am 1.1. des Jahres 1 beträgt 25 T€. Im November dieses Jahres tätigt K1 eine Einlage i. H. v. 50 T€. Im Jahre 1 erwirtschaftet die KG einen Verlust; der Verlustanteil des K1 beträgt 80 T€.

Ohne die von ihm getätigte Einlage würde das Kapitalkonto des K1 am 31.12.1 (25 – 80 =) –55 T€ betragen. In dieser Höhe wäre dann der Verlust des K1 nicht ausgleichsfähig, sondern lediglich verrechenbar. Infolge der Einlage erhöht sich das Kapitalkonto des K1 zum 31.12.1 um 50 T€ auf 75 T€. Hierdurch wird der Verlust i. H. v. 75 T€ ausgleichsfähig. Lediglich i. H. v. (80 – 75 =) 5 T€ ist der Verlust nicht ausgleichsfähig, sondern lediglich verrechenbar.

In Umkehrung der Wirkung von Einlagen mindern Entnahmen das Verlustaus-gleichspotential: Ausgleichsfähige Verluste können durch Entnahmen zu lediglich verrechenbaren Verlusten werden.

Beispiel

Das Kapitalkonto des Kommanditisten K2 am 1.1. des Jahres 1 beträgt 100 T€. Im Laufe dieses Jahres tätigt K2 Entnahmen i. H. v. insgesamt 75 T€. Für das Jahr 1 wird ihm ein Anteil am Verlust der KG von 50 T€ zugerechnet. Ohne Entnahmen könnte K2 seinen gesamten Verlustanteil im Jahr 1 mit anderen Einkünften ausgleichen. Infolge der Entnahme mindert sich sein Kapitalanteil zum 31.12.1 bereits ohne Berücksichtigung des Verlustanteils auf (100 – 75 =) 25 T€. Sein Verlustanteil von 50 T€ ist lediglich i. H. v. 25 T€ mit anderen Einkünften des Jahres 1 ausgleichsfä-hig; der darüber hinausgehende Verlustanteil von (50 – 25 =) 25 T€ ist lediglich mit späteren Gewinnanteilen der KG verrechenbar.

Entsteht ein negatives Kapitalkonto nicht im Jahr der Verlustentstehung, sondern durch eine Entnahme in einem späteren Jahr, so ist nach § 15a Abs. 3 EStG der frühere Verlustausgleich durch eine außerbilanzielle Gewinnerhöhung im Jahr der Entnahme zu neutralisieren.

Beispiel

Das Kapitalkonto des Kommanditisten K3 beträgt zum 1.1. des Jahres 1 100 T€, sein Verlustanteil für dieses Jahr 75 T€. Im Jahr 2 tätigt K3 eine Entnahme von 50 T€. Für das Jahr 2 wird seinem Kapitalkonto ein Gewinnanteil von 50 T€ gutgeschrieben.

Der Verlustanteil des K3 im Jahr 1 i. H. v. 75 T€ ist mit seinen anderen Einkünften dieses Jahres in vollem Umfang ausgleichsfähig. Sein Kapitalanteil am 31.12.1 beträgt (100 – 75 =) 25 T€. Durch die Entnahme verringert sich der Kapitalanteil des K3 im Jahr 2 auf (25 – 50 =) –25 T€. Die Einlagenminderung in Höhe von 25 T€, die zu einem negativen Kapitalkonto führt, ist dem steuerlichen Gewinnanteil des K3 im Jahr 2 hinzuzurechnen. Dieser fiktive Gewinn wird gem. § 15a Abs. 3 Satz 4 EStG in einen verrechenbaren Verlust umgedeutet. Der steuerliche Gewinnanteil des Jahres 2 in Höhe von 50 T€ wird deshalb um den zugerechneten Betrag gemin-dert, so dass der steuerliche Gewinnanteil des K3 für das Jahr 2 (25 + 50 – 25 =) 50 T€ beträgt.

Die bisherigen Ausführungen lassen erkennen, dass aufgrund der Regelung des § 15a EStG Entnahmen und Einlagen als steuerpolitische Aktionsparameter ein-

---

45   Vgl. Schmidt, L., in: Schmidt, L., EStG, 2009, § 15a, Rz. 96 und 129 sowie die dort ange-führte Literatur.

gesetzt werden können. Sie können dazu benutzt werden, um aus verrechenbaren Verlusten ausgleichsfähige Verluste zu machen oder umgekehrt, um aus ausgleichsfähigen lediglich verrechenbare Verluste entstehen zu lassen.

Mit derartigen Maßnahmen können die Steuerpflichtigen *drei unterschiedliche Ziele* verfolgen. Zum einen können sie versuchen, *positive Zinseffekte* zu erreichen, zum anderen können sie eine bessere Ausnutzung von Progressionseffekten des Einkommensteuertarifs anstreben. In Einzelfällen können sie auch das Ziel verfolgen, *Verluste* in solchen Jahren geltend zu machen, in denen bei ihnen nicht der Splitting-, sondern der *Grundtarif* zur Anwendung kommt. Alle drei genannten Fälle sollen nunmehr anhand je eines Beispiels veranschaulicht werden. Aus Vereinfachungsgründen soll in allen Fällen weder Solidaritätszuschlag noch Kirchensteuer berücksichtigt werden. Es soll stets der (nach dem Rechtsstand im Sommer 2009) im Jahr 2010 geltende Tarif angewendet werden.

Beispiele

1. Der Kapitalanteil des K4 an der A-KG beträgt am 1.1.1 0 €. Mitte Dezember dieses Jahres erwartet K4 für das Jahr 1 einen Verlustanteil an der A-KG von 50 T€ und andere Einkünfte von insgesamt 200 T€. Tätigt K4 noch im Jahr 1 eine Einlage, um damit den Verlustanteil in diesem Jahr mit seinen anderen Einkünften ausgleichen zu können, so muss er hierzu 50 T€ einem privaten Konto entnehmen. Er könnte das Geld dort alternativ zu einem Zinssatz von 8 % p. a. anlegen. Nach dem Gewinnverteilungsschlüssel der KG werden die Kontenstände im Rahmen der Gewinnverteilung vorab mit 8 % p. a. verzinst. K4 rechnet für die nächsten drei Jahre damit, dass die KG Verluste erzielt, er aber gemeinsam mit seiner Ehefrau aufgrund hoher Einkünfte aus anderen Einkunftsarten zu versteuernde Einkommen jeweils im unteren Plafond haben wird.

    Tätigt K4 noch im Jahr 1 eine Einlage in die KG i. H. v. 50 T€, so mindert er seine Einkommensteuerschuld für das Jahr um (50 T€ · 42 % =) 21 T€. Dieses Geld kann er anlegen. Hierdurch erzielt er einen positiven Zinseffekt. Bei einem Zinssatz von 8 % beträgt dieser (21 T€ · 8 % =) 1.680 € jährlich. Die Zinseffekte als Folge der Abhebung von dem Privatkonto und der Einlage in die KG heben sich hingegen gegenseitig auf. Für K4 ist es somit vorteilhaft, noch im Dezember des Jahres 1 eine Einlage von 50 T€ in die A-KG zu leisten.

2. Das Kapitalkonto des geschiedenen Kommanditisten K5 am 1.1.1 beträgt 53 T€. Ende des Jahres 1 zeichnet sich für ihn ein anteiliger Verlust an der KG i. H. v. 53 T€ ab. Ohne Berücksichtigung dieses Verlustes erwartet K5 für das Jahr 1 ein zu versteuerndes Einkommen von ebenfalls 53 T€. Dieses stammt ausschließlich aus seinem gewerblichen Einzelunternehmen. Ab dem Jahr 2 erwartet K5 positive Gewinnanteile an der KG und andere Einkünfte mindestens in Höhe des Jahres 1.

    Ohne eine besondere Gestaltungsmaßnahme ist der Verlustanteil des K5 für das Jahr 1 mit seinen anderen Einkünften ausgleichsfähig und -pflichtig. Er hat dann für das Jahr 1 0 € zu versteuern und kann für das Jahr 1 nicht den in § 32a Abs. 1 EStG in den Tarif eingebauten Abzugsbetrag in Anspruch nehmen. Tätigt er hingegen noch im Jahr 1 eine Entnahme i. H. v. 53 T€, so wandelt sich sein ausgleichsfähiger Verlustanteil an der KG in einen lediglich verrechenbaren. Sein zu versteuerndes Einkommen für das Jahr 1 beträgt dann 53 T€. Dies hat nach § 32a Abs. 1 Satz 2 Nr. 4 i. v. m. § 52 Abs. 41 EStG den Abzug eines Steuerbetrages von 8.172 € zur Folge. Dieser Betrag steht K5 auf Dauer infolge der Einlage zur Verfügung. Einen diesen Vorteil kompensierenden Nachteil braucht K5 nicht zu befürchten, da der im Jahr 1 entstandene Verlustanteil von 53 T€ im Wege der Verlustverrechnung die zu versteuernden Einkommen der Folgejahre voraussichtlich in vollem Umfang mindern wird. Der negative

Zinseffekt, der wegen der Einkommensteuerzahlung auf den verrechenbaren Verlust in Höhe von [(0,42 · 52.882 − 8.172) · 8 % =] 1.123 € entsteht, ist allerdings gegen den steuerlichen Vorteil aufzurechnen.

3. Die Kommanditistin K6 ist seit dem 7.1.1 verwitwet. Im Juli des Jahres 1 hat sie ihre frühere Tätigkeit als Augenärztin in eigener Praxis wieder aufgenommen. Im Dezember des Jahres 1 rechnet sie mit einem Verlustanteil aus der KG i. H. v. 50 T€. Ihr Kapitalanteil wird vor Abzug des Verlustes 75 T€ betragen. Ohne den Verlustanteil an der KG rechnet sie für das Jahr 1 mit einem zu versteuernden Einkommen von 50 T€. Für das Jahr 2 schätzt sie ihren Gewinnanteil an der KG auf 0 T€ und ihre anderen Einkünfte auf 80 T€. Ab dem Jahr 3 rechnet K6 damit, dass ihre Praxis voll etabliert sein wird und sie von da an jährliche Gewinne hieraus i. H. v. mindestens 100 T€ erzielen wird. Ihre Gewinnanteile an der KG schätzt sie ab dem Jahr 3 auf mindestens 50 T€ jährlich.

Während der Jahre 1 und 2 kommt die K6 noch in den Genuss des Splitting bzw. des Gnadensplitting. Lässt sie ihren Verlustanteil an der KG für das Jahr 1 in diesem Jahr zum Ausgleich kommen, so verliert sie den Abzugsbetrag des § 32a Abs. 1 Satz 2 Nr. 4 i. V. m. § 52 Abs. 41 EStG i. H. v. 8.172 € nicht nur ein-, sondern aufgrund des § 32a Abs. 5 EStG zweimal. Diesen steuerlichen Nachteil, der endgültigen Charakter hat, kann sie dadurch verhindern, dass sie im Jahr 1 eine Entnahme i. H. v. 75 T€ tätigt. Hierdurch wird der ausgleichsfähige zu einem lediglich verrechenbaren Verlust. Eine Verrechnung findet voraussichtlich erst ab dem Jahr 3 statt. Bei einer Entnahme von 75 T€ im Jahr 1 ergeben sich folgende Steuerwirkungen: Versteuerung des Einkommens der Jahre 1 und 2 zum Splittingtarif. Versteuerung des um den Verlustverrechnungsbetrag verminderten Einkommens des Jahres 3 i. H. v. (150 T€ − 50 T€ =) 100 T€ zum Grundtarif. Bei Zugrundelegung der Einkommensteuertariffunktion für das Jahr 2010 beläuft sich der steuerliche Gesamteffekt auf eine steuerliche Mehrbelastung i. H. v. [(2,2874 · 10^{-6} · (50.000 / 2)^2 + 0,208891 · (50.000 / 2) − 1.775,58) · 2 =) 9.753 €, im Jahr 3 auf eine steuerliche Minderbelastung von (54.828 − 33.828 =) 21.000 €. Insgesamt beträgt damit der Steuervorteil ohne Berücksichtigung von Zinseffekten 11.247 €.

7 Steuerbilanzpolitik und handelsbilanzpolitische Ziele

7.1 Oberziele und Subziele

Die bisherigen Ausführungen beruhen auf einer steuerbilanzpolitischen Partialbetrachtung. Bilanzpolitische Ziele nichtsteuerlicher Art sind somit nicht berücksichtigt worden. Derartige bilanzpolitische Ziele nichtsteuerlicher Art können aber im Einzelfall von außerordentlich großer Bedeutung sein. Sie beziehen sich regelmäßig primär nicht auf die Gestaltung der Steuer-, sondern der Handelsbilanz oder sogar des gesamten (handelsrechtlichen) Jahresabschlusses. Die zielgerichtete Gestaltung der Handelsbilanz bzw. des Jahresabschlusses wird üblicherweise als Handelsbilanzpolitik bzw. als Jahresabschlusspolitik bezeichnet.

Die mit der Jahresabschlusspolitik verfolgten Ziele sind i. d. R. nicht Selbstzweck, sondern lediglich Mittel bei der Verfolgung übergeordneter unternehmerischer Ziele. Die jahresabschlusspolitischen Ziele sind somit *Subziele,* d. h. abgeleitete Ziele der Unternehmenspolitik[46].

Unternehmenspolitische Ziele unterschiedlicher Art gibt es auf verschiedenen Zielebenen. Als Ziele auf *einer* oberen Zielebene können z. B. genannt werden:

- Erhaltung oder Steigerung der Ertragskraft des Unternehmens,
- Erhaltung oder Mehrung der Unternehmenssubstanz,
- Erhaltung oder Steigerung des Marktanteils,
- Erhaltung oder Steigerung der Kapitalbeschaffungsmöglichkeiten,
- Steuerung, i. d. R. Senkung der jahresabschlussabhängigen Auszahlungen.

Es ist offensichtlich, dass mit jahresabschlusspolitischen Maßnahmen zwar einige, keinesfalls aber alle unternehmenspolitischen Ziele verfolgt werden können. Von den soeben beispielhaft genannten Zielen auf einer oberen Zielebene kommen in diesem Zusammenhang

- die Erhaltung oder Steigerung der *Kapitalbeschaffungsmöglichkeiten* und
- die Steuerung, i. d. R. Senkung der *ertragsabhängigen Auszahlungen*

in Betracht. Diese Ziele werden häufig unter dem Begriff der **finanzpolitischen Ziele** zusammengefasst[47].

---

46 Vgl. Mellerowicz, K., Unternehmenspolitik, 1978, S. 197.

47 Vgl. z. B. Schneeloch, D., Bilanzpolitik, 1990, S. 97; Küting, K., Bilanzpolitik, 2008, S. 753 ff.; Kußmaul, H., Steuerlehre, 2008, S. 136 ff.

Neben finanzpolitischen können mit Hilfe jahresabschlusspolitischer Maßnahmen auch bestimmte **informationspolitische Ziele** verfolgt werden[48]. Sie lassen sich unterscheiden

*   in das Ziel, Informationen möglichst zu vermeiden (Ziel der *Informationsvermeidung*), und
*   in das Ziel, Informationen in einer bestimmten Weise zu gestalten (Ziel der *Informationsgestaltung*).

Mit den finanz- und informationspolitischen Zielen dürften diejenigen unternehmenspolitischen Ziele erfasst sein, die sich mit Hilfe jahresabschlusspolitischer Maßnahmen verfolgen lassen. Sollen aus diesen unternehmenspolitischen Oberzielen konkrete bilanzpolitische Maßnahmen abgeleitet werden, so müssen in einem Zwischenschritt aus den Oberzielen *bilanzpolitische Subziele* abgeleitet werden. Bei diesen handelt es sich um jahresabschlusspolitische *Formalziele*, die bestimmte bilanzielle Kennzahlen betreffen.

7.2 Bilanzpolitische Formalziele

Die jahresabschlusspolitischen Formalziele können unterschiedliche Kennzahlen des Jahresabschlusses betreffen. So wird zur Verfolgung des Ziels einer Stärkung der Kreditwürdigkeit meistens angenommen, es sei am besten, das Vermögen in der Bilanz möglichst hoch auszuweisen. Oft wird auch empfohlen, den Gewinn (Jahresüberschuss) möglichst hoch auszuweisen oder eine Politik der Gewinnnivellierung auf möglichst hohem Niveau zu betreiben. Für wichtig wird es auch erachtet, dass die gängigen Kennzahlen einer Jahresabschlussanalyse möglichst gute Werte ausweisen. Zu nennen sind in diesem Zusammenhang insbesondere:

*   traditionelle Liquiditäts- und Deckungskennzahlen,
*   der Cash-Flow und Cash-Flow-Kennzahlen,
*   Kennzahlen der Vermögens- und Kapitalstruktur,
*   Kennzahlen der Erfolgsanalyse.

In vielen dieser Kennzahlen ist das *Eigenkapital* oder der *Gewinn (Jahresüberschuss)* als zentraler Bestandteil enthalten. Die entsprechenden Kennzahlen verbessern sich - c. p. - mit steigendem Eigenkapital bzw. steigendem Gewinn.

---

[48] Vgl. z. B. Schneeloch, D., Bilanzpolitik, 1990, S. 97; Hinz, M., Sachverhaltsgestaltungen, 1994, S. 43 ff.; Freidank, C.-C., Zielformulierungen, 1998, S. 97 f.

Das gilt z. B. für die Deckungsgrade[49], die Eigenkapitalquote[50] und die Eigenkapitalrentabilität[51].

Aus dem unternehmenspolitischen Oberziel *Stärkung der Kreditwürdigkeit* lassen sich somit folgende jahresabschlusspolitischen Subziele ableiten, die als besonders bedeutsam angesehen werden können[52]:

1. Ausweis eines möglichst *hohen Gewinns* (Jahresüberschusses),
2. Ausweis eines *gleichbleibenden* oder eines *gleichmäßig steigenden Gewinns* (Jahresüberschusses),
3. Ausweis eines möglichst *hohen Vermögens,*
4. Ausweis eines möglichst *hohen Eigenkapitals,*
5. Schaffung der Grundlagen für möglichst *günstige relative Kennzahlen der Jahresabschlussanalyse,* wie vor allem
   - hohe Renditekennzahlen,
   - eine niedrige Fremdkapitalquote,
   - einen niedrigen dynamischen Verschuldungsgrad.

Diese Subziele, die alle der Stärkung der Kreditfähigkeit dienen sollen, sind keinesfalls stets miteinander vereinbar. So führt ein hoher Vermögensausweis in Jahren hoher Gewinne dazu, dass in späteren Verlustjahren keine stillen Reserven aufgedeckt werden können. Dies hat zur Folge, dass dann der Verlust höher ausgewiesen werden muss als dies der Fall wäre, wenn stille Reserven aufgedeckt werden könnten. Eine derartige Vorgehensweise ist somit nicht vereinbar mit dem Subziel einer Gewinnivellierung, d. h. dem Ausweis gleichbleibender oder gleichmäßig steigender Gewinne. Auf die Problematik der Nichtvereinbarkeit jahresabschlusspolitischer Ziele miteinander und der sich hieraus ergebenden Konsequenzen wird noch in den Gliederungspunkten 7.3 und 7.4 einzugehen sein.

Aus dem Oberziel der Erhaltung oder Stärkung der *Eigenkapitalbeschaffungsmöglichkeiten* lassen sich die *gleichen jahresabschlusspolitischen Subziele* ableiten wie für das Subziel der *Stärkung der Kreditwürdigkeit*. Allerdings kommt den langfristigen Erfolgsindikatoren i. d. R. ein größeres Gewicht zu als dies bei dem Ziel der Stärkung der Kreditwürdigkeit der Fall ist.

---

49 Die langfristigen Deckungsgrade sind definiert als: Deckungsgrad 1 = Eigenkapital/Anlagevermögen und Deckungsgrad 2 = (Eigenkapital + langfristiges Fremdkapital)/Anlagevermögen. Vgl. zu diesen Deckungsgraden z. B. Bitz, M./Schneeloch, D./Wittstock, W., Jahresabschluß, 2003, S. 507 ff., Küting, K./Weber, C.-P., Bilanzanalyse, 2006, S. 146 ff.

50 Die Eigenkapitalquote ist definiert als: Eigenkapital/Gesamtkapital. Vgl. zur Konkretisierung dieser Kennzahl z. B. Bitz, M./Schneeloch, D./Wittstock, W., Jahresabschluß, 2003, S. 497 ff.; Baetge, J./Kirsch, H.-J./Thiele, S., Bilanzanalyse, 2004, S. 164 ff.

51 Die Eigenkapitalrentabilität ist definiert als: Jahresüberschuss/Eigenkapital. Vgl. zur Eigenkapitalrentabilität z. B. Bitz, M./Schneeloch, D./Wittstock, W., Jahresabschluß, 2003, S. 602 f.; Baetge, J./Kirsch, H.-J./Thiele, S., Bilanzanalyse, 2004, S. 356 ff., Coenenberg, A. G., Jahresabschluss, 2005, S. 1082 ff.; Küting, K./Weber, C. - P., Bilanzanalyse, 2006, S. 316 f.

52 Ausführlicher s. Bitz, M./Schneeloch, D./Wittstock, W., Jahresabschluß, 2003, S. 647 ff.

Mit Hilfe der Jahresabschlusspolitik kann auch versucht werden, ertragsabhängige Auszahlungen zu beeinflussen. Neben der Beeinflussung der Steuerzahlungen kann insbesondere versucht werden, die Ausschüttungen an die Gesellschafter zu beeinflussen. Mit der Feststellung, dass die Geschäftsführung die Möglichkeit besitzt, über die Höhe des Gewinns (Jahresüberschusses) die Höhe der Ausschüttungen zu beeinflussen, ist noch nicht über die Zielrichtung einer möglichen Beeinflussung entschieden. So ist es denkbar, dass der Geschäftsführer (Vorstand) ein Interesse hat an dem Ausweis

- hoher, im Zeitablauf möglichst steigender Gewinne,
- konstanter oder im Zeitablauf konstant steigender Gewinne,
- möglichst niedriger Gewinne.

An dem Ausweis hoher, möglichst steigender Gewinne und daran geknüpft an hohen Gewinnausschüttungen kann z. B. der Vorstand einer Aktiengesellschaft dann interessiert sein, wenn er annimmt, dass infolge hoher Ausschüttungen die Möglichkeiten der Eigenkapitalbeschaffung verbessert werden. Aus dem gleichen Grunde kann er an dem Ausweis konstanter bzw. konstant steigender Gewinne und - daran geknüpft - an konstanten Ausschüttungen interessiert sein. In beiden Fällen stellt er die Ausschüttungspolitik in den Dienst der Politik der Eigenkapitalbeschaffung. An dem Ausweis möglichst niedriger Gewinne und daran angeknüpft an möglichst niedrigen Gewinnausschüttungen kann z. B. der Geschäftsführer einer GmbH interessiert sein, wenn er annimmt, durch eine möglichst restriktive Ausschüttungspolitik am besten die Investitionskraft der Gesellschaft erhalten zu können.

7.3 Zur Vereinbarkeit der Subziele miteinander

Bereits die vorstehenden, kurzen Ausführungen zeigen, dass es eine Reihe unterschiedlicher bilanzpolitischer Subziele geben kann. Es stellt sich die Frage, welche von ihnen miteinander vereinbar sind und in welchen Fällen Zielkonflikte zu erwarten sind.

Als ein häufig anzutreffendes handelsbilanzpolitisches *Subziel* dürfte der Ausweis eines möglichst *hohen Gewinnes* (Jahresüberschusses) anzusehen sein. Dieses ist vereinbar mit den ebenfalls häufig vorkommenden Subzielen eines hohen Vermögens- und Eigenkapitalausweises.

Eine Gewinnerhöhung führt i. d. R. zu einer Erhöhung der Eigenkapitalrendite[53]. Die Verfolgung des Subziels eines hohen Gewinnausweises ist also auch mit dem ebenfalls möglichen Subziel des Ausweises einer hohen Eigenkapitalrentabilität vereinbar.

Eine Gewinnerhöhung führt zu einer Erhöhung des Eigenkapitals. Diese ihrerseits bewirkt eine Erhöhung des Eigenkapitalanteils am Gesamtkapital. Damit ver-

---

[53] Eigenkapitalrendite und Eigenkapitalrentabilität sind synonyme Begriffe. Die Definition der Eigenkapitalrendite entspricht mithin der Definition der Eigenkapitalrentabilität.

ringert sich die Fremdkapitalquote[54]. Die Verfolgung des Subziels eines hohen Gewinnausweises geht somit einher mit dem ebenfalls möglichen Subziel des Ausweises einer niedrigen Fremdkapitalquote. Auch mit dem möglichen Subziel des Ausweises eines geringen dynamischen Verschuldungsgrades[55] geht der Ausweis eines hohen Gewinns konform.

Das Subziel einer Erhöhung des Gewinnausweises führt in den meisten Fällen zu einem *Zielkonflikt* mit dem steuerbilanzpolitischen Ziel einer *Steuerbarwertminimierung*. Das gilt fast ausnahmslos, wenn die Steuerbarwertminimierung zu dem vereinfachten Zielkriterium einer *maximalen Gewinnachverlagerung* führt. Der Grund liegt in dem Maßgeblichkeitsprinzip.

Unterliegt der Gewinn im Zeitablauf starken Schwankungen, so wird in den bisher angesprochenen Fällen häufig nicht das Subziel eines möglichst hohen, sondern das eines *nivellierten Gewinnausweises* angestrebt. Dieses ist in den Jahren, in denen es eine Gewinnnivellierung „von oben nach unten" zur Folge hat, *unvereinbar* mit den Subzielen eines möglichst *hohen Vermögens- und Eigenkapitalausweises*. Es ist in diesen Jahren auch nicht vereinbar mit den möglichen Subzielen einer hohen Eigenkapitalrentabilität, einer niedrigen Fremdkapitalquote und eines niedrigen Verschuldungsgrades. Vereinbarkeit besteht in diesen Fällen aber mit dem besonders häufig anzutreffenden steuerbilanzpolitischen Subziel einer maximalen Gewinnachverlagerung. In Jahren, in denen der Gewinn „von unten nach oben" nivelliert wird, steht das Subziel der Gewinnnivellierung hingegen nicht im Einklang mit dem einer maximalen Gewinnachverlagerung, d. h. einem besonders häufig anzutreffenden Subziel der Steuerbilanzpolitik.

7.4 Handeln bei Zielkonflikten

Sieht die Geschäftsleitung in Fällen eines Zielkonfliktes eines dieser Ziele als *dominant* an (Zieldominanz), so sollte sie dieses verfolgen. Als dominant ist z. B. häufig das Ziel der Erhaltung oder Steigerung der *Kreditwürdigkeit* oder ein Ziel der *Ausschüttungspolitik* anzusehen. Dominiert bei einem Zielkonflikt nicht eines der Ziele, so ist es sinnvoll, einen *Zielkompromiss* anzustreben. So kann versucht werden, Zielerreichungsgrade der miteinander konkurrierenden Ziele zu verglei-

---

54 Die Fremdkapitalquote ist definiert als: Fremdkapital/Gesamtkapital. Zur bilanzanalytischen Konkretisierung der Kennzahlenbestandteile vgl. z. B. Bitz, M./Schneeloch, D./Wittstock, W., Jahresabschluß, 2003, S. 497 ff.

55 Der dynamische Verschuldungsgrad wird unterschiedlich definiert, und zwar entweder als dynamischer Verschuldungsgrad 1 = Fremdkapital/Cash Flow oder als dynamischer Verschuldungsgrad 2 = Effektivverschuldung/Cash Flow. Vgl. hierzu auch u. a. Bitz, M./Schneeloch, D./Wittstock, W., Jahresabschluß, 2003, S. 568 ff.; Baetge, J./Kirsch, H.-J./Thiele, S., Bilanzanalyse, 2004, S. 275 ff.; Küting, K./Weber, C.-P., Bilanzanalyse, 2006, S. 164 f.

chen und zu bewerten. Die Bewertung setzt die Kenntnis der subjektiven Wertvorstellungen der Entscheidenden voraus[56].

Das Ziel der *Steuerbilanzpolitik* nimmt innerhalb der Jahresabschlusspolitik eine besondere Stellung ein. Insbesondere bei mittelständischen Unternehmen ist es vielfach dominant. Das Ziel kann teilweise unabhängig von den anderen jahresabschlusspolitischen Zielen verfolgt werden. Der Grund liegt darin, dass neben der Handels- eine gesonderte Steuerbilanz erstellt werden kann. Doch sind die Möglichkeiten einer von den übrigen jahresabschlusspolitischen Zielen unabhängigen Steuerbilanzpolitik infolge der Maßgeblichkeit erheblich eingeschränkt. Dennoch dürfte es sich für viele Unternehmen lohnen, die Aufstellung von zwei voneinander unabhängigen Bilanzen zu prüfen. Angemerkt sei, dass die Erstellung einer Einheitsbilanz ohnehin in vielen Fällen aufgrund divergierender Rechtsnormen des Handels- und des Steuerrechts nicht möglich sein dürfte[57].

7.5 Aufgabe 4

Zum 31.12. des Jahres 1 ist der Geschäftsführer G der X-GmbH der Ansicht, dass er einen Ermessensspielraum hat, auf ein vor rd. einem Jahr angeschafftes Betriebsgrundstück eine außerplanmäßige Abschreibung bzw. eine Teilwertabschreibung i. H. v. 1 Mio € vorzunehmen. Er ist im Zweifel, ob es sich bei der zugrundeliegenden Wertminderung um eine voraussichtlich nur vorübergehende oder eine voraussichtlich dauernde handelt. G möchte steuerlich eine Abschreibung von 1 Mio € vornehmen, handelsbilanziell hingegen mit Rücksicht auf die Kreditwürdigkeit der GmbH gegenüber den Banken nicht. Sollte eine derartig unterschiedliche steuer- und handelsbilanzielle Behandlung nicht möglich sein, will er wissen, wie sich das Bilanzbild durch eine Abschreibung von 1 Mio. € insgesamt verändert. Hierbei interessiert ihn die Wirkung zum 31.12.1 und zum 31.12.6, also fünf Jahre später. Er geht davon aus, dass die Abschlusszahlungen für das Jahr 1 im Dezember des Jahres 2 zu entrichten sein werden. Ähnliche zeitliche Verzögerungen dürften sich für die Abschlusszahlungen bzw. Erstattungen der Folgejahre ergeben. G nimmt an, dass er den Ermessensspielraum hinsichtlich des Wertansatzes des Betriebsgrundstücks auch zu den Bilanzstichtagen 31.12.2 bis 31.12.6 haben wird.

Supplementinvestitionen erfolgen voraussichtlich in einem Abbau von Schulden. Die auf diese Schulden entfallenden Zinsen sind voraussichtlich im Rahmen des § 8 Nr. 1 GewStG dem Gewerbeertrag zu 25 % hinzuzurechnen. G erwartet, dass diese regelmäßig mit 10 % verzinst werden. Er nimmt an, dass der Gewerbesteuerhebesatz in Zukunft stets 400 % betragen wird. Es soll von dem für das Jahr 2009 geltenden Steuerrecht, einschließlich der Erhebung eines 5,5 %igen Solidaritätszuschlags, ausgegangen werden.

---

56 Vgl. zu den verschiedenen Ansätzen zur Lösung derartiger Zielkonfliktsituationen z. B. Mag, W., Entscheidung, 1977, S. 37 ff.; Schneider, D., Investition, 1992, S. 452 ff.

57 Siehe hierzu ausführlich Grotherr, S., Einfluß, 2000, S. 261 ff.; Schneeloch, D.; Bitz, M./Schneeloch, D./Wittstock, W., Jahresabschluß 2003, S. 408 ff.; Herzig, N./Briesemeister, S., Einheitsbilanz, 2009, S. 1 ff.

Teil III:
Berücksichtigung von Steuern im Rahmen von Investitions- und Finanzierungsentscheidungen

1 Einführung

Dieser Teil des Buches beschäftigt sich mit der Einbeziehung von Steuern in Investitions- und Finanzierungsentscheidungen. Derartige Entscheidungen sind sowohl bei Gründung eines Unternehmens als auch im Rahmen des laufenden Geschäftsbetriebs zu treffen.

Probleme im Zusammenhang mit Investitionen und ihrer Finanzierung werden in der Allgemeinen Betriebswirtschaftslehre üblicherweise im Rahmen der Lehre von den betrieblichen *Funktionen* behandelt. Neben der Investition und neben der Finanzierung werden als betriebliche Funktionen die Beschaffung, die Produktion und der Absatz genannt. Auf diese drei zuletzt genannten Arten betrieblicher Funktionen wird im Rahmen dieses Buches nicht eingegangen, vielmehr erfolgt eine Beschränkung der Ausführungen auf die Funktionen Investition und Finanzierung. Diese Beschränkung beruht auf zwei Gründen. Der erste besteht darin, dass nach meiner Einschätzung die Bedeutung der Besteuerung für Investitions- und Finanzierungsentscheidungen erheblich größer ist als für Entscheidungen im Beschaffungs-, Produktions- und Absatzbereich. Der zweite Grund ist der, dass die Probleme einer Einbeziehung von Steuern in unternehmerische Entscheidungen gleichstrukturiert sind, und zwar unabhängig davon, ob es sich um Investitions- und Finanzierungsentscheidungen oder aber um Beschaffungs-, Produktions- oder Absatzentscheidungen handelt. Wenn hier Probleme einer Einbeziehung von Steuern in Investitions- und Finanzierungsentscheidungen behandelt werden, so kann die hierbei angewendete Vorgehensweise als exemplarisch auch für die Einbeziehung von Steuern in andere funktionale Entscheidungen gesehen werden. Probleme, die die Einbeziehung von Steuern in Investitions- und Finanzierungsentscheidungen betreffen, sind typische Probleme einer *integrierten Steuerplanung*. Damit wird nach der Behandlung von wichtigen Themenkomplexen einer autonomen betrieblichen Steuerpolitik in Teil II dieses Buches nunmehr auf ebenfalls wichtige Fragen einer integrierten betrieblichen Steuerplanung eingegangen.

2 Besteuerung und Investitionsentscheidungen

2.1 Begriff und Arten der Investition

Unter einer **Investition** kann allgemein die Umwandlung liquider Mittel, d. h. von Geldvermögen in dem Betriebszweck dienendes (sonstiges) Unternehmensvermögen, verstanden werden. Miterfasst werden die Folgewirkungen dieser Maßnahme. Investitionen sind demnach Maßnahmen der Zahlungsmittelverwendung für betriebliche Zwecke und deren Folgewirkungen. Die Zahlungsmittel können aus dem Unternehmen selbst, sie können aber auch von außen, insbesondere von den Eigentümern des Unternehmens und von Kreditinstituten, stammen. Außerdem kann als Investition die Einlage von dem Betriebszweck dienenden Vermögen, insbesondere durch die Eigentümer des Unternehmens, angesehen werden. Das dem Betriebszweck dienende Vermögen kann sowohl materieller als auch immaterieller Art sein; es kann sowohl langfristig als auch kurzfristig im Betrieb gebunden sein.

Angemerkt sei, dass die hier gewählte Begriffsabgrenzung recht weitgehend ist. Erfasst wird nicht nur die Umwandlung liquider Mittel in Sachanlagen, sondern auch in Finanzanlagen, in Umlaufvermögen und in den Erwerb von Dienstleistungen. Im Sprachgebrauch der Praxis hingegen wird unter einer Investition häufig nur die Umwandlung liquider Mittel in Sachanlagen verstanden. Dies gilt auch für einen Teil des älteren Schrifttums.

Klargestellt sei, dass eine enge oder weite Begriffsabgrenzung nicht richtig oder falsch, sondern nur zweckmäßig oder unzweckmäßig sein kann. Eine weite Begriffsabgrenzung erscheint hier zweckmäßig, weil es so gelingt, einen großen Bereich gleichstrukturierter Probleme zu erfassen.

Regelmäßig ist es zweckmäßig, zwischen zwei Arten von Investitionen zu unterscheiden, und zwar zwischen

- *Realinvestitionen* einerseits und
- *Finanzinvestitionen* andererseits.

Bei einer *Realinvestition* fließt der Wertstrom unmittelbar von dem Investor in das Investitionsobjekt. Bei einer *Finanzinvestition* hingegen gelangt der Wertstrom nur mittelbar zu dem Investitionsobjekt.

Beispiel

Eine GmbH erwirbt:

a) eine Maschine,
b) festverzinsliche Wertpapiere.

Im ersten Fall handelt es sich um eine Real-, im zweiten hingegen um eine Finanzinvestition.

Bei einer Finanzinvestition ist der Investor nur an der finanziellen Seite der Investition beteiligt, bei einer Realinvestition hingegen muss er sich auch um die reale Seite seiner Anlage bemühen.

Es kann also definiert werden:

1. Investitionen, deren Wertströme unmittelbar zwischen Investor und Investitionsobjekt fließen, werden als **Realinvestitionen** bezeichnet.
2. Investitionen, deren Wertströme nur mittelbar zwischen Investor und Investitionsobjekt fließen, werden **Finanzinvestitionen** genannt.

Zwischen Realinvestitionen einerseits und Finanzinvestitionen andererseits bestehen bedeutsame Unterschiede, die anhand eines Beispiels verdeutlicht werden sollen.

Beispiel

Die X-GmbH tätigt folgende zwei Investitionen:

a) Sie legt 1 Mio € als Festgeld mit einem Zinssatz von 10 % p. a. für zwei Jahre bei einer Bank an; nach Ablauf der zwei Jahre erhält sie also vertragsgemäß 1,21 Mio € von der Bank zurück.
b) Sie kauft ein unbebautes Grundstück für 1 Mio € und verkauft es nach zwei Jahren für 1,21 Mio €.

Für beide Investitionen der X-GmbH kann eine Rendite von 10 % p. a. ermittelt werden, da gilt:

1 Mio · (1 + 0,1) + 1 Mio · (1 + 0,1) · 0,1 = 1,21 Mio.

Obwohl im Beispiel für beide Investitionen eine Rendite von 10 % p. a. errechnet werden kann, bestehen zwischen ihnen fundamentale Unterschiede. Diese lassen sich wie folgt umreißen:

1. Bei der *Finanzanlage* (Erwerb der festverzinslichen Wertpapiere) ist die *Verzinsung vorgegeben*; der Rückzahlungsbetrag kann also vorausberechnet werden. Bei der *Realinvestition* (Erwerb des Grundstücks) hingegen besteht *keine Vereinbarung einer Verzinsung*. Vielmehr ist die Frage, welche Verzinsung das Grundstück abwirft, falsch gestellt. Die späteren Einnahmen von 1,21 Mio € ergeben sich nicht aufgrund einer vereinbarten Verzinsung, vielmehr aufgrund der späteren Wertentwicklung des Grundstücks.
2. Bei der Finanzinvestition investiert nicht die X-GmbH in Sachen oder Dienstleistungen, dies geschieht vielmehr unter Vermittlung der Bank durch einen (anonymen) Dritten.

Infolge einer Zinsvereinbarung kann im Falle einer *Finanzinvestition* die Prognose der zu erwartenden Zahlungsströme unzweifelhaft nach den Regeln der *Finanzmathematik* erfolgen. Bei *Realinvestitionen* hingegen bestehen keine derartigen zwangsweisen mathematischen Verknüpfungen zwischen Einzahlungen und Auszahlungen. So ist z. B. nicht einzusehen, warum ein unbebautes Grundstück mit mathematischer Gesetzmäßigkeit eine Verzinsung von 10 % p. a. erwirtschaften sollte. Damit ist die Vermutung naheliegend, dass zur Beurteilung der Vorteilhaftigkeit einer Realinvestition andere Beurteilungsmethoden erforderlich sind als zu der einer Finanzinvestition.

2.2 Arten der Investitionsrechnung und Vorteilskriterien

2.2.1 Endvermögensmaximierung und Kapitalwertmethode

In Teil I dieses Buches ist die Endvermögensmaximierung als sinnvolle Zielsetzung unternehmerischen Handelns herausgearbeitet worden[1]. Dies gilt (selbstverständlich) auch im Rahmen von Investitionsentscheidungen. Bestehen j Investitionsmöglichkeiten (j = 1, 2, ..., m), so ist im Rahmen eines Vorteilsvergleichs die Alternative zu wählen, die das höchste Endvermögen herbeiführt:

(1) $Ev_j \rightarrow Max!$

Wie ebenfalls bereits in Teil I dargestellt, lässt sich das Endvermögen am Ende des Planungszeitraums wie folgt definieren:

(2) $Ev = \sum\limits_{t=0}^{n} (Ze^{*}_t - Za^{*}_t) + R.$

Hierbei gibt Ze^{*}_t die Einzahlungen und Za^{*}_t die Auszahlungen des Jahres t an. R gibt den evtl. am Ende des Planungszeitraums noch vorhandenen Restwert des Investitionsobjekts an. Die miteinander zu vergleichenden Einzahlungen und Auszahlungen können mit Hilfe von Finanzplänen dargestellt werden. Sie enthalten dann in expliziter Weise diejenigen Zinseinzahlungen und Zinsauszahlungen, die durch die Finanzierung des jeweiligen Investitionsobjekts hervorgerufen werden.

Führen Zahlungsdifferenzen beim Vergleich von Realinvestitionen ausschließlich zu Finanzinvestitionen, so können die Regeln der Finanzmathematik angewendet werden. Geschieht dies, so werden die aus den Supplementinvestitionen entstehenden Zinseinzahlungen und Zinsauszahlungen nicht explizit in den Einzahlungen und Auszahlungen erfasst. Ihre Berücksichtigung erfolgt dann vielmehr in dem Zinssatz i, mit dem die Supplementinvestitionen verzinst werden. In den Einzahlungen und Auszahlungen sind dann die Einzahlungen und Auszahlungen aus den Supplementinvestitionen nicht mehr erfasst. Zur besseren Unterscheidung werden diese um die auf den Supplementinvestitionen beruhenden Zinszahlungen geminderten Einzahlungen bzw. Auszahlungen nicht mit Ze^{*} bzw. Za^{*}, sondern mit Ze bzw. Za bezeichnet. Wird von einem einheitlichen Kalkulationszinsfuß i ausgegangen, so kann das Endvermögen demnach - wie ebenfalls bereits in Teil I erörtert - wie folgt dargestellt werden[2]:

---

[1]   Vgl. Teil I, Gliederungspunkt 5.

[2]   Zur näheren Begründung s. die Herleitung der Gleichungen (62) und (63) in Teil I, Gliederungspunkt 5.2.

$$(3) \quad EV = \sum_{t=0}^{n} (Ze_t - Za_t) \cdot (1 + i_t)^{n-t} + R.$$

Bei Anwendung der ebenfalls bereits aus Teil I bekannten Definition

$$(4) \quad 1 + i_t = q_t$$

kann hierfür geschrieben werden:

$$(5) \quad EV = \sum_{t=0}^{n} (Ze_t - Za_t) \cdot q_t^{n-t} + R.$$

In den Gleichungen (3) und (5) werden die sich aus den Realinvestitionen ergebenden Einzahlungen und Auszahlungen also auf das Ende des Planungszeitraums
aufgezinst. Hierbei wird unterstellt, dass die Zahlungen eines Jahres jeweils an
dessen Ende anfallen. Trifft diese Prämisse nicht zu, so vernachlässigen die Gleichungen unterjährige Verzinsungen.

Lassen sich die Regeln der Finanzmathematik anwenden, so kann in der ebenfalls
bereits aus Teil I bekannten Weise anstatt einer Aufzinsung auf das Ende eine
Abzinsung auf den Beginn des Planungszeitraums vorgenommen werden. Der so
ermittelte Barwert der abgezinsten Einzahlungen nach Abzug der abgezinsten
Auszahlungen wird als **Kapitalwert** (K) des Investitionsobjekts bezeichnet[3]. Er
kann wie folgt geschrieben werden:

$$(6) \quad K = \sum_{t=0}^{n} (Ze_t - Za_t) \cdot q_t^{-t} + R \cdot q_t^{-n}.$$

q_t^{-t} wird als *Abzinsungs-* oder *Diskontierungsfaktor* bezeichnet. Wird nicht nur
von einem einheitlichen, sondern außerdem von einem im Zeitablauf konstanten
Kalkulationszinssatz i ausgegangen und wird außerdem der jährliche Überschuss
der Einzahlungen über die Auszahlungen $(Ze_t - Za_t)$ mit Z_t bezeichnet, so vereinfacht sich Gleichung (6) zu:

---

3   Vgl. dazu auch Bieg, H./Kußmaul, H., Investition, 2000, S. 116 ff.; Bitz, M., Investition,
    2005, S. 113 ff.; Blohm, H./Lüder, K./Schaefer, C., Investition, 2006, S. 51 ff.; Perridon,
    L./Steiner, M., Finanzwirtschaft, 2007, S. 45 ff.; Kruschwitz, L., Investitionsrechnung, 2009,
    S. 63 ff.

(7) $K = \sum_{t=0}^{n} Z_t \cdot q^{-t} + R \cdot q^{-n}.$

Vielfach beginnen Investitionen mit einer hohen Investitionsausgabe (I). Wird es für zweckmäßig erachtet, diese gesondert auszuweisen, so kann Gleichung (7) wie folgt geschrieben werden:

(8) $K = -I + \sum_{t=1}^{n} Z_t \cdot q^{-t} + R \cdot q^{-n}.$

Hierbei nimmt I den Wert von Z_0 aus Gleichung (7) an.

Ist zu entscheiden, ob eine Realinvestition durchgeführt werden soll oder nicht, so gilt bei Anwendung der Kapitalwertmethode die Bedingung:

(9) $K > 0.$

Die Durchführung der Realinvestition ist also nur dann vorteilhaft, wenn ihr Kapitalwert positiv ist. Nur in diesem Fall bewirkt die Realinvestition nämlich einen Ertrag, der höher ist als der der alternativen Finanzinvestition, die sich zum Kalkulationszinsfuß verzinst. Bei einem negativen Kapitalwert hingegen ist die „Verzinsung" der Realinvestition geringer als der Zinsertrag der alternativen Finanzinvestition; die Durchführung der Realinvestition ist nachteiliger als die Vornahme der alternativen Finanzinvestition. Die Prüfung der Vorteilhaftigkeit einer einzigen Realinvestition beinhaltet somit bereits einen vollständigen *Vorteilsvergleich*. Verglichen wird die *Vorteilhaftigkeit der Realinvestition* mit der Vorteilhaftigkeit einer *alternativen Finanzinvestition (Unterlassensalternative)*.

Bei einem Vergleich *mehrerer Realinvestitionen* anhand des Kapitalwertkriteriums miteinander ist diejenige die vorteilhafteste, die den *größten Kapitalwert* aufweist. Die Zielfunktion der Gleichung (1) wird somit zu:

(10) $K_j \rightarrow \text{Max}!$

Die Durchführung der mit Hilfe dieser Zielfunktion ermittelten Realinvestition ist aber nur dann vorteilhaft, wenn sie einen positiven Kapitalwert aufweist. Auch in diesem Fall muss also die Bedingung der Ungleichung (9) erfüllt sein. Andernfalls ist es vorteilhafter, auf alle miteinander verglichenen Realinvestitionen zu verzichten und stattdessen die Vergleichsfinanzinvestition vorzunehmen. Ein Beispiel soll die Zusammenhänge verdeutlichen:

Beispiel

Für die alternativen Investitionsobjekte A und B sind deren Kapitalwerte zu ermitteln. Der Kalkulationszinsfuß beträgt 8 % p. a.

A und B weisen folgende Einzahlungen (+) und Auszahlungen (–) aus:

Zahlungszeitpunkte	t_0	t_1	t_2	t_3
A:	– 1.000	–	–	+ 1.380
B:	– 700	+ 280	+ 550	–

Die Kapitalwerte der Investitionsobjekte A (K_a) und B (K_b) lassen sich wie folgt berechnen:

$$K_a = -1.000 + 1.380 \cdot 1,08^{-3},$$

$$K_a = +95,49,$$

$$K_b = -700 + 280 \cdot 1,08^{-1} + 550 \cdot 1,08^{-2},$$

$$K_b = +30,80.$$

Die Kapitalwerte beider Investitionsobjekte sind größer als Null. Damit sind unter Zugrundelegung des Kapitalwertkriteriums beide Realinvestitionen vorteilhafter als eine alternative Finanzinvestition. Letztere verzinst sich annahmegemäß mit 8 % p. a. Kann nur eine der beiden Realinvestitionen durchgeführt werden, so ist die Investition A der Investition B vorzuziehen, da sie den höheren Kapitalwert aufweist.

Problematisch ist die dem Kapitalwertverfahren immanente Prämisse, dass Zahlungsdifferenzen zwischen den Investitionsobjekten zu *Differenzinvestitionen* führen, die sich zum *Kalkulationszinsfuß i verzinsen*. Diese Unterstellung kann bei der Beurteilung der Vorteilhaftigkeit von Realinvestitionen im Einzelfall aus folgenden Gründen realitätsfern sein:

1. Zahlungsdifferenzen müssen nicht zwingend zu Finanzinvestitionen, vielmehr können sie auch zu unterschiedlichen Realinvestitionen verwendet werden.
2. Als Folge einer Realinvestition können positive Finanzanlagen ab- oder aufgebaut, als Folge einer anderen hingegen (teilweise auch) Verbindlichkeiten verändert werden. Positive Finanzanlagen und Verbindlichkeiten dürften i. d. R. unterschiedliche Zinssätze aufweisen.
3. Führen unterschiedliche Realinvestitionen zu Kreditaufnahmen in unterschiedlicher Höhe, können sich unterschiedliche Kreditzinssätze ergeben.

Die grundlegende Prämisse der Kapitalwertmethode, nämlich die Anlage von Zahlungsdifferenzen innerhalb einer Periode zu dem einheitlichen Zinssatz einer Finanzanlage, engt somit den Bereich, innerhalb dessen die Methode unbedenklich angewendet werden kann, ein. Unbedenklich anwendbar ist die Methode nur bei vergleichsweise geringen Zahlungsdifferenzen, die entweder nur auf positive oder nur auf negative Finanzinvestitionen einwirken und deren Zinssätze sich nicht verändern. Wird dieser enge Anwendungsbereich verlassen, so kann die Kapitalwertmethode zu Fehlentscheidungen führen. Will man diese ausschließen, so müssen die tatsächlichen Differenzinvestitionen berücksichtigt werden. Dies setzt die Aufstellung eines *vollständigen Finanzplanes* bis zum Ende des Planungszeitraums voraus. Zielvorstellung ist dann nicht mehr die Kapitalwertmaximierung sondern die *Endvermögensmaximierung*. Bevor man zu dieser aufwendigen Vorgehensweise übergeht, lohnt es sich allerdings im konkreten Einzelfall darüber nachzudenken, ob nicht durch die Schätzung eines Mischkalkulationszinsfußes die Anwendung des Kapitalwertverfahrens doch akzeptabel erscheint. Dies gilt umso mehr, als durch die Besteuerung ein Effekt der Nivellierung der Zinssätze eintritt. Hierauf ist in Teil I unter Gliederungspunkt 6.8 ausführlich eingegangen worden.

Problematisch kann die Kapitalwertmethode auch hinsichtlich der Festlegung der Höhe des Kalkulationszinsfußes sein. Je nach Höhe des Kalkulationszinssatzes kann sich bei einem Vergleich von zwei Investitionsobjekten einmal das eine, das andere Mal das andere Investitionsobjekt als vorteilhafter erweisen. Ein Beispiel soll dies verdeutlichen.

Beispiel

Die miteinander zu vergleichenden Investitionsobjekte A und B verursachen voraussichtlich folgende Einzahlungen (+) und Auszahlungen (–):

Zahlungszeitpunkte	t_0	t_1	t_2	t_3
A:	– 1.000	+ 800	+ 300	+ 200
B:	– 910	+ 400	+ 100	+ 750

Es sollen die Kapitalwerte dieser Investitionsobjekte ermittelt werden. Die Berechnungen sollen sowohl für einen im Zeitablauf gleichbleibenden Kalkulationszinssatz von 8 %, als auch für einen solchen von 2 % vorgenommen werden. Planungshorizont ist der Zeitpunkt t_3.

Wird von einem Kalkulationszinssatz von 8 % ausgegangen, so ergeben sich folgende Kapitalwerte:

$K_a/8\% = -1.000 + 800 \cdot 1{,}08^{-1} + 300 \cdot 1{,}08^{-2} + 200 \cdot 1{,}08^{-3}$,

$K_a/8\% = +156{,}71$,

$K_b/8\% = -910 + 400 \cdot 1{,}08^{-1} + 100 \cdot 1{,}08^{-2} + 750 \cdot 1{,}08^{-3}$,

$K_b/8\% = +141{,}48$.

Wird von einem Kalkulationszinssatz von 2 % ausgegangen, so ergeben sich folgende Kapitalwerte:

$K_a/2\% = -1.000 + 800 \cdot 1{,}02^{-1} + 300 \cdot 1{,}02^{-2} + 200 \cdot 1{,}02^{-3}$,

$K_a/2\% = +261{,}13$,

$K_b/2\% = -910 + 400 \cdot 1{,}02^{-1} + 100 \cdot 1{,}02^{-2} + 750 \cdot 1{,}02^{-3}$,

$K_b/2\% = +285{,}02$.

Wird von einem Kalkulationszinssatz von 8 % ausgegangen, so erscheint das Investitionsobjekt A vorteilhafter als das Investitionsobjekt B, da der Kapitalwert bei A mit + 156,71 um 15,23 höher ist als bei B mit + 141,48. Wird hingegen von einem Kalkulationszinssatz von 2 % ausgegangen, so ergibt sich das umgekehrte Ergebnis: Nunmehr ist der Kapitalwert des Investitionsobjekts B mit + 285,02 um 23,89 höher als der des Objekts A mit + 261,13.

2.2.2 Methode der äquivalenten Annuitäten

Aus der Kapitalwertmethode lässt sich die Methode der äquivalenten Annuitäten ableiten[4]. Die äquivalente Annuität (Ann) eines Investitionsobjekts (Gewinnannuität) ist die dem Kapitalwert zum Zeitpunkt t = 0 äquivalente, sich über die Nutzungsdauer des Projekts erstreckende Jahresrente:

(11) $K = Ann \cdot (1 + i)^{-1} + Ann \cdot (1 + i)^{-2} + ... + Ann \cdot (1 + i)^{-n}$,

(12) $K = Ann \cdot [(1 + i)^{-1} + (1 + i)^{-2} + ... + (1 + i)^{-n}]$.

Werden beide Seiten der Gleichung mit (1 + i) multipliziert, so ergibt sich:

(13) $K \cdot (1 + i) = Ann \cdot [1 + (1 + i)^{-1} + ... + (1 + i)^{-n+1}]$.

Wird die letzte Gleichung von der vorletzten subtrahiert, so ergibt sich:

(14) $-K \cdot i = Ann \cdot [-1 + (1 + i)^{-n}]$

(15) $Ann = \dfrac{-K \cdot i}{-1 + (1 + i)^{-n}}$,

(16) $Ann = \dfrac{K \cdot i}{1 - (1 + i)^{-n}}$,

(17) $Ann = K \cdot \dfrac{i \cdot (1 + i)^n}{(1 + i)^n - (1 + i)^n \cdot (1 + i)^{-n}}$.

Für Ann erhält man letztlich:

(18) $Ann = K \cdot \dfrac{i \cdot (1 + i)^n}{(1 + i)^n - 1}$.

---

[4]   Vgl. dazu auch Bieg, H./Kußmaul, H., Investition, 2000, S. 120 ff.; Bitz, M., Investition, 2005, S. 117 ff.; Blohm, H./Lüder, K./Schaefer, C., Investition, 2006, S. 70 ff.; Kruschwitz, L., Investitionsrechnung, 2009, S. 80 ff.

Der Ausdruck $\dfrac{i \cdot (1 + i)^n}{(1 + i)^n - 1}$ wird als Annuitätenfaktor bzw. als

Wiedergewinnungsfaktor W_{gf} bezeichnet:

$$(19) \quad W_{gf} = \frac{i \cdot (1 + i)^n}{(1 + i)^n - 1}.$$

Durch Einsetzen von W_{gf} in Gleichung (18) ergibt sich:

$$(20) \quad A_{nn} = K \cdot W_{gf}.$$

Die Annuität ist also als das Produkt aus Kapitalwert und Wiedergewinnungsfaktor (Annuitätenfaktor) definiert.

Beispiel

Es ist für die Investition, die durch die nachfolgend aufgeführten Einzahlungen (+) und Auszahlungen (–) sowie die ebenfalls genannten Zahlungszeitpunkte gekennzeichnet ist, die Annuität zu ermitteln. Hierbei ist von einem Kalkulationszinssatz i von 8 % p. a. auszugehen. Zahlungszeitpunkte und Zahlungen werden wie folgt angenommen:

Zahlungszeitpunkte	t_0	t_1	t_2	t_3
Zahlungen	– 1.000	–	–	+ 1.380

Der Kapitalwert der Zahlungsreihe ergibt sich wie folgt:

$K = -1.000 + 1.380 \cdot 1{,}08^{-3}$,

$K = +95{,}49$.

Durch Einsetzen dieses Kapitalwerts und des Werts von i = 8 % in Gleichung (18) ergibt sich folgende Annuität:

$A_{nn} = 95{,}49 \cdot \dfrac{0{,}08 \cdot 1{,}08^3}{1{,}08^3 - 1}$

$A_{nn} = 37{,}05$.

Der Annuitätenfaktor für unterschiedliche Werte von i kann einschlägigen finanzmathematischen Tabellen entnommen werden[5].

Da die Annuitätenmethode lediglich eine Variante der Kapitalwertmethode darstellt, unterliegt ihr Anwendungsbereich den gleichen Einschränkungen wie diese auch. „Wegen des größeren Rechenaufwandes ist die Tatsache ihrer Existenz erstaunlich. Wenn man aber bedenkt, dass die betriebliche Wirtschaftlichkeitsrechnung von der Praxis im allgemeinen als Periodenrechnung durchgeführt wird, so darf diese Form der Kapitalwertmethode als Versuch gewertet werden, die

---

[5]   Vgl. z. B. den Anhang bei Swoboda, P., Investition, 1996, S. 234; Perridon, L./Steiner, M., Finanzwirtschaft, 2004, S. 63.

Investitionsrechnung der betrieblichen Periodenrechnung anzupassen und sie der Praxis näherzubringen"[6].

Einen weiteren Rechtfertigungsgrund für die Existenz der Annuitätenmethode führt Swoboda an[7]. Oft haben Investitionsprojekte nicht dieselbe Nutzungsdauer. Dennoch ist es auch in diesen Fällen erforderlich, eine gemeinsame Planungsperiode zu wählen. Die damit verbundenen Schwierigkeiten glaubt Swoboda dadurch vermeiden zu können, dass er die Kapitalwerte in Gewinnannuitäten umrechnet. Dies ist aber nur dann zutreffend, wenn man identische Reinvestitionen annimmt. Ohne diese Annahme können Annuitäten erst dann ermittelt werden, wenn die Kapitalwerte für denselben Planungszeitraum errechnet worden sind. Dann aber benötigt man zur Beurteilung der Vorteilhaftigkeit die Annuitäten nicht mehr.

Auf einen wesentlichen Nachteil der Annuitätenmethode gegenüber der Kapitalwertmethode hat Schneider[8] hingewiesen: Die Annuitätenmethode ist nicht bei im Zeitablauf schwankenden Zinssätzen anwendbar.

Zusammenfassend bleibt festzustellen, dass die Annuitätenmethode keine Erkenntnisse zu liefern vermag, die die Kapitalwertmethode nicht auch liefern kann, dass sie aber mit erheblich mehr Rechenaufwand verbunden ist. Sie wird deshalb in der nachfolgenden Analyse nicht weiter berücksichtigt.

2.2.3 Interne Zinsfußmethode, interne Renditen

Als **interner Zinsfuß** einer Zahlungsreihe wird der Kalkulationszinsfuß bezeichnet, bei dessen Verwendung der Kapitalwert im Zeitpunkt unmittelbar vor der ersten Zahlung Null wird:

(21) $K = 0.$

Es handelt sich also um die „innere Rendite" einer Investition.

Wird der interne Zinsfuß mit i^* bezeichnet und setzt man $q^* = 1 + i^*$, so ergibt sich der interne Zinsfuß aus Gleichung (6) unter Einsetzung des Werts aus Gleichung (21) wie folgt:

(22) $\sum\limits_{t=0}^{n} (Z_{e_t} - Z_{a_t}) \cdot (1 + i^*)^{-t} = 0.$

Bei Gleichung (22) handelt es sich um eine Gleichung n-ten Grades mit n Lösungen. Hierbei wird aus Vereinfachungsgründen angenommen, dass ein nach Glei-

---

6   Heister, M., Rentabilitätsanalyse, 1962, S. 27.
7   Vgl. Swoboda, P., Investition, 1996, S. 41 ff.
8   Vgl. Schneider, D., Investition, 1992, S. 81.

chung (7) anzusetzender Restwert R nicht vorhanden ist (R = 0). Exakt lösbar sind derartige Gleichungen nur für n ≤ 4. Doch sind inzwischen für Gleichungen höheren Grades hinreichend genaue Schätzverfahren entwickelt worden[9].

Als vorteilhaft wird ein Investitionsprojekt dann angesehen, wenn sein interner Zinsfuß höher ist als der für mindestens erforderlich gehaltene Zinsfuß (Kalkulationszinsfuß), d. h. wenn gilt:

(23) $i^* > i$.

Sollen mehrere Investitionsobjekte miteinander verglichen werden, so wird nach der internen Zinsfußmethode dasjenige mit dem höchsten internen Zinsfuß als das vorteilhafteste angesehen.

Gegen die Anwendung der internen Zinsfußmethode werden im Schrifttum schwerwiegende Einwände erhoben[10]. Sie beruhen darauf, dass es Fälle gibt, in denen das interne Zinsfußverfahren zu

1. mehreren Lösungen im positiven Bereich,
2. Lösungen ausschließlich im negativen Bereich und
3. Lösungen ausschließlich außerhalb des Bereichs der reellen Zahlen führt.

Mehrere Lösungen im positiven Bereich ergeben sich, wenn das Vorzeichen der Zahlungsreihe mehr als einmal wechselt. Dies aber ist insbesondere dann der Fall, wenn nach einer Anfangsinvestitionsauszahlung in t = 0 in den darauffolgenden Jahren zunächst Einzahlungsüberschüsse entstehen, anschließend aber eine Generalüberholung vorgenommen wird, die zu einem Auszahlungsüberschuss führt, dem anschließend wieder Einzahlungsüberschüsse folgen. Durch die Gewichtung mit unterschiedlichen Zinssätzen kommen in derartigen Fällen einmal die Einzahlungen und ein anderes Mal die Auszahlungen stärker zur Geltung.

Ein mehr als einmaliger Vorzeichenwechsel kann sich auch in Fällen der langfristigen Auftragsfertigung ergeben. Hier erhält der Hersteller, z. B. ein Kraftwerksbauer, vor Beginn der Herstellung häufig eine Anzahlung, d. h. bei ihm entsteht zunächst ein Einzahlungsüberschuss. Anschließend folgen Perioden mit Auszahlungsüberschüssen, bis nach der Endabnahme des Werks wieder ein Einzahlungsüberschuss entsteht.

Zu welchen grotesken Ergebnissen in derartigen Fällen die Anwendung der internen Zinsfußmethode führen kann, hat Schneider eindrucksvoll belegt. Er hat die internen Zinsfüße für folgende Zahlungsreihe ermittelt[11]:

---

9   Vgl. Kruschwitz, L., Investitionsrechnung, 2009, S. 106 ff.
10   Vgl. Schneider, D., Investition, 1992, S. 86 ff.
11   Vgl. Schneider, D., Investition, 1992, S. 87; vgl. dazu auch den grundlegenden Aufsatz von Samuelson, P., Aspects, 1937, S. 469 ff.

Zahlungszeitpunkte	t_0	t_1	t_2
Zahlungen	-1.000	$+5.000$	-6.000

Die internen Zinsfüße dieser Zahlungsreihe ergeben sich aus folgendem Ansatz:

$$-1.000 + 5.000 \cdot (1 + i^*)^{-1} - 6.000 \cdot (1 + i^*)^{-2} = 0.$$

Diese Gleichung kann wie folgt umgeformt werden:

$$5 \cdot (1 + i^*)^{-1} - 6 \cdot (1 + i^*)^{-2} = 1,$$

$$1 = \frac{5}{(1 + i^*)} - \frac{6}{(1 + i^*)^2}.$$

Durch Multiplikation mit $(1 + i^*)^2$ und einigen Umformungen ergibt sich:

$$0 = i^{*2} - 3\,i^* + 2.$$

Hierfür kann auch geschrieben werden:

$$0 = (i^* - 2) \cdot (i^* - 1).$$

Dies ergibt die beiden Lösungen

$$i^* = +1 \quad \text{und}$$

$$i^* = +2.$$

Es ergeben sich also interne Zinsfüße von +100 % und +200 %.

Interne Zinsfüße von +100 % und +200 % in einem Fall, in dem die Auszahlungen der Realinvestitionen mit 7.000 deren Einzahlungen von 5.000 bei weitem übersteigen, sind ökonomisch offensichtlicher Unsinn. Sie sind nur zu erklären durch die der internen Zinsfußmethode zugrunde liegende Unterstellung. Diese lautet: Sämtliche Zahlungsdifferenzen zwischen den miteinander zu vergleichenden Realinvestitionen verzinsen sich zum internen Zinsfuß. Im Beispielfall bedeutet dies, dass Einzahlungen und Auszahlungen jeweils eine Verzinsung des eingesetzten Kapitals von +100 % bzw. von +200 % erwirtschaften. Dies ist eine Annahme, die an Realitätsferne kaum noch zu überbieten ist.

Aus dieser Kritik an der internen Zinsfußmethode sollte nun allerdings nicht der Schluss gezogen werden, dass auch die Ermittlung interner Renditen in jedem Fall verfehlt sei. Mit Renditen sollen Wachstumsraten des eingesetzten Kapitals, d. h. einer Anfangsauszahlung, ermittelt werden. Dies ist problemlos bei Finanzinvestitionen möglich. Bei Realinvestitionen hingegen sind sinnvolle Annahmen über die zwischenzeitliche Anlage zu treffen. Geschieht dies nicht, so unterstellt die interne Zinsfußmethode die Wiederanlage zum internen Zinsfuß. Dies kann zu den bereits dargestellten unsinnigen Ergebnissen führen. Werden hingegen realitätsnahe Annahmen über die Wiederanlage getroffen, so ist die Ermittlung interner Renditen durchaus sinnvoll. Ein Beispiel soll dies verdeutlichen.

Beispiel

Eine geplante Realinvestition lässt zum Zeitpunkt t_0 eine Anschaffungsauszahlung von 800 Geldeinheiten erwarten. Diese soll durch Überweisung von einem laufenden betrieblichen Konto erfolgen. Zum Zeitpunkt t_1 erwartet der Betriebsinhaber B als Folge der Investition eine Einzahlung von 600 Geldeinheiten und zum Zeitpunkt t_2 eine Einzahlung von 400 Geldeinheiten. Weitere Einzahlungen und Auszahlungen erwartet B nicht. In den genannten Einzahlungen und Auszahlungen noch nicht berücksichtigt sind die Zinswirkungen der Einzahlungen und Auszahlungen. B geht davon aus, dass alle Ein- und Auszahlungen über das bereits erwähnte laufende betriebliche Konto abgewickelt werden; sie verändern damit dessen jeweiligen Kontostand. B nimmt an, dass das Konto stets einen Sollbestand haben und der Nettozinssatz, d. h. der Zinssatz unter Berücksichtigung der Steuerwirkungen, 5 % p. a. betragen wird.

Werden die konkreten Zinszahlungen der Differenzinvestitionen nicht berücksichtigt, so kann anhand des geschilderten Sachverhalts folgende Zahlungsreihe aufgestellt werden:

Zahlungszeitpunkte	t_1	t_1	t_2
Zahlungen	– 800	+ 600	+ 400

Soll in herkömmlicher Weise die interne Rendite dieser Zahlungsreihe ermittelt werden, so ist ihr Kapitalwert mit 0 anzusetzen. Der Kapitalwert beträgt:

$$K = -800 + 600 \cdot (1 + i)^{-1} + 400 \cdot (1 + i)^{-2}.$$

Die interne Rendite i^* ergibt sich, indem in dieser Gleichung i durch i^* ersetzt und K = 0 gesetzt wird:

$$-800 + 600 \cdot (1 + i^*)^{-1} + 400 \cdot (1 + i^*)^{-2} = 0.$$

Durch Multiplikation mit $(1 + i^*)^2$ ergibt sich:

$$-800 \cdot (1 + i^*)^2 + 600 \cdot (1 + i^*) + 400 = 0.$$

Diese Gleichung kann umgeformt werden zu:

$$800 \cdot i^{*2} + 1.000 \cdot i^* - 200 = 0$$

bzw. bei Kürzung durch 800 zu

$$i^{*2} + 1,25 \cdot i^* - 0,25 = 0.$$

Aufgelöst nach i^* ergibt dies:

$$i^* = -\frac{1,25}{2} \pm \sqrt{\frac{1,25^2}{4} + 0,25}$$

$$i^* = -0,625 \pm \sqrt{0,640625}$$

$$i^* = -0,625 \pm 0,8004$$

$i^*_1 = + 0,1754$

$i^*_2 = - 1,4254.$

Die interne Rendite beträgt also + 17,54 % oder – 142,54 %. Während das zweite Ergebnis wirtschaftlich offensichtlich unsinnig ist, ist das erste zwar denkbar, aber doch eher unwahrscheinlich. Es beinhaltet nämlich, dass die Supplementinvestitionen eine Verzinsung von immerhin knapp 18 % p. a. erwirtschaften. Dies ist eine Größenordnung, die bei Supplementinvestitionen in der Form von Finanzinvestitionen kaum jemals erreichbar sein dürfte.

Ein völlig anderes Ergebnis entsteht, wenn die tatsächlichen Zinszahlungen in die Zahlungsreihe aufgenommen werden. Es ergeben sich dann folgende Zahlungen:

	t_0	t_1	t_2
Zahlungen ohne Zinsen	– 800	+ 600	+ 400
Zinszahlungen	–	– 40	– 12
Zahlungen insgesamt	– 800	+ 560	+ 388

Die Zinszahlung zum Zeitpunkt t_1 ergibt sich daraus, dass die Erhöhung des Schuldenstandes zum Zeitpunkt t_0 im darauffolgenden Jahr zu einer Zinsbelastung i. H. v. 5 % dieser zusätzlichen Schulden führt. Bis zum Zeitpunkt t_1 hat die Investition dann folgende Wirkungen auf den Kontostand:

Investitionszahlung = Veränderung des Kontostands durch	
Realinvestitionen zum Zeitpunkt t_0	– 800
Einzahlungen zum Zeitpunkt t_1	+ 600
Zinsauszahlung zum Zeitpunkt t_1	– 40
Veränderung des Kontostandes bis zum Zeitpunkt t_1	– 240

In dem auf den Zeitpunkt t_1 folgenden Jahr führen die zusätzlichen Schulden zum Zeitpunkt t_1 zu zusätzlichen Sollzinsen i. H. v. 5 % des zusätzlichen Schuldenstandes, d. h. i. H. v. (240 · 5 % =) 12 Geldeinheiten.

Bis zum Zeitpunkt t_2 hat die Investition dann folgende Wirkungen auf den Kontostand:

Veränderung des Kontostands bis zum Zeitpunkt t_1	– 240
Einzahlungen zum Zeitpunkt t_2	+ 400
Zinsauszahlung zum Zeitpunkt t_2	– 12
Veränderung des Kontostandes bis zum Zeitpunkt t_2	+ 148

Die o. a. saldierte Zahlungsreihe beinhaltet also, dass ein Kapitaleinsatz von 800 Geldeinheiten bis zum Zeitpunkt t_2 zu Einzahlungen i. H. v. (560 + 388 =) 948 Geldeinheiten führt. Aus Zahlungsmitteln von 800 Geldeinheiten werden also bis zum Ende des Planungszeitraums Zahlungsmittel von 948 Geldeinheiten. Anders ausgedrückt: Aus einem eingesetzten Kapital von 800 Geldeinheiten zum Zeitpunkt t_0 wird bis zum Zeitpunkt t_2 ein Kapital von 948 Geldeinheiten. Hieraus lässt sich die (jährliche) Wachstumsrate des eingesetzten Kapitals, d. h. eine interne Rendite, von 8,857 % errechnen. Zur Klarstellung sei nochmals ausdrücklich darauf hingewiesen, dass es sich hierbei um eine interne Rendite nach Berücksichtigung der tatsächlich zu zahlenden Zinsen handelt.

2.2.4 Herkömmliche Verfahren der Praxis

Praktiker begegnen der Methode der Endvermögensmaximierung, aber auch den finanzmathematischen Methoden der Investitionsrechnung häufig mit Skepsis. Ihr Haupteinwand besteht darin, diese Methoden seien zu realitätsfern. Außerdem seien die Verfahren wegen ihrer vergleichsweise hohen mathematischen Anforderungen an die Anwender nicht praxisgerecht. In der Praxis sind deshalb Verfahren entwickelt worden, die rechnerisch sehr einfach sind. Von Praktikern wird häufig ihre Praxisnähe gerühmt. Nachfolgend sollen drei dieser Verfahren kurz erläutert werden, und zwar

- das Kostenvergleichsverfahren,
- das Gewinnvergleichsverfahren und
- das Amortisationsdauerverfahren.

Bei Anwendung des *Kostenvergleichsverfahrens* werden schlicht die Kosten der miteinander konkurrierenden Investitionsprojekte miteinander verglichen. Vorzuziehen ist nach der Entscheidungsregel dieses Verfahrens das Investitionsobjekt, das die geringsten Kosten ausweist.

Das Kostenvergleichsverfahren weist folgende Mängel auf:

1. Das Verfahren beruht nicht auf Zahlungs- sondern auf Kostengrößen. Durch die Verwendung von Kosten und nicht von Einzahlungen und Auszahlungen wird der zeitliche Anfall der Zahlungen willkürlich geglättet. So werden bei Anschaffung einer Maschine die Anschaffungskosten auf die Laufzeit verteilt und nicht berücksichtigt, ob die Anschaffungsauszahlungen z. B. alle zu Beginn oder etwa alle am Ende der Nutzungsdauer geleistet werden.
2. Das Problem der Vergleichbarmachung von Zahlungen, dem eine zentrale Bedeutung beizumessen ist, wird völlig ausgeklammert. Damit wird stillschweigend angenommen, dass Differenzinvestitionen einen Zinssatz von 0 % erwirtschaften.
3. Das Kostenvergleichsverfahren vernachlässigt vollkommen die Einnahmenseite (Ertragsseite). Damit scheidet von vornherein die Möglichkeit aus, zu prüfen, ob überhaupt eines der miteinander zu vergleichenden Investitionsobjekte vorteilhaft ist, ob es nicht vielleicht vorteilhafter ist, keines der Projekte zu verwirklichen und statt dessen eine Finanzinvestition zu tätigen.

Das Kostenvergleichsverfahren ist damit ein primitives, i. d. R. untaugliches Verfahren des Investitionsvergleichs. Vertretbar ist seine Anwendung allenfalls bei äußerst einfach strukturierten Problemen.

Beispiel

Ein selbständiger Taxifahrer will ein neues Taxi anschaffen. Aus persönlichen Gründen kommen für ihn nur ein Daimler-Benz E 220 oder ein Audi A6 in Betracht. Die Entscheidung will er nach wirtschaftlichen Gesichtspunkten treffen.

Bei einem derart einfach strukturierten Problem mag eine Entscheidung anhand eines reinen Kostenvergleichs der beiden PKW-Typen vertretbar sein.

Das *Gewinnvergleichsverfahren* unterscheidet sich vom Kostenvergleichsverfahren dadurch, dass auch die Einnahmen mitberücksichtigt werden. Es werden durchschnittliche Einnahmen während der Planungsperiode angenommen. Ein wichtiger Einwand, der gegen die Anwendung des Kostenvergleichsverfahrens spricht, entfällt somit beim Gewinnvergleichsverfahren. Die übrigen Bedenken, die gegen das Kostenvergleichsverfahren sprechen, bleiben aber bestehen.

Ein weiteres Praktikerverfahren der Investitionsrechnung ist die *Amortisationsrechnung*. Sie ist auch bekannt unter den Begriffen „Pay-back-", „Pay-off-" und „Pay-out-Rechnung". Bei diesem Verfahren wird eine Investition danach beurteilt, innerhalb welchen Zeitraums sie sich „amortisiert", d. h. innerhalb welcher Zeit das eingesetzte Kapital dem Unternehmen über die Umsatzerlöse wieder zufließt.

Es gilt:

$$(24) \quad I_0 = \sum_{t=1}^{n} (G_t + Ab_t).$$

Hierbei bedeuten:

I_0 = Kapitaleinsatz,
G_t = Gewinn im Jahre t,
Ab_t = Abschreibung im Jahre t.

Bei der Amortisationsrechnung wird also der Zeitraum ermittelt, innerhalb dessen der Kapitaleinsatz durch Umsatzerlöse wieder in das Unternehmen zurückfließt. Gewinne und Abschreibungen werden hierbei als finanzielle Überschüsse betrachtet, die der Amortisation des Kapitals dienen.

Bei dieser Methode ist bereits die Zielsetzung verfehlt. Vorgezogen wird die Investition, die die kürzeste Amortisationsdauer aufweist. Das gilt auch dann, wenn bei einer anderen Investition eine wesentlich längere Nutzungsdauer der Anlage zu erwarten ist und die gesamten Umsatzerlöse voraussichtlich erheblich höher sein werden. Es ist also keinesfalls gewährleistet, dass die Investition, die den höchsten Vermögenszuwachs verspricht, vorgezogen wird.

Ferner ist zu beachten, dass die Amortisationsrechnung - ebenso wie die Kosten- und die Gewinnvergleichsrechnung - keine Supplementinvestitionen berücksichtigt. Zwischenzeitliche Anlagen, die - wie gezeigt worden ist - erhebliche Bedeutung haben können, werden völlig vernachlässigt. Es wird also auch hier ein Zinssatz von 0 % stillschweigend unterstellt.

Letztlich ist zu kritisieren, dass das Amortisationsverfahren hinsichtlich der tatsächlichen Einzahlungen und Auszahlungen bedenkliche Annahmen trifft. So ist es keinesfalls selbstverständlich, dass den Gewinnen und Abschreibungen tatsächlich Einzahlungen in gleicher Höhe gegenüberstehen. Genau dies aber ist die Unterstellung, die gemacht wird, wenn angenommen wird, die Summe der Gewinne und Abschreibungen „decke" das eingesetzte Kapital.

Einen Mangel der Amortisationsrechnung versucht deren dynamische Form zu vermeiden. Nach Blohm/Lüder/Schaefer wird durch die dynamische Amortisationsrechnung der Zeitraum bestimmt, in dem der Kapitaleinsatz eines Investitionsprojekts zuzüglich einer bestimmten Verzinsung in das Unternehmen zurückgeflossen ist[12].

Der Vorteil gegenüber der statischen Amortisationsrechnung besteht darin, dass Zinseffekte berücksichtigt werden. Die übrigen Einwände gegen die Amortisationsrechnung hingegen bleiben erhalten.

Bei allen Vorbehalten gegen die Amortisationsrechnung soll jedoch nicht verkannt werden, dass sie in Zweifelsfällen ein sinnvolles Hilfskriterium liefern kann. Werden z. B. mit Hilfe der Kapitalwertmethode alternative Investitionsprojekte als annähernd gleichwertig beurteilt, so dürfte es regelmäßig vorteilhaft sein, das Projekt mit der kürzeren Amortisationsdauer vorzuziehen. Es kann dann i. d. R. angenommen werden, dass so dem Risiko einer Fehleinschätzung der künftigen Einzahlungsüberschüsse besser begegnet werden kann. Regelmäßig dürften nämlich die Zahlungsschätzungen um so zuverlässiger sein, je geringer der zeitliche Abstand von dem Schätzzeitpunkt ist.

2.2.5 Vergleich der Methoden miteinander

Die *Kapitalwertmethode* und damit auch die Annuitätenmethode einerseits sowie die *interne Zinsfußmethode* andererseits implizieren *unterschiedliche Annahmen*. Während die *Kapitalwertmethode* davon ausgeht, dass sämtliche *Zahlungssalden zum Kalkulationszinsfuß i* angelegt bzw. beschafft werden, unterstellt die *interne Zinsfußmethode* eine *Verzinsung* aller Zahlungsdifferenzen zum *internen Zinsfuß i**.

Bei Anwendung der *Kapitalwertmethode* ist problematisch:

*   die Bestimmung der Höhe des Kalkulationszinsfußes,
*   die Annahme eines einheitlichen Zinsfußes für alle Supplementinvestitionen.

Nicht nur problematisch, sondern schlicht abwegig ist hingegen die Unterstellung der *internen Zinsfußmethode*, alle Supplementinvestitionen verzinsten sich zum internen Zinsfuß. Es ist gezeigt worden, dass sich aufgrund dieser Unterstellung z. T. vollkommen absurde Rechenergebnisse einstellen.

Vergleicht man die Kapitalwertmethode mit der Annuitätenmethode, so zeigt sich, dass letztere lediglich eine Spielart der ersteren ist, mit allerdings erheblichen zusätzlichen rechnerischen Komplikationen.

Aus diesem Vergleich aller drei finanzmathematischen Methoden kann nun geschlossen werden, dass zur Beurteilung der Vorteilhaftigkeit geplanter Realinvestitionen die *Kapitalwertmethode* die zugleich *sachgerechteste* und *einfachste* ist. Soweit nachfolgend eine finanzmathematische Methode angewendet wird, soll dies deshalb die Kapitalwertmethode sein. Nochmals klargestellt sei aber, dass die *Ermittlung von Renditen durchaus informativ* sein kann. Sollen die *Renditen*

---

12   Vgl. Blohm, H./Lüder, K./Schaefer, C., Investition, 2006, S. 72 ff.

geplanter Realinvestitionen ermittelt werden, so sollte dies aber *nicht mit Hilfe der internen Zinsfußmethode* geschehen. Vielmehr sollten vorab realistische Annahmen über die Verzinsung der Supplementinvestitionen getroffen und die Renditen erst nach Berücksichtigung der sich hierdurch ergebenden Zinsen ermittelt werden.

Erscheint im Einzelfall die Annahme eines in einer Periode einheitlichen Kalkulationszinsfußes nicht vertretbar, so sollte von der Kapitalwertmethode zur Methode der Endvermögensmaximierung übergegangen werden. Formal unterscheiden sich die Verfahren dadurch, dass bei der Kapitalwertmethode abgezinst wird, bei der *Endvermögensmaximierung* hingegen die tatsächlichen Ein- und Auszahlungen der Supplementinvestitionen berücksichtigt werden. Bei der Beurteilung geplanter Realinvestitionen läuft dies auf eine Aufzinsung zu den jeweils prognostizierten Zinssätzen der Supplementinvestitionen hinaus.

Im Vergleich zur Kapitalwertmethode weisen *alle Praktikerverfahren*, wie Kostenvergleichs- und Gewinnvergleichsrechnung, sowie die Amortisationsmethode *schwerwiegende Mängel* auf. So gehen sowohl das Kosten- als auch das Gewinnvergleichsverfahren implizit von einem Zinssatz der Supplementinvestitionen von 0 % aus. Gleiches gilt für die statische Amortisationsrechnung. Die Annahme einer Verzinsung der Supplementinvestitionen mit einem Zinssatz von 0 % kann aber i. d. R. nicht als realistische Annahme angesehen werden. Die dynamische Amortisationsrechnung berücksichtigt zwar Zinsen, doch werden keine realistischen Annahmen über deren Anfall getroffen. Außerdem bevorzugt das Verfahren systematisch solche Investitionsobjekte, bei denen die Einzahlungen möglichst rasch nach der Investition erfolgen. Hierdurch können insgesamt höher rentierliche Objekte ausgeschieden werden, obwohl sie - gemessen an der Zielsetzung der Endvermögensmaximierung - vorteilhafter sind.

Für die nachfolgende Analyse werden aus diesem Verfahrensvergleich folgende *Schlüsse* gezogen:

1. Grundsätzlich wird die *Kapitalwertmethode* angewendet.
2. Erscheint im Einzelfall die Annahme eines in einer Periode einheitlichen Kalkulationszinsfußes nicht vertretbar, so wird anstelle der Kapitalwertmethode die Methode der *Endvermögensmaximierung* angewendet.

2.3 Berücksichtigung von Steuern im Rahmen der Investitionsrechnung

2.3.1 Einführung

Die Frage, ob Steuern in der Investitionsrechnung berücksichtigt werden sollten, war lange umstritten[13]. Eine *Nichtberücksichtigung* wäre *nur* dann gerechtfertigt, *wenn* die Besteuerung keinen Einfluss auf die Vorteilhaftigkeit hätte. Es müsste dann *Investitionsneutralität* der Besteuerung gewährleistet sein. Diese beinhaltet:

1. Eine ohne Berücksichtigung von Steuern vorteilhafte (nachteilige) Realinvestition darf unter Berücksichtigung der Besteuerung nicht nachteilig (vorteilhaft) werden.
2. Die Rangfolge der Vorteilhaftigkeit von Realinvestitionen ohne Berücksichtigung von Steuern darf sich bei Berücksichtigung der Besteuerung nicht ändern.

Jeder mit dem deutschen Steuerrecht Vertraute wird vermutlich annehmen, dass diese beiden Voraussetzungen einer *Investitionsneutralität* der Besteuerung *nicht gewährleistet* sind. Damit ist geklärt, dass die Besteuerung bei der Beurteilung von Investitionen berücksichtigt werden muss, wenn Fehlurteile vermieden werden sollen. Diese Erkenntnis hat sich inzwischen auch weitgehend im betriebswirtschaftlichen Schrifttum durchgesetzt[14]. Umstritten ist allerdings auch heute noch, in welcher Weise Steuern zu berücksichtigen und welche Steuerarten in die Betrachtung einzubeziehen sind. Diese Fragen sollen nachfolgend näher untersucht werden. Anschließend soll analysiert werden, in welcher Weise die Besteuerung die Ergebnisse der Investitionsrechnung beeinflussen kann. Hierbei wird der Analyse grundsätzlich die *Kapitalwertmethode* zugrunde gelegt.

2.3.2 Steuern in den Zahlungsreihen

Steuern wirken sich zunächst einmal auf die *Auszahlungsreihe* einer Investition aus. Beeinflusst werden insbesondere die Bemessungsgrundlagen der Ertragsteuern.

Infolge der Investition entstehen regelmäßig *zusätzliche Erträge und Aufwendungen*, steuerlich also *zusätzliche Betriebseinnahmen* und *Betriebsausgaben*. Damit ändert sich der *steuerliche Gewinn* der Folgezeit, d. h. E i. S. der in Teil I abgeleiteten und im Anhang 3 zusätzlich wiedergegeben Gesamtbelastungsgleichungen (I) oder (Ia) bzw. (II) oder (IIa). Zu beachten ist, dass bei gleicher Gesamt-

---

13 Vgl. Schwarz, H., Investitionsentscheidungen, 1962, S. 135 ff. und S. 199 ff.; Mellwig, W., Überlegungen, 1980, S. 16 ff.; Wagner, F.W., Steuereinfluß, 1981, S. 47 ff.; Mellwig, W., Modellprämissen, 1981, S. 53 ff.

14 Vgl. Schneider, D., Investition, 1992, S. 321; Bieg, H./Kußmaul, H., Investition, 2000, S. 175 ff.; Blohm, H./Lüder, K./Schaefer, C., Investition, 2006, S. 105 ff.; Kruschwitz, L., Investitionsrechnung, 2009, S. 112 ff.

höhe aller zusätzlich zu erwartenden Gewinne deren zeitliche Verteilung erheblich voneinander abweichen kann. Wie aus der steuerlichen Gewinnermittlung bekannt, hängt die *Verteilung* eines Totalgewinnes und damit auch die Verteilung der Steuerzahlungen von der Ausnutzung von *Bilanzierungs-* und *Bewertungs-wahlrechten* und *-ermessensspielräumen* ab.

Beispiel

Der Geschäftsführer G der X-GmbH erwägt die Anschaffung einer zusätzlichen Maschine mit Anschaffungskosten von 1 Mio €. Er geht davon aus, dass die Maschine zu Beginn des Jahres 1 einsatzbereit sein kann. Die Nutzungsdauer der Maschine schätzt G auf 10 Jahre. Es kommen die Standardsteuersätze des Jahres 2009 zur Anwendung, d. h. es gilt s$_{Kö}$ = 15 %, s$_{SolZ}$ = 5,5 %, h = 400 % und $\beta = 0$[15]. G nimmt an, dass aufgrund der Investition folgende zusätzliche Erträge und Betriebsausgaben entstehen werden (alle Angaben in T€).

Jahr	1	2	3	4	5	6	7	8	9	10
Betriebseinnahmen	+ 250	+ 300	+ 300	+ 300	+ 300	+ 300	+ 300	+ 300	+ 300	+ 300
Betriebsausgaben ohne AfA	– 80	– 80	– 80	– 150	– 80	– 80	– 80	– 150	– 80	– 80
Bruttogewinn = Zahlungsüberschuss vor Steuern	+ 170	+ 220	+ 220	+ 150	+ 220	+ 220	+ 220	+ 150	+ 220	+ 220
Lineare AfA	– 100	– 100	– 100	– 100	– 100	– 100	– 100	– 100	– 100	– 100
Steuerlicher Gewinn	+ 70	+ 120	+ 120	+ 50	+ 120	+ 120	+ 120	+ 50	+ 120	+ 120
Steuerzahlungen (29,825 % des steuerlichen Gewinns)	– 21	– 36	– 36	– 15	– 36	– 36	– 36	– 15	– 36	– 36
Zahlungsüberschuss nach Steuern	+ 149	+ 184	+ 184	+ 135	+ 184	+ 184	+ 184	+ 135	+ 184	+ 184

Anstelle der mindestens anzusetzenden linearen AfA in der dargestellten Form kann G auch eine 20 %ige geometrisch-degressive AfA geltend machen. Es ergibt sich dann Folgendes:

Jahr	1	2	3	4	5	6	7	8	9	10
Bruttogewinn = Zahlungsüberschuss vor Steuern	+ 170	+ 220	+ 220	+ 150	+ 220	+ 220	+ 220	+ 150	+ 220	+ 220
Degressive AfA	– 200	– 160	– 128	– 102	– 82	– 66	– 66	– 66	– 65	– 65
Steuerlicher Gewinn	– 30	+ 60	+ 92	+ 48	+ 138	+ 154	+ 154	+ 84	+ 155	+ 155
Steuerzahlungen (29,825 % des steuerlichen Gewinns)	+ 9	– 18	– 27	– 14	– 41	– 46	– 46	– 25	– 46	– 46
Zahlungsüberschuss nach Steuern	+ 179	+ 202	+ 193	+ 136	+ 179	+ 174	+ 174	+ 125	+ 174	+ 174
Zahlungsüberschuss nach Steuern bei linearer AfA	+ 149	+ 184	+ 184	+ 135	+ 184	+ 184	+ 184	+ 135	+ 184	+ 184
Differenzen der Zahlungsüberschüsse	+ 30	+ 18	+ 9	+ 1	– 5	– 10	– 10	– 10	– 10	– 10

---

15 Hinsichtlich der Definition der Standardsteuersätze s. Teil I, Gliederungspunkte 4.2.4 und 4.3.2.

Bereits aufgrund der Wahl der degressiven anstelle der linearen AfA werden die aus der Investition entstehenden zusätzlichen steuerlichen Gewinne in erheblichem Maße in die Zukunft verlagert. Im Jahr 1 entsteht sogar anstelle eines zusätzlichen Gewinns ein zusätzlicher Verlust. Erzielt die GmbH insgesamt in allen Jahren steuerlichen Gewinn, so ist ersichtlich, dass es durch die Inanspruchnahme der degressiven AfA möglich ist, Ertragsteuerzahlungen in die Zukunft zu verlagern, d. h. ein Teil der Auszahlungen in der Auszahlungsreihe der Investition fällt zeitlich später an. Dadurch wird die Vornahme der Investition vorteilhafter.

Das Beispiel zeigt, dass durch die *Ausnutzung von steuerbilanzpolitischen Aktionsparametern* die *Vorteilhaftigkeit von Realinvestitionen erhöht* werden kann.

Umsatzsteuer einschließlich der Vorsteuern braucht regelmäßig nicht in den Zahlungsreihen berücksichtigt zu werden. Der Grund besteht darin, dass die Umsatzsteuer wirtschaftlich als durchlaufender Posten angesehen werden kann. Allerdings steht einer Berücksichtigung der Umsatzsteuer in den Zahlungsreihen auch nichts im Wege. Es muss dann lediglich darauf geachtet werden, dass die Erfassung vollständig erfolgt. Eine nur teilweise Erfassung hingegen kann zu Fehlurteilen führen. Ob die Umsatzsteuer in den Zahlungsreihen erfasst werden soll, ist somit i. d. R. lediglich eine Frage der rechentechnischen Zweckmäßigkeit.

Von dem Grundsatz, dass die Umsatzsteuer nicht in den Zahlungsreihen berücksichtigt zu werden braucht, gibt es Ausnahmen. Eine wichtige besteht dann, wenn der Unternehmer nicht oder nicht vollständig zum Vorsteuerabzug berechtigt ist. In diesem Fall entsteht durch die nichtabzugsfähige Vorsteuer eine Definitivbelastung. Diese muss berücksichtigt werden, wenn Fehlurteile vermieden werden sollen.

Führt ein Unternehmer steuerfreie Ausfuhrlieferungen oder innergemeinschaftliche Lieferungen durch, so führen diese Umsätze nach § 15 Abs. 3 UStG nicht zum Ausschluss vom Vorsteuerabzug. Hier kann es zu einer permanenten Erstattung von Vorsteuern durch das Finanzamt kommen. Werden in derartigen Fällen die gezahlten Vorsteuern in der Auszahlungsreihe berücksichtigt, so ist darauf zu achten, dass die Erstattungen entweder in der Einzahlungsreihe oder aber als Negativbeträge in der Auszahlungsreihe aufgeführt werden.

Viele Faktoreinsatzpreise enthalten als Bestandteil spezielle *Verbrauchsteuern*. Das gilt z. B. hinsichtlich der Mineralölsteuer, die im Benzinpreis enthalten ist. Weitere Beispiele sind die Bier- und Schaumweinsteuer, die insbesondere in den Faktoreinsätzen gastronomischer Betriebe enthalten sind. In derartigen Fällen ist es nicht zweckmäßig, den Steueranteil aus den Faktoreinsätzen herauszurechnen und in den Auszahlungsreihen der Investitionsobjekte gesondert zu berücksichtigen. Zweckmäßiger dürfte es vielmehr regelmäßig sein, die Faktoreinsätze brutto, d. h. einschließlich der Steueranteile zu erfassen.

2.3.3 Steuern im Kalkulationszinsfuß

Im Schrifttum ist es bis zur Gegenwart umstritten, ob und ggf. welche Steuerbelastungen im Kalkulationszinsfuß zu berücksichtigen sind. Wird, wie hier, der *Kalkulationszinsfuß* als *Zinsfuß einer alternativen Finanzanlage* betrachtet, so ist die *Berücksichtigung von Steuern zwingend geboten.* Bei legalem Verhalten müssen dann nämlich die Zinsen der *Ertragsbesteuerung* unterworfen werden.

In Teil I des Buches sind aus Bruttozinssätzen Nettozinssätze abgeleitet worden. Die dort ermittelten *Nettozinssätze* können im Rahmen der Investitionsrechnung als *Kalkulationszinsfüße* verwendet werden. Ein Blick auf die in Teil I ermittelten bzw. im Anhang wiedergegebenen Tabellen zeigt, dass die Nettozinssätze bei gleichem Bruttozinssatz je nach Lage des Einzelfalls weit auseinander liegen können. So kann z. B. ein Bruttozinssatz von 10 % zu einem Nettozinssatz von ebenfalls 10 %, er kann aber auch zu einem wesentlich niedrigeren Nettozinssatz führen. So ergibt sich z. B. aus Spalte 6, Zeile 13 der im Tabellenanhang (Anhang 1) befindlichen Tabelle T-11 für einen Bruttozinssatz von 10 % ein Nettozinssatz von lediglich rd. 5,05 %. Dieser Nettozinssatz ergibt sich für den Fall, dass der Einkommensteuersatz im oberen Plafond von 45 % (sei = 0,45) zur Anwendung kommt, sowohl Kirchensteuer von 9 % (ski = 9 %) als auch ein Solidaritätszuschlag von 5,5 % (solz = 5,5 %) erhoben wird und die Zinsen mit einer Gewerbesteuer von 14 % (h = 400 %) belastet werden. Hierbei führen die Zinsen nicht zu einer Hinzurechnung nach § 8 Nr. 1 GewStG. Der Faktor für die Anrechnung von Gewerbesteuer auf die Einkommensteuer beträgt 3,8 (α = 3,8).

2.3.4 Einfluss der Besteuerung auf die Vorteilhaftigkeit von Realinvestitionen

2.3.4.1 Einführung

Nachfolgend soll der Einfluss der Besteuerung auf die Vorteilhaftigkeit von Realinvestitionen anhand eines stark vereinfachenden Modells untersucht werden. Dieses Ausgangsmodell dient lediglich dazu, die Wirkungsweise der Besteuerung auf die Vorteilhaftigkeit eines Investitionsobjekts bzw. auf die relative Vorteilhaftigkeit mehrerer Investitionsobjekte zueinander herauszuarbeiten. Anschließend wird untersucht, inwieweit die gewonnenen Ergebnisse verallgemeinert werden können.

2.3.4.2 Formulierung des Ausgangsmodells

Das Ausgangsmodell lässt sich wie folgt kennzeichnen:

1. Am Ende des Jahres t = 0 wird eine Investition mit einer Investitionsauszahlung I getätigt.
2. Ab dem Jahre t = 1 bis zum Jahre t = n entstehen aus der Investition zusätzliche Einzahlungen und Auszahlungen. Die jährlichen Zahlungsdifferenzen Z_t entsprechen genau den zusätzlichen ertragsteuerlichen Bemessungsgrundlagen vor Abzug der steuerlichen Abschreibungen. Abweichungen zwischen Erträgen und Aufwendungen einerseits und Einzahlungen und Auszahlungen andererseits treten also mit Ausnahme der Abschreibungen nicht auf.

3. Die steuerlichen Gewinne werden sofort versteuert. Zeitliche Verzögerungen zwischen Gewinnentstehung und Steuerzahlungen bestehen also nicht.

4. Entstehen in einzelnen Perioden steuerliche Verluste, so werden diese sofort verrechnet. Außerdem wird die Verlustverrechnung sofort zahlungswirksam.

5. Die Versteuerung der Gewinne findet während des gesamten Planungszeitraums zu einem einheitlichen Steuersatz s statt. Bei diesem Steuersatz handelt es sich um einen Differenzsteuersatz.

6. Außer der Versteuerung der Gewinne zu dem Steuersatz s findet keine Besteuerung statt. Insbesondere gibt es also auch keine Substanzbesteuerung.

7. Alle Supplementinvestitionen unterliegen dem Steuersatz s.

8. Das Investitionsobjekt wird bis zum Ende des Planungszeitraums vollständig abgeschrieben. Die Summe der Abschreibungen
$$\left(\sum_{t=1}^{n} Ab_t \right)$$ entspricht also I.

9. Am Ende der Nutzungsdauer beträgt der Restverkaufserlös $R_n = 0$ Geldeinheiten bzw. der Restverkaufserlös entspricht genau den mit dem Verkauf entstehenden Veräußerungskosten.

Der Kapitalwert nach Berücksichtigung der Steuern (K_s) kann aus Gleichung (8) abgeleitet werden. Zur Erinnerung sei Gleichung (8) nochmals aufgeführt. Sie lautet:

$$(8) \qquad K = -I + \sum_{t=1}^{n} Z_t \cdot q^{-t} + R \cdot q^{-n}.$$

Durch Einsetzen der bereits bekannten Beziehung

$$q = 1 + i$$

ergibt sich:

$$(8a) \qquad K = -I + \sum_{t=1}^{n} Z_t \cdot (1+i)^{-t} + R \cdot (1+i)^{-n}.$$

I in Gleichung (8a) führt lediglich über die Abschreibungen Ab_t zu steuerlichem Aufwand. Die jährlichen steuerlichen Gewinne betragen $Z_t - Ab_t$. Hierauf ist der Steuersatz s anzuwenden. In dem hier verwendeten einfachen Ausgangsmodell ist es nicht erforderlich, den Nettozinssatz den Ableitungen in Teil I des Buches zu entnehmen. Der Nettozinssatz i_n, d. h. der Zinssatz nach Steuern, lässt sich vielmehr aus i durch den Abzug von $i \cdot s$ ermitteln. R in Gleichung (8a) nimmt annahmegemäß den Wert 0 an. Unter den genannten Voraussetzungen kann Gleichung (8a) wie folgt geschrieben werden:

(25) $K_S = -I + \sum\limits_{t=1}^{n} Z_t \cdot (1 + i - i \cdot s)^{-t} - \sum\limits_{t=1}^{n} s \cdot (Z_t - Ab_t) \cdot (1 + i - i \cdot s)^{-t}.$

Wird

(26) $i_n = i - i \cdot s$

gesetzt, so kann Gleichung (25) umgeformt werden zu:

(27) $K_S = -I + (1 - s) \cdot \sum\limits_{t=1}^{n} Z_t \cdot (1 + i_n)^{-t} + s \cdot \sum\limits_{t=1}^{n} Ab_t \cdot (1 + i_n)^{-t}.$

2.3.4.3 Vorteilhaftigkeit eines Investitionsobjekts vor und nach Steuern im Ausgangsfall

Es stellt sich die Frage, welche Auswirkungen die Besteuerung auf die Vorteilhaftigkeit einer Realinvestition hat. Diese Frage kann durch einen Vergleich der Gleichungen (8) bzw. (8a) mit den Gleichungen (25) bzw. (27) beantwortet werden.

Soll keine Veränderung der Vorteilhaftigkeit eintreten, so muss gelten:

(28) $K = K_S.$

Bei Einsetzen der Werte von K bzw. K_S ergibt sich hieraus:

(29) $-I + \sum\limits_{t=1}^{n} Z_t \cdot (1 + i)^{-t} = -I + (1 - s) \cdot \sum\limits_{t=1}^{n} Z_t \cdot (1 + i_n)^{-t}$

$+ s \cdot \sum\limits_{t=1}^{n} Ab_t \cdot (1 + i_n)^{-t}$

bzw.

(30) $\sum\limits_{t=1}^{n} Z_t \cdot (1 + i)^{-t} = (1 - s) \cdot \sum\limits_{t=1}^{n} Z_t \cdot (1 + i_n)^{-t} + s \cdot \sum\limits_{t=1}^{n} Ab_t \cdot (1 + i_n)^{-t},$

(31) $\sum\limits_{t=1}^{n} Z_t \cdot q^{-t} = (1 - s) \cdot \sum\limits_{t=1}^{n} Z_t \cdot q_n^{-t} + s \cdot \sum\limits_{t=1}^{n} Ab_t \cdot q_n^{-t}.$

qn^{-t} bezeichnet den Nettodiskontierungsfaktor $(1 + in)^{-t}$.

Die Bedingung der Gleichung (28), dass nämlich die Kapitalwerte vor und nach Steuern gleich groß sind, muss als seltener Grenzfall angesehen werden. Wird der Kapitalwert durch die Besteuerung nicht verändert, so soll hier von dem Fall der *Investitionsneutralität der Besteuerung im engeren Sinne* gesprochen werden.

Wesentlich häufiger als der soeben behandelte dürfte der Fall sein, dass der *Kapitalwert* sich infolge der Besteuerung *verringert*. Es gilt dann also:

(32) $K > K_s$ bzw.

$$(33) \quad \sum_{t=1}^{n} Z_t \cdot q^{-t} > (1 - s) \cdot \sum_{t=1}^{n} Z_t \cdot qn^{-t} + s \cdot \sum_{t=1}^{n} Ab_t \cdot qn^{-t}.$$

Die Verringerung des Kapitalwerts durch die Besteuerung kann so weit gehen, dass aus einer *vorteilhaften* Investition eine *nachteilige* wird.

Auf den ersten Blick weniger einleuchtend als der soeben behandelte Fall ist derjenige, dass der Kapitalwert durch die Besteuerung *nicht sinkt, sondern steigt*, dass also gilt:

(34) $K < K_s$ bzw.

$$(35) \quad \sum_{t=1}^{n} Z_t \cdot q^{-t} < (1 - s) \cdot \sum_{t=1}^{n} Z_t \cdot qn^{-t} + s \cdot \sum_{t=1}^{n} Ab_t \cdot qn^{-t}.$$

Dennoch ist dieser Fall durchaus möglich. Er kann durch die unterschiedliche Gewichtung der Ein- und Auszahlungen infolge verschieden hoher Zinssätze vor und nach Steuern zustande kommen. In Einzelfällen kann sogar aus einem negativen Kapitalwert vor Steuern ein positiver Kapitalwert nach Steuern entstehen. Im Schrifttum ist dieser Fall bekannt als das **Steuerparadoxon**.

Beispiel

Die X-GmbH erwägt, zum Zeitpunkt t_0 eine Maschine für 100 T€ anzuschaffen. Die betriebsgewöhnliche Nutzungsdauer beträgt 5 Jahre. Die Investition kann durch die Inanspruchnahme eines der X-GmbH eingeräumten Bankkredits i. H. v. 100 T€ finanziert werden. Der Zinssatz dieses Kredits beträgt 10 % p. a. Die Gewinne der X-GmbH unterliegen einem kombinierten Gewerbe- und Körperschaftsteuersatz von 40 %. Weitere Steuerzahlungen fallen nicht an. Aus der Investition erwartet die X-GmbH die nachfolgend aufgeführten Einzahlungen und Auszahlungen, die zugleich Betriebseinnahmen und Betriebsausgaben in gleicher Höhe darstellen. Es ist von sofortiger Versteuerung der Gewinne und einem Sofortausgleich von Verlusten auszugehen.

Es sind folgende Zahlungsreihen zu erwarten.

	t_0	t_1	t_2	t_3	t_4	t_5
Einzahlungen	–	+ 30	+ 30	+ 45	+ 60	+ 85
Auszahlungen	– 100	– 40	– 30	– 20	– 5	– 5
Zahlungssaldo	– 100	– 10	0	+ 25	+ 55	+ 80

$$K = -100 - 10 \cdot 1{,}1^{-1} + 0 \cdot 1{,}1^{-2} + 25 \cdot 1{,}1^{-3} + 55 \cdot 1{,}1^{-4} + 80 \cdot 1{,}1^{-5}.$$

$$K = -3{,}07.$$

Ohne Berücksichtigung von Steuern ist diese Investition nicht vorteilhaft. Bezieht man die Steuerwirkungen sowohl in die Auszahlungsreihe als auch in den Diskontierungsfaktor mit ein, so ergibt sich Folgendes:

	t_0	t_1	t_2	t_3	t_4	t_5
Einzahlungen	0	+ 30	+ 30	+ 45	+ 60	+ 85
Auszahlungen	– 100	– 40	– 30	– 20	– 5	– 5
Zahlungssaldo	– 100	– 10	0	+ 25	+ 55	+ 80
Abschreibungen	0	– 20	– 20	– 20	– 20	– 20
Steuerlicher Gewinn	0	– 30	– 20	+ 5	+ 35	+ 60
Steuerzahlungen (–) bzw. -erstattungen (+)	0	+ 12	+ 8	– 2	– 14	– 24
Zwischensumme	0	– 18	– 12	+ 3	+ 21	+ 36
Abschreibungen	0	+ 20	+ 20	+ 20	+ 20	+ 20
Zahlungsreihe nach Steuern	– 100	+ 2	+ 8	+ 23	+ 41	+ 56

Der Kalkulationszinsfuß nach Steuern beträgt (10 % – 40 % · 10 % =) 6 %, der Diskontierungsfaktor also $1{,}06^{-1}$. Hieraus ergibt sich ein Kapitalwert von

$$K_S = -100 + 2 \cdot 1{,}06^{-1} + 8 \cdot 1{,}06^{-2} + 23 \cdot 1{,}06^{-3} + 41 \cdot 1{,}06^{-4} + 56 \cdot 1{,}06^{-5},$$

$$K_S = 2{,}64.$$

Ohne Berücksichtigung von Steuern ist der Kapitalwert also negativ, nach Berücksichtigung von Steuern hingegen positiv.

2.3.4.4 Vorteilsvergleich mehrerer Investitionsobjekte vor und nach Steuern

An früherer Stelle ist herausgearbeitet worden, dass das Investitionsobjekt A dann vorteilhafter ist als das Investitionsobjekt B, wenn gilt:

(36) $K_a > K_b$.

Es stellt sich die Frage, welche Auswirkungen die Besteuerung auf die relative Vorteilhaftigkeit der Investitionsobjekte zueinander hat. Die Strukturen der Kapitalwertformeln vor und nach Steuern, wie sie sich z. B. aus den Gleichungen (8a) und (25) ergeben, lassen vermuten, dass je nach Lage des Einzelfalls die relative Vorteilhaftigkeit erhalten bleibt, dass sie sich aber auch umkehren kann. Der Beweis für diese Behauptung ist erbracht, wenn sich Beispiele für beide Fallgruppen finden lassen. Dies soll nunmehr geschehen.

Beispiel: Unveränderte Rangfolge

Die Y-AG prüft die beiden alternativen Investitionsobjekte A und B. Sie rechnet mit folgenden Zahlungsüberschüssen.

	t_0	t_1	t_2	t_3	t_4	t_5
A	− 900	+ 500	+ 500	− 100	+ 400	+ 300
B	− 800	+ 350	+ 350	− 50	+ 350	+ 300

Der Finanzvorstand der Y-AG geht davon aus, dass sich alle Supplementinvestitionen mit 8 % p. a. brutto verzinsen. Die Y-AG unterliegt einem Ertragsteuersatz von 40 %. Beide Investitionsobjekte können - abweichend vom geltenden Steuerrecht - lediglich linear-gleichbleibend abgeschrieben werden. Im Übrigen gelten die Voraussetzungen des Ausgangsfalls.

Ohne Berücksichtigung von Steuern ergeben sich folgende Kapitalwerte:

$K_a = - 900 + 500 \cdot 1{,}08^{-1} + 500 \cdot 1{,}08^{-2} - 100 \cdot 1{,}08^{-3} + 400 \cdot 1{,}08^{-4} + 300 \cdot 1{,}08^{-5}$,

$K_a = 410{,}44$,

$K_b = - 800 + 350 \cdot 1{,}08^{-1} + 350 \cdot 1{,}08^{-2} - 50 \cdot 1{,}08^{-3} + 350 \cdot 1{,}08^{-4} + 300 \cdot 1{,}08^{-5}$,

$K_b = 245{,}89$.

Ohne Berücksichtigung von Steuern sind also beide Realinvestitionen vorteilhafter als die Vergleichsfinanzinvestition. Da $K_a > K_b$, ist die Investition A der Investition B vorzuziehen.

Für die beiden Objekte ergeben sich folgende steuerlichen Gewinne, Steuerzahlungen und Zahlungsüberschüsse nach Steuern:

	t_1	t_2	t_3	t_4	t_5
A: Bruttoüberschuss	+ 500	+ 500	− 100	+ 400	+ 300
AfA	− 180	− 180	− 180	− 180	− 180
Steuerlicher Gewinn	+ 320	+ 320	− 280	+ 220	+ 120
Steuern	− 128	− 128	+ 112	− 88	− 48
Zwischensumme	+ 192	+ 192	− 168	+ 132	+ 72
AfA	+ 180	+ 180	+ 180	+ 180	+ 180
Nettoüberschüsse	+ 372	+ 372	+ 12	+ 312	+ 252
B: Bruttoüberschuss	+ 350	+ 350	− 50	+ 350	+ 300
AfA	− 160	− 160	− 160	− 160	− 160
Steuerlicher Gewinn	+ 190	+ 190	− 210	+ 190	+ 140
Steuern	− 76	− 76	+ 84	− 76	− 56
Zwischensumme	+ 114	+ 114	− 126	+ 114	+ 84
AfA	+ 160	+ 160	+ 160	+ 160	+ 160
Nettoüberschüsse	+ 274	+ 274	+ 34	+ 274	+ 244

Der Kalkulationszinsfuß nach Steuern beträgt (8 % − 40 % · 8 % =) 4,8 %, der Diskontierungsfaktor also $1{,}048^{-t}$.

Damit sind alle für die Ermittlung der Kapitalwerte nach Steuern erforderlichen Daten bekannt. Die Kapitalwerte betragen:

$K_{a/s} = - 900 + 372 \cdot 1{,}048^{-1} + 372 \cdot 1{,}048^{-2} + 12 \cdot 1{,}048^{-3} + 312 \cdot 1{,}048^{-4} + 252 \cdot 1{,}048^{-5}$,

$K_{a/s} = 262{,}08$,

$K_{b/s} = - 800 + 274 \cdot 1{,}048^{-1} + 274 \cdot 1{,}048^{-2} + 34 \cdot 1{,}048^{-3} + 274 \cdot 1{,}048^{-4} + 244 \cdot 1{,}048^{-5}$,

$K_{b/s} = 160{,}62$.

Auch unter Berücksichtigung der Besteuerung weisen beide Investitionsobjekte positive Kapitalwerte auf. Damit sind sie beide vorteilhafter als die Vergleichsfinanzinvestition. An der Rangfolge der Vorteilhaftigkeit hat sich nichts geändert. Auch unter Berücksichtigung der Besteuerung ist das Investitionsobjekt A vorteilhafter als das Investitionsobjekt B.

Nach diesem Beispiel für eine unveränderte Rangfolge der Vorteilhaftigkeit von Investitionsobjekten vor und nach Steuern, soll nunmehr ein Beispiel gebildet werden, in dem sich die Vorteilhaftigkeit umkehrt.

Beispiel: Umkehrung der Rangfolge

Die Z-AG prüft die beiden alternativen Investitionsobjekte C und D. Sie rechnet mit folgenden Zahlungsüberschüssen:

	t_0	t_1	t_2	t_3	t_4	t_5
C	− 1.000	+ 400	+ 350	+ 200	+ 100	+ 200
D	− 1.000	+ 250	+ 270	+ 300	+ 250	+ 200

Auf das Investitionsobjekt D kann eine 40 %ige erhöhte Absetzung vorgenommen werden. Im Übrigen gelten die gleichen Bedingungen wie im letzten Beispiel.

Ohne Berücksichtigung von Steuern ergeben sich die folgenden Kapitalwerte:

$K_C = -1.000 + 400 \cdot 1{,}08^{-1} + 350 \cdot 1{,}08^{-2} + 200 \cdot 1{,}08^{-3} + 100 \cdot 1{,}08^{-4} + 200 \cdot 1{,}08^{-5}$,

$K_C = 38{,}83$,

$K_D = -1.000 + 250 \cdot 1{,}08^{-1} + 270 \cdot 1{,}08^{-2} + 300 \cdot 1{,}08^{-3} + 250 \cdot 1{,}08^{-4} + 200 \cdot 1{,}08^{-5}$,

$K_D = 20{,}99$.

Auch in diesem Fall sind ohne Berücksichtigung von Steuern beide Realinvestitionen vorteilhafter als die Vergleichsfinanzinvestition. Da $K_C > K_D$, ist die Investition C der Investition D vorzuziehen. Nach Steuern hingegen ergeben sich für beide Objekte die folgenden steuerlichen Gewinne, Steuerzahlungen und Zahlungsüberschüsse:

	t_1	t_2	t_3	t_4	t_5
C: Bruttoüberschuss	+ 400	+ 350	+ 200	+ 100	+ 200
AfA	− 200	− 200	− 200	− 200	− 200
Steuerlicher Gewinn	+ 200	+ 150	0	− 100	0
Steuern	− 80	− 60	0	+ 40	0
Zwischensumme	+ 120	+ 90	0	− 60	0
AfA	+ 200	+ 200	+ 200	+ 200	+ 200
Nettoüberschüsse	+ 320	+ 290	+ 200	+ 140	+ 200

	t_1	t_2	t_3	t_4	t_5
D: Bruttoüberschuss	+ 250	+ 270	+ 300	+ 250	+ 200
AfA	− 400	− 150	− 150	− 150	− 150
Steuerlicher Gewinn	− 150	+ 120	+ 150	+ 100	+ 50
Steuern	+ 60	− 48	− 60	− 40	− 20
Zwischensumme	− 90	+ 72	+ 90	+ 60	+ 30
AfA	+ 400	+ 150	+ 150	+ 150	+ 150
Nettoüberschuss	+ 310	+ 222	+ 240	+ 210	+ 180

$K_{C/s} = -1.000 + 320 \cdot 1{,}048^{-1} + 290 \cdot 1{,}048^{-2} + 200 \cdot 1{,}048^{-3} + 140 \cdot 1{,}048^{-4} + 200 \cdot 1{,}048^{-5}$,

$K_{C/s} = 17{,}41$,

$K_{d/s} = -1.000 + 310 \cdot 1,048^{-1} + 222 \cdot 1,048^{-2} + 240 \cdot 1,048^{-3} + 210 \cdot 1,048^{-4} + 180 \cdot 1,048^{-5},$

$K_{d/s} = 22,92.$

Unter Berücksichtigung der 40 %igen Abschreibung ist der Kapitalwert nach Steuern des Investitionsobjekts D größer als der des Investitionsobjekts C, bei dem annahmegemäß nur eine lineare AfA zulässig ist. Infolge der erhöhten Absetzung ändert sich somit die Rangfolge der Vorteilhaftigkeit der Investitionsobjekte.

2.3.4.5 Zur Verallgemeinerung der Ergebnisse

Die bisherigen Ausführungen haben ergeben:

1. Eine Realinvestition, die ohne Berücksichtigung der Besteuerung vorteilhaft ist, kann unter Berücksichtigung der Besteuerung ebenfalls vorteilhaft sein, sie kann aber auch nachteilig werden.
2. Eine vor Steuern nachteilige Realinvestition kann nach Steuern ebenfalls nachteilig sein, sie kann aber auch vorteilhaft werden.
3. Die relative Vorteilhaftigkeit mehrerer Realinvestitionen zueinander kann vor und nach Steuern gleich sein, sie kann sich aber auch ändern.

Diese Ergebnisse sind unter den Prämissen des Ausgangsmodells ermittelt worden. Sie lassen sich aber *verallgemeinern*, da sie auf Einflussgrößen beruhen, die nicht nur in dem Ausgangsmodell vorkommen. Derartige Einflussfaktoren sind:

1. Die *Zahlungsströme* der Realinvestition werden durch die Besteuerung *verändert*.
2. Die Diskontierung der *Ein- und Auszahlungen vor und nach Steuern* geschieht in *unterschiedlicher Weise*.
3. Können die Investitionsobjekte in *unterschiedlicher Weise abgeschrieben* werden, so führt dies zu einem unterschiedlichen Anfall von Steuerzahlungen.
4. Unterliegen die Gewinne der Investitionsobjekte *unterschiedlichen Steuersätzen*, so führt dies nicht nur zu zeitlichen Verschiebungen von Steuerzahlungen, sondern auch zu unterschiedlichen Zahlungshöhen.

Neben diesen genannten gibt es, sofern das Ausgangsmodell verlassen wird, noch weitere steuerliche Einflussfaktoren, die die Vorteilhaftigkeit von Investitionen beeinflussen können. Genannt werden sollen nur beispielhaft

- unterschiedliche *Bilanzierungs-* und *Bewertungswahlrechte* sowie *-ermessensspielräume* und
- unterschiedliche Möglichkeiten des *Verlustausgleichs*, des *Verlustabzugs* und der *Verlustverrechnung*.

2.4 Beurteilung der Vorteilhaftigkeit von Finanzinvestitionen

Wie bereits mehrfach ausgeführt, lassen sich bei der Beurteilung von Finanzinvestitionen ohne Bedenken die Regeln der *Finanzmathematik* anwenden. Dies hat u. a. zur Folge, dass *interne Renditen* ermittelt und diese miteinander verglichen werden können. Diese entsprechen - ohne Berücksichtigung der Besteuerung - dann den Nominalzinssätzen, wenn keine Abweichungen zwischen Auszahlungs- und Rückzahlungskurs bestehen und wenn außerdem keine unterjährigen Zins- oder Tilgungsleistungen zu entrichten sind. Bei einem Vorteilsvergleich von Finanzinvestitionen sind die Steuerbelastungen der Alternativen zu berücksichtigen. Dies kann in der gleichen Weise erfolgen, wie dies in Teil I bereits bei Ermittlung der Nettozinssätze von Supplementinvestitionen geschehen ist.

2.5 Aufgabe 1

Gesellschaftszweck der Z-AG ist das Betreiben von Einzelhandelsgeschäften. Der Vorstand der AG erwägt die Errichtung eines neuen Filialbetriebes. Zur Auswahl stehen die Standorte A und B. Am Standort A kann die AG ein Geschäftsgebäude für 8 Jahre anmieten. Der jährliche Mietzins beträgt 400 T€. Am Standort B kann die Gesellschaft ein vergleichbares Objekt käuflich für 6 Mio € erwerben. Von dem Kaufpreis entfallen 2 Mio € auf den Grund und Boden und 4 Mio € auf das Gebäude. Es ist eine AfA von 3 % p. a. zulässig. Der Einheitswert des Grundstücks beträgt 500 T€, der Grundsteuerhebesatz 400 %. Der Finanzvorstand F der Z-AG rechnet damit, dass das Grundstück einschließlich des Gebäudes nach Ablauf von 8 Jahren einen Wert von 8 Mio € haben wird. An eine spätere Veräußerung des Grundstücks ist nicht gedacht. Für die Ladeneinrichtung rechnet F mit Investitionskosten von 3 Mio €, und zwar unabhängig davon, ob der Standort A oder B gewählt wird. In Übereinstimmung mit den vom BMF herausgegebenen AfA-Tabellen[16] geht F von einer betriebsgewöhnlichen Nutzungsdauer der Ladeneinrichtung von 8 Jahren aus.

Während der Jahre t_1 bis t_8 rechnet F mit folgenden laufenden Zahlungsüberschüssen, wobei weder Mietzinsen noch Finanzierungskosten berücksichtigt sind (Angaben in T€):

	t_1	t_2	t_3	t_4	t_5	t_6	t_7	t_8
A	2.220	2.320	2.320	2.320	1.820	2.320	2.320	2.320
B	2.200	2.300	2.300	2.300	1.800	2.300	2.300	2.300

Diese Zahlungsüberschüsse sind zugleich Überschüsse der Betriebseinnahmen über die Betriebsausgaben.

F geht in seinen Berechnungen davon aus, dass die Ausgaben am Standort A deshalb um 20 T€ niedriger sein werden als am Standort B, weil mit dem Grundstück im Zusammenhang stehende Kosten im Mietfall nicht entstehen, die bei Erwerb anfallen.

F nimmt an, dass sämtliche Ein- und Auszahlungen über ein Bankkonto abgewickelt werden, das ständig einen Sollsaldo aufweisen wird. Er schätzt den Zinssatz auf durchschnittlich 10 % p. a. F nimmt aus Vereinfachungsgründen an, dass sämtliche Ein- und Auszahlungen jeweils am Jahresende anfallen werden. Zinsaufwendungen führen voraussichtlich während des gesamten Planungszeitraums zu einer Hinzurechnung nach § 8 Nr. 1 GewStG.

Der Vorstand geht davon aus, dass die Ausschüttungen durch die Investition nicht verändert werden. Soweit private Steuern der insgesamt rd. 1.000 Aktionäre durch die Investition berührt werden, sollen diese nicht berücksichtigt werden.

Es ist von einem Gewerbesteuerhebesatz von 400 % auszugehen.

---

[16] BMF-Schreiben v. 15.12.2000, IV D 2 - S 1551 - 188/00, BStBl 2000 I, S. 1532.

Führen Sie mit Hilfe der Endwert- und der Kapitalwertmethode einen Vorteilsvergleich beider Investitionsobjekte durch und nehmen Sie auch zu der Frage Stellung, ob diese Investitionen überhaupt vorteilhaft sind oder ob es vorteilhafter wäre, auf beide zu verzichten. Es ist von dem für das Jahr 2009 geltenden Steuerrecht auszugehen. Der Vorstand geht davon aus, dass dieser Rechtsstand während des gesamten Planungszeitraums erhalten bleibt. Das gilt auch hinsichtlich des im Jahre 2009 erhobenen 5,5 %igen Solidaritätszuschlags sowie hinsichtlich der nach § 7 EStG zulässigen AfA auf bewegliche abnutzbare Wirtschaftsgüter des Anlagevermögens.

3 Besteuerung und Finanzierungsentscheidungen bzw. kombinierte Investitions- und Finanzierungsentscheidungen

3.1 Grundlagen

3.1.1 Begriff und Arten der Finanzierung

Ebenso wie der Investitions- wird auch der Finanzierungsbegriff unterschiedlich weit gefasst. Die Fülle der Begriffsabgrenzungen ist inzwischen unübersehbar. Hier sollen unter **Finanzierung** alle Maßnahmen

- zur *Erzeugung von Einzahlungen* sowie
- zur *Verhinderung* bzw. zur *zeitlichen Verschiebung von Auszahl*ungen

verstanden werden. Miterfasst unter dem Begriff der Finanzierung werden auch alle Folgewirkungen derartiger Maßnahmen, wie etwa Zins- oder Dividendenzahlungen. Finanzierungsmaßnahmen sind demnach alle Maßnahmen der *Zahlungsmittelbeschaffung* für betriebliche Zwecke und deren Folgewirkungen.

Vergleicht man den Begriff der Finanzierung mit dem bereits an früherer Stelle definierten der Investition, so stellt man fest:

- *Finanzierungen* sind Maßnahmen der Zahlungsmittel*beschaffung* für betriebliche Zwecke und deren Folgewirkungen,
- *Investitionen* sind Maßnahmen der Zahlungsmittel*verwendung* für betriebliche Zwecke und deren Folgewirkungen.

Werden nicht Zahlungsmittel, sondern Sachen anstelle von Zahlungsmitteln zwischen Finanzier und Investor transferiert, so fallen (Sach-)Finanzierung und (Sach-)Investition bei dem die Sache künftig nutzenden Unternehmen zusammen. Ein typischer Fall ist der des Leasing.

Im Schrifttum gibt es unterschiedliche systematische Einteilungen der Finanzierungsarten[17]. Die Systematisierungen lassen sich in zwei große Gruppen zusammenfassen. Die Grobgliederungen sind hierbei Unterscheidungen

1. zwischen Innen- und Außenfinanzierung
   und
2. zwischen Eigen- und Fremdfinanzierung.

---

[17] Vgl. u. a. Bieg, H./Kußmaul, H., Finanzierung, 2000, S. 34 ff.; Wöhe, G./Bilstein, J., Unternehmensfinanzierung, 2002, S. 11 ff.; Eilenberger, G., Finanzwirtschaft, 2003, S. 251 ff.; Perridon, L./Steiner, M., Finanzwirtschaft, 2007, S. 347 ff.; Drukarczyk, J., Finanzierung, 2008, S. 5 ff.

Bei der ersten Einteilung wird danach untergliedert, ob die Zahlungsmittel im Betrieb erwirtschaftet (Innenfinanzierung) oder von außen dem Betrieb zugeführt (Außenfinanzierung) werden. Bei der zweiten Gliederungsart hingegen wird danach unterschieden, wer Kapitalgeber ist. Hier soll vorrangig zwischen Innen- und Außenfinanzierung unterschieden werden. Innerhalb der Außenfinanzierung wird dann zwischen Eigen- und Fremdfinanzierung gegliedert.

Der Begriff der **Innenfinanzierung**, oft auch Selbstfinanzierung genannt, ist außerordentlich schillernd. Allen in sich schlüssigen Definitionen ist aber gemeinsam, dass es sich entweder ausschließlich oder doch zumindest in erster Linie um eine Beschaffung von Mitteln aus dem Umsatzprozess handelt. Häufig wird allerdings der irrige Eindruck erweckt, als würden die Mittel aus Abschreibungen oder aus der Bildung von Rückstellungen gewonnen. Es wird dann z. B. von einer „Finanzierung aus Abschreibungen" oder von einer „Finanzierung aus Rückstellungen" gesprochen. Sinnvollerweise kann nur gemeint sein, dass die Mittel aus den Abschreibungsgegenwerten oder aus den Gegenwerten der Rückstellungen gewonnen worden sind. Gegenwerte sind dann Umsatzerlöse, die in Höhe der Abschreibungen bzw. der Rückstellungen nicht für Ausschüttungen zur Verfügung stehen, wenn die Substanz des Unternehmens erhalten werden soll.

Innerhalb der Innenfinanzierung wird neben der Finanzierung aus Abschreibungsgegenwerten zwischen offener und stiller Selbstfinanzierung unterschieden. Bei der offenen Selbstfinanzierung handelt es sich um eine Finanzierung aus offen ausgewiesenen und versteuerten Gewinnen. Bei der stillen Selbstfinanzierung hingegen erfolgt die Finanzierung aus Gewinnen, die nicht offen ausgewiesen werden, sondern „still" sind. Dies bedeutet, dass sie bilanziell „versteckt" werden, dass es sich um „stille Reserven" handelt. Auch durch die Begriffsbildung der offenen und stillen Selbstfinanzierung kann ein irriger Eindruck hervorgerufen werden. Nicht der Ausweis bzw. Nichtausweis von Gewinnen stellt einen Finanzierungsvorgang dar; dieser besteht vielmehr darin, dass Auszahlungen durch die Bildung offener oder stiller Rücklagen verhindert oder zeitlich hinausgeschoben werden. Bei den Auszahlungen, die zeitlich verschoben oder endgültig verhindert werden, kann es sich sowohl um Steuerzahlungen als auch um Auszahlungen, die nicht Steuerzahlungen sind, handeln. Zur letzteren Gruppe können insbesondere Ausschüttungen an Aktionäre gehören.

Hinsichtlich der Abgrenzung zwischen *Eigen-* und *Fremdfinanzierung* voneinander findet sich im Schrifttum eine Vielzahl von Abgrenzungskriterien. Auf diese soll hier nicht eingegangen und lediglich dasjenige genannt werden, das für die weitere Darstellung von Bedeutung ist. Unterschieden werden soll danach, ob der *Kapitalgeber* in Bezug auf das Finanzierungsgeschäft die *Stellung eines Eigentümers oder eines Gläubigers* annimmt. Gewährt der Kapitalgeber „seinem" Unternehmen das Kapital in seiner Stellung als *Gesellschafter (Eigentümer),* so wird nachfolgend von **Eigenfinanzierung** gesprochen. Erlangt er mit der Mittelhingabe hingegen die Stellung eines *Gläubigers,* so wird der Vorgang als **Fremdfinanzierung** bezeichnet. Diese Unterscheidung knüpft zwar nicht an typische betriebswirtschaftliche, sondern an zivilrechtliche Kriterien an, sie ist aber dennoch zweckmäßig, da sie auch für das Steuerrecht und damit für die steuerlichen Folgen von Bedeutung ist.

Innerhalb der Fremdfinanzierung wird häufig zwischen lang- und kurzfristiger Fremdfinanzierung unterschieden. Vielfach wird auch in lang-, mittel- und kurzfristige Fremdfinanzierung untergliedert. Hier wird eine andere Unterscheidung vorgenommen, und zwar eine Unterscheidung, die hinsichtlich der an sie geknüpften Steuerfolgen von erheblicher Bedeutung ist. Unterschieden wird hier zwischen einer Finanzierung, die zu einer Hinzurechnung nach § 8 Nr. 1 GewStG führt und einer solchen, bei der dies nicht der Fall ist.

Zusammenfassend lassen sich die Finanzierungsarten in der in Abbildung III/1 dargestellten Weise systematisieren.

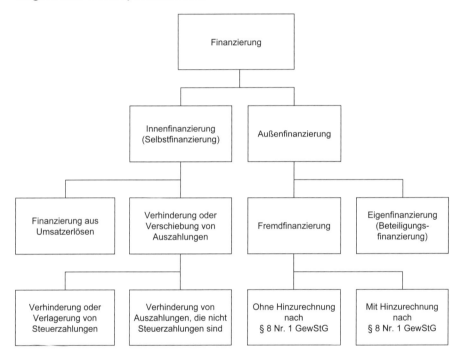

Abbildung III/1: Systematisierung der Finanzierungsarten

3.1.2 Entscheidungssituationen

In den nachfolgenden Gliederungspunkten sollen einige Finanzierungsarten unter Einbeziehung der Besteuerung miteinander verglichen werden. Hierbei erfolgt eine Beschränkung auf solche Fälle, für die ein Vergleich zur Vorbereitung betrieblicher Entscheidungen sinnvoll erscheint.

Innerhalb der Arten der Innenfinanzierung ist ein Vergleich der Finanzierung durch Steuerverlagerung mit einem Verzicht auf eine derartige Steuerverlagerung sinnvoll. Andere Arten der Innenfinanzierung spielen im Rahmen der betrieblichen Steuerpolitik i. d. R. keine Rolle.

Bei einem Vergleich der beiden Formen der Außenfinanzierung miteinander, d. h. der Eigen- mit der Fremdfinanzierung, ist es von herausragender Bedeutung, ob die Fremdfinanzierung durch Gesellschafter oder durch Dritte erfolgt. In beiden Fällen ist dann - wie in Abbildung III/1 bereits dargestellt - weiter danach zu differenzieren, ob es zu einer Hinzurechnung der Zinsen nach § 8 Nr. 1 GewStG kommt oder nicht.

Auch ein Vergleich zwischen bestimmten Formen der Verhinderung von Auszahlungen einerseits und unterschiedlichen Arten der Außenfinanzierung andererseits erscheint sinnvoll. So ist es in bestimmten Entscheidungssituationen möglich, Gewinne entweder zu thesaurieren oder aber sie zwar auszuschütten, die ausgeschütteten Mittel aber anschließend im Wege einer Eigenkapitalerhöhung oder durch die Aufnahme eines Gesellschafterdarlehens wieder zurückzuholen. Auch hierauf soll nachfolgend eingegangen werden.

Letztlich ist ein Vergleich des Leasing mit einer Investition mit Fremdfinanzierung sinnvoll. Auf die hiermit im Zusammenhang stehenden Probleme soll am Ende dieses Teils des Buches eingegangen werden.

3.1.3 Ziele und Vorteilskriterien

Ebenso wie bei allen anderen betrieblichen Entscheidungen quantitativer Art kann auch als Ziel der Finanzierungspolitik die Endvermögensmaximierung angesehen werden. Da Finanzierungsentscheidungen üblicherweise nur solche Zahlungsströme auslösen, auf die die Regeln der Finanzmathematik anwendbar sind, kann das Ziel der Endvermögensmaximierung unbedenklich in das Ziel der Kapitalwertmaximierung transferiert werden.

Für Endvermögens- bzw. Kapitalwertvergleiche ist es auch hier zweckmäßig, Jahresbelastungen bzw. Jahresbelastungsdifferenzen zu bilden. Hierbei stellt sich jeweils die Frage, ob deren Kenntnis zur Bestimmung der Endvermögens- bzw. der Kapitalwertmaximierung ausreichend ist oder ob explizit ein Endvermögens- oder Kapitalwertvergleich durchgeführt werden muss. Dieser Frage ist im Rahmen der einzelnen noch durchzuführenden Vergleiche jeweils nachzugehen.

3.2 Vergleich zwischen einer Finanzierung durch Steuerverlagerung mit einem Verzicht hierauf

Eine Finanzierung durch Steuerverlagerung kann durch eine Politik der *zeitlichen Einkommensnachverlagerung* bewirkt werden. In erster Linie ist in diesem Zusammenhang an die *Steuerbilanzpolitik* zu denken. *Aktionsparameter* der Steuerbilanzpolitik und einer sonstigen zeitlichen Einkommensverlagerungspolitik sind in Teil II dieses Buches herausgearbeitet worden. Auf diese Ausführungen kann hier verwiesen werden[18].

Ebenfalls in Teil II sind die *abgeleiteten Ziele* sowie die *Vorteilskriterien* der Steuerbilanzpolitik erörtert worden[19]. Die wichtigsten Ergebnisse der dort vorgenommenen Analyse lassen sich wie folgt zusammenfassen:

1. Vorteilhaft ist eine Gewinnverlagerung stets dann, wenn hierdurch der *Steuerbarwert verringert* wird (Ziel der *Steuerbarwertminimierung*).
2. Bei *linearen* und im Zeitablauf *gleichbleibenden* Steuersätzen ist regelmäßig eine *maximale Gewinnnachverlagerung* die vorteilhafteste Maßnahme.
3. Bei *linearen*, aber im Zeitablauf sinkenden Steuersätzen ist ebenfalls eine *maximale* Gewinnnachverlagerung die vorteilhafteste Maßnahme. Der Vorteil ist hierbei größer als in der unter 2. skizzierten Situation.
4. Bei natürlichen Personen mit Einkommen im *Progressionsbereich* der Einkommensteuer und bei im Zeitablauf *gleichbleibenden Tariffunktionen* ist die Gewinnverteilung am vorteilhaftesten, die die beste Anpassung an *gleichwertige Einkommen* ermöglicht. Dies kann eine geringere Gewinnnachverlagerung als die maximale zur Folge haben.
5. Bei natürlichen Personen mit Einkommen im *Progressionsbereich* der Einkommensteuer und bei *sinkenden Steuertarifen* liegen die einander *gleichwertigen Einkommen weiter auseinander* als in der unter 4. skizzierten Situation.

Außer einer Veränderung der Steuerzahlungen kann eine Gewinnverlagerung auch eine Veränderung sonstiger von der Gewinnhöhe abhängiger Zahlungen zur Folge haben. Dies kann insbesondere hinsichtlich der Gewinnausschüttungen gelten. Auch kommt eine Veränderung der Bezüge von Mitgliedern der Geschäftsleitung oder von sonstigen leitenden Angestellten in Betracht.

3.3 Vergleich zwischen Eigen- und langfristiger Fremdfinanzierung bei nichtpersonenbezogenen Kapitalgesellschaften

3.3.1 Grundsätzliches

Nachfolgend soll ein Vergleich zwischen der Eigen- und der Fremdfinanzierung für den Fall durchgeführt werden, dass es sich bei dem zu finanzierenden Unternehmen um eine *nichtpersonenbezogene* Gesellschaft handelt. Hierunter soll eine Gesellschaft verstanden werden, bei der kein enger persönlicher Kontakt zwischen der Gesellschaft und ihren Gesellschaftern besteht. Insbesondere kennt der Vorstand nicht oder allenfalls ungenügend die persönlichen steuerlichen Verhältnisse der Gesellschafter. Er berücksichtigt diese deshalb nicht - auch nicht schätzungsweise - in seinem Kalkül.

---

18 Vgl. Teil II, Gliederungspunkte 2 und 3.
19 Vgl. Teil II, Gliederungspunkt 4.

Die geschilderte Situation kann als typisch für *Publikumsaktiengesellschaften* angesehen werden. Hierbei handelt es sich um große börsennotierte Aktiengesellschaften, deren Aktien breit gestreut sind. Weiteres Charakteristikum ist, dass an ihnen kein Gesellschafter mehrheitlich oder auch nur mit einer Sperrminorität (25 %ige Beteiligung) beteiligt ist. Untypisch dürfte die geschilderte Situation hingegen für Personengesellschaften sein. Die nachfolgenden Vergleiche werden deshalb auf *Kapitalgesellschaften* beschränkt.

3.3.2 Belastungen und Belastungsdifferenzen

Eigen- und Fremdfinanzierung führen im Zeitpunkt der Kapitalbeschaffung zu keinen unterschiedlichen Steuerfolgen. Während der Vorgang der Kapitalzufuhr selbst erfolgsneutral erfolgt, handelt es sich bei den Kapitalbeschaffungskosten bei beiden Finanzierungsarten um abzugsfähige Betriebsausgaben. Als Kapitalbeschaffungskosten kommen insbesondere Bank- und Börsenspesen, Kosten für Zeitungsinserate sowie Notar- und Gerichtskosten in Betracht. Im konkreten Einzelfall ist zu beachten, dass diese Kosten bei beiden Finanzierungsarten betragsmäßig voneinander abweichen können. Unterschiede in der Höhe der Belastung mit Kapitalbeschaffungskosten sollen hier nicht berücksichtigt werden.

Nach der Kapitalbeschaffung werden die zusätzlichen liquiden Mittel für eine Investition verwendet. Dies führt in der Folgezeit jährlich zu einem zusätzlichen Ertrag E i. S. v. Gleichung (II) bzw. (IIa)[20]. *Als E soll hier der zusätzliche steuerliche Gewinn vor Abzug der Zinsen als Betriebsausgaben im Fall der Fremdfinanzierung bezeichnet werden.* E ist also bei den miteinander zu vergleichenden Finanzierungsarten gleich groß.

Im Falle der Eigenfinanzierung muss regelmäßig das zusätzlich aufgenommene Kapital mit Dividenden „bedient" werden. Es entstehen also zusätzliche Ausschüttungen A. Diese führen bei der ausschüttenden Kapitalgesellschaft zu keinen weiteren Steuerfolgen, wohl aber bei deren Gesellschaftern. Letztere werden aber - wie weiter oben ausgeführt - bei den hier betrachteten nichtpersonenbezogenen Kapitalgesellschaften ausdrücklich nicht berücksichtigt.

Im Falle der Fremdfinanzierung entstehen keine zusätzlichen Dividenden, sondern zusätzliche Zinsen (Z_i). Diese verringern den steuerlichen Gewinn, d. h. sie vermindern E i. S. v. Gleichung (II). Da auf Grund ihrer Größe bei nichtpersonenbezogenen Kapitalgesellschaften stets der in § 8 Nr. 1 GewStG festgelegte Freibetrag von 100 T€ überschritten sein dürfte, haben die Zinsen in Höhe des sich aus § 8 Nr. 1 Buchstabe a) GewStG ergebenden Hinzurechnungsfaktors β die Wirkung von H_{ge} i. S. v. Gleichung (II) bzw. (IIa). Dieser beträgt derzeit (im Erhebungszeitraum 2009) 25 %.

---

[20] Hinsichtlich dieser Gleichungen s. Teil I, Gliederungspunkt 4.3 und den Formelanhang (Anhang 3). Nachfolgend wird regelmäßig nur Gleichung (II) erwähnt, sofern nicht ausnahmsweise ausdrücklich auf Gleichung (IIa) zurückgegriffen werden muss.

Ist im Falle der Fremdfinanzierung der Rückzahlungsbetrag des Darlehens höher als der Auszahlungsbetrag, so ist die Differenz steuerlich bekanntlich als aktiver Rechnungsabgrenzungsposten zu verbuchen. Die jährliche Auflösung dieses Postens mindert den steuerlichen Gewinn, d. h. E i. S. v. Gleichung (II). Gleichzeitig ist dieser aufgelöste Teil des Damnums (Abgelts) aber bei der Gewerbesteuer wie Zinsen zu behandeln[21]. Um ein Viertel (β) des Betrages ist also H_{ge} zu erhöhen. Damit entspricht die Behandlung des jährlich aufzulösenden Teils des Damnums genau derjenigen der Zinsen. Damit ist es vertretbar, den jährlichen Auflösungsbetrag nicht gesondert zu erfassen, sondern in die Zinsen einzurechnen. In dieser Weise soll hier vorgegangen werden.

Erfolgt ein Teil der Investitionen im Immobilienbereich, so verändert sich E_{wbgr} i. S. v. Gleichung (II) bzw. (IIa). Die Wirkung ist in den Vergleichsfällen gleich groß. Sie braucht deshalb hier nicht berücksichtigt zu werden.

Anhand der aufgezeigten Wirkungen können die Steuerbelastungen der Investition und ihrer Finanzierung ermittelt werden. Die Steuerbelastung für den Fall der Eigenfinanzierung (S_e) beträgt:

(VII) $S_e = E \cdot (s_k + s_{ge})$.

Die Steuerbelastung für den Fall der Fremdfinanzierung (S_f) beträgt:

(VIII) $S_f = E \cdot (s_k + s_{ge}) - Z_i \cdot (s_k + s_{ge}) + \beta \cdot Z_i \cdot s_{ge}$.

Aus den Gleichungen (VII) und (VIII) kann die Steuerbelastungsdifferenz ($S_e - S_f$) der beiden Finanzierungsarten ermittelt werden. Sie beträgt unter der Voraussetzung, dass der Bruttoertrag E bei beiden Finanzierungsarten gleich groß ist:

(IX) $S_e - S_f = Z_i \cdot (s_k + s_{ge}) - \beta \cdot Z_i \cdot s_{ge}$.

Gleichung (IX) kann auch wie folgt geschrieben werden:

(IXa) $S_e - S_f = Z_i \cdot [s_k + s_{ge} \cdot (1 - \beta)]$.

Ob es sinnvoller ist, Gleichung (IX) oder Gleichung (IXa) anzuwenden, hängt von den Verhältnissen des Einzelfalls ab. Handelt es sich um einen Fall, für den die kombinierten Steuersätze bekannt sind, so ist es einfacher, Gleichung (IX) anzuwenden. Ist diese Voraussetzung nicht erfüllt, so führt die Anwendung von Gleichung (IXa) schneller zum Ergebnis.

---

21 Vgl. Abschn. 46 Abs. 1 Satz 4 GewStR.

Ausdrücklich sei nochmals auf Folgendes hingewiesen: Sowohl Gleichung (IX) als auch Gleichung (IXa) gelten nur unter der *Voraussetzung, dass* bei den miteinander zu vergleichenden Finanzierungsarten ein *gleich hoher Bruttoertrag E* entsteht. Wie bereits ausgeführt, handelt es sich bei dem Bruttoertrag um den auf die Investition zusätzlich entfallenden Gewinn vor Abzug der auf die Finanzierung entfallenden zusätzlichen Zinsen bzw. Dividenden sowie vor Abzug der zusätzlich anfallenden Steuern.

Werden die Standardsteuersätze für die Jahre ab 2008 (s_{ge} = 14 % und s_k = 15,825 %) eingesetzt und wird von β = 0,25 ausgegangen, so ergibt sich aus Gleichung (IX):

$$(37) \quad S_e - S_f = 0,29825 \cdot Z_i - 0,035 \cdot Z_i.$$

Dies kann zusammengefasst werden zu:

$$(38) \quad S_e - S_f = 0,26325 \cdot Z_i.$$

Die Eigenfinanzierung ist in dieser konkreten Situation also um 26,33 % der Zinsen höher belastet als die Fremdfinanzierung.

3.3.3 Steuerbelastungsquoten

3.3.3.1 Grundsätzliches

Nunmehr sollen sowohl für den Fall der Eigen- als auch für den der Fremdfinanzierung Steuerbelastungsquoten ermittelt und diese miteinander verglichen werden. Hierbei erfolgt eine Beschränkung auf die in diesem Kapitel behandelten nichtpersonenbezogenen Kapitalgesellschaften. Wie bereits erörtert, wird hier davon ausgegangen, dass diese Gesellschaften die persönliche Steuerbelastung ihrer Gesellschafter (Aktionäre) nicht berücksichtigen.

Ermittelt werden sollen die *Steuerbelastungen* einer Investition und ihrer Finanzierung *in Abhängigkeit von der Höhe des erwarteten Bruttogewinns E.* Wie bereits ausgeführt, wird hierunter der *zusätzliche Gewinn vor Abzug von Zinsen und Steuern* verstanden. Im Falle der Eigenfinanzierung mindern (selbstverständlich) auch die infolge der Kapitalaufnahme zu erwartenden zusätzlichen Dividenden nicht den Bruttogewinn.

Eine einheitliche Bezugsgröße ist erforderlich, um die unterschiedlichen Steuerbelastungen miteinander vergleichbar zu machen. Als Bezugsgröße wird der Gewinn vor Zinsen und Steuern deshalb gewählt, weil so veranschaulicht wird, in welchem Umfang ein aus einer Investition zu erwartender Bruttogewinn an das Finanzamt gezahlt werden muss und welcher Betrag für Dividenden, Zinsen und

Thesaurierung verbleibt. Die Steuerbelastungen im Falle der Eigenfinanzierung werden aus Gleichung (VII), diejenigen bei Fremdfinanzierung werden aus Gleichung (VIII) ermittelt. Die Differenzbelastungen werden hier durch Subtraktion der Werte gem. Gleichung (VIII) von denen nach Gleichung (VII) ermittelt; sie stimmen überein mit den Werten, die sich unmittelbar aus Gleichung (IX) ermitteln lassen.

3.3.3.2 Ableitung der Belastungsquote bei Eigenfinanzierung

Die Steuerbelastung in Fällen der Eigenfinanzierung ergibt sich aus der bereits abgeleiteten Gleichung (VII). Wird nur der Fall betrachtet, dass die durch die Finanzierung ermöglichte Investition nicht in Betriebsgrundstücken erfolgt, so nimmt E_{wbgr} in Gleichung (VII) den Wert 0 an. Gleichung (VII) wird dann zu:

$$(39) \quad S_e = E \cdot (s_k + s_{ge}).$$

Nur dieser Fall wird in die nachfolgende Untersuchung einbezogen.

Wird Gleichung (39) durch E dividiert, so ergibt sich:

$$(40) \quad \frac{S_e}{E} = s_k + s_{ge}.$$

Der Quotient aus S_e und E soll hier als Steuerbelastungsquote des Bruttogewinns E bei Eigenfinanzierung bezeichnet werden. Wie die Struktur der Gleichung (40) zeigt, ist diese ausschließlich von dem Körperschaftsteuer- und Solaritätszuschlagsatz sowie von dem Gewerbesteuersatz abhängig.

3.3.3.3 Ableitung der Belastungsquote bei Fremdfinanzierung

Zur Ableitung der Steuerbelastungsquote bei Fremdfinanzierung wird auf Gleichung (VIII) zurückgegriffen. Wird auch hier nur der Fall betrachtet, dass die durch die Finanzierung ermöglichte Investition nicht in Betriebsgrundstücke erfolgt, so nimmt auch in Gleichung (VIII) E_{wbgr} den Wert 0 an. Gleichung (VIII) wird dann zu

$$(41) \quad S_f = E \cdot (s_k + s_{ge}) - Z_i \cdot (s_k + s_{ge}) + \beta \cdot Z_i \cdot s_{ge}.$$

bzw. nach Umformung zu

$$(42) \quad S_f = E \cdot (s_k + s_{ge}) - Z_i \cdot (s_k + s_{ge} - \beta \cdot s_{ge}).$$

Es kann definiert werden:

(43) $Z_i = i \cdot K_{ef}$.

Hierbei gibt i den Zinssatz, bezogen auf das effektiv eingesetzte Fremdkapital an. Unter Berücksichtigung von Gleichung (43) kann S_f in Gleichung (42) wie folgt geschrieben werden:

(44) $S_f = E \cdot (s_k + s_{ge}) - i \cdot K_{ef} \cdot (s_k + s_{ge} - \beta \cdot s_{ge})$.

Wird der Bruttogewinn E als Funktion des eingesetzten Effektivkapitals K_{ef} angesehen, so kann definiert werden:

(45) $E = r \cdot K_{ef}$.

r kann hierbei als die Rendite des eingesetzten Kapitals angesehen werden. Aufgelöst nach K_{ef} ergibt sich aus Gleichung (45):

(46) $K_{ef} = r^{-1} \cdot E$.

Durch Einsetzen des Werts von K_{ef} aus Gleichung (46) in Gleichung (44) ergibt sich:

(47) $S_f = E \cdot (s_k + s_{ge}) - i \cdot r^{-1} \cdot E \cdot (s_k + s_{ge} - \beta \cdot s_{ge})$.

Hieraus ergibt sich die Steuerbelastungsquote des Bruttogewinns im Falle der Fremdfinanzierung mit:

(48) $\dfrac{S_f}{E} = s_k + s_{ge} - i \cdot r^{-1} \cdot (s_k + s_{ge} - \beta \cdot s_{ge})$.

3.3.3.4 Steuerbelastungsquoten

Tabelle III/1 enthält jährliche Steuerbelastungen bei Eigen- und bei Fremdfinanzierung sowie Steuerbelastungsdifferenzen, die sich zwischen beiden Finanzierungsarten ergeben. Alle in der Tabelle wiedergegebenen Werte beruhen auf dem im Jahr 2009 geltenden Recht unter Zugrundelegung eines Gewerbesteuerhebesatzes von 400 %. Dies bedeutet, dass folgende Steuersätze berücksichtigt sind: s_k = 15,825 % und s_{ge} = 14 %. Außerdem wird davon ausgegangen, dass der in § 8 Nr. 1 GewStG enthaltene Freibetrag von 100 T€ bereits ausgeschöpft ist. Damit gilt β = 0,25.

Spalte 1 der Tabelle III/1 enthält unterschiedliche Werte für die Rentabilität des eingesetzten Effektivkapitals K_{ef}. Diese Rentabilität r ergibt sich durch Umformung von Gleichung (45) mit:

$$(49) \quad r = \frac{E}{K_{ef}}.$$

Berücksichtigt sind Bruttorentabilitäten, die zwischen 1 % (Zeile 1) und 40 % (Zeile 6) des eingesetzten Effektivkapitals liegen. Sie decken also ein sehr breites Spektrum ab.

Die Spalten 2 bis 4 enthalten Steuerbelastungen in % des Bruttogewinns E, und zwar in der Spalte 2 für den Fall der Eigen- und in den Spalten 3 und 4 für den Fall der Fremdfinanzierung. Die Werte der Spalte 2 sind aus Gleichung (40), die der Spalten 3 und 4 aus Gleichung (48) ermittelt worden.

Im Falle der Eigenfinanzierung beträgt die Steuerbelastung bei dem hier angewendeten Hebesatz von 400 % unabhängig von der Höhe des Bruttogewinns stets 29,83 % (exakt 29,825 %) des Bruttogewinns E (Spalte 2).

Tabelle III/1:   *Jährliche Steuerbelastung bei Eigen- und Fremdfinanzierung im Vergleich**

Zeile	Bruttorentabili-tät des einge-setzten Kapitals $r = \dfrac{E}{K_{ef}}$	Steuerbelastung S_e bzw. S_f in % des Bruttogewinns E			Differenzen der Steuerbelastungen in % des Bruttogewinns E	
		Eigenfinan-zierung	Fremdfinanzierung Effektiver Zinssatz i		Bei einem effektiven Zinssatz i von	
			5 %	10 %	5 % (Spalte 2 ./. 3)	10 % (Spalte 2 ./. 4)
	Spalte 1	Spalte 2	Spalte 3	Spalte 4	Spalte 5	Spalte 6
1	1 %	+ 29,83	− 101,80**	− 233,43**	+ 131,63	+ 263,26
2	5 %	+ 29,83	+ 3,50	− 22,83**	+ 26,33	+ 52,66
3	10 %	+ 29,83	+ 16,66	+ 3,50	+ 13,17	+ 26,33
4	20 %	+ 29,83	+ 23,24	+ 16,66	+ 6,59	+ 13,17
5	30 %	+ 29,83	+ 25,44	+ 21,05	+ 4,39	+ 8,78
6	40 %	+ 29,83	+ 26,53	+ 23,24	+ 3,30	+ 6,59

*   Allen Belastungswerten liegt ein Körperschaftsteuersatz von 15 % ($S_{kö}$ = 15 %) und ein Solidaritätszuschlag von 5,5 % (S_{olz} = 5,5 %) zugrunde. Demnach ergibt sich für S_k einen Wert von (15 % · 1,055 =) 15,825 %. In allen Fällen wird von einem Gewerbesteuerhebesatz von 400 % ausgegangen. Der Gewerbesteuersatz s_{ge} beträgt also 14 %. Außerdem gilt β = 0,25.

**   Negative Steuerbelastungen sind nur unter der Voraussetzung möglich, dass negative Bemessungsgrundlagen mit positiven ausgeglichen bzw. von diesen im Rahmen eines Verlustrück- oder Verlustvortrags abgezogen werden können.

Die Spalten 3 und 4 enthalten Steuerbelastungen für den Fall der Fremdfinanzierung (Sf), wiederum in % des Bruttogewinns E. Die Werte sind aus Gleichung (48) ermittelt worden. Die Werte der Spalte 3 beruhen auf einem effektiven Zinssatz von 5 %, die der Spalte 4 auf einem Zinssatz von 10 %. Hier zeigt sich eine sehr hohe Abhängigkeit der Steuerbelastungsquoten von den in Spalte 1 angegebenen Bruttorentabilitäten. Die Steuerbelastungen reichen von Werten zwischen rd. - 233 % (Zeile 1, Spalte 4) bis zu + 27 % (Zeile 6, Spalte 3) des Bruttogewinns E. Klargestellt sei, dass negative Steuerbelastungsquoten nur unter der Voraussetzung möglich sind, dass negative Bemessungsgrundlagen mit positiven ausgeglichen bzw. von diesen im Rahmen eines Verlustrück- oder Verlustvortrags abgezogen werden können.

Die Spalten 5 und 6 enthalten Differenzen der Steuerbelastungen zwischen den vorher ermittelten Steuerbelastungsquoten im Falle der Eigen- und denen der Fremdfinanzierung.

Alle Werte der Spalten 5 und 6 weisen positive Werte auf, d. h. die Steuerbelastungsquoten sind im Falle der Eigen- stets höher als in dem der Fremdfinanzierung. Allerdings wirkt sich der Unterschied bei einer geringen Bruttorentabilität des eingesetzten Kapitals erheblich stärker aus als bei einer hohen Bruttorentabilität. Dies zeigt ein Vergleich der Werte der Zeile 1 mit denen der Zeile 6 besonders auffällig.

3.3.4 Gleiche Zahlungsbelastung unterschiedlicher Finanzierungsarten

3.3.4.1 Gleichheitsbedingungen

In allgemeiner Form ergibt sich die Differenz zwischen der Steuerbelastung im Falle der Eigen- und in dem der Fremdfinanzierung aus der bereits an früherer Stelle abgeleiteten Gleichung (IX)[22].

(IX) $S_e - S_f = Z_i \cdot (s_k + s_{ge}) - \beta \cdot Z_i \cdot s_{ge}.$

Da $s_{ge} \geq 0$ und $\beta < 1$, gilt stets

(50) $S_e - S_f \geq Z_i \cdot s_k$

und hiermit

(51) $S_e > S_f.$

---

[22]   Vgl. Gliederungspunkt 3.3.2.

Die jährliche Steuerbelastung ist somit im Falle der Eigenfinanzierung stets höher als in dem der Fremdfinanzierung.

Damit stellt sich die Frage, ob bei niedrigeren Dividenden als Zinsen unter Einbeziehung dieser Dividenden bzw. Zinsen in die Betrachtung eine gleich hohe jährliche Belastung bei Eigen- und Fremdfinanzierung erreichbar ist. Die jährliche Zahlungsdifferenz (Zef – Zff) ergibt sich aus Gleichung (IX) durch Addition der Ausschüttungen (A) und Subtraktion der Zinsen:

$$(52) \quad Z_{ef} - Z_{ff} = A - Z_i + Z_i \cdot (s_k + s_{ge}) - \beta \cdot Z_i \cdot s_{ge}.$$

Hierbei gibt Zef die Jahresbelastung aus Dividenden und Steuern bei Eigen- und Zff die entsprechende Belastung aus Zinsen und Steuern bei Fremdfinanzierung an. Für den Fall, dass die Jahresbelastung beider Finanzierungsarten gleich groß ist, d. h. für

$$(53) \quad Z_{ef} = Z_{ff},$$

ergibt sich

$$(54) \quad A = Z_i - Z_i \cdot (s_k + s_{ge}) + Z_i \cdot \beta \cdot s_{ge}.$$

Hierfür kann geschrieben werden:

$$(55) \quad A = Z_i \cdot (1 - s_k - s_{ge} + \beta \cdot s_{ge}).$$

Werden in Gleichung (55) die Standardsteuersätze für Kapitalgesellschaften ($s_k = 0{,}15825$, $s_{ge} = 0{,}14$) angesetzt und wird von einer 25 %igen Hinzurechnung der Zinsen nach § 8 Nr. 1 GewStG ausgegangen ($\beta = 0{,}25$), so nimmt A in Gleichung (55) folgenden Wert an:

$$(55a) \quad A = 0{,}73675 \cdot Z_i.$$

Dies bedeutet, dass bei Ansatz der Standardsteuersätze die Ausschüttungen nur rd. 74 % der Zinsen betragen dürfen, damit die Belastung der Kapitalgesellschaft im Falle der Eigenfinanzierung nicht größer ist als in dem der Fremdfinanzierung.

3.3.4.2 Paralleldividenden

Gewinnausschüttungen können als das Produkt aus dem im Falle der Eigenfinanzierung beschafften Effektivkapital ($K_{ef/e}$) und dem auf dieses Effektivkapital bezogenen Ausschüttungssatz (a^*) definiert werden:

(56) $A = K_{ef/e} \cdot a^*$.

Entsprechend können die Zinsen als das Produkt aus dem im Falle der Fremdfinanzierung beschafften Effektivkapital ($K_{ef/f}$) und dem auf dieses Effektivkapital bezogenen Zinssatz (i) definiert werden:

(57) $Z_i = K_{ef/f} \cdot i$.

Durch Einsetzen der Werte der Gleichungen (56) und (57) in Gleichung (55) ergibt sich:

(58) $K_{ef/e} \cdot a^* = K_{ef/f} \cdot i \cdot (1 - s_k - s_{ge} + \beta \cdot s_{ge})$.

Wird bei beiden Finanzierungsarten das gleiche Effektivkapital beschafft, d. h. gilt

(59) $K_{ef/e} = K_{ef/f}$,

so wird aus Gleichung (58):

(60) $a^* = i \cdot (1 - s_k - s_{ge} + \beta \cdot s_{ge})$.

Werden auch hier die Standardsteuersätze für Kapitalgesellschaften (s_k = 15,825 %, s_{ge} = 14 %) angesetzt und wird wiederum von einer 25 %igen Hinzurechnung der Zinsen nach § 8 Nr. 1 GewStG (β = 0,25) ausgegangen, so ergibt sich:

(60a) $a^* = 0{,}73675 \cdot i$.

Aus Gleichung (60) lassen sich für unterschiedliche Steuersätze zu vorgegebenen Zinssätzen *Paralleldividenden* ermitteln. Hierbei handelt es sich um Ausschüttungssätze, die zur gleichen Jahresbelastung führen wie die angegebenen Zinssätze. Zur Klarstellung sei nochmals ausdrücklich darauf hingewiesen, dass die Zins- bzw. Dividendensätze hier jeweils auf das aufgenommene Effektiv- und nicht auf das Nominalkapital bezogen werden. Nicht berücksichtigt sind die Geldbeschaffungskosten, die bei den miteinander zu vergleichenden Finanzierungsarten in unterschiedlicher Höhe anfallen können.

Tabelle III/2 enthält in den Spalten 2 bis 4 Paralleldividendensätze zu den in Spalte 1 aufgeführten Zinssätzen. Die Werte beruhen auf Gleichung (60).

Tabelle III/2:   *Paralleldividendensätze zu vorgegebenen Zinssätzen*

Zinssatz i in %	Paralleldividendensatz a˙ in %		
	Skö = 15 % Sge = 14 %	Skö = 30 % Sge = 14 %	Skö = 15 % Sge = 17,5 %
Spalte 1	Spalte 2	Spalte 3	Spalte 4
4	2,947	2,314	2,842
6	4,421	3,471	4,263
8	5,894	4,628	5,684
10	7,368	5,785	7,105
12	8,841	6,942	8,526
14	10,315	8,099	9,947

Allen in der Tabelle enthaltenen Werten liegt die Voraussetzung zugrunde, dass die Zinsen zu 25 % nach § 8 Nr. 1 GewStG dem Gewinn aus Gewerbebetrieb zur Ermittlung des Gewerbeertrags hinzugerechnet werden, d. h. es gilt $\beta = 0,25$. Ein Gewerbesteuersatz von 14 % (Sge = 0,14) entspricht einem Hebesatz von 400 %, ein Gewerbesteuersatz von 17,5 % (Sge = 0,175) einem Hebesatz von 500 %.

3.3.4.3 Erforderlicher Emissionskurs

Weichen im Falle einer Aktienfinanzierung die Erhöhung des Nominalkapitals (Kn/e) und das tatsächlich erzielte Effektivkapital (Kef/e) voneinander ab, so kann folgende Beziehung formuliert werden:

(61) $K_{ef/e} = K_{n/e} \cdot u.$

u gibt hierbei den Emissionskurs an, zu dem die „jungen" Aktien emittiert werden. Einen Emissionskurs gibt es nur bei Nennwertaktien, nicht hingegen auch bei Stückaktien. Handelt es sich bei den Aktien um nennwertlose Stückaktien, so gibt u das Verhältnis der effektiven Kapitalzufuhr aufgrund einer Aktienfinanzierung und der im Rahmen dieser Finanzierung von der Hauptversammlung beschlossenen Erhöhung des Nennkapitals (Grundkapitals) an. Die Definition von u gibt somit nicht nur in dem Fall Sinn, in dem die Aktien einen Nennwert haben, sondern auch in dem Fall, in dem es sich bei den Aktien um nennwertlose Stückaktien handelt. Ebenso wie über die Ermittlung von Paralleldividendensätzen zu vorgegebenen Zinssätzen kann auch über die Festsetzung des Emissionskurses u versucht werden, in Fällen der Aktienfinanzierung keine höhere Auszahlungsbelastung der Kapitalgesellschaft entstehen zu lassen als im Falle der Fremdfinanzierung. Zur Einfügung des Emissionskurses u in die Bedingung gleicher Auszahlungsbelastung ist es zweckmäßig, auf Gleichung (55) zurückzugreifen. Zur Erinnerung sei Gleichung (55) nochmals aufgezeichnet. Sie lautet:

(55) $A = Z_i \cdot (1 - s_k - s_{ge} + \beta \cdot s_{ge}).$

Um den Emissionskurs u berücksichtigen zu können, soll die Ausschüttung in Gleichung (56) in Relation zur Erhöhung des Aktiennominalkapitals ($K_{n/e}$) gesetzt werden. Die Ausschüttung ist dann das Produkt aus $K_{n/e}$ und dem Ausschüttungssatz bezogen auf dieses Nominalkapital (a):

(62) $A = K_{n/e} \cdot a.$

Gleichung (57) entsprechend sollen die Zinsen unverändert als das Produkt aus dem effektiv aufgenommenen Fremdkapital ($K_{ef/f}$) und dem auf dieses bezogenen Zinssatz i definiert werden:

(57) $Z_i = K_{ef/f} \cdot i.$

Durch Einsetzen der Werte der Gleichungen (62) und (57) in Gleichung (55) ergibt sich:

(63) $K_{n/e} \cdot a = K_{ef/f} \cdot i \cdot (1 - s_k - s_{ge} + \beta \cdot s_{ge}).$

Durch Auflösung der bereits abgeleiteten Gleichung

(61) $K_{ef/e} = K_{n/e} \cdot u.$

nach $K_{n/e}$ ergibt sich

(64) $K_{n/e} = \dfrac{K_{ef/e}}{u}.$

Wird der Wert von Gleichung (64) in Gleichung (63) eingesetzt, so ergibt sich:

(65) $\dfrac{K_{ef/e} \cdot a}{u} = K_{ef/f} \cdot i \cdot (1 - s_k - s_{ge} + \beta \cdot s_{ge}).$

Für den Fall, dass die effektive Kapitalzufuhr in den miteinander zu vergleichenden Fällen der Aktien- und der Fremdfinanzierung gleich groß ist, dass also

(66) $K_{ef/e} = K_{ef/f}$

gilt, vereinfacht sich Gleichung (65) zu

(67) $\dfrac{a}{u} = i \cdot (1 - \text{sk} - \text{sge} + \beta \cdot \text{sge}).$

Aus Gleichung (67) kann für beliebige Kombinationen der Ausschüttungs-, Zins- und Steuersätze zueinander der *mindest erforderliche Emissionskurs* u ermittelt werden. Hierunter soll der Emissionskurs bei Aktienemission verstanden werden, den die emittierende Gesellschaft mindestens erzielen muss, damit die Aktienfinanzierung nicht zu einer höheren Jahresbelastung führt als eine alternative Fremdfinanzierung.

Nach u aufgelöst, ergibt sich aus Gleichung (67):

(68) $u = \dfrac{a}{i \cdot (1 - \text{sk} - \text{sge} + \beta \cdot \text{sge})}.$

Werden in Gleichung (68) sk = 0,15825, sge = 14 % und $\beta = 0,25$ eingesetzt, so ergibt sich

(68a) $u = 1,3573 \cdot \dfrac{a}{i}.$

Für den Fall, dass Dividenden- und Zinssatz gleich groß sind (a = i), gilt:

(68b) $u = 1,3573.$

Der Emissionskurs muss bei Ansatz der Standardsteuersätze und einer 25 %igen Hinzurechnung der Zinsen und gleich großem Zins- und Dividendensatz also mindestens 135,73 % betragen, damit die Aktienfinanzierung nicht nachteiliger ist als die Fremdfinanzierung.

Tabelle III/3 enthält in den Spalten 2 bis 4 für unterschiedliche Kombinationen von sk und sge zueinander die erforderlichen Emissionskurse. Sie beruhen außerdem auf unterschiedlichen Verhältnissen von a und i zueinander. Die unterschiedlichen Verhältnisse von a und i zueinander ergeben sich aus Spalte 1. In Zeile 2 dieser Spalte wird von a = i ausgegangen, d. h. der Ausschüttungssatz entspricht dem Zinssatz. Die Werte sind aus Gleichung (68) ermittelt worden. Klargestellt sei, dass eine Emission von Aktien unter pari nach § 9 AktG gesellschaftsrechtlich unzulässig ist.

Tabelle III/3:   *Erforderliche Emissionskurse in % des aufgenommenen Kapitals**

Verhältnis Dividenden- zu Zinssatz (a : i)	Erforderlicher Emissionskurs u zu Zins- bzw. Dividendensätzen der Spalte 1 in %		
	Skö = 15 % Sge = 14 %	Skö = + 30 % Sge = + 14 %	Skö = 15 % Sge = 17,5 %
Spalte 1	Spalte 2	Spalte 3	Spalte 4
50 %	67,87	86,43	70,37
100 %	135,73	172,86	140,75
150 %	203,60	259,29	211,12
200 %	271,46	345,72	281,49

* Allen in der Tabelle enthaltenen Werten liegt die Voraussetzung zugrunde, dass die Zinsen nach § 8 Nr. 1 GewStG dem Gewinn aus Gewerbebetrieb zur Ermittlung des Gewerbeertrags zu 25 % hinzugerechnet werden.

3.3.5 Zur Aussagefähigkeit der Auszahlungsdifferenzen

Die in diesem Abschnitt durchgeführten Vergleiche *berücksichtigen nicht* die durch unterschiedliche Höhe und unterschiedlichen zeitlichen Anfall von Zahlungen entstehenden *Supplementinvestitionen*. Dennoch sind sie nicht ohne Wert. Sie können zum einen als Grundlage für evtl. erforderlich gehaltene Endvermögens- oder Kapitalwertvergleiche dienen. Sie besitzen zum anderen in den meisten Fällen eine eigene Aussagefähigkeit hinsichtlich der Vorteilhaftigkeit miteinander zu vergleichender Finanzierungsmaßnahmen. Grundsätzlich kann nämlich davon ausgegangen werden, dass eine Maßnahme der Außenfinanzierung dann vorteilhafter ist als eine andere, wenn sie bei gleicher effektiver Kapitalzufuhr sowohl im Jahre der Kapitalaufnahme als auch in allen späteren Jahren des Vergleichszeitraums die geringeren Finanzierungsauszahlungen verursacht. Das gilt zumindest dann, wenn Geldbeschaffungskosten in etwa gleicher Höhe und zum etwa gleichen Zeitpunkt anfielen. Die *Höhe der Finanzierungsauszahlungen* kann dann als *Ersatzkriterium des Vorteilsvergleichs* angesehen werden. Soll in derartigen Fällen lediglich festgestellt werden, welche von zwei Finanzierungsmaßnahmen die vorteilhaftere ist, so ist die Ermittlung der Differenzen der Finanzierungsauszahlungen ausreichend. Geht in derartigen Fällen die Neugier weiter und soll ermittelt werden, wie hoch der Vorteil ist, so ist allerdings auch dann die Ermittlung von End- bzw. Kapitalwerten unvermeidlich. Für die zu treffende Wahlentscheidung hingegen sind *Endwert-* oder *Kapitalwertvergleiche* in diesen Fällen *nicht erforderlich*.

3.3.6 Aufgabe 2

Die P-AG ist eine Publikumsaktiengesellschaft. Ihr Vorstand plant zur Errichtung eines Zweigwerks die Beschaffung von effektiv 100 Mio € liquider Mittel über die Börse. Gedacht ist entweder an die Aufnahme von nominal 100 Mio € Industrieobligationen mit einem Zinssatz von 6,0 % p.a. oder an eine ordentliche Kapitalerhöhung i. S. d. § 182 AktG. Die P-AG hat während der letzten Jahre stets 1 € Dividende je 5 €-Aktie ausgeschüttet. Der Vorstand glaubt, dass er diesen Dividendensatz auch in Zukunft beibehalten muss, um zu verhindern, dass das Ansehen der Gesellschaft leidet. Zur Zeit der Planung beträgt der Börsenwert einer 5 € -Aktie 15,30 €. Vor einer Entscheidung über die Art der Kapitalaufnahme will der Vorstand folgende zwei Fragen beantwortet haben:

1. Wie hoch ist die jährliche Steuerbelastungs- und die Kostenbelastungsdifferenz der Finanzierungsalternativen für den Fall, dass die Aktienemission zu pari erfolgt?
2. Lässt sich eine gleich hohe Kostenbelastung durch eine entsprechende Festsetzung des Emissionskurses erreichen?

Der Vorstand beauftragt Sie mit der Beantwortung dieser Fragen. Bei Ihren Recherchen erfahren Sie, dass der Vorstand unter den jährlichen Kostenbelastungen die durch die beabsichtigte Investition und ihre Finanzierung zusätzlich anfallenden Dividenden bzw. Zinsen und die zusätzlich anfallenden oder fortfallenden Steuern versteht. Ferner stellen Sie fest, dass die P-AG den Standardsteuersätzen der Gewerbe- und Körperschaftsteuer des Jahres 2009 (s_{ge} = 0,14, s_k = 0,15825) unterliegt und der Vorstand von dem Fortbestand dieser Steuersätze während des von ihm vorgegebenen fünfjährigen Planungszeitraums ausgeht.

Der Vorstand ist damit einverstanden, dass Sie die Emissionskosten aus Vereinfachungsgründen nicht berücksichtigen.

3.4 Vergleich zwischen Eigen- und Gesellschafterfremdfinanzierung

3.4.1 Vergleichssituation und Arten des Vergleichs

Nunmehr sollen Fälle betrachtet werden, in denen enge persönliche Beziehungen zwischen einer Gesellschaft und ihren Gesellschaftern bestehen. Sie sind dadurch gekennzeichnet, dass der Gesellschafterkreis eng begrenzt ist und häufig nur aus Mitgliedern einer Familie oder einiger weniger Familien besteht. Der Extremfall ist der der Einmann-GmbH. Derartige Gesellschaften werden üblicherweise als **personenbezogene Gesellschaften** oder auch als **Familiengesellschaften** bezeichnet[23].

Für personenbezogene Gesellschaften kann ein Vergleich zwischen Eigen- und Fremdfinanzierung in zwei Entscheidungssituationen sinnvoll sein. Sie sind beide dadurch gekennzeichnet, dass die Gesellschaft Mittel zur Finanzierung von Investitionen benötigt, und die Gesellschafter oder auch potentielle neue Gesellschafter über derartige Mittel verfügen. Sie unterscheiden sich durch Folgendes:

- Im ersten Fall stehen die Gesellschafter vor der Frage, ihre eigenen Mittel entweder dem Unternehmen zur Verfügung zu stellen oder sie für eine Alternativinvestition außerhalb des Unternehmens zu verwenden bei gleichzeitiger Kreditaufnahme für die betriebliche Investition.
- Im zweiten Fall steht eine außerbetriebliche Anlage der Mittel nicht zur Debatte. Hier geht es nur darum, ob die Gesellschafter ihre Mittel dem Betrieb als Eigenkapital oder als Gesellschafterdarlehen zur Verfügung stellen.

---

23 Vgl. Beinert, J., Familienkapitalgesellschaften, 1979, S. 270; Brönner, H./Bareis, P., Bilanz, 1991, S. 924 ff.; Jacobs, O. H., Unternehmensbesteuerung, 2002, S. 315 ff.; Brönner, H., Besteuerung, 2007, S. 824 ff.

Im *ersten Fall* handelt es sich um eine *kombinierte Investitions- und Finanzierungsentscheidung, im zweiten ausschließlich* um eine *Finanzierungsentscheidung.* In beiden Fällen müssen die privaten Steuern der Gesellschafter mit in den Kalkül *einbezogen* werden. Insoweit besteht ein fundamentaler Unterschied gegenüber Entscheidungssituationen bei nichtpersonenbezogenen Kapitalgesellschaften.

Im *ersten* der beiden genannten *Fälle* kann dann, wenn es sich bei der Gesellschaft um eine Kapitalgesellschaft handelt, auf die unter Gliederungspunkt 3.3.2 abgeleiteten Belastungsgleichungen (VII) und (VIII) zurückgegriffen werden. Wie unter diesem Gliederungspunkt ersichtlich, kann Gleichung (VII) bei Eigen- und Gleichung (VIII) bei Fremdfinanzierung angewendet werden. Die dort ermittelten Belastungswirkungen berücksichtigen lediglich die Steuerfolgen der Kapitalgesellschaft, nicht hingegen diejenigen ihrer Gesellschafter. Für die hier angesprochenen Vergleiche müssen die Steuerfolgen der Ausschüttungen bzw. Zinszahlungen bei den Gesellschaftern zusätzlich berücksichtigt werden. In diesem Zusammenhang ist es von Bedeutung, dass die Ausschüttungen nach § 32d Abs. 1 EStG i. V. m. § 43 Abs. 5 Satz 1 EStG der Abgeltungsteuer, Zinsen aus Darlehen der Gesellschafter an die Gesellschaft hingegen nach § 32d Abs. 2 EStG i. d. R. dem vollen Steuersatz unterliegen. Nachfolgend soll auf eine explizite Erfassung der genannten Steuerwirkungen des ersten Falles verzichtet werden.

Näher eingegangen werden soll hier lediglich *auf die zweite der* weiter oben aufgezeigten *Entscheidungssituationen.* Eine außerbetriebliche Anlage der den Gesellschaftern zur Verfügung stehenden Mittel soll also nicht zur Debatte stehen. Es soll also lediglich um die Frage gehen, ob die Gesellschafter ihre Mittel dem Betrieb als Eigenkapital oder als Gesellschafterdarlehen zur Verfügung stellen sollen.

Nachfolgend sollen also miteinander verglichen werden

- die *Eigenfinanzierung* und
- die *Gesellschafterfremdfinanzierung.*

Hierbei wird zwischen Personen- und Kapitalgesellschaften unterschieden.

3.4.2 Vergleich bei Personengesellschaften

Eigenfinanzierung und Gesellschafterfremdfinanzierung werden im Falle von *Personengesellschaften* (Mitunternehmerschaften) steuerlich grundsätzlich gleich behandelt. Ertragsteuerlich liegt das daran, dass an Gesellschafter zu zahlende Zinsen als Vorabgewinne und nicht als Betriebsausgaben behandelt werden. Damit kann die Gesellschafterfremdfinanzierung lediglich zu einer anderen steuerlichen Gewinnverteilung führen als dies bei Eigenfinanzierung der Fall wäre. Eine Gewerbesteuerersparnis hingegen ist nicht erzielbar.

Eine *Ausnahme* von dem Grundsatz, dass bei Personengesellschaften durch die Hingabe von Gesellschafterdarlehen keine steuerlichen Effekte entstehen, kann sich in den Fällen der Anwendung des *§ 15a EStG* ergeben. Diese Vorschrift gilt nur für Kommanditisten und diesen gleichgestellte beschränkt haftende Mitunternehmer. Nachfolgend werden explizit nur die Kommanditisten genannt.

Nach § 15a Abs. 1 EStG sind Verlustanteile eines Kommanditisten nur insoweit ausgleichs- und abzugsfähig, als das Kapitalkonto des Kommanditisten positiv ist. Nicht ausgleichs- und abzugsfähige Verluste sind lediglich in späteren Wirtschaftsjahren mit Gewinnen aus derselben Beteiligung verrechenbar (verrechenbare Verluste). Dies kann im Einzelfall zu einer erheblichen zeitlichen Verzögerung der Berücksichtigung steuerlicher Verluste führen.

Stehen bei Vorliegen negativer Kapitalkonten Kommanditisten vor der Wahl, ihrer Gesellschaft entweder Eigenkapital (Erhöhung der Kommanditeinlage) oder Gesellschafterdarlehen zur Verfügung zu stellen, so können durch die Eigenfinanzierung Verluste, die sonst nur verrechenbar wären, u. U. in ausgleichsfähige Verluste umgewandelt werden. Ob dies vorteilhaft ist, muss im Einzelfall überprüft werden. Hierbei dürfte häufig die Ermittlung von Steuerbarwerten unvermeidbar sein.

3.4.3 Belastung bei Kapitalgesellschaften

3.4.3.1 Mögliche Bezugsgrößen für den Vergleich

Sollen die Steuerbelastungen der Eigen- und der Gesellschafterfremdfinanzierung miteinander verglichen werden, so bedarf es einer gemeinsamen Bezugsgröße, anhand derer die Steuerbelastungsquoten gemessen werden können. Als derartige *gemeinsame Bezugsgrößen* kommen in Betracht:

1. Ein *gleich großer Bruttobetrag B*, der von der Kapitalgesellschaft für Ausschüttungen bzw. Zinszahlungen sowie für auf B entfallende Steuerbelastungen zur Verfügung gestellt wird,
2. die Höhe der Zinsen oder auch die der geplanten Ausschüttungen,
3. *ein gleich großer Nettozufluss bei dem Gesellschafter* infolge (unterschiedlich hoher) Ausschüttungen bzw. Zinsen.

Jede dieser drei Bezugsgrößen kann im Einzelfall sinnvoll sein. Keine von ihnen kann als allgemein „richtig" oder „falsch" angesehen werden. Welche gewählt werden sollte, hängt vielmehr von der konkreten Fragestellung ab. Will die Geschäftsleitung z. B. wissen, welcher Betrag von einem vorgegebenen Bruttobetrag letztlich netto den Gesellschaften zufließt, so muss die unter 1. genannte Bezugsgröße gewählt werden. Geben die Gesellschafter hingegen vor, welcher Betrag ihnen letztlich zufließen soll, so muss eine der an dritter Stelle genannten Bezugsgrößen gewählt werden.

Nachfolgend soll *von der an erster Stelle aufgeführten Bezugsgröße* ausgegangen werden. Auf die beiden anderen möglichen Bezugsgrößen soll hier nicht weiter eingegangen werden. Angemerkt sei lediglich, dass die Wahl der an dritter Stelle aufgeführten Bezugsgröße, nämlich die Wahl eines gleich großen Nettozuflusses beim Gesellschafter, auf der Grundlage des derzeitigen Rechts mit erheblichen

Komplikationen verbunden ist. Ein Grund liegt darin, dass der Nettozufluss u. a. von der Höhe des Differenzeinkommensteuersatzes abhängt. Dieser aber kann in den Vergleichsfällen durchaus unterschiedlich sein. Dies liegt daran, dass Ausschüttungen dem Abgeltungssteuersatz oder dem Teileinkünfteverfahren unterliegen, Zinsen hingegen in vollem Umfang zur Besteuerung bei den Gesellschaftern herangezogen werden. Hierdurch kann im Progressionsbereich der Einkommensteuer ein unterschiedlicher Differenzeinkommensteuersatz entstehen. Selbstverständlich kann trotz dieser Probleme im Einzelfall ein gleich großer Nettozufluss bei dem Gesellschafter zur Bezugsgröße gewählt werden. Bei Kenntnis der konkreten Besteuerungssituation lassen sich die übrigen Größen, nämlich Steuerbelastungen, Ausschüttungen bzw. Zinsen und die für die Ausschüttungen bzw. Zinsen erforderlichen Bruttobeträge ermitteln. Auf entsprechende Ausführungen soll hier aber verzichtet werden.

3.4.3.2 Belastung bei Eigenfinanzierung

Ausgegangen wird nachfolgend von einem *Bruttobetrag B*, der *alternativ für Ausschüttungen A oder für Zinszahlungen Zi* zur Verfügung stehen soll.

Im Falle der *Eigenfinanzierung* mit Ausschüttung hat B die Wirkung von E i. S. d. in Teil I abgeleiteten Gleichungen (II) bzw. (IIa). Die Steuerbelastung der Kapitalgesellschaft im Ausschüttungsfall ($S_{kap/a}$) beträgt demnach

$$(69) \quad S_{kap/a} = (s_k + s_{ge}) \cdot B.$$

Für die Ausschüttung A steht nicht der Bruttobetrag B zur Verfügung, sondern der um die bei der Kapitalgesellschaft anfallenden Steuern $S_{kap/a}$ geminderte Betrag:

$$(70) \quad A = B - S_{kap/a}.$$

Durch Einsetzen des Wertes von Gleichung (69) in (70) ergibt sich nach Umformung

$$(71) \quad A = B \cdot (1 - s_k - s_{ge}).$$

Bei dem Gesellschafter unterliegen die Ausschüttungen der Einkommensteuer. Hält er die Anteile in seinem Privatvermögen, so hat A die Wirkung von E_e i. S. v. Gleichung (I) bzw. (Ia). Die Steuerbelastung des Gesellschafters kann dann durch Einsetzen des Wertes von A aus Gleichung (71) in die in Teil I abgeleitete Gleichung (III) ermittelt werden. Sie beträgt

$$(72) \quad S_{ges/a/pv} = [B \cdot (1 - s_k - s_{ge}) - F_{e\S20}] \cdot s_{e/a}.$$

I. d. R. handelt es sich bei $s_{e/a}$ um den Abgeltungssteuersatz $s_{e\S32d}$.

Wie bereits in Teil I definiert, gibt Fe§20 den ohne die Ausschüttung nicht ausgenutzten Teil des Sparer-Pauschbetrags an. In den meisten Fällen dürfte dieser Teil 0 € betragen, d. h. es gilt dann Fe§20 = 0.

Die Gesamtbelastung der Kapitalgesellschaft und ihres Gesellschafters im Falle der Ausschüttung (Skap+ges/a) ergibt sich aus der Summe von Skap/a und Sges/a/pv:

(73)   Skap+ges/a/pv = Skap/a + Sges/a/pv.

Durch Einsetzen der Werte der Gleichungen (69) und (72) in Gleichung (73) ergibt sich:

(74)   Skap+ges/a/pv = B · (sk + sge) + B · (1 − sk − sge) · se/a − Fe§20 · se/a.

Hält der Gesellschafter die Anteile an der Kapitalgesellschaft nicht in seinem Privatvermögen, sondern in dem Betriebsvermögen eines Personenunternehmens, so können die Steuerfolgen bei ihm nicht Gleichung (III), sondern Gleichung (IIIa) entnommen werden. Bei dem Gesellschafter kommt es dann nicht zur Anwendung des besonderen Steuersatzes des § 32d EStG, sondern des mit dem Faktor δ multiplizierten allgemeinen kombinierten Einkommen-, Kirchensteuer- und Solidaritätszuschlagsatzes auf der Grundlage des § 32a EStG (se§32a). Außerdem entfällt der Freibetrag Fe§20. Weitere Änderungen gegenüber der Darstellung in Gleichung (74) ergeben sich nicht. Die Gesamtbelastung der Gesellschaft und des Gesellschafters in diesem Falle (Skap+ges/a/bv) kann dann wie folgt geschrieben werden:

(75)   Skap+ges/a/bv = B · (sk + sge) + δ · B · (1 − sk − sge) · se§32a.

3.4.3.3 Belastung bei Gesellschafterfremdfinanzierung

Im Falle einer Gesellschafterfremdfinanzierung hat der Bruttobetrag B die Wirkung von E i. S. d. in Teil I abgeleiteten Gleichung (II). Die aus B zu zahlenden Zinsen Zi stellen abzugsfähige Betriebsausgaben dar. Sie haben also die Wirkung von − E i. S. d. Gleichung (II). Die Zinsen selbst haben, mit dem bereits vielfach verwendeten Faktor β (derzeit β = 0,25) multiplikativ verknüpft, die Wirkung einer Hinzurechnung i. S. d. § 8 Nr. 1 GewStG. In diesem Umfang stellen sie Hge i. S. d. Gleichung (II) dar. Insgesamt ergeben sich bei der Kapitalgesellschaft im Falle der Finanzierung mit Zinszahlung folgende Steuerwirkungen (Skap/zi):

(76)   Skap/zi = (sk + sge) · B − (sk + sge) · Zi + β · sge · Zi.

Zinsen Zi werden annahmegemäß in Höhe des Differenzbetrages zwischen dem Bruttobetrag B und den bei der Kapitalgesellschaft auf den Bruttobetrag im Falle der Zinszahlung zu entrichtenden Steuern Skap/zi gezahlt:

(77) $Z_i = B - S_{kap/zi}$.

Durch Einsetzen des Werts von Zi aus Gleichung (77) in Gleichung (76) ergibt sich:

(78) $S_{kap/zi} = (s_k + s_{ge}) \cdot B - (s_k + s_{ge}) \cdot B + (s_k + s_{ge}) \cdot S_{kap/zi}$

$+ \beta \cdot s_{ge} \cdot B - \beta \cdot s_{ge} \cdot S_{kap/zi}$.

Gleichung (78) kann vereinfacht und umgeformt werden zu

(79) $S_{kap/zi} - (s_k + s_{ge}) \cdot S_{kap/zi} + \beta \cdot s_{ge} \cdot S_{kap/zi}$

$= \beta \cdot s_{ge} \cdot B$, bzw.

(80) $S_{kap/zi} \cdot (1 - s_k - s_{ge} + \beta \cdot s_{ge}) = \beta \cdot s_{ge} \cdot B$.

Nach Skap/zi aufgelöst, kann hierfür geschrieben werden:

(81) $S_{kap/zi} = \dfrac{\beta \cdot s_{ge}}{1 - s_k - s_{ge} + \beta \cdot s_{ge}} \cdot B$.

Aus Gleichung (81) lässt sich also die Steuerbelastung der Kapitalgesellschaft ermitteln. Bei Ansatz der Standardsteuersätze ($s_{ge} = 0{,}14$, $s_k = 0{,}15825$ und $\beta = 0{,}25$) beträgt sie 4,751 % des Bruttogewinns B. Hinzu kommt die Steuerbelastung der Gesellschafter ($S_{ges/zi}$).

Bei den Gesellschaftern unterliegen die Zinsen Zi als Einnahmen aus Kapitalvermögen der Einkommensteuer. Zi stellt also Ee i. S. v. Gleichung (I) bzw. (Ia) dar. Zu unterscheiden ist hierbei zwischen dem Fall, dass der gesonderte Steuersatz des § 32d Abs. 1 EStG ($s_{e\S32d}$) zur Anwendung kommt und dem, dass dies nach § 32d Abs. 2 EStG nicht der Fall ist und somit der „normale" Steuersatz des § 32a EStG ($s_{e\S32a}$) anzuwenden ist. In der nachfolgenden allgemeinen formelmäßigen Darstellung der Steuerbelastung der Zinsen bei dem Gesellschafter ($S_{ges/zi}$) wird nicht zwischen den beiden genannten Fällen unterschieden. Dies geschieht vielmehr lediglich bei der Berechnung konkreter Steuerbelastungen. Diese Vorgehensweise ermöglicht es, den Steuersatz, mit denen die Zinsen belastet werden, generell mit $s_{e/zi}$ zu bezeichnen.

Im Einzelfall kann es bei dem Gesellschafter durch den Bezug der Zinsen zur Ausnutzung eines ohne diese Zinsen nicht ausnutzbaren Teils des Sparer-Pauschbetrags Fe§20 kommen. In den meisten Fällen dürfte dieser Teilbetrag aber auch bei der Gesellschafterfremdfinanzierung 0 € betragen. Es kann davon ausgegangen werden, dass die Höhe des durch den Bezug der Zinsen ausnutzbaren Freibetrags unabhängig davon ist, ob die Zinsen dem besonderen Steuersatz des § 32d Abs. 1 EStG oder aber dem „normalen" Steuersatz des § 32a EStG unterliegen.

Nach den bisherigen Ausführungen lässt sich die auf die Zinsen entfallende Steuerbelastung des Gesellschafters ($S_{ges/zi}$) wie folgt erfassen:

$$(82) \quad S_{ges/zi} = s_{e/zi} \cdot Z_i - s_{e/zi} \cdot Fe§20.$$

Die Höhe der Zinsen, die der Gesellschafter erhält, ergibt sich durch Einsetzen des Werts von $S_{kap/zi}$ aus Gleichung (81) in Gleichung (77). Sie betragen

$$(83) \quad Z_i = B - \frac{\beta \cdot s_{ge}}{1 - s_k - s_{ge} + \beta \cdot s_{ge}} \cdot B.$$

Gleichung (83) kann umformuliert werden zu

$$(84) \quad Z_i = \frac{1 - s_k - s_{ge}}{1 - s_k - s_{ge} + \beta \cdot s_{ge}} \cdot B.$$

Durch Einsetzen dieses Werts in Gleichung (82) ergibt sich die Steuerbelastung des Gesellschafters mit

$$(85) \quad S_{ges/zi} = \frac{s_{e/zi} \cdot (1 - s_k - s_{ge})}{1 - s_k - s_{ge} + \beta \cdot s_{ge}} \cdot B - s_{e/zi} \cdot Fe§20.$$

Die Gesamtsteuerbelastung der Kapitalgesellschaft und ihres Gesellschafters im Falle der Gesellschafterfremdfinanzierung ($S_{kap+ges/zi}$) ergibt sich aus der Summe der Steuerbelastung der Gesellschaft $S_{kap/zi}$ und ihres Gesellschafters $S_{ges/zi}$:

$$(86) \quad S_{kap+ges/zi} = S_{kap/zi} + S_{ges/zi}.$$

Die Steuerbelastung der Gesellschaft kann aus Gleichung (81), die des Gesellschafters aus Gleichung (85) ermittelt werden. Durch Einsetzen der Werte dieser Gleichungen in Gleichung (86) ergibt sich die Gesamtsteuerbelastung mit

$$(87) \quad S_{kap+ges/zi} = \frac{\beta \cdot s_{ge}}{1 - s_k - s_{ge} + \beta \cdot s_{ge}} \cdot B$$
$$+ \frac{s_{e/zi} \cdot (1 - s_k - s_{ge})}{1 - s_k - s_{ge} + \beta \cdot s_{ge}} \cdot B - s_{e/zi} \cdot Fe§20.$$

Gleichung (87) kann umformuliert werden zu

$$(88) \quad S_{kap+ges/zi} = \frac{\beta \cdot s_{ge} + s_{e/zi} \cdot (1 - s_k - s_{ge})}{1 - s_k - s_{ge} + \beta \cdot s_{ge}} \cdot B - s_{e/zi} \cdot F_{e\S20}.$$

3.4.3.4 Belastungsdifferenzen

3.4.3.4.1 Allgemeine Ableitung

Nunmehr soll die Belastungsdifferenz zwischen den Steuerbelastungen im Falle der Eigenfinanzierung und denen im Falle der Gesellschafterfremdfinanzierung gebildet werden. Es handelt sich also um die Differenz zwischen $S_{kap+ges/a}$ und $S_{kap+ges/zi}$. Hierbei sind im Falle der Ausschüttung die bereits aus dem letzten Gliederungspunkt bekannten und durch die Gleichungen (74) und (75) gekennzeichneten Fälle zu unterscheiden. Gleichung (74) bezieht sich auf den Fall, dass sich die Anteile an der Kapitalgesellschaft im Privatvermögen befinden. In Gleichung (75) wird hingegen davon ausgegangen, dass die Anteile zu einem Betriebsvermögen des Gesellschafters gehören. Nachfolgend wird nur der durch Gleichung (74) erfasste Fall betrachtet, der Fall also, dass sich die Anteile im Privatvermögen des Gesellschafters befinden. Wird die Differenz zwischen den hier gekennzeichneten Fällen mit $S_{kap+ges/a-zi}$ bezeichnet, so kann geschrieben werden:

$$(89) \quad S_{kap+ges/a-zi} = S_{kap+ges/a/pv} - S_{kap+ges/zi}.$$

$S_{kap+ges/a/pv}$ kann Gleichung (74), $S_{kap+ges/zi}$ kann Gleichung (88) entnommen werden. Wird davon ausgegangen, dass der Freibetrag $F_{e\S20}$ in den Vergleichsfällen jeweils bereits verbraucht ist, so ergibt sich folgende Belastungsdifferenz:

$$(90) \quad S_{kap+ges/a-zi} = (s_k + s_{ge}) \cdot B + s_{e/a} \cdot (1 - s_k - s_{ge}) \cdot B$$
$$- \frac{\beta \cdot s_{ge} + s_{e/zi} \cdot (1 - s_k - s_{ge})}{1 - s_k - s_{ge} + \beta \cdot s_{ge}} \cdot B.$$

Von den in Gleichung (90) enthaltenen Einflussfaktoren sind der kombinierte Körperschaftsteuer- und Solidaritätszuschlagsatz s_k sowie der Steuersatz $s_{e\S32d}$ gesetzlich mit einem bestimmten Wert fixiert. Der zuerst genannte beträgt nach geltendem Recht $(0{,}15 \cdot 1{,}055 =)$ 15,825 %, der an zweiter Stelle aufgeführte ohne Kirchensteuer $(0{,}25 \cdot 1{,}055 =)$ 26,375 % und mit einer 9 %igen Kirchensteuer 27,995 %. Alle anderen Einflussfaktoren können nach geltendem Recht unterschiedliche Werte annehmen.

β in Gleichung (90) kann nach geltendem Recht die Werte 0,25 oder 0 annehmen. Den Wert von 0,25 hat es dann, wenn die Zinsen nach § 8 Nr. 1 GewStG dem

Gewinn aus Gewerbebetrieb zu einem Viertel hinzugerechnet werden, den Wert von 0 hingegen dann, wenn es nicht zu einer derartigen Hinzurechnung kommt. Möglich ist auch der Fall, dass ein Teil der Zinsen auf das Gesellschafterdarlehen unter den Freibetrag des § 8 Nr. 1 GewStG i. H. v. derzeit 100 T€ fällt, der andere Teil hingegen zu einem Viertel hinzuzurechnen ist. In diesem Fall ist es zweckmäßig, die Zinsen in die genannten Teilbeträge aufzuteilen. Auf den einen Teil ist dann Gleichung (90) in der Weise anzuwenden, dass $\beta = 0$ gesetzt wird. Bei dem anderen Teil ist β der Wert 0,25 beizulegen.

Wird in Gleichung (90) sk mit dem konkreten Wert von 0,15825 und β mit 0,25 angesetzt, so ergibt sich für die Belastungsdifferenz Folgendes:

(90a) $S_{kap+ges/a-zi} = [0{,}15825 + s_{ge} + (0{,}84175 - s_{ge}) \cdot s_{e/a}] \cdot B$

$$- \frac{0{,}25 \cdot s_{ge} + (0{,}84175 - s_{ge}) \cdot s_{e/zi}}{0{,}84175 - 0{,}75 \cdot s_{ge}} \cdot B.$$

Nimmt β hingegen den Wert 0 an, d. h. liegen die Schuldzinsen unter dem Freibetrag des § 8 Nr. 1 GewStG, so nimmt die sich aus Gleichung (90) ergebende Steuerbelastungsdifferenz folgenden Wert an:

(90b) $S_{kap+ges/a-zi} = [0{,}15825 + s_{ge} + (0{,}84175 - s_{ge}) \cdot s_{e/a}] \cdot B$

$$- \frac{0{,}84175 - s_{ge}}{0{,}84175 - s_{ge}} \cdot s_{e/zi} \cdot B.$$

Gleichung (90b) kann vereinfacht werden zu

(90c) $S_{kap+ges/a-zi} = [0{,}15825 + s_{ge} + (0{,}84175 - s_{ge}) \cdot s_{e/a}] \cdot B - s_{e/zi} \cdot B.$

Die in Gleichung (90) enthaltenen Einflussfaktoren s_{ge}, $s_{e/a}$ und $s_{e/zi}$ können nach geltendem Recht unterschiedliche Werte annehmen. Hierbei gilt stets

(91) $s_{e/zi} \geq s_{e/a}.$

Die beiden Einkommensteuersätze sind dann gleich groß, wenn die Zinsen und Ausschüttungen

- entweder beide dem Abgeltungsteuersatz des § 32d Abs. 1 EStG
- oder beide dem „normalen" Steuersatz des § 32a EStG

unterliegen.

Ausschüttungen dürften i. d. R. dem Abgeltungsteuersatz von (25 % · 1,055 =) 26,375 % unterliegen. Dies liegt daran, dass der Steuerpflichtige uneingeschränkt zwischen dem Abgeltungsteuersatz des § 32d Abs. 1 EStG und dem „normalen"

Steuersatz des § 32a EStG wählen kann. In den hier zu behandelnden Fällen dürfte der Abgeltungsteuersatz in der weit überwiegenden Zahl der Fälle niedriger sein als der Steuersatz nach § 32a EStG, so dass er für den Steuerpflichtigen der vorteilhaftere der beiden Steuersätze ist.

Zinsen können nur dann dem Abgeltungsteuersatz des § 32d Abs. 1 EStG unterworfen werden, wenn dies nicht nach § 32d Abs. 2 EStG ausgeschlossen ist. Letzteres ist insbesondere dann der Fall, wenn der das Gesellschafterdarlehen gewährende Steuerpflichtige mit mindestens 10 % an der Gesellschaft beteiligt ist. Dies dürfte bei personenbezogenen Kapitalgesellschaften i. d. R. für alle oder doch die meisten Gesellschafter zutreffen. Es kann also davon ausgegangen werden, dass in sehr vielen Fällen der Darlehensgeber einem höheren Steuersatz als dem Abgeltungsteuersatz unterliegt.

Nachfolgend soll zunächst die Fallgruppe behandelt werden, in der der Einkommensteuersatz bei Eigenfinanzierung genau so hoch ist wie in dem der Gesellschafterfremdfinanzierung. Anschließend soll auf die Fallgruppe eingegangen werden, in der der Steuersatz bei Gesellschafterfremdfinanzierung größer ist als bei Eigenfinanzierung.

3.4.3.4.2 Gleich hohe Einkommensteuersätze

Sind die Einkommensteuersätze bei Eigen- und bei Gesellschafterfremdfinanzierung gleich groß, so braucht nicht zwischen $s_{e/a}$ und $s_{e/zi}$ unterschieden, vielmehr können beide Symbole durch s_e ersetzt werden. Gleichung (90) vereinfacht sich dann zu

$$(90d) \quad S_{kap+ges/a-zi} = (s_k + s_{ge}) \cdot B + s_e \cdot (1 - s_k - s_{ge}) \cdot B$$
$$- \frac{\beta \cdot s_{ge} + s_e \cdot (1 - s_k - s_{ge})}{1 - s_k - s_{ge} + \beta \cdot s_{ge}} \cdot B.$$

Wie bereits im letzten Gliederungspunkt erläutert, kann der Hinzurechnungsfaktor nach § 8 Nr. 1 GewStG, d. h. der Faktor β, entweder den Wert 0 oder 0,25 annehmen. Ist β der Wert 0 zuzuordnen, so vereinfacht sich Gleichung (90d) weiter zu

$$(90e) \quad S_{kap+ges/a-zi} = (s_k + s_{ge}) \cdot B + s_e \cdot (1 - s_k - s_{ge}) \cdot B - s_e \cdot B.$$

Wird für den kombinierten Körperschaftsteuer- und Solidaritätszuschlagsatz der derzeit geltende konkrete Wert von $(0{,}15 \cdot 1{,}055 =)$ 0,15825 angesetzt, so wird Gleichung (90e) zu

$$(90f) \quad S_{kap+ges/a-zi} = (0{,}15825 + s_{ge}) \cdot B + s_e \cdot (0{,}84175 - s_{ge}) \cdot B - s_e \cdot B.$$

Für den Hauptanwendungsfall gleich hoher Einkommensteuersätze, nämlich den, dass sowohl bei der Eigen- als auch bei der Gesellschafterfremdfinanzierung der

Abgeltungsteuersatz zur Anwendung kommt, nimmt - ohne Berücksichtigung von Kirchensteuer - se den Wert $(0,25 \cdot 1,055 =)$ 0,26375 an. In diesem Fall hängt die Belastungsdifferenz ausschließlich von dem Gewerbesteuerhebesatz ab. Beträgt dieser 300 % und damit sge $(3,5 \% \cdot 300 \% =)$ 10,5 %, so beläuft sich die Belastungsdifferenz auf 19,38 %, bei einem Hebesatz von 400 % (sge = 14 %) auf 21,96 % und bei einem Hebesatz von 500 % (sge = 17,5 %) auf 24,54 %. Die Gesellschafterfremdfinanzierung ist somit in allen Fällen, in denen bei beiden Finanzierungsarten der Abgeltungsteuersatz zur Anwendung kommt, deutlich vorteilhafter als die Eigenfinanzierung. Gleiches gilt in allen anderen Fällen, in denen die beiden Finanzierungsalternativen der Eigen- und der Gesellschafterfremdfinanzierung mit einem gleich hohen Einkommensteuersatz belastet werden. Dies können nur Einkommensteuersätze sein, die kleiner sind als der Abgeltungsteuersatz, da letzterer bei der Eigenfinanzierung auf Grund des § 32d Abs. 1 EStG der - rationales Wahlverhalten der Steuerpflichtigen vorausgesetzt - höchstmögliche Steuersatz ist.

Werden im Falle der Gesellschafterfremdfinanzierung die Zinsen nach § 8 Nr. 1 GewStG dem Gewerbeertrag zu einem Viertel hinzugerechnet, d. h. gilt $\beta = 0,25$, so nimmt nach dem derzeitigen Recht, d. h. bei sk = 15,825 % Gleichung (90) folgende konkrete Gestalt an:

$$(90g) \quad S_{kap+ges/a-zi} = (0,15825 + sge) \cdot B + s_{e/a} \cdot (1 - 0,15825 - sge) \cdot B$$
$$- \frac{0,25 \cdot sge + s_{e/zi} \cdot (1 - 0,15825 - sge)}{1 - 0,15825 - sge + 0,25 \cdot sge} \cdot B.$$

Bei Ansatz von $s_{e/a} = s_{e/zi} = 0,26375$ ergibt sich hieraus

$$(90h) \quad S_{kap+ges/a-zi} = (0,15825 + sge) \cdot B + 0,26375 \cdot (0,84175 - sge) \cdot B$$
$$- \frac{0,25 \cdot sge + 0,26375 \cdot (0,84175 - sge)}{0,84175 - sge + 0,25 \cdot sge} \cdot B.$$

Hieraus ergibt sich eine Mehrbelastung der Eigen- gegenüber der Gesellschafterfremdfinanzierung von 16,85 % bei einem Hebesatz von 300 % (sge = 0,105), 18,46 % bei einem Hebesatz von 400 % (sge = 0,14) und 20,00 % bei einem Hebesatz von 500 % (sge = 0,175).

Wie bereits mehrfach ausgeführt, liegen die von den Gemeinden festgesetzten Hebesätze ganz überwiegend zwischen 300 % und 500 %. Innerhalb dieses Spektrums ist also auch bei Hinzurechnung der Zinsen zum Gewerbeertrag nach § 8 Nr. 1 GewStG die Gesellschafterfremdfinanzierung deutlich vorteilhafter als die Eigenfinanzierung. Es lässt sich zeigen, dass dies nicht nur für den hier näher behandelten Fall gilt, dass bei beiden Finanzierungsarten der besondere Steuersatz des § 32d EStG zur Anwendung kommt. Vielmehr trifft die Behauptung auch in allen anderen Fällen zu, in denen die Einkommensteuersätze gleich hoch sind.

Wie bereits ausgeführt, kann es sich hierbei nur um Steuersätze handeln, die kleiner als der sich aus § 32d Abs. 1 EStG ergebende Steuersatz sind.

3.4.3.4.3 Unterschiedliche Einkommensteuersätze

Nunmehr sollen Fälle behandelt werden, in denen Eigen- und Gesellschafterfremdfinanzierung zu Belastungen mit unterschiedlich hohen Einkommensteuersätzen führen. Diese Situation kann nach dem derzeit geltenden Steuerrecht nur dann entstehen, wenn der sich nach § 32a EStG ergebende „normale" Einkommensteuersatz größer ist als derjenige nach § 32d Abs. 1 EStG. In derartigen Fällen beträgt der „reine" Einkommensteuersatz bei Gesellschafterfremdfinanzierung mehr als 25 %, bei Eigenfinanzierung hingegen 25 %. Voraussetzung für diese Konstellation der Steuersätze ist, dass der Gesellschafter zu mindestens 10 % an der Gesellschaft beteiligt ist, mithin § 32d Abs. 2 EStG und nicht Abs. 1 dieser Rechtsnorm zur Anwendung kommt. Unter Berücksichtigung des Solidaritätszuschlags von 5,5 % gilt also in allen hier zu behandelnden Fällen

$$s_{e/a} = 26{,}375\ \%\ \text{und}$$

$$s_{e/zi} > 26{,}375\ \%.$$

Zur Ermittlung der Steuerbelastungsdifferenzen zwischen den Alternativen kann auch hier wiederum von Gleichung (90) ausgegangen werden.

Wird in Gleichung (90) für s_k der sich nach derzeit geltendem Recht ergebende Wert von $(0{,}15 \cdot 1{,}055 =)\ 0{,}15825$ angesetzt, so entsteht folgende Belastungsdifferenz:

$$(90\text{i}) \quad S_{kap+ges/a-zi} = (0{,}15825 + s_{ge}) \cdot B + 0{,}26375 \cdot (0{,}84175 - s_{ge}) \cdot B$$

$$- \frac{\beta \cdot s_{ge} + s_{e/zi} \cdot (0{,}84175 - s_{ge})}{0{,}84175 - s_{ge} + \beta \cdot s_{ge}} \cdot B.$$

β kann bekanntlich alternativ die Werte 0 oder 0,25 annehmen. Bei $\beta = 0$ vereinfacht sich die Gleichung (90i) zu

$$(90\text{j}) \quad S_{kap+ges/a-zi} = (0{,}15825 + s_{ge}) \cdot B + 0{,}26375 \cdot (0{,}84175 - s_{ge}) \cdot B$$

$$- s_{e/zi} \cdot B.$$

Bei $\beta = 0{,}25$ wird Gleichung (90i) zu

(90k) $\quad S_{kap+ges/a-zi} = (0{,}15825 + s_{ge}) \cdot B + 0{,}26375 \cdot (0{,}84175 - s_{ge}) \cdot B$

$$- \frac{0{,}25 \cdot s_{ge} + s_{e/zi} \cdot (0{,}84175 - s_{ge})}{0{,}84175 - s_{ge} + 0{,}25 \cdot s_{ge}} \cdot B.$$

Tabelle III/4 enthält Steuerbelastungen bei Eigen- und bei einer alternativen Gesellschafterfremdfinanzierung, sowie die Steuerbelastungsdifferenzen zwischen diesen Finanzierungsarten. Alle Angaben erfolgen in % eines Bruttoausgangsbetrages B, und zwar in Abhängigkeit von der Höhe des Einkommensteuersatzes und des Gewerbesteuer-Hebesatzes. Als Einkommensteuersatz bei Eigenfinanzierung wird in der Tabelle stets der besondere Steuersatz des § 32d Abs. 1 EStG zugrunde gelegt. Dieser beträgt - unter Einbeziehung des Solidaritätszuschlags - 26,375 %. Auch im Falle der Gesellschafterfremdfinanzierung ist in den Einkommensteuersatz der Solidaritätszuschlag einbezogen. In den in der Tabelle in Zeile 1 mit a) gekennzeichneten Fällen wird von einer gewerbesteuerlichen Hinzurechnung nach § 8 Nr. 1 GewStG ausgegangen ($\beta = 0{,}25$). In den mit b) gekennzeichneten Fällen erfolgt keine Hinzurechnung.

Die Steuerbelastungen im Falle der Eigenfinanzierung sind in den Spalten 2, 5 und 8 der Tabelle, die entsprechenden Belastungen bei Gesellschafterfremdfinanzierung sind in den Spalten 3, 6 und 9 angegeben. Die Spalten 4, 7 und 10 enthalten die Differenzbelastungen zwischen den beiden Finanzierungsarten. Die Steuerbelastungen bei Eigenfinanzierung sind aus Gleichung (74), diejenigen bei Gesellschafterfremdfinanzierung sind aus Gleichung (88) ermittelt worden. Die Belastungsdifferenzen ergeben sich durch Abzug der Werte bei Gesellschafterfremdfinanzierung von denjenigen bei Eigenfinanzierung. Im Fall a) entsprechen sie denjenigen, die unmittelbar aus Gleichung (90k) ermittelt werden können, im Fall b) denjenigen aus Gleichung (90j).

Tabelle III/4 zeigt, dass - mit vier Ausnahmen - die Eigenfinanzierung steuerlich höher belastet ist als die Gesellschafterfremdfinanzierung. Die Mehrbelastung ist umso größer, je geringer der Einkommensteuersatz bei Gesellschafterfremdfinanzierung und je höher der Hebesatz der Gewerbesteuer ist. Lediglich in den Fällen, in denen eine gewerbesteuerliche Hinzurechnung der Zinsen nach § 8 Nr. 1 GewStG erfolgt ($\beta = 0{,}25$), der Einkommensteuersatz des oberen Plafonds ($s_{ei} = 45\ \%$) zur Anwendung kommt und der Hebesatz 300 % bzw. 400 % beträgt, ergibt sich in Tabelle III/4 ein geringfügiger Vorteil der Eigen- gegenüber der Gesellschafterfremdfinanzierung. Gleiches gilt darüber hinaus für den Fall eines 42 %igen Einkommensteuersatzes ($s_{ei} = 42\ \%$), aber nur dann, wenn der Hebesatz lediglich 300 % beträgt. Außerdem ergibt sich ohne eine Hinzurechnung der Zinsen nach § 8 Nr. 1 GewStG ($\beta = 0$) ein Vorteil der Eigen- im Vergleich zur Gesellschafterfremdfinanzierung im Falle der Spalte 4, Zeile 6b. Dieser ist durch einen Einkommensteuersatz von 45 % und einen Hebesatz von 300 % gekennzeichnet.

Tabelle III/4:   *Steuerbelastungen bei Eigen- (EF) und Gesellschafterfremdfinanzierung (GFF) und Belastungsdifferenzen zwischen diesen Finanzierungsarten in % eines Bruttoausgangsbetrages B bei $Se_i/a = 25$ %, bei a) $\beta = 0{,}25$ bzw. b) $\beta = 0$*

Zeile	Se_i/z_i in %	Hebesatz h = 300 %			Hebesatz h = 400 %			Hebesatz h = 500 %		
		EF	GFF	Diffe-renz	EF	GFF	Diffe-renz	EF	GFF	Diffe-renz
	Spalte 1	Spalte 2	Spalte 3	Spalte 4	Spalte 5	Spalte 6	Spalte 7	Spalte 8	Spalte 9	Spalte 10
1a)	25	45,76	28,91	16,85	48,33	29,87	18,46	50,91	30,91	20,00
b)	25	45,76	26,38	19,38	48,33	26,38	21,95	50,91	26,38	24,53
2a)	30	45,76	34,00	11,76	48,33	34,90	13,43	50,91	35,86	15,05
b)	30	45,76	31,65	14,11	48,33	31,65	16,68	50,91	31,65	19,26
3a)	35	45,76	39,10	6,66	48,33	39,92	8,41	50,91	40,81	10,10
b)	35	45,76	36,93	8,83	48,33	36,93	11,40	50,91	36,93	13,98
4a)	40	45,76	44,19	1,57	48,33	44,95	3,38	50,91	45,76	5,15
b)	40	45,76	42,20	3,56	48,33	42,20	6,13	50,91	42,20	8,71
5a)	42	45,76	46,23	− 0,47	48,33	46,96	1,37	50,91	47,74	3,17
b)	42	45,76	44,31	1,45	48,33	44,31	4,02	50,91	44,31	6,60
6a)	45	45,76	49,28	− 3,52	48,33	49,97	− 1,64	50,91	50,71	0,20
b)	45	45,76	47,48	− 1,72	48,33	47,48	0,85	50,91	47,48	3,43

3.4.3.5 Schlussfolgerungen

Die bisherigen Ausführungen lassen für den steuerlichen Vorteilsvergleich zwischen der Eigen- und einer alternativen Gesellschafterfremdfinanzierung einer personenbezogenen Kapitalgesellschaft folgende Schlüsse zu:

1. In allen Fällen, in denen der Einkommensteuersatz bei Fremdfinanzierung demjenigen bei Eigenfinanzierung entspricht (Se_i/z_i = Se_i/a), ist die Gesellschafterfremdfinanzierung erheblich vorteilhafter als die Eigenfinanzierung.
2. In den übrigen Fällen, d. h. in den Fällen, in denen der Zinssatz bei Gesellschafterfremdfinanzierung höher ist als bei Eigenfinanzierung (Se_i/z_i > Se_i/a), gilt Folgendes:
   a) Bei niedrigen Einkommensteuersätzen entsteht ein hoher prozentualer Vorteil der Gesellschafterfremdfinanzierung. Hier wirkt sich die hohe Definitivbelastung mit der vollen Gewerbesteuer und zusätzlich der Körperschaftsteuer im Falle der Eigenfinanzierung sehr zum Nachteil der Eigen- und damit zum Vorteil der Gesellschafterfremdfinanzierung aus.
   b) Mit steigenden Einkommensteuersätzen sinkt der steuerliche Vorteil der Gesellschafterfremdfinanzierung im Vergleich zur Eigenfinanzierung.
   c) Kommt der Steuersatz des unteren Plafonds (se_i = 42 %) zur Anwendung, so ergibt sich in fünf der sechs in der Tabelle III/4 berücksichtigten Fällen ein steuerlicher Vorteil der Gesellschafterfremdfinanzierung im Vergleich zur Eigenfinanzierung. Lediglich in einem der sechs Fälle schlägt der Vorteil in einen geringfügigen Nachteil um. Dieser Fall ist durch einen niedrigen Hebesatz (h = 300 %) und weiterhin dadurch gekennzeichnet, dass die

Zinsen bei Gesellschafterfremdfinanzierung nach § 8 Nr. 1 GewStG dem Gewerbeertrag hinzugerechnet werden (β = 0,25).

d) Kommt der Steuersatz des oberen Plafonds zur Anwendung, so ist in drei der sechs Fälle der Tabelle III/4 die Gesellschafterfremdfinanzierung vorteilhafter als die Eigenfinanzierung. In den drei anderen Fällen gilt das Umgekehrte, und zwar in den beiden Fällen, in denen der Hebesatz lediglich 300 % beträgt, ferner in dem Fall, in dem der Hebesatz 400 % beträgt und die Zinsen nach § 8 Nr. 1 GewStG hinzugerechnet werden.

Zu beachten ist, dass es sich bei den Einkommensteuersätzen im hier behandelten Zusammenhang stets um Differenzsteuersätze handelt.

3.4.4 Vergleich bei Kapitalgesellschaften mit ausländischen Gesellschaftern

3.4.4.1 Einführung

In Gliederungspunkt 3.4.3 ist implizit stets davon ausgegangen worden, dass es sich bei den Gesellschaftern der Kapitalgesellschaft um Steuerinländer handelt. Nunmehr sollen ausländische Gesellschafter in die Betrachtung einbezogen werden. Bei der Kapitalgesellschaft soll es sich aber unverändert um eine inländische Gesellschaft handeln, um eine Gesellschaft also, die der unbeschränkten Körperschaftsteuer sowie der Gewerbesteuer in der Bundesrepublik Deutschland unterliegt. Bei den ausländischen Gesellschaftern kann es sich sowohl um natürliche Personen als auch um Handelsgesellschaften oder sonstige Körperschaften handeln.

Bei den hier in die Untersuchung einzubeziehenden im Ausland ansässigen Gesellschaftern fallen zusätzlich zu den inländischen auch ausländische Steuern an. Diese betreffen dann die ausländischen Gesellschafter. Nachfolgend soll zunächst die Steuerbelastung der inländischen Kapitalgesellschaft betrachtet werden. Anschließend wird dann in äußerst knapper Form auf Modifikationen des Ergebnisses durch die Besteuerung der Gesellschafter im Ausland eingegangen. Bei den ausländischen Gesellschaftern kann es sich sowohl um natürliche als auch um juristische Personen handeln.

3.4.4.2 Belastung der inländischen Gesellschaft ausländischer Gesellschafter

Werden in Fällen ausländischer Gesellschafter ausschließlich die *inländischen Steuerfolgen* berücksichtigt, so ist die *Gesellschafterfremdfinanzierung erheblich vorteilhafter als die Eigenfinanzierung*, soweit nicht nach § 8a KStG die Zinsschranke des § 4h EStG greift. Die Höhe der möglichen Vorteile lässt *Tabelle III/5* erkennen. In dieser Tabelle sind die Ertragsteuerwirkungen unter Ausklammerung des Solidaritätszuschlags der alternativen Finanzierungsarten berücksichtigt.

Tabelle III/5: Belastung einer inländischen Kapitalgesellschaft und deren ausländischer Gesellschafter mit inländischen Ertragsteuern

Zeile	Text	Eigenfinanzierung bei einer Kapitalertragsteuer von					Fremdfinanzierung bei einer Kapitalertragsteuer von				
		0 %	5 %	10 %	15 %	20 %	0 %	5 %	10 %	15 %	20 %
		Spalte 1	Spalte 2	Spalte 3	Spalte 4	Spalte 5	Spalte 6	Spalte 7	Spalte 8	Spalte 9	Spalte 10
1	Ausgangsbetrag	100,—	100,—	100,—	100,—	100,—	100,—	100,—	100,—	100,—	100,—
2	./. Gewerbesteuer	14,00	14,00	14,00	14,00	14,00	3,50	3,50	3,50	3,50	3,50
3	Zwischensumme	86,00	86,00	86,00	86,00	86,00	96,50	96,50	96,50	96,50	96,50
4	./. Körperschaftsteuer (15 % des Betrags aus Zeile 1)	15,00	15,00	15,00	15,00	15,00	—	—	—	—	—
5	Dividenden, Zinsen	71,00	71,00	71,00	71,00	71,00	96,50	96,50	96,50	96,50	96,50
6	./. Kapitalertragsteuer	—	3,55	7,10	10,65	14,20	—	4,83	9,65	14,48	19,30
7	Nettodividenden, Netto-zinsen	71,00	67,45	63,90	60,35	56,80	96,50	91,67	86,85	82,02	77,20
8	Steuerbelastung	29,00	32,55	36,10	39,65	43,20	3,50	8,33	13,15	17,98	22,80

In allen Fällen der *Tabelle III/5* wird in *Zeile 1* von einem Ausgangsbetrag von 100 € ausgegangen. Hierbei handelt es sich um einen *Bruttogewinn*, der vollständig an die Gesellschafter ausgezahlt werden soll, allerdings nur insoweit, als er nicht für Steuerzahlungen, die bei diesem Ausgangsbetrag entstehen, benötigt wird. Bei beiden Finanzierungsarten wird in der Tabelle zwischen fünf Fällen unterschieden. Die Unterschiede liegen lediglich in der Höhe des Kapitalertragsteuersatzes. Berücksichtigt werden jeweils Kapitalertragsteuersätze von 0 %, 5 %, 10 %, 15 % und 20 %. Angemerkt sei, dass nach dem OECD-Musterabkommen der Kapitalertragsteuersatz bei Eigenfinanzierung maximal 15 % und bei Gesellschafterfremdfinanzierung maximal 10 % betragen kann[24]. In allen Fällen der Eigenfinanzierung wird von der sich aus § 23 Abs. 1 KStG ergebenden Körperschaftsteuerbelastung ausgegangen.

Zeile 2 der Tabelle III/5 enthält in allen Vergleichsfällen die Gewerbesteuer, die auf einen Bruttogewinn von 100 € (= Ausgangsbetrag gem. Zeile 1) anfällt. Sie beträgt in allen Fällen der Eigenfinanzierung 14,00 € und in den Fällen der Gesellschafterfremdfinanzierung 3,50 €. Hierbei wird in allen Fällen von einem Hebesatz von 400 % ausgegangen. Im Falle der Fremdfinanzierung sind die Zinsen abzugsfähige Betriebsausgaben. Sie sind aber nach § 8 Nr. 1 GewStG dem Gewerbeertrag zu einem Viertel hinzuzurechnen, sofern der Freibetrag von 100 T€ überschritten ist. Hiervon wird in Tabelle III/5 stets ausgegangen. Es ergibt sich hier also in allen Fällen der Eigenfinanzierung eine Gewerbesteuer von (3,5 % · 400 % =) 14 % und in den Fällen der Fremdfinanzierung von (25 % · 3,5 % · 400 % =) 3,5 % des Ausgangsbetrags von 100.

Der aus Zeile 1 ersichtliche Bruttobetrag stellt in den Fällen der *Eigenfinanzierung* zusätzliches zu versteuerndes Einkommen dar. Dieses beträgt also jeweils 100,00 €. Es unterliegt dem Körperschaftsteuersatz von 15 %. Damit ergibt sich eine Körperschaftsteuer von jeweils 15,00 €. Dieser Betrag wird in den Spalten 1 bis 5 der Zeile 4 jeweils abgezogen.

Im Falle der Gesellschafterfremdfinanzierung fällt keine Körperschaftsteuer an, da annahmegemäß die nicht für Steuerzahlungen benötigten Beträge für Zinszahlungen verwendet werden sollen. Bei dem Gesellschafter unterliegen die Zinsen nicht der inländischen Einkommen- oder Körperschaftsteuer. Voraussetzung ist nach § 49 Abs. 1 Nr. 5c) EStG i. V. m. § 8 Abs. 1 KStG allerdings, dass die Gesellschafterdarlehen nicht durch inländischen Grundbesitz abgesichert werden. Wird diese Voraussetzung nicht erfüllt, so ist der ausländische Gesellschafter im Inland beschränkt einkommen- oder körperschaftsteuerpflichtig. Er hat dann auf die Zinsen inländische Einkommen- oder Körperschaftsteuer zu entrichten. Dieser Fall wird hier nicht betrachtet.

Zeile 5 enthält eine Zwischensumme. Sie gibt in den Spalten 1 bis 5 die auszuschüttenden Dividenden und in den Spalten 6 bis 10 die zu zahlenden Zinsen an. Die Dividenden betragen somit jeweils 71,00 €, die Zinsen jeweils 96,50 €. Die

---

24 Näheres s. hierzu bei Schneeloch, D., Besteuerung, 2008, S. 133 f.

Dividenden bzw. Zinsen stellen die Bemessungsgrundlage der in *Zeile 6* enthaltenen Kapitalertragsteuer dar. Hierbei ergeben sich in den einzelnen Spalten unterschiedliche Höhen der Kapitalertragsteuer. Innerhalb jeder der Finanzierungsarten ergeben sich die Unterschiede aus dem im Kopf der jeweiligen Spalte angegebenen Kapitalertragsteuersatz.

Die Salden aus den Werten der Zeilen 5 und 6 geben die Nettodividenden bzw. die Nettozinsen an. Die entsprechenden Werte sind in *Zeile 7* der Tabelle eingetragen. Diese Nettozuflüsse der Gesellschafter weisen ein breites Spektrum aus. Die Werte reichen von einem Zufluss von lediglich 56,80 € im ungünstigsten Fall der Eigenfinanzierung (Spalte 5), bis zu 96,50 € im günstigsten Fall der Gesellschafterfremdfinanzierung (Spalte 6).

Zeile 8 stellt das Pendant zu Zeile 7 dar. Diese Zeile enthält die inländische Gesamtsteuerbelastung in den Vergleichsfällen. Sie reicht von lediglich 3,50 € in Spalte 6 bis zu 43,20 € in Spalte 5.

Die Tabelle lässt erkennen, dass *bei alleiniger Betrachtung der inländischen Besteuerung* die Gesellschafterfremdfinanzierung einer inländischen Kapitalgesellschaft und deren ausländischer Gesellschafter erheblich vorteilhafter sein kann als die alternative Eigenfinanzierung. Die Höhe des Vorteils hängt von der Höhe der Gewerbe- und der Kapitalertragsteuersätze ab. Alle Werte der Tabelle III/5 beruhen auf dem für das Jahr 2009 geltenden Recht. Nicht berücksichtigt ist der Solidaritätszuschlag. Hierdurch ist die Steuerbelastung in allen Fällen der Eigenfinanzierung geringfügig zu niedrig ausgewiesen.

3.4.4.3 Einbeziehung der ausländischen Steuern in die Betrachtung

Werden diejenigen Steuern in die Betrachtung einbezogen, die die ausländischen Gesellschafter an den ausländischen Fiskus zu entrichten haben, so verringert sich der soeben herausgearbeitete Effekt eines steuerlichen Vorteils der Gesellschafterfremdfinanzierung gegenüber der Eigenfinanzierung. Ein Grund liegt darin, dass im Ausland i. d. R. die *deutsche* Kapitalertragsteuer als *Quellensteuer* auf die ausländische Einkommensteuer *angerechnet* werden kann.

Ein weiterer und wohl wichtigerer Grund für eine Verringerung des Nachteils der Eigenfinanzierung im Vergleich zur Gesellschafterfremdfinanzierung bei Einbeziehung der ausländischen Steuern liegt darin, dass im Ausland ein *Nachholeffekt* der Besteuerung im Falle der Gesellschafterfremdfinanzierung eintritt. Dieser ergibt sich daraus, dass - bei gleich hohem Ausgangsbetrag - den Gesellschaftern höhere Zinsen als Dividenden zufließen. Damit haben die Gesellschafter im Ausland im Falle der Gesellschafterfremdfinanzierung einen höheren Betrag zu versteuern als im Falle der alternativen Eigenfinanzierung.

Beispiel

Der ausländische Alleingesellschafter A der inländischen X-GmbH will der X-GmbH 1 Mio € für Investitionszwecke zur Verfügung stellen. Dies kann entweder im Wege einer Erhöhung des Eigenkapitals oder mit Hilfe eines Gesellschafterdarlehens geschehen. A geht davon aus, dass die

GmbH in Zukunft jährlich zusätzlich 100 T€ erwirtschaften wird, die sie an ihn auszahlen soll, soweit sie den Betrag nicht für Steuerzahlungen benötigt. Im Falle der Gesellschafterfremdfinanzierung will A mit der Gesellschaft einen Festzinssatz vereinbaren. Der Gewerbesteuerhebesatz beträgt 400 %. Kapitalertragsteuer fällt bei beiden Finanzierungsarten in Höhe von 10 % an. Es soll von dem für das Jahr 2009 geltenden Recht ausgegangen werden.

Der von A geschätzte zusätzliche Bruttogewinn von 100 T€ kann als Ausgangsbetrag i. S. v. Tabelle III/5, Zeile 1 angesehen werden. Im Falle der Eigenfinanzierung kann die GmbH nach Zeile 5 dieser Tabelle 71 T€ Dividende ausschütten, im Falle der Gesellschafterfremdfinanzierung hingegen 96,50 T€ Zinsen zahlen. Im Ausland hat A diese Beträge der ausländischen Besteuerung zu unterwerfen. Er muss also im Falle der Eigenfinanzierung 71 T€ und im Falle der Gesellschafterfremdfinanzierung 96,50 T€ der ausländischen Besteuerung unterwerfen. Die Besteuerungsgrundlage für die ausländische Besteuerung ist also im Falle der Gesellschafterfremdfinanzierung um (96,5 – 71 =) 25,5 T€ höher als im Falle der Eigenfinanzierung. Damit ergibt sich im Falle der Gesellschafterfremdfinanzierung ein Nachholeffekt der Besteuerung.

Der Nachholeffekt der Besteuerung im Ausland ist - c. p. - umso größer, je höher der ausländische Steuersatz ist. Bei niedrigen ausländischen Steuersätzen kann deshalb von einem hohen Vorteil der Gesellschafterfremdfinanzierung im Vergleich zur Eigenfinanzierung ausgegangen werden. Mit steigenden Steuersätzen verringert sich der Vorteil. Eingehendere Untersuchungen von Haase und dem Verfasser lassen allerdings erkennen, dass die Gesellschafterfremdfinanzierung aber auch bei sehr hohen ausländischen Steuersätzen allenfalls in Ausnahmefällen nachteiliger sein dürfte als eine alternative Eigenfinanzierung[25]. Die Untersuchung beruht zwar auf einem längst überholten Rechtstand, die grundlegenden Zusammenhänge bestehen aber fort.

3.4.5 Umfang der Gesellschafterfremdfinanzierung und Zinsschranke

3.4.5.1 *Einführung*

Die bisherigen Ausführungen haben gezeigt, dass die *Gesellschafterfremdfinanzierung regelmäßig steuerlich vorteilhafter* ist *als* eine *vergleichbare Eigenfinanzierung*. Der Vorteil ist im Falle ausländischer Gesellschafter vielfach erheblich größer als im Falle inländischer. In dieser Situation stellt sich die Frage, ob die Gesellschafter einer inländischen Kapitalgesellschaft in beliebig hohem Maße anstelle einer Eigenfinanzierung eine Finanzierung durch Gesellschafterdarlehen durchführen können.

Eine zivilrechtliche Schranke besteht nur insoweit, als die Vorschriften über das Mindestnennkapital sowie - nur bei Aktiengesellschaften - die Zuführung zu den gesetzlichen Rücklagen, eingehalten werden müssen. Für Gesellschaften mbH ergibt sich in diesem Zusammenhang, dass das Stammkapital mindestens 25 T€ betragen muss (§ 5 Abs. 1 GmbHG) und dass hierauf mindestens 12,5 T€ eingezahlt werden müssen (§ 7 Abs. 2 GmbHG). Bei einer Unternehmergesellschaft

---

25 Vgl. Haase, K./Schneeloch, D., Analyse, 1983, S. 66 ff.

i. S. d. § 5a GmbHG können sowohl das Mindeststammkapital als auch die Mindesteinzahlung unterschritten werden. Weitere zivilrechtliche Schranken können sich im Einzelfall aus dem Gesellschaftsvertrag ergeben.

Eine Schranke für eine Gesellschafterfremdfinanzierung anstelle einer Eigenfinanzierung kann sich aus den Beleihungsregeln ergeben, denen die Kreditinstitute unterliegen. Diese dürfen Kredite nur insoweit vergeben, als diese ausreichend gesichert erscheinen. Ist das Eigenkapital der Gesellschaft sehr gering, so stoßen die Möglichkeiten einer Fremdfinanzierung durch Banken somit schnell an ihre Grenzen. Diese können aber vielfach dadurch weit hinausgeschoben werden, dass die Gesellschafter den Kreditinstituten gegenüber aufgrund vertraglicher Vereinbarung persönlich für die Schulden der Gesellschaft haften. Dies geschieht in der Praxis vielfach dadurch, dass die Gesellschafter gegenüber den Banken selbstschuldnerische Bürgschaften übernehmen oder auf ihnen gehörenden Grundstücken Sicherungshypotheken zugunsten dieser Institute eintragen lassen.

Bereits diese kurzen Ausführungen lassen erkennen, dass einem weitgehenden Ersatz der Eigenfinanzierung durch eine Gesellschafterfremdfinanzierung in der Praxis keine oder nur sehr weite Grenzen gesetzt sind.

Bereits in den sechziger und siebziger Jahren des zwanzigsten Jahrhunderts hat die Bundesregierung nach eigenen Angaben beobachtet, dass beschränkt steuerpflichtige sowie persönlich von der Einkommen- bzw. Körperschaftsteuerpflicht befreite Gesellschafter unbeschränkt steuerpflichtiger Kapitalgesellschaften in hohem Maße dazu übergingen, ihren Gesellschaften Gesellschafterdarlehen anstelle von Eigenkapital zur Verfügung zu stellen[26]. Diese Entwicklung scheint mehrere Jahrzehnte angehalten zu haben. Darauf deuten vielfältige Initiativen des Gesetzgebers, der Bundesregierung und der Finanzverwaltung während der letzten Jahrzehnte hin, die darauf gerichtet waren, Steuervorteile der Gesellschafterfremdfinanzierung im Vergleich zur Eigenfinanzierung in derartigen Fällen zu beseitigen. Diese tatsächlichen oder auch nur vermeintlichen Steuervorteile sind aber in der Vergangenheit stets nur mit den inländischen Steuerfolgen der alternativen Finanzierungsformen begründet worden.

Zu den Gesellschaftern, deren Finanzierungsverhalten vom Gesetzgeber und von der Finanzverwaltung in der Vergangenheit mit Argwohn betrachtet worden ist, gehören

- beschränkt steuerpflichtige ausländische Gesellschafter,
- nicht unbeschränkt körperschaftsteuerpflichtige inländische Körperschaften, insbesondere Gebietskörperschaften (Bund, Länder, Gemeinden) und Religionsgemeinschaften,
- steuerbefreite inländische Körperschaften, wie z. B. die Kreditanstalt für Wiederaufbau oder die Gewerkschaften.

Es ist hier nicht der Platz, die vielfältigen und z. T. hektischen Bemühungen des Gesetzgebers zur Beseitigung des tatsächlichen oder auch nur vermeintlichen

---

[26] Vgl. Entwurf eines Gesetzes zur Änderung des EStG, KStG und anderer Gesetze, BT-Drucksache 8/3648 vom 8.2.1980, S. 8 f. und S. 27.

Missbrauchs der Gesellschafterfremdfinanzierung nachzuzeichnen. Kurze Ausführungen bis zur Entwicklung im Jahre 2004 finden sich in der zweiten Auflage dieses Buches sowie in dem Beiheft hierzu[27]. Nachfolgend soll lediglich auf die Regelung eingegangen werden, die sich in § 8a KStG in der seit August 2007 geltenden Fassung i. V. m. dem neu geschaffenen § 4h EStG befindet. Grundlegende Rechtsnorm ist hierbei § 4h EStG; § 8a KStG verweist in weiten Bereichen lediglich auf diese Vorschrift.

3.4.5.2 Grundzüge der Zinsschrankenregelung

Zinsaufwendungen eines Betriebs sind nur in dem durch § 4h EStG definierten Rahmen als Betriebsausgaben abzugsfähig (**Zinsschranke**). Abzugsfähig sind sie nach Abs. 1 dieser Rechtsnorm in Höhe der von demselben Betrieb erzielten Zinserträge. Darüber hinaus sind sie nur bis zu einer Höhe von 30 % des um bestimmte Beträge erhöhten bzw. verminderten maßgeblichen Gewinns i. S. d. § 4h Abs. 3 EStG abzugsfähig. Zu erhöhen ist der maßgebliche Gewinn um die AfA-Beträge nach § 7 EStG sowie um die Beträge, die nach § 6 Absätze 2 und 2a EStG als Aufwendungen für die beiden Kategorien geringwertiger Wirtschaftsgüter verbucht worden sind. *Maßgeblicher Gewinn* ist gem. § 4h Abs. 3 EStG der sich nach den Vorschriften des EStG ergebende steuerpflichtige Gewinn. Zur Ermittlung des maßgeblichen Gewinns ist die sich aus § 4h Abs. 1 EStG ergebende *Zinsschranke* nicht zu beachten. Nach dieser Rechtsnorm *nicht abzugsfähige Zinsaufwendungen* sind außerhalb des Rechnungswesens (außerbilanziell) *in einer Nebenrechnung* dem steuerlichen Gewinn *hinzuzurechnen*.

Die *Begrenzung* des Abzugs von Zinsaufwendungen durch § 4h *Abs. 1* EStG greift *nicht* in den Fällen des § 4h *Abs. 2* EStG. Nach dieser Rechtsnorm kommt es in den folgenden Fällen *nicht* zu einer Beschränkung des Zinsabzugs:

a) Der die Zinserträge übersteigende Betrag der Zinsaufwendungen (*negativer Zinssaldo*) *übersteigt nicht 1 Mio €* (Freigrenze)[28].
b) Der Betrieb gehört *nicht* oder nur anteilsmäßig *zu einem Konzern*.
c) Der Betrieb gehört zwar zu einem Konzern, doch ist seine *Eigenkapitalquote* am vorangegangenen Abschlussstichtag *nicht* kleiner als 99 % derjenigen des Konzerns.

Die *Eigenkapitalquote* ist in § 4h Abs. 2 Satz 3 EStG als das Verhältnis des Eigenkapitals zur Bilanzsumme definiert. Der Ermittlung der Eigenkapitalquote sind nach § 4h Abs. 2 Satz 8 EStG Abschlüsse zugrunde zu legen, die nach den International Financial Reporting Standards (IFRS) erstellt worden sind. Hiervon abweichend können nach Satz 9 dieser Rechtsnorm auch Abschlüsse zugrunde gelegt werden, die nach dem Handelsrecht eines Mitgliedstaats der EU erstellt worden sind.

---

27 Vgl. Schneeloch, D., Steuerpolitik, 2002, S. 259 ff. sowie das Beiheft hierzu, S. 9 ff. Vgl. auch Welling, B., Zinsschranke, 2007, S. 736 ff.

28 Aus § 52 Abs. 12d EStG ergibt sich eine zeitlich befristete Anhebung der Freigrenze von 1 Mio € auf 3 Mio €. Es bleibt abzuwarten, ob diese befristete Anhebung zu einer dauerhaften wird.

Zinsaufwendungen sind nach § 4h Abs. 3 Satz 2 EStG Vergütungen für Fremdkapital, die den maßgeblichen Gewinn gemindert haben. Zinserträge sind nach § 4h Abs. 3 Satz 3 EStG Erträge aus Kapitalforderungen, die den maßgeblichen Gewinn erhöht haben.

Zinsaufwendungen, die nach § 4h Abs. 1 Satz 1 EStG im Jahr ihrer Entstehung nicht als Betriebsausgaben abgezogen werden dürfen, sind nach Satz 2 dieser Rechtsnorm in die folgenden Wirtschaftsjahre vorzutragen (*Zinsvortrag*). Sie erhöhen nach § 4h Abs. 1 Satz 3 EStG den steuerlich berücksichtigungsfähigen Zinsaufwand i. S. des Satzes 1 dieser Rechtsnorm; sie erhöhen hingegen nicht den maßgeblichen Gewinn. Zu einem (teilweisen) Abzug des vorgetragenen Zinsaufwands kann es somit nur in einem Jahr kommen, in dem der Zinsaufwand dieses Jahres geringer ist als der sich aus § 4h Abs. 1 Satz 1 EStG ergebende Höchstbetrag der steuerlich als Betriebsausgaben abzugsfähigen Zinsen. Der Zinsvortrag ist nach § 4h Abs. 4 EStG gesondert festzustellen. Das Finanzamt hat also einen entsprechenden Feststellungsbescheid zu erlassen.

§ 8a KStG ergänzt für Körperschaften i. S. d. § 1 KStG die Vorschriften des § 4h EStG. Während § 4h EStG für alle drei Ertragsteuerarten (Einkommen-, Gewerbe- und Körperschaftsteuer) und damit für alle Rechtsformen gilt, enthält § 8a KStG also lediglich ergänzende Vorschriften für Körperschaften i. S. d. KStG.

Nach § 8a Abs. 1 Satz 1 KStG ist § 4h Abs. 1 Satz 1 EStG mit der Maßgabe anzuwenden, dass an die Stelle des maßgeblichen Gewinns das maßgebliche Einkommen tritt. Dies bedeutet, dass zur Klärung der Frage, ob Zinsen nicht als Betriebsausgaben abzugsfähig sind, Bezugsgröße der in § 4h Abs. 1 Satz 1 EStG definierten 30 %-Grenze bei Kapitalgesellschaften nicht der um die dort genannten Größen veränderte steuerliche Gewinn, sondern das in entsprechender Weise geänderte körperschaftsteuerliche Einkommen ist.

Wie bereits ausgeführt, greift nach § 4h Abs. 2 EStG die Zinsschranke dann nicht, wenn das Unternehmen, das die Fremdkapitalzinsen aufwendet, nicht zu einem Konzern gehört. *Grundsätzlich sind von der Zinsschrankenregelung also nur in einem Konzernverbund befindliche Unternehmen betroffen.* Von diesem Grundsatz beinhaltet *§ 8a Abs. 2 KStG* allerdings eine wichtige *Ausnahme*. Nach dieser Rechtsnorm können auch bestimmte konzernfreie Unternehmen von der Zinsschrankenregelung betroffen sein.

Nach § 8a Abs. 2 KStG führen *Vergütungen* für Fremdkapital, die eine Kapitalgesellschaft *an* einen *zu mehr als 25 % beteiligten Gesellschafter (wesentlich beteiligter Anteilseigner)* zahlt, zur Anwendung der Zinsschranke. Dies gilt aber nur dann, wenn diese Vergütungen 10 % des negativen Zinssaldos i. S. d. § 4h Abs. 2 Satz 1 EStG *überschreiten*. Mit dieser Regelung will der Gesetzgeber einer aus seiner Sicht *übermäßig hohen Gesellschafterfremdfinanzierung* entgegenwirken (*schädliche Gesellschafterfremdfinanzierung*)[29]. Vergütungen an eine dem Gesellschafter *nahestehende Person* sind den Vergütungen an den Gesellschafter gleichgestellt.

---

[29]   Vgl. BMF-Schreiben v. 4.7.2008, IV C 7 - S 2742 - a/07/10001, BStBl 2008 I, S. 718, Tz. 79.

§ 8a Abs. 3 KStG beinhaltet eine weitere *Ergänzung* zu § 4h Abs. 2 EStG. Nach dieser Rechtsnorm ist § 4h Abs. 2 Satz 1 Buchstabe b EStG nur anzuwenden, wenn die *Vergütungen* für Fremdkapital an *einen zu mehr als 25 % beteiligten Anteilseigner* nicht mehr als 10 % der die Zinserträge übersteigenden Zinsaufwendungen der Körperschaft betragen. Ist diese Voraussetzung nicht erfüllt, so führt eine hinreichend hohe Eigenkapitalquote eines Konzernunternehmens i. S. d. § 4h Abs. 2 EStG nicht zu einer Ausnahme von der Zinsschrankenregelung des § 4h Abs. 1 EStG. Auch mit dieser Regelung will der Gesetzgeber einer aus seiner Sicht unmäßig hohen Gesellschafterfremdfinanzierung entgegenwirken.

3.4.5.3 Folgerungen aus der Zinsschrankenregelung für die Steuerplanung

Aus den bisherigen Ausführungen lässt sich der Schluss ziehen, dass der Kreis der von der Zinsschranke betroffenen Unternehmen klein ist. Erfasst werden lediglich zwei Gruppen von Unternehmen, und zwar

- in einem *Konzern* miteinander *verbundene Unternehmen* und
- *„einfache" Kapitalgesellschaften*, die in einem aus Sicht des Gesetzgebers *überzogenen Ausmaß* mit Hilfe von *Gesellschafterfremdkapital* (anstatt mit Eigenkapital) ausgestattet werden. Voraussetzung ist, dass der finanzierende Gesellschafter an der Gesellschaft wesentlich beteiligt ist.

Die Zinsschranke kommt aber stets nur dann zur Anwendung, wenn der negative Zinssaldo höher ist als die in § 4h Abs. 2 EStG definierte Freigrenze von 1 Mio € p. a. *Nicht von* der *Zinsschrankenregelung* des § 4h Abs. 1 EStG *erfasst* werden demnach insbesondere:

- Einzelunternehmen,
- einfache Personengesellschaften,
- einfache Kapitalgesellschaften, sofern nicht die Ausnahmeregelung des § 8a Abs. 3 KStG zur Anwendung kommt,
- alle anderen Unternehmen, sofern die Freigrenze des § 4h Abs. 2 EStG von 1 Mio € nicht überschritten wird.

Nicht erfasst werden nach den Ausführungen des BMF[30] i. d. R. auch

- die beiden Unternehmen einer Betriebsaufspaltung in der Art der Aufspaltung eines Unternehmens in ein Besitzpersonenunternehmen und in eine Betriebskapitalgesellschaft und
- die GmbH & CoKG, sofern die GmbH keine eigene Geschäftätigkeit entfaltet[31].

---

30 Vgl. BMF-Schreiben v. 4.7.2008, IV C 7 - S 2742 - a/07/10001, BStBl 2008 I, S. 718, Tz. 63.

31 Hinsichtlich näherer Ausführungen zur Betriebsaufspaltung und zur GmbH & CoKG s. Teil IV, Gliederungspunkte 5 und 4.

Nach den Ausführungen des BMF gilt ein *Organkreis*[32] i. S. d. KStG als *ein einziger Betrieb* i. S. d. § 4h EStG[33]. Damit wird durch einen Kreis organschaftlich miteinander verbundener Unternehmen kein Konzern i. S. d. § 4h Abs. 2 EStG gebildet.

Drohen im Einzelfall die Wirkungen der Zinsschrankenregelung, so kann versucht werden, diesen Wirkungen durch *Gestaltungsmaßnahmen* entgegenzuwirken. Naheliegend *innerhalb eines Konzerns* sind insbesondere Maßnahmen

- zur *Senkung des negativen Zinssaldos* i. S. d. § 4h Abs. 2 EStG auf einen Betrag von weniger als 1 Mio €,
- zur *Erhöhung der Eigenkapitalquote* auf das in § 4h Abs. 2 EStG festgelegte Mindestmaß von 99 % der Eigenkapitalquote des Konzerns,
- zur Herstellung einer ertragsteuerlichen *Organschaft*[34].

Maßnahmen zur *Senkung des negativen Zinssaldos* i. S. d. § 4h Abs. 1 EStG können bestehen

- in einer Verringerung (oder Verhinderung einer Erhöhung) des Gesellschafterfremdkapitals,
- in einer Verringerung der Vergütung für das eingesetzte Gesellschafterfremdkapital.

Im ersten der genannten beiden Fälle kann z. B. ein Teil des Gesellschafterfremdkapitals durch Eigenkapital ersetzt werden. Im zweiten Fall kann evtl. der Zinssatz herabgesetzt oder niedriger als präferiert festgesetzt werden. In einigen Fällen dürfte eine Kompensation von wegfallenden Zinsen durch Gewinnausschüttungen möglich sein.

Maßnahmen zur *Erhöhung der Eigenkapitalquote* können insbesondere bestehen

- in bilanzpolitischen Maßnahmen,
- in einem teilweisen Ersatz von Gesellschafterfremdkapital durch Eigenkapital.

Auf Maßnahmen zur Herstellung einer ertragsteuerlichen Organschaft wird erst in Teil IV eingegangen werden[35].

3.4.6 Aufgabe 3

Der Alleingesellschafter G der X-GmbH will „seiner" GmbH für die Errichtung eines Zweigwerkes in B-Stadt aus eigenen Mitteln 10 Mio € zur Verfügung stellen. Das Geld will er durch den Verkauf von Bauland gewinnen, das er vor 20 Jahren als Bauerwartungsland für umgerechnet 5 € /m² erworben hatte und das nunmehr einen Verkehrswert von 250 € /m² hat. Er erwägt, das Geld der GmbH entweder als Eigenkapital oder aber als Gesellschafterdarlehen zur Verfügung zu stellen. G geht davon aus, dass für Aus-

---

[32]　Ausführungen zur steuerlichen Organschaft finden sich in Teil IV, Gliederungspunkt 6.3.

[33]　Vgl. BMF-Schreiben v. 4.7.2008, IV C 7 - S 2742 - a/07/10001, BStBl 2008 I, S. 718, Tz. 65.

[34]　Hinsichtlich von Maßnahmen zur Herstellung einer ertragsteuerlichen Organschaft sei auf Teil IV, Gliederungspunkt 6.3.2 verwiesen.

[35]　Vgl. Teil IV, Gliederungspunkt 6.3.2.

schüttungen bzw. Zinszahlungen auf das neu aufzunehmende Kapital von der Gesellschaft jährlich 0,8 Mio € zur Verfügung gestellt werden.

G erwartet, dass die Gemeinde ihren derzeitigen Gewerbesteuerhebesatz von 480 % auch in Zukunft beibehält. Er nimmt an, dass der Steuersatz nach § 23 Abs. 1 KStG künftig unverändert 15 % betragen wird.

G ist verheiratet. Die Eheleute G gehören beide der katholischen Kirche an. Ohne die genannten zusätzlichen Einkünfte erwarten die Ehegatten während der kommenden Jahre stets ein zu versteuerndes Einkommen, das höher ist als 500 T€. Sie erwarten, dass der Tarif des Jahres 2010 (nach dem Rechtsstand vom Sommer 2009) während des gesamten Planungszeitraums erhalten bleiben und Solidaritätszuschlag erhoben werden wird. Die Eheleute erwarten, dass der Sparer-Pauschbetrag des § 20 Abs. 9 EStG bereits ohne Berücksichtigung des hier geschilderten Sachverhalts stets ausgeschöpft sein wird.

G will wissen, wie hoch der Vorteil der Gesellschafterfremdfinanzierung gegenüber der Eigenfinanzierung jährlich voraussichtlich sein wird.

3.5 Schütt-aus-Hol-zurück-Verfahren und Thesaurierung

3.5.1 Einführung

Handelsgesellschaften stehen häufig vor der Frage, ob sie erwirtschaftete Gewinne, die sie für Investitionszwecke benötigen, thesaurieren oder ob sie sie ausschütten, dann aber von den Gesellschaftern die entsprechenden Mittel zurückholen sollen.

Für die zweite Vorgehensweise hat sich in der Betriebswirtschaftslehre der Ausdruck **Schütt-aus-Hol-zurück-Verfahren** eingebürgert. Die Anwendung des Schütt-aus-Hol-zurück-Verfahrens kann selbstverständlich nur dann sinnvoll sein, wenn es vorteilhafter ist als die schlichte Thesaurierung.

Zu beachten ist, dass das Schütt-aus-Hol-zurück-Verfahren nur dann angewendet werden sollte, wenn das Zurückholen der erforderlichen Mittel sichergestellt ist. Dies ist bei Gesellschaften mit eng begrenztem Gesellschafterkreis (personenbezogene Gesellschaften, Familiengesellschaften) weitaus eher der Fall als bei Gesellschaften mit großem Gesellschafterkreis. So sind im Falle personenbezogener Gesellschaften vor der Ausschüttung Absprachen zwischen der Gesellschaft und ihren Gesellschaftern über die Rückholung der Mittel möglich und durchaus auch üblich. In der Praxis werden häufig Ausschüttungs- und Kapitalerhöhungsbeschlüsse unmittelbar hintereinander gefasst.

Die Vorteilhaftigkeit des Schütt-aus-Hol-zurück-Verfahrens im Vergleich zur Thesaurierung wird im Wesentlichen von den Steuerbelastungen der Vergleichsfälle bestimmt. Darüber hinaus sind im Falle des Schütt-aus-Hol-zurück-Verfahrens auch Transaktionskosten, wie z. B. Notariats- und Gerichtskosten, zu berücksichtigen.

Das Zurückholen der ausgeschütteten Beträge kann auf zweierlei Art erfolgen, und zwar einmal in der Form von Eigenkapital, zum anderen auch in der Form von Gesellschafterdarlehen. Die Eigenfinanzierung kann mit einer Erhöhung des Nennkapitals verbunden sein, sie kann sich aber auch lediglich in einer Erhöhung der Rücklagen widerspiegeln. In Einzelfällen kann an die Stelle einer Gewinnaus-schüttung eine (zusätzliche) Gehaltszahlung an den Gesellschafter-Geschäftsfüh-rer treten.

Unterschiedliche Steuerbelastungen zwischen Thesaurierung einerseits und Schüttaus-Hol-zurück-Verfahren andererseits konnten sich bis zum Veranlagungs-zeitraum 2007 nur bei Kapital-, nicht hingegen bei Personengesellschaften erge-ben. Der Grund lag darin, dass bei Kapitalgesellschaften an die Ausschüttung Steuerfolgen geknüpft waren (und dies auch jetzt noch sind), während Entnahmen (Ausschüttungen) von Personengesellschaften die Höhe der Steuerschulden nicht beeinflussten. Letzteres hat sich seit dem Veranlagungzeitraum 2008 durch die Schaffung der Begünstigungsvorschrift für den nicht entnommenen Gewinn (§ 34a EStG) geändert. Doch kann die Anwendung dieser Rechtsnorm nicht dazu führen, dass eine Entnahme mit sofort anschließender Einlage vorteilhafter wird als eine Thesaurierung. Der Grund liegt darin, dass der kumulierte Steuersatz nach den Absätzen 1 und 4 des § 34a EStG i. d. R. höher ist als der Steuersatz nach § 32a EStG[36]. In den nachfolgenden Vergleich werden deshalb *nur Kapitalgesell-schaften* einbezogen.

3.5.2 Rückholung in der Form von Eigenkapital

Ausgegangen wird bei dem Vergleich von einer Gewinngröße G, die alternativ zur Thesaurierung oder für das Schütt-aus-Hol-zurück-Verfahren zur Verfügung steht. Im Falle der Thesaurierung besteht die Belastung (Bt) ausschließlich aus der Steuerbelastung, die auf den thesaurierten Gewinn entfällt. Transaktionskosten fallen nicht an. Die Steuerbelastung im Falle der Thesaurierung kann dadurch ermittelt werden, dass G als E i. S. d. in Teil I abgeleiteten Gleichung (II) behan-delt wird. Sie beträgt

$$(92) \qquad B_t = (s_k + s_{ge}) \cdot G.$$

Auch im Falle des Schütt-aus-Hol-zurück-Verfahrens (SAHZ) unterliegt der Gewinn G bei der Kapitalgesellschaft der Körperschaft- und Gewerbesteuer. Auch hier handelt es sich also um E i. S. d. Gleichung (II).

Bei dem Gesellschafter unterliegt die Ausschüttung A grundsätzlich dem geson-derten Steuersatz des § 32d EStG ($s_{e§32d}$), d. h. dem Abgeltungsteuersatz. Die Steuerwirkung beträgt also $s_{e§32d} \cdot A$. Dies gilt für den Fall, dass die Ausschüt-tung als Einnahme aus Kapitalvermögen zu behandeln ist. Der ebenfalls mögliche Fall, dass die Ausschüttung eine Betriebseinnahme innerhalb eines Gewerbebe-triebs darstellt, soll hier nicht behandelt werden. Anstelle des Abgeltungsteursat-zes kommt auf Antrag des Steuerpflichtigen aber auch der „normale", d. h. der sich aus § 32a EStG ($s_{e§32a}$) ergebende Steuersatz zur Anwendung.

---

36   Näher wird hierauf erst in Teil IV, Gliederungspunkt 2.4.3.6 eingegangen.

Infolge der Rückholung des ausgeschütteten Betrags entstehen im Rahmen des SAHZ Transaktionskosten (K_0). Dies gilt zumindest dann, wenn mit der Rückholung eine Erhöhung des Nennkapitals der Kapitalgesellschaft verbunden ist. Als Transaktionskosten kommen insbesondere mit der Kapitalerhöhung verbundene Notar- und Gerichtskosten in Betracht. Die Transaktionskosten erhöhen die Belastung im Falle des SAHZ. Zugleich stellen sie aber abzugsfähige Betriebsausgaben der Kapitalgesellschaft dar. Sie sind damit als $-E$ i. S. d. Gleichung (II) zu behandeln.

Damit sind alle Belastungs- und Entlastungswirkungen im Falle des SAHZ erfasst. Die Belastung B_S beträgt demnach:

$$(93) \qquad B_S = (s_k + s_{ge}) \cdot G + s_e \cdot A + K_0 - (s_k + s_{ge}) \cdot K_0.$$

Der Steuersatz s_e kann hierbei - je nach Wahl des Steuerpflichtigen - der sich aus § 32d EStG ergebende Abgeltungsteuersatz oder der „normale" Steuersatz des § 32a EStG sein.

Nicht berücksichtigt sind in Gleichung (93) hierbei mögliche Auswirkungen auf den Sparer-Pauschbetrag.

Gleichung (93) kann umgeformt werden zu

$$(94) \qquad B_S = (s_k + s_{ge}) \cdot G + s_e \cdot A + (1 - s_k - s_{ge}) \cdot K_0.$$

Die Belastungsdifferenz zwischen der Belastung im Falle des SAHZ und dem der Thesaurierung ergibt sich durch Abzug von B_t aus Gleichung (92) von B_S aus Gleichung (94). Sie beträgt:

$$(95) \qquad B_S - B_t = (s_k + s_{ge}) \cdot G + s_e \cdot A + (1 - s_k - s_{ge}) \cdot K_0 - (s_k + s_{ge}) \cdot G.$$

Gleichung (95) kann vereinfacht werden zu

$$(96) \qquad B_S - B_t = s_e \cdot A + (1 - s_k - s_{ge}) \cdot K_0.$$

Sowohl für die Steuersätze s_e, s_k und s_{ge} als auch für die Transaktionskosten K_0 gilt, dass sie stets größer oder gleich Null sind, d. h. es gilt:

$s_e \geq 0$,

$s_k \geq 0$,

$s_{ge} \geq 0$ und

$K_0 \geq 0$.

Hieraus ergibt sich, dass stets gilt:

(97) $B_s - B_t \geq 0.$

Damit ist klargestellt, dass unter Zugrundelegung des derzeit geltenden Rechts das Schütt-aus-Hol-zurück-Verfahren in der Form der Rückholung von Eigenkapital nicht vorteilhafter sein kann als eine Thesaurierung. Bestenfalls ist es nicht nachteiliger.

3.5.3 Hol-zurück durch Darlehensgewährung

Bisher ist stets davon ausgegangen worden, dass der Hol-zurück-Vorgang in der Form der Zufuhr von Eigenkapital erfolgt. Dies ist zwar möglich, keinesfalls aber zwingend. Vielmehr können die ausgeschütteten Beträge auch mit Hilfe der Aufnahme von Gesellschafterdarlehen zurückgeholt werden.

Soll geprüft werden, ob das Schütt-aus-Hol-zurück-Verfahren mit *Rückholung in der Form der Aufnahme eines Gesellschafterdarlehens* vorteilhafter ist als eine Thesaurierung, so muss zunächst ermittelt werden, ob ohne Berücksichtigung der Folgewirkungen die Thesaurierung oder aber die Ausschüttung mit anschließender Rückholung die vorteilhaftere Maßnahme ist. Die Vorgehensweise zur Prüfung dieser Frage ist identisch mit der im letzten Gliederungspunkt dargestellten. Auch das Ergebnis ist das Gleiche: Ohne Berücksichtigung der Folgewirkungen der Maßnahmen ist das Schütt-aus-Hol-zurück-Verfahren bestenfalls nicht nachteiliger als die Thesaurierung; i. d. R. ist die Thesaurierung aber die vorteilhaftere der beiden Maßnahmen.

Dieser Befund muss aber noch nicht das Endergebnis der Analyse sein. In derartigen Fällen ist es nämlich durchaus möglich, dass bei Einbeziehung aller Steuerfolgen der Vergleichsverfahren sich das Schütt-aus-Hol-zurück-Verfahren in der Variante einer Rückholung der Mittel als Gesellschafterdarlehen als die insgesamt vorteilhaftere Maßnahme erweist. Der Grund hierfür liegt in der Abzugsfähigkeit der Zinsen als Betriebsausgaben. Im Rahmen der laufenden Besteuerung treten dann an die Stelle der *Steuerfolgen* einer Eigenfinanzierung diejenigen *einer Gesellschafterfremdfinanzierung*. Für den Vergleich der Eigenfinanzierung mit der Gesellschafterfremdfinanzierung aber ist unter Gliederungspunkt 3.4.3 ermittelt worden, dass letztere im Rahmen der laufenden Besteuerung in aller Regel die vorteilhaftere Finanzierungsart darstellt. In derartigen Fällen reicht somit eine reine Schnittpunktberechnung der bisher behandelten Art grundsätzlich nicht aus, vielmehr ist ein *Steuerbarwertvergleich unter Einbeziehung der Transaktionskosten* im Falle des Hol-zurück durch Darlehen erforderlich. Allerdings dürfte die Gesellschafterfremdfinanzierung i. d. R. nur dann vorteilhafter werden, wenn der im Rahmen des Schütt-aus-Hol-zurück-Verfahrens bei der Rückholung anzuwendende Einkommensteuersatz s_e 0 % beträgt oder nur geringfügig darüber liegt. Dies ist nur dann möglich, wenn das zu versteuernde Einkommen des Gesellschafters im Jahr der Thesaurierung bzw. Ausschüttung auch unter Einbeziehung der Ausschüttung unterhalb des Grundfreibetrags des § 32a Abs. 1 EStG liegt. Voraussetzung ist (selbstverständlich), dass der Gesellschafter nach § 32d Abs. 6 Satz 1 EStG die Einbeziehung der Ausschüttung in das Veranlagungsverfahren beantragt.

3.5.4 Aufgabe 4

Alleingesellschafter-Geschäftsführer G der X-GmbH will dieser den im Jahre 1 erzielten Gewinn von 100 T€ für Investitionszwecke belassen. Er erwägt, diesen entweder zu thesaurieren oder ihn zwar zunächst auszuschütten, ihn dann aber anschließend entweder als Eigenkapital oder aber als Gesellschafterdarlehen der Gesellschaft wieder zur Verfügung zu stellen. Im Falle des Schütt-aus-Hol-zurück-Verfahrens soll die Ausschüttung noch Ende Dezember des Jahres 1 durchgeführt werden. Transaktionskosten werden bei Anwendung des SAHZ-Verfahrens ebenso wenig erwartet wie bei einer schlichten Thesaurierung. Bei einer Rückholung der Mittel in der Form von Eigenkapital soll dies dadurch erreicht werden, dass der zurückgeholte Betrag per Gesellschafterbeschluss nicht in das „Gezeichnete Kapital", sondern in die „Kapitalrücklage" eingestellt wird. Aus außerbetrieblichen Gründen rechnet G damit, dass er das Geld der GmbH nur für insgesamt 8 Jahre zur Verfügung stellen kann. Anschließend muss er es evtl. durch ein Bankdarlehen ersetzen. G plant für die nächsten Jahre auf den thesaurierten bzw. zurückerhaltenen Betrag jährliche Ausschüttungen bzw. Zinszahlungen. Der Bruttobetrag dieser Ausschüttungen bzw. Zinszahlungen soll 6.000 € p. a. betragen. Der Gewerbesteuerhebesatz beträgt 400 %. Zahlungsdifferenzen zwischen den Alternativen werden sich voraussichtlich nur auf den Stand des Kontokorrentkontos bei der A-Bank auswirken. Das Konto wird voraussichtlich stets einen Sollsaldo ausweisen. Den Zinssatz für die nächsten Jahre schätzt G auf durchschnittlich 10 % p. a. G ist verheiratet. Die Eheleute beabsichtigen während des gesamten Planungszeitraums die Zusammenveranlagung zu wählen. Ohne Ausschüttung wird die Summe der Einkünfte der Eheleute G im Veranlagungszeitraum 1 voraussichtlich – 70 T€ betragen. G nimmt an, dass er und seine Ehefrau während der Jahre ab dem Jahr 2 stets dem Steuersatz im unteren Plafond der Einkommensteuer unterliegen werden. Er geht davon aus, dass dieser stets 42 % betragen wird, und zwar unabhängig davon, welche der hier zu erörternden Maßnahmen ergriffen werden. Der Kirchensteuer unterliegen die Eheleute G nicht; Solidaritätszuschlag wird voraussichtlich während des gesamten Planungszeitraums i. H. v. 5,5 % erhoben werden. G nimmt an, dass ab dem Jahre 2 sämtliche in Betracht kommenden Freibeträge bereits ohne den hier geschilderten Sachverhalt ausgeschöpft sein werden. Dies gilt nicht für den sich aus § 8 Nr. 1 GewStG ergebenden Freibetrag. Dieser wird voraussichtlich bei keiner der in Betracht kommenden Maßnahmen ausgeschöpft werden. Es ist die vorteilhafteste Maßnahme zu bestimmen.

3.5.5 Hinausschieben der Ausschüttung

Rechnet ein Gesellschafter einer GmbH damit, dass er in einem oder in mehreren künftigen Jahren ein niedrigeres zu versteuerndes Einkommen haben wird als derzeit, so sollte er diesem Umstand bei seiner Entscheidung zwischen Schütt-aus-Hol-zurück-Verfahren und Thesaurierung Rechnung tragen. Es kann dann nämlich vorteilhaft sein, eine bei einer reinen Schnittpunktbetrachtung vorteilhafte

Ausschüttung hinauszuschieben und den entstandenen Gewinn zunächst zu thesaurieren. Der Zusammenhang soll anhand eines Beispiels verdeutlicht werden.

Beispiel

Alleingesellschafter E der Y-GmbH prüft im Dezember des Jahres 2 die Frage, ob er der GmbH den im Jahre 1 erzielten Bilanzgewinn in einem Umfang von 50 T€ im Wege der Thesaurierung belassen soll. Alternativ erwägt er eine Erhöhung der von ihm bereits früher beschlossenen Ausschüttung von 100 T€ um 50 T€ und Rückholung dieses zusätzlichen Ausschüttungsbetrages durch die Aufnahme eines langfristigen Gesellschafterdarlehens. Schüttet die GmbH die 50 T€ im Jahre 2 aus, so rechnet E mit einer Einkommensteuerbelastung dieser Ausschüttung nach § 32a Abs. 1 i. V. m. § 32d Abs. 2 EStG i. H. v. 2 T€. Aufgrund eines allgemeinen erwarteten Konjunktureinbruchs und des unaufhörlich fallenden Dollarkurses erwartet er für das von ihm zusätzlich betriebene Handelsgeschäft in der Rechtsform eines Einzelkaufmanns für das Jahr 3 einen hohen steuerlichen Verlust. Er nimmt an, dass sein persönlicher Einkommensteuersatz im Jahr 3 0 % betragen wird. Ab dem Jahr 4 rechnet E damit, dass sich sein zu versteuerndes Einkommen im positiven Bereich, und zwar entweder im Progressionsbereich oder im unteren Plafond bewegen wird. Er geht davon aus, dass der Hebesatz während der nächsten 10 Jahre stets mehr als 400 % betragen wird.

Bei alleiniger Betrachtung des Jahres 2 als möglichem Ausschüttungsjahr ist es vorteilhafter, die fraglichen 50 T€ auszuschütten und anschließend in der Form eines Darlehens zurückzuholen als den Betrag zu thesaurieren. Der Grund liegt darin, dass ab dem Jahr 4 ein Gesellschafterdarlehen voraussichtlich steuerlich vorteilhafter sein wird als Eigenkapital. Der Vorteil wird - wie sich aus der in Gliederungspunkt 3.4.3.4.3 befindlichen Tabelle III/4, Zeile 5, Spalten 7 und 10 ergibt - jährlich mindestens zwischen 1,37 % und 3,17 % der Zinsen bzw. Dividenden betragen. Wird das Jahr 3 als mögliches Ausschüttungsjahr mit in die Betrachtung einbezogen, so erweist es sich als noch vorteilhafter, die Ausschüttung und Rückholung in das Jahr 3 zu verschieben.

3.5.6 Schütt-aus in Form einer zusätzlichen Gehaltszahlung

3.5.6.1 Problemstellung

Bisher ist stets davon ausgegangen worden, dass der Schütt-aus-Vorgang in der Form einer Ausschüttung im gesellschaftsrechtlichen Sinne vorgenommen wird. Dies ist sicherlich die naheliegendste und vermutlich auch die am weitesten verbreitete Form des Schütt-aus. Denkbar ist aber auch die Form, dass der Schütt-aus-Vorgang zivilrechtlich in die Form eines zusätzlichen Gehalts an den Gesellschafter-Geschäftsführer gekleidet wird. Als *zusätzliches Gehalt* wird hier der Teil des Gehalts verstanden, den der Gesellschafter nicht für private Zwecke benötigt und den er nach Erhalt in der Form von Eigenkapital oder auch in derjenigen eines Gesellschafterdarlehens an die Gesellschaft zurückgibt. Mit dieser Vorgehensweise strebt der Gesellschafter-Geschäftsführer an, nicht die Steuerfolgen einer Ausschüttung, sondern diejenigen einer bei der Kapitalgesellschaft abzugsfähigen Betriebsausgabe eintreten zu lassen. Dies ist aber nur dann gewährleistet, wenn sich das Gehalt insgesamt noch im angemessenen Rahmen hält. Andernfalls ergeben sich die Rechtsfolgen einer verdeckten Gewinnausschüttung. Diese aber entsprechen grundsätzlich derjenigen einer offenen Gewinnausschüttung. Damit ergeben sich die gleichen Wirkungen wie sie unter Gliederungspunkt 3.5.2 bereits dargestellt worden sind.

3.5.6.2 Vorteilsvergleich

Ausgegangen wird bei dem Vergleich von einer gleich großen Ausgangsgröße, die entweder zu Gewinn führt und als solcher thesauriert oder aber zu einer zusätzlichen Gehaltszahlung Gh verwendet wird. Im ersten Fall entsteht i. H. v. Gh ein Gewinnbestandteil, der bei der Kapitalgesellschaft die Wirkungen von E i. S. d. in Teil I abgeleiteten Gleichung (II) zeitigt. Die Belastung im Fall der Behandlung von Gh als thesaurierter Gewinn (Bt) beträgt:

$$(98) \quad B_t = (s_k + s_{ge}) \cdot G_h.$$

Im zweiten Fall entstehen bei der Kapitalgesellschaft keine Steuerfolgen, da das Gehalt eine abzugsfähige Betriebsausgabe darstellt. In diesem Fall entstehen Steuerfolgen lediglich bei dem Gesellschafter. Dieser hat zusätzliche Einnahmen aus nichtselbständiger Arbeit zu erfassen. Diese haben die Wirkung von Ee i. S. d. in Teil I abgeleiteten Gleichung (I) bzw. (Ia). Die Belastung im Falle einer Behandlung des Ausgangsbetrags Gh als Gehalt (Bgh) beträgt demnach

$$(99) \quad B_{gh} = G_h \cdot s_e.$$

In Ausnahmefällen können sich zusätzliche Freibetragseffekte ergeben. Auf deren Erfassung soll hier verzichtet werden, da sie sehr selten auftreten dürften. Dies liegt daran, weil Gh bei dem Gesellschafter in aller Regel zusätzliches Gehalt zu seinem „normalen" Gehalt darstellt, mithin die durch Gehaltszahlungen induzierten Freibeträge bereits ausgeschöpft sein dürften.

Weitere für den Vorteilsvergleich relevante Steuerfolgen als die hier angesprochenen ergeben sich nicht. Für die Belastungsdifferenz der Vergleichsfälle ergibt sich demnach:

$$(100) \quad B_t - B_{gh} = (s_k + s_{ge}) \cdot G_h - s_e \cdot G_h.$$

Eine Gehaltszahlung ist dann vorteilhafter als eine Thesaurierung, wenn gilt:

$$(101) \quad B_{gh} < B_t \quad bzw.$$

$$(102) \quad s_e < s_k + s_{ge}$$

Wird von dem derzeit geltenden Körperschaftsteuersatz unter Berücksichtigung des Solidaritätszuschlags ausgegangen, d. h. beträgt s_k (15 % · 1,055 =) 15,825 %, so ergibt sich bei Ansatz des hier üblicherweise verwendeten Gewerbesteuersatzes von 14 % (s_{ge}) Folgendes:

(102a) se < 0,29825.

Bei den genannten Steuersätzen ist eine Gehaltszahlung mit anschließender Rückholung des gezahlten Betrages also dann vorteilhafter als eine Thesaurierung,
wenn der Einkommensteuersatz des Gesellschafters bzw. der kombinierte Ein-
kommen- und Kirchensteuersatz geringer ist als rd. 30 %. Zu beachten ist, dass es
sich bei diesem Steuersatz um einen Differenzsteuersatz und nicht um den Durchschnittssteuersatz handelt. Ein kombinierter Einkommensteuer-, Kirchensteuer-
und Solidaritätszuschlagsatz von weniger als 30 % ergibt sich - wie ein Blick auf
die im Anhang befindlichen Tabellen T-5 und T-6 zeigt - nur bei (aus Sicht der
meisten Gesellschafter-Geschäftsführer) geringen zu versteuernden Einkommen.
Diese dürften in der Realität regelmäßig nur dann vorkommen, wenn der Gesellschafter-Geschäftsführer aus anderen Einkünften als denen aus seiner Geschäftsführertätigkeit hohe Verluste erzielt.

3.5.6.3 Besondere Probleme bei Verlusten

Die im letzten Gliederungspunkt abgeleiteten Belastungsgleichungen und -unglei-
chungen lassen sich problemlos nur dann anwenden, wenn das zu versteuernde
Einkommen sowohl der Gesellschaft als auch das ihres Gesellschafters in beiden
miteinander zu vergleichenden Fällen positive Werte aufweist. Ist dies nicht der
Fall, so ergeben sich Probleme, die anhand des nachfolgenden Beispiels veranschaulicht werden sollen.

Beispiel

Der ledige Gesellschafter-Geschäftsführer (G) der X-GmbH erwägt, ab dem Jahr 2010 sein Gehalt
von bisher lediglich 10 T€ um 100 T€ auf 110 T€ p. a. zu erhöhen. Sein Steuerberater ist der
Ansicht, dass auch ein derartig erhöhtes Gehalt noch im Rahmen des Angemessenen liegt. Wird
das Gehalt erhöht, so will G der GmbH nach Ablauf des Jahres in Höhe des Betrages, der ihm von
den 100 T€ - nach Abzug seiner darauf entfallenden persönlichen Steuern - verbleibt, Eigenkapital
zuführen. Wird das Gehalt nicht erhöht, so sollen die 100 T€, soweit sie nicht für Steuerzahlungen
der Gesellschaft benötigt werden, in der GmbH thesauriert werden. Ohne die zusätzliche Gehaltszahlung wird die GmbH im Jahr 2010 voraussichtlich ein zu versteuerndes Einkommen von
1 Mio € erwirtschaften. Der Gewerbesteuerhebesatz der Gemeinde beträgt 400 %. Ohne das
zusätzliche Gehalt rechnet G für das Jahr 2010 mit einem persönlichen zu versteuernden Einkommen von

a) + 60 T€,
b) − 60 T€.
G gehört keiner Kirchengemeinde an.

Im Fall a) lässt sich die Belastungsdifferenz der alternativen Gestaltungsmaßnahmen problemlos
aus Gleichung (100) ermitteln. In diese sind dann folgende Werte einzusetzen: sk = 0,15825,
sge = 0,14, se (0,42 · 1,055 =) 0,4431 und Gh = 100.000 €. Die Differenz beträgt:

(0,15825 + 0,14) · 100.000 − 0,4431 · 100.000 = − 14.485.

Im Fall a) ergibt sich somit eine Minderbelastung bei Thesaurierung im Vergleich zur Gehaltszahlung mit anschließender Rückholung des Geldes i. H. v. 14.485 €. Die Thesaurierung ist somit
deutlich vorteilhafter als die alternative Gestaltungsmaßnahme.

Im Fall b) ist die Ermittlung der Belastungsdifferenz der Vergleichsfälle auf Gesellschaftsebene ebenfalls unproblematisch. Nach dem Sachverhalt bewegen sich das zu versteuernde Einkommen und der Gewerbeertrag der Gesellschaft hoch im positiven Bereich. Damit kann der erste Term auf der rechten Seite der Gleichung (100) ohne Bedenken angewendet werden. Die Belastung im Fall der Thesaurierung der 100 T€ ergibt sich somit durch Einsetzen der konkreten Werte in diesen Term. Sie lauten: $s_k = 0{,}15825$, $s_{ge} = 0{,}14$ und $G_h = 100.000$ €. Hieraus ergibt sich eine Belastung der Gesellschaft von 29.825 €. Dies ist zugleich die Gesamtbelastung des Ausgangsbetrags von 100.000 € im Falle seiner Thesaurierung.

Auf Gesellschafterebene hingegen ergeben sich im Fall b) erhebliche Probleme bei Bestimmung des Steuersatzes s_e. Bei Erhöhung des Gehalts um 100 T€ wird ein Teil von (– 60 + 100 =) 40 T€ im Jahr 2010 der Besteuerung bei G unterworfen. Zur Ermittlung der hierdurch verursachten Einkommensteuerbelastung ist es am einfachsten, diese unmittelbar dem Grundtarif für das Jahr 2010 zu entnehmen. Sie beträgt 9.008 € und unter Einbeziehung des Solidaritätszuschlagsatzes (9.008 ·1,055 =) 9.503 €. Dies ist zugleich die Gesamtbelastung, mit der der Ausgangsbetrag von 100 T€ im Veranlagungszeitraum 2010 belastet wird. Bei isolierter Betrachtung dieses Veranlagungszeitraums ergibt sich somit eine Minderbelastung im Falle der Gehaltszahlung im Vergleich zur Thesaurierung i. H. v. (29.825 – 9.503 =) 20.322 €.

Bei einer derartigen Einschränkung auf die Steuerwirkungen im Veranlagungszeitraum 2010 wird aber ein Teil der insgesamt anfallenden Steuerbelastungen nicht erfasst. Durch die Gehaltszahlung mindert sich nämlich bei G in Höhe des im Jahre 2010 nicht ausgleichsfähigen Verlustes, d. h. in einer Höhe von (100 – 60 =) 40 T€, der abzugsfähige Verlust i. S. d. § 10d EStG. Dadurch kommt es in einem anderen Jahr oder auch in mehreren anderen Jahren zu einer Einkommenserhöhung i. H. v. insgesamt 40 T€. Diese können mit unterschiedlichen Steuersätzen s_e belegt sein.

Das Beispiel zeigt, dass in den Fällen, in denen der Gesellschafter ohne zusätzliche Gehaltszahlung im Jahre t ein negatives zu versteuerndes Einkommen erzielt, eine alleinige Berücksichtigung der Steuerwirkungen dieses Jahres nicht ausreichend ist. Hier müssen vielmehr zusätzlich die Steuerwirkungen berücksichtigt werden, die sich über eine Veränderung des nach § 10d EStG abzugsfähigen Verlustes in einem anderen Jahr oder in mehreren anderen Jahren ergeben. Hierbei können in den einzelnen Jahren unterschiedliche Differenzsteuersätze zur Anwendung kommen. Außerdem werden sich regelmäßig Zinseffekte ergeben, die das Ergebnis des Vorteilsvergleichs ebenfalls beeinflussen können[37].

Die Ausführungen zeigen, dass die Steuerwirkungen in erheblichem Maße von den Verhältnissen des Einzelfalls abhängen. Auf eine eingehendere Analyse, in der z. B. versucht werden könnte, für bestimmte Fallgruppen zu allgemeingültigen Aussagen zu gelangen, muss hier aus Platzgründen verzichtet werden.

3.5.6.4 *Beschränkungen durch andere Gesellschafter*

Erweist sich im Einzelfall eine zusätzliche Gehaltszahlung mit anschließender Rückholung des Geldes als vorteilhafter als eine Thesaurierung, so ist damit keinesfalls sicher, dass diese Gestaltungsmaßnahme auch durchgeführt werden kann. Vielfach dürften nämlich die Interessen anderer Gesellschafter durch eine derar-

---

37 Zur Steuerplanung in Verlustsituationen vertiefend s. Wollseiffen, G. F., Steuerplanung, 1998.

tige Maßnahme tangiert sein. Überhaupt nicht auftreten kann dieses Problem lediglich in Fällen einer Einmanngesellschaft. Nur bei derartigen Gesellschaften braucht der Gesellschafter-Geschäftsführer überhaupt keine Rücksicht auf die Interessen anderer Gesellschafter zu nehmen. In anderen Fällen dürfte eine Gestaltungsmaßnahme der hier erörterten Art nur selten möglich sein, dann nämlich, wenn alle Gesellschafter im Unternehmen mitarbeiten und alle an einer derartigen Gestaltungsmaßnahme interessiert sind. Sind diese beiden Voraussetzungen nicht erfüllt, kommt es zu Interessenkonflikten zwischen einzelnen Gesellschaftern. So werden die anderen Gesellschafter nicht die Begünstigung eines einzelnen Gesellschafters durch eine Erhöhung dessen Gehalts zu Lasten ihrer eigenen Gewinnanteile akzeptieren wollen, ohne für diese relative Schlechterstellung kompensiert zu werden. Eine derartige Kompensation dürfte aber nur in Ausnahmefällen möglich sein.

3.5.6.5 Zusammenfassende Würdigung

Zusammenfassend kann festgestellt werden, dass eine zusätzliche Gehaltszahlung mit anschließender Rückholung des Geldes nur in seltenen Fällen möglich und zugleich vorteilhafter sein wird als eine schlichte Thesaurierung. Gründe für diese Einschätzung sind:

1. Vielfach scheitert eine zusätzliche Gehaltszahlung bereits daran, dass diese in eine verdeckte Gewinnausschüttung umzudeuten wäre.
2. Ein Vorteil kann durch die Gestaltungsmaßnahme nur dann erzielt werden, wenn die zusätzliche Gehaltszahlung bei dem Gesellschafter einem weit unter dem Spitzensteuersatz liegenden Einkommensteuersatz unterliegt.
3. Vielfach wird eine Gestaltungsmaßnahme der hier aufgezeigten Art zu Interessenkonflikten mit anderen Gesellschaftern führen und deshalb nicht durchsetzbar sein.

Die Ausführungen zur Vorteilhaftigkeit einer zusätzlichen Gehaltszahlung mit anschließender Rückholung des Geldes sind hier nur für den Fall einer Rückholung in Form einer Eigenkapitalzufuhr gemacht worden. Wird eine Rückholung in der Form eines Gesellschafterdarlehens in die Betrachtung einbezogen, so steigt i. d. R. - c. p. - die Vorteilhaftigkeit der Gestaltungsmaßnahme. Der Grund liegt in der späteren laufenden Besteuerung. Diese ist im Falle eines Gesellschafterdarlehens vorteilhafter als in dem einer Eigenfinanzierung. In derartigen Fällen lohnt die Durchführung eines Steuerbarwertvergleichs. Dies gilt aber nur dann, wenn die Maßnahme nicht bereits aus den unter 1. und 3. genannten Gründen scheitert.

3.6 Leasing oder Investition mit Fremdfinanzierung

3.6.1 Einführung

Häufig stehen Unternehmen vor der Frage, ob sie eine Investition mit Fremdfinanzierung durchführen oder ob sie statt dessen ein Leasingangebot annehmen sollen. Letzteres umfasst dann sowohl die Investitions- als auch die Finanzierungsseite.

Der aus dem angelsächsischen Bereich stammende Begriff des **Leasing** ist schillernd. Verstanden werden hierunter z. T. stark voneinander abweichende Vertragstypen und Sachverhalte. Leasingverhältnisse lassen sich allgemein dadurch charakterisieren, dass der *Leasinggeber* dem *Leasingnehmer* ein *Wirtschaftsgut,* den Leasinggegenstand, gegen Entgelt zur Nutzung *überlässt.* Leasingverträge weisen somit typische Charakteristika von Miet- und Pachtverträgen auf. Sie werden deshalb nach deutschem Recht auch überwiegend als spezifische Ausprägungen von Miet- und Pachtverträgen angesehen[38]. Etwas anderes gilt in den Fällen, in denen von vornherein vereinbart wird, dass das Leasingobjekt nach Ablauf der Leasingzeit in das Eigentum des Leasingnehmers übergehen soll. Derartige Verträge werden als *Mietkaufverträge* behandelt, für die vorrangig Kaufvertragsrecht gilt.

Die verschiedenartigen Leasingverhältnisse lassen sich nach *unterschiedlichen Kriterien* einteilen[39]. Üblich sind insbesondere Einteilungen

- nach der *Art des Leasinggebers* zwischen Produzentenleasing (Herstellerleasing) und Leasing durch eine Leasinggesellschaft, i. d. R. als direktes und indirektes Leasing bezeichnet,
- nach dem *Grad der Amortisation während der Grundmietzeit* zwischen Voll- und Teilamortisationsverträgen,
- nach dem *Verpflichtungscharakter* zwischen Operate-Leasing und Financial-Leasing,
- nach *rechtlichen Kriterien* zwischen Verträgen mit und ohne Kauf- oder Verlängerungsoption des Leasingnehmers,
- nach dem *Grad der speziellen Herrichtung* des Wirtschaftsgutes auf die Bedürfnisse des Leasingnehmers zwischen Spezialleasing und Nichtspezialleasing,
- nach der *Art des Leasinggegenstandes* zwischen Mobilien- und Immobilienleasing.

---

[38] Vgl. Westphalen, F. Graf v., Leasingvertrag, 2008, S. 2 ff. Vgl. auch Bordewin, A./Tonner, N., Leasing, 2008, S. 4 ff.

[39] Vgl. u. a. Bieg, H., Leasing, 1997, S. 425 ff.; Engel, J., Leasing, 1997, S. 53 ff.; Büschgen, H. E., Grundlagen, 1998, S. 3 ff.; Hastedt, U.-P./Mellwig, W., Leasing, 1998, S. 13 ff.; Tacke, H. R., Leasing, 1999, S. 2 ff.; Wöhe, G./Bilstein, J., Unternehmensfinanzierung, 2002, S. 279 ff.; Bordewin, A./Tonner, N., Leasing, 2008, S. 11 ff.

Investitionsgüter werden im Inland i. d. R. nicht direkt vom *Produzenten,* sondern von einer Leasinggesellschaft geleast. Diese erwirbt auf Wunsch des Leasingnehmers den Leasinggegenstand und verleast ihn anschließend an den Leasingnehmer. Bei den *Leasinggesellschaften* handelt es sich regelmäßig entweder um Tochtergesellschaften von Banken oder um Tochtergesellschaften großer Produzenten. Nachfolgend wird grundsätzlich davon ausgegangen, dass es sich bei dem Leasinggeber um eine Leasinggesellschaft handelt. Hingewiesen sei aber darauf, dass die Art des Leasinggebers allein keinen Einfluss auf den Vorteilsvergleich des Investors zwischen Investition und Fremdfinanzierung einerseits und Leasing andererseits haben kann. Auswirkungen treten nur dann auf, wenn Produzenten und Leasinggesellschaften unterschiedliche Konditionen bieten.

Die Unterscheidung zwischen Leasingverträgen mit *Vollamortisation* einerseits und *Teilamortisation* andererseits kann u. a. für die steuerlichen Folgen von Bedeutung sein, sie wird deshalb nachfolgend benötigt. Bei Vollamortisation deckt die Summe der Leasingraten die Anschaffungs- oder Herstellungskosten sowie die Nebenkosten einschließlich der Finanzierungskosten des Leasinggebers während der Grundmietzeit in vollem Umfang. Bei Teilamortisationsverträgen ist dies nur z. T. der Fall.

Das *Operate-Leasing* wird üblicherweise u. a. dadurch gekennzeichnet, dass der Leasinggegenstand im Verhältnis zu seiner Nutzungsdauer nur für kurze Zeit überlassen wird, während der er sich nicht durch die Leasingraten amortisiert. Die Risikoübernahme für den Leasinggegenstand bleibt beim Leasinggeber.

Die Einteilung zwischen Leasingverträgen *mit und ohne Kauf- bzw. Verlängerungsoption* des Leasingnehmers ist u. a. hinsichtlich der daran geknüpften steuerlichen Folgen von Bedeutung. Gleiches gilt hinsichtlich der Unterscheidung zwischen *Spezial-* und *Nichtspezialleasing.* Beide Unterscheidungen werden deshalb nachfolgend benötigt.

Die Unterscheidung zwischen *Mobilien- und Immobilienleasing* ist z. T. von steuerlicher Bedeutung. Mobilien- und Immobilienleasing werden deshalb auch in unterschiedlichen Leasingerlassen der Finanzverwaltung behandelt.

Glaubt man einigen Äußerungen aus der Leasingbranche, so weist das *Leasing im Vergleich* zur *Investition mit Fremdfinanzierung* eine Reihe von Vorteilen auf. Als Vorteile werden insbesondere genannt:

- eine bessere Anpassung an den technischen Fortschritt durch häufigen Modellwechsel,
- ein besserer Service,
- eine Erhöhung des Kreditspielraums des Betriebes,
- eine Erhöhung der Liquidität,
- steuerliche Vorteile.

Es ist hier nicht die Stelle, diese angeblichen Vorteile auf ihre Stichhaltigkeit hin zu überprüfen. Vor einem unkritischen Glauben hieran sei aber gewarnt. Nachfolgend soll lediglich auf steuerliche Aspekte eingegangen werden.

3.6.2 Bilanzielle Behandlung des Leasing

3.6.2.1 Zuordnung des Leasinggegenstandes bei Vollamortisationsverträgen

Entscheidend für die *bilanzielle Behandlung* des Leasinggegenstandes ist, wem dieser wirtschaftlich zuzurechnen ist. Die Zurechnung richtet sich danach, *wer wirtschaftlicher Eigentümer* des Leasinggegenstandes ist. Für die Beantwortung dieser Frage sind die im Schrifttum üblichen und soeben dargestellten Unterscheidungskriterien nur z. T. hilfreich. Von entscheidender Bedeutung ist hingegen, ob es sich um ein Finanzierungsleasing i. S. der BdF-Schreiben vom 19.4.1971[40] bzw. vom 21.3.1972[41] handelt oder nicht. Diese BdF-Schreiben *(Leasingerlasse)* beruhen auf einem BFH-Urteil vom 26.1.1970[42]. Sie finden in Handels- und Steuerbilanz gleichermaßen Anwendung, nicht hingegen in Abschlüssen nach den IFRS.

Finanzierungsleasing i. S. d. beiden Leasingerlasse „... ist nur dann anzunehmen, wenn

a) der Vertrag über eine bestimmte Zeit abgeschlossen wird, während der der Vertrag bei vertragsgemäßer Erfüllung von beiden Vertragsparteien nicht gekündigt werden kann (Grundmietzeit) und

b) der Leasingnehmer mit den in der Grundmietzeit zu entrichtenden Raten mindestens die Anschaffungs- oder Herstellungskosten sowie alle Nebenkosten einschließlich der Finanzierungskosten des Leasinggebers deckt"[43].

Finanzierungsleasing i. S. d. genannten Leasingerlasse ist also gekennzeichnet durch die Vereinbarung einer *festen Grundmietzeit* einerseits und eine *Vollamortisation* während der Grundmietzeit andererseits.

Handelt es sich um Finanzierungsleasing i. S. d. beiden BdF-Erlasse, so sind *vier Unterfälle* zu unterscheiden, und zwar

1. Leasingverträge ohne Kauf- oder Verlängerungsoption,
2. Leasingverträge mit Kaufoption,
3. Leasingverträge mit Mietverlängerungsoption und
4. Verträge über Spezialleasing.

Bei Leasingverträgen *ohne Kauf- oder Mietoption* hat der Leasingnehmer nach Ablauf der Grundmietzeit keinen Rechtsanspruch auf Erwerb des Leasinggegenstandes oder auf Verlängerung der Leasingdauer. Beträgt in derartigen Fällen die *Grundmietzeit mindestens 40 %* und *höchstens 90 %* der betriebsgewöhnlichen Nutzungsdauer, so ist der Leasinggegenstand wirtschaftliches *Eigentum des Leasinggebers.* Der Leasinggeber hat ihn dann also zu bilanzieren. Beträgt die Grundmietzeit hingegen weniger als 40 % oder mehr als 90 % der betriebsgewöhnlichen

---

40   BdF-Schreiben v. 19.4.1971, IV B 2 - S 2170 - 31/71, BStBl 1971 I, S. 264.

41   BdWF-Schreiben v. 21.3.1972, F/IV B 2 - S 2170 - 11/72, BStBl 1972 I, S. 188.

42   BFH-Urteil v. 26.1.1970, IV R 144/66, BStBl 1970 II, S. 264.

43   BdF-Schreiben v. 19.4.1971, IV B 2 - S 2170 - 31/71, BStBl 1971 I, S. 264.

Nutzungsdauer, so ist der Leasinggegenstand dem Leasingnehmer zuzurechnen, d. h. dieser hat ihn zu bilanzieren.

Bei *Leasingverträgen mit Kaufoption* gelten die gleichen Grundsätze wie bei Verträgen ohne eine derartige Option. Weitere *Voraussetzung* für die *Hinzurechnung* beim *Leasinggeber* ist aber, dass der „... für den Fall der Ausübung des Optionsrechts vorgesehene Kaufpreis nicht niedriger ist als der unter Anwendung der linearen AfA nach der amtlichen AfA-Tabelle ermittelte Buchwert oder der niedrigere gemeine Wert im Zeitpunkt der Veräußerung"[44]. Ist die zweite Voraussetzung nicht erfüllt, so ist unabhängig von dem Verhältnis der Grundmietzeit zur betriebsgewöhnlichen Nutzungsdauer der Leasinggegenstand dem Leasingnehmer zuzurechnen.

Auch bei Leasingverträgen *mit Mietverlängerungsoption* gelten die gleichen Grundsätze wie bei Verträgen ohne Option. Weitere *Voraussetzung* für die *Hinzurechnung* beim *Leasinggeber* ist aber hier, dass „... die Anschlussmiete so bemessen ist, dass sie den Wertverzehr für den Leasinggegenstand deckt, der sich auf der Basis des unter Berücksichtigung der linearen Absetzung für Abnutzung nach der amtlichen AfA-Tabelle ermittelten Buchwerts oder des niedrigeren gemeinen Werts und der Restnutzungsdauer lt. AfA-Tabelle ergibt ..."[45]. Ist diese zweite Voraussetzung nicht erfüllt, so ist auch hier unabhängig von dem Verhältnis der Grundmietzeit zur betriebsgewöhnlichen Nutzungsdauer der Leasinggegenstand dem Leasingnehmer zuzurechnen.

3.6.2.2 Zuordnung des Leasinggegenstandes bei Teilamortisationsverträgen

Sieht der Leasingvertrag keine Voll- sondern lediglich eine *Teilamortisation* der Anschaffungs- oder Herstellungskosten während der Grundmietzeit vor, so sind die bisher dargestellten Grundsätze nicht anwendbar. Vielmehr ist dann in Fällen des Mobilienleasing das BdF-Schreiben vom 22.12.1975[46] von Bedeutung, und zwar sowohl für die handels- als auch für die steuerbilanzielle Zuordnung. Im Falle des Immobilienleasing gilt dann hingegen das BdF-Schreiben vom 23.12.1991[47].

Nach dem Schreiben vom 22.12.1975 sind drei Vertragstypen zu unterscheiden. Sie lassen sich wie folgt kennzeichnen:

1. Der Leasinggeber besitzt ein *Andienungsrecht,* der Leasingnehmer hingegen hat kein Recht, den Gegenstand zu erwerben;
2. der *Verkaufserlös* nach Ablauf der Grundmietzeit wird zwischen Leasinggeber und Leasingnehmer aufgeteilt;

---

[44] BdF-Schreiben v. 19.4.1971, IV B 2 - S 2170 - 31/71, BStBl 1971 I, S. 264.

[45] BdF-Schreiben v. 19.4.1971, IV B 2 - S 2170 - 31/71, BStBl 1971 I, S. 264.

[46] BdF-Schreiben v. 22.12.1975, IV B 2 - S 2170 - 161/75, StEK EStG § 6 Abs. 1 Ziff. 1 Nr. 45.

[47] BdF-Schreiben v. 23.12.1991, IV B 2 - S 2170 - 115/91, BStBl 1992 I, S. 13.

3. es besteht ein kündbarer Mietvertrag mit Anrechnung des Veräußerungserlöses auf die vom Leasingnehmer zu leistende Schlusszahlung.

Im *ersten Fall* hat der Leasingnehmer *keine Kauf- oder Verlängerungsoption,* hingegen steht dem Leasinggeber ein *Andienungsrecht* zu. Letzteres bedeutet, dass der Leasinggeber berechtigt, nicht aber verpflichtet ist, den Leasinggegenstand zu einem von vornherein festgesetzten Kaufpreis zum Kauf anzubieten. Macht der Leasinggeber von diesem Recht Gebrauch, so ist der Leasingnehmer zum Erwerb verpflichtet. Hier ist der *Leasinggeber wirtschaftlicher Eigentümer;* ihm ist der Leasinggegenstand also zuzurechnen.

Im *zweiten Fall* hängt die Zurechnung des Leasinggegenstandes von der Art der *Aufteilung des Verkaufserlöses* ab. Der Leasinggegenstand ist dem *Leasinggeber* zuzurechnen, wenn er mindestens 25 % des die Restamortisation übersteigenden Teils des Verkaufserlöses erhält. Das gilt auch in den Fällen, in denen der Leasingnehmer zu einer Abschlusszahlung an den Leasinggeber verpflichtet ist, weil die Summe der Leasingraten zuzüglich des Verkaufserlöses an einen Dritten nicht zu einer Deckung der Anschaffungs- oder Herstellungskosten des Leasinggebers ausreicht. In allen anderen Fällen ist der Leasinggegenstand dem Leasingnehmer zuzurechnen.

Im *dritten Fall* kann der Leasingnehmer den Leasingvertrag nach den Vertragsbedingungen frühestens nach Ablauf der Grundmietzeit kündigen. Diese beträgt üblicherweise 40 % der betriebsgewöhnlichen Nutzungsdauer des Leasinggegenstandes. Bei Kündigung hat der Leasingnehmer eine Abschlusszahlung in Höhe der durch die Leasingraten nicht gedeckten Gesamtkosten des Leasinggebers zu entrichten. Auf die Abschlusszahlung werden üblicherweise 90 % des vom Leasinggeber erzielten Veräußerungserlöses angerechnet. Ist jedoch der Veräußerungserlös höher als die Differenz zwischen den Gesamtkosten des Leasinggebers und den bis zur Veräußerung entrichteten Leasingraten, so steht der Differenzbetrag dem Leasinggeber in vollem Umfang zu.

Bei diesem Vertragsmodell kommt also eine während der Mietzeit eingetretene Wertsteigerung in vollem Umfang dem Leasinggeber zugute. Der Leasinggeber ist daher nicht nur zivilrechtlicher, sondern auch wirtschaftlicher Eigentümer des Leasinggegenstandes. Ihm ist dieser also zuzurechnen.

Bei Teilamortisationsleasingverträgen über *Immobilien* ist das *Gebäude* nach dem BdF-Schreiben vom 23.12.1991[48] *grundsätzlich* dem *Leasinggeber* zuzurechnen. Dieser Grundsatz wird aber von einer Reihe wichtiger Ausnahmen durchbrochen. *Ausnahmsweise* ist das Gebäude nämlich in folgenden Fällen dem *Leasingnehmer* zuzurechnen:

- bei *Spezialleasingverträgen,*
- bei Leasingverträgen mit *Kaufoption,* wenn die *Grundmietzeit* mehr als 90 % der betriebsgewöhnlichen Nutzungsdauer beträgt oder der vorgesehene Kauf-

---

48   BdF-Schreiben v. 23.12.1991, IV B 2 - S 2170 - 115/91, BStBl 1992 I, S. 13.

preis geringer ist als der Restbuchwert des Leasinggegenstandes nach Ablauf der Grundmietzeit unter Berücksichtigung der AfA nach § 7 Abs. 4 EStG,

- bei Verträgen mit *Mietverlängerungsoptionen,* wenn die Grundmietzeit mehr als 90 % der betriebsgewöhnlichen Nutzungsdauer beträgt oder die Anschlussmiete nicht mindestens 75 % der üblichen Miete vergleichbarer Grundstücke beträgt,
- bei Verträgen mit Kauf- oder Mietverlängerungsoption und *besonderen* Verpflichtungen des Leasingnehmers.

Besondere Verpflichtungen des Leasingnehmers können sein:

- Der Leasingnehmer trägt die Gefahr des zufälligen Untergangs des Leasinggegenstandes;
- der Leasingnehmer ist auch bei einer von ihm nicht zu vertretenden Zerstörung des Leasinggegenstandes zur Wiederherstellung verpflichtet oder seine Leistungspflicht aus dem Mietvertrag mindert sich trotz Zerstörung nicht;
- die Leistungspflicht des Leasingnehmers mindert sich auch dann nicht, wenn die Nutzung des Gegenstandes aufgrund eines von ihm nicht zu vertretenden Umstands langfristig ausgeschlossen ist;
- bei vorzeitiger Vertragsbeendigung hat der Leasingnehmer dem Leasinggeber die bisher nicht gedeckten Kosten zu erstatten;
- der Leasingnehmer stellt den Leasinggeber von allen Ansprüchen Dritter frei;
- der Leasingnehmer ist Eigentümer des Grund- und Bodens, der Leasinggeber hingegen Erbbauberechtigter, wobei der Leasingnehmer aufgrund des Erbbaurechtsvertrages wirtschaftlich gezwungen ist, den Leasinggegenstand nach Ablauf der Grundmietzeit zu übernehmen.

Der *Grund und Boden* ist nach dem BdF-Schreiben vom 23.12.1991 grundsätzlich demjenigen zuzurechnen, dem nach den vorstehenden Grundsätzen auch das Gebäude zugerechnet wird.

Ist der Leasinggegenstand dem *Leasinggeber zuzurechnen,* so hat dieser ihn zu aktivieren. Die Bewertung hat nach den allgemeinen Grundsätzen zu erfolgen; leasingspezifische Besonderheiten ergeben sich nicht. Die Leasingraten hat der Leasinggeber als Betriebseinnahmen zu verbuchen. Beim Leasingnehmer stellen die Leasingraten sofort abzugsfähige Betriebsausgaben dar.

Wird der Leasinggegenstand dem *Leasingnehmer zugerechnet,* so hat dieser ihn zu aktivieren. Als seine Anschaffungskosten gelten nach dem Leasingerlass vom 19.4.1971 die Anschaffungs- oder Herstellungskosten des Leasinggebers, die der Berechnung der Leasingraten zugrunde gelegt worden sind. In der Folgezeit hat der Leasingnehmer den Leasinggegenstand nach den allgemeinen Grundsätzen abzuschreiben. In Höhe der Anschaffungs- oder Herstellungskosten - mit Ausnahme der Anschaffungsnebenkosten des Leasingnehmers - hat der Leasingnehmer eine Verbindlichkeit zu passivieren. Diese ist wirtschaftlich als Kaufpreisschuld anzusehen.

Bei Zurechnung des Leasinggegenstandes zum Leasingnehmer sind die Leasingraten in einen *Zins-* und *Kostenanteil* einerseits und in einen *Tilgungsanteil* andererseits aufzuteilen. Bei gleichbleibenden Leasingraten verringert sich hierbei der Zinsanteil, während der Tilgungsanteil entsprechend steigt. Der Zins- und Kostenanteil der Leasingraten stellt bei dem Leasingnehmer sofort abzugsfähige Betriebsausgaben dar. Der Tilgungsanteil der Leasingraten ist erfolgsneutral gegen die ausgewiesene Kaufpreisschuld zu verrechnen.

Bei der Ermittlung des Zins- und Kostenanteils der Leasingraten werden die insgesamt anfallenden Zinsen und Kosten auf die Vertragslaufzeit verteilt. Insgesamt ergibt sich der Zins- und Kostenanteil durch die Differenz der gesamten Leasingraten und den Anschaffungs- oder Herstellungskosten des Leasinggebers. Zur zeitlichen Verteilung des Zins- und Kostenanteils einerseits sowie des Tilgungsanteils andererseits kann entweder die Barwertvergleichsmethode oder die vereinfachende Zinsstaffelmethode herangezogen werden[49]. Auf beide Methoden wird im folgenden Beispiel eingegangen.

Bei Zuordnung des Leasinggegenstandes zum Leasingnehmer hat der Leasinggeber bei Übergabe des Leasinggegenstandes an den Leasingnehmer eine Kaufpreisforderung zu aktivieren. Deren Anschaffungskosten entsprechen der Höhe der den Leasingraten zugrunde gelegten Anschaffungskosten des Leasinggegenstandes. Der Betrag stimmt also grundsätzlich mit der von dem Leasingnehmer zu passivierenden Kaufpreisschuld überein. Auch der Leasinggeber hat die Leasingraten in einen Zins- und in einen Tilgungsanteil aufzuteilen. Den Zinsanteil hat er als Ertrag, den Tilgungsanteil erfolgsneutral gegen die Kaufpreisforderung zu verbuchen.

Die aufgezeigten Zusammenhänge sollen anhand eines Beispiels verdeutlicht werden.

Beispiel

N (Leasingnehmer) least von G (Leasinggeber) eine Maschine. Die Anschaffungskosten der Maschine betragen 100.000 €. Die Leasingrate beträgt jährlich 18.000 €. Die Grundmietzeit und die Nutzungsdauer sind identisch und betragen 10 Jahre. Bei der Übernahme der Maschine zu Beginn des Jahres 1 hat N folgende Buchung vorzunehmen:

(1) Maschinen   100.000 €   an Verbindlichkeiten aus
                                           Lieferungen und Leistungen   100.000 €

Der Wert der Maschine und der Verbindlichkeit entsprechen einander. Sie ergeben sich aus den Anschaffungs- oder Herstellungskosten des Leasinggutes.

Zur Ermittlung des Zins- und Kostenanteils einerseits und des Tilgungsanteils andererseits ist zunächst die Annuität zu ermitteln. Dazu kann auf Gleichung (18)[50] zurückgegriffen werden. Dabei sind die jährlichen Leasingraten als Annuität Ann und die Anschaffungs- bzw. Herstellungskosten als Kapitalwert K zu interpretieren.

Für die Annuität ergibt sich

$$Ann = K \cdot \frac{i \cdot (1+i)^n}{(1+i)^n - 1} \quad \text{bzw.}$$

$$18.000 = 100.000 \cdot \frac{i \cdot (1+i)^{10}}{(1+i)^{10} - 1}.$$

Aus dieser Gleichung kann mit Hilfe eines iterativen Verfahrens der interne Zinsfuß ermittelt werden. Er beträgt i = 12,4148 %.

---

49   Vgl. BMF-Schreiben v. 13.12.1973 - IV B 2 - S 2170 - 94/73, DB 1973, S. 2485.

50   Vgl. Gliederungspunkt 2.2.2.

Löst man die Annuitätengleichung (18) nach K auf, so ergibt sich im ersten Jahr ein Kapitalwert in Höhe von

$$K = A_{nn} \cdot \frac{(1+i)^n - 1}{i \cdot (1+i)^n} \quad \text{bzw.}$$

$$K = 18.000 \cdot \frac{1,124148^{10} - 1}{0,124148 \cdot 1,124148^{10}},$$

K = 100.000.

K entspricht sowohl den Anschaffungs- bzw. Herstellungskosten als auch dem Wert der Verbindlichkeiten zu Beginn des ersten Jahres.

Am Ende des ersten Jahres zahlt N die erste Leasingrate. Der Kapitalwert der Verbindlichkeit beträgt dann

$$K = 18.000 \cdot \frac{1,124148^9 - 1}{0,124148 \cdot 1,124148^9} \quad \text{bzw.}$$

K = 94.415.

Der Tilgungsanteil im ersten Jahr beträgt demnach (100.000 − 94.415 =) 5.585 €. Daraus ergibt sich ein Zins- und Kostenanteil in Höhe von (18.000 − 5.585 =) 12.415 €. Der Buchwert der Maschine ergibt sich unabhängig von der Behandlung der Leasingraten bei einer linearen Abschreibung von 10.000 €. Die Vorgänge sind wie folgt zu verbuchen:

(2)   Zinsaufwand   12.415 €
       Lieferantenverbindlichkeit   5.585 €   an Bank   18.000 €

(3)   Abschreibungen   10.000 €   an Maschinen   10.000 €

Im zweiten Jahr beträgt der Buchwert der Verbindlichkeit

$$K = 18.000 \cdot \frac{1,124148^8 - 1}{0,124148 \cdot 1,124148^8} \quad \text{bzw.}$$

K = 88.136.

Die Tilgung beträgt somit (94.415 − 88.136 =) 6.279 € und der Zinsaufwand (18.000 − 6.279 =) 11.721 €. Der Buchwert der Maschine beträgt nach 2 Jahren 80.000 €.

Verwendet man dagegen als Aufteilungsmaßstab für den Zins- und Kosten- bzw. Tilgungsanteil die Zinsstaffelmethode, ist folgendermaßen vorzugehen:

Bei 10 Raten ist zunächst die Summe der Zahlen 1 bis 10 zu bilden. Sie beträgt

$$1 + 2 + 3 + 4 + 5 + 6 + 7 + 8 + 9 + 10 = 55.$$

Der gesamte Zins- und Kostenanteil über 10 Jahre ergibt sich aus der Differenz der Summe der Leasingraten und den Anschaffungs- bzw. Herstellungskosten. Diese Differenz beträgt $(10 \cdot 18.000 - 100.000 =)$ 80.000. Diese ist über die Laufzeit in der Weise zu verteilen, dass dem ersten Jahr $\frac{10}{55}$ tel, dem zweiten $\frac{9}{55}$ tel usw. des Betrages zugerechnet werden. Der Zins- und Kostenanteil beträgt demnach

im ersten Jahr $\frac{10}{55} \cdot 80.000 = 14.545$ €,

im zweiten Jahr $\frac{9}{55} \cdot 80.000 = 13.091$ €,

im dritten Jahr $\frac{8}{55} \cdot 80.000 = 11.636$ €   usw.

3.6.3 Steuerfolgen des Leasing nichtbilanzieller Art

Ist der Leasinggegenstand dem *Leasinggeber zuzurechnen,* so mindern die Leasingraten den Gewinn des Leasingnehmers. Nach § 8 Nr. 1 GewStG ist der dort gesetzlich festgelegte Teil der Leasingraten dem Gewinn aus Gewerbebetrieb zur Ermittlung des Gewerbeertrags hinzuzurechnen. Das gilt aber nur insoweit, als der in der genannten Rechtsnorm kodifizierte Freibetrag von derzeit 100.000 € überschritten ist. Bei Mobilienleasing beträgt die Hinzurechnung nach Buchstabe d) der genannten Rechtsnorm 25 % von 20 %, bei Immobilienleasing nach Buchstabe e) derselben Rechtsnorm hingegen 25 % von dreizehn Zwanzigstel der Leasingraten.

Ist der Leasinggegenstand dem *Leasingnehmer zuzurechnen,* so hat der in den Leasingraten enthaltene Zinsanteil den Charakter von Schuldzinsen. 25 % des Zinsanteils ist deshalb nach § 8 Nr. 1 GewStG dem Gewinn aus Gewerbebetrieb zur Ermittlung des Gewerbeertrages wieder hinzuzurechnen, soweit der Freibetrag von 100 T€ überschritten ist. Insoweit besteht Übereinstimmung zur Fremdfinanzierung.

Nimmt ein *Leasinggeber* zur Finanzierung der von ihm angeschafften Wirtschaftsgüter Verbindlichkeiten auf, so ist ein Viertel der auf diese entfallenden Zinsen nach § 8 Nr. 1 GewStG dem Gewerbeertrag hinzuzurechnen. Das gilt selbstverständlich auch hier nur dann, wenn der Freibetrag von 100 T€ überschritten ist.

Handelt es sich bei den Leasinggegenständen um *Immobilien,* so kann der Leasinggeber versuchen, die Vergünstigung der *erweiterten Kürzung* nach § 9 Nr. 1 Satz 2 GewStG zu erlangen. Voraussetzung hierzu ist nach Abschn. 60 Abs. 5 GewStR, dass die Betätigung des Leasinggebers „... für sich betrachtet ihrer Natur nach keinen Gewerbebetrieb darstellt, sondern als Vermögensverwaltung anzusehen ist." Sind die Voraussetzungen des § 9 Nr. 1 Satz 2 GewStG erfüllt, so ist eine Kürzung um den Teil des Gewerbeertrags vorzunehmen, der auf die Verwaltung und Nutzung des eigenen Grundbesitzes des Leasinggebers entfällt. Damit unterliegen die Gewinne aus der Leasingtätigkeit in derartigen Fällen bei dem Leasinggeber nicht der Gewerbesteuer.

Ist der Leasinggegenstand dem Leasinggeber zuzurechnen, so bewirkt dieser umsatzsteuerbare sonstige Leistungen an den Leasingnehmer. Diese sind grundsätzlich auch steuerpflichtig. Lediglich in den Fällen des § 4 Nr. 12 UStG besteht, sofern nicht nach § 9 UStG zur Steuerpflicht optiert wird, Steuerfreiheit. Sofern der Leasinggeber steuerpflichtige sonstige Leistungen bewirkt, kann der Leasingnehmer grundsätzlich nach § 15 UStG die ihm in Rechnung gestellte Umsatzsteuer als Vorsteuer abziehen.

Ist der Leasinggegenstand dem Leasingnehmer zuzurechnen, so bewirkt der Leasinggeber an ihn eine steuerbare Lieferung des Leasinggegenstandes[51]. Diese ist grundsätzlich steuerpflichtig. Der Leasingnehmer kann die ihm in Rechnung gestellte Umsatzsteuer grundsätzlich als Vorsteuer nach § 15 Abs. 1 UStG abziehen.

---

51 Abschn. 25 Abs. 4 Satz 2 UStR.

3.6.4 Vorteilsvergleich aus Sicht des Leasingnehmers

3.6.4.1 Einführung

Für Vorteilsvergleiche zwischen Investition mit Fremdfinanzierung einerseits und Leasing andererseits ist zu unterscheiden zwischen dem Fall, dass der Leasinggegenstand dem Leasinggeber und dem, dass er dem Leasingnehmer zuzurechnen ist. Wie die vorangegangenen Ausführungen gezeigt haben, weichen die bilanziellen und damit auch die steuerlichen Folgen erheblich voneinander ab. Nachfolgend soll zunächst der Fall betrachtet werden, dass der Leasinggegenstand dem Leasinggeber, anschließend derjenige, dass er dem Leasingnehmer zuzurechnen ist. Die Ausführungen beschränken sich auf steuerliche Partialbetrachtungen. Es sei aber nochmals ausdrücklich darauf hingewiesen, dass die Steuerfolgen nur ein, wenn auch zweifellos wichtiger, Aspekt einer Entscheidung zwischen Kauf und Fremdfinanzierung einerseits und Leasing andererseits sein sollten.

3.6.4.2 Zurechnung des Leasinggegenstandes beim Leasinggeber

Wird der Leasinggegenstand dem *Leasinggeber zugerechnet*, so stellen die *Leasingraten voll abzugsfähige Betriebsausgaben* dar. Im Schrifttum, vor allem aber in der Praxis, wird hieraus vielfach der Schluss gezogen, dies führe zu einem Vorteil des Leasing gegenüber einem Kauf mit Fremdfinanzierung. Hierbei wird davon ausgegangen, dass das Leasing verglichen mit dem Kauf eine Aufwandsvorverrechnung ermögliche. Es wird also behauptet, dass das Leasing - gleicher Gesamtaufwand einmal vorausgesetzt - eine frühere Aufwandsverrechnung ermögliche als der Kauf mit Fremdfinanzierung. Außerdem werde bei Leasing insgesamt ein höherer Aufwand verrechnet als im Vergleichsfall.

Die These einer früheren und höheren Aufwandsverrechnung im Falle des Leasing gegenüber einem Kauf mit Fremdfinanzierung dürfte nur in seltenen Fällen einer empirischen Überprüfung standhalten. Miteinander zu vergleichen sind

- die jährlichen Leasingraten im Falle des Leasing einerseits mit
- den steuerlichen Abschreibungen und den Zinsen für Fremdkapital im Falle des Kaufs andererseits.

Während die Leasingraten i. d. R. gleichmäßig auf die Grundmietzeit verteilt werden, kommt beim Kauf die AfA nach § 7 EStG zur Anwendung. Hierbei kann - zumindest bei Investitionen während der Jahre 2009 und 2010 - die degressive AfA-Methode nach § 7 Abs. 2 EStG gewählt werden. Bei vielen kleinen und mittelgroßen Betrieben kann im Falle des Kaufs zusätzlich ein Investitionsabzugsbetrag nach § 7g EStG in Anspruch genommen werden. Dieser kann bereits vor der Investition zu einer Gewinnminderung führen. Dies ist im Falle des Leasing nicht möglich.

Beispiel

Im Januar des Jahres 1 beschließt der Geschäftsführer G der X-GmbH, im Januar des Jahres 2 eine neue Maschine zu investieren. Die GmbH kann diese entweder für 200 T€ erwerben oder aber über eine Leasinggesellschaft leasen. Die betriebsgewöhnliche Nutzungsdauer beträgt 10 Jahre. Falls die X-GmbH die Maschine anschafft, sind die Voraussetzungen des § 7g EStG erfüllt. Bei Abschluss eines Leasingvertrages beträgt die Grundmietzeit 9 Jahre. Innerhalb dieses Zeitraums muss die X-GmbH der Leasinggesellschaft in den Leasingraten deren Anschaffungskosten i. H. v. ebenfalls 200 T€ vergüten. Es handelt sich also um einen Vollamortisationsvertrag. Eine Kauf- oder Mietverlängerungsoption besteht nicht. Die Leasingraten sind innerhalb der Grundmietzeit gleichbleibend.

Entschließt sich die X-GmbH von Anfang an zum Kauf der Maschine, so kann sie bereits im Jahr 1 durch die Bildung eines Investitionsabzugsbetrags i. S. d. § 7g Abs. 1 EStG ihren steuerlichen Gewinn um 80 T€ mindern. Diese Gewinnminderung kann bereits im Rahmen der Festsetzung der Gewerbe- und Körperschaftsteuervorauszahlungen für das Jahr 1 berücksichtigt werden. Dies setzt allerdings einen Antrag auf Anpassung der Vorauszahlungen durch G voraus. Erwirbt die X-GmbH im Januar des Jahres 2 tatsächlich wie geplant die Maschine für 200 T€, hat sie in diesem Jahr nach § 7g Abs. 2 Satz 1 EStG den Investitionsabzugsbetrag i. H. v. 40 % der Anschaffungs- oder Herstellungskosten, also in einer Höhe von (40 % · 200 =) 80 T€, dem steuerlichen Gewinn wieder hinzuzurechnen. Gleichzeitig kann sie nach Satz 2 derselben Rechtsnorm die Anschaffungskosten um 40 %, also um (40 % · 200 =) 80 T€, gewinnmindernd kürzen. Per Saldo ergibt sich damit im Jahr 2 nach § 7g Abs. 2 EStG eine Veränderung des steuerlichen Gewinns von (+ 80 – 80 =) 0 €. Nach § 7g Abs. 5 EStG kann die GmbH aber eine Sonderabschreibung i. H. v. maximal 20 % der nach § 7g Abs. 2 EStG gekürzten Anschaffungskosten vornehmen. Diese beträgt also [(200 – 80) · 20 % =] 24 T€. Sie kommt zusätzlich zur Normal-AfA nach § 7 Abs. 1 EStG i. H. v. [(200 – 80) · 10 % =] 12 T€ zum Abzug. Eine degressive AfA gem. § 7 Abs. 2 EStG kommt nach § 7a Abs. 4 EStG hingegen nicht in Betracht. Per Saldo können im Jahre 2 also (24 + 12 =) 36 T€ steuerliche Abschreibungen geltend gemacht werden. Werden die Möglichkeiten des § 7g EStG maximal ausgenutzt, so ergibt sich also im Jahre 1 eine steuerliche Gewinnminderung von 80 T€ und im Jahre 2 zusätzlich von 36 T€. Während der Jahre 1 und 2 können also insgesamt (80 + 36 =) 116 T€ gewinnmindernd berücksichtigt werden.

Entschließt sich die GmbH, die Maschine nicht zu kaufen, sondern sie ab Januar des Jahres 2 zu leasen, so kann sie im Jahr 1 ihren Gewinn überhaupt noch nicht mindern. Gewinnminderungen ergeben sich erst durch die Verbuchung der Leasingraten als Aufwand. Dies wird erst ab Januar des Jahres 2 der Fall sein. Wird davon ausgegangen, dass die im Rahmen der Leasingraten berechneten kalkulatorischen Abschreibungen einen linearen Verlauf aufweisen, so beträgt die in den Leasingraten eines Jahres zu vergütende kalkulatorische Abschreibung lediglich (200 T€ : 9 Jahre =) 22,2 T€. Die im Jahr 2 im Rahmen der Leasingraten abzugsfähigen kalkulatorischen Abschreibungen betragen somit nur 22,2 T€. Damit wird klar, dass beim Kauf im Vergleich zum Leasing eine Aufwandsvorverlagerung erheblichen Ausmaßes stattfindet.

Angemerkt sei, dass die im Rahmen der Leasingraten berücksichtigten kalkulatorischen Abschreibungen bei konstanter Höhe dieser Raten nicht gleichbleibend sind, sondern leicht progressiv verlaufen. Der Grund liegt darin, dass der in den Leasingraten enthaltene Zinsanteil mit steigendem Amortisationsgrad sinkt. Dadurch steigt der Abschreibungsanteil. Dieser Zusammenhang bewirkt, dass die Differenz zwischen den steuerlichen Abschreibungen bei Kauf und den in den Leasingraten vergüteten kalkulatorischen Abschreibungen noch höher ist als oben dargestellt.

Es kann also festgestellt werden, dass das Argument, im Falle des Leasing käme es im Vergleich zum Kauf zu einer früheren Aufwandsverrechnung, in dieser allgemeinen Form unhaltbar ist. Häufig dürfte vielmehr der gegenteilige Effekt eintreten, der Effekt also, dass bei Kauf zunächst eine höhere Aufwandsverrechnung möglich ist als bei Leasing.

Auch das Argument, Leasing führe zu einer in der Summe höheren Aufwandsverrechnung als ein alternativer Kauf, ist nur unter einer bestimmten Prämisse haltbar. Diese besteht in der Annahme, bis zum Ende der Grundmietzeit sei die Summe der Leasingraten höher als die Summe aus Abschreibungen und Fremdkapitalzinsen im Falle des Kaufs bis zum gleichen Zeitpunkt. Diese Annahme dürfte sicherlich i. d. R. zutreffen, doch beinhaltet sie im Ergebnis keinen Vorteil des Leasingnehmers. Dies liegt daran, dass unter der genannten Prämisse zwar das Leasing steuerlich vorteilhafter sein mag als ein Kauf mit Fremdfinanzierung, doch wird dieser Vorteil durch die höheren Kosten des Leasing nichtsteuerlicher Art überkompensiert. Die miteinander zu vergleichenden Kosten sind hier die Summe der Leasingraten einerseits und die Summe aus Abschreibungen und Zinsen andererseits. Per Saldo könnte sich ein Vorteil des Leasing nur dann ergeben, wenn der kombinierte Ertragsteuersatz mehr als 100 % betrüge. Ein derartiger Steuersatz kann sich aber nach geltendem deutschen Steuerrecht nicht ergeben.

Umsatzsteuerlich dürfte das Leasing weder vorteilhafter noch nachteiliger sein als eine alternative Investition mit Fremdfinanzierung. Dies gilt deshalb, weil in den Fällen, in denen steuerbare und steuerpflichtige Umsätze entstehen, der Leistungsempfänger regelmäßig zum Vorsteuerabzug berechtigt ist. Per Saldo ist er somit nicht mit Umsatzsteuer belastet.

3.6.4.3 Zurechnung des Leasinggegenstandes beim Leasingnehmer

Ist der Leasinggegenstand dem Leasingnehmer zuzurechnen, so kann dieser mit Hilfe des Leasing keine Ertragsteuerminderungen erzielen, die bei Kauf mit Fremdfinanzierung nicht ebenfalls eintreten. Dies gilt zumindest dann, wenn die fiktiven Anschaffungskosten im Falle des Leasing nicht höher sind als die Anschaffungskosten bei Kauf und wenn gleichzeitig der fiktive Zinsanteil der Leasingraten nicht höher ist als Zinsen im Falle der Fremdfinanzierung anfallen. Der Grund liegt darin, dass die fiktiven Anschaffungskosten beim Leasing nur in gleicher Weise steuerlich abgeschrieben werden können wie die tatsächlichen Anschaffungskosten bei Kauf, und dass außerdem die in den Leasingraten enthaltenen Zinsanteile in gleicher Weise behandelt werden wie die tatsächlichen Zinsen im Falle der Fremdfinanzierung. Ein ertragsteuerlicher Vorteil des Leasing kann somit nur dann eintreten, wenn die genannten Voraussetzungen nicht vorliegen. Es müssen sich also entweder höhere fiktive als tatsächliche Anschaffungskosten oder höhere fiktive als tatsächliche Zinsen ergeben. Dies aber bedeutet, dass im Falle des Leasing höhere Kosten anfallen als bei Kauf mit Fremdfinanzierung. Dies aber kann per Saldo i. d. R. nicht vorteilhaft sein.

Umsatzsteuerlich dürften sich bei Hinzurechnung des Leasinggegenstandes zum Leasingnehmer grundsätzlich keine Unterschiede zwischen dem Leasing einerseits und der Investition mit Fremdfinanzierung andererseits ergeben. Dies gilt zumindest per Saldo unter Berücksichtigung des Vorsteuerabzugs.

3.6.4.4 Indirekte Steuerfolgen des Leasing

In der Diskussion um die Vor- und Nachteile des Leasing ist oft das Argument zu hören, das Leasing biete dem Leasingnehmer indirekte Steuervorteile, d. h. Vorteile, deren Empfänger zwar der Leasinggeber sei, die dieser aber an den Leasingnehmer weitergebe. Genannt wird in diesem Zusammenhang insbesondere ein Vorteil durch die Inanspruchnahme der erweiterten Kürzung nach § 9 Nr. 1 Satz 2 GewStG. Nur hierauf soll nachfolgend eingegangen werden.

Im Bereich des Immobilienleasing dürfte es den Leasinggesellschaften tatsächlich regelmäßig durch entsprechende Gestaltungsmaßnahmen möglich sein, in den Genuss der erweiterten Kürzung nach § 9 Nr. 1 Satz 2 GewStG zu gelangen. Dem Vernehmen nach gründen viele Leasinggesellschaften in diesem Zusammenhang häufig sog. „Objektgesellschaften"[52]. Diese haben vielfach die Rechtsform einer GmbH oder GmbH & CoKG[53]. Eine derartige Objektgesellschaft wird dann häufig Eigentümerin nur eines einzigen Immobilienobjekts. Auf diese Art hofft die Leasinggesellschaft, die Voraussetzungen des § 9 Nr. 1 Satz 2 GewStG leichter erfüllen zu können.

Gelingt der Leasinggesellschaft die Inanspruchnahme der erweiterten Kürzung nach § 9 Nr. 1 Satz 2 GewStG, so ist damit keinesfalls zwangsläufig ein Vorteil des Leasingnehmers im Vergleich zu einem von diesem alternativ vorgenommenen Kauf mit Fremdfinanzierung verbunden. Es ist nämlich durchaus denkbar, dass die Weitergabe des Vorteils durch zusätzliche Verwaltungskosten überkompensiert wird. Selbst hinsichtlich der behaupteten Entstehung eines Steuervorteils ist Vorsicht geboten. Ein Steuervorteil entsteht durch die Herstellung der Voraussetzungen des § 9 Nr. 1 Satz 2 GewStG zunächst nur bei der Leasinggesellschaft, und zwar nur im Vergleich zu dem Fall, dass die Voraussetzungen dieser Vorschrift nicht erfüllt werden. Damit ist nicht zwingend ein Vorteil aller beteiligten Personen gegenüber dem Fall einer Investition mit Fremdfinanzierung verbunden. Wird im Einzelfall die Entstehung eines derartigen steuerlichen Gesamtvorteils behauptet, so sollte die Stichhaltigkeit dieser Behauptung sorgfältig untersucht werden.

3.6.4.5 Arten des Vorteilsvergleichs

Die bisherigen Ausführungen lassen erkennen, dass ein Vorteilsvergleich zwischen Leasing einerseits und Kauf mit Fremdfinanzierung andererseits allein mit Hilfe eines steuerlichen Partialvergleichs verfehlt wäre[54]. Die *Ermittlung von Steuerbarwerten* ist für einen derartigen Vergleich also regelmäßig *nicht ausreichend*. Dies gilt um so mehr für die Ermittlung von steuerlichen *Jahresbelastungsdifferenzen*. Deren Ermittlung ist aber dennoch nicht überflüssig. Vielmehr

---

52 Vgl. Berninghaus, J., Refinanzierung, 1998, S. 620 ff.; Gabele, E./Dannenberg, J./Kroll, M., Immobilien-Leasing, 2001, S. 66 ff.; Bordewin, A./Tonner, N., Leasing, 2008, S. 68 und S. 117.

53 Vgl. Schulz, H.-G., Leasing, 1998, S. 558.

54 Vertiefend hierzu s. Moldenhauer, T., Leasing, 2006, S. 63 ff.

stellt ihre Ermittlung einen wichtigen Zwischenschritt im Rahmen eines *Endver-mögens- bzw. Kapitalwertvergleichs* dar.

Von einer Entscheidung zwischen Leasing einerseits und Kauf mit Fremdfinan-zierung andererseits dürfte häufig die Einzahlungsseite unberührt bleiben. Ist dies der Fall und ist außerdem bereits geklärt, dass die Investition unabhängig von der Art ihrer Finanzierung getätigt werden soll, so kann bei der Entscheidungsfindung auf die Berücksichtigung der Einzahlungsseite verzichtet werden. Das Ziel der Endvermögensmaximierung bzw. der Kapitalwertmaximierung vereinfacht sich dann zu dem Ziel einer *Minimierung des Auszahlungsbarwerts*.

3.6.5 Aufgabe 5

Versicherungsmakler Vater (V) will zum 1.1. des Jahres 1 einen neuen PKW anschaffen oder leasen. Der PKW soll für 42 Monate seiner Angestellten A zur Verfügung stehen. A soll mit ihm während dieser Zeit alle Dienstfahrten durchführen. Nach Ablauf von 42 Monaten soll der PKW im Falle des Kaufs wieder verkauft werden.

Der PKW hat einen Listenpreis von brutto 19.500 €. Ein PKW-Händler bietet V den PKW für brutto 18.100 € an. Im Falle eines Kaufs will V den Kaufpreis aus dem Guthaben eines betrieblichen Festgeldkontos finanzieren. Das Guthaben verzinst sich derzeit mit einem Zinssatz von 4,5 % p. a. V geht davon aus, dass auch künftige Supplementinvesti-tionen eine derartige Verzinsung erbringen werden. Alternativ zum Kauf kann V den PKW von der Leasinggesellschaft L-GmbH, die ihn vorab erwerben würde, für 42 Monate lea-sen. Die L-GmbH unterbreitet V folgendes Angebot:

	€
Nettopreis zur Ermittlung der Leasingraten	15.210,08
+ MWSt 19 %	2.889,92
Bruttopreis zur Ermittlung der Leasingraten	18.100,00
Monatliche Leasingrate bei einem Leasingsatz von 2 % / Monat von 15.210,08 €	304,20
+ MWSt 19 %	57,80
Monatliche Leasingrate brutto	362,00
Restwert nach 42 Monaten netto = 48 % des Ausgangsbetrages von 15.210,08 €	7.300,84
+ MWSt 19 %	1.387,16
Restwert nach 42 Monaten brutto	8.688,00

Die Leasingraten wären in einer Summe am 1.7. eines jeden Jahres für das jeweils aktu-elle Jahr zu zahlen. Im Leasingvertrag ist ein Andienungsrecht des Leasinggebers vorge-sehen, das eine Zurechnung des PKW zum Leasinggeber bewirkt. V geht davon aus, dass der Leasinggeber das Andienungsrecht nicht ausnutzen wird. Er nimmt an, dass im Falle des Kaufs des PKW bei der späteren Weiterveräußerung durch ihn der Verkaufs-preis des PKW dem o. a. Restwert entsprechen wird. Er geht weiter davon aus, dass er den PKW an eine Privatperson veräußern wird. Im Falle eines Kaufs des PKW geht V davon aus, dass das Finanzamt steuerlich eine fünfjährige Nutzungsdauer des Fahr-zeugs anerkennen wird.

Der geschiedene V rechnet für alle Jahre des Planungszeitraums mit einem zu versteuernden Einkommen, das zwischen 100 T€ und 200 T€ liegt. V gehört der römisch-katholischen Kirchengemeinde an. Die Gemeinde, in der V ansässig ist, erhebt einen Gewerbesteuerhebesatz von 415 %. V geht davon aus, dass der Einkommensteuersatz im unteren Plafond während des gesamten Planungszeitraums 42 % betragen wird. Im Falle des Kaufs kann auf den PKW entweder eine linear-gleichbleibende AfA nach § 7 Abs. 1 EStG oder eine geometrisch-degressive nach § 7 Abs. 2 EStG in Anspruch genommen werden. Letztere darf maximal das 2,5fache der linear-gleichbleibenden AfA betragen und 25 % der Anschaffungskosten p. a. nicht übersteigen. Eine Anschaffung des PKW würde nach dem Rechtsstand zum Planungszeitpunkt nicht die Voraussetzungen des § 7g EStG erfüllen. Es ist die steuerlich vorteilhaftere der zwei geschilderten Maßnahmen zu ermitteln.

Teil IV:
Rechtsformwahl und Rechtsformwechsel

1 Einführung

Die Suche nach der geeigneten Unternehmensrechtsform (Unternehmensform) ist als eine ständige Herausforderung an die Unternehmensführung anzusehen. Eine Entscheidung über die Rechtsform ist zunächst bei *Gründung* des Unternehmens zu treffen. In späteren Jahren sollte dann in größeren Abständen geprüft werden, ob ein Rechtsformwechsel, eine *Umwandlung*, wie dieser Vorgang auch genannt wird, sinnvoll ist. Das gilt vor allem für expandierende Unternehmen. So kann eine Expansion vor allem

- eine Begrenzung des Risikos,
- eine Verstärkung der Unternehmensleitung in personeller Hinsicht, ggf. durch die Aufnahme der eigenen Kinder, und
- eine Erweiterung der Kapitalbasis

zweckmäßig werden lassen.

Wie sich aus den *Tabellen IV/1* und *IV/2* ergibt, war und ist die mit Abstand am weitesten verbreitete Unternehmensform die des Einzelunternehmens. Im Jahre 1987, dem letzten Jahr, für das exakte Angaben aufgrund einer Arbeits- und Betriebsstättenzählung vorliegen, betrug ihre Zahl - wie sich aus Tabelle IV/1 ergibt - in den alten Bundesländern 1.622.483. Das entsprach einem Anteil von 77,3 % an der Gesamtzahl der Unternehmen. An zweiter Stelle folgten die Gesellschaften mit beschränkter Haftung (GmbH) mit 10,5 %, danach die Gesellschaften bürgerlichen Rechts mit 6,5 % und die Personenhandelsgesellschaften (OHG und KG) mit einem Anteil von 2,5 %, gefolgt von der Rechtsform der GmbH & CoKG mit einem Anteil von 2,4 %. Aktiengesellschaften hatten einen Anteil von lediglich 0,1 % an der Gesamtzahl der Unternehmen.

Wie Tabelle IV/1 erkennen lässt, ändert sich das Bild für das Jahr 1987 erheblich, wenn nicht die Zahl der Unternehmen, sondern die Zahl der Beschäftigten zum Maßstab des Vergleichs genommen wird. Unter dieser Sichtweise waren die Einzelunternehmen zwar ebenfalls die wichtigste Unternehmensform, ihre Bedeutung war aber wesentlich geringer, als bei einer Betrachtung lediglich der Anzahl der einzelnen Unternehmensformen zu vermuten gewesen wäre.

Neuere Zahlen als die soeben angesprochenen sind aus Tabelle IV/2 ersichtlich. Diese Tabelle beruht aber nicht auf einer Arbeits- und Betriebsstättenzählung, sondern auf der Umsatzsteuerstatistik der Finanzverwaltung für das Jahr 2007. Dort sind ebenfalls die Zahlen einzelner Unternehmensformen aufgeführt. Allerdings weicht die Zusammenfassung einzelner Rechtsformen zu Gruppen von der in der Tabelle IV/1 verwendeten ab. Zu beachten ist, dass Tabelle IV/1 Zahlen für die „alte" Bundesrepublik, Tabelle IV/2 hingegen Zahlen für die Bundesrepublik nach der Wiedervereinigung enthält. Dies erklärt im Wesentlichen die stark gestiegene Gesamtzahl der Unternehmen von 2.097.853 auf 3.140.509.

Tabelle IV/1:   Anzahl der Unternehmen und Beschäftigten je Unternehmensform nach der Arbeitsstättenzählung vom 25.5.1987[1]

Unternehmen und Beschäftigte / Unternehmensformen	Unternehmen		Beschäftigte	
	absolut	in %	absolut	in %
Einzelunternehmen	1.622.483	77,3	6.071.149	27,7
GmbH	219.666	10,5	5.671.475	25,9
GbR einschließlich Sozietäten	136.710	6,5	830.329	3,8
OHG und KG	52.871	2,5	1.526.877	6,9
GmbH & CoKG	49.030	2,4	2.996.819	13,7
AG und KGaA	2.780	0,1	3.177.099	14,5
Sonstige	14.313	0,7	1.642.090	7,5
Insgesamt	2.097.853	100,0	21.915.838	100,0

Im Gegensatz zur Tabelle IV/1 gibt Tabelle IV/2 nicht die Zahl der in den Unternehmen der einzelnen Rechtsformen Beschäftigten, sondern die von diesen Unternehmen getätigten Umsätze an. Hierbei sind Umsätze von Kleinunternehmern i. S. d. § 19 Abs. 1 UStG nicht erfasst. Gemessen an den Umsätzen ist die Bedeutung der Einzelunternehmen deutlich geringer als gemessen an der Zahl der Beschäftigten. Vermutlich liegt dies daran, dass sehr viele Handwerksbetriebe als Einzelunternehmen betrieben werden. Diese sind durch eine - gemessen an der Umsatzhöhe - hohe Wertschöpfung und korrelierend hierzu hohe Zahl von Beschäftigten gekennzeichnet. Gleiches gilt für freiberuflich tätige Unternehmen sowie für Unternehmen der Land- und Forstwirtschaft. Auch diese werden in hohem Maße in der Rechtsform eines Einzelunternehmens betrieben. Kanzleien bzw. Praxen von Freiberuflern hingegen werden - außer als Einzelunternehmen - häufig auch in den Rechtsformen der GbR sowie der Partnerschaftsgesellschaft geführt. In beiden Fällen wird üblicherweise von Sozietäten gesprochen.

---

[1]   Quelle: Statistisches Bundesamt, Arbeitsstättenzählung, 1990, S. 84 f.

Tabelle IV/2: *Anzahl der Unternehmen nach Rechtsformen nach der Umsatz-*
steuerstatistik 2007[2]

Umsätze / Unternehmens-formen	Steuerpflichtige[3]		Umsätze[4]	
	absolut	in %	in Mio €	in %
Einzelunternehmen	2.206.651	70,3	522.855	10,2
GbR, OHG, KG u. ä. Gesellschaften	283.359	9,0	385.680	7,5
GmbH & CoKG	111.954	3,6	999.696	'19,4
AG & CoKG	502	0,0	52.870	1,0
AG	7.495	0,2	946.966	18,4
KGaA, Europäische AG	136	0,0	38.679	0,8
GmbH	458.218	14,6	1.836.854	35,7
Erwerbs- und Wirtschaftsgenossen-schaften	5.184	0,2	57.278	1,1
Betriebe gewerblicher Art von Kör-perschaften des öffentlichen Rechts	6.206	0,2	31.237	0,6
Ausländische Rechtsformen	26.385	0,8	227.561	4,4
Sonstige	34.419	1,1	48.589	0,9
Insgesamt	3.140.509	100,0	5.148.265	100,0

Auffallend ist bei einem Vergleich der Tabelle IV/1 und IV/2 die erhebliche Zunahme der Anzahl der Gesellschaften mbH. Ihr Anteil ist danach zwischen 1987 und 2007 von 10,5 % auf 14,6 % aller Unternehmen gestiegen. Im Schrifttum gibt es Schätzungen, nach denen die Zahl der Gesellschaften mbH noch deutlich höher sei als sich aus der Umsatzsteuerstatistik ergibt. So schätzt Kornblum ihre Zahl für das Jahr 2007 auf knapp 987.000[5]. Andere Autoren kommen zu ähnlichen Schätzergebnissen[6]. Die große Differenz zwischen den von diesen Autoren geschätzten Zahlen und denen der Umsatzsteuerstatistik erklären diese damit, dass in der Umsatzsteuerstatistik lediglich solche Unternehmen erfasst seien, deren Umsätze i. S. d. § 19 Abs. 1 UStG den in dieser Rechtsnorm genannten Rahmen von (derzeit) 17.500 € überschritten. Diese Feststellung ist zutreffend. Damit fallen viele Gesellschaften mbH aus der Umsatzsteuerstatistik heraus, die ausschließ-

---

2   Quelle: Statistisches Bundesamt, Fachserie 14, Reihe 8, Finanzen und Steuern, Umsatzsteuer 2007, Tabelle 4.2.

3   Nach Angabe des Statistischen Bundesamts sind nur „Steuerpflichtige mit jährlichen Lieferungen und Leistungen über 17.500 Euro" erfasst, offenbar also nur solche Steuerpflichtigen, die nicht Kleinunternehmer i. S. d. § 19 Abs. 1 UStG sind. Die Gesamtzahl aller umsatzsteuerpflichtigen Personen, d. h. also einschließlich derjenigen der Kleinunternehmer i. S. d. § 19 UStG, dürfte wesentlich höher liegen. Dies gilt insbesondere hinsichtlich der Zahl der Einzelunternehmer, aber auch derjenigen der Gesellschaften mbH.

4   Als steuerbare Umsätze gem. § 1 Abs. 1 UStG erfasst das Statistische Bundesamt Lieferungen und sonstige Leistungen gem. § 3 und § 25 UStG, die Einfuhr von Gegenständen sowie den innergemeinschaftlichen Erwerb gegen Entgelt ins Inland.

5   Vgl. Kornblum, U., Rechtstatsachen, 2009, S. 26.

6   So insbesondere Hansen, H., Stellenwert, 2004, S. 41.

lich oder in einem hohen Maße steuerfreie Umsätze tätigen. Zu nennen sind in diesem Zusammenhang insbesondere Gesellschaften, deren Geschäftszweck in der Vermietung, Verpachtung und Verwaltung eigener Immobilien sowie in der Vermittlung von Versicherungsgeschäften besteht. Ferner fallen die meisten „reinen" Komplementär-GmbH einer GmbH & CoKG aus der Statistik heraus, da diese i. d. R. ebenfalls keine steuerpflichtigen Umsätze von mehr als 17.500 € tätigen.

Insgesamt kann die wirtschaftliche Bedeutung der Gesellschaften mbH als sehr groß eingestuft werden. Immerhin waren im Jahre 1987 mehr als ein Viertel aller Beschäftigten in Unternehmen dieser Rechtsform angestellt; im Jahre 2007 betrug ihr Anteil am Gesamtumsatz mehr als ein Drittel. Nach beiden Kennziffern ist ihre Bedeutung deutlich größer als die der Aktiengesellschaften einschließlich der Kommanditgesellschaften auf Aktien.

Nach der Rechtsform der GmbH ist - gemessen an den Umsätzen - die GmbH & CoKG die zweitwichtigste Rechtsform. Zwar beträgt nach Tabelle IV/2 ihr Anteil an der Zahl der Unternehmen lediglich 3,6 %, an den Umsätzen aller Unternehmen ist sie aber mit 19,4 % beteiligt. Erst danach folgt an dritter Stelle die Rechtsform der AG. Sie ist mit 18,4 % an der Summe der Umsätze beteiligt, an der Zahl der Unternehmen hingegen lediglich mit 0,2 %.

Auffallend in Tabelle IV/2 ist, dass sich 0,8 % aller dort erfassten Unternehmen einer ausländischen Rechtsform bedienen. Am Umsatz aller Unternehmen sind diese mit einem Anteil von immerhin 4,4 % beteiligt. Teilweise dürften diese Unternehmen in der Rechtsform einer *private company limited by shares (Ltd.)* geführt werden. Hierbei handelt es sich um Gesellschaften britischen oder irischen Rechts, die entweder in dem Vereinigten Königreich oder Irland gegründet worden sind, dort auch ihren satzungsmäßigen Sitz haben, deren tatsächliche Geschäftsführung aber von Deutschland aus betrieben wird. I. d. R. handelt es sich bei den Gesellschaftern um in Deutschland ansässige Personen. Am ehesten ist die Rechtsform der Ltd. mit derjenigen der GmbH vergleichbar[7]. Zu den in der Tabelle aufgeführten Unternehmen ausländischer Rechtsformen dürften auch rechtlich unselbständige inländische Betriebsstätten ausländischer Unternehmen gehören.

Im Jahre 2008 hat der Gesetzgeber durch Einfügung eines § 5a in das GmbHG die Möglichkeit geschaffen, eine haftungsbeschränkte Gesellschaft zu gründen, deren Stammkapital das in § 5 Abs. 1 GmbHG genannte Mindeststammkapital von 25.000 € unterschreitet[8]. Diese Gesellschaftsform, die das Gesetz als *Unternehmergesellschaft* bezeichnet, stellt eine Art Mini-GmbH dar. Mit dieser GmbH-Variante will der Gesetzgeber einer Abwanderung deutscher Unternehmen in ausländische Rechtsformen entgegenwirken.

---

[7]   Hinsichtlich der (angeblichen) Vorteile und Nachteile dieser Rechtsform sei auf Schneeloch, D., Rechtsformwahl, 2006, S. 327 ff. verwiesen.

[8]   § 5a GmbHG ist durch Art. 1 des MoMiG in das GmbHG eingefügt worden.

Die aufgeführten statistischen Zahlen lassen folgende Tendenzen erkennen:

- Klein- und Kleinstbetriebe bevorzugen die Rechtsform des Einzelunternehmens oder einer GbR;
- Mittelbetriebe werden besonders häufig als „reine" Personenhandelsgesellschaften (OHG, KG), als GmbH oder als GmbH & CoKG geführt;
- Großbetriebe bevorzugen die Rechtsform der Aktiengesellschaft.

Diese Tendenzaussagen dürfen aber nicht zu der Schlussfolgerung verleiten, bei einer bestimmten Unternehmensgröße komme nur eine bestimmte Rechtsform in Betracht. Vielmehr sollte immer sorgfältig geprüft werden, welche Rechtsform im konkreten Einzelfall die vorteilhafteste ist.

Unterschiede zwischen den einzelnen Rechtsformen können sich insbesondere ergeben hinsichtlich

- der Höhe des aufzubringenden Eigenkapitals,
- der Möglichkeiten der Kapitalbeschaffung,
- des Risikos,
- der Leitung und Kontrolle des Unternehmens,
- der Nachfolgeregelung,
- der Prüfungs- und Offenlegungspflichten,
- der rechtsformspezifischen Kosten,
- der steuerlichen Belastung.

Die Steuerbelastung ist somit lediglich ein, wenn auch häufig wichtiger Einflussfaktor auf die Vorteilhaftigkeit der einzelnen Unternehmensformen. Nachfolgend werden dennoch weitgehend nur steuerliche Partialvergleiche durchgeführt. Deren Ergebnisse müssen vor einer konkreten Rechtsformwahl mit anderen Partialvergleichen zur Rechtsformwahl abgestimmt werden. Die optimale Rechtsform kann dann durch einen iterativen Abstimmungsprozess bestimmt werden[9].

Nachfolgend wird zunächst ein Vorteilsvergleich zwischen Personenunternehmen einerseits und Kapitalgesellschaften andererseits ohne Berücksichtigung von Umwandlungsvorgängen durchgeführt (Gliederungspunkt 2). Den Kapitalgesellschaften hinsichtlich der laufenden Besteuerung weitgehend gleichgestellt sind die eingetragenen Genossenschaften. Für diese gelten die Vergleiche somit ebenfalls; sie werden nachfolgend aber nicht gesondert erwähnt. Angemerkt sei, dass sich das Problem der Wahl zwischen einem Personenunternehmen einerseits und einer Genossenschaft andererseits allenfalls in Ausnahmefällen stellen kann. Dies ergibt sich daraus, dass Genossenschaften prinzipiell einem großen Kreis potentieller Mitglieder (Genossen) offenstehen, Personenunternehmen hingegen regelmäßig nur einen engen Kreis von Mitunternehmern umfassen. Charakteristisch ist in diesem Zusammenhang, dass viele Unternehmer bzw. Mitunternehmer Mitglied einer oder auch mehrerer Genossenschaften, so z. B. einer Einkaufs- oder Kreditgenossenschaft, sind.

---

9   Vertiefend hierzu s. Schneeloch, D., Rechtsformwahl, 2006, insbesondere S. 12 - 100, S. 327 - 348 und 361 - 382.

In Gliederungspunkt 3 werden Umwandlungsvorgänge in den Vorteilsvergleich einbezogen. Hierbei ist aus steuerlichen Gründen zu unterscheiden zwischen der Umwandlung

- eines Einzelunternehmens in eine Personengesellschaft (Mitunternehmerschaft),
- eines Personenunternehmens in eine Kapitalgesellschaft,
- einer Kapitalgesellschaft in ein Personenunternehmen,
- einer Kapitalgesellschaft in eine andere Kapitalgesellschaft.

Neben den „reinen" Formen der Personenunternehmen und der Kapitalgesellschaften gibt es Mischformen. Zu nennen sind hier insbesondere die GmbH & CoKG und die Betriebsaufspaltung. Auf diese Mischformen wird in den Gliederungspunkten 4 und 5 eingegangen.

In Gliederungspunkt 6 werden Gestaltungsmaßnahmen durch den Erwerb qualifizierter Beteiligungen untersucht. Dieser Problembereich wird deshalb in diesem Teil des Buches behandelt, weil einige der sich bei dem Erwerb einer qualifizierten Beteiligung ergebenden Gestaltungsmöglichkeiten rechtsformabhängig sind.

2 Vorteilsvergleich zwischen Personenunternehmen und Kapitalgesellschaften ohne Berücksichtigung von Umwandlungsvorgängen

2.1 Steuerfolgen der Gründung

Die Steuerfolgen einer Unternehmensgründung sind *weitgehend rechtsformunabhängig*. So ist die *Zufuhr von Eigenkapital* bei allen Rechtsformen ein Vorgang, der sich in der Vermögens- und nicht in der Einkommenssphäre abspielt. *Gründungskosten* gehören bei allen Rechtsformen zu den abzugsfähigen Betriebsausgaben, d. h. sie mindern den steuerlichen Gewinn im Gründungsjahr des Unternehmens. Im Rahmen von Steuerbelastungsvergleichen ist es sinnvoll, diese Steuerfolgen nicht gesondert, sondern im Rahmen der laufenden Besteuerung im Gründungsjahr zu berücksichtigen. Hiervon soll nachfolgend stets ausgegangen werden.

Umsatzsteuerlich entstehen bei der Gründung eines Einzelunternehmens regelmäßig nur nichtsteuerbare Vorgänge. Die Ausgabe von Gesellschaftsrechten sowohl an einer Personen- als auch an einer Kapitalgesellschaft führt zwar zu steuerbaren sonstigen Leistungen, doch sind diese nach § 4 Nr. 8 UStG steuerbefreit. Bareinlagen durch den Unternehmer bzw. die Gesellschafter stellen regelmäßig nichtsteuerbare Vorgänge dar. Ausnahmen können sich lediglich in den Fällen ergeben, in denen Sacheinlagen getätigt werden, allerdings nur dann, wenn dies im Rahmen eines Unternehmens geschieht. Da es sich dann regelmäßig um Umwandlungsvorgänge handelt, soll hierauf an dieser Stelle nicht eingegangen werden.

Zusammenfassend kann festgestellt werden, dass der Gründungsvorgang selbst regelmäßig nur Steuerentlastungen bewirkt, die zweckmäßigerweise im Rahmen der laufenden Besteuerung des Jahres der Gründung erfasst werden. Sind die Ertragsteuersätze des Personenunternehmens einerseits und der alternativ zu gründenden Kapitalgesellschaft andererseits in etwa gleich hoch, so sind dies auch die Steuerentlastungen der Alternativen. Als relevante Ertragsteuersätze kommen nur die Differenzsteuersätze und nicht etwa die Durchschnittsteuersätze in Betracht.

2.2 Unterschiede in der laufenden Besteuerung

Unterschiede in der laufenden Besteuerung gibt es insbesondere bei den *Ertragsteuern*.

Ein Unterschied ergibt sich aus § 11 Abs. 1 GewStG. Nach dieser Vorschrift steht einem Personenunternehmen bei Ermittlung des Gewerbeertrags ein Freibetrag von 24.500 € jährlich zu, Kapitalgesellschaften hingegen nicht.

Im Hinblick auf die *Einkommen-* bzw. *Körperschaftsteuer* weicht die Besteuerung der Personenunternehmen erheblich von derjenigen der Kapitalgesellschaften ab. Personenunternehmen selbst unterliegen weder der Einkommen- noch der Körperschaftsteuer. Eine Besteuerung erfolgt vielmehr bei den (Mit-)Unternehmern. Kapitalgesellschaften hingegen sind nach § 1 KStG eigenständige Steuersubjekte der Körperschaftsteuer. Sie unterliegen der Körperschaftsteuer unabhängig davon, ob sie Gewinne ausschütten oder nicht.

Der steuerliche Gewinn(anteil) eines (Mit-)Unternehmers unterliegt bei diesem der Einkommensteuer unabhängig davon, ob der Gewinn einbehalten oder entnommen wird. Anzuwenden ist der individuelle Einkommensteuersatz des (Mit-) Unternehmers. Auf dessen Einkommensteuerschuld ist nach § 35 EStG in pauschaler Form Gewerbesteuer des Unternehmens anzurechnen. Auf Antrag kann der (Mit-)Unternehmer unter den Voraussetzungen des § 34a Abs. 1 EStG eine Versteuerung des nicht entnommenen Gewinns (Gewinnanteils) mit dem in dieser Rechtsnorm festgelegten Einkommensteuersatz von derzeit 28,25 % beantragen. Entnimmt er den Gewinn zu einem späteren Zeitpunkt, so hat er die in § 34a Abs. 4 EStG geregelte Nachversteuerung i. H. v. 25 % des nachversteuerungspflichtigen Betrages in Kauf zu nehmen.

Steuerliche Gewinne einer Kapitalgesellschaft unterliegen bei dieser der Körperschaftsteuer. Derzeit beträgt der Körperschaftsteuersatz 15 %, und zwar unabhängig davon, ob die Kapitalgesellschaft die Gewinne ausschüttet oder einbehält. Ausgeschüttete Gewinne unterliegen bei dem Gesellschafter - i. d. R. als Einkünfte aus Kapitalvermögen - zusätzlich der Einkommensteuer. Anzuwenden ist § 32d EStG, i. d. R. dessen Abs. 1. Dies bedeutet, dass der Abgeltungsteuersatz von derzeit 25 % zur Anwendung kommt. Eine Anrechnung von Gewerbesteuer auf die Einkommensteuer der Gesellschafter nach § 35 EStG kommt nicht in Betracht, da diese Rechtsnorm nur auf Einkünfte aus Gewerbebetrieb und nicht auf Einkünfte aus Kapitalvermögen anzuwenden ist.

Leistungsvergütungen einer Gesellschaft an ihre Gesellschafter sind als Aufwand zu verbuchen. Dies gilt unabhängig davon, ob es sich bei der Gesellschaft um eine Personen- oder eine Kapitalgesellschaft handelt. Die steuerliche Behandlung derartiger Leistungsvergütungen hingegen ist rechtsformabhängig. Während sie bei Kapitalgesellschaften grundsätzlich abzugsfähige Betriebsausgaben darstellen, sind sie bei Personengesellschaften nach § 15 Abs. 1 Satz 1 Nr. 2 EStG außerhalb des Jahresabschlusses dem steuerlichen Gewinn der Mitunternehmerschaft hinzuzurechnen und dem begünstigten Gesellschafter vorab zuzurechnen (Vorabvergütungen). Im Falle einer Kapitalgesellschaft kann es nur in Ausnahmefällen zu einer Umqualifikation kommen, dann aber nicht nach § 15 Abs. 1 Satz 1 Nr. 2 EStG, sondern nach § 8 Abs. 3 KStG als verdeckte Gewinnausschüttung. Als Leistungsvergütungen an einen Gesellschafter kommen insbesondere Gehalts-, Zins- sowie Miet- und Pachtzahlungen in Betracht.

2.3 Unterschiede bei Beendigung der Betätigung

2.3.1 Einführung

Eine unternehmerische Betätigung kann beendet werden durch

- Veräußerung des Unternehmens bzw. der Anteile an dem Unternehmen,
- Betriebsaufgabe mit Liquidation,
- Erbfolge bzw. vorweggenommene Erbfolge.

Nachfolgend soll zunächst in knapper Form auf die beiden zuerst genannten Arten der Beendigung einer unternehmerischen Betätigung eingegangen werden. Hierbei handelt es sich um eine Zusammenfassung von Ausführungen in Band 1 dieses zweibändigen Werkes[10]. Ausführlicher soll anschließend auf die Steuerfolgen einer (vorweggenommenen) Erbfolge eingegangen werden. Zwar sind diese ebenfalls bereits in Band 1 dargestellt worden[11], doch sind die dort befindlichen Ausführungen durch die Erbschaftsteuerreform Ende des Jahres 2008 weitgehend überholt. Dieser Sachverhalt lässt eine Darstellung an dieser Stelle sinnvoll erscheinen.

2.3.2 Beendigung durch Veräußerung und Betriebsaufgabe

Ein *Einzelunternehmer* kann sein Unternehmen dadurch beenden, dass er den Betrieb veräußert oder ihn aufgibt. Sofern es ihm gelingt, entweder die Voraussetzungen des § 16 Abs. 1 EStG oder des § 16 Abs. 3 EStG zu erfüllen, ist der Gewinn nach derzeitigem Recht gem. § 34 EStG unter den dort genannten Voraussetzungen tarifbegünstigt. Hierbei ist zu unterscheiden zwischen dem Fall, dass lediglich die Voraussetzungen des § 34 Abs. 1 EStG und demjenigen, dass zusätzlich diejenigen des § 34 Abs. 3 EStG erfüllt sind. Sofern zusätzlich die Voraussetzungen des § 34 Abs. 3 EStG erfüllt sind, ist zu beachten, dass diese Vorschrift von dem Steuerpflichtigen nur einmal im Leben in Anspruch genommen werden kann. Dies sollte bei der Entscheidung darüber, ob ein Antrag zur Anwendung dieser Vorschrift gestellt werden soll, beachtet werden. Sofern die Voraussetzungen des § 16 Abs. 4 EStG erfüllt sind, kommt es auf Antrag außerdem zur Anwendung des dort aufgeführten Freibetrags. Der entstehende Veräußerungs- oder Aufgabegewinn unterliegt nicht der Gewerbesteuer[12]. Bei einer Betriebsveräußerung bzw. Betriebsaufgabe kann es somit zu einer massiven Steuerbegünstigung kommen. Eine Ausnahme ergibt sich nur dann, wenn die Voraussetzungen des § 16 Abs. 1 bzw. Abs. 3 EStG nicht erfüllt werden. Dann entsteht kein Veräußerungsgewinn, sondern ein nicht begünstigter laufender Gewinn.

---

10   Vgl. Schneeloch, D., Besteuerung, 2008, S. 71 ff.
11   Vgl. Schneeloch, D., Besteuerung, 2008, S. 387 ff.
12   Vgl. Abschn. 38 Abs. 3 GewStR.

Veräußert eine *Mitunternehmerschaft* ihren Betrieb oder gibt sie diesen auf, so kommt es derzeit regelmäßig ebenfalls zur Anwendung des § 34 EStG und ggf. des § 16 Abs. 4 EStG. Die Ausführungen zur Betriebsveräußerung oder Betriebsaufgabe eines Einzelunternehmers gelten entsprechend. Dies gilt auch hinsichtlich des Nichtentstehens von Gewerbesteuer.

Eine Betriebsveräußerung eines Personenunternehmens ist wirtschaftlich i. d. R. vergleichbar mit einer *Veräußerung aller Anteile* an einer *Kapitalgesellschaft.* Letztere fällt, falls sich die Anteile im Privatvermögen befinden, unter § 17 EStG und ist ebenfalls steuerbegünstigt. Doch erfolgt die Begünstigung - außer durch die Freibetragsregelung des § 17 Abs. 3 EStG - hier nicht durch die Anwendung des begünstigten Steuersatzes nach § 34 EStG, vielmehr durch die Anwendung des Teileinkünfteverfahrens auf den Veräußerungsgewinn. Danach ist der Veräußerungsgewinn zu 40 % steuerfrei (§ 3 Nr. 40 Buchstabe c) EStG). Mit dem steuerpflichtigen Teil von 60 % hingegen unterliegt der Veräußerer im Rahmen der Besteuerung des gesamten zu versteuernden Einkommens dem Tarif des § 32a EStG. Bei Ermittlung des steuerpflichtigen Teils des Veräußerungsgewinns sind Veräußerungskosten nach § 3c Abs. 2 EStG lediglich zu 60 % abzugsfähig. Anteilsveräußerungen i. S. d. § 17 EStG unterliegen ebenso wie Betriebsveräußerungen nach § 16 EStG nicht der Gewerbesteuer. Befinden sich alle Anteile an einer Kapitalgesellschaft in einem Betriebsvermögen, so ist eine Teilbetriebsveräußerung i. S. d. § 16 Abs. 1 Satz 2 EStG gegeben. Bei einer Veräußerung einer derartigen Beteiligung ist - außer der Freibetragsregelung des § 16 Abs. 4 EStG - § 3 Nr. 40 Buchstabe b) EStG anzuwenden. Dies bedeutet, dass 40 % des entstehenden Veräußerungsgewinns steuerfrei sind. Auch hier ist bei Ermittlung des steuerpflichtigen Teils des Veräußerungsgewinns § 3c Abs. 2 EStG zu beachten.

Eine *Betriebsaufgabe* eines Personenunternehmens i. S. d. § 16 Abs. 3 EStG dürfte i. d. R. vergleichbar sein mit der Auflösung und Abwicklung *(Liquidation)* einer Kapitalgesellschaft i. S. d. § 11 KStG. Während ein Aufgabegewinn nach § 34 EStG und ggf. auch nach § 16 Abs. 4 EStG steuerbegünstigt ist, unterliegt ein Liquidationsgewinn i. S. d. § 11 KStG auf Gesellschaftsebene der normalen Besteuerung. Regelmäßig entsteht also eine Tarifbelastung gem. § 23 KStG in Höhe von derzeit 15 % des Liquidationsgewinns. Außerdem fällt Gewerbesteuer an.

Im Falle der Liquidation einer Kapitalgesellschaft ergeben sich zusätzlich zu den Steuerfolgen bei der Gesellschaft selbst auch Steuerfolgen bei deren Gesellschaftern. Bezüge, die die Gesellschafter einer Kapitalgesellschaft nach deren Auflösung von der Gesellschaft aus der Verteilung des Liquidationsgewinns erhalten, gehören zu den Einkünften aus § 20 Abs. 1 Nr. 2 EStG. Voraussetzung ist allerdings, dass es sich um Gewinnbestandteile und nicht um die Rückzahlung von Nennkapital oder Kapitalrücklagen handelt. Ausnahmsweise führt auch eine Rückzahlung von Nennkapital zu Einnahmen des Gesellschafters i. S. d. § 20 EStG. Dies gilt dann, wenn dieses Nennkapital durch die Umwandlung von in früheren Jahren angefallenen Gewinnen entstanden ist. Auch in diesen Fällen handelt es sich um Einnahmen i. S. d. § 20 Abs. 1 Nr. 2 EStG. Dies ergibt sich aus § 20 Abs. 1 Nr. 2 EStG i. V. m. § 28 Abs. 2 Satz 2 und 4 KStG. Unabhängig davon, ob es sich bei den Einnahmen im Falle der Liquidation um Einnahmen i. S. d. § 20 Abs. 1 Nr. 1 EStG oder um Einnahmen i. S. d. Nr. 2 dieser Vorschrift handelt, unterliegen sie dem gesonderten Steuertarif des § 32d Abs. 1 EStG.

Soweit die Verteilung des Liquidationsvermögens nicht als eine Gewinnausschüttung, sondern als eine Kapitalrückzahlung anzusehen ist, entstehen bei dem Gesellschafter keine Einnahmen aus Kapitalvermögen. In derartigen Fällen kann sich aber nach § 17 Abs. 4 EStG ein Veräußerungsgewinn ergeben. Dies setzt allerdings voraus, dass der Gesellschafter eine Beteiligung im Sinne des § 17 Abs. 1 EStG hält. Dies ist bereits bei einer Beteiligungsquote von 1 % der Fall. Damit dürften Beteiligungen an nicht börsennotierten Kapitalgesellschaften i. d. R. die Voraussetzungen des § 17 Abs. 1 EStG erfüllen. Ein evtl. entstehender Gewinn i. S. d. § 17 Abs. 4 EStG ist nach § 3 Nr. 40 Buchstabe a) EStG nur zu 60 % zu versteuern[13]; bei Ermittlung des Gewinns sind mit diesem im Zusammenhang stehende Aufwendungen nach § 3c Abs. 2 EStG nur zu 60 % abzugsfähig.

Während die Betriebsaufgabe eines Personenunternehmens nur einmal zu einer Belastung mit Steuern vom Einkommen führt, kann die Liquidation einer Kapitalgesellschaft also zweimal zu einer Belastung mit derartigen Steuern führen. Besteuert wird zum einen der Liquidationsgewinn bei der Kapitalgesellschaft, zum anderen kann es bei den Gesellschaftern zu einer Besteuerung von Einnahmen kommen. Hierbei kommt eine Besteuerung nach § 20 Abs. 1 Nr. 2 EStG bzw. nach § 17 Abs. 4 EStG in Betracht. Ein Nachteil der Kapitalgesellschaft kann aus dieser doppelten Besteuerung allerdings nur dann entstehen, wenn bei der Liquidation tatsächlich ein Gewinn und nicht ein Verlust entsteht. Dies ist aber keinesfalls selbstverständlich, da sich die für eine Betriebsaufgabe bzw. Liquidation in Betracht kommenden Unternehmen häufig in wirtschaftlichen Schwierigkeiten befinden.

2.3.3 Beendigung durch Erbfolge und vorweggenommene Erbfolge

2.3.3.1 Einführung

Am häufigsten dürfte die Beendigung der eigenen unternehmerischen Betätigung durch Generationenwechsel erfolgen. Dies kann im Wege der Erbfolge oder der vorweggenommenen Erbfolge geschehen. Letztere kann zunächst nur eine teilweise Übertragung des Betriebs bzw. der Gesellschaftsanteile auf die nachfolgende Generation beinhalten.

In steuerlicher Hinsicht kann der Generationenwechsel auf zweierlei Weise Einfluss auf die Vorteilhaftigkeit unterschiedlicher Rechtsformen nehmen. Zum einen

---

13 Vgl. Schneider, S., in: Kirchhof, P./Söhn, H./Mellinghoff, R., EStG, 2009, § 17, Rz. E 15.

kann in unterschiedlicher Höhe Erbschaft- bzw. Schenkungsteuer anfallen, zum anderen können in unterschiedlichem Maße Wahlrechte und Pflichten zur Aufdeckung stiller Reserven bestehen.

Nachfolgend soll in äußerst knapper Form auf einige gesetzliche Neuregelungen eingegangen werden, die für einen Vergleich der (vorweggenommenen) Erbfolge bei unterschiedlichen Rechtsformen von Bedeutung sind. Es handelt sich also um rechtliche Grundlagen, die zwar grundsätzlich bereits in Band 1[14] gelegt worden sind, die aber durch die Ende 2008 erfolgte Erbschaftsteuerreform[15] weitgehend überholt sind. In die Ausführungen einbezogen werden wichtige Neuregelungen im BewG, die für einen Vergleich von Bedeutung sind.

2.3.3.2 Neuregelungen im BewG und im ErbStG

2.3.3.2.1 Neuregelung der Bewertung des Betriebsvermögens und der Anteile an Kapitalgesellschaften

Mit Artikel 2 des Erbschaftsteuerreformgesetzes (ErbStRG) vom Dezember 2008[16] hat der Gesetzgeber u. a. die Bewertung von Betriebsvermögen sowie von Anteilen an Kapitalgesellschaften neu geregelt und vereinheitlicht. Von besonderer Bedeutung sind in diesem Zusammenhang die Neufassungen, Einfügungen und Änderungen der §§ 11 Abs. 2, 109 und 199 bis 203 BewG.

Unverändert sind nach § 11 Abs. 2 Satz 1 BewG Anteile an Kapitalgesellschaften - sofern für diese keine Börsenkurse vorliegen - mit ihrem gemeinen Wert anzusetzen. Dieser ist - ebenfalls unverändert - nach § 11 Abs. 2 Satz 2 BewG vorrangig aus Verkäufen abzuleiten. Liegen keine Verkäufe, die nicht länger als ein Jahr zurückliegen, vor - also in der großen Mehrzahl der Fälle - ist der gemeine Wert unter *Berücksichtigung der Ertragsaussichten* der Kapitalgesellschaft zu ermitteln. Bei der Schätzung des gemeinen Wertes grundsätzlich nicht mehr zu berücksichtigen ist das Vermögen der Gesellschaft, d. h. die Summe der Werte der einzelnen zum Betriebsvermögen der Kapitalgesellschaft gehörenden Wirtschaftsgüter. Die Summe der gemeinen Werte dieser Wirtschaftsgüter stellt nach Abzug der Betriebsschulden gem. § 11 Abs. 2 Satz 3 BewG künftig nur noch einen Mindestwert dar, einen Wert also, der nicht unterschritten werden darf. Dieser wird im Gesetz als Substanzwert bezeichnet.

Neben einer Ermittlung des gemeinen Werts unter Berücksichtigung der Ertragsaussichten der Kapitalgesellschaft lässt § 11 Abs. 2 Satz 2 BewG auch die Anwendung einer anderen Methode zu. Voraussetzung ist, dass diese im gewöhnlichen Geschäftsverkehr für nichtsteuerliche Zwecke üblich ist. Hierzu dürfte zweifellos das Discounted Cash Flow-Verfahren (DCF-Verfahren) gehören. Ob

---

14   Vgl. Schneeloch, D., Besteuerung, 2008, S. 387 ff.
15   Vgl. BGBl 2008 I, S. 3018 f.
16   Vgl. BGBl 2008 I, S. 3028 f.

auch weitere Methoden Anwendung finden werden, kann derzeit noch nicht beurteilt werden.

Grundsätzlich in gleicher Weise wie die Summe der gemeinen Werte der Anteile an einer Kapitalgesellschaft ist künftig für erbschaft- bzw. schenkungsteuerliche Zwecke der Wert des Betriebsvermögens eines Einzelunternehmers bzw. einer Personengesellschaft (Betriebsvermögenswert) zu ermitteln. Dies ergibt sich aus § 157 Abs. 5 BewG, der zur Ermittlung des Betriebsvermögenswerts ausdrücklich auf § 11 Abs. 2 BewG verweist. Auch zur Ermittlung des Betriebsvermögenswerts ist also künftig grundsätzlich das Ertragswertverfahren oder das DCF-Verfahren anzuwenden. Dies bedeutet eine radikale Abkehr von dem bisherigen Recht. Nach diesem waren in der Vergangenheit bekanntlich weitgehend die Steuerbilanzwerte anzusetzen[17]. Es ist anzunehmen, dass die Werte nach dem Ertragswert- bzw. dem DCF-Verfahren tendenziell deutlich höher sind als die Steuerbilanzwerte.

Grundsätzlich geht der Gesetzgeber in § 11 Abs. 2 Satz 2 BewG also davon aus, dass der Wert der Kapitalgesellschaft und damit auch der Wert der Anteile an der Kapitalgesellschaft anhand der Ertragsaussichten der Kapitalgesellschaft geschätzt wird. Dies führt grundsätzlich zur Anwendung des *Ertragswertverfahrens*[18]. In diesem Zusammenhang dürfte der IDW Standard 1 von großer Bedeutung sein[19].

Sowohl die Anwendung des Ertragswert- als auch die des DCF-Verfahrens ist zeitaufwendig und setzt hohen Sachverstand voraus[20]. Damit entstehen hohe Kosten. Um den Steuerpflichtigen die Möglichkeit zu geben, Zeitaufwand und Kosten zu reduzieren, hat der Gesetzgeber in den §§ 199 - 203 BewG ein *vereinfachtes Ertragswertverfahren* geschaffen. Es ist zu vermuten, dass dieses künftig das Standardverfahren werden wird. Allerdings ist zu beachten, dass es nach § 199 Abs. 1 BewG nur dann angewendet werden darf, wenn es nicht zu offensichtlich unzutreffenden Ergebnissen führt. Das vereinfachte Ertragswertverfahren kann nach § 199 BewG sowohl bei der Bewertung von Anteilen an einer Kapitalgesellschaft (Abs. 1) als auch bei der Ermittlung des Betriebsvermögenswertes (Abs. 2) angewendet werden.

Zur Ermittlung des Ertragswerts nach dem vereinfachten Verfahren ist nach § 200 Abs. 1 BewG der künftig nachhaltig erzielbare Jahresertrag mit einem gesetzlich fixierten Kapitalisierungsfaktor zu multiplizieren. Zusätzlich anzusetzen sind Wirtschaftsgüter und Schulden, die nicht zum betriebsnotwendigen Vermögen gehören. Diese sind mit ihrem jeweiligen gemeinen Wert zu bewerten.

---

17 Im Einzelnen s. Schneeloch, D., Besteuerung, 2008, S. 379 f.

18 Hinsichtlich dieses Verfahrens s. insbesondere Wameling, H., Unternehmensbewertung, 2004, S. 66 ff.; Hering, T., Unternehmensbewertung, 2006, S. 35 ff.; Obermeier, T./Gasper, R., Unternehmensbewertung, 2008, S. 153 ff.

19 Vgl. IDW Standard 1 i. d. F. 2008.

20 Hinsichtlich des DCF-Verfahrens s. insbesondere IDW Standard 1 i. d. F. 2008. Zur Kritik hieran s. Wameling, H., Unternehmensbewertung, 2004, S. 82 ff.

Für die Ermittlung des künftig nachhaltig erzielbaren Jahresertrags bietet nach § 201 Abs. 1 BewG der in der Vergangenheit tatsächlich erzielte Durchschnittsertrag eine Beurteilungsgrundlage. Als Durchschnittsertrag ist nach § 201 Abs. 2 BewG regelmäßig der Durchschnittswert der Betriebsergebnisse der letzten drei Jahre anzusetzen. Bei Mitunternehmerschaften sind Ergebnisse aus evtl. vorhandenen Sonder- und Ergänzungsbilanzen nicht zu berücksichtigen.

Die Ermittlung der Betriebsergebnisse ist in § 202 BewG geregelt. Nach dessen Abs. 1 ist von dem steuerlichen Gewinn i. S. d. § 4 Abs. 1 EStG auszugehen. Dieser Ausgangswert ist durch gesetzlich fixierte Hinzurechnungen und Kürzungen zu korrigieren.

Hinzuzurechnen sind insbesondere

* Sonderabschreibungen, erhöhte Absetzungen und Teilwertabschreibungen sowie Zuführungen zu steuerfreien Rücklagen,
* Absetzungen auf den Geschäfts- oder Firmenwert,
* einmalige Veräußerungsverluste und außerordentliche Aufwendungen,
* der Ertragsteueraufwand (Körperschaftsteuer, Solidaritätszuschlag und Gewerbesteuer).

An die Stelle der Sonderabschreibungen, erhöhten Absetzungen, Teilwertabschreibungen und der tatsächlich nach § 7 EStG als Betriebsausgaben berücksichtigten steuerlichen Abschreibungen treten fiktive Absetzungen, die sich bei einer linear-gleichbleibenden Abschreibung auf die Anschaffungs- oder Herstellungskosten ergeben würden.

Zu kürzen ist der Ausgangswert insbesondere um

* Erträge aus der Auflösung steuerfreier Rücklagen,
* einmalige Veräußerungsgewinne und außerordentliche Erträge,
* Erträge aus der Erstattung von Ertragsteuern und
* einen angemessenen Unternehmerlohn.

Eine Kürzung um einen angemessenen Unternehmerlohn kommt nur dann in Betracht, wenn im Rahmen der steuerlichen Gewinnermittlung kein entsprechender Abzug stattgefunden hat. Kein derartiger Abzug findet regelmäßig bei der Rechtsform eines Einzelunternehmens statt. Bei dieser Rechtsform führt der Unternehmer selbst die Geschäfte. Ein Gehalt für die Geschäftsführung bezieht er aber nicht. Hier ist also nach § 202 Abs. 1 BewG ein angemessener Unternehmerlohn abzuziehen. In der Kostenrechnung wird dieser bekanntlich als kalkulatorischer Unternehmerlohn bezeichnet. Bei allen anderen Rechtsformen als der des Einzelunternehmens ist regelmäßig zumindest ein Geschäftsführer vorhanden, der für seine Tätigkeit ein Gehalt bezieht. Für den Abzug eines Unternehmerlohns nach § 202 Abs. 1 Nr. 2 Buchstabe d) BewG bleibt dann kein Raum.

2.3.3.2.2 Wichtige Neuregelungen im ErbStG

Erbschaft- und schenkungsteuerliche Folgen können sich im konkreten Einzelfall nur dann ergeben, wenn die gesetzlichen Freibeträge überschritten sind. Zu nennen ist in diesem Zusammenhang in erster Linie der sich aus § 16 Abs. 1 ErbStG ergebende allgemeine persönliche Freibetrag. Dieser beträgt nach Nr. 2 dieser Rechtsnorm beim Erwerb steuerpflichtigen Vermögens durch ein Kind bzw. durch mehrere Kinder des Schenkers bzw. Erblassers nunmehr grundsätzlich 400.000 € je Kind. Hinzukommen kann in Einzelfällen noch ein sich aus § 17 ErbStG ergebender Versorgungsfreibetrag, der allerdings bereits wegen seiner geringen Höhe kaum von Bedeutung ist. Die genannten Freibeträge werden auf den gesamten steuerpflichtigen Erwerb gewährt. Dies geschieht unabhängig davon, ob zum Erwerb Betriebsvermögen oder Anteile an einer Gesellschaft gehören. Die Höhe der anzuwendenden Freibeträge ist also unabhängig von der Rechtsform des Unternehmens, das (vollständig oder teilweise) im Wege einer Schenkung oder eines Erbanfalls auf die nächste Generation übertragen wird.

Von herausragender Bedeutung bei der Übertragung von Betriebsvermögen im Rahmen eines Generationenwechsels sind die sich aus § 13a ErbStG ergebenden Steuerbefreiungen. § 13a ErbStG ist im Rahmen der Erbschaftsteuerreform im Dezember 2008 völlig neu gefasst worden[21].

Nach § 13a Abs. 1 ErbStG bleibt der *Wert* von *Betriebsvermögen*, land- und forstwirtschaftlichem Vermögen und von *Anteilen an einer Kapitalgesellschaft* außer Ansatz (**Verschonungsabschlag**), d. h. der Erwerb derartigen Vermögens im Rahmen einer Schenkung oder Erbschaft bleibt steuerfrei. Dies gilt aber nur insoweit als es sich bei dem Vermögen um *begünstigtes Vermögen* i. S. d. § 13b Abs. 4 ErbStG handelt.

Voraussetzung für die Gewährung eines Verschonungsabschlags ist nach § 13a Abs. 1 Satz 2 ErbStG, dass die *maßgebende Lohnsumme* des Betriebs innerhalb von sieben Jahren (*Behaltensfrist*) nach dem Erwerb (*Lohnsummenfrist*) insgesamt 650 % der *Ausgangslohnsumme* nicht unterschreitet (*Mindestlohnsumme*). Innerhalb der siebenjährigen Behaltensfrist muss also der Betrieb fortgeführt werden, und zwar mindestens in einem Umfang, der durch die Mindestlohnsumme definiert ist. Unterschreitet die Summe der kumulierten maßgebenden jährlichen Lohnsummen die Mindestlohnsumme, so vermindert sich nach § 13a Abs. 1 Satz 5 ErbStG der Verschonungsabschlag mit Wirkung für die Vergangenheit. Die Minderung des Verschonungsabschlags erfolgt in demselben prozentualen Umfang wie die Mindestlohnsumme unterschritten wird. Der Begriff der Lohnsumme ist in § 13a Abs. 4 ErbStG, der der Mindestlohnsumme in § 13a Abs. 1 Satz 2 i. V. m. Abs. 4 ErbStG definiert.

Mit der Regelung des § 13a Abs. 1 ErbStG will der Gesetzgeber einen steuerlichen Anreiz dafür geben, Betriebe im Rahmen einer vorweggenommenen Erbfolge nicht aufzugeben oder zu zerschlagen, sondern sie fortzuführen. Kritiker monieren, dass die Regelung zur Fehlallokation von Kapital führen könne[22].

---

21   Gegenüber den in Band 1 dieses Gesamtwerkes (Schneeloch, D., Besteuerung, 2008, S. 393 ff.) dargestellten ursprünglichen Reformplänen der Bundesregierung enthält die endgültige Gesetzesfassung einige gravierende Abweichungen.

22   Vgl. Kirchhof, P., Einfach zu kompliziert, 2007, S. 18.

Begünstigt werden soll nach § 13a Abs. 1 Satz 1 ErbStG nicht das gesamte Betriebsvermögen, sondern lediglich das Betriebsvermögen i. S. d. § 13b Abs. 4 ErbStG. Hierbei handelt es sich um *85 %* des in Abs. 1 des § 13b ErbStG definierten *begünstigten Vermögens*.

Hierzu gehören nach § 13b Abs. 1 ErbStG - wie bereits ausgeführt - land- und forstwirtschaftliches Vermögen, Betriebsvermögen und Anteile an Kapitalgesellschaften, letztere jedoch nur dann, wenn der Schenker oder der Erblasser zu mehr als 25 % unmittelbar beteiligt war.

Nach § 13b Abs. 2 ErbStG sind die vorbezeichneten Vermögen nicht begünstigt, wenn sie zu mehr als 50 % aus Verwaltungsvermögen bestehen. Zum Verwaltungsvermögen gehören beispielsweise Dritten zur Nutzung überlassene Grundstücke, bestimmte Minderheitsbeteiligungen und Wertpapiere sowie Kunstgegenstände.

Aus § 13a Abs. 1 i. V. m. § 13b Abs. 4 ErbStG ergibt sich also, dass grundsätzlich *85 %* des begünstigten Vermögens außer Ansatz bleibt, d. h. insoweit ein Erwerb im Rahmen einer (vorweggenommenen) Erbfolge steuerfrei bleibt. Der steuerfreie Anteil erhöht sich nach § 13a Abs. 8 ErbStG auf Antrag des Beschenkten bzw. des Erben auf 100 % des begünstigten Vermögens. Voraussetzung ist aber, dass der Beschenkte bzw. der Erbe eine Lohnsummenfrist von 10 Jahren (statt 7 Jahren) und eine maßgebende Lohnsumme von 1.000 % (statt 650 %) einhält. Weitere Voraussetzung ist, dass er eine Behaltensfrist von 10 Jahren (statt 7 Jahren) einhält.

Das ErbStG unterscheidet also zwischen begünstigtem und nicht begünstigtem Betriebsvermögen. Letzteres ist aber im Rahmen eines steuerpflichtigen Erwerbs nicht in vollem Umfang anzusetzen. Vielmehr bleibt nach § 13a Abs. 2 Satz 1 ErbStG ein Betrag von 150.000 € außer Ansatz (**Abzugsbetrag**). Der Abzugsbetrag verringert sich nach § 13a Abs. 2 Satz 2 ErbStG, wenn der Wert des nicht begünstigten Betriebsvermögens insgesamt die Wertgrenze von 150.000 € übersteigt, um 50 % des die Wertgrenze übersteigenden Betrages. Auch der Abzugsbetrag fällt mit Wirkung für die Vergangenheit weg, wenn der Erwerber die in § 13a Abs. 5 ErbStG definierte Behaltensregelung nicht einhält.

Wie bereits ausgeführt, fällt unter die Begünstigungsvorschrift des § 13a ErbStG nach dessen Absatz 1 sowohl der Erwerb von Betriebsvermögen als auch der von Anteilen an einer Kapitalgesellschaft, letzterer nach § 13b Abs. 1 Nr. 3 ErbStG aber nur dann, wenn der Schenker bzw. Erblasser am Nennkapital der *Kapitalgesellschaft* zu mehr als 25 % beteiligt war. Eine derartige *Mindestbeteiligung* ist bei einem Übergang eines Anteils an einer *Personengesellschaft nicht* erforderlich.

2.3.3.3 Ertragsteuerliche Folgen des Generationenwechsels

Ertragsteuerlich sind sowohl Schenkungen als auch Erbschaften nichtsteuerbare Vorgänge. *Stille Reserven* werden deshalb bei dem Schenker bzw. Erblasser grundsätzlich *nicht aufgedeckt*. Schenkungen und Erbschaften berühren nicht die

Einkommens-, sondern die Vermögenssphäre des Beschenkten bzw. des Erben. Dieser hat grundsätzlich die Steuerbilanzwerte (§ 6 Abs. 3 EStG) bzw. die Steuerwerte i. S. d. §§ 17 oder 23 EStG des Schenkers oder Erblassers fortzuführen. Diese Grundsätze gelten auch dann, wenn mehrere Kinder im Rahmen der Erbfolge bzw. vorweggenommenen Erbfolge Gesellschafter des Unternehmens werden.

Aus diesen Wirkungen folgt, dass Schenkungen bzw. Erbschaften grundsätzlich *keinen* ertragsteuerlichen Einfluss auf die Vorteilhaftigkeit miteinander zu vergleichender Rechtsformen haben. Von diesem Grundsatz kann es aber infolge von Gestaltungsmaßnahmen der Beteiligten *Ausnahmen* geben. Dies gilt sowohl für den Fall der *vorweggenommenen Erbfolge* als auch für den der *Erbauseinandersetzung*.

Seit einer Entscheidung des Großen Senats des BFH vom 5.7.1990[23] können sich im Rahmen einer *vorweggenommenen Erbfolge* neben unentgeltlichen auch entgeltliche und damit einkommensteuerpflichtige Vorgänge ergeben. *Entgeltlichkeit* ist bei der Übertragung von Betriebsvermögen im Rahmen einer vorweggenommenen Erbfolge in folgenden Fällen gegeben:

• bei *Abstandszahlungen* an den bisherigen Eigentümer und
• bei *Gleichstellungszahlungen* an Dritte, insbesondere an Angehörige.

Die Übernahme von Betriebsschulden hingegen stellt keinen entgeltlichen Vorgang dar.

Werden im Rahmen einer vorweggenommenen Erbfolge von den Erben Abstands- oder Gleichstellungszahlungen für den Erhalt eines Gewerbebetriebs geleistet, so liegt ertragsteuerlich teilweise ein unentgeltlicher und teilweise ein entgeltlicher Vermögensübergang vor. In derartigen Fällen einer *teilentgeltlichen* Übertragung eines Betriebs gilt die sogenannte *Einheitstheorie*. Sie hat zur Folge, dass bei dem Veräußerer ein Veräußerungsgewinn nur dann entsteht, wenn die Summe der Abstands- und Gleichstellungszahlungen das Kapitalkonto des Veräußerers übersteigt. *Veräußerungsgewinn* entsteht dann in Höhe des übersteigenden Betrages. Dieser ist ggf. nach § 16 Abs. 4 EStG und nach § 34 EStG begünstigt.

Für den Erwerber stellt die Summe der Abstands- und Gleichstellungszahlungen die *Anschaffungskosten* der erworbenen betrieblichen Wirtschaftsgüter dar. Soweit diese Anschaffungskosten über die bisherigen Buchwerte hinausgehen, entsteht beim Erwerber zusätzliches Aufwandspotential über das Maß hinaus, das bei einer in vollem Umfang unentgeltlichen Betriebsübertragung gem. § 6 Abs. 3 EStG vorhanden wäre.

Erhält ein Steuerpflichtiger im Rahmen einer vorweggenommenen Erbfolge eine *Beteiligung* i. S. d. § 17 EStG an einer Kapitalgesellschaft, so ist dieser Vorgang grundsätzlich als unentgeltlich und damit als nichtsteuerbar anzusehen. Der

---

23 Vgl. BFH-Beschluss v. 5.7.1990, GrS 4-6/89, BStBl 1990 II, S. 847.

Erwerber ist bei einer späteren Veräußerung von Anteilen an die Anschaffungs-
kosten seines Rechtsvorgängers gebunden. Diese sind nunmehr als seine eigenen
Anschaffungskosten bei Ermittlung eines Veräußerungsgewinns i. S. d. § 17
Abs. 2 EStG anzusetzen.

Zusätzliche Anschaffungskosten können aber auch hier durch *Abstandszahlungen*
an den bisherigen Eigentümer und durch *Gleichstellungszahlungen* an Dritte entstehen. Im Gegensatz zu den Steuerwirkungen bei Abstands- und Gleichstellungszahlungen für den Erwerb eines Personenunternehmens entsteht hier aber grundsätzlich kein zusätzliches Aufwandspotential, da Anteile an Kapitalgesellschaften
nicht nach § 7 EStG abschreibungsfähig sind.

Häufig schließt sich an eine Erbfolge eine *Erbauseinandersetzung* zwischen Miterben an. Ist in derartigen Fällen ein Unternehmen oder sind Anteile an einem
Unternehmen Teil der Erbmasse, so sind unterschiedliche Gestaltungsmaßnahmen
denkbar. Naheliegend ist hierbei der Versuch, aus dem Unternehmen ausscheidende Miterben in den Genuss der Begünstigungsvorschriften der §§ 16 Abs. 4
und 34 EStG kommen zu lassen und gleichzeitig den übernehmenden Miterben
Anschaffungskosten über abschreibungsfähige Wirtschaftsgüter zu verschaffen.
Dies lässt sich im Falle eines Personenunternehmens tendenziell leichter realisieren als in dem einer Kapitalgesellschaft[24]. Ein Personenunternehmen erweist sich
somit in derartigen Fällen tendenziell als flexibler als eine Kapitalgesellschaft.
Regelmäßig dürfte es aber bei der ursprünglichen Wahl der Rechtsform nicht
möglich sein, die unterschiedlichen Steuerfolgen einer möglichen späteren Erbauseinandersetzung zu quantifizieren. Mehr als eine qualitative Aussage über die
unterschiedliche Flexibilität der miteinander zu vergleichenden Rechtsformen
lässt sich deshalb vielfach nicht treffen. In den Fällen, in denen doch eine Quantifizierung möglich erscheint, ist zu unterscheiden, ob die Ergebnisse der laufenden
und der einmaligen Besteuerung gleichgerichtet sind oder einander widersprechen. Im ersten dieser beiden Fälle bestimmen die beiden Teilergebnisse zugleich
das Gesamtergebnis. Im zweiten Fall hingegen ist grundsätzlich ein Steuerbarwertvergleich angesagt, in den alle Steuerfolgen aufzunehmen sind.

2.4 Gestaltungsmaßnahmen zwischen einer personenbezogenen Gesellschaft und ihren Gesellschaftern

2.4.1 Einführung

Als **personenbezogen** sollen hier solche Unternehmen verstanden werden, bei
denen die *Beziehungen zwischen* dem *Unternehmen* und den *Eigentümern* des
Unternehmens eng sind. Sie sind dadurch gekennzeichnet, dass sie von einer oder
von wenigen natürlichen Personen beherrscht werden. Für diese stellt das Unternehmen oft die einzige oder zumindest die wichtigste *Erwerbsquelle* dar. Einzelne

---

24 Im Einzelnen s. hierzu Schneeloch, D., Rechtsformwahl, 2006, S. 313 ff.

oder auch alle Miteigentümer arbeiten in „ihrem" Unternehmen. Vielfach sind sie dessen *Geschäftsführer*. Häufig gehören alle Miteigentümer einem *Familienverband* an. Im Schrifttum und in der Praxis werden derartige Unternehmen auch als **Familiengesellschaften** bezeichnet. Obwohl diese Bezeichnung eine engere Begriffsabgrenzung nahelegt als hier beabsichtigt ist, soll sie nachfolgend doch in synonymer Weise für den Begriff des personenbezogenen Unternehmens verwendet werden.

Infolge der engen Verbundenheit von Unternehmen und Eigentümern ist es sinnvoll, beide als eine *wirtschaftliche Einheit* aufzufassen. Geplante unternehmerische Entscheidungen sollten deshalb nicht isoliert auf ihre Vorteilhaftigkeit für das Unternehmen oder isoliert für die Eigentümer untersucht werden. In die Betrachtung sollten vielmehr stets die Gesamtwirkungen auf das Unternehmen und auf die Gesellschafter einbezogen werden. Die nachfolgenden Ausführungen beruhen auf derartigen Gesamtbetrachtungen.

Die hier skizzierte enge Verbundenheit von Unternehmen und Gesellschaftern ist typisch für viele kleine und mittelgroße Unternehmen. Diese werden häufig auch als *mittelständische* Unternehmen bezeichnet. Die Verbundenheit mit „ihren" Unternehmen kann allerdings bei den einzelnen Gesellschaftern unterschiedlich ausgeprägt sein. Im Extremfall kann es so sein, dass ein Gesellschafter-Geschäftsführer vorhanden ist, dessen Beziehung zu dem Unternehmen sehr eng ist, während alle anderen Mitgesellschafter ihre Beteiligung lediglich als eine Kapitalanlage ansehen, vergleichbar mit der „Zwergbeteiligung" eines Aktionärs an einer börsennotierten Aktiengesellschaft. In derartigen Fällen sind Interessenkonflikte zwischen dem Gesellschafter-Geschäftsführer einerseits und den übrigen Gesellschaftern andererseits naheliegend.

Handelt es sich bei einem personenbezogenen Unternehmen um eine *Gesellschaft* und nicht um ein Einzelunternehmen, so besteht oft ein erheblicher *Gestaltungsspielraum*, die Rechtsverhältnisse zwischen der Gesellschaft und ihren Gesellschaftern unterschiedlich zu regeln. Dies gilt *zivilrechtlich* sowohl für Personen- als auch für Kapitalgesellschaften. Steuerrechtliche Wirkungen zeitigen derartige Gestaltungsmaßnahmen i. d. R. allerdings nur bei Kapitalgesellschaften. Bei Personengesellschaften hingegen laufen die meisten Gestaltungsmaßnahmen aufgrund der Umqualifizierungsvorschrift des § 15 Abs. 1 Satz 1 Nr. 2 EStG ins Leere. Von großer praktischer Bedeutung ist der Umstand, dass Gestaltungsmaßnahmen i. d. R. auch zwischen einer Kapitalgesellschaft und ihrem Einmanngesellschafter möglich sind und steuerlich grundsätzlich anerkannt werden.

Als *Gestaltungsmaßnahmen* zwischen einer Gesellschaft und ihren Gesellschaftern kommen insbesondere in Betracht

- die Zahlung von Gehältern der Gesellschaft an einen Gesellschafter anstelle von Ausschüttungen bzw. Entnahmen,
- die Zahlung von Gehältern an einen Gesellschafter zusätzlich zu den Ausschüttungen bzw. Entnahmen,
- die Zusage von Pensionen an in der Gesellschaft angestellte Gesellschafter,

- die Gewährung von Darlehen durch die Gesellschafter an die Gesellschaft (Gesellschafterdarlehen),
- die Vermietung oder Verpachtung von Wirtschaftsgütern durch die Gesellschafter an die Gesellschaft,
- Gestaltungsmaßnahmen bei der Ausschüttung einer Kapitalgesellschaft an ihre Gesellschafter und
- Maßnahmen der Entnahmen- und Einlagenpolitik zwischen einer Personengesellschaft und ihren Gesellschaftern.

Alle (Mit-)Unternehmer eines Personenunternehmens haben außerdem die Wahl, nicht entnommene Gewinne bzw. Gewinnbestandteile dem „normalen" Tarif des § 32a EStG oder aber dem ermäßigten Steuersatz des § 34a Abs. 1 EStG zu unterwerfen.

Nachfolgend wird zunächst auf Gestaltungsmaßnahmen zwischen einer Kapitalgesellschaft und ihren Gesellschaftern, anschließend auf Gestaltungsmaßnahmen zwischen einer Personengesellschaft und ihren Gesellschaftern sowie auf das Wahlrecht des § 34a EStG eingegangen.

2.4.2 Gestaltungsmaßnahmen zwischen einer Kapitalgesellschaft und ihren Gesellschaftern

2.4.2.1 *Gehälter anstelle von Ausschüttungen bei Kapitalgesellschaften*

2.4.2.1.1 *Grundsätzliches*

Alleingesellschafter-Geschäftsführer von Gesellschaften mbH können die von ihnen für erforderlich erachteten Bezüge sowohl in der Form von Gewinnausschüttungen als auch in derjenigen von Gehaltszahlungen erhalten. Auch beliebige Zusammensetzungen von Ausschüttungen und Gehältern sind denkbar und gängige Praxis. Zivilrechtliche Schranken, die eine Verschiebung der Anteile der Ausschüttungen und Gehaltszahlungen zueinander an den Gesamtbezügen einschränken könnten, gibt es i. d. R. nicht.

Auch in den Fällen, in denen zwar *mehrere Gesellschafter* an einer Kapitalgesellschaft beteiligt sind, diese aber alle in der Gesellschaft *mitarbeiten*, dürfte regelmäßig eine Verschiebung zwischen den Anteilen der Gewinnausschüttungen einerseits und den Gehaltszahlungen an die Gesellschafter andererseits möglich sein. Auch hier dürfte der Gestaltungsspielraum i. d. R. groß sein. In abgeschwächtem Maße gilt dies sicherlich auch in den Fällen von *Familienkapitalgesellschaften*, in denen die Gesellschafter lediglich aus einem beherrschenden Gesellschafter-Geschäftsführer sowie dessen Ehegatten und deren gemeinsamen Kindern bestehen. Das gilt insbesondere dann, wenn die Kinder entweder noch minderjährig oder aber zwar volljährig sind, sich aber noch in der Berufsausbildung befinden. *In anderen Fällen*, in denen nur ein Gesellschafter oder nur einige Gesellschafter in der Gesellschaft mitarbeiten, wird eine Verschiebung zwischen

Gewinnausschüttungen und Gehaltszahlungen regelmäßig nicht oder nur in einem engen Rahmen möglich sein.

Nachfolgend soll untersucht werden, ob in den Fällen, in denen Flexibilität gegeben ist, Gewinnausschüttungen vorteilhafter sind als Gehaltszahlungen oder ob das Umgekehrte gilt. Hierbei erfolgt eine Beschränkung auf eine *steuerliche Partialanalyse*. Ausdrücklich sei darauf hingewiesen, dass die Ergebnisse der Untersuchung nur insoweit gelten, als die Gehaltszahlungen nicht in verdeckte Gewinnausschüttungen umzudeuten sind. Damit ist auch klar, dass es sich bei einem Ersatz von Ausschüttungen durch Gehälter oder umgekehrt nur um in die Zukunft gerichtete Maßnahmen handeln kann. Rückwirkende Gehaltszahlungen hingegen führen stets zu verdeckten Gewinnausschüttungen. Ausdrücklich klargestellt sei, dass es sich hier um den *Vergleich einer Gehaltszahlung mit einer Gewinnausschüttung* und *nicht* um den Vergleich einer Gehaltszahlung *mit einer Gewinneinbehaltung* handelt. Die zuletzt genannte Art des Vergleichs gibt nur unter engen Voraussetzungen Sinn.

2.4.2.1.2 Allgemeine Ableitung

Zahlt eine Kapitalgesellschaft einem ihrer Gesellschafter ein Gehalt (G_h), so stellt dieses bei ihr eine abzugsfähige Betriebsausgabe dar. Das Gehalt wird also bei der Gesellschaft nicht mit Ertragsteuern belastet. Bei dem Gesellschafter ist das Gehalt den Einnahmen aus nichtselbständiger Arbeit zuzurechnen. Durch die Gehaltszahlung kann es bei dem Gesellschafter zu einer Erhöhung seiner bei der Einkommensermittlung abzugsfähigen Freibeträge kommen. In erster Linie ist hierbei an den Arbeitnehmer-Pauschbetrag i. S. d. § 9a EStG zu denken. Wird die Veränderung der Freibeträge mit $F_{e§19}$ (Freibeträge, die mit Einkünften aus § 19 EStG im Zusammenhang stehen) bezeichnet, so ergibt sich infolge der Gehaltszahlung folgende Steuerbelastung ($S_{kap/gh}$):

(1) $S_{kap/gh} = G_h \cdot s_{e§32a} - F_{e§19} \cdot s_{e§32a}$.

Wird der Fall betrachtet, dass der Freibetrag $F_{e§19}$ bereits vollständig ausgeschöpft ist, d. h. gilt $F_{e§19} = 0$, so ergibt sich die Steuerbelastung im Gehaltsfalle mit $G_h \cdot s_{e§32a}$. Bei $s_{e§32a}$ handelt es sich bekanntlich um einen auf dem Tarif des § 32a EStG beruhenden kombinierten Einkommen-, Kirchensteuer- und Solidaritätszuschlagsatz in der Form eines Differenzsteuersatzes, der aus der in Teil I abgeleiteten Gleichung (13) ermittelt werden kann. Dieser kann - wie auch aus der im Anhang befindlichen Tabelle T-7 (Spalte 9, Zeile 2) ersichtlich ist - einen Wert von maximal 49,519 % annehmen. Er kann aber auch 0 % betragen, dann nämlich, wenn das zu versteuernde Einkommen innerhalb des Grundfreibetrags des § 32a EStG liegt. Da es sich bei $s_{e§32a}$ um einen Differenzsteuersatz handelt, kann dieser auch beliebige Werte zwischen den beiden Extremen annehmen. Nach derzeit geltendem Recht kann also formuliert werden:

(2) $0 \leq \text{Skap/gh} \leq 49{,}519\,\% \cdot \text{Gh}$.

Wird anstelle eines Gehalts bzw. eines Gehaltsteils eine Gewinnausschüttung vorgenommen, so wird diese als normaler Gewinnbestandteil bei der Kapitalgesellschaft besteuert. Hier soll davon ausgegangen werden, dass der Bruttobetrag, der für die Ausschüttung zur Verfügung steht, gleich groß ist wie der für die Gehaltszahlung verfügbare Betrag. Der Bruttobetrag, d. h. der Betrag vor Abzug der bei der Kapitalgesellschaft auf ihn anfallenden Ertragsteuern, beträgt also Gh. Im Falle der Gewinnausschüttung hat Gh bei der Gesellschaft die Wirkung von E i. S. d. in Teil I abgeleiteten und im Tabellenanhang wiedergegebenen Gleichung (II) bzw. (IIa)[25]. Hieraus ergibt sich eine Steuerbelastung der Kapitalgesellschaft im Ausschüttungsfall (Skap/a) i. H. v.:

(3) $\text{Skap/a} = (\text{sk} + \text{me} \cdot \text{h}) \cdot \text{Gh}$.

Für die Ausschüttung (A) an den Gesellschafter verbleibt dann lediglich der nach Abzug von Skap/a verbleibende Betrag:

(4) $\text{A} = \text{Gh} - \text{Skap/a}$.

Durch Einsetzen des Werts von Gleichung (3) in Gleichung (4) ergibt sich:

(5) $\text{A} = (1 - \text{sk} - \text{me} \cdot \text{h}) \cdot \text{Gh}$.

Die Ausschüttung A führt bei dem Gesellschafter zu Einnahmen aus Kapitalvermögen. Diese sind i. d. R. mit dem Abgeltungsteuersatz i. S. d. § 32d Abs. 1 EStG (se§32d) zu versteuern. Ist der Sparer-Pauschbetrag des § 20 Abs. 9 EStG noch nicht voll ausgeschöpft, so führt die Ausschüttung zu einem zusätzlichen Abzug eines Freibetrages (Fe§20) beim Gesellschafter. Insgesamt beträgt die Steuerbelastung des Gesellschafters im Falle der Ausschüttung (Sges/a) demnach:

(6) $\text{Sges/a} = \text{A} \cdot \text{se§32d} - \text{Fe§20} \cdot \text{se§32d}$.

Wird der Wert von A aus Gleichung (5) in Gleichung (6) eingesetzt, so ergibt sich:

(7) $\text{Sges/a} = (1 - \text{sk} - \text{me} \cdot \text{h}) \cdot \text{Gh} \cdot \text{se§32d} - \text{Fe§20} \cdot \text{se§32d}$.

Die Gesamtbelastung der Kapitalgesellschaft und ihres Gesellschafters im Falle einer Ausschüttung (Skap+ges/a) beträgt:

---

[25]   Vgl. Teil I, Gliederungspunkt 4.3.1 und Anhang 3.

(8) $S_{kap+ges/a} = S_{kap/a} + S_{ges/a}$.

Durch Einsetzen der Werte der Gleichungen (3) und (7) in (8) ergibt sich:

(9) $S_{kap+ges/a} = (s_k + m_e \cdot h) \cdot G_h$

$+ (1 - s_k - m_e \cdot h) \cdot G_h \cdot s_{e\S32d} - F_{e\S20} \cdot s_{e\S32d}$.

Wird von den derzeitigen gesetzlichen Werten $s_{kö} = 15\,\%$ und $s_{olz} = 5,5\,\%$, d. h. von $s_k = 15,825\,\%$ sowie von $m_e = 3,5\,\%$ ausgegangen, so ergibt sich für die Gesamtbelastung $S_{kap+ges/a}$ Folgendes:

(9a) $S_{kap+ges/a} = (0,15825 + 0,035 \cdot h) \cdot G_h$

$+ (1 - 0,15825 - 0,035 \cdot h) \cdot G_h \cdot s_{e\S32d} - F_{e\S20} \cdot s_{e\S32d}$.

Bei $s_{e\S32d}$ handelt es sich um einen kombinierten Einkommen-, Kirchensteuer- und Solidaritätszuschlagsatz, dessen konkrete Höhe aus der in Teil I abgeleiteten Gleichung (13) ermittelt werden kann. Der „reine" Einkommensteuersatz $s_{e\S32d}$ beträgt hierbei nach § 32d Abs. 1 EStG grundsätzlich 25 %. Er kann aber auch einen niedrigeren Wert, und zwar einen Wert zwischen 0 % und 25 %, annehmen. Dies ist dann der Fall, wenn der Steuerpflichtige nach § 32d Abs. 6 EStG einen Antrag stellt, den - im konkreten Fall vorteilhafteren - Tarif des § 32a EStG anzu-wenden.

Wird von einem Gewerbesteuerhebesatz von 400 % ausgegangen und wird ange-nommen, dass sich aufgrund der Ausschüttung kein zusätzlicher einkommensteu-erlicher Freibetrag ergibt ($F_{e\S20} = 0$), so wird Gleichung (9a) zu:

(9b) $S_{kap+ges/a} = (0,29825 + 0,70175 \cdot s_{e\S32d}) \cdot G_h$.

Wird die Steuerbelastung im Falle einer Gehaltszahlung $S_{kap/gh}$ (Gleichung (1)) von derjenigen im Falle einer Ausschüttung $S_{kap+ges/a}$ (Gleichung (9)) abgezo-gen, so entsteht folgende Belastungsdifferenz:

(10) $S_{kap+ges/a} - S_{kap/gh} = (s_k + m_e \cdot h) \cdot G_h + (1 - s_k - m_e \cdot h) \cdot G_h \cdot s_{e\S32d}$

$- F_{e\S20} \cdot s_{e\S32d} - G_h \cdot s_{e\S32a} + F_{e\S19} \cdot s_{e\S32a}$.

Werden in Gleichung (10) die nach dem derzeitigen gesetzlichen Stand fixierten Werte $s_{kö} = 15\,\%$, $s_{olz} = 5,5\,\%$ (also $s_k = 15,825\,\%$) und $m_e = 3,5\,\%$ eingesetzt und wird davon ausgegangen, dass die Freibeträge bereits voll ausgeschöpft sind ($F_{e\S19} = 0$ und $F_{e\S20} = 0$), so nimmt Gleichung (10) folgende Gestalt an:

(10a) $S_{kap+ges/a} - S_{kap/gh} = (0,15825 + 0,035 \cdot h) \cdot G_h$

$$+ (1 - 0,15825 - 0,035 \cdot h) \cdot G_h \cdot s_{e\S32d} - G_h \cdot s_{e\S32a}.$$

2.4.2.1.3 Konkrete Berechnungen und Schlussfolgerungen

Tabelle IV/3 enthält für unterschiedliche Werte von $s_{e\S32a}$, $s_{e\S32d}$ und h die jeweiligen Steuerbelastungen im Gehalts- sowie im Ausschüttungsfall und zusätzlich die Differenz zwischen beiden. Hierbei wird stets davon ausgegangen, dass gilt: $s_{kö} = 15\ \%$, $s_{olz} = 5,5\ \%$ und $m_e = 3,5\ \%$. Dies impliziert, dass sich sowohl das zu versteuernde Einkommen als auch der Gewerbeertrag der Kapitalgesellschaft im positiven Bereich bewegen.

Spalte 1 der Tabelle IV/3 beruht auf der Voraussetzung, dass sowohl der Einkommensteuersatz nach § 32a EStG als auch derjenige nach § 32d EStG 0 % beträgt. Bei dem Steuersatz nach § 32d EStG ist dies nur dann möglich, wenn der Steuerpflichtige nach Absatz 6 dieser Rechtsnorm einen Antrag auf Einbeziehung der Ausschüttung in die Einkommensteuerveranlagung stellt.

In Spalte 2 ist der Einkommensteuersatz nach § 32a EStG mit 25 % genauso hoch wie derjenige nach § 32d Abs. 1 EStG.

In den Spalten 3 bis 6 beträgt der Einkommensteuersatz, mit dem das Gehalt belastet ist, d. h. der Steuersatz nach § 32a EStG, stets 42 %. Das zu versteuernde Einkommen des Steuerpflichtigen bewegt sich also im unteren Plafond. Der Einkommensteuersatz im Ausschüttungsfall hingegen beträgt nach § 32d Abs. 1 EStG stets 25 %. Die Spalten unterscheiden sich untereinander dadurch, dass sowohl der Kirchensteuersatz s_{ki} als auch der Gewerbesteuerhebesatz h variiert werden.

In den Spalten 7 bis 10 beträgt der Einkommensteuersatz im Gehaltsfall stets 45 %. Das zu versteuernde Einkommen des Steuerpflichtigen bewegt sich also im oberen Plafond. Der Einkommensteuersatz im Ausschüttungsfall hingegen ergibt sich auch hier stets aus § 32d Abs. 1 EStG, d. h. er beträgt 25 %. Im Übrigen sind diese Spalten in gleicher Weise aufgebaut wie die Spalten 3 bis 6.

Mit zwei Ausnahmen weisen die aus der untersten Zeile der Tabelle IV/3 ersichtlichen Belastungsdifferenzen ein negatives Vorzeichen auf. Dies bedeutet, dass die Steuerbelastung im Falle der Gehaltszahlung geringer ist als in dem der Ausschüttung. Diese Minderbelastung ist in Spalte 1, d. h. bei Einkommensteuersätzen von jeweils 0 %, mit knapp 30 % der Bezugsgröße G_h am höchsten. Diese Differenzbelastung beruht auf der bei der Kapitalgesellschaft anfallenden Gewerbe- und Körperschaftsteuer einschließlich des Solidaritätszuschlags. Die Minderbelastung sinkt mit steigendem Einkommensteuersatz im Falle der Gehaltszahlung, d. h. mit steigendem s_{ei}. In geringfügigem Maße sinkt sie außerdem, wenn Kirchensteuer berücksichtigt wird. Eine Erhöhung des Hebesatzes hat hingegen eine geringe Erhöhung der Minderbelastung zur Folge.

In den Spalten 8 und 9 weist die Differenzbelastung ausnahmsweise kein negatives Vorzeichen auf. Allerdings ist der Betrag in Spalte 8 mit 0,0 (0,05) und der in Spalte 9 mit 2,5 recht gering. Die Werte beider Spalten beruhen auf einem Einkommensteuersatz bei Gehaltszahlung, der sich im oberen Plafond von 45 % bewegt. In Spalte 8 beträgt der Gewerbesteuerhebesatz 400 %; er befindet sich damit in etwa im bundesdeutschen Durchschnitt. In Spalte 9 hingegen beträgt der Hebesatz 300 %. Dieser Hebesatz befindet sich im unteren Rahmen der derzeit in der Realität von den Gemeinden festgesetzten Hebesätze.

Tabelle IV/3: *Steuerbelastung einer Gehaltszahlung Gh im Vergleich zu der einer Ausschüttung in Abhängigkeit von den Steuersätzen $sei\S32a$, $sei\S32d$, ski und von dem Hebesatz h in % von Gh**

Sei§32a	0 %	25 %	42 %	42 %	42 %	42 %	45 %	45 %	45 %	45 %
Sei§32d	0 %	25 %	25 %	25 %	25 %	25 %	25 %	25 %	25 %	25 %
Ski	offen	0 %	0 %	9 %	9 %	9 %	0 %	9 %	9 %	9 %
h	400 %	400 %	400 %	400 %	300 %	500 %	400 %	400 %	300 %	500 %
	Sp. 1	Sp. 2	Sp. 3	Sp. 4	Sp. 5	Sp. 6	Sp. 7	Sp. 8	Sp. 9	Sp. 10
Gehalt	0,0	26,4	44,3	46,3	46,3	46,3	47,5	49,5	49,5	49,5
Ausschüttung	29,8	48,3	48,3	49,5	47,0	52,0	48,3	49,5	47,0	52,0
Differenz	./. 29,8	./. 21,9	./. 4,0	./. 3,2	./. 0,7	./. 5,7	./. 0,8	0,0	2,5	./. 2,5

* Alle Tabellenwerte beinhalten einen 5,5 %igen Solidaritätszuschlag.

Aus den bisherigen Untersuchungen können auf der Grundlage des für 2009 geltenden Rechts folgende Schlussfolgerungen gezogen werden:

1. Solange das zu versteuernde Einkommen des Gesellschafters 250 T€ (bei Anwendung der Grundtabelle) bzw. 500 T€ (bei Anwendung der Splittingtabelle) nicht überschreitet, ist es stets vorteilhafter, eine Zahlung der Kapitalgesellschaft an den Gesellschafter in die Form einer Gehaltszahlung als in die einer Gewinnausschüttung zu kleiden.
2. Das Gleiche wie zu 1. gilt auch in allen Fällen, in denen das zu versteuernde Einkommen des Gesellschafters die genannten Grenzen überschreitet, wenn der Gewerbesteuerhebesatz höher ist als 400 %.
3. Lediglich in den Fällen, in denen das zu versteuernde Einkommen des Gesellschafters bereits ohne das Gehalt bzw. den betrachten Gehaltsteil die genannten Grenzen überschreitet und gleichzeitig der Gewerbesteuerhebesatz geringer ist als 400 %, ist eine Ausschüttung geringfügig vorteilhafter als eine Gehaltszahlung. Hierbei hängt der Hebesatz, bei dessen Unterschreitung die Vorteilhaftigkeit „kippt", davon ab, ob der Gesellschafter der Kirchensteuer unterliegt oder nicht.

Klargestellt sei, dass Gehaltszahlungen nur insoweit die hier ermittelten Wirkungen zeigen, als sie nicht in verdeckte Gewinnausschüttungen umzudeuten sind.

Soweit eine Umqualifikation erfolgt, treten nicht die Wirkungen einer Gehaltszahlung, sondern die einer Gewinnausschüttung ein: Die Folgen einer verdeckten sind bekanntlich die gleichen wie die einer offenen Gewinnausschüttung.

2.4.2.2 *Gehälter zusätzlich zu Ausschüttungen*

Bisher ist davon ausgegangen worden, dass Gehälter (teilweise) Ausschüttungen ersetzen. Denkbar ist auch der Fall, dass die Gehälter nicht an die Stelle von Ausschüttungen treten, sondern dass sie *zusätzlich* zu den Ausschüttungen gezahlt werden. Soll die Summe der dem Unternehmen zur Verfügung stehenden finanziellen Mittel nicht auf Dauer gemindert werden, so kann ein Ausgleich für die zusätzlichen Auszahlungen dadurch erfolgen, dass die Gesellschafter dem Unternehmen in größeren Abständen Gesellschafterdarlehen oder Eigenkapital zuführen.

Die Steuerwirkungen, die sich als Folge zusätzlicher *Gehaltszahlungen* und *Rückholung* der gezahlten Beträge ergeben, sind bereits in Teil III behandelt worden[26]. Ebenso ist dort auf den engen Anwendungsbereich einer derartigen Gestaltungsmaßnahme eingegangen worden. Auf eine Wiederholung dieser Ausführungen kann verzichtet werden. Hier sollen nur noch einmal die Ergebnisse wie folgt kurz zusammengefasst werden:

1. Der Anwendungsbereich der hier aufgezeigten Maßnahme ist zum einen durch das Rechtsinstitut der verdeckten Gewinnausschüttung und zum anderen durch mögliche entgegenstehende Interessen anderer Gesellschafter eng begrenzt.
2. Eine Rückholung des Geldes in Form von Eigenkapital kann nur dann vorteilhaft sein, wenn die vorangegangene Gehaltszahlung mit einem deutlich unter 30 % liegenden Einkommensteuersatz belastet worden ist. Eine Rückholung in der Form eines Gesellschafterdarlehens kann auch bei höheren Steuersätzen vorteilhaft sein.

2.4.2.3 *Pensionszusagen*

Neben Gehältern erhalten die Gesellschafter-Geschäftsführer von Kapitalgesellschaften häufig Pensionszusagen. Kapitalgesellschaften dürfen hier mit steuerlicher Wirkung Rückstellungen bilden. Hinsichtlich der Voraussetzungen, die steuerlich erfüllt sein müssen, sei auf Band 1 verwiesen[27].

In Höhe der *Zuführungen zu einer Pensionsrückstellung* für den Gesellschafter-Geschäftsführer einer Kapitalgesellschaft findet in den jeweiligen Jahren eine Minderung von E i. S. v. Gleichung (II) statt. Dies hat für die Jahre der Zuführung erhebliche Steuervorteile zur Folge. Diese Vorteile bleiben oft über viele Jahre oder sogar Jahrzehnte erhalten. Sie lösen sich erst bei einer späteren Zahlung der Pension dadurch langsam auf, dass in den Jahren der Pensionszahlung ein Teil der

---

[26] Vgl. Teil III, Gliederungspunkt 3.5.6.
[27] Hierzu s. Schneeloch, D., Besteuerung, 2008, S. 232 f.

Zahlung nicht als Aufwand, sondern erfolgsneutral gegen die Pensionsrückstellung verbucht wird.

In den Jahren der Zuführung zu der Pensionsrückstellung treten außer der bereits erwähnten Minderung von E grundsätzlich keine weiteren ertragsteuerlichen Folgen auf. Insbesondere findet in diesen Jahren keine Versteuerung bei dem begünstigten Gesellschafter statt. Diese erfolgt erst in den Jahren der tatsächlichen Pensionszahlungen. Bei dem späteren Zufluss der Pension sind bei dem inzwischen pensionierten Gesellschafter-Geschäftsführer nachträgliche Einkünfte aus nichtselbständiger Arbeit gegeben. Zu beachten ist in diesem Zusammenhang aber, dass in derartigen Fällen zusätzlich zu dem Arbeitnehmer-Pauschbetrag i. S. d. § 9a EStG i. H. v. 920 € der Versorgungsfreibetrag des § 19 Abs. 2 EStG zum Abzug kommt. Zuführungen zu Pensionsrückstellungen für einen Gesellschafter-Geschäftsführer führen also in den Jahren der Zuführung zu oft hohen steuerlichen Vorteilen. Diesen stehen Nachteile oft erst in wesentlich späteren Jahren entgegen. Durch die Verlagerung von Steuerzahlungen in die Zukunft entstehen Zinseffekte, von denen ohne nähere Überprüfung häufig angenommen werden kann, dass sie die späteren Steuermehrzahlungen überkompensieren. Per Saldo bringt die Zuführung zu einer derartigen Rückstellung somit in aller Regel Vorteile, die z. T. hoch sein können. Ein Beispiel soll das Ausmaß derartiger Vorteile veranschaulichen.

Beispiel

Der Gesellschafter-Geschäftsführer G der X-GmbH erhält von dieser am 1.1.2009 eine Pensionszusage. Zum Zeitpunkt der Zusage ist G 34 Jahre alt. Die Pension soll nach Vollendung des 65. Lebensjahres des G gezahlt werden. Im Jahr 2009 beträgt der Wert der nach den Grundsätzen des § 6a EStG gebildeten Zuführung zur Pensionsrückstellung 15.000 €. In den folgenden Jahren ist jeweils mit steigenden Zuführungen zu rechnen. Der Hebesatz der Gewerbesteuer beträgt 400 %. Solidaritätszuschlag soll berücksichtigt werden.

Bereits im Jahr 2009 kommt es bei der GmbH zu einer steuerlichen Gewinnminderung i. H. v. 15.000 €. Dieser Betrag ist mit dem kombinierten Steuersatz zu multiplizieren, mit dem E i. S. v. Gleichung (II) verknüpft ist. Dieser beträgt unter Berücksichtigung eines 5,5 %igen Solidaritätszuschlags 29,825 %. Dadurch ergibt sich für das Jahr 2009 eine Steuerersparnis von (15.000 € · 29,825 % =) 4.474 €. Dieser Steuervorteil bleibt der X-GmbH voraussichtlich für rd. drei Jahrzehnte erhalten und verzinst sich während dieser Zeit. Wird von einem Nettozinssatz von 6 % ausgegangen, so hat die Steuerersparnis von 4.474 € nach Ablauf von 30 Jahren einen Endwert von 25.696 €. Angemerkt sei, dass ein Nettozinssatz von 6 % unter der Annahme, dass Steuerersparnisse zum Abbau von Verbindlichkeiten verwendet werden, keinesfalls unrealistisch hoch erscheint.

2.4.2.4 Gesellschafterdarlehen

Unter *Gesellschafterdarlehen* werden üblicherweise solche Darlehen verstanden, die Gesellschafter „ihrer" Gesellschaft gewähren. Bei personenbezogenen Gesellschaften kann die Hingabe eines Gesellschafterdarlehens eine Alternative zu einer Zufuhr von Eigenkapital durch die Gesellschafter darstellen. In einem derartigen Fall ist ein Vorteilsvergleich zwischen den alternativen Finanzierungsmaßnahmen angebracht. Dieser sollte dann auch einen Vergleich in steuerlicher Hinsicht beinhalten. Derartige Vergleiche sind bereits in Teil III unter Gliederungspunkt 3.4 durchgeführt worden. Auf eine Ableitung von Belastungsdifferenzen an dieser Stelle kann deshalb verzichtet werden.

Die Ausführungen in Teil III haben ergeben, dass im Falle einer Kapitalgesellschaft die Gesellschafterfremdfinanzierung in aller Regel steuerlich vorteilhafter ist als die Eigenfinanzierung. Die in Teil III für einige wichtige Spezialfälle ermittelten Ergebnisse sind - in etwas anderer Darstellungsform als in Teil III - nochmals in *Tabelle IV/4* wiedergegeben[28].

Tabelle IV/4:   Steuerbelastungsdifferenzen von Zinszahlungen im Vergleich zu Ausschüttungen in Abhängigkeit von der Höhe des Einkommensteuersatzes sei bei h = 400 %, β = 0 und ski = 0 in % eines Bruttoausgangsbetrages B

Einkommen-steuersatz	0 %	25 %	30 %	42 %	45 %
Zinsen	0,0	26,4	31,7	44,3	47,5
Ausschüttung	29,8	48,3	48,3	48,3	48,3
Differenz	− 29,8	− 21,9	− 16,6	− 4,0	− 0,8

In methodischer Hinsicht sei darauf hingewiesen, dass in Teil III von einem in den Vergleichsfällen gleich großen Bruttobetrag B ausgegangen wird. Dieser Bruttobetrag steht also sowohl in dem Fall der Eigen- als auch in dem der Gesellschafterfremdfinanzierung für Zahlungen an den Gesellschafter und für auf B entfallende Steuerzahlungen zur Verfügung. Damit wird dort methodisch in anderer Weise vorgegangen als in diesem Teil des Buches unter Gliederungspunkt 2.4.2.1 für den Vergleich von Gehältern anstelle von Ausschüttungen. Im zuletzt genannten Falle wird das Gehalt als Vergleichsmaßstab gewählt, in Teil III hingegen der Bruttobetrag B. Selbstverständlich ließe sich auch in diesem Gliederungspunkt eine andere Bezugsgröße als der Bruttobetrag wählen, und zwar in Analogie zum Gehalt unter Gliederungspunkt 2.4.2.1. Bezugsgrößen wären dann grundsätzlich die Zinsen. Hierauf wird aber verzichtet, da in Teil III bereits bei Wahl der Bezugsgröße B brauchbare Ergebnisse erzielt worden sind. Angemerkt sei, dass bei Wahl der Zinsen als Bezugsgröße Probleme auftreten, die bereits in Gliederungspunkt 3.4 des Teils III analysiert worden sind. Angemerkt sei ferner, dass sich die Ergebnisse ineinander überführen lassen.

Zusammenfassend lässt sich feststellen, dass i. d. R. die Gesellschafterfremdfinanzierung vorteilhafter sein dürfte als die Eigenfinanzierung. Der Vorteil ist allerdings im Falle einer Hinzurechnung von Dauerschuldzinsen zum Gewerbeertrag nach § 8 Nr. 1 GewStG geringer als der im Falle der Zahlung eines Gehalts an einen Gesellschafter anstelle einer Gewinnausschüttung.

---

[28]   Zum Nachweis im Einzelnen s. Teil III, Gliederungspunkt 3.4.3.4.

2.4.2.5 Miet- oder Pachtverträge zwischen einer Kapitalgesellschaft und ihren Gesellschaftern

Bei personenbezogenen Kapitalgesellschaften bietet es sich häufig an, der Gesellschaft anstelle einer alternativ durchzuführenden Eigenkapitalerhöhung miet- oder pachtweise Wirtschaftsgüter eines Gesellschafters zur Verfügung zu stellen. Miet- oder Pachtzahlungen, die auf der Grundlage derartiger Miet- oder Pachtverhältnisse von der Gesellschaft erbracht werden, gehören - ebenso wie Gehalts- und Zinszahlungen der Kapitalgesellschaft an einen ihrer Gesellschafter - zu abzugsfähigen Betriebsausgaben bei der Gesellschaft und zu steuerbaren Einnahmen bei dem Gesellschafter. Insoweit sind die Steuerwirkungen die gleichen wie in den Gliederungspunkten 2.4.2.1 und 2.4.2.4 bzw. - ausführlich - in Teil III unter dem Gliederungspunkt 3.4.3 dargestellt. Uneingeschränkt gilt dies aber nur dann, wenn es nicht nach § 8 Nr. 1 GewStG zu einer Hinzurechnung eines Teils der Miet- oder Pachtzinsen zum Gewerbeertrag kommt. Findet eine derartige Hinzurechnung hingegen statt, so hat diese grundsätzlich die gleiche Wirkung wie eine entsprechende Hinzurechnung von Zinsen - ebenfalls nach § 8 Nr. 1 GewStG. Hinsichtlich der Gesamtwirkungen in einem derartigen Fall kann insoweit auf die Ausführungen in Teil III zu Gliederungspunkt 3.4.3 verwiesen werden. Allerdings nimmt der dort für die Hinzurechnung nach § 8 Nr. 1 GewStG verwendete Faktor β andere Werte an als im Falle einer Hinzurechnung von Zinsen.

Wird auch hier der Hinzurechnungsfaktor nach § 8 Nr. 1 GewStG mit β bezeichnet, so richtet sich dessen konkreter Wert entweder nach Buchstabe d) oder nach Buchstabe e) des § 8 Nr. 1 GewStG. Nach derzeitigem Recht beträgt er im Falle

- des Buchstaben d) $1/4 \cdot 1/5 = 5\,\%$ und
- des Buchstaben e) $1/4 \cdot 13/20 = 16,25\,\%$

des Miet- oder Pachtaufwands. Zur Erinnerung sei noch einmal darauf hingewiesen, dass Buchstabe d) im Falle der Vermietung oder Verpachtung beweglicher und Buchstabe e) in dem der Vermietung oder Verpachtung unbeweglicher Wirtschaftsgüter des Anlagevermögens anzuwenden ist.

Soll bei gleich hohem für die Ausschüttung oder die Miet- oder Pachtzahlungen zur Verfügung stehendem Bruttobetrag B die Steuerbelastungsdifferenz ($S_{kap+ges/a-mi}$) der Alternativen ermittelt werden, so kann dies am einfachsten dadurch geschehen, dass die in Teil III abgeleitete Gleichung (90) analog angewendet wird. In dieser Gleichung ist dann der Steuersatz $s_{e/zi}$ durch den entsprechenden kombinierten Einkommen-, Kirchensteuer- und Solidaritätszuschlagsatz $s_{e/mi}$ zu ersetzen. Ein Freibetrag nach § 20 EStG kommt im Falle von Miet- oder Pachtzinsen (selbstverständlich) nicht zur Anwendung. Wird der (wichtige) Spezialfall betrachtet, dass bei Eigenfinanzierung der Freibetrag $F_{e\S20}$ bereits ausgeschöpft ist, so nehmen in der in Teil III abgeleiteten Gleichung (90) die beiden Terme, in denen $F_{e\S20}$ enthalten ist, jeweils den Wert 0 an. Die Steuerbelastungsdifferenz für den Fall eines Vergleichs der Eigenfinanzierung mit dem einer alternativen Vermietung oder Verpachtung von Wirtschaftsgütern durch einen Gesellschafter kann dann analog zu dieser Gleichung wie folgt formuliert werden:

(11) $S_{kap+ges/a-mi} = (s_k + s_{ge}) \cdot B + s_{e/a} \cdot (1 - s_k - s_{ge}) \cdot B$

$$- \frac{\beta \cdot s_{ge} + s_{e/mi} \cdot (1 - s_k - s_{ge})}{1 - s_k - s_{ge} + \beta \cdot s_{ge}} \cdot B.$$

Aufgrund des gesonderten Steuersatzes des § 32d Abs. 1 EStG und des sich aus § 32d Abs. 6 EStG ergebenden Wahlrechts des Steuerpflichtigen, einen Antrag auf Einbeziehung der Ausschüttung in die Veranlagung zu stellen, gilt:

(12) $s_{e/mi} \geq s_{e/a}.$

Kommt es im Falle einer Vermietung oder Verpachtung nicht zu einer Hinzurechnung nach § 8 Nr. 1 GewStG, d. h. gilt $\beta = 0$, so vereinfacht sich Gleichung (11) zu:

(11a) $S_{kap+ges/a-mi} = [s_k + s_{ge} + s_{e/a} \cdot (1 - s_k - s_{ge}) - s_{e/mi}] \cdot B.$

2.4.2.6 Ausschüttungsgestaltung

Personenbezogene Kapitalgesellschaften und ihre Gesellschafter können den Zeitpunkt der Ausschüttung von Gewinnen in den Dienst der betrieblichen Steuerpolitik stellen. Hierbei können sie das Ziel verfolgen, Ausschüttungen in solche Jahre zu verlagern, in denen ein oder mehrere Gesellschafter ohne diese Ausschüttungen nur ein geringes oder sogar ein negatives zu versteuerndes Einkommen erzielen.

Durch die Verlagerung von Ausschüttungen in Jahre mit geringen Einkommen der Gesellschafter gelingt es, diese Ausschüttungen mit niedrigeren Einkommensteuersätzen zu belasten als dies der Fall wäre, wenn sie in Jahren mit hohen Einkommen gezahlt würden. In Einzelfällen mag es sogar gelingen, den sich aus § 32a Abs. 1 Satz 2 Nr. 4 oder Nr. 5 EStG ergebenden Formelabzugsbetrag i. H. v. derzeit 8.172 € bzw. 15.694 € mehrfach zu nutzen, während er bei einem Verzicht auf die Gestaltungsmaßnahme verloren ginge. Von großer Bedeutung ist es in diesem Zusammenhang, dass sich der aus § 32a Abs. 1 Satz 2 EStG ergebende Formelabzugsbetrag im Splittingfall verdoppelt. Ein Beispiel soll die Zusammenhänge verdeutlichen. Hierbei wird von dem für 2010 geltenden Recht nach dem Rechtsstand im Sommer 2009 ausgegangen.

Beispiel

Die Eheleute E sind alleinige Gesellschafter der Z-GmbH. Da die Eheleute während der Jahre 2008 und 2009 hohe Einkünfte aus anderen Einkunftsquellen bezogen haben, haben sie bisher darauf verzichtet, für diese Jahre Ausschüttungen vorzunehmen. Anfang des Jahres 2010 hat der Ehemann (EM) 90 % der Kommanditanteile an einer von Insolvenz bedrohten GmbH & CoKG (KG) erworben. Anschließend hat die KG aufgrund einer Gesellschaftereinlage des EM ihr Kommanditkapital um 2 Mio € aufgestockt. Sie ist hierdurch in die Lage versetzt worden, die für ihr Überleben erforderlichen Rationalisierungsinvestitionen durchzuführen.

Im Dezember des Jahres 2010 zeichnet es sich ab, dass die KG während der Jahre 2010 und 2011 noch hohe Verluste erwirtschaften und erst ab dem Jahre 2012 die Gewinnzone erreichen wird. EM schätzt seine Anteile an diesen Verlusten auf 400 T€ und 300 T€. Ohne eine Ausschüttung der Z-GmbH würde unter diesen Umständen das zu versteuernde Einkommen der Eheleute -250 T€ bzw. – 150 T€ betragen. Um für die Jahre 2010 und 2011 nicht die Formelabzugsbeträge des § 32a Abs. 1 Satz 2 Nr. 5 EStG zu verlieren, erwägen die Eheleute als Gesellschafter der Z-GmbH, für diese während der Jahre 2010 und 2011 so hohe Ausschüttungen zu beschließen, dass die Verluste im Jahr ihrer Entstehung ausgeglichen werden können. Nach einer Ermittlung des möglichen Ausschüttungspotentials kommt der Steuerberater S zu dem Ergebnis, dass das von den Eheleuten E angestrebte Ziel verwirklicht werden kann. Die Eheleute beschließen daraufhin Ausschüttungen in der von S vorgeschlagenen Höhe.

Durch die Ausschüttungsbeschlüsse gelingt es den Eheleuten in den Veranlagungszeiträumen 2010 und 2011 einen Abzug nach § 32a Abs. 1 Satz 2 Nr. 5 EStG i. H. v. (15.694 € · 2 =) 31.388 € zu erzielen. In Höhe dieser Beträge erreichen sie also durch eine gezielte Ausschüttungspolitik bei der Z-GmbH persönliche Einkommensteuervorteile.

Auch in Zeiten der Änderung des Einkommensteuertarifs kann es vorteilhaft sein, Ausschüttungen (teilweise) aus einem Jahr in ein anderes Jahr zu verlagern.

Beispiel

Die X-GmbH nimmt ihre Gewinnausschüttung für das Vorjahr traditionell im Oktober des Jahres vor. Im Jahr 1 beraten die Gesellschafter, ob dies auch in diesem Jahr sinnvoll ist oder ob die Ausschüttung i. H. v. 100 T€ erst am 2. Januar des Jahres 2 erfolgen soll. In diesem Zusammenhang ist zu beachten, dass der Gesetzgeber zum 1.1. des Jahres 2 eine Senkung des Spitzensteuersatzes um 5 % beschlossen hat. Alle Gesellschafter haben bereits ohne die Ausschüttung im Jahr 1 ein zu versteuerndes Einkommen, das im oberen Plafond liegt. Sie erwarten das gleiche auch für das Jahr 2.

Infolge der Gesetzesänderung ist es bei dem geschilderten Sachverhalt für die Eheleute vorteilhaft, die Ausschüttung erst im Jahr 2 vorzunehmen. Im Vergleich zu einer Ausschüttung bereits im Jahre 1 sparen sie dann (100 T€ · 5 % =) 5 T€.

2.4.2.7 Auswirkungen schuldrechtlicher Verträge auf die Erbschaft- bzw. Schenkungsteuer

Durch den Abschluss schuldrechtlicher Verträge zwischen einer Kapitalgesellschaft und ihren Gesellschaftern lassen sich nicht nur die Ertragsteuern, vielmehr lässt sich auch die Erbschaft- bzw. Schenkungsteuer senken. Dies gilt selbstverständlich nur dann, wenn die Freibeträge des ErbStG überschritten sind. Auf die durch den Abschluss schuldrechtlicher Verträge erzielbare Verringerung der erbschaft- bzw. schenkungsteuerlichen Bemessungsgrundlagen wird erst unter Gliederungspunkt 2.5.4 eingegangen.

2.4.2.8 Mitarbeit und Beteiligung von Familienangehörigen

In personenbezogenen Kapitalgesellschaften kann versucht werden, *Einkünfte* von dem Gesellschafter auf seinen Ehegatten oder auf seine Kinder *zu verlagern*. Dies gilt insbesondere in den Fällen, in denen der Gesellschafter Mehrheits- oder sogar Alleingesellschafter ist. Die Übertragung von Einkünften auf einen Familienangehörigen kann in zweierlei Weise erfolgen, und zwar

- durch Abschluss eines Arbeitsvertrages zwischen der Kapitalgesellschaft und dem Angehörigen des Gesellschafters,
- durch Aufnahme des Angehörigen als Gesellschafter in die Gesellschaft.

Auch eine Kombination beider Maßnahmen ist möglich und üblich.

Bei Abschluss eines *Arbeitsvertrages* ist es für dessen steuerliche Wirksamkeit zwingend, dass er auch vollzogen wird. Der Ehegatte oder das Kind muss also auch tatsächlich in der Gesellschaft mitarbeiten und es müssen sämtliche üblichen Konsequenzen aus dem Arbeitsverhältnis gezogen werden. Durch diese strengen Anforderungen an die Anerkennung von Arbeitsverhältnissen mit Angehörigen des (beherrschenden) Gesellschafters der Gesellschaft sind Gestaltungsmaßnahmen enge Grenzen gesetzt. Sie beschränken sich auf solche Fälle, in denen der Angehörige ein Arbeitsverhältnis eingehen will und kann. Es handelt sich also um Fälle, in denen ein Angehöriger einen familienfremden Arbeitnehmer ersetzt. In derartigen Fällen mag es allenfalls in geringem Umfang möglich sein, Einkünfte von dem Gesellschafter auf einen Angehörigen zu verlagern. Dies kann dadurch geschehen, dass der Gesellschafter zugunsten seines Ehegatten oder eines Kindes künftig ein geringeres Gehalt bezieht als in dem Falle, in dem sein Ehegatte oder sein Kind nicht in der Gesellschaft mitarbeiten. Bei einer derartigen Einkünfteverlagerung sind allerdings sehr schnell die Grenzen der verdeckten Gewinnausschüttung erreicht.

Handelt es sich bei dem in der Gesellschaft beschäftigten Angehörigen um den *Ehegatten des Gesellschafters*, so lässt sich keine gewerbesteuerliche und allenfalls eine geringfügige einkommensteuerliche Steuerersparnis erzielen. Ein gewerbesteuerlicher Entlastungseffekt entsteht nicht, weil lediglich Gehaltsaufwendungen durch andere Gehaltsaufwendungen und damit Betriebsausgaben durch andere Betriebsausgaben ersetzt werden. Einkommensteuerlich entsteht deshalb kein oder nur ein sehr geringer Effekt, weil eine Verlagerung von Einkünften von einem Ehegatten auf den anderen im Rahmen einer Zusammenveranlagung der Ehegatten grundsätzlich nicht zu einer Veränderung der Steuerbelastung führt. Allenfalls kann es zur Ausschöpfung bislang nicht ausgenutzter Freibeträge, wie des Arbeitnehmer-Pauschbetrags kommen. Dies gilt aber auch nur dann, wenn der in der Gesellschaft mitarbeitende Ehegatte im Falle eines Verzichts auf Mitarbeit kein anderes Arbeitsverhältnis eingeht.

Handelt es sich bei dem in der Gesellschaft beschäftigten Angehörigen um ein *Kind des Gesellschafters*, so lassen sich wiederum keine gewerbesteuerlichen Ersparnisse erzielen. Die Begründung ist die gleiche wie im Ehegattenfall. Einkommensteuerliche Ersparnisse hingegen lassen sich dann erreichen, wenn der Gesellschafter ein deutlich höheres zu versteuerndes Einkommen erzielt als sein Kind. In diesem Fall unterliegt der von dem Gesellschafter auf das Kind verlagerte Einkommensteil bei dem Kind einem geringeren Differenzeinkommensteuersatz als bei dem Gesellschafter. Es sei aber nochmals betont, dass es i. d. R. nur in geringem Umfang gelingen wird, Gehalt von dem Gesellschafter auf dessen Kind zu verlagern.

Wesentlich größer als bei der Mitarbeit eines Familienangehörigen in der Gesellschaft sind die Möglichkeiten einer Einkünfteverlagerung durch eine *Beteiligung des Angehörigen an der Gesellschaft*. Dies kann durch Schenkung eines Anteils an der Gesellschaft durch den Gesellschafter geschehen. Diese ist auch bereits an minderjährige Kinder möglich[29]. Der Angehörige ist dann künftig an den Gewinnausschüttungen der Gesellschaft quotal beteiligt. Hierdurch kann es im Einzelfall gelingen, Einkünfte in größerem Umfang aus einer Besteuerung mit dem Spitzensteuersatz in eine Besteuerung mit einem wesentlich geringeren Differenzeinkommensteuersatz zu verlagern. In Extremfällen kann es zu einer mehrfachen Anwendung des Formelabzugsbetrags des § 32a EStG kommen. Die hierdurch entstehende Steuerersparnis ist allerdings nur bei der Beteiligung von Kindern, nicht hingegen bei der Beteiligung des Ehegatten möglich. Ehegatten kommen bekanntlich bereits - entsprechend hohes Einkommen vorausgesetzt - über die Zusammenveranlagung in den Genuss des Formelabzugsbetrags für jeden Ehegatten.

2.4.3 Gestaltungsmaßnahmen innerhalb von Personenunternehmen

2.4.3.1 Einführung

In Gliederungspunkt 2.4.2 ist eine Vielzahl von Gestaltungsmaßnahmen zwischen einer Kapitalgesellschaft und ihren Gesellschaftern im Hinblick auf ihre Vorteilhaftigkeit in steuerlicher Hinsicht untersucht worden. Dies soll nunmehr für Personenunternehmen geschehen. Hierbei wird zunächst auf Gestaltungsmaßnahmen eingegangen, die denen vergleichbar sind, die zwischen einer Kapitalgesellschaft und ihren Gesellschaftern bestehen. Anschließend werden Gestaltungsmaßnahmen behandelt, die nur bei Personenunternehmen relevant sind.

2.4.3.2 Schuldrechtliche Verträge zwischen Personengesellschaften und ihren Gesellschaftern

Schuldrechtliche Verträge zwischen einem Personenunternehmen und den Inhabern dieses Unternehmens setzen das Bestehen eines Gesellschaftsverhältnisses und damit einer Gesellschaft voraus. Von der erst später zu behandelnden GmbH & CoKG abgesehen, sind hierzu mindestens zwei natürliche Personen erforderlich. Einzelunternehmen können bereits zivilrechtlich und damit auch steuerrechtlich keine Verträge mit sich selbst abschließen. Damit scheiden Einpersonenkonstruktionen von vornherein aus. Insoweit besteht ein fundamentaler

---

[29] Hinsichtlich der rechtlichen Voraussetzungen, die in diesem Fall erfüllt sein müssen, sei auf R 4.8 EStR verwiesen.

Unterschied zu den Verhältnissen bei Kapitalgesellschaften. Dort sind Einperso-nengesellschaften möglich und in Form der Einmann-GmbH auch häufig in der Praxis anzutreffen. Diese Gesellschaften können - wie weiter oben behandelt - Schuldverträge mit ihrem Einpersonengesellschafter abschließen. Die Verträge werden grundsätzlich steuerlich anerkannt.

Personengesellschaften können mit ihren Gesellschaftern grundsätzlich die glei-chen Arten von Schuldverträgen abschließen wie Kapitalgesellschaften. Zu nen-nen sind also insbesondere

- Arbeitsverträge,
- Pensionsvereinbarungen,
- Darlehensverträge sowie
- Miet- und Pachtverträge.

Vergütungen aufgrund derartiger Verträge stellen handelsbilanziell Aufwendun-gen dar. Insoweit besteht Übereinstimmung mit der Behandlung von *Leistungs-vergütungen*, die von Kapitalgesellschaften gezahlt werden. Ertragsteuerlich wer-den derartige Leistungsvergütungen hingegen nach § 15 Abs. 1 Satz 1 Nr. 2 EStG in *Vorabgewinne* umgedeutet. Sie werden also außerbilanziell dem steuerlichen Gewinn wieder hinzugerechnet und stellen einen „normalen" Gewinnbestandteil der steuerlichen Mitunternehmerschaft dar. Sie haben damit die Wirkung von E i. S. v. Gleichung (I) bzw. (Ia)[30]. Werden Gewinnbestandteile in Leistungsvergü-tungen verwandelt, so hat dies also keine steuerlichen Folgen. Die Vereinbarung der Leistungsvergütungen lässt die Höhe des steuerlichen Gewinns der Mitunter-nehmerschaft unberührt. Allenfalls können sich Gewinnverschiebungen zwischen den Gesellschaftern ergeben.

Seit der Erbschaftsteuerreform des Jahres 2008 können Leistungsvergütungen allerdings Auswirkungen auf die Erbschaft- bzw. Schenkungsteuer der (Mit-)Un-ternehmer haben. Hierauf soll aber erst unter Gliederungspunkt 2.5.4 eingegangen werden.

2.4.3.3 Entnahmen- und Einlagenpolitik

Wie soeben erörtert, hat die Gewinnverwendung bei Personenunternehmen grund-sätzlich keinen Einfluss auf die Besteuerung. Ausnahmen ergeben sich aufgrund der Vorschriften des § 4 Abs. 4a EStG und des § 15a EStG. Die erstgenannte Vor-schrift betrifft den Schuldzinsenabzug bei Personenunternehmen, die zweitge-nannte die steuerliche Behandlung des Verlustanteils eines Kommanditisten. Aus beiden Vorschriften ergeben sich Gestaltungsprobleme. Auf diese ist in Teil II unter Gliederungspunkt 6 bereits ausführlich eingegangen worden. Auf eine Wie-derholung an dieser Stelle kann verzichtet werden.

---

[30]   Vgl. Teil I, Gliederungspunkt 4.2.1 bzw. 4.2.2.

2.4.3.4 Mitarbeit und Beteiligung von Familienangehörigen

Wie bereits ausgeführt, lassen sich bei Personenunternehmen grundsätzlich keine steuerlichen Effekte dadurch erzielen, dass Ausschüttungen (Entnahmen) an Gesellschafter in Gehaltszahlungen umgewandelt werden. Etwas anderes gilt lediglich dann, wenn durch Gehaltszahlungen eine teilweise *Einkommensverlagerung auf Familienmitglieder* möglich und gewollt ist. In Betracht kommen in diesem Zusammenhang in erster Linie Gehaltszahlungen an den Ehegatten bzw. an die Kinder. Dies setzt aber voraus, dass die Ehegatten bzw. Kinder auch tatsächlich in der vereinbarten Weise im Unternehmen tätig sind und sämtliche Folgerungen aus dem Arbeitsverhältnis gezogen werden, insbesondere Lohnsteuer und Sozialversicherungsbeiträge in der gesetzlich vorgeschriebenen Höhe entrichtet werden. Die Rechtsprechung stellt an die steuerliche Anerkennung von Ehegattenarbeitsverträgen und an Arbeitsverträge zwischen Eltern und Kindern, insbesondere minderjährigen Kindern, hohe Anforderungen. Für Ehegattenarbeitsverträge sind diese Voraussetzungen im Wesentlichen in H 4.8 EStR wiedergegeben. Aber auch dann, wenn Ehegattenarbeitsverträge grundsätzlich steuerlich anzuerkennen sind, ist damit noch nicht geklärt, ob sie auch in ihrer vereinbarten Höhe zum Abzug als Betriebsausgaben anerkannt werden. Dies bedeutet, dass sie nur insoweit zum Abzug zugelassen werden, als sie das Unternehmen auch mit familienfremden Personen vereinbaren würde.

Werden Gehälter mit steuerlicher Anerkennung an den Ehegatten oder an die Kinder gezahlt, so kommt es in Höhe der Gehaltszahlung zu einer voll abzugsfähigen Betriebsausgabe, d. h. zu einer entsprechenden Minderung von E i. S. v. Gleichung (I) bzw. (Ia). Bei dem Gehaltsempfänger kommt es zu einer Erhöhung des zu versteuernden Einkommens, und zwar in Höhe des Gehalts nach Abzug der einschlägigen Freibeträge, regelmäßig also des Arbeitnehmer-Pauschbetrags von derzeit (Sommer 2009) 920 €.

Handelt es sich bei dem Gehaltsempfänger um den Ehegatten des (Mit-)Unternehmers, so kommt es also letztlich zu einer Entlastung von Gewerbesteuer. Dieser steht aber eine Kürzung der Anrechnung von Gewerbesteuer nach § 35 EStG gegenüber. Wie in Teil I ausführlich dargestellt worden ist, kommt es in diesem Zusammenhang bei niedrigen Gewerbesteuerhebesätzen regelmäßig zu einer vollständigen Entlastung von Gewerbesteuer. Bei hohen Gewerbesteuerhebesätzen hingegen ist die tatsächlich gezahlte Gewerbesteuer höher als die pauschale Entlastung nach § 35 EStG[31].

Handelt es sich bei dem Gehaltsempfänger um ein Kind, so kommt vielfach ein deutlich niedrigerer Einkommensteuersatz zur Anwendung als bei den Eltern. Für die gesamte Wirtschaftsgemeinschaft der an der Gestaltungsmaßnahme beteiligten Personen kommt es somit zu einer Entlastung von Einkommensteuer. Diese wird dadurch verstärkt, dass das Kind als Angestellter in den Genuss des Arbeitnehmer-Pauschbetrags kommt. Bei einem hohen Gewerbesteuerhebesatz kommt es

---

31   Vgl. Teil I, Gliederungspunkt 4.2.3.

außerdem per Saldo zu einer Entlastung von Gewerbesteuer. Bei der Mitarbeit von Familienangehörigen ist aber zu beachten, dass die vereinbarten Arbeitsverhältnisse ggf. sozialversicherungspflichtig sind. Ist dies der Fall, so sind die Zahlungen der Sozialversicherungsbeiträge und Leistungen der Sozialversicherungsträger selbstverständlich bei der Untersuchung der Vorteilhaftigkeit der Gestaltung einzubeziehen. Eine steuerliche Partialbetrachtung reicht dann nicht aus.

2.4.3.5 Gestaltungsmaßnahmen beim Schuldzinsenabzug

In Teil II[32] ist erläutert worden, dass bei Personenunternehmen aufgrund der Vorschrift des § 4 Abs. 4a EStG die Gefahr besteht, dass Schuldzinsen teilweise oder auch in vollem Umfang nicht zum Abzug als Betriebsausgaben zugelassen werden. Dort sind auch Gestaltungsmaßnahmen erörtert worden, die einen Abzug ermöglichen sollen. Auf die Ausführungen in Teil II kann an dieser Stelle verwiesen werden.

2.4.3.6 Wahl zwischen Normaltarif und besonderem Steuersatz des § 34a Abs. 1 EStG

2.4.3.6.1 Einführung

Unternehmer bzw. Mitunternehmer können wählen, ob einbehaltene (thesaurierte) Gewinnbestandteile nach dem allgemeinen Tarif des § 32a EStG versteuert oder ob auf sie der begünstigte Steuersatz des § 34a Abs. 1 EStG i. H. v. derzeit 28,25 % angewendet werden soll. Im zweiten Fall müssen sie bei einer späteren Entnahme des zunächst thesaurierten Gewinnbestandteils nach § 34a Abs. 4 EStG eine Nachversteuerung in Kauf nehmen. Der Steuersatz nach dieser Rechtsnorm beträgt 25 %. Sowohl die nach § 34a Abs. 1 EStG als auch die nach Abs. 4 dieser Rechtsnorm erhobene Einkommensteuer gehört zur Bemessungsgrundlage der Zuschlagsteuern.

Es stellt sich die Frage, ob und ggf. unter welchen Voraussetzungen es für den Steuerpflichtigen vorteilhaft ist, die Anwendung des besonderen Steuersatzes des § 34a Abs. 1 EStG zu wählen. Dieser Frage soll nunmehr nachgegangen werden.

2.4.3.6.2 Vergleich für das Jahr der Thesaurierung in allgemeiner Form

Wird in den Vergleichsfällen von einem gleich hohen steuerlichen Bruttogewinn ausgegangen, so unterliegt dieser in beiden Fällen der Einkommensteuer, und zwar ohne Antrag nach § 34a Abs. 1 EStG dem Tarif nach § 32a EStG und in dem Fall, in dem ein Antrag gestellt wird, dem sich aus § 34a Abs. 1 EStG ergebenden. Sofern der Gewinn(bestandteil) gewerblichen Charakter hat, unterliegt er außerdem der Gewerbesteuer. Der Bruttogewinn hat somit die Wirkung von E i. S. d. in

---

32 Vgl. Teil II, Gliederungspunkt 6.2.

Teil I abgeleiteten Gleichung (I) bzw. (Ia). Die Gesamtbelastung im Jahr der Gewinneinbehaltung (Thesaurierung) kann daher ermittelt werden, indem der Bruttogewinn als E in Gleichung (I) bzw. (Ia) eingesetzt wird. Da der Gewerbeertrag und damit *sowohl* die *Gewerbesteuer* als auch deren Anrechnung auf die *Einkommensteuer* in pauschaler Form nach § 35 EStG *in den meisten Vergleichsfällen gleich groß* sein dürften, wird hier auf eine Vorgehensweise anhand dieser Gleichungen verzichtet. Stattdessen werden nur die *einkommensteuerlichen Folgen* der Vergleichsfälle ermittelt und *miteinander verglichen.* Voneinander abweichende gewerbesteuerliche Effekte werden in den nächsten Gliederungspunkten dann lediglich als Differenzgrößen berücksichtigt. Berücksichtigt wird die Gewerbesteuer im Übrigen lediglich insoweit, als sie Auswirkungen auf den anzuwendenden Einkommensteuersatz hat. Dies ist bei Antragstellung nach § 34a Abs. 1 EStG der Fall. Interessieren im Einzelfall die gesamten steuerlichen Belastungen, so können die gewerbesteuerlichen Folgen einschließlich deren Anrechnung in pauschaler Form den hier ermittelten einkommensteuerlichen Belastungen hinzugerechnet werden.

Wird kein Antrag nach § 34a Abs. 1 EStG gestellt, so ist auf den Bruttogewinn (G) der sich aus § 32a EStG und den Zuschlagsteuern ergebende kombinierte Einkommen-, Kirchensteuer- und Solidaritätszuschlagsatz ($se_{§32a}$) anzuwenden. Wird die sich so ergebende Einkommensteuerbelastung (ggf. einschließlich des Solidaritätszuschlags und der Kirchensteuer) mit $S_{§32a}$ bezeichnet, so kann formuliert werden:

(13) $S_{§32a} = G \cdot se_{§32a}.$

Wird ein Antrag zur Anwendung des besonderen Steuersatzes nach *§ 34a Abs. 1 EStG* erwogen, so ist zu beachten, dass nach dieser Rechtsnorm *nur* der *einbehaltene Gewinn begünstigt* ist. Dies kann bei vorgegebenem Bruttogewinn von der Logik her nur der *Gewinn nach Abzug* der auf ihn entfallenden *Steuern* sein. Dies bedeutet, dass der Teil des Bruttogewinns, der zur Zahlung der auf G lastenden Einkommensteuer erforderlich ist, mit dem „normalen" Einkommensteuersatz des § 32a EStG zu versteuern ist. Gleiches gilt für den Teil des Bruttogewinns, der zur Zahlung der auf ihm lastenden Nettobelastung mit Gewerbesteuer ($S_{ge/netto}$) erforderlich ist. Hierunter soll der Betrag verstanden werden, um den die Gewerbesteuer die Anrechnung von Gewerbesteuer auf die Einkommensteuer nach § 35 EStG übersteigt.

Abzuziehen ist von dem Bruttogewinn G zur Ermittlung des thesaurierten Gewinns (G_{th}) die auf G entfallende Einkommensteuer ($S_{§34a(1)}$) sowie die Nettobelastung von G mit Gewerbesteuer ($S_{ge/netto}$). Es kann demnach formuliert werden:

(14) $G_{th} = G - S_{§34a(1)} - S_{ge/netto}.$

Einkommensteuer $S_{\S34a(1)}$ entsteht i. H. d. Produkts aus dem thesaurierten Gewinn G_{th} und dem Einkommensteuersatz nach § 34a Abs. 1 EStG ($se_{\S34a(1)}$), erhöht um das Produkt aus der Differenz zwischen dem Bruttogewinn und dem thesaurierten Gewinn sowie den auf diese Differenz anzuwendenden Einkommensteuersatz nach § 32a EStG, $se_{\S32a}$. Einkommensteuer ergibt sich somit bei einer Antragstellung nach § 34a Abs. 1 EStG in folgender Höhe:

$$(15) \quad S_{\S34a(1)} = G_{th} \cdot se_{\S34a(1)} + (G - G_{th}) \cdot se_{\S32a}.$$

Durch Einsetzen des Werts von Gleichung (14) in Gleichung (15) ergibt sich:

$$(16) \quad S_{\S34a(1)} = (G - S_{\S34a(1)} - S_{ge/netto}) \cdot se_{\S34a(1)} + G \cdot se_{\S32a}$$
$$- (G - S_{\S34a(1)} - S_{ge/netto}) \cdot se_{\S32a}.$$

Gleichung (16) kann umformuliert werden zu

$$(17) \quad S_{\S34a(1)} \cdot (1 + se_{\S34a(1)} - se_{\S32a}) = (G - S_{ge/netto}) \cdot (se_{\S34a(1)} - se_{\S32a})$$
$$+ G \cdot se_{\S32a} \quad \text{bzw.}$$

$$(18) \quad S_{\S34a(1)} \cdot (1 + se_{\S34a(1)} - se_{\S32a}) = G \cdot se_{\S34a(1)} - G \cdot se_{\S32a}$$
$$- S_{ge/netto} \cdot se_{\S34a(1)} + S_{ge/netto} \cdot se_{\S32a}$$
$$+ G \cdot se_{\S32a} \quad \text{und}$$

$$(19) \quad S_{\S34a(1)} \cdot (1 + se_{\S34a(1)} - se_{\S32a}) = G \cdot se_{\S34a(1)}$$
$$- S_{ge/netto} \cdot (se_{\S34a(1)} - se_{\S32a}).$$

Gleichung (19) kann umformuliert werden zu:

$$(20) \quad S_{\S34a(1)} = \frac{se_{\S34a(1)}}{1 + se_{\S34a(1)} - se_{\S32a}} \cdot G + \frac{se_{\S32a} - se_{\S34a(1)}}{1 + se_{\S34a(1)} - se_{\S32a}} \cdot S_{ge/netto}.$$

Wird die Einkommensteuer ins Verhältnis zum Bruttogewinn gesetzt, so ergibt sich aus Gleichung (20) Folgendes:

$$(21) \quad \frac{S_{\S34a(1)}}{G} = \frac{se_{\S34a(1)}}{1 + se_{\S34a(1)} - se_{\S32a}} + \frac{se_{\S32a} - se_{\S34a(1)}}{1 + se_{\S34a(1)} - se_{\S32a}} \cdot \frac{S_{ge/netto}}{G}.$$

Für den Fall, dass die Gewerbesteuer in vollem Umfang nach § 35 EStG auf die Einkommensteuer und den Solidaritätszuschlag angerechnet werden kann, d. h. wenn gilt

$$S_{ge/netto} = 0,$$

vereinfacht sich Gleichung (20) zu:

$$(20a) \quad S_{§34a(1)} = \frac{s_{e§34a(1)}}{1 + s_{e§34a(1)} - s_{e§32a}} \cdot G.$$

Gleichung (21) vereinfacht sich entsprechend zu:

$$(21a) \quad \frac{S_{§34a(1)}}{G} = \frac{s_{e§34a(1)}}{1 + s_{e§34a(1)} - s_{e§32a}}.$$

2.4.3.6.3 Konkrete Vergleiche für das Jahr der Thesaurierung

Werden in Gleichung (20) die derzeitigen gesetzlichen Werte $s_{ei§34a(1)} = 0{,}2825$ und $s_{olz} = 0{,}055$ eingesetzt und wird der Spezialfall betrachtet, dass keine Kirchensteuer anfällt ($s_{ki} = 0$), d. h. beträgt $s_{e§34a(1)}$ ($0{,}2825 \cdot 1{,}055 =$) $0{,}2980375$, so ergibt sich Folgendes:

$$(21b) \quad \frac{S_{§34a(1)}}{G} = \frac{0{,}2980375}{1{,}2980375 - 1{,}055 \cdot s_{ei§32a}}$$
$$+ \frac{1{,}055 \cdot s_{ei§32a} - 0{,}2980375}{1{,}2980375 - 1{,}055 \cdot s_{ei§32a}} \cdot \frac{S_{ge/netto}}{G}.$$

Tabelle IV/5 enthält in Spalte 1 eine Reihe von Einkommensteuersätzen, die sich bei Anwendung des Tarifs des § 32a EStG ergeben können. In Spalte 2 sind die aus diesen ermittelten kombinierten Einkommensteuer- und Solidaritätszuschlagsätze wiedergegeben. Diese enthalten - ebenso wie die Werte der Spalten 3 bis 10 - keine Kirchensteuer.

In den Spalten 3 bis 6 der Tabelle IV/5 sind kombinierte Einkommensteuer- und Solidaritätszuschlagsätze wiedergegeben, mit denen ein Bruttogewinn(bestandteil) G bei Anwendung des § 34a EStG belastet wird. Die Werte sind aus Gleichung (21) ermittelt worden. Sie berücksichtigen also, dass auf den größten Teil von G der in § 34a Abs. 1 EStG festgelegte Einkommensteuersatz von 28,25 % anzuwenden ist, auf einen kleinen Teil aber der sich aus § 32a Abs. 1 EStG ergebende. Der konkrete tarifliche Einkommensteuersatz nach § 32a EStG ist auch für diese Tabellenwerte in Spalte 1 festgelegt.

In den Spalten 3 bis 6 sind bei Ermittlung des sich nach § 34a Abs. 1 EStG ergebenden kombinierten Einkommensteuer- und Solidaritätszuschlagsatzes unterschiedliche Nettobelastungen mit Gewerbesteuer berücksichtigt. In Spalte 3 beträgt diese Nettobelastung 0 %. Es handelt sich also um den Spezialfall, der durch Gleichung (21a) gekennzeichnet ist. Dieser Fall ergibt sich stets dann, wenn

- entweder überhaupt keine Gewerbesteuer entsteht, d. h. also bei Land- und Forstwirten und Freiberuflern oder
- zwar Gewerbesteuer entsteht, diese aber in vollem Umfang nach § 35 EStG auf die Einkommensteuerschuld der (Mit-)Unternehmer angerechnet wird.

In den Spalten 4 bis 6 der Tabelle IV/5 wird jeweils davon ausgegangen, dass die Gewerbesteuer nicht in vollem Umfang auf die Einkommensteuer angerechnet werden kann. Spalte 4 liegt der Fall zugrunde, dass die Gewerbesteuer um 1 % des Bruttogewinns G größer ist als die Anrechnung. Bei der derzeit geltenden Steuermesszahl von 3,5 % ist dies dann der Fall, wenn der Gewerbesteuerhebesatz den maximalen Hebesatz einer Vollanrechnung von 401 %[33] um (1 % : 3,5 % =) rd. 29 % übersteigt. Vorausgesetzt ist eine Anrechnung mit dem Faktor 3,8 nach § 35 Abs. 1 EStG. Unter diesen Voraussetzungen beruhen die in Spalte 4 wiedergegebenen Werte also auf einem Hebesatz von rd. (401 % + 29 % =) 430 %.

In den Spalten 5 und 6 der Tabelle IV/5 wird von einem 2 %igen bzw. 3,5 %igen Überhang der Gewerbesteuer über ihre Anrechnung nach § 35 EStG ausgegangen. Dies entspricht - unter den übrigen soeben genannten Voraussetzungen - einem Hebesatz von rd. (401 % + 57 % =) 458 % bzw. (401 % + 100 % =) 501 %.

Die Spalten 7 bis 10 enthalten Steuerbelastungsdifferenzen zwischen den Werten der Spalte 2 einerseits und denen der Spalten 3 bis 6 andererseits. Es wird also ein Vergleich zwischen den Steuersätzen bei Anwendung des § 32a EStG und denen sich aus § 34a Abs. 1 EStG ergebenden gezogen. Es zeigt sich, dass bei einem Steuersatz von 0 % (Zeile 1) die Anwendung des § 32a EStG deutlich vorteilhafter ist als die des § 34a Abs. 1 EStG. Dieser Vorteil ist bei einer Vollanrechnung der Gewerbesteuer (Spalte 7) mit rd. 29,8 % am größten. Er sinkt mit steigender Nichtanrechnung und beträgt bei einer Nichtanrechnung von 3,5 % des Bruttogewinns rd. 29 % (Spalte 10).

Mit steigendem Steuersatz gem. § 32a EStG sinkt der Vorteil der Anwendung dieser Rechtsnorm und schlägt bei einem tariflichen Einkommensteuersatz von 28,25 % in einen Nachteil um. Bei hohen Steuersätzen gem. § 32a EStG ist der Nachteil der Anwendung dieser Rechtsnorm beachtlich, d. h. der Vorteil einer Antragstellung nach § 34a Abs. 1 EStG ist in diesen Fällen groß. Maximal beträgt dieser Vorteil rd. 11,3 % (Spalte 7, Zeile 6). Mit steigender Nichtanrechnung sinkt er. Bei einer Nichtanrechnung von 3,5 % des Bruttogewinns G beträgt er maximal rd. 10,5 % (Spalte 10, Zeile 6).

Insgesamt bleibt festzustellen, dass eine Antragstellung nach § 34a Abs. 1 EStG nur dann vorteilhaft sein kann, wenn der alternativ anzuwendende Einkommensteuersatz nach § 32a EStG hoch ist.

---

[33]   Vgl. Teil I, Gliederungspunkt 4.2.3.

Tabelle IV/5: *Kombinierte Belastung mit Einkommensteuer (ohne Kirchensteuer) und Solidaritätszuschlag bei Thesaurierung in % des zur Thesaurierung zur Verfügung stehenden Bruttogewinns G*

Zeile	Einkommensteuersatz Se i§32a in %	Belastung bei Anwendung des § 32a EStG in % von G	Belastung bei Antragstellung nach § 34a Abs. 1 EStG bei Nettobelastung mit GewSt $S_{ge/netto}$ in % von G				Belastungsdifferenz bei Anwendung des § 32a EStG und bei Nettobelastung mit GewSt $S_{ge/netto}$ in % von G			
			0 %	1 %	2 %	3,5 %	0 %	1 %	2 %	3,5 %
	Spalte 1	Spalte 2	Spalte 3	Spalte 4	Spalte 5	Spalte 6	Spalte 7 (Sp. 2 - 3)	Spalte 8 (Sp. 2 - 4)	Spalte 9 (Sp. 2 - 5)	Spalte 10 (Sp. 2 - 6)
1	0,00	0,000	29,804	29,574	29,345	29,000	- 29,804	- 29,574	- 29,345	- 29,000
2	28,25	29,804	29,804	29,804	29,804	29,804	0,000	0,000	0,000	0,000
3	30,00	31,650	30,364	30,383	30,402	30,430	1,286	1,267	1,248	1,220
4	40,00	42,200	34,021	34,163	34,304	34,516	8,179	8,037	7,896	7,684
5	42,00	44,310	34,861	35,030	35,200	35,455	9,449	9,280	9,110	8,855
6	45,00	47,475	36,201	36,416	36,630	36,952	11,274	11,059	10,845	10,523

2.4.3.6.4 Ermittlung der Belastung durch die Nachversteuerung und Zusammenfassung der Steuerbelastungen

Regelmäßig ist davon auszugehen, dass ein thesaurierter Betrag zu irgendeinem späteren Zeitpunkt, spätestens im Rahmen der Liquidation des Unternehmens, entnommen wird. Damit hat grundsätzlich in den Fällen, in denen der besondere Steuersatz des § 34a Abs. 1 EStG zur Anwendung kommt, zu irgendeinem späteren Zeitpunkt eine Nachversteuerung gem. § 34a Abs. 4 EStG zu erfolgen[34]. Eine Ausnahme kann sich nur dann ergeben, wenn der entstandene und einbehaltene Gewinn durch Verluste in späteren Jahren wieder vernichtet wird. Voraussetzung ist dann aber, dass es in der Zeit bis zur Liquidation keine Überentnahmen gibt, die bereits in dem Zeitraum vor der Liquidation zu einer Nachversteuerung des betrachteten Gewinnbestandteils führen.

Von dem ursprünglich entstandenen Bruttogewinn G ist nur der Betrag entnehmbar, der nicht in der Form von auf G entfallenden Steuerzahlungen den Bruttogewinn gemindert hat. Bei diesen Steuerzahlungen handelt es sich um die auf den Bruttogewinn entfallende Gewerbesteuer sowie um die Einkommensteuer einschließlich der auf diese entfallenden Zuschlagsteuern nach Abzug der nach § 35 EStG auf die Einkommensteuer anrechenbaren Gewerbesteuer. Der Nachversteuerungsbetrag i. S. d. § 34a Abs. 4 EStG (Nb) ergibt sich also wie folgt:

$$(22) \quad Nb = G - S_{\S34a(1)} - S_{ge/netto}.$$

Der Nachversteuerungsbetrag ist mit dem sich aus § 34a Abs. 4 EStG ergebenden Einkommensteuersatz ($se_{\S34a(4)}$) bzw. dem sich unter Einbeziehung der Zuschlagsteuern ergebenden kombinierten Einkommen-, Kirchensteuer- und Solidaritätszuschlagsatz ($se_{\S34a(4)}$) zu multiplizieren. Das Produkt ergibt die Steuerbelastung bei Nachversteuerung. Diese beträgt also

$$(23) \quad S_{\S34a(4)} = Nb \cdot se_{\S34a(4)} \quad bzw.$$

bei Einsetzen des Werts von Nb aus Gleichung (22) in diese Gleichung

$$(24) \quad S_{\S34a(4)} = (G - S_{\S34a(1)} - S_{ge/netto}) \cdot se_{\S34a(4)}.$$

Nachfolgend soll lediglich der - sehr wichtige - Spezialfall betrachtet werden, der dadurch gekennzeichnet ist, dass eine Anrechnung in voller Höhe der Gewerbesteuer erfolgt. Es soll also gelten:

$$(25) \quad S_{ge/netto} \stackrel{!}{=} 0.$$

---

34 Weiterhin kann die Nachversteuerung durch die in § 34a Abs. 4 und 5 EStG dargestellten Sachverhalte ausgelöst werden. Auf die Darstellung der Einzelheiten wird verzichtet.

In diesem Fall vereinfacht sich Gleichung (24) zu

(24a) $S_{§34a(4)} = (G - S_{§34a(1)}) \cdot se_{§34a(4)}$.

Wie an früherer Stelle[35] abgeleitet worden ist, erfolgt bei Einzelunternehmern eine Vollanrechnung der Gewerbesteuer bei einem Hebesatz von bis zu rd. 401 %. Bei Mitunternehmerschaften kann eine Vollanrechnung ebenfalls bei Hebesätzen bis zu rd. 401 % entstehen. Hier kann der Anrechnungsbetrag aber in diesen Fällen auch geringer sein[36].

Die Werte für $S_{§34a(1)}$ im konkreten Einzelfall können aus Gleichung (20) bzw. (20a) ermittelt werden, die entsprechenden kombinierten Steuersätze aus Gleichung (21) bzw. (21a). Dies ist im letzten Gliederungspunkt bereits für eine größere Zahl von Fällen geschehen. Die Ergebnisse sind in der bereits besprochenen Tabelle IV/5 wiedergegeben worden. Nunmehr soll an einige der dort aufgeführten Werte angeknüpft und für diese die Nachversteuerungsbelastung ermittelt werden. Erfasst werden sollen nur solche Fälle, in denen der Einkommensteuersatz nach § 32a EStG im Jahr der Thesaurierung 42 % und 45 % betragen hat, also nur Fälle, in denen sich das zu versteuernde Einkommen des Steuerpflichtigen in einem der beiden Plafonds bewegt hat. Dies sind - wie ebenfalls bereits im letzten Gliederungspunkt ermittelt - die Fälle, in denen sich bei isolierter Betrachtung des Jahres der Thesaurierung ein Antrag nach § 34a Abs. 1 EStG in erheblichem Maße lohnt. Die Ergebnisse dieser Berechnungen sind in *Tabelle IV/6* wiedergegeben.

Differenziert wird in Tabelle IV/6 außer nach den beiden Einkommensteuersätzen von 42 % und 45 % nach den aus dem letzten Gliederungspunkt bekannten Gewerbesteuernettobelastungen $S_{ge/netto}$. Erfasst sind in Spalte 1 der Tabelle die bereits in Tabelle IV/5 berücksichtigten Gewerbesteuernettobelastungen in % von G.

Die Spalten 2 und 3 der Tabelle IV/6 enthalten die sich nach § 34a Abs. 1 EStG ergebenden zusammengefassten Belastungen aus Einkommensteuer und Solidaritätszuschlag in Prozent des Bruttogewinns G. Die Werte sind Tabelle IV/5 entnommen, und zwar den Spalten 3 bis 6, Zeilen 5 und 6. Die Spalten 4 und 5 der Tabelle IV/6 enthalten die sich nach Abzug der Steuern gem. den Spalten 2 bzw. 3 und der gewerbesteuerlichen Mehrbelastung gem. Spalte 1 ergebenden thesaurierten Beträge. Diese stellen zugleich den nachversteuerungspflichtigen Betrag (Nb) i. S. d. § 34a Abs. 4 EStG dar.

Die Spalten 6 und 7 der Tabelle IV/6 enthalten die auf der Basis der Werte der Spalten 4 und 5 errechneten Nachbelastungen mit Steuern gem. § 34a Abs. 4 EStG. Auch diese sind wiederum in Prozent des Bruttogewinns G angegeben. Die Tabelle zeigt, dass die Werte dicht beisammen liegen. Sie betragen zwischen rd. 16,6 % und 17,2 %.

---

35   Vgl. Teil I, Gliederungspunkt 4.2.3.
36   Im Einzelnen sei auf Teil I, Gliederungspunkt 4.2.3 verwiesen.

Die Spalten 8 und 9 der Tabelle IV/6 enthalten die Summen der Steuerbelastungen nach § 34a Abs. 1 EStG und § 34a Abs. 4 EStG. Sie ergeben sich durch Addition der Werte der Spalten 6 bzw. 7 zu denen der Spalten 2 bzw. 3. Sie betragen zwischen rd. 52,0 % und 53,6 %.

Tabelle IV/6:   *Steuerbelastung nach § 34a Abs. 1 EStG, § 34a Abs. 4 EStG und Zusammenfassung der Belastungen bei sei = 42 % bzw. sei = 45 %, solz = 5,5 % und ski = 0 in % des Bruttogewinns G*

$S_{ge/netto}$ in % von G	$S_{§34a(1)}$ bei		$N_b = G - S_{§34a(1)} - S_{ge/netto}$ bei		$S_{§34a(4)}$		$S_{§34a(1)} + S_{§34a(4)}$ bei $Sei_{§32a}$	
	Sei = 42 %	Sei = 45 %	Sei = 42 %	Sei = 45 %	zu Sp. 4	zu Sp. 5	42 %	45 %
Sp. 1	Sp. 2	Sp. 3	Sp. 4	Sp. 5	Sp. 6	Sp. 7	Sp. 8 (Sp. 2 + 6)	Sp. 9 (Sp. 3 + 7)
0,0 %	34,86	36,20	65,14	63,80	17,18	16,83	52,04	53,03
1,0 %	35,03	36,42	64,96	63,57	17,13	16,77	52,16	53,18
2,0 %	35,20	36,63	64,78	63,35	17,09	16,71	52,29	53,34
3,5 %	35,45	36,95	64,51	63,01	17,01	16,62	52,47	53,57

2.4.3.6.5 Vergleich der Steuerbarwerte miteinander

Nachdem in den vorangehenden Gliederungspunkten die Steuerwirkungen der Alternativen analysiert worden sind, kann nunmehr ein Vorteilhaftigkeitsvergleich durchgeführt werden. Zu berücksichtigen ist hierbei, dass die Steuerschulden in unterschiedlichen Veranlagungszeiträumen entstehen. Damit fallen die Steuerzahlungen zu unterschiedlichen Zeitpunkten an. Hierbei kann davon ausgegangen werden, dass die Steuerzahlungen nach § 34a Abs. 1 EStG zeitgleich mit den sich alternativ aus § 32a EStG ergebenden Steuerzahlungen bei einem Verzicht auf eine Antragstellung nach § 34a Abs. 1 EStG anfallen. Dieser Zeitpunkt wird als Vergleichszeitpunkt für Steuerzahlungen zu anderen Zeitpunkten festgelegt. Er wird als der Zeitpunkt t_0 bezeichnet. Diese Festlegung hat zur Folge, dass die Steuerzahlungen $S_{§32a}$ und $S_{§34a(1)}$ nicht abzuzinsen sind.

Steuerzahlungen zu einem anderen Zeitpunkt als t_0 ergeben sich nur im Falle einer Antragstellung nach § 34a Abs. 1 EStG aus Abs. 4 dieser Rechtsnorm. Die nach dieser Vorschrift entstehende Steuerbelastung $S_{§34a(4)}$ entsteht nach n Jahren $(0 \leq n \leq \infty)$. Diese Steuerbelastung ist also zur Vergleichbarmachung mit den anderen Steuerzahlungen um n-Jahre auf den Zeitpunkt t_0 abzuzinsen; es ist also ihr Barwert zu ermitteln.

Allgemein kann formuliert werden, dass eine Antragstellung nach § 34a Abs. 1 EStG dann vorteilhaft ist, wenn gilt:

(26) $S_{§34a(1)} + S_{§34a(4)} \cdot (1 + i)^{-n} < S_{§32a}.$

Da $S_{e\S34a(4)}$ nach § 34a Abs. 4 EStG einen gesetzlich fixierten positiven Wert (mit derzeit $S_{ei\S34a(4)} = 0{,}25$) hat, gilt

(27) $S_{\S34a(4)} > 0$.

Hieraus folgt, dass auch gilt

(28) $S_{\S34a(4)} \cdot (1 + i)^{-n} > 0$.

Aus den Ungleichungen (26) und (28) kann folgende - im Vergleich zu Ungleichung (26) weniger strenge - Bedingung abgeleitet werden:

(29) $S_{\S32a} > S_{\S34a(1)}$.

Da sowohl $S_{\S32a}$ als auch $S_{\S34a(1)}$ sich auf die Bemessungsgrundlage G beziehen, kann gefolgert werden:

(29a) $S_{e\S32a} > S_{e\S34a(1)}$.

Ein Antrag nach § 34a(1) EStG kann also überhaupt nur dann vorteilhaft sein, wenn im Jahr der Thesaurierung der sich aus § 32a EStG ergebende Steuersatz größer ist als der sich aus § 34a Abs. 1 EStG ergebende. Dieser beträgt nach dem derzeit geltenden Recht einschließlich des Solidaritätszuschlags $(0{,}2825 \cdot 1{,}055 =)$ 29,804 %. Für Ungleichung (29a) ergibt sich also nach derzeitigem Recht:

(29b) $S_{e\S32a} > 29{,}804\,\%$.

Zu beachten ist, dass die Ungleichungen (29) bis (29b) zwar eine notwendige, nicht aber eine hinreichende Bedingung für die Vorteilhaftigkeit einer Antragstellung nach § 34a Abs. 1 EStG darstellen. Hinreichend ist vielmehr die Einhaltung der sich aus Ungleichung (26) ergebenden Bedingung. Aus den Ungleichungen (29) bis (29b) ergibt sich also lediglich, dass eine Prüfung der Vorteilhaftigkeit einer Antragstellung nach § 34a Abs. 1 EStG im konkreten Einzelfall überhaupt nur dann Sinn ergeben kann, wenn und soweit der sich aus § 32a EStG für das Jahr der Thesaurierung ergebende relevante Differenzsteuersatz größer ist als der sich aus § 34a Abs. 1 EStG ergebende. Dieser Sachverhalt wird in *Tabelle IV/7* für eine Begrenzung des Untersuchungsraums genutzt.

Tabelle IV/7 enthält konkrete Gesamtvorteilsvergleiche einer Besteuerung nach § 32a EStG mit derjenigen nach § 34a EStG. Hierbei werden in Spalte 2 mit „reinen" Einkommensteuersätzen $S_{ei\S32a}$ von 30 %, 40 %, 42 % und 45 % nur solche Fälle erfasst, die die Bedingung der Ungleichung (29b) erfüllen. Bei $S_{ei} = 30\,\%$ handelt es sich um einen Steuersatz, der nur knapp oberhalb des sich aus § 34a

Abs. 1 EStG ergebenden Satzes von 28,25 % liegt. Ein Steuersatz von $s_{ei} = 40\%$ liegt im obersten Progressionsbereich, die Steuersätze von 42 % und 45 % ergeben sich im unteren bzw. oberen Plafond.

Spalte 2 der Tabelle IV/7 enthält für die in Spalte 1 niedergelegten Einkommensteuersätze die kombinierten Einkommensteuer- und Solidaritätszuschlagsätze, Spalte 3 die sich aus § 34a Abs. 1 EStG ergebenden kombinierten Einkommensteuer- und Solidaritätszuschlagsätze. Aus Spalte 4 ergeben sich die Differenzen zwischen den Werten der Spalten 2 und 3. Es handelt sich also um die Mehrbelastungen, die sich in den definierten Fällen im Jahr der Thesaurierung bei einer Besteuerung nach § 32a EStG im Vergleich zu einer Belastung nach § 34a Abs. 1 EStG ergeben.

Spalte 5 enthält den Nachbelastungsbetrag in % des Bruttogewinns G, der sich bei einer Entnahme des zunächst thesaurierten Gewinnes ergibt. In den Spalten 6 und 7 sind die Barwerte dieser Nachbelastungen für den Fall wiedergegeben, dass die Entnahme 10 Jahre ($n = 10$) nach der Thesaurierung erfolgt. Hierbei wird in Spalte 6 mit einem Nettozinssatz von 3 % und in Spalte 7 von 6 % abgezinst. Diese Zinssätze können als typisch für Nettohabenzinsen (Spalte 6) bzw. Nettosollzinsen (Spalte 7) angesehen werden.

Tabelle IV/7:   *Gesamtvorteilsvergleich einer Besteuerung nach § 32a EStG mit derjenigen nach § 34a EStG, Angaben in % des Bruttogewinns G*

Zeile	$S_{ei§32a}$ in t_0	Steuerbelastung und Differenzsteuerbelastung in t_0			Nachbelastung $S_{§34a(4)}$	$B_{ars§34a(4)}$ bei $n = 10$ Jahre bei		Vorteilsdifferenz $S_{§32a}$ - $S_{§34a(1)}$ - $B_{ars§34a(4)}$ bei $n = 10$ Jahre und bei	
		$S_{§32a}$	$S_{§34a(1)}$	$S_{§32a}$ - $S_{§34a(1)}$		$i = 3\%$	$i = 6\%$	$i = 3\%$	$i = 6\%$
	Sp. 1	Sp. 2	Sp. 3	Sp. 4 (Sp. 2 - 3)	Sp. 5	Sp. 6	Sp. 7	Sp. 8 (Sp. 4 - 6)	Sp. 9 (Sp. 4 - 7)
1	30 %	31,650	30,364	1,286	18,367	13,667	10,256	– 12,381	– 8,970
2	40 %	42,200	34,021	8,179	17,402	12,949	9,717	– 4,770	– 1,538
3	42 %	44,310	34,861	9,449	17,180	12,784	9,593	– 3,335	– 0,144
4	45 %	47,475	36,201	11,274	16,827	12,521	9,396	– 1,247	+ 1,878

Die Spalten 8 und 9 enthalten die Gesamtergebnisse der Belastungsvergleiche, und zwar in Spalte 8 für einen Nettozinssatz von 3 % und in Spalte 9 von 6 %. Es zeigt sich, dass mit einer einzigen Ausnahme alle Vorteilsdifferenzen der Spalten 8 und 9 ein negatives Vorzeichen aufweisen. Das bedeutet, dass es in allen diesen Fällen nicht vorteilhaft ist, einen Antrag nach § 34a Abs. 1 EStG zu stellen. Lediglich dann, wenn der Steuerpflichtige im Jahr der möglichen Antragstellung dem Einkommensteuersatz im oberen Plafond von 45 % unterliegt und der Nettokalkulationszinssatz i 6 % beträgt, ergibt sich mit 1,878 (Spalte 9, Zeile 4) ein leicht positiver Wert. Nur in diesem Falle ist es unter den Prämissen der Tabelle IV/7 also vorteilhaft, einen Antrag nach § 34a Abs. 1 EStG zu stellen.

2.4.3.6.6 Gesamtwürdigung

Aus den Untersuchungen in den vorangehenden Gliederungspunkten lassen sich folgende Schlüsse ziehen:

1. Ein Vorteil kann durch eine Antragstellung nach § 34a Abs. 1 EStG - wenn überhaupt - nur entstehen, wenn der auf den thesaurierten Gewinn(bestandteil) entfallende Differenz-Einkommensteuersatz 28,25 % bzw. der um den Solidaritätszuschlag erhöhte Steuersatz 29,804 % des Bruttogewinns übersteigt.
2. Soweit der Grenzsteuersatz von 28,25 % bzw. 29,804 % noch nicht überschritten ist, sollte auf jeden Fall eine Besteuerung des zugrunde liegenden Gewinnbestandteils nach § 32a EStG und nicht nach § 34a EStG erfolgen.
3. Bei hohen Steuersätzen, insbesondere bei Steuersätzen im Plafond, bei hohen Nettokalkulationszinssätzen und bei gleichzeitig langen Thesaurierungsdauern kann es vorteilhaft sein, einen Antrag nach § 34a Abs. 1 EStG zu stellen.
4. Bei Steuersätzen, die 28,25 % bzw. 29,804 % übersteigen und bei gleichzeitig beabsichtigter quasi-dauerhafter Thesaurierung ist es vorteilhaft, einen Antrag nach § 34a Abs. 1 EStG zu stellen. Der Vorteil ergibt sich dann aus der Differenz zwischen dem sich aus § 34a Abs. 1 EStG und dem sich aus § 32a EStG ergebenden Steuersatz, jeweils multipliziert mit dem Bruttogewinn G.

2.5 Vorteilsvergleich zwischen Personenunternehmen und Kapitalgesellschaften

2.5.1 Problemstellung

Im letzten Gliederungspunkt 2.4 sind mögliche Gestaltungsmaßnahmen innerhalb der beiden großen Gruppen privatrechtlich strukturierter Unternehmen, nämlich der Personenunternehmen einerseits und der Kapitalgesellschaften andererseits, auf ihre steuerliche Vorteilhaftigkeit untersucht worden. Nunmehr soll ein steuerlicher Partialvergleich zwischen den einzelnen Rechtsformen durchgeführt werden. Hierbei werden sukzessive unterschiedliche Aspekte in isolierter Betrachtungsweise untersucht. Ein Gesamtvergleich kann dann nur im konkreten Einzelfall unter Berücksichtigung der dort relevanten Daten durchgeführt werden.

Begonnen werden soll nachfolgend mit dem Vergleich von Steuerwirkungen, die sich ohne Gestaltungsmaßnahmen ergeben. Anschließend sollen die verschiedenen Arten von Gestaltungsmaßnahmen, deren Vorteilhaftigkeit innerhalb der Rechtsformen im letzten Gliederungspunkt untersucht worden ist, im Rechtsformvergleich analysiert werden. Danach wird noch kurz auf die Vorteilhaftigkeit der Rechtsformen im Vergleich zueinander im Hinblick auf die (vorweggenommene) Erbfolge eingegangen.

2.5.2 Vergleiche zwischen der Steuerbelastung des Gewinns eines Personenunternehmens und der des Gewinns einer Kapitalgesellschaft

2.5.2.1 Einführung

Zunächst soll der Versuch unternommen werden, die Steuerbelastung des Gewinns eines Personenunternehmens mit der des Gewinns einer Kapitalgesellschaft zu vergleichen. Hierbei ergeben sich einige Probleme. Diese werden hervorgerufen durch

- die unterschiedliche ertragsteuerliche Behandlung von thesaurierten und ausgeschütteten Gewinnen bei der Besteuerung von Kapitalgesellschaften und deren Gesellschaftern,
- den nichtlinearen Tarifverlauf des § 32a EStG unterhalb des Plafonds,
- das Wahlrecht des (Mit-)Unternehmers eines Personenunternehmens auf einbehaltene Gewinnbestandteile den Steuersatz des § 34a Abs. 1 EStG anstelle des Tarifs des § 32a EStG anzuwenden und
- den Freibetrag des § 11 Abs. 1 GewStG im Falle der Besteuerung von Personenunternehmen.

Die unterschiedliche steuerliche Behandlung thesaurierter und ausgeschütteter Gewinne von Kapitalgesellschaften lässt es sinnvoll erscheinen, diese beiden Arten von Gewinnen nachfolgend zunächst getrennt voneinander zu behandeln. In einem ersten Schritt werden deshalb im Folgenden die Steuerbelastungen thesaurierter Gewinne von Personenunternehmen mit denen thesaurierter Gewinne von Kapitalgesellschaften verglichen. In einem zweiten Schritt werden dann Steuerbelastungsvergleiche für aus Personenunternehmen entnommene und für von Kapitalgesellschaften ausgeschüttete Gewinne vorgenommen. Nachfolgend werden diese Gewinne bzw. Gewinnbestandteile als **entnommene Gewinne** (Personenunternehmen) bzw. **ausgeschüttete Gewinne** (Kapitalgesellschaften) bezeichnet.

Die Probleme, die durch den nichtlinearen Tarifverlauf des § 32a EStG hervorgerufen werden, betreffen zum einen die Unternehmer bzw. Mitunternehmer von Personenunternehmen, und zwar unabhängig davon, ob die Gewinne thesauriert oder entnommen werden. Sie betreffen darüber hinaus die Gesellschafter von Kapitalgesellschaften, soweit Gewinne ausgeschüttet werden. Diese Probleme werden jeweils innerhalb der zwei genannten Stufen der nachfolgenden Steuerbelastungsvergleiche behandelt.

2.5.2.2 Vergleiche bei Thesaurierung

2.5.2.2.1 Ausgangsgleichungen und Fallunterscheidung

Ausgegangen wird von einem in den Vergleichsfällen gleich großen thesaurierten Gewinnbestandteil G. Dieser hat die Wirkung von „E", und zwar im Falle eines

Personenunternehmens von E i. S. d. in Teil I abgeleiteten Gleichung (I) bzw. (Ia) und im Falle einer Kapitalgesellschaft von E i. S. d. Gleichung (II)[37].

Im Falle eines Personenunternehmens lässt sich die Steuerbelastung ($S_{gt/persu}$) demnach wie folgt formulieren:

$$(30) \quad S_{gt/persu} = \{s_e + m_e \cdot [h - \alpha \cdot (1 + s_{olz})]\} \cdot G.$$

Wie bereits an früherer Stelle ausgeführt, gilt auch hier stets $\alpha \le h$[38].

Für den sehr wichtigen Spezialfall, dass es nach § 35 EStG zu einer Vollanrechnung der Einkommensteuer und des Solidaritätszuschlags kommt, kann bekanntlich geschrieben werden[39]:

$$\alpha \cdot (1 + s_{olz}) = h.$$

Unter dieser Voraussetzung vereinfacht sich Gleichung (30) zu

$$(31) \quad S_{gt/persu} = s_e \cdot G.$$

s_e in Gleichung (30) bzw. (31) stellt auch hier wieder einen kombinierten Einkommensteuer- und Solidaritätszuschlagsatz, ggf. erweitert um den Kirchensteuersatz, dar. Dieser kombinierte Steuersatz kann bei einem vorgegebenen „reinen" Einkommensteuersatz s_{ei} bekanntlich aus den in Teil I abgeleiteten und im Anhang wiedergegebenen Gleichungen (12) bzw. (13) ermittelt werden.

Wie bereits ausgeführt, ergibt sich die Steuerbelastung des Gewinnbestandteils G im Falle einer Kapitalgesellschaft aus Gleichung (II), in dem dort „E" durch „G" ersetzt wird. Die Steuerbelastung (S_{kap}) kann demnach wie folgt geschrieben werden:

$$(32) \quad S_{kap} = (s_k + m_e \cdot h) \cdot G.$$

Solange Solidaritätszuschlag erhoben wird, handelt es sich bei s_k bekanntlich um den kombinierten Körperschaftsteuer- und Solidaritätszuschlagsatz.

Sollen die Belastungen der Alternativen miteinander verglichen werden, so kann es je nach konkreter Fragestellung sinnvoll sein, die sich aus Gleichung (32) ergebenden von den aus Gleichung (30) bzw. (31) ermittelten abzuziehen oder umgekehrt vorzugehen.

Während die Steuersätze s_k und $m_e \cdot h$ in Gleichung (32) konstant sind, gilt dies für s_e aus Gleichung (30) bzw. (31) nicht. Für s_e ist zunächst zu klären, ob und

---

37 Vgl. Teil I, Gliederungspunkt 4.
38 Vgl. Teil I, Gliederungspunkt 4.2.3.
39 Vgl. ebenda.

ggf. ab welcher Einkommenshöhe anstelle des „normalen" sich aus § 32a EStG ergebenden Steuersatzes se§32a der besondere Steuersatz des § 34a Abs. 1 EStG se§34a(1) angewendet werden soll. Anhand welcher Kriterien diese Entscheidung bei rationalem Verhalten des Steuerpflichtigen getroffen werden kann, ist in Gliederungspunkt 2.4.3.6 abgeleitet worden. Soll se§32a zur Anwendung kommen, so ist zu beachten, dass dieser in weiten Bereichen einen nichtlinearen Verlauf aufweist.

Nachfolgend soll zwischen dem Fall unterschieden werden, dass auf den betrachteten Gewinnbestandteil se§32a anzuwenden ist und dem, dass se§34a zur Anwendung kommt. Anschließend soll eine Gesamtbetrachtung durchgeführt werden.

2.5.2.2.2 Vergleich bei Anwendung des Tarifs nach § 32a EStG

2.5.2.2.2.1 Maximaler Vorteil des Personenunternehmens bei Besteuerung im unteren Einkommensbereich

Nunmehr soll zunächst der Fall untersucht werden, dass der (Mit-)Unternehmer für den hier betrachteten Gewinnbestandteil keinen Antrag nach § 34a Abs. 1 EStG stellt. Diese Vorgehensweise ist - wie in Gliederungspunkt 2.4.3.6 ausführlich dargestellt worden ist - auf jeden Fall bis zu solchen Gewinnbestandteilen vorteilhaft, die einem geringeren Grenzsteuersatz als 28,25 % (ohne Berücksichtigung des Solidaritätszuschlags) bzw. 29,804 % (unter Einschluss des Solidaritätszuschlags) unterliegen. Wie dort ebenfalls begründet, ist ein Verzicht auf eine Antragstellung aber auch in sehr vielen Fällen vorteilhaft, in denen der sich aus § 32a EStG ergebende Differenzsteuersatz deutlich höher liegt.

In Spalte 1 der *Tabelle IV/8* sind die den nachfolgenden Spalten zugrunde liegenden Gewerbesteuerhebesätze aufgeführt. Hierbei enthalten die einzelnen Zeilen jeweils zwei Angaben. Die erste bezieht sich auf die Rechtsform eines Personenunternehmens, die zweite auf die einer Kapitalgesellschaft. Angemerkt sei, dass sich ein Gewerbesteuerhebesatz von 0 % bei Kapitalgesellschaften (Zeile 1) nur dann ergeben kann, wenn einer der seltenen Fälle einer Befreiung der Kapitalgesellschaft von der Gewerbesteuer vorliegt. Bei Personenunternehmen hingegen ist dieser Fall wesentlich weiter verbreitet. Er umfasst bei dieser Rechtsform nämlich alle Fälle, in denen es sich bei dem (Mit-)Unternehmer um einen Land- und Forstwirt oder um einen Freiberufler handelt. In derartigen Fällen unterliegt die Vergleichskapitalgesellschaft regelmäßig aufgrund des § 8 Abs. 2 KStG der Gewerbesteuer, und zwar mit einem von Null verschiedenen Hebesatz. In Zeile 2 ist deshalb der Fall abgebildet, dass das Personenunternehmen nicht der Gewerbesteuer unterliegt (h = 0 %), die Kapitalgesellschaft hingegen doch, und zwar einem Hebesatz von 400 % (h = 400 %). Wie bereits mehrfach erwähnt, ist dies ein Hebesatz, der nahe an dem durchschnittlichen liegt.

In Spalte 2 der Tabelle IV/8 sind die kombinierten Körperschaft- und Gewerbesteuersätze zu den in Spalte 1 für Kapitalgesellschaften vorgegebenen Hebesätzen angegeben. Sie enthalten - wie alle nachfolgenden Tabellenwerte auch - den derzeitigen 5,5 %igen Solidaritätszuschlag. Den kombinierten Körperschaft- und Gewerbesteuersätzen werden die kombinierten Einkommen-, ggf. Kirchensteuer- und Solidaritätszuschlagsätze gleichgesetzt, die den weiteren Berechnungen für die Rechtsform des Personenunternehmens zugrunde gelegt werden. Es handelt sich um die Grenzsteuersätze, bis zu denen der Gewinn des Personenunternehmens geringer besteuert wird als der der Vergleichs-Kapitalgesellschaft. Mit steigendem Gewinn entsteht also bis zu diesem Grenzsteuersatz - c. p. - ein steigender steuerlicher Vorteil des Personenunternehmens. Bei Erreichen dieses Steuersatzes erreicht dieser Vorteil sein Maximum und sinkt anschließend mit weiter steigendem Gewinn und damit einhergehendem steigendem Grenzsteuersatz.

Die Spalten 3 und 4 enthalten die zu Spalte 2 korrespondierenden „reinen" Einkommensteuersätze s_{ei}, und zwar in Spalte 3 ohne Berücksichtigung von Kirchensteuer und in Spalte 4 unter Einbeziehung der 9 %igen Kirchensteuer. Die Werte von s_{ei} sind mit Hilfe der in Teil I abgeleiteten und im Formelanhang wiedergegebenen Gleichungen (12) bzw. (13) errechnet worden.

In den Spalten 5 und 6 der Tabelle IV/8 sind die zu den Spalten 3 und 4 korrespondierenden zu versteuernden Einkommen im Fall der Anwendung der Einkommensteuer-Grundtabelle wiedergegeben. Diese Werte können in der in Teil I beschriebenen Weise aus der Tariffunktion des § 32a EStG ermittelt werden. Zur Abschätzung der Größenordnung ist es aber auch völlig ausreichend, sie mit Hilfe der linearen Interpolation aus den Tabellenwerten der im Tabellenanhang befindlichen Tabellen T-3 bzw. T-5 zu ermitteln.

Die Spalten 7 und 8 der Tabelle IV/8 enthalten die sich bei Zugrundelegung der aus den Spalten 5 und 6 ersichtlichen zu versteuernden Einkommen ergebenden kombinierten Einkommensteuer- und Solidaritätszuschlagschulden, in Spalte 8 ergänzt um die Kirchensteuer.

Spalte 9 der Tabelle IV/8 enthält die kombinierten Gewerbe- und Körperschaftsteuerschulden einschließlich des Solidaritätszuschlags, die sich bei Besteuerung eines Gewinn(bestandteils) einer Kapitalgesellschaft in Höhe der aus den Spalten 5 und 6 ersichtlichen zu versteuernden Einkommen im Falle des Vergleichs-Personenunternehmens ergeben.

Die Spalten 10 und 11 enthalten die Differenzen zwischen den Steuerschulden der Spalte 9 und denen der Spalten 7 und 8. Bei diesen Differenzen handelt es sich zugleich um die maximalen Steuerminderbelastungen des Personenunternehmens im Vergleich zu den Steuerbelastungen des Gewinns der Vergleichs-Kapitalgesellschaft.

Alle sich aus den Spalten 10 und 11 der Tabelle IV/8 ergebenden Minderbelastungen liegen zwischen rd. 1 T€ und 4 T€. Sie sind also alle nicht von großem Gewicht. Allerdings ist zu beachten, dass sich die maximalen Vorteile bei Anwendung des Splittingtarifs verdoppeln. Sind an einer Personengesellschaft mehrere Gesellschafter beteiligt, so ergibt sich die Summe der maximal möglichen Vorteile aus der Summe der maximalen Vorteile der einzelnen Gesellschafter. Sind etwa

10 Gesellschafter vorhanden, sind alle verheiratet, gehören einer Kirche an und wählen die Zusammenveranlagung, so ergibt sich bei einem Gewerbesteuerhebesatz von 400 % ein maximaler Gesamtvorteil von (3,9 T€ · 2 · 10 =) 78 T€ pro Jahr. In der Realität dürfte allerdings ein Gesamtvorteil in dieser Höhe kaum jemals erreicht werden.

Tabelle IV/8:   *Ermittlung der maximalen Minderbelastung des Gewinnbestandteils eines (Mit-)Unternehmers im Vergleich zur Belastung des Gewinnbestandteils bei einer Kapitalgesellschaft bei Anwendung der Grundtabelle*

Zeile	h in %	Sk + me · h = Se in %	Sei in % bei Ski von		Zu versteuerndes Einkommen in T€ bei Sei aus		Steuerschuld in T€ bei Sei aus		Steuer schuld der KapG in T€	Differenz zwischen den Steuerschulden der Spalte 9 und denen der Spalten 7 und 8 = maximale Minderbelastung des Personenunternehmens in T€
			0 %	9 %	Sp. 3	Sp. 4	Sp. 3	Sp. 4		
	Sp. 1	Sp. 2	Sp. 3	Sp. 4	Sp. 5	Sp. 6	Sp. 7	Sp. 8	Sp. 9	Sp. 10	Sp. 11
1	0/0	15,825	15,000	13,995*	8,6	8,0	0,1	0,0	1,4	1,3	1,4
2	0/400	29,825	28,270	26,673	22,9	19,4	3,7	2,9	6,8	3,1	3,9
3	300/300	26,325	24,953	23,477	15,6	12,4	1,6	0,9	4,1	2,5	3,2
4	400/400	29,825	28,270	26,673	22,9	19,4	3,7	2,9	6,8	3,1	3,9
5	500/500	33,325	28,300	26,702	22,9	19,4	4,5	3,6	7,6	3,1	4,0

*   Mathematischer Wert, der in der Praxis aufgrund des Eingangsteuersatzes von 14 % nicht existent ist.

2.5.2.2.2.2 Steuerbelastungen und Belastungsdifferenzen zu Beginn des unteren Plafonds

Nunmehr sollen die Steuerbelastungen im Falle des Personenunternehmens mit denen im Falle einer Kapitalgesellschaft zu Beginn des unteren Plafonds miteinander verglichen werden. Auch hier wird für den Fall des Personenunternehmens wiederum davon ausgegangen, dass das zu versteuernde Einkommen des (Mit-) Unternehmers dem Gewinn(anteil) G entspricht. Auch hier werden also andere Einkünfte als der betrachtete Gewinn in Höhe der Abzüge zur Ermittlung des zu versteuernden Einkommens (Sonderausgaben, außergewöhnliche Belastungen usw.) angenommen. Dieser Fall dürfte zwar selten exakt, häufig aber näherungsweise gegeben sein.

Spalte 1 der *Tabelle IV/9* enthält die gleichen Gewerbesteuerhebesätze bzw. Kombinationen von Hebesätzen, die bereits in Tabelle IV/8 verwendet worden sind. In Spalte 2 ist für den Fall des Personenunternehmens das zu versteuernde Einkommen zu Beginn des unteren Plafonds aufgeführt, und zwar wiederum bei Anwendung des Grundtarifs. Es beträgt in allen Fällen nach dem derzeit geltenden Recht 52.882 €. Annahmegemäß entspricht dieser Betrag dem dem Vergleich zugrunde liegenden steuerlichen Gewinn.

Wie bereits in Tabelle IV/8 wird auch in Tabelle IV/9 in den Zeilen 1 bis 4 davon ausgegangen, dass es nach § 35 EStG zu einer Vollanrechnung der Gewerbesteuer auf die Einkommensteuer und den Solidaritätszuschlag bei dem (Mit-)Unternehmer des Personenunternehmens kommt. Bei Anwendung des mit „E" i. S. d. Gleichung (Ia) verknüpften kombinierten Ertragsteuersatzes gilt also auch hier:

$$\alpha \cdot (1 + \text{SolZ}) = h.$$

Wie in Teil I dargestellt[40], ist eine Vollanrechnung der Gewerbesteuer (auf die Einkommensteuer und den Solidaritätszuschlag) nur bei Hebesätzen bis zu rd. 401 % möglich. In Zeile 5, in der von einem 500 %igen Hebesatz ausgegangen wird, kommt es somit nicht zu einer Vollanrechnung der Gewerbesteuer. Es wird aber - wie in allen anderen Fällen auch - von der maximal möglichen Anrechnung ausgegangen. Es gilt also hier $\alpha = 3,8$.

Tabelle IV/9: Steuerbelastungen und Steuerbelastungsdifferenzen zu Beginn des unteren Plafonds bei Anwendung des Grundtarifs

Zeile	h in %	Beginn des unteren Plafonds in €	S_{persu} zu Beginn des unteren Plafonds in T€ bei		S_{kap} bei einem steuerlichen Gewinn von 52.882 € in T€	Differenzbelastung in T€ bei	
			$S_{\text{ki}} = 0\,\%$	$S_{\text{ki}} = 9\,\%$		$S_{\text{ki}} = 0\,\%$ Sp. 3 - 5	$S_{\text{ki}} = 9\,\%$ Sp. 4 - 5
	Sp. 1	Sp. 2	Sp. 3	Sp. 4	Sp. 5	Sp. 6	Sp. 7
1	0/0	52.882	14,8	15,7	8,4	6,4	7,3
2	0/400	52.882	14,8	15,7	15,8	– 1,0	– 0,1
3	300/300	52.882	14,8	15,7	13,9	0,9	1,8
4	400/400	52.882	14,8	15,7	15,8	– 1,0	– 0,1
5	500/500	52.882	15,8	16,7	17,6	– 1,8	– 0,9

Die Spalten 3 und 4 enthalten unter den genannten Prämissen die Steuerbelastungen im Falle eines Personenunternehmens S_{persu}, und zwar in Spalte 3 unter der Voraussetzung, dass keine Kirchensteuer anfällt. In Spalte 4 hingegen wird eine 9 %ige Kirchensteuer berücksichtigt. In Zeile 5 der beiden Spalten wird jeweils davon ausgegangen, dass es zum Abzug des Freibetrags des § 11 Abs. 1 GewStG i. H. v. 24.500 € kommt.

Spalte 5 enthält die Steuerbelastung der Vergleichs-Kapitalgesellschaft. Ausgegangen wird hier stets von einem steuerlichen Gewinn(bestandteil) in Höhe des sich aus Spalte 2 ergebenden Betrages von 52.882 €. Wie bereits ausgeführt, entspricht dieser Betrag dem des zu versteuernden Einkommens am Beginn des unteren Plafonds bei Anwendung des Grundtarifs.

Die Spalten 6 und 7 der Tabelle IV/9 weisen die Differenzbelastungen zwischen der Steuerbelastung im Falle eines Personenunternehmens und dem einer Kapitalgesellschaft aus. Es handelt sich um die Differenzen der Werte der Spalten 3

---

40 Vgl. Teil I, Gliederungspunkt 4.2.3.

und 5 bzw. der Werte der Spalten 4 und 5. Mit Ausnahme der Werte der Zeile 1 liegen alle Werte der Spalten 6 und 7 nahe am Nullpunkt. Eine Sonderstellung nehmen die Werte der Zeile 1 ein. Hier ergibt sich bereits zu Beginn des Plafonds eine Mehrbelastung des Personenunternehmens im Vergleich zur Kapitalgesellschaft von 6,4 T€ (ohne Kirchensteuer) bzw. 7,3 T€ (mit Kirchensteuer). Wie bereits ausgeführt, handelt es sich hier aber um den seltenen Fall, dass nicht nur das Personenunternehmen, sondern auch die Kapitalgesellschaft keiner Gewerbesteuer unterliegt.

Insgesamt kann also festgestellt werden, dass bereits bei einem Gewinn, der bei dem Personenunternehmen zu einem zu versteuernden Einkommen am Beginn des unteren Plafonds führt, die Besteuerung dieses Gewinns keinen oder allenfalls einen geringfügigen Vorteil des Personenunternehmens bewirkt. Führt der hier betrachtete Gewinn zu einem höheren zu versteuernden Einkommen als zu dem am Beginn des unteren Plafonds, so ist es für die Steuerplanung im Einzelfall ausreichend, die Steuerwirkungen zu betrachten, die sich im Plafond ergeben. Dies soll nachfolgend geschehen.

2.5.2.2.2.3 Steuerbelastungen und Steuerbelastungsdifferenzen im Plafond

Tabelle IV/10 enthält in Spalte 1 in der bereits aus den letzten Gliederungspunkten bekannten Weise Kombinationen von Gewerbesteuerhebesätzen. Spalte 2 enthält für den Fall des unteren Plafonds ($s_{EI} = 0,42$) und Spalte 3 für den Fall des oberen Plafonds ($s_{EI} = 0,45$) die zu den Hebesätzen der Spalte 1 ermittelten Steuerbelastungen des Personenunternehmens und dessen (Mit-)Unternehmer. Alle Werte sind aus Gleichung (30) bzw. (31) ermittelt worden. In allen Fällen ist außer dem Solidaritätszuschlag von 5,5 % auch eine 9 %ige Kirchensteuer berücksichtigt worden. Spalte 4 der Tabelle enthält die Steuerbelastungen der Vergleichs-Kapitalgesellschaften. Die dort aufgeführten Werte ergeben sich aus Gleichung (32).

Tabelle IV/10:   *Steuerbelastung des Gewinnbestandteils G bei Personenunternehmen und bei Kapitalgesellschaften unter der Voraussetzung einer Besteuerung im Fall des Personenunternehmens im Plafond in % von G*

Zeile	h in %	Belastung des Personenunternehmens bei s_{ki} = 9 % und		Belastung der Kapitalgesellschaft	Belastungsdifferenz bei s_{ki} = 9 % und	
		s_{ei} = 42 %	s_{ei} = 45 %		s_{ei} = 42 % (Sp. 2 - 4)	s_{ei} = 45 % (Sp. 3 - 4)
	Sp. 1	Sp. 2	Sp. 3	Sp. 4	Sp. 5	Sp. 6
1	0/0	46,338	49,519	15,825	30,513	33,694
2	0/400	46,338	49,519	29,825	16,513	19,694
3	300/300	46,338	49,519	26,325	20,013	23,194
4	400/400	46,338	49,519	29,825	16,513	19,694
5	500/500	49,807	52,988	33,325	16,482	19,663

In den Spalten 5 und 6 der Tabelle IV/10 sind die Belastungsdifferenzen zwischen den Vergleichsfällen dargestellt. In allen Fällen ergeben sich bei Wahl der Rechtsform eines Personenunternehmens deutlich höhere Steuerbelastungen als bei der einer Kapitalgesellschaft. Die meisten dieser Differenzen liegen zwischen rd. 16,5 % und 23,2 % des thesaurierten Anteils an dem steuerlichen Gewinnbestandteil G. Wesentlich höhere Belastungsdifferenzen ergeben sich in Zeile 1. Es sei aber nochmals darauf hingewiesen, dass die dieser Zeile zugrunde liegende Konstellation der Gewerbesteuerhebesätze selten vorkommen dürfte. Sie kann sich nur dann ergeben, wenn die Kapitalgesellschaft von der Gewerbesteuer befreit ist.

Insgesamt lässt sich also feststellen, dass die Steuerbelastung des Gewinns eines Personenunternehmens, unter der Voraussetzung, dass der Gewinn nach einem der Steuersätze des unteren oder oberen Plafonds versteuert wird, erheblich höher ist als die Steuerbelastung des thesaurierten Gewinns einer Kapitalgesellschaft.

2.5.2.3 Vergleich bei einer Antragstellung nach § 34a Abs. 1 EStG

In Gliederungspunkt 2.4.3.6 ist ermittelt worden, dass ein Antrag nach § 34a Abs. 1 EStG - wenn überhaupt - nur vorteilhaft sein kann, wenn und soweit der einbehaltene Gewinn alternativ mit einem hohen Steuersatz, insbesondere dem unteren oder dem oberen Spitzensteuersatz der Einkommensteuer, belastet wird. Diese Steuersätze betragen nach § 32a Abs. 1 EStG derzeit bekanntlich 42 % bzw. 45 %. Einem Vergleich der Gewinnsteuerbelastung zwischen den Rechtsformen sollte also ein Vorteilsvergleich zwischen einer Antragstellung nach § 34a Abs. 1 EStG oder einem Verzicht hierauf vorangehen.

Tabelle IV/11 enthält in der bereits bekannten Weise in Spalte 1 verschiedene gewerbesteuerliche Nettobelastungen in % des Gewinnbestandteils G, die den nachfolgenden Spalten zugrunde gelegt werden. Bei Ermittlung aller Tabellenwerte ist ein 5,5 %iger Solidaritätszuschlag berücksichtigt worden.

Die Spalten 2 und 3 der Tabelle IV/11 enthalten Steuerbelastungen im Falle eines Personenunternehmens unter Zugrundelegung des sich aus § 34a Abs. 1 EStG ergebenden Einkommensteuersatzes von derzeit 28,25 %. In Spalte 2 ist keine, in Spalte 3 hingegen eine 9 %ige Kirchensteuer berücksichtigt. Die Werte der Spalten 2 und 3 sind aus Gleichung (20) bzw. (21) ermittelt worden.

Spalte 4 der Tabelle IV/11 enthält die den Werten der Spalten 2 und 3 entsprechenden Steuerbelastungen bei Wahl der Rechtsform einer Kapitalgesellschaft. Diese sind mit Hilfe der Gleichung (32) ermittelt worden.

In den Spalten 5 und 6 der Tabelle IV/11 sind die Belastungsdifferenzen zwischen den Werten der Spalte 2 bzw. 3 und denen der Spalte 4 dargestellt. Es handelt sich also um die Differenzen zwischen der Belastung im Falle eines Personenunternehmens und derjenigen im Falle einer Kapitalgesellschaft.

Tabelle IV/11:   Vergleich der Belastung eines Gewinnbestandteils G bei Anwen-
dung des § 34a Abs. 1 EStG bei einem Personenunternehmen mit
der Belastung dieses Gewinnbestandteils durch eine Kapitalge-
sellschaft in % von G bei se_{i}§32a von 42 %

Zeile	S_{ge}/ netto in % von G	Belastung im Falle eines Personenunternehmens bei		Belastung im Falle einer Kapital- gesellschaft	Mehrbelastungen im Falle eines Personen- unternehmens	
		S_{ki} = 0 %	S_{ki} = 9 %		Sp. 2 - 4	Sp. 3 - 4
	Sp. 1	Sp. 2	Sp. 3	Sp. 4	Sp. 5	Sp. 6
1	0,0	34,86	37,02	15,83	19,04	21,20
2	1,0	35,03	37,19	30,88	4,16	6,32
3	2,0	35,20	37,36	31,86	3,35	5,51
4	3,5	35,45	37,62	33,36	2,09	4,26

Aus den Werten der Spalten 5 und 6 der Tabelle IV/11 ist ersichtlich, dass die
Belastung des einbehaltenen Gewinns eines Personenunternehmens deutlich höher
ist als die eines vergleichbaren Gewinns einer Kapitalgesellschaft. Die Mehrbelastung nimmt mit steigenden Hebesätzen ab und beträgt bei einem Hebesatz
von ca. 501 % knapp 2,1 % (ohne Kirchensteuer bzw. 4,3 % mit Kirchensteuer)
des Bruttogewinnbestandteils G.

2.5.2.4 Einbeziehung von Ausschüttungen bzw. Entnahmen in den Vergleich

2.5.2.4.1 Grundsätzliche Zusammenhänge

Bisher sind Vergleiche nur für den Fall der Gewinnthesaurierung durchgeführt
worden. Nunmehr sollen die *zusätzlichen Folgen* in den Vergleich einbezogen
werden, die bei *einer Ausschüttung bzw. Entnahme* der Gewinne entstehen. In diesem Zusammenhang ist zu beachten, dass *einmal entstandene Gewinne grundsätzlich zu irgendeinem Zeitpunkt entnommen bzw. ausgeschüttet* werden. Dies kann
im Jahr der Gewinnentstehung bzw. im Jahr unmittelbar nach der Gewinnentstehung, es kann aber auch zu einem späteren Zeitpunkt geschehen. Dieser Zeitpunkt
kann viele Jahre oder auch Jahrzehnte nach dem Jahr der Gewinnentstehung liegen. Spätestens kommt es i. d. R. dann zu einer Gewinnentnahme bzw. -ausschüt-
tung, wenn das Unternehmen liquidiert wird.

Von dem Grundsatz, dass ein einmal entstandener Gewinn zu irgendeinem Zeitpunkt entnommen bzw. ausgeschüttet wird, gibt es dann eine *Ausnahme*, wenn der
Gewinn durch einen später entstehenden Verlust wieder vernichtet wird und er bis
dahin noch nicht entnommen bzw. ausgeschüttet worden ist. Dieser Fall soll hier
nicht weiter betrachtet werden.

Die *Ausschüttung* A unterliegt bei dem jeweiligen Gesellschafter der Kapitalgesellschaft der Einkommensteuer. Auf die Ausschüttung ist der Einkommensteuersatz des Gesellschafters anzuwenden. Hierbei handelt es sich i. d. R. um den

besonderen Steuersatz für Einkünfte aus Kapitalvermögen i. S. d. § 32d Abs. 1 EStG, d. h. um $s_{e\S32d}$. Dieser beträgt bekanntlich einschließlich des Solidaritätszuschlags $(0,25 \cdot 1,055 =)$ 26,375 % bzw. unter Einbeziehung einer 9 %igen Kirchensteuer 27,995 %[41]. In Ausnahmefällen kommt auch der sich aus § 32a EStG ergebende Steuersatz $s_{e\S32a}$ zur Anwendung. Um beide Fälle problemlos erfassen zu können, werden beide Steuersätze unter $s_{e/a}$ (kombinierter Einkommen-, Kirchensteuer- und Solidaritätszuschlagsatz bei Ausschüttung) zusammengefasst.

Durch die Ausschüttung kann es bei dem Gesellschafter zur Ausnutzung eines bisher nicht ausgenutzten Teils des Sparer-Pauschbetrags i. S. d. § 20 Abs. 9 EStG kommen. Sofern ohne die Ausschüttung ein nicht ausgeschöpfter Teil des Sparer-Pauschbetrags vorhanden ist, mindert dieser die zusätzliche Bemessungsgrundlage der Einkommensteuer infolge der Ausschüttung. Der anzuwendende Differenzeinkommensteuersatz $s_{e/a}$ bezieht sich dann auf die Differenz zwischen der Ausschüttung A und dem nicht ausgeschöpften Teil des Sparer-Pauschbetrags, der seines Freibetragscharakters wegen hier mit $F_{e\S20}$ bezeichnet werden soll. Die zusätzliche Einkommensteuer des Gesellschafters ($S_{ges/a}$) beträgt demnach:

$$(33) \qquad S_{ges/a} = (A - F_{e\S20}) \cdot s_{e/a}.$$

Da der Abzug von Freibeträgen steuerrechtlich weder zu negativen Einkünften noch zu einem negativen Einkommen und auch nicht zu einer negativen Jahressteuerschuld führen darf, gilt für den Abzug von $F_{e/ges}$ stets die Nebenbedingung

$$(34) \qquad F_{e/ges} \leq A.$$

Erfolgt ein Abzug eines ansonsten nicht ausgenutzten Freibetrages in Höhe der durch die Ausschüttung entstandenen steuerpflichtigen Einnahmen, d. h. gilt *$F_{e\S20} = A$*, so entsteht *keine zusätzliche Steuerschuld* zu derjenigen, die durch die Thesaurierung entstanden ist. Damit gelten die unter Gliederungspunkt 2.5.2.2 ermittelten Ergebnisse unverändert fort. Dieser Fall dürfte in erster Linie bei nur in geringem Umfang beteiligten Gesellschaftern, die zudem per Saldo nur in geringem Umfang Einkünfte aus anderen Einkunftsquellen als der Gesellschaft beziehen, gegeben sein. Besonders häufig dürfte er bei minderjährigen Erben eines verstorbenen Gesellschafters eintreten. Auch in Fällen einer vorweggenommenen Erbfolge mit (noch) nicht im Unternehmen mitarbeitenden Kindern dürfte sich der Fall häufig ergeben.

Ist der *steuerpflichtige Teil der Einnahmen größer als der noch ausnutzbare Teil des Sparer-Pauschbetrags*, so kommt es zu einer zusätzlichen Belastung im Falle der Kapitalgesellschaft. Diese Belastung kommt also zu derjenigen hinzu, die sich im Falle der Thesaurierung ergibt.

---

41 Die Werte ergeben sich aus den in Teil I enthaltenen Gleichungen (12) bzw. (13).

Handelt es sich bei dem Unternehmen nicht um eine Kapitalgesellschaft, sondern um ein Personenunternehmen, so ist zwischen *zwei Fallgruppen* zu unterscheiden. Diese lassen sich wie folgt kennzeichnen:

1. Im Jahr der Gewinnentstehung wird für den hier betrachteten Gewinnbestandteil kein Antrag auf Begünstigung des einbehaltenen Gewinns nach § 34a Abs. 1 EStG gestellt.
2. Es wird ein derartiger Antrag gestellt.

Nachfolgend wird zunächst auf die erste, anschließend auf die zweite Fallgruppe eingegangen.

Die maximale Ausschüttung, die aus dem vorgegebenen Gewinn(bestandteil) G vorgenommen werden kann, ergibt sich aus G durch Abzug der hierauf entfallenden Gewerbe- und Körperschaftsteuer gem. Gleichung (32). A nimmt also folgenden Wert an:

$$(35) \quad A = G \cdot (1 - s_k - m_e \cdot h).$$

Durch Einsetzen dieses Werts von A in Gleichung (33) ergibt sich für die Steuerbelastung des Gesellschafters der Kapitalgesellschaft Folgendes:

$$(36) \quad S_{ges/a} = [G \cdot (1 - s_k - m_e \cdot h) - F_{e§20}] \cdot s_{e/a}.$$

2.5.2.4.2 Erste Fallgruppe: Kein Antrag nach § 34a Abs. 1 EStG

Zunächst soll die Fallgruppe behandelt werden, in der der (Mit-)Unternehmer des Personenunternehmens keinen Antrag nach § 34a Abs. 1 EStG auf Begünstigung des nicht entnommenen Gewinns für den hier betrachteten Gewinn(bestandteil) stellt. In dieser Fallgruppe findet eine Ertragsbesteuerung des Personenunternehmens und seines (Mit-)Unternehmers nur in dem Veranlagungszeitraum der Gewinnentstehung statt. Die spätere Entnahme des Gewinns ist steuerlich irrelevant.

Die Ertragsteuern auf den Gewinn(bestandteil) G können mit Hilfe der bereits an früherer Stelle[42] abgeleiteten Gleichung (30) ermittelt werden. Diese lautet bekanntlich:

$$(30) \quad S_{gt/persu} = \{s_e + m_e \cdot [h - \alpha \cdot (1 + s_{olz})]\} \cdot G.$$

s_e nimmt dann konkret den Wert von $s_{e§32a}$ an.

---

42 Vgl. Gliederungspunkt 2.5.2.2.1.

Kommt es zu einer Vollanrechnung der Gewerbesteuer, d. h. gilt $\alpha \cdot (1 + \text{Solz}) = h$, so vereinfacht sich Gleichung (30) zu der ebenfalls bereits abgeleiteten Gleichung (31):

(31) $S_{gt/persu} = s_e \cdot G.$

Zu vergleichen ist also in dieser Fallgruppe die Steuerbelastung, die sich für das Personenunternehmen und seinen (Mit-)Unternehmer aus Gleichung (30) bzw. (31) ergibt mit der Steuerbelastung der Kapitalgesellschaft gem. Gleichung (32) und der auf den Vergleichszeitpunkt abgezinsten Belastung des Gesellschafters gem. der soeben abgeleiteten Gleichung (36). Zur Erinnerung sei Gleichung (32) noch einmal wiedergegeben. Sie lautet[43]:

(32) $S_{kap} = (s_k + m_e \cdot h) \cdot G.$

Die abgezinste Belastungsdifferenz zwischen der Belastung des Personenunternehmens und ihres (Mit-)Unternehmers einerseits und der der Kapitalgesellschaft andererseits kann wie folgt geschrieben werden:

(37) $S_{persu\S32a} - S_{kap+ges} = \{s_{e\S32a} + m_e \cdot [h - \alpha \cdot (1 + \text{Solz})]\} \cdot G$

$- (s_k + m_e \cdot h) \cdot G$

$- [G \cdot (1 - s_k - m_e \cdot h) - F_{e\S20}] \cdot s_{e/a} \cdot (1 + i)^{-n}.$

In dieser Gleichung ist das aus Gleichung (30) stammende Symbol „$S_{gt/persu}$" durch „$S_{persu\S32a}$" und das Symbol „s_e" durch „$s_{e\S32a}$" ersetzt. Beides geschieht, um zu kennzeichnen, dass der Gewinn bei dem (Mit-)Unternehmer nach dem Tarif des § 32a EStG und nicht nach § 34a EStG versteuert wird.

Für den Fall, dass der Sparer-Pauschbetrag bereits anderweitig ausgenutzt ist ($F_{e\S20} = 0$) vereinfacht sich Gleichung (37) zu:

(37a) $S_{persu\S32a} - S_{kap+ges} = \{s_{e\S32a} + m_e \cdot [h - \alpha \cdot (1 + \text{Solz})]\} \cdot G$

$- (s_k + m_e \cdot h) \cdot G$

$- (1 - s_k - m_e \cdot h) \cdot G \cdot s_{e/a} \cdot (1 + i)^{-n}.$

Kommt es im Fall des Personenunternehmens zu einer Vollanrechnung der Gewerbesteuer, d. h. gilt $\alpha \cdot (1 + \text{Solz}) = h$, so vereinfacht sich Gleichung (37a) weiter zu

---

43   Vgl. Gliederungspunkt 2.5.2.2.1.

(37b) $S_{persu\S32a} - S_{kap+ges} = s_{e\S32a} \cdot G - (s_k + m_e \cdot h) \cdot G$

$$- (1 - s_k - m_e \cdot h) \cdot G \cdot s_{e/a} \cdot (1 + i)^{-n}.$$

Für den Fall, dass n gegen Unendlich strebt (n → ∞), nimmt der letzte Summand in den Gleichungen (37) bis (37b) den Wert Null an. Aus Gleichung (37b) wird dann:

(37b/1) $S_{persu\S32a} - S_{kap+ges} = s_{e\S32a} \cdot G - (s_k + m_e \cdot h) \cdot G.$

Dieser Fall entspricht mathematisch dem im letzten Gliederungspunkt abgeleiteten einer dauerhaften Thesaurierung.

Da der Absolutbetrag des letzten Terms in den Gleichungen (37) bis (37b/1) stets einen Wert ≥ 0 hat, ist die in diesen Gleichungen ausgedrückte Differenzbelastung stets dann negativ, wenn der erste Term der genannten Gleichungen kleiner ist als der zweite, d. h. wenn die Steuerbelastung des Personenunternehmens und seines (Mit-)Unternehmers kleiner ist als die der Kapitalgesellschaft ohne dessen Gesellschafter. In der bereits in Gliederungspunkt 2.5.2.2.2.1 abgeleiteten Tabelle IV/8 sind für unterschiedliche Hebesatzkombinationen zu versteuernde Einkommen des (Mit-)Unternehmers ermittelt worden, bis zu deren Höhe diese Bedingung für Grenzgewinne gilt. Diese zu versteuernden Einkommen sind sehr niedrig. Sie liegen zwischen rd. 8 T€ und 23 T€ bei Anwendung des Grundtarifs. Sie verdoppeln sich bei Anwendung des Splittingtarifs. Wie in Gliederungspunkt 2.5.2.2.2.2 ermittelt worden ist, sind zu Beginn des Plafonds - unter den Prämissen dieses Gliederungspunkts - die Vorteile des Personenunternehmens in etwa aufgebraucht.

Schüttet die Kapitalgesellschaft zu irgendeinem Zeitpunkt einen bei ihr versteuerten Gewinnanteil aus, nimmt also der Absolutbetrag des dritten Terms in den Gleichungen (37) bis (37b) einen positiven Wert an, so verbessert sich die Position des Personenunternehmens. Bis zum Beginn des Plafonds ist dann das Personenunternehmen auf jeden Fall vorteilhafter als die Kapitalgesellschaft, i. d. R. darüber hinaus auch bei deutlich höheren zu versteuernden Einkommen. Eine Ermittlung der Differenzbelastung ist dann aber - auch im Schätzwege - einigermaßen verlässlich nur durch Berechnung mit Hilfe der soeben abgeleiteten Belastungsgleichungen möglich. Dies ist in Tabelle IV/12 für wichtige Parameterkonstellationen geschehen.

Tabelle IV/12 enthält Steuerbelastungen des Gewinns eines Personenunternehmens bzw. einer Kapitalgesellschaft und ihres Gesellschafters im Vergleich. Vorausgesetzt ist bei der Rechtsform des Personenunternehmens stets, dass der „reine" Einkommensteuersatz 42 % (s_{ei} = 42 %) beträgt und ein 5,5 %iger Solidaritätszuschlag sowie eine 9 %ige Kirchensteuer erhoben werden.

Tabelle IV/12: Steuerbelastung des Gewinnbestandteils G bei Personenunternehmen sowie bei Kapitalgesellschaften und deren Gesellschaftern in % von G bei Sei/persu = 42 %, Sei/ges = 25 %, Skö = 15 %, Solz = 5,5 %, Ski = 9 %

Zeile	h in %	Belastung des Personenunternehmens	Belastung der Kapitalgesellschaft	Abgezinste Belastung des Gesellschafters bei Ausschüttung bei i = 6 % nach n Jahren bei			Abgezinste Differenzbelastung bei i = 6 % bei Ausschüttung nach n Jahren bei			
				n = 0	n = 10	n = 30	n = 0 Sp. 2 - 3 - 4	n = 10 Sp. 2 - 3 - 5	n = 30 Sp. 2 - 3 - 6	n → ∞ Sp. 2 - 3
	Sp. 1	Sp. 2	Sp. 3	Sp. 4	Sp. 5	Sp. 6	Sp. 7	Sp. 8	Sp. 9	Sp. 10
1	0	46,338	15,825	23,565	13,158	4,103	6,949	17,355	26,411	30,513
2	300	46,338	26,325	20,625	11,517	3,591	– 0,612	8,496	16,422	20,013
3	400	46,338	29,825	19,645	10,970	3,420	– 3,132	5,543	13,093	16,513
4	500	49,807	33,325	18,666	10,423	3,250	– 2,184	6,059	13,232	16,482

Spalte 1 der Tabelle IV/12 enthält in der bekannten Weise Gewerbesteuerhebesätze, die den Belastungen bzw. Belastungsdifferenzen der nachfolgenden Spalten zugrunde liegen. In den Spalten 2 und 3 sind die Steuerbelastungen des Gewinnbestandteils G im Falle eines Personenunternehmens bzw. einer Kapitalgesellschaft verzeichnet. Die Spalten 4 bis 6 enthalten abgezinste Steuerbelastungen des Gesellschafters der Kapitalgesellschaft, die infolge einer späteren Ausschüttung und Abzinsung auf den Beginn des Planungszeitraums entstehen. Zugrunde gelegt ist jeweils ein Nettozinssatz von 6 %. Die Ausschüttung erfolgt nach n Jahren. Hierbei nimmt n die Werte 0 (Spalte 4), 10 (Spalte 5) und 30 (Spalte 6) an.

In den Spalten 7 bis 10 sind die Belastungsdifferenzen enthalten, die sich aus der jeweiligen Belastung des Personenunternehmens nach Abzug der Belastung der Kapitalgesellschaft und der abgezinsten Belastung des Gesellschafters ergeben. Werte sind auch hier wieder für Thesaurierungszeiträume von 0 (Spalte 7), 10 (Spalte 8) und 30 (Spalte 9) Jahre ermittelt worden. Aufgeführt ist zusätzlich der Fall (Spalte 10), dass der Thesaurierungszeitraum gegen Unendlich strebt (n → ∞). Es handelt sich also um den Fall einer quasi-dauerhaften Thesaurierung. Es zeigt sich, dass nur bei sofortiger Ausschüttung (n = 0) das Personenunternehmen in den meisten Fällen geringfügig vorteilhafter ist als die Kapitalgesellschaft. Bei einem Hebesatz von 0 % (Zeile 1) ist aber auch dann die Kapitalgesellschaft vorteilhafter.

In allen Fällen, in denen der Gewinn längere Zeit (n = 10, n = 30, n → ∞) einbehalten wird, ergibt sich bei allen Hebesätzen eine deutlich höhere Steuerbelastung des Gewinns des Personenunternehmens im Vergleich zu derjenigen einer Kapitalgesellschaft einschließlich der abgezinsten Belastung ihres Gesellschafters. Der Nachteil des Personenunternehmens steigt mit steigender Thesaurierungsdauer und sinkt - im Bereich der Vollanrechnung der Gewerbesteuer - mit steigendem

Hebesatz. Bei über 400 % hinausgehendem Hebesatz verändert sich die Belastungsdifferenz nur geringfügig.

2.5.2.4.3 Zweite Fallgruppe: Antrag nach § 34a Abs. 1 EStG

Nunmehr soll die Fallgruppe behandelt werden, in der der (Mit-)Unternehmer des Personenunternehmens einen Antrag nach § 34a Abs. 1 EStG auf Begünstigung des nicht entnommenen Gewinns stellt. Miteinander zu vergleichen sind hier

- die Steuerbelastung des Personenunternehmens und des (Mit-)Unternehmers im Jahr der Einbehaltung des Gewinns und die abgezinste Einkommensteuerbelastung nach § 34a Abs. 4 EStG bei der späteren Gewinnentnahme mit
- der Steuerbelastung der Kapitalgesellschaft im Jahr der Einbehaltung des Gewinns und der abgezinsten Steuerbelastung des Gesellschafters bei der späteren Gewinnausschüttung.

Die auf den Gewinn(bestandteil) G entfallende Steuerbelastung des Personenunternehmens und dessen (Mit-)Unternehmer kann aus der in Gliederungspunkt 2.4.3.6.2 abgeleiteten Gleichung (20) ermittelt werden. Gleichung (20) sei noch einmal wiedergegeben. Sie lautet:

$$(20) \quad S_{\S 34a(1)} = \frac{Se_{\S 34a(1)}}{1 + Se_{\S 34a(1)} - Se_{\S 32a}} \cdot G + \frac{Se_{\S 32a} - Se_{\S 34a(1)}}{1 + Se_{\S 34a(1)} - Se_{\S 32a}} \cdot S_{ge/netto}.$$

Die Steuerbelastung, die sich als Folge einer späteren Entnahme des zunächst thesaurierten Gewinns ergibt, ist in Gliederungspunkt 2.4.3.6.4 ermittelt worden mit

$$(24) \quad S_{\S 34a(4)} = (G - S_{\S 34a(1)} - S_{ge/netto}) \cdot se_{\S 34a(4)}.$$

Tabelle IV/13 enthält in ihrer Spalte 2 Belastungen, die sich aus Gleichung (20) für das Personenunternehmen und seinen (Mit-)Unternehmer bei einer Antragstellung nach § 34a Abs. 1 EStG ergeben, und zwar für die in Spalte 1 aufgeführten gewerbesteuerlichen Nettobelastungssätze. Die Angaben erfolgen in % des Gewinn(bestandteils) G. Allen Belastungswerten liegen folgende gemeinsame Voraussetzungen zugrunde: $se_{\S 34a(1)} = 28{,}25$ %, $se_{\S 32a} = 42$ %, $s_{olz} = 5{,}5$ % und $s_{ki} = 0$ %. Spalte 3 der Tabelle IV/13 enthält die nicht abgezinsten Steuerwirkungen nach § 34a Abs. 4 EStG einer späteren Entnahme des zunächst einbehaltenen Gewinns. Formal ist dies in der Tabelle dadurch gekennzeichnet, dass der Thesaurierungszeitraum gleich Null gesetzt wird (n = 0).

In Spalte 4 der Tabelle wird von einem Thesaurierungszeitraum des einbehaltenen Gewinns von 30 Jahren ausgegangen (n = 30). Verzeichnet sind dort die abgezinsten Steuerwirkungen nach § 34a Abs. 4 EStG, d. h. die Werte von $S_{\S 34a(4)} \cdot (1 + i)^{-n}$. Es handelt sich also um die Werte, die sich aus denen der Spalte 3 nach einer Abzinsung um 30 Jahre bei einem Nettozinssatz von 6 % ergeben.

Die Steuerbelastung des Gewinns der Kapitalgesellschaft im Jahr der Gewinnentstehung kann aus der in Gliederungspunkt 2.5.2.2.1 abgeleiteten Gleichung (32) ermittelt werden. Diese lautet:

(32) $S_{kap} = (s_k + m_e \cdot h) \cdot G.$

Spalte 5 der Tabelle IV/13 enthält die sich bei Anwendung der der gewerbesteuerlichen Mehrbelastung zugrunde liegenden Hebesätze der Spalte 1 ergebenden Steuerbelastungen der Kapitalgesellschaft. Die Werte stimmen mit denen der Spalte 4 der Tabelle IV/11 überein.

Tabelle IV/13: Belastungsvergleich eines Personenunternehmens bei Antragstellung nach § 34a Abs. 1 EStG mit einer Kapitalgesellschaft einschließlich ihres Gesellschafters unter Einbeziehung der Wirkungen einer späteren Entnahme bzw. Ausschüttung bei $s_{ei§32a} = 42\%$, $s_{ei§34a(1)} = 28,25\%$, $s_{ei§34a(4)} = 25\%$, $s_{ei§32d} = 25\%$, $s_{kö} = 15\%$, $s_{olz} = 5,5\%$, $s_{ki} = 0\%$; alle Belastungen in % des Gewinnbestandteils G

Zeile	$S_{ge/}$ netto in % von G	Belastung des PersU nach § 34a Abs. 1 EStG	Barwert der Belastung nach § 34a Abs. 4 EStG bei i = 6 % nach n-Jahren bei		Belastung der Kapitalgesellschaft	Barwert der Belastung des Gesellschafters bei i = 6 % nach n-Jahren bei		Differenzbelastung der Vergleichsfälle bei i = 6 % nach n-Jahren bei		
			n = 0	n = 30		n = 0	n = 30	n = 0 Sp. 2 + 3 - 5 - 6	n = 30 Sp. 2 + 4 - 5 - 7	n = ∞ Sp. 2 - 5
	Sp. 1	Sp. 2	Sp. 3	Sp. 4	Sp. 5	Sp. 6	Sp. 7	Sp. 8	Sp. 9	Sp. 10
1	0,0	34,86	17,18	2,99	15,83	22,20	3,87	14,02	18,16	19,04
2	1,0	35,03	17,13	2,98	30,88	18,23	3,17	3,06	3,96	4,16
3	2,0	35,20	17,09	2,98	31,86	17,97	3,13	2,46	3,19	3,15
4	3,5	35,45	17,01	2,96	33,36	17,58	3,06	1,53	2,00	2,09

Spalte 6 der Tabelle IV/13 enthält die nicht abgezinsten Werte der Steuerbelastung des Gesellschafters bei einer Gewinnausschüttung der Kapitalgesellschaft. Ihnen liegt der sich derzeit aus § 32d Abs. 1 EStG ergebende Einkommensteuersatz von 25 % zugrunde ($s_{ei§32d} = 25\%$). Wie in Spalte 1 wird auch hier von einem 5,5 %igen Solidaritätszuschlag ($s_{olz} = 5,5\%$) und einem Kirchensteuersatz von 0 % ($s_{ki} = 0\%$) ausgegangen. Auch hier erfolgen alle Angaben in % des Gewinn(bestandteils) G.

Bei den Werten der Spalte 7 der Tabelle IV/13 handelt es sich um die Steuerbarwerte, die sich ergeben, wenn die Ausschüttung nicht - wie in Spalte 6 - sofort (n = 0), sondern erst nach 30 Jahren (n = 30) erfolgt.

Die Spalten 8 bis 10 der Tabelle IV/13 enthalten Differenzbelastungen der Vergleichsfälle. Hierbei beruhen die Werte der Spalte 8 auf der Voraussetzung, dass eine Entnahme bzw. Ausschüttung sofort erfolgt (n = 0). In Spalte 9 wird von einer 30jährigen (n = 30) und in Spalte 10 von einer quasi-dauerhaften Thesaurierung (n → ∞) ausgegangen.

Alle sich aus den Spalten 8 bis 10 ergebenden Differenzbelastungen weisen ein positives Vorzeichen auf. Dies bedeutet, dass *in allen Fällen* die *(abgezinste) Steuerbelastung* des Gewinns G bei Wahl der Rechtsform *eines Personenunternehmens größer* ist *als* bei der einer *Kapitalgesellschaft*. Anzumerken ist, dass in Tabelle IV/13 stets davon ausgegangen wird, dass keine Kirchensteuer entsteht. Wird Kirchensteuer erhoben, so verschlechtert sich die Position des Personenunternehmens gegenüber der der Kapitalgesellschaft, da bei Personenunternehmen ein deutlich höherer Betrag der Kirchensteuer unterliegt als dies bei den Gesellschaftern einer Kapitalgesellschaft der Fall ist.

2.5.2.5 Steuerfreie Gewinne

Das Ertragsteuerrecht kennt eine Vielzahl steuerfreier Einnahmen und damit auch steuerfreier Gewinne. Die für die Praxis wichtigsten dürften *steuerfreie ausländische Einnahmen* und *Investitionszulagen* sein. Derartige steuerfreie Einnahmen führen zu unterschiedlichen Steuerfolgen, je nachdem, ob sie von einem Personenunternehmen oder aber von einer Kapitalgesellschaft erzielt worden sind. Die Unterschiede entstehen allerdings erst dann, wenn diese steuerfreien Einnahmen entnommen oder ausgeschüttet werden.

Steuerfreie Einnahmen bleiben bei Personenunternehmen steuerfrei, unabhängig davon, ob die ihnen entsprechenden Beträge thesauriert oder zu irgendeinem Zeitpunkt ausgeschüttet werden. Anders verhält es sich bei Kapitalgesellschaften. Hier führt jede Gewinnausschüttung bei dem Gesellschafter nach § 20 Abs. 1 Nr. 1 EStG zu steuerpflichtigen Einnahmen aus Kapitalvermögen. Dies gilt unabhängig davon, ob der ausgeschüttete Gewinnbestandteil aus bei der Gesellschaft steuerpflichtigen oder aber aus steuerfreien Einnahmen stammt. Allerdings gilt die Steuerschuld mit der Erhebung der Kapitalertragsteuer bekanntlich nach § 43 Abs. 5 EStG grundsätzlich als abgegolten.

Hinsichtlich der Behandlung von steuerfreien Einnahmen erweist sich somit die Rechtsform der *Kapitalgesellschaft* gegenüber derjenigen des Personenunternehmens als deutlich *nachteilig*. Der Nachteil beträgt i. d. R. (25 % · 1,055 =) 26,375 % der ausgeschütteten ursprünglich steuerfreien Gewinne, wenn keine Kirchensteuer anfällt. Entsteht zusätzlich eine 9 %ige Kirchensteuer, so erhöht sich der Nachteil der Rechtsform der Kapitalgesellschaft im Vergleich zu der des Personenunternehmens auf 27,995 % des ursprünglich steuerfreien Gewinns. Der Nachteil ist geringer als soeben dargestellt, wenn es für den Steuerpflichtigen vorteilhaft ist, nach § 32d Abs. 6 EStG einen Antrag auf Einbeziehung der Ausschüttung in seine Veranlagung zu stellen. Voraussetzung ist (selbstverständlich), dass der Steuerpflichtige einen derartigen Antrag auch tatsächlich stellt.

2.5.2.6 Berücksichtigung mehrerer Gesellschafter

Die bisherigen Untersuchungen sind stets für einen einzelnen Unternehmer bzw. Gesellschafter durchgeführt worden. Sie gelten deshalb zunächst für ein Einzelunternehmen bzw. für eine Einpersonenkapitalgesellschaft. Sie gelten darüber hinaus aber auch in den Fällen, in denen zwar mehrere Gesellschafter vorhanden sind, der den Vorteilsvergleich durchführende Gesellschafter aber lediglich seine eigenen Interessen wahren möchte. Im letzteren Fall kann also jeder Gesellschafter zur Wahrung seiner eigenen Interessen einen Vorteilsvergleich durchführen. Die Ergebnisse dieser Vorteilsvergleiche können durchaus voneinander abweichen.

Betrachten sich die Gesellschafter hingegen als eine wirtschaftliche Einheit, so ist es sinnvoll, die Vorteilhaftigkeit der Rechtsformen zueinander nicht aus der Sicht eines jeden einzelnen Gesellschafters, sondern aus der Gesamtsicht aller Gesellschafter zu betrachten. Methodisch kann in gleicher Weise vorgegangen werden wie in den letzten Gliederungspunkten erörtert. Soweit im Rahmen des Vorteilsvergleichs Differenzsteuersätze von Bedeutung sind, ist dann jeweils der gewogene Differenzsteuersatz aller Gesellschafter anzusetzen.

Die Situation, dass Gesellschafter von gemeinsamen wirtschaftlichen Interessen ausgehen, kann insbesondere in Fällen auftreten, in denen Ehegatten Gesellschafter sind. Auch Eltern und ihre Kinder dürften häufig von einem gemeinsamen wirtschaftlichen Interesse ausgehen. Dies gilt insbesondere dann, wenn die Kinder noch minderjährig sind.

2.5.2.7 Einfluss des Schuldzinsenabzugs auf die Steuerbelastung des Gewinns in den Vergleichsfällen

Schuldzinsen sind bei Kapitalgesellschaften grundsätzlich abzugsfähige Betriebsausgaben. Bei *Personenunternehmen* hingegen greifen die *Abzugsbeschränkungen* des § 4 Abs. 4a EStG. In Teil II ist dargestellt worden, dass es durch Gestaltungsmaßnahmen häufig möglich ist, Abzugsverbote teilweise oder vollständig zu vermeiden. Es bleiben aber durchaus Fälle, in denen ein Abzugsverbot nach § 4 Abs. 4a EStG greift. Damit kann ein Personenunternehmen im Einzelfall hinsichtlich des Abzugs von Schuldzinsen im Vergleich zu einer Kapitalgesellschaft von Nachteil sein. Dieser Nachteil kann durchaus ein erhebliches Ausmaß annehmen.

Zu diesem steuerlichen Nachteil tritt noch ein nichtsteuerlicher hinzu. Dieser besteht darin, dass Maßnahmen zur Vermeidung einer Nichtabzugsfähigkeit von Schuldzinsen nach § 4 Abs. 4a EStG erheblichen *Planungsaufwand* verursachen können. Dieser lässt sich i. d. R. nicht ohne eine intensive Unterstützung durch einen Steuerberater bewältigen.

2.5.2.8 Zusammenfassung der Ergebnisse

Die Ergebnisse des Vergleichs zwischen der Steuerbelastung des Gewinns eines Personenunternehmens und dem einer Kapitalgesellschaft lassen sich wie folgt zusammenfassen:

1. Sind der Gewinn(anteil) des (Mit-)Unternehmers bzw. Gesellschafters und dessen Einkommen gering und wird der Gewinn quasi-dauerhaft thesauriert, so führt dies zu einem geringfügigen Vorteil des Personenunternehmens. Das Maximum dieses Vorteils ist i. d. R. bereits bei zu versteuernden Einkommen zwischen rd. 12 T€ bis 23 T€ (Grundtarif) bzw. 24 T€ bis 46 T€ (Splittingtarif) erreicht[44].

2. Bereits bei zu versteuernden Einkommen am Beginn des unteren Plafonds (rd. 53 T€ bzw. 106 T€) ist der Vorteil zu 1. fast vollständig verschwunden oder sogar in einen geringfügigen Nachteil umgeschlagen[45].

3. Werden dauerhaft thesaurierte Gewinne im Falle des Personenunternehmens mit einem der beiden Spitzensteuersätze (42 % bzw. 45 %) besteuert, so ist die Steuerbelastung des Personenunternehmens und ihres (Mit-)Unternehmers deutlich höher als die der Kapitalgesellschaft und ihres Gesellschafters. Die Mehrbelastung beträgt i. d. R. zwischen rd. 16 % und rd. 23 % des entsprechenden Gewinnbestandteils[46]. Wird ein Antrag nach § 34a Abs. 1 EStG gestellt, so sinkt die Mehrbelastung deutlich. Sie beträgt dann i. d. R. zwischen rd. 2 % und 6 %[47].

4. Wird ein Gewinn(bestandteil) zu irgendeinem Zeitpunkt entnommen bzw. ausgeschüttet, so hängt die Steuerbelastungsdifferenz in hohem Maße von der Höhe des im Fall des Personenunternehmens zur Anwendung kommenden Einkommensteuersatzes, des Zeitraums der zwischenzeitlichen Thesaurierung und dem Nettokalkulationszinssatz ab. Von wesentlich geringerem Einfluss ist hingegen die Höhe des Gewerbesteuerhebesatzes. Beträgt der Einkommensteuersatz 0 %, so ist die Steuerbelastung im Fall des Personenunternehmens mit 0 % erheblich geringer als in dem der Kapitalgesellschaft mit i. d. R. rd. 26 % bis 33 %. Der Vorteil sinkt mit steigendem Einkommensteuersatz und kann mit weiter steigendem Einkommensteuersatz in einen hohen Nachteil umschlagen. Dieser kann bei einer weit nach der Gewinnentstehung liegenden Ausschüttung bis zu rd. 20 % - in wenigen Fällen sogar bis zu rd. 31 % - des Gewinnbestandteils betragen[48].

5. Beträgt der Einkommensteuersatz 42 % bzw. 45 %, so entsteht bei sofortiger Gewinnentnahme bzw. -ausschüttung (n = 0) ein geringfügiger Vor- oder Nachteil des Personenunternehmens im Vergleich zu einer Kapitalgesellschaft. Mit steigender Dauer einer zwischenzeitlichen Thesaurierung ver-

---

44   Vgl. Gliederungspunkt 2.5.2.2.2.1.
45   Vgl. Gliederungspunkt 2.5.2.2.2.2.
46   Vgl. Gliederungspunkt 2.5.2.2.2.3.
47   Vgl. Gliederungspunkt 2.5.2.3.
48   Vgl. Gliederungspunkt 2.5.2.4.2.

schwindet der Vorteil bzw. wächst der Nachteil. Bei einer quasi dauerhaften Thesaurierung (n → ∞) entsteht ein erheblicher Nachteil des Personenunternehmens[49].

6. Je höher bei einer zwischenzeitlichen Thesaurierung der Nettokalkulationszinssatz ist, umso geringer wird der Vorteil bzw. höher wird der Nachteil des Personenunternehmens im Vergleich zu der Kapitalgesellschaft.

7. Wird im Falle des Personenunternehmens ein Antrag nach § 34a Abs. 1 EStG gestellt, wird aber dennoch der zunächst begünstigte Gewinnbestandteil später entnommen bzw. ausgeschüttet, so ist der Barwert der Steuerbelastung des Gewinn(bestandteils) im Fall des Personenunternehmens stets größer als in dem der Kapitalgesellschaft. Der sich hieraus ergebende Nachteil des Personenunternehmens steigt mit steigender Thesaurierungsdauer und sinkt mit steigendem Gewerbesteuerhebesatz. Er beträgt zwischen rd. 2 % und rd. 19 % des zunächst thesaurierten Gewinns[50].

8. Steuerfreie Gewinne unterliegen solange sowohl im Falle eines Personenunternehmens als auch in dem einer Kapitalgesellschaft keiner Besteuerung wie sie thesauriert werden. Im Falle einer Entnahme aus einem Personenunternehmen bleiben sie steuerfrei, im Falle einer Ausschüttung aus einer Kapitalgesellschaft hingegen geht die Steuerfreiheit verloren. Es entsteht dann eine Steuerbelastung des Gesellschafters i. H. v. rd. 26 % (ohne Kirchensteuer) bzw. rd. 28 % (mit Kirchensteuer) des ursprünglich steuerfreien Gewinns. Hinsichtlich der Belastung steuerfreier Gewinne ist ein Personenunternehmen also erheblich vorteilhafter als eine Kapitalgesellschaft[51].

9. Schuldzinsen sind bei Kapitalgesellschaften grundsätzlich abzugsfähige Betriebsausgaben, d. h. sie mindern den Gewinn. Bei Personenunternehmen hingegen greifen die Abzugsbeschränkungen des § 4 Abs. 4a EStG. Dies kann zu erheblichen Nachteilen des Personenunternehmens im Vergleich zu einer Kapitalgesellschaft führen[52].

2.5.3 Steuergestaltungsmaßnahmen

2.5.3.1 Problemstellung

In Gliederungspunkt 2.4 ist ermittelt worden, dass es durch *Steuergestaltungsmaßnahmen* vielfach möglich ist, die Steuerbelastung einer Kapitalgesellschaft einschließlich derjenigen ihrer Gesellschafter z. T. erheblich zu senken. Damit stellt sich die Frage, ob es möglich ist, die *Belastung einer Kapitalgesellschaft einschließlich* derjenigen *ihrer Gesellschafter durch derartige Gestaltungsmaßnahmen unter diejenige vergleichbarer Personenunternehmen zu senken.* Dieser

---

49 Vgl. Gliederungspunkt 2.5.2.4.2.
50 Vgl. Gliederungspunkt 2.5.2.4.3.
51 Vgl. Gliederungspunkt 2.5.2.5.
52 Vgl. Gliederungspunkt 2.5.2.7.

Frage soll nunmehr nachgegangen werden. Hierbei sollen wiederum folgende Steuergestaltungsmaßnahmen zwischen einer Gesellschaft und ihren Gesellschaftern behandelt werden:

- Gehaltsvereinbarungen,
- Pensionszusagen,
- Gesellschafterdarlehen,
- Miet- und Pachtverträge sowie
- Ausschüttungsgestaltungen.

2.5.3.2 Gehaltsvereinbarungen zwischen einer Gesellschaft und ihren Gesellschaftern

2.5.3.2.1 Allgemeine Ableitung

Wie bereits ausgeführt[53], stellen Gehaltszahlungen einer Kapitalgesellschaft an einen ihrer Gesellschafter bei der Gesellschaft grundsätzlich abzugsfähige Betriebsausgaben und bei dem Gesellschafter Einnahmen aus nichtselbständiger Arbeit dar. Voraussetzung ist lediglich, dass ein schriftlicher Arbeitsvertrag vorliegt und das Arbeitsverhältnis auch tatsächlich durchgeführt wird[54]. Dies gilt auch im Falle einer Einmann-GmbH.

Gehaltszahlungen (Gh) an einen Gesellschafter lösen somit bei der Kapitalgesellschaft keine Steuerfolgen aus. Bei dem Gesellschafter hingegen entsteht E i. S. v. Gleichung (Ia). Die Gehaltszahlungen können außerdem zu einer Inanspruchnahme von Freibeträgen, die mit Einkünften aus nichtselbständiger Arbeit (§ 19 EStG) im Zusammenhang stehen, führen. Diese werden mit $Fe_{\S19}$ bezeichnet. Hierunter fällt insbesondere der Arbeitnehmer-Pauschbetrag des § 9a Satz 1 Nr. 1 EStG. Zum Ansatz eines von 0 verschiedenen $Fe_{\S19}$ kommt es aber nur dann und insoweit, als die gesetzlichen Freibeträge nicht bereits anderweitig ausgenutzt sind. Die Steuerbelastung im Falle einer Gehaltszahlung an den Gesellschafter einer Kapitalgesellschaft ($S_{kap/gh}$) kann demnach wie folgt erfasst werden:

$$(38) \quad S_{kap/gh} = Gh \cdot s_{e/kap} - Fe_{\S19} \cdot s_{e/kap}.$$

Gleichung (38) entspricht in Struktur und Inhalt in vollem Umfang Gleichung (1) in Gliederungspunkt 2.4.2.1.2. Sie unterscheidet sich von dieser lediglich insoweit, als in Gleichung (38) der Einkommensteuersatz s_e statt mit dem Zusatzsymbol „§32a" mit dem Zusatzsymbol „/kap" versehen worden ist. Hierdurch soll gekennzeichnet werden, dass es sich um den Fall handelt, dass die Gehaltszahlung von der Kapital- und nicht von der Vergleichspersonengesellschaft gezahlt wird. Dies geschieht deshalb, weil der auf das Gehalt anfallende Einkommensteuersatz

---

[53]   Vgl. Gliederungspunkt 2.4.2.1.2.

[54]   Vgl. Wied, E., in: Blümich, W., Kommentar, § 4 EStG, Rz. 940.

bei beiden Rechtsformen unterschiedlich sein kann. Hiervon muss stets dann ausgegangen werden, wenn das Gehalt zumindest in einem der beiden Vergleichsfälle den Progressionsbereich des Gesellschafters berührt. Hier können Abweichungen der Einkommensteuersätze voneinander insbesondere durch Gewinnausschüttungen bzw. Entnahmen entstehen, und zwar auch dann, wenn diese gleich groß sind. Der Grund liegt darin, dass Entnahmen als ganz normale Gewinnbestandteile einer Personengesellschaft in vollem Umfang in das Einkommen des Mitunternehmers eingehen, Ausschüttungen hingegen unterliegen i. d. R. lediglich dem Abgeltungsteuersatz. Die Entnahme kann somit einem höheren Steuersatz der Einkommensteuer unterliegen als die Ausschüttung.

Völlig anders als bei Kapitalgesellschaften ist die Situation von Gehältern bei Personenunternehmen. Einzelunternehmer sind bereits zivilrechtlich nicht in der Lage, mit ihrem Unternehmen einen Arbeitsvertrag abzuschließen. Gesellschafter von Personengesellschaften können zwar zivilrechtlich derartige Verträge abschließen, doch zeitigen sie steuerlich keine Wirkung. Bekanntlich sind die aufgrund derartiger Verträge gezahlten Gehälter bei dem Gesellschafter nach § 15 Abs. 1 Satz 1 Nr. 2 EStG als Vorabgewinne zu behandeln. Sie stellen damit E i. S. v. Gleichung (Ia) dar. Die Steuerbelastung derartiger Gehälter ($S_{pers/gh}$) beträgt demnach:

$$(39) \quad S_{pers/gh} = G_h \cdot \{s_{e/pers} + m_e \cdot [h - \alpha \cdot (1 + s_{olz})]\}.$$

Aus den bereits weiter oben genannten Gründen wird hier der Einkommensteuersatz s_e mit dem Zusatzsymbol „/pers" versehen.

An die Stelle von Gehaltszahlungen tritt bei Einzelunternehmen ein kalkulatorischer Unternehmerlohn in gleicher Höhe. Dieser soll hier aber ebenfalls mit dem Symbol G_h erfasst werden. Die Struktur der Gleichung (39) zeigt, dass Gehälter im Falle von Personenunternehmen stets wie „normale" steuerliche Gewinne G behandelt werden.

Die Steuerbelastungsdifferenz von Gehaltszahlungen an Personenunternehmer einerseits und an Gesellschafter von Kapitalgesellschaften andererseits ergibt sich durch Abzug des Werts von Gleichung (38) von dem der Gleichung (39). Sie beträgt:

$$(40) \quad S_{pers/gh} - S_{kap/gh} = G_h \cdot \{s_{e/pers} + m_e \cdot [h - \alpha \cdot (1 + s_{olz})]\}$$
$$- G_h \cdot s_{e/kap} + F_{e\S19} \cdot s_{e/kap}.$$

Für den Fall, dass sich die Einkommen in den Vergleichsfällen in demselben der beiden Plafonds bewegen, gilt $s_{e/pers} = s_{e/kap}$. Gleichung (40) wird dann zu:

$$(40a) \quad S_{pers/gh} - S_{kap/gh} = G_h \cdot \{s_e + m_e \cdot [h - \alpha \cdot (1 + s_{olz})]\}$$
$$- G_h \cdot s_e + F_{e\S19} \cdot s_e.$$

2.5.3.2.2 Einflussfaktoren auf die Vorteilhaftigkeit und konkrete Belastungsdifferenzen

Gleichung (40) lässt sich entnehmen, dass die Differenzbelastung des Gehalts bei den beiden miteinander zu vergleichenden Rechtsformen von mehreren Einflussfaktoren abhängt. Zu nennen sind in diesem Zusammenhang

- die Höhe der beiden kombinierten Einkommen-, Kirchensteuer- und Solidaritätszuschlagsätze Se/pers und Se/kap,
- die Höhe des Anrechnungsfaktors von Gewerbesteuer auf die Einkommensteuer des (Mit-)Unternehmers α,
- die Höhe des Gewerbesteuerhebesatzes h und
- die Höhe des noch ausschöpfbaren Freibetrags Fe§19 bei Wahl der Rechtsform der Kapitalgesellschaft.

Kirchensteuer und Solidaritätszuschlag können in den Vergleichsfällen nur in prozentual gleicher Höhe - jeweils bezogen auf den Einkommensteuersatz - anfallen. Letztlich hängt die Frage, ob die kombinierte Belastung aus Einkommen-, Kirchensteuer und Solidaritätszuschlag in den Vergleichsfällen gleich oder unterschiedlich groß ist, somit ausschließlich von dem Verhältnis der beiden „reinen" Einkommensteuersätze Sei/pers und Sei/kap ab. In diesem Zusammenhang kann davon ausgegangen werden, dass stets gilt

$$(41) \qquad Sei/pers \geq Sei/kap.$$

Der Grund für diese Behauptung liegt darin, dass der „normale" von dem Unternehmen erwirtschaftete steuerliche Gewinn im Fall des Personenunternehmens bei dem (Mit-)Unternehmer der Einkommensteuer unterliegt, bei Wahl der Rechtsform einer Kapitalgesellschaft hingegen nicht. In letzterem Fall ist der Gewinn von der Gesellschaft und nicht von derem Gesellschafter zu versteuern. Die Einkünfte und damit auch das zu versteuernde Einkommen des Unternehmers bzw. Gesellschafters sind somit im Fall des Personenunternehmens - c. p. - höher als in dem der Kapitalgesellschaft. Die Differenz erhöht sich noch um den Freibetrag Fe§19, der nur bei einer Kapitalgesellschaft, nicht hingegen bei einem Personenunternehmen zum Abzug kommen kann, da ein (Mit-)Unternehmer von seinem Unternehmen wegen der Umqualifikation gem. § 15 Abs. 1 Satz 1 Nr. 2 EStG keine Einkünfte i. S. d. § 19 EStG beziehen kann.

In Teil I ist erläutert worden, dass es sich bei dem in § 35 Abs. 1 EStG genannten Anrechnungsfaktor von Gewerbesteuer auf die Einkommensteuer des Unternehmers bzw. der Mitunternehmer von derzeit 3,8 um einen maximalen Betrag handelt[55]. Die Anrechnung kann aufgrund der mehrfachen in § 35 EStG definierten Restriktionen auch mit einem geringeren Faktor erfolgen. Dies gilt insbesondere für die einzelnen Mitunternehmer einer Personengesellschaft. Der Grund hierfür liegt in § 35 Abs. 2 Satz 2 EStG. Nach dieser Rechtsnorm richtet sich die Anrech-

---

[55] Vgl. Teil I, Gliederungspunkt 4.2.2.

nung nach dem Gewinnverteilungsschlüssel lt. Gesellschaftsvertrag, d. h. Vorabgewinne werden bei Ermittlung des anteiligen Gewerbesteuer-Messbetrags nicht berücksichtigt. Für den Anrechnungsfaktor α gilt demnach folgende Beziehung:

(42) $0 \leq \alpha \leq 3,8$.

Es sei nochmals darauf hingewiesen, dass sich die Restriktion $\alpha \leq 3,8$ bei einer Mitunternehmerschaft nur auf die gesamte Mitunternehmerschaft bezieht. Bei den einzelnen Mitunternehmern (Gesellschaftern) kann hingegen durchaus der Fall eintreten, dass ein Gesellschafter einen höheren Anrechnungsfaktor als 3,8 hat. Dies setzt voraus, dass bei einem anderen Gesellschafter der Anrechnungsfaktor einen kleineren Wert als 3,8 aufweist. In Teil I wird deshalb auch zwischen dem Anrechnungsfaktor bezogen auf das gesamte Personenunternehmen (α) und dem auf den einzelnen Gesellschafter bezogenen (α_{ges}) unterschieden.

Tabelle IV/14 enthält steuerliche Differenzbelastungen von Gehältern bei Personenunternehmen und Kapitalgesellschaften in % des Gehalts Gh. Alle Werte sind aus Gleichung (40) ermittelt worden. Hierbei sind stets ein 5,5 %iger Solidaritätszuschlag und eine 9 %ige Kirchensteuer berücksichtigt. Den Belastungsdifferenzen liegen unterschiedliche Konstellationen von α, h, sei/kap und $sei/pers$ zugrunde.

Die jeweils angewendeten Hebesätze sind aus Spalte 1 ersichtlich. Sie umfassen das hier üblicherweise verwendete Spektrum von 300 %, 400 % und 500 %. Der den Berechnungen zugrunde gelegte Anrechnungsfaktor α ergibt sich aus Spalte 2 der Tabelle. Er beträgt in den Zeilen 1, 3 und 5 jeweils 1,9, d. h. die Hälfte des höchstmöglichen Faktors von 3,8. In den Zeilen 2, 4 und 6 wird jeweils von dem gesetzlich höchstmöglichen Anrechnungsfaktor ausgegangen, nämlich von 3,0 bei einem Hebesatz von 300 % und von 3,8 bei einem Hebesatz von 400 % bzw. 500 %.

In den Zeilen 1 bis 6 zu den Spalten 3 bis 5 sind die aus Gleichung (40) errechneten Steuerbelastungsdifferenzen eingetragen. Hierbei wird in Spalte 3 von einem Einkommensteuersatz des (Mit-)Unternehmers von 42 % ($sei/pers$ = 42 %) und des Gesellschafters der Kapitalgesellschaft von 30 % (sei/kap = 30 %) ausgegangen. Den Werten in Spalte 4 liegen gleich große Einkommensteuersätze in den Vergleichsfällen zugrunde. Eine derartige Konstellation ergibt sich i. d. R. nur dann, wenn die Differenzsteuersätze sich entweder im unteren Plafond (sei = 42 %) oder im oberen Plafond (sei = 45 %) bewegen. Mit diesen Steuersätzen ist der Kopf in Spalte 4 auch gekennzeichnet. In Spalte 5 wird davon ausgegangen, dass der (Mit-)Unternehmer einem Einkommensteuersatz von 45 % ($sei/pers$ = 45 %) und der Gesellschafter der Kapitalgesellschaft von 42 % (sei/kap = 42 %) unterliegt. Nicht in der Tabelle IV/14 berücksichtigt ist der Freibetrag $Fe\S19$. Durch diese Nichtberücksichtigung sind die Belastungen im Fall der Kapitalgesellschaft tendenziell alle etwas zu hoch berücksichtigt.

*Tabelle IV/14: Steuerliche Differenzbelastung von Gehältern bei Personenunter-
nehmen und Kapitalgesellschaften in % des Gehalts Gh bei
$S_{olz} = 5,5\%$ und $s_{ki} = 9\%$*

Zeile	Hebesatz h	Anrechnungs- faktor α	Differenzbelastungen bei		
			Sei/pers = 42 % Sei/kap = 30 %	Sei/pers = 42 % Sei/kap = 42 %	Sei/pers = 45 % Sei/kap = 42 %
	Spalte 1	Spalte 2	Spalte 3	Spalte 4	Spalte 5
1	300 %	1,9	16,376	3,484	6,665
2	300 %	3,0	12,314	− 0,577	2,604
3	400 %	1,9	19,876	6,984	10,165
4	400 %	3,8	12,860	− 0,031	3,150
5	500 %	1,9	23,376	10,484	13,665
6	500 %	3,8	16,360	3,469	6,650

Die aus Tabelle IV/14 ersichtlichen Steuerbelastungsdifferenzen sind mit zwei
Ausnahmen alle im deutlich positiven Bereich. Dies bedeutet, dass die Steuerbelastung bei Wahl der Rechtsform einer Personengesellschaft in diesen Fällen deutlich höher ist als in dem der Wahl der Rechtsform einer Kapitalgesellschaft.
Lediglich in den Fällen, in denen die Differenz-Einkommensteuersätze in den
Vergleichsfällen gleich groß sind (Sei/pers = Sei/kap), der Hebesatz nicht größer ist
als 400 % und der Anrechnungsfaktor α seinen maximalen Wert von 3,0 bzw. 3,8
annimmt, ergeben sich Ausnahmen. In diesen Fällen ist das Gehalt des Gesellschafters einer Personengesellschaft geringfügig geringer belastet als das des
Gesellschafters einer Kapitalgesellschaft. Dies gilt aber nur, wenn - wie hier
geschehen - bei dem Gesellschafter der Kapitalgesellschaft kein Freibetrag nach
§ 9a EStG zum Abzug kommt, d. h., wenn gilt Fe§19 = 0. Ist hingegen ein derartiger Freibetrag zu berücksichtigen, so entsteht auch in den genannten beiden Fällen
keine höhere Steuerbelastung des Gesellschafters einer Kapitalgesellschaft im
Vergleich zu der des Gesellschafters einer Personengesellschaft.

Zusammenfassend kann Folgendes festgestellt werden:

- Ist der Gewerbesteuerhebesatz deutlich größer als 400 %, so ist das Gehalt des
  Gesellschafters einer Kapitalgesellschaft steuerlich stets geringer belastet als
  das des Gesellschafters einer Personengesellschaft.
- Ist der Differenz-Einkommensteuersatz des Gesellschafters einer Personengesellschaft größer als der des Gesellschafters einer Kapitalgesellschaft, so ist
  die Steuerbelastung des Gehalts bei Wahl der Rechtsform einer Personengesellschaft größer als bei Wahl der einer Kapitalgesellschaft. Gleiches gilt
  dann, wenn der Anrechnungsfaktor α geringer ist als der maximal mögliche
  von 3,8.
- Nur dann, wenn die Einkommensteuersätze in den Vergleichsfällen gleich
  groß sind, der Hebesatz nicht mehr als 400 % beträgt und der sich aus § 35
  EStG ergebende Anrechnungsfaktor α seinen maximalen Wert von 3,8
  annimmt, kann das Gehalt bei Wahl der Rechtsform einer Personengesell-

schaft steuerlich geringfügig niedriger belastet sein als das bci Wahl der Rechtsform einer Kapitalgesellschaft.

2.5.3.3 Pensionszusagen an Gesellschafter

Wie bereits an früherer Stelle herausgearbeitet, können Kapitalgesellschaften durch die Zusage von Pensionen an in der Gesellschaft tätige Gesellschafter erhebliche steuerliche Vorteile erzielen, Personenunternehmen hingegen nicht[56]. Insoweit ist die Rechtsform der Kapitalgesellschaft vorteilhafter als die eines Personenunternehmens. Der *Vorteil* kann im Einzelfall *hoch* sein. Das gilt insbesondere dann, wenn *mehrere Gesellschafter* in der Gesellschaft beschäftigt sind. Eine Quantifizierung des Vorteils erscheint nur im Einzelfall möglich, da seine Höhe von einer außerordentlich großen Zahl von Einflussfaktoren abhängt.

2.5.3.4 Gesellschafterdarlehen

2.5.3.4.1 Allgemeine Ableitung

Zinsen für Gesellschafterdarlehen (Z_i) stellen bei Kapitalgesellschaften abzugsfähige Betriebsausgaben dar. Eine Korrektur der als Aufwand verbuchten Zinsen für Zwecke der steuerlichen Gewinnermittlung findet also nicht statt. Allerdings können 25 % (β) der Zinsen nach § 8 Nr. 1 GewStG dem Gewinn aus Gewerbebetrieb zur Ermittlung des Gewerbeertrags wieder hinzuzurechnen sein. Insoweit stellen die Zinsen H_{ge} i. S. v. Gleichung (II) bzw. (IIa) dar. Der die Zinsen empfangende Gesellschafter hat diese nach § 20 EStG als Einnahmen aus Kapitalvermögen zu versteuern. Insoweit haben die Zinsen die Wirkung von $+ E_e$ i. S. v. Gleichung (Ia). In Ausnahmefällen können die Zinsen auch zu einer Erhöhung des sich aus § 20 Abs. 9 EStG ergebenden Sparer-Pauschbetrages ($F_{e§20}$) führen. Insgesamt kann die Steuerbelastung der Kapitalgesellschaft und ihres Gesellschafters durch Zinsen für ein Gesellschafterdarlehen ($S_{kap/zi}$) wie folgt erfasst werden:

$$(43) \quad S_{kap/zi} = \beta \cdot Z_i \cdot m_e \cdot h + Z_i \cdot s_{e/kap} - F_{e§20} \cdot s_{e/kap}.$$

Bei $s_{e/kap}$ kann es sich sowohl um den „normalen" Steuersatz gem. § 32a EStG ($s_{e§32a}$) als auch um den Abgeltungsteuersatz nach § 32d Abs. 1 EStG ($s_{e§32d}$) handeln. Der Abgeltungsteuersatz i. S. d. § 32d Abs. 1 EStG kommt nach Abs. 2 dieser Rechtsnorm nur dann zur Anwendung, wenn der das Darlehen gewährende Gesellschafter zu weniger als 10 % an der Gesellschaft beteiligt ist. Nach Kommentarmeinung kommt der Abgeltungsteuersatz auch dann zur Anwendung, wenn der das Darlehen gewährende Gesellschafter zwar zu mehr als 10 % an der Gesellschaft beteiligt ist, er das Darlehen aber hypothekarisch absichern lässt[57].

---

56   Zur Begründung im Einzelnen sei auf die Gliederungspunkte 2.4.2.3 und 2.4.3.2 verwiesen.
57   Vgl. Treiber, A., in: Blümich, W., Kommentar, § 32d EStG, Rz. 91.

Die Kommentarmeinung stützt sich hierbei darauf, dass § 20 Abs. 1 Nr. 5 EStG in § 32d Abs. 2 EStG nicht erwähnt wird. Sollte sich diese Rechtsansicht durchsetzen, besteht hier durch eine hypothekarische Absicherung ein Gestaltungsspielraum. Es erscheint zweifelhaft, dass sich die Finanzverwaltung dieser Rechtsansicht anschließt, da sie kaum mit dem historischen Willen des Gesetzgebers in Einklang stehen dürfte. Bei den nachfolgenden Berechnungen soll deshalb bei einer mehr als 10 %igen Beteiligung davon ausgegangen werden, dass der Steuersatz des § 32a EStG zur Anwendung kommt und nicht der des § 32d Abs. 1 EStG.

Bei Personenunternehmen sind Zinsen für Gesellschafterdarlehen keine abzugsfähigen Betriebsausgaben, sondern Vorabgewinne i. S. d. § 15 Abs. 1 Satz 1 Nr. 2 EStG. Sie haben damit die Wirkung von + E i. S. v. Gleichung (Ia). Weitere Steuerwirkungen treten dann nicht ein, wenn der Freibetrag des § 11 Abs. 1 GewStG bereits ausgeschöpft ist. Die Steuerbelastung der Zinsen im Falle eines Personenunternehmens ($S_{pers/zi}$) beträgt dann:

$$(44) \qquad S_{pers/zi} = Z_i \cdot \{s_{e/pers} + m_e \cdot [h - \alpha \cdot (1 + s_{olz})]\}.$$

Ist im Einzelfall der Freibetrag des § 11 Abs. 1 GewStG noch nicht ausgeschöpft, so muss in der bekannten Weise noch ein Freibetrag $F_{e\S11}$ abgezogen werden. Wie bereits mehrfach ausgeführt, hat dieser dann die Wirkung von $- H_{ge}$. Auf die Erfassung eines derartigen Freibetrags soll hier verzichtet werden.

Die Differenzbelastung zwischen der Steuerbelastung im Falle eines Personenunternehmens und derjenigen im Falle einer Kapitalgesellschaft ergibt sich durch Abzug des Werts der Gleichung (43) von (44). Sie beträgt:

$$(45) \qquad S_{pers/zi} - S_{kap/zi} = Z_i \cdot \{s_{e/pers} + m_e \cdot [h - \alpha \cdot (1 + s_{olz})]\} - \beta \cdot Z_i \cdot m_e \cdot h$$
$$- Z_i \cdot s_{e/kap} + F_{e\S20} \cdot s_{e/kap}.$$

2.5.3.4.2 Einflussfaktoren auf die Vorteilhaftigkeit und konkrete Belastungsdifferenzen

Wird in Gleichung (45) $\beta = 0$ gesetzt, Z_i durch G_h aus Gleichung (40) ersetzt und wird davon ausgegangen, dass $s_{e/kap}$ nach § 32a EStG zu bestimmen ist, so sind - unter Vernachlässigung des Freibetrags $F_{e\S20}$ - die beiden genannten Gleichungen identisch. Dies bedeutet, dass unter den genannten Voraussetzungen die im letzten Gliederungspunkt für Gehälter abgeleiteten Ergebnisse auch auf Zinsen für Gesellschafterdarlehen anwendbar sind.

Kommt es im Falle der Kapitalgesellschaft hingegen nach § 8 Nr. 1 GewStG zu einer 25 %igen Hinzurechnung von Zinsen, so verringert sich die steuerliche Mehrbelastung im Fall der Personen- im Vergleich zur Kapitalgesellschaft um den Betrag „$\beta \cdot Z_i \cdot m_e \cdot h$".

Wird das Gesellschafterdarlehen von einem zu weniger als 10 % an der Kapitalgesellschaft beteiligten Gesellschafter gewährt, so ist grundsätzlich der Abgeltungsteuersatz des § 32d Abs. 1 EStG anwendbar. Dies kann zu einer deutlichen
Verbesserung der Vorteilhaftigkeit der Rechtsform der Kapitalgesellschaft im
Vergleich zu der einer Personengesellschaft führen.

Tabelle IV/15 enthält in den Spalten 3 - 5 steuerliche Differenzbelastungen von
Zinsen für Gesellschafterdarlehen bei Personen- und Kapitalgesellschaften, und
zwar unter Zugrundelegung der in den Spalten 1 und 2 aufgeführten Hebesätze h
und Anrechnungsfaktoren α. Die Hebesätze und Anrechnungsfaktoren entsprechen denjenigen, die in Tabelle IV/14 berücksichtigt worden sind. Allen ermittelten Differenzbelastungen liegt ein Solidaritätszuschlag von 5,5 % und eine Kirchensteuer von 9 % zugrunde.

*Tabelle IV/15: Steuerliche Differenzbelastungen von Zinsen für Gesellschafter-
darlehen bei Personen- und Kapitalgesellschaften in % der Zinsen bei $Solz = 5,5$ % und $ski = 9$ %*

Zeile	Hebesatz h	Anrechnungs-faktor α	Differenzbelastungen bei		
			Sei/pers = Sei/kap (i. d. R. 42 % oder 45 %) β = 0 %	Sei/pers = Sei/kap (i. d. R. 42 % oder 45 %) β = 25 %	Sei/pers = 42 % Sei/kap = 25 % β = 0 %
	Spalte 1	Spalte 2	Spalte 3	Spalte 4	Spalte 5
1	300 %	1,9	3,484	0,859	21,828
2	300 %	3,0	– 0,577	– 3,203	17,766
3	400 %	1,9	6,984	3,484	25,328
4	400 %	3,8	– 0,031	– 3,532	18,312
5	500 %	1,9	10,484	6,109	28,828
6	500 %	3,8	3,469	– 0,906	21,812

Den Werten der Spalte 3 liegt die Prämisse zugrunde, dass die Einkommensteuersätze in den Vergleichsfällen gleich groß sind. In aller Regel wird dies nur der
Fall sein, wenn sich das zu versteuernde Einkommen des Gesellschafters unabhängig von der gewählten Rechtsform entweder im unteren oder im oberen Plafond befindet (Sei = 42 % oder Sei = 45 %). Möglich ist auch, dass das zu versteuernde Einkommen in den Vergleichsfällen kleiner als der Grundfreibetrag ist
(Sei = 0 %). Die Werte dieser Spalte sind identisch mit denen der Tabelle IV/14,
Spalte 4. Hier kommt es bei einem niedrigen Anrechnungsfaktor von Gewerbesteuer gem. § 35 EStG (α = 1,9) stets zu einer Mehrbelastung der Zinsen bei Wahl
der Rechtsform der Personengesellschaft im Vergleich zu der einer Kapitalgesellschaft. Mit steigendem Hebesatz steigt der Wert dieser Mehrbelastung bis zu
einem Wert dieser Mehrbelastung von rd. 10,5 % der Zinsen bei einem Hebesatz
von 500 %. Zu einer (geringfügigen) Minderbelastung der Personengesellschaft
kommt es hingegen bei einer maximalen Anrechnung (α = 3,8) und gleichzeitig
geringen oder durchschnittlichen Hebesätzen (h = 300 % bzw. 400 %). Bei einem

Hebesatz von 500 % hingegen entsteht eine höhere Belastung der Personengesellschaft von rd. 3,5 %.

Die Differenzbelastungen der Spalte 4 entsprechen denjenigen der Spalte 3, allerdings jeweils gemindert um die Belastung der Kapitalgesellschaft im Falle einer Hinzurechnung der Zinsen gem. § 8 Nr. 1 GewStG um 25 %. Wie sich aus Gleichung (45) ergibt, beträgt der Belastungsfaktor, der sich durch diese Hinzurechnung ergibt, $\beta \cdot me \cdot h$. Die Tabellenwerte der Spalte 4 lassen erkennen, dass bei einem Hinzurechnungsfaktor von $\beta = 1,9$ stets die Personengesellschaft, bei einem Hinzurechnungsfaktor von 3,8 hingegen die Kapitalgesellschaft höher belastet ist als die jeweils andere Rechtsform. Die Mehrbelastung der Personengesellschaft steigt bzw. ihre Minderbelastung sinkt - mit einer Ausnahme - mit steigendem Hebesatz.

In Spalte 5 der Tabelle IV/15 wird davon ausgegangen, dass die Zinsen aus dem Gesellschafterdarlehen bei Wahl der Rechtsform einer Personengesellschaft dem Einkommensteuersatz des unteren Plafonds (sei/pers = 42 %), bei Wahl der Rechtsform einer Kapitalgesellschaft hingegen dem Abgeltungsteuersatz des § 32d Abs. 1 EStG von lediglich 25 % (sei/kap = 25 %) unterliegen. Bei dem Gesellschafter kann es sich somit nur um einen Gesellschafter handeln, der an der Gesellschaft zu weniger als 10 % beteiligt ist. Hier führt die Wahl der Rechtsform einer Personengesellschaft in allen Fällen zu einer erheblichen Mehrbelastung gegenüber dem Fall der Wahl der Rechtsform einer Kapitalgesellschaft. Der maximal unter den Prämissen der Tabelle ermittelte Nachteil beträgt immerhin knapp 29 % der Zinsen.

2.5.3.5 Miet- und Pachtverträge zwischen einer Gesellschaft und ihren Gesellschaftern

Wie bereits an früherer Stelle[58] ausgeführt, hängen die Steuerfolgen von Miet- und Pachtverträgen zwischen einer Kapitalgesellschaft und ihren Gesellschaftern in erheblichem Maße davon ab, ob die Miet- oder Pachtzahlungen nach § 8 Nr. 1 GewStG dem Gewinn aus Gewerbebetrieb teilweise hinzugerechnet werden oder nicht. Werden sie nicht hinzugerechnet, so ergeben sich die gleichen Steuerfolgen wie bei Gehaltszahlungen der Kapitalgesellschaft an einen ihrer Gesellschafter. Werden sie hingegen hinzugerechnet, so treten ähnliche Steuerwirkungen ein wie bei Zinsen für ein solches Gesellschafterdarlehen, das ein mit mindestens 10 % an der Gesellschaft beteiligter Gesellschafter „seiner" Gesellschaft gewährt hat. Lediglich der sich aus § 8 Nr. 1 GewStG ergebende Hinzurechnungsfaktor β ist geringer als bei der Hinzurechnung von Zinsen für ein Gesellschafterdarlehen. Bei der Vermietung und Verpachtung von Wirtschaftsgütern des beweglichen Anlagevermögens beträgt er derzeit (1/4 · 1/5 =) 5 % und bei derjenigen von unbeweglichen Wirtschaftsgütern des Anlagevermögens (1/4 · 13/20 =) 16,25 % der als Aufwand verbuchten Miet- oder Pachtzinsen.

---

[58]   Siehe Gliederungspunkt 2.4.2.5.

Miet- und Pachtzahlungen, die eine Personengesellschaft an einen ihrer Gesellschafter zahlt, sind Vorabgewinne i. S. d. § 15 Abs. 1 Satz 1 Nr. 2 EStG. Sie unterscheiden sich demnach nicht von den bereits behandelten Gehalts- und Zinszahlungen einer Personengesellschaft an ihre Gesellschafter.

Aus den bisherigen Ausführungen ergibt sich, dass auch im Rahmen des Rechtsformvergleichs die für Gehälter ermittelten Steuerfolgen eintreten können. Es können sich aber auch Steuerfolgen ergeben, die denen nahe kommen, die im letzten Gliederungspunkt für den Fall ermittelt worden sind, dass es bei Wahl der Rechtsform einer Kapitalgesellschaft zu einer Hinzurechnung von Zinsen für ein Gesellschafterdarlehen kommt. Allerdings ist die sich aus der Hinzurechnung nach § 8 Nr. 1 GewStG ergebende Belastung geringer als die im letzten Gliederungspunkt ermittelte. Auch kann es in keinem Fall zur Anwendung des Abgeltungsteuersatzes i. S. d. § 32d EStG kommen. Außerdem können die Freibeträge Fe§20 bzw. Fe§19 durch Miet- oder Pachtzahlungen nicht verändert werden.

2.5.3.6 Ausschüttungsgestaltung

Bereits an früherer Stelle[59] ist festgestellt worden, dass der Gesellschafter einer Kapitalgesellschaft im Einzelfall dadurch Vorteile erzielen kann, dass Ausschüttungen der Gesellschaft gezielt in solche Jahre gelegt werden, in denen der Gesellschafter ohne diese Maßnahme nur ein geringes zu versteuerndes Einkommen bezieht. Über eine vergleichbare Gestaltungsmaßnahme verfügen Personenunternehmen grundsätzlich nicht, da Entnahmen aus einem Personenunternehmen nicht die Höhe der Steuerschulden beeinflussen. Insoweit kann die Rechtsform der *Kapitalgesellschaft* im Einzelfall *Vorteile* gegenüber derjenigen eines Personenunternehmens bewirken. Ein vergleichbarer Vorteil kann bei Personenunternehmen auch nicht mit Hilfe des § 34a EStG erzielt werden. Nach Abs. 4 dieser Rechtsnorm ist bekanntlich bei einer Entnahme eines zunächst nach Abs. 1 begünstigten nicht entnommenen Gewinnbestandteils eine Nachversteuerung mit einem Steuersatz von 25 % vorzunehmen. Dies gilt auch dann, wenn der (Mit-)Unternehmer im Jahr der Entnahme hohe Verluste erzielt, so dass der „normale" Steuersatz i. S. d. § 32a EStG 0 % betragen würde.

2.5.4 Einbeziehung der Beendigung der unternehmerischen Betätigung in die Betrachtung

2.5.4.1 Problemstellung

In den bisher durchgeführten Steuerbelastungsvergleichen sind stets nur Steuerfolgen der laufenden Besteuerung berücksichtigt worden. Nunmehr sollen in knapper Form auch die Steuerfolgen in die Betrachtung einbezogen werden, die sich als

---

59 Siehe Gliederungspunkt 2.4.2.6.

Folge einer Beendigung der unternehmerischen Betätigung ergeben. Gründe für die Beendigung der unternehmerischen Tätigkeit bzw. der Stellung als Gesellschafter können

- die Liquidation des Unternehmens,
- die Erbfolge bzw. vorweggenommene Erbfolge und
- der Verkauf des Unternehmens bzw. der Gesellschaftsanteile sein.

Nachfolgend sollen lediglich die beiden zuletzt genannten Gründe der Beendigung der unternehmerischen Betätigung berücksichtigt werden.

2.5.4.2 Erbfolge und vorweggenommene Erbfolge

2.5.4.2.1 Einführung

Am häufigsten dürfte die Beendigung der eigenen unternehmerischen Betätigung durch Generationenwechsel erfolgen. Dies kann im Wege der Erbfolge oder der vorweggenommenen Erbfolge geschehen. Letztere beinhaltet zunächst nur eine (teilweise) Übertragung des Betriebs bzw. der Gesellschaftsanteile auf die nachfolgende Generation.

In steuerlicher Hinsicht kann der Generationenwechsel in zweifacher Weise Einfluss auf die Vorteilhaftigkeit unterschiedlicher Rechtsformen nehmen. Zum einen kann in unterschiedlicher Höhe Erbschaft- bzw. Schenkungsteuer anfallen, zum anderen können in unterschiedlichem Maße Wahlrechte und Pflichten zur Aufdeckung stiller Reserven bestehen.

2.5.4.2.2 Erbschaft- bzw. schenkungsteuerlicher Vergleich

Aus den Ausführungen zu Gliederungspunkt 2.3.3 ergibt sich, dass die Bewertung des Betriebsvermögens von Personenunternehmen nach den gleichen Grundsätzen erfolgt wie die Bewertung von Anteilen an Kapitalgesellschaften. Als Bewertungsmethoden kommen insbesondere

- das Ertragswertverfahren,
- das DCF-Verfahren und
- das vereinfachte Ertragswertverfahren

in Betracht. Dies gilt unabhängig davon, ob das Betriebsvermögen eines Personenunternehmens oder der Wert der Summe der Anteile an einer Kapitalgesellschaft zu bewerten ist. Grundsätzlich kann deshalb - c. p. - davon ausgegangen werden, dass auch die Werte einander entsprechen, dass also über die Bewertung keine unterschiedlichen Belastungen mit Erbschaft- bzw. Schenkungsteuer entstehen.

Trotz dieser grundsätzlichen Übereinstimmung sind aber in Einzelfällen voneinander abweichende Werte denkbar. Bei Anwendung des vereinfachten Ertragswertverfahrens i. S. d. §§ 199 ff. BewG kann dies insbesondere unter folgenden Voraussetzungen geschehen:

- Die steuerlich anerkannten Gesellschafter-Geschäftsführergehälter weichen von dem angemessen Unternehmerlohn i. S. d. § 202 Abs. 1 Satz 2 Nr. 2 BewG ab.
- Die Ergebnisse aus Sonder- und Ergänzungsbilanzen, die nach § 202 Abs. 1 Satz 1 BewG bei Personengesellschaften nicht in dem Ausgangswert zu erfassen sind, weichen von den Steuerwirkungen ab, die sich in derartigen Fällen bei Wahl der Rechtsform einer Kapitalgesellschaft ergeben.

Ob und ggf. inwieweit sich derartige denkbare Abweichungen im Rahmen gestaltender Maßnahmen tatsächlich nutzen lassen, kann derzeit noch nicht abgeschätzt werden. Zu vermuten ist, dass die Finanzverwaltung versuchen wird, mögliche Gestaltungsmaßnahmen im Erlasswege zu verhindern. Anzunehmen ist, dass Gestaltungsmaßnahmen allenfalls zu geringfügig unterschiedlichen Werten führen werden.

Ist der Wert des (anteiligen) Betriebsvermögens bzw. des gemeinen Werts der Anteile ermittelt, so sind von diesem die sich aus dem ErbStG ergebenden Freibeträge abzuziehen. In sehr vielen Fällen dürfte der steuerpflichtige Erwerb niedriger sein als die persönlichen Freibeträge. Dies gilt rechtsformunabhängig. Ist ein derartiger Fall gegeben, so ist damit geklärt, dass die Rechtsform des Unternehmens keinen Einfluss auf die Höhe der Schenkung- bzw. Erbschaftsteuer hat.

Ist der steuerpflichtige Erwerb größer als die persönlichen Freibeträge, so lassen sich folgende Fallgruppen unterscheiden:

- Der Erwerber plant, den (anteiligen) Betrieb bzw. seine Anteile an der Gesellschaft innerhalb kurzer Zeit nach dem Erwerb zu veräußern.
- Der Erwerber plant den Betrieb selbst zumindest für einige Zeit fortzuführen bzw. seinen Anteil an dem Betriebsvermögen bzw. seine Anteile an der Gesellschaft zu behalten.

In der zuerst genannten Fallgruppe ergibt sich aus § 13a ErbStG keine Steuerbefreiung bzw. diese wird innerhalb kurzer Zeit wieder rückgängig gemacht. Dies gilt rechtsformunabhängig. In dieser Fallgruppe entstehen also keine rechtsformabhängigen Belastungsunterschiede im Hinblick auf die Erbschaft- bzw. Schenkungsteuer.

Auch in der zweiten Fallgruppe entstehen dann keine rechtsformunabhängigen Belastungsunterschiede, wenn der Schenker bzw. Erblasser an dem Betriebsvermögen bzw. an den Gesellschaftsanteilen zu mehr als 25 % beteiligt ist. In dieser Unterfallgruppe kommt es unabhängig von der Rechtsform zur Anwendung des § 13a ErbStG, und zwar grundsätzlich in gleichem Umfang.

Es bleibt die zweite Unterfallgruppe, die dadurch gekennzeichnet ist, dass der Schenker bzw. Erblasser an dem Betriebsvermögen bzw. an den Gesellschaftsanteilen zu nicht mehr als 25 % beteiligt ist. In derartigen Fällen ergibt sich aus § 13b Abs. 1 ErbStG ein rechtsformabhängiger Unterschied. Handelt es sich bei

dem Unternehmen um ein Personenunternehmen, so kommt auch in dieser Unterfallgruppe eine Begünstigung nach § 13a ErbStG zur Anwendung. Handelt es sich
hingegen um eine Kapitalgesellschaft, so ist dies nach § 13b Abs. 1 Nr. 2 i. V. m.
§ 13a ErbStG nicht der Fall.

Zusammenfassend lässt sich hinsichtlich einer möglichen Rechtsformabhängigkeit
der erbschaft- bzw. schenkungsteuerlichen Belastung einer (vorweggenommenen)
Erbfolge Folgendes feststellen:

- In den vermutlich weitaus meisten Fällen entsteht rechtsformunabhängig entweder überhaupt keine Belastung mit Erbschaft- bzw. Schenkungsteuer oder
  es entsteht zwar eine derartige Belastung, doch ist sie in den Vergleichsfällen
  (annähernd) gleich groß.
- Lediglich in den Fällen, in denen bei Inanspruchnahme der partiellen Steuerbefreiungen des § 13a ErbStG eine Erbschaft- bzw. Schenkungsteuerschuld
  entsteht, kann es zu einer nennenswert unterschiedlichen Belastung in Abhängigkeit von der Unternehmensrechtsform kommen. Dies kann aber nur bei
  einem Gesellschafter geschehen, der an der Gesellschaft zu nicht mehr als
  25 % beteiligt ist.

Angemerkt sei, dass vor der Erbschaftsteuerreform im Jahre 2008 die Belastung
mit Erbschaft- bzw. Schenkungsteuer in erheblichem Maße rechtsformabhängig
war. Zur Begründung sei auf die Vorauflage dieses Buches verwiesen[60].

2.5.4.2.3 Ertragsteuerliche Folgen des Generationenwechsels

Ertragsteuerlich sind sowohl Schenkungen als auch Erbschaften nichtsteuerbare
Vorgänge. *Stille Reserven* werden deshalb bei dem Schenker bzw. Erblasser
grundsätzlich *nicht aufgedeckt.* Schenkungen und Erbschaften berühren nicht die
Einkommens-, sondern die Vermögenssphäre des Beschenkten bzw. des Erben.
Dieser hat grundsätzlich die Steuerbilanzwerte (§ 6 Abs. 3 EStG) bzw. die Steuer-
werte i. S. d. §§ 17 oder 23 EStG des Schenkers oder Erblassers fortzuführen.
Diese Grundsätze gelten auch dann, wenn mehrere Kinder im Rahmen der Erbfol-
ge bzw. vorweggenommenen Erbfolge Gesellschafter des Unternehmens werden.

Aus diesen Wirkungen folgt, dass Schenkungen bzw. Erbschaften grundsätzlich
keinen ertragsteuerlichen Einfluss auf die Vorteilhaftigkeit miteinander zu vergli-
chender Rechtsformen haben. Von diesem Grundsatz kann es aber infolge von
Gestaltungsmaßnahmen der Beteiligten *Ausnahmen* geben. Dies gilt sowohl für
den Fall der *vorweggenommenen Erbfolge* als auch für den der *Erbauseinandersetzung.*

Seit einer Entscheidung des Großen Senats des BFH vom 5.7.1990[61] können sich
im Rahmen einer *vorweggenommenen Erbfolge* neben unentgeltlichen auch entgeltliche und damit einkommensteuerpflichtige Vorgänge ergeben. *Entgeltlichkeit*

---

60   Vgl. Schneeloch, D., Steuerpolitik, 2002, S. 352 ff.
61   Vgl. BFH-Beschluss v. 5.7.1990, GrS 4-6/89, BStBl 1990 II, S. 847.

ist bei der Übertragung von Betriebsvermögen im Rahmen einer vorweggenommenen Erbfolge in folgenden Fällen gegeben:

- bei *Abstandszahlungen* an den bisherigen Eigentümer und
- bei *Gleichstellungszahlungen* an Dritte, insbesondere an Angehörige.

Die Übernahme von Betriebsschulden hingegen stellt keinen entgeltlichen Vorgang dar.

Werden im Rahmen einer vorweggenommenen Erbfolge von den Erben Abstands- oder Gleichstellungszahlungen für den Erhalt eines Gewerbebetriebs geleistet, so liegt ertragsteuerlich teilweise ein unentgeltlicher und teilweise ein entgeltlicher Vermögensübergang vor. In derartigen Fällen einer *teilentgeltlichen* Übertragung eines Betriebs gilt die sogenannte *Einheitstheorie*. Sie hat zur Folge, dass bei dem Veräußerer ein Veräußerungsgewinn nur dann entsteht, wenn die Summe der Abstands- und Gleichstellungszahlungen das Kapitalkonto des Veräußerers übersteigt. *Veräußerungsgewinn* entsteht dann in Höhe des übersteigenden Betrages. Dieser ist ggf. nach § 16 Abs. 4 EStG und nach § 34 EStG begünstigt.

Für den Erwerber stellt die Summe der Abstands- und Gleichstellungszahlungen die *Anschaffungskosten* der erworbenen betrieblichen Wirtschaftsgüter dar. Soweit diese Anschaffungskosten über die bisherigen Buchwerte hinausgehen, entsteht beim Erwerber zusätzliches Aufwandspotential über das Maß hinaus, das bei einer in vollem Umfang unentgeltlichen Betriebsübertragung gem. § 6 Abs. 3 EStG vorhanden wäre.

Erhält ein Steuerpflichtiger im Rahmen einer vorweggenommenen Erbfolge eine *Beteiligung* i. S. d. § 17 EStG an einer Kapitalgesellschaft, so ist dieser Vorgang grundsätzlich als unentgeltlich und damit als nichtsteuerbar anzusehen. Der Erwerber ist bei einer späteren Veräußerung von Anteilen an die Anschaffungskosten seines Rechtsvorgängers gebunden. Diese sind nunmehr als seine eigenen Anschaffungskosten bei Ermittlung eines Veräußerungsgewinns i. S. d. § 17 Abs. 2 EStG anzusetzen.

Zusätzliche Anschaffungskosten können aber auch hier durch *Abstandszahlungen* an den bisherigen Eigentümer und durch *Gleichstellungszahlungen* an Dritte entstehen. Im Gegensatz zu den Steuerwirkungen bei Abstands- und Gleichstellungszahlungen für den Erwerb eines Personenunternehmens entsteht hier aber grundsätzlich kein zusätzliches Aufwandspotential, da Anteile an Kapitalgesellschaften nicht nach § 7 EStG abschreibungsfähig sind.

Häufig schließt sich an eine Erbfolge eine *Erbauseinandersetzung* zwischen Miterben an. Ist in derartigen Fällen ein Unternehmen oder sind Anteile an einem Unternehmen Teil der Erbmasse, so sind unterschiedliche Gestaltungsmaßnahmen denkbar. Naheliegend ist hierbei der Versuch, aus dem Unternehmen ausscheidende Miterben in den Genuss der Begünstigungsvorschriften der §§ 16 Abs. 4 und 34 EStG kommen zu lassen und gleichzeitig den übernehmenden Miterben Anschaffungskosten über abschreibungsfähige Wirtschaftsgüter zu verschaffen. Dies lässt sich im Falle eines Personenunternehmens tendenziell leichter realisieren als in dem einer Kapitalgesellschaft[62]. Ein Personenunternehmen erweist sich somit in derartigen Fällen tendenziell als flexibler als eine Kapitalgesellschaft. Regelmäßig dürfte es aber bei der ursprünglichen Wahl der Rechtsform nicht möglich sein, die unterschiedlichen Steuerfolgen einer möglichen späteren Erbauseinandersetzung zu quantifizieren. Mehr als eine qualitative Aussage über die unterschiedliche Flexibilität der miteinander zu vergleichenden Rechtsformen lässt sich deshalb vielfach nicht treffen. In den Fällen, in denen doch eine Quantifizierung möglich erscheint, ist zu unterscheiden, ob die Ergebnisse der laufenden und der einmaligen Besteuerung gleichgerichtet sind oder einander widersprechen. Im ersten dieser beiden Fälle bestimmen die beiden Teilergebnisse zugleich das Gesamtergebnis. Im zweiten Fall hingegen ist grundsätzlich ein Steuerbarwertvergleich angesagt, in den alle Steuerfolgen aufzunehmen sind.

2.5.4.3 Veräußerung des Unternehmens bzw. der Anteile

Die vermutlich zweitwichtigste Art der Beendigung der eigenen unternehmerischen Tätigkeit ist die Veräußerung des Unternehmens. Diese kann zum einen durch eine Veräußerung des Betriebes, zum anderen durch eine Veräußerung der Anteile an dem Unternehmen geschehen. Letzteres kommt aber nur dann in Betracht, wenn das Unternehmen eine Gesellschaftsform besitzt, mithin kein Einzelunternehmen ist. Klargestellt sei, dass auch eine Kapitalgesellschaft ihren gesamten Betrieb veräußern, also eine Betriebsveräußerung vornehmen kann. An den Verkaufserlös gelangen die Gesellschafter allerdings nur dann in vollem Umfang, wenn die Kapitalgesellschaft anschließend liquidiert und ihr gesamtes Reinendvermögen den Gesellschaftern durch Ausschüttungen und Kapitalrückzahlungen zur Verfügung gestellt wird. Zu beachten ist aber, dass eine Betriebsveräußerung durch eine Kapitalgesellschaft nicht nach den §§ 16 Abs. 4 und 34 EStG steuerbegünstigt ist. Sie kann deshalb in aller Regel von vornherein als unvorteilhaft ausgeschlossen werden. Sie wird deshalb nachfolgend nicht weiter behandelt.

Sowohl eine *Betriebsveräußerung* durch ein *Personenunternehmen* als auch die Veräußerung eines Anteils an einer Personengesellschaft (Veräußerung eines Mitunternehmeranteils) erfüllen die Voraussetzungen des § 16 Abs. 1 EStG. Sie erfüllen damit auch die Voraussetzungen des § 34 Abs. 1 EStG. Eine Steuerbegünstigung nach dieser Vorschrift geht aber häufig ins Leere. Das gilt dann, wenn das durch die Veräußerung entstehende zusätzliche zu versteuernde Einkommen in einen der beiden Plafonds des Veräußerers fällt[63]. Erfüllt eine Betriebsveräußerung auch die einengenden Voraussetzungen der §§ 16 Abs. 4 und 34 Abs. 3 EStG, so können auf Antrag diese Vorschriften angewendet werden. § 34 Abs. 3 EStG tritt dann an die Stelle des § 34 Abs. 1 EStG.

---

[62]   Im Einzelnen s. hierzu Schneeloch, D., Rechtsformwahl, 2006, S. 313 ff.

[63]   Vgl. Teil I, Gliederungspunkt 3.2.5.2 und die dort aufgeführte Literatur.

Gewinne, die bei der Veräußerung von *Anteilen an einer Kapitalgesellschaft* entstehen, werden ebenfalls als steuerbare Veräußerungsgewinne behandelt, sofern die Voraussetzungen des § 17 Abs. 1 EStG, insbesondere die dort genannte Mindestbeteiligung von 1 %, erfüllt sind. Dies wird bei den hier behandelten personenbezogenen Kapitalgesellschaften in aller Regel der Fall sein. Unter den engen Voraussetzungen des § 17 Abs. 3 EStG kommt es auch hier zur Anwendung eines Freibetrags. Dieser dürfte aber - sofern er überhaupt zum Ansatz kommt - i. d. R. geringer sein als der Freibetrag nach § 16 Abs. 4 EStG. Statt eines ermäßigten Steuersatzes nach § 34 EStG ist bei der Veräußerung von Anteilen an einer Kapitalgesellschaft das *Teileinkünfteverfahren* nach § 3 Nr. 40 EStG anzuwenden. Danach wird der Veräußerungsgewinn nach § 17 EStG nur zu 60 % der Einkommensteuer des Gesellschafters unterworfen[64].

Ein *Vergleich* der Vorschriften des *§ 34 EStG* mit denen des *§ 3 Nr. 40 EStG* zeigt Folgendes:

1. Eine Steuerermäßigung nach § 34 Abs. 1 EStG geht vielfach ins Leere. Ausnahmen ergeben sich insbesondere bei Verlusten aus anderen Einkunftsquellen des Steuerpflichtigen.
2. Eine Steuerermäßigung nach § 34 Abs. 3 EStG kommt nur für solche Steuerpflichtigen in Betracht, die entweder das 55. Lebensjahr vollendet haben oder im sozialversicherungsrechtlichen Sinne dauernd berufsunfähig sind. Eine entsprechende Beschränkung gibt es nach § 3 Nr. 40 EStG nicht.
3. Die Begünstigung des § 34 Abs. 3 EStG ist nur insoweit anwendbar, als der Veräußerungsgewinn 5 Mio € nicht übersteigt. Eine entsprechende Beschränkung gibt es nach § 3 Nr. 40 EStG nicht.
4. Der ermäßigte Steuersatz des § 34 EStG beträgt nach Abs. 3 Satz 2 dieser Vorschrift i. V. m. § 52 Abs. 47 EStG mindestens 15 %[65]. Der sich aufgrund des Teileinkünfteverfahrens auf den gesamten Veräußerungsgewinn ergebende Steuersatz beträgt höchstens 60 % des in dem jeweiligen Veranlagungszeitraum geltenden Spitzensteuersatzes, also derzeit 27 %. Er kann den jeweiligen Spitzensteuersatz nicht übersteigen, beträgt aber häufig deutlich weniger.

Aus den bisherigen Ausführungen ergibt sich Folgendes:

- Anteile an Kapitalgesellschaften können unabhängig vom Alter des Veräußerers steuerbegünstigt veräußert werden, Einzelunternehmen und Mitunternehmerschaften hingegen in vielen Fällen nicht. Dadurch ist - c. p. - die Rechtsform der Kapitalgesellschaft im Falle einer Veräußerung häufig vorteilhafter als die eines Personenunternehmens.
- Veräußerungsgewinne bei der Veräußerung von Anteilen an einer Kapitalgesellschaft sind in unbegrenzter Höhe steuerbegünstigt, Veräußerungsgewinne bei der Veräußerung von Personenunternehmen hingegen nur bis zu einer

---

64 Angefallene Veräußerungskosten finden gem. § 3c Abs. 2 EStG lediglich zu 60 % Eingang in die Ermittlung des Veräußerungsgewinns.

65 Vgl. hierzu die Anmerkungen in Teil I, Gliederungspunkt 3.2.6.3.

Höhe von 5 Mio €. Damit ist - c. p. - die Rechtsform der Kapitalgesellschaft in weiteren Fällen der Unternehmensveräußerung vorteilhafter als die des Personenunternehmens.

- Infolge des Mindeststeuersatzes des § 34 Abs. 3 Satz 2 EStG dürften die Fälle, in denen Veräußerungsgewinne bei der Veräußerung von Personenunternehmen geringer besteuert werden als Veräußerungsgewinne bei der Veräußerung von Anteilen an Kapitalgesellschaften, eng begrenzt sein. Im Wesentlichen werden sie sich auf Fälle beschränken, in denen der Freibetrag des § 16 Abs. 4 EStG in vollem Umfang oder doch in hohem Maße zur Anwendung kommt.

2.5.5 Gesamtwürdigung

Eine Gesamtwürdigung aller steuerlichen Einflussfaktoren auf die Rechtsformwahl gibt *kein einheitliches Bild*. Zusammenfassend ergibt sich Folgendes:

- Dauerhaft thesaurierte Gewinne führen nur bei sehr niedrigen Einkommensteuersätzen des (Mit-)Unternehmers zu einem - geringen - steuerlichen Vorteil des Personenunternehmens im Vergleich zu einer Kapitalgesellschaft. Bewegt sich das zu versteuernde Einkommen des (Mit-)Unternehmers im Plafond, so ist die Steuerbelastung thesaurierter Gewinne im Falle der Kapitalgesellschaft geringer als in dem eines Personenunternehmens. Der hierdurch entstehende steuerliche Vorteil der Kapitalgesellschaft im Vergleich zu einem Personenunternehmen steigt mit steigendem zu versteuerndem Einkommen des (Mit-)Unternehmers.

- Wird ein Gewinn(bestandteil) zu irgendeinem Zeitpunkt entnommen bzw. ausgeschüttet, so hängt die Steuerbelastungsdifferenz in hohem Maße von der Höhe des im Fall des Personenunternehmens zur Anwendung kommenden Einkommensteuersatzes, des Zeitraums der zwischenzeitlichen Thesaurierung und dem Nettokalkulationszinssatz ab. Von geringerem Einfluss ist hingegen die Höhe des Gewerbesteuerhebesatzes. Bis zum Beginn des Plafonds ist dann die Besteuerung des Gewinns des Personenunternehmens regelmäßig vorteilhafter als die des Gewinns einer Kapitalgesellschaft einschließlich ihrer Gesellschafter. Beträgt der Einkommensteuersatz 42 % bzw. 45 %, so entsteht bei sofortiger Gewinnentnahme bzw. -ausschüttung ein geringfügiger Vor- oder Nachteil des Personenunternehmens im Vergleich zu einer Kapitalgesellschaft. Mit steigender Dauer einer zwischenzeitlichen Thesaurierung verschwindet der Vorteil bzw. wächst der Nachteil. Bei einer quasi dauerhaften Thesaurierung entsteht ein erheblicher Nachteil des Personenunternehmens. Ist zu irgendeinem Zeitpunkt vor der Entnahme ein Antrag nach § 34a Abs. 1 EStG gestellt worden, so ist der Barwert der Steuerbelastung des Gewinn(bestandteils) im Fall des Personenunternehmens stets größer als in dem der Kapitalgesellschaft. Der Nachteil des Personenunternehmens beträgt dann zwischen rd. 2 % und 19 % des zunächst thesaurierten Gewinns.

- Steuerfreie Gewinne unterliegen solange sowohl im Falle eines Personenunternehmens als auch in dem einer Kapitalgesellschaft keiner Besteuerung wie sie thesauriert werden. Im Falle einer Entnahme aus einem Personenunternehmen bleiben sie steuerfrei, im Falle einer Ausschüttung aus einer Kapitalgesellschaft hingegen geht die Steuerfreiheit verloren. Es entsteht dann ein Vorteil des Personenunternehmens, der i. d. R. rd. 26 % (ohne Kirchensteuer) bzw. 28 % des ursprünglich steuerfreien Gewinns beträgt.

- Schuldzinsen unterliegen bei Personenunternehmen den Abzugsbeschränkungen des § 4 Abs. 4a EStG, bei Kapitalgesellschaften hingegen nicht. Dies kann zu einem Nachteil des Personenunternehmens im Vergleich zu einer Kapitalgesellschaft führen.

- Leistungsvergütungen einer Gesellschaft an ihre Gesellschafter führen im Falle einer Kapitalgesellschaft häufig zu einer geringeren Steuerbelastung als in dem einer Personengesellschaft. Als Leistungsvergütungen kommen insbesondere in Betracht:
  - Tätigkeitsvergütungen, insbesondere Gehaltszahlungen der Gesellschaft an den Gesellschafter,
  - Zinsen für ein Gesellschafterdarlehen,
  - Miet- oder Pachtzahlungen der Gesellschaft an den Gesellschafter.

- Mit Hilfe einer Pensionszusage an einen im Unternehmen beschäftigten Gesellschafter lassen sich im Falle einer Kapitalgesellschaft steuerliche Vorteile erzielen, die bei Wahl der Rechtsform eines Personenunternehmens nicht möglich sind.

- Wird die eigene unternehmerische Tätigkeit durch (vorweggenommene) Erbfolge beendet, so entstehen in sehr vielen Fällen überhaupt keine schenkungbzw. erbschaftsteuerlichen Folgen. In anderen Fällen ergeben sich zwar derartige Folgen, doch sind diese i. d. R. rechtsformunabhängig. Ein nennenswerter Unterschied kann sich i. d. R. nur dann ergeben, wenn das übertragene Vermögen hoch ist und in einem Gesellschaftsanteil besteht, der einen Anteil von nicht mehr als 25 % am Nennkapital der Gesellschaft repräsentiert. In einem derartigen Fall ist die Rechtsform der Personengesellschaft schenkungs- bzw. erbschaftsteuerlich vorteilhafter als die der Kapitalgesellschaft.

- Wird die unternehmerische Betätigung durch *Verkauf* des Unternehmens bzw. der Anteile beendet, so ist regelmäßig nur dann ein Vorteil des Personenunternehmens zu erwarten, wenn der Veräußerungsgewinn so gering ist, dass der Freibetrag des § 16 Abs. 4 EStG in vollem Umfang oder zumindest zum großen Teil zur Anwendung kommt. In anderen Fällen ist tendenziell die Kapitalgesellschaft die hinsichtlich der Steuerfolgen des Verkaufs vorteilhaftere Rechtsform.

Bei einer Gesamtschau der laufenden Besteuerung und der Steuerfolgen einer späteren Beendigung der unternehmerischen Betätigung im Rahmen eines Rechtsformvergleichs zwischen Personenunternehmen und Kapitalgesellschaften sind in *methodischer Hinsicht* zwei Fallgruppen zu unterscheiden, nämlich:

1. Die Ergebnisse der laufenden Besteuerung und die der Beendigung der unternehmerischen Betätigung sind gleichgerichtet.
2. Die Ergebnisse widersprechen einander.

In der ersten Fallgruppe erübrigen sich weitere Analysen hinsichtlich der steuerlichen Vorteilhaftigkeit, insbesondere ist kein Steuerbarwertvergleich erforderlich. In der zweiten Fallgruppe ist grundsätzlich ein Steuerbarwertvergleich erforderlich. Allerdings ist dieser dann entbehrlich, wenn eines der beiden Teilergebnisse offensichtlich dominant ist.

2.5.6 Aufgaben 1 und 2

Aufgabe 1

Der verheiratete Alleingesellschafter G der X-GmbH will im kommenden Jahr von dem zu erwartenden Bruttogewinn der GmbH entweder 200 T€ für eine Ausschüttung oder für ein zusätzliches Gehalt an sich verwenden. Sämtliche anfallenden Steuern für das Gehalt bzw. die Ausschüttung sollen ebenfalls aus dem oben genannten Betrag geleistet werden. Eine zusätzliche Gehaltszahlung in der vorgesehenen Größenordnung würde den Rahmen des Angemessenen nicht sprengen. Ohne diese Gestaltungsmaßnahme schätzt G das zu versteuernde Einkommen der X-GmbH auf 500 T€ und den Gewerbeertrag auf 600 T€. Der Hebesatz wird voraussichtlich 480 % betragen. Ohne die zusätzlichen Bezüge von der X-GmbH erwarten die Eheleute G für das kommende Jahr ein zu versteuerndes Einkommen von rd. 140 T€; hierin sind Einkünfte aus Kapitalvermögen i. H. v. rd. 10 T€ und ein Geschäftsführergehalt des G aus der X-GmbH i. H. v. 60 T€ enthalten. Die Eheleute gehören keiner Religionsgemeinschaft an. Es ist das für das Jahr 2010 geltende Recht (nach dem Rechtsstand im Sommer 2009) anzuwenden. Es ist zu prüfen, welche Gesamtwirkung die Verwendung der 200 T€ für Gehaltszahlungen anstelle ihrer Verwendung zu einer Ausschüttung voraussichtlich haben wird.

Aufgabe 2

Alleingesellschafter Y beabsichtigt, der Y-GmbH zum 1.1.2010 400 T€ zur Verfügung zu stellen. In Betracht kommt entweder eine Eigenkapitalerhöhung oder die Gewährung eines Gesellschafterdarlehens. In beiden Fällen sollen in der Folgezeit 30 T€ des Bruttogewinns der Y-GmbH als Entgelt für die Kapitalhingabe des Y verwendet werden, und zwar im Falle der Eigenfinanzierung in der Form einer Gewinnausschüttung und im Falle der Fremdfinanzierung in der Form von Zinsen. Bei der Gewährung eines Darlehens soll dieses eine Laufzeit von 10 Jahren haben und endfällig sein. Aus den 30 T€ sollen vorab die von der Gesellschaft für diesen Betrag zu entrichtenden betrieblichen Steuern bezahlt werden.

Es ist zu prüfen, welche der beiden Finanzierungsmaßnahmen die steuerlich vorteilhaftere ist und wie hoch der Vorteil voraussichtlich sein wird. Hierbei soll davon ausgegangen werden, dass sowohl der derzeitige Körperschaftsteuersatz von 15 % als auch der Solidaritätszuschlag von 5,5 % während des gesamten Planungszeitraums erhalten bleiben. Der Gewerbesteuerhebesatz wird voraussichtlich stets 440 % betragen. Voraussichtlich wird in allen hier relevanten Erhebungszeiträumen der sich aus § 8 Nr. 1 GewStG ergebende Freibetrag von 100 T€ nicht überschritten werden. Durch unterschiedliche Steuerzahlungen hervorgerufene Steuerdifferenzen werden voraussichtlich eine Nettoverzinsung von 3 % p. a. erwirtschaften. Hierbei handelt es sich um einen geschätzten Mischkalkulationszinssatz.

Y ist geschieden und konfessionslos. Das zu versteuernde Einkommen des Y wird ohne Berücksichtigung der genannten Ausschüttungen bzw. Zinszahlungen während des Planungszeitraums voraussichtlich stets zwischen 100 T€ und 200 T€ liegen. Den Sparer-Pauschbetrag des § 20 Abs. 9 EStG nutzt Y bereits für andere Einnahmen aus Kapitalvermögen. Alle Zins- und Steuerzahlungen fallen jeweils zum Jahresende an.

2.6 Vorteilsvergleich bei nichtpersonenbezogenen Unternehmen

Bisher sind ausschließlich Vorteilsvergleiche und Gestaltungsmaßnahmen für personenbezogene Unternehmen behandelt worden. Wie bereits ausgeführt, handelt es sich hierbei um Unternehmen, die von einer natürlichen Person oder von wenigen natürlichen Personen beherrscht werden. Weiteres Kennzeichen ist, dass diese Unternehmen oft die einzige oder zumindest die wichtigste Erwerbsquelle der an ihnen beteiligten Personen darstellen.

Nunmehr soll kurz auf die Fälle eingegangen werden, in denen diese Voraussetzungen nicht erfüllt sind. Ausgeklammert werden aber Probleme, die im Zusammenhang mit einer qualifizierten Beteiligung eines Unternehmens an einem anderen entstehen. Hierauf soll erst in Gliederungspunkt 6 eingegangen werden. Die hier zu behandelnden Unternehmen sollen als **nichtpersonenbezogene Gesellschaften** bezeichnet werden.

Bei nichtpersonenbezogenen Gesellschaften ist die *Rechtsform* aus Gründen nichtsteuerlicher Art *häufig vorgegeben*. Die Frage nach der aus steuerlicher Sicht vorteilhaftesten Rechtsform ist dann für die Entscheidung unerheblich. Das gilt vor allem für die Fälle, in denen an dem Unternehmen eine große Zahl von Personen beteiligt ist und eine Finanzierung über den organisierten Kapitalmarkt erfolgen soll. In derartigen Fällen bietet sich aus Gründen nichtsteuerlicher Art allein die Rechtsform der Aktiengesellschaft an.

Ist ein *steuerlicher Vorteilsvergleich entscheidungserheblich*, so kann zwischen *zwei Fallgruppen* unterschieden werden. Die *erste* besteht darin, dass die *Steuerbelastung der Gesellschafter* in den Vergleich *einbezogen* wird. Hier ergeben sich die gleichen Steuerfolgen wie bereits zu Gliederungspunkt 2.5 dargestellt. Damit sind auch in gleicher Weise Steuerbelastungsvergleiche durchzuführen. In aller Regel dürfte es sich hierbei um Steuerbelastungsvergleiche *ohne Gestaltungsmaßnahmen* handeln. In der *zweiten Fallgruppe* ist die *Steuerbelastung der Gesellschafter* für die Entscheidung *unerheblich*. Steuerbelastungsvergleiche zwischen den Rechtsformen sind dann entbehrlich.

3 Einbeziehung von Umwandlungsvorgängen in den Vergleich

3.1 Einführung und Übersicht über die Rechtsgrundlagen

Unternehmen werden überwiegend in der Rechtsform von Einzelunternehmen, z. T. aber auch in denjenigen der Personen- oder Kapitalgesellschaften gegründet. In allen Fällen ist es sinnvoll, nach einiger Zeit die Frage zu stellen, ob die einmal gewählte Rechtsform auch für die Zukunft zweckmäßig ist oder ob sie geändert werden sollte. Derartige Änderungen der Unternehmensrechtsform werden als **Umwandlungen** bezeichnet. Die Gründe für eine mögliche Umwandlung können sowohl steuerlicher als auch nichtsteuerlicher Art sein. Als ein nichtsteuerlicher Grund für eine Umwandlung kommt insbesondere eine Begrenzung der Haftung in Betracht.

Zivilrechtlich gibt es Umwandlungsvorgänge, die ausdrücklich gesetzlich geregelt sind und solche, bei denen eine derartige Regelung fehlt. Mit den ausdrücklichen gesetzlichen Regelungen wird eine *Gesamtrechtsnachfolge* an allen Vermögensgegenständen des Betriebsvermögens ermöglicht. In den gesetzlich nicht ausdrücklich geregelten Fällen hingegen besteht nur die Möglichkeit, die Vermögensgegenstände von dem übertragenden auf das übernehmende Unternehmen *einzeln zu übertragen*. Eine derartige *Einzelübertragung* ist umständlicher und damit auch teurer als eine Gesamtrechtsnachfolge. Im Einzelfall können sich außerdem weitere Nachteile ergeben, auf die hier aber nicht eingegangen werden soll.

Gesellschaftsrechtlich besteht nach dem UmwG ein hohes Maß an Flexibilität, eine einmal gewählte Rechtsform im Wege der Gesamtrechtsnachfolge zu ändern. § 1 Abs. 1 UmwG unterscheidet in diesem Zusammenhang zwischen Umwandlungen durch *Verschmelzung*, *Spaltung*, Vermögensübertragung und durch *Formwechsel*.

Verschmelzungen sind in den §§ 2 - 122 UmwG geregelt[66]. Bei ihnen handelt es sich nach § 2 UmwG um Vorgänge, bei denen ein Rechtsträger (**übertragender Rechtsträger**) sein ganzes Vermögen auf einen anderen Rechtsträger (**übernehmender Rechtsträger**) überträgt. Verschmelzungen können auch zwischen mehreren übertragenden und einem übernehmenden Rechtsträger stattfinden. Mit der Übertragung des Vermögens erlischt der übertragende Rechtsträger. Bei dem übernehmenden kann es sich sowohl um einen bereits bestehenden als auch um einen zu gründenden Rechtsträger handeln. Im Zuge der Verschmelzung erhalten

---

[66] Vertiefend zu Verschmelzungen s. Sagasser, B./Ködderitzsch, L., in: Sagasser, B./Bula, T./Brünger, T., Umwandlungen, 2002, S. 136 ff.

die Gesellschafter der übertragenden Gesellschaft Gesellschaftsrechte an der übernehmenden Gesellschaft.

Bei der **Spaltung** (§§ 123 - 173 UmwG) unterscheidet das Gesetz zwischen der Aufspaltung, der Abspaltung und der Ausgliederung aus dem Vermögen eines Einzelkaufmanns[67]. In allen drei Fällen überträgt der übertragende Rechtsträger im Wege einer speziellen Art der Gesamtrechtsnachfolge, der Sonderrechtsnachfolge, sein Vermögen oder Teile seines Vermögens auf einen oder mehrere Rechtsträger. Bei der **Aufspaltung** wird das Vermögen des übertragenden Rechtsträgers aufgespalten. Die einzelnen Vermögensteile werden auf mindestens zwei andere Rechtsträger übertragen. Der übertragende Rechtsträger wird ohne Abwicklung aufgelöst (§ 123 Abs. 1 UmwG). Bei einer **Abspaltung** wird ein Teil des Vermögens des übertragenden Rechtsträgers von diesem Vermögen abgespalten und auf einen oder mehrere übernehmende Rechtsträger übertragen. Bei einer **Ausgliederung aus dem Vermögen eines Einzelkaufmanns** wird das Vermögen nach dieser Ausgliederung auf einen der in § 152 UmwG genannten Rechtsträger übertragen. Bei diesen kann es sich um eine Personenhandelsgesellschaft, eine Kapitalgesellschaft oder eine eingetragene Genossenschaft handeln.

Bei der **Vermögensübertragung** (§§ 174 - 189 UmwG) handelt es sich um bestimmte Fälle der Übertragung von Vermögen im öffentlichen Bereich und in Teilen der Versicherungswirtschaft. Hierauf wird in diesem Buch nicht eingegangen.

Formwechsel (§§ 190 - 304 UmwG) sind dadurch gekennzeichnet, dass bei ihnen der bisherige Rechtsträger nicht untergeht, sondern erhalten bleibt. Er ändert lediglich seine Rechtsform, sein juristisches Kleid. Es findet also keine Übertragung von Vermögen von einem Rechtsträger auf einen anderen statt. Formwechselnde Rechtsträger können nach § 191 Abs. 1 UmwG insbesondere Personenhandelsgesellschaften (OHG, KG, GmbH & CoKG), Kapitalgesellschaften (GmbH, AG, KGaA) und eingetragene Genossenschaften sein. Rechtsträger neuer Rechtsform können nach § 191 Abs. 2 UmwG ausschließlich Gesellschaften des bürgerlichen Rechts (GbR), Personenhandelsgesellschaften und Partnerschaftsgesellschaften, Kapitalgesellschaften und eingetragene Genossenschaften sein.

Tabelle IV/16 gibt einen Überblick über die Arten möglicher Umwandlungen. Die Übersicht zeigt, dass Umwandlungen aller gängigen Rechtsformen in fast alle anderen gängigen Rechtsformen möglich sind. Aus gesellschaftsrechtlicher Sicht besteht somit kein Zwang, an einer einmal gewählten Rechtsform festzuhalten.

Steuerrechtlich haben die soeben genannten gesellschaftsrechtlichen Unterscheidungen nur z. T. Bedeutung. Weitgehend bedient sich das Steuerrecht vielmehr einer eigenständigen Terminologie und eigenständiger Unterscheidungen.

---

67 Hinsichtlich der Spaltungsvorgänge vgl. Sagasser, B./Sickinger, M., in: Sagasser, B./Bula, T./Brünger, T., Umwandlungen, 2002, S. 466 ff.

Tabelle IV/16: Übersicht über mögliche Umwandlungen

Alte Rechtsform	Neue Rechtsform	Art der Umwandlung	§§ UmwG
Einzelunter- nehmen	OHG, KG, GmbH & CoKG	Ausgliederung aus dem Vermögen eines Einzelkaufmanns	152 - 160 i. V. m. 123 - 137
Einzelunter- nehmen	GmbH, AG	Ausgliederung aus dem Vermögen eines Einzelkaufmanns	152 - 160 i. V. m. 123 - 137, 138 - 146
OHG, KG, GmbH & CoKG	GmbH, AG	Verschmelzung	2 - 76
OHG, KG, GmbH & CoKG	GmbH, AG	Formwechsel	190 - 225
GmbH, AG	Einzelunter- nehmen	Verschmelzung	120 - 122 i. V. m. 2 - 38
GmbH, AG	OHG, KG, GmbH & CoKG	Verschmelzung	2 - 76
GmbH, AG	OHG, KG	Formwechsel	226 - 237 i. V. m. 190 - 213
GmbH	AG, andere GmbH	Verschmelzung	46 - 77 i. V. m. 2 - 38
GmbH	AG	Formwechsel	238 - 250 i. V. m. 226, 190 - 213
AG	GmbH, andere AG	Verschmelzung	46 - 77 i. V. m. 2 - 38
AG	GmbH	Formwechsel	238 - 250 i. V. m. 226, 190 - 213

Ertragsteuerlich sind die Umwandlungsvorgänge im UmwStG geregelt. Einen Überblick über die steuerrechtlichen Bezeichnungen der einzelnen in Tabelle IV/16 genannten Umwandlungsvorgänge gibt *Tabelle IV/17*.

Das UmwStG behandelt ausschließlich ertragsteuerliche Folgen der Umwandlung eines Unternehmens von einer in eine andere Rechtsform. Umsatz- und grunderwerbsteuerliche Folgen hingegen werden in diesem Gesetz nicht geregelt. Umsatzsteuerlich ist § 1 Abs. 1a UStG von herausragender Bedeutung. Nach dieser Vorschrift werden die meisten Umwandlungsvorgänge für nicht umsatzsteuerbar erklärt. Wird im Rahmen einer Umwandlung ein Grundstück übertragen, so ist dieser Vorgang in den meisten Fällen nach § 1 Abs. 1 Nr. 3 GrEStG grunderwerbsteuerbar. Auf die Vorschriften des § 1 Abs. 1a UStG und des § 1 Abs. 1 Nr. 3 GrEStG wird noch wiederholt zurückzukommen sein.

Hier soll lediglich auf folgende Umwandlungsvorgänge eingegangen werden:

• Umwandlung eines Einzelunternehmens in eine Personengesellschaft,
• Umwandlung eines Personenunternehmens in eine Kapitalgesellschaft,
• Umwandlung einer Kapitalgesellschaft in ein Personenunternehmen und
• Umwandlung einer Kapitalgesellschaft in eine andere Kapitalgesellschaft.

Tabelle IV/17: *Übersicht über die ertragsteuerlichen Regelungen zur Umwandlung*

Alte Rechtsform	Neue Rechtsform	Bezeichnung der Umwandlung	§§ UmwStG
Einzelunternehmen	OHG, KG, GmbH & CoKG	Einbringung von Betriebsvermögen in eine Personengesellschaft	24
Einzelunternehmen	GmbH, AG	Einbringung eines Betriebs in eine Kapitalgesellschaft	20 - 23
OHG, KG, GmbH & CoKG	GmbH, AG	Einbringung eines Betriebs in eine Kapitalgesellschaft	20 - 23
OHG, KG, GmbH & CoKG	GmbH, AG	Formwechsel einer Personenhandels- in eine Kapitalgesellschaft	25 i. V. m. 20 - 23
GmbH, AG	Einzelunternehmen	Vermögensübergang auf eine natürliche Person	3 - 8, 18
GmbH, AG	OHG, KG, GmbH & CoKG	Vermögensübergang auf eine Personengesellschaft	3 - 8, 18
GmbH, AG	OHG, KG, GmbH & CoKG	Formwechsel einer Kapitalgesellschaft in eine Personengesellschaft	9 i. V. m. 3 - 8, 18
GmbH	AG, andere GmbH	Verschmelzung auf eine andere Kapitalgesellschaft	11 - 13, 19
GmbH	AG	Formwechsel	Identität der Steuerpflichtigen
AG	GmbH, andere AG	Verschmelzung auf eine andere Kapitalgesellschaft	11 - 13, 19
AG	GmbH	Formwechsel	Identität der Steuerpflichtigen

3.2 Umwandlung eines Einzelunternehmens in eine Personengesellschaft

3.2.1 Rechtliche Grundlagen

Gesellschaftsrechtlich kann die Umwandlung eines Einzelunternehmens in eine Personengesellschaft nach § 152 UmwG durch die *Ausgliederung* des von einem Einzelkaufmann betriebenen Unternehmens und *Aufnahme* dieses Unternehmens durch eine Personengesellschaft erfolgen[68]. Es handelt sich um eine Vermögensübertragung im Wege der Gesamtrechtsnachfolge. Die aufnehmende Personengesellschaft kann zum Zeitpunkt der Ausgliederung bereits bestehen (Ausgliederung zur Aufnahme), sie kann aber auch im Rahmen der Umwandlung neu gegründet werden (Ausgliederung zur Neugründung). Im ersten Fall sind die speziellen Vor-

---

[68] Im Einzelnen s. Ganske, J., Umwandlungsrecht, 1995, S. 183 ff.; Schmitt, J./Hörtnagl, R./Stratz, R.-C., Umwandlungsgesetz, 2006, A § 152, Rz. 1 ff; Hottmann, J., in: Zimmermann, R. u. a., Personengesellschaft, 2007, S. 478; Mayer, D., in: Widmann, S./Mayer D., Umwandlungsrecht, § 152, Rz. 221 ff.

schriften der §§ 153 - 157 UmwG, im zweiten die der §§ 158 - 160 i. V. m. den §§ 153 - 157 UmwG anwendbar.

Die Überführung eines Einzelunternehmens in eine Personengesellschaft kann auch in der Weise durchgeführt werden, dass die Wirtschaftsgüter des Einzelunternehmens an die Personengesellschaft veräußert werden. Gleichzeitig wird der bisherige Einzelunternehmer Mitgesellschafter der Personengesellschaft. Zum Erwerb der Gesellschaftsrechte leistet er eine Bareinlage.

Ertragsteuerlich erfüllt die Ausgliederung des Unternehmens aus dem Vermögen eines Einzelkaufmanns und dessen Übertragung auf eine Personengesellschaft den Tatbestand der **Einbringung** von Betriebsvermögen **in eine Personengesellschaft** i. S. d. § 24 UmwStG. Nach Abs. 2 Satz 1 dieser Vorschrift hat die Personengesellschaft das eingebrachte Betriebsvermögen in ihrer steuerlichen Eröffnungsbilanz einschließlich der Ergänzungsbilanzen für ihre Gesellschafter mit dem *gemeinen Wert* anzusetzen. Nach Satz 2 derselben Rechtsnorm darf sie (auf Antrag) das übernommene Betriebsvermögen aber auch mit seinem bisherigen Buchwert ansetzen. Außerdem darf sie einen Zwischenwert zwischen dem Buchwert und dem gemeinen Wert ansetzen. Die Personengesellschaft hat also bei der Bewertung des Betriebsvermögens in ihrer Eröffnungsbilanz ein Wahlrecht zwischen dem Ansatz des gemeinen Werts, des bisherigen Buchwerts des einbringenden Einzelunternehmers und beliebigen Zwischenwerten. Eine Bewertung zu einem niedrigeren Wert als dem gemeinen Wert darf sie aber nur dann vornehmen, „... soweit das Recht der Bundesrepublik Deutschland hinsichtlich der Besteuerung des eingebrachten Betriebsvermögens nicht ausgeschlossen oder beschränkt wird." Dies bedeutet, dass die Personengesellschaft das eingebrachte Betriebsvermögen nur dann mit einem *niedrigeren Wert* als dem gemeinen Wert ansetzen darf, wenn und insoweit als das inländische Besteuerungsrecht in Bezug auf das eingebrachte Betriebsvermögen mit der Einbringung nicht verloren geht.

Die Wertansätze in der Eröffnungsbilanz sind nach § 24 Abs. 3 UmwStG dafür maßgebend, ob der Einbringende als Folge der Umwandlung einen Gewinn, den **Einbringungsgewinn**, zu versteuern hat. "Der Wert, mit dem das eingebrachte Betriebsvermögen in der Bilanz der Personengesellschaft einschließlich der Ergänzungsbilanzen für ihre Gesellschafter angesetzt wird, gilt für den Einbringenden als Veräußerungspreis" (§ 24 Abs. 3 UmwStG). Der Unterschiedsbetrag zwischen diesem Wert und dem entsprechenden Wert in der Schlussbilanz des Einzelunternehmens ergibt bei Einbringung aller Wirtschaftsgüter in die Gesellschaft den *Einbringungsgewinn*. Einbringungskosten sind, soweit sie der Einbringende trägt, vorab abzugsfähig.

Wird das gesamte Betriebsvermögen mit seinem gemeinen Wert angesetzt, so kann es nach § 24 Abs. 3 Satz 2 UmwStG beim Veräußerer zur Anwendung der Vorschriften über die *Begünstigung des Veräußerungsgewinns* nach den §§ 16 Abs. 4 und 34 EStG kommen. Dieser Wertansatz beinhaltet die Aufdeckung *aller stillen Reserven* einschließlich derjenigen die in bisher nach § 248 Abs. 2 HGB i. V. m. § 5 Abs. 2 EStG nicht aktivierungsfähigen Wirtschaftsgütern, wie selbstgeschaffenen Patenten und Lizenzen des Anlagevermögens, enthalten sind. Auch ein selbstgeschaffener Geschäfts- oder Firmenwert ist zu aktivieren und mit seinem gemeinen Wert zu bewerten[69]. Hinsichtlich der Anwendung des § 34 EStG ist zu unterscheiden zwischen dem Fall, dass nur die Voraussetzung des Absatzes 1 dieser Vorschrift oder zusätzlich auch diejenigen des Absatzes 3 erfüllt sind.

Sowohl die Begünstigungsvorschrift des § 16 Abs. 4 EStG als auch die des § 34 Abs. 3 EStG setzen einen entsprechenden *Antrag* des Steuerpflichtigen voraus. § 16 Abs. 4 und Abs. 3 des § 34 EStG (ermäßigter Steuersatz) setzen weiterhin voraus, dass der Steuerpflichtige entweder das 55. Lebensjahr vollendet hat oder aber er im sozialversicherungsrechtlichen Sinne dauernd berufsunfähig ist. Beide Voraussetzungen ergeben sich aus dem jeweiligen Satz 1 der genannten Vorschriften. Darüber hinaus werden beide Begünstigungen dem Steuerpflichtigen jeweils nur einmal in seinem Leben gewährt (§ 16 Abs. 4 Satz 2 bzw. § 34 Abs. 3 Satz 4 EStG). Die Anwendung des § 34 Abs. 1 EStG (Fünftelregelung) hingegen ist nicht an diese zusätzlichen Voraussetzungen geknüpft. Sie setzt vielmehr lediglich voraus, dass es sich um außerordentliche Einkünfte i. S. d. § 34 Abs. 2 EStG handelt. Dies ist - wie bereits ausgeführt - bei der Vollaufstockung im Rahmen des § 24 UmwStG der Fall. Wird die Begünstigungsvorschrift des § 34 Abs. 3 EStG (ermäßigter Steuersatz) in Anspruch genommen, so ist die gleichzeitige Inanspruchnahme des § 34 Abs. 1 EStG (Fünftelregelung) ausgeschlossen. Bei Vorliegen der Voraussetzungen des § 34 Abs. 3 EStG hat der Steuerpflichtige also ein Wahlrecht zur Anwendung der Fünftelregelung oder des ermäßigten Steuersatzes.

Die *Begünstigungsvorschriften* der §§ 16 Abs. 4 und 34 EStG kommen nach § 24 Abs. 3 Satz 3 UmwStG i. V. m. § 16 Abs. 2 Satz 3 EStG *nicht* in Betracht, *soweit auf* der Seite des *Veräußerers und* auf der Seite *des Erwerbers dieselben Personen* Unternehmer oder Mitunternehmer sind[70]. Werden die stillen Reserven nur teilweise aufgedeckt, so handelt es sich nicht um einen steuerlich begünstigten Veräußerungsgewinn, sondern um laufenden Gewinn, der nach den allgemeinen Vorschriften zu versteuern ist, bei Gewerbetreibenden also gem. § 15 EStG.

Werden die bisherigen Wertansätze beibehalten, so entsteht kein Einbringungsgewinn.

Wie bereits ausgeführt, kann die Überführung eines Einzelunternehmens in eine Personengesellschaft auch in der Weise erfolgen, dass die Wirtschaftsgüter des Einzelunternehmens an die Personengesellschaft verkauft werden. Gleichzeitig wird der bisherige Einzelunternehmer Mitgesellschafter der Personengesellschaft. Zum Erwerb der Gesellschaftsrechte leistet er eine Bareinlage. Ein begünstigter

---

69   Vgl. Klingebiel, J./Patt, J./Rasche, R./Krause, T., Umwandlungssteuerrecht, 2008, S. 595 f.; Rasche, R., in: Rödder, T./Herlinghaus, A./van Lishaut, I., Umwandlungssteuergesetz, 2008, § 24, Rz. 70.

70   Vgl. BMF-Schreiben vom 25.03.1998, IV B 7-S 1978-21/98, BStBl 1998 I, S. 342, Tz. 24.16.

Veräußerungsgewinn i. S. d. §§ 16 Abs. 4 und 34 EStG kann bei dieser Gestal-
tungsform nur dann entstehen, wenn alle Wirtschaftsgüter einschließlich des in
dem Betrieb entstandenen (originären) Geschäftswerts zu untereinander fremden
Personen üblichen Preisen veräußert werden[71]. Diese entsprechen den gemeinen
Werten der Wirtschaftsgüter. Das steuerliche Ergebnis ist dann das gleiche wie
bei einer Ausgliederung des Unternehmens aus dem Vermögen eines
Einzelkaufmanns und Aufnahme dieses Unternehmens in eine Personengesellschaft nach § 152 UmwG. Die Vorgehensweise ist aber deutlich aufwendiger.

Unabhängig davon, ob die Umwandlung des Einzelunternehmens in eine Personengesellschaft im Wege der Einbringung oder der Veräußerung der Wirtschaftsgüter erfolgt, handelt es sich nach der im Schrifttum überwiegend vertretenen
Ansicht bei einem dabei entstehenden Einbringungsgewinn nicht um Einkünfte
aus einem stehenden Gewerbebetrieb. Folgt man dieser Ansicht, so hat dies zur
Konsequenz, dass durch die Umwandlung keine Gewerbesteuer hervorgerufen
wird[72]. Nach der Gesetzesbegründung zum StMBG[73] soll es sich hingegen bei
dem Teil des Einbringungsgewinns, der nach § 24 Abs. 3 Satz 3 UmwStG i. V. m.
§ 16 Abs. 2 Satz 3 EStG bei der Einkommensteuer nicht begünstigt ist, um der
Gewerbesteuer unterliegenden laufenden Gewinn handeln. Das Schrifttum lehnt
mehrheitlich eine Gewerbesteuerpflicht ab, mit der Begründung, dass es sich bei
dem Einbringungsgewinn um einen Aufgabe- bzw. Veräußerungsgewinn handelt,
der lediglich in einen laufenden Gewinn umgedeutet wird[74]. Das BMF vertritt
jedoch in seinem Schreiben zum Umwandlungsteuergesetz die Auffassung, dass
dieser Gewinn der Gewerbesteuerpflicht unterliegt[75]. Für steuerplanerische
Zwecke ist es sinnvoll, von der Rechtsansicht des BMF auszugehen.

Umsatzsteuerlich handelt es sich bei der Einbringung des Betriebes eines Einzelunternehmers in eine Personengesellschaft nach der ausdrücklichen Vorschrift des
§ 1 Abs. 1a UStG um einen nichtsteuerbaren Vorgang[76]. Die Nichtsteuerbarkeit
hat keinen Ausschluss vom Vorsteuerabzug nach § 15 Abs. 2 UStG zur Folge[77].

Werden bei der Einbringung eines Betriebes in eine Personengesellschaft Grundstücke mitübertragen, so entsteht grundsätzlich nach § 1 Abs. 1 Nr. 3 GrEStG

---

71   Vgl. Widmann, S., in: Widmann, S./Mayer, D., Umwandlungsrecht, UmwStG, § 24,
     Rz. 250 ff. und ergänzende Kommentierung UmwStG, § 24, Rz. 31 ff.

72   Vgl. BFH-Urteil vom 27.3.1996, I-R-89/95, BStBl 1997 II, S. 224.

73   Vgl. BR-Drucksache 612/93 vom 3.9.1993, S. 82 zu Nr. 2.

74   Vgl. Schiffers, J., Änderung, 1994, S. 1470; Schultz, F., Gewerbesteuerpflicht, 1994,
     S. 521 ff.; Sagasser, B./Pfaer, M., in: Sagasser, B./Bula, T./Brünger, T., Umwandlungen,
     2002, S. 407.

75   Vgl. BMF-Schreiben v. 25.3.98, IV B 7 - S 1978 - 21/98, BStBl 1998 I, S. 342, Tz. 24.17.

76   Vgl. Rasche, R., in: Rödder, T./Herlinghaus, A./van Lishaut, I., Umwandlungssteuergesetz,
     2008, Anh. 9, Rz. 65 ff.; Klingebiel, J./Patt, J./Rasche, R./Krause, T., Umwandlungs-
     steuerrecht, 2008, S. 554 f.

77   Vgl. Korn, K., Umsatzsteuerprobleme, 1995, S. 10175; Rasche, R., in: Rödder,
     T./Herlinghaus, A./van Lishaut, I., Umwandlungssteuergesetz, 2008, Anh. 9, Rz. 34.

Grunderwerbsteuer[78]. Bemessungsgrundlage ist grundsätzlich nach § 8 Abs. 1 GrEStG der Wert der Gegenleistung. Die Steuer bemisst sich im Fall der Einbringung nach § 8 Abs. 2 GrEStG jedoch nach dem Wert i. S. d. § 138 Abs. 2 oder 3 BewG. Grunderwerbsteuer wird allerdings insoweit nicht erhoben, als der Einbringende an der Personengesellschaft beteiligt ist[79]. Wird das Grundstück nicht im Wege einer Einbringung i. S. d. § 24 UmwStG auf die Personengesellschaft übertragen, sondern erfolgt ein Übergang durch Verkauf, so ist der Vorgang nach § 1 Abs. 1 Nr. 1 GrEStG steuerbar. Bemessungsgrundlage ist dann nach § 8 Abs. 1 i. V. m. § 9 Abs. 1 GrEStG der Kaufpreis.

3.2.2 Bilanzielle Darstellung

Die Einbringung eines Betriebes in eine Personengesellschaft kann bilanzielle Probleme aufwerfen. Einfach darzustellen ist der Fall, dass im Rahmen der Einbringung die stillen Reserven voll aufgedeckt werden und die an dem Unternehmen neu beteiligten Gesellschafter entsprechend ihrem Beteiligungsverhältnis Bareinzahlungen leisten.

Beispiel

V bringt zum 31.12. des Jahres 1 sein bisheriges Einzelunternehmen in eine mit seinen volljährigen Kindern S und T neu gegründete KG ein. V wird Komplementär, die Kinder werden Kommanditisten. In verkürzter Form hat die Schlussbilanz des bisherigen Einzelunternehmens zum 31.12.1 folgendes Aussehen:

Schlussbilanz des V zum 31.12.1			
	T€		T€
Anlagevermögen	200	Eigenkapital	400
Umlaufvermögen	200		
	400		400

V schätzt die am 31.12.1 in dem Anlage- und Umlaufvermögen vorhandenen stillen Reserven auf 150 T€ bzw. 50 T€. Außerdem nimmt er an, dass in dem Unternehmen ein Firmenwert von 200 T€ entstanden ist. Im Rahmen der Einbringung sollen diese stillen Reserven in vollem Umfang aufgedeckt werden. V will also in der Eröffnungsbilanz der KG zum 1.1.2 einen Kapitalanteil von (400 + 150 + 50 + 200 =) 800 T€ ausweisen. S und T verpflichten sich, aus eigenem Vermögen je 100 T€ bis zum 10.1.2 bar in die Gesellschaft einzuzahlen. Sie sollen hierfür mit jeweils 10 % am Festkapital und am Gewinn der KG beteiligt werden. Auch ihr Anteil an künftig entstehenden stillen Reserven soll jeweils 10 % betragen.

---

[78] Vgl. Fischer, P., in: Boruttau, E., Grunderwerbsteuergesetz, 2007, § 1, Rz. 375 ff; Rasche, R., in: Rödder, T./Herlinghaus, A./van Lishaut, I., Umwandlungssteuergesetz, 2008, Anh. 8, Rz. 24.

[79] Vgl. Schmitt, J./Hörtnagl, R./Stratz, R.-C., Umwandlungsgesetz, 2006, E Rz. 46.

Die Eröffnungsbilanz der KG zum 1.1.02 kann wie folgt erstellt werden:

Eröffnungsbilanz der KG zum 1.1.2

	T€		T€
Ausstehende Einlagen S und T	200	Komplementärkapital V	800
Firmenwert	200	Kommanditkapital S	100
Übriges Anlagevermögen	350	Kommanditkapital T	100
Umlaufvermögen	250		
	1.000		**1.000**

Auch handelsbilanziell können bei einer Einbringung die in den einzelnen Vermögensgegenständen vorhandenen stillen Reserven aufgedeckt werden[80].

Soll ein Betrieb trotz vorhandener stiller Rücklagen in eine Personengesellschaft zu Buchwerten eingebracht werden, so kann es durch die Einzahlungen der anderen Gesellschafter zum Ausweis offener Rücklagen kommen.

Beispiel

Der Sachverhalt ist der gleiche wie im letzten Beispiel. Ein Unterschied besteht lediglich insoweit, als V die stillen Reserven nicht aufdecken will. Dennoch sollen S und T jeweils nur zu 10 % am Festkapital, am Gewinn und an den stillen Reserven beteiligt sein. Das Kommanditkapital des S und der T soll also jeweils nur mit 50 T€ ausgewiesen werden, obwohl die neuen Gesellschafter jeweils 100 T€ Einlage zu leisten haben.

In der Eröffnungsbilanz der KG sind die von dem bisherigen Einzelunternehmen übernommenen Wirtschaftsgüter mit ihren bisherigen Werten anzusetzen. Entsprechend ergibt sich für V ein Komplementärkapital von 400 T€. Das bilanzielle Kommanditkapital des S und der T beträgt jeweils 50 T€, insgesamt also 100 T€. Um diesen Betrag erhöht sich also die Passivseite der Eröffnungsbilanz der KG im Vergleich zur Schlussbilanz des V. Die Aktivseite hingegen erhöht sich um die Einzahlungsverpflichtungen des S und der T, insgesamt also um 200 T€. Zum Ausgleich der Differenz zwischen Aktiv- und Passivseite der Bilanz von 100 T€ muss ein zusätzlicher Eigenkapitalposten von 100 T€ ausgewiesen werden. Dieser hat die Eigenschaft einer Kapitalrücklage. Er sollte deshalb auch als Rücklage ausgewiesen werden. Die Eröffnungsbilanz hat dann das nachfolgend aufgezeigte Aussehen:

Eröffnungsbilanz der KG zum 1.1.2

	T€		T€
Ausstehende Einlagen S und T	200	Komplementärkapital V	400
Anlagevermögen	200	Kommanditkapital S	50
		Kommanditkapital T	50
Umlaufvermögen	200	Rücklagen	100
	600		**600**

Bei dieser Eröffnungsbilanz handelt es sich sowohl um eine Handels- als auch um eine Steuerbilanz.

Eine andere bilanzielle Abbildung des Sachverhalts ergibt sich dann, wenn die nicht den Betrieb einbringenden Gesellschafter dem den Betrieb einbringenden Gesellschafter einen Teil der stillen Reserven „abkaufen". In diesem Fall haben

---

[80] Vgl. IDW, Stellungnahme HFA 2/1997, 1997, S. 182; Brähler, G., Umwandlungsteuerrecht, 2008, S. 49 ff.

die „abkaufenden" Gesellschafter eine Ergänzungsbilanz, der den Betrieb einbringende Gesellschafter hingegen hat eine negative Ergänzungsbilanz zu erstellen. Alle diese *Ergänzungsbilanzen* haben ausschließlich *steuerlichen* und nicht handelsbilanziellen Charakter.

Beispiel

Der Sachverhalt ist der gleiche wie im letzten Beispiel. Ein Unterschied besteht nur insoweit, als S und T sich zur Zahlung von je 80 T€ an V verpflichten. Sie erwerben also von diesem einen Anteil an dessen Unternehmen. Eine Einlage in die KG leisten sie hingegen nicht. Die Anschaffungskosten des S und der T betragen somit jeweils 80 T€; sie erhalten dafür einen Anteil am bilanziellen Betriebsvermögen von je 40 T€.

Die Eröffnungsbilanz der KG hat das folgende Aussehen:

Eröffnungsbilanz der KG zum 1.1.2			
	T€		T€
Anlagevermögen	200	Komplementärkapital V	320
		Kommanditkapital S	40
Umlaufvermögen	200	Kommanditkapital T	40
	400		400

Der nicht in der Bilanz der KG berücksichtigte Teil der Anschaffungskosten des S und der T von je 40 T€ ist den anteiligen stillen Reserven entsprechend auf die einzelnen Wirtschaftsgüter zu verteilen und in Ergänzungsbilanzen zu erfassen. Die gesamten stillen Reserven betragen (150 + 50 + 200 =) 400 T€. Da S und T zu je 10 % an den stillen Reserven beteiligt werden, ergibt sich, dass die auf die neuen Gesellschafter entfallenden stillen Reserven in vollem Umfang aufgedeckt werden. Es findet also eine anteilige Vollaufstockung statt, d. h., dass auch der Firmenwert - soweit er auf S und T entfällt - voll aufzudecken ist.

S und T haben zum 1.1.2 jeweils folgende Ergänzungsbilanz zu erstellen:

Ergänzungsbilanz S (T) zum 1.1.2			
	T€		T€
Firmenwert	20	Eigenkapital	40
Übriges Anlagevermögen	15		
Umlaufvermögen	5		
	40		40

Damit insgesamt auch steuerlich die Buchwerte fortgeführt werden, muss V eine negative Ergänzungsbilanz erstellen. In dieser sind die bei S und T erfassten Bilanzansätze mit negativen Vorzeichen zu erfassen. Die negative Ergänzungsbilanz zum 1.1.2 hat folgendes Aussehen:

Ergänzungsbilanz des V zum 1.1.2			
	T€		T€
Firmenwert	− 40	Eigenkapital	− 80
Übriges Anlagevermögen	− 30		
Umlaufvermögen	− 10		
	− 80		− 80

Alle aufgeführten Ergänzungsbilanzen sind reine Steuerbilanzen und keine Handelsbilanzen.

3.2.3 Ergänzungstatbestände

§ 24 UmwStG regelt nicht nur die Einbringung eines Betriebs im Ganzen. Erfasst werden von dieser Vorschrift vielmehr auch die Einbringung eines *Teilbetriebs* und die Einbringung eines *Mitunternehmeranteils*. Beide Begriffe werden bekanntlich auch in § 16 EStG verwendet. Sie haben in § 24 UmwStG die gleiche Bedeutung wie in jener Vorschrift. Hinsichtlich der Begriffsabgrenzung kann deshalb hier auf die entsprechenden Ausführungen in Band 1 verwiesen werden[81].

Bei der Einbringung eines Teilbetriebs oder eines Mitunternehmeranteils in eine Personengesellschaft zum gemeinen Wert finden nach § 24 Abs. 3 UmwStG die Begünstigungsvorschriften der §§ 16 Abs. 4 und 34 EStG unter den gleichen - sehr engen - Voraussetzungen Anwendung wie bei der Einbringung eines Betriebs im Ganzen[82].

Hinsichtlich der Umsatzsteuer und der Grunderwerbsteuer gelten bei der Einbringung eines Teilbetriebs in eine Personengesellschaft die gleichen Grundsätze wie bei der Einbringung eines Betriebs im Ganzen. Insoweit kann auf Gliederungspunkt 3.2.1 verwiesen werden.

Die Einbringung eines Mitunternehmeranteils in eine Personengesellschaft stellt keine umsatzsteuerbare sonstige Leistung dar, da eine ertragsteuerliche Mitunternehmerschaft i. d. R. keine Unternehmereigenschaft i. S. d. § 2 UStG bewirkt[83].

3.2.4 Vorteilhaftigkeitsüberlegungen

3.2.4.1 Klärung der Entscheidungssituation und Folgerungen für den Gang der Untersuchung

Soll die steuerliche Vorteilhaftigkeit der Umwandlung eines Einzelunternehmens in eine Personengesellschaft untersucht werden, so sollte zunächst die konkrete *Entscheidungssituation* geklärt werden. Hierzu ist es sinnvoll, vorab einige *zentrale Fragen* zu klären. Die wichtigsten lassen sich wie folgt formulieren:

1. Ist die Umwandlung des bisherigen Einzelunternehmens in eine Personengesellschaft aus nichtsteuerlichen Gründen vorgegeben oder sollen die Steuerwirkungen bei der Frage, ob umgewandelt werden soll, berücksichtigt werden?

2. Hat der bisherige Einzelunternehmer zum Zeitpunkt der (möglichen) Umwandlung das 55. Lebensjahr bereits vollendet bzw. ist er im sozialversicherungsrechtlichen Sinne dauernd berufsunfähig und hat er die §§ 16 Abs. 4 und 34 Abs. 3 EStG nicht bereits früher in Anspruch genommen?

---

81   Vgl. Schneeloch, D., Besteuerung, 2008, S. 71 ff.

82   Zur Tarifermäßigung nach § 34 EStG für Einbringungsgewinne vgl. Patt, J./Rasche, R., Unternehmenssteuerreform, 2001, S. 175 f.

83   Vgl. Völkel, D., in: Zimmermann, R. u. a., Personengesellschaft, 2007, S. 569.

3. Plant der bisherige Einzelunternehmer für den Fall einer Umwandlung, seinen Anteil an der Personengesellschaft zu einem späteren Zeitpunkt zu veräußern oder soll dieser im Rahmen der Erbfolge bzw. der vorweggenommenen Erbfolge auf den oder die Erben übergehen?

Die *erste Frage* ist deshalb von Bedeutung, weil dann, wenn die Umwandlung aus nichtsteuerlichen Gründen vorgegeben ist, ein steuerlicher Partialvergleich zwischen der Fortführung des Einzelunternehmens und dessen Umwandlung in eine Personengesellschaft nicht durchgeführt zu werden braucht. Sollen die steuerlichen Folgen hingegen bei der Frage, ob eine Umwandlung vorgenommen werden soll, mitberücksichtigt werden, so ist ein derartiger steuerlicher Partialvergleich erforderlich. Dessen Ergebnis ist dann als Teilergebnis in den Entscheidungsprozess einzubeziehen.

Die *zweite Frage*, die Frage also, ob der bisherige Einzelunternehmer zum Zeitpunkt der möglichen Umwandlung das 55. Lebensjahr vollendet hat bzw. ob er im sozialversicherungsrechtlichen Sinne dauernd berufsunfähig ist, spielt bei der Entscheidung darüber, ob im Falle einer Umwandlung stille Reserven aufgedeckt werden sollen oder nicht, eine herausragende Rolle. Nur bei Bejahung dieser Frage können die Begünstigungsvorschriften der §§ 16 Abs. 4 und 34 Abs. 3 EStG in Anspruch genommen werden. Nur dann kann eine Aufdeckung stiller Reserven in Gewinnsituationen überhaupt vorteilhaft sein. Kann keine der beiden Begünstigungsvorschriften angewendet werden, so stehen den Nachteilen einer Aufstockung i. d. R. keine oder nur geringe Vorteile gegenüber. Eine Analyse der Aufdeckung stiller Reserven und deren Folgewirkungen erübrigt sich dann. Ausnahmen können sich nur dann ergeben, wenn der Einzelunternehmer ohne Aufdeckung der stillen Reserven ein sehr geringes zu versteuerndes Einkommen hat. Das gilt insbesondere dann, wenn sich dieses im negativen Bereich bewegt. Nur dann nämlich zeitigt die Fünftelregelung des § 34 Abs. 1 EStG größere Wirkungen. Im Einzelnen sei hierzu auf Teil I, Gliederungspunkt 3.2.6.2, verwiesen.

Auch die *dritte Frage* ist hinsichtlich einer möglichen Aufdeckung stiller Reserven im Falle einer Einbringung von Bedeutung. Erwägt der bisherige Einzelunternehmer und künftige Gesellschafter der Personengesellschaft, seinen Anteil an der Gesellschaft zu einem späteren Zeitpunkt zu veräußern, so muss er beachten, dass er nur einmal in den Genuss der Begünstigungsvorschriften der §§ 16 Abs. 4 und 34 Abs. 3 EStG kommen kann. Er muss dann abwägen, ob eine Inanspruchnahme dieser Vorschriften jetzt oder bei der späteren Veräußerung vorteilhafter ist. Allerdings gibt eine derartige Abwägung nur dann Sinn, wenn der Unternehmer bei Untersuchung der zweiten Frage nicht zu dem Ergebnis gekommen ist, dass eine Buchwertfortführung vorteilhafter ist als eine Aufstockung.

Aus den angesprochenen drei Fragen ergeben sich je nach Beantwortung der ersten ein oder zwei Problembereiche. Lediglich ein Problembereich ergibt sich dann, wenn unabhängig von den Steuerwirkungen das bisherige Einzelunternehmen in eine Personengesellschaft eingebracht werden soll. In diesem Fall ist lediglich zu klären, ob im Zuge der Einbringung die in dem bisherigen Einzelun-

ternehmen entstandenen stillen Reserven vollständig oder nur teilweise aufgedeckt werden sollen oder nicht. Ein zusätzlicher Problembereich ergibt sich
dann, wenn die Frage, ob umgewandelt werden soll oder nicht, noch nicht beantwortet ist und bei der Beantwortung Steuerwirkungen mitberücksichtigt werden
sollen. In diesem Fall müssen die Steuerwirkungen der alternativen Rechtsformen
ermittelt und miteinander verglichen werden. Hierbei sind dann auch die Steuerwirkungen der Umwandlung zu erfassen, wobei von der optimalen steuerlichen
Gestaltung der Umwandlung auszugehen ist.

Nachfolgend soll zunächst auf den erstgenannten und anschließend auf den an
zweiter Stelle genannten Problembereich eingegangen werden.

3.2.4.2 Buchwertfortführung oder Aufdeckung stiller Reserven

Wird ein Einzelunternehmen in eine Personengesellschaft eingebracht, so können
entweder die bisherigen Buchwerte fortgeführt **(Buchwertfortführung)** oder es
können die bisher entstandenen stillen Reserven vollständig oder auch nur teilweise aufgedeckt werden **(Aufstockung)**. Die Aufstockung führt bei der Personengesellschaft zu *zusätzlichem Aufwandspotential*.

Durch die Aufdeckung stiller Reserven und der Übernahme der aufgestockten
Werte in die Übernahmebilanz der übernehmenden Personengesellschaft entsteht
bei dieser zusätzliches Aufwandspotential. Dieses kann insbesondere in einer
Erhöhung der Wertansätze der Wirtschaftsgüter des abnutzbaren Anlagevermögens sowie der Vorräte, insbesondere der unfertigen und fertigen Erzeugnisse
sowie der Waren bestehen. Soweit stille Reserven in nicht abnutzbaren
Wirtschaftsgütern des Anlagevermögens, insbesondere also im Grund und Boden
aufgedeckt werden, entsteht zwar kein zusätzliches Aufwandspotential, doch
verringert sich der Gewinn, der bei einer späteren Veräußerung des Wirtschaftsgutes entsteht. Dies geschieht spätestens bei einer späteren Liquidation der übernehmenden Personengesellschaft. Die Wirkung der Aufdeckung stiller Reserven
auf den Totalgewinn des übernehmenden Personenunternehmens ist im Ergebnis
die gleiche, unabhängig davon, ob die Aufdeckung zu einer Erhöhung des
Aufwandspotentials oder zu einer Verringerung des Gewinns bei einer späteren
Veräußerung führt. Nachfolgend soll aus Gründen der sprachlichen Vereinfachung eine Aufdeckung stiller Reserven auch dann als Erhöhung des Aufwandspotentials bezeichnet werden, wenn tatsächlich nicht das Aufwandspotential
erhöht, sondern der Gewinn bei einer späteren Veräußerung gemindert wird.

Die Verwandlung dieses Aufwandspotentials in tatsächlichen Aufwand kann sich
über viele Jahre oder sogar Jahrzehnte hinziehen. Eine Aufstockung kann deshalb
allenfalls dann vorteilhaft sein, wenn die Steuerbelastung der aufgedeckten stillen
Reserven mit einem wesentlich geringeren kombinierten Einkommen- und
Gewerbesteuersatz erfolgt als die spätere Steuerentlastung infolge der zusätzlichen Aufwendungen. Nur dann kann der Barwert der künftigen Steuerentlastungen geringer sein als die zusätzliche Steuerbelastung zum Zeitpunkt der
Einbringung.

Deutlich niedrigere Steuersätze bei Einbringung als bei der späteren Aufwands-verrechnung sind i. d. R. nur dann gegeben, wenn die Begünstigungsvorschriften der §§ 16 Abs. 4 und 34 Abs. 3 EStG in Anspruch genommen werden können. In Einzelfällen reicht auch die Inanspruchnahme einer der beiden Vorschriften. Damit scheiden i. d. R. von vornherein alle diejenigen Fälle aus einer näheren Prüfung der Vorteilhaftigkeit einer Aufstockung aus, in denen der Einbringende das 55. Lebensjahr noch nicht vollendet hat und er auch nicht dauernd berufsun-fähig im sozialversicherungsrechtlichen Sinne ist. Außerdem scheiden auch die Fälle aus, in denen der Einbringende die Begünstigungsvorschriften der §§ 16 Abs. 4 und 34 Abs. 3 EStG bereits bei einer anderen Gelegenheit in Anspruch genommen hat, da die Begünstigungen nach dem Wortlaut des Gesetzes nur ein-mal im Leben in Anspruch genommen werden können. In diesen Fällen kann grundsätzlich ohne nähere Überprüfung davon ausgegangen werden, dass die Buchwertfortführung vorteilhafter ist als eine Aufstockung. Ausgenommen sind lediglich die bereits erwähnten Fälle sehr niedriger zu versteuernder Einkommen, insbesondere aber die Verlustfälle. In diesen lohnt die Überprüfung der Vorteil-haftigkeit einer Aufstockung.

Hat der Steuerpflichtige zum vorgesehenen Einbringungszeitpunkt das 55. Le-bensjahr zwar noch nicht vollendet[84], geschieht dies aber in Kürze, so kann es sinnvoll sein, über eine Verschiebung des Einbringungszeitpunkts bis zum Eintritt dieses Ereignisses nachzudenken. Dies gilt insbesondere in den Fällen, in denen der Einzelunternehmer mit einem Kind oder mehreren Kindern eine Personenge-sellschaft gründen will, in die sein Einzelunternehmen eingebracht werden soll.

Zu beachten ist, dass die *Vergünstigungen* der §§ 16 Abs. 4 und 34 EStG stets nur insoweit zur Anwendung kommen können, als der Einbringungsgewinn als Ver-äußerungsgewinn i. S. d. § 16 EStG und *nicht* als laufender Gewinn gilt. Dies ist nach § 16 Abs. 2 Satz 3 EStG insoweit nicht der Fall, *als der Einbringende an der Personengesellschaft als Mitunternehmer beteiligt ist.* Damit ist in vielen Fällen der größte Teil des Einbringungsgewinns nicht als steuerbegünstigter Veräuße-rungsgewinn, sondern als nicht begünstigter laufender Gewinn zu behandeln. In derartigen Fällen kann ebenfalls regelmäßig ohne nähere Überprüfung davon aus-gegangen werden, dass eine Aufstockung nicht vorteilhafter ist als eine Buchwert-fortführung. *Damit bleiben nur sehr wenige Fälle, in denen eine nähere Über-prüfung der Vorteilhaftigkeit einer Aufstockung sinnvoll erscheint.*

Soll die Vorteilhaftigkeit einer Aufstockung intensiver geprüft werden, kann sie also nicht von vornherein als nachteilig angesehen werden, so kann regelmäßig davon ausgegangen werden, dass entweder die Fortführung der bisherigen Buch-werte oder aber die volle Aufdeckung der stillen Reserven (Vollaufstockung) die *suboptimale Maßnahme* darstellt. Teilaufstockungen hingegen können in aller Regel von vornherein aus der Untersuchung ausgeschlossen werden. Der Grund

---

84 Aus Gründen der sprachlichen Vereinfachung wird nur noch der Fall der Vollendung des 55. Lebensjahres genannt. Erfasst werden soll hierdurch aber auch der Fall des Eintritts einer dauernden Berufsunfähigkeit im sozialversicherungsrechtlichen Sinne.

liegt darin, dass bei einer Teilaufstockung weder die Vorteile einer Buchwertfortführung, noch diejenigen einer Vollaufstockung zur Anwendung kommen. Weder
kann bei einer Teilaufstockung eine Besteuerung zum Einbringungszeitpunkt
vermieden werden, noch kommt der Steuerpflichtige in den Genuss der Begünstigungen der §§ 16 Abs. 4 und 34 EStG. Der Vorteilsvergleich kann sich demnach
im Normalfall auf einen Vergleich der *Buchwertfortführung* mit dem der *Vollaufstockung* beschränken. Der Vergleich ist mit Hilfe eines Steuerbarwertvergleichs
durchzuführen. Hierbei reicht es aus, den *Barwert der Steuerdifferenzen* der Aufstockung zu bilden. Ist dieser positiv, so ist die Aufstockung nachteiliger, ist er
negativ, so ist sie vorteilhafter als die Buchwertfortführung.

Erweist sich (ausnahmsweise) die Vollaufstockung als vorteilhafter als die Buchwertfortführung, so ist abschließend zu prüfen, ob die spätere Inanspruchnahme
der §§ 16 Abs. 4 und 34 Abs. 3 EStG im Rahmen der Beendigung der eigenen
unternehmerischen Betätigung nicht noch vorteilhafter ist. Diese Frage stellt sich
nur dann, wenn die Beendigung durch einen Verkauf des Anteils an der Personengesellschaft und nicht durch eine Übertragung auf ein Kind oder einen anderen
Angehörigen im Rahmen der (vorweggenommenen) Erbfolge erfolgen soll. Für
den Vergleich der Vorteilhaftigkeit einer Inanspruchnahme der §§ 16 Abs. 4 und
34 EStG zum Zeitpunkt der Einbringung oder zum Zeitpunkt der späteren
Anteilsveräußerung wird i. d. R. ein Steuerbarwertvergleich erforderlich sein.
Doch dürften die Fälle, in denen ein derartiger Vergleich notwendig ist, aus den in
diesem Gliederungspunkt genannten Gründen selten vorkommen.

3.2.4.3 *Vergleich der Fortführung des Einzelunternehmens mit dessen Umwandlung in eine Personengesellschaft*

3.2.4.3.1 *Suboptimale Gestaltung des Einzelunternehmens und der Personengesellschaft bei Buchwertfortführung*

Besteht die Wahl, entweder ein bestehendes Einzelunternehmen beizubehalten
oder es in eine Personengesellschaft umzuwandeln, ist also die Umwandlung nicht
aus nichtsteuerlichen Gründen vorgegeben, so ist es zweckmäßig, zunächst das
Einzelunternehmen daraufhin zu untersuchen, ob es bereits *suboptimal gestaltet*
ist. Es ist also zu prüfen, ob das bestehende Einzelunternehmen alle Steuergestaltungsmöglichkeiten optimal ausnutzt. Steuergestaltungsmöglichkeiten können vor
allem in der Ausnutzung von Bilanzierungs- und Bewertungswahlrechten bestehen. Ist das Optimum für mehrere Personen, etwa für Ehegatten oder für Eltern
und Kinder zu suchen, so ist zu prüfen, welche schuldrechtlichen Verträge zwischen dem Unternehmer und den anderen Personen sinnvoll sind und ob die Ver-
tragsmöglichkeiten bereits optimal ausgenutzt sind.

Ist die suboptimale Gestaltung des Einzelunternehmens gefunden, so ist es
zweckmäßig, anschließend die *suboptimale Gestaltung der alternativen Personengesellschaft* bei Einbringung des bisherigen Einzelunternehmens zu Buchwerten zu suchen. Regelmäßig dürfte allerdings die Zahl der sich hierbei ergeben-

den Gestaltungsmöglichkeiten geringer sein als bei Fortführung des Einzelunternehmens. Der Grund liegt darin, dass schuldrechtliche Verträge zwischen der Personengesellschaft und ihren Gesellschaftern grundsätzlich nicht zur Steuergestaltung eingesetzt werden können. So sind Leistungsvergütungen bekanntlich keine Betriebsausgaben, sondern Vorabgewinne, und Gesellschafterdarlehen sind nicht als Betriebsschulden abzugsfähig.

Nach der Einbringung des Einzelunternehmens in eine Personengesellschaft sind somit regelmäßig - neben den auch bei Fortbestehen des Einzelunternehmens vorhandenen bilanzpolitischen Aktionsparametern - nur Möglichkeiten der Einkommensverlagerung auf Familienmitglieder vorhanden. Diese können sowohl im Rahmen der gesellschaftsvertraglichen Gewinnverteilung als auch mit Hilfe von Vorabvergütungen erfolgen. Gewerbesteuerersparnisse lassen sich hierdurch grundsätzlich nicht erzielen, da durch derartige Maßnahmen der Gewerbeertrag nicht gemindert werden kann. Die Effekte bestehen damit kurzfristig nur in einer interpersonellen Einkommensverlagerung. Zu einer Einkommensteuerersparnis können diese aber grundsätzlich nur bei einer Einkommensverlagerung auf die Kinder, nicht hingegen auf den Ehegatten führen. Bei Ehegatten hingegen bleibt die Steuerschuld der Ehegatten im Falle einer Zusammenveranlagung von einer Einkommensverlagerung von einem Ehegatten auf den anderen unberührt. Da für Ehegatten die Zusammenveranlagung regelmäßig die günstigste Veranlagungsform ist, lassen sich also durch Einkommensverlagerungen von einem Ehegatten auf den anderen keine Steuerersparnisse erzielen.

Die Einkommensteuerersparnisse bei Gewinnverlagerungen auf Kinder können einen erheblichen Umfang annehmen. Das gilt umso mehr, je größer die Zahl der Kinder ist, die in das Unternehmen aufgenommen werden sollen. Der Gestaltungsspielraum ist hierbei i. d. R. auch wesentlich größer als bei Fortführung des Einzelunternehmens und Abschluss von schuldrechtlichen Verträgen mit den Kindern. Das gilt vor allem in den Fällen, in denen Kinder nicht in der Lage oder nicht willens sind, in dem Unternehmen mitzuarbeiten.

Zu den kurzfristigen Effekten der *Einkommensverlagerung* können langfristig noch Effekte über eine *Vermögensverlagerung* hinzukommen. Dies ist dann der Fall, wenn den Kindern durch die Beteiligung am Unternehmen als Gesellschafter stille Reserven anwachsen. In Einzelfällen kann dies zu einer Verringerung der später anfallenden Erbschaft- bzw. Schenkungsteuer führen.

3.2.4.3.2 Vorteilsvergleich zwischen Fortführung des Einzelunternehmens mit einer Einbringung

Sind die Suboptima einer Fortführung des Einzelunternehmens einerseits und einer Einbringung dieses Unternehmens in eine Personengesellschaft unter Buchwertfortführung andererseits ermittelt, so sind diese Suboptima miteinander zu vergleichen. Für diesen Vergleich sind die *Jahresbelastungsdifferenzen* der Alternativen zu bilden. Erweist sich hierbei eine der beiden Rechtsformen als in allen Jahren vorteilhafter, so erübrigt sich die Ermittlung von Steuerbarwerten bzw.

eines Differenzenbarwerts. Diese Situation dürfte regelmäßig dann eintreten, wenn das Anwachsen stiller Reserven bei den künftigen Erben des bisherigen Einzelunternehmers keine ins Gewicht fallende Reduzierung späterer Erbschaftsteuerzahlungen erwarten lässt. Dies ist vor allem stets dann der Fall, wenn der steuerpflichtige Erwerb unter den persönlichen Freibeträgen liegt. Dies dürfte infolge der Begünstigung des Betriebsvermögens durch § 13a ErbStG und der hohen Freibeträge der §§ 16 und 17 ErbStG sehr häufig der Fall sein.

Erweist sich bei einem Vergleich der Suboptima miteinander die Umwandlung als die steuerlich vorteilhaftere Maßnahme (Fall 1), so ist damit aus rein steuerlicher Sicht geklärt, dass umgewandelt werden sollte. In welcher Weise die Umwandlung erfolgen sollte, ob zu Buchwerten, zu Teilwerten oder zu Zwischenwerten, ist aber noch offen.

Erweist sich hingegen bei einem Vergleich der Suboptima die Fortführung des Einzelunternehmens als vorteilhafter (Fall 2), so ist damit noch nicht geklärt, ob das Einzelunternehmen tatsächlich die steuerlich vorteilhaftere Rechtsform ist. Immerhin ist es denkbar, dass sich unter Berücksichtigung der verschiedenen Aufstockungsmöglichkeiten die Umwandlung doch als die steuerlich vorteilhaftere Maßnahme erweist.

Damit lassen sich folgende *Zwischenergebnisse* festhalten:

1. Es gibt Fälle, in denen bereits auf dieser Stufe des Vergleichs die steuerliche Vorteilhaftigkeit der Umwandlung des Einzelunternehmens in eine Personengesellschaft festgestellt werden kann.
2. Unabhängig davon, ob eine Feststellung nach 1. getroffen werden kann, erweist sich die Einbeziehung möglicher Aufstockungen im Rahmen einer Umwandlung in die Untersuchung als notwendig. Dies gilt entweder deshalb, weil im Fall 1 die Umwandlung zwar als vorteilhafter ermittelt wurde, aber noch nicht die vorteilhafteste Art dieser Umwandlung bekannt ist oder weil im Fall 2 die steuerlich vorteilhaftere Rechtsform noch nicht ermittelt werden konnte. In beiden Fällen ist nunmehr zu klären, ob die Buchwertfortführung oder die Aufstockung die bei einer (möglichen) Einbringung vorteilhaftere Maßnahme ist[85].

Erweist sich im Rahmen dieses Vorteilsvergleichs die Buchwertfortführung als vorteilhafter als die Aufstockung, so ist damit in beiden Fällen die steuerlich insgesamt vorteilhafteste Gestaltungsmaßnahme gefunden. Im ersten Fall besteht sie in der Umwandlung des Einzelunternehmens in eine Personengesellschaft zu Buchwerten, im zweiten in der Fortführung des Einzelunternehmens.

Erweist sich im Rahmen des Vorteilsvergleichs (ausnahmsweise) die (Voll-)Aufstockung als vorteilhafter als die Buchwertfortführung, so ist im ersten Fall eben-

---

[85] Hinsichtlich der Entscheidungssituation und der Vorgehensweise zur Durchführung dieses Vorteilsvergleichs sei auf die Ausführungen zu den Gliederungspunkten 3.2.4.1 und 3.2.4.2 verwiesen.

falls die insgesamt vorteilhafteste Gestaltungsmaßnahme gefunden. Sie besteht in der Umwandlung des Einzelunternehmens in eine Personengesellschaft bei (Voll-) Aufstockung. Im zweiten Fall ist hingegen noch ein weiterer Prüfungsschritt erforderlich. Nunmehr muss untersucht werden, ob die Fortführung des Einzelunternehmens oder dessen Umwandlung mit (Voll-)Aufstockung die steuerlich vorteilhaftere Maßnahme ist. Zu dieser Prüfung ist wiederum ein Steuerbarwertvergleich unvermeidlich. Doch dürfte dieser Prüfschritt nur äußerst selten erforderlich sein.

3.2.4.3.3 *Einbeziehung möglicher späterer Umwandlungszeitpunkte in die Untersuchung*

Erweist sich bei einem Vergleich zu dem erstmöglichen Umwandlungsstichtag (nachfolgend als 1.1.1 bezeichnet) die Beibehaltung des Einzelunternehmens als vorteilhafter als jede Art einer Umwandlung, so kann die Untersuchung nunmehr abgebrochen werden. Es braucht jetzt nicht untersucht zu werden, ob vielleicht eine Umwandlung zu einem späteren Zeitpunkt noch vorteilhafter ist. Vielmehr reicht es aus, dieser Frage zu einem späteren Zeitpunkt im Rahmen einer überlappenden Planung nachzugehen.

Hat sich hingegen bei alleiniger Betrachtung des 1.1.1 als möglichem Umwandlungszeitpunkt die Umwandlung als die vorteilhafte Maßnahme erwiesen, so sind nunmehr grundsätzlich alle anderen möglichen Umwandlungsstichtage innerhalb des Planungszeitraumes in den Kalkül einzubeziehen. Hierbei kann aber sofort eine Beschränkung auf einige wenige Stichtage vorgenommen werden. In aller Regel dürfte es zumindest ausreichen, lediglich Bilanzstichtage zu berücksichtigen. Aber auch eine noch wesentlich stärkere Einschränkung der potentiellen Umwandlungsstichtage ist i. d. R. vertretbar. So kann eine Beschränkung auf derartige Stichtage erfolgen, zu denen wesentliche Veränderungen eintreten. Prüfenswert sind insbesondere Stichtage, zu denen höhere tarifbegünstigte Einbringungsgewinne oder zusätzliche Bewertungswahlrechte erheblichen Ausmaßes entstehen. Hierbei sollte nur bei begründetem Verdacht auf vorteilhafte Gestaltungsmöglichkeiten eine intensivere Prüfung insbesondere durch Steuerbarwertvergleiche erfolgen.

Lässt sich aus der Sicht des Planerstellungszeitpunktes eine vorteilhafte spätere Umwandlung ermitteln, so kann die Untersuchung nunmehr abgebrochen werden. Es ist dann nämlich am vorteilhaftesten, das Einzelunternehmen vorerst beizubehalten und diese Entscheidung lediglich im Rahmen einer überlappenden Planung später zu überprüfen.

Ist hingegen zum 1.1.1 eine Umwandlung die vorteilhafteste Maßnahme und ergibt sich, dass keine noch vorteilhaftere Umwandlung zu einem späteren Zeitpunkt möglich erscheint, so sollte aus Sicht einer steuerlichen Partialplanung zum 1.1.1 umgewandelt werden. Diese Maßnahme stellt dann das Gesamtoptimum dar.

3.2.4.4 Aufgaben 3 bis 6

Aufgabe 3

In der Bäckerei des B ist dessen Ehefrau E bereits seit Jahren unentgeltlich etwa 20 Stunden wöchentlich tätig. Mit Beginn des kommenden Jahres soll Sohn S, der dann eine Lehre bei einem befreundeten Bäcker abgeschlossen haben wird, im Betrieb mitarbeiten. Für eine Vergrößerung und Modernisierung der Backstube benötigt B 100 T€. B und E sind sich einig, dass die E dem B die benötigten Mittel aus eigenem Vermögen zur Verfügung stellen soll. Es ist zu prüfen, welche schuldrechtlichen Verträge die genannten Personen miteinander schließen sollten unter der Voraussetzung, dass B die Bäckerei als Einzelunternehmen fortführt.

Aufgabe 4

Immobilienmakler M einigt sich im Herbst des Jahres 1 mit seinen beiden Kindern S und T darüber, dass diese ab dem 1.1.2 im Unternehmen mitarbeiten sollen. Sohn S hat im letzten Sommer eine Banklehre abgeschlossen, Tochter T wird voraussichtlich in Kürze ein Architekturstudium beenden. Mit dem Eintritt seiner Kinder in das Unternehmen hofft M, sich abzeichnende Expansionschancen nutzen zu können. Ungeklärt ist noch, ob die Kinder als Angestellte in das bisherige Einzelunternehmen oder als Kommanditisten in eine dann neu zu gründende KG eintreten sollen.

Werden die Kinder Angestellte, so sollen sie während der Jahre 2 und 3 ein Jahresgehalt von jeweils 60 T€ und ab dem Jahre 4 ein Jahresgehalt von 75 T€ erhalten. Der Steuerberater des M hält Gehälter in dieser Höhe gegenüber dem Finanzamt für noch vertretbar.

Wird eine KG gegründet, so sollen die Kinder mit je 24 % am Gewinn und an den stillen Reserven beteiligt werden. Es ist beabsichtigt, dass die KG dann feste und variable Kapitalkonten führen soll. Diese sollen als Kapitalkonten I und II bezeichnet werden. Das Kapitalkonto I des M soll 104 T€, das des S und der T jeweils 48 T€ betragen. Auch als Kommanditisten sollen S und T Arbeitsverträge erhalten. Ihre Gehälter sollen ebenfalls zunächst je 60 T€ und ab dem Jahre 4 jeweils 75 T€ betragen. M soll in diesem Fall ein Gehalt von 90 T€ erhalten. Der Gewinn nach Abzug der Gehälter soll im Verhältnis der festen Kapitalkonten zueinander aufgeteilt werden. Die Umwandlung des Unternehmens in eine KG soll zum 31.12.1 erfolgen. Im Rahmen der Umwandlung will M die Beteiligungen an dem Unternehmen seinen Kindern schenkungsweise überlassen. Der Steuerberater S des M ermittelt den Wert des Betriebsvermögens i. S. d. § 12 Abs. 5 ErbStG zum 31.12.1 auf 600 T€. Die Wertermittlung nimmt S mit Hilfe des vereinfachten Ertragswertverfahrens i. S. d. §§ 199 - 203 BewG vor.

M betreibt sein Unternehmen in einem im November des Jahres 1 angeschafften Bürogebäude. Den eigenbetrieblich genutzten Teil dieses Gebäudes hat er - den Ausführungen in R und H 4.2 EStR entsprechend - als notwendiges Betriebsvermögen aktiviert. Die Bilanz des M zum 31.12.1 wird voraussichtlich folgendes Aussehen haben (Darstellung in stark vereinfachter Form):

Aktiva		Passiva		
	T€		T€	T€
Grund und Boden	500	Eigenkapital: 1.1.1	150	
Gebäude	1.100	Entnahme	- 100	
Sonstige Aktiva	100	Einlagen	+ 450	
		Gewinn	300	800
		Schulden		900
	1.700			1.700

Zum 31.12.1 werden sich stille Reserven voraussichtlich nur bei dem originären Geschäftswert ergeben. Sie können auf 250 T€ geschätzt werden.

Am 29.12.1 wird M sein 55. Lebensjahr vollenden. Er beabsichtigt, bis zur Vollendung seines 70. Lebensjahres aktiv im Unternehmen tätig zu sein. Danach will er lediglich die Stellung eines Mehrheitsgesellschafters mit 52 % Beteiligung behalten. Im Falle seines Todes soll seine Ehefrau diese 52 %ige Beteiligung erben. Seine Kinder sollen an dem Unternehmen - falls dies bis dahin noch nicht geschehen sein sollte - nach seinem Tode mit jeweils 24 % beteiligt werden.

Anhand von Prognoserechnungen des M ermittelt S, dass der Wert des Betriebs-vermögens i. S. d. § 12 Abs. 5 ErbStG des Einzelunternehmens bzw. der KG zum 29.12.16, d. h. zum 70. Geburtstag des M, maximal 900 T€ betragen wird. Das übrige Vermögen der Eheleute M dürfte zu diesem Zeitpunkt voraussichtlich mehrere Mio € betragen.

Für das Jahr 1 und die folgenden Jahre rechnet M mit steuerlichen Gewinnen aus der Maklerfirma von jeweils 300 T€. Hierbei sind Gehälter an M selbst und seine Kinder nicht abgezogen. Nicht berücksichtigt sind auch andere mögliche Gestaltungsmaßnahmen, die sich aus dem geschilderten Sachverhalt ergeben können. Der Gewerbeertrag dürfte regelmäßig den steuerlichen Gewinnen entsprechen. Der Gewerbesteuerhebesatz wird voraussichtlich stets 400 % betragen.

Das zu versteuernde Einkommen der Eheleute M dürfte regelmäßig um rd. 10 T€ niedriger liegen als die (anteiligen) Gewinne des M aus der Maklerfirma betragen. Bei S und T kann davon ausgegangen werden, dass die Einkommen um jeweils 5 T€ unter ihren anteiligen Gewinnen und Bezügen liegen. Die Eheleute M wählen beide die Zusammenveranlagung. S und T sind ledig. Sowohl die Eheleute M als auch ihre Kinder sind konfessionslos. S und T haben bisher keine Schenkungen von ihren Eltern erhalten; weitere Schenkungen als die sich aus dem Sachverhalt ergebenden sind z. Zt. nicht konkret geplant, werden aber durchaus erwogen. Diese sollen dann das übrige Vermögen der Eheleute M betreffen.

Es ist zu prüfen, ob es steuerlich vorteilhafter ist, wenn die Kinder lediglich als Angestellte oder darüber hinaus auch als Kommanditisten in das Unternehmen eintreten. Sollten innerhalb der alternativen Rechtsformen Gestaltungsmaßnahmen gegeben sein, so sind diese in die Betrachtung einzubeziehen. Die Verzinsung von Supplementinvestitionen zwischen den Alternativen wird auf 6 % p. a. netto geschätzt. Es ist von dem im Sommer 2009 geltenden Rechtsstand und dem nach diesem Rechtsstand ab 2010 geltenden Einkommensteuertarif auszugehen.

Aufgabe 5

Es soll in verbaler Form zu der Frage Stellung genommen werden, ob und ggf. in welcher Weise sich die in der Lösung zu Aufgabe 4 gefundenen Ergebnisse verändern können, wenn einzelne der in dieser Aufgabe aufgeführten Prognosen geändert werden. Stellung genommen werden soll zu folgenden Veränderungen der Prognosen:

a) Die Kinder S und T bleiben nicht während des gesamten Planungszeitraums ledig, sondern heiraten bereits zu Beginn dieses Zeitraums.
b) Das Vermögen des Vaters M steigt innerhalb des Planungszeitraums erheblich stärker an als in Aufgabe 4 angenommen.
c) Der Nettokalkulationszinsfuß beträgt nicht 6 %, sondern lediglich 3 %.

Aufgabe 6

Erörtern Sie bitte, ob es in den Fällen der in den Aufgaben 4 und 5 geschilderten Sachverhalte sinnvoll ist, die Entscheidung über die Beibehaltung des Einzelunternehmens oder dessen Umwandlung in eine KG ausschließlich anhand des Ergebnisses eines steuerlichen Partialvergleichs zu treffen.

3.3 Umwandlung eines Personenunternehmens in eine Kapitalgesellschaft

3.3.1 Gestaltungsmöglichkeiten

Gesellschaftsrechtlich kann die Umwandlung einer Personen- in eine Kapitalgesellschaft durch

* eine Verschmelzung nach den §§ 2 - 76 UmwG oder
* einen Formwechsel nach den §§ 190 - 225 UmwG

erfolgen[86]. Die Umwandlung eines Einzelunternehmens in eine Kapitalgesellschaft kann durch eine Ausgliederung aus dem Vermögen eines Einzelkaufmanns nach den §§ 152 - 160 UmwG erfolgen.

Steuerrechtlich ist es von entscheidender Bedeutung, ob ein Einbringungstatbestand i. S. d. § 20 Abs. 1 UmwStG vorliegt oder nicht. Unter diese Vorschrift fällt die *Einbringung* eines Betriebes, eines Teilbetriebes oder eines Mitunternehmeranteils in eine unbeschränkt steuerpflichtige Kapitalgesellschaft *gegen Gewährung von neuen Gesellschaftsanteilen* (**einbringungsgeborene Anteile**). Sind die in § 20 Abs. 1 UmwStG genannten Voraussetzungen erfüllt, so können die in den §§ 20 - 23 UmwStG genannten Wahlrechte und Steuerbegünstigungen in Anspruch genommen werden. Hierbei ist es nicht erforderlich, dass die Voraussetzungen einer handelsrechtlichen Umwandlung vorliegen. Es genügt vielmehr allein die Erfüllung der steuerrechtlichen Normen, denen verschiedenartige privatrechtliche Tatbestände zugrunde liegen können.

Neben den bisher genannten sind auch andere Formen der Umwandlung eines Personenunternehmens in eine Kapitalgesellschaft möglich. So kann die Umwandlung unter Verwendung der Rechtsfigur der Anwachsung erfolgen. Hierbei tritt die Kapitalgesellschaft in das Personenunternehmen ein; die bisherigen (Mit-)Unternehmer scheiden anschließend aus dem Personenunternehmen aus. Das Vermögen des Personenunternehmens wächst dann der Kapitalgesellschaft

---

[86] Zur Verschmelzung im Einzelnen s. insbesondere Sagasser, B./Ködderitzsch, L., in: Sagasser, B./Bula, T./Brünger, T., Umwandlungen, 2002, S. 131 ff. Zum Formwechsel s. Sagasser, B./Sickinger, M., in: Sagasser, B./Bula, T./Brünger, T., Umwandlungen, 2002, S. 681 ff.

an[87]. Auch eine Veräußerung aller Wirtschaftsgüter des Personenunternehmens an die Kapitalgesellschaft ist möglich.

Nicht in dieses Buch übernommene Untersuchungen des Verfassers haben ergeben, dass durch eine Veräußerung keine und mit Hilfe der Anwachsung nur in Ausnahmefällen steuerliche Aktionsparameter geschaffen werden können, die durch Umwandlung nach dem UmwStG nicht auch bestehen. Deshalb werden nachfolgend nur Umwandlungstatbestände nach den §§ 20 - 23 UmwStG behandelt.

3.3.2 Ertragsteuerliche Folgen einer Einbringung

Gem. § 20 Abs. 2 UmwStG hat die Kapitalgesellschaft das eingebrachte Betriebsvermögen grundsätzlich mit seinem *gemeinen Wert* anzusetzen. *Auf Antrag* kann sie nach § 20 Abs. 2 Satz 2 UmwStG das übernommene Betriebsvermögen aber auch mit seinem *Buchwert* oder mit einem *Zwischenwert* zwischen gemeinem Wert und Buchwert ansetzen. Sie muss aber für alle übernommenen Wirtschaftsgüter einheitlich verfahren. Die Kapitalgesellschaft darf die Wirtschaftsgüter nur dann mit einem unter dem jeweiligen gemeinen Wert liegenden Wert bewerten, wenn die Besteuerung der im Rahmen der Einbringung nicht aufgedeckten stillen Reserven zu einem späteren Zeitpunkt sichergestellt ist.

Gemeiner Wert ist der Wert i. S. d. § 9 BewG. *Buchwert* ist der Wert, der sich aus der Schlussbilanz des einzubringenden Betriebs zum Zeitpunkt der Einbringung ergibt. Zu seiner Ermittlung sind nach § 1 Abs. 5 Nr. 4 UmwStG die allgemeinen Vorschriften über die steuerliche Gewinnermittlung anzuwenden.

Setzt die übernehmende Kapitalgesellschaft das eingebrachte Betriebsvermögen mit seinen *bisherigen Buchwerten* an, so tritt sie nach § 23 Abs. 1 i. V. m. § 12 Abs. 3 UmwStG in die steuerliche *Rechtsstellung des bisherigen Einzelunternehmers bzw. der Mitunternehmerschaft* ein. Die Kapitalgesellschaft ist somit vollständig an die bilanzielle Behandlung eines jeden Wirtschaftsgutes durch ihren Rechtsvorgänger gebunden. Im Falle der Absetzungen z. B. gilt dies sowohl hinsichtlich der anzuwendenden Absetzungsmethode (lineare, degressive Absetzungen, Sonderabschreibungen) als auch hinsichtlich der Absetzungsbemessungsgrundlage (Anschaffungs- oder Herstellungskosten des Rechtsvorgängers).

Nach § 23 Abs. 1 UmwStG tritt die übernehmende Kapitalgesellschaft nicht nur bei Fortführung der Buchwerte in die Rechtsstellung des Personenunternehmens ein, sondern auch dann, wenn die Kapitalgesellschaft das eingebrachte Betriebsvermögen mit Zwischenwerten ansetzt. Da hier die Kapitalgesellschaft aber höhere Wertansätze als die bisherigen Buchwerte wählt, erhöht sich das steuerliche Abschreibungsvolumen. Aus diesem Grunde bestimmt § 23 Abs. 3

---

87 Vgl. Orth, M., Anwachsung, 1999, S. 1011 ff.; Schaeberle, J., in: Zimmermann, R. u. a., Personengesellschaft, 2007, S. 1065 ff.; Früchtl, B., Anwachsung, 2007, S. 368 ff.; Ettinger, J./Schmitz, M., Anwachsung, 2008, S. 1089 ff.

UmwStG, dass die Absetzungen gem. § 7 Abs. 1, 4, 5 und 6 EStG „... nach den Anschaffungs- oder Herstellungskosten des Einbringenden, vermehrt um den Unterschiedsbetrag zwischen dem Buchwert der einzelnen Wirtschaftsgüter und dem Wert, mit dem die Kapitalgesellschaft die Wirtschaftsgüter ansetzt, zu bemessen ...“ sind. Die Absetzungsmethoden sind somit bei dem Ansatz von Zwischenwerten durch frühere Entscheidungen des Personenunternehmens festgelegt, die Absetzungsbemessungsgrundlagen werden hingegen je nach Wahl der Zwischenwerte neu bestimmt.

Setzt die übernehmende Kapitalgesellschaft das eingebrachte Betriebsvermögen mit dessen *gemeinem Wert* an, so ist nach § 23 Abs. 4 UmwStG hinsichtlich der Einbringung des Betriebsvermögens zwischen dem Fall der Einzel- und dem der Gesamtrechtsnachfolge zu unterscheiden. Erfolgt die Einbringung im Wege der *Einzelrechtsnachfolge,* so gelten die eingebrachten Wirtschaftsgüter zum Zeitpunkt der Einbringung als *angeschafft.* Damit tritt die Kapitalgesellschaft *nicht* in die Rechtsstellung des übertragenden Personenunternehmens ein. Vielmehr gilt sie als entgeltliche Erwerberin der Wirtschaftsgüter. Damit verfügt sie über alle diejenigen Wahlrechte und Ermessensspielräume, die auch jedem anderen entgeltlichen Erwerber zustehen. Insbesondere kann sie - im Rahmen der allgemeinen steuerlichen Vorschriften - zwischen linear-gleichbleibender und degressiver AfA wählen. Erfolgt die Einbringung hingegen im Wege der *Gesamtrechtsnachfolge* nach den Vorschriften des Umwandlungsgesetzes, so ist § 23 Abs. 3 UmwStG entsprechend anzuwenden. Dies ergibt sich aus § 23 Abs. 4 UmwStG. Die übernehmende Kapitalgesellschaft tritt somit grundsätzlich auch steuerlich in die *Rechtsstellung* des das Betriebsvermögen einbringenden Personenunternehmens ein. Sie hat aber nicht dessen Buchwerte fortzuführen, vielmehr gelten die gemeinen Werte der einzelnen Wirtschaftsgüter als deren Anschaffungskosten.

Nach der Umwandlung werden anfallende Gewinne nicht mehr von einem Personenunternehmen, sondern von der Kapitalgesellschaft erzielt. Diese Gewinne unterliegen somit bei der Kapitalgesellschaft der Körperschaft- und der Gewerbesteuer. Es gelten die allgemeinen Besteuerungsgrundsätze für Kapitalgesellschaften.

„Der Wert, mit dem die Kapitalgesellschaft das eingebrachte Betriebsvermögen ansetzt, gilt für den Einbringenden als Veräußerungspreis ...“ (§ 20 Abs. 3 UmwStG). Der so definierte Veräußerungspreis ergibt nach Abzug des Buchwertes des Betriebsvermögens (und evtl. anfallender Einbringungskosten) bei dem Einbringenden einen Gewinn, der als *Veräußerungsgewinn* i. S. d. § 16 EStG behandelt wird. Auf diesen sind die §§ 16 Abs. 4 und 34 Abs. 1 EStG nur anzuwenden, wenn der Einbringende eine natürliche Person ist und die übernehmende Kapitalgesellschaft das eingebrachte Betriebsvermögen mit dem gemeinen Wert ansetzt. Hat der Einbringende in den genannten Fällen zum Zeitpunkt der Einbringung das 55. Lebensjahr vollendet, so kann er beantragen, auf den Einbringungsgewinn anstelle der Fünftelregelung des § 34 Abs. 1 EStG den begünstigten Steuersatz des § 34 Abs. 3 EStG anzuwenden. Das gilt selbstverständlich nur dann, wenn auch die übrigen Voraussetzungen des § 34 Abs. 3 EStG erfüllt sind.

Von großer Bedeutung ist, dass die *Begünstigungsvorschriften* der §§ 16 Abs. 4 und 34 EStG *auch insoweit anwendbar* sind, *als* der *Einbringende* bzw. die Einbringenden *an der Kapitalgesellschaft beteiligt* sind. Eine Versagung der Steuervergünstigungen bei „Einbringung an sich selbst" findet also nicht statt. Insoweit besteht ein Unterschied zu Einbringungstatbeständen nach § 24 UmwStG.

Von Bedeutung ist, dass sowohl § 16 Abs. 4 EStG als auch § 34 Abs. 3 EStG von einem Steuerpflichtigen nur einmal im Leben in Anspruch genommen werden können. Dies ergibt sich aus § 16 Abs. 4 Satz 2 EStG bzw. aus § 34 Abs. 3 Satz 4 EStG. Eine derartige Einschränkung gibt es bei Anwendung des § 34 Abs. 1 EStG nicht. Doch führt diese Vorschrift dann nicht zu Steuervorteilen, wenn sich bereits das nicht begünstigte zu versteuernde Einkommen (verbleibendes zu versteuerndes Einkommen[88]) des Steuerpflichtigen im Plafond bewegt.

Ein sich nach § 20 Abs. 3 UmwStG ergebender Veräußerungsgewinn unterliegt nicht der Gewerbesteuer, da die Einbringung als Beendigung des Gewerbebetriebes angesehen wird, der Gewinn also erst nach Beendigung des Gewerbebetriebs zur Entstehung kommt. Gewerbesteuerpflichtige Vorgänge setzen aber einen noch fortbestehenden Gewerbebetrieb voraus. Hierbei ist es ohne Bedeutung, ob die stillen Reserven nur zum Teil oder aber vollständig aufgedeckt worden sind.

Umstritten war lange Zeit die Frage, ob bei einer teilweisen Aufdeckung der stillen Reserven die Kapitalgesellschaft die Aufstockung der Buchwerte gleichmäßig vornehmen muss oder ob sie bei einzelnen Wirtschaftsgütern eine Aufstockung vornehmen, bei anderen hingegen die Buchwerte beibehalten kann. Während die Finanzverwaltung eine gleichmäßige Aufdeckung der stillen Reserven verlangt[89], trat ein Teil der Literatur für ein Wahlrecht des Steuerpflichtigen ein[90]. Demnach könnte der Steuerpflichtige z. B. dazu übergehen, lediglich die Werte des Umlaufvermögens und des abnutzbaren beweglichen Anlagevermögens mit kurzer Restnutzungsdauer aufzustocken, die evtl. beträchtlichen stillen Reserven in den Betriebsgrundstücken und im Firmenwert aber nicht aufzudecken. Eine derartige selektive Aufstockung käme einer doppelten Begünstigung des Steuerpflichtigen gleich: Es würden nur Gewinne realisiert, die in naher Zukunft zu entsprechenden Gewinnminderungen führen; diese Gewinne wären zudem nach § 34 EStG tarifbegünstigt. Eine so weitgehende Begünstigung des Steuerpflichtigen dürfte nicht mit Sinn und Zweck des Gesetzes vereinbar sein. Sie wird im neueren Schrifttum auch kaum noch vertreten. Nachfolgend wird deshalb die Ansicht der Finanzverwaltung als Datum für die Planung angesehen.

---

88 Vgl. die Legaldefinition des Begriffs in § 34 Abs. 1 EStG.
89 Vgl. BMF-Schreiben v. 25.3. 1998, IV B7 - S 1978 - 21/98, BStBl 1998 I, S. 342, Tz. 22.08.
90 So z. B. Loos, G., Umwandlungs-Steuergesetz, 1969, Rn. 956-961; Dellmann, K., Wahl, 1973, S. 242; Burk, R., Rechtsformbesteuerung, 1983, S. 108.

3.3.3 Ertragsteuerliche Folgen einer späteren Veräußerung der Anteile

„Der Wert, mit dem die Kapitalgesellschaft das eingebrachte Betriebsvermögen ansetzt, gilt für den Einbringenden ... als Anschaffungskosten der Gesellschaftsanteile" (§ 20 Abs. 3 UmwStG). Diese Vorschrift ist von Bedeutung für die Ermittlung eines evtl. anfallenden Veräußerungsgewinns bei einer späteren Veräußerung der Anteile an der Kapitalgesellschaft durch deren Gesellschafter. Das Umwandlungsteuergesetz geht nämlich davon aus, dass das Engagement an dem Personenunternehmen in der Beteiligung an der Kapitalgesellschaft fortgeführt wird und daher die beim Übergang des Vermögens des Personenunternehmens auf die Kapitalgesellschaft nicht versteuerten stillen Reserven grundsätzlich steuerlich erfasst werden müssen, sobald die *Anteile* an der Kapitalgesellschaft *veräußert* werden. Nach § 22 Abs. 1 Satz 1 UmwStG hat dies innerhalb eines Siebenjahreszeitraums nachträglich noch vollständig oder teilweise bei den bisherigen Mitunternehmern zu geschehen. Nach dieser Rechtsnorm hat die steuerliche Erfassung der stillen Reserven dann rückwirkend im Wirtschaftsjahr der Einbringung zu erfolgen. Für den entsprechenden Veranlagungszeitraum ist der Einkommensteuerbescheid des früheren (Mit-)Unternehmers zu ändern. Die Änderung dieses Bescheids hat das Finanzamt auf § 175 Abs. 1 Satz 1 Nr. 2 AO *(rückwirkendes Ereignis)* zu stützen. Der Gewinn, der durch die nachträgliche Aufdeckung stiller Reserven entsteht, wird in § 22 Abs. 1 Satz 1 UmwStG als Einbringungsgewinn I bezeichnet. Es handelt sich um einen Veräußerungsgewinn i. S. d. § 16 EStG, auf den aber kraft ausdrücklicher gesetzlicher Regelung weder § 16 Abs. 4 EStG (Freibetrag) noch § 34 EStG (begünstigter Steuersatz) anzuwenden ist.

Der **Einbringungsgewinn I** ergibt sich nach § 22 Abs. 1 Satz 3 UmwStG aus dem Betrag, um den der gemeine Wert des eingebrachten Betriebsvermögens im Einbringungszeitpunkt nach Abzug der Einbringungskosten den Wertansatz in der Übernahmebilanz der übernehmenden Kapitalgesellschaft überstiegen hat. Dieser Betrag ist zu mindern um jeweils ein Siebtel für jedes seit dem Einbringungszeitpunkt abgelaufene Zeitjahr. Der Einbringungsgewinn I führt bei dem Gesellschafter der Kapitalgesellschaft zu einer Erhöhung der Anschaffungskosten des Anteils an der Gesellschaft.

Von dem soeben erörterten *Einbringungsgewinn I* unterscheidet das UmwStG den *Einbringungsgewinn II.* Dieser ist in § 22 Abs. 2 UmwStG definiert. Er bezieht sich auf Fälle, in denen sich in dem von dem Personenunternehmen in die Kapitalgesellschaft eingebrachten Betriebsvermögen Anteile an einer anderen Kapitalgesellschaft befinden und diese Anteile von der Kapitalgesellschaft zum Einbringungszeitpunkt mit einem unter dem gemeinen Wert liegenden Wert bewertet werden. Auf derartige Fälle soll hier nicht eingegangen werden.

In den sog. *einbringungsgeborenen Anteilen* enthaltene stille Reserven, die nicht im Rahmen des § 22 Abs. 1 UmwStG als Einbringungsgewinn I bei einer Veräußerung der Anteile aufgedeckt werden, unterliegen nicht mehr einer nachträglichen Besteuerung bei dem vormaligen (Mit-)Unternehmer. Sie sind vielmehr nach den allgemeinen Grundsätzen zu behandeln, die für die Versteuerung von stillen Reserven im Zusammenhang mit der Veräußerung von Anteilen an einer Kapitalgesellschaft gelten. Hierbei ist bekanntlich nach § 52a EStG zwischen den Fällen zu unterscheiden, dass die Anschaffung vor dem 1.1.2009 und dass sie nach dem 31.12.2008 erfolgt ist[91]. Hier soll nur kurz auf den Fall einer (gem. § 20 Abs. 3 UmwStG fingierten) Anschaffung nach dem 31.12.2008 eingegangen werden.

Nach § 20 Abs. 2 EStG gehören Gewinne aus der Veräußerung von Anteilen an einer Kapitalgesellschaft zu den Einkünften aus Kapitalvermögen. Sie unterliegen grundsätzlich dem gesonderten Steuersatz des § 32d Abs. 1 EStG in der Form der Kapitalertragsteuer. Hinzu kommen die Zuschlagsteuern (Solidaritätszuschlag und ggf. Kirchensteuer). Der Kapitalertragsteuersatz beträgt bekanntlich derzeit nach § 43a Abs. 1 EStG 25 %. Der Gewinn aus der Veräußerung von Anteilen ist nach § 20 Abs. 4 EStG definiert als der Unterschied zwischen den Einnahmen aus der Veräußerung der Anteile nach Abzug der mit der Veräußerung in unmittelbarem Zusammenhang stehenden Aufwendungen und den Anschaffungskosten der Anteile. Bei den Anschaffungskosten handelt es sich hier um die fiktiven Anschaffungskosten, die sich im Rahmen der Einbringung des Betriebsvermögens in die Kapitalgesellschaft nach § 20 Abs. 3 UmwStG ergeben.

3.3.4 Zusammenfassung der wichtigsten ertragsteuerlichen Folgen einer Einbringung und einer späteren Veräußerung der einbringungsgeborenen Anteile

Die für die nachfolgenden steuerplanerischen Überlegungen wichtigsten ertragsteuerlichen Folgen einer Einbringung des Betriebsvermögens eines Personenunternehmens in eine Kapitalgesellschaft und einer späteren Veräußerung der einbringungsgeborenen Anteile lassen sich wie folgt zusammenfassen:

1. Die das Betriebsvermögen übernehmende Kapitalgesellschaft besitzt ein Wahlrecht, dieses zum gemeinen Wert, zum bisherigen Buchwert oder zu beliebigen Zwischenwerten anzusetzen.
2. Bewertet die Kapitalgesellschaft das Betriebsvermögen zu einem über dem Buchwert liegenden Wert, so entsteht bei dem bisherigen (Mit-)Unternehmer ein Gewinn, der als ein Veräußerungsgewinn i. S. d. § 16 EStG behandelt wird. Auf diesen sind die Begünstigungsvorschriften der §§ 16 Abs. 4 und 34 EStG aber nur dann anzuwenden, wenn der Einbringende eine natürliche Person ist und die übernehmende Kapitalgesellschaft das Betriebsvermögen mit seinem gemeinen Wert ansetzt.
3. Bewertet die Kapitalgesellschaft die einbringungsgeborenen Anteile zum Einbringungszeitpunkt mit einem geringeren Wert als dem gemeinen Wert und veräußert sie die Anteile innerhalb von sieben Jahren, so entsteht bei dem ursprünglichen (Mit-)Unternehmer rückwirkend zum Einbringungszeitpunkt ein Einbringungsgewinn I. Dessen Höhe ergibt sich aus der Differenz zwi-

---

91   Vgl. Schneeloch, D., Besteuerung, 2008, S. 159 ff.

schen dem gemeinen Wert des eingebrachten Betriebsvermögens im Einbringungszeitpunkt und dem Wert, mit dem die übernehmende Kapitalgesellschaft das Betriebsvermögen zu diesem Zeitpunkt angesetzt hat, abzüglich der Kosten der Einbringung. Er vermindert sich um ein Siebtel für jedes seit dem Einbringungszeitpunkt abgelaufene Zeitjahr.

4. Der Wert, mit dem die Kapitalgesellschaft das eingebrachte Betriebsvermögen ansetzt, stellt für den Gesellschafter die Anschaffungskosten der einbringungsgeborenen Anteile dar. Diese erhöhen sich um einen evtl. rückwirkend entstehenden Einbringungsgewinn I (nachträgliche Anschaffungskosten).

5. Wird ein einbringungsgeborener Anteil an der Kapitalgesellschaft von dem Gesellschafter veräußert, so entsteht in Höhe der Differenz zwischen dem Veräußerungspreis und den Anschaffungskosten, nach Abzug evtl. anfallender Veräußerungskosten, ein Gewinn oder ein Verlust. Dieser ist nach den allgemeinen Regeln einkommensteuerlich zu erfassen. Nach dem seit dem 1.1.2009 geltenden Recht bedeutet dies, dass ein entstehender Gewinn nach § 20 Abs. 2 EStG zu versteuern ist. Anzuwenden ist grundsätzlich der Abgeltungsteuersatz von derzeit 25 % (plus Zuschlagsteuern). Verluste aus dem Verkauf einbringungsgeborener Anteile können nur im Rahmen des § 20 Abs. 6 EStG mit positiven Einkünften aus Kapitalvermögen ausgeglichen oder von diesen abgezogen werden.

3.3.5 Sonstige steuerliche Folgen einer Einbringung

Naheliegend ist der Gedanke, die Höhe der *Erbschaft- bzw. Schenkungsteuer* im Rahmen einer in Zukunft zu erwartenden (vorweggenommenen) Erbfolge könne sich infolge einer Einbringung von Betriebsvermögen in eine Kapitalgesellschaft ändern. Dies würde eine Rechtsformabhängigkeit der Erbschaft- bzw. Schenkungsteuer voraussetzen. In Gliederungspunkt 2.3.3 ist ausführlich begründet worden, dass eine derartige Rechtsformabhängigkeit i. d. R. nicht zu erwarten ist.

Ausnahmen können sich dann ergeben, wenn das im Rahmen der (vorweggenommenen) Erbfolge zu übertragende Vermögen sehr hoch ist, der Schenker bzw. Erblasser an dem Betriebsvermögen bzw. an den Gesellschaftsanteilen aber zu nicht mehr als 25 % beteiligt ist. Nur in derartigen - vermutlich seltenen - Fällen, kann die Rechtsformänderung einen Einfluss auf die Höhe der Erbschaft- bzw. Schenkungsteuer haben. Dieser dürfte aber auch dann infolge der Regelungen des § 13a ErbStG selten groß sein.

Umsatzsteuerlich handelt es sich bei der Einbringung des Betriebes eines Personenunternehmens in eine Kapitalgesellschaft nach der ausdrücklichen Vorschrift des § 1 Abs. 1a UStG um einen nichtsteuerbaren Vorgang[92]. Die Nichtsteuerbarkeit hat keinen Ausschluss vom Vorsteuerabzug nach § 15 Abs. 2 UStG zur Folge.

---

[92] Vgl. Schmitt, J./Hörtnagl, R./Stratz, R.-C., Umwandlungsgesetz, 2006, E Rz. 24, m. w. N.; Rasche, R., in: Rödder, T./Herlinghaus, A./van Lishaut, I., Umwandlungssteuergesetz, 2008, Anh. 9, Rz. 48 ff.; Husmann, E., in: Rau, G./Dürrwächter, E./Flick, H./Geist, R., Umsatzsteuergesetz, 2009, § 1, Rz. 286.

Werden bei der Einbringung eines Betriebes in eine Kapitalgesellschaft Grundstücke mitübertragen, so entsteht grundsätzlich nach § 1 Abs. 1 Nr. 3 GrEStG *Grunderwerbsteuer*[93]. Die Steuer bemisst sich im Fall der Einbringung nach § 8 Abs. 2 GrEStG nach dem Wert i. S. des § 138 Abs. 2 oder 3 BewG. Wird das Grundstück nicht im Wege einer Einbringung i. S. d. § 20 UmwStG auf die Kapitalgesellschaft übertragen, sondern erfolgt ein Übergang durch Verkauf, so ist der Vorgang nach § 1 Abs. 1 Nr. 1 GrEStG steuerbar. Bemessungsgrundlage ist dann nach § 8 Abs. 1 i. V. m. § 9 Abs. 1 GrEStG der Kaufpreis.

3.3.6 Vorteilhaftigkeitsüberlegungen

3.3.6.1 Klärung der Entscheidungssituation und Folgerungen für den Gang der Untersuchung

Auch bei der Untersuchung der steuerlichen Vorteilhaftigkeit der Umwandlung eines Personenunternehmens in eine Kapitalgesellschaft sollte zunächst die konkrete Entscheidungssituation geklärt werden. Wiederum ist es sinnvoll, zunächst einige zentrale Fragen zu klären. Analog zu den Ausführungen unter Gliederungspunkt 3.2.4.1 lassen sich diese wie folgt formulieren:

1. Ist die Umwandlung des bisherigen Personenunternehmens in eine Kapitalgesellschaft aus nichtsteuerlichen Gründen vorgegeben oder sollen die Steuerwirkungen bei der Frage, ob umgewandelt werden soll oder nicht, berücksichtigt werden?
2. Hat der bisherige (Mit-)Unternehmer zum Zeitpunkt der (möglichen) Umwandlung das 55. Lebensjahr vollendet bzw. ist er im sozialversicherungsrechtlichen Sinne dauernd berufsunfähig und hat er bei Bejahung dieser Frage die Vorteile des § 16 Abs. 4 EStG, insbesondere aber die des § 34 Abs. 3 EStG noch nicht in Anspruch genommen?
3. Plant der bisherige (Mit-)Unternehmer für den Fall der Umwandlung seinen Anteil an der Personengesellschaft zu einem späteren Zeitpunkt zu veräußern oder soll dieser im Rahmen der (vorweggenommenen) Erbfolge auf den oder die Erben übergehen?

Die Fragen haben hier die gleiche Bedeutung wie unter Gliederungspunkt 3.2.4.1 für den Fall der möglichen Umwandlung eines Einzelunternehmens in eine Personengesellschaft dargestellt. Zu beachten ist aber, dass in Fällen der möglichen Umwandlung einer Personengesellschaft und nicht derjenigen eines Einzelunternehmens die Antworten auf die Fragen zwei und drei aus Sicht der einzelnen Mitunternehmer unterschiedlich ausfallen können.

---

93 Vgl. Fischer, P., in: Boruttau, E., Grunderwerbsteuergesetz, 2007, § 1, Rz. 375 ff. und Rz. 511 ff.; Rasche, R., in: Rödder, T./Herlinghaus, A./van Lishaut, I., Umwandlungssteuergesetz, 2008, Anh. 8, Rz. 22.

Auch hier ergeben sich je nach Beantwortung der ersten Frage ein oder zwei Problembereiche. Nur ein Problembereich ergibt sich dann, wenn unabhängig von den Steuerfolgen das bisherige Personenunternehmen in eine Kapitalgesellschaft umgewandelt werden soll. In diesem Fall ist lediglich zu klären, ob im Zuge der Umwandlung die in dem bisherigen Personenunternehmen entstandenen stillen Reserven (teilweise) aufgedeckt werden sollen oder nicht. Ein zweiter Problembereich ergibt sich dann, wenn die Frage, ob umgewandelt werden soll oder nicht, noch nicht beantwortet ist und bei ihrer Beantwortung Steuerwirkungen berücksichtigt werden sollen. In diesem Fall müssen die Steuerwirkungen der alternativen Rechtsformen ermittelt und miteinander verglichen werden. Hierbei sind dann auch die Steuerwirkungen der Umwandlung zu erfassen. Hierbei ist von der steuerlich optimalen Gestaltung der Umwandlung auszugehen.

Entsprechend der Vorgehensweise unter Gliederungspunkt 3.2 soll nachfolgend zunächst auf den erstgenannten und anschließend auf den an zweiter Stelle genannten Problembereich eingegangen werden.

3.3.6.2 Buchwertfortführung oder Aufdeckung stiller Reserven

3.3.6.2.1 Problemstellung und Fallunterscheidung

Eine *Aufdeckung stiller Reserven* im Rahmen der Einbringung des Betriebs eines Personenunternehmens in eine Kapitalgesellschaft kann nur dann vorteilhafter sein als ein Verzicht hierauf, wenn der Barwert der Steuerbelastungen im Falle der Aufstockung geringer ist als der Barwert der Steuerbelastungen im Falle einer Nichtaufstockung. In diesem Zusammenhang ist die weitere steuerliche Behandlung der stillen Reserven im Falle ihrer Nichtaufstockung zum Einbringungszeitpunkt von herausragender Bedeutung. Diese ist entscheidend davon abhängig, ob der Gesellschafter die einbringungsgeborenen Anteile auf Dauer behalten will und diese spätestens mit seinem Tode im Rahmen der (vorweggenommenen) Erbfolge auf seine Erben übergehen sollen oder ob er sie zu einem späteren Zeitpunkt veräußern will. Im Falle einer späteren Veräußerungsabsicht ist es von Bedeutung, ob die Veräußerung innerhalb des in § 22 Abs. 1 UmwStG definierten Siebenjahreszeitraumes erfolgen soll oder später.

Es lassen sich also drei Fälle unterscheiden, die wie folgt gekennzeichnet werden können:

1. Der bisherige (Mit-)Unternehmer U und künftige Gesellschafter der Kapitalgesellschaft will die einbringungsgeborenen Anteile auf Dauer in seinem Eigentum bzw. in dem seiner Erben behalten. Eine Veräußerung dieser Anteile zu irgendeinem Zeitpunkt beabsichtigt er also nicht.
2. U beabsichtigt, die Anteile *nach Ablauf* des in § 22 Abs. 1 UmwStG definierten Siebenjahreszeitraumes zu veräußern.
3. U beabsichtigt, die Anteile *innerhalb* des in § 22 Abs. 1 UmwStG definierten Siebenjahreszeitraumes zu veräußern.

Nachfolgend soll in knapper Form auf diese drei Fälle eingegangen werden.

3.3.6.2.2 Erste Fallgruppe: Keine spätere Veräußerung der einbringungsgeborenen Anteile

Die erste Fallgruppe ist dadurch gekennzeichnet, dass der bisherige (Mit-)Unternehmer keine spätere Veräußerung der einbringungsgeborenen Anteile an der Kapitalgesellschaft beabsichtigt. Werden in dieser Fallgruppe die *stillen Reserven* im Rahmen der Einbringung *nicht aufgedeckt,* so sind sie im Jahr der Einbringung (selbstverständlich) auch *nicht der Ertragsbesteuerung unterworfen.* Mögliche andere Steuerfolgen einer Einbringung, z. B. die Entstehung von Grunderwerbsteuer, sind unabhängig davon, ob die stillen Reserven aufgedeckt werden oder nicht. Sie sind also hinsichtlich des hier behandelten Problems entscheidungsirrelevant.

Werden hingegen die stillen Reserven im Rahmen der Einbringung aufgedeckt, so sind diese „jetzt" der Einkommensteuer bei dem bisherigen (Mit-)Unternehmer zu unterwerfen. Anzuwenden ist jetzt entweder einer der beiden Steuersätze des § 34 EStG (§ 34 Abs. 1 oder § 34 Abs. 3 EStG) oder - falls die Voraussetzungen des § 34 EStG nicht erfüllt sind oder die Rechtsnorm (im Falle des § 34 Abs. 1 EStG) ins Leere läuft - der Steuersatz des § 32a EStG. Der anzuwendende Einkommensteuersatz kann demnach je nach Lage des Einzelfalls sehr unterschiedlich sein. Er kann alle beliebigen Werte von einem Steuersatz von 0 % bis zu dem gesetzlichen Spitzensteuersatz im oberen Plafond annehmen. Außerdem kann er sich um Zuschlagsteuern erhöhen. Nach dem derzeit geltenden Recht kann er also beliebige Werte zwischen 0 % und rd. 49,52 % annehmen[94].

Durch die Aufdeckung der stillen Reserven bei Einbringung entsteht für die das Betriebsvermögen übernehmende Kapitalgesellschaft zusätzliches Aufwandspotential. Hierdurch kommt es in der Folgezeit bei dieser zu Entlastungen von Gewerbe- und Körperschaftsteuer. Die Entlastung erfolgt mit dem mit E i. S. d. Gleichung (II) bzw. (IIa) verknüpften kombinierten Gewerbe- und Körperschaftsteuersatz. Dieser hängt bekanntlich u. a. von der Höhe des Gewerbesteuererhebesatzes ab. Unter Zugrundelegung des derzeit geltenden Rechts beträgt der kombinierte Steuersatz 26,33 % bei einem Hebesatz von 300 % und 33,33 % bei einem Hebesatz von 500 %. Die Entlastung kann sich - je nach Zusammensetzung des Aufwandspotentials - über einen unterschiedlich langen Zeitraum hinziehen und im Einzelfall viele Jahrzehnte umfassen. Sie kann aber auch innerhalb weniger Jahre erfolgen.

Soll untersucht werden, ob im Rahmen der Einbringung des Betriebsvermögens aus dem bisherigen Personenunternehmen in die Kapitalgesellschaft eine Aufdeckung stiller Reserven vorteilhaft ist, so ist die durch diese Aufdeckung entstehende Steuerbelastung mit dem Barwert der durch sie entstehenden Steuerentlastungen zu vergleichen. Ist die bei Einbringung entstehende Steuerbelastung größer als der Barwert der späteren Steuerentlastungen, so ist es vorteilhaft, die stillen Reserven nicht aufzudecken. Ist hingegen der Barwert der künftigen Ent-

---

94   Vgl. die im Anhang befindliche Tabelle T-5, Spalten 3 und 5.

lastung größer als die Steuerbelastung bei Einbringung, so ist es vorteilhaft, die stillen Reserven aufzudecken.

Es ist zu vermuten, dass *in den meisten Fällen* eine *Aufdeckung* stiller Reserven *nicht vorteilhaft* ist. Der Grund für diese These liegt darin, dass der Entlastungssteuersatz mit Werten zwischen rd. 26 % und 33 % vielfach nicht oder nur unwesentlich höher ist als der Belastungssteuersatz, dass die Belastung aber sofort eintritt, während sich die Entlastung über viele Jahre oder sogar Jahrzehnte hinziehen kann. In diesem Zusammenhang sei klargestellt, dass bei Anwendung des § 34 Abs. 3 EStG der Belastungssteuersatz - sofern die außerordentlichen Einkünfte den in § 34 Abs. 3 Satz 1 EStG genannten Betrag von 5 Mio € nicht überschreiten - bis zu rd. 28,2 % betragen kann[95]. Dies ist dann der Fall, wenn sich das zu versteuernde Einkommen des (Mit-)Unternehmers im oberen Plafond bewegt und Kirchensteuer anfällt. Kommt es nicht zur Anwendung des § 34 Abs. 3 EStG, so kann der Belastungssteuersatz hingegen beliebige Werte zwischen 0 % und rd. 49,52 % annehmen.

3.3.6.2.3 Zweite Fallgruppe: Veräußerung der Anteile nach Ablauf von sieben Jahren

Nunmehr soll die weiter oben[96] definierte zweite Fallgruppe betrachtet werden. Sie ist dadurch gekennzeichnet, dass der bisherige (Mit-)Unternehmer beabsichtigt, die einbringungsgeborenen Anteile an der Kapitalgesellschaft nach Ablauf des in § 22 Abs. 1 UmwStG definierten Siebenjahreszeitraumes zu veräußern.

In dieser Fallgruppe entstehen bei der *Alternative* einer *Aufdeckung der stillen Reserven zum Einbringungszeitpunkt (erste Alternative)* die gleichen Steuerfolgen wie im letzten Gliederungspunkt dargestellt[97]. Die aufgedeckten stillen Reserven führen also nach § 20 Abs. 4 UmwStG zu einem Veräußerungsgewinn, auf den aber auch hier die §§ 16 Abs. 4 und 34 EStG nur dann angewendet werden können, wenn die übernehmende Kapitalgesellschaft das übernommene Betriebsvermögen mit seinen gemeinen Werten ansetzt, sie die stillen Reserven also vollständig aufdeckt. Je nach Lage des Einzelfalls kann auch hier der anzuwendende Steuersatz nach geltendem Recht beliebige Werte von 0 % bis zu rd. 49,52 % annehmen.

Bei Aufdeckung der stillen Reserven zum Einbringungsstichtag entsteht auch in dieser zweiten Fallgruppe bei der das Betriebsvermögen übernehmenden Kapitalgesellschaft zusätzliches Aufwandspotential in Höhe der aufgedeckten stillen

---

[95] Der reine Einkommensteuersatz beträgt in diesem Fall 56 % (§ 34 Abs. 3 EStG) des Spitzensteuersatzes von 45 % (§ 32a Abs. 1 EStG). Der kombinierte Einkommen-, Kirchensteuer- und Solidaritätszuschlagsatz kann dann durch Einsetzen von s_{EI} (0,56 · 0,45 =) 0,252, $s_{Solz} = 0,055$ und $s_{Ki} = 0,09$ in die im Tabellenanhang befindliche Gleichung (13) ermittelt werden.

[96] Vgl. Gliederungspunkt 3.3.6.2.1.

[97] Vgl. Gliederungspunkt 3.3.6.2.2.

Reserven. Dieses führt in gleicher Weise wie zu der ersten Fallgruppe erläutert zu Entlastungen bei der Gewerbe- und Körperschaftsteuer. Der Entlastungssteuersatz beträgt auch hier zwischen rd. 26 % und 33 %. Auch hier kann der Entlastungszeitraum unterschiedlich lang sein.

Werden die stillen Reserven *nicht* im Rahmen der Einbringung *aufgedeckt (2. Alternative),* so werden sie - soweit sie in der Zwischenzeit nicht durch Verkauf einzelner Wirtschaftsgüter oder über die Höhe der AfA aufgelöst worden sind - erst bei der späteren Veräußerung der einbringungsgeborenen Anteile versteuert. Die Versteuerung erfolgt dann bei dem Veräußerer der Anteile. Da es sich bei diesem um Einkünfte aus Kapitalvermögen i. S. d. § 20 Abs. 2 EStG handelt, kommt es zur Anwendung des § 32d EStG. Regelmäßig ist hierbei der Abgeltungsteuersatz des Absatzes 1 dieser Rechtsnorm anzuwenden. Dieser beträgt derzeit bekanntlich (25 % · 1,055 = 0,26375) rd. 26 % bei Einbeziehung des Solidaritätszuschlags und rd. 28 %[98] unter zusätzlicher Berücksichtigung einer 9 %igen Kirchensteuer.

Soll ein Vorteilsvergleich zwischen den beiden Alternativen durchgeführt werden, so müssen deren auf den Einbringungszeitpunkt abgezinste Steuerwirkungen miteinander verglichen werden. Soll die *Nichtaufdeckung* der stillen Reserven zum Einbringungszeitpunkt *vorteilhafter* sein *als* deren *Aufdeckung,* so muss *folgende Bedingung* erfüllt sein:

Steuern auf die stillen Reserven zum Einbringungszeitraum
./.   Barwert der Steuerentlastungen infolge der Aufstockung zum Einbringungszeitraum
>   Barwert der Steuern aus Veräußerung der einbringungsgeborenen Anteile ohne vorherige Aufdeckung der stillen Reserven.

Es ist anzunehmen, dass diese Bedingung regelmäßig dann erfüllt ist, wenn sich die Steuerentlastung aufgrund des zusätzlichen Aufwandspotentials bei Aufstockung zum Einbringungszeitpunkt über einen langen Zeitraum hinstreckt und gleichzeitig die geplante Veräußerung der Anteile erst nach längerer Zeit erfolgen soll. Ein Steuerbarwertvergleich ist dann entbehrlich. Erfolgt hingegen die Steuerentlastung vollständig oder zumindest weitgehend innerhalb eines kurzen Zeitraums und soll die Veräußerung der Anteile kurze Zeit nach Ablauf des Siebenjahreszeitraumes erfolgen, so kann zur Beurteilung der Vorteilhaftigkeit bzw. Unvorteilhaftigkeit einer Aufdeckung der stillen Reserven zum Einbringungszeitpunkt die Durchführung eines Steuerbarwertvergleichs erforderlich werden.

---

98   Der genaue Wert beträgt nach der in Teil I abgeleiteten Gleichung (13) 27,99 %.

3.3.6.2.4   Dritte Fallgruppe: Veräußerung der Anteile innerhalb eines Siebenjahreszeitraumes

Nunmehr soll die weiter oben[99] definierte dritte Fallgruppe betrachtet werden. Sie ist dadurch gekennzeichnet, dass der bisherige (Mit-)Unternehmer beabsichtigt, die einbringungsgeborenen Anteile an der Kapitalgesellschaft innerhalb des in § 22 Abs. 1 UmwStG definierten Siebenjahreszeitraumes zu veräußern.

Hier entstehen im Fall einer Aufstockung zum Einbringungszeitpunkt *(erste Alternative)* die gleichen Steuerfolgen wie in den beiden letzten Gliederungspunkten dargestellt. Die aufgedeckten stillen Reserven führen also nach § 20 Abs. 4 UmwStG zu einem Veräußerungsgewinn, auf den aber auch hier die §§ 16 Abs. 4 und 34 EStG nur dann angewendet werden können, wenn die übernehmende Kapitalgesellschaft das übernommene Betriebsvermögen mit seinem gemeinen Wert ansetzt. Je nach Lage des Einzelfalls kann auch hier der anzuwendende Steuersatz nach derzeit geltendem Recht beliebige Werte von 0 % bis zu 49,52 % annehmen.

Infolge der Aufdeckung der stillen Reserven zum Einbringungszeitpunkt entsteht auch in dieser Fallgruppe bei der das Betriebsvermögen übernehmenden Kapitalgesellschaft zusätzliches *Aufwandspotential* in Höhe der aufgedeckten stillen Reserven. Hinsichtlich dessen *Steuerentlastungswirkungen* gelten die gleichen Ausführungen wie die entsprechenden zu den letzten beiden Gliederungspunkten.

Deckt die das Betriebsvermögen übernehmende Kapitalgesellschaft die *stillen Reserven* zum Einbringungszeitpunkt *nicht auf (zweite Alternative),* so kommt es zu deren Versteuerung erst bei der späteren Veräußerung der einbringungsgeborenen Anteile. Hierbei ist zwischen *zwei Teilen* der stillen Reserven zu unterscheiden, und zwar

1. dem Teil, der nach § 22 Abs. 1 UmwStG zu einem Einbringungsgewinn I führt und
2. dem Teil, der unter die Regelung des § 20 Abs. 2 EStG fällt.

Der *erstgenannte Teil* der stillen Reserven zeitigt weitgehend die gleichen Steuerwirkungen, die sich ergeben hätten, wenn dieser Teil zum Einbringungszeitpunkt aufgedeckt worden wäre. Allerdings können die Begünstigungsvorschriften der §§ 16 Abs. 4 und 34 EStG nicht angewendet werden. Außerdem liegt der Zahlungszeitpunkt der Steuerwirkungen später. Zum Ausgleich muss der ehemalige (Mit-)Unternehmer aber im Rahmen des § 233a AO an das Finanzamt Zinsen zahlen, die nach § 12 Nr. 4 EStG nichtabzugsfähig sind. Diesen zusätzlichen Steuer- und Zinsbelastungen stehen Steuerentlastungen gegenüber. Diese ergeben sich dadurch, dass dieser Teil der stillen Reserven nach § 22 Abs. 1 UmwStG zu nachträglichen Anschaffungskosten der von der Kapitalgesellschaft übernommenen Wirtschaftsgüter und damit zu zusätzlichem Aufwandspotential führt. Hinsichtlich der hieraus entstehenden Steuerentlastungen gelten die

---

[99]   Vgl. Gliederungspunkt 3.3.6.2.1.

entsprechenden Ausführungen zu den beiden zuletzt behandelten Gliederungspunkten entsprechend.

Völlig andere Wirkungen als soeben dargestellt, ergeben sich für den *zweiten Teil* der stillen Reserven, der infolge eines teilweisen Ablaufs der Siebenjahresfrist nicht unter die Regelungen des § 22 Abs. 1 UmwStG, sondern unter die des *Absatzes 2* dieser Rechtsnorm fällt. Dieser Teil der stillen Reserven führt gem. § 20 Abs. 2 EStG bei dem früheren (Mit-)Unternehmer des Personenunternehmens und nunmehrigen Gesellschafter der einbringungsgeborenen Anteile zu Einkünften aus Kapitalvermögen. Diese unterliegen regelmäßig dem Abgeltungsteuersatz.

Miteinander zu *vergleichen* sind in dieser dritten Fallgruppe also

- die Folgen einer vollständigen Aufdeckung der stillen Reserven zum Einbringungszeitpunkt, nämlich
  - die Einkommensteuer auf die aufgedeckten stillen Reserven, ggf. nach Abzug eines Freibetrags nach § 16 Abs. 4 EStG, bei Anwendung des sich aus § 34 Abs. 1 oder Abs. 3 EStG ergebenden Steuersatzes und
  - der Barwert der sich infolge der Aufdeckung der stillen Reserven bei der Kapitalgesellschaft ergebenden Steuerentlastungen mit einem Entlastungssteuersatz, der sich aus dem Gewerbe- und Körperschaftsteuersatz ergibt
- mit den Folgen einer Buchwertfortführung zum Einbringungszeitpunkt, nämlich
  - dem Barwert der auf den Einbringungsgewinn I entfallenden Einkommensteuer des ehemaligen (Mit-)Unternehmers bei Anwendung des sich aus § 32a EStG ergebenden Einkommensteuersatzes im Einbringungsjahr, erhöht um den Barwert der sich aus § 233a AO ergebenden Zinswirkungen,
  - dem Barwert der Steuerentlastungen (Gewerbe- und Körperschaftsteuer) bei der Kapitalgesellschaft als Folge der Entstehung des Einbringungsgewinns I und
  - dem Barwert der sich nach § 20 Abs. 2 i. V. m. § 32d EStG ergebenden Steuerzahlungen des Gesellschafters der Kapitalgesellschaft.

Die bisherigen Ausführungen legen den Schluss nahe, dass eine allgemeingültige Aussage zur Vorteilhaftigkeit einer Aufdeckung bzw. Nichtaufdeckung der stillen Reserven zum Einbringungszeitpunkt in der hier behandelten dritten Fallgruppe nicht möglich ist. Immerhin gibt es innerhalb dieser Fallgruppe Unterfallgruppen, in denen ohne konkreten Barwertvergleich eine eindeutige Aussage oder zumindest eine Tendenzaussage möglich ist. Diese Aussagen können wie folgt formuliert werden:

1. Ist die Summe der stillen Reserven zum Einbringungszeitpunkt nicht größer als der Freibetrag nach § 16 Abs. 4 EStG, so ist eine Vollaufstockung vorteilhafter als eine Buchwertfortführung.

2. Ist der auf den Veräußerungsgewinn i. S. d. § 20 Abs. 4 UmwStG i. V. m. § 34 EStG anzuwendende ermäßigte Steuersatz sehr niedrig, so ist i. d. R. eine vollständige Aufdeckung der stillen Reserven im Rahmen der Einbringung vorteilhafter als eine Buchwertfortführung oder eine Teilaufstockung.

3. Eine Buchwertfortführung ist häufig dann vorteilhafter als eine sofortige Aufdeckung der stillen Reserven, wenn das durch die Aufdeckung gewonnene Aufwandspotential großenteils erst mit erheblicher zeitlicher Verzögerung aufwandswirksam wird.

3.3.6.3 Aufgabe 7

Der verheiratete, fünfundfünfzigjährige A beabsichtigt, sein bisheriges Einzelunternehmen zum 31.12.1 in eine neu zu gründende Einmann-GmbH einzubringen. Stille Reserven sind in dem Unternehmen lediglich in den Vorräten und in dem originären Firmenwert enthalten[100]. Die in den Vorräten enthaltenen stillen Reserven schätzt A auf 70 T€, die in dem Firmenwert enthaltenen auf 60 T€. A geht davon aus, dass alle am 31.12.1 vorhandenen Vorräte im Laufe des Jahres 2 veräußert werden. Ohne Berücksichtigung möglicher Steuerfolgen aus dem hier zu untersuchenden Sachverhalt werden die Eheleute A im Jahr 1 voraussichtlich ein zu versteuerndes Einkommen von 120 T€ erzielen. Die Eheleute A sind beide konfessionslos. Sie beabsichtigen, während der nächsten Jahre stets die Zusammenveranlagung zu wählen. A hat in der Vergangenheit noch niemals einen Antrag nach § 16 Abs. 4 EStG oder nach § 34 Abs. 3 EStG gestellt. Einen weiteren Betrieb, Teilbetrieb oder Mitunternehmeranteil, bei dessen späterer Veräußerung er einen derartigen Antrag stellen könnte, besitzt A nicht.

A beauftragt Sie zu prüfen, ob die GmbH in ihrer Eröffnungsbilanz die Buchwerte des bisherigen Einzelunternehmens fortführen oder ob sie eine teilweise oder vollständige Aufstockung der stillen Reserven vornehmen soll. Er nimmt an, dass sich unterschiedliche Steuerzahlungen auf die Höhe der kurzfristigen Verbindlichkeiten des Betriebs auswirken werden. Den Nettozinssatz dieser Verbindlichkeiten, d. h. den Zinssatz nach Steuern, schätzt er für die nächsten 15 Jahre auf 4 % p. a. Er nimmt an, dass die GmbH während dieser Zeit stets hohe zu versteuernde Einkommen haben wird. A beabsichtigt, die GmbH-Anteile auf Dauer zu behalten. A nimmt an, dass der Gewerbesteuerhebesatz während der nächsten 15 Jahre stets 400 % betragen wird. Es ist von dem für das Jahr 2010 geltenden Recht (nach dem Rechtsstand im Sommer des Jahres 2009) auszugehen.

3.4 Umwandlung einer Kapitalgesellschaft in ein Personenunternehmen

3.4.1 Einführung

Gesellschaftsrechtlich kann die Umwandlung einer Kapitalgesellschaft in eine Personengesellschaft auf zwei unterschiedliche Arten erfolgen, und zwar

- entweder durch eine Verschmelzung nach den §§ 2 - 122 UmwG
- oder durch einen Formwechsel nach den §§ 190 - 304 UmwG.

---

100 Diese Annahme dürfte selten der Realität entsprechen. Da es hier aber darum geht, die Systematik eines Vorteilsvergleichs zwischen den unterschiedlichen Gestaltungsmöglichkeiten herauszuarbeiten, ist sie sinnvoll.

Soll eine Kapitalgesellschaft in ein Einzelunternehmen umgewandelt werden, so kommt nur eine Verschmelzung nach § 3 UmwG, nicht hingegen ein Formwechsel in Betracht. Innerhalb der Vorschriften über die Verschmelzung ist dieser Fall in den §§ 120 - 122 UmwG besonders geregelt.

Steuerrechtlich ist die Umwandlung von Kapitalgesellschaften in Personenunternehmen im zweiten Teil des UmwStG (§§ 3 - 9 UmwStG) geregelt. Diese Vorschriften gelten nach § 1 UmwStG u. a. für Verschmelzungen.

3.4.2 Steuerfolgen

3.4.2.1 Ertragsteuerliche Folgen bei der übertragenden Kapitalgesellschaft und deren Gesellschaftern

Die das Betriebsvermögen *übertragende Kapitalgesellschaft* hat zum Übertragungsstichtag eine steuerliche Schlussbilanz (**Übertragungsbilanz**) zu erstellen. In dieser hat sie die zu übertragenden Wirtschaftsgüter gem. § 3 Abs. 1 UmwStG grundsätzlich mit ihren *gemeinen Werten* anzusetzen. Sie hat also die *stillen Reserven vollständig* aufzulösen. Auf *Antrag* kann sie die Wirtschaftsgüter nach § 3 Abs. 2 UmwStG in der Übertragungsbilanz aber auch mit ihren Buchwerten bewerten. Auch der Ansatz von *Zwischenwerten* d. h. von Werten zwischen den Buchwerten und den gemeinen Werten ist zulässig. Die Kapitalgesellschaft hat also ein *Wahlrecht* zwischen einer Bewertung zu *Buchwerten (Buchwertfortführung), gemeinen Werten (Vollaufstockung)* und *Zwischenwerten (Teilaufstockung)*. Bei einer Teilaufstockung hat diese prozentual in gleicher Weise zu erfolgen[101]. Eine selektive Aufstockung stiller Reserven ist also unzulässig. **Buchwert** ist nach § 1 Abs. 5 Nr. 4 UmwStG der Wert, der sich nach den steuerrechtlichen Vorschriften über die Gewinnermittlung in einer für den steuerlichen Übertragungsstichtag von der übertragenden Kapitalgesellschaft zu erstellenden Steuerbilanz ergibt.

Wählt die Kapitalgesellschaft in ihrer Schlussbilanz Wertansätze, die über den Buchwerten der Wirtschaftsgüter liegen, so entsteht bei ihr ein zusätzlicher Gewinn. Dieser wird üblicherweise als **Übertragungsgewinn** bezeichnet. Er unterliegt allerdings der *normalen Besteuerung,* so dass eine Trennung von dem „normalen" Gewinn nicht erforderlich ist. Der Übertragungsgewinn unterliegt also - wie jeder andere laufende Gewinn einer Kapitalgesellschaft - sowohl der *Körperschaft-* als auch der *Gewerbesteuer.* Für die Gewerbesteuer ergibt sich dies aus § 18 Abs. 1 UmwStG. Nach dieser Rechtsnorm werden die §§ 3 bis 9 und 16 UmwStG ausdrücklich bei der Ermittlung des Gewerbeertrags für anwendbar erklärt.

---

101 Vgl. Rödder, T., in: Rödder, T./Herlinghaus, A./van Lishaut, I., Umwandlungssteuergesetz, 2008, § 11, Rz. 157 ff.

Wählt die Kapitalgesellschaft Wertansätze, die unter dem gemeinen Wert liegen, so ist hinsichtlich der Gewerbesteuer § 18 Abs. 3 UmwStG zu beachten. Nach dieser Rechtsnorm kommt es dann zu einer gewerbesteuerlichen Erfassung der bisher nicht aufgedeckten stillen Reserven, wenn der von der Personengesellschaft oder dem Einzelunternehmer übernommene Betrieb innerhalb von fünf Jahren nach der Umwandlung aufgegeben oder veräußert wird. Gäbe es § 18 Abs. 3 UmwStG nicht, so würden diese stillen Reserven gewerbesteuerlich niemals erfasst. Der Grund liegt darin, dass ein Gewinn aus der Aufgabe oder Veräußerung eines Personenunternehmens nach den allgemeinen Grundsätzen zwar der Einkommensteuer der (Mit-)Unternehmer, nicht aber der Gewerbesteuer unterliegt. § 18 Abs. 3 UmwStG beinhaltet also eine Missbrauchsvorschrift.

Eine für den bisherigen *Gesellschafter* der Kapitalgesellschaft und künftigen (Mit-)Unternehmer des das Betriebsvermögen übernehmenden Personenunternehmens wichtige Steuerfolge der Umwandlung ergibt sich aus § 7 UmwStG. Nach Satz 1 dieser Rechtsnorm hat jeder Anteilseigner seinen Anteil an dem in der Steuerbilanz der übertragenden Kapitalgesellschaft ausgewiesenen Eigenkapital abzüglich des Bestands des steuerlichen Einlagenkontos i. S. d. § 27 KStG zu versteuern. Der Anteil des einzelnen Gesellschafters bemisst sich nach seiner Beteiligung an dem Nennkapital der Gesellschaft. Zu versteuern hat der Gesellschafter also die nach steuerlichen Vorschriften ermittelten Beträge, die in der Terminologie des HGB als Gewinnrücklagen und Gewinnvortrag bezeichnet werden. In der Terminologie des § 27 Abs. 1 KStG handelt es sich hingegen um den *ausschüttbaren Gewinn*. Es handelt sich also um die nach steuerlichen Vorschriften in der Vergangenheit ermittelten Gewinne, soweit diese noch nicht für Ausschüttungen verwendet worden sind[102].

Die Summe aller an die Gesellschafter zum Übertragungszeitpunkt ausschüttbaren Gewinne ergibt sich in schematischer Form wie folgt:

Eigenkapital in der Übertragungsbilanz
./. Nennkapital
./. steuerliches Einlagenkonto
ausschüttbarer Gewinn

Dieser ausschüttbare Gewinn stellt die Summe der von den Gesellschaftern zu versteuernden fiktiven Ausschüttungen dar.

Die dem einzelnen Gesellschafter zuzurechnenden anteiligen fiktiven Gewinnausschüttungen gehören bei diesem nach § 7 Abs. 1 UmwStG zu den Einnahmen i. S. d. § 20 Abs. 1 Nr. 1 EStG. Ob diese nach § 20 Abs. 8 EStG in Einkünfte aus Gewerbebetrieb umzuqualifizieren sind[103], richtet sich nach der Art der den fiktiven Ausschüttungen zugrunde liegenden Anteile an der umzuwandelnden

---

102 Vgl. Schneeloch, D., Besteuerung, 2008, S. 157 ff.

103 Klargestellt sei, dass bei Vorliegen der entsprechenden Voraussetzungen auch eine Umqualifikation in Einkünfte aus Land- und Forstwirtschaft oder aus freiberuflicher Tätigkeit möglich ist. Diese Fälle dürften aber selten vorkommen.

Kapitalgesellschaft zum Zeitpunkt der Umwandlung. Zu unterscheiden sind in diesem Zusammenhang:

1. Anteile, die zu einem Betriebsvermögen gehören,
2. Anteile i. S. d. § 17 EStG und
3. Anteile, die weder zu einem Betriebsvermögen gehören noch Beteiligungen i. S. d. § 17 EStG darstellen (Zwerganteile).

Klar sind die Rechtsfolgen im ersten und im dritten, umstritten hingegen die im zweiten Fall.

Im *ersten Fall* (Anteile an der übertragenden Kapitalgesellschaft in einem Betriebsvermögen) sind die fiktiven Gewinnausschüttungen nach § 20 Abs. 8 EStG in Einkünfte aus Gewerbebetrieb umzuqualifizieren. Handelt es sich bei dem Betriebsvermögen um das Betriebsvermögen eines Personenunternehmens, so hat der (Mit-)Unternehmer die Einkünfte nach § 15 EStG zu versteuern. Auf diese ist nach § 3 Nr. 40 EStG das Teileinkünfteverfahren anzuwenden, d. h. es sind nach derzeitigem Rechtsstand lediglich 60 % der Ausschüttung zu erfassen. Außerdem erhöhen die fiktiven Ausschüttungen den Gewinn aus Gewerbebetrieb i. S. d. § 7 GewStG. In den meisten Fällen dürfte es aber nicht zu einer Erhöhung der Gewerbesteuer kommen, weil das Schachtelprivileg des § 9 Nr. 2a GewStG zur Anwendung kommt. Ist Gesellschafter der umzuwandelnden Kapitalgesellschaft eine andere Kapitalgesellschaft, so bleiben bei dieser nach § 8b Absätze 1 und 5 KStG 95 % der fiktiven Ausschüttungen steuerfrei.

Im *dritten Fall* (Zwerganteil im Privatvermögen) kommt es zu *keiner* Umqualifikation der fiktiven Gewinnausschüttungen. Dies bedeutet, dass diese Ausschüttungen nach § 20 Abs. 1 Nr. 1 EStG in voller Höhe der Einkommensteuer unterliegen, und zwar grundsätzlich mit dem Abgeltungsteuersatz des § 32d Abs. 1 EStG i. H. v. 25 %. Selbstverständlich ist eine Einbeziehung dieser Einkünfte in die Veranlagung nach § 32d Abs. 2 EStG möglich. Der Gewerbesteuer unterliegen die Ausschüttungen bei dem Gesellschafter nicht.

Umstritten ist derzeit die Rechtslage in der *zweiten Fallgruppe,* d. h. in den Fällen, in denen der Gesellschafter der umzuwandelnden Kapitalgesellschaft eine Beteiligung i. S. d. § 17 EStG hält. Hier ist von Bedeutung, ob die Einlagefiktion des § 5 Abs. 2 UmwStG auch die fiktiven Ausschüttungen nach § 7 UmwStG erfasst oder nicht. Nach Ansicht des Verfassers ist dies nicht der Fall, da § 7 UmwStG keinerlei Hinweis auf eine derartige Rechtsfolge enthält[104]. Wird dieser Rechtsansicht gefolgt, so findet hinsichtlich der fiktiven Ausschüttungen nach § 7 UmwStG keine Umqualifikation nach § 20 Abs. 8 EStG statt. Diese Ausschüttungen sind dann als Einkünfte aus Kapitalvermögen zu versteuern. Sie unterliegen nach § 32d Abs. 1 EStG grundsätzlich dem Abgeltungsteuersatz von 25 %. Der Gewerbesteuer unterliegen sie bei dem Gesellschafter hingegen nicht.

---

104 Vgl. Förster, G./Felchner J., Einlagefiktion, 2008, S. 2445 ff.; van Lishaut, I., in: Rödder, T./Herlinghaus, A./van Lishaut, I., Umwandlungssteuergesetz, 2008, § 4, Rn. 115; Klingberg, D., in: Blümich, W., Kommentar, § 7 UmwStG, Rz. 17.

Dies ist auch nur folgerichtig, da die der fiktiven Ausschüttung zugrunde liegenden offenen Rücklagen der Kapitalgesellschaft bei deren Gesellschafter bisher nicht in einem Betriebsvermögen steuerverstrickt waren.

Wird nicht der hier vertretenen, sondern der von dieser abweichenden Rechtsansicht gefolgt, so sind die fiktiven Ausschüttungen i. S. d. § 7 UmwStG nach § 5 Abs. 2 UmwStG i. V. m. § 20 Abs. 8 EStG in gewerbliche Einkünfte umzuqualifizieren. Sie unterliegen dann bei dem Gesellschafter nach § 3 Nr. 40 EStG dem Teileinkünfteverfahren. Außerdem erhöhen sie den Gewinn aus Gewerbebetrieb i. S. d. § 7 GewStG des das Betriebsvermögen übernehmenden Personenunternehmens. Hält der Gesellschafter an der übertragenden Kapitalgesellschaft eine Schachtelbeteiligung i. S. d. § 9 Nr. 2a GewStG, so kommt es zu einer Kürzung des Gewerbeertrags in gleicher Höhe, so dass sich die fiktiven Ausschüttungen im Ergebnis gewerbesteuerlich nicht auswirken. Erfüllt die Beteiligung hingegen nicht die Voraussetzungen des § 9 Nr. 2a GewStG, so entsteht Gewerbesteuer. Diese kann der Gesellschafter allerdings im Rahmen des § 35 EStG auf die Einkommensteuerschuld anrechnen.

Wenn auch die *Steuerrechtsfolgen* der beiden dargestellten Rechtsansichten voneinander abweichen, dürften die *quantitativen Steuerfolgen* im Ergebnis regelmäßig nicht weit auseinander liegen. Nachfolgend kann deshalb von der hier vertretenen Rechtsansicht ausgegangen werden, ohne dass die Gefahr einer entscheidungsrelevanten Fehleinschätzung der quantitativen Steuerfolgen besteht.

3.4.2.2 Ertragsteuerliche Folgen bei dem übernehmenden Personenunternehmen

Die *übernehmende Personengesellschaft* hat gem. § 4 Abs. 1 UmwStG die auf sie übergegangenen Wirtschaftsgüter mit den in der steuerlichen Schlussbilanz der übertragenden Kapitalgesellschaft enthaltenen Werten zu übernehmen. Insoweit besteht also Identität zwischen den Wertansätzen in der Übertragungsbilanz der Kapitalgesellschaft und denjenigen in der Übernahmebilanz der Personengesellschaft.

Nach § 4 Abs. 2 Satz 1 UmwStG tritt die übernehmende Personengesellschaft grundsätzlich in die steuerliche Rechtsstellung der übertragenden Kapitalgesellschaft ein. Allerdings können nach § 4 Abs. 2 Satz 2 UmwStG von dem übertragenden Rechtsträger noch nicht abgezogene *Verluste* (verbleibende Verlustabzüge) i. S. d. § 10 Abs. 3 Satz 2 EStG *nicht* von der Personengesellschaft *übernommen* werden[105].

Erfolgt die Umwandlung zu über den Buchwerten liegenden Werten, so tritt die übernehmende Personengesellschaft hinsichtlich der AfA grundsätzlich in die

---

105 Hinsichtlich der steuerlichen Wirkungen eines vorhandenen Verlustvortrages s. ausführlich
    Rahier, G., Zusammenführung, 1999, S. 149 ff. sowie die dort zitierte Literatur; vgl. auch
    Brähler, G., Umwandlungssteuerrecht, 2008, S. 177 ff.

Rechtsstellung der übertragenden Kapitalgesellschaft ein[106]. Hier ist nach § 4 Abs. 3 UmwStG zwischen der AfA auf Gebäude (§ 7 Absätze 4 und 5 EStG) und der AfA auf bewegliches Anlagevermögen zu unterscheiden. Im ersten Fall hat die Personengesellschaft die AfA nach der bisherigen Bemessungsgrundlage, erhöht um den Unterschiedsbetrag zwischen dem Wert in der Übertragungsbilanz und dem Buchwert vor Aufstockung durch die übertragende Kapitalgesellschaft, zu bemessen. Hierbei ist der AfA-Satz der Kapitalgesellschaft zu übernehmen[107].

Bei beweglichem Anlagevermögen hingegen ist bei Ermittlung der AfA-Bemessungsgrundlage von dem Buchwert der Wirtschaftsgüter in der steuerlichen Schlussbilanz der Kapitalgesellschaft, d. h. von dem Wert vor Aufdeckung der stillen Reserven, auszugehen. Dieser Wert ist wiederum zu erhöhen um den Unterschiedsbetrag zwischen dem Wert in der Übertragungsbilanz der Kapitalgesellschaft und dem Buchwert der Wirtschaftsgüter der Kapitalgesellschaft vor Aufstockung. Im Ergebnis besteht die AfA-Bemessungsgrundlage hier somit aus dem Wert, der sich aus der Übertragungsbilanz der Kapitalgesellschaft ergibt. Der AfA-Satz richtet sich in derartigen Fällen nach der Restnutzungsdauer des jeweiligen Wirtschaftsgutes[108].

Bei der das Betriebsvermögen übernehmenden Personengesellschaft entsteht infolge der Übernahme entweder ein Gewinn (Übernahmegewinn) oder ein Verlust (Übernahmeverlust). **Übernahmegewinn** ist nach § 4 Abs. 4 UmwStG der Unterschiedsbetrag zwischen dem Wert, mit dem die übernommenen Wirtschaftsgüter zu übernehmen sind und dem Buchwert der Anteile an der übertragenden Kapitalgesellschaft. Ein **Übernahmeverlust** entsteht dann, wenn dieser Unterschiedsbetrag negativ ist. Nachfolgend werden der Übernahmegewinn und Übernahmeverlust unter dem Oberbegriff **Übernahmeerfolg** zusammengefasst.

Nach § 4 Abs. 5 Satz 2 UmwStG ist der *Übernahmeerfolg* um die sich aus § 7 UmwStG ergebenden *fiktiven Gewinnausschüttungen* zu *verringern*. Hierdurch wird verhindert, dass die entsprechenden Beträge zweimal der Einkommensteuer unterliegen, nämlich einmal als Ausschüttungen i. S. d. § 20 Abs. 1 Nr. 1 EStG und einmal über die Erfassung des Übernahmegewinns als Einkünfte aus Gewerbebetrieb. Infolge der Regelung des § 4 Abs. 5 Satz 2 UmwStG dürfte in aller Regel zumindest dann kein Übernahmegewinn, sondern ein Übernahmeverlust

---

106 Vgl. Rahier, G., Zusammenführung, 1999, S. 113 ff.; vgl. auch van Lishaut, I., in: Rödder, T./Herlinghaus, A./van Lishaut, I., Umwandlungssteuergesetz, 2008, § 4, Rn. 70.

107 Vgl. Sagasser, B./Pfaar, M., in: Sagasser, B./Bula, T./Brünger, T., Umwandlungen, 2002, S. 425.

108 Vgl. Schmitt, J./Hörtnagl, R./Stratz, R.-C., Umwandlungsgesetz, 2006, § 4 UmwStG, Rz. 56; van Lishaut, I., in: Rödder, T./Herlinghaus, A./van Lishaut, I., Umwandlungssteuergesetz, 2008, § 4, Rz. 72; Klingberg, D., in: Blümich, W., Kommentar, § 4 UmwStG, Rz. 21 f.; Widmann/Mayer hingegen sind der Ansicht, dass der AfA-Satz der übertragenden Kapitalgesellschaft übernommen wird. Hierbei differenzieren sie zwischen Wirtschaftsgütern des beweglichen und des unbeweglichen abnutzbaren Anlagevermögens. Zu den Einzelheiten s. Widmann, S., in: Widmann, S./Mayer, D., Umwandlungsrecht, § 4, Rz. 872 ff.

entstehen, wenn die übertragende Kapitalgesellschaft in der Übertragungsbilanz die Buchwerte ansetzt[109].

Die zur Ermittlung des Übernahmegewinns erforderlichen Buchwerte der Anteile an der Kapitalgesellschaft sind nur dann vorhanden, wenn die Anteile entweder im Betriebsvermögen der übernehmenden Personengesellschaft oder in dem Sonderbetriebsvermögen eines Gesellschafters gehalten werden.

Halten die Gesellschafter ihre Anteile an der übertragenden Kapitalgesellschaft in ihrem Privatvermögen und sind sie *Beteiligte i. S. d. § 17 EStG*, so *gelten* nach § 5 Abs. 2 Satz 1 UmwStG die Anteile an der Kapitalgesellschaft als zum Übertragungsstichtag mit ihren Anschaffungskosten in das Betriebsvermögen eingelegt. Es wird also eine Einlage der Anteile in das Betriebsvermögen der übernehmenden Personengesellschaft zum Übertragungsstichtag fingiert[110]. Damit wird erreicht, dass Beteiligungen i. S. d. § 17 EStG wie Anteile, die sich im Betriebsvermögen befinden, behandelt werden.

Eine dieser Regelung vergleichbare Regelung für solche Anteile im Privatvermögen, die keine Beteiligungen i. S. d. § 17 EStG darstellen, enthält das Gesetz nicht.

Nach § 4 Abs. 7 Satz 2 UmwStG unterliegt der *Übernahmegewinn* bei dem Unternehmer bzw. den Mitunternehmern des übernehmenden Personenunternehmens der Einkommensteuer. Hierbei ist ein Teil der Einkünfte (derzeit 40 %) nach § 3 Nr. 40 EStG steuerfrei. Es ist also das *Teileinkünfteverfahren* anzuwenden. Soweit ein Übernahmegewinn auf eine Körperschaft i. S. d. KStG entfällt, bleibt er nach § 4 Abs. 7 Satz 1 UmwStG im Rahmen des § 8b KStG zu 95 % steuerfrei. Er unterliegt also bei der übernehmenden Körperschaft nur zu 5 % der Körperschaftsteuer.

Hinsichtlich der Behandlung eines *Übernahmeverlustes* ist gem. § 4 Abs. 6 UmwStG danach zu unterscheiden, auf wen der Übernahmeverlust (anteilig) entfällt. Soweit der Übernahmeverlust auf eine Kapitalgesellschaft als Mitunternehmerin einer Personengesellschaft entfällt, kommen die Sätze 1 bis 3 dieser Rechtsnorm zur Anwendung, in den übrigen Fällen greift Satz 4.

Soweit ein Übernahmeverlust anteilig auf eine Kapitalgesellschaft als Mitunternehmerin einer Personengesellschaft entfällt, bleibt der Übernahmeverlust nach § 4 Abs. 6 Satz 1 UmwStG außer Ansatz, d. h. er geht mit der Umwandlung unter. Dies gilt nach § 4 Abs. 6 Satz 2 UmwStG nicht für Verluste, die auf Anteile entfallen, die die Voraussetzungen des § 8b Abs. 7 KStG erfüllen. In diesen Fällen

---

[109] Vgl. hierzu die Ausführungen und Beispiele von van Lishaut, I., in: Rödder, T./Herlinghaus, A./van Lishaut, I., Umwandlungssteuergesetz, 2008, § 4, Rz. 75f. und Klingberg, D., in: Blümich, W., Kommentar, § 4 UmwStG, Rz. 37.

[110] Vgl. Schaumburg, H., Verschmelzung, 1995, S. 217; Rahier, G., Zusammenführung, 1999, S. 123 f.; Klingebiel, J./Patt, J./Rasche, R./Krause, T., Umwandlungssteuerrecht, 2008, S. 140 ff.

ist der Übernahmeverlust bis zur Höhe der Bezüge i. S. d. § 8b Abs. 7 KStG zu berücksichtigen.

Soweit ein Übernahmeverlust anteilig auf eine natürliche Person als Gesellschafter der übertragenden Kapitalgesellschaft entfällt, kommt § 4 Abs. 6 Satz 4 UmwStG zur Anwendung. Ein derartiger anteiliger Übernahmeverlust ist zu 60 %, höchstens in Höhe der Bezüge i. S. d. § 7 UmwStG zu berücksichtigen. Ein darüber hinausgehender Übernahmeverlust **(verbleibender Übernahmeverlust)** bleibt außer Ansatz, geht also unter.

3.4.2.3 Sonstige Steuerfolgen

Neben den ertragsteuerlichen sind bei der Übertragung des Vermögens einer Kapitalgesellschaft auf eine Personengesellschaft auch umsatz- und grunderwerbsteuerliche Folgen zu beachten.

Umsatzsteuerlich handelt es sich bei dem Übergang des Vermögens von einer Kapitalgesellschaft auf ein Personenunternehmen nach § 1 Abs. 1a UStG um einen nichtsteuerbaren Umsatz[111].

Wird im Rahmen der Übertragung des Betriebsvermögens auf die Personengesellschaft ein Betriebsgrundstück übertragen, so entsteht ein nach § 1 Abs. 1 Nr. 3 GrEStG steuerbarer Vorgang[112]. Ein Befreiungstatbestand greift nicht ein, so dass Grunderwerbsteuer entsteht. Bewertungsmaßstab ist grundsätzlich der Wert der Gegenleistung. Im Fall der Umwandlung gem. § 3 UmwStG bemisst sich die Steuer jedoch gem. § 8 Abs. 2 Nr. 2 erste Alternative GrEStG nach den Werten i. S. d. § 138 Abs. 2 und 3 BewG. Der Grunderwerbsteuersatz beträgt gem. § 11 Abs. 1 GrEStG 3,5 %.

3.4.3 Steuerplanerische Überlegungen

3.4.3.1 Einführung

Wird erwogen, eine Kapitalgesellschaft in ein Personenunternehmen umzuwandeln, so sollten aus steuerplanerischer Sicht zunächst die Suboptima der miteinander zu vergleichenden Rechtsformen ermittelt werden. Soweit die laufende Besteuerung betroffen ist, kann dies in der bereits mehrfach erörterten Weise geschehen. Insoweit kann auf die Ausführungen an früheren Stellen verwiesen werden[113].

---

111 Vgl. Korn, K., Umsatzsteuerprobleme, 1995, S. 10177; Rasche, R., in: Rödder, T./Herlinghaus, A./van Lishaut, I., Umwandlungssteuergesetz, 2008, Anh. 9, Rz. 11.

112 Vgl. Fischer, P., in: Boruttau, E., Grunderwerbsteuergesetz, 2007, § 1, Rz. 375 ff.; Rasche, R., in: Rödder, T./Herlinghaus, A./van Lishaut, I., Umwandlungssteuergesetz, 2008, Anh. 9, Rz. 10.

113 Vgl. Gliederungspunkte 2.4 und 3.2.4.3.1.

Ein zusätzliches Problem ergibt sich aus § 3 UmwStG. Wie bereits ausgeführt, hat die übertragende Kapitalgesellschaft nach dieser Vorschrift ein Wahlrecht, die zu übertragenden Wirtschaftsgüter in ihrer Übertragungsbilanz mit ihren bisherigen Buchwerten, mit ihren gemeinen Werten oder mit Zwischenwerten anzusetzen. Damit stellt sich im konkreten Fall die Frage, ob es vorteilhaft ist, eine Aufstockung vorzunehmen oder nicht. Dieser Frage soll nachfolgend zunächst nachgegangen werden. Dies soll lediglich für den Fall geschehen, dass es sich bei dem Gesellschafter des Personenunternehmens um eine natürliche Person handelt, die eine Beteiligung i. S. d. § 17 EStG hält.

Ist geklärt, ob im Falle einer Umwandlung die Buchwertfortführung oder eine bestimmte Form der Aufstockung die vorteilhaftere Maßnahme darstellt, so können anschließend die Vor- und Nachteile des Umwandlungsvorgangs im Vergleich zur Unterlassung der Umwandlung ermittelt werden. Dies soll zum Abschluss der nachfolgenden Analysen geschehen.

3.4.3.2 Buchwertfortführung oder Aufstockung in der Übertragungsbilanz

3.4.3.2.1 Allgemeine Ableitung der Vorteilhaftigkeitsbedingung

Werden im Rahmen einer Umwandlung nach § 3 UmwStG stille Reserven (R_{still}) aufgedeckt, so entsteht in Höhe dieser stillen Reserven ein *Übertragungsgewinn*. Dieser unterliegt bei der übertragenden Gesellschaft sowohl der Gewerbe- als auch der Körperschaftsteuer. Er hat also die Wirkung von E i. S. der in Teil I abgeleiteten Gleichung (II) bzw. (IIa)[114]. Dadurch entsteht eine Steuer auf den Übertragungsgewinn ($S_{ütg}$) i. H. v.

$$(46) \qquad S_{ütg} = R_{still} \cdot (s_k + m_{e/kap} \cdot h).$$

Die Steuermesszahl m_e wird in dieser Gleichung mit dem Zusatzsymbol „/kap" versehen. Dies geschieht, weil - wie noch zu zeigen sein wird - die Steuermesszahl auf den Übertragungsgewinn bei der Kapitalgesellschaft von der Steuermesszahl abweichen kann, mit der bei der Entlastung als Folgewirkung bei dem Personenunternehmen zu rechnen ist.

Durch die Aufdeckung stiller Reserven erhöht sich bei dem übernehmenden Personenunternehmen der Wert der in der Übernahmebilanz anzusetzenden Wirtschaftsgüter. Damit erhöht sich der *Übernahmeertrag* um die aufgedeckten stillen Reserven, da der Übernahmegewinn nach § 4 Abs. 4 UmwStG definiert ist als die Differenz zwischen dem Wert, mit dem die übernommenen Wirtschaftsgüter in der Übernahmebilanz angesetzt werden und dem Buchwert der Beteiligung des

---

[114] Vgl. Teil I, Gliederungspunkt 4.3.1 und den Formelanhang.

übernehmenden Personenunternehmens[115] an der übertragenden Kapitalgesellschaft. Doch erhöht sich der Übernahmegewinn nicht um den vollen Betrag der stillen Reserven. Abzuziehen sind vielmehr die Steuerschulden, die bei der übertragenden Kapitalgesellschaft aufgrund des Übertragungsgewinns entstanden sind. In dieser Höhe vermindert sich nämlich das von der übertragenden Kapitalgesellschaft übertragbare Vermögen. Diese Steuerschulden sind bereits in Gleichung (46) mit dem für $S_{ütg}$ abgeleiteten Wert ermittelt worden. In Höhe von $S_{ütg}$ mindert sich also die Bemessungsgrundlage des Übernahmegewinns. Per Saldo beträgt die Erhöhung des Übernahmegewinns also $R_{still} - S_{ütg}$. Der Übernahmegewinn unterliegt nach § 3 Nr. 40 EStG nur zu 60 %, allgemein ausgedrückt also mit dem Faktor δ, der Einkommensteuer des Unternehmers bzw. der Mitunternehmer des übernehmenden Personenunternehmens, und zwar mit dem sich aus § 32a EStG ergebenden Einkommensteuersatz $s_{e§32a}$. Der Gewerbesteuer unterliegt der Übernahmegewinn hingegen nach der ausdrücklichen Vorschrift des § 18 Abs. 2 UmwStG nicht. Aus den bisherigen Ausführungen ergibt sich eine Steuerbelastung des zusätzlichen Übernahmegewinns ($S_{üng}$) i. H. v.

$$(47) \quad S_{üng} = δ \cdot (R_{still} - S_{ütg}) \cdot s_{e§32a}.$$

Zu beachten ist, dass die Versteuerung des durch die Aufstockung entstehenden zusätzlichen Übernahmeertrags nicht in jedem Fall in dem Veranlagungszeitraum der Umwandlung erfolgt. Vielmehr kann sie auch zeitlich nachgelagert durchzuführen sein. Dies ist dann der Fall, wenn der durch die Aufstockung gem. § 3 UmwStG entstehende zusätzliche Übernahmeertrag lediglich einen Übernahmeverlust mindert und nicht einen Übernahmegewinn erhöht. Auf diese mögliche zeitliche Diskrepanz soll hier lediglich verbal hingewiesen, sie soll nicht formelmäßig erfasst werden. Explizit erfasst werden soll nachfolgend also lediglich der Fall, dass der Übernahmeertrag bereits ohne Aufstockung nach § 3 UmwStG im positiven Bereich liegt. Durch Einsetzen des Werts für $S_{ütg}$ aus Gleichung (46) in Gleichung (47) ergibt sich:

$$(48) \quad S_{üng} = δ \cdot [R_{still} - R_{still} \cdot (s_k + m_{e/kap} \cdot h)] \cdot s_{e§32a}.$$

Gleichung (48) kann umgeformt werden zu:

$$(49) \quad S_{üng} = δ \cdot R_{still} \cdot (1 - s_k - m_{e/kap} \cdot h) \cdot s_{e§32a}.$$

---

115 Dem Buchwert der Beteiligung des übernehmenden Personenunternehmens ist eine im Privatvermögen gehaltene Beteiligung i. S. d. § 17 EStG nach § 5 Abs. 2 UmwStG gleichgestellt. Aus Gründen der sprachlichen Vereinfachung wird hier und nachfolgend regelmäßig nur der gesetzliche Grundfall, der Fall also, dass sich die Beteiligung im Betriebsvermögen eines Personenunternehmens befindet, explizit genannt. Erfasst werden soll hierdurch aber grundsätzlich auch der Fall des § 5 Abs. 2 UmwStG.

Durch die Aufdeckung stiller Reserven bei der übertragenden Kapitalgesellschaft und der Übernahme der aufgestockten Werte in die Übernahmebilanz des übernehmenden Personenunternehmens entsteht bei diesem zusätzliches Aufwandspotential[116]. Die Aufwandsverrechnung dieses Aufwandspotentials kann zu unterschiedlichen Zeiten erfolgen.

Nachfolgend wird der Teil, zu dem die insgesamt aufgedeckten stillen Reserven im Jahre t zu steuerlichem Aufwand werden, mit ε_t bezeichnet. Die Summe aller ε_t beträgt 1 (bei t = 0 ... n). Die Steuerersparnis im Jahre t aufgrund des in diesem Jahr zu verrechnenden zusätzlichen Aufwands ($Saufw_t$) ergibt sich als das Produkt aus ε_t, den stillen Reserven R_{still} und dem anzuwendenden kombinierten Steuersatz des Jahres t. Der kombinierte Steuersatz ist derjenige, mit dem E i. S. v. Gleichung (Ia)[117] verknüpft ist. Hierbei ist der Steuersatz se und der Hebesatz me/pers mit t zu indizieren. Die Steuerersparnis im Jahre t ($Saufw_t$) beträgt demnach

$$(50) \quad Saufw_t = \varepsilon_t \cdot R_{still} \cdot \{s_{e\S32a_t} + m_{e/pers} \cdot [h - \alpha \cdot (1 + s_{olz})]\}.$$

Auch hier gilt wieder: $\alpha \cdot (1 + s_{olz}) \leq h$.

In Gleichung (50) wird die Steuermesszahl me mit dem Zusatzsatzsymbol „/pers" versehen. Dies geschieht, weil die Steuermesszahl bei der Entlastung des Personenunternehmens von der bei der Belastung der Kapitalgesellschaft abweichen kann.

Die auf den Zeitpunkt t = 0 abgezinste Gesamtsteuerersparnis aufgrund der zusätzlichen Aufwandsverrechnung $\left(\sum_{t=0}^{n} Saufw_t \cdot q^{-t} \right)$ beträgt:

$$(51) \quad \sum_{t=0}^{n} Saufw_t \cdot q^{-t} = \sum_{t=0}^{n} \varepsilon_t \cdot R_{still} \cdot \{s_{e\S32a_t} + m_{e/pers} \cdot [h - \alpha \cdot (1 + s_{olz})]\} \cdot q^{-t}.$$

Hierbei gibt q^{-t} in der bekannten Weise den Diskontierungsfaktor an.

---

[116] Wie unter Gliederungspunkt 3.2.4.2 dargestellt, kann eine Aufdeckung stiller Reserven auch zu einer Verringerung des Gewinns bei einer späteren Veräußerung der Wirtschaftsgüter führen. Aus Vereinfachungsgründen wird dieser Fall auch hier sprachlich unter dem der Erhöhung des Aufwandspotentials erfasst.

[117] Vgl. Teil I, Gliederungspunkt 4.2.2.1 und den Formelanhang.

Gleichung (51) kann umgeformt werden zu:

$$(52) \quad \sum_{t=0}^{n} S_{aufw_t} \cdot q^{-t} = R_{still} \cdot \sum_{t=0}^{n} \varepsilon_t \cdot \{ se\S32a_t + me/pers \cdot [h - \alpha \cdot (1 + solz)] \} \cdot q^{-t}.$$

Die abgezinste Gesamtsteuerwirkung einer Aufdeckung stiller Reserven nach § 3 UmwStG ($S_{\S3umwstg}$) ergibt sich aus der Steuerbelastung aufgrund des Übertragungsgewinns nach der Gleichung (46) zuzüglich der Steuermehrbelastung aufgrund der Erhöhung des Übernahmegewinns nach Gleichung (49) abzüglich der auf den Zeitpunkt t = 0 abgezinsten Steuerentlastung aufgrund des zusätzlichen steuerlichen Aufwands nach Gleichung (52). Sie beträgt

$$(53) \quad S_{\S3umwstg} = R_{still} \cdot (sk + me/kap \cdot h) + \delta \cdot R_{still} \cdot (1 - sk - me/kap \cdot h) \cdot se\S32a$$

$$- R_{still} \cdot \sum_{t=0}^{n} \varepsilon_t \cdot \{ se\S32a_t + me/pers \cdot [h - \alpha \cdot (1 + solz)] \} \cdot q^{-t}.$$

Die Aufdeckung stiller Reserven nach § 3 UmwStG ist dann lohnend, wenn $S_{\S3umwstg}$ einen negativen Wert annimmt, d. h. wenn die abgezinsten Entlastungen aufgrund des erhöhten Aufwandspotentials größer sind als die zusätzlichen Belastungen aufgrund des Übertragungsgewinns und des zusätzlichen Übernahmegewinns. Es muss also gelten:

$$(54) \quad S_{\S3umwstg} < 0.$$

Durch Einsetzen der Werte für $S_{\S3umwstg}$ aus Gleichung (53) und einigen Umformungen ergibt sich hieraus:

$$(55) \quad R_{still} \cdot \sum_{t=0}^{n} \varepsilon_t \cdot \{ se\S32a_t + me/pers \cdot [h - \alpha \cdot (1 + solz)] \} \cdot q^{-t}$$

$$> R_{still} \cdot (sk + me/kap \cdot h) + \delta \cdot R_{still} \cdot (1 - sk - me/kap \cdot h) \cdot se\S32a.$$

Wird Ungleichung (55) durch R_{still} gekürzt, so ergibt sich:

$$(56) \quad \sum_{t=0}^{n} \varepsilon_t \cdot \{ se\S32a_t + me/pers \cdot [h - \alpha \cdot (1 + solz)] \} \cdot q^{-t}$$

$$> sk + me/kap \cdot h + \delta \cdot (1 - sk - me/kap \cdot h) \cdot se\S32a.$$

Aus Gleichung (56) ist ersichtlich, dass eine Vielzahl von Faktoren Einfluss auf die Vorteilhaftigkeit einer Aufstockung nach § 3 UmwStG haben kann.

3.4.3.2.2 Fallgruppen und weiteres methodisches Vorgehen

Nachfolgend soll zwischen vier Fallgruppen unterschieden werden, die aufgrund gesetzlicher Regelungen unterschiedliche Steuerfolgen zeitigen. Diese lassen sich wie folgt skizzieren:

1. Es entsteht ein verbleibender Übernahmegewinn und es besteht kein Verlustvortrag,
2. es entsteht ein verbleibender Übernahmegewinn und es besteht ein Verlustvortrag,
3. es entsteht ein verbleibender Übernahmeverlust und es besteht kein Verlustvortrag und
4. es entsteht ein verbleibender Übernahmeverlust und es besteht ein Verlustvortrag.

Klargestellt sei, dass es sich bei dem *verbleibenden Übernahmeverlust* um den Übernahmeverlust handelt, der sich nach § 4 Abs. 6 Satz 4 UmwStG ergibt. Seine Ermittlung ist in Gliederungspunkt 3.4.2.2 erläutert worden.

Für jede der genannten Fallgruppen wird in den nächsten Gliederungspunkten zunächst der Fall der schnellstmöglichen Aufwandsverrechnung betrachtet. Innerhalb der jeweiligen Fallgruppe ist dies - c. p. - der Fall, dass die Aufwandsverrechnung infolge der Aufstockung in vollem Umfang zum Zeitpunkt der Aufstockung erfolgt. Dieser Fall ist zwar völlig unrealistisch, doch gibt er den größtmöglichen Entlastungseffekt innerhalb der jeweiligen Fallgruppe an. Der Vorteil einer Aufstockung kann also innerhalb der jeweiligen Fallgruppe nicht größer sein als derjenige, der durch diesen Grenzfall bestimmt wird.

Eine unmittelbare vollständige Aufwandsverrechnung zum Zeitpunkt der Aufstockung bedeutet, dass der Zeitindex t in Ungleichung (56) den Wert 0, ε_t in derselben Gleichung den Wert 1 und q^{-t} ebenfalls den Wert 1 annimmt. Ungleichung (56) wird dann zu:

$$(57) \quad s_{e§32a} + m_{e/pers} \cdot [h - \alpha \cdot (1 + s_{olz})]$$

$$> s_k + m_{e/kap} \cdot h + \delta \cdot (1 - s_k - m_{e/kap} \cdot h) \cdot s_{e§32a}.$$

Werden in Gleichung (57) die derzeit (Sommer 2009) gesetzlich fixierten Parameter ($m_{e/kap} = 0{,}035$, $m_{e/pers} = 0{,}035$, $s_{kö} = 0{,}15$, $s_{olz} = 0{,}055$, $\delta = 0{,}6$) eingesetzt und gilt $m_{e/kap} = m_{e/pers}$, so ergibt sich:

$$(57a) \quad s_{e§32a} + 0{,}035 \cdot (h - 1{,}055 \cdot \alpha)$$

$$> 0{,}15825 + 0{,}035 \cdot h + 0{,}6 \cdot (0{,}84175 - 0{,}035 \cdot h) \cdot s_{e§32a}.$$

Hierbei gilt - wie stets nach derzeitigem Recht -

$$\alpha \cdot (1 + solz) \le h.$$

Bezogen auf die Summe aller Mitunternehmer gilt ferner

$$\alpha \le 3,8.$$

3.4.3.2.3 Übernahmegewinn, kein Verlustvortrag

Zunächst wird die Fallgruppe betrachtet, in der bei den (Mit-)Unternehmern des übernehmenden Personenunternehmens ein Übernahmegewinn entsteht. Dieser erhöht sich im Falle einer Aufstockung nach § 3 UmwStG um den bereits ermittelten Betrag. Die Fallgruppe ist außerdem dadurch gekennzeichnet, dass die übertragende Kapitalgesellschaft keinen steuerlichen Verlustvortrag hat.

Bei dieser Konstellation ergeben sich nach derzeit geltendem Steuerrecht (Sommer 2009) unter den Prämissen der Ungleichung (57a) mindestens erforderliche kombinierte Einkommen-, Kirchensteuer und Solidaritätszuschlagsätze, die zwischen 48,22 % bei einem Hebesatz von 300 % und 49,76 % bei einem Hebesatz von 500 % liegen. Hierbei handelt es sich um die Steuersätze mit denen die (Mit-)Unternehmer aufgrund des zusätzlichen Aufwandspotentials mindestens entlastet werden müssen, damit eine Aufstockung überhaupt vorteilhaft sein kann. Da der nach derzeitigem Recht höchstmögliche kombinierte Steuersatz (bei sei = 45 %) rd. 49,52 % beträgt[118], liegt der mindest erforderliche Steuersatz bereits bei einem Hebesatz von 300 % mit 48,22 % knapp unterhalb dieses gesetzlich höchstmöglichen Steuersatzes.

Zu beachten ist, dass Ungleichung (57a) auf einem völlig unrealistischen Grenzfall beruht, auf der Annahme nämlich, dass das durch eine Aufstockung erzeugte zusätzliche Aufwandspotential bereits im Veranlagungszeitraum der Umwandlung in vollem Umfang als steuerlicher Aufwand behandelt werden kann. Tatsächlich ist eine Geltendmachung des Aufwands aber nur im Laufe vieler Jahre oder sogar Jahrzehnte möglich. Der tatsächliche kritische Einkommensteuersatz ist somit i. d. R. wesentlich größer als die hier ermittelten Steuersätze. Eine Aufstockung ist somit unter den Prämissen, dass ein Übernahmegewinn entsteht und kein Verlustvortrag vorhanden ist, auf keinen Fall vorteilhaft.

3.4.3.2.4 Übernahmegewinn, Verlustvortrag

Nunmehr wird die Fallgruppe betrachtet, in der der übernehmende (Mit-)Unternehmer - wie in der ersten Fallgruppe auch - einen Übernahmegewinn erzielt, die übertragende Kapitalgesellschaft aber - im Gegensatz zur ersten Fallgruppe - einen noch nicht verbrauchten Verlustvortrag hat. Dieser geht bekanntlich nach § 4 Abs. 2 Satz 2 UmwStG nicht auf das übernehmende Personenunternehmen über. Werden in dieser Situation in der Übertragungsbilanz nach § 3 UmwStG

---

118 Vgl. die im Anhang befindliche Tabelle T-5.

stille Reserven aufgedeckt, so wird hierdurch bei der übertragenden Kapitalgesell-schaft der Verlustvortrag verringert. Soweit der Verlustvortrag reicht, entsteht bei der übertragenden Kapitalgesellschaft keine Körperschaftsteuer. In Ungleichung (57) ist daher sk = 0 zu setzen.

Hinsichtlich der Gewerbesteuer sind zwei unterschiedliche Fälle denkbar. Der eine ist dadurch gekennzeichnet, dass auch gewerbesteuerlich die übertragende Kapitalgesellschaft über einen bisher nicht verbrauchten Verlustvortrag verfügt. Dieser kann gem. § 18 Abs. 1 i. V. m. § 4 Abs. 2 Satz 2 UmwStG von dem Perso-nenunternehmen ebenfalls nicht übernommen werden. In diesem Fall ist auch me/kap = 0 zu setzen. me/pers hingegen nimmt den Wert von 0,035 an. Werden unter diesen Voraussetzungen im Übrigen die auch Ungleichung (57a) zugrunde liegenden Werte (solz = 0,055, δ = 0,6) angesetzt, so ergibt sich aus Ungleichung (57) Folgendes:

(57b) $s_{e\S32a} + 0{,}035 \cdot (h - 1{,}055 \cdot \alpha) > 0{,}6 \cdot s_{e\S32a}.$

Diese Ungleichung ist stets erfüllt. Insoweit als im Rahmen der Umwandlung ein noch nicht verbrauchter körperschaft- und gewerbesteuerlicher Verlustvortrag vorhanden ist, kann deshalb eine Aufdeckung stiller Reserven vorteilhaft sein. Eine darüber hinausgehende Aufstockung hingegen ist nach den Ausführungen im letzten Gliederungspunkt unvorteilhaft. Ob eine Aufstockung tatsächlich vorteil-haft ist, kann abschließend aber nicht anhand von Ungleichung (57b), sondern nur anhand von Ungleichung (56) geklärt werden, d. h. mit Hilfe einer Ungleichung, die die Abzinsung zeitverzögerter Aufwandsverrechnungen berücksichtigt.

Der zweite Fall zeichnet sich dadurch aus, dass bei der Gewerbesteuer - im Gegensatz zur Körperschaftsteuer - kein vortragsfähiger Verlust vorhanden ist. Dieser Fall kann dadurch berücksichtigt werden, dass in Ungleichung (57) nur sk = 0 gesetzt wird. Beim Einsetzen der übrigen soeben genannten Werte wird Ungleichung (57) zu

(57c) $s_{e\S32a} + 0{,}035 \cdot (h - 1{,}055 \cdot \alpha) > 0{,}035 \cdot h + 0{,}6 \cdot (1 - 0{,}035 \cdot h) \cdot s_{e\S32a}.$

Unter den Prämissen dieser Ungleichung ergeben sich kritische kombinierte Ein-kommen-, Kirchensteuer- und Solidaritätszuschlagsätze von 23,93 % (bei h = 300 %), 28,99 % (bei h = 400 %) und 27,79 % (bei h = 500 %). Diese Steuersätze dürften i. d. R. überschritten werden. Auch in derartigen Fällen kann also eine Aufstockung vorteilhaft sein. Ob tatsächlich ein Vorteilsvergleich vorliegt, kann aber auch hier nur im Einzelfall unter Berücksichtigung der Abzinsungseffekte, die nicht in Ungleichung (57c), wohl aber in Ungleichung (56) erfasst sind, überprüft werden.

3.4.3.2.5 *Verbleibender Übernahmeverlust, kein Verlustvortrag*

Die nunmehr zu behandelnde dritte Fallgruppe ist dadurch gekennzeichnet, dass bei dem übernehmenden Personenunternehmen ein verbleibender Übernahmeverlust entsteht und die übertragende Kapitalgesellschaft nicht über einen Verlustvortrag verfügt.

Durch die Aufdeckung stiller Reserven in der Übertragungsbilanz wird der verbleibende Übernahmeverlust geringer. Solange durch die Aufstockung die Grenze zur Entstehung eines Übernahmegewinns nicht überschritten wird, ist bei dem (Mit-)Unternehmer also kein Übernahmegewinn zu versteuern. In Ungleichung (57) kann dies dadurch ausgedrückt werden, dass $\delta = 0$ gesetzt wird. Im Übrigen können dort wieder die bereits aus Gliederungspunkt 3.4.3.2.3 bekannten Werte eingesetzt werden, nämlich: $m_{e/kap} = 0{,}035$, $m_{e/pers} = 0{,}035$ und $s_k = 0{,}15825$.

Durch Berücksichtigung der genannten Werte in Ungleichung (57) ergibt sich:

(57d) $s_{e\S32a} + 0{,}035 \cdot (h - 1{,}055 \cdot \alpha) > 0{,}15825 + 0{,}035 \cdot h.$

Unter den Prämissen dieser Ungleichung ergeben sich kritische kombinierte Einkommen-, Kirchensteuer und Solidaritätszuschlagsätze von 26,90 % (bei $h = 300$ %), 29,86 % (bei $h = 400$ %) und von 29,86 % (bei $h = 500$ %).

Bei dieser Konstellation muss also der Einkommensteuerentlastungssatz selbst im günstigsten Fall größer als rd. 27 % sein, damit eine Aufstockung nach § 3 UmwStG überhaupt vorteilhaft sein kann. In aller Regel wird der kritische Entlastungssteuersatz aber wesentlich höher liegen, da sich die Entlastungswirkungen über viele Jahre oder Jahrzehnte hinziehen und deshalb in der bekannten Weise Zinseffekte zu berücksichtigen sind. Bei der hier untersuchten Konstellation dürfte deshalb eine Aufstockung allenfalls in äußerst seltenen Fällen vorteilhaft sein.

3.4.3.2.6 *Verbleibender Übernahmeverlust, Verlustvortrag*

Die vierte und letzte Fallgruppe ist dadurch gekennzeichnet, dass ohne Aufstockung nach § 3 UmwStG bei dem übernehmenden Personenunternehmen ein verbleibender Übernahmeverlust entsteht und außerdem die übertragende Kapitalgesellschaft über einen Verlustvortrag verfügt.

Infolge des Übernahmeverlustes entsteht bei dem übernehmenden (Mit-)Unternehmer kein nach § 4 UmwStG zu erfassender Gewinn. In Ungleichung (57) kann dies in der bereits bekannten Weise dadurch berücksichtigt werden, dass dort $\delta = 0$ gesetzt wird.

Bei der übertragenden Kapitalgesellschaft wird der Übertragungsgewinn mit dem noch nicht verbrauchten Verlustvortrag ausgeglichen. Es entsteht somit keine Körperschaftsteuer, d. h. es gilt $s_k = 0$.

Hinsichtlich der Gewerbesteuer lassen sich hier wieder die bereits aus Gliederungspunkt 3.4.3.2.4 bekannten Fälle unterscheiden.

Der erste ist dadurch gekennzeichnet, dass auch gewerbesteuerlich die übertragende Kapitalgesellschaft über einen bisher nicht verbrauchten Verlustvortrag verfügt. In diesem Fall gilt auch me/kap = 0. Hingegen nimmt me/pers unverändert den Wert von 0,035 an. Durch Einsetzen der genannten Werte in Gleichung (57) ergibt sich

(57e) $s_{e\S32a} + 0{,}035 \cdot (h - 1{,}055 \cdot \alpha) > 0.$

Hieraus ergeben sich für $s_{e\S32a}$ Werte von 0,58 % (bei h = 300 %), 0,03 % (bei h = 400 %) und 3,47 % (bei h = 500 %).

Damit dürfte eine Aufstockung unter den genannten Prämissen i. d. R. vorteilhaft sein.

Im zweiten Fall besteht zwar ein körperschaftsteuerlicher, nicht hingegen ein gewerbesteuerlicher Verlustvortrag. Hier nimmt me/kap den Wert 0,035 an. Im Übrigen sind in diese Ungleichung die zuletzt genannten konkreten Werte einzusetzen. Ungleichung (57) wird dann zu

(57f) $s_{e\S32a} + 0{,}035 \cdot (h - 1{,}055 \cdot \alpha) > 0{,}035 \cdot h.$

Aus dieser Ungleichung ergeben sich für $s_{e\S32a}$ Werte von 11,08 % (bei h = 300 %), 14,03 % (bei h = 400 %) und 14,03 (bei h = 500 %). Damit dürfte in der hier behandelten Fallgruppe eine Aufstockung häufig vorteilhaft sein. Ob dies für den konkreten Einzelfall gilt, kann nicht anhand von Gleichung (57f), sondern nur mit Hilfe von Gleichung (56) ermittelt werden. Es muss also grundsätzlich der durch die Aufstockung verursachte Barwert der Steuerdifferenzen ermittelt werden.

3.4.3.2.7 Zusammenfassung der Ergebnisse zum Aufstockungswahlrecht nach § 3 UmwStG

Die Ergebnisse zur möglichen Inanspruchnahme des Aufstockungswahlrechts nach § 3 UmwStG lassen sich wie folgt zusammenfassen:

1. Entsteht bei dem übernehmenden Personenunternehmen ein Übernahmegewinn und verfügt die übertragende Kapitalgesellschaft über keinen Verlustvortrag, so ist eine Aufstockung nach § 3 UmwStG auf keinen Fall vorteilhaft.
2. Entsteht ein Übernahmegewinn, liegt aber ein körperschaftsteuerlicher Verlustvortrag vor, so ist eine Aufstockung nach § 3 UmwStG regelmäßig vorteilhaft, wenn auch ein gewerbesteuerlicher Verlustvortrag vorliegt. Ist dies nicht der Fall, so ist keine allgemeingültige Aussage möglich. Hier ist eine eingehendere Vorteilhaftigkeitsanalyse unter Berücksichtigung der Daten des Einzelfalls erforderlich.

3. Entsteht ein verbleibender Übernahmeverlust, liegt aber kein Verlustvortrag vor, so kann eine Aufstockung nur in seltenen Fällen vorteilhaft sein. Hier ist eine genauere Analyse des Einzelfalls unter Berücksichtigung der Zinseffekte erforderlich.
4. Entsteht ein verbleibender Übernahmeverlust und liegt ein körperschaftsteuerlicher Verlustvortrag vor, so ist eine Aufstockung regelmäßig dann vorteilhaft, wenn auch ein gewerbesteuerlicher Verlustvortrag gegeben ist. Besteht kein gewerbesteuerlicher Verlustvortrag, so dürfte in vielen Fällen dennoch eine Aufstockung vorteilhaft sein. Bei sehr langen Zeiträumen der Aufwandsverrechnung der aufgedeckten stillen Reserven kann sich auch das entgegengesetzte Ergebnis einstellen. In diesen Fällen ist eine eingehendere Analyse erforderlich.

3.4.3.3 Vorteilsvergleich einer Umwandlung mit einem Verzicht hierauf

3.4.3.3.1 Klärung der Entscheidungssituation und Folgerungen für den Gang der Untersuchung

Soll die steuerliche Vorteilhaftigkeit der Umwandlung einer Kapitalgesellschaft in ein Personenunternehmen untersucht werden, so sollte - ebenso wie bei den bisher behandelten Umwandlungsvorgängen - zunächst die konkrete Entscheidungssituation geklärt werden. In diesem Zusammenhang ist es naheliegend, folgende *vier Fragen* zu stellen:

1. Ist die Umwandlung der bisherigen Kapitalgesellschaft in ein Personenunternehmen aus nichtsteuerlichen Gründen vorgegeben oder sollen die Steuerwirkungen bei der Frage, ob umgewandelt werden soll, berücksichtigt werden?
2. Ist bei der Kapitalgesellschaft ein nicht auf das Personenunternehmen übertragbarer Verlustvortrag vorhanden?
3. Befinden sich die Anteile an der Kapitalgesellschaft zum Zeitpunkt der Umwandlung bereits in dem Betriebsvermögen der Personengesellschaft bzw. des Einzelunternehmers oder gelten sie zu diesem Zeitpunkt als in dieses Betriebsvermögen eingelegt oder ist beides nicht der Fall?
4. Plant der Entscheidungsträger, seinen Anteil an der Kapital- bzw. Personengesellschaft zu einem späteren Zeitpunkt zu veräußern oder soll dieser im Rahmen der Erbfolge bzw. der vorweggenommenen Erbfolge auf den oder die Erben übergehen?

Die erste und die vierte Frage sind Fragen nachgebildet, die an früherer Stelle als von Bedeutung in den Fällen der Einbringung eines Einzelunternehmens in eine Personengesellschaft bzw. eines Personenunternehmens in eine Kapitalgesellschaft angesehen worden sind[119]. Die bei den beiden Einbringungsvorgängen an zweiter Stelle gestellte Frage nach dem Alter des Einbringenden bzw. nach dessen

---

119 Vgl. die Gliederungspunkte 3.2.4.1 und 3.3.6.1.

dauernder Berufsunfähigkeit braucht hier von vornherein nicht gestellt zu werden. Dies liegt daran, dass bei den nunmehr zu behandelnden Umwandlungsvorgängen an die Vollendung eines bestimmten Lebensalters bzw. an eine dauernde Berufsunfähigkeit des Umwandelnden keine steuerlichen Folgen geknüpft sind, kommt es doch weder zur Anwendung des § 16 Abs. 4 EStG noch des § 34 EStG, vielmehr zu der des Teileinkünfteverfahrens nach § 3 Nr. 40 EStG bzw. der Abgeltungsteuer[120].

Eine Bejahung der Frage, ob eine Umwandlung aus nichtsteuerlichen Gründen vorgegeben sei *(Frage 1),* ist bei der hier zu behandelnden Art der Umwandlung äußerst problematisch. Der Grund liegt darin, dass hier regelmäßig keine steuerneutrale Art der Umwandlung möglich ist. Vielmehr können im Einzelfall gravierende Steuerfolgen eintreten, die oft nur schwer zu durchschauen sind. Insoweit besteht ein erheblicher Unterschied zu den bisher behandelten Einbringungstatbeständen: Bei jenen ist stets eine steuerneutrale Einbringung zu Buchwerten möglich. Eine Entscheidung zur Umwandlung ohne Beachtung der Steuerfolgen erscheint deshalb hier nur in Ausnahmefällen vertretbar. Aber selbst in derartigen Ausnahmefällen dürfte es i. d. R. sinnvoll sein, die Steuerwirkungen genau zu analysieren. Im Einzelfall können diese nämlich so gravierend sein, dass ihre Berücksichtigung bei der Liquiditätsplanung unumgänglich ist.

Angemerkt sei, dass Fälle, in denen die Umwandlung einer Kapitalgesellschaft in ein Personenunternehmen aus nichtsteuerlichen Gründen sinnvoll oder gar notwendig erscheint, selten vorkommen dürften. Insoweit besteht ein erheblicher Unterschied gegenüber dem umgekehrten Vorgang der Umwandlung eines Personenunternehmens in eine Kapitalgesellschaft. Letzterer Vorgang wird insbesondere häufig dadurch notwendig, dass ein zunächst kleines Personenunternehmen im Laufe der Zeit stark gewachsen ist und bei dem Unternehmer bzw. den Mitunternehmern ein hohes Vermögen entstanden ist. Um dieses gegen eine unbeschränkte persönliche Haftung abzuschirmen, kann die Umwandlung des Unternehmens in eine Rechtsform, die dies ermöglicht, sinnvoll erscheinen lassen. Hier bietet sich häufig die Umwandlung in eine GmbH an.

In allen Fällen, in denen die steuerliche Vorteilhaftigkeit der Umwandlung einer Kapitalgesellschaft in ein Personenunternehmen untersucht werden soll, ist die Frage nach dem Vorhandensein bzw. Nichtvorhandensein eines steuerlichen Verlustvortrages *(Frage 2)* von erheblicher Bedeutung. Nur, wenn ein steuerlicher Verlustvortrag vorhanden ist, kann eine Aufdeckung stiller Reserven in der Übertragungsbilanz nach § 3 UmwStG überhaupt vorteilhaft sein. Nur in derartigen Fällen gibt eine tiefergehende Analyse der Wirkungen einer derartigen Aufstockung Sinn. Dies gilt aber nur für eine Aufstockung bis zur Höhe des Verlustvortrages. Wie unter Gliederungspunkt 3.4.3.2 ermittelt worden ist, kann in den Fällen, in denen kein Verlustvortrag vorhanden ist, ohne nähere Prüfung davon ausgegangen werden, dass eine Aufstockung in der Übertragungsbilanz nach § 3 UmwStG nicht vorteilhaft ist.

---

120 Vgl. Gliederungspunkt 3.4.2.1.

Die *dritte* der weiter oben formulierten *Fragen* ist von Bedeutung für die Steuerfolgen einer Umwandlung bei dem (Mit-)Unternehmer. Wie unter Gliederungspunkt 3.4.2.2 ausführlich dargestellt, können diese je nach Fallgruppe erheblich voneinander abweichen.

Die *vierte* und letzte der weiter oben gestellten *Fragen* kann für die langfristigen Steuerfolgen einer möglichen Umwandlung von Bedeutung sein. Diese können voneinander abweichen, je nachdem, ob der bisherige Gesellschafter bzw. Unternehmer am Ende seiner unternehmerischen Betätigung eine (vorweggenommene) Erbfolge oder einen Verkauf seines Unternehmens bzw. seines Anteils am Unternehmen plant.

3.4.3.3.2 *Vorgehensweise bei Durchführung des Vergleichs in einem wichtigen Spezialfall*

Aus der Vielzahl möglicher Fälle, die sich aus der unterschiedlichen Beantwortung der hier gestellten vier Fragen ableiten lassen, soll nachfolgend lediglich auf eine Fallgruppe näher eingegangen werden. Diese lässt sich wie folgt skizzieren:

- Soll umgewandelt werden, so soll dies im Wege eines Formwechsels oder einer Verschmelzung geschehen[121].
- In die Untersuchung, ob eine Umwandlung der bisherigen Kapitalgesellschaft in ein Personenunternehmen durchgeführt werden soll oder nicht, sollen die entstehenden Steuerfolgen einbezogen werden.
- Das das Betriebsvermögen übernehmende Personenunternehmen setzt - nach Prüfung und Verneinung der Vorteilhaftigkeit einer Aufstockung - in seiner Übernahmebilanz das Betriebsvermögen mit seinen bisherigen Buchwerten an.
- Alle Gesellschafter der Kapitalgesellschaft waren vor Jahren deren Gründer. Die Anschaffungskosten der Anteile entsprachen dem bei Gründung festgelegten Nennkapital, das seither unverändert ist.
- Die Kapitalgesellschaft verfügt über keinen steuerlichen Verlustvortrag.
- Die Gesellschafter der Kapitalgesellschaft wollen am Ende ihrer unternehmerischen Tätigkeit ihre Anteile an der Gesellschaft im Rahmen der (vorweggenommenen) Erbfolge auf ihre Erben übertragen.
- Die den Vorteilsvergleich durchführenden Gesellschafter der Kapitalgesellschaft halten ihre Anteile zwar in ihrem Privatvermögen, doch bilden diese eine Beteiligung i. S. d. § 17 EStG.
- Das zu versteuernde Einkommen eines jeden Gesellschafters befindet sich im Jahr der möglichen Umwandlung im unteren Plafond.

Die hier skizzierte Fallgruppe ist zwar nur eine von mehreren, doch ist sie vermutlich eine der für die Praxis wichtigsten.

---

[121] Vgl. Gliederungspunkt 3.1.

In dieser Fallgruppe entstehen folgende unterschiedliche Steuerwirkungen zwischen dem Fall der Fortführung der bisherigen Kapitalgesellschaft einerseits und deren Umwandlung in ein Personenunternehmen andererseits:

1. Da die Buchwerte fortgeführt werden sollen, entsteht im Falle der Umwandlung kein Übertragungsgewinn, aber auch kein Übertragungsverlust. Insoweit ergibt sich kein Unterschied gegenüber dem Fall der Fortführung der Kapitalgesellschaft.

2. Im Falle der Umwandlung müssen die bisherigen Gesellschafter der Kapitalgesellschaft und künftigen (Mit-)Unternehmer des Personenunternehmens gem. § 7 UmwStG den zum Übertragungsstichtag vorhandenen ausschüttbaren Gewinn der Kapitalgesellschaft als Einnahmen i. S. d. § 20 Abs. 1 Nr. 1 EStG versteuern. Nach der hier vertretenen Rechtsansicht ist auf die dem ausschüttbaren Gewinn entsprechenden fiktiven Ausschüttungen der Abgeltungsteuersatz von 25 % anzuwenden[122]. Sollte sich die von der hier vertretenen Rechtsansicht abweichende Meinung durchsetzen, so ist das Teileinkünfteverfahren anzuwenden[123]. Der anzuwendende Einkommensteuersatz beträgt dann (60 % · 42 % =) 25,2 %. Für die Steuerplanung ist es im konkreten Fall also irrelevant, welche der beiden Rechtsansichten sich durchsetzen wird: In jedem Fall kommt es zur Anwendung eines Einkommensteuersatzes in der Größenordnung von 25 %. Mit Gewerbesteuer werden die fiktiven Ausschüttungen i. S. d. § 7 UmwStG nicht belastet. Dies gilt unabhängig davon, welche der beiden unter Gliederungspunkt 3.4.2.1 dargestellten Rechtsansichten sich durchsetzen wird. Folgt man der hier vertretenen Rechtsansicht, so führen die fiktiven Ausschüttungen nach § 7 UmwStG nicht zu einem Gewinn aus Gewerbebetrieb i. S. d. § 7 Abs. 1 GewStG. Folgt man der abweichenden Rechtsansicht, so entsteht zwar Gewinn aus Gewerbebetrieb, doch kommt es zu einer Kürzung nach § 9 Nr. 2a GewStG in gleicher Höhe.

3. Im Falle der Umwandlung ist nach § 4 Abs. 4 UmwStG ein Übernahmegewinn zu ermitteln, im Falle eines Verzichts auf Umwandlung hingegen nicht. Der Übernahmegewinn ergibt sich unter der hier formulierten Prämisse einer Fortführung der Buchwerte auch bei Umwandlung aus der Differenz der Summe der Buchwerte und dem Buchwert der Anteile des Personenunternehmens an der Kapitalgesellschaft. Ein derartiger Buchwert ist zum Zeitpunkt der Einbringung nicht vorhanden, da die Anteile von den Gesellschaftern in deren Privatvermögen gehalten worden sind. Es greift daher die Fiktion des § 5 Abs. 2 UmwStG. Danach gelten die Anteile zum Umwandlungsstichtag mit ihren ursprünglichen Anschaffungskosten als eingelegt. Diese entsprechen unter den Prämissen dieser Fallgruppe dem gezeichneten Kapital und der Kapitalrücklage. Die Summe der Buchwerte zum Einbringungsstichtag ist um die Summe der seither angesammelten offen ausgewiesenen Reserven höher. Diese Summe entspricht bei Zugrundelegung der steuerrechtlichen Bewertung

---

[122] Vgl. Gliederungspunkt 3.4.2.1.
[123] Vgl. ebenda.

dem ausschüttbaren Gewinn. Stimmen Handels- und Steuerbilanz überein, so entspricht sie handelsbilanziell der Summe aus Gewinnrücklagen, Gewinnvortrag und Jahresüberschuss.

4. Nach § 4 Abs. 5 Satz 2 UmwStG ist der Übernahmegewinn um die Bezüge i. S. d. § 7 UmwStG zu kürzen. Die Höhe dieser fiktiven Gewinne entspricht aber exakt dem ausschüttbaren Gewinn und damit - unter den hier formulierten Prämissen dem Übernahmegewinn. Der Übernahmegewinn ist demnach hier exakt um sich selbst zu kürzen. Der nach § 4 Abs. 5 Satz 2 UmwStG verbleibende steuerpflichtige Teil des Übernahmegewinns beträgt somit 0 €. Auch im Falle der Umwandlung kommt es hier somit im Ergebnis nicht zu einer Versteuerung eines Übernahmegewinns. Damit ergeben sich insoweit keine abweichenden Steuerwirkungen gegenüber dem Fall einer unveränderten Fortführung der Kapitalgesellschaft.

5. Annahmegemäß endet die Gesellschafterstellung der bisherigen Gesellschafter mit (vorweggenommener) Erbfolge und nicht durch Verkauf. Damit sind die Folgen einer (vorweggenommenen) Erbfolge und nicht die einer Veräußerung der Anteile in den Vorteilsvergleich einzubeziehen. Diese dürften sich regelmäßig - wenn überhaupt - in den miteinander zu vergleichenden Fällen nur wenig voneinander unterscheiden. Sie können somit vernachlässigt werden.

6. Sind in dem Betriebsvermögen Grundstücke enthalten, so fällt im Falle einer Umwandlung Grunderwerbsteuer an, im Falle einer Fortführung der bisherigen Kapitalgesellschaft hingegen nicht.

7. Weitere Steuerfolgen als unter 1. bis 6. aufgeführt, ergeben sich durch eine mögliche Umwandlung nicht.

Unter den Prämissen der hier behandelten Fallgruppe ergeben sich lediglich aus 2. und 6. unterschiedliche Steuerfolgen. Miteinander zu vergleichen sind demnach

- die Steuern gem. § 7 UmwStG auf die fiktiven Ausschüttungen und ggf. die Grunderwerbsteuer zum Zeitpunkt der Umwandlung mit
- dem Barwert der Steuern auf die tatsächlichen Ausschüttungen zu einem späteren Zeitpunkt.

Fiktive und tatsächliche Ausschüttungen entsprechen dem zum Einbringungszeitpunkt in der Kapitalgesellschaft vorhandenen ausschüttbaren Gewinn i. S. d. § 27 KStG. Damit ist die Umwandlung im Vergleich zur Fortführung der Kapitalgesellschaft in der hier betrachteten Fallgruppe i. d. R. steuerlich nachteiliger als die unveränderte Fortführung der Kapitalgesellschaft, da im Falle der Umwandlung die Versteuerung „jetzt" erfolgt, im Falle der Fortführung der Kapitalgesellschaft hingegen „später". Eine Ausnahme kann sich dann ergeben, wenn der auf die fiktive Ausschüttung anzuwendende Steuersatz deutlich niedriger ist als der auf die alternative spätere tatsächliche. Diese Situation kann sich ergeben, wenn

- der Gesellschafter im Jahr der möglichen Umwandlung der Kapitalgesellschaft in der Summe Verluste aus anderen Einkunftsquellen erzielt oder
- der Gesetzgeber in Zukunft den anzuwendenden Steuersatz erhöht.

Im ersten der beiden genannten Fälle ist es für den Gesellschafter vorteilhaft, auf die fiktiven Ausschüttungen nicht den Abgeltungsteuersatz zur Anwendung kommen zu lassen, sondern einen Antrag auf Einbeziehung der fiktiven Ausschüttungen in die Veranlagung zu stellen.

3.5 Umwandlung einer Kapitalgesellschaft in eine andere Kapitalgesellschaft

3.5.1 Einführung

Nunmehr sollen Umwandlungen von einer Rechtsform einer Kapitalgesellschaft in eine andere Rechtsform der Kapitalgesellschaft betrachtet werden. Rechtsformen der Kapitalgesellschaften sind bekanntlich die GmbH, die AG und die KGaA. Wird die KGaA nicht weiter betrachtet, so kommen als Umwandlungsvorgänge einer Rechtsform einer Kapitalgesellschaft in eine andere Rechtsform einer Kapitalgesellschaft lediglich in Betracht:

*   die Umwandlung einer GmbH in eine AG und
*   die Umwandlung einer AG in eine GmbH.

Ein Motiv für die Umwandlung einer GmbH in eine AG kann insbesondere das Bestreben sein, das Unternehmen an die Börse zu führen. Dies ist nach geltendem deutschen Recht nur für Unternehmen in der Rechtsform der AG (und der der KGaA), nicht hingegen in der der GmbH möglich. Ein Grund, die Rechtsform der AG aufzugeben und die der GmbH anzunehmen, kann z. B. dann gegeben sein, wenn die Aktien einer bisher börsennotierten AG vollständig von einem anderen Unternehmen übernommen worden sind und dieses Unternehmen sich solcher Pflichten entledigen will, die ausschließlich Aktiengesellschaften betreffen. Anzunehmen ist, dass die Gründe für einen Rechtsformwechsel von einer GmbH in eine AG oder umgekehrt in aller Regel im nichtsteuerlichen Bereich liegen. Dies kann auch bereits daraus gefolgert werden, dass die Rechtsformen der GmbH und der AG bei allen Steuerarten gleich behandelt werden. Steuerliche Effekte können demnach allenfalls durch den Umwandlungsvorgang selbst erzeugt werden.

3.5.2 Gesellschaftsrechtliche Gestaltungsmöglichkeiten

Gesellschaftsrechtlich können die hier zu behandelnden Umwandlungsvorgänge entweder

*   durch Formwechsel oder
*   durch Verschmelzung

bewirkt werden.

Formwechsel (§§ 190 - 304 UmwG) sind dadurch gekennzeichnet, dass bei ihnen der bisherige Rechtsträger nicht untergeht, sondern erhalten bleibt[124]. Der Rechtsträger ändert lediglich seine Rechtsform, sein juristisches Kleid. Der Formwechsel einer GmbH in eine AG bzw. einer AG in eine GmbH bewirkt also keine Änderung des Rechtssubjekts. Es findet keine Übertragung von Vermögen von einem Rechtsträger auf einen anderen statt.

Verschmelzungen sind in den §§ 2 - 122 UmwG geregelt. Bei ihnen handelt es sich nach § 2 UmwG um Vorgänge, bei denen ein Rechtsträger (**übertragender Rechtsträger**) sein ganzes Vermögen auf einen anderen Rechtsträger (**übernehmender Rechtsträger**) überträgt. Mit der Übertragung des Vermögens erlischt der übertragende Rechtsträger. Bei dem übernehmenden kann es sich sowohl um einen bereits bestehenden als auch um einen zu gründenden Rechtsträger handeln. Im Zuge der Verschmelzung erhalten die Gesellschafter der übertragenden Gesellschaft Gesellschaftsrechte an der übernehmenden Gesellschaft.

In den hier zu behandelnden Fällen sollen nicht mehrere Gesellschaften miteinander verschmolzen werden, vielmehr soll lediglich eine GmbH in eine AG oder umgekehrt eine AG in eine GmbH verwandelt werden. Dies kann gesellschaftsrechtlich im Wege des Formwechsels deutlich einfacher und damit auch kostengünstiger geschehen als im Wege einer Verschmelzung. Bei einer Verschmelzung muss nämlich zunächst zusätzlich zu der bereits bestehenden GmbH (AG) eine AG (GmbH) gegründet werden. Die bereits bestehende Gesellschaft ist dann übertragender, die noch zu gründende Gesellschaft wird übernehmender Rechtsträger. Mit der Übertragung des Vermögens von der übertragenden auf die übernehmende erlischt die übertragende Gesellschaft.

Die bisherigen Ausführungen lassen erkennen, dass - sofern nicht im Einzelfall bisher nicht erörterte Gründe dagegen sprechen - in den hier zu behandelnden Fällen ein Formwechsel die besser geeignete Art der Umwandlung darstellt als die Verschmelzung. Denkbar ist, dass ein Grund, der ausnahmsweise die Verschmelzung zur besser geeigneten Art der Umwandlung in den hier zu behandelnden Fällen macht, ein steuerlicher Grund sein kann. Ob und ggf. unter welchen Voraussetzungen dies möglich ist, wird noch zu klären sein.

3.5.3 Steuerrechtsfolgen

Da sich bei einem *Formwechsel* einer GmbH in eine AG bzw. einer AG in eine GmbH das Rechtssubjekt nicht ändert, bewirkt er nach den allgemeinen steuerlichen Regeln keine ertragsteuerlichen Folgen[125]. Insbesondere kommt es nicht zur Aufdeckung stiller Reserven. Der Vorgang ist also *steuerneutral*. Dies ist auch das vom Gesetzgeber gewollte Ergebnis. Aus diesem Grunde enthält das

---

[124] Vgl. Schwarz, H., Umwandlung, 1995, S. 141.; Decker, C., in: Lutter, M., UmwG, 2009, Vorb. § 190, Rz. 2.

[125] Vgl. Buchna, J., Fragen, 1995, S. 451 f.; Klingberg, D., in: Blümich, W., Kommentar, § 25 UmwStG, Rz. 27.

UmwStG auch keine Spezialvorschriften über den Formwechsel einer Kapitalgesellschaft in eine andere Kapitalgesellschaft. Auch umsatz- und grunderwerbsteuerlich ergeben sich keine steuerbaren Vorgänge.

Bei der *Verschmelzung* einer Kapitalgesellschaft auf eine andere kommen ertragsteuerlich die §§ 11 - 13 UmwStG zur Anwendung. Hierbei ergeben sich folgende für die Steuerplanung wichtigen Steuerfolgen:

1. Nach § 11 Abs. 1 UmwStG hat die übertragende Kapitalgesellschaft in ihrer Schlussbilanz zum Übertragungsstichtag (Übertragungsbilanz) die Wirtschaftsgüter mit ihren gemeinen Werten anzusetzen. Durch die Aufdeckung der stillen Reserven entsteht bei ihr ein Übertragungsgewinn. Für ihn bestehen keine steuerlichen Begünstigungsvorschriften. Vielmehr gehört er - wie alle anderen Gewinnbestandteile auch - zum *laufenden Gewinn* der übertragenden Kapitalgesellschaft. Er unterliegt damit nach den allgemeinen Vorschriften sowohl der Gewerbe- als auch der Körperschaftsteuer[126]. Auf Antrag kann die übertragende Kapitalgesellschaft die Wirtschaftsgüter in ihrer Übertragungsbilanz gem. § 11 Abs. 2 UmwStG auch mit ihren Buchwerten oder mit Zwischenwerten zwischen gemeinen Werten und Buchwerten ansetzen. Sie hat also ein Wahlrecht, die stillen Reserven aufzudecken und zu versteuern oder diese Konsequenzen zu vermeiden. Allerdings hat sie dieses Wahlrecht nach § 11 Abs. 2 UmwStG nur dann, wenn das Recht der Bundesrepublik Deutschland auf Besteuerung der stillen Reserven zu einem späteren Zeitpunkt gewährleistet ist. Das Wahlrecht kann - ebenso wie das nach § 3 Abs. 2 UmwStG - nicht selektiv ausgeübt werden[127].

2. Die übernehmende Kapitalgesellschaft hat gem. § 12 Abs. 1 i. V. m. § 4 Abs. 1 UmwStG in ihrer Übernahmebilanz die sich aus der Übertragungsbilanz ergebenden Werte zu übernehmen. In Höhe des Unterschiedsbetrages zwischen den Wertansätzen der übernommenen Wirtschaftsgüter und dem Buchwert der Anteile unmittelbar vor der Übernahme entsteht nach § 12 Abs. 2 Satz 1 UmwStG ein *Übernahmegewinn*. Ist der Unterschiedsbetrag negativ, so entsteht ein *Übernahmeverlust*. Sowohl ein Übernahmegewinn als auch ein Übernahmeverlust bleiben nach § 12 Abs. 2 Satz 1 UmwStG bei der das Betriebsvermögen übernehmenden Kapitalgesellschaft außer Ansatz. Übernahmegewinne bleiben also steuerfrei; Übernahmeverluste können nicht ausgeglichen oder abgezogen werden. Nach § 12 Abs. 2 Satz 2 UmwStG ist auf Übernahmegewinne zusätzlich § 8b KStG anzuwenden. Dies bedeutet nach Abs. 3 dieser Rechtsnorm, dass i. H. v. 5 % des Übernahmegewinnes fiktive nichtabzugsfähige Betriebsausgaben entstehen.

3. Ein bei der übertragenden Gesellschaft vorhandener *verbleibender Verlustabzug* i. S. d. § 10d Abs. 3 EStG ist bei der übernehmenden Gesellschaft nach § 12 Abs. 4 i. V. m. § 4 Abs. 2 UmwStG *nicht abzugsfähig*.

---

[126] Vgl. Rahier, G., Zusammenführung, 1999, S. 201 ff.; Klingberg, D., in: Blümich, W., Kommentar, § 11 UmwStG, Rz. 45; Brähler, G., Umwandlungssteuerrecht, 2008, S. 245.

[127] Vgl. Gliederungspunkt 3.4.2.1.

4. Gehören die Anteile an der übertragenden Kapitalgesellschaft bei deren Gesellschaftern zu deren Betriebsvermögen, so fingiert der Gesetzgeber in § 13 Abs. 1 UmwStG eine Veräußerung der Anteile an der untergehenden und einen entgeltlichen Erwerb der Anteile an der übernehmenden Kapitalgesellschaft. Sowohl die fingierte Veräußerung als auch der fingierte Erwerb haben zu den gemeinen Werten zu erfolgen.

5. Abweichend von § 13 Abs. 1 UmwStG können die Gesellschafter nach Abs. 2 dieser Rechtsnorm die neuen Anteile auch mit den Buchwerten der alten in ihrem eigenen Betriebsvermögen bewerten. Hierzu müssen sie einen entsprechenden Antrag stellen. Die Gesellschafter können also eine Realisation der in den Buchwerten der alten Anteile ruhenden stillen Reserven vermeiden. Voraussetzung ist nach § 13 Abs. 2 UmwStG allerdings, dass eine spätere Besteuerung der stillen Reserven durch den deutschen Fiskus gesichert ist.

6. Gehören die Anteile an der übertragenden Kapitalgesellschaft nicht zu einem Betriebsvermögen, so treten nach § 13 Abs. 2 Satz 3 UmwStG an die Stelle des Buchwerts die Anschaffungskosten der Anteile. Eine spätere Veräußerung der Anteile ist dann nach den allgemeinen steuerlichen Grundsätzen der Anteilsveräußerung zu behandeln[128].

Umsatzsteuerlich stellt die Verschmelzung einer Kapitalgesellschaft auf eine andere einen nach § 1 Abs. 1a UStG nichtsteuerbaren Vorgang dar.

Geht im Rahmen einer Verschmelzung ein Grundstück von einer Kapitalgesellschaft auf eine andere über, so liegt ein *grunderwerbsteuerbarer* Vorgang i. S. d. § 1 Abs. 1 Nr. 3 GrEStG vor. Bemessungsgrundlage ist gem. § 8 Abs. 2 Nr. 2 GrEStG der Wert i. S. d. § 138 Abs. 2 oder 3 BewG.

3.5.4 Steuerplanerische Aspekte

3.5.4.1 *Klärung der Entscheidungssituation*

In aller Regel dürfte der *Grund* für die *Umwandlung* einer GmbH in eine AG bzw. umgekehrt einer AG in eine GmbH *nichtsteuerlicher Art* sein. Nur hiervon wird nachfolgend ausgegangen.

Steuerlich ergeben sich aus der Umwandlung einer Kapitalgesellschaft in eine andere dann überhaupt *keine Steuerfolgen*, wenn die Umwandlung mit Hilfe eines *Formwechsels* durchgeführt wird. Auch im Wege einer *Verschmelzung* kann eine Umwandlung weitgehend *ertragsteuerneutral* durchgeführt werden. Hier ist lediglich § 12 Abs. 2 UmwStG i. V. m. § 8b Abs. 3 KStG zu beachten. Danach gelten 5 % des Übernahmegewinns als nichtabzugsfähige Betriebsausgaben. Insoweit besteht nur ein geringer Unterschied zwischen einem Formwechsel und einer Verschmelzung. Bei einer Verschmelzung besteht im Gegensatz zu einem Formwechsel aber auch die Möglichkeit, die in dem Unternehmen ruhenden *stil-*

---

[128] Vgl. Schneeloch, D., Besteuerung, 2008, S. 74, 79 und 118.

len Reserven teilweise oder vollständig aufzulösen. Sind in dem Betriebsvermögen der übertragenden Kapitalgesellschaft Grundstücke enthalten, so entsteht Grunderwerbsteuer, die im Falle eines Formwechsels vermieden wird.

Aus den bisherigen Ausführungen ergibt sich, dass es im Rahmen der hier zu behandelnden Umwandlungsvorgänge einen steuerlichen Aktionsparameter gibt. Dieser besteht in der Aufdeckung bzw. Nichtaufdeckung stiller Reserven. Sollen stille Reserven aufgedeckt werden, so kann dies nur im Wege einer Verschmelzung geschehen. Es müssen dann ggf. Nachteile in Kauf genommen werden, die in keinem unmittelbaren Zusammenhang mit der Aufstockung stehen. Diese können bestehen

*   in Kosten infolge der Gründung einer zusätzlichen Kapitalgesellschaft und
*   in zusätzlicher Grunderwerbsteuer.

Damit stellt sich die Frage, ob es Fälle gibt, in denen infolge einer Aufstockung so hohe ertragsteuerliche Vorteile entstehen, dass die Nachteile, die in Kauf genommen werden müssen, überkompensiert werden. Dieser Frage soll im nächsten Gliederungspunkt nachgegangen werden.

3.5.4.2 Zur Vorteilhaftigkeit der Aufdeckung stiller Reserven

Werden in der Übertragungsbilanz stille Reserven (R_{still}) aufgedeckt, so verursacht der entstehende Übertragungsgewinn grundsätzlich Gewerbe- und Körperschaftsteuer. Eine Steuervergünstigung kommt nicht zur Anwendung. Damit hat der Übertragungsgewinn die Wirkung von E i. S. der in Teil I abgeleiteten Gleichung (II) bzw. (IIa). Die Steuerwirkung des Übertragungsgewinns ($S_{ütg}$) kann in gleicher Weise dargestellt werden, wie dies bereits in Gleichung (46) geschehen ist[129]. Gleichung (46) sei nochmals in Erinnerung gerufen. Sie lautet:

(46) $S_{ütg} = R_{still} \cdot (s_k + m_{e/kap} \cdot h)$.

Die aufgedeckten stillen Reserven führen bei der übernehmenden Kapitalgesellschaft zu einer Erhöhung des Aufwandspotentials. Dies führt in der Summe - c.p.- zu einer Steuerentlastung in gleicher Höhe, in der bei der übertragenden Kapitalgesellschaft infolge des Übertragungsgewinns eine Steuermehrbelastung entstanden ist, also i. H. v. $S_{ütg}$. Doch fällt diese Steuerentlastung zeitlich gestreckt an, oft über viele Jahre oder Jahrzehnte.

Weitere Steuerzahlungen als die bereits dargestellten entstehen durch die Aufdeckung stiller Reserven i. H. v. 5 % des Übernahmegewinns gem. § 12 Abs. 2 UmwStG i. V. m. § 8b Abs. 3 KStG. Diese Steuerzahlungen entstehen bei der übernehmenden Kapitalgesellschaft.

---

[129] Vgl. Gliederungspunkt 3.4.3.2.1.

Insgesamt ergibt sich also durch die Aufdeckung stiller Reserven nach § 11 Abs. 1 UmwStG eine Steuerbelastung „jetzt" i. H. v. $S_{\ddot{u}tg}$ und eine Steuerentlastung in gleicher Höhe „später", und zwar oft über viele Jahre und Jahrzehnte verteilt. Zusätzlich entsteht eine Belastung i. H. v. 5 % des Übernahmegewinns. Damit kann eine Aufdeckung stiller Reserven nach § 11 UmwStG grundsätzlich nicht vorteilhaft sein.

Eine Ausnahme von diesem Grundsatz ergibt sich dann, wenn die übertragende Gesellschaft über einen *Verlustvortrag* verfügt. Dieser kann von der übernehmenden Kapitalgesellschaft nach § 12 Abs. 3 i. V. m. § 4 Abs. 2 UmwStG nicht übernommen werden, d. h. er geht unter. Soweit dieser Verlustvortrag durch eine (Teil-)Aufstockung bei der übertragenden Kapitalgesellschaft beseitigt werden kann, entsteht bei dieser zwar keine zusätzliche Steuerbelastung, wohl aber Aufwandspotential, das durch die übernehmende Kapitalgesellschaft in Zukunft genutzt werden kann. Damit ist eine derartig gezielte Aufstockung in aller Regel vorteilhaft; zumindest ist sie nicht nachteilig.

Zu beachten ist aber, dass durch eine Aufstockung zum Zweck der Nutzung eines Verlustvortrags *kein Vorteil gegenüber dem Fall eines Formwechsels* erreichbar ist. Wie bereits weiter oben dargestellt, geht ein Verlustvortrag bei einem Formwechsel *nicht* unter. Somit kann das im Fall einer Verschmelzung bzw. einer Vermögensübertragung sich möglicherweise ergebende Problem, den drohenden Verlust eines Verlustvortrags verhindern zu müssen, überhaupt nicht entstehen. Damit ergibt sich auch, dass in den Fällen, in denen sowohl ein Formwechsel als auch eine Verschmelzung bzw. Vermögensübertragung möglich ist, aus steuerlicher Sicht der Formwechsel vorzuziehen ist.

3.5.5 Aufgabe 8

Die Geschäftsanteile an der H-GmbH befinden sich bisher im Eigentum der Angehörigen der Familien Hoffmann und Heinze. Um die Kapitalbasis der Gesellschaft zu stärken, beabsichtigen die Gesellschafter, die GmbH zum 31.12. des Jahres 1 in eine AG umzuwandeln und nach einer Vorbereitungszeit von etwa drei bis fünf Jahren bei der Börsenaufsicht den Antrag zu stellen, die Aktien der Gesellschaft zum Handel im Freiverkehr zuzulassen. Die Einheitsbilanz der H-GmbH zum 31.12.1 wird voraussichtlich folgendes Aussehen haben (Darstellung in stark verkürzter Form):

Aktiva		Passiva	
	Mio €		Mio €
Anlagevermögen	500	Gezeichnetes Kapital	5
Umlaufvermögen	400	Kapitalrücklage	5
Rechnungsabgrenzungsposten	10	Gewinnrücklagen	300
		Jahresüberschuss	100
		Rückstellungen	100
		Verbindlichkeiten	400
	910		910

Zum 31.12.1 werden voraussichtlich folgende stillen Reserven vorhanden sein:

	Mio €
Originärer Firmenwert	1.000
Grund und Boden	400
Gebäude	200
Vorräte	200
	1.800

Ab dem Jahre 2 rechnen die Geschäftsführer der GmbH mit gegenüber dem Jahr 1 steigenden Jahresüberschüssen. Das zu versteuernde Einkommen des Jahres 1 kann auf 200 Mio € geschätzt werden. Für die nachfolgenden Jahre ist mit deutlich höheren zu versteuernden Einkommen zu rechnen. Der Gewerbesteuerhebesatz beträgt 400 %.

Die Gesellschafter der H-GmbH sind der Ansicht, dass die Gewinnrücklagen vor dem Gang an die Börse aus optischen Gründen in Grundkapital verwandelt werden sollten.

Es ist zu prüfen, ob und ggf. in welcher Höhe die von den Gesellschaftern geplanten Maßnahmen steuerliche Nachteile erwarten lassen. Sollten Gestaltungsalternativen bestehen, so ist zu deren Vorteilhaftigkeit Stellung zu nehmen. Bei der Umwandlung von der GmbH in eine AG sind nur Gestaltungsalternativen in Erwägung zu ziehen, die zu einer Gesamtrechtsnachfolge führen. Es ist das für das Jahr 2009 geltende Recht anzuwenden.

4 GmbH & CoKG

4.1 Einführung

Die GmbH & CoKG ist eine Kommanditgesellschaft, deren Komplementär eine GmbH (Komplementär-GmbH) ist. Neben der Komplementär-GmbH können auch eine oder mehrere natürliche Personen die Stellung von Komplementären einnehmen. Dies ist aber unüblich. Der Normalfall ist vielmehr der, dass der einzige Komplementär der GmbH & CoKG eine GmbH ist und außerdem eine oder mehrere natürliche oder juristische Personen die Stellung von Kommanditisten innehaben.

Die GmbH & CoKG ist eine weit verbreitete Rechtsform[130]. Das Motiv für ihre Gründung bestand in der Vergangenheit häufig in der Hoffnung auf eine Kombination haftungsrechtlicher und steuerlicher Vorteile. Es sollten haftungsmäßige Vorteile wie bei einer GmbH und steuerliche Vorteile wie bei einer Personengesellschaft erreicht werden.

Durch die Gründung einer GmbH & CoKG lässt sich in der Tat die Haftung in ähnlicher Weise wie bei einer GmbH begrenzen. Der Grund liegt darin, dass ebenso wie bei der Rechtsform der GmbH keine einzige natürliche Person mit ihrem ganzen Vermögen, also auch mit ihrem Privatvermögen, für die Betriebsschulden einzustehen braucht: Die Komplementär-GmbH haftet nur mit ihrem Gesellschaftsvermögen und nicht mit dem Vermögen der hinter ihr stehenden Gesellschafter; die Kommanditisten haften nach § 171 Abs. 1 HGB nur bis zur Höhe ihrer Einlage. Tatsächlich geht die Haftung aber häufig wesentlich weiter. Der Grund liegt darin, dass Banken zu einer Kreditvergabe an eine GmbH & CoKG oft nur dann bereit sind, wenn die Kommanditisten oder einzelne Kommanditisten eine selbstschuldnerische Bürgschaft abgeben. Damit haften dann diese Gesellschafter letztlich doch - wenn auch nur gegenüber Banken - mit ihrem Privatvermögen. Ein haftungsmäßiger Nachteil gegenüber der GmbH besteht hierdurch aber nicht, da die Banken auch von den Gesellschaftern einer GmbH selbstschuldnerische Bürgschaften verlangen.

Hinsichtlich ihrer steuerlichen Vorteilhaftigkeit hat die GmbH & CoKG eine wechselvolle Geschichte hinter sich. Vor Einführung des körperschaftsteuerlichen Anrechnungsverfahrens zum 1.1.1977 waren Kapitalgesellschaften gegenüber Personenunternehmen ertragsteuerlich häufig in erheblichem Umfang benachteiligt. Der Grund lag darin, dass damals ausgeschüttete Gewinne einer Kapitalgesellschaft sowohl mit Körperschaft- als auch mit Einkommensteuer belastet wurden. Es gab weder eine Anrechnung der Körperschaftsteuer, noch ein Halb- oder

---

130 Vgl. Gliederungspunkt 1.

Teileinkünfteverfahren, noch eine Abgeltungsteuer. Mit der Gründung einer GmbH & CoKG wurde deshalb häufig versucht, die doppelte ertragsteuerliche Belastung weitgehend zu vermeiden. Zu diesem Zweck wurden die Gewinne der Komplementär-GmbH durch Gehaltszahlungen an deren Geschäftsführer, die zugleich Kommanditisten der KG waren, weitgehend ausgehöhlt. Durch den Abzug dieser Gehälter als Betriebsausgaben bei der GmbH konnte dann die Körperschaftsteuerschuld der GmbH häufig erheblich gesenkt werden. Dieser körperschaftsteuerliche Ersparniseffekt war nach Einführung des Anrechnungsverfahrens bedeutungslos geworden. Der Grund lag darin, dass die soeben dargestellte doppelte Belastung nicht mehr entstehen konnte, da die Besteuerung der Ausschüttungen beim Empfänger unmittelbar mit der Anrechnung der Körperschaftsteuer verknüpft war. Nach Einführung des körperschaftsteuerlichen Anrechnungsverfahrens erwies sich die GmbH & CoKG zunächst für mehr als anderthalb Jahrzehnte als eine aus steuerlicher Sicht i. d. R. sowohl gegenüber der GmbH als auch gegenüber einem einfachen Personenunternehmen nachteilige Rechtsform. Dies änderte sich erst mit Einführung einer Tarifbegrenzung für gewerbliche Einkünfte nach § 32c EStG ab dem Veranlagungszeitraum 1994. Durch diese Vorschrift wurden gewerbliche Einkünfte, und damit auch Vorabgewinne, gegenüber allen anderen Einkunftsarten bei hohen gewerblichen Einkünften tariflich begünstigt. Dies führte dazu, dass die Gehälter der Gesellschafter-Geschäftsführer als Vorabgewinne ebenfalls begünstigt waren.

Nach dem Systemwechsel vom Anrechnungs- zum Halbeinkünfteverfahren während der Jahre 2001 und 2002 ergab sich in steuerlicher Hinsicht erneut eine andere Situation. Ebenso wie bis einschließlich 1976 fand nunmehr wieder eine definitive Doppelbelastung der Gewinnausschüttungen einer Kapitalgesellschaft sowohl bei dieser selbst als auch bei ihren Gesellschaftern statt. Allerdings wurde - im Gegensatz zu der Zeit vor 1977 - lediglich die Hälfte der Ausschüttungen doppelt belastet.

Während der Geltungsdauer des Halbeinkünfteverfahrens erwies sich die GmbH & CoKG in einigen Fällen durchaus wieder als eine steuerlich vorteilhafte Rechtsnorm[131]. Durch den erneuten Systemwechsel, und zwar diesmal vom Halbeinkünfteverfahren zur Abgeltungsteuer zum 1.1.2009, bedingt, stellt sich nunmehr wieder die Frage, ob mit dieser Mischform zwischen Personen- und Kapitalgesellschaft die steuerlichen Vorteile beider Rechtsformen kombiniert werden können. Dieser Frage soll in den nachfolgenden Gliederungspunkten nachgegangen werden. Vorab sollen aber einige steuerrechtliche und bilanzielle Grundlagen gelegt werden.

---

[131] Zur Begründung sei auf Schneeloch, D., Rechtsformwahl, 2006, S. 188 ff. verwiesen.

4.2 Ertragsteuerliche und bilanzielle Behandlung der GmbH & CoKG

4.2.1 Grundsätzliches

Eine GmbH & CoKG ist gesellschaftsrechtlich eine Kommanditgesellschaft und damit steuerrechtlich eine *Mitunternehmerschaft* i. S. d. § 15 Abs. 1 Satz 1 Nr. 2 EStG. Ihr steuerlicher Gewinn ist somit nach den §§ 179 und 180 AO gesondert und einheitlich festzustellen und auf die Gesellschafter aufzuteilen. Wie jede „normale" KG auch, unterliegt die Gesellschaft mit ihrem Gewinn der Gewerbesteuer; die Gesellschafter haben ihre Gewinnanteile der Einkommen- bzw. der Körperschaftsteuer zu unterwerfen.

Der Gewinn der GmbH & CoKG führt zu Einkünften aus Gewerbebetrieb i. S. d. § 15 EStG und damit auch zu einem Gewinn aus Gewerbebetrieb i. S. d. § 7 GewStG. Dies gilt regelmäßig auch dann, wenn die Art ihrer Betätigung ausschließlich nicht gewerblich ist. Das ergibt sich aus § 15 Abs. 3 Nr. 2 EStG. Danach *gilt* die mit Einkünfteerzielungsabsicht unternommene Tätigkeit einer Personengesellschaft auch dann als gewerblich, wenn die Tätigkeit nicht gewerblicher Art ist. Voraussetzung ist, dass es sich bei der Gesellschaft um eine *gewerblich geprägte Personengesellschaft* handelt.

Eine **gewerblich geprägte Personengesellschaft** ist eine Personengesellschaft, bei der ausschließlich eine oder mehrere Kapitalgesellschaften persönlich haftende Gesellschafter sind und nur diese oder Personen, die nicht Gesellschafter sind, zur *Geschäftsführung* befugt sind. Diese Voraussetzungen sind bei einer GmbH & CoKG üblicherweise erfüllt.

Beispiel

A ist alleiniger Gesellschafter der A-GmbH. Diese gründet gemeinsam mit B die A-GmbH & CoKG (KG), die im Handelsregister eingetragen wird. Die A-GmbH wird Komplementärin der KG; B erhält die Stellung eines Kommanditisten. Alleiniger Geschäftsführer der KG wird die Komplementär-GmbH. Die KG vermietet ausschließlich eigene Wohnungen. Nach ihrem Gesellschaftsvertrag ist sie Großhändler für Orientteppiche. Sie übt diese Tätigkeit aber nicht aus, hat sie noch niemals ausgeübt und beabsichtigt, dies auch in Zukunft nicht zu tun.

Zivilrechtlich handelt es sich bei der A-GmbH & CoKG nach § 161 Abs. 2 i. V. m. § 105 Abs. 2 HGB um eine „echte" KG, obwohl die Gesellschaft kein Gewerbe betreibt und damit nicht unter § 1 HGB fällt. Steuerlich übt die Gesellschaft keine gewerbliche, sondern eine vermögensverwaltende Tätigkeit aus. Nach den allgemeinen einkommensteuerlichen Vorschriften hätte sie somit Einkünfte aus Vermietung und Verpachtung und nicht aus Gewerbebetrieb zu versteuern. Nach § 15 Abs. 3 EStG *gelten* ihre Einkünfte aber als gewerblich. Die Voraussetzungen dieser Vorschrift sind erfüllt, da der alleinige persönlich haftende Gesellschafter der KG eine GmbH ist, und nur diese zur Geschäftsführung der KG befugt ist. Die Einordnung der Einkünfte unter den gewerblichen und nicht unter denen aus Vermietung und Verpachtung hat zur Folge, dass der Gewinn der Gewerbesteuer unterliegt.

Wird neben der Komplementär-GmbH auch ein Kommanditist zum Geschäftsführer der KG bestellt, so sind die Voraussetzungen des § 15 Abs. 3 EStG nicht erfüllt. Die GmbH gibt dann der KG nicht ihr Gepräge; es handelt sich nicht um eine „gewerblich geprägte Personengesellschaft". Die Bestellung eines Kommanditisten zum Geschäftsführer der GmbH & CoKG kann durch eine entsprechende Vereinbarung im Gesellschaftsvertrag erfolgen[132].

Beispiel

Es handelt sich grundsätzlich um den gleichen Sachverhalt wie im letzten Beispiel dargestellt. Eine Abweichung ergibt sich lediglich insoweit, als zusätzlich zu dem „geborenen" Geschäftsführer der A-GmbH nach dem Gesellschaftsvertrag auch dem Kommanditisten B die Befugnis zur Geschäftsführung der A-GmbH & CoKG erteilt wird.

Dadurch, dass B zur Geschäftsführung befugt ist, sind die Voraussetzungen des § 15 Abs. 3 EStG nicht erfüllt. Die Art der Einkünfte, die die KG erzielt, ist deshalb nach den allgemeinen Grundsätzen zu bestimmen. Da die KG - entgegen dem Gesellschaftsvertrag - ausschließlich vermögensverwaltend tätig wird, erzielt sie keine Einkünfte aus Gewerbebetrieb, sondern aus Vermietung und Verpachtung. Sie unterliegt damit auch nicht der Gewerbesteuer.

Die Komplementär-GmbH ist eine Körperschaft i. S. d. § 1 Abs. 1 Nr. 1 KStG. Sie hat nach den allgemeinen Regeln des EStG und des KStG ihren eigenen steuerlichen Gewinn und ihr eigenes zu versteuerndes Einkommen zu ermitteln. Ihr steuerlicher Gewinn setzt sich aus ihrem Gewinnanteil an der KG und aus dem im eigenen Betrieb erwirtschafteten Ergebnis zusammen. Bei einer reinen Komplementär-GmbH, d. h. einer GmbH, deren alleiniger Zweck die Geschäftsführung der KG ist, erzielt die GmbH kein Ergebnis aus einer eigenen gewerblichen Betätigung. Ihr steuerlicher Gewinn besteht dann ausschließlich aus ihrem nach steuerrechtlichen Grundsätzen ermittelten Gewinnanteil an der Mitunternehmerschaft. Dieser bezieht (selbstverständlich) auch die Sonderbetriebseinnahmen und -ausgaben mit ein.

Beispiel

A und B sind zu je 50 % am Stammkapital der X-GmbH beteiligt. Die X-GmbH gründet gemeinsam mit den natürlichen Personen C und D die X-GmbH & CoKG. C und D haben in der KG die Stellung von Kommanditisten. Geschäftsführer der GmbH ist E, der für die GmbH die Geschäftsführertätigkeit bei der KG wahrnimmt. Er erhält von der GmbH ein Jahresgehalt von 300 T€. Der GmbH wird dieser Betrag als Auslagenersatz von der KG erstattet. Alle übrigen Aufwendungen, deren Höhe insgesamt 10 T€ beträgt, werden der GmbH ebenfalls von der KG erstattet. Eine eigene gewerbliche Tätigkeit entfaltet die GmbH nicht. Der sich aus dem Gesellschaftsvertrag der KG ergebende Gewinnanteil der GmbH an der KG i. H. v. 50 T€ ist steuerlich nicht zu beanstanden.

Handelsrechtlich ist das Gehalt des E als Personalaufwand der GmbH zu behandeln; die übrigen Aufwendungen von 10 T€ stellen sonstige betriebliche Aufwendungen der GmbH dar. Der von der KG erstattete Betrag gehört bei der GmbH zu deren sonstigen betrieblichen Erträgen. Steuerlich handelt es sich bei dem Auslagenersatz um eine Vorabvergütung der KG an die GmbH; das Gehalt und die sonstigen betrieblichen Aufwendungen stellen Sonderbetriebsausgaben der

---

[132] Vgl. Wacker, R., in: Schmidt, L., EStG, 2009, § 15, Rz. 230 m. w. N.; Stuhrmann, G., in: Blümich, W., Kommentar, § 15 EStG, Rz. 278.

GmbH dar[133]. Der steuerliche Gewinnanteil der GmbH an der Mitunternehmerschaft setzt sich aus dem Gewinn lt. Gewinnverteilungsschlüssel zuzüglich der Vorabvergütung von 310 T€ und abzüglich der Sonderbetriebsausgaben von ebenfalls 310 T€ zusammen.

Soweit die Komplementär-GmbH an ihren Geschäftsführer ein Gehalt für dessen Tätigkeit im eigenen gewerblichen Bereich der GmbH zahlt, ist das Gehalt keine Sonderbetriebsausgabe im Rahmen der Gewinnermittlung der Mitunternehmerschaft, sondern Betriebsausgabe bei Ermittlung des steuerlichen Gewinns der GmbH.

Beispiel

Es handelt sich um das gleiche Beispiel wie das zuletzt behandelte. Ein Unterschied ergibt sich allerdings insoweit, als die GmbH keine reine Komplementär-GmbH ist, sondern zusätzlich den Vertrieb der von der KG fertiggestellten Erzeugnisse übernommen hat. Der Geschäftsführer G schätzt, dass von seiner Tätigkeit rd. 2/3 auf die Geschäftsleitung der KG und rd. 1/3 auf die der GmbH entfallen. Sein Gehalt von 300 T€ bezieht er - wie im letzten Beispiel - von der GmbH. Abweichend vom letzten Beispiel erstattet die KG der GmbH nicht das volle Gehalt des G, sondern lediglich 2/3 des Betrages, d. h. 200 T€.

Der auf die eigene gewerbliche Tätigkeit der GmbH entfallende Gewinn ist nicht im Rahmen der Gewinnermittlung für die Mitunternehmerschaft, sondern selbständig zu ermitteln. Hierbei ist auch 1/3 des Gehalts, d. h. ein Betrag von 100 T€, als Betriebsausgabe der GmbH abzugsfähig.

Das zu versteuernde Einkommen der Komplementär-GmbH ist nach den allgemeinen körperschaftsteuerlichen Vorschriften zu ermitteln. Schüttet die GmbH Gewinne an ihre eigenen Gesellschafter aus, so gelten ebenfalls grundsätzlich die allgemeinen Vorschriften. Eine Besonderheit ergibt sich lediglich in den Fällen, in denen es sich bei den Gesellschaftern der Komplementär-GmbH zugleich um Kommanditisten der KG handelt. Auf diese Besonderheiten soll aber erst im nächsten Gliederungspunkt eingegangen werden.

Gewinnanteile aus der Mitunternehmerschaft sind Bestandteile des Gewinns aus Gewerbebetrieb der GmbH i. S. d. § 7 GewStG. Diese Gewinnanteile werden aber bei Ermittlung des Gewerbeertrags der GmbH nach § 9 Nr. 2 GewStG von diesem Gewinn gekürzt. Auf diese Weise wird eine doppelte Besteuerung desselben Gewinns, und zwar einmal bei der KG und zum anderen bei der GmbH, vermieden.

4.2.2 Anteile der Kommanditisten an der Komplementär-GmbH als notwendiges Sonderbetriebsvermögen

Bei einer GmbH & CoKG gehören nach der Rechtsprechung des BFH[134] Anteile, die Kommanditisten an der Komplementär-GmbH besitzen, zum notwendigen

---

133 Vgl. BFH-Urteil v. 6.5.1965, IV 135/64U, BStBl 1965 III, S. 502; vgl. auch Wacker, R., in: Schmidt, L., EStG, 2009, § 15, Rz. 717; BFH-Urteil v. 6.7.1999, VIII R 46/94, BStBl 1999 II, S. 720; BFH-Urteil v. 10.7.2002, I R 71/01, BStBl 2003 II, S. 191; Ritzrow, M., Sonderbetriebsausgaben, 2001, S. 57; Schoor, W., GmbH und Co. KG, 2003, S. 97 ff.

Sonderbetriebsvermögen II der Kommanditisten. Als Sonderbetriebsvermögen II werden die Wirtschaftsgüter bezeichnet, die der Beteiligung des Gesellschafters an der Personengesellschaft dienen.

Beispiel

A und B gründen eine GmbH. Gemeinsam mit der GmbH gründen sie eine GmbH & CoKG, deren alleinige Kommanditisten sie werden. Das Stammkapital der GmbH beträgt 50 T€, auf das 25 T€ eingezahlt werden. Die Komplementär-GmbH beteiligt sich an der KG mit 1 T€, A und B mit je 100 T€. Es sind die Eröffnungsbilanzen zu erstellen.

Eröffnungsbilanz der GmbH

	€		€
Ausstehende Einlagen	25.000	Gezeichnetes Kapital	50.000
Bank	25.000		
	50.000		50.000

Eröffnungsbilanz der GmbH & CoKG

	€		€
Bank	201.000	Komplementärkapital	1.000
		Kommanditkapital	
		A 100.000	
		B 100.000	200.000
	201.000		201.000

Sonderbilanz des A (B)

	€		€
Beteiligung	25.000	Eigenkapital	12.500
		Verbindlichkeit gegenüber	
		GmbH	12.500
	25.000		25.000

Die Eröffnungsbilanzen der GmbH und der GmbH & CoKG sind sowohl Handels- als auch Steuerbilanzen. Die Sonderbilanzen des A und des B hingegen sind reine Steuerbilanzen; sie sind handelsrechtlich unzulässig.

Die Behandlung des GmbH-Anteils eines Kommanditisten als Sonderbetriebsvermögen hat zur Folge, dass sämtliche Erträge, die mit dieser Beteiligung im Zusammenhang stehen, als *Sonderbetriebseinnahmen* des Kommanditisten zu behandeln sind. Entsprechend handelt es sich bei den Aufwendungen, die mit der Beteiligung in Zusammenhang stehen, um *Sonderbetriebsausgaben* des Kommanditisten.

Beispiel

G ist alleiniger Gesellschafter der Y-GmbH und gemeinsam mit dieser Gesellschafter der X-GmbH & CoKG. Komplementär und einziger Geschäftsführer dieser KG ist die X-GmbH, einziger Kommanditist ist G. Aufgrund eines Arbeitsvertrages erhält G von der GmbH im Jahre 1 ein Gehalt von 200 T€, außerdem erhält er aufgrund eines Gesellschafterdarlehens 5 T€ Zinsen. G vermietet „seiner" GmbH einen zu seinem Privatvermögen gehörenden PKW. Im Jahre 1 erhält er

---

134 Vgl. BFH-Urteil v. 14.8.1975, IV R 30/71, BStBl 1976 II, S. 88.; BFH-Urteil v. 11.12.1990, VIII R 14/87, BStBl 1991 II, S. 510.; Wacker, R., in: Schmidt, L., EStG, 2009, § 15, Rz. 714.

hierfür von der GmbH ein Entgelt von 12 T€; seine Aufwendungen, die mit diesem PKW im Zusammenhang stehen, betragen 10 T€. Im Juni des Jahres 1 nimmt die GmbH im Vorgriff auf das Ergebnis des Jahres 1 eine Vorabausschüttung i. H. v. 40 T€ vor.

Gehalt, Zinsen und Mietaufwendungen stellen bei der Y-GmbH abzugsfähige Betriebsausgaben dar. Wäre G nicht gleichzeitig Gesellschafter der GmbH und Kommanditist der KG, so gehörten die korrespondierenden Einnahmen bei ihm zu den Einkünften aus nichtselbständiger Arbeit bzw. Kapitalvermögen bzw. zu den sonstigen Einkünften i. S. d. § 22 Nr. 3 EStG. Da G Gesellschafter beider Gesellschaften ist, sind diese Einnahmen aber Sonderbetriebseinnahmen aus der Mitunternehmerschaft. Für das Jahr 2 belaufen sich diese Sonderbetriebseinnahmen auf (200 + 5 + 12 =) 217 T€. Diesen stehen Sonderbetriebsausgaben i. H. v. 10 T€ gegenüber.

Auch die Vorabausschüttung i. H. v. 40 T€ auf das Ergebnis des Jahres 1 stellt bei G im Rahmen seiner Mitunternehmerschaft an der KG eine Sonderbetriebseinnahme dar, die aber nach § 3 Nr. 40 EStG nur zu 60 % zu versteuern ist[135].

4.2.3 Angemessene Gewinnverteilung

Beherrschen dieselben Personen sowohl die Komplementär-GmbH als auch die KG, so erhebt sich die Frage, ob die Gewinnverteilung innerhalb der Mitunternehmerschaft, also innerhalb der KG, angemessen ist. Ist die Gewinnverteilung *unangemessen*, so lassen sich zwei Fälle unterscheiden, und zwar

- der Gewinnanteil der GmbH ist unangemessen niedrig und
- der Gewinnanteil der GmbH ist unangemessen hoch.

Im ersten Fall ist in Höhe des Betrags, um den der Gewinnanteil *zu niedrig* ist, eine verdeckte Gewinnausschüttung (vGA) der GmbH an ihre Gesellschafter anzunehmen. Diese hat - spätestens nach ihrer Aufdeckung - Gewinnkorrekturen zur Folge, auf die weiter unten näher einzugehen sein wird. Im zweiten Fall, d. h. bei einem *unangemessen hohen* Gewinnanteil der GmbH ist nach der Rechtsprechung des BFH[136] eine verdeckte Einlage der Gesellschafter der GmbH, die zugleich Kommanditisten der KG sind, in „ihre" GmbH anzunehmen. Auch hier ist die Gewinnverteilung steuerlich um die unangemessenen Beträge zu korrigieren. Dieser Fall soll hier aber nicht näher betrachtet werden.

Der Gewinnanteil der GmbH ist dann *angemessen*, d. h. es liegt keine vGA vor, wenn die GmbH auf Dauer

- einen *Ersatz* ihrer *Auslagen*,
- eine *Vergütung* für ihren *Kapitaleinsatz* und
- eine *Vergütung* für das von ihr übernommene *Haftungsrisiko*

erhält. Die entsprechenden Beträge können einzeln ermittelt, sie können aber auch global im Gewinnverteilungsschlüssel berücksichtigt werden.

---

135 Vgl. Grobshäuser, U./Maier, W./Kies, D., Besteuerung, 2009, S. 291 f.
136 Vgl. BFH-Urteil v. 23.8.1990, IV R 71/89, BStBl 1991 II, S. 172.

Im Gegensatz zu den Kommanditisten braucht die Komplementär-GmbH sich nach h.M. *nicht* mit einer *Vermögenseinlage* an der KG zu beteiligen[137]. Ist die GmbH nicht kapitalmäßig an der KG beteiligt, so kann auch keine Vergütung für einen Kapitaleinsatz vereinbart werden. Das Fehlen einer derartigen Vereinbarung beeinträchtigt dann auch nicht die Angemessenheit der Gewinnverteilung.

Das von der GmbH übernommene Haftungsrisiko wird dann angemessen vergütet, wenn das Entgelt hierfür in etwa einer banküblichen Avalprovision entspricht. Die Höhe einer Avalprovision ist von dem Risiko des Einzelfalls abhängig[138]. Sie beträgt in etwa zwischen 1 % und 3 % des Haftungsrisikos.

Ist der Gewinnanteil der Komplementär-GmbH unangemessen niedrig, so gewährt diese ihren Gesellschaftern in Höhe ihres Gewinnverzichts eine verdeckte Gewinnausschüttung. Nach deren Aufdeckung ist der Gewinnanteil und damit auch das zu versteuernde Einkommen der Komplementär-GmbH um den Betrag der vGA zu erhöhen. In der Summe um den gleichen Betrag verringern sich die Gewinnanteile der Kommanditisten an dem Gewinn der KG. Außerdem gelten die verdeckten Gewinnausschüttungen den Gesellschaftern der GmbH, zugleich Kommanditisten der KG, als zugeflossen. Ohne Berücksichtigung des § 3 Nr. 40 EStG würde sich die Höhe ihrer (steuerpflichtigen) Einkünfte per Saldo nicht ändern. Nach § 3 Nr. 40 EStG sind aber lediglich 60 % der Gewinnausschüttungen zu versteuern. Dies gilt auch für verdeckte Gewinnausschüttungen. Die Art der Einkünfte der Kommanditisten ändert sich nicht, da die verdeckten Gewinnausschüttungen nach der BFH-Rechtsprechung den GmbH-Gesellschaftern als *Sonderbetriebseinnahmen* im Rahmen ihrer Mitunternehmerschaft an der KG zuzurechnen sind[139].

Insgesamt ergeben sich somit folgende Wirkungen einer Aufdeckung der unangemessen niedrigen Gewinnbeteiligung der GmbH:

1. Eine unveränderte Höhe des Gewinns der Gesellschaft selbst, der KG also,
2. eine Erhöhung des Gewinnanteils der GmbH an dem Gewinn der KG,
3. eine Verringerung der Einkünfte der Kommanditisten um 40 % der vGA.

Die Aufstellung zeigt, dass sich die insgesamt zu versteuernden Einkünfte um 60 % der vGA erhöhen. Die *Summe* der zu versteuernden Einkommen erhöht sich somit *um 60 % des Betrags der verdeckten Gewinnausschüttung*. Sie ist zugleich um diesen Betrag höher als diejenige, die sich bei einer angemessenen Gestaltung von Anfang an ergeben hätte.

Die aufgezeigten Zusammenhänge sollen anhand eines Beispiels verdeutlicht werden.

---

137 Vgl. Zimmermann, R., in: Zimmermann, R. u. a., Personengesellschaft, 2007, S. 1336.
138 Vgl. Stuhrmann, G., in: Blümich, W., Kommentar, § 15 EStG, Rz. 291.
139 Vgl. BFH-Urrteil v. 6.8.1985, VIII R 280/81, BStBl 1986 II, S. 17.; vgl. auch Stuhrmann, G., in: Blümich, W., Kommentar, § 15 EStG, Rz. 291.

Beispiel

A und B sind Gesellschafter der X-GmbH. Sie sind außerdem Kommanditisten der X-GmbH & CoKG. Der Gewinn der KG für das Jahr 1 beträgt 1 Mio €. Hieran sind die Gesellschafter A und B zu je 45 %, die X-GmbH ist zu 10 % beteiligt. Diese Gewinnverteilung wird im Rahmen einer Betriebsprüfung beanstandet. Der Prüfer meint, dass die GmbH mindestens 20 % des Gewinns hätte erhalten müssen.

Setzt sich der Betriebsprüfer mit seiner Rechtsansicht durch, so ergibt sich nach der Betriebsprüfung die nachfolgend entwickelte Gewinnverteilung:

	GmbH	A	B	Summe
	€	€	€	€
Tatsächliche Gewinnverteilung	100.000	450.000	450.000	1.000.000
Änderung durch Betriebsprüfung	+100.000	− 50.000	− 50.000	0
Angemessene Gewinnverteilung der KG	200.000	400.000	400.000	1.000.000
vGA der GmbH	-	+ 50.000	+ 50.000	+ 100.000
Steuerfrei nach § 3 Nr. 40 EStG	-	− 20.000	− 20.000	− 40.000
Steuerpflichtige Einkünfte	200.000	430.000	430.000	1.060.000

Unterliegen die zusätzlichen Einkünfte der Gesellschafter A und B bei diesen je einem Differenzeinkommensteuersatz von 42 %, so hat die Aufdeckung der verdeckten Gewinnausschüttungen folgende steuerliche Auswirkungen (ohne Berücksichtigung des Solidaritätszuschlags):

	€
Zusätzliche Körperschaftsteuer der GmbH = 15 % · 100.000	15.000
Änderung der Einkommensteuer (− 50.000 + 30.000) · 2 · 42 %	− 16.800
Mehrbelastung durch Aufdeckung der verdeckten Gewinnausschüttung	− 1.800

Die Aufdeckung der verdeckten Gewinnausschüttung führt also per Saldo zu einer Erhöhung der Summe der zu versteuernden Einkommen aller beteiligten Personen um insgesamt 60 T€. Die Gesamtsteuerbelastung aller beteiligten Personen verringert sich bei dem unterstellten Differenzeinkommensteuersatz von 42 % um (15.000 − 16.800 =) 1.800 €.

Das Beispiel lässt für den Fall, dass eine Komplementär-GmbH einen zu geringen Gewinnanteil erhält und die Gewinnverteilung später durch die Betriebsprüfung geändert wird, folgende Zusammenhänge erkennen:

1. Das zu versteuernde Einkommen der GmbH erhöht sich um die vGA.
2. Das zu versteuernde Einkommen der die vGA empfangenden Gesellschafter verringert sich insgesamt um 40 % der vGA.

Klargestellt sei, dass aufgrund der Aufdeckung der vGA keine Veränderung der Gewerbesteuerbelastung eintritt. Zwar erhöht sich der Gewinn aus Gewerbebetrieb der Komplementär-GmbH, in gleicher Höhe erfolgt aber eine Kürzung nach § 9 Nr. 2 GewStG, so dass der Gewerbeertrag unverändert bleibt. Die auf die Kommanditisten entfallenden Gewinnanteile ändern sich nicht. Zwar tritt eine Minderung ihrer Anteile am Gewinn der KG ein, doch wird diese durch Sonderbetriebseinnahmen (vGA) in gleicher Höhe kompensiert.

4.2.4 Beteiligung der GmbH an der KG

Im Gegensatz zu den Kommanditisten muss sich die *Komplementär-GmbH* nicht zwingend an der KG der GmbH & CoKG kapitalmäßig beteiligen[140]. Vielmehr reicht es aus, wenn sie die Funktion einer vollhaftenden Gesellschafterin übernimmt. Beteiligt sie sich hingegen kapitalmäßig an der KG, so ergeben sich handels-, insbesondere aber steuerbilanzielle Probleme.

Mit einigen handelsbilanziellen Fragen hat sich der Hauptfachausschuss (HFA) des Instituts der Wirtschaftsprüfer in einer Stellungnahme beschäftigt[141]. Nach dieser gehört die in einem Betriebsvermögen liegende Mitgliedschaft an einer Personengesellschaft - und damit auch die von einer Komplementär-GmbH gehaltene Mitgliedschaft an der KG - zu den *Beteiligungen* i. S. d. § 271 Abs. 1 Satz 1 HGB. Auf die Beteiligungsquote kommt es nicht an, Voraussetzung ist (selbstverständlich), dass die Beteiligung zum Anlagevermögen gehört. Zu bewerten ist die Beteiligung grundsätzlich mit ihren *Anschaffungskosten*. Für abweichende Wertansätze gelten die allgemeinen Regeln des § 253 HGB.

Steuerlich ist die *Beteiligung an einer Personengesellschaft* (im Gegensatz zu der an einer Kapitalgesellschaft) nach der Rechtsprechung des BFH kein Wirtschaftsgut i. S. d. §§ 5 und 6 EStG[142]. Dennoch kann die Beteiligung in der Steuerbilanz des Gesellschafters, hier der Komplementär-GmbH, ausgewiesen werden. Sie ist aber nicht wie ein Wirtschaftsgut selbständig zu bewerten[143]. Vielmehr ist sie in Höhe der Summe der ideellen Anteile an den einzelnen Wirtschaftsgütern der KG anzusetzen[144]. Der Wert kann nach der sog. Spiegelbildmethode ermittelt werden[145]. Die Methode wird deshalb so bezeichnet, weil mit ihr erreicht wird, dass das Beteiligungskonto in der Steuerbilanz der Komplementär-GmbH den Stand des Kapitalkontos lt. steuerlicher Gesamtbilanz der KG widerspiegelt. Das nachfolgende Beispiel soll die Zusammenhänge erläutern.

---

[140] Vgl. Heidemann, Rechtsformwahl, 1992, S. 48; Fehrenbacher, O./Tavakoli, A., GmbH & Co. KG, 2007, S. 52 f.

[141] Vgl. IDW, Stellungnahme IDW RS HFA 18, 2006, S. 1302.

[142] Vgl. insbesondere BFH-Beschluss v. 25.2.1991, GrS 7/89, BStBl 1991 II, S. 691; vgl. auch Wacker, R., in: Schmidt, L., EStG, 2009, § 15, Rz. 690.

[143] Vgl. BFH-Urteil v. 30.4.2003, I R 102/01, BStBl 2004 II, S. 804.

[144] Vgl. Nickel, J./Bodden, G., Verlustausgleich, 2003, S. 395; Wacker, R., in: Schmidt, L., EStG, 2009, § 15, Rz. 690.

[145] Vgl. Mayer, L., Steuerbilanz, 2003, S. 2034 ff.; Ley, U., Personengesellschaften, 2004, S. 1498 ff.; Fromm, R., Obergesellschaft, 2005, S. 425; OFD Koblenz v. 28.2.2007, S 2243 A - St 312, S. 992; Wacker, R., in: Schmidt, L., EStG, 2009, § 15, Rz. 690.

Beispiel

Die handels- und steuerrechtliche Eröffnungsbilanz der X-GmbH zum 1.1.1 hat folgendes Aussehen:

Handels- bzw. Steuerbilanz der X-GmbH zum 1.1.1

	T€		T€
Sachanlagen	500	Gezeichnetes Kapital	100
Umlaufvermögen	900	Gewinnrücklagen	1.300
	1.400		1.400

Die handels- und steuerrechtliche Eröffnungsbilanz der A & B KG zum 1.1.1 hat folgendes Aussehen:

Handels- bzw. Steuerbilanz der A & B KG zum 1.1.1

	T€		T€
Sachanlagen	100	Komplementärkapital	250
Umlaufvermögen	400	Kommanditkapital	250
	500		500

An der KG sind A und B zu je 50 % beteiligt, und zwar A als Komplementär und B als Kommanditist. Zum 2.1.1 erwirbt die X-GmbH von dem Gesellschafter A für 600 T€ dessen Komplementäranteil. Aus der „einfachen" KG wird also zu diesem Zeitpunkt eine GmbH & CoKG. Zum besseren Verständnis soll der KG-Teil des Gesamtgebildes nachfolgend als „KG" bezeichnet werden. Zum 31.12.1 hat die Handelsbilanz der KG folgendes Aussehen:

Handelsbilanz der KG zum 31.12.1

	T€		T€
Sachanlagen	200	Komplementärkapital	300
Umlaufvermögen	400	Kommanditkapital	300
	600		600

Die GuV der KG weist für das Jahr 1 einen Gewinn (Jahresüberschuss) i. H. v. 100 T€ aus. Hiervon entfallen auf die X-GmbH (50 % · 100 =) 50 T€.

Die handelsrechtliche Schlussbilanz der X-GmbH zum 31.12.1 hat folgendes Aussehen:

Handelsrechtliche Schlussbilanz der X-GmbH zum 31.12.1

	T€		T€
Sachanlagen	600	Gezeichnetes Kapital	100
Beteiligung an A & B KG	600	Gewinnrücklagen	1.300
Umlaufvermögen	400	Jahresüberschuss	200
	1.600		1.600

Der Gewinnanteil an der KG ist in dem Jahresüberschuss der X-GmbH von 200 T€ nicht erfasst. Der Grund liegt darin, dass die Gesellschafter der KG beschlossen haben, den Gewinn des Jahres 1 einzubehalten.

Mit den hier dargestellten sind alle handelsrechtlich erforderlichen Bilanzen für das Jahr 1 wiedergegeben. Die nachfolgenden zusätzlichen Bilanzen haben rein steuerlichen Charakter.

In der steuerlichen Terminologie erwirbt die X-GmbH zum 2.1.1 einen Mitunternehmeranteil mit einem bilanziell ausgewiesenen Betriebsvermögen von 250 T€ für 600 T€. Mit dem Erwerb werden also anteilige stille Reserven von (600 − 250 =) 350 T€ aufgedeckt. Hiervon entfallen auf Sachanlagen 100 T€, auf das Umlaufvermögen 100 T€ und auf den anteiligen Firmenwert 150 T€. Diese aufgedeckten stillen Reserven sind in einer steuerlichen Ergänzungsbilanz zur Bilanz der KG zum 2.1.1 zu erfassen.

Steuerliche Ergänzungsbilanz der X-GmbH zur Bilanz der KG zum 2.1.1

	T€		T€
Firmenwert	150	Eigenkapital	350
Sachanlagen	100		
Umlaufvermögen	100		
	350		350

Das Anlagevermögen hat zum 1.1.1 eine Restnutzungsdauer von 5 Jahren; das Umlaufvermögen wird im Jahre 1 veräußert. Aus diesen Angaben ergibt sich für das Jahr 1 folgende Ergänzungs-GuV:

Steuerliche Ergänzungs-GuV der X-GmbH zur GuV der KG für das Jahr 1

	T€		T€
AfA Firmenwert	10		
AfA Sachanlagen	20		
Einsatz von Umlaufvermögen	100	Verlust	130
	130		130

Die steuerliche Ergänzungsbilanz zum 31.12.1 hat folgendes Aussehen:

Steuerliche Ergänzungsbilanz der X-GmbH zur Bilanz der KG zum 31.12.1

	T€		T€
Firmenwert	140	Eigenkapital	220
Sachanlagen	80		
Umlaufvermögen	–		
	220		220

Eine fiktive gesonderte und einheitliche Gewinnfeststellung der KG ergibt Folgendes:

Gewinnfeststellung der KG für das Jahr 1

Gesellschafter	Vorabgewinn (Ergänzungsbilanz)	Handelsbilanz	Summe
	T€	T€	T€
X-GmbH	– 130	50	– 80
B	–	50	50
Summe	– 130	100	– 30

An dieser Stelle kann die bilanzielle Darstellung beendet werden. Dies geschieht in der Praxis auch regelmäßig. Der noch zu ermittelnde steuerliche Gewinn der X-GmbH für das Jahr 1 lässt sich dann auf rein additivem Wege ermitteln. Es ergibt sich Folgendes:

	T€
Jahresüberschuss lt. Handelsbilanz	200
Verlustanteil an der A & B KG lt. fiktiver Feststellung	– 80
Steuerlicher Gewinn der X-GmbH	+120

Soll der steuerliche Gewinn der X-GmbH für das Jahr 1 hingegen mit Hilfe von Bilanzen und Gewinn- und Verlustrechnungen dargestellt werden, so bietet es sich an, die Spiegelbildmethode anzuwenden. Für die X-GmbH müssen dann zum 2.1.1, d. h. zum Tag des Beteiligungserwerbs, und zum 31.12.1 besondere Steuerbilanzen erstellt werden. Außerdem ist eine besondere steuerliche Gewinn- und Verlustrechnung für das Jahr 1 aufzustellen.

Bei der Spiegelbildmethode wird aus technischen Gründen ein Posten „Beteiligung" ausgewiesen. Dieser spiegelt aber lediglich in zusammengefasster Form die Summe der ideellen Anteile der X-GmbH an den positiven und negativen Wirtschaftsgütern der A & B KG wider. Für die Bilanzen zum 2.1.1 und zum 31.12.1 ergibt sich Folgendes:

	2.1.1	31.12.1
	T€	T€
Komplementärkapital der X-GmbH an der KG		
lt. Handelsbilanz der KG	250	300
Kapitalanteil der X-GmbH lt. steuerlicher Ergänzungs-		
bilanz der KG	350	220
Steuerlicher Kapitalanteil der X-GmbH an der KG		
= steuerlicher Wert der Beteiligung	600	520

Damit können die nachfolgend aufgeführten Steuerbilanzen sowie die Gewinn- und Verlustrechnung der X-GmbH erstellt werden.

Steuerbilanz der X-GmbH zum 2.1.1

	T€		T€
Sachanlagen lt. Handelsbilanz	500	Gezeichnetes Kapital	100
Beteiligung an KG	600	Gewinnrücklagen	1.300
Umlaufvermögen lt. Handelsbilanz	300		
	1.400		1.400

Diese Bilanz entspricht der Handelsbilanz zum 2.1.1. Hierbei handelt es sich lediglich um fiktive Bilanzen, da die X-GmbH zum 2.1.1 keine Bilanz erstellen muss und üblicherweise auch keine erstellen wird.

Steuerbilanz der X-GmbH zum 31.12.1

	T€		T€	T€
Sachanlagen lt. Handelsbilanz	600	Gezeichnetes Kapital		100
Beteiligung an KG	520	Gewinnrücklagen		1.300
Umlaufvermögen lt. Handelsbilanz	400	Jahresüberschuss	200	
		Steuerlicher Gewinn-		
		anteil an KG	– 80	
		Steuerlicher Gewinn	120	120
	1.520			1.520

Steuerliche GuV der X-GmbH für das Jahr 1

	T€		T€
Verlustanteil an der A & B KG		Jahresüberschuss lt. HB	200
lt. fiktiver Feststellung	80		
Steuerlicher Gewinn	120		
	200		200

4.3 Erbschaft- und schenkungsteuerliche Behandlung der GmbH & CoKG

Bewertungsrechtlich liegen bei einer GmbH & CoKG zwei gewerbliche Betriebe vor, und zwar zum einen der Betrieb der Komplementär-GmbH und zum anderen derjenige der KG selbst, d. h. derjenige der Mitunternehmerschaft. Entsprechend muss im Falle eines steuerpflichtigen Erwerbs i. S. d. § 10 ErbStG sowohl für den Anteil an der Komplementär-GmbH als auch für den an der KG ein Wert nach § 12 ErbStG ermittelt werden.

Seit der Erbschaftsteuerreform im Jahre 2008 gelten für die Bewertung von Unternehmen für erbschaft- bzw. schenkungsteuerliche Zwecke regelmäßig die gleichen Bewertungsmethoden. Anzuwenden ist grundsätzlich das Ertragswert-verfahren oder das DCF-Verfahren. Der Steuerpflichtige kann aber auch das ver-einfachte Ertragswertverfahren i. S. d. §§ 199 - 203 BewG anwenden. Von dieser Möglichkeit werden vermutlich die meisten Steuerpflichtigen aus Kostengründen Gebrauch machen.

4.4 Umsatzsteuerliche Behandlung der GmbH & CoKG

Umsatzsteuerlich umfasst eine GmbH & CoKG zwei rechtlich selbständige Unternehmer mit zwei voneinander getrennten Unternehmen, und zwar die Kom-plementär-GmbH einerseits und die KG andererseits. Umsätze zwischen der GmbH und der KG sind somit *grundsätzlich steuerbar* und *steuerpflichtig*[146].

Zu den steuerbaren und steuerpflichtigen Umsätzen gehört auch die Geschäfts-führung, die eine Komplementär-GmbH an die KG einer GmbH & CoKG erbringt[147]. Die GmbH hat diese Umsätze zu versteuern; die KG kann die ihr von der GmbH in Rechnung gestellte Umsatzsteuer im Rahmen des § 15 UStG als Vorsteuer abziehen.

4.5 Einflussfaktoren auf die Vorteilhaftigkeit der GmbH & CoKG

4.5.1 Vergleichsfälle und Übersicht über die möglichen Einflussfaktoren

Wie bereits bei dem Vergleich der „einfachen" Personenunternehmen mit den „einfachen" Kapitalgesellschaften sollen auch die hier beabsichtigten Vergleiche der Rechtsform der GmbH & CoKG mit anderen Rechtsformen auf steuerliche Partialvergleiche beschränkt werden[148]. Verglichen werden soll die GmbH & CoKG mit den beiden bereits behandelten Gruppen von Unternehmen, nämlich mit den einfachen Personenunternehmen und mit den einfachen Kapitalge-sellschaften.

Es ist zu vermuten, dass die bisher herausgearbeiteten Einflussfaktoren auf die Vorteilhaftigkeit von Rechtsformen zueinander auch für die hier beabsichtigten Vergleiche von Bedeutung sind. In große Gruppen aufgeteilt sind in diesem Zusammenhang zu nennen:

---

[146] Eine Ausnahme ergibt sich lediglich im Falle einer sog. Einheits-GmbH & CoKG. Diese ist dadurch gekennzeichnet, dass die KG alleinige Gesellschafterin der Komplementär-GmbH ist. Hier besteht zwischen der Komplementär-GmbH und der KG eine umsatzsteuerliche Organschaft i. S. d. § 2 Abs. 2 Nr. 2 UStG. Dies hat zur Folge, dass Umsätze zwischen der GmbH und der KG nicht steuerbar sind. Vgl. Abschn. 21 Abs. 4 UStR.

[147] Vgl. BMF-Schreiben v. 31.05.2007, IV A 5 - S 7100/07/0031, BStBl 2007 I, S. 503.

[148] Hinsichtlich der Einbeziehung nicht steuerlicher Aspekte in den Rechtsformvergleich der GmbH & CoKG mit anderen Rechtsformen sei insbesondere verwiesen auf Schneeloch, D., Rechtsformwahl, 2006, S. 21 ff.

- Gewinne,
- Leistungsvergütungen,
- die Beendigung der unternehmerischen Betätigung.

Auf diese Gruppen von Einflussgrößen soll nachfolgend in knapper Form eingegangen werden. Hierbei sollen im Zusammenhang mit der Beendigung der unternehmerischen Betätigung lediglich die Unterfälle der Erbfolge und der vorweggenommenen Erbfolge angesprochen werden.

4.5.2 Gewinne

4.5.2.1 Einführung

Ebenso wie bei dem Vorteilsvergleich zwischen Personenunternehmen und Kapitalgesellschaften soll nachfolgend zwischen steuerpflichtigen und steuerfreien Gewinnen und innerhalb dieser Gruppen zwischen quasi dauerhaft einbehaltenen und ausgeschütteten Gewinnen unterschieden werden. Auf diese unterschiedlichen Gewinnbestandteile soll in den nachfolgenden Vergleichen in der skizzierten Reihenfolge eingegangen werden. Außerdem soll die Gewinnbeeinflussung durch die unterschiedlichen Möglichkeiten der Abzugsfähigkeit von Schuldzinsen angesprochen werden.

4.5.2.2 Steuerpflichtige, quasi dauerhaft einbehaltene Gewinne

Klarstellend sei vorab noch einmal vermerkt, dass Gewinne nicht dauerhaft, sondern nur quasi dauerhaft thesauriert werden können. Als *quasi dauerhaft thesauriert* wird ein Gewinn hier dann bezeichnet, wenn der Barwert der durch eine spätere Ausschüttung hervorgerufenen Steuerzahlungen gegen Null tendiert oder er wegen Geringfügigkeit vernachlässigt werden soll.

Bei den von einer GmbH & CoKG thesaurierten Gewinnen ist zu unterscheiden zwischen den Gewinnteilen, die bei der Komplementär-GmbH und denen, die bei der KG thesauriert werden. Die von einer *Komplementär-GmbH thesaurierten Gewinnbestandteile* zeitigen die gleichen Steuerfolgen wie gleich hohe Gewinne, die von einer einfachen GmbH thesauriert werden. Die bei der *KG einer GmbH & CoKG thesaurierten Gewinne* bewirken die gleichen Steuerfolgen wie gleich hohe Gewinne einer einfachen KG. Wird der Gesamtgewinn innerhalb einer GmbH & CoKG auf deren Bestandteile, nämlich auf die Komplementär-GmbH einerseits und auf die KG andererseits verteilt, so ist die Prämisse eines gleich hohen Gewinns wie der Gewinn einer vergleichbaren einfachen KG bzw. derjenigen einer vergleichbaren einfachen GmbH nicht erfüllt. Der Grund liegt darin, dass in den Vergleichsfällen der Gesamtgewinn entweder ausschließlich in einer KG oder aber ausschließlich in einer GmbH erzielt wird. Im Falle der GmbH & CoKG hingegen verteilt sich dieser Gesamtgewinn auf die beiden

Unternehmensteile, nämlich auf die KG der GmbH & CoKG und auf die Komplementär-GmbH.

Durch die *Verteilung des Gesamtgewinns* auf zwei Unternehmensteile dürfte es nur in Ausnahmefällen gelingen, die *Ertragsteuerbelastung unter diejenige der beiden Vergleichsunternehmen* zu senken. Wie unter Gliederungspunkt 2.5.2 ermittelt, bestehen größere Unterschiede hinsichtlich der Steuerbelastung thesaurierter Gewinne eines Personenunternehmens einerseits und einer Kapitalgesellschaft andererseits nur hinsichtlich der Gewinnbestandteile, die im Falle des Personenunternehmens bei dessen (Mit-)Unternehmer einem der beiden Spitzensteuersätze (42 % bzw. 45 %) unterliegen. Ein derartiger Gewinnbestandteil wird im Falle eines Personenunternehmens erheblich höher belastet als in dem einer Kapitalgesellschaft. Dies gilt in besonderem Maße dann, wenn der Gewinnbestandteil bei dem (Mit-)Unternehmer nach § 32a EStG versteuert wird, in geringerem Maße aber auch dann, wenn der (Mit-)Unternehmer einen Antrag auf Besteuerung nach § 34a Abs. 1 EStG stellt. Geringe Vorteile bei der Gewinnbesteuerung ergeben sich hingegen im unteren Einkommensbereich. Ein Vorteil der GmbH & CoKG gegenüber beiden alternativen Rechtsformen, nämlich dem Personenunternehmen und der Kapitalgesellschaft, lässt sich nur dann erzielen, wenn beide Vorteile ausgenutzt werden können. Dies dürfte in aller Regel bereits daran scheitern, dass aus nichtsteuerlichen Gründen kaum jemals eine Verteilung des Gesamtgewinns dergestalt sinnvoll ist, dass der Gewinn schwerpunktmäßig in der Komplementär-GmbH erzielt wird. Wie bereits ausgeführt, soll diese typischerweise lediglich die Funktionen einer vollhaftenden Gesellschafterin sowie die einer geborenen Geschäftsführerin erfüllen. Die betriebliche Leistungserstellung hingegen soll regelmäßig in der KG der GmbH & CoKG erfolgen. Damit sind einer Gewinnerzielung in der Komplementär-GmbH meist enge Grenzen gezogen.

Aus den bisherigen Ausführungen ergibt sich, dass es nur in Ausnahmefällen gelingen kann, die dauerhaft zu thesaurierenden Gewinne innerhalb der GmbH & CoKG so auf deren beide Bestandteile zu verteilen, dass hierdurch sowohl ein Vorteil gegenüber einem einfachen Personenunternehmen als auch gegenüber einer GmbH entsteht. Regelmäßig dürfte es vielmehr so sein, dass die Steuerbelastung zwischen der eines einfachen Personenunternehmens und der entsprechenden einer einfachen GmbH liegt.

4.5.2.3 Entnommene und ausgeschüttete Gewinne

Die von den *Kommanditisten* einer GmbH & CoKG *entnommenen Gewinne* werden steuerlich genauso behandelt wie die aus einer einfachen KG entnommenen Gewinne. Deren Behandlung ist außerdem nicht anders als die der in der KG thesaurierten Gewinne.

Werden die Steuerfolgen einer *Gewinnentnahme* durch den *Kommanditisten* einer *GmbH & CoKG* mit denen der *Ausschüttung* einer *einfachen GmbH* miteinander verglichen, so kann weitgehend auf die Ausführungen zu Gliederungspunkt 2.5.2 zurückgegriffen werden. Danach hängt der *Barwert der Steuerbelastungsdifferenz*

bei einem Vergleich eines einfachen Personenunternehmens mit einer Kapitalgesellschaft in hohem Maße von der Höhe des Einkommensteuersatzes, des Zeitraums der zwischenzeitlichen Thesaurierung und dem Nettokalkulationszinssatz
ab.

Bei einem geringen Einkommensteuersatz des (Mit-)Unternehmers entsteht ein
geringer Vorteil des Personenunternehmens. Ein Vorteil kann auch bei Wahl der
Rechtsform einer GmbH & CoKG im Vergleich zur GmbH erreicht werden. Ein
Vorteil im Vergleich zu einem einfachen Personenunternehmen ist hingegen
kaum erzielbar.

Bei Anwendung eines hohen Einkommensteuersatzes kann sowohl ein geringer
Vorteil als auch ein Nachteil des Personenunternehmens im Vergleich zu einer
Kapitalgesellschaft entstehen[149]. Ein Nachteil, der je nach Konstellation des
Einzelfalls sehr hoch sein kann, entsteht dann, wenn die Ausschüttung nicht
sofort, sondern erst mit einer mehrjährigen Zeitverzögerung erfolgt. Dieser
Nachteil steigt mit steigendem Zeitraum der zwischenzeitlichen Thesaurierung
und steigendem Nettokalkulationszinssatz. Der mögliche Nachteil des einfachen
Personenunternehmens im Vergleich zu einer Kapitalgesellschaft bei Anwendung
eines hohen Einkommensteuersatzes ist durch Umwandlung des Unternehmens in
eine GmbH & CoKG kaum vermeidbar, allenfalls leicht abschwächbar. Dies liegt
daran, dass bei einer GmbH & CoKG die betrieblichen Leistungen üblicherweise
in der KG und nicht in der Komplementär-GmbH erbracht werden. Damit entstehen auch die Gewinne, die durch Entnahme bzw. Ausschüttung an die
(Mit-)Unternehmer bzw. Gesellschafter gelangen, weitgehend in der KG und
nicht in der Komplementär-GmbH.

Ausgeschüttete Gewinne der *Komplementär-GmbH* einer GmbH & CoKG werden
im Ergebnis in gleicher Weise behandelt wie die von einer einfachen GmbH ausgeschütteten Gewinne. In beiden Fällen entsteht bei der GmbH - und zwar unabhängig von der Ausschüttung - sowohl Gewerbe- als auch Körperschaftsteuer. Die
Ausschüttungen unterliegen in beiden Fällen der Einkommensteuer der Gesellschafter. Hierbei ist im Falle der Ausschüttung einer „einfachen" GmbH i. d. R.
der Abgeltungsteuersatz anzuwenden. Im Falle der Ausschüttung einer Komplementär-GmbH hingegen ist zu differenzieren. Erfolgt die Ausschüttung an einen
Gesellschafter, der nicht zugleich Kommanditist ist, so ist ebenfalls der Abgeltungsteuersatz anzuwenden. Ist der Gesellschafter der Komplementär-GmbH
hingegen zugleich Kommanditist der KG, so kommt auf die Ausschüttung das
Teileinkünfteverfahren zur Anwendung. I. d. R. dürfte der auf die Ausschüttung
bezogene Steuersatz dann aber in der Nähe des Abgeltungsteuersatzes liegen. So
beträgt er bei einem nominalen Steuersatz von 42 % (60 % · 42 % =) 25,2 % und
bei einem nominalen Steuersatz von 45 % (60 % · 45 % =) 27 %. Gewerbesteuer
entsteht in beiden Vergleichsfällen bei den Gesellschaftern i. d. R. nicht. Im Falle
der einfachen GmbH gilt dies bereits deshalb, weil sich die GmbH-Anteile
meistens *nicht* in einem Betriebsvermögen befinden. Ist dies ausnahmsweise doch

---

149 Vgl. Gliederungspunkt 2.5.2.

der Fall, so kommt es vielfach zur Kürzung des Gewerbeertrags um die empfangene Ausschüttung nach § 9 Nr. 2a GewStG. Diese Kürzung kommt i. d. R. auch im Falle der Ausschüttung einer Komplemtär-GmbH an die Kommanditisten der GmbH & CoKG zur Anwendung. Ausnahmsweise entsteht bei einem Gesellschafter Gewerbesteuer auf die Ausschüttung dann, wenn der GmbH-Anteil bei diesem zu einem Betriebsvermögen gehört und § 9 Nr. 2a GewStG wegen einer unter 15 % liegenden Beteiligung nicht zur Anwendung kommt. Diese Voraussetzungen dürften, wenn sie denn ausnahmsweise zutreffen, sowohl im Fall des Kommanditisten einer GmbH & CoKG als auch in dem des Gesellschafters der Vergleichs-GmbH vorliegen. Regelmäßig kann also davon ausgegangen werden, dass die Belastung der Ausschüttung einer GmbH & CoKG bei deren Gesellschaftern der Belastung der Gesellschafter der Vergleichs-GmbH entspricht oder zumindest annähernd entspricht. Von Bedeutung ist, dass Ausschüttungen einer Komplementär-GmbH in der Praxis i. d. R. nur eine untergeordnete Rolle spielen dürften. Der Grund liegt darin, dass die wirtschaftliche Betätigung der GmbH & CoKG in aller Regel in der KG und nicht in der Komplementär-GmbH erfolgt. Für Ausschüttungen der Komplementär-GmbH bleibt unter diesen Umständen i. d. R. kein oder nur ein geringer Spielraum.

Aus den bisherigen Ausführungen folgt, dass durch eine Kombination von Entnahmen aus der KG und von Ausschüttungen der Komplementär-GmbH einer GmbH & CoKG i. d. R. kein großer Steuergestaltungsspielraum besteht. Die Steuerbelastung der entnommenen bzw. ausgeschütteten Gewinnbestandteile im Falle einer GmbH & CoKG wird zwar regelmäßig zwischen derjenigen eines einfachen Personenunternehmens und derjenigen einer GmbH liegen, allerdings deutlich näher an derjenigen des Personenunternehmens als an der der GmbH.

4.5.2.4 *Steuerfreie Gewinne*

Steuerfreie Gewinne sind bei allen Rechtsformen steuerfrei, solange sie thesauriert werden. Werden sie von einer Kapitalgesellschaft erzielt und zu irgendeinem späteren Zeitpunkt ausgeschüttet, so geht mit der Ausschüttung die Steuerfreiheit faktisch verloren. Die Ausschüttung unterliegt nämlich nunmehr - wie alle anderen Ausschüttungen der Kapitalgesellschaft auch - der Einkommensteuer bei den Gesellschaftern. Aus einem Personenunternehmen entnommene steuerfreie Gewinne hingegen zeitigen keine vergleichbare Wirkung: Sie sind und bleiben steuerfrei.

Diese unterschiedliche Behandlung steuerfreier Gewinne im Falle ihrer Ausschüttung bzw. Entnahme ist auf Ausschüttungen bzw. Entnahmen aus den beiden Teilen einer GmbH & CoKG übertragbar. Dies bedeutet, dass von der Komplementär-GmbH vereinnahmte steuerfreie Gewinne im Falle ihrer Ausschüttung von den Gesellschaftern dieser GmbH der Einkommensteuer zu unterwerfen sind. Sind die Gesellschafter der GmbH zugleich Kommanditisten der KG, so kommt das Teileinkünfteverfahren zur Anwendung, andernfalls unterliegen die Ausschüttungen der Abgeltungsteuer. Bewegt sich das zu versteuernde Einkommen des

Ausschüttungsempfängers im unteren Plafond, so ist der im Falle des Teileinkünfteverfahrens anzuwendende Einkommensteuersatz mit (60 % · 42 % =) 25,2 %
fast identisch mit dem Abgeltungsteuersatz von 25 %. Liegt das zu versteuernde
Einkommen im oberen Plafond, so ist der die Ausschüttung belastende Einkommensteuersatz bei Anwendung des Teileinkünfteverfahrens mit (60 % · 45 % =)
27 % leicht höher als der Abgeltungsteuersatz.

Steuerfreie Gewinne, die die KG einer GmbH & CoKG erzielt hat, bleiben auch
im Falle ihrer Entnahme steuerfrei. Je nachdem, welcher der beiden Unternehmensteile einer GmbH & CoKG die steuerfreien Gewinne erzielt, zeitigen diese
also die gleichen Steuerfolgen wie entweder die von einer einfachen GmbH oder
aber die von einem einfachen Personenunternehmen erzielten Gewinne. Je nach
Gestaltung des Sachverhalts kann die GmbH & CoKG also hinsichtlich steuerfreier Gewinne genauso nachteilig wie eine Kapitalgesellschaft oder ebenso vorteilhaft wie ein Personenunternehmen sein. Soll die *Steuerfreiheit* steuerfreier
Gewinne *auf Dauer erhalten* bleiben, so müssen diese also *von der KG* der
GmbH & CoKG *erzielt* werden. Nach dem InvZulG durch Investitionszulagen
begünstigte Investitionen müssen also von der KG und nicht von der Komplementär-GmbH vorgenommen werden. Steuerfreie ausländische Einkünfte müssen
von der KG und nicht von der Komplementär-GmbH erzielt werden. Da die entsprechenden Einkünfte regelmäßig sachgerecht auch von der KG erzielt werden,
lässt sich die Steuerfreiheit im Falle der GmbH & CoKG auch bei Entnahme
erhalten.

4.5.2.5 Ausschüttungsgestaltung

Unter Gliederungspunkt 2.4.2.6 ist herausgearbeitet worden, dass personenbezogene Kapitalgesellschaften und ihre Gesellschafter den Zeitpunkt einer Gewinnausschüttung in den Dienst der betrieblichen Steuerpolitik stellen können. Hierbei
können sie das Ziel verfolgen, Ausschüttungen in solche Jahre zu verlagern, in
denen ein oder mehrere Gesellschafter ohne diese Ausschüttungen nur ein geringes oder sogar ein negatives zu versteuerndes Einkommen erzielen. Wie gezeigt
worden ist, können durch eine derartige Politik einer zeitlichen Ausschüttungs-
verlagerung in Einzelfällen hohe steuerliche Vorteile erzielt werden. Einfache
Personenunternehmen hingegen verfügen über derartige Möglichkeiten der Steuergestaltung nicht.

Auch hinsichtlich der Möglichkeit zur Ausschüttungsgestaltung ist die KG einer
GmbH & CoKG einem einfachen Personenunternehmen, die Komplementär-
GmbH hingegen einer einfachen Kapitalgesellschaft gleichgestellt. Dies hat zur
Folge, dass die *Komplementär-GmbH* mit steuerlicher Wirkung eine *Politik der
zeitlichen Ausschüttungsgestaltung* betreiben kann, die KG der GmbH & CoKG
hingegen nicht. Zu beachten ist aber, dass die Möglichkeiten einer zeitlichen Ausschüttungsgestaltung im Falle einer Komplementär-GmbH häufig geringer sein
dürften als in dem Vergleichsfall einer einfachen GmbH. Dies liegt daran, dass im
Falle einer einfachen GmbH der Gesamtgewinn des Unternehmens in dieser

GmbH anfällt, im Falle einer Komplementär-GmbH hingegen regelmäßig nur ein kleiner Teil, der größte Teil hingegen in der KG.

Zusammenfassend lässt sich urteilen, dass hinsichtlich der Möglichkeiten einer zeitlichen Ausschüttungsgestaltung die einfache GmbH am vorteilhaftesten, das einfache Personenunternehmen hingegen am nachteiligsten ist. Die GmbH & CoKG dürfte regelmäßig zwischen diesen einfachen Unternehmensformen liegen.

4.5.2.6 *Auswirkungen des Schuldzinsenabzugs auf die Höhe des steuerpflichtigen Gewinns*

Bereits an früherer Stelle ist herausgearbeitet worden, dass hinsichtlich des Schuldzinsenabzugs Kapitalgesellschaften vorteilhafter sind als Personenunternehmen. Während der Schuldzinsenabzug bei Personenunternehmen durch § 4 Abs. 4a EStG beschränkt ist, gilt diese Beschränkung für Kapitalgesellschaften nicht. Bereits in Teil II ist allerdings herausgearbeitet worden, dass mit Hilfe entsprechender Gestaltungsmaßnahmen eine Vermeidung oder zumindest Verringerung der für das Unternehmen nachteiligen Folgen des § 4 Abs. 4a EStG erreicht werden kann[150]. Dies dürfte aber regelmäßig nur mit einem erheblichen Planungs- und Beratungsaufwand möglich sein.

Auch die Ausführungen zum Schuldzinsenabzug lassen sich auf die beiden Unternehmensteile der GmbH & CoKG übertragen. Schuldzinsen der Komplementär-GmbH sind also voll abzugsfähig, Schuldzinsen der KG hingegen nur unter den Einschränkungen des § 4 Abs. 4a EStG. Da die KG regelmäßig der größere und wirtschaftlich wichtigere Teil der GmbH & CoKG sein wird, dürfte eine Vermeidung der sich aus § 4 Abs. 4a EStG ergebenden Probleme i. d. R. nicht oder nur unwesentlich leichter möglich sein als im Falle eines einfachen Personenunternehmens. Hieraus folgt, dass hinsichtlich des Schuldzinsenabzugs die einfache Kapitalgesellschaft die vorteilhafteste Rechtsform, das einfache Personenunternehmen die nachteiligste ist. Die *GmbH & CoKG* kann *zwischen* diesen *beiden einfachen Rechtsformen* eingestuft werden, doch näher an dem Personenunternehmen als an der Kapitalgesellschaft.

4.5.3 Leistungsvergütungen

4.5.3.1 *Einführung*

An früherer Stelle sind die unterschiedlichen Steuerwirkungen von Leistungsvergütungen an die Gesellschafter einer Kapitalgesellschaft einerseits und an die Gesellschafter einer Personengesellschaft andererseits herausgearbeitet worden[151]. Die Unterschiede beruhen letztlich darauf, dass Leistungsvergütungen an

---

[150] Vgl. Teil II, Gliederungspunkt 6.2.
[151] Vgl. Gliederungspunkt 2.5.3.

Gesellschafter einer Kapitalgesellschaft zu den abzugsfähigen Betriebsausgaben gehören, Leistungsvergütungen an die Gesellschafter einer Personengesellschaft aber Vorabgewinne i. S. d. § 15 Abs. 1 Satz 1 Nr. 2 EStG darstellen.

Ebenso wie Leistungsvergütungen an die Gesellschafter einer einfachen Personengesellschaft, stellen auch entsprechende Vergütungen an die Gesellschafter der KG einer GmbH & CoKG Vorabgewinne dar. Hinsichtlich der Leistungsvergütungen der Komplementär-GmbH einer GmbH & CoKG an ihre Gesellschafter ist eine differenzierte Betrachtung geboten. Hier ist zwischen folgenden beiden Fällen zu unterscheiden:

1. Der Leistungsempfänger ist nur Gesellschafter der Komplementär-GmbH nicht hingegen Gesellschafter der KG (**Nur-GmbH-Gesellschafter**).
2. Der Leistungsempfänger ist sowohl Gesellschafter der Komplementär-GmbH als auch Gesellschafter (Kommanditist) der KG (**Sowohl-als-auch-Gesellschafter**).

Nachfolgend wird zunächst auf Leistungsvergütungen an Nur-GmbH-Gesellschafter, anschließend auf Leistungsvergütungen an Sowohl-als-auch-Gesellschafter eingegangen.

4.5.3.2 *Leistungsvergütungen an Nur-GmbH-Gesellschafter*

Auf Leistungsvergütungen an *Nur-GmbH-Gesellschafter* finden die allgemeinen Grundsätze Anwendung, die auch in den Fällen gelten, in denen es sich bei der GmbH nicht um eine Komplementär-GmbH, sondern um eine einfache GmbH handelt. Damit sind auch die Ergebnisse übertragbar, die hinsichtlich der Vorteilhaftigkeit der Vereinbarung von Leistungsvergütungen unter Gliederungspunkt 2.4 ermittelt worden sind. Diese lassen sich wie folgt zusammenfassen:

1. *Gehaltszahlungen* an die Gesellschafter einer Kapitalgesellschaft sind regelmäßig vorteilhafter als alternative Ausschüttungen. Ausnahmen ergeben sich nur dann, wenn das zu versteuernde Einkommen mit dem oberen Spitzensteuersatz von 45 % besteuert wird und zugleich der Gewerbesteuerhebesatz geringer ist als 400 %.
2. *Pensionszusagen* an einen Gesellschafter-Geschäftsführer führen i. d. R. per Saldo zu steuerlichen Vorteilen.
3. Mit Hilfe von *Gesellschafterdarlehen* anstelle einer Eigenkapitalzufuhr lassen sich i. d. R. steuerliche Vorteile erzielen.
4. Steuerliche Vorteile lassen sich auch mit Hilfe von *Miet- und Pachtverträgen* zwischen einer Kapitalgesellschaft und ihren Gesellschaftern erzielen.

Infolge der steuerrechtlichen Gleichbehandlung der Leistungsvergütungen einer einfachen GmbH einerseits und einer Komplementär-GmbH andererseits, ergeben sich grundsätzlich durch derartige Vereinbarungen auch keine Belastungsunterschiede. Zu beachten ist aber, dass der maximale Umfang derartiger Vereinbarungen in Fällen der Komplementär-GmbH häufig kleiner ist als in denen einer einfa-

chen GmbH. Dies gilt insbesondere hinsichtlich der Vereinbarung von Gesellschafterdarlehen und von Miet- und Pachtverhältnissen. Vielfach benötigt nämlich
im Falle einer GmbH & CoKG nicht die Komplementär-GmbH ein Darlehen,
sondern die KG. Im Falle der einfachen Vergleichs-GmbH hingegen ist diese
GmbH Darlehensnehmerin des Gesellschafterdarlehens. Im Falle einer GmbH &
CoKG kann die Situation eintreten, dass ein Miet- oder Pachtverhältnis nur mit
der KG, nicht hingegen mit der Komplementär-GmbH sinnvoll ist. Damit bleibt
festzustellen, dass der *Umfang der* steuerlich wirksamen *Gestaltungsmaßnahmen*
bei der Rechtsform *der GmbH & CoKG* tendenziell *geringer* ist als im Falle einer
vergleichbaren einfachen GmbH.

Bei einem *Vergleich* der Steuerwirkungen von Leistungsvergütungen im Falle
einer *GmbH & CoKG* einerseits und im Falle eines vergleichbaren *einfachen Personenunternehmens* andererseits lassen sich die unter Gliederungspunkt 2.5.3
erzielten Ergebnisse übertragen. Dies gilt allerdings nur unter der Voraussetzung,
dass die Leistungsvergütungen im Falle der GmbH & CoKG von der GmbH und
nicht von der KG erbracht werden. Bei einer Übertragung der Ergebnisse ergibt
sich Folgendes:

1. Gehälter an die Gesellschafter der Komplementär-GmbH werden regelmäßig
    geringer belastet als Gehälter an die Gesellschafter einer vergleichbaren einfa-
    chen Personengesellschaft.
2. Durch eine Pensionszusage an den Gesellschafter-Geschäftsführer einer
    Komplementär-GmbH lassen sich steuerliche Vorteile erzielen, die durch eine
    entsprechende Zusage an den Gesellschafter-Geschäftsführer einer vergleich-
    baren einfachen Personengesellschaft nicht erreichbar sind.
3. Die Gewährung eines Darlehens durch den Gesellschafter einer Komplemen-
    tär-GmbH an diese GmbH ist i. d. R. steuerlich vorteilhafter als die Gewäh-
    rung eines entsprechenden Darlehens durch den Gesellschafter einer einfachen
    Personengesellschaft an diese Gesellschaft. Der Vorteil kann bei bestimmten
    Parameterkonstellationen sehr hoch sein.
4. Auch hinsichtlich der Vermietung oder Verpachtung eines Gesellschafters an
    „seine" Gesellschaft kann die Rechtsform einer GmbH steuerlich vorteilhafter
    sein als die eines Personenunternehmens. Dies gilt auch in den Fällen, in
    denen es sich bei der GmbH um eine Komplementär-GmbH handelt.

Zu beachten ist, dass die unter 1. und 2. genannten Gestaltungsmaßnahmen bei
einer GmbH & CoKG i. d. R. ohne große Probleme realisierbar sind, die unter 3.
und 4. aufgeführten hingegen allenfalls in eng begrenztem Umfang. Der Grund
liegt darin, dass das Darlehen bzw. das zu nutzende Wirtschaftgut regelmäßig von
der KG und nicht von der Komplementär-GmbH benötigt wird.

4.5.3.3 Leistungsvergütungen an Sowohl-als-auch-Gesellschafter

Für *Sowohl-als-auch-Gesellschafter*, d. h. für solche Personen, die zugleich
Gesellschafter der Komplementär-GmbH als auch der KG der GmbH & CoKG

sind, gilt eine wichtige Besonderheit. Bei diesen Doppelgesellschaftern sind nicht nur die Leistungsvergütungen, die sie von der KG erhalten, sondern auch diejenigen, die sie von der GmbH beziehen, als *Vorabgewinne* i. S. d. § 15 Abs. 1 Satz 1 Nr. 2 EStG zu behandeln. Damit sind sie hinsichtlich der Behandlung von Leistungsvergütungen in vollem Umfang den Gesellschaftern einer *einfachen Personengesellschaft gleichgestellt*. Hinsichtlich der Steuerwirkungen dieser Vergütungen besteht also keinerlei Unterschied zwischen der GmbH & CoKG und einer vergleichbaren einfachen Personengesellschaft.

Im Vergleich der Leistungsvergütungen an die genannten Doppelgesellschafter mit entsprechenden Vergütungen an die Gesellschafter einer einfachen GmbH ergeben sich die gleichen Wirkungen wie bei einem Vergleich derartiger Vergütungen im Falle einer einfachen Personengesellschaft. Hier lassen sich die Ergebnisse des unter Gliederungspunkt 2.5.3 durchgeführten Vergleichs unmittelbar übertragen. Tendenziell führt hier die *einfache Kapitalgesellschaft* zu einer *geringeren Steuerbelastung* als die GmbH & CoKG.

4.5.4 Erbfolge und vorweggenommene Erbfolge

4.5.4.1 Einführung

Grundsätzlich können die Steuerfolgen der Erbfolge bzw. der vorweggenommenen Erbfolge einen Einfluss auf die Vorteilhaftigkeit der einzelnen Unternehmensrechtsformen zueinander haben. Unterschiede können sich sowohl bei der Erbschaft- bzw. Schenkungsteuer als auch bei den Ertragsteuern ergeben. Nachfolgend wird zunächst auf die Erbschaft- bzw. Schenkungsteuer, anschließend wird auf die Ertragsteuern eingegangen.

4.5.4.2 Erbschaft- und schenkungsteuerlicher Vergleich

Wie bereits an früherer Stelle[152] herausgearbeitet worden ist, sind gravierende rechtsformabhängige Unterschiede bei der Erbschaft- bzw. Schenkungsteuer seit der Erbschaftsteuerreform des Jahres 2008 nur noch in seltenen Fällen zu erwarten. Die zur Begründung dieser These herausgearbeiteten Argumente lassen sich wie folgt zusammenfassen:

- In den meisten Fällen dürfte infolge der Begünstigung des Betriebsvermögens durch § 13a ErbStG in Verbindung mit den Freibeträgen des ErbStG und den geringen Steuersätzen der Steuerklasse I keine oder allenfalls eine geringe Erbschafts- bzw. Schenkungsteuer entstehen. Dies gilt rechtsformunabhängig.

- Die Methoden zur Bewertung des Betriebsvermögens eines Personenunternehmens bzw. der Anteile an einer Kapitalgesellschaft sind seit der Erbschaft-

---

152 Vgl. Gliederungspunkt 2.5.4.

steuerreform gleich. Damit ist zu erwarten, dass die Ergebnisse der Wertermittlung im Einzelfall nicht oder nur unwesentlich voneinander abweichen.

Diese Gründe, die dafür sprechen, dass infolge einer (vorweggenommenen) Erbfolge keine oder nur geringe rechtsformabhängige Belastungsunterschiede durch die Erbschaft- bzw. Schenkungsteuer entstehen, sind zwar für einen Vergleich der einfachen Personenunternehmen und der einfachen Kapitalgesellschaften miteinander formuliert worden. Sie gelten aber auch unter Einbeziehung einer kombinierten Rechtsform die - wie die GmbH & CoKG - aus einer Personen- und einer Kapitalgesellschaft zusammengesetzt ist.

Bei der GmbH & CoKG liegen rechtlich zwei Bewertungsobjekte vor, nämlich die KG und deren Komplementär-GmbH. Die Werte beider Gesellschaften sind getrennt zu ermitteln. Hierbei kommen die gleichen Bewertungsmethoden zur Anwendung. Letztlich kommt es hierbei stets zur Ermittlung von Ertragswerten bzw. von Barwerten von Ein- und Auszahlungen, die - evtl. etwas zeitversetzt - den Erträgen und Aufwendungen entsprechen. Werden die Erträge und Aufwendungen der beiden Unternehmensteile einer GmbH & CoKG konsolidiert, so dürften diese i. d. R. denjenigen eines rechtlich einheitlichen Unternehmens entsprechen. Es ist deshalb nicht zu erwarten, dass die Summe der Ertragswerte der beiden Unternehmensteile einer GmbH & CoKG erheblich von dem Ertragswert abweicht, der sich ergäbe, wenn das Unternehmen in der Rechtsform eines einfachen Personenunternehmens oder einer einfachen Kapitalgesellschaft geführt würde.

Zusammenfassend kann davon ausgegangen werden, dass die Erbschaft- bzw. Schenkungsteuer auch unter Einbeziehung der Rechtsform der GmbH & CoKG keinen oder nur einen geringen Einfluss auf die Vorteilhaftigkeit der Rechtsformen zueinander hat. Ausnahmen können sich selbstverständlich in Einzelfällen bei hohen Vermögen ergeben.

4.5.4.3 Ertragsteuerlicher Vergleich

Ebenso wie in den Vergleichsfällen verursacht eine Erbfolge bzw. vorweggenommene Erbfolge auch beim Übergang von Anteilen an einer GmbH & CoKG grundsätzlich keine Ertragsteuerfolgen. Der Erwerb liegt auch hier nicht in der Einkommens-, sondern in der Vermögenssphäre des Beschenkten bzw. des Erben. Von diesem Grundsatz gibt es wiederum infolge von Gestaltungsmaßnahmen der Beteiligten Ausnahmen. Die Ausnahmen betreffen sowohl vorweggenommene Erbfolgen als auch Erbauseinandersetzungen. In beiden Fällen geht es darum, *stille Reserven steuerbegünstigt aufzudecken* und hierdurch *Aufwandspotential* zu *schaffen*.

Im Rahmen einer *vorweggenommenen Erbfolge* können Gestaltungsmaßnahmen mit Hilfe von

- Abstandszahlungen an den bisherigen Eigentümer und
- Gleichstellungszahlungen an Dritte, insbesondere an Angehörige

erfolgen. Hierbei ergeben sich unterschiedliche Steuerfolgen, je nachdem, ob derartige Zahlungen im Rahmen einer Übertragung von Anteilen an der KG der GmbH & CoKG oder aber von Anteilen an der Komplementär-GmbH erfolgen. Im ersten Fall gelten die gleichen Besteuerungsgrundsätze wie bei einem einfachen Personenunternehmen, im zweiten diejenigen, die bei einer einfachen Kapitalgesellschaft zur Anwendung kommen[153]. Im ersten Fall werden stille Reserven steuerbegünstigt aufgedeckt und Aufwandspotential geschaffen, im zweiten hingegen werden zwar stille Reserven aufgedeckt, Aufwandspotential entsteht aber nicht.

Auch im Rahmen einer *Erbauseinandersetzung* kann das Ziel verfolgt werden, stille Reserven steuerbegünstigt aufzudecken und gleichzeitig Aufwandspotential zu schaffen. Personenunternehmen erweisen sich hierbei tendenziell als vorteilhafter als Kapitalgesellschaften[154]. Auch hier gelten wiederum für die KG der GmbH & CoKG die gleichen Grundsätze wie für einfache Personenunternehmen und für die Komplementär-GmbH die gleichen wie für einfache Kapitalgesellschaften.

Insgesamt kann davon ausgegangen werden, dass hinsichtlich möglicher Gestaltungsmaßnahmen im Zusammenhang mit einer vorweggenommenen Erbfolge bzw. einer Erbauseinandersetzung im Falle einer GmbH & CoKG ähnlich viel Flexibilität herrscht wie bei einem einfachen Personenunternehmen und damit mehr als bei einer einfachen Kapitalgesellschaft. Damit ist insoweit die GmbH & CoKG ähnlich vorteilhaft wie ein einfaches Personenunternehmen. Beide sind vorteilhafter als eine einfache Kapitalgesellschaft.

4.5.5 Zusammenfassende Würdigung

Die voranstehenden Ausführungen haben hinsichtlich der steuerlichen Vorteilhaftigkeit der GmbH & CoKG im Vergleich zu einem einfachen Personenunternehmen einerseits und zu einer einfachen GmbH andererseits kein allgemeingültiges Ergebnis gebracht. Eine allgemeingültige Reihung der miteinander verglichenen Rechtsformen hinsichtlich ihrer steuerlichen Vorteilhaftigkeit ist nicht möglich. Mit Hilfe einer sorgfältigen Steuerplanung dürfte es aber in Einzelfällen möglich sein, die GmbH & CoKG als eine in steuerlicher Hinsicht vorteilhaftere Rechtsform als die alternativen Rechtsformen auszugestalten.

---

153 Hinsichtlich dieser Besteuerungsgrundsätze im Einzelnen s. Gliederungspunkt 2.3.3.3.
154 Im Einzelnen hierzu s. Schneeloch, D., Rechtsformwahl, 2006, S. 315 ff.

5 Betriebsaufspaltung

5.1 Einführung

Betriebsaufspaltungen sind seit Jahrzehnten ein beliebtes Mittel der Unternehmenspolitik. Die Gründe für eine Betriebsaufspaltung können sowohl steuerlicher als auch nichtsteuerlicher Art sein. Als Gründe nichtsteuerlicher Art werden im Wesentlichen genannt[155]:

- eine *Begrenzung der Haftung* in einem Ausmaß, das ohne Aufspaltung des Betriebes nicht erreichbar wäre,
- die Möglichkeit, das Unternehmen schrittweise auf die *nachfolgende Generation* zu übertragen,
- die Möglichkeit zur Geschäftsführung durch nicht zum Gesellschafterkreis gehörende Personen *(Fremdgeschäftsführung)*, ohne dass diese Geschäftsführer über die Hauptbestandteile des dem Betrieb dienenden Vermögens verfügen könnten,
- eine im Vergleich zu einer Personengesellschaft gesteigerte *Fungibilität* hinsichtlich der Veräußerung von Anteilen und der Aufnahme neuer Gesellschafter.

Nachfolgend soll auf diese Motive nichtsteuerlicher Art für eine Betriebsaufspaltung nicht näher eingegangen werden. Behandelt werden lediglich die steuerlichen Aspekte. Doch sei nachdrücklich darauf hingewiesen, dass Entscheidungen über Betriebsaufspaltungen auf keinen Fall ohne Berücksichtigung der nichtsteuerlichen Aspekte getroffen werden sollten. Werden lediglich steuerliche Gesichtspunkte beachtet, so kann dies zu einer Fehlentscheidung führen.

Unter einer **Betriebsaufspaltung** wird die *Aufspaltung eines bisher einheitlichen Unternehmens in zwei oder mehrere rechtlich selbständige Betriebe* verstanden. Die Gestaltungsformen der Betriebsaufspaltungen weisen eine große Vielfalt auf. In der Praxis am weitesten verbreitet ist die Aufspaltung eines Personenunternehmens (Einzelunternehmen, Personengesellschaft) in ein **Besitzpersonenunternehmen** einerseits und in eine **Betriebskapitalgesellschaft** andererseits. Das *Besitzpersonenunternehmen* kann ein Einzelunternehmen, eine BGB-Gesellschaft (§§ 705 ff. BGB), eine Personenhandelsgesellschaft (OHG, KG) oder eine Gemeinschaft nach bürgerlichem Recht sein. Kaufmannseigenschaft ist nicht erforderlich. Das Vermögen des Besitz-"Unternehmens" besteht häufig nur aus einem einzigen Wirtschaftsgut, insbesondere einem Grundstück. Die *Betriebska-*

---

[155] Vgl. Schneeloch, D., Rechtsformwahl, 2006, S. 29 f., S. 57 ff. und S. 370 f; vgl. auch Brandmüller, G., Betriebsaufspaltung, 1997, S. 45 ff.; sowie Grobshäuser, V./Maier, W./Kies, D., Besteuerung, 2009, S. 581.

pitalgesellschaft hat meistens die Rechtsform einer GmbH. Nachfolgend wird deshalb auch häufig von einer *Betriebs-GmbH* gesprochen.

Im Rahmen der Aufspaltung eines Unternehmens in ein Besitz- und ein Betriebsunternehmen behält das *Besitzunternehmen* regelmäßig das *Anlagevermögen* oder auch nur das besonders wichtige Betriebsgrundstück. Auf das *Betriebsunternehmen* hingegen wird das Umlaufvermögen, evtl. auch ein Teil des Anlagevermögens übertragen. Aufgabe des Besitzunternehmens ist es nunmehr, sein Vermögen an das Betriebsunternehmen zu vermieten oder zu verpachten. Die Betriebsgesellschaft hingegen übernimmt künftig den eigentlichen „Betrieb", d. h. sie übernimmt alle oder zumindest einige wichtige betriebliche Funktionen. Im produzierenden Gewerbe übernimmt sie vor allem die Produktion.

Ein Beispiel soll die Zusammenhänge verdeutlichen.

Beispiel

Die X-KG betreibt seit Jahrzehnten auf einem ihr gehörenden Grundstück eine chemische Fabrik. An der KG sind die Gesellschafter A, B und C zu je einem Drittel beteiligt. Da ihnen die Produktionsrisiken, insbesondere die Risiken einer Gefährdungshaftung zu groß geworden sind, beschließen sie, zum 1.1.01 die Y-GmbH zu gründen. An dieser wollen sie sich ebenfalls zu jeweils einem Drittel beteiligen. Die Y-GmbH soll das Umlaufvermögen der X-KG übernehmen und deren bisherigen Betrieb fortführen. Lediglich das Anlagevermögen, insbesondere das Betriebsgrundstück, soll bei der X-KG verbleiben und von dieser an die Y-GmbH vermietet bzw. verpachtet werden. Durch die Aufspaltung des Unternehmens hoffen die Gesellschafter, dass selbst bei Eintritt eines schweren Produktionsunfalles und einer sich daraus ggf. nicht durch eine Versicherung gedeckten Haftung, das Anlagevermögen, insbesondere das Betriebsgrundstück, von einem Zugriff durch die Schadensersatzberechtigten verschont bleibt.

Es liegt ein typischer Fall einer Betriebsaufspaltung in eine Besitz-KG einerseits und in eine Betriebs-GmbH andererseits vor. Das Motiv für diese Betriebsaufspaltung ist zunächst vorrangig nichtsteuerlicher Art.

Die bisher beschriebene Form der Aufspaltung eines einheitlichen Unternehmens wird in Praxis und Schrifttum üblicherweise als **echte** Betriebsaufspaltung bezeichnet. Neben der echten gibt es die **unechte** Form der Betriebsaufspaltung. Sie ist dadurch gekennzeichnet, dass die zu vermietenden oder zu verpachtenden Wirtschaftsgüter nicht von Anfang an vorhanden sind, sondern erst nach Gründung der Betriebskapitalgesellschaft von dem Besitzunternehmen erworben werden. Die Zusammenhänge sollen wiederum anhand eines Beispiels verdeutlicht werden.

Beispiel

A hat vor Jahren die Z-GmbH gegründet und ist seither deren Alleingesellschafter. Die Z-GmbH betreibt in einem gemieteten Gebäude eine Gesenkschmiede. Das Gebäude ist inzwischen für die expandierende Produktion der Z-GmbH zu klein geworden. A erwirbt deshalb ein Grundstück und lässt auf diesem ein Fabrikgebäude errichten. Das Fabrikgebäude wird für Zwecke der Z-GmbH besonders hergerichtet, insbesondere wird es gegen Erschütterungen, wie sie bei dem Betrieb einer Gesenkschmiede üblich sind, abgesichert. Nach Fertigstellung vermietet A das Fabrikgebäude sowie das unmittelbar daran angrenzende unbebaute Grundstück an die Z-GmbH.

Es handelt sich um einen typischen Fall einer unechten Betriebsaufspaltung. A betreibt das Besitz-"Unternehmen". Dieses besteht in dem mit einem Fabrikgebäude bebauten Grundstück. Die Z-GmbH betreibt die Betriebskapitalgesellschaft.

Von Bedeutung für die hier zu behandelnde Problematik ist, dass nicht jede Vermietung oder Verpachtung von Wirtschaftsgütern durch ein Personenunternehmen oder durch die Gesellschafter eines Personenunternehmens an eine Kapitalgesellschaft zu einer Betriebsaufspaltung im Sinne der steuerlichen Rechtsprechung führt. Vielmehr müssen folgende zwei Voraussetzungen erfüllt sein:

1. Die vermieteten oder verpachteten Wirtschaftsgüter müssen zu den *wesentlichen Betriebsgrundlagen* gehören und
2. die das Besitzunternehmen tatsächlich beherrschende Person bzw. Personengruppe muss in der Lage sein, auch in der Betriebsgesellschaft ihren *geschäftlichen Betätigungswillen* durchzusetzen.

Hinsichtlich der ersten Voraussetzung spricht man von einer **sachlichen**, hinsichtlich der zweiten von einer **personellen Verflechtung**. Sind sowohl die Voraussetzungen der sachlichen als auch die der personellen Verflechtung erfüllt, so betreibt der Vermieter bzw. Verpächter im steuerlichen Sinne ein *gewerbliches Unternehmen*. Dies hat zur Folge, dass das Besitzunternehmen als ein Gewerbebetrieb i. S. d. § 2 GewStG angesehen wird. Das gilt selbst dann, wenn dieses „Unternehmen" lediglich aus einem an die Betriebskapitalgesellschaft vermieteten Grundstück besteht. Sind die Voraussetzungen einer sachlichen und personellen Verflechtung erfüllt, liegen also die Voraussetzungen einer steuerrechtlichen Betriebsaufspaltung vor, so wird nachfolgend von einer **gewerblichen Betriebsaufspaltung** oder auch von einer **Betriebsaufspaltung im steuerrechtlichen Sinne** gesprochen.

Sind die Voraussetzungen der sachlichen oder der personellen Verflechtung *nicht* erfüllt, so handelt es sich steuerlich um eine *schlichte Vermietung* oder *Verpachtung*. Wird eine der beiden Voraussetzungen bewusst nicht herbeigeführt, so wird nachfolgend der Begriff der **vermögensverwaltenden Betriebsaufspaltung** oder der einer **Betriebsaufspaltung im wirtschaftlichen Sinne** verwendet. Voraussetzung ist allerdings, dass die beteiligten Personen ihre Unternehmenskonstruktion der Betriebsaufspaltung im steuerrechtlichen Sinne als *gleichwertig* erachten. Nachfolgend wird also zwischen einer *gewerblichen* (steuerrechtlichen) und einer *vermögensverwaltenden* (rein wirtschaftlichen) *Betriebsaufspaltung* unterschieden.

Nachfolgend soll zunächst auf die Voraussetzungen einer Betriebsaufspaltung im steuerrechtlichen Sinne, d. h. auf die Voraussetzungen einer sachlichen und personellen Verflechtung näher eingegangen werden. Anschließend sollen die Rechtsfolgen der unterschiedlichen Betriebsaufspaltungen und deren Beendigung dargestellt werden. Danach folgen Gestaltungsüberlegungen für die Neuplanung von Betriebsaufspaltungen und Überlegungen für die Überprüfung bestehender Betriebsaufspaltungen auf ihre Vorteilhaftigkeit. Es folgen Überlegungen für den Fall eines Fortfalls der Voraussetzungen einer Betriebsaufspaltung aufgrund geänderter Rechtsprechung. Den Abschluss bildet eine Gesamtwürdigung der Betriebsaufspaltung als Mittel der betrieblichen Steuerpolitik.

Ausdrücklich sei darauf hingewiesen, dass die Steuerfolgen einer Betriebsaufspaltung im steuerrechtlichen Sinne nicht kodifiziert sind. Sie beruhen vielmehr ausschließlich auf Richterrecht, d. h. auf einer jahrzehntelangen Rechtsprechung sowohl des RFH als auch des BFH.

5.2 Voraussetzungen einer Betriebsaufspaltung im steuerrechtlichen Sinne

5.2.1 Sachliche Verflechtung

Nach dem Beschluss des Großen Senats des BFH vom 8.11.1971[156] setzt eine Betriebsaufspaltung voraus, dass infolge der miet- oder pachtweisen Überlassung *wesentlicher Betriebsgrundlagen* zwischen dem Besitz- und dem Betriebsunternehmen eine *enge sachliche Verflechtung* besteht. Hierbei reicht es aus, wenn das überlassene Wirtschaftsgut bei dem Betriebsunternehmen nur *eine* von mehreren wesentlichen Betriebsgrundlagen darstellt. *Keine* wesentliche Betriebsgrundlage liegt dann vor, wenn das überlassene Wirtschaftsgut für die Betriebsgesellschaft nur *von geringer wirtschaftlicher Bedeutung* ist. Eine wesentliche Betriebsgrundlage für die Betriebsgesellschaft können auch Wirtschaftsgüter darstellen, die zwar von dem Besitzunternehmen an die Betriebsgesellschaft überlassen werden, aber nicht Eigentum des Besitzunternehmens sind. Es handelt sich also um Wirtschaftsgüter, die das Besitzunternehmen selbst von Dritten gemietet oder gepachtet hat.

Als wesentliche Betriebsgrundlagen kommen vor allem *Grundstücke* in Betracht. Hierbei kann es sich sowohl um bebaute als auch um unbebaute Grundstücke handeln. Doch nahm die Rechtsprechung zumindest in der Vergangenheit nicht bei jedem miet- oder pachtweise an die Betriebsgesellschaft überlassenen Grundstück an, dass es sich um eine wesentliche Betriebsgrundlage handele. Tendenziell hatte es während der achtziger Jahre des zwanzigsten Jahrhunderts vielmehr den Anschein, dass die Rechtsprechung an die Annahme einer wesentlichen Betriebsgrundlage ständig engere Voraussetzungen knüpfte[157]. Diese Tendenz wurde 1989 von einem Urteil des BFH[158] unterbrochen[159]. Seither ist eine gegenläufige Entwicklung der BFH-Rechtsprechung unverkennbar.

Die derzeitige Rechtslage (Sommer 2009), die im Wesentlichen in R und H 15.7 Absätze 4 bis 8 EStR wiedergegeben ist, knüpft vorrangig an die wirtschaftliche

---

156 Vgl. BFH-Beschluss v. 8.11.1971, GrS 2/71, BStBl 1972 II, S. 63.
157 Vgl. in diesem Zusammenhang insbesondere Schmidt, L., Anmerkungen, 1989, S. 19; Groh, M., Betriebsaufspaltung, 1989, S. 751 f.
158 BFH-Urteil v. 24.8.1989, IV R 135/86, BStBl 1989 II, S. 1014.
159 Vgl. ausführlich Schneeloch, D., Betriebsaufspaltung, 1991, S. 762 f.; vgl. auch Märkle, R., Rechtsprechung, 1994, S. 833 ff.; Valentin, A., Bürogebäude, 1996, S. 241 ff.

Bedeutung des Grundstücks für die Betriebsgesellschaft an[160]. Nur dann, wenn diese gering ist, stellt das Grundstück keine wesentliche Betriebsgrundlage dar, nur dann ist also durch die Vermietung oder Verpachtung des Grundstücks keine sachliche Verflechtung gegeben. Dies gilt - entgegen der in den achtziger Jahren vorherrschenden Ansicht - auch für Bürogebäude.

Neben Grundstücken können auch andere Wirtschaftsgüter der Betriebsgesellschaft miet- oder pachtweise zur Verfügung gestellt werden. Auch diese können eine wesentliche Betriebsgrundlage der Betriebsgesellschaft bilden, so dass eine Betriebsaufspaltung im steuerrechtlichen Sinne entsteht. Hinsichtlich der Voraussetzungen, an die das Vorhandensein einer wesentlichen Betriebsgrundlage geknüpft ist, gilt das gleiche wie für Grundstücke. Bei den Wirtschaftsgütern, die eine wesentliche Betriebsgrundlage bilden, kann es sich sowohl um *materielle* als auch um *immaterielle Wirtschaftsgüter des Anlagevermögens* handeln. Hinsichtlich der materiellen Wirtschaftsgüter kommen neben Grundstücken vor allem *Maschinen* und *maschinelle Anlagen* sowie ganze *Betriebseinrichtungen* in Betracht. Bei Maschinen und Einrichtungen muss es sich nicht zwingend um Sonderanfertigungen handeln, damit die Voraussetzungen einer Betriebsaufspaltung erfüllt sind. Auch Serienfabrikate können danach eine wesentliche Betriebsgrundlage darstellen[161]. Voraussetzung ist, dass diese Wirtschaftsgüter wirtschaftliches Gewicht besitzen oder nicht jederzeit ersetzbar sind.

5.2.2 Personelle Verflechtung

Nach dem Beschluss des Großen Senats des BFH vom 8.11.1971[162] besteht eine der beiden Voraussetzungen für das Vorliegen einer Betriebsaufspaltung im steuerrechtlichen Sinne darin, dass die das *Besitzunternehmen* tatsächlich *beherrschende Person* bzw. *Personengruppe* in der Lage ist, *auch in dem Betriebsunternehmen ihren geschäftlichen* **Betätigungswillen** *durchzusetzen*. Dies ist völlig zweifelsfrei in den Fällen, in denen an beiden Unternehmen *Beteiligungsidentität* besteht. Doch ist Beteiligungsidentität nicht zwingend erforderlich. Vielmehr reicht es i. d. R. aus, dass die Person bzw. Personengruppe in beiden Unternehmen die *Mehrheit der Stimmrechte* besitzt[163]. Eine Personengruppe liegt aber nach einer im Schrifttum weitverbreiteten Ansicht dann nicht vor, wenn die Beteiligungsverhältnisse der an ihr beteiligten Personen extrem voneinander abweichen[164].

---

160 Vgl. die wesentlich ausführlichere Darstellung mit einer Vielzahl von Nachweisen bei Wacker, R., in: Schmidt, L., EStG, 2009, § 15, Rz. 800 ff.

161 Vgl. BFH-Urteil v. 24.8.1989, IV R 135/86, BStBl 1989 II, S. 1014.

162 Vgl. BFH-Beschluss v. 8.11.1971, GrS 2/71, BStBl 1972 II, S. 63.

163 Vgl. BFH-Urteile v. 2.8.1972, IV 87/65, BStBl 1972 II, S. 796; v. 15.5.1975, IV R 89/73, BStBl 1975 II, S. 781; v. 16.6.1982, I R 118/80, BStBl 1982 II, S. 662; v. 9.11.1983, I R 174/79, BStBl 1984 II, S. 212.

164 Vgl. BFH-Urteil v. 12.10.1988, X R 5/86, BStBl 1989 II, S. 152; vgl. auch Wehrheim, M., Betriebsaufspaltung, 1989, S. 31; Wacker, R., in: Schmidt, L., EStG, 2009, § 15, Rz. 822.

Jahrzehntelang wurden bei Prüfung der Voraussetzungen einer personellen Verflechtung die *Anteile von Ehegatten* grundsätzlich zusammengerechnet. Rechtsprechung und Finanzverwaltung begründeten dies damit, dass Ehegatten gleichgerichtete Interessen verfolgten. Diese Rechtsprechung und Verwaltungspraxis hat das Bundesverfassungsgericht mit einem Beschluss aus dem Jahre 1985 beendet[165]. Seither sind die Anteile von Ehegatten zur Beurteilung der Frage, ob eine personelle Verflechtung vorliegt, regelmäßig *nicht* zusammenzurechnen. Eine Zusammenrechnung von Ehegattenanteilen ist nach den Ausführungen des Bundesverfassungsgerichts *ausnahmsweise* aber dann gerechtfertigt, wenn zusätzlich zur ehelichen Lebensgemeinschaft *besondere Beweisanzeichen* vorliegen, die für die Annahme einer personellen Verflechtung durch gleichgerichtete wirtschaftliche Interessen sprechen. Dies dürfte äußerst selten der Fall sein.

Der Beschluss des Bundesverfassungsgerichts hat u. a. zur Folge, dass auch in Fällen des sog. *Wiesbadener Modells* regelmäßig keine personelle Verflechtung zwischen den beteiligten Ehegatten anzunehmen ist. Das Wiesbadener Modell ist dadurch gekennzeichnet, dass zwar je ein Ehegatte das Besitz- bzw. das Betriebsunternehmen beherrscht, dass die Ehegatten aber *an keinem* der beiden Unternehmen *gemeinsam beteiligt* sind.

Hinsichtlich einer möglichen Zusammenrechnung der *Anteile von Eltern und Kindern* ist zu unterscheiden zwischen dem Fall, dass die Kinder volljährig und dem, dass sie minderjährig sind. Sind die Kinder *volljährig*, so gelten die *allgemeinen Grundsätze* zur personellen Verflechtung. Sind die Kinder hingegen *minderjährig*, so sollen - zumindest nach Ansicht der Finanzverwaltung - *Besonderheiten* gelten, die in R 15.7 Abs. 8 EStR niedergelegt sind.

Haben die *Eltern* bzw. hat ein Elternteil nur jeweils *gemeinsam* mit einem *minderjährigen Kind* die Mehrheit an beiden Unternehmen, so liegt nach R 15.7 Abs. 8 EStR eine personelle Verflechtung vor. Diese Anweisung steht in Übereinstimmung mit den allgemeinen Grundsätzen zur personellen Verflechtung, da die Eltern bzw. ein Elternteil gemeinsam mit dem Kind eine *Personengruppe* bilden, die beide Unternehmen beherrscht.

Wird das eine Unternehmen von den Eltern allein beherrscht, das andere hingegen nur gemeinsam mit einem Kind, so beherrscht bei Anwendung der allgemeinen Grundsätze nicht dieselbe Personengruppe beide Unternehmen. Dennoch soll in derartigen Fällen nach R 15.7 Abs. 8 EStR stets dann von einer personellen Verflechtung ausgegangen werden, wenn beiden Eltern das *Vermögenssorgerecht* zusteht. Gleiches soll dann gelten, wenn nur ein Elternteil das eine Unternehmen allein und das andere gemeinsam mit einem Kind beherrscht und wenn weiterhin das Vermögenssorgerecht nur diesem Elternteil zusteht. In beiden Fällen sollen die Anteile des Kindes also den Eltern bzw. einem Elternteil zugerechnet werden. Mag diese Hinzurechnung auch im Hinblick auf Art. 6 GG verfassungsrechtlich

---

165 Vgl. BVerfG-Beschluss v. 12.3.1985, 1 BvR 571/81, BStBl 1985 II, S. 475.

bedenklich sein, so sollte die zugrunde liegende Anweisung in R 15.7 Abs. 8 EStR doch im Rahmen der betrieblichen Steuerplanung berücksichtigt werden.

5.3 Steuerfolgen einer Betriebsaufspaltung im steuerrechtlichen und im wirtschaftlichen Sinne

In den Fällen der Aufspaltung eines einheitlichen Personenunternehmens können sowohl *einmalige* Steuerfolgen des Aufspaltungsvorgangs und deren Folgewirkungen als auch *laufende* Steuerfolgen entstehen. Außerdem können bei einer *späteren Beendigung* der Betriebsaufspaltung steuerliche Wirkungen auftreten.

Einmalige steuerliche Folgen einer Betriebsaufspaltung können in einer *Aufdeckung stiller Reserven* bestehen. Hierbei können erhebliche Unterschiede zwischen den Fällen der Betriebsaufspaltung im steuerrechtlichen Sinne einerseits und denen der Betriebsaufspaltung im wirtschaftlichen Sinne andererseits auftreten.

Bei einer Betriebsaufspaltung im *steuerrechtlichen* Sinne besteht steuerrechtlich Identität zwischen dem früheren einheitlichen Unternehmen und dem jetzigen Besitzpersonenunternehmen. Dies hat zur Folge, dass es sich bei dem *Besitzpersonenunternehmen* um ein *gewerbliches Unternehmen*, d. h. um einen Gewerbebetrieb i. S. d. GewStG handelt. Zu dem *Betriebsvermögen* dieses Gewerbebetriebs gehören die an die Betriebskapitalgesellschaft *vermieteten* oder *verpachteten Wirtschaftsgüter*. Die von den Gesellschaftern gehaltenen *Anteile an der GmbH* stellen bei diesen *Sonderbetriebsvermögen* dar. Handelt es sich um eine *Einmannbetriebsaufspaltung*, so gehören die GmbH-Anteile steuerlich zum *Betriebsvermögen* des Besitzpersonenunternehmens[166]. Unter einer **Einmannbetriebsaufspaltung** wird hier eine Betriebsaufspaltung verstanden, bei der das Besitzpersonenunternehmen die Rechtsform eines Einzelunternehmens hat und der Einzelunternehmer zugleich alleiniger Gesellschafter der Betriebs-GmbH ist.

Die Bewertung der GmbH-Anteile erfolgt nach § 6 Abs. 6 Satz 2 EStG grundsätzlich mit dem Teilwert zu dem Zeitpunkt, zu dem die Anteile (Sonder-)Betriebsvermögen werden.

Die Gewerblichkeit des Besitzunternehmens hat ferner zur Folge, dass im Zeitpunkt der Aufspaltung keine Aufdeckung der in den künftig zu vermietenden bzw. zu verpachtenden Wirtschaftsgütern steckenden stillen Reserven stattfindet. Die Versteuerung der stillen Reserven wird grundsätzlich auf das Ende der Betriebsaufspaltung hinausgeschoben. Dies gilt auch für den Geschäfts- oder Firmenwert. Auch eine wahlweise Versteuerung zu Beginn der Betriebsaufspaltung kommt nicht in Betracht.

Die *Beendigung* der gewerblichen Betätigung führt i. d. R. entweder zu einem *Veräußerungs-* oder aber zu einem *Aufgabegewinn* i. S. d. § 16 Abs. 1 bzw.

---

[166] Vgl. BFH-Urteil v. 12.2.1992, XI R 18/90, BStBl 1992 II, S. 723.

Abs. 3 EStG[167]. Die §§ 16 Abs. 4 und 34 EStG sind somit anwendbar, sofern die speziellen Voraussetzungen dieser Begünstigungsvorschriften erfüllt sind.

Hohe stille Reserven bei Beendigung der Betriebsaufspaltung stecken häufig in den zum (Sonder-)Betriebsvermögen gehörenden GmbH-Anteilen. Die Ermittlung dieser stillen Reserven erfolgt nach den Grundsätzen des § 16 EStG; d. h. die GmbH-Anteile sind im Rahmen der Ermittlung des Veräußerungs- bzw. Aufgabegewinns mit ihren Veräußerungspreisen bzw. in den Fällen des § 16 Abs. 3 Satz 3 EStG mit ihren gemeinen Werten anzusetzen.

Hinsichtlich der bei einer Betriebsaufspaltung im steuerrechtlichen Sinne auf die *Betriebskapitalgesellschaft übertragenen Wirtschaftsgüter* besteht nach derzeitigem Recht (Stand Sommer 2009) ein Zwang zur Aufdeckung stiller Reserven. Dies ergibt sich aus der derzeitigen Fassung des § 6 Abs. 6 Satz 2 EStG[168]. Danach sind die aus dem bisherigen einheitlichen Personenunternehmen in die Betriebs-GmbH eingelegten Wirtschaftsgüter mit ihren Teilwerten anzusetzen. Die Summe dieser Teilwerte bestimmt zugleich die Anschaffungskosten der GmbH-Anteile. Ein Zwang zur Aufdeckung stiller Reserven entfällt lediglich in den Fällen, in denen die übertragenen Wirtschaftsgüter einen Betrieb bzw. Teilbetrieb darstellen. In diesen Fällen sind nach § 6 Abs. 3 EStG die Buchwerte der übertragenen Wirtschaftsgüter fortzuführen.

Anders als soeben dargestellt, sind die Steuerfolgen einer *vermögensverwaltenden Betriebsaufspaltung*. Ein derartiger Vorgang ist steuerrechtlich als *Betriebsaufgabe* i. S. des § 16 Abs. 3 EStG zu werten. Dies führt zum Aufspaltungszeitpunkt zu einer *zwangsweisen Aufdeckung aller* in dem bisherigen Personenunternehmen ruhenden *stillen Reserven*, und zwar unabhängig davon, ob die entsprechenden Wirtschaftsgüter auf die Kapitalgesellschaft übertragen oder ob sie zum Zwecke der Vermietung oder Verpachtung in das Privatvermögen überführt werden. Dies hat die Anwendung des § 34 Abs. 1 EStG zur Folge. Sofern die Voraussetzungen des § 34 Abs. 3 EStG erfüllt sind, kann anstelle des § 34 Abs. 1 EStG auch § 34 Abs. 3 EStG angewendet werden. Außerdem kommt - unter den engen Voraussetzungen dieser Vorschrift - der Abzug eines Freibetrags nach § 16 Abs. 4 EStG in Betracht.

5.4 Neuplanung einer Betriebsaufspaltung

5.4.1 Klärung der Entscheidungssituation

Wird eine Betriebsaufspaltung erwogen, so sollte zunächst die Entscheidungssituation geklärt werden. Hierzu ist die Beantwortung folgender Fragen hilfreich:

---

167 Sofern die Voraussetzungen einer Betriebsverpachtung vorliegen, kann die Einstellung der gewerblichen Tätigkeit auch eine bloße Betriebsunterbrechung sein. Vgl. BFH-Urteil v. 27.2.1985, I R 235/80, BStBl 1985 II, S. 456.
168 Vgl. Wacker, R., in: Schmidt, L., EStG, 2009, § 15, Rz. 877.

- Welche Gestaltungsmöglichkeiten gibt es im Rahmen der Betriebsaufspaltung und wie können diese optimal genutzt werden?
- Welche Art der Betriebsaufspaltung kommt aus nichtsteuerlichen Gründen in Betracht, diejenige im steuerrechtlichen oder die im rein wirtschaftlichen Sinne oder hängt die Entscheidung zwischen beiden auch von deren Steuerfolgen ab?
- Ist die Betriebsaufspaltung aus nichtsteuerlichen Gründen zwingend geboten oder kommt auch die Beibehaltung des bisherigen Personenunternehmens oder dessen Umwandlung in eine andere Rechtsform in Betracht?

Auf diese Fragen soll in den nachfolgenden Gliederungspunkten eingegangen werden. Soweit Vorteilhaftigkeitsüberlegungen durchzuführen sind, sollen diese auf steuerliche Aspekte beschränkt werden.

5.4.2 Gestaltungsmaßnahmen im Rahmen der Betriebsaufspaltung

Ist eine Betriebsaufspaltung geplant, so sollte zunächst geprüft werden, ob und ggf. welche Gestaltungsmöglichkeiten existieren und wie diese optimal genutzt werden können. Hierbei ist zu unterscheiden zwischen Gestaltungsmöglichkeiten im Rahmen des Aufspaltungsvorgangs selbst und Gestaltungsmaßnahmen bei der nachfolgenden laufenden Besteuerung. Außerdem ist zwischen Betriebsaufspaltungen im steuerrechtlichen und im rein wirtschaftlichen Sinne zu differenzieren.

Gestaltungsmöglichkeiten im Rahmen des Aufspaltungsvorgangs selbst gibt es im Falle einer Betriebsaufspaltung im steuerrechtlichen Sinne nur wenige. Der Grund liegt darin, dass das Besitzpersonenunternehmen zwingend die bisherigen Buchwerte fortzuführen hat und bei den auf die Betriebskapitalgesellschaft übergehenden Wirtschaftsgütern die stillen Reserven aufzudecken sind. Wahlrechte bestehen insoweit nicht. Lediglich in den Fällen, in denen nicht nur Wirtschaftsgüter des Umlaufvermögens, sondern auch Wirtschaftsgüter des abnutzbaren Anlagevermögens auf die Betriebs-GmbH übertragen werden, bestehen in beschränktem Maße Wahlrechte und Ermessensspielräume hinsichtlich der Bemessung der AfA. Hier dürfte regelmäßig deren Ausnutzung im Sinne einer Politik der maximalen Aufwandsvorverlagerung vorteilhaft sein. Hinsichtlich dieser Politik im Einzelnen kann auf Teil II, Gliederungspunkte 2 und 4.3 verwiesen werden.

Bei der vermögensverwaltenden Betriebsaufspaltung sind zum Aufspaltungszeitpunkt sämtliche stillen Reserven aufzudecken. Wahlrechte bestehen insoweit nicht. Hingegen gibt es Gestaltungsmöglichkeiten hinsichtlich der späteren steuerlichen Behandlung derjenigen stillen Reserven, die bei Wirtschaftsgütern des abnutzbaren Anlagevermögens aufgedeckt werden. Diese betreffen hier nicht nur Wirtschaftsgüter, die auf die Betriebsgesellschaft übergehen, sondern auch solche, die von dem Besitzpersonenunternehmen durch Vermietung oder Verpachtung an die Betriebs-GmbH genutzt werden. Hier bestehen bei der Bestimmung der künftigen AfA Wahlrechte und Ermessensspielräume. Soweit dürfte auch hier i. d. R. eine Politik der maximalen Aufwandsvorverlagerung vorteilhaft sein. Hinsichtlich der Wirtschaftsgüter, die künftig vermögensverwaltend genutzt werden, gilt dies hingegen nur dann, wenn sich das Einkommen der hinter der Vermögensverwaltung stehenden natürlichen Person in einem der beiden Plafonds bewegt. In anderen Fällen ist eine Politik der Anpassung an die relevante Gleichwertigkeitskurve vorzuziehen[169].

Hinsichtlich der *laufenden Besteuerung* ergeben sich - unter Ausklammerung der soeben angesprochenen Wahlrechte und Ermessensspielräume bei Ermittlung der AfA - bei beiden Arten der Betriebsaufspaltung die gleichen Aktionsparameter der betrieblichen Steuerpolitik. Es handelt sich um die gleichen Gestaltungsmöglichkeiten, die auch bei einfachen Kapitalgesellschaften bestehen. Zu nennen sind also die verschiedenen Arten der *Leistungsvergütung* und die Möglichkeiten der *Ausschüttungsgestaltung*. Zu beachten ist lediglich, dass die Leistungsvergütungen zwischen der Betriebs-GmbH und den Gesellschaftern, nicht hingegen zwischen dem Besitzpersonenunternehmen und den Gesellschaftern vereinbart werden müssen, wenn sie steuerliche Wirkungen zeitigen sollen. Das gleiche gilt hinsichtlich der Ausschüttungsgestaltungen. Auch diese können nur dann die gewünschten Steuerwirkungen hervorrufen, wenn sie zwischen der Betriebskapitalgesellschaft und ihren Gesellschaftern stattfinden. Hinsichtlich der Steuerwirkungen der Leistungsvergütungen und der Ausschüttungsgestaltungen im Einzelnen sei auf die entsprechenden Ausführungen zu den einfachen Kapitalgesellschaften verwiesen[170]. *Klargestellt* sei lediglich Folgendes: Obwohl bei einer Betriebsaufspaltung im steuerrechtlichen Sinne die GmbH-Anteile zum Betriebsvermögen bzw. zum Sonderbetriebsvermögen des Gesellschafters gehören, stellt ein *Gehalt*, das dieser Gesellschafter von der Betriebs-GmbH erhält, bei dieser eine *abzugsfähige Betriebsausgabe* dar. Bei dem Gesellschafter gehört das Gehalt zu den *Einnahmen aus nichtselbständiger Arbeit*[171]. Insoweit besteht ein *grundlegender Unterschied zur GmbH & CoKG*, bei der Gehaltszahlungen an einen ihrer Gesellschafter, der zugleich Kommanditist der KG ist, Vorabvergütungen darstellen[172]. Ein vergleichbarer Unterschied besteht hinsichtlich der Zinsen für ein Gesellschafterdarlehen im Falle einer Betriebsaufspaltung einerseits und einer GmbH & CoKG andererseits.

5.4.3 Vorteilsvergleich zwischen der steuerrechtlichen und der vermögensverwaltenden Betriebsaufspaltung

Klargestellt sei eingangs nochmals, dass hier von einer vermögensverwaltenden Betriebsaufspaltung nur unter der Voraussetzung gesprochen werden soll, dass die an der Aufspaltung beteiligten natürlichen Personen *bewusst eine der beiden Vor-*

---

169 Im Einzelnen s. Teil II, Gliederungspunkt 4.4.
170 Vgl. Gliederungspunkt 2.4.2.
171 Vgl. BFH-Urteil v. 9.7.1970, IV R 16/69, BStBl 1970 II, S. 722; Wacker, R., in: Schmidt, L., EStG, 2009, § 15, Rz. 873.
172 Vgl. Gliederungspunkt 4.2.2.

aussetzungen der Betriebsaufspaltung im steuerrechtlichen Sinne *nicht herbeiführen*[173]. Sie vermeiden also - obwohl sie hergestellt werden könnte - die Herstellung einer sachlichen oder einer personellen Verflechtung.

In Fällen, in denen eine Betriebsaufspaltung im steuerrechtlichen Sinne zumindest eine Alternative darstellt, dürfte eine sachliche Verflechtung kaum jemals vermieden werden können. Hierzu wäre es erforderlich, eine wesentliche Betriebsgrundlage in eine unwesentliche zu verwandeln. Gestaltungsparameter, die dies ermöglichten, dürften kaum jemals gegeben sein. Damit bleibt zur Herstellung einer rein vermögensverwaltenden Betriebsaufspaltung in aller Regel nur die Vermeidung einer personellen Verflechtung übrig. Dies ist in Fällen einer Einmannbetriebsaufspaltung stets ausgeschlossen. Der Grund hierfür besteht darin, dass zur Vermeidung einer personellen Verflechtung mindestens zwei natürliche Personen vorhanden sein müssen, und zwar eine Person, die das Besitzpersonenunternehmen und eine andere, die die Betriebskapitalgesellschaft beherrscht. Genau dies aber ist beim Vorhandensein nur einer einzigen natürlichen Person nicht möglich.

Damit bleiben für vermögensverwaltende Betriebsaufspaltungen nur solche Fälle übrig, in denen mindestens zwei natürliche Personen vorhanden sind. Ein steuerlicher Vorteilsvergleich gibt in diesen Fällen aber nur dann Sinn, wenn einer Wahl zwischen beiden keine zwingenden nichtsteuerlichen Gründe entgegenstehen. Eine Untersuchung, ob derartige Gründe existieren, sollte deshalb einem steuerlichen Vorteilsvergleich vorangehen. Hierbei dürfte sich häufig herausstellen, dass nur eine der beiden Arten der Betriebsaufspaltung in Betracht kommt. Der Grund hierfür dürfte i. d. R. darin bestehen, dass andernfalls *nicht gewollte Vermögensverschiebungen* zwischen den Personen in Kauf genommen werden müssten.

Zusammenfassend kann festgestellt werden, dass ein Vorteilsvergleich zwischen einer steuerrechtlichen und einer vermögensverwaltenden Betriebsaufspaltung vermutlich nur in einer Minderzahl aller Betriebsaufspaltungen Sinn ergibt. Ist ein derartiger Fall gegeben, so sollten in den Vergleich alle einmaligen und laufenden Steuerzahlungen einbezogen werden, die in den Vergleichsfällen unterschiedlich anfallen. Von Bedeutung ist, dass es nicht erforderlich ist, alle künftigen Steuerzahlungen der Vergleichsfälle miteinander zu vergleichen, vielmehr reicht es aus, die Steuerdifferenzen der Alternativen zu ermitteln und hieraus den *Differenzenbarwert* zu ermitteln.

Unterschiedliche *einmalige Steuerfolgen* ergeben sich aus den unterschiedlichen Zeitpunkten und der unterschiedlichen Höhe der in den zu vermietenden oder zu verpachtenden Wirtschaftsgütern ruhenden stillen Reserven. Im Falle einer *vermögensverwaltenden Betriebsaufspaltung* werden die stillen Reserven zum Zeitpunkt der Aufspaltung in der dann vorhandenen Höhe aufgedeckt. Der Vorgang ist als Betriebsaufgabe i. S. d. § 16 Abs. 3 EStG anzusehen. Auf diesen findet entweder die Tarifbegünstigung des § 34 Abs. 1 EStG oder - auf Antrag und unter

---

[173] Vgl. Gliederungspunkt 5.1.

den engen Voraussetzungen dieser Rechtsnorm - auch die des § 34 Abs. 3 EStG Anwendung. Unter den engen Voraussetzung des § 16 Abs. 4 EStG kann auch ein Freibetrag zum Abzug kommen. Die Aufdeckung der stillen Reserven hat eine Erhöhung des AfA-Volumens und damit der künftigen AfA-Beträge zur Folge. Einer Steuererhöhung zum Zeitpunkt der Aufspaltung stehen also Steuerminderzahlungen in späteren Perioden gegenüber.

Im Falle einer *gewerblichen Betriebsaufspaltung* erfolgt die Aufdeckung der in den künftig zu vermietenden oder zu verpachtenden Wirtschaftsgütern steckenden stillen Reserven nicht zum Zeitpunkt der Aufspaltung, sondern erst bei einer späteren Beendigung der Betriebsaufspaltung. Dies kann viele Jahre oder Jahrzehnte nach dem Aufspaltungsvorgang der Fall sein. Erst dann kommt es zu einer Versteuerung der stillen Reserven, allerdings nicht nur der bis zur Aufspaltung angesammelten, sondern auch der erst später entstandenen. Auch dieser Vorgang kann nach § 34 EStG, ggf. auch nach § 16 Abs. 4 EStG steuerbegünstigt sein - vorausgesetzt, zum Zeitpunkt der Beendigung der Betriebsaufspaltung gibt es die Begünstigungsvorschriften noch. Auch hier ergibt sich als Folge der Aufdeckung stiller Reserven eine Erhöhung der AfA-Bemessungsgrundlage und der künftigen AfA-Beträge.

Die Ausführungen lassen erkennen, dass es bei isolierter Betrachtung der Steuerfolgen der Aufdeckung stiller Reserven Fälle geben kann, in denen die Betriebsaufspaltung im steuerrechtlichen Sinne vorteilhafter ist als die vermögensverwaltende, aber auch Fälle, in denen das Umgekehrte gilt.

Auch hinsichtlich der *laufenden Besteuerung* gibt es Unterschiede zwischen den beiden Arten der Betriebsaufspaltung. Diese lassen sich wie folgt zusammenfassen:

- Die *Miet- oder Pachteinnahmen* des Besitzpersonenunternehmens stellen im Falle einer gewerblichen Betriebsaufspaltung Einnahmen aus Gewerbebetrieb dar, im Falle der vermögensverwaltenden hingegen Einnahmen aus Vermietung und Verpachtung. Im ersten Falle bewirken sie die Steuerfolgen von E i. S. d. Gleichung (I) bzw. (Ia), im zweiten Falle hingegen diejenigen von E_e i. S. derselben Gleichung.
- Im Falle der gewerblichen Betriebsaufspaltung liegt mit dem Besitzpersonenunternehmen ein Gewerbebetrieb i. S. d. GewStG vor, den es im Falle der vermögensverwaltenden Betriebsaufspaltung nicht gibt. Damit kommt es zu einer zusätzlichen Anwendung des *Freibetrags des § 11 Abs. 1 GewStG*.
- Im Falle einer gewerblichen Betriebsaufspaltung können steuerfreie Einnahmen, insbesondere *Investitionszulagen* i. S. d. InvZulG, nicht nur steuerfrei vereinnahmt, sondern auch steuerfrei entnommen werden. Voraussetzung ist lediglich, dass die begünstigten Investitionen von dem Besitzpersonenunter-

nehmen und nicht von der Betriebskapitalgesellschaft getätigt werden[174]. Dies ist im Falle einer vermögensverwaltenden Betriebsaufspaltung nicht möglich. Investitionszulagen kann hier lediglich die Betriebskapitalgesellschaft erhalten, da nur sie als Gewerbebetrieb die Voraussetzungen des § 2 InvZulG erfüllen kann, die Vermögensverwaltung hingegen nicht. Wird die Investitionszulage für eine Ausschüttung verwendet, kommt das Teileinkünfteverfahren zur Anwendung, d. h. 40 % der Ausschüttung sind nach der derzeit geltender Fassung des § 3 Nr. 40 EStG steuerfrei.

Die Ausführungen lassen erkennen, dass es auch hinsichtlich der laufenden Besteuerung Fälle geben kann, in denen die gewerbliche Betriebsaufspaltung vorteilhafter ist als die vermögensverwaltende, dass es aber auch Fälle geben kann, für die das Umgekehrte gilt.

5.4.4 Vorteilsvergleich mit anderen Rechtsformen

5.4.4.1 Einführung

Vor Aufspaltung eines Unternehmens sollte geprüft werden, ob nicht die Beibehaltung der bisherigen Rechtsform oder die Umwandlung in eine andere Rechtsform die bessere Maßnahme darstellt. Dieser Frage soll nunmehr in knapper Form nachgegangen werden. Hierbei soll die Analyse wiederum auf die steuerlichen Teilaspekte der Frage beschränkt werden. Nochmals sei aber ausdrücklich darauf hingewiesen, dass häufig nichtsteuerliche Aspekte wesentlich wichtiger sind als steuerliche.

Ausgegangen werden soll auch hier wiederum von dem Fall, dass das Unternehmen bisher in der Form eines Personenunternehmens geführt worden ist. Mögliche Vergleichsfälle mit der Betriebsaufspaltung sind dann

- die Fortführung des Unternehmens in der Form eines Personenunternehmens,
- die Umwandlung des bisherigen Personenunternehmens in eine Kapitalgesellschaft und
- die Umwandlung des bisherigen Personenunternehmens in eine GmbH & CoKG.

Auf diese drei Fälle soll nachfolgend in knapper Form eingegangen werden.

5.4.4.2 Vergleich mit der Fortführung des Unternehmens in der Rechtsform eines Personenunternehmens

Für den hier durchzuführenden Vergleich ist zunächst zu klären, welche Art der Betriebsaufspaltung in Betracht kommt, ob die gewerbliche oder die vermögens-

---

[174] Zur Behandlung von Investitionszulagen vgl. Märkle, R., Betriebsaufspaltung, 2000, S. 3 f.; vgl. auch Wacker, R., in: Schmidt, L., EStG, 2009, § 15, Rz. 879.

verwaltende. *Hier* soll *lediglich* der Fall der *gewerblichen Betriebsaufspaltung* näher betrachtet werden. Auch der Begriff des Vergleichspersonenunternehmens muss im Einzelfall präzisiert werden. Hierbei ist zu klären, ob das bisherige Personenunternehmen in unveränderter Form mit der Betriebsaufspaltung verglichen werden soll oder ob das Personenunternehmen eine andere Form erhalten soll.

Beispiel

V hat sein Unternehmen bisher in der Rechtsform eines Einzelunternehmens geführt. Ab kommendem Jahr sollen sowohl sein Sohn S als auch seine Tochter T in dem Unternehmen leitende Funktionen übernehmen. S und T machen ihren Eintritt in das Unternehmen davon abhängig, dass sie an diesem als Gesellschafter beteiligt werden.

Infolge einer Vorgabe nichtsteuerlicher Art kann hier das bisherige Personenunternehmen (Einzelunternehmen) nicht unverändert fortgeführt werden. Vielmehr kommt als Rechtsform eines einfachen Personenunternehmens nur eine Personenhandelsgesellschaft (OHG, KG) in Betracht. Steuerlich handelt es sich um eine Mitunternehmerschaft. Nur diese kann sinnvollerweise mit der hier in Betracht kommenden Form der Betriebsaufspaltung verglichen werden.

Bereits diese kurzen Ausführungen lassen erkennen, dass der Vergleich eines Personenunternehmens mit einer Betriebsaufspaltung eine sehr *große Zahl möglicher Unterfälle* beinhaltet. Es ist deshalb auch nicht zu erwarten, dass sich für alle diese Unterfälle das einfache Personenunternehmen oder die Betriebsaufspaltung als die steuerlich vorteilhaftere Rechtsform erweist. Doch liegt die Vermutung nahe, dass in den meisten Fällen die Betriebsaufspaltung steuerlich vorteilhafter ist als das einfache Personenunternehmen. Für diese Vermutung spricht, dass sich in den meisten Fällen einer Betriebsaufspaltung *Vorteile eines Personenunternehmens mit Vorteilen einer Kapitalgesellschaft* kombinieren lassen, ohne dass die Nachteile der jeweils anderen Rechtsform in Kauf genommen werden müssten.

Vorteile im Vergleich zur Fortführung des Einzelunternehmens lassen sich in vielen Fällen durch *Gehaltsvereinbarungen* zwischen der Betriebskapitalgesellschaft und ihren Gesellschaftern erzielen. Dies gilt insbesondere bei niedrigen Einkommensteuersätzen und hohen Gewerbesteuerhebesätzen[175]. Vorteile lassen sich vielfach auch durch den Abschluss von Darlehens- sowie von Miet- und Pachtverträgen zwischen der Kapitalgesellschaft und ihren Gesellschaftern erzielen[176].

Vorteile lassen sich häufig auch durch *Pensionszusagen* an mitarbeitende Gesellschafter, insbesondere an Gesellschafter-Geschäftsführer, erzielen. Diese Vorteile entsprechen denjenigen, die sich bei einem Vergleich eines einfachen Personenunternehmens mit einer GmbH ergeben[177].

Weitere Vorteile der Betriebsaufspaltung im Vergleich zur Fortführung des Personenunternehmens lassen sich in Einzelfällen dadurch erzielen, dass *Gewinnaus-*

---

175 Vgl. Gliederungspunkt 2.5.3.2.
176 Vgl. die Gliederungspunkte 2.5.3.4 und 2.5.3.5.
177 Vgl. Gliederungspunkt 2.5.3.3.

schüttungen der Betriebs-GmbH in Jahre mit negativen oder niedrigen Einkommen der Gesellschafter geleitet werden[178].

Allen genannten Vorteilen ist gemeinsam, dass sie sich unabhängig davon erzielen lassen, ob es sich bei der Betriebsaufspaltung um eine gewerbliche oder um eine vermögensverwaltende handelt.

Den bisher aufgeführten Vorteilen der Betriebsaufspaltung im Vergleich zur Fortführung des Personenunternehmens können *Nachteile* dadurch gegenüberstehen, dass im Rahmen der Aufspaltung *stille Reserven aufgedeckt* werden müssen. In diesem Zusammenhang ist zwischen den Fällen der gewerblichen und denen der vermögensverwaltenden Betriebsaufspaltung zu unterscheiden.

In den Fällen der *gewerblichen* Betriebsaufspaltung werden keine stillen Reserven aufgedeckt, soweit diese in Wirtschaftsgütern enthalten sind, die bei dem Besitzunternehmen verbleiben und an die Betriebsgesellschaft lediglich vermietet oder verpachtet werden[179]. Die Übertragung der übrigen Wirtschaftsgüter auf die Betriebskapitalgesellschaft hingegen führt zu einer zwangsweisen Gewinnrealisierung. Doch dürften die aufzudeckenden stillen Reserven in vielen Fällen gering sein, da die Wirtschaftsgüter mit den hohen stillen Reserven i. d. R. bei dem (Besitz-)Personenunternehmen verbleiben.

Die in dem (Besitz-)Personenunternehmen steckenden stillen Reserven werden in den Vergleichsfällen erst zu einem späteren Zeitpunkt aufgedeckt, und zwar bei Beendigung der gewerblichen Betätigung. Dies ist bei einer Beendigung durch Betriebsveräußerung oder Betriebsaufgabe in den beiden Vergleichsfällen derselbe Zeitpunkt. Die Höhe der dann aufzudeckenden stillen Reserven ist im Falle der Betriebsaufspaltung i. d. R. genauso groß wie im Falle der unveränderten Fortführung des Personenunternehmens.

Bei einer *vermögensverwaltenden Betriebsaufspaltung* des Besitzunternehmens kommt es im Zeitpunkt der Aufspaltung des Betriebs zur Aufdeckung aller stillen Reserven des bisherigen Personenunternehmens im Rahmen einer Betriebsaufgabe. Dies hat nach derzeitigem Recht die Anwendung des § 34 EStG und ggf. des § 16 Abs. 4 EStG zur Folge. Im Vergleichsfall, d. h. im Fall des Fortbestehens des bisherigen Personenunternehmens, hingegen wird die Aufdeckung der stillen Reserven hinausgeschoben, und zwar i. d. R. um Jahre oder Jahrzehnte. In den Vorteilsvergleich einzubeziehen sind demnach die jährlichen laufenden Steuerdifferenzen, die Steuerfolgen im Zeitpunkt der Aufspaltung des Betriebes und die Folgen einer späteren Beendigung des Personenunternehmens im Vergleichsfall.

Eine besondere Vergleichssituation ergibt sich in den Fällen, in denen die an dem Unternehmen beteiligten Personen zwischen einer gewerblichen und einer vermögensverwaltenden Betriebsaufspaltung wählen können. Ist in derartigen Fällen die vermögensverwaltende Betriebsaufspaltung vorteilhafter als die gewerbliche, so

---

178 Vgl. Gliederungspunkt 2.5.3.6.
179 Vgl. Gliederungspunkt 5.3.

steht damit auch regelmäßig fest, dass sie - bei steuerlicher Partialbetrachtung - vorteilhafter ist als die unveränderte Fortführung des bisherigen Personenunternehmens. Im konkreten Einzelfall muss selbstverständlich untersucht werden, ob nicht ein Ausnahmefall vorliegt. Ein Ausnahmefall ist insbesondere dann zu vermuten, wenn die an dem Unternehmen beteiligten Personen in dem Unternehmen nicht mitarbeiten, mithin also kein Vorabgewinn in abzugsfähiges Gehalt verwandelt werden kann. Auch hier können wieder Fälle eintreten, in denen die Ermittlung von Barwerten entbehrlich ist, weil sich der Gesamtvor- bzw. -nachteil auch ohne eine derartige Berechnung feststellen bzw. abschätzen lässt. Das ist z. B. dann der Fall, wenn hinsichtlich der laufenden Besteuerung die vermögensverwaltende Betriebsaufspaltung vorteilhafter ist als die Fortführung des Betriebes und die Aufdeckung der stillen Reserven entweder keine oder nur äußerst geringe Steuerfolgen verursacht.

Zusammenfassend lässt sich für den Vergleich einer Betriebsaufspaltung mit der unveränderten Fortführung des bisherigen Personenunternehmens feststellen, dass hinsichtlich der Besteuerung *i. d. R. die Betriebsaufspaltung* vorteilhafter ist. Dies dürfte für den Fall der gewerblichen Betriebsaufspaltung fast immer, für den der vermögensverwaltenden in den meisten Fällen gelten.

5.4.4.3 *Vergleich mit der Umwandlung des Unternehmens in eine Kapitalgesellschaft*

Nunmehr soll ein steuerlicher Partialvergleich der Betriebsaufspaltung mit der Führung des Unternehmens in der Rechtsform einer Kapitalgesellschaft erfolgen. Hierbei werden die Steuerfolgen eines möglichen Aufspaltungsvorgangs ebenso ausgeklammert wie diejenigen einer möglichen Umwandlung des Personenunternehmens in eine Kapitalgesellschaft. Auch ohne diese Folgen kann der hier beabsichtigte Vorteilsvergleich aber bereits vollständig das im Einzelfall zu lösende Problem abbilden. Das ist stets der Fall, wenn die *Gründung* einer unechten *Betriebsaufspaltung* mit der *Gründung* einer *Kapitalgesellschaft* verglichen werden soll. Bei dem Vergleich einer echten Betriebsaufspaltung mit der Umwandlung eines bestehenden Personenunternehmens in eine GmbH hingegen müssen die bereits erwähnten Steuerfolgen des Aufspaltungsvorgangs bzw. der Umwandlung mitberücksichtigt werden.

Im Rahmen einer Betriebsaufspaltung bestehen grundsätzlich die gleichen Gestaltungsmöglichkeiten wie bei einer einfachen Kapitalgesellschaft. Zu nennen sind in diesem Zusammenhang in erster Linie Gestaltungsmöglichkeiten durch den Abschluss *schuldrechtlicher Verträge* zwischen der Betriebskapitalgesellschaft und ihren Gesellschaftern, wie

- Arbeitsverträge,
- Pensionszusagen und
- Darlehensverträge.

Die steuerlichen Wirkungen dieser Verträge sind die gleichen wie bei einer einfachen Kapitalgesellschaft. Zwischen Betriebsaufspaltung und Kapitalgesellschaft entstehen insoweit weder Vor- noch Nachteile.

Mit Hilfe der *Betriebsaufspaltung* lassen sich gegenüber der einfachen Kapitalgesellschaft steuerliche *Vorteile* erreichen. Diese bestehen in Folgendem:

1. Die Gewerbesteuer ist bei der Betriebsaufspaltung geringer als bei einer Kapitalgesellschaft. Dies liegt daran, dass bei einer Betriebsaufspaltung der auf das Besitzpersonenunternehmen entfallende Teil des Gesamtgewinns entweder überhaupt nicht der Gewerbesteuer unterliegt (Fall der vermögensverwaltenden Betriebsaufspaltung) oder der Freibetrag des § 11 GewStG zur Anwendung kommt und eine Anrechnung von Gewerbesteuer nach § 35 EStG erfolgt (Fall der gewerblichen Betriebsaufspaltung).

2. Im Falle einer Betriebsaufspaltung können Investitionszulagen steuerfrei entnommen werden. Das gilt aber nur für den Fall der gewerblichen Betriebsaufspaltung. Im Falle der vermögensverwaltenden Betriebsaufspaltung kann eine Investitionszulage nur dann gewährt werden, wenn die Betriebskapitalgesellschaft die begünstigte Investition durchführt. Dann aber kommt es bei einer Ausschüttung der Investitionszulage in gleicher Weise zu einer Steuerbelastung wie im Falle einer einfachen Kapitalgesellschaft. Letztlich erfolgt eine Belastung mit dem sich aus § 32d Abs. 1 oder Abs. 2 EStG ergebenden Steuersatz.

3. Steuerfreie ausländische Einkünfte können im Falle der Betriebsaufspaltung steuerfrei entnommen werden. Das gilt sowohl im Falle der gewerblichen als auch dem der vermögensverwaltenden Betriebsaufspaltung. Voraussetzung ist lediglich, dass die steuerfreien Einkünfte von dem Besitzpersonenunternehmen und nicht von der Betriebskapitalgesellschaft bezogen werden. Gelten steuerfreie ausländische Einkünfte hingegen als von einer Kapitalgesellschaft ausgeschüttet, so kommt es bei der Gesellschaft zu einer Versteuerung der Ausschüttung nach § 20 Abs. 1 Nr. 1 EStG[180].

Zusammenfassend lässt sich feststellen, dass in steuerlicher Hinsicht die *Betriebsaufspaltung i. d. R. vorteilhafter* ist als eine alternative einfache Kapitalgesellschaft. Die Betriebsaufspaltung weist gegenüber der Kapitalgesellschaft einige Vorteile auf; ins Gewicht fallende Nachteile sind hingegen nicht erkennbar.

5.4.4.4 *Vergleich der Betriebsaufspaltung mit der Umwandlung des Unternehmens in eine GmbH & CoKG*

Bei einem *steuerlichen Partialvergleich* zwischen der Aufspaltung des bisherigen Personenunternehmens in ein Besitzpersonenunternehmen und in eine Betriebskapitalgesellschaft einerseits und einer Umwandlung dieses Unternehmens in eine

---

180 Vgl. Jacobs, O./Scheffler, W., Rechtsform, 1996, S. 169; Dinkelbach, A., Ertragsteuern, 2009, S. 259 f.

GmbH & CoKG andererseits, dürfte sich vielfach die Betriebsaufspaltung als vorteilhafter erweisen. Hauptgründe für diese These sind:

- *Gehaltszahlungen* einer Betriebskapitalgesellschaft an ihre Gesellschafter-Geschäftsführer sind bei dieser abzugsfähige Betriebsausgaben; entsprechende Zahlungen einer Komplementär-GmbH hingegen stellen Vorabgewinne des Sowohl-als-auch-Gesellschafters der GmbH & CoKG dar. Steuerliche Vorteile mit Hilfe von Gehaltszahlungen an einen Gesellschafter wie sie unter Gliederungspunkt 2.5.3.2 ermittelt worden sind, lassen sich demnach im Falle der Betriebsaufspaltung ebenfalls erzielen, im Falle einer GmbH & CoKG hingegen nicht.

- *Zuführungen* zu einer *Pensionsrückstellung* für den Gesellschafter-Geschäftsführer einer Betriebs-GmbH stellen bei dieser abzugsfähige Betriebsausgaben dar. Entsprechende Zuführungen an den Sowohl-als-auch-Gesellschafter einer GmbH & CoKG hingegen sind als Gewinnbestandteil zu behandeln. Im ersten Fall lassen sich demnach steuerliche Vorteile der in Gliederungspunkt 2.5.3.3 beschriebenen Art erzielen, im zweiten Fall hingegen nicht.

Diesen Vorteilen der Betriebsaufspaltung im Vergleich zur Umwandlung des Unternehmens in eine GmbH & CoKG können in Einzelfällen Nachteile durch die zwangsweise Aufdeckung *stiller Reserven* entgegenstehen. Dies setzt aber zweierlei voraus, und zwar:

- Es müssen im Falle der Betriebsaufspaltung überhaupt stille Reserven aufgedeckt werden.

- Die Aufdeckung der stillen Reserven ist nachteiliger als die Nichtaufdeckung.

Wie bereits ausgeführt, sind stille Reserven erheblichen Umfangs i. d. R. nur in dem Fall einer *echten vermögensverwaltenden Betriebsaufspaltung* aufzudecken. Nur in diesem Fall sind die in den auf das „Besitzpersonenunternehmen" übergehenden Wirtschaftsgüter enthaltenen stillen Reserven aufzudecken. Diese Aufdeckung ist aber nach § 34 EStG, evtl. auch nach § 16 Abs. 4 EStG, steuerbegünstigt. Dies führt - wie bereits weiter oben ausgeführt - dazu, dass es innerhalb dieser Fallgruppe nicht nur Fälle gibt, in denen die Aufdeckung der stillen Reserven nachteilig, sondern auch Fälle, in denen sie vorteilhaft ist.

Im Falle einer *echten steuerrechtlichen Betriebsaufspaltung* sind die bei dem (Besitz-)Personenunternehmen verbleibenden Wirtschaftsgüter mit ihren bisherigen Buchwerten fortzuführen; eine Aufdeckung der in diesen Wirtschaftsgütern steckenden stillen Reserven findet nicht statt. Aufzudecken sind hier lediglich die stillen Reserven, die in den auf die Betriebs-GmbH übergehenden Wirtschaftsgütern enthalten sind. Hierbei handelt es sich i. d. R. um Wirtschaftsgüter des Vorratsvermögens, um geringwertige Wirtschaftsgüter und evtl. auch um bewegliches Anlagevermögen mit kurzen (Rest-)Nutzungsdauern. Die aufzudeckenden stillen Reserven sind i. d. R. gering. Selbst dann, wenn dies im Einzelfall nicht zutrifft, sind keine oder allenfalls geringe Nachteile durch die vorzunehmende Aufstockung zu erwarten. Der Grund liegt darin, dass die infolge der Aufstockung entstehenden Erträge meist innerhalb kurzer Zeit durch höhere Aufwendungen bzw.

geringere Erträge kompensiert werden. Der Barwert der insgesamt entstehenden Steuermehr- und -minderzahlungen dürfte i. d. R. geringfügig positiv oder sogar negativ sein.

Im Falle einer *unechten Betriebsaufspaltung* werden überhaupt keine stillen Reserven aufgedeckt. Ein Nachteil infolge einer erzwungenen Aufstockung kann somit nicht entstehen.

Klargestellt sei, dass ein Vorteilsvergleich zwischen einer GmbH & CoKG und der Aufspaltung eines Betriebs nur dann einen Sinn ergibt, wenn nicht außersteuerliche Gründe zwingend für eine der beiden Maßnahmen sprechen. Ein derartiger Grund kann z. B. darin bestehen, dass es ein hochrangiges unternehmenspolitisches Ziel ist, das wertvolle Grundstück vor dem Zugriff der Gläubiger zu bewahren. Dies kann nur mit Hilfe einer Betriebsaufspaltung, nicht hingegen mit der Gründung einer GmbH & CoKG gelingen. Im Falle einer Betriebsaufspaltung bleibt das Grundstück zivilrechtlich außerhalb des betrieblichen Bereichs, bei Gründung einer GmbH & CoKG hingegen nicht. Im ersten Fall ist es von einer möglichen Insolvenz des Unternehmens grundsätzlich nicht betroffen. Im zweiten Fall hingegen ist dies doch der Fall.

5.5 Mögliche andere Entscheidungssituationen

Bisher ist ausschließlich der Fall der Neuplanung einer Betriebsaufspaltung untersucht worden. Er kennzeichnet zweifellos eine sehr wichtige, keinesfalls aber die einzig mögliche Entscheidungssituation, in der eine Betriebsaufspaltung eine Rolle spielt. Weitere *mögliche Entscheidungssituationen* sind insbesondere folgende Fälle:

- Die Gesellschafter einer bereits bestehenden GmbH wollen für deren betriebliche Zwecke ein bebautes Grundstück erwerben bzw. auf einem zu erwerbenden unbebauten Grundstück ein Gebäude errichten. Hier erhebt sich die Frage, ob der Erwerb durch die Gesellschafter der GmbH oder durch diese selbst erfolgen soll. Im ersten Fall liegt evtl. der Fall einer unechten Betriebsaufspaltung vor, im zweiten nicht. Hier sollte überprüft werden, ob es Gestaltungsmöglichkeiten hinsichtlich der Art der Betriebsaufspaltung (gewerbliche oder vermögensverwaltende) gibt und wie diese ggf. genutzt werden sollten. Ferner ist ein Vergleich der (optimalen Art der) Betriebsaufspaltung mit dem Fall eines Erwerbs des Grundstücks durch die GmbH naheliegend.

- Bei einer bestehenden gewerblichen Betriebsaufspaltung droht eine ihrer beiden Voraussetzungen, nämlich die sachliche oder die personelle Verflechtung, in Zukunft zu entfallen. Hier sollte geprüft werden, ob dies von Nachteil sein würde. Erforderlichenfalls sollten Gegenmaßnahmen geprüft werden. Auch ein Vorteilsvergleich mit anderen möglichen Rechtsformen kann sinnvoll sein.

- Auch ohne den drohenden Fortfall der sachlichen oder personellen Verflechtung ist es in größeren Zeitabständen angebracht, Betriebsaufspaltungen daraufhin zu untersuchen, ob sie noch vorteilhaft sind. Hierbei sollten sowohl die steuerlichen als auch die nichtsteuerlichen Aspekte berücksichtigt werden.

Diese Aufzählung möglicher Entscheidungssituationen, in denen die Betriebsaufspaltung eine Rolle spielt, ist keinesfalls abschließender Art. An die Lösung aller in diesem Zusammenhang auftretenden steuerplanerischen Probleme kann mit Hilfe des in diesem Buch entwickelten Instrumentariums herangegangen werden. Aus Platzgründen muss hier auf eine Bearbeitung derartiger Probleme verzichtet werden.

5.6 Fortfall der Voraussetzungen einer steuerrechtlichen Betriebsaufspaltung aufgrund geänderter Rechtsprechung

5.6.1 Problemstellung

Während der vergangenen Jahrzehnte hat sich die Rechtsprechung hinsichtlich der Voraussetzungen einer Betriebsaufspaltung im steuerrechtlichen Sinne häufig gewandelt. Auch für die Zukunft sind derartige Wandlungen nicht auszuschließen. Nicht auszuschließen ist sogar eine künftige völlige Abkehr der Rechtsprechung von dem Rechtsinstitut der Betriebsaufspaltung im steuerrechtlichen Sinne und eine Verneinung der hierzu in Jahrzehnten herausgearbeiteten Steuerfolgen. Damit stellt sich die Frage nach den steuerrechtlichen Konsequenzen einer möglichen derartigen Entwicklung und nach den Schlüssen, die hieraus für die Steuerplanung zu ziehen sind. Diesen Fragen soll nunmehr nachgegangen werden.

5.6.2 Steuerrechtliche Konsequenzen

Die Frage, welche steuerrechtlichen Konsequenzen in Fällen der hier geschilderten Art zu ziehen sind, ist im Schrifttum umstritten. Für die Steuerplanung von zentraler Bedeutung ist die Ansicht der Finanzverwaltung. Sie ergibt sich aus einem Schreiben des BMF vom 18.11.1986[181] und einer Verfügung der OFD Stuttgart vom 13.1.1987[182]. Beide beziehen sich ihrem Wortlaut nach allerdings nur auf die Folgen, die aus einer nachträglichen Verneinung der personellen Verflechtung in Fällen bisheriger Zusammenrechnung von Ehegattenanteilen entstehen. Bevor aus den fehlenden Voraussetzungen für das Vorliegen einer Betriebsaufspaltung Konsequenzen gezogen werden, ist nach Ansicht des BMF vorab zu prüfen, ob nicht aus anderen Gründen bei dem vermietenden oder verpachtenden Unternehmen Betriebsvermögen vorliegt. Dies kann insbesondere bei solchen bisherigen Besitzpersonengesellschaften der Fall sein, die bereits wegen ihrer

---

181 Vgl. BMF-Schreiben v. 18.11.1986, IV B 2-S 2240-25/86 II, BStBl 1986 I, S. 537.
182 Vgl. Verfügung der OFD Stuttgart v. 13.1.1987, S 2240 A-9-St 31.

Rechtsform nach § 15 Abs. 3 Nr. 2 EStG als Gewerbebetriebe anzusehen sind. Lässt sich kein Grund für eine Behandlung der vermieteten Wirtschaftsgüter als Betriebsvermögen finden, so ergeben sich nach Ansicht der Finanzverwaltung unterschiedliche Rechtsfolgen, je nachdem, ob in der Vergangenheit eine echte oder eine unechte Betriebsaufspaltung angenommen worden ist.

Die Rechtsfolgen einer *zu Unrecht angenommenen unechten Betriebsaufspaltung* aus Sicht der Finanzverwaltung lassen sich wie folgt skizzieren:

1. Die an die Betriebsgesellschaft vermieteten Wirtschaftsgüter sind zu keinem Zeitpunkt Betriebsvermögen geworden.
2. Bereits gewährte Steuervergünstigungen bleiben unter Hinweis auf § 176 Abs. 1 Nr. 3 AO erhalten; Voraussetzung ist lediglich, dass bereits entsprechende Bescheide ergangen sind.

Die Rechtsfolgen einer *zu Unrecht angenommenen echten Betriebsaufspaltung* hängen nach Ansicht der Finanzverwaltung entscheidend davon ab, ob die Bescheide, in denen von der Aufspaltung ausgegangen worden ist, noch änderbar sind. Soweit die Bescheide *bestandskräftig* sind, lässt sich die Rechtsansicht der Finanzverwaltung wie folgt skizzieren:

1. Die in den Bescheiden festgestellten Rechtsfolgen bleiben bestehen. Das gilt sowohl hinsichtlich der Gewerbesteuer als auch der Inanspruchnahme steuerlicher Vergünstigungen.
2. Bescheide, bei denen ein Betriebsaufgabegewinn zu Unrecht nicht erfasst worden ist, weil eine Betriebsaufspaltung bejaht worden ist, sind nach § 176 Abs. 1 Nr. 3 AO nicht mehr änderbar. Das gilt selbst bei Vorbehaltsfestsetzungen. Dieser Gewinn ist auch nicht in einem späteren Jahr zu versteuern.
3. Die weitere AfA der abnutzbaren Wirtschaftsgüter richtet sich nach deren Teilwerten zum Zeitpunkt der zu Unrecht angenommenen Betriebsaufspaltung.
4. Sind Wirtschaftsgüter bei Begründung der angenommenen Betriebsaufspaltung zu Buchwerten in die Betriebsgesellschaft eingebracht worden, so liegt in Höhe der Differenz zwischen Teil- und Buchwerten eine verdeckte Einlage vor. Die Anschaffungskosten der Anteile an der Betriebsgesellschaft erhöhen sich um diese Differenz. Gleiches gilt hinsichtlich der Wertansätze der von der Betriebsgesellschaft übernommenen Wirtschaftsgüter.

Soweit die Bescheide in Fällen einer zu Unrecht angenommenen gewerblichen Betriebsaufspaltung noch *nicht bestandskräftig* sind, ergeben sich nach Ansicht der Finanzverwaltung folgende Rechtsfolgen:

1. Aufhebungen oder Änderungen zuungunsten der Steuerpflichtigen sind nach § 176 Abs. 1 Nr. 3 AO unzulässig.
2. Aufhebungen oder Änderungen von Bescheiden zugunsten der Steuerpflichtigen sind zulässig.

Wie bereits ausgeführt, beziehen sich sowohl das BMF-Schreiben vom 18.11.1986 als auch die Verfügung der OFD Stuttgart vom 13.1.1987 ihrem Wortlaut nach lediglich auf den Fall, dass nach früherer Rechtsansicht bei Ehegatten von gleichgerichteten Interessen ausgegangen worden ist, dies nach neuer Rechtsansicht hingegen nicht mehr möglich ist. Es handelt sich also um einen Spezialfall der personellen Verflechtung nach alter Rechtsansicht. Damit stellt sich die Frage, ob das BMF-Schreiben bzw. die OFD-Verfügung auch auf andere Fälle angewendet werden kann, in denen nach alter Rechtsansicht eine personelle Verflechtung angenommen wurde, nach neuer hingegen nicht. Die Frage ist zu bejahen. Die Gründe hierfür sind:

1. Die vom BMF bzw. der OFD Stuttgart aufgezeigten Rechtsfolgen ergeben sich aus einer konsequenten Anwendung der Vorschriften der AO; sie entsprechen demnach den gesetzlichen Vorschriften.
2. Andere Fälle, in denen die neuere Rechtsprechung im Gegensatz zur älteren die personelle oder sachliche Verflechtung verneint, werfen hinsichtlich des formellen Steuerrechts die gleichen Probleme auf wie die vom BMF bzw. der OFD behandelten; sie sind demnach auch in gleicher Weise zu lösen.

5.6.3 Folgerungen für die Steuerplanung

Die bisherigen Ausführungen lassen erkennen, dass ein Fortfall der Voraussetzungen einer steuerrechtlichen Betriebsaufspaltung aufgrund geänderter Rechtsprechung den an der Betriebsaufspaltung beteiligten Personen regelmäßig keine rückwirkenden Nachteile bringt. Auch die künftigen Steuerfolgen sind i. d. R. nicht nachteiliger als diejenigen, die eintreten würden, wenn die Betriebsaufspaltung von vornherein nicht anerkannt worden wäre. In vielen Fällen bleiben hingegen in der Vergangenheit gewährte Vorteile einer Betriebsaufspaltung erhalten. Damit ergibt sich, dass *Unsicherheit über die künftige Rechtsprechung* regelmäßig *kein Grund* sein sollte, auf *eine aus heutiger Sicht vorteilhafte Betriebsaufspaltung* zu verzichten.

5.7 Gesamtwürdigung der Betriebsaufspaltung als Mittel der betrieblichen Steuerpolitik

Zusammenfassend lässt sich feststellen, dass die Betriebsaufspaltung häufig ein geeignetes Mittel der betrieblichen Steuerpolitik darstellt. Gestaltungsmöglichkeiten bestehen oft in hohem Ausmaß. Die Vor- und Nachteile einer Betriebsaufspaltung sollten aber in jedem Einzelfall äußerst sorgfältig geprüft werden. Hierbei sollten auch Probleme nichtsteuerlicher Art, auf die hier nicht eingegangen worden ist, einen breiten Raum einnehmen.

5.8 Aufgabe 9

Im Jahre 1980 hat Volker Volkmann (V), geb. am 27.6.1953, in Düsseldorf eine Präzisionswerkstatt für optische Geräte gegründet. Das Unternehmen hat sich seither außerordentlich gut entwickelt. V führt es seit seiner Gründung in der Rechtsform eines Einzelunternehmens. Seit dem Sommer des Jahres 2006 ist Tochter Tina (T) als Angestellte im kaufmännischen Bereich des Unternehmens beschäftigt. Vorher hat sie eine Lehre als Industriekauffrau und ein Fachhochschulstudium der Betriebswirtschaftslehre abgeschlossen. Sohn Sascha (S) ist nach Abschluss eines Studiums der Elektrotechnik an der Rheinisch-Westfälischen Technischen Hochschule in Aachen im Sommer des Jahres 2008 als technischer Angestellter in das Unternehmen eingetreten.

Seit seiner Gründung ist das Unternehmen bisher stets in gemieteten Räumen untergebracht gewesen. Da die zuletzt angemieteten Räume inzwischen zu klein geworden sind, erwägt V, im Jahre 2010 in Düsseldorf oder dessen näherer Umgebung ein Grundstück zu erwerben, auf dem er Produktionsstätten und ein Verwaltungsgebäude errichten kann. Er rechnet mit Investitionskosten von insgesamt 15 Mio €, die er zum größten Teil aus seinem inzwischen rd. 30 Mio € betragenden Vermögen zahlen will. Mit Fertigstellung der Gebäude rechnet V im Jahre 2012.

V, S und T sind sich einig, dass die Stellung von S und T im Unternehmen, spätestens mit dem Umzug des Betriebes in die neuen Räume, deutlich angehoben werden soll. S und T sollen dann Gesellschafter und - zusätzlich zu ihrem Vater - Geschäftsführer werden. Allerdings will V noch für 10 bis 15 Jahre die Verfügungsgewalt über das wichtigste Produktionsvermögen behalten. Hierbei hält er es für ausreichend, dass er bei Abstimmungen, die dieses Vermögen berühren könnten, über die Mehrheit der Stimmrechte verfügt. Hinsichtlich des in Düsseldorf oder seiner Umgebung zu erwerbenden Grundstücks will er Alleineigentümer sein.

Zusätzlich zu der Investition in Düsseldorf beabsichtigt V, in Leipzig ein Zweigwerk zu errichten. Er kann dort ein Grundstück mit einer für sein Unternehmen gut geeigneten Produktionshalle erwerben. Er hat nichts dagegen einzuwenden, wenn dieses Grundstück nicht von ihm, sondern von seinen Kindern oder von einer Gesellschaft, an der er und seine Kinder gemeinsam beteiligt sind, erworben wird. Der Kaufpreis des Grundstücks einschließlich der Produktionshalle soll 2 Mio € betragen. Nach dem Erwerb des Grundstücks sollen Investitionen i. H. v. rd. 3 Mio € erfolgen.

V, S und T sind sich einig, dass niemand von ihnen nach Umstrukturierung des Unternehmens persönlich für künftige Verbindlichkeiten des Unternehmens haften soll. Damit seine Kinder im Rahmen der Umstrukturierung kapitalmäßig an dem Unternehmen beteiligt werden können, plant S, jedem seiner beiden Kinder einen Betrag von 1 Mio € zu schenken. Die Schenkung kann in Geld, Sachwerten oder Beteiligungen erfolgen.

V ist verwitwet. Nach seinem Tode werden S und T seine einzigen Erben sein. V wird während des gesamten Planungszeitraums voraussichtlich stets im oberen Plafond befindliche zu versteuernde Einkommen beziehen. Das zu versteuernde Einkommen seiner Kinder wird sich voraussichtlich im unteren Plafond bewegen. Dies soll bereits durch die Höhe der Geschäftsführergehälter gewährleistet sein. Avisiert ist für jeden der künftigen Gesellschafter ein Jahresgehalt von 150 T€. Alle Beteiligten nehmen an, dass die Gehälter für ihre Lebensführung ausreichen werden, so dass Ausschüttungen nicht erforderlich werden. V geht davon aus, dass der Hebesatz der Gewerbesteuer während des gesamten Planungszeitraums an beiden Produktionsstandorten 450 % betragen wird. V, S und T sind konfessionslos.

Untersuchen Sie bitte, welche Maßnahmen V und seine beiden Kinder in Anbetracht des geschilderten Sachverhalts treffen sollten. Weisen Sie bitte auch darauf hin, ob und ggf. welche Fragen anhand dieses Sachverhalts noch nicht abschließend beantwortet werden können. Gehen Sie hierbei auch auf die Frage ein, ob und ggf. welche Vorteilsvergleiche quantitativer Art noch durchzuführen sind. Zwar sollte das Schwergewicht Ihrer Ausführungen auf steuerplanerischen Aspekten liegen, doch sollten auch Aspekte nichtsteuerlicher Art dann behandelt werden, wenn dies erforderlich ist.

6 Steuergestaltungsmaßnahmen durch den Erwerb qualifizierter Beteiligungen

6.1 Einführung

Häufig lassen sich durch den Erwerb qualifizierter Beteiligungen Steuerersparnisse erheblichen Umfangs erzielen. Derartige qualifizierte Beteiligungen lassen sich in zwei Gruppen einteilen, und zwar in

- *Schachtelbeteiligungen* und
- Beteiligungen, die die Herstellung einer *Organschaft* ermöglichen.

Schachtelbeteiligungen können sowohl im nationalen als auch im grenzüberschreitenden Bereich bestehen. *Organschaften* hingegen können nach derzeit geltendem Recht lediglich im rein nationalen Bereich hergestellt werden. Sie können sowohl bei der Körperschaft- und der Gewerbe- als auch bei der Umsatzsteuer bestehen.

Nachfolgend sollen zunächst die Voraussetzungen und die steuerlichen Folgen im Zusammenhang mit der Herstellung einer Schachtelbeteiligung behandelt werden. Danach wird auf die entsprechenden Fragen im Zusammenhang mit der Herstellung einer Organschaft eingegangen. Voneinander zu unterscheiden sind hierbei die körperschaftsteuerliche, die gewerbesteuerliche und die umsatzsteuerliche Organschaft. In diesem Zusammenhang soll auch auf die Frage eingegangen werden, ob es vorteilhaft ist, die Wirkungen einer Organschaft herbeizuführen.

6.2 Schachtelprivilegien

6.2.1 Schachtelprivilegien im rein nationalen Bereich

Ein *Schachtelprivileg* im rein *nationalen Bereich* gibt es derzeit (Stand Sommer 2009) nur nach § 9 Nr. 2a GewStG für die Gewerbesteuer. Eine Beteiligung der in der genannten Vorschrift definierten Art wird üblicherweise als **Schachtelbeteiligung** bezeichnet. Gesetzlich verwendet wird der Begriff in der genannten Vorschrift allerdings nicht; gleiches gilt für den Begriff der Schachtelvergünstigung bzw. den des Schachtelprivilegs.

§ 9 Nr. 2a GewStG setzt eine mindestens *15 %ige* Beteiligung am Grund- oder Stammkapital einer nicht steuerbefreiten inländischen Kapitalgesellschaft voraus. Auch Beteiligungen an bestimmten anderen inländischen Körperschaften sind begünstigt. Nachfolgend sollen allerdings stets nur die bezeichneten Kapitalgesellschaften genannt werden. Die Schachtelbeteiligung muss nach § 9 Nr. 2a

GewStG zu Beginn des Erhebungszeitraums bestehen. Schachtelbegünstigter kann jeder inländische gewerbliche Betrieb sein. Nach herrschender Meinung muss die Beteiligung nicht zwingend unmittelbar sein, vielmehr kann sie auch über Beteiligungen an anderen Gesellschaften, so über Tochter- oder Enkelgesellschaften, bestehen.

Das **Schachtelprivileg** des § 9 Nr. 2a GewStG beinhaltet, dass Gewinnausschüttungen der Gesellschaft, an der die Schachtelbeteiligung besteht **(Tochtergesellschaft)**, bei dem Gewerbebetrieb, der die Beteiligung hält **(Mutterunternehmen)**, nicht im Gewerbeertrag erfasst werden. Da sie bereits durch ihre Verbuchung als Erträge (Beteiligungserträge) in dem Gewinn aus Gewerbebetrieb enthalten sind, werden sie nach § 9 Nr. 2a GewStG bei Ermittlung des Gewerbeertrags vom Gewinn gekürzt.

Keine Schachtelbegünstigung gibt es in den Fällen, in denen eine Beteiligung an einer Personengesellschaft besteht. Dies ist auch nicht erforderlich, da hier die Beteiligungserträge nach § 9 Nr. 2 GewStG außer Ansatz bleiben, ohne dass eine qualifizierte Beteiligung vorliegen muss. § 9 Nr. 2 GewStG hat also die gleiche Wirkung wie eine Schachtelvergünstigung, ohne dass wie bei dieser eine Mindestbeteiligung vorliegen muss.

Kein im rein nationalen Bereich wirkendes *Schachtelprivileg* gibt es *bei der Körperschaftsteuer.* Zwar beinhaltet das Körperschaftsteuerrecht die Vorschrift des § 8b KStG. Nach Abs. 1 dieser Vorschrift sind aber *alle* Gewinnausschüttungen, die eine Kapitalgesellschaft an eine andere vornimmt, bei der die Ausschüttung empfangenden Gesellschaft grundsätzlich steuerbefreit. Diese Befreiung erfolgt also unabhängig von der Beteiligungshöhe. Damit wird in allen Fällen, d. h. unabhängig von der Beteiligungshöhe, eine doppelte Besteuerung derselben Erträge mit deutscher Körperschaftsteuer verhindert. Allerdings gelten nach § 8b Abs. 5 KStG 5 % der Ausschüttungen bei der die Ausschüttungen empfangenden Gesellschaft als nichtabziehbare Ausgaben. Im Ergebnis bewirkt dies eine Versteuerung von 5 % der Ausschüttungen bei der die Ausschüttungen empfangenden Gesellschaft.

Ausschüttungen einer Kapitalgesellschaft an eine natürliche Person unterliegen bei dieser grundsätzlich der Abgeltungsteuer. Dies gilt ebenfalls unabhängig von der Beteiligungshöhe.

Es kann sich die Frage stellen, ob es wirtschaftlich vorteilhaft ist, eine unter 15 % liegende *Beteiligung* an einer Kapitalgesellschaft auf 15 % *aufzustocken,* um in den Genuss des gewerbesteuerlichen Schachtelprivilegs zu gelangen. Häufig dürfte es sinnvoll sein, diese Frage allein unter Berücksichtigung der aus der Beteiligung zu erwartenden Beteiligungserträge zu beantworten, weil andere Gesichtspunkte, wie etwa günstige Bedingungen für Lieferungen und Bezüge, keine Rolle spielen.

Sollen ausschließlich die zu erwartenden Beteiligungserträge für einen möglichen Hinzuerwerb von Anteilen verantwortlich sein, so ist es nicht sinnvoll, nur auf die

Rendite der zu erwerbenden Anteile abzustellen. Vielmehr sollte auch die Veränderung der Nettoerträge der „alten" Anteile in den Kalkül einbezogen werden. Hierbei ist diese den neuen Anteilen zuzurechnen.

Beispiel

Die X-GmbH besitzt seit Jahren nominal 140 T€ der vinkulierten Namensaktien der B-AG. Dies entspricht einer Beteiligungsquote von 14 % des Aktienkapitals von 1 Mio €. Zum 31.12.1 bietet der Aktionär A der X-GmbH weitere 2 %, d. h. nominal 20 T€, der Aktien der B-AG zum Kurs von 600 % an. Hierbei handelt es sich um den gesamten Aktienbesitz des A an der B-AG. Auf Anfrage teilt A der X-GmbH mit, dass er nur zum Verkauf seines ganzen Aktienbesitzes, nicht hingegen nur von Teilen an diesem bereit sei.

Entscheidungsrelevant für die Beantwortung der Frage, ob die X-GmbH auf das Angebot des A eingehen sollte, ist nicht nur die Dividende auf die zusätzlichen Aktien, vielmehr auch die Erhöhung der Nettodividende auf die alten Aktien, die infolge des Schachtelprivilegs eintreten wird.

6.2.2 Grenzüberschreitende Schachtelprivilegien

Neben dem bisher behandelten rein nationalen gibt es auch *grenzüberschreitende Schachtelprivilegien*. Diese beruhen z. T. allein auf nationalem, z. T. aber auch auf internationalem Recht. Von besonderer Bedeutung im internationalen Bereich ist Art. 10 des OECD-Muster-DBA 2008. Er ist Vorbild für eine Vielzahl zwischenstaatlicher Vereinbarungen über grenzüberschreitende Schachtelbegünstigungen[183].

Nationale Regelungen über grenzüberschreitende Schachtelvergünstigungen finden sich in

- § 26 KStG für die Körperschaftsteuer und in
- § 9 Nr. 8 GewStG für die Gewerbesteuer.

Die genannten Regelungen sind z. T. außerordentlich kompliziert; die erreichbaren Steuervorteile insbesondere bei dem körperschaftsteuerlichen Schachtelprivileg hoch. Auf Einzelheiten kann hier nicht eingegangen werden.

Auch im grenzüberschreitenden Bereich kann sich die Frage stellen, ob eine bestehende Beteiligung durch den Erwerb zusätzlicher Anteile auf eine Schachtelbeteiligung aufgestockt werden soll. Die sich hierbei ergebende betriebswirtschaftliche Problematik ist prinzipiell die gleiche wie die im letzten Gliederungspunkt erläuterte.

---

[183] Vgl. Jacobs, O., Unternehmensbesteuerung, 2007, S. 65 f.

6.3 Organschaft

6.3.1 Einführung

Wie bereits ausgeführt, gibt es das Rechtsinstitut der Organschaft bei drei Steuerarten, und zwar bei der Körperschaft-, der Gewerbe- und bei der Umsatzsteuer. Die körperschaft- und die gewerbesteuerliche Organschaft werden nachfolgend unter dem Begriff der ertragsteuerlichen Organschaft zusammengefasst.

Jede Organschaft besteht aus einem beherrschenden Unternehmen, dem *Organträger* und mindestens einem von dem Organträger beherrschten Unternehmen, der *Organgesellschaft*, auch *Organ* genannt. Die Beherrschung muss die Qualität einer *Eingliederung* haben. Hierbei ist bei der ertragsteuerlichen Organschaft eine finanzielle Eingliederung ausreichend. Zum Vorliegen einer umsatzsteuerlichen Organschaft muss zusätzlich noch eine wirtschaftliche und eine organisatorische Eingliederung bestehen. Zum Wirksamwerden einer ertragsteuerlichen Organschaft muss ein Gewinnabführungsvertrag abgeschlossen werden, zum Wirksamwerden einer umsatzsteuerlichen Organschaft ist der Abschluss eines derartigen Vertrages entbehrlich.

Nachfolgend werden unter Gliederungspunkt 6.3.2 zunächst die Voraussetzungen einer ertragsteuerlichen, dann unter Punkt 6.3.3 die einer umsatzsteuerlichen Organschaft behandelt. Unter Gliederungspunkt 6.3.4 werden die Steuerfolgen einer Organschaft dargestellt. In Gliederungspunkt 6.3.5 werden Aktionsparameter im Zusammenhang mit einer Organschaft herausgearbeitet. Unter Gliederungspunkt 6.3.6 folgen Vorteilhaftigkeitsüberlegungen.

6.3.2 Ertragsteuerliche Voraussetzungen

6.3.2.1 Finanzielle Eingliederung

Die **ertragsteuerliche Organschaft** (Organschaft bei der Körperschaft- und Gewerbesteuer) setzt nach § 14 Abs. 1 Nr. 1 KStG eine *finanzielle Eingliederung* der *Organgesellschaft* in den Organträger voraus. *Organgesellschaft (Organ)* kann nach § 14 i. V. m. § 17 KStG nur eine unbeschränkt steuerpflichtige Kapitalgesellschaft, *Organträger* kann darüber hinaus grundsätzlich jedes gewerbliche Unternehmen i. S. v. § 14 Abs. 1 Nr. 2 KStG sein[184].

Finanzielle Eingliederung bedeutet, dass der Organträger an dem Organ die Mehrheit der Stimmrechte besitzen muss. I. d. R. ist die Mehrheit der Stimmrechte mit einer Mehrheitsbeteiligung identisch. Doch kann im Einzelfall auch eine Minderheitsbeteiligung zu einer Mehrheit der Stimmrechte führen.

---

[184]   Vgl. hierzu Gliederungspunkt 6.3.2.2.

Beispiel

Die X-GmbH hält 60 % der Stammaktien der Y-AG. Die restlichen 40 % der Stammaktien befinden sich ebenso wie 100 % der stimmrechtslosen Vorzugsaktien im Streubesitz. Die Stammaktien repräsentieren ein Grundkapital von 100 Mio €, die Vorzugsaktien ein Grundkapital von 50 Mio €.

An dem gesamten Kapital der Y-AG von (100 + 50 =) 150 Mio € ist die X-GmbH lediglich zu (60/150 =) 40 % beteiligt. Sie hält also lediglich eine Minderheitsbeteiligung. Dennoch verfügt sie über 60 % aller Stimmrechte und damit über die Mehrheit der Stimmrechte. Die Voraussetzung einer finanziellen Eingliederung der Y-AG in die X-GmbH ist damit erfüllt.

Die *Beteiligung* des Organträgers an dem Organ kann *unmittelbarer,* sie kann aber auch *mittelbarer* Art sein. Mittelbare Beteiligung bedeutet, dass der Organträger an dem Organ nicht direkt (unmittelbar), sondern lediglich über eine andere Gesellschaft beteiligt ist. Mittelbare Beteiligungen sind nach § 14 Abs. 1 Nr. 1 Satz 2 KStG zu berücksichtigen, wenn die Beteiligung an jeder vermittelnden Gesellschaft die Mehrheit der Stimmrechte gewährt.

Beispiel

Eine aus mehreren natürlichen Personen bestehende Gesellschaft bürgerlichen Rechts (GbR) ist zu jeweils 80 % an der A-GmbH und an der B-AG beteiligt. Sie ist außerdem zu 40 % an der C-AG beteiligt. Weitere 40 % Beteiligung an der C-AG hält die A-GmbH. Die B-AG hält 60 % der Anteile an der D-GmbH. Die genannten Beteiligungen lassen sich graphisch durch das folgende Schaubild darstellen.

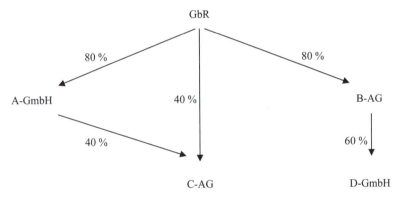

Die GbR hält sowohl an der A-GmbH als auch an der B-AG jeweils eine Mehrheitsbeteiligung. Beide Gesellschaften sind somit finanziell eingegliedert. An der C-AG besitzt die GbR unmittelbar 40 % und mittelbar über die A-GmbH weitere 40 % der Stimmrechte. Damit ist die C-AG finanziell in die GbR eingegliedert. Hinsichtlich der D-GmbH besteht über die B-AG eine mittelbare Mehrheitsbeteiligung. Damit besteht hinsichtlich der D-GmbH ebenfalls eine finanzielle Eingliederung.

6.3.2.2 Organträger

Organträger kann grundsätzlich jedes *gewerbliche Unternehmen* i. S. d. § 14 Abs. 1 Nr. 2 KStG sein. Unter einem gewerblichen Unternehmen ist jeder Gewerbebetrieb i. S. d. § 2 GewStG zu verstehen. Hierzu zählen bekanntermaßen nicht nur Körperschaften i. S. d. § 1 KStG, sondern auch Einzelunternehmen und Mitunternehmerschaften. In § 14 Abs. 1 Nr. 2 KStG wird der Kreis möglicher Organträger im Einzelnen festgelegt. Organträger kann demnach sein:

- eine unbeschränkt steuerpflichtige natürliche Person,
- eine nicht steuerbefreite Körperschaft i. S. d. § 1 KStG mit Geschäftsleitung im Inland und
- eine Personengesellschaft i. S. d. § 15 Abs. 1 Satz 1 Nr. 2 EStG mit Geschäftsleitung im Inland.

Hervorzuheben ist, dass es bei den genannten Körperschaften und Personengesellschaften notwendig ist, dass diese ihre Geschäftsleitung im Inland haben. Insoweit besteht ein Unterschied zu § 1 KStG. Nach dieser Vorschrift ist es für die unbeschränkte Steuerpflicht notwendig, dass sich entweder der Sitz *oder* die Geschäftsleitung im Inland befindet.

Eine Personengesellschaft kann nur dann Organträger sein, wenn an ihr nur solche Gesellschafter beteiligt sind, die mit dem ihnen zuzurechnenden steuerlichen Gewinnanteil der deutschen Einkommen- oder Körperschaftsteuer unterliegen. Dies kann auch im Rahmen der beschränkten Steuerpflicht geschehen. Unterliegt ein Gesellschafter lediglich der beschränkten Steuerpflicht, so ist allerdings Voraussetzung, dass das Kriterium der finanziellen Eingliederung nicht zu den Mitunternehmern, sondern zu der Personengesellschaft selbst erfüllt ist.

Organträger kann nur ein *gewerbliches* Unternehmen sein. Dies ist jedes Unternehmen, das einen Gewerbebetrieb i. S. d. § 2 GewStG unterhält. Kapitalgesellschaften erfüllen nach § 2 Abs. 2 GewStG stets diese Voraussetzung, Personenunternehmen hingegen nur dann, wenn sie tatsächlich i. S. d. § 15 Abs. 2 EStG gewerblich tätig werden. Soll ein Personenunternehmen als Organträger fungieren, so darf es also nicht nur rein vermögensverwaltend tätig werden.

Organträger können nach § 14 KStG grundsätzlich nur die oben genannten gewerblichen Unternehmen sein. Diesen Unternehmen werden nach § 18 KStG inländische Zweigniederlassungen ausländischer gewerblicher Unternehmen gleichgestellt. Voraussetzung ist, dass die Zweigniederlassung in einem inländischen Handelsregister eingetragen ist. Weitere Voraussetzungen sind:

1. Der Gewinnabführungsvertrag muss unter der Firma der Zweigniederlassung abgeschlossen sein.
2. Die für die finanzielle Eingliederung erforderliche Beteiligung an der Organgesellschaft muss zum Betriebsvermögen der Zweigniederlassung gehören.

Im Übrigen müssen die sich aus den §§ 14 bis 17 KStG ergebenden weiteren Voraussetzungen erfüllt sein.

6.3.2.3 Organgesellschaft

Während Organträger jedes gewerbliche Unternehmen i. S. d. § 14 Abs. 1 Nr. 2 KStG sein kann, ist der Kreis möglicher Organgesellschaften wesentlich enger gezogen. **Organgesellschaft** kann nach § 14 KStG lediglich eine Europäische Gesellschaft, eine *AG* oder KGaA mit *Geschäftsleitung und Sitz* im *Inland* sein. Durch § 17 KStG wird der Kreis möglicher Organgesellschaften um alle anderen Kapitalgesellschaften mit Geschäftsleitung und Sitz im Inland erweitert. Damit kann auch eine GmbH mit Sitz und Geschäftsleitung im Inland Organgesellschaft sein.

Kapitalgesellschaften können nur dann Organgesellschaften sein, wenn sie Geschäftsleitung *und* Sitz im Inland haben. Es reicht also auch hier nicht aus, dass sie Sitz *oder* Geschäftsleitung im Inland besitzen. Insoweit sind engere Voraussetzungen zu beachten, als hinsichtlich des Bestehens der unbeschränkten Körperschaftsteuerpflicht erfüllt sein müssen.

6.3.2.4 Gewinnabführungsvertrag

Die Herstellung einer finanziellen Eingliederung *allein* zeitigt ertragsteuerlich *keine* Folgen. Hinzukommen muss vielmehr der Abschluss eines **Gewinnabführungsvertrages (GAV)** i. S. d. § 291 Abs. 1 AktG. In diesem muss sich die Organgesellschaft verpflichten, ihren *ganzen Gewinn* an den Organträger abzuführen. Nicht ausreichend ist hingegen ein Vertrag über die Abführung lediglich eines Teils des Gewinns (Teilgewinnabführungsvertrag i. S. d. § 292 Abs. 1 Nr. 2 AktG).

An die Wirksamkeit von Gewinnabführungsverträgen stellt das Aktienrecht hohe Anforderungen. Zu nennen sind in diesem Zusammenhang insbesondere folgende:

1. Die Gesellschafter der beteiligten Gesellschaften müssen dem Vertrag mit einer Mehrheit zustimmen, die drei Viertel des bei der Beschlussfassung vertretenen Grundkapitals entspricht (§ 293 Abs. 1 AktG);
2. der Vertrag muss in Schriftform abgeschlossen werden (§ 293 Abs. 3 AktG);
3. der Organträger muss entsprechend den Vorschriften des § 302 AktG Verluste des Organs übernehmen;
4. Erträge aus der Auflösung von vorvertraglichen Gewinnrücklagen des Organs dürfen nicht an den Organträger abgeführt werden (Umkehrschluss aus § 301 AktG).

Regelungen, die den §§ 291 ff. AktG entsprechen, enthält das GmbHG nicht. Doch sind diese Regelungen für Gesellschaften mbH analog anzuwenden, wenn der Gewinnabführungsvertrag steuerlich wirksam sein soll. Dies ergibt sich aus dem ausdrücklichen Verweis in § 14 KStG auf § 291 AktG. Für die unter 3. und 4. genannten Voraussetzungen ist dies zusätzlich in § 17 KStG ausdrücklich geregelt.

Zusätzlich zu den aktienrechtlichen enthält § 14 Abs. 1 Nrn. 3 und 4 KStG zwei weitere Voraussetzungen, die erfüllt sein müssen, damit ein Gewinnabführungsvertrag steuerlich anerkannt werden kann.

Nach § 14 Abs. 1 Nr. 3 KStG muss der Gewinnabführungsvertrag auf mindestens fünf Jahre abgeschlossen und während dieser Zeit auch tatsächlich durchgeführt werden. Er muss spätestens am Ende des Wirtschaftsjahres, für das er erstmalig anwendbar sein soll, abgeschlossen werden. Eine vorzeitige Beendigung des Vertrags durch Kündigung ist nur dann unschädlich, wenn ein wichtiger Grund die Kündigung rechtfertigt. Kein wichtiger Grund ist für den Organträger gegeben, wenn sich die Ertragslage der Organgesellschaft schlechter entwickelt als erwartet. Hingegen besteht für die Organgesellschaft dann ein wichtiger Grund zur Kündigung, wenn der Organträger nicht mehr in der Lage ist, seine vertraglichen Verpflichtungen zu erfüllen. Ist die erstmalige fünfjährige Vertragsfrist abgelaufen, so ist es für die steuerliche Anerkennung der Verlängerung des Vertrages nicht erforderlich, dass diese wiederum für mindestens fünf Jahre erfolgt. Vielmehr kann der Vertrag auch für einen kürzeren Zeitraum, z. B. für ein Jahr, verlängert werden. Anschließend ist eine Verlängerung um jeweils ein weiteres Jahr möglich.

Nach § 14 Abs. 1 Nr. 4 KStG darf die Organgesellschaft nur insoweit Beträge aus ihrem Jahresüberschuss in ihre Gewinnrücklagen mit Ausnahme der gesetzlichen Rücklagen einstellen, als dies bei vernünftiger kaufmännischer Beurteilung wirtschaftlich begründet ist. Ein mit § 14 KStG vereinbarer Grund zur Bildung einer Gewinnrücklage durch die Organgesellschaft dürfte regelmäßig dann vorliegen, wenn die Organgesellschaft Mittel für Investitionszwecke einbehalten, d. h. nicht an den Organträger abführen will.

Nicht in allen Fällen, in denen die beteiligten Unternehmen eine Organschaft mit GAV geplant haben, werden später die hierzu erforderlichen gesetzlichen Voraussetzungen erfüllt. In diesem Zusammenhang lassen sich die folgenden beiden Fälle unterscheiden:

1. Die beteiligten Personen gehen davon aus, dass die gesetzlichen Voraussetzungen einer Organschaft mit GAV erfüllt sind und handeln entsprechend. Doch stellt sich später heraus, dass dies nicht der Fall ist.
2. Die Voraussetzungen einer Organschaft mit GAV sind zwar anfangs erfüllt, doch fällt später eine der Voraussetzungen fort.

Im ersten Fall soll nachfolgend von einer *Nichterfüllung*, im zweiten von einem *Fortfall* der gesetzlichen *Voraussetzungen* gesprochen werden.

Stellt sich heraus, dass die Voraussetzungen einer Organschaft mit GAV von Anfang an nicht erfüllt gewesen sind, so sind bereits vorgenommene „Gewinnabführungen" in *verdeckte Gewinnausschüttungen* umzudeuten. Hierbei sind alle die für eine Gewinnabführung gezogenen Steuerfolgen aufzuheben und diejenigen einer verdeckten Gewinnausschüttung herzustellen[185].

Fallen die Voraussetzungen einer Organschaft oder eines GAV erst weg, nachdem Organschaft und GAV in der Vergangenheit bereits wirksam gewesen sind, so

---

185 Vgl. Göke, E., Organschaft, 2006, S. 60; Lange, J./Janssen, B., Gewinnausschüttungen, 2007, S. 270 ff. m. w. N.

hängen die Folgen im Hinblick auf § 14 Abs. 1 Nr. 3 KStG davon ab, ob der GAV bereits fünf Jahre tatsächlich vollzogen worden ist oder nicht.

Fällt ein Tatbestand innerhalb der Fünfjahresfrist weg, so sind die Voraussetzungen des § 14 Abs. 1 Nr. 3 KStG nicht erfüllt. Es ergeben sich dann von Beginn an die gleichen Rechtsfolgen wie in dem Fall einer Nichterfüllung der gesetzlichen Voraussetzungen von Anfang an. Auf die Ausführungen hierzu kann deshalb verwiesen werden.

Fällt eine Voraussetzung der Organschaft oder des GAV erst nach Ablauf der Fünfjahresfrist weg, so hat dies keine Auswirkungen auf die Vergangenheit. Erst ab dem Jahr des Fortfalls der Voraussetzungen ergeben sich Steuerfolgen. Ab diesem Jahr sind Gewinnabführungen nicht mehr nach den Vorschriften der §§ 14 ff. KStG, sondern nach den Regelungen für verdeckte Gewinnausschüttungen zu behandeln.

6.3.3 Umsatzsteuerliche Voraussetzungen

Die **umsatzsteuerliche Organschaft** ist in § 2 Abs. 2 Nr. 2 UStG geregelt. Sie liegt vor, wenn eine juristische Person (Organ) nach dem Gesamtbild der tatsächlichen Verhältnisse finanziell, wirtschaftlich und organisatorisch in das Unternehmen des Organträgers eingegliedert ist. Zusätzlich zu einer *finanziellen* setzt die umsatzsteuerliche Organschaft also auch eine *wirtschaftliche* und *organisatorische Eingliederung* des Organs in den Organträger voraus.

Eine **wirtschaftliche Eingliederung** liegt vor, wenn die beherrschte Kapitalgesellschaft dem herrschenden Unternehmen nach Art einer unselbständigen Betriebsstätte dient. An diese Voraussetzungen sind allerdings nach der Rechtsprechung des BFH keine engen Maßstäbe anzulegen[186]. So genügt es nach der Rechtsprechung sogar bereits, dass die beherrschte Gesellschaft der Diversifikationsabsicht des herrschenden Unternehmens dient. Bei einer derart weiten Begriffsabgrenzung kann regelmäßig davon ausgegangen werden, dass eine wirtschaftliche Eingliederung herstellbar ist, wenn sie wirtschaftlich erwünscht ist.

Die **organisatorische Eingliederung** ist die dritte der drei umsatzsteuerlichen Eingliederungsvoraussetzungen. Sie ist stets gegeben, wenn das Organ durch einen *Beherrschungsvertrag* i. S. d. § 291 Abs. 1 AktG die Leitung seines Unternehmens dem Organträger unterstellt. Eine organisatorische Eingliederung ist außerdem stets dann gegeben, wenn das Organ eine nach den Vorschriften der §§ 319 bis 327 AktG *eingegliederte Gesellschaft* ist. Handelt es sich bei dem Organ um eine GmbH, so kann die wirtschaftliche Eingliederung dadurch erreicht werden, dass ein den aktienrechtlichen Vorschriften entsprechender Beherrschungsvertrag abgeschlossen oder dass das Organ den aktienrechtlichen Vor-

---

186 Vgl. Brönner, H./Bareis, P./Poll J., Besteuerung, 2007, S. 1535 f.; Klenk, F., in: Sölch, O./Ringleb, K., UStG, 2008, § 2 UStG, Rz. 106 m. w. N.; Stadie, H., in: Rau, G./Dürrwächter, E./Flick, H./Geist, R., UStG, 2009, § 2 UStG, Rz. 690 ff. m. w. N.

schriften entsprechend eingegliedert wird. Auch dann, wenn weder ein Beherrschungsvertrag abgeschlossen ist, noch die Gesellschaft nach den Vorschriften des
Aktienrechts eingegliedert ist, kann dennoch umsatzsteuerlich eine organisatorische Eingliederung erreicht werden. Es muss dann lediglich in anderer Weise
sichergestellt werden, dass der Organträger auch in dem Organ seinen geschäftlichen Betätigungswillen durchsetzen kann. Dies kann z. B. dadurch geschehen,
dass ein Mitglied der *Geschäftsführung des Organträgers* zum *Geschäftsführer*
oder Vorstand des *Organs* bestellt wird. Auch kann ein *Prokurist* des Organträgers zum Geschäftsführer des Organs bestellt werden.

6.3.4 Steuerfolgen einer Organschaft

6.3.4.1 Ertragsteuerliche Folgen

Liegt eine Organschaft mit einem steuerlich anzuerkennenden Gewinnabführungsvertrag vor, so hat dies erhebliche ertragsteuerliche Konsequenzen, und zwar
sowohl für das Organ als auch für den Organträger.

Eine *körperschaftsteuerliche Folge* besteht darin, dass nach § 14 KStG das *Einkommen der Organgesellschaft* grundsätzlich dem *Organträger zugerechnet* wird.
Ausnahmen ergeben sich aus § 16 KStG. Das zuzurechnende Einkommen ist das
Einkommen der Organgesellschaft vor Berücksichtigung des an den Organträger
abgeführten Gewinns bzw. des vom Organträger übernommenen Verlustes. In
dem Jahresüberschuss des Organträgers ist zusätzlich der von der Organgesellschaft abgeführte Gewinn enthalten. Hierdurch erfolgt zunächst eine *Doppelerfas-
sung* bei dem Organträger: Zum einen wird der abgeführte Gewinn, zum anderen
wird das auf die Organgesellschaft entfallende Einkommen erfasst. Um lediglich
eine einmalige Besteuerung des Gewinns der Organgesellschaft, und zwar in Höhe des bei ihr entstandenen Einkommens, zu gewährleisten, muss der an den Organträger abgeführte Gewinn aus dem Einkommen des Organträgers *herausge-
rechnet* werden. Dies geschieht außerbilanziell in den entsprechenden Körper-
schaftsteuererklärungen bzw. -bescheiden.

Durch die Organschaft und den Abschluss eines Gewinnabführungsvertrages geht
die subjektive Körperschaftsteuerpflicht der Organgesellschaft nicht unter.
Organträger und Organ sind also zwei Steuersubjekte. Hieraus folgt, dass das
Einkommen der Organgesellschaft *getrennt* von dem Einkommen des Organträgers zu *ermitteln* ist. Hierbei gelten grundsätzlich die allgemeinen Vorschriften
über die Einkommensermittlung, die in den Vorschriften des EStG und des KStG
geregelt sind. Lediglich aus § 15 KStG ergeben sich einige Besonderheiten. So ist
nach § 15 Nr. 1 KStG die Vorschrift über den Verlustabzug des § 10d EStG nicht
anwendbar. Dies ist sinnvoll, da Verluste des Organs nach § 14 KStG dem
Organträger zuzurechnen sind.

Ist das *Einkommen des Organs* ermittelt, so ist es in einem weiteren Schritt grundsätzlich dem *Einkommen des Organträgers zuzurechnen*. Die Versteuerung findet dann insoweit nicht bei der Organgesellschaft, sondern beim Organträger statt.

Verdeckte Gewinnausschüttungen der Organgesellschaft an den Organträger sind regelmäßig als vorweggenommene Gewinnabführungen zu behandeln. Es treten also nicht die Rechtsfolgen einer verdeckten Gewinnausschüttung, sondern diejenigen einer Gewinnabführung nach § 14 KStG ein. Das gilt auch dann, wenn Organträger eine Personengesellschaft ist. In derartigen Fällen wird lediglich die Gewinnverteilung innerhalb der Personengesellschaft berührt.

Sind die Voraussetzungen der *gewerbesteuerlichen Organschaft* erfüllt, so gilt nach § 2 Abs. 2 Satz 2 GewStG die Organgesellschaft als *Betriebsstätte* des Organträgers. Dies hat zur Folge, dass der *Gewerbeertrag* der Organgesellschaft dem *Organträger zuzurechnen* ist. Die vorangehende Ermittlung des Gewerbeertrages erfolgt allerdings für die Organgesellschaft gesondert. Insoweit besteht Übereinstimmung mit den Folgen einer körperschaftsteuerlichen Organschaft. Um Doppelbelastungen zu vermeiden, sind Hinzurechnungen i. S. d. § 8 GewStG nicht zu erfassen, soweit sie auf Rechtsverhältnissen zwischen dem Organträger und der Organgesellschaft beruhen.

6.3.4.2 Umsatzsteuerliche Folgen

Die Wirkung der *umsatzsteuerlichen Organschaft* besteht vorrangig darin, dass nur der Organträger Unternehmer i. S. d. UStG ist. Ihm sind sämtliche Umsätze der zum Organkreis gehörenden Personen zuzurechnen; er hat diese Umsätze zu versteuern. Umsätze zwischen den einzelnen Gesellschaften des Organkreises sind *nichtsteuerbar*. Sie werden als **Innenumsätze** bezeichnet. Die leistungsempfangende Gesellschaft eines Innenumsatzes ist nicht zum Vorsteuerabzug berechtigt.

Beispiel

Die Organgesellschaft 1 liefert Waren für 100 T€ netto an die Organgesellschaft 2. Sie erhält eine Lieferung von dem Organträger zu einem Nettokaufpreis von 50 T€.

Sowohl die Lieferung der Organgesellschaft 1 an die Organgesellschaft 2 als auch die Lieferung des Organträgers an die Organgesellschaft 1 ist ein nichtsteuerbarer Innenumsatz. Die Lieferung der Organgesellschaft 1 führt bei der Organgesellschaft 2 nicht zu einem Vorsteuerabzug. Gleiches gilt für die Lieferung des Organträgers an die Organgesellschaft 1.

Weisen organschaftlich miteinander verbundene Gesellschaften bei Innenumsätzen Umsatzsteuer aus, so ändert dies nichts an den geschilderten Steuerfolgen. Auch in derartigen Fällen sind die Innenumsätze nichtsteuerbar; die in Rechnung gestellte Umsatzsteuer führt beim Leistungsempfänger nicht zur Vorsteuerabzugsberechtigung. Auch eine Haftung nach § 14c UStG wegen zu Unrecht in Rechnung gestellter Umsatzsteuer kommt nicht in Betracht, da diese Vorschrift nur dann anzuwenden ist, wenn die Umsatzsteuer einem anderen Unternehmen in Rechnung gestellt worden ist. Hier ist sie aber nicht einem anderen Unternehmen, sondern lediglich einem anderen Unternehmensteil desselben Unternehmens in Rechnung gestellt worden. Aus dem Umstand, dass innerhalb eines Organkreises nur der Organträger Unternehmer ist, sind auch alle weiteren Folgerungen zu ziehen, die an die Unternehmereigenschaft geknüpft sind. So hat der Organträger vor allem die jeden Unternehmer betreffenden Aufzeichnungs-, Anmeldungs- und Zahlungspflichten zu erfüllen.

6.3.5 Aktionsparameter im Zusammenhang mit der Herstellung einer Organschaft

6.3.5.1 Einführung

Im Zusammenhang mit der Herstellung oder der Vermeidung einer Organschaft sowie deren Rechtsfolgen bestehen *unternehmenspolitische Aktionsparameter.* Zu nennen sind in diesem Zusammenhang insbesondere

- die Herstellung oder Vermeidung einer Eingliederung,
- der Abschluss oder Nichtabschluss sowie die Durchführung oder Nichtdurchführung eines Gewinnabführungsvertrages.

Nur auf diese Aktionsparameter soll näher eingegangen werden.

6.3.5.2 Herstellung oder Vermeidung einer Eingliederung

Voraussetzung einer Organschaft bei allen drei in Betracht kommenden Steuerarten ist die finanzielle Eingliederung des Organs in das Unternehmen des Organträgers. Ein *Aktionsparameter* besteht insoweit, als diese Eingliederungsvoraussetzung entweder *erfüllt* oder *bewusst* nicht erfüllt wird. Dies kann in Einzelfällen im Rahmen einer Kapitalerhöhung durch die Ausgabe von stimmrechtslosen Vorzugsaktien erreicht werden. Infolge dieser Ausgabe erfolgt zwar eine Kapitalzufuhr durch Dritte, doch bleiben die Stimmrechtsmehrheit und damit die finanzielle Eingliederung erhalten.

Beispiel

Die A-GbR (Organträger) hält seit Jahren 60 % des Grundkapitals der X-AG i. H. v. 10 Mio €. Infolge starker Expansion benötigt die X-AG dringend neues Eigenkapital i. H. v. 6 Mio €. Der Ausgabekurs soll 300 % betragen, so dass eine Erhöhung des Grundkapitals um 2 Mio € erforderlich ist. Aus finanziellen Gründen sind die Gesellschafter der GbR nicht in der Lage, sich an der geplanten Kapitalerhöhung zu beteiligen. Sie wollen aber die Mehrheit der Stimmrechte behalten. Dieses Ziel verfolgen sie u. a. auch deshalb, weil die GbR weiterhin Organträger der X-AG sein soll.

In der hier geschilderten Situation bietet sich die Ausgabe stimmrechtsloser Vorzugsaktien an. Gelingt deren Plazierung, so erreichen die Gesellschafter der GbR das von ihnen verfolgte Ziel einer Erhaltung der Stimmrechtsmehrheit.

Bei der Umsatzsteuer kann in Einzelfällen auch die wirtschaftliche oder die organisatorische Eingliederung als Aktionsparameter der Steuerpolitik eingesetzt werden. Soll die wirtschaftliche Eingliederung vermieden werden, um eine Organschaft zu verhindern, so kollidiert dieses Ziel allerdings häufig mit anderen unternehmenspolitischen Zielen, die eine wirtschaftliche Eingliederung unabdingbar erscheinen lassen.

Auch ein Verzicht auf die organisatorische Eingliederung dürfte nur selten als steuerpolitischer Aktionsparameter einzusetzen sein. Der Grund liegt auch hier in einem Zielkonflikt mit oft höherrangigen anderen unternehmenspolitischen Zielen. So kann auf eine organisatorische Eingliederung dann nicht verzichtet werden, wenn es ein übergeordnetes Ziel des (potentiellen) Organträgers ist, das (potentielle) Organ aus nichtsteuerlichen Gründen zu beherrschen.

6.3.5.3 Abschluss und Durchführung eines Gewinnabführungsvertrages

Ein sehr *wichtiger,* vielleicht sogar der wichtigste *Aktionsparameter* im Zusammenhang mit der Herstellung einer Organschaft ist der *Abschluss* bzw. *Nichtabschluss* eines *Gewinnabführungsvertrages.* Zu beachten ist allerdings, dass dieser Aktionsparameter nach derzeitigem Recht (Stand Sommer 2009) *lediglich* bei der *Körperschaft-* und der *Gewerbesteuer, nicht* hingegen bei der *Umsatzsteuer* besteht. Bei der Umsatzsteuer ist lediglich das Bestehen bzw. Nichtbestehen einer Organschaft, nicht hingegen der Abschluss bzw. Nichtabschluss eines Gewinnabführungsvertrages von Bedeutung.

Auch die *Durchführung* bzw. *Nichtdurchführung* eines Gewinnabführungsvertrages kann als Aktionsparameter eingesetzt werden. Die Nichtdurchführung eines Gewinnabführungsvertrages kann erreicht werden durch

- eine Dotierung von Rücklagen in einem Ausmaß, das über das nach § 14 Abs. 1 Nr. 4 KStG erlaubte hinausgeht,
- eine Abführung vorvertraglicher Rücklagen an den Organträger und damit einen Verstoß gegen § 301 AktG,
- eine Nichteinhaltung der in § 14 Abs. 1 Nr. 3 KStG genannten Fünfjahresfrist.

6.3.6 Vor- und Nachteile der Herstellung einer Organschaft

6.3.6.1 Einführung und umsatzsteuerliche Vor- und Nachteile

Es stellt sich die Frage, ob in Fällen, in denen dies möglich ist, eine Organschaft hergestellt werden soll. Dieser Frage soll nunmehr nachgegangen werden. Da zu ihrer Beantwortung in erheblichem Maße nichtsteuerliche Aspekte eine Rolle spielen, soll auch auf diese eingegangen werden. Eine rein steuerliche Partialanalyse reicht hier nicht aus.

In steuerlicher Hinsicht soll in den nächsten Gliederungspunkten lediglich auf ertragsteuerliche Aspekte eingegangen werden. Zur *Umsatzsteuer* sei lediglich ausgeführt, dass die Herstellung einer Organschaft bei dieser Steuerart *im Normalfall weder Vor- noch Nachteile* bewirkt. Dies liegt daran, dass die umsatzsteuerlichen Gesamtwirkungen in den Vergleichsfällen die gleichen sind. Die Vergleichsfälle lassen sich dadurch kennzeichnen, dass in dem Fall ohne Organschaft steuerbare und steuerpflichtige Umsätze, in dem Fall mit Organschaft hingegen nichtsteuerbare Innenumsätze getätigt werden. Im ersten Fall entsteht zwar bei dem liefernden oder leistenden Unternehmen Umsatzsteuer, doch kann diese von dem die Leistung empfangenden Unternehmen nach § 15 Abs. 1 UStG als Vorsteuer abgezogen werden. Die Steuerwirkungen heben sich per Saldo auf. Im zweiten Fall hingegen entstehen von vornherein keine Umsatzsteuerwirkungen.

Lediglich in Fällen, in denen bestimmte Umsätze nach § 15 Abs. 2 UStG zum Ausschluss des Vorsteuerabzugs führen, kann die Herstellung einer umsatzsteuerlichen Organschaft per Saldo Steuerwirkungen verursachen; sie kann dann steuerliche Vorteile bewirken.

Beispiel

Die Gesellschaft G1 liefert Waren für 100 T€ netto an die Gesellschaft G2. G2 ist nicht zum Vorsteuerabzug berechtigt. Die Gesellschaften G1 und G2

a) gehören keinem Organkreis an,

b) sind organschaftlich miteinander verbunden.

Im Falle a) entsteht bei G1 eine Umsatzsteuerschuld i. H. v. 19 T€. Diese Umsatzsteuer kann G2 nicht als Vorsteuer geltend machen. Für die Gesellschaften G1 und G2 entsteht somit bei fehlender organschaftlicher Verbundenheit eine Steuerbelastung von insgesamt 19 T€. Im Falle b) hingegen entsteht aufgrund des Organschaftsverhältnisses keine Umsatzsteuerschuld. G2 ist unverändert nicht zum Vorsteuerabzug für Vorlieferungen der G1 berechtigt. Für G1 und G2 entsteht somit im Falle ihrer organschaftlichen Verbundenheit eine Gesamtbelastung aus dem geschilderten Sachverhalt i. H. v. 0 €. Bei Herstellung einer Organschaft entsteht somit im Vergleich zur Unterlassensalternative ein Vorteil von 19 T€.

6.3.6.2 Ertragsteuerliche Vor- und Nachteile

6.3.6.2.1 Fallunterscheidung

Nachfolgend soll stets nur ein „Zweipersonenmodell" untersucht werden. Bei den beiden Personen handelt es sich um zwei rechtlich selbständige Unternehmen OG und UG. OG ist die Obergesellschaft, UG die Untergesellschaft. OG kann jedes gewerbliche Unternehmen i. S. d. § 14 Abs. 1 Satz 2 KStG (also auch ein Einzelunternehmen) sein. UG ist eine inländische Kapitalgesellschaft. Zwischen OG und UG kann - sofern sie nicht bereits besteht - durch gestalterische Maßnahmen eine Organschaft hergestellt oder es kann darauf verzichtet werden. Wie bereits ausgeführt, kommt als gestalterische Maßnahme insbesondere der Abschluss bzw. Nichtabschluss eines Gewinnabführungsvertrages in Betracht. Die Ergebnisse des

Zweipersonenmodells können auf mögliche Organschaften in einem beliebig großen Organkreis übertragen werden.

Hinsichtlich der Gewinn- bzw. Verlustsituation der beiden Gesellschaften lassen sich die Fälle unterscheiden, dass beide Gesellschaften Gewinne, dass nur eine Gesellschaft Gewinne und dass beide Gesellschaften Verluste erzielen. Der zuletzt genannte Fall soll hier nicht weiter betrachtet werden. Es bleiben also nur Fälle, in denen zumindest eine der beiden Gesellschaften Gewinne erzielt. Innerhalb dieser Fälle ist es sinnvoll, weiter danach zu unterscheiden, ob die UG ohne Abschluss eines GAV erzielte Gewinne thesaurieren oder aber ausschütten soll.

Anhand dieser Kriterien lassen sich folgende vier Fälle unterscheiden, auf die anschließend eingegangen werden soll:

1. Unter- und Obergesellschaft befinden sich in einer Gewinnsituation. Untersucht werden die Gewinnbestandteile der Untergesellschaft, die bei dieser thesauriert werden sollen.
2. Unter- und Obergesellschaft befinden sich in einer Gewinnsituation. Untersucht werden die Gewinnbestandteile, die von der Unter- an die Obergesellschaft entweder ausgeschüttet oder abgeführt werden sollen.
3. Eine der beiden Gesellschaften befindet sich in einer Gewinn-, die andere in einer Verlustsituation. Eine Gewinnausschüttung oder -abführung der Unter- an die Obergesellschaft findet nicht statt.
4. Die Untergesellschaft befindet sich in einer Gewinn-, die Obergesellschaft in einer Verlustsituation. Der Gewinn oder Gewinnbestandteile der Unter- sollen an die Obergesellschaft ausgeschüttet oder abgeführt werden.

Aus Vereinfachungsgründen wird nachfolgend stets davon ausgegangen, dass eine Gewinn- bzw. Verlustsituation jeweils sowohl handels- als auch steuerbilanziell eintritt.

6.3.6.2.2 Gewinnsituation beider Unternehmen und thesaurierte Gewinnbestandteile bei der Untergesellschaft

Erzielen sowohl die OG als auch die UG Gewinne, so ist bei der UG zwischen den Fällen zu unterscheiden, dass sie ihre Gewinne ausschließlich thesauriert und dem, dass sie zumindest einen Teil ihrer Gewinne an die OG ausschüttet bzw. abführt. Klargestellt sei, dass eine Thesaurierung im Falle einer Organschaft mit GAV nach § 14 Abs. 1 Nr. 4 KStG nur insoweit zulässig ist, „... als dies bei vernünftiger kaufmännischer Beurteilung wirtschaftlich begründet ist".

Soweit *Gewinne der UG bei dieser thesauriert* werden, ergeben sich durch die Herstellung einer Organschaft mit GAV regelmäßig weder große Vor- noch Nachteile. Der Grund besteht darin, dass in der Summe die Höhe der Steuerbelastung beider Unternehmen regelmäßig nicht oder nur unwesentlich davon beeinflusst wird, ob die Besteuerung des Gewinns bei dem Organträger oder aber bei der Organgesellschaft stattfindet. Dies gilt in den Fällen, in denen es sich bei der OG um ein Personenunternehmen handelt, aber nur dann, wenn die *Thesaurierung*

einen *quasi dauerhaften Charakter* hat. Nur dann können im Falle nicht organschaftlich verbundener Unternehmen die Steuerwirkungen einer späteren Ausschüttung auch dann vernachlässigt werden, wenn es sich bei der OG um ein Personenunternehmen handelt[187].

6.3.6.2.3 Ausgeschüttete bzw. abgeführte Gewinnbestandteile der Untergesellschaft bei Gewinnsituation beider Unternehmen

Nunmehr sollen Gewinnbestandteile der Untergesellschaft betrachtet werden, die
alternativ an die Obergesellschaft ausgeschüttet bzw. an diese abgeführt werden.
Hierbei wird davon ausgegangen, dass sowohl die Unter- als auch die Obergesellschaft steuerliche Gewinne erzielen. Zu unterscheiden ist in diesem Zusammenhang zwischen dem Fall, dass die Obergesellschaft die Rechtsform einer Kapitalgesellschaft und dem, dass sie die Rechtsform eines Personenunternehmens hat.

Hat die *Obergesellschaft* die Rechtsform einer *Kapitalgesellschaft*, so handelt es
sich bei dem für die Ausschüttung bzw. Abführung vorgesehenen Bruttobetrag
(für die Ausschüttung bzw. Abführung vorgesehener Betrag einschließlich der
hierauf entfallenden Ertragsteuern) jeweils um E i. S. d. Gleichung (II) bzw. (IIa).
Ein Unterschied besteht lediglich insoweit, als im Falle der Ausschüttung die
Versteuerung dieses Bruttobetrags bei der Untergesellschaft, im Falle der
Gewinnabführung hingegen bei der Obergesellschaft anfällt. Belastungsunterschiede entstehen hierdurch grundsätzlich nicht. Dieses Ergebnis gilt unabhängig
davon, ob die ausgeschütteten bzw. abgeführten Gewinnbestandteile bei der
Obergesellschaft thesauriert oder von dieser ausgeschüttet werden. Ein Unterschied ergibt sich aber durch die Vorschrift des § 8b KStG. Nach dieser Rechtsnorm sind faktisch 5 % der Ausschüttung bei der Obergesellschaft der Körper-
schaft- und der Gewerbesteuer zu unterwerfen. Damit ist in Fällen der hier behandelten Art die *Gewinnausschüttung stets nachteiliger* als die Abführung des
Gewinns.

Anders verhält es sich in den Fällen, in denen die *Obergesellschaft* die Rechtsform eines *Personenunternehmens* besitzt. Hier findet im Falle einer *Ausschüttung*
eine Definitivbelastung der Untergesellschaft mit Gewerbe- und Körperschaftsteuer statt. In Höhe des Bruttogewinnbetrages G, der alternativ für eine Ausschüttung oder eine Gewinnabführung einschließlich der auf G entfallenden
Ertragsteuern zur Verfügung steht, entsteht bei der Untergesellschaft also E i. S. d.
Gleichung (II) bzw. (IIa). Wird die bei der Untergesellschaft im Falle der Ausschüttung entstehende Steuerbelastung mit Sa/ug bezeichnet, so beträgt diese:

(58) $S_{a/ug} = G \cdot (s_k + m_e \cdot h)$.

Werden in Gleichung (58) die bereits vielfach verwendeten konkreten Werte $s_{kö} = 0{,}15$, $s_{olz} = 0{,}055$, $m_e = 0{,}035$ und $h = 4$ eingesetzt, so ergibt sich:

(58a) $S_{a/ug} = 0{,}29825 \cdot G$.

Zusätzlich zu der Belastung der Untergesellschaft findet im Falle einer Ausschüttung eine Belastung der (Mit-)Unternehmer der Obergesellschaft mit Einkommensteuer statt und zwar nach § 20 Abs. 1 Nr. 1 i. V. m. § 32d Abs. 2 und § 3 Nr. 40 EStG i. d. R. nach dem Teileinkünfteverfahren. Eine Belastung der Obergesellschaft mit Gewerbesteuer entsteht aufgrund der Kürzungsvorschrift des § 9 Nr. 2a GewStG i. d. R. nicht. Wird die Ausschüttung in bereits altbekannter Weise mit A und der sich nach dem Teileinkünfteverfahren ergebende Faktor, der die steuerpflichtigen Einnahmen bestimmt, mit δ bezeichnet, so ergibt sich die Belastung der Gesellschafter ($S_{a/ges}$) mit:

(59) $S_{a/ges} = \delta \cdot A \cdot s_{e\S32a}$.

Hierbei gibt $s_{e\S32a}$ - ebenfalls in bereits bekannter Weise - den Einkommensteuersatz an, der sich aus § 32a EStG ergibt.

Die Höhe der Ausschüttung A ergibt sich durch Abzug der Steuerbelastung der Untergesellschaft nach Gleichung (58) von dem Bruttobetrag G. Sie beträgt:

(60) $A = G - G \cdot (s_k + m_e \cdot h)$.

Durch Einsetzen des Werts von Gleichung (60) in Gleichung (59) ergibt sich:

(61) $S_{a/ges} = [G - G \cdot (s_k + m_e \cdot h)] \cdot \delta \cdot s_{e\S32a}$.

Bei Einsetzen der bekannten konkreten Werte $s_{kö} = 0{,}15$, $s_{olz} = 0{,}055$, $m_e = 0{,}035$, $\delta = 0{,}6$ und $s_{ki} = 0$ ergibt sich hieraus:

(61a) $S_{a/ges} = [G - G \cdot (0{,}15825 + 0{,}035 \cdot h)] \cdot 0{,}6 \cdot s_{e\S32a}$.

Die Gesamtbelastung des Bruttobetrags G mit Ertragsteuern der Untergesellschaft und Einkommensteuer der Gesellschafter ergibt sich durch Addition der Werte der Gleichungen (58) und (61) bzw. - bei Einsetzen der genannten konkreten Werte - aus den Gleichungen (58a) und (61a). Sie beträgt:

$$
\begin{aligned}
(62) \quad S_{a/ug} + S_{a/ges} &= G \cdot [s_k + m_e \cdot h + (1 - s_k - m_e \cdot h)] \cdot \delta \cdot s_{e\S32a} \\
&= G \cdot (s_k + m_e \cdot h) + G \cdot (1 - s_k - m_e \cdot h) \cdot s_{e\S32a}
\end{aligned}
$$

bzw. bei Einsetzen der soeben genannten Werte

$$(62a) \quad S_{a/ug} + S_{a/ges} = G \cdot [0{,}15825 + 0{,}035 \cdot h$$
$$+ (1 - 0{,}15825 - 0{,}035 \cdot h) \cdot 0{,}6 \cdot s_{e\S 32a}].$$

Im Falle einer *Organschaft mit GAV* zwischen der Untergesellschaft und einer *Obergesellschaft in der Rechtsform eines Personenunternehmens* entsteht bei der Untergesellschaft keine Steuerbelastung. Besteuert werden vielmehr das Personenunternehmen als Organträger mit Gewerbesteuer und die (Mit-)Unternehmer dieses Unternehmens mit Einkommensteuer und zwar mit dem „normalen" tariflichen Einkommensteuersatz gem. § 32a EStG. Damit entsteht i. H. v. G, d. h. des bereits bekannten Bruttobetrages, E i. S. v. Gleichung (I) bzw. (Ia). Hierdurch ergibt sich im Falle einer Organschaft mit GAV eine Steuerbelastung ($S_{gav/pers}$) i. H. v.:

$$(63) \quad S_{gav/pers} = G \cdot \{s_{e\S 32a} + m_e \cdot [h - \alpha \cdot (h - \alpha \cdot (1 + s_{olz}))]\}.$$

Selbstverständlich gilt auch hier wieder: $\alpha \leq h$.

Bei Einsetzen der gesetzlichen Werte von $m_e = 0{,}035$ und $s_{olz} = 0{,}055$ ergibt sich hieraus:

$$(63a) \quad S_{gav/pers} = G \cdot [s_{e\S 32a} + 0{,}035 \cdot (h - 1{,}055 \cdot \alpha)].$$

Tabelle IV/18 enthält Belastungsvergleiche zwischen konkreten Fällen der Gewinnausschüttung und der Gewinnabführung an eine Obergesellschaft in der Rechtsform eines Personenunternehmens. Alle in den Spalten 2 bis 4 dieser Tabelle angegebenen Steuerbelastungen bzw. Belastungsdifferenzen beruhen auf den Gleichungen (62a) bzw. (63a). Variabel ist in beiden Gleichungen der Gewerbesteuerhebesatz h und der kombinierte Einkommen-, Kirchensteuer- und Solidaritätszuschlagsatz $s_{e\S 32a}$. Kirchensteuer ist bei allen in der Tabelle aufgeführten Werten nicht berücksichtigt, d. h. es gilt $s_{ki} = 0$. Bei dem Steuersatz $s_{e\S 32a}$ handelt es sich somit lediglich um einen kombinierten Einkommensteuer- und Solidaritätszuschlagsatz. Der Anrechnungsfaktor von Gewerbesteuer auf die Einkommensteuer des Gesellschafters α ist jeweils in maximaler Höhe berücksichtigt. Bis zu einem Hebesatz von 380 % entspricht er somit diesem Hebesatz, bei höheren Hebesätzen hingegen beträgt er stets 3,8.

Spalte 1 der Tabelle IV/18 enthält die den Berechnungen zugrunde gelegten Einkommensteuersätze $s_{ei\S 32a}$ sowie die Hebesätze. Berücksichtigt sind Einkommensteuersätze i. H. v. 25 % (Zeilen 1a - 1c), von 42 % (Zeilen 2a - 2c) und von 45 % (Zeilen 3a - 3c) Ein Einkommensteuersatz von 25 % entspricht bekanntlich dem Abgeltungsteuersatz. Bei den Steuersätzen von 42 % und 45 % handelt es sich um Differenzsteuersätze im unteren bzw. oberen Plafond. Gewerbesteuerhebesätze sind in allen drei Zeilen unter a), b) und c) i. H. v. 300 %, 400 % und 500 % berücksichtigt.

Tabelle IV/18: Belastungsvergleich einer Gewinnausschüttung mit einer Gewinnabführung an ein Personenunternehmen ohne Kirchensteuer bei α = h, *jedoch maximal 3,8*

Zeile	Einkommensteuersatz bei Gewinnabführung Sei/§32a und Hebesatz h	Steuerbelastung bei Ausschüttung in % von G	Steuerbelastung bei GAV in % von G	Differenzbelastung zwischen Ausschüttung und GAV in % von G
	Spalte 1	Spalte 2	Spalte 3	Spalte 4
1	Sei§32a = 25 %			
a)	h = 300 %	37,984	25,798	+ 12,186
b)	h = 400 %	40,930	26,344	+ 14,586
c)	h = 500 %	43,876	29,844	+ 14,032
2	Sei§32a = 42 %			
a)	h = 300 %	45,912	43,733	+ 2,179
b)	h = 400 %	48,482	44,279	+ 4,203
c)	H = 500 %	51,051	47,779	+ 3,272
3	Sei§32a = 45 %			
a)	h = 300 %	47,311	46,898	+ 0,413
b)	h = 400 %	49,814	47,444	+ 2,370
c)	h = 500 %	52,317	50,944	+ 1,373

Spalte 2 enthält die zu den Steuer- bzw. Hebesätzen der Spalte 1 berechneten Steuerbelastungen im Falle der Ausschüttung, Spalte 3 diejenigen im Falle einer Gewinnabführung. Im Spalte 4 sind die Differenzbelastungen der Spalten 2 und 3 verzeichnet.

Spalte 4 zeigt, dass bei dem niedrigen Einkommensteuersatz von 25 % die Ausschüttung erheblich höher belastet ist als die Gewinnabführung. Die Gewinnabführung ist also in diesen Fällen steuerlich erheblich vorteilhafter als die Ausschüttung. Der Vorteil beträgt zwischen rd. 12 % und 15 % des Bruttogewinns. Bei Anwendung eines Einkommensteuersatzes von 42 % (Sei/§32a = 42 %) verringert sich dieser Vorteil erheblich. Er beträgt dann lediglich noch zwischen rd. 2 % und 4 %. Bei einem Einkommensteuersatz von 45 % wird er nochmals deutlich kleiner. Er beträgt dann nur noch zwischen rd. 0,4 % und 2,4 % des Bruttogewinns. Zu beachten ist, dass in Tabelle IV/18 keine Kirchensteuer berücksichtigt wird. Fällt Kirchensteuer an, so verschlechtert sich die relative Vorteilhaftigkeit der Gewinnabführung im Vergleich zur Gewinnausschüttung in allen Unterfällen der Zeilen 2 und 3. Der Grund liegt darin, dass hier die Bemessungsgrundlage der Einkommensteuer bei Gewinnabführung höher ist als diejenige, die sich bei Ausschüttung ergibt.

Insgesamt kann festgestellt werden, dass bei niedrigen Einkommensteuersätzen die Gewinnabführung steuerlich erheblich vorteilhafter ist als die Ausschüttung, dass bei hohen Einkommensteuersätzen hingegen nur geringfügige Belastungsunterschiede zwischen den Vergleichsfällen entstehen.

Nicht berücksichtigt ist bei den bisherigen Ausführungen die *Vorschrift des § 3c EStG*. Nach dieser Vorschrift dürfen *Betriebsausgaben*, die mit Ausschüttungen der Unter- an die Obergesellschaft in wirtschaftlichem Zusammenhang stehen, nur zu 60 % abgezogen werden. Diese Vorschrift erhält dann große Bedeutung, wenn der Erwerb der Beteiligung der Ober- an der Untergesellschaft weitgehend oder sogar vollständig fremdfinanziert worden ist. Hier sind die Zinsen bei Verzicht auf Organschaft und GAV *nur zu 60 %*, in Fällen der Organschaft mit GAV hingegen *in vollem Umfang abzugsfähig*. Die Herstellung einer *Organschaft mit GAV* kann hier also im Vergleich zur Unterlassensalternative einen *erheblichen körperschaftsteuerlichen Vorteil* bewirken. Hinzu kommt noch ein gewerbesteuerlicher Vorteil. Hier ist allerdings zu beachten, dass der Gewerbeertrag infolge der Hinzurechnungsvorschrift des § 8 Nr. 1 GewStG - bei Überschreitung des Freibetrags von 100 T€ - nur zu 75 % um die jeweils unter Beachtung des § 3c EStG abzugsfähigen Zinsen gemindert wird. Insgesamt wird der Gewerbeertrag somit im Falle der Herstellung der Organschaft um [(100 − 60) · 75 % =] 30 % der Zinsen gegenüber der Unterlassensalternative gemindert.

6.3.6.2.4 Gewinn- und Verlustsituation ohne Ausschüttung bzw. Gewinnabführung

Nunmehr sollen Fälle betrachtet werden, die wie folgt gekennzeichnet sind:

- Eine der beiden Gesellschaften, d. h. entweder die Ober- oder die Untergesellschaft, erzielt Gewinne, die jeweils andere Verluste.
- Die Untergesellschaft schüttet, sofern sie Gewinne erzielt, diese nicht aus, sondern thesauriert sie.

Hier soll lediglich auf solche Fälle eingegangen werden, in denen es sich bei beiden Gesellschaften um Kapitalgesellschaften handelt.

Die Übernahme des Verlustes im Rahmen der Organschaft dürfte in vielen Fällen vorteilhafter, in den anderen regelmäßig nicht nachteiliger als der alternative Verlustabzug sein. Ein Vorteil entsteht dann, wenn sich die Verlustübernahme zeitlich früher auf die Höhe der Steuerzahlungen auswirkt als der alternative Verlustabzug. Der Vorteil besteht dann in einem Zinseffekt. Von einer früheren Zahlungswirksamkeit der durch die Verlustübernahme hervorgerufenen Steuerminderungen kann regelmäßig dann ausgegangen werden, wenn und insoweit als der alternative Verlustabzug erst in einem deutlich nach dem Jahr der Verlustentstehung liegenden Veranlagungszeitraum abgezogen werden kann.

Von einer Zeitgleichheit oder zumindest einer annähernden Zeitgleichheit kann dann ausgegangen werden, wenn der Verlustabzug im Wege eines Verlustrücktrags geltend gemacht werden kann. Dies ist hinsichtlich der Gewerbesteuer überhaupt nicht und hinsichtlich der Körperschaftsteuer durch die Regelung des § 10d EStG (maximal 511.500 €) nur in einem eng begrenzten Umfang möglich. Zeitgleichheit oder annähernde Zeitgleichheit des Verlustabzugs im Vergleich zur Verlustübernahme dürfte vielfach auch dann erreichbar sein, wenn die Verluste bereits im Jahr nach dem Jahr der Verlustentstehung im Wege des Verlustvortrags abgezogen werden können. Voraussetzung ist hier aber, dass es gelingt, den Verlustabzug im Rahmen einer Anpassung der Vorauszahlungen (Körperschaft- und Gewerbesteuervorauszahlungen) möglichst zeitnah mit der Verlustentstehung geltend zu machen.

Insoweit als es nicht gelingt, Verluste im Wege des Verlustabzugs zeitnah steuerlich geltend zu machen, ist die Herstellung einer Organschaft mit GAV vorteilhafter als ein Verzicht hierauf. Besonders groß wird der Vorteil einer Verlustübernahme stets dann, wenn damit zu rechnen ist, dass das verlusterzeugende Unternehmen auf Dauer Verluste erwirtschaften wird. Hier ergibt sich nicht nur ein Zins-, sondern zusätzlich auch ein Steuereffekt: Im Falle der Organschaft können diese Verluste steuerlich geltend gemacht werden, im Alternativfall hingegen nicht.

6.3.6.2.5 *Gewinn- und Verlustsituation mit Ausschüttung bzw. Gewinnabführung*

Die nunmehr zu untersuchenden Fälle lassen sich wie folgt kennzeichnen:

1. Die Obergesellschaft erzielt Verluste, die Untergesellschaft hingegen Gewinne.
2. Die Untergesellschaft führt ihre Gewinne entweder ab (Fall der Organschaft mit GAV) oder schüttet sie an diese aus (Fall ohne Organschaft).

Der ebenfalls denkbare Fall, dass die Obergesellschaft Gewinne, die Untergesellschaft Verluste erwirtschaftet, letztere aber dennoch ausschüttet, scheidet hier aus, da dieser Fall bei einer alternativen Gewinnabführung kaum vorstellbar ist. Er würde das Auflösen von Rücklagen voraussetzen. Dies aber dürfte bei Vorhandensein eines GAV kaum jemals möglich sein, da derartige Rücklagen nach § 14 Abs. 1 Nr. 4 KStG in der Vergangenheit nur insoweit gebildet werden durften, als dies bei vernünftiger kaufmännischer Beurteilung begründbar war.

Auch hier soll wiederum lediglich auf Fälle eingegangen werden, in denen es sich bei beiden Gesellschaften um Kapitalgesellschaften handelt.

In Fällen der hier gekennzeichneten Art ergibt sich durch die Herstellung einer *Organschaft mit GAV* ein erheblicher *steuerlicher Vorteil* gegenüber der Unterlassensalternative. Dieser entsteht dadurch, dass bei Organschaft mit GAV der Gewinn der UG mit dem Verlust der OG ausgeglichen wird, insoweit der Gewinn der UG also weder mit Gewerbe- noch mit Körperschaftsteuer belastet wird. Bei dem alternativen Verzicht auf die Herstellung einer Organschaft mit GAV hingegen wird der Gewinn der UG definitiv besteuert. Zu einer dieser Belastung entsprechenden Entlastung bei der OG kommt es nicht.

6.3.6.3 Vor- und Nachteile nichtsteuerlicher Art

Neben steuerlichen gibt es auch nichtsteuerliche Vor- und Nachteile einer Organschaft und eines Gewinnabführungsvertrages. Letztere dürften die steuerlichen Vor- und Nachteile in ihrer Bedeutung häufig bei weitem übertreffen.

Die mit der Organschaft verbundene Eingliederung des Organs hat für den Organträger den Vorteil, dass er die Tätigkeit des Organs ganz in den Dienst seiner geschäftspolitischen Interessen stellen kann. Dieser Vorteil kann rechtlich durch den Abschluss eines Beherrschungsvertrages i. S. d. § 291 AktG abgesichert werden.

Aus Sicht des Organs kann sich aus dem Abschluss eines Gewinnabführungsvertrages ein erheblicher Vorteil ergeben. Dies ist dann der Fall, wenn das Organ von Verlusten bedroht ist. Durch die Verpflichtung zur Verlustübernahme durch den Organträger erhöhen sich in derartigen Fällen die Überlebenschancen des Organs in erheblichem Maße. Außerdem steigt seine Kreditfähigkeit gegenüber potentiellen Kreditgebern außerhalb des Organkreises.

Aus Sicht des Organträgers kann die sich aus einem Gewinnabführungsvertrag ergebende Verlustübernahmeverpflichtung erhebliche finanzielle Nachteile bewirken. Bei langandauernden Verlustphasen kann diese Verpflichtung sogar eine Existenzbedrohung für den Organträger, und damit für den ganzen Organkreis bedeuten. Dies kann im Einzelfall den Verzicht auf den Abschluss eines Gewinnabführungsvertrages wegen der damit verbundenen Verpflichtung einer Verlustübernahme vorteilhaft erscheinen lassen.

6.3.6.4 Gesamtwürdigung

Die bisherigen Ausführungen haben Folgendes ergeben:

1. In vielen Fällen können durch die Herstellung einer Organschaft und den Abschluss eines Gewinnabführungsvertrages steuerliche Vorteile gegenüber dem Fall eines Verzichts auf derartige Maßnahmen bewirkt werden. Sie können in Einzelfällen ein erhebliches Ausmaß annehmen.
2. Aus nichtsteuerlicher Sicht können Organschaft und Gewinnabführungsvertrag im Einzelfall Vorteile, sie können aber auch Nachteile bewirken.

Insgesamt lässt sich keine generelle Aussage hinsichtlich der Vorteilhaftigkeit einer Organschaft und eines Gewinnabführu ngsvertrages treffen. Vielmehr ist eine sorgfältige Einzelfallprüfung dringend geboten.

Teil V:
Lösungen zu den Aufgaben

Lösungen zu Teil I

Zu Aufgabe 1

Tabellen mit Durchschnitts-, Grenz- und Differenzsteuersätzen befinden sich im Tabellen-anhang dieses Buches. Dort befindet sich mit Tabelle T-6 eine Tabelle, die weitgehend den hier zu beachtenden Sachverhalt berücksichtigt. Sie beruht nämlich auf dem für das Jahr 2010 geltenden Recht (nach dem Rechtsstand bei Fertigstellung dieses Buches im Sommer 2009) und berücksichtigt sowohl eine 9 %ige Kirchensteuer als auch einen 5,5 %igen Solidaritätszuschlag.

Das zu versteuernde Einkommen erhöht sich bei Annahme des Auftrags von 80 T€ auf 90 T€. Nach Tabelle T-6 steigt der Durchschnittssteuersatz von 25,27 % auf 27,07 % (Spalte 2) und der Grenzsteuersatz von 40,04 % auf 42,49 % (Spalte 3). Der Differenz-steuersatz, mit der eine Erhöhung des zu versteuernden Einkommens von 80 T€ auf 90 T€ belastet ist, beträgt 38,81 % (Spalte 5). Für die von M zu treffende Entscheidung ist dieser Differenzsteuersatz bedeutsam. Die Übernahme der Seminare würde eine zusätzliche Steuerbelastung von (10.000 € · 38,81 % =) 3.881 € bedeuten.

Zu Aufgabe 2

Da der Eingang des Geldes in jedem Fall erst im Jahr 2 erfolgt, sind lediglich die Steuer-zahlungen entscheidungsrelevant. Die Umsatzerlöse des I stellen E i. S. v. Gleichung (Ia) dar. Zieht I Umsatzerlöse i. H. v. 5 T€ aus dem Jahr 2 in das Jahr 1 vor, indem er den Auftrag noch im Jahr 1 ausführt, so erhöht er hierdurch E im Jahre 1 um 5 T€ und mindert E im Jahre 2 um denselben Betrag. Die allgemeine Form des kombinierten Steuersatzes, mit dem E belastet ist, lautet nach Gleichung (Ia):

$$s_E + m_E \cdot [h - \alpha \cdot (1 + s_{olz})].$$

Mit ihrem zu versteuernden Einkommen von mehr als 150 T€ unterliegen die Eheleute I in beiden Jahren im Hinblick auf das Differenzeinkommen von 5 T€ dem Steuersatz des unteren Plafonds von 42 % (s_{Ei} = 0,42). Der kombinierte Einkommen-, Kirchensteuer- und Solidaritätszuschlagsatz s_E kann aus der in Teil I abgeleiteten Gleichung (13) ermit-telt werden. Sie lautet:

$$s_E = \frac{s_{Ei} \cdot (1 + s_{olz} + s_{Ki})}{1 + s_{Ki} \cdot s_{Ei}}.$$

Unter Berücksichtigung einer 9 %igen Kirchensteuer und des 5,5 %igen Solidaritätszu-schlags ergibt sich hieraus für beide Jahre ein kombinierter Einkommen-, Kirchensteuer- und Solidaritätszuschlagsatz von 46,34 %. s_E ist in beiden Jahren also mit 0,4634 anzusetzen.

Die Steuermesszahl m_E beträgt in beiden Jahren 3,5 %, der Hebesatz im Jahre 1 450 % und im Jahre 2 480 %, α beläuft sich jeweils auf 3,8.

Wird der Auftrag vorgezogen, so ergibt sich im Jahr 1 eine Steuermehrbelastung von

$5.000 \cdot [0{,}4634 + 0{,}035 \cdot (4{,}5 - 3{,}8 \cdot 1{,}055)] = 2.403$ €.

Für das Jahr 2 ergibt sich dann eine Steuerminderbelastung von

$5.000 \cdot [0{,}4634 + 0{,}035 \cdot (4{,}8 - 3{,}8 \cdot 1{,}055)] = 2.455$ €.

Die Steuermehrbelastung des Jahres 1 mindert voraussichtlich für ein Jahr die Supplementinvestitionen um 2.403 €. Hierdurch mindert sich bei dem geschätzten Nettozinssatz von 3 % der Zinsertrag um voraussichtlich (2.403 € · 3 % =) 72 €.

Erfolgt die Auftragsdurchführung noch im Jahr 1 statt im Jahr 2, so ergibt sich also Folgendes: Einer Steuermehrzahlung im Jahr 1 von 2.403 € und einer Minderung des Zinsertrags im Jahr 2 von 72 € steht eine Steuerminderzahlung im Jahr 2 von 2.455 € gegenüber. Insgesamt entsteht also eine Differenz von (2.455 – 2.403 – 72 =) – 20 €. Eine Auftragsdurchführung noch im Jahr 1 ist somit bei steuerlicher Partialbetrachtung unvorteilhaft.

Zu Aufgabe 3

Die Steuerbelastung der Eheleute G als Folge der Anschaffung der „Sylvesteranleihe" kann mit Hilfe der in Teil I abgeleiteten Gleichung (Ia) ermittelt werden.

Werden die Wertpapiere Betriebsvermögen, so erhöhen die jährlichen Zinsen von 8.000 € E i. S. v. Gleichung (Ia). Da sich das Einkommen der Eheleute G im unteren Plafond bewegt und die Eheleute kirchensteuerpflichtig sind, nimmt s_e in Gleichung (Ia) den Wert 46,34 % an. Dieser Wert ergibt sich durch Einsetzen des konstanten Steuersatzes des unteren Plafonds von $s_{ei} = 0{,}42$, des Solidaritätszuschlagsatzes $s_{olz} = 0{,}055$ und des angegebenen Kirchensteuersatzes $s_{ki} = 0{,}09$ in die in Teil I abgeleitete Gleichung (13). Dieser Wert kann aber auch den Spalten 3 oder 5 der im Anhang befindlichen Tabelle T-6 entnommen werden. Dieser Wert ergibt sich dort für zu versteuernde Einkommen im unteren Plafond als Grenz- bzw. Differenzsteuersatz. Die weiteren in Gleichung (Ia) einzutragenden Werte betragen: $m_e = 0{,}035$, $h = 4{,}8$ und $\alpha = 3{,}8$. Durch Einsetzen der genannten Werte in Gleichung (Ia) ergibt sich folgende Steuerbelastung:

$8.000 \cdot [0{,}4634 + 0{,}035 \cdot (4{,}8 - 3{,}8 \cdot 1{,}055)] = 3.929$ €.

Die Steuerbelastung bei Aufnahme der Wertpapiere in das Betriebsvermögen beträgt demnach 3.929 € jährlich.

Werden die Wertpapiere als Privatvermögen erworben, so erhöhen die Zinserträge nicht E, sondern E_e i. S. v. Gleichung (Ia). Zu berücksichtigen ist jedoch, dass die Zinserträge dem besonderen Steuersatz für Einkünfte aus Kapitalvermögen unterliegen (§ 32d EStG). Die Zinserträge sind in dem Umfang von 8.000 € steuerpflichtig, da der gemeinsame Sparer-Pauschbetrag bereits ohne diese Zinsen ausgeschöpft wird. E_e ist lediglich mit dem besonderen kombinierten Einkommen-, Kirchensteuer- und Solidaritätszuschlagsatz verknüpft, der sich für die Einkünfte aus Kapitalvermögen ergibt. Dieser kann durch Einsetzen von $s_{ei} = 0{,}25$, $s_{olz} = 0{,}055$ und $s_{ki} = 0{,}09$ in die in Teil I abgeleitete Gleichung (13) ermittelt werden. Es ergibt sich ein kombinierter Steuersatz von 27,995 % ($s_{e\S32d} = 0{,}27995$). Hieraus ergibt sich für den Fall, dass die Wertpapiere im Privatvermögen erworben werden, eine Steuerbelastung von (8.000 · 27,995 % =) 2.240 €.

Gegenüber dem Fall der Behandlung der Wertpapiere als Betriebsvermögen ergibt sich demnach eine Minderbelastung von (3.929 – 2.240 =) 1.689 € jährlich.

Zu Aufgabe 4

Die Erhöhung des Eigenkapitals der X-GmbH und der Erwerb von 100.000 € der „Sylvesteranleihe" durch die GmbH hat bei dieser ab dem Jahre 1 folgende Wirkung: Erhöhung von E i. S. v. Gleichung (II) als Folge der zusätzlichen Zinserträge um 8.000 €.

Nach Gleichung (II) ist E mit dem Körperschaftsteuersatz s_k und dem Gewerbesteuersatz s_{ge} verknüpft. Unter Berücksichtigung des Solidaritätszuschlags nimmt s_k den Wert 15,825 % (s_k = 0,15825) an. Der Gewerbesteuersatz s_{ge} beträgt bei dem hier prognostizierten Hebesatz von 400 % 14 % (s_{ge} = 0,14). Der mit E verknüpfte kombinierte Gewerbe- und Körperschaftsteuersatz beträgt somit 29,825 %. Er kann entweder durch Einsetzen der genannten Werte in Gleichung (II) errechnet oder der im Anhang befindlichen Tabelle T-8 (Zeile 1, Spalte 4) entnommen werden. Die durch die zusätzlichen jährlichen Zinserträge von 8.000 € hervorgerufene Gewerbe- und Körperschaftsteuerbelastung beträgt (8.000 · 29,825 % =) 2.386 € p.a.

Die zusätzliche Ausschüttung bewirkt bei dem Gesellschafter G zusätzliche Einkünfte aus Kapitalvermögen i. H. v. 4.000 € p.a., da der Sparer-Pauschbetrag bereits ausgeschöpft ist. Insofern stellt die Ausschüttung i. H. v. 4.000 € A i. S. v. Gleichung (III) dar. Bei dem mit A multiplikativ verknüpften Steuersatz $s_{e\S32d}$ handelt es sich um einen kombinierten Einkommen-, Kirchensteuer- und Solidaritätszuschlagsatz. Da G konfessionslos ist, beträgt der kombinierte Einkommen-, Kirchensteuer- und Solidaritätszuschlagsatz hier 26,375 % ($s_{e\S32d}$ = 0,26375). Damit ergibt sich bei dem Gesellschafter G eine zusätzliche Steuerbelastung i. H. v. (4.000 · 26,375 % =) 1.055 € p.a.

Durch den Verkauf des Baulands entfällt bei G künftig Grundsteuer. Bemessungsgrundlage dieser Grundsteuer ist der Einheitswert des Privatgrundstücks i. H. v. 5.000 € (E_{wpgr} = 5.000). E_{wpgr} ist nach Gleichung (I) bzw. (Ia) mit dem Grundsteuersatz multiplikativ verknüpft. Nach Gleichung (I) bzw. (Ia) kann es zwar grundsätzlich durch die Zahlung von Grundsteuer zu einer Verringerung der Einkommensteuer und der Zuschlagsteuern kommen. Dies ist nach der konkreten Aufgabe aber hier nicht der Fall, da die Grundsteuer lt. Sachverhalt weder als Werbungskosten noch als Betriebsausgabe abzugsfähig ist. Der Grundsteuersatz s_{gr} ergibt sich als das Produkt aus der Steuermesszahl von 0,35 % gem. § 15 Abs. 1 GrStG und dem Hebesatz von 400 %. Er beträgt demnach (0,35 % · 400 % =) 1,4 %. Damit entfällt durch den beabsichtigten Verkauf des Baulands eine Steuerbelastung i. H. v. (5.000 · 1,4 % =) 70 € p.a.

Weitere Steuerwirkungen als die bisher ermittelten ergeben sich aus dem Sachverhalt nicht.

Die jährlichen Steuerwirkungen lassen sich wie folgt zusammenfassen:

	€
• zusätzliche Gewerbe- und Körperschaftsteuer bei der X-GmbH	2.386
• zusätzliche Einkommensteuer und Solidaritätszuschlag bei G durch zusätzliche Ausschüttungen	1.055
• Fortfall von Grundsteuer	– 70
Saldierte Steuerbe- und -entlastungen	3.371

Zu Aufgabe 5

Der Steuerbarwert ergibt sich aus der in Teil I abgeleiteten Gleichung

$$(71) \quad B_{ar} = \sum_{t=0}^{n} S_t \cdot q^{-t}.$$

Unter Berücksichtigung eines Zinssatzes von 6 % folgt daraus für Alternative 1 (B_{ar_1}):

$B_{ar_1} = 100.000 \cdot 1,06^0 + 120.000 \cdot 1,06^{-1} + 130.000 \cdot 1,06^{-2} + 180.000 \cdot 1,06^{-3}$,

$B_{ar_1} = 480.039$.

Der Steuerbarwert der Alternative 2 (B_{ar_2}) ergibt sich entsprechend mit:

$B_{ar_2} = 100.000 \cdot 1,06^0 + 125.000 \cdot 1,06^{-1} + 125.000 \cdot 1,06^{-2} + 180.000 \cdot 1,06^{-3}$,

$B_{ar_2} = 480.306$.

Der Steuerbarwert der Alternative 2 ist also um (480.306 − 480.039 =) 267 € größer als derjenige der Alternative 1. Bei einer rein steuerlichen Partialbetrachtung ist demnach die Alternative 2 (minimal) nachteiliger als die Alternative 1.

Zu Aufgabe 6

Der Kapitalwert der Alternative 1 ergibt sich aus Gleichung

$$(70) \quad K = \sum_{t=0}^{n} (Z_{e_t} - Z_{a_t}) \cdot q^{-t} + R \cdot q^{-n}$$

unter Berücksichtigung eines Zinssatzes von 8 % wie folgt:

$K_1 = (90 - 23) \cdot 1,08^0 + (92 - 24) \cdot 1,08^{-1} + (103 - 31) \cdot 1,08^{-2} + (117 - 12) \cdot 1,08^{-3}$,

$K_1 = 275$.

Für die Alternative 2 ergibt sich entsprechend:

$K_2 = (80 - 26) \cdot 1,08^0 + (95 - 29) \cdot 1,08^{-1} + (109 - 30) \cdot 1,08^{-2} + (116 - 12) \cdot 1,08^{-3}$,

$K_2 = 265$.

Der Kapitalwert der Alternative 1 ist mit rd. 275 € größer als der Kapitalwert der Alternative 2 mit rd. 265 €. Also ist die Alternative 1 vorteilhafter als die Alternative 2.

Zu Aufgabe 7

Die gesuchten Nettozinssätze können aus den in Teil I abgeleiteten Gleichungen (IV) und (V) ermittelt werden.

Im Fall a) ist Gleichung

(IV) $i_{n/kap} = [1 - s_k - m_e \cdot h \cdot (1 - \beta)] \cdot i_b$

anzuwenden. Hierbei nimmt s_k den Wert $(0{,}15 \cdot 1{,}055 =) 0{,}15825$ an. Die Steuermesszahl beträgt 3,5 % ($m_e = 0{,}035$) und der Hebesatz 360 % ($h = 3{,}6$). Der Bruttozinssatz beträgt lt. Aufgabenstellung 12 %, d. h. es gilt $i_b = 0{,}12$. β nimmt den Wert 0,25 an, da die Supplementinvestition zu einer Verringerung der Hinzurechnung nach § 8 Nr. 1 Buchstabe a GewStG führt. Damit ergibt sich im Fall a) folgende Nettoverzinsung:

$i_{n/kap} = [1 - 0{,}15825 - 0{,}035 \cdot 3{,}6 \cdot (1 - 0{,}25)] \cdot 0{,}12,$

$i_{n/kap} = 0{,}0897.$

Die Nettoverzinsung beträgt im Fall a) also 8,97 %.

Im Fall b) ist Gleichung

(V) $i_{n/persu} = \{1 - s_{e\S32a} - m_e \cdot [h \cdot (1 - \beta) - \alpha \cdot (1 + s_{olz}) \cdot (1 - \beta)]\} \cdot i_b$

anzuwenden. Da M ein zu versteuerndes Einkommen von 320.000 € erwartet, ist von dem Spitzensteuersatz der Einkommensteuer im oberen Plafond auszugehen. Dieser beträgt nach dem für den Veranlagungszeitraum 2010 geltenden Recht (Rechtsstand Sommer 2009) 45 % ($s_{ei} = 0{,}45$). Hinzu kommt ein 5,5 %iger Solidaritätszuschlag ($s_{olz} = 0{,}055$). Außerdem hat M lt. Sachverhalt eine 9 %ige Kirchensteuer zu entrichten ($s_{ki} = 0{,}09$). Durch Einsetzen der konkreten Werte für s_{ei}, s_{ki} und s_{olz} in Gleichung (13) ergibt sich für den kombinierten Einkommen-, Kirchensteuer- und Solidaritätszuschlag folgender Wert:

$s_{e\S32a} = \dfrac{0{,}45 \cdot (1 + 0{,}055 + 0{,}09)}{1 + 0{,}09 \cdot 0{,}45}$ bzw.

$s_{e\S32a} = 0{,}49519.$

Dieser Wert ist in Gleichung (V) einzusetzen.

Die Steuermesszahl beträgt unabhängig von der Höhe des Gewerbeertrags 3,5 % ($m_e = 0{,}035$). Der Hebesatz beläuft sich auf 480 % ($h = 4{,}8$). Infolge dieses Hebesatzes beträgt der Anrechnungsfaktor der Gewerbe- auf die Einkommensteuer 3,8 ($\alpha = 3{,}8$). Da die Supplementinvestitionen im hier zu behandelnden Fall b) im Bereich der positiven Finanzinvestitionen getätigt werden, ergeben sich keine gewerbesteuerlichen Wirkungen i. S. v. § 8 Nr. 1 Buchstabe a GewStG, d. h. es gilt $\beta = 0$. Der Bruttozinssatz i_b wird lt. Sachverhalt auf 9 % p. a. geschätzt ($i_b = 0{,}09$).

Durch Einsetzen der genannten konkreten Zahlen in Gleichung (V) ergibt sich:

$i_{n/persu} = [1 - 0{,}49519 - 0{,}035 \cdot (4{,}8 - 3{,}8 \cdot 1{,}055)] \cdot 0{,}09$ bzw.

$i_{n/persu} = 0{,}0429.$

Im Falle b) ergibt sich somit ein Nettozinssatz von rd. 4,29 %.

Zu Aufgabe 8

Die Besteuerungssituation in D-Land entspricht derjenigen, die in der Bundesrepublik Deutschland während der letzten Jahre vor der Unternehmensteuerreform der Jahre 2008/2009 gegolten hat, allerdings ohne Berücksichtigung von Kirchensteuer und Solidaritätszuschlag. In D-Land erzielte Gewinne können als E i. S. v. der in Teil I abgeleiteten Gleichung (29) angesehen werden[1]. Der Körperschaftsteuersatz kann dann durch s_{nab}, der Steuersatz der regionalen Steuer durch s_{ab} i. S. dieser Gleichung symbolisiert werden. Der kombinierte Ertragsteuersatz für in D-Land erzielte Gewinne beträgt demnach:

$$\frac{0,25 + 0,2}{1 + 0,2} = 0,375.$$

In D-Land werden Gewinne also mit 37,5 % Ertragsteuern belastet, und zwar unabhängig davon, ob die Gewinne einbehalten oder ausgeschüttet werden.

Für Ausschüttungszwecke stehen in D-Land von einem Gewinn vor Steuern (G) demnach (G – 0,375 · G =) 0,625 · G zur Verfügung. Dieser Betrag wird zur Hälfte, d. h. i. H. v. (0,625 : 2 =) 0,3125 · G der Einkommensteuer des Gesellschafters unterworfen. Bei Anwendung des Spitzensteuersatzes von 42 % ergibt sich hieraus eine Belastung mit Einkommensteuer i. H. v. (0,3125 · 0,42 =) 13,125 % · G. Die Gesamtbelastung ausgeschütteter Gewinnbestandteile bei der Gesellschaft zzgl. derjenigen beim Gesellschafter beträgt (37,5 % + 13,125 % =) 50,625 %.

In D-Land werden also thesaurierte Gewinnbestandteile mit 37,5 % und ausgeschüttete Gewinnbestandteile mit insgesamt 50,625 % Ertragsteuern belastet.

Thesaurierte Gewinne werden in F-Land mit definitiv 45 % Körperschaftsteuer belastet. Dieser Steuersatz ist deutlich höher als der kombinierte Steuersatz der Gesellschaft in D-Land i. H. v. 37,5 %. Dies gilt, obwohl eine schlichte Addition der beiden in D-Land erhobenen Unternehmensteuern mit (25 % + 20 %) ebenfalls 45 % ergibt. Der Unterschied ergibt sich daraus, dass die regionale Steuer in D-Land als Betriebsausgabe zum Abzug kommt, in F-Land hingegen nur eine einheitliche nichtabzugsfähige Körperschaftsteuer existiert. Soweit Gewinne auf Dauer oder quasi auf Dauer thesauriert werden, ist also eine Besteuerung in D-Land vorteilhafter als in F-Land.

Ausgeschüttete Gewinnbestandteile werden in F-Land vollständig von Körperschaftsteuer entlastet. Im Ergebnis findet also nur eine Belastung mit Einkommensteuer statt. Da der Spitzensatz der Einkommensteuer bei 45 % liegt, kann die Belastung ausgeschütteter Gewinnteile alle Werte von 0 % bis zu 45 % annehmen. Selbst bei Anwendung des Spitzensteuersatzes von 45 % ist somit die Belastung ausgeschütteter Gewinnbestandteile in F-Land niedriger als in D-Land. Der Vorteil beträgt dann (50,625 % – 45 % =) 5,625 % des ausgeschütteten Gewinns. Beträgt der Steuersatz des Gesellschafters in beiden Ländern 0 %, so ist die Gesamtbelastung in D-Land um 37,5 %, d. h. um die Belastung der Gesellschaft höher als in F-Land. Die Besteuerung ausgeschütteter Gewinne ist somit in F-Land aufgrund des Anrechnungsverfahrens wesentlich geringer als in D-Land, in dem das Halbeinkünfteverfahren angewendet wird.

Die bisherigen Ausführungen liefern einander widersprechende Ergebnisse: Thesaurierte Gewinne werden in D-Land, ausgeschüttete Gewinne hingegen in F-Land niedriger besteuert. Damit die Gewinnbesteuerung im konkreten Fall endgültig beurteilt werden kann, muss B Vorstellungen darüber entwickeln, in welcher Höhe in Zukunft in den ein-

---

1   Vgl. Teil I, Gliederungspunkt 3.5.3.

zelnen Jahren Gewinne anfallen, in welchem Umfang diese thesauriert und in welchem sie ausgeschüttet werden und wann es zur Ausschüttung der zunächst thesaurierten Gewinne kommen wird. Es muss dann ggf. ein Steuerbarwertvergleich durchgeführt werden. Im Rahmen dieses Vergleichs sind aber noch weitere Einflussfaktoren auf die Vorteilhaftigkeit einzubeziehen. Zu nennen sind in diesem Zusammenhang insbesondere

- der Umfang der Bemessungsgrundlagen in den Vergleichsländern und dessen Auswirkungen auf die konkrete Entscheidungssituation und
- der Zeitpunkt des Abzugs von Aufwendungen und der Erfassung von Erträgen.

Lösungen zu Teil II

Zu Aufgabe 1

Da der Bruttozinssatz (i_b) mit 11 % vorgegeben ist, ist es am zweckmäßigsten, diesen in Gleichung

(IV) $\hat{i}_{n/kap} = [1 - s_k - m_e \cdot h \cdot (1 - \beta)] \cdot i_b$

einzusetzen. Da G mit positiven zu versteuernden Einkommen rechnet, ist von einem kombinierten Körperschaftsteuer- und Solidaritätszuschlagsatz von $(0,15 \cdot 1,055 =)$ 15,825 % auszugehen, d. h. es gilt $s_k = 0,15825$. Der Hebesatz h beträgt 420 %, die Steuermesszahl m_e 3,5 %. β ist mit 0 anzusetzen, da G nicht mit einer Hinzurechnung von Zinsen zum Gewerbeertrag nach § 8 Nr. 1 GewStG rechnet.

Durch Einsetzen der genannten Werte in Gleichung (IV) ergibt sich

$\hat{i}_{n/kap} = (1 - 0,15825 - 0,035 \cdot 4,2) \cdot 0,11,$

$\hat{i}_{n/kap} = 0,0764225.$

Die Supplementinvestition erwirtschaftet also eine positive Nettorendite von rd. 7,6 %. Da G mit konstanten und im Zeitablauf gleichbleibenden Steuersätzen rechnet, ist eine Gewinnverlagerung dann steuerlich vorteilhaft, wenn Supplementinvestitionen einen positiven Nettozinssatz erwirtschaften. Dies ist hier mit einem Nettozinssatz von rd. 7,6 % der Fall. Die Vornahme der Sonderabschreibung ist damit steuerlich vorteilhaft.

Zu Aufgabe 2

Die Summe der Einkommen während der Jahre 1 bis 5 kann mit Hilfe der möglichen Sonderabschreibung um insgesamt (20 % · 175 T€ =) 35 T€ gesenkt werden. Diese mögliche Einkommenssenkung um maximal 35 T€ ist nach dem Erkenntnisstand im Frühjahr des Jahres 3 auf jeden Fall vorteilhaft. Sie sollte deshalb vorgenommen werden. Problematisch ist lediglich die Verteilung der Sonderabschreibung innerhalb des Fünfjahreszeitraums. Da lediglich während der Jahre 1 bis 5 Aktionsparameter der Steuerbilanzpolitik bestehen, ist es sinnvoll, diesen Zeitraum als Planungszeitraum festzulegen.

Im Fall a) wird angestrebt, in allen Jahren des Planungszeitraums ein gleich hohes zu versteuerndes Einkommen auszuweisen. Dies kann durch eine Verteilung der Sonderabschreibungen in der nachstehend aufgeführten Weise erreicht werden (Angaben in T€):

Jahr	1	2	3	4	5	Summe
vorläufiges Einkommen	56	50	55	55	55	271
Sonderabschreibungen	− 9	− 3	− 8	− 8	− 7	− 35
endgültiges Einkommen	47	47	47	47	48	236

Sonderabschreibungen in der in der Aufstellung wiedergegebenen Weise sind möglich. Damit ist das unter a) vorgegebene Ziel einer Einkommensnivellierung innerhalb des Planungszeitraums in vollem Umfang erreichbar.

Im Falle b) muss versucht werden, die zu versteuernden Einkommen möglichst eng den Werten einer Gleichwertigkeitskurve bzw. -skala anzupassen. Einschlägig ist in diesem Zusammenhang die in Gliederungspunkt 4.4.2 des Teiles II enthaltene Tabelle II/6, Spalte 3. Diese beruht auf dem Grundtarif des Jahres 2010 (nach dem Rechtsstand im Sommer 2009) und ist gekennzeichnet durch $s_{ki} = 9\%$, $s_{olz} = 5,5\%$, $m_e = 3,5\%$, $h = 400\%$, $\alpha = 3,8$ und $\beta = 0$. Dies sind genau die Werte, die sich aus der Aufgabenstellung dieser Aufgabe ergeben.

Die Summe der möglichen Sonderabschreibungen beträgt 35 T€. Dieser Betrag lässt sich, wie die nachfolgende Aufstellung zeigt, weitgehend auf die Jahre 1 bis 3 verteilen, wenn dem Jahr 3 als gleichwertiges Einkommen der Wert des letzten Jahres des Verknüpfungszeitraums unmittelbar vor Erreichen des Plafonds der Tabelle II/6, Spalte 3, zugeordnet wird. Dieser Wert beträgt 46.249 €, d. h. rd. 46 T€.

Jahr	1	2	3	Summe
vorläufiges Einkommen in T€	56	50	55	161
gleichwertige Einkommen nach Tabelle II/6, Spalte 3 in T€	– 39	– 43	– 46	– 128
verbrauchte Sonderabschreibungen in T€	17	7	9	33

Wird entsprechend der voranstehenden Aufstellung vorgegangen, so verbleibt ein unverbrauchter Rest möglicher Sonderabschreibungen i. H. v. 2 T€. Dieser kann im Jahr 4 abgezogen werden. Das Einkommen des Jahres 5 bleibt dann unverändert, da für dieses keine Möglichkeit der Sonderabschreibung mehr verbleibt.

Die endgültige Verteilung der Sonderabschreibungen und die Höhe der Einkommen während der Jahre 1 bis 5 ergeben sich aus der nachfolgenden Aufstellung (Angaben in T€):

Jahr	1	2	3	4	5	Summe
vorläufiges Einkommen	56	50	55	55	55	271
Sonderabschreibungen	– 17	– 7	– 9	– 2	– 0	– 35
endgültiges Einkommen	39	43	46	53	55	236

Der Fall einer ausschließlich degressiven AfA ist bisher nicht behandelt worden. Dies erscheint auch nicht erforderlich, da eine degressive AfA aufgrund der Regelungen des § 7a Abs. 4 EStG in geringerem Maße steuerbilanzielle Aktionsparameter zur Verfügung stellt als eine Kombination aus linearer AfA und Sonderabschreibung in der Form, wie dies hier berücksichtigt worden ist.

Zu Aufgabe 3

Ein Zwang zur Bildung einer steuerfreien Rücklage besteht nicht. Die GmbH hat demnach ein Wahlrecht, die steuerfreie Rücklage in Höhe von 200 T€ zu bilden, auf die Bildung in vollem Umfang zu verzichten oder beliebige Zwischenwerte anzusetzen. Sie hat also die Möglichkeit, für das Jahr t = 0 einen Gewinn von 100 T€, einen Verlust von 100 T€ oder beliebige Zwischenwerte zwischen einem Gewinn und einem Verlust von je 100 T€ auszuweisen.

Bildet die GmbH im Umfang von 100 T€ eine 6b-Rücklage, so verhindert sie gegenüber dem Verzicht hierauf eine Körperschaft- und Gewerbesteuerzahlung für das Jahr t = 0. In Höhe von 100 T€ wird nämlich das Entstehen von E i. S. v. Gleichung (II) verhindert. Der mit E verknüpfte kombinierte Ertragsteuersatz braucht hier nicht gesondert ermittelt zu werden. Vielmehr kann er der im Anhang 1 befindlichen Tabelle T-8, Zeile 1, Spalte 4 entnommen werden. Die im Kopf dieser Spalte aufgeführten Steuersätze bzw. der genannte Gewerbesteuerhebesatz ($s_{Kö}$ = 15 %, s_{olz} = 5,5 % und h = 400%) entsprechen den sich aus dem Sachverhalt ergebenden. Der kombinierte Ertragsteuersatz beträgt 29,825 %. Damit entsteht eine Steuerersparnis i. H. v. 29.825 €. In dieser Höhe kann die GmbH Schulden abbauen. Bei einer Bruttoverzinsung von 10 % ergibt sich nach der ebenfalls im Anhang befindlichen Tabelle T-9 (Zeile 4, Spalte 3) eine positive Nettoverzinsung von 7,018 %. Damit ist zumindest im Umfang von 100 T€ die Bildung einer steuerfreien Rücklage vorteilhaft.

Eine 6b-Rücklage kann nach § 6b Abs. 3 EStG nur in dem Jahr gebildet werden, in dem ein in § 6b Abs. 1 Satz 1 EStG genanntes Wirtschaftsgut veräußert wird. Aus dem Sachverhalt ergibt sich implizit, dass dies im Jahr t = 0 geschehen ist. Damit kann die 6b-Rücklage nur im Jahr t = 0 oder gar nicht gebildet werden. Dies gilt auch hinsichtlich ihrer Höhe. Dieser rechtliche Rahmen ist bei Beantwortung der Frage, ob die 6b-Rücklage lediglich in einer Höhe von 100 T€ oder aber von 200 T€ gebildet werden soll, zu beachten.

Bildet die GmbH die 6b-Rücklage in vollem Umfang von 200 T€, so entsteht im Jahre t = 0 ein steuerlicher Verlust von 100 T€. Dieser ist körperschaft- und gewerbesteuerlich in das Jahr t = +1 vortragsfähig und dort abzugsfähig. Hierdurch entsteht im Jahre t = 1 - E i. S. v. Gleichung (II) in einer Höhe von 100 T€. Nach Tabelle T-8, Zeile 1, Spalte 4 ist E mit einem kombinierten Steuersatz von 29,825 % verknüpft. Durch die Bildung der 6b-Rücklage in ihrer maximalen Höhe von 200 T€ anstatt in einer Höhe von lediglich 100 T€ entsteht im Jahr t = 1 eine zusätzliche Steuerminderbelastung von (100.000 T€ · 29,825 % =) 29.825 €. Die gesamte 6b-Rücklage ist voraussichtlich im Jahr t = +2 aufzulösen. Die Auflösung wird dann erfolgsneutral durch den Buchungssatz „6b-Rücklage 200 T€ an Grund und Boden 200 T€" erfolgen. Damit bleibt der Steuervorteil von (29.825 + 29.825 =) 59.650 € voraussichtlich über viele Jahre oder sogar Jahrzehnte erhalten. Eine Rückgängigmachung erfolgt erst bei einer späteren Veräußerung des Grund und Bodens. Jedes Jahr, in dem der Steuervorteil erhalten bleibt, entsteht ein zusätzlicher Nettozinsvorteil i. H. v. 7,018 % des Steuervorteils plus der bereits entstandenen Zinsen und Zinseszinsen. Die Bildung der 6b-Rücklage in voller Höhe ist somit im Vergleich zur Unterlassensalternative in hohem Maße vorteilhaft.

Zu Aufgabe 4

Wird davon ausgegangen, dass G tatsächlich einen Ermessensspielraum besitzt, die Wertminderung des Grundstücks sowohl als voraussichtlich vorübergehend als auch als voraussichtlich dauernd einzustufen, so kann er diesen Ermessensspielraum in Handels- und Steuerbilanz nur einheitlich ausüben. Geht er von einer voraussichtlich vorübergehenden Wertminderung aus, so darf er weder nach Handels- noch nach Steuerrecht eine Abschreibung vornehmen. Handelsrechtlich ergibt sich dies im Umkehrschluss aus § 253 Abs. 3 Satz 3 HGB, steuerrechtlich aus § 6 Abs. 1 Nr. 2 Satz 2 EStG. Geht G hingegen von einer voraussichtlich dauernden Wertminderung aus, so muss er nach § 253 Abs. 3 Satz 3 HGB eine außerplanmäßige Abschreibung vornehmen. Gleiches gilt steuerrechtlich. Zwar formuliert § 6 Abs. 1 Nr. 2 Satz 2 EStG lediglich ein Wahlrecht zur Teilwertabschreibung, doch wird dieses über § 5 Abs. 1 Satz 1 EStG (Maßgeblichkeitsgrundsatz) i. V. m. § 253 Abs. 3 Satz 3 HGB zu einer Abschreibungspflicht.

Nimmt G eine Teilwertabschreibung vor, so hat diese die Wirkung einer Verringerung von E i. S. v. Gleichung (II). Der mit E verknüpfte konkrete kombinierte Ertragsteuersatz kann der im Anhang befindlichen Tabelle T-8, Zeile 1, Spalte 4 entnommen werden. Er beträgt 29,825 %. Als Folge einer Teilwertabschreibung von 1 Mio € entsteht somit eine Steuerminderung von (1.000.000 · 29,825 % =) 298.250 €.

Die Ertragsteuerminderung wirkt sich zahlungsmäßig annahmegemäß erst zum Ende des Jahres 2 aus. Bilanziell hingegen wirkt sie sich bereits zum 31.12.1 aus, da der Steueraufwand des Jahres 1 um die errechneten 298.250 € gemindert wird. Dies führt zu einer entsprechenden Minderung der Steuerrückstellungen bzw. zu einer Erhöhung der Steuererstattungsansprüche. Das Eigenkapital zum 31.12.1 wird damit infolge der Teilwertabschreibung nicht um 1 Mio €, sondern lediglich um (1.000.000 − 298.250 =) 701.750 € geringer ausgewiesen als bei einem Verzicht hierauf. In gleichem Umfang verringert sich per Saldo der Jahresüberschuss. In welcher Weise sich die wichtigsten abgeleiteten Kennzahlen verändern, lässt sich ohne nähere Kenntnis der Bilanz zum 31.12.1 nicht sagen. Es ist aber durchaus denkbar, dass sich einige von ihnen nicht verschlechtern, sondern sogar verbessern. Das kann z. B. für die Eigenkapitalquote zutreffen, da zwar der Absolutbetrag des Eigenkapitals gesunken ist, dies aber nicht zwangsläufig auch für den Quotienten aus Eigen- und Gesamtkapital der Fall sein muss.

Annahmegemäß führt die Steuerersparnis des Jahres 1 Ende des Jahres 2 zu einem Abbau von Schulden. Hierdurch kommt es ab dem Jahre 3 zu einer Verringerung des Zinsaufwandes. Bei Eintritt der in der Aufgabe genannten Steuersätze und sonstigen Steuerwirkungen kann der Nettozinssatz Tabelle T-9, Spalte 5, entnommen werden. Er beträgt bei einem Bruttozinssatz von 10 % p.a. 7,368 % p.a. Bis zum 31.12.6 kommt es somit in vier Jahren zu einer Verringerung der Zinsbelastung. Nach Abzug der Verringerung der Schulden und der Zinsen ergibt sich somit bis zum 31.12.6 ein Supplementvermögen in Form einer Verringerung der Schulden um (298.250 · $1,07368^4$ =) 396.351 €. Als Folge einer Teilwertabschreibung zum 31.12.1 steht somit in der Bilanz zum 31.12.6 einer Verringerung des Postens „Grundstücke" um 1 Mio € eine Verringerung des Postens „Verbindlichkeiten" um rd. 0,4 Mio € gegenüber. Damit wird das Eigenkapital nur noch um rd. 0,6 Mio € niedriger ausgewiesen als bei einem Verzicht auf die Abschreibung. Es ist durchaus möglich, dass sich viele, vielleicht sogar alle relativen Bilanzkennzahlen zum 31.12.6 infolge der außerplanmäßigen Abschreibung im Jahre 1 nicht verschlechtern, sondern verbessern.

Lösungen zu Teil III

Zu Aufgabe 1

I. Grundsätzliches

Die gesuchten Endwerte und Kapitalwerte können unter Zugrundelegung der in Teil III abgeleiteten Gleichungen

$$(5) \quad E_V = \sum_{t=0}^{n} (Z_{e_t} - Z_{a_t}) \cdot q_t^{n-t} + R$$

bzw.

$$(6) \quad K = \sum_{t=0}^{n} (Z_{e_t} - Z_{a_t}) \cdot q_t^{-t} + R \cdot q_t^{-n}$$

ermittelt werden. Dies gilt sowohl für die End- bzw. Kapitalwerte ohne, als auch für diejenigen mit Berücksichtigung der Steuern. Sie unterscheiden sich lediglich dadurch, dass

- bei den Endwerten bzw. Kapitalwerten ohne Steuern die Besteuerung völlig vernachlässigt wird,
- bei den entsprechenden Werten mit Steuern hingegen die durch die Realinvestition verursachten Steuern in den Auszahlungen (Z_a), die durch die alternative Finanzinvestition und die Supplementinvestitionen verursachten bzw. vermiedenen Steuern hingegen im Kalkulationszinsfuß berücksichtigt werden.

Die alternative Finanzinvestition besteht hier in einem Abbau von Verbindlichkeiten. Nach dem Sachverhalt ist anzunehmen, dass die auf diese entfallenden Zinsen nach § 8 Nr. 1 GewSt zu 25 % dem Gewinn aus Gewerbebetrieb bei Ermittlung des Gewerbeertrags hinzuzurechnen sind. Hiervon wird nachfolgend ausgegangen.

II. Endvermögens- und Kapitalwerte ohne Steuern

1. Vermögensendwerte ohne Steuern

a) Standort A

Am Standort A bestehen die Zahlungen zum Zeitpunkt t = 0 lediglich aus den Anschaffungsauszahlungen für die Einrichtung i. H. v. 3.000 T€. Ein Restwert ist nicht zu erwarten: R = 0. Die jährlichen Zahlungsüberschüsse für die einzelnen Jahre t1 bis t8 lassen sich direkt dem Aufgabentext entnehmen. Hierbei ist zu beachten, dass von den in der Aufgabenstellung genannten Zahlungsüberschüssen noch die Mietzahlungen i. H. v. jährlich 400 T€ abzuziehen sind. Der Kalkulationszinssatz ist der Bruttozinssatz der Verbindlichkeiten: i = 10 %. Durch Einsetzen der genannten Werte in Gleichung (5) ergibt sich für den Vermögensendwert bei Wahl des Standorts A ohne Berücksichtigung von Steuern ($E_{Va/ost}$) Folgendes (Angaben in T€):

$$E_{Va/ost} = -3.000 \cdot 1{,}1^8 + 1.820 \cdot 1{,}1^7 + 1.920 \cdot 1{,}1^6 + 1.920 \cdot 1{,}1^5 + 1.920 \cdot 1{,}1^4$$
$$+ 1.420 \cdot 1{,}1^3 + 1.920 \cdot 1{,}1^2 + 1.920 \cdot 1{,}1 + 1.920,$$

$\underline{E_{Va/ost} = 14.666.}$

Der Endvermögenswert bei Wahl des Standorts A beträgt ohne Berücksichtigung von Steuern also 14.666 T€.

b) Standort B

Am Standort B bestehen die Zahlungen zum Zeitpunkt t = 0 nicht nur aus den Anschaffungsauszahlungen für die Einrichtung, sondern zusätzlich aus denjenigen für das Grundstück, insgesamt also aus (3.000 + 6.000 =) 9.000 T€. Im Gegensatz zum Standort A ist ein Restwert zu erwarten. Er beträgt 8.000 T€. Die jährlichen Zahlungsüberschüsse der Jahre t1 bis t8 können auch hier direkt dem Aufgabentext entnommen werden. Der Kalkulationszinssatz beträgt wie im Fall a) 10 %. Der Vermögensendwert bei Wahl des Standorts B ohne Berücksichtigung von Steuern $E_{Vb/ost}$ beträgt (Angaben in T€):

$$E_{Vb/ost} = -9.000 \cdot 1{,}1^8 + 2.200 \cdot 1{,}1^7 + 2.300 \cdot 1{,}1^6 + 2.300 \cdot 1{,}1^5 + 2.300 \cdot 1{,}1^4$$
$$+ 1.800 \cdot 1{,}1^3 + 2.300 \cdot 1{,}1^2 + 2.300 \cdot 1{,}1 + 2.300 + 8.000,$$

$\underline{E_{Vb/ost} = 14.150.}$

Der Endvermögenswert am Standort B beträgt also ohne Berücksichtigung von Steuern 14.150 T€. Er ist damit niedriger als derjenige am Standort A.

2. Kapitalwerte ohne Steuern

Die Kapitalwerte ohne Steuern beruhen auf denselben Größen wie die entsprechenden Vermögensendwerte ohne Steuern. Der Unterschied besteht lediglich darin, dass die Zahlungen nicht auf das Ende des 8. Jahres auf-, sondern auf den Zeitpunkt t = 0 abgezinst werden. Der Kapitalwert ohne Steuern am Standort A ($K_{a/ost}$) beträgt demnach (Angaben in T€):

$$K_{a/ost} = -3.000 + 1.820 \cdot 1{,}1^{-1} + 1.920 \cdot 1{,}1^{-2} + 1.920 \cdot 1{,}1^{-3} + 1.920 \cdot 1{,}1^{-4}$$
$$+ 1.420 \cdot 1{,}1^{-5} + 1.920 \cdot 1{,}1^{-6} + 1.920 \cdot 1{,}1^{-7} + 1.920 \cdot 1{,}1^{-8},$$

$\underline{K_{a/ost} = 6.842.}$

Der Kapitalwert für den Standort B ohne Steuern ($K_{b/ost}$) beträgt entsprechend (Angaben in T€):

$$K_{b/ost} = -9.000 + 2.200 \cdot 1{,}1^{-1} + 2.300 \cdot 1{,}1^{-2} + 2.300 \cdot 1{,}1^{-3} + 2.300 \cdot 1{,}1^{-4}$$
$$+ 1.800 \cdot 1{,}1^{-5} + 2.300 \cdot 1{,}1^{-6} + 2.300 \cdot 1{,}1^{-7} + 2.300 \cdot 1{,}1^{-8} + 8.000 \cdot 1{,}1^{-8},$$

$\underline{K_{b/ost} = 6.601.}$

3. Vorteilsvergleich ohne Steuern

Der Kapitalwert ohne Berücksichtigung von Steuern beträgt demnach bei Wahl des Standorts A 6.842 T€ und bei Wahl des Standorts B 6.601 T€. Beide Kapitalwerte sind demnach positiv, d. h., dass die beiden ihnen zugrundeliegenden Investitionen vorteilhafter sind als die Vornahme einer alternativen Finanzinvestition. Bei der Wahl zwischen den beiden Realinvestitionen ist ohne Berücksichtigung von Steuern die Investition am Standort A derjenigen am Standort B vorzuziehen. Dies ergibt sich daraus, dass $K_{a/ost} > K_{b/ost}$ ist. Das gleiche Ergebnis ergibt sich auch bei einem Vergleich der Vermögensendwerte ohne Steuern. Für die ermittelten Werte gilt: $E_{Va/ost} > E_{Vb/ost}$.

III. Endvermögens- und Kapitalwerte unter Einbeziehung der Steuern

1. Von der Investitionsentscheidung unabhängige Größen

a) Allgemeines

Werden die Steuern in die Untersuchung einbezogen, so ist es sinnvoll, vorab die Größen zu ermitteln, die unabhängig davon sind, ob die Investitionsentscheidung zu Gunsten des Standorts A oder des Standorts B ausfällt. Hierbei handelt es sich um den Nettokalkulationszinsfuß ($i_{n/kap}$) und die AfA auf die Einrichtung.

b) Nettozinssatz

Aus dem Sachverhalt ergibt sich, dass $i_{n/kap}$ durch einen Bruttozinssatz von 10 % und die folgenden Steuersätze bzw. Faktoren bestimmt wird:

$s_k = (15\ \% \cdot 1{,}055 =) 15{,}825\ \%$, $m_e = 3{,}5\ \%$, $h = 400\ \%$, $\beta = 0{,}25$.

Werden die genannten Werte in die in Teil I abgeleitete Gleichung

(IV) $i_{n/kap} = [1 - s_k - m_e \cdot h \cdot (1 - \beta)] \cdot i_b$

eingesetzt, so ergibt sich

$i_{n/kap} = 7{,}368\ \%$.

Dieser Wert kann auch Spalte 5, Zeile 4 der im Anhang wiedergegebenen Tabelle T-9 entnommen werden.

c) Einrichtung: Wertansätze und AfA

Hinsichtlich der Einrichtung kann zwischen der linearen und der degressiven AfA gewählt werden. Da die GmbH ausschließlich linearen und im Zeitablauf gleichbleibenden Steuersätzen unterliegt, ist es nach den Untersuchungen in Teil II dieses Buches vorteilhaft, wenn sie eine Politik der maximalen Einkommensnachverlagerung betreibt. Dies bedeutet, dass es vorteilhaft ist, wenn die GmbH zunächst die geometrisch-degressive AfA mit ihrem Höchstsatz von 25 % wählt (§ 7 Abs. 2 EStG in der für 2009 geltenden Fassung) und erst dann zur linear-gleichbleibenden AfA übergeht, wenn diese höher wird als die geometrisch-degressive. Hiervon wird in der nachfolgenden Kontenentwicklung in Staffelform ausgegangen.

	Kontoentwicklung in T€	Steuerbilanzwerte in T€
Anschaffungskosten in t_0	3.000	3.000
AfA in t_1	– 750	
31.12. t_1	2.250	2.250
AfA in t_2	– 563	
31.12. t_2	1.687	1.687
AfA in t_3	– 422	
31.12. t_3	1.265	1.265
AfA in t_4	– 316	
31.12. t_4	949	949
AfA in t_5	– 237	
31.12 t_5	712	712
AfA in t_6	– 237	
31.12. t_6	475	475
AfA in t_7	– 238	
31.12. t_7	237	237
AfA in t_8	– 237	
31.12. t_8	0	0

2. Standort A

a) Steuerfolgen

Die in den Auszahlungen (Z_a) enthaltenen Ertragsteuerzahlungen können wie folgt ermittelt werden (Angaben in T€):

	t_1	t_2	t_3	t_4	t_5	t_6	t_7	t_8
Vorläufiger Gewinn	2.220	2.320	2.320	2.320	1.820	2.320	2.320	2.320
AfA Einrichtung	– 750	– 563	– 422	– 316	– 237	– 237	– 238	– 237
Miete	– 400	– 400	– 400	– 400	– 400	– 400	– 400	– 400
E i. S. v. Gleichung (II)	1.070	1.357	1.498	1.604	1.183	1.683	1.682	1.683
Ertragsteuern bei kombiniertem Steuersatz von 29,825 %	319	405	447	478	353	502	502	502

Der kombinierte Steuersatz von 29,825 % kann aus Gleichung (II) durch Einsetzen der Werte s_k = (0,15 · 1,055 =) 0,15825 und s_{ge} = (0,035 · 4 =) 0,14 ermittelt werden, er kann aber auch der im Anhang befindlichen Tabelle T-8 entnommen werden. Er ist dort in der Spalte 4, Zeile 1 verzeichnet.

b) Ermittlung von $Z_e - Z_a$ (Angaben in T€):

	t_1	t_2	t_3	t_4	t_5	t_6	t_7	t_8
Vorläufiger Überschuss	2.220	2.320	2.320	2.320	1.820	2.320	2.320	2.320
Miete	– 400	– 400	– 400	– 400	– 400	– 400	– 400	– 400
Ertragsteuern	– 319	– 405	– 447	– 478	– 353	– 502	– 502	– 502
$Z_e - Z_a$	1.501	1.515	1.473	1.442	1.067	1.418	1.418	1.418

c) Vermögensend- und Kapitalwert unter Berücksichtigung der Steuern

Nunmehr kann durch Einsetzen der ermittelten Werte für $Z_e - Z_a$ und $i_{n/kap}$ in Gleichung (5) des Teils III der Vermögensendwert bei Wahl des Standorts A unter Berücksichtigung der Steuern ($EV_{a/mst}$) wie folgt ermittelt werden (Angaben in T€):

$$EV_{a/mst} = -3.000 \cdot 1,07368^8 + 1.501 \cdot 1,07368^7 + 1.515 \cdot 1,07368^6 + 1.473 \cdot 1,07368^5$$
$$+ 1.442 \cdot 1,07368^4 + 1.067 \cdot 1,07368^3 + 1.418 \cdot 1,07368^2 + 1.418 \cdot 1,07368$$
$$+ 1.418,$$

$EV_{a/mst} = \underline{9.406}$.

Der Kapitalwert bei Wahl des Standorts A unter Berücksichtigung der Steuern ($K_{a/mst}$) ergibt sich entsprechend wie folgt:

$$K_{a/mst} = -3.000 + 1.501 \cdot 1,07368^{-1} + 1.515 \cdot 1,07368^{-2} + 1.473 \cdot 1,07368^{-3}$$
$$+ 1.442 \cdot 1,07368^{-4} + 1.067 \cdot 1,07368^{-5} + 1.418 \cdot 1,07368^{-6} + 1.418 \cdot 1,07368^{-7}$$
$$+ 1.418 \cdot 1,07368^{-8},$$

$K_{a/mst} = \underline{5.326}$.

3. Standort B

a) Steuerfolgen

Die in den Auszahlungen (Z_a) enthaltenen Ertragsteuerzahlungen können wie folgt ermittelt werden (Angaben in T€):

	t_1	t_2	t_3	t_4	t_5	t_6	t_7	t_8
Vorläufiger Gewinn	2.200	2.300	2.300	2.300	1.800	2.300	2.300	2.300
AfA Einrichtung	– 750	– 563	– 422	– 316	– 237	– 237	– 238	– 237
AfA Gebäude	– 120	– 120	– 120	– 120	– 120	– 120	– 120	– 120
E i. S. v. Gleichung (II)	1.330	1.617	1.758	1.864	1.443	1.943	1.942	1.943
Ertragsteuern bei Steuersatz von 29,825 %	397	482	524	556	430	579	579	579

Die AfA auf das Gebäude ergibt sich durch Anwendung eines 3 %igen AfA-Satzes auf die Anschaffungskosten des Gebäudes von 4000 T€. Mietzahlungen fallen im Gegensatz zum Standort A nicht an. Die stattdessen zu entrichtenden Zinsen auf die durch die Investition erhöhten Verbindlichkeiten werden nicht in den Auszahlungen, sondern in den Zinsfolgen der Investition erfasst. Für die Investition der Einrichtung gilt dies bereits beim Standort A. Bei dem hier zu behandelnden Standort B erhöhen sich die Investitionsaus-zahlungen um 6000 T€ Anschaffungskosten des Grundstücks. Entsprechend erhöhen sich die Verbindlichkeiten.

Zusätzlich zu den soeben ermittelten Ertragsteuern sind die Grundsteuer und deren ertragsteuerliche Folgewirkungen zu berücksichtigen. Bemessungsgrundlage dieser Steuerwirkungen ist der Einheitswert des Betriebsgrundstücks, d. h. E_{wbgr} i. S. d. in Teil I abgeleiteten Gleichung (II) bzw. (IIa). Lt. Sachverhalt beträgt der Einheitswert 500 T€. Der mit E_{wbgr} nach Gleichung (II) verknüpfte kombinierte Steuersatz enthält die Steuer-sätze s_k, s_{ge} und s_{gr} sowie die Kürzung nach § 9 Nr. 1 GewStG γ. Bereits weiter oben ermittelt worden sind s_k = 0,15825 und s_{ge} = 0,14. Der Grundsteuersatz s_{gr} ergibt sich aus dem Produkt aus der Steuermesszahl und dem Hebesatz. Die Steuermesszahl beträgt nach § 15 Abs. 1 GrStG 0,0035, der Hebesatz lt. Sachverhalt 4. Damit ergibt sich ein Grundsteuersatz von s_{gr} = (0,0035 · 4 =) 0,014. Der Kürzungsfaktor beträgt nach § 9 Nr. 1 GewStG i. V. m. § 121a BewG γ = (0,012 · 1,4 =) 0,0168. Durch Einsetzen der genannten Werte in Gleichung (II) ergibt sich eine Steuerbelastung von

$$500 \text{ T€} \cdot [(1 - 0{,}15825) \cdot 0{,}014 - (0{,}0168 + 0{,}014) \cdot 0{,}035 \cdot 4] = 3{,}736 \text{ T€.}$$

Es ergibt sich also eine kombinierte Steuerbelastung von 3,736 T€. Diese wird nachfol-gend auf 4 T€ aufgerundet. Angemerkt sei, dass der mit E_{wbgr} verknüpfte kombinierte Steuersatz auch der im Anhang wiedergegebenen Tabelle T-8 entnommen werden kann. Der hier relevante kombinierte Steuersatz befindet sich in Spalte 4, Zeile 4 dieser Tabel-le. Er ist dort als aufgerundeter Wert mit 0,747 % angegeben.

b) Ermittlung von $Z_e - Z_a$ (Angaben in T€):

	t_1	t_2	t_3	t_4	t_5	t_6	t_7	t_8
Vorläufiger Überschuss	2.200	2.300	2.300	2.300	1.800	2.300	2.300	2.300
Ertragsteuern	− 397	− 482	− 524	− 556	− 430	− 579	− 579	− 579
Substanzsteuern	− 4	− 4	− 4	− 4	− 4	− 4	− 4	− 4
$Z_e - Z_a$	1.799	1.814	1.772	1.740	1.366	1.717	1.717	1.717

c) Vermögensend- und Kapitalwert unter Berücksichtigung der Steuern

Nunmehr kann durch Einsetzen der ermittelten Werte in Gleichung (5) des Teils III der Vermögensendwert bei Wahl des Standorts B unter Berücksichtigung von Steuern ($E_{Vb/mst}$) wie folgt ermittelt werden (Angaben in T€):

$$E_{Vb/mst} = - 9.000 \cdot 1{,}07368^8 + 1.799 \cdot 1{,}07368^7 + 1.814 \cdot 1{,}07368^6 + 1.772 \cdot 1{,}07368^5$$
$$+ 1.740 \cdot 1{,}07368^4 + 1.366 \cdot 1{,}07368^3 + 1.717 \cdot 1{,}07368^2 + 1.717 \cdot 1{,}07368$$
$$+ 1.717 + 8.000,$$

$\underline{E_{Vb/mst} = 9.915.}$

Der entsprechende Kapitalwert ($K_{b/mst}$) ergibt sich wie folgt (Angaben in T€):

$$K_{b/mst} = -9.000 + 1.799 \cdot 1,07368^{-1} + 1.814 \cdot 1,07368^{-2} + 1.772 \cdot 1,07368^{-3}$$
$$+ 1.740 \cdot 1,07368^{-4} + 1.366 \cdot 1,07368^{-5} + 1.717 \cdot 1,07368^{-6}$$
$$+ 1.717 \cdot 1,07368^{-7} + 1.717 \cdot 1,07368^{-8} + 8.000 \cdot 1,07368^{-8},$$

$\underline{K_{b/mst} = 5.614}$.

IV. Vorteilhaftigkeit und Rangfolge der Investitionen

Beide Realinvestitionen sind sowohl ohne als auch mit Steuern vorteilhafter als die alternative Finanzinvestition. Dies ergibt sich daraus, dass sämtliche ermittelten Kapitalwerte positiv sind. Ohne Berücksichtigung von Steuern gilt (Angaben in T€):

$E_{Va/ost} = 14.666$ $K_{a/ost} = 6.842$

$E_{Vb/ost} = 14.150$ $K_{b/ost} = 6.601$,

d. h. sowohl der Vermögensendwert als auch der Kapitalwert ist bei Wahl des Standorts A größer als bei Wahl des Standorts B. Unter Berücksichtigung von Steuern gilt (Angaben in T€):

$E_{Va/mst} = 9.406$ $K_{a/mst} = 5.326$

$E_{Vb/mst} = 9.915$ $K_{b/mst} = 5.614$,

d. h. sowohl der Vermögensendwert als auch der Kapitalwert ist bei Wahl des Standorts B vorteilhafter als bei Wahl des Standorts A. Vergleicht man die Ergebnisse vor und nach Steuern, so stellt man fest, dass sich die Rangfolge der Vorteilhaftigkeit ändert: Ohne Steuern ist Standort A vorteilhafter als B, unter Berücksichtigung der Steuern ist Standort B vorteilhafter als Standort A.

Zu Aufgabe 2

1. Ermittlung der jährlichen Zahlungsdifferenzen bei einer Emission zu pari

Da die P-AG den Standardsteuersätzen der Gewerbe- und Körperschaftsteuer unterliegt, braucht bei Ermittlung der Jahressteuerdifferenz nicht von den in Teil III abgeleiteten Gleichungen (IX) bzw. (IXa), vielmehr kann von Gleichung (38) ausgegangen werden. Sie lautet:

(38) $S_e - S_f = 0{,}26325 \cdot Z_i$.

In dieser Gleichung ist bereits berücksichtigt, dass die Zinsen nach § 8 Nr. 1 GewStG zu 25 % dem Gewinn aus Gewerbebetrieb zur Ermittlung des Gewerbeertrags hinzuzurechnen sind. Hiervon kann bei der offensichtlichen Größe der Gesellschaft (Errichtung eines Zweigwerks mit einem Finanzierungsvolumen von 100 Mio €) ohne nähere Prüfung ausgegangen werden. Die Zinsen sind das Produkt aus dem Nominalkapital von 100 Mio € und dem Zinssatz von 6 %. Sie betragen also (100 Mio € · 6 % =) 6 Mio €. Durch Einsetzen dieses Wertes in Gleichung (38) ergibt sich eine jährliche Steuermehrbelastung der Aktien- im Vergleich zur Obligationenfinanzierung i. H. v.

$$S_e - S_f = 0,26325 \cdot 6.000.000 \, €,$$

$$S_e - S_f = 1.579.500 \, €.$$

Die steuerliche Mehrbelastung der Eigenfinanzierung im Vergleich zur Fremdfinanzierung beträgt also 1.579.500 € jährlich.

Die gesamten jährlichen Zahlungsdifferenzen setzen sich aus der soeben ermittelten Steuerdifferenz und aus der Differenz der Dividenden und Zinsen zusammen.

Bei einer Aktienemission zu pari muss die P-AG zur Beschaffung von 100 Mio € liquider Mittel 20 Mio 5 €-Aktien ausgeben. Bei einer Dividende von 1 € je Aktie ergibt sich im Falle einer Aktienemission eine zusätzliche Ausschüttung von jährlich 20 Mio € (A = 20 Mio €). Die jährlichen Zinsen im Falle der Ausgabe von Industrieobligationen sind bereits mit 6 Mio € ermittelt worden. Insgesamt ergibt sich bei einem Vergleich der beiden Finanzierungsarten eine jährliche „Kostendifferenz" in folgender Höhe:

$$A - Z_i + (S_e - S_f) = 20.000.000 \, € - 6.000.000 \, € + 1.579.500 \, €.$$

Hieraus ergibt sich eine Höherbelastung bei Aktienemission im Vergleich zur Ausgabe einer Industrieanleihe in Höhe von 15.579.500 €.

2. Gleich hohe Kostenbelastung

Da der Dividendensatz und die Zinshöhe vorgegeben sind, kann eine gleiche Kostenbelastung der Finanzierungsalternativen nur über die Festlegung des Emissionskurses der Aktien erreicht werden. Da die Standardsteuersätze anwendbar sind und die Zinsen nach § 8 Nr. 1 GewStG zu 25 % dem Gewerbeertrag hinzuzurechnen sind, kann auf die in Teil III abgeleitete Gleichung (68a) zurückgegriffen werden. Sie lautet:

$$(68a) \quad u = 1,3573 \cdot \frac{a}{i} \, .$$

Der Dividendensatz ist durch Gleichung (62) definiert. Diese lautet:

$$(62) \quad A = K_{n/e} \cdot a.$$

Nach a aufgelöst ergibt sich hieraus

$$a = \frac{A}{K_{n/e}} \, .$$

Lt. Aufgabenstellung beträgt der Nennwert einer Aktie 5 € ($K_{n/e}$ = 5 €). Die für erforderlich gehaltene Ausschüttung je Aktie beträgt 1 € (A = 1 €). Hieraus ergibt sich ein Ausschüttungssatz von

$$a = \frac{1}{5} = 0,2.$$

Der Zinssatz i ist im Aufgabentext mit 6 % (i = 0,06) angegeben.

Durch Einsetzen der genannten Werte von a und i in Gleichung (68a) ergibt sich der erforderliche Emissionskurs u mit

$$u = 1,3573 \cdot \frac{0,2}{0,06} \quad \text{bzw.}$$

$$u = 4,524.$$

Der erforderliche Emissionskurs u, d. h. der Emissionskurs, der mindestens erzielt werden muss, damit die Aktienemission nicht zu höheren „Kosten" führt als die Ausgabe einer Industrieanleihe, beträgt also rd. 452,4 %. Bei dem gegebenen Sachverhalt ist es unrealistisch, einen Emissionskurs in dieser Höhe durchsetzen zu wollen, da der Börsenkurs lediglich (15,30 € : 5 € =) 306 % beträgt. Eine Aktienfinanzierung, die ebenso vorteilhaft ist wie eine Obligationenfinanzierung, ist demnach nicht erreichbar.

Zu Aufgabe 3

In Teil III des Buches sind unter Gliederungspunkt 3.4.3.1 drei unterschiedliche Bezugsgrößen herausgearbeitet worden, die für einen Vorteilsvergleich zwischen einer Eigenfinanzierung und einer Gesellschafterfremdfinanzierung einer personenbezogenen Kapitalgesellschaft in Betracht kommen. Dort ist in den weiteren Analysen von einem gleich großen Bruttobetrag B ausgegangen worden, der von der Kapitalgesellschaft für Ausschüttungen bzw. Zinszahlungen sowie für auf B entfallende Steuerbelastungen zur Verfügung gestellt wird. Von einem gleich großen Bruttobetrag B geht auch der Gesellschafter G aus. Dieser Betrag beläuft sich hier auf 0,8 Mio €. Dies hat zur Konsequenz, dass zur Lösung dieser Aufgabe auf die in Teil III, Gliederungspunkt 3.4.3 abgeleiteten Belastungsgleichungen zurückgegriffen werden kann. Hierbei kann Gleichung (90) angewendet werden. Diese beinhaltet unter der hier genannten Prämisse die Belastungsdifferenz zwischen der Eigen- und der Gesellschafterfremdfinanzierung. Sie beinhaltet ferner, dass der sich aus § 20 Abs. 9 EStG ergebende Sparer-Pauschbetrag in den Vergleichsfällen jeweils bereits verbraucht ist. Auch diese Prämisse ist lt. Sachverhalt hier erfüllt. Gleichung (90) lautet:

$$S_{kap+ges/a-zi} = (S_k + S_{ge}) \cdot B + S_{e/a} \cdot (1 - S_k - S_{ge}) \cdot B - \frac{\beta \cdot S_{ge} + S_{e/zi} \cdot (1 - S_k - S_{ge})}{1 - S_k - S_{ge} + \beta \cdot S_{ge}} \cdot B.$$

Bei einem Körperschaftsteuersatz von 15 % ($S_{kö} = 0,15$) und einem Solidaritätszuschlagsatz von 5,5 % ($S_{olz} = 0,055$) ergibt sich für S_k ein Wert von (0,15 · 1,055 =) 15,825 % ($S_k = 0,15825$). Der Gewerbesteuersatz S_{ge} ergibt sich als das Produkt aus der Steuermesszahl von 3,5 % und dem Hebesatz von 480 %. Er beträgt (0,035 · 4,8 =) 16,8 % ($S_{ge} = 0,168$). Der Faktor der Hinzurechnung von Dauerschuldzinsen β beträgt 25 % ($\beta = 0,25$).

Wie bereits ausgeführt, beträgt der in den Vergleichsfällen gemeinsame Bruttobetrag 800.000 € (B = 800.000).

Bei $S_{e/a}$ i. S. d. Gleichung (90) handelt es sich um den Abgeltungsteuersatz gem. § 32d Abs. 1 EStG. Er beträgt 25 % ($S_{ei/a} = 0,25$) Einkommensteuer plus 5,5 % Solidaritätszuschlag ($S_{olz} = 0,055$). Er beinhaltet außerdem einen 9 %igen Kirchensteuersatz ($S_{ki} = 0,09$). Der kombinierte Einkommensteuer-, Kirchensteuer- und Solidaritätszuschlagsatz kann aus der in Teil I abgeleiteten Gleichung (13) ermittelt werden. Er beträgt 27,995 % ($S_{e/a} = 0,27995$).

Der auf die Zinsen anzuwendende Einkommensteuersatz ergibt sich aus § 32d Abs. 2 i. V. m. § 32a EStG. Da sich das zu versteuernde Einkommen der Eheleute im oberen Plafond bewegt, beträgt der Einkommensteuersatz 45 % ($s_{ei/zi}$ = 0,45). Außerdem kommen auch hier ein 5,5 %iger Solidaritätszuschlagsatz (s_{olz} = 0,055) sowie ein 9 %iger Kirchensteuersatz (s_{ki} = 0,09) zur Anwendung. Der kombinierte Einkommensteuer-, Kirchensteuer- und Solidaritätszuschlagsatz lässt sich wiederum aus der in Teil I abgeleiteten Gleichung (13) ermitteln. Er beträgt 49,519 % ($s_{e/zi}$ = 0,49519). Dieser Wert ergibt sich auch aus Spalte 9, Zeile 2 der im Anhang enthaltenen Tabelle T-7.

Durch Einsetzen der ermittelten Werte in Gleichung (90) ergibt sich folgende Differenzbelastung:

$$S_{kap+ges/a-zi} = (0,15825 + 0,168) \cdot 800.000 + 0,27995 \cdot (1 - 0,15825 - 0,168) \cdot 800.000$$

$$- \frac{0,25 \cdot 0,168 + 0,49519 \cdot (1 - 0,15825 - 0,168)}{1 - 0,15825 - 0,168 + 0,25 \cdot 0,168} \cdot 800.000,$$

$$S_{kap+ges/a-zi} = 261.000 + 150.893 - 419.850 \quad bzw.$$

$$S_{kap+ges/a-zi} = -7.957.$$

Die Gesellschafterfremdfinanzierung ist somit um jährlich rd. 8 T€ nachteiliger als die Eigenfinanzierung. Der - auf den ersten Blick - verblüffende Nachteil der Gesellschafterfremdfinanzierung im Vergleich zur Eigenfinanzierung hat zwei Ursachen und zwar:

- die Annahme, dass bei der Gesellschafterfremdfinanzierung der höchstmögliche Einkommensteuersatz von 45 % ($s_{ei/zi}$ = 0,45) zur Anwendung kommt,
- der Umstand, dass die Eheleute der Kirchensteuer unterliegen und diese bei der Gesellschafterfremdfinanzierung - infolge des höheren Einkommensteuersatzes - erheblich höher ist als bei der Eigenfinanzierung.

Zu Aufgabe 4

Nach dem Sachverhalt soll über das Kapital von 100.000 €, das der Gesellschaft Ende des Jahres 1 belassen bzw. durch das Schütt-aus-Hol-zurück-Verfahren (SAHZ) zur Verfügung gestellt werden soll, bis Ende des Jahres 9 verfügt werden. Es ist deshalb sinnvoll, den 31.12.9 als das Ende des Planungszeitraums festzulegen. Der Planungszeitraum umfasst demnach die Jahre 1 bis 9.

Unabhängig davon, ob die X-GmbH den zu betrachtenden Gewinn thesauriert oder das SAHZ-Verfahren in einer seiner beiden Varianten anwendet, wird der Gewinn im Jahre 1 mit Gewerbe- und Körperschaftsteuer belastet, und zwar in den Vergleichsfällen in gleicher Höhe. In allen Vergleichsfällen handelt es sich bei dem Gewinn von 100.000 € um E i. S. d. in Teil I abgeleiteten Gleichung (II) bzw. (IIa). Hierbei sind folgende Steuersätze zu berücksichtigen: s_k = (0,15 · 1,055 =) 15,825 %, s_{ge} = (0,035 · 4 =) 14 %. Damit wird der Gewinn von 100.000 € in allen Vergleichsfällen mit (100.000 · 0,29825 =) 29.825 € Steuern belastet.

Bei Anwendung des SAHZ-Verfahrens entsteht grundsätzlich Abgeltungsteuer i. S. d. § 32d Abs. 1 EStG. Eine definitive Steuerbelastung kann aber dadurch vermieden werden, dass die Eheleute G nach § 32d Abs. 6 EStG eine Einbeziehung der Ausschüttung in die Veranlagung für das Jahr 1 beantragen. Im Ergebnis entsteht dann keine Einkommensteuer. Da die Eheleute bei Anwendung des SAHZ-Verfahrens Transaktionskosten vermeiden können, ist die Gesamtbelastung im Jahr 1 bei Anwendung dieses Verfahrens mit 29.825 € genauso hoch wie bei einer Thesaurierung. Dies gilt unabhängig davon, ob bei Anwendung des SAHZ-Verfahrens die Rückholung der Mittel in der Form von Eigen- oder von Fremdkapital erfolgt.

Im Falle einer Rückholung der ausgeschütteten Mittel in der Form von Eigenkapital erge- ben sich auch während der Jahre 2 bis 9 keine Unterschiede zwischen dem SAHZ-Ver- fahren und der Thesaurierung: Der investierte Betrag führt in den Vergleichsfällen im Zeit- ablauf zu den gleichen steuerlichen Gewinnen; diese werden in gleicher Weise besteuert. Damit kann festgestellt werden, dass sich bei Anwendung des SAHZ-Verfahrens in der Form der Rückholung der ausgeschütteten Mittel keine Unterschiede gegenüber dem Fall der Thesaurierung ergeben. Die Alternativen sind somit gleich vorteilhaft.

Anders verhält es sich hingegen für den Vergleich einer Anwendung des SAHZ-Verfah- rens in der Form einer Rückholung der Mittel als Gesellschafterdarlehen. Hier ergeben sich im Falle der Gesellschafterfremdfinanzierung Zinsaufwendungen, die bei einer The- saurierung nicht entstehen können. Diese betragen lt. Sachverhalt 6.000 € p. a. Im Falle einer Thesaurierung hingegen handelt es sich bei den 6.000 € um steuerlichen Gewinn der X-GmbH, der ausgeschüttet wird und bei G zu Einkünften aus Kapitalvermögen i. S. d. § 20 Abs. 1 Nr. 1 EStG führt. Diese unterliegen dem Abgeltungsteuersatz nach § 32d Abs. 1 EStG, der einschließlich der Kapitalertragsteuer (25 % · 1,055 =) 26,375 % beträgt. Die Zinsen im alternativen Fall der Gesellschafterfremdfinanzierung hingegen unterliegen nach § 32d Abs. 2 EStG dem Tarif des § 32a EStG und damit hier annahme- gemäß einem Einkommensteuersatz von 42 % plus Solidaritätszuschlagsatz, insgesamt also einem Steuersatz von (42 % · 1,055 =) 44,31 %.

Die jährliche steuerliche Differenzbelastung kann unmittelbar durch Einsetzen der sich aus dem Sachverhalt ergebenden konkreten Werte in die in Teil III abgeleitete Gleichung (90) ermittelt werden. Diese lauten:

$s_k = (15\% \cdot 1{,}055 =) 0{,}15825,$
$s_{ge} = (3{,}5\% \cdot 400\% =) 0{,}14,$
$s_{e/a} = (25\% \cdot 1{,}055 =) 0{,}26375,$
$s_{e/zi} = (42\% \cdot 1{,}055 =) 0{,}4431,$
$B = 6.000,$
$\beta = 0.$

Durch Einsetzen der genannten Werte in Gleichung (90) ergibt sich:

$$S_{kap+ges/a-zi} = (0{,}15825 + 0{,}14) \cdot 6.000 + 0{,}26375 \cdot (1 - 0{,}15825 - 0{,}14) \cdot 6.000$$

$$- \frac{0{,}4431 \cdot (1 - 0{,}15825 - 0{,}14)}{1 - 0{,}15825 - 0{,}14} \cdot 6.000,$$

$$S_{kap+ges/a-zi} = (0{,}29825 + 0{,}1850865 - 0{,}4431) \cdot 6.000,$$

$$S_{kap+ges/a-zi} = 241.$$

Das SAHZ-Verfahren in der Variante der Rückholung der Mittel in der Form eines Gesell- schafterdarlehens ist somit um 241 € p. a. vorteilhafter als die Alternativen.

Zu Aufgabe 5

I. Grundsätzliches

Durch die Entscheidung zwischen Kauf und Leasing werden im konkreten Fall lediglich die Auszahlungen, nicht hingegen die Einzahlungen berührt. Die Entscheidung, den PKW entweder durch Kauf oder durch Leasing zu beschaffen, ist hingegen nach dem Sachverhalt bereits gefallen. Damit ist es ausreichend, die Auszahlungsendwerte bzw. die Auszahlungsbarwerte der Alternativen miteinander zu vergleichen. Hierbei sind die sich aus dem Sachverhalt ergebenden bzw. aus diesem ableitbaren Auszahlungen zu berücksichtigen. Nachfolgend sollen die Auszahlungsbarwerte ermittelt und miteinander verglichen werden.

Eine Auszahlung im Fall des Kaufs stellt die Anschaffungsauszahlung zum 1.1.1 dar. Diese führt über steuerliche Abschreibungen in der Folgezeit zu einer Verringerung der Steuerzahlungen. Die geplante Veräußerung des PKW zum 30.6. des Jahres 4 hingegen lässt einen Veräußerungsgewinn und damit zusätzliche Steuerzahlungen erwarten. Im Falle des Leasing stellen die Leasingraten Auszahlungen dar. Zugleich führen sie zu abzugsfähigen Betriebsausgaben und damit zu Minderungen der Steuerzahlungen.

Probleme bereitet die Festlegung der Zahlungstermine. Sollen unterjährige Verzinsungen nicht berücksichtigt werden, so erscheinen folgende Annahmen vertretbar:

- Die Leasingraten eines Jahres fallen alle zum 1.7. des Jahres an;
- die Steuerzahlungen eines Jahres fallen infolge von Anpassungen der Vorauszahlungen im Durchschnitt ebenfalls zum 1.7. dieses Jahres an.

Hiervon soll nachfolgend ausgegangen werden.

Aus dem Rahmen fällt die Anschaffungsauszahlung im Falle eines Kaufs des PKW. Diese erfolgt voraussichtlich im Januar des Jahres 1. Soll auch hinsichtlich dieser Auszahlung eine unterjährige Zinseszinsberechnung vermieden werden, so erscheint es vertretbar, die Zinswirkung dieser Auszahlung von Anfang Januar bis zum 30. Juni des Jahres 1 dadurch näherungsweise zu ermitteln, dass die Auszahlung mit dem halben Nettozinssatz eines Jahres aufgezinst wird. Die Abweichung von dem exakten Ergebnis mit Hilfe einer unterjährigen Verzinsung dürfte vernachlässigbar gering sein. Nachfolgend wird von dieser Vereinfachung Gebrauch gemacht.

II. Steuerfolgen

1. Abgrenzung der Steuerfolgen

Die Erträge des V, die dieser aus seiner Tätigkeit erzielt, sind unabhängig von der Entscheidung zwischen Kauf und Leasing. Zur Ermittlung der unterschiedlichen Ertragsteuererfolge werden hier deshalb lediglich die Betriebsausgaben berücksichtigt.

Der kombinierte Einkommen-, Kirchensteuer- und Solidaritätszuschlagsatz kann aus der in Teil I abgeleiteten Gleichung (13) errechnet werden. Er beträgt:

$$(13) \qquad S_e = \frac{S_{ei} \cdot (1 + S_{olz} + S_{ki})}{1 + S_{ki} \cdot S_{ei}}.$$

Durch Einsetzen von $S_{ei} = 0{,}42$, $S_{olz} = 0{,}055$ und $S_{ki} = 0{,}09$ ergibt sich ein kombinierter Einkommen- und Kirchensteuersatz S_e von:

$$\frac{0{,}42 \cdot (1 + 0{,}055 + 0{,}09)}{1 + 0{,}09 \cdot 0{,}42} = 0{,}463384.$$

Als Versicherungsmakler übt V einen Gewerbebetrieb i. S. d. Gewerbesteuergesetzes aus. Sein Gewinn ist daher gewerbesteuerpflichtig. Die ertragsteuerlichen Folgen der

Betriebseinnahmen und -ausgaben können mit der Teilbemessungsgrundlage E erfasst werden. Der kombinierte Steuersatz für die Teilbemessungsgrundlage E kann anhand des Terms von Gleichung (Ia) ermittelt werden, der mit E multiplikativ verknüpft ist. Er lautet:

$$s_e + m_e \cdot h - m_e \cdot \alpha \cdot (1 + s_{olz}).$$

Werden die Werte s_e = 0,463384, m_e = 0,035, h = 4,15 und α = 3,8 eingesetzt, so ergibt sich ein kombinierter Steuersatz von:

$$0,463384 + 0,035 \cdot 4,15 - 0,035 \cdot 3,8 \cdot (1 + 0,055) = 0,468319.$$

Mehrwertsteuer wird nicht berücksichtigt, da V ausschließlich umsatzsteuerfreie Leistungen nach § 4 Nr. 11 UStG erbringt und er gem. § 15 Abs. 2 i. V. m. § 4 Nr. 11 UStG nicht zum Vorsteuerabzug berechtigt ist.

2. Steuerfolgen bei Kauf

Die Anschaffungskosten des PKW betragen 18.100 €. Da V gem. § 15 Abs. 2 i. V. m. § 9 Abs. 1 i. V. m. § 4 Nr. 11 UStG nicht vorsteuerabzugsberechtigt ist, enthält dieser Betrag nach § 9b Abs. 1 EStG die Mehrwertsteuer i. H. v. 2.889,92 €. Mit diesem Betrag ist der PKW zum 1.1.1 zu aktivieren. Da V in allen Jahren des Planungszeitraums mit Einkommen im unteren Plafond rechnet, ist eine Steuerpolitik maximaler Aufwandsvorverlagerung vorteilhaft. V muss deshalb versuchen, die steuerlichen Abschreibungen auf den PKW nach Möglichkeit vorzuziehen. Eine Sonderabschreibung gem. § 7g EStG kommt nach der Aufgabenstellung nicht in Betracht. V kann daher lediglich zwischen der linearen AfA nach § 7 Abs. 1 EStG und der degressiven AfA nach § 7 Abs. 2 EStG wählen. Da eine AfA nach § 7 Abs. 2 EStG im ersten Jahr zu einer höheren Aufwandsverrechnung führt und somit vorteilhafter ist als eine AfA nach § 7 Abs. 1 EStG, wird von der gesetzlich höchstzulässigen degressiven AfA nach § 7 Abs. 2 EStG i. H. v. 25 % p. a. ausgegangen. Da es sich bei einem PKW um ein bewegliches Wirtschaftsgut handelt und V den Wagen zum 1.1.1 anschaffen will, kommt im Jahr 1 eine AfA für 12 Monate zum Abzug. Bereits im Jahr 2 entspricht die lineare AfA nach § 7 Abs. 1 EStG mit 3.394 € der degressiven nach § 7 Abs. 2 EStG. Ab dem Jahre 3 ist die lineare AfA vorteilhafter als die degressive.

In der nachfolgenden Aufstellung ist die Kontenentwicklung des PKW dargestellt. Hierbei ist die soeben beschriebene vorteilhafteste Verteilung der steuerlichen Abschreibungen auf die einzelnen Jahre berücksichtigt. Entsprechend der Aufgabenstellung wird von einer steuerlichen Nutzungsdauer von 5 Jahren ausgegangen.

Kontenentwicklung in Staffelform	€
Anschaffungskosten zum 1.1.1	18.100
./. AfA nach § 7 Abs. 2 EStG im Jahr 1	– 4.525
= Buchwert zum 31.12.1	13.575
./. AfA nach § 7 Abs. 2 EStG im Jahr 2	– 3.394
= Buchwert zum 31.12.2	10.181
./. AfA nach § 7 Abs. 1 EStG im Jahr 3	– 3.394
= Buchwert zum 31.12.3	6.787
./. AfA nach § 7 Abs. 1 EStG im Jahr 4	– 1.697
= Buchwert zum 30.6.4	5.090

Bei einer Weiterveräußerung des PKW Anfang Juli des Jahres 4 entsteht ein Gewinn in Höhe der Differenz zwischen dem voraussichtlichen Veräußerungspreis von 8.688 € und dem Buchwert von 5.090 €. Er beträgt also (8.688 – 5.090 =) 3.598 €.

Insgesamt ergeben sich für die Jahre 1 bis 4 die nachfolgend aufgeführten Steuerfolgen (in €):

Jahr	1	2	3	4
Veränderung von E i. S. v. Gl. (Ia)	– 4.525	– 3.394	– 3.394	– 1.697
				+ 3.598
				+ 1.901
Steuerdifferenzen bei einem kombinierten Steuersatz von 46,832 %	+ 2.119	+ 1.589	+ 1.589	– 890

3. Steuerfolgen bei Leasing

Steuerfolgen werden im Fall des Leasing lediglich durch den Abzug der Leasingraten als Betriebsausgaben hervorgerufen. Nach Beendigung der Leasingdauer entsteht kein Veräußerungsgewinn.

Die Steuerfolgen (in €) im Falle des Leasing ergeben sich wie folgt:

Jahr	1	2	3	4
Veränderung von E durch Abzug der Leasingraten	– 4.344	– 4.344	– 4.344	– 2.172
Steuerdifferenzen bei einem kombinierten Steuersatz von 46,832 %	+ 2.034	+ 2.034	+ 2.034	+ 1.017

III. Nettozinssatz und Diskontierungsfaktor

Mit dem Diskontierungsfaktor werden sämtliche Folgen der Supplementinvestitionen abgefangen. Hierzu gehören auch die Folgen der Finanzierung des Kaufpreises im Falle eines Kaufs des PKW zum 1.1.1. Zur Ermittlung des Diskontierungsfaktors ist die Kenntnis des Nettozinssatzes der Supplementinvestitionen erforderlich. Dieser ergibt sich aus dem Bruttozinssatz von 4,5 % p. a. nach Abzug der auf die Zinsen anfallenden Steuern. Der Nettozinssatz kann aus der in Teil I abgeleiteten Gleichung (V) ermittelt werden, indem dort folgende Werte berücksichtigt werden: $s_e = 0{,}463384$, $m_e = 0{,}035$, $h = 4{,}15$, $\alpha = 3{,}8$ und $\beta = 0$. Es ergibt sich Folgendes:

(V) $\quad i_{n/persu} = \{1 - s_{e\S32a} - m_e \cdot [h \cdot (1 - \beta) - \alpha \cdot (1 + s_{olz}) \cdot (1 - \beta)]\} \cdot i_b.$

Durch Einsetzen aller genannten Werte in Gleichung (V) ergibt sich:

$i_{n/persu} = [1 - 0{,}463384 - 0{,}035 \cdot (4{,}15 - 3{,}8 \cdot 1{,}055)] \cdot 4{,}5\,\%,$

$i_{n/persu} = 2{,}393\,\%.$

Der Faktor q beträgt somit in jeder Periode 1,02393. Er wird nachfolgend auf 1,024 aufgerundet.

IV. Vergleich der Auszahlungsbarwerte miteinander

Wie bereits unter I ausgeführt, wird der 30.6. des Jahres 1 als der Zeitpunkt $t = 0$ definiert. Die 30.6. der folgenden Jahre sind dann entsprechend die Zeitpunkte $t = 1$ usw.

Der Auszahlungsbarwert bei Kauf ($B_{ar/kauf}$) ergibt sich aus der Anfangsauszahlung von 18.100 €, aufgezinst auf den Zeitpunkt $t = 0$ mit dem halben Jahresnettozinssatz von (2,4 % : 2 =) 1,2 %, den abgezinsten Minderungen der Ertragsteuerzahlungen der Folgejahre und dem abgezinsten Verkaufspreis von 8.688:

$$B_{ar/kauf} = -\,18.100 \cdot 1{,}012 + 2.119 + 1.589 \cdot 1{,}024^{-1} + 1.589 \cdot 1{,}024^{-2}$$
$$-\,890 \cdot 1{,}024^{-3} + 8.688 \cdot 1{,}024^{-3},$$

$$B_{ar/kauf} = \underline{-\,5.869}.$$

Der Auszahlungsbarwert im Fall des Leasing ($B_{ar/leas}$) setzt sich zusammen aus den abgezinsten Leasingraten und den abgezinsten, durch den Abzug der Leasingraten verminderten, Steuerzahlungen:

$$B_{ar/leas} = -\,4.344 - 4.344 \cdot 1{,}024^{-1} - 4.344 \cdot 1{,}024^{-2} - 2.172 \cdot 1{,}024^{-3} + 2.034$$
$$+\,2.034 \cdot 1{,}024^{-1} + 2.034 \cdot 1{,}024^{-2} + 1.017 \cdot 1{,}024^{-3},$$

$$B_{ar/leas} = \underline{-\,7.845}.$$

Der Auszahlungsbarwert ist also im Falle des Kaufs mit − 5.869 € um 1.976 € niedriger als in dem des Leasing mit − 7.845 €. Damit ist das Leasing nachteiliger als der Kauf.

Lösungen zu Teil IV

Zu Aufgabe 1

a) Grundsätzliches

Sollen die Steuerwirkungen des Ersatzes von Ausschüttungen durch Gehalt ermittelt werden, so kann dies anhand der in Teil IV abgeleiteten Belastungsformeln aus Gliederungspunkt 2.4.2.1.2 geschehen. Der für die Ausschüttung bzw. die Gehaltszahlung zur Verfügung stehende Bruttobetrag ist in den Vergleichsfällen mit 200 T€ gleich groß. Bei voneinander abweichenden Steuerbelastungen der Alternativen ergeben sich dann in der Höhe voneinander abweichende Ausschüttungen und Gehaltszahlungen.

Da das ohne Gestaltungsmaßnahme erwartete zu versteuernde Einkommen der X-GmbH mit 500 T€ und der vorläufige Gewerbeertrag mit 600 T€ deutlich höher sind als der mögliche zusätzliche Gehaltsabzug von 200 T€, brauchen das zu versteuernde Einkommen und der Gewerbeertrag selbst nicht in die beabsichtigte Differenzbetrachtung aufgenommen zu werden. Vielmehr reicht es aus, die Einkommensdifferenz von 200 T€, die zugleich auch eine Differenz des Gewerbeertrags darstellt, in die Betrachtung einzubeziehen.

b) Ermittlung der Belastungsdifferenz

Soll ein Bruttogewinnbestandteil der GmbH in Höhe von 200 T€ für Ausschüttungen verwendet werden, so ist dieser zunächst auf der Ebene der GmbH zu versteuern. Er unterliegt der Gewerbesteuer ($s_{ge} = 0,035 \cdot 4,8 =$) i. H. v. 16,8 % und dem kombinierten Körperschaftsteuer- und Solidaritätszuschlagsatz i. H. v. ($s_k = 0,15 \cdot 1,055 =$) 15,825 % und hat daher in voller Höhe, d. h. mit einem Betrag von 200 T€, die Wirkung von E i. S. d. in Teil I abgeleiteten und im Tabellenanhang wiedergegebenen Gleichung (II) bzw. (IIa). Die Steuerbelastung der Kapitalgesellschaft im Ausschüttungsfall ($s_{kap/a}$) beträgt demnach:

$$S_{kap/a} = (s_{kt} + s_{ge}) \cdot 200.000 = (0,15825 + 0,168) \cdot 200.000 = 65.250.$$

Für die Ausschüttung (A) an den Gesellschafter G verbleibt lediglich der Betrag nach Abzug der Steuern $S_{kap/a}$. Die Ausschüttung ist von G nach § 20 Abs. 1 Nr. 1 EStG zu versteuern. Sie unterliegt dem Abgeltungsteuersatz des § 32d Abs. 1 EStG, der einschließlich des Solidaritätszuschlagsatzes (25 % · 1,055 =) 26,375 % beträgt. Kirchensteuer fällt nicht an, da die Eheleute keiner Kirchengemeinde angehören. Da G lt. Sachverhalt bereits Einkünfte aus Kapitalvermögen i. H. v. 10 T€ erhält, ist der Sparer-Pauschbetrag des § 20 Abs. 9 EStG bereits voll ausgeschöpft. Der Steuersatz von 26,375 % kommt somit auf den vollen Ausschüttungsbetrag von (200.000 – 65.250 =) 134.750 € zur Anwendung. Die Steuerbelastung des Gesellschafters beträgt demnach:

$$S_{ges/a} = 134.750 \cdot 0,26375 = 35.540.$$

Insgesamt fällt im Fall der Ausschüttung folgende Steuerbelastung an:

$$S_{kap+ges/a} = 65.250 + 35.540 = 100.790.$$

Wird der Bruttogewinnbestandteil in Höhe von 200 T€ für eine Gehaltszahlung (G_h) an G verwendet, so stellt diese bei der GmbH eine abzugsfähige Betriebsausgabe dar. Das Gehalt wird bei der GmbH folglich nicht mit Ertragsteuern belastet. Bei dem Gesellschafter G ist das Gehalt den Einnahmen aus nichtselbständiger Arbeit zuzurechnen. Einkommensteuer und Solidaritätszuschlag fällt i. H. v. (0,42 · 1,055 =) 44,31 % an. Da G lt. Sachverhalt ohne die zusätzliche Gehaltszahlung i. H. v. 200 T€ bereits ein über dem Arbeitnehmer-Pauschbetrag des § 9a EStG liegendes Gehalt bezieht, sind die vollen 200 T€ Bemessungsgrundlage. Infolge der Gehaltszahlung ergibt sich daher folgende Steuerbelastung ($S_{kap/gh}$):

$$S_{kap/gh} = G_h \cdot s_{e\S32a} = 200.000 \cdot 0,4431 = 88.620.$$

Insgesamt werden die 200 T€ also wie folgt steuerlich belastet:

Bei Ausschüttung als Gewinn	100.790 €
Bei Zahlung als Gehalt	88.620 €
Mehrbelastung im Fall der Ausschüttung	12.170 €

Mithilfe der in Teil IV abgeleiteten Gleichung (10) kann dieses Ergebnis auch in einem Schritt erzielt werden. Der zu verwendende Bruttogewinnbestandteil von 200 T€ stellt G_h im Sinne von Gleichung (10) dar. Die Belastungsdifferenz einer Umwandlung von Ausschüttungen in Gehalt ermittelt sich wie folgt:

$$S_{kap+ges/a} - S_{kap/gh} = (s_k + m_e \cdot h) \cdot G_h + (1 - s_k - m_e \cdot h) \cdot G_h \cdot s_{e\S32d}$$
$$- F_{e\S20} \cdot s_{e\S32d} - G_h \cdot s_{e\S32a} + F_{e\S19} \cdot s_{e\S32a},$$

$$S_{kap+ges/a} - S_{kap/gh} = (0,15825 + 0,168) \cdot 200.000$$
$$+ (1 - 0,15825 - 0,168) \cdot 200.000 \cdot 0,26375$$
$$- 0 - 200.000 \cdot 0,4431 + 0,$$

$$S_{kap+ges/a} - S_{kap/gh} = 12.170.$$

Zu Aufgabe 2

a) Grundsätzliches

Nachfolgend soll der Fall der Eigenfinanzierung als Ausgangsfall, der der Gesellschafterfremdfinanzierung als Vergleichsfall angenommen werden. In beiden miteinander zu vergleichenden Fällen werden zunächst die jährlichen Steuerwirkungen ermittelt, die durch den geschilderten Sachverhalt verursacht werden. Hierbei werden zunächst die Wirkungen bei der GmbH, anschließend diejenigen beim Gesellschafter ermittelt. Anschließend werden diese im Wege der Differenzenbildung miteinander verglichen. Abschließend soll der Differenzenbarwert ermittelt werden. Hierbei sind die Steuerdifferenzen bis zum Ende des Planungszeitraums zu erfassen.

b) Steuerfolgen bei der GmbH

Sollen 30 T€ des Bruttogewinns der GmbH für Gewinnausschüttungen verwendet werden, so unterliegen diese zunächst als E i. S. v. Gleichung (II) der Gewerbe- und Körperschaftsteuer einschließlich Solidaritätszuschlag. s_k nimmt den Wert (0,15 · 1,055 =) 15,825 % und s_{ge} den Wert (0,035 · 4,4 =) 15,4 % an. Hierbei gibt s_k bekanntlich den kombinierten Körperschaftsteuer- (15 %) und Solidaritätszuschlagsatz (5,5 %) an. Der

Gewerbesteuersatz s_{ge} ist das Produkt aus der Steuermesszahl i. H. v. 3,5 % und dem Hebesatz von 440 %. Die Steuerbelastung der Kapitalgesellschaft im Falle der Ausschüttung beträgt demnach:

$$S_{kap/a} = (0,15825 + 0,154) \cdot 30.000 = 9.368.$$

Für die Ausschüttung (A) steht nur ein um die Steuerbelastung der GmbH ($S_{kap/a}$) verminderter Betrag zur Verfügung:

$$A = 30.000 - 9.368 = 20.632.$$

Sollen anstelle der Ausschüttung 30 T€ des Bruttogewinns B der GmbH für Fremdkapitalzinsen verwendet werden, so stellen die Zinsen (Z_i) auf der Ebene der GmbH abzugsfähige Betriebsausgaben dar. Insofern fällt keine Körperschaftsteuer an. Auch mit Gewerbesteuer werden die Zinsen nicht belastet, da sie als abzugsfähige Betriebsausgaben auch den Gewinn aus Gewerbebetrieb mindern und nach dem Sachverhalt keine Hinzurechnung von 25 % der Zinsen nach § 8 Nr. 1 GewStG zu erwarten ist.

Die an den Gesellschafter zahlbaren Zinsen Z_i entsprechen also dem Bruttobetrag von 30.000 €.

In allen Jahren des Planungszeitraums ist also die Steuerbelastung der GmbH bei Eigenfinanzierung um 9.368 € höher als im Falle der alternativen Gesellschafterfremdfinanzierung.

c) Steuerfolgen bei dem Gesellschafter

Im Fall der Eigenfinanzierung unterliegt die Ausschüttung von 20.632 € der Abgeltungsteuer. Der Steuersatz einschließlich des Solidaritätszuschlagsatzes beträgt (25 % · 1,055 =) 26,375 %. Kirchensteuer entsteht laut Sachverhalt nicht. Die Abgeltungsteuer einschließlich des Solidaritätszuschlags beträgt demnach (20.632 · 0,26375 =) 5.442 €.

Im Falle der Gesellschafterfremdfinanzierung unterliegen die Zinsen i. H. v. 30.000 € nach § 32d Abs. 2 EStG dem Steuersatz des § 32a EStG. Dieser beträgt bei dem erwarteten zu versteuernden Einkommen zwischen 100 T€ und 200 T€ 42 % plus Solidaritätszuschlagsatz, in der Summe also (42 % · 1,055 =) 44,31 %. Die Steuerbelastung des Gesellschafters im Falle einer Gesellschafterfremdfinanzierung beträgt demnach (30.000 · 44,31 % =) 13.293 €. Damit ergibt bei dem Gesellschafter im Falle der Eigengegenüber der Gesellschafterfremdfinanzierung eine Differenzbelastung i. H. v. (5.442 – 13.293 =) – 7.851 €.

d) Jahresbelastungsdifferenzen der GmbH und ihres Gesellschafters

Aus b) und c) können die Salden der jährlichen Differenzbelastungen der GmbH und ihres Gesellschafters im Falle der Eigen- im Vergleich zur Fremdfinanzierung wie folgt ermittelt werden:

	€
Mehrbelastung der GmbH	9.368
Minderbelastung des Gesellschafters	– 7.851
Differenzbelastung zwischen der Eigenfinanzierung und der Fremdfinanzierung	+ 1.517

Damit ist geklärt, dass die Gesellschafterfremdfinanzierung im konkreten Fall steuerlich vorteilhafter ist als die Eigenfinanzierung. Da im Zeitablauf kein Vorzeichenwechsel zu erwarten ist, erübrigt sich ein Barwertvergleich.

Angemerkt sei, dass die Schätzung des in der Aufgabenstellung genannten - hier allerdings nicht benötigten - 3 %igen Mischkalkulationszinssatzes nicht unproblematisch ist. Dies liegt daran, dass ein Teil der Steuerdifferenzen innerhalb der GmbH, ein anderer hingegen im Privatbereich des Gesellschafters entsteht. Die Supplementinvestitionen, die aus diesen Steuerdifferenzen entstehen, können durchaus unterschiedlich hoch sein. Allerdings kann eine Berücksichtigung dieser Zusammenhänge im konkreten Fall unter keinen realistischen Annahmen zu einem „Kippen" des Ergebnisses der steuerlichen Partialplanung führen, da - wie bereits ausgeführt - bei der jährlichen Differenzbelastung kein Vorzeichenwechsel eintritt.

Zu Aufgabe 3

Aus dem geschilderten Sachverhalt ergibt sich, dass das Einzelunternehmen unter steuerlichen Gesichtspunkten noch nicht optimal gestaltet ist. Steuerliche Vorteile lassen sich durch den Abschluss folgender Verträge erzielen:

- einen Arbeitsvertrag über die sofortige Anstellung der E im Betrieb,
- einen Arbeitsvertrag über die Anstellung des S im Betrieb ab Beginn des neuen Jahres,
- einen Vertrag über die Gewährung eines Darlehens der E an B.

Durch den Abschluss eines Arbeitsvertrages zwischen E und B kann das zu versteuernde Einkommen der Eheleute um einen Arbeitnehmer-Pauschbetrag i. S. d. § 9a EStG i. H. v. 920 € gemindert werden. Hierdurch mindert sich die Einkommensteuerschuld der Eheleute.

Ein für die Summe der Familienmitglieder vorteilhafter negativer Progressionseffekt ergibt sich, wenn das Gehalt des S zu einem zu versteuernden Einkommen unterhalb des Plafonds führt.

Sowohl das Gehalt der E als auch das des S mindern den Gewerbeertrag des B. Dies führt zu einer Minderung der Gewerbesteuer, zugleich aber auch zu einer Minderung der Anrechnung von Gewerbesteuer auf die Einkommensteuer des B gem. § 35 EStG. Per Saldo kommt es - wie in Teil I unter Gliederungspunkt 4.2 abgeleitet - zu einer Steuerentlastung aber nur dann, wenn der Gewerbesteuerhebesatz 401 % übersteigt. Der zu erwartende Effekt ist allerdings gering.

Mit Hilfe eines Darlehensvertrages lässt sich eine Einkommensteuerersparnis nur dann erzielen, wenn die Einnahmen aus Kapitalvermögen der Eheleute ohne die sich aus dem Darlehen ergebenden Zinsen unterhalb des sich aus § 20 Abs. 9 EStG ergebenden Sparer-Pauschbetrags von 1.602 € liegen. Ein Steuersatzeffekt hingegen tritt nicht ein, da die Zinsen der E aus dem Darlehen ebenso wie der alternativ höhere steuerliche Gewinn des B dem Tarif des § 32a EStG unterliegen. Der Abgeltungsteuersatz des § 32d Abs. 1 EStG hingegen kann gem. § 32d Abs. 2 EStG auf die Zinsen nicht angewendet werden, da es sich bei der E um eine dem B nahestehende Person i. S. d. zuletzt genannten Rechtsnorm handelt.

Ebenso wie die Gehälter an E und S bewirken die an die E zu zahlenden Zinsen eine Verringerung des Gewerbeertrags und damit der Gewerbesteuer des B. Zugleich verringert sich aber auch die Anrechnung von Gewerbesteuer auf die Einkommensteuer nach § 35 EStG. Per Saldo tritt eine Steuerersparnis auch hier wieder nur dann ein, wenn der Gewerbesteuerhebesatz 401 % übersteigt. Auch dann ist der Effekt allerdings gering.

Zu Aufgabe 4

a) Grundsätzliches

Miteinander zu vergleichen ist der Fall, dass M das Einzelunternehmen bei Anstellung seiner Kinder S und T fortführt mit dem Fall, dass er es in eine mit seinen Kindern zu gründende KG einbringt. Dieser Vergleich soll nachfolgend durchgeführt werden. Hierbei werden ausschließlich die in der Aufgabenstellung genannten Prämissen der Analyse zugrunde gelegt. Hierbei werden die Eltern und ihre Kinder als eine wirtschaftliche Einheit angesehen. Es soll also das steuerliche Optimum der Gesamtheit der im Sachverhalt genannten Personen, also der Eltern und Kinder, ermittelt werden. Der Vorteilsvergleich wird folgendermaßen aufgebaut:

- In einem ersten Schritt (Gliederungspunkt b) werden die ertragsteuerlichen Vor- und Nachteile ermittelt, die durch die Aufnahme der Kinder als Kommanditisten in das Unternehmen gegenüber dem Fall, dass sie lediglich Angestellte werden, entstehen.

- In einem zweiten Schritt (Gliederungspunkt c) werden die schenkungsteuerlichen Folgen einer Aufnahme der Kinder in das Unternehmen zu Beginn des Planungszeitraums als Gesellschafter im Vergleich zu einem Verzicht hierauf herausgearbeitet.

- In einem dritten Schritt (Gliederungspunkt d) wird untersucht, ob im Falle einer Umwandlung die Buchwertfortführung oder eine Aufdeckung der stillen Reserven die vorteilhaftere Maßnahme ist.

- In einem vierten und letzten Schritt (Gliederungspunkt e) soll dann eine Gesamtwürdigung der alternativen Maßnahmen erfolgen.

b) Laufende Ertragsbesteuerung

Lt. Sachverhalt ist die Entscheidung, dass die Kinder S und T künftig ihre Arbeitskraft in dem bisher als Einzelunternehmen geführten Unternehmen ihres Vaters einsetzen werden, bereits gefallen. Zu entscheiden ist nur noch, ob sie lediglich die Stellung von Angestellten oder zusätzlich auch die von Kommanditisten erhalten sollen. Werden sie keine Kommanditisten, so stellen die Gehälter bei dem Unternehmen des M abzugsfähige Betriebsausgaben, bei ihnen selbst Einnahmen aus nichtselbständiger Arbeit dar. Erhalten die Kinder die Stellung von Kommanditisten, so werden ihre Gehälter nach § 15 Abs. 1 Satz 1 Nr. 2 EStG in Vorabgewinne umqualifiziert. Dies hat zur Folge, dass auch die Vorabgewinne der Gewerbesteuer unterliegen. Die Gewerbesteuer ist bei den Gesellschaftern nach § 35 EStG auf deren Einkommensteuerschuld anzurechnen. Bei den im Sachverhalt genannten Daten, insbesondere den Gewinn- und Einkommenshöhen sowie dem Gewerbesteuerhebesatz von 400 %, ist zu erwarten, dass es - bezogen auf die Summe der Gesellschafter - zu einer Vollanrechnung der Gewerbesteuer kommt. Bekanntlich ist eine Vollanrechnung bei einem Hebesatz von bis zu 401 % möglich.

Eine Vollanrechnung der Gewerbesteuer auf die Einkommensteuer der Gesellschafter hat zur Folge, dass der steuerliche Gewinn der Mitunternehmerschaft einschließlich der Vorabgewinne der Mitunternehmer im Ergebnis lediglich mit Einkommensteuer und Solidaritätszuschlag belastet wird. Die Summe der zu versteuernden Einkommen der Eltern und ihrer Kinder ist nach dem geschilderten Sachverhalt (zumindest annähernd) unabhängig davon, ob die Kinder die Stellung von Kommanditisten erhalten oder nicht. Da die zu versteuernden Einkommen sowohl der Eltern als auch der Kinder - unabhängig davon, ob diese Kommanditisten sind oder nicht - jeweils in den unteren Plafond hineinragen, ist die Summe der Einkommensteuer in den Vergleichsfällen gleich groß. Damit ist auch der Saldo aller laufenden Ertragsteuern - zumindest annähernd - gleich groß.

c) Schenkungsteuer

Nach den Berechnungen des S beträgt der nach dem vereinfachten Ertragswertverfahren der §§ 199 – 203 BewG ermittelte Wert des Betriebsvermögens zum 31.12.1 600 T€. Überträgt M jedem seiner beiden Kinder in der Form von KG-Anteilen 24 % dieses Vermögens, so beträgt der steuerpflichtige Erwerb jeweils (24 % · 600 T€ =) 144 T€. Jeder dieser Erwerbe liegt unterhalb des jedem Kind nach § 16 Abs. 1 Nr. 2 ErbStG zustehenden Freibetrags von 400 T€. Damit entsteht bei einer Schenkung der KG-Anteile zum 31.12.1 keine Schenkungsteuer.

Nimmt M die Kinder nicht zum 31.12.1, sondern erst zum 31.12.16 als Kommanditisten in das Unternehmen auf, so entsteht auch dann - c. p. - keine Schenkungsteuer. Lt. Sachverhalt rechnet M zu diesem Zeitpunkt mit einem Wert des Unternehmens i. H. v. 900 T€. Bei der Schenkung eines KG-Anteils, der 24 % des Werts des Unternehmens umfasst, ergibt sich für jedes Kind ein steuerpflichtiger Erwerb i. H. v. (24 % · 900 T€ =) 216 T€. Auch ein derartiger Erwerb liegt deutlich unterhalb des Freibetrags gem. § 16 Abs. 1 Nr. 2 ErbStG i. H. v. 400 T€. Damit ergibt sich bei einer isolierten Betrachtung der schenkungsteuerlichen Folgen einer Schenkung der KG-Anteile entweder zum 31.12.1 oder zum 31.12.16 kein Unterschied hinsichtlich der Steuerfolgen. Zu beachten ist aber, dass die Eheleute zum 31.12.16 voraussichtlich ein übriges Vermögen i. H. v. mehreren Mio € besitzen werden. Dieser Umstand legt es nahe, die KG-Anteile zum 31.12.1 und nicht erst zum 31.12.16 auf die Kinder zu übertragen. Auf diese Weise gelingt es, den Spielraum für spätere steuerfreie Erwerbe von Teilen des übrigen Vermögens zu erweitern. Dies gilt zum einen deshalb, weil der Wert der KG-Anteile zum 31.12.1 nach derzeitigem Erkenntnisstand geringer ist als zum 31.12.16. Dies gilt aber vor allem auch im Hinblick auf § 14 ErbStG. Nach dieser Rechtsnorm können die sich aus § 16 ErbStG ergebenden Freibeträge nach Ablauf eines Zehnjahreszeitraums bekanntlich erneut in Anspruch genommen werden.

d) Zur Vorteilhaftigkeit einer Aufstockung bei Umwandlung

Kommt es zur Umwandlung des Unternehmens in eine KG zum 31.12.1, so kann diese unter Buchwertfortführung, sie kann aber auch mit Vollaufstockung der stillen Reserven erfolgen. Teilaufstockungen sind zwar ebenfalls möglich, doch ist kein Grund ersichtlich, weshalb diese vorteilhafter sein sollten als eine Buchwertfortführung oder als eine Vollaufstockung. Teilaufstockungen werden deshalb nicht weiter betrachtet.

Ein Vorteilsvergleich zwischen Vollaufstockung einerseits und Buchwertfortführung andererseits kann dadurch erfolgen, dass die Steuerdifferenzen zwischen den Handlungsalternativen ermittelt werden. Dies soll hier geschehen. Dabei wird der Fall der Buchwertfortführung als der Ausgangsfall betrachtet, als der Fall also, bei dem bei einer Differenzbetrachtung keine Steuerfolgen zu berücksichtigen sind.

Bei einer Vollaufstockung kommt es zum 31.12.1 zu einer Aufdeckung aller dann vorhandenen stillen Reserven einschließlich des originären Geschäftswerts. Die Summe dieser stillen Reserven beträgt 250.000 €. Da M bereits das 55. Lebensjahr vollendet hat, kann er die Anwendung der Begünstigungsvorschriften der §§ 16 Abs. 4 und 34 EStG beantragen. Dies gilt nach § 16 Abs. 2 Satz 3 EStG aber nur insoweit, als M nicht an der zu gründenden KG beteiligt ist. Lt. Sachverhalt soll seine Beteiligung an dieser 52 % betragen. Als begünstigter Veräußerungsgewinn kommt somit lediglich ein Anteil an dem bei Vollaufstockung entstehenden Gewinn in einer Höhe von (250.000 · 48 % =) 120.000 € in Betracht. Hiervon sind 45.000 € steuerfrei. Der übersteigende Betrag von (120.000 – 45.000 =) 75.000 € unterliegt im Falle einer entsprechenden Antragstellung nicht dem Tarif des § 32a EStG, sondern dem ermäßigten Steuersatz des § 34 Abs. 3 EStG. Der nicht begünstigte Gewinnanteil i. H. v. (250.000 · 52 % =) 130.000 € hingegen unterliegt dem Tarif des § 32a EStG.

Gewerbesteuerlich ist umstritten, ob der gesamte durch die Aufdeckung der stillen Reserven entstehende Gewinn von 250.000 € oder lediglich ein Anteil von 48 % hieran nicht der Gewerbesteuer unterliegt. Nach Ansicht der Finanzverwaltung ist letzteres der Fall. Im Rahmen der hier durchzuführenden steuerplanerischen Überlegungen soll von der Ansicht der Finanzverwaltung ausgegangen werden. Dies hat zur Folge, dass von den 250.000 € ein Betrag von 130.000 € der Gewerbesteuer unterliegt, der Restbetrag von 120.000 € hingegen nicht. Da die entstehende Gewerbesteuer aber - wie bereits unter b) dargestellt - in vollem Umfang nach § 35 EStG auf die Einkommensteuerschuld anrechenbar sein dürfte, wird sie bei der hier durchzuführenden Belastungsrechnung ebenso wenig berücksichtigt wie ihre Anrechnung auf die Einkommensteuer. Berücksichtigt werden also lediglich die einkommensteuerlichen Folgen. Diese setzen sich zusammen aus der Einkommensteuer auf den nicht begünstigten und den begünstigten Teil des Veräußerungsgewinns, soweit dieser nicht steuerfrei ist. Der nicht begünstigte Teil des Veräußerungsgewinns beträgt - wie bereits ermittelt - 130.000 €. Auf ihn ist der Einkommensteuersatz des unteren Plafonds von 42 % anzuwenden. Die Einkommensteuerbelastung auf den nicht begünstigten Teil des durch eine Aufdeckung der stillen Reserven entstehenden Gewinns beträgt demnach (130.000 · 42 % =) 54.600 €. Hinzu kommt ein Solidaritätszuschlag i. H. v. (54.600 · 0,055 =) 3.003 €.

Die Einkommensteuer der Eheleute M auf den tarifbegünstigten Einkommensteil für das Jahr 1 ergibt sich wie folgt:

	€
Steuerpflichtiger Teil des Veräußerungsgewinns	75.000
+ laufender steuerlicher Gewinn des Jahres 1	+ 300.000
+ nicht begünstigter Teil des Gewinns aus der Umwandlung	+ 130.000
./. Saldo der Beträge, um die das zu versteuernde Einkommen lt. Sachverhalt niedriger ist als die Einkünfte aus dem Unternehmen	./. 10.000
Zu versteuerndes Einkommen der Eheleute M im Jahre 1	495.000

Fiktive Einkommensteuer auf das zu versteuernde Einkommen gem.
§ 32a EStG (0,42 · 495.000 – 8.172 · 2 =)   191.556

Ermäßigter Einkommensteuersatz gem. § 34 Abs. 3 EStG
$$\left(0{,}56 \cdot \frac{191.556}{495.000} =\right) 21{,}67098\ \%$$

Einkommensteuer auf den tarifbegünstigten Einkommensteil
(75.000 · 0,2167098 =)   16.253

Insgesamt ergibt sich für den Veranlagungszeitraum des Jahres 1 eine zusätzliche Steuerbelastung infolge einer Aufdeckung der stillen Reserven, die wie folgt ermittelt werden kann:

	€
Einkommensteuer auf den nicht begünstigten Teil des durch die Aufdeckung der stillen Reserven entstehenden Gewinns	54.600
+ Einkommensteuer auf den nach § 34 Abs. 3 EStG begünstigten Gewinnanteil	+ 16.253
Zusätzliche Einkommensteuer insgesamt	70.853
+ Solidaritätszuschlag (70.853 · 0,055 =)	+ 3.897
Zusätzliche Steuerbelastung insgesamt	74.750

Der Steuermehrbelastung als Folge der Vollaufstockung im Jahre 1 stehen Steuerminderbelastungen in den nachfolgenden Jahren gegenüber. Sie werden durch eine Erhöhung des AfA-Bemessungspotentials um insgesamt 250.000 € verursacht. Dieses Potential besteht ausschließlich bei dem Firmenwert. Dieser hat nach § 7 Abs. 1 Satz 3 EStG
eine typisierte Nutzungsdauer von 15 Jahren. Hieraus ergeben sich für die Jahre 2 bis 16
zusätzliche AfA-Beträge von jährlich (250.000 : 15 =) 16.667 €.

Die AfA hat eine Minderung von E i. S. v. Gleichung (Ia) zur Folge. Da nicht ohne
weiteres ersichtlich ist, ob sich die zu versteuernden Einkommen der Kinder auch unter
Berücksichtigung dieser AfA im Plafond bewegen werden, soll dies nunmehr geprüft
werden. Hierbei ist zu berücksichtigen, dass die Kinder zu jeweils 24 % an dem Gewinn
der Gesellschaft, d. h. nach Berücksichtigung der Vorabgewinne beteiligt sind. Ihre
Gewinnanteile werden jeweils geschmälert um 24 % der zusätzlichen AfA. Für die Jahre
2 und 3 ergibt sich Folgendes:

	€
Steuerlicher Gesamtgewinn lt. Sachverhalt	300.000
– Gehalt an S und T (60.000 · 2 =)	– 120.000
– Gehalt an M	– 90.000
	90.000
– Zusätzliche AfA	– 16.667
Nach dem Gewinnverteilungsschlüssel zu verteilender Gewinn	73.333
Davon entfallen auf S und T je 24 % (73.333 · 0,24 =)	17.600

Nunmehr kann das zu versteuernde Einkommen von S und T jeweils wie folgt ermittelt
werden:

	€
Gehaltszahlung = Vorabgewinn	60.000
+ Gewinnanteil lt. Gewinnverteilungsschlüssel	+ 17.600
Einkünfte aus Gewerbebetrieb des S bzw. der T	77.600
– Abzüge bei der Einkommensermittlung	– 5.000
Zu versteuerndes Einkommen	72.600

Da beide Kinder ledig sind, liegt ihr zu versteuerndes Einkommen weit oberhalb des
Endes des Progressionsbereichs. Dieser endet nach § 32a EStG bei einem zu versteuernden Einkommen von 52.881 €. Damit ist auf die Einkommensminderung infolge der
zusätzlichen AfA auch bei den Kindern der Einkommensteuersatz von 42 %
anzuwenden. Dies gilt auch für die Jahre 4 bis 16, da für diese Jahre ohne genaue
Berechnung ersichtlich ist, dass das zu versteuernde Einkommen der Kinder um je
15.000 € höher sein wird als während der Jahre 2 und 3.

Damit kann für alle Jahre von 2 bis 16 für alle Beteiligten auf die Einkommensminderung
infolge der Erhöhung der AfA derselbe kombinierte Gewerbe- und Einkommensteuersatz
angewendet werden. Dieser ergibt sich aus der im Anhang befindlichen Tabelle T-7
(Spalte 4, Zeile 1) mit 44,279 %. Die Steuerersparnisse infolge der zusätzlichen AfA
betragen demnach pro Jahr (16.667 · 0,44279 =) 7.380 €.

Diesen Steuerentlastungen steht also die weiter oben ermittelte zusätzliche Steuerbelastung als Folge einer Aufdeckung der stillen Reserven i. H. v. 74.750 € gegenüber. Bei
dem im Sachverhalt geschätzten Nettokalkulationszinssatz von 6 % p.a. kann hieraus
folgender Barwert der Steuerdifferenzen (B$_{ar}$) ermittelt werden:

B$_{ar}$ = 74.750 – 7.380 · 1,06^{-1} – 7.380 · 1,06^{-2} – 7.380 · 1,06^{-3} – ... 7.380 · 1,06^{-15},

B$_{ar}$ = 3.074.

Als Ergebnis bleibt also festzuhalten, dass die Aufdeckung der stillen Reserven im Rahmen der Umwandlung des bisherigen Einzelunternehmens in eine KG geringfügig nachteiliger ist als die Buchwertfortführung. Damit kann im Rahmen der Lösung der hier zu behandelnden konkreten Aufgabe die Umwandlung unter Aufdeckung der stillen Reserven aus der weiteren Betrachtung ausgeschlossen werden.

e) Gesamtwürdigung

Die bisherige Untersuchung hat hinsichtlich eines steuerlichen Vorteilsvergleichs zwischen einer Beibehaltung des Unternehmens als Einzelunternehmen und dessen Umwandlung in eine KG - jeweils zu den im Sachverhalt genannten Bedingungen - Folgendes ergeben:

1. Die Belastung mit laufend veranlagten Ertragsteuern ist in den Alternativfällen per Saldo (zumindest annähernd) gleich groß.

2. Bei einem isolierten Vergleich der schenkungsteuerlichen Folgen einer Aufnahme der Kinder in das Unternehmen zum 31.12.1 oder zum 31.12.16 ergeben sich keine Belastungsunterschiede: In beiden Fällen ist keine Belastung mit Schenkungsteuer zu erwarten. Dennoch ist eine Schenkung „jetzt" einer Schenkung „später" deutlich vorzuziehen, da hierdurch der Spielraum für eine schenkung- bzw. erbschaftsteuerliche Übertragung von Teilen des hohen übrigen Vermögens der Eltern auf ihre Kinder ermöglicht wird.

3. Aus 1. und 2. folgt, dass es steuerlich vorteilhafter ist, die Kinder bereits „jetzt" und nicht erst „später" als Kommanditisten in das Unternehmen aufzunehmen.

4. Die nach 3. vorteilhafte Umwandlung des Einzelunternehmens in eine KG „jetzt" sollte zu Buchwerten erfolgen. Eine Buchwertfortführung ist im konkreten Fall (leicht) vorteilhafter als eine Vollaufstockung. Eine Teilaufstockung scheidet aus, da keine Gründe ersichtlich sind, die (ausnahmsweise) diese Art der Aufstockung als vorteilhaft erscheinen lassen könnten.

Zu Aufgabe 5

Zu a)

Wird die Prämisse, dass die Kinder S und T während des gesamten Planungszeitraums ledig bleiben, aufgegeben und statt dessen angenommen, dass sie bereits zu Beginn des Planungszeitraums heiraten, so kann dies einen Einfluss auf das Ergebnis des Vorteilsvergleichs haben. Durch ihre Heirat haben S und T dann nämlich die Möglichkeit, eine Zusammenveranlagung zur Einkommensteuer zu beantragen. Hierdurch können sich evtl. Progressionsvorteile ergeben.

Zu b)

Ein stärkerer Anstieg des Vermögens des Vaters im Zeitablauf verstärkt die schenkung- bzw. erbschaftsteuerliche Vorteilhaftigkeit einer Aufnahme der Kinder als Kommanditisten „jetzt" gegenüber einer Aufnahme erst „später". Je höher das insgesamt im Wege der vorweggenommenen und der endgültigen Erbfolge zu übertragende Vermögen wird, umso vorteilhafter wird eine Erhöhung des Gestaltungsspielraums „später" durch eine teilweise Übertragung von Vermögen „jetzt". Die Beteiligten sollten überlegen, ob es vorteilhaft ist, auch einen Teil des übrigen Vermögens der Eltern bereits „jetzt" schenkungsweise zu übertragen. Entsprechende Überlegungen sollten aber auf jeden Fall neben den steuerlichen auch nichtsteuerliche Wirkungen einer Übertragung von Vermögen berücksichtigen. Zu beachten ist in diesem Zusammenhang insbesondere, dass nach einer Schenkung das übertragende Vermögen den Eltern auch im Falle einer unerwarteten Verschlechterung ihrer wirtschaftlichen Situation nicht mehr gehört.

Zu c)

In der Lösung zu Aufgabe 4 ist ermittelt worden, dass im Falle einer Umwandlung zu Beginn des Planungszeitraums die Aufdeckung der dann vorhandenen stillen Reserven geringfügig nachteiliger ist als die Buchwertfortführung. Dieses Ergebnis ist unter Zugrundelegung eines Nettokalkulationszinssatzes von 6 % ermittelt worden. Wird dieser Zinssatz nicht mit 6 %, sondern wie in dieser Aufgabe geschehen, mit lediglich 3 % angenommen, so ist zu erwarten, dass sich das Ergebnis umkehrt. Der Grund liegt darin, dass nunmehr die Vorteile der Aufstockung, die durch die Erhöhung der AfA infolge der Aufstockung bewirkt werden, in erheblich geringerem Maße abgezinst werden als dies in Aufgabe 4 der Fall ist. Der Nachteil der Aufstockung hingegen bleibt von der geänderten Prognose des Nettozinssatzes unberührt. Dieser Nachteil entsteht ausschließlich zu Beginn des Planungszeitraums infolge der Versteuerung der stillen Reserven. Dieser Nachteil wird, da er zu Beginn des Planungszeitraums anfällt, nicht abgezinst, so dass er von einer Veränderung des Zinssatzes unberührt bleibt.

Zu Aufgabe 6

In Fällen der Rechtsformwahl und denen eines möglichen Rechtsformwechsels sollte das Ergebnis einer steuerlichen Partialanalyse stets nur als ein Teilergebnis einer wesentlich komplexeren Fragestellung angesehen werden.

Als Aspekte von herausragender Bedeutung nichtsteuerlicher Art dürften im Rahmen der in den Aufgaben 4 bzw. 5 genannten Fragestellung folgende anzusehen sein:

1. Der Umfang und der Zeitpunkt der schenkungsweisen Übertragung von Vermögen von dem Vater auf seine Kinder und
2. die Stellung der Kinder im Unternehmen.

Hinsichtlich des ersten Aspekts ist es denkbar, dass alle Beteiligten eine hohe Vermögensübertragung gleich zu Beginn des Planungszeitraums wünschen. Denkbar ist aber auch, dass zumindest der Vater bestrebt ist, die Vermögensübertragung zu Beginn des Planungszeitraums möglichst gering zu halten.

Hinsichtlich des zweiten Aspekts kann es sein, dass die Kinder ein großes Interesse daran haben, nach außen erkennbar gleichberechtigte Partner ihres Vaters zu werden. Ist dies der Fall und handelt es sich hierbei um eine „harte Bedingung", so scheidet die Fortführung des Einzelunternehmens aus nichtsteuerlichen Gründen aus.

Zu Aufgabe 7

Im Rahmen der Umwandlung hat die neu zu gründende GmbH gem. § 20 Abs. 2 UmwStG ein Wahlrecht, die Buchwerte des Einzelunternehmens fortzuführen (Buchwertfortführung), lediglich die in den Vorräten enthaltenen stillen Reserven von 70 T€ aufzudecken (Teilaufstockung) oder zusätzlich den Firmenwert von 60 T€ aufzudecken (Vollaufstockung). Über dieses Wahlrecht, das rechtlich der GmbH zusteht, hat faktisch A als deren Alleingesellschafter zu befinden.

Wählt A die Buchwertfortführung, so entstehen bei ihm persönlich aus der Einbringung keine Steuerfolgen. Deckt er hingegen stille Reserven auf, so entsteht bei ihm ein Einbringungsgewinn, der als Veräußerungsgewinn i. S. d. § 16 EStG anzusehen ist. Auf diesen sind die §§ 16 Abs. 4 und 34 Absätze 1 und 3 EStG nach § 20 Abs. 4 UmwStG aber nur dann anzuwenden, wenn A sich entschließt eine Vollaufstockung vorzunehmen. Eine Teilaufstockung ist hingegen nicht nach den genannten Rechtsnormen begünstigt. Diese Form der Aufstockung kann von vornherein aus der weiteren Betrachtung ausgeschieden werden, weil sich aus dem Sachverhalt kein Hinweis darauf ergibt, dass sie sowohl vorteilhafter als die Buchwertfortführung als auch die Vollaufstockung sein könnte. Damit verbleiben als näher zu untersuchende Alternativen lediglich die Buchwertfortführung und die Vollaufstockung.

Bei Buchwertfortführung ergeben sich für das zu versteuernde Einkommen der Eheleute A im Veranlagungszeitraum 1 aus dem Sachverhalt keine Änderungen. Das zu versteuernde Einkommen beträgt damit 120.000 €. Bei der von ihnen geplanten Beantragung der Zusammenveranlagung ergibt sich hieraus gem. § 32a EStG für das Jahr 1 eine Einkommensteuerschuld i. H. v. (0,42 · 120.000 - 8.172 · 2 =) 34.056 €.

Im Falle einer Vollaufstockung entsteht bei A im Jahre 1 ein Veräußerungsgewinn i. S. d. § 16 Absätze 1 und 2 EStG i. H. v. (70.000 + 60.000 =) 130.000 €. Auf Antrag des A ist hiervon der sich aus § 16 Abs. 4 EStG ergebende Freibetrag abzuziehen. Dieser beträgt 45.000 €. Das zu versteuernde Einkommen der Eheleute A erhöht sich damit gegenüber dem Fall der Buchwertfortführung um (130.000 - 45.000 =) 85.000 € auf (120.000 + 85.000 =) 205.000 €. Hiervon unterliegen - einen entsprechenden Antrag des A vorausgesetzt - 85.000 € dem ermäßigten Steuersatz des § 34 Abs. 3 EStG. Offensichtlich ist, dass sowohl ein Antrag nach § 16 Abs. 4 EStG als auch ein solcher nach § 34 Abs. 3 EStG sowohl möglich als auch vorteilhaft ist. Möglich sind die beiden Anträge, weil A in der Vergangenheit noch keine entsprechenden gestellt hat. Vorteilhaft sind sie, weil sie zu Steuervergünstigungen führen und A lt. Sachverhalt keine weitere Gelegenheit haben wird, entsprechende Anträge zu stellen.

Unter der Voraussetzung, dass A die beiden genannten Anträge stellt, kann die Einkommensteuerbelastung der Eheleute A für das Jahr 1 im Fall der Vollaufstockung wie folgt ermittelt werden:

Zu versteuerndes Einkommen	205.000 €
Fiktive Einkommensteuer nach § 32a Abs. 1 EStG (0,42 · 205.000 - 8.172 · 2 =)	69.756 €
Fiktiver Steuersatz (69.756 : 205.000 =)	34,02731 %
Ermäßigter Steuersatz (56 % · 34,02731 % =)	19,05529 %
(Mindeststeuersatz i. S. d. § 34 Abs. 3 EStG i. H. v. 15 % nicht anwendbar)	
Einkommensteuerschuld auf den ermäßigt besteuerten Einkommensteil (19,05529 % · 85.000 € =)	16.197 €
zuzüglich Einkommensteuer auf den nicht begünstigten Teil des zu versteuernden Einkommens (0,42 · 120.000 - 8.172 · 2 =)	+ 34.056 €
Einkommensteuerschuld für das Jahr 1	50.253 €

Für das Jahr 1 ergibt sich somit im Falle einer Vollaufstockung gegenüber dem Fall der Buchwertfortführung eine um (50.253 - 34.056 =) 16.197 € höhere Einkommensteuerschuld. Hierbei handelt es sich um die auf den ermäßigten Einkommensteil entfallende Steuerschuld.

Gewerbesteuer für das Jahr 1 entsteht in den Vergleichsfällen in gleicher Höhe, da nur der laufende Gewinn und nicht der Veräußerungsgewinn der Gewerbesteuer unterliegt. Die Gewerbesteuer des Jahres 1 kann deshalb als entscheidungsirrelevant aus dem Vorteilsvergleich ausgeklammert werden.

Der Steuermehrbelastung der Eheleute A bei Vollaufstockung im Vergleich zur Buchwertfortführung im Jahre 1 i. H. v. 16.197 € plus Solidaritätszuschlag hierauf i. H. v. (16.197 · 5,5 % =) 891 € stehen Minderbelastungen der GmbH in den Folgejahren gegenüber. Diese ergeben sich aus den Gewinnminderungen während der Jahre 2 bis 16 als Folge der Aufstockung. Eine Gewinnminderung i. H. v. 70.000 € ergibt sich zunächst bei der Veräußerung der Vorräte im Jahre 2. Durch die Aufstockung ist der buchmäßige Vorräteeinsatz um 70.000 € höher als er ohne vorangegangene Aufstockung im Jahre 1 wäre. Als Folge der Aufdeckung der in dem Firmenwert steckenden stillen Reserven im Jahre 1 i. H. v. 60.000 € ergibt sich in den Jahren 2 bis 16 nach § 7 Abs. 1 Satz 3 EStG weiterhin eine jährliche Gewinnminderung von (60.000 : 15 =) 4.000 €.

Die Gewinnminderungen führen bei der GmbH jeweils zu einer Minderung der Teilbemessungsgrundlage E i. S. d. in Teil I abgeleiteten und im Anhang wiedergegebenen Gleichung (II). Werden in diese Gleichung die hier relevanten Werte eingesetzt, nämlich E = - 74.000 im Jahre 2 bzw. E = − 4.000 € während der Jahre 3 bis 16, s_k = (0,15 · 1,055 =) 0,15825 und s_{ge} = (0,035 · 4 =) 0,14, so ergeben sich folgende Steuerminderungen:

- während des Jahres 2 (74.000 · 0,29825 =) 22.071 € und

- während der Jahre 3 bis 16 jeweils (4.000 · 0,29825 =) 1.193 €.

Es zeigt sich, dass bereits die für das Jahr 2 zu erwartenden Steuerminderungen mit 22.071 € deutlich höher ausfallen als die Steuermehrzahlungen für das Jahr 1 i. H. v. insgesamt (16.197 + 891 =) 17.088 €. Hinzu kommen 14 weitere Steuerminderungen während der Jahre 3 bis 16 i. H. v. jeweils 1.193 €. Ein Steuerbarwertvergleich erübrigt sich bei derart klaren und übersichtlichen Ergebnissen. Es ist offensichtlich, dass die Vollaufstockung deutlich vorteilhafter ist als die Buchwertfortführung.

Angemerkt sei, dass die Steuermehrbelastung im Veranlagungszeitraum 1 i. H. v. 17.088 € vermutlich in etwa zeitgleich mit der Steuerminderbelastung im Veranlagungszeitraum 2 i. H. v. 22.071 € zahlungswirksam werden wird. Der Grund liegt darin, dass die Entlastungswirkung vermutlich bereits bei Festsetzung der Vorauszahlungen für den Veranlagungszeitraum 2 berücksichtigt werden wird.

Zu Aufgabe 8

Die beabsichtigte Rechtsformänderung ist entweder durch einen Formwechsel i. S. d. §§ 190 - 304 UmwG oder aber durch eine Verschmelzung nach den §§ 2 - 122 UmwG möglich. Eine Verschmelzung setzt die Existenz oder Gründung eines zusätzlichen Rechtsträgers, hier einer AG, voraus, auf den verschmolzen werden könnte. Da in der Aufgabenstellung keine bereits bestehende AG erwähnt wird, auf die verschmolzen werden könnte, wäre eine Verschmelzung wohl nur durch Neugründung einer AG, auf die dann verschmolzen werden müsste, möglich. Im Falle der Verschmelzung müsste demnach zunächst eine AG gegründet werden, um eine Verschmelzung überhaupt zu ermöglichen. Bei einem Formwechsel hingegen entfällt die Gründung eines zusätzlichen Rechtsträgers. Hier wechselt die bisherige GmbH lediglich ihre Rechtsform, d. h. ihr juristisches Kleid. Aus der Rechtsform einer GmbH wird die Rechtsform einer AG. Damit entfallen die Kosten der Gründung eines zweiten Rechtsträgers. Aus nichtsteuerlicher Sicht dürfte damit der Formwechsel in dem hier zu behandelnden Fall einfacher zu handhaben und deutlich kostengünstiger sein.

Steuerlich erfolgt ein Formwechsel erfolgsneutral. Eine Aufdeckung stiller Reserven ist weder erforderlich noch möglich. Auch eine Verschmelzung kann erfolgsneutral, sie kann aber auch erfolgswirksam erfolgen. Eine erfolgswirksame Verschmelzung ist aber in aller Regel steuerlich nachteiliger als eine erfolgsneutrale. Dies liegt daran, dass die Steuermehrzahlungen „jetzt" in der Summe durch Steuerentlastungen „später" gerade kompensiert, nicht hingegen überkompensiert werden. Der Barwert dieser künftigen Steuerentlastungen ist somit geringer als die Mehrbelastung zum Zeitpunkt der Aufdeckung der stillen Reserven. Damit ist die Aufdeckung der stillen Reserven ertragsteuerlich von Nachteil. Eine Ausnahme kann sich nur dann ergeben, wenn die Steuersätze, mit denen später entlastet wird, deutlich höher sind als die Steuersätze zum Zeitpunkt der Belastung. Dies ist hier nicht der Fall, so dass eine Aufdeckung stiller Reserven nachteilig wäre. Damit bleiben aus ertragsteuerlicher Sicht lediglich der Formwechsel und eine erfolgsneutrale Verschmelzung übrig.

Wie sich aus der Aufstellung über die stillen Reserven ergibt, verfügt die GmbH über wertvolle Betriebsgrundstücke. Findet ein Formwechsel statt, so ist dieser Sachverhalt ohne Bedeutung. Wird die Umwandlung hingegen im Rahmen einer Verschmelzung durchgeführt, so fällt Grunderwerbsteuer an. In grunderwerbsteuerlicher Hinsicht ist der Formwechsel somit eindeutig vorteilhafter als eine Verschmelzung.

Damit ergibt sich, dass ein Formwechsel der H-GmbH in eine AG im Vergleich zu einer Verschmelzung auf eine AG nur Vorteile bringt. Damit sollte die geplante Umwandlung durch Formwechsel erfolgen.

Eine Umwandlung der Gewinnrücklagen in gezeichnetes Kapital kann auf zweierlei Weise erfolgen, und zwar entweder

- durch eine Kapitalerhöhung aus Gesellschaftsmitteln oder
- durch Anwendung des Schütt-aus-Hol-zurück-Verfahrens (SAHZ-Verfahrens).

Eine Kapitalerhöhung aus Gesellschaftsmitteln kann entweder noch vor dem Rechtsformwechsel von der GmbH oder danach von der AG durchgeführt werden. Im ersten Fall sind die §§ 57c - 57o GmbHG, im zweiten sind die §§ 207 - 220 AktG zu befolgen.

Zu beachten ist, dass den Gewinnrücklagen, sofern sie nicht aus steuerfreien Gewinnen entstanden sind, bereits in der Vergangenheit versteuerte Gewinne entsprechen. Folgerichtig führt eine Kapitalerhöhung aus Gesellschaftsmitteln zu keiner weiteren Steuerbelastung, und zwar auch nicht bei den Gesellschaftern bzw. den Aktionären. Dies ist ausdrücklich in § 1 des steuerlichen KapErhG geregelt.

Im Falle der Ausschüttung sind die Gewinne ebenfalls bereits grundsätzlich in der Vergangenheit versteuert worden. Mit der Ausschüttung wird somit lediglich der „zweite Teil" des Schütt-aus-Hol-zurück-Verfahrens in Gang gesetzt. Dies bedeutet, dass die Gesellschafter die Gewinnausschüttungen der Einkommensteuer zu unterwerfen haben, und zwar grundsätzlich mit dem Abgeltungsteuersatz des § 32d EStG. Damit entsteht eine zusätzliche Steuerbelastung, die im Falle der Kapitalerhöhung aus Gesellschaftsmitteln nicht entsteht. Im Zeitpunkt der Umwandlung ist somit eine Kapitalerhöhung aus Gesellschaftsmitteln vorteilhafter als eine Ausschüttung mit anschließender Rückholung der Mittel.

Zu beachten ist jedoch, dass bei der Kapitalerhöhung aus Gesellschaftsmitteln gem. § 28 Abs. 1 Satz 3 KStG der umgewandelte Betrag getrennt auszuweisen und gesondert festzustellen ist (Sonderausweis). Der Sonderausweis gilt nach § 28 Abs. 2 Satz 1 KStG bei einer späteren Herabsetzung des Nennkapitals oder im Rahmen der Auflösung der

Gesellschaft als zuerst verwendet. Die Rückzahlung stellt gem. § 28 Abs. 2 Satz 2 KStG bei den Anteilseignern eine Gewinnausschüttung dar, die den Einkünften aus Kapitalvermögen i. S. d. § 20 Abs. 1 Nr. 2 EStG zuzurechnen ist. In diesem Fall kommt es, wie auch beim SAHZ-Verfahren zu einer Besteuerung mit dem Abgeltungsteuersatz des § 32d EStG. Dabei können jedoch viele Jahre oder sogar Jahrzehnte zwischen dem Zeitpunkt der Umwandlung und der Rückzahlung liegen. Der Steuerbarwert im Falle der Kapitalerhöhung aus Gesellschaftsmitteln dürfte damit in aller Regel deutlich unter dem des SAHZ-Verfahrens liegen. Eine Änderung der Vorteilhaftigkeit ergibt sich somit aus den Wirkungen des § 28 KStG regelmäßig nicht.

Zu Aufgabe 9

a) Vorabauswahl aufgrund nichtsteuerlicher Kriterien

Aus dem Sachverhalt ergeben sich vier harte Bedingungen, die den Kreis möglicher Rechtsformen einengen. Diese lassen sich wie folgt formulieren:

1. V, S und T müssen nach der Umstrukturierung Gesellschafter sein.
2. Keiner der drei künftigen Gesellschafter darf persönlich für die Schulden des Unternehmens haften.
3. V will alleiniger Eigentümer des im Rheinland zu erwerbenden Grundstücks werden.
4. V will bei Abstimmungen, die die wichtigsten Teile des übrigen Produktionsvermögens betreffen, nicht überstimmt werden können.

Die erste der vier genannten Bedingungen bewirkt, dass V, S und T eine Gesellschaft gründen müssen. Die Fortführung der Rechtsform des Einzelunternehmens ist somit nicht möglich.

Die zweite Bedingung hat zur Folge, dass „einfache" Personengesellschaften (OHG, KG) von vornherein aus der Betrachtung ausscheiden. Bei diesen müsste nämlich mindestens eine der drei genannten Personen, d. h. V, S oder T persönlich für die Schulden der Gesellschaft haften. Damit bleiben als mögliche Rechtsformen lediglich die der GmbH, der GmbH & CoKG und der Betriebsaufspaltung übrig. Zwar kämen auch noch die Rechtsformen der AG und der KGaA in Betracht, doch gibt es keinen erkennbaren Grund, eine dieser Rechtsformen derjenigen der GmbH vorzuziehen. Stattdessen müsste eine Reihe von Pflichten erfüllt werden, die sich aus dem AktG ergeben und die bei Gründung einer GmbH nicht erfüllt zu werden brauchen.

Die dritte der genannten Voraussetzungen hat zur Folge, dass auch die Rechtsform einer „einfachen" GmbH ausscheidet. Will V Alleineigentümer des zu erwerbenden Grundstücks im Rheinland werden, so kann dieses nur dann anschließend für Produktions- und Verwaltungszwecke der GmbH genutzt werden, wenn V es nach Fertigstellung der entsprechenden Gebäude an die GmbH vermietet bzw. verpachtet. Da zumindest die Produktionshalle für den Gesellschaftszweck der GmbH notwendig ist, ergibt sich hieraus eine unechte Betriebsaufspaltung im steuerrechtlichen Sinne.

Auch im Falle der Gründung einer GmbH & CoKG kann das zu erwerbende Grundstück aufgrund der an dritter Stelle genannten Bedingung nur von V erworben und von diesem an die Gesellschaft vermietet bzw. verpachtet werden. Steuerrechtlich stellt das Grundstück dann Sonderbetriebsvermögen des V an der KG der GmbH & CoKG dar.

Aus den bisherigen Ausführungen ergibt sich, dass nur noch die Rechtsformen der GmbH & CoKG und der Betriebsaufspaltung im steuerrechtlichen Sinne verbleiben. Bei beiden Rechtsformen ist es möglich, auch die vierte der genannten Bedingungen zu erfüllen, nämlich diejenige, dass V bei Beschlüssen, die die wichtigsten Teile des Produktionsvermögens betreffen, nicht überstimmt werden kann. Im Falle der GmbH & CoKG befinden sich die Produktionsanlagen üblicherweise bei der KG. Wird hiervon auch im vorliegenden Fall ausgegangen, so beinhaltet die vierte Bedingung, dass V in der KG über die Mehrheit der Stimmrechte verfügen muss. Dies ist bei einer an die Kapitalbeteiligung geknüpften Stimmrechtsverteilung möglich. Voraussetzung ist allerdings, dass V an der KG Mehrheitsgesellschafter wird.

Im Falle der Betriebsaufspaltung bietet es sich an, dass V im Rahmen der Umstrukturierung Eigentümer der wichtigsten Betriebsgrundlagen bleibt. Er vermietet bzw. verpachtet diese dann gemeinsam mit dem noch zu erwerbenden Grundstück an die Betriebs-GmbH.

Damit bleiben folgende zwei miteinander zu vergleichende mögliche Gestaltungen übrig:

1. Eine oder mehrere der beteiligten Personen gründen eine GmbH. Diese gründet gemeinsam mit den Gesellschaftern V, S und T eine KG. Die GmbH wird Komplementär-GmbH, V, S und T werden Kommanditisten. Hierbei wird V Mehrheitsgesellschafter der KG. Das Stimmrecht in der KG wird an die Beteiligungsverhältnisse geknüpft.
2. V, S und T gründen eine GmbH. V behält das wichtigste Vermögen des bisherigen Einzelunternehmens, erwirbt das Grundstück im Rheinland und vermietet bzw. verpachtet dieses gemeinsam mit den übrigen wichtigen Betriebsgrundlagen an die GmbH.

b) Schenkung des V an seine Kinder und Schenkungsteuerbelastung

Die geplanten Schenkungen des V an seine Kinder führen jeweils zu einem steuerpflichtigen Erwerb nach § 10 Abs. 1 ErbStG. Die Bewertung des steuerpflichtigen Erwerbs hat nach den Regeln des § 12 ErbStG zu erfolgen. Erfolgt eine Schenkung in Geld, so hat die Bewertung nach § 12 Abs. 1 ErbStG i. V. m. § 9 BewG zu dessen gemeinem Wert zu erfolgen. Dies ist der Nominalwert des Geldbetrages. Im vorliegenden Fall beträgt dann der Wert einer jeden der beiden Schenkungen 1 Mio €. Hiervon abzuziehen ist jeweils der Freibetrag nach § 16 Abs. 1 Nr. 2 ErbStG i. H. v. 400 T€, so dass ein Erwerb von 600 T€ zu versteuern ist. Der anzuwendende Steuersatz beträgt nach § 19 Abs. 1 ErbStG 15 %. Damit verursacht jede der beiden Schenkungen eine Schenkungsteuer i. H. v. (600.000 · 15 % =) 90 T€. Insgesamt beträgt die Schenkungsteuer bei der Schenkung von Geld also (90.000 · 2 =) 180 T€.

Eine Alternative zur Schenkung von Geld ist hier die Schenkung von Grundstücken bzw. von Bruchteilseigentum an Grundstücken. Im konkreten Fall bietet sich nur die Schenkung des in Sachsen zu erwerbenden Grundstücks an. Wird so verfahren, so muss V das Grundstück erwerben und es anschließend an S und T verschenken. Nach § 157 Abs. 1 BewG ist zum Tag der Schenkung der Grundbesitzwert dieses Grundstücks mit Hilfe eines Feststellungsbescheids förmlich festzustellen. Der Grundbesitzwert ist gem. § 157 Abs. 3 BewG nach den §§ 176 bis 198 BewG zu ermitteln. Bei einem mit einer Produktionshalle bebauten Grundstück handelt es sich um ein Geschäftsgrundstück i. S. d. § 181 Abs. 1 Nr. 4 BewG. Dieses ist entweder gem. § 182 Abs. 3 BewG nach dem Ertragswertverfahren oder gem. § 182 Abs. 4 BewG nach dem Sachwertverfahren zu bewerten. Das Ertragswertverfahren kommt dann zur Anwendung, wenn sich für das mit der Produktionshalle bebaute Grundstück eine (orts-) übliche Miete ermitteln lässt. Ist dies nicht möglich, so ist das Sachwertverfahren anzuwenden.

Das Ertragswertverfahren ist in den §§ 184 bis 188 BewG, das Sachwertverfahren in den §§ 189 bis 191 BewG geregelt. Eine konkrete Wertermittlung kann hier nicht durchgeführt werden, da die hierfür erforderlichen Daten fehlen. Es kann aber angenommen werden, dass der Grundbesitzwert in etwa dem Preis entspricht, zu dem das Grundstück V bereits zum Kauf angeboten worden ist. Näherungsweise kann also von einem Grundbesitzwert i. H. v. 2 Mio € ausgegangen werden. Auf S und T entfällt demnach ein Anteil i. H. v. jeweils 1 Mio €. Unter Zugrundelegung dieses Wertes entsteht - ebenso wie bei der Schenkung von Geldvermögen - eine Schenkungsteuer i. H. v. [(1.000.000 – 400.000) · 15 % =] 90 T€ je Schenkung, für die beiden Schenkungen zusammen also i. H. v. 180 T€.

Völlig vermeiden lässt sich Schenkungsteuer, wenn V die beabsichtigte Schenkung in Form einer Schenkung von Anteilen an der noch zu gründenden Familiengesellschaft vornimmt. Im Falle der Gründung einer GmbH & CoKG handelt es sich um die schenkungsweise Aufnahme der Kinder als Kommanditisten, im Falle der Betriebsaufspaltung um die Schenkung von GmbH-Anteilen. Unter der Voraussetzung, dass die zu übertragenden GmbH-Anteile durch Stimmrechtsvereinbarung gem. § 13b Abs. 2 Nr. 2 Satz 2 ErbStG in begünstigtes Vermögen umqualifiziert werden, kann in beiden Fällen durch die kumulative Wirkung der Steuerbefreiung nach § 13a ErbStG und nach § 16 ErbStG die Entstehung von Schenkungsteuer vermieden werden. Wird wiederum von einer Übertragung von Vermögen i. H. v. 1 Mio € je Schenkung ausgegangen, so ist dieses in Höhe des Verschonungsabschlags i. S. d. § 13a Abs. 1 ErbStG steuerfrei. Dieser umfasst 85 % des in § 13b Abs. 4 ErbStG definierten begünstigten Vermögens. Zumindest näherungsweise kann davon ausgegangen werden, dass dies je Schenkung einem Betrag von (85 % · 1 Mio € =) 850 T€ entspricht. Von dem verbleibenden Betrag abzuziehen ist noch der sich aus § 13a Abs. 2 ErbStG ergebende Abzugsbetrag von maximal 150 T€ je Schenkung.

Sowohl der Verschonungsabschlag als auch der Abzugsbetrag fallen dann - teilweise - weg, wenn die Behaltensregelungen des § 13a Abs. 5 ErbStG nicht eingehalten werden. Nach dem hier dargestellten Sachverhalt kann aber davon ausgegangen werden, dass diese Regelungen eingehalten werden, so dass sowohl der Verschonungsabschlag als auch der Abzugsbetrag auf Dauer erhalten bleiben.

Bereits die Kombination aus Verschonungsabschlag und Abzugsbetrag bewirkt, dass der steuerpflichtige Erwerb 0 € beträgt oder wenig darüber liegt. Durch die Möglichkeit des Abzugs des Freibetrags nach § 16 ErbStG i. H. v. maximal 400 T€ je Kind ist auf jeden Fall gewährleistet, dass keine Schenkungsteuer anfällt.

c) Grunderwerbsteuer

Mit dem Erwerb des in Leipzig belegenen Grundstücks entsteht Grunderwerbsteuer und zwar unabhängig davon, ob V, seine Kinder oder die zu gründende Gesellschaft das Grundstück erwerben. Erwirbt V das Grundstück und überträgt es anschließend schenkungsweise auf seine Kinder, so liegt ein zweiter steuerbarer Erwerb i. S. d. § 1 Abs. 1 GrEStG vor. Dieser Erwerb ist aber nach § 3 Nr. 2 GrEStG von der Besteuerung ausgenommen, d. h. die Übertragung des Grundstücks von V auf S und T ist von der Grunderwerbsteuer befreit.

Genutzt werden soll das Grundstück nicht von S und T, sondern von dem Unternehmen, dessen Rechtsform noch zu bestimmen ist. Durch die Nutzung des Grundstücks durch das Unternehmen kann ein weiterer grunderwerbsteuerbarer und -pflichtiger Vorgang ausgelöst werden. Dies ist aber nur dann der Fall, wenn das Grundstück nach der Schenkung nicht im Eigentum der beiden Kinder verbleibt, sondern auf einen anderen Rechtsträger übertragen wird. Dies ist im Falle einer Sacheinlage durch die Kinder der Fall. Bemessungsgrundlage ist dann nach § 8 Abs. 2 GrEStG der Grundbesitzwert, der zumindest annähernd dem Preis entsprechen dürfte, zu dem V das Grundstück erwerben kann, also 2 Mio €. Wird von einem Grundbesitzwert in dieser Höhe ausgegangen, so beträgt bei dem nach § 11 GrEStG anzuwendenden Steuersatz von 3,5 % die Grunder-werbsteuer (2.000.000 · 3,5 % =) 70.000 €. In dieser Höhe entsteht bei der hier skizzierten Vorgehensweise ein grunderwerbsteuerlicher Nachteil gegenüber dem Fall, dass das Unternehmen das Grundstück unmittelbar erwirbt. Dieser Nachteil lässt sich aber dadurch vermeiden, dass das Grundstück von S und T lediglich vermietet wird. Im Falle der Betriebsaufspaltung entsteht dann eine zweite Betriebsaufspaltung, diese aber nicht mit V, sondern mit S und T. Im Falle der Gründung einer GmbH & CoKG und Vermietung des Grundstücks an die KG entsteht Sonderbetriebsvermögen des S und der T.

d) Steuerliche Vor- und Nachteile der GmbH & CoKG im Vergleich zur Betriebsaufspaltung

d1) Stille Reserven

Unterschiede in der Besteuerung der miteinander zu vergleichenden Rechtsformen der GmbH & CoKG und der Betriebsaufspaltung können sich bei der Behandlung der stillen Reserven und im Rahmen der laufenden Besteuerung ergeben.

Stille Reserven können zum Zeitpunkt der Umstrukturierung in dem bisherigen Einzelunternehmen des V ruhen. Im Falle der Gründung einer GmbH & CoKG wird dieses Einzelunternehmen nach § 24 UmwStG in die KG der GmbH & CoKG eingebracht. Hierbei können die Buchwerte fortgeführt, es können aber auch die stillen Reserven aufgedeckt werden. Im Falle der Aufstockung entsteht ein Gewinn. Dieser ist aber nach § 16 Abs. 2 Satz 3 EStG insoweit als laufender Gewinn und nicht als begünstigter Veräußerungsgewinn zu behandeln, als V an der KG der GmbH & CoKG beteiligt ist. Allein aufgrund dieser Vorschrift besteht die Vermutung, dass eine Aufdeckung der stillen Reserven nicht vorteilhaft ist. Allerdings kann hier noch Untersuchungsbedarf bestehen. Eine entsprechende Untersuchung lässt sich aber nur anhand der konkreten Bilanzzahlen und nach Schätzung der stillen Reserven durchführen. Da diese Zahlen nicht angegeben sind, lässt sich diese Untersuchung hier nicht durchführen. Nachfolgend soll deshalb davon ausgegangen werden, dass die Buchwertfortführung vorteilhafter ist als die Aufstockung.

Im Falle der Betriebsaufspaltung kommt es nach derzeitigem Recht insoweit zu einer Aufdeckung stiller Reserven, als Wirtschaftsgüter auf die Betriebs-GmbH übertragen werden. Hierdurch dürfte allerdings gegenüber dem Fall der Gründung einer GmbH & CoKG kein oder nur ein geringer Nachteil entstehen. Dies liegt daran, dass die wichtigsten Betriebsgrundlagen in dem bisherigen Personenunternehmen, das nunmehr zum Besitzpersonenunternehmen wird, verbleiben sollen. Damit werden im Wesentlichen nur diejenigen stillen Reserven aufgedeckt, die in den Vorräten vorhanden sind. Bei diesen kann davon ausgegangen werden, dass sie in dem Jahr der Umwandlung oder kurz danach veräußert werden. Damit entsteht im Jahr der Umwandlung zwar ein Gewinn, doch wird dieser bereits in demselben Jahr oder im Folgejahr durch eine Gewinnminderung kompensiert. Diese zu erwartende Wirkung kann vermutlich durch eine entsprechende Darlegung gegenüber dem Finanzamt bereits bei der Festsetzung der Vorauszahlungen berücksichtigt werden. Hierdurch verbleiben vermutlich lediglich geringfügige unterjährige Zinseffekte, die hier vernachlässigt werden können.

Zusammenfassend kann festgestellt werden, dass hinsichtlich der steuerlichen Behandlung der stillen Reserven kein oder nur ein vernachlässigbar geringer Unterschied zwischen den Vergleichsfällen entsteht.

d2) Wirkungen des § 11 Absatz 1 Nr. 1 GewStG

Sowohl bei Gründung einer GmbH & CoKG als auch im Falle einer Betriebsaufspaltung kommt der Freibetrag nach § 11 Abs. 1 Nr. 1 GewStG zur Anwendung. Im Falle der GmbH & CoKG kommt dieser bei der KG, im Falle der Betriebsaufspaltung bei dem Besitzpersonenunternehmen zum Abzug. Vor- oder Nachteile entstehen insoweit zwischen den Vergleichsfällen nicht. Die genannten Vorschriften brauchen deshalb nicht weiter beachtet zu werden.

d3) Gehälter

Gehälter an V, S und T sind im Falle der Betriebsaufspaltung abzugsfähige Betriebsausgaben. Voraussetzung ist allerdings, dass die Gehälter von der Betriebs-GmbH und nicht von dem Besitzpersonenunternehmen gezahlt werden. Diese Vorgehensweise ist aber auch nur sachgerecht, so dass von ihr nachfolgend ausgegangen wird.

Im Falle der Gründung einer GmbH & CoKG sind von der Komplementär-GmbH gezahlte Gehälter an V, S und T insoweit abzugsfähig, als einzelne der genannten Personen nicht zugleich Gesellschafter beider Gesellschaften sind. Andernfalls stellen die Gehälter grundsätzlich Vorabgewinne dar. Ein Verzicht auf eine Beteiligung an der KG kommt nur für S und T, nicht hingegen für V in Betracht. Das gilt zumindest dann, wenn die GmbH im Wesentlichen nur eine Komplementärfunktion ausführen und die KG das Vermögen halten soll. Dies ist die heute zweifellos häufigste Art der Gestaltung einer GmbH & CoKG. Wird diese traditionelle Gestaltung gewählt, so können nur die Gehälter an S und T zum Abzug kommen. Dies setzt dann voraus, dass S und T nur Gesellschafter der Komplementär-GmbH, nicht hingegen auch der KG werden. Alleiniger Kommanditist wird dann V. Durch die Nichtabzugsfähigkeit seines Geschäftsführergehalts entsteht im Vergleich zur Betriebsaufspaltung ein gewerbesteuerlicher Nachteil, der auch nicht vollständig durch die Anrechnung nach § 35 EStG aufgewogen wird, da der für beide Produktionsstandorte des Unternehmens erwartete Gewerbesteuerhebesatz von 450 % für eine Vollanrechnung der Gewerbesteuer zu hoch ist. Bekanntlich ist eine Vollanrechnung nur bis zu einem Hebesatz von 401 % möglich. Der zu erwartende gewerbesteuerliche Nachteil dürfte allerdings gering sein. Zu beachten ist aber, dass eine Beteiligung der Kinder nur an der Komplementär-GmbH wahrscheinlich nicht mit dem Ziel vereinbar ist, jedem Kind eine Schenkung im Wert von 1 Mio € zukommen zu lassen. Vermutlich gibt die Ausstattung der Komplementär-GmbH mit einem Eigenkapital i. H. v. (mindestens) 2 Mio € aus nichtsteuerlichen Gründen keinen Sinn. Ist dies der Fall, so muss bei Gründung einer Komplementär-GmbH ein gewerbesteuerlicher Nachteil gegenüber einer Betriebsaufspaltung in Kauf genommen werden. Dieser Nachteil wird dann durch die Gehaltszahlungen an alle drei Gesellschafter des Gesamtgebildes (V, S und T) hervorgerufen. Er ergibt sich aus der Differenz zwischen den Hebesätzen von 450 % (tatsächlicher Hebesatz) und von 401 % (maximaler Hebesatz, bei dem es zu einer Vollanrechnung der Gewerbesteuer auf die Einkommensteuer und den Solidaritätszuschlag kommt), multipliziert mit der Steuermesszahl von 3,5 % und der Summe der jährlichen Gehälter aller drei Gesellschafter. Die Summe dieser Gehälter beträgt (150.000 · 3 =) 450 T€ p. a. Die nicht anrechenbare Gewerbesteuer ergibt sich demnach in einer Höhe von [(450 % − 401 %) · 3,5 % · 450 T€ =] 7.718 € p. a. In dieser Höhe entsteht ein gewerbesteuerlicher Nachteil bei Gründung einer GmbH & CoKG gegenüber dem Fall der Betriebsaufspaltung.

Eine vollständige Abzugsfähigkeit der Gehälter an V, S und T lässt sich nur durch Gestaltungsmaßnahmen erreichen, die von der traditionellen Gestaltung der GmbH & CoKG abweichen. Eine Möglichkeit besteht darin, dass V nicht Gesellschafter, sondern lediglich Geschäftsführer der Komplementär-GmbH wird. Allerdings erscheint es zumindest zweifelhaft, ob V dies aus nichtsteuerlichen Gründen akzeptieren wird. Diese Frage müsste erforderlichenfalls vorab geklärt werden. Eine andere Möglichkeit besteht darin, dass V zwar Gesellschafter der GmbH, nicht aber der KG wird. Diese Gestaltung ist nur dann mit den nichtsteuerlichen Rahmendaten vereinbar, wenn der Betrieb des bisherigen Einzelunternehmens nicht in die KG, sondern in die GmbH eingebracht wird. Die GmbH hätte dann weit über die Komplementärfunktion hinausgehende Aufgaben. Hier stellt sich die Frage, welche Funktionen die KG dann überhaupt ausüben soll. Diese Frage müsste, sollte dieser Gedanke weiterverfolgt werden, unbedingt geklärt werden. Außerdem müsste mit V, S und T geklärt werden, ob die hier skizzierte Gestaltungsmaßnahme mit ihren sonstigen Vorstellungen in Einklang steht. Dies erscheint deshalb notwendig, weil eine von der derzeit üblichen Konstruktion einer GmbH & CoKG weit abweichende Konstruktion gewählt würde.

d4) Miet- und Pachtaufwendungen

Im Falle der Betriebsaufspaltung mindern die Miet- oder Pachtzahlungen das zu versteuernde Einkommen und den Gewerbeertrag der Betriebs-GmbH. Die Miet- bzw. Pachteinnahmen unterliegen bei V der Einkommensteuer und zusätzlich der Gewerbesteuer des Besitzpersonenunternehmens. Damit haben die Mieten oder Pachten die Wirkung von -E i. S. d. Gleichung (II) und von +E i. S. v. Gleichung (Ia) der in Teil I abgeleiteten Gleichungen.

Der mit E i. d. Gleichung (II) verknüpfte kombinierte Körperschaftsteuer- und Solidaritätszuschlagsatz s_k nimmt einen Wert von $(0,15 \cdot 1,055 =) 15,825 \%$ an. Der Gewerbesteuersatz ergibt sich als das Produkt aus der Steuermesszahl von $3,5 \%$ und dem Hebesatz von 450%. Er beträgt also $15,75 \%$ ($s_{ge} = 0,1575$). Da V keiner Kirchengemeinde angehört und sich das Einkommen des V im oberen Plafond bewegt, ist für s_e in Gleichung (Ia) ein kombinierter Einkommensteuer- und Solidaritätszuschlagsatz von $(45 \% \cdot 1,055 =) 47,475 \%$ einzusetzen. Die Steuermesszahl in Gleichung (Ia) hat den Wert $3,5 \%$ ($m_e = 3,5$), der Hebesatz einen Wert von 450% ($h = 4,5$) und der Anrechnungsfaktor nach § 35 EStG einen Wert von $3,8$ ($\alpha = 3,8$).

Bei Anschaffungs- und Herstellungskosten des Grundstücks und der darauf zu errichtenden Gebäude von 15 Mio € kann der angemessene jährliche Miet- und Pachtzins auf 1 bis 1,5 Mio € geschätzt werden. Wird von einem Betrag von lediglich 1 Mio € ausgegangen, so ergeben sich folgende Wirkungen:

$$(0,15825 + 0,1575) \cdot (- 1.000.000 \, €) \qquad = \quad - 315.750 \, €$$

$$[0,47475 + 0,035 \cdot (4,5 - 3,8 \cdot 1,055)] \cdot 1.000.000 \, € \quad = \quad + 491.935 \, €$$

$$\text{Jährliche Differenzbelastung} \qquad = \quad + 176.185 \, €$$

Die Vereinbarung der Miet- und Pachtzahlungen zwischen V und der Betriebs-GmbH verursacht also per Saldo eine Mehrbelastung i. H. v. rd. 176 T€ p. a. im Vergleich zur Unterlassensalternative. Aus rein steuerlicher Sicht legt dieser Sachverhalt die Vereinbarung einer möglichst geringen Miet- bzw. Pachthöhe nahe. Dies ist nach der Rechtsprechung des BFH auch zulässig. Nach einem Beschluss des Großen Senats des BFH aus dem Jahre 1987 ist nämlich kein Gesellschafter der GmbH gezwungen, Nutzen aus der GmbH zu ziehen[2]. V sollte deshalb überlegen, ob er unter Berücksichtigung aller

---

2   Vgl. BFH-Beschluss v. 26.10.1987, GrS 2/86, BStBl 1988 II, S. 348.

nichtsteuerlichen Aspekte bereit ist, einen unter 1 Mio € p. a. liegenden Mietzins zu akzeptieren und wie hoch dieser mindestens sein sollte. Zu beachten ist aber, dass eine Verlagerung von Einkünften aus dem Privatbereich des V in den Bereich der Betriebs-GmbH nur dann ohne weitere Untersuchung als steuerlich vorteilhaft angesehen werden kann, wenn die bei der GmbH durch diese Maßnahme entstehenden Gewinne - wie im Sachverhalt angenommen - bei dieser quasi dauerhaft thesauriert werden. Ist diese Voraussetzung nicht erfüllt, so muss eine tiefgehende Analyse erfolgen, in der auch die Wirkungen einer Ausschüttung der Gewinne an die Gesellschafter der GmbH berücksichtigt werden. In diesem Zusammenhang kann hier auf Teil IV des Buches, Gliederungspunkt 2.5.2.4 verwiesen werden.

Die bisherigen Ausführungen über die Wirkung eines Miet- und Pachtverhältnisses beziehen sich jeweils auf einen Vergleich mit der Unterlassensalternative. Sie sagen somit nichts über die Vorteilhaftigkeit der Betriebsaufspaltung im Vergleich zur GmbH & CoKG aus. Bei einem derartigen Vergleich ist im Falle der Betriebsaufspaltung die Besteuerung der Miet- bzw. Pachteinnahmen bei dem Besitzpersonenunternehmen zu erfassen. Die entsprechenden Steuerwirkungen sind bereits weiter oben mit 491.935 € ermittelt worden. Im Falle der GmbH & CoKG werden die Miet- und Pachtzahlungen als Vorabgewinne des V erfasst. Sie stellen damit - ebenso wie bei der Betriebsaufspaltung - E i. S. v. Gleichung (Ia) des V dar. Die Belastung beträgt damit ebenfalls:

$$[0{,}47475 + 0{,}035 \cdot (4{,}5 - 3{,}8 \cdot 1{,}055\,)] \cdot 1.000.000\ € = 491.935\ €.$$

Insgesamt kann gefolgert werden, dass hinsichtlich der steuerlichen Belastung der Mieten bzw. Pachten kein Unterschied zwischen der Betriebsaufspaltung und der GmbH & CoKG besteht.

Bei Gründung einer GmbH & CoKG führt die Vereinbarung von Miet- oder Pachtzahlungen der KG an V zu einer Minderung des Gewinns der KG zu Gunsten einer Erhöhung des Vorabgewinns des V. Hierdurch kommt es zu einer teilweisen Verlagerung von Einkünften von S und T auf V. Auf die gesamte Familie bezogen führt dies zu einem steuerlichen Nachteil, da lt. Sachverhalt das Differenzeinkommen bei V einem Einkommensteuersatz von 45 % unterliegt, bei S und T hingegen nur von 42 %. Auch hier sollten - bei steuerlicher Partialbetrachtung - die Mietzahlungen möglichst gering gehalten werden. Zu beachten ist aber, dass die vereinbarte Höhe der Mietzahlungen in einem angemessenen Rahmen liegen muss. Andernfalls ist zu erwarten, dass sie vom Finanzamt im Rahmen einer Betriebsprüfung nicht anerkannt wird.

d5) Thesaurierte Gewinne

Nach dem geplanten Sachverhalt sollen die Gewinne vollständig oder doch weitgehend thesauriert werden. Dies soll quasi auf Dauer geschehen. Damit kann im Falle der Thesaurierung innerhalb einer GmbH der Barwert der Steuerzahlungen späterer Ausschüttungen vernachlässigt werden. Da sich die Einkommen aller Gesellschafter voraussichtlich im unteren oder oberen Plafond bewegen werden, ist die Thesaurierung innerhalb einer GmbH vorteilhafter als innerhalb eines Personenunternehmens. Dies gilt sowohl bei Gründung einer GmbH & CoKG als auch im Falle einer Betriebsaufspaltung. Bei einer GmbH & CoKG ist es somit vorteilhaft, die Gewinne innerhalb der GmbH der GmbH & CoKG zu thesaurieren, im Falle einer Betriebsaufspaltung innerhalb der Betriebs-GmbH. Hierbei ist die Möglichkeit der Thesaurierung im Falle der Betriebsaufspaltung dann erheblich größer als in dem einer GmbH & CoKG, wenn bei der GmbH & CoKG die GmbH ausschließlich oder doch überwiegend die Komplementärfunktion ausüben soll. In diesem Fall ist die Betriebsaufspaltung hinsichtlich der Steuerfolgen der Thesaurierung erheblich vorteilhafter als die GmbH & CoKG. Für letztere Rechtsform sollte deshalb geklärt werden, ob von der üblichen Form einer reinen Komplementär-GmbH Abstand genommen und die GmbH in erheblichem Umfang betriebliche Funktionen übernehmen sollte. Solange dies nicht geklärt ist, kann nicht abschließend beurteilt werden, ob die GmbH & CoKG hinsichtlich der steuerlichen Behandlung thesaurierter Gewinne tatsächlich nachteiliger ist als die Betriebsaufspaltung.

d6) Zusammenfassung der rechtsformabhängigen steuerlichen Ergebnisse

Die unter d1) bis d5) ermittelten Ergebnisse lassen sich wie folgt zusammenfassen:

- Weder bei Umwandlung des Einzelunternehmens in eine GmbH & CoKG noch bei seiner Aufspaltung in ein Besitzpersonenunternehmen und in eine Betriebs-Kapitalgesellschaft dürfte es vorteilhaft sein, die in dem bisherigen Einzelunternehmen entstandenen stillen Reserven aufzudecken. Hinsichtlich der Steuerfolgen dieser stillen Reserven bestehen deshalb keine Unterschiede zwischen den Alternativen.
- Keine Unterschiede zwischen den Alternativen ergeben sich auch aus dem Abzug des Freibetrags des § 11 Abs. 1 Nr. 1 GewStG.
- Hinsichtlich der Gehaltszahlungen ist grundsätzlich die Betriebsaufspaltung vorteilhafter als die GmbH & CoKG.
- Hinsichtlich der Miet- und Pachtzahlungen bestehen zwischen der GmbH & CoKG und der Betriebsaufspaltung grundsätzlich keine Unterschiede. Doch ist die Flexibilität der Gestaltungsmaßnahmen im Falle der Betriebsaufspaltung größer als in der einer GmbH & CoKG.
- Hinsichtlich der thesaurierten Gewinne ist die Betriebsaufspaltung grundsätzlich vorteilhafter als die GmbH & CoKG.

e) Zusammenfassung und ausstehende Arbeiten

Aus nichtsteuerlichen Gründen kommen im konkreten Fall nur die Rechtsformen der GmbH & CoKG und der Betriebsaufspaltung in Betracht. Aus steuerlicher Sicht erweist sich die Betriebsaufspaltung als vorteilhafter als die Gründung einer GmbH & CoKG.

Anhang

Vorbemerkungen

Der Anhang besteht aus drei Teilen, und zwar aus

- Anhang 1: Tabellen
- Anhang 2: Abbildungen
- Anhang 3: Wichtige Formeln.

Der Anhang beruht auf dem für die Bundesrepublik Deutschland im Sommer 2009 geltenden Recht. Soweit der Einkommensteuertarif nach § 32a EStG zur Anwendung kommt, handelt es sich um den Tarif, der nach dem Rechtsstand im Sommer 2009 für das Jahr 2010 gilt. Die für das Buch wichtigen Absätze 1 und 5 dieser Rechtsnorm lauten:

„§ 32a Einkommensteuertarif

(1) Die tarifliche Einkommensteuer bemisst sich nach dem zu versteuernden Einkommen. Sie beträgt vorbehaltlich der §§ 32b, 32d, 34, 34a, 34b und 34c jeweils in Euro für zu versteuernde Einkommen
1. bis 8.004 Euro (Grundfreibetrag):
   0
2. von 8.005 Euro bis 13.469 Euro:
   $(912,17 \cdot y + 1.400) \cdot y$;
3. von 13.470 Euro bis 52.881 Euro:
   $(228,74 \cdot z + 2.397) \cdot z + 1.038$;
4. von 52.882 Euro bis 250.730 Euro:
   $0,42 \cdot x - 8.172$;
5. von 250.731 Euro an:
   $0,45 \cdot x - 15.694$.

„y" ist ein Zehntausendstel des 8.004 Euro übersteigenden Teils des auf einen vollen Euro-Betrag abgerundeten zu versteuernden Einkommens. „z" ist ein Zehntausendstel des 13.469 Euro übersteigenden Teils des auf einen vollen Euro-Betrag abgerundeten zu versteuernden Einkommens. „x" ist das auf einen vollen Euro-Betrag abgerundete zu versteuernde Einkommen. Der sich ergebende Steuerbetrag ist auf den nächsten vollen Euro-Betrag abzurunden.
⋮

(5) Bei Ehegatten, die nach den §§ 26, 26b zusammen zur Einkommensteuer veranlagt werden, beträgt die tarifliche Einkommensteuer vorbehaltlich der §§ 32b, 32d, 34, 34a, 34b und 34c das Zweifache des Steuerbetrags, der sich für die Hälfte ihres gemeinsam zu versteuernden Einkommens nach Absatz 1 ergibt (Splitting-Verfahren)."

Anhang 1: Tabellen

Tabelle T-1: *Einkommensteuersätze ohne Kirchensteuer und ohne Solidaritäts-zuschlag, Grundtarif ab 2010*

zu versteuerndes Einkommen in T€	Durchschnitts-steuersatz = durchschnittliche Einkommensteuerbelastung des Einkommenswerts in Spalte 1	Grenzsteuersatz = Grenzsteuerbelastung des Einkommenswerts in Spalte 1 = Differenzsteuersatz bezogen auf zu versteuernde Einkommen lt. Spalte 1 als mittlere Werte	der Differenzsteuerbetrachtung zugrunde gelegte Einkommensklassen in T€		Differenzsteuersatz = Belastung der in Spalte 4 aufgeführten Einkommensdifferenz
Spalte 1	Spalte 2	Spalte 3	Spalte 4		Spalte 5
0	0,00 %	0,00 %	0	- 8,004	0,00 %
8,005	0,00 %	14,00 %	8,005 -	10	15,82 %
10	3,16 %	17,64 %	10	- 15	21,16 %
15	9,40 %	24,67 %	15	- 20	25,81 %
20	13,51 %	26,96 %	20	- 25	28,10 %
25	16,42 %	29,25 %	25	- 30	30,39 %
30	18,75 %	31,53 %	30	- 35	32,68 %
35	20,74 %	33,82 %	35	- 40	34,96 %
40	22,52 %	36,11 %	40	- 45	37,25 %
45	24,16 %	38,39 %	45	- 50	39,54 %
50	25,69 %	40,68 %	50	- 55	41,34 %
55	27,14 %	42,00 %	55	- 60	42,00 %
60	28,38 %	42,00 %	60	- 65	42,00 %
65	29,43 %	42,00 %	65	- 70	42,00 %
70	30,33 %	42,00 %	70	- 75	42,00 %
75	31,10 %	42,00 %	75	- 80	42,00 %
80	31,79 %	42,00 %	80	- 85	42,00 %
85	32,39 %	42,00 %	85	- 90	42,00 %
90	32,92 %	42,00 %	90	- 95	42,00 %
95	33,40 %	42,00 %	95	- 100	42,00 %
100	33,83 %	42,00 %	100	- 110	42,00 %
110	34,57 %	42,00 %	110	- 120	42,00 %
120	35,19 %	42,00 %	120	- 130	42,00 %
130	35,71 %	42,00 %	130	- 140	42,00 %
140	36,16 %	42,00 %	140	- 150	42,00 %
150	36,55 %	42,00 %	150	- 160	42,00 %
160	36,89 %	42,00 %	160	- 170	42,00 %
170	37,19 %	42,00 %	170	- 180	42,00 %
180	37,46 %	42,00 %	180	- 190	42,00 %
190	37,70 %	42,00 %	190	- 200	42,00 %
200	37,91 %	42,00 %	200	- 300	43,50 %
300	39,77 %	45,00 %	300	- 400	45,00 %
400	41,08 %	45,00 %	400	- 500	45,00 %
500	41,86 %	45,00 %	500	- 1.000	45,00 %
1.000	43,43 %	45,00 %	1.000	- 2.000	45,00 %
2.000	44,22 %	45,00 %	2.000	- ∞	45,00 %

Tabelle T-2:   *Einkommensteuersätze ohne Kirchensteuer und ohne Solidaritätszuschlag, Splittingtarif ab 2010*

zu versteuerndes Einkommen in T€	Durchschnittssteuersatz = durchschnittliche Einkommensteuerbelastung des Einkommenswerts in Spalte 1	Grenzsteuersatz = Grenzsteuerbelastung des Einkommenswerts in Spalte 1 = Differenzsteuersatz bezogen auf zu versteuernde Einkommen lt. Spalte 1 als mittlere Werte	der Differenzsteuerbetrachtung zugrunde gelegte Einkommensklassen in T€		Differenzsteuersatz = Belastung der in Spalte 4 aufgeführten Einkommensdifferenz
Spalte 1	Spalte 2	Spalte 3	Spalte 4		Spalte 5
0	0,00 %	0,00 %	0	- 16,008	0,00 %
16,01	0,00 %	14,00 %	16,01	- 20	15,82 %
20	3,16 %	17,64 %	20	- 30	21,16 %
30	9,40 %	24,67 %	30	- 40	25,81 %
40	13,51 %	26,96 %	40	- 50	28,10 %
50	16,42 %	29,25 %	50	- 60	30,39 %
60	18,75 %	31,53 %	60	- 70	32,68 %
70	20,74 %	33,82 %	70	- 80	34,96 %
80	22,52 %	36,11 %	80	- 90	37,25 %
90	24,16 %	38,39 %	90	- 100	39,54 %
100	25,69 %	40,68 %	100	- 110	41,34 %
110	27,14 %	42,00 %	110	- 120	42,00 %
120	28,38 %	42,00 %	120	- 130	42,00 %
130	29,43 %	42,00 %	130	- 140	42,00 %
140	30,33 %	42,00 %	140	- 150	42,00 %
150	31,10 %	42,00 %	150	- 160	42,00 %
160	31,79 %	42,00 %	160	- 170	42,00 %
170	32,39 %	42,00 %	170	- 180	42,00 %
180	32,92 %	42,00 %	180	- 190	42,00 %
190	33,40 %	42,00 %	190	- 200	42,00 %
200	33,83 %	42,00 %	200	- 210	42,00 %
220	34,57 %	42,00 %	220	- 240	42,00 %
240	35,19 %	42,00 %	240	- 260	42,00 %
260	35,71%	42,00 %	260	- 280	42,00 %
280	36,16 %	42,00 %	280	- 300	42,00 %
300	36,55 %	42,00 %	300	- 320	42,00 %
320	36,89 %	42,00 %	320	- 340	42,00 %
340	37,19 %	42,00 %	340	- 360	42,00 %
360	37,46 %	42,00 %	360	- 380	42,00 %
380	37,70 %	42,00 %	380	- 400	42,00 %
400	37,91 %	42,00 %	400	- 600	43,50 %
600	39,77 %	45,00 %	600	- 800	45,00 %
800	41,08 %	45,00 %	800	- 1.000	45,00 %
1.000	41,86 %	45,00 %	1.000	- 2.000	45,00 %
2.000	43,43 %	45,00 %	2.000	- 4.000	45,00 %
4.000	44,22 %	45,00 %	4.000	- ∞	45,00 %

Tabelle T-3: *Einkommensteuersätze ohne Kirchensteuer und mit Solidaritätszu-*
schlag, Grundtarif ab 2010

zu versteuerndes Einkommen in T€	Durchschnittssteuersatz = durchschnittliche Einkommensteuerbelastung des Einkommenswerts in Spalte 1	Grenzsteuersatz = Grenzsteuerbelastung des Einkommenswerts in Spalte 1 = Differenzsteuersatz bezogen auf zu versteuernde Einkommen lt. Spalte 1 als mittlere Werte	der Differenzsteuerbetrachtung zugrunde gelegte Einkommensklassen in T€		Differenzsteuersatz = Belastung der in Spalte 4 aufgeführten Einkommensdifferenz
Spalte 1	Spalte 2	Spalte 3	Spalte 4		Spalte 5
0	0,00 %	0,00 %	0	- 8,004	0,00 %
8,005	0,00 %	14,77 %	8,005	- 10	16,69 %
10	3,33 %	18,61 %	10	- 15	22,32 %
15	9,92 %	26,03 %	15	- 20	27,23 %
20	14,25 %	28,44 %	20	- 25	29,65 %
25	17,33 %	30,85 %	25	- 30	32,06 %
30	19,78 %	33,27 %	30	- 35	34,47 %
35	21,88 %	35,68 %	35	- 40	36,89 %
40	23,76 %	38,09 %	40	- 45	39,30 %
45	25,48 %	40,51 %	45	- 50	41,71 %
50	27,11 %	42,92 %	50	- 55	43,61 %
55	28,63 %	44,31 %	55	- 60	44,31 %
60	29,94 %	44,31 %	60	- 65	44,31 %
65	31,05 %	44,31 %	65	- 70	44,31 %
70	31,99 %	44,31 %	70	- 75	44,31 %
75	32,81 %	44,31 %	75	- 80	44,31 %
80	33,53 %	44,31 %	80	- 85	44,31 %
85	34,17 %	44,31 %	85	- 90	44,31 %
90	34,73 %	44,31 %	90	- 95	44,31 %
95	35,23 %	44,31 %	95	- 100	44,31 %
100	35,69 %	44,31 %	100	- 110	44,31 %
110	36,47 %	44,31 %	110	- 120	44,31 %
120	37,13 %	44,31 %	120	- 130	44,31 %
130	37,68 %	44,31 %	130	- 140	44,31 %
140	38,15 %	44,31 %	140	- 150	44,31 %
150	38,56 %	44,31 %	150	- 160	44,31 %
160	38,92 %	44,31 %	160	- 170	44,31 %
170	39,24 %	44,31 %	170	- 180	44,31 %
180	39,52 %	44,31 %	180	- 190	44,31 %
190	39,77 %	44,31 %	190	- 200	44,31 %
200	40,00 %	44,31 %	200	- 300	45,89 %
300	41,95 %	47,48 %	300	- 400	47,48 %
400	43,33 %	47,48 %	400	- 500	47,48 %
500	44,16 %	47,48 %	500	- 1.000	47,48 %
1.000	45,82 %	47,48 %	1.000	- 2.000	47,48 %
2.000	46,65 %	47,48 %	2.000	- ∞	47,48 %

Tabelle T-4:   *Einkommensteuersätze ohne Kirchensteuer und mit Solidaritätszu-*
                  schlag, Splittingtarif ab 2010

zu versteu-erndes Ein-kommen in T€	Durchschnitts-steuersatz = durchschnittli-che Einkom-mensteuerbe-lastung des Einkommens-werts in Spalte 1	Grenzsteuersatz = Grenzsteuerbelastung des Einkommenswerts in Spalte 1 = Differenz-steuersatz bezogen auf zu versteuernde Einkommen lt. Spalte 1 als mittlere Werte	der Differenzsteuerbe-trachtung zugrunde gelegte Einkommens-klassen in T€		Differenz-steuersatz = Belastung der in Spalte 4 aufgeführten Einkommens-differenz
Spalte 1	Spalte 2	Spalte 3	Spalte 4		Spalte 5
0	0,00 %	0,00 %	0	- 16,008	0,00 %
16,01	0,00 %	14,77 %	16,01	- 20	16,69 %
20	3,33 %	18,61 %	20	- 30	22,32 %
30	9,92 %	26,03 %	30	- 40	27,23 %
40	14,25 %	28,44 %	40	- 50	29,65 %
50	17,33 %	30,85 %	50	- 60	32,06 %
60	19,78 %	33,27 %	60	- 70	34,47 %
70	21,88 %	35,68 %	70	- 80	36,89 %
80	23,76 %	38,09 %	80	- 90	39,30 %
90	25,48 %	40,51 %	90	- 100	41,71 %
100	27,11 %	42,92 %	100	- 110	43,61 %
110	28,63 %	44,31 %	110	- 120	44,31 %
120	29,94 %	44,31 %	120	- 130	44,31 %
130	31,05 %	44,31 %	130	- 140	44,31 %
140	31,99 %	44,31 %	140	- 150	44,31 %
150	32,81 %	44,31 %	150	- 160	44,31 %
160	33,53 %	44,31 %	160	- 170	44,31 %
170	34,17 %	44,31 %	170	- 180	44,31 %
180	34,73 %	44,31 %	180	- 190	44,31 %
190	35,23 %	44,31 %	190	- 200	44,31 %
200	35,69 %	44,31 %	200	- 210	44,31 %
220	36,47 %	44,31 %	220	- 240	44,31 %
240	37,13 %	44,31 %	240	- 260	44,31 %
260	37,68 %	44,31 %	260	- 280	44,31 %
280	38,15 %	44,31 %	280	- 300	44,31 %
300	38,56 %	44,31 %	300	- 320	44,31 %
320	38,92 %	44,31 %	320	- 340	44,31 %
340	39,24 %	44,31 %	340	- 360	44,31 %
360	39,52 %	44,31 %	360	- 380	44,31 %
380	39,77 %	44,31 %	380	- 400	44,31 %
400	40,00 %	44,31 %	400	- 600	45,89 %
600	41,95 %	47,48 %	600	- 800	47,48 %
800	43,33 %	47,48 %	800	- 1.000	47,48 %
1.000	44,16 %	47,48 %	1.000	- 2.000	47,48 %
2.000	45,82 %	47,48 %	2.000	- 4.000	47,48 %
4.000	46,65 %	47,48 %	4.000	- ∞	47,48 %

Tabelle T-5:   *Einkommensteuersätze mit Kirchensteuer, mit Solidaritätszuschlag, Grundtarif ab 2010*

zu versteuerndes Einkommen in T€	Durchschnittssteuersatz = durchschnittliche Einkommensteuerbelastung des Einkommenswerts in Spalte 1	Grenzsteuersatz = Grenzsteuerbelastung des Einkommenswerts in Spalte 1 = Differenzsteuersatz bezogen auf zu versteuernde Einkommen lt. Spalte 1 als mittlere Werte	der Differenzsteuerbetrachtung zugrunde gelegte Einkommensklassen in T€		Differenzsteuersatz = Belastung der in Spalte 4 aufgeführten Einkommens differenz
Spalte 1	Spalte 2	Spalte 3	Spalte 4		Spalte 5
0	0,00 %	0,00 %	0	- 8,004	0,00 %
8,005	0,00 %	15,83 %	8,005	- 10	17,86 %
10	3,60 %	19,88 %	10	- 15	23,76 %
15	10,68 %	27,63 %	15	- 20	28,88 %
20	15,28 %	30,14 %	20	- 25	31,38 %
25	18,53 %	32,63 %	25	- 30	33,87 %
30	21,11 %	35,11 %	30	- 35	36,34 %
35	23,31 %	37,58 %	35	- 40	38,81 %
40	25,27 %	40,04 %	40	- 45	41,27 %
45	27,07 %	42,49 %	45	- 50	43,71 %
50	28,75 %	44,94 %	50	- 55	45,64 %
55	30,34 %	46,34 %	55	- 60	46,34 %
60	31,69 %	46,34 %	60	- 65	46,34 %
65	32,83 %	46,34 %	65	- 70	46,34 %
70	33,80 %	46,34 %	70	- 75	46,34 %
75	34,64 %	46,34 %	75	- 80	46,34 %
80	35,38 %	46,34 %	80	- 85	46,34 %
85	36,03 %	46,34 %	85	- 90	46,34 %
90	36,61 %	46,34 %	90	- 95	46,34 %
95	37,12 %	46,34 %	95	- 100	46,34 %
100	37,59 %	46,34 %	100	- 110	46,34 %
110	38,39 %	46,34 %	110	- 120	46,34 %
120	39,06 %	46,34 %	120	- 130	46,34 %
130	39,62 %	46,34 %	130	- 140	46,34 %
140	40,10 %	46,34 %	140	- 150	46,34 %
150	40,52 %	46,34 %	150	- 160	46,34 %
160	40,88 %	46,34 %	160	- 170	46,34 %
170	41,21 %	46,34 %	170	- 180	46,34 %
180	41,49 %	46,34 %	180	- 190	46,34 %
190	41,75 %	46,34 %	190	- 200	46,34 %
200	41,98 %	46,34 %	200	- 300	47,93 %
300	43,96 %	49,52 %	300	- 400	49,52 %
400	45,36 %	49,52 %	400	- 500	49,52 %
500	46,19 %	49,52 %	500	- 1.000	49,52 %
1.000	47,86 %	49,52 %	1.000	- 2.000	49,52 %
2.000	48,69 %	49,52 %	2.000	- ∞	49,52 %

Tabelle T-6: Einkommensteuersätze mit Kirchensteuer, mit Solidaritätszuschlag, Splittingtarif ab 2010

zu versteuerndes Einkommen in T€	Durchschnittssteuersatz = durchschnittliche Einkommensteuerbelastung des Einkommenswerts in Spalte 1	Grenzsteuersatz = Grenzsteuerbelastung des Einkommenswerts in Spalte 1 = Differenzsteuersatz bezogen auf zu versteuernde Einkommen lt. Spalte 1 als mittlere Werte	der Differenzsteuerbetrachtung zugrunde gelegte Einkommensklassen in T€		Differenzsteuersatz = Belastung der in Spalte 4 aufgeführten Einkommensdifferenz
Spalte 1	Spalte 2	Spalte 3	Spalte 4		Spalte 5
0	0,00 %	0,00 %	0	- 16,008	0,00 %
15,33	0,00 %	15,83 %	16,01	- 20	17,86 %
20	3,60 %	19,88 %	20	- 30	23,76 %
30	10,68 %	27,63 %	30	- 40	28,88 %
40	15,28 %	30,14 %	40	- 50	31,38 %
50	18,53 %	32,63 %	50	- 60	33,87 %
60	21,11 %	35,11 %	60	- 70	33,87 %
70	23,31 %	37,58 %	70	- 80	36,34 %
80	25,27 %	40,04 %	80	- 90	38,81 %
90	27,07 %	42,49 %	90	- 100	41,27 %
100	28,75 %	44,94 %	100	- 110	43,71 %
110	30,34 %	46,34 %	110	- 120	45,64 %
120	31,69 %	46,34 %	120	- 130	46,34 %
130	32,83 %	46,34 %	130	- 140	46,34 %
140	33,80 %	46,34 %	140	- 150	46,34 %
150	34,64 %	46,34 %	150	- 160	46,34 %
160	35,38 %	46,34 %	160	- 170	46,34 %
170	36,03 %	46,34 %	170	- 180	46,34 %
180	36,61 %	46,34 %	180	- 190	46,34 %
190	37,12 %	46,34 %	190	- 200	46,34 %
200	37,59 %	46,34 %	200	- 210	46,34 %
220	38,39 %	46,34 %	220	- 240	46,34 %
240	39,06 %	46,34 %	240	- 260	46,34 %
260	39,62 %	46,34 %	260	- 280	46,34 %
280	40,10 %	46,34 %	280	- 300	46,34 %
300	40,52 %	46,34 %	300	- 320	46,34 %
320	40,88 %	46,34 %	320	- 340	46,34 %
340	41,21 %	46,34 %	340	- 360	46,34 %
360	41,49 %	46,34 %	360	- 380	46,34 %
380	41,75 %	46,34 %	380	- 400	46,34 %
400	41,98 %	46,34 %	400	- 600	47,93 %
600	43,96 %	49,52 %	600	- 800	49,52 %
800	45,36 %	49,52 %	800	- 1.000	49,52 %
1.000	46,19 %	49,52 %	1.000	- 2.000	49,52 %
2.000	47,86 %	49,52 %	2.000	- 4.000	49,52 %
4.000	48,69 %	49,52 %	4.000	- ∞	49,52 %

Tabelle T-7:   *Teilbemessungsgrundlagen und kombinierte Steuersätze bei natürlichen Personen**

Zeile	Teilbemessungs-grundlage	Kombinierte Steuersätze in allgemeiner Form	Konkrete kombinierte Steuersätze in % der jeweiligen Teilbemessungsgrundlage							
	Spalte 1	Spalte 2	Spalte 3	Spalte 4	Spalte 5	Spalte 6	Spalte 7**	Spalte 8	Spalte 9	Spalte 10
			me = 3,5 % h = 400 % Sei = 42 % Solz = 0 % Ski = 0 %	me = 3,5 % h = 400 % Sei = 42 % Solz = 5,5 % Ski = 0 %	**me = 3,5 % h = 400 % Sei = 42 % Solz = 5,5 % Ski = 9 %**	me = 3,5 % h = 500 % Sei = 42 % Solz = 0 % Ski = 0 %	me = 3,5 % h = 400 % Sei = 25 % Solz = 5,5 % Ski = 9 %	me = 3,5 % h = 400 % Sei = 30 % Solz = 5,5 % Ski = 9 %	me = 3,5 % h = 400 % Sei = 45 % Solz = 5,5 % Ski = 9 %	me = 0 % h = offen Sei = 42 % Solz = 5,5 % Ski = 9 %
1	E	$S_e + m_e \cdot [h - \alpha \cdot (1 + S_{olz})]$	**42,700**	44,279	**46,307**	46,200	27,964	33,415	49,488	46,338
2	E_e	S_e	**42,000**	44,310	**46,338**	42,000	27,995	33,447	49,519	46,338
3	H_{ge}	$m_e \cdot [h - \alpha \cdot (1 + S_{olz})]$	**0,700**	– 0,031	**– 0,031**	4,200	– 0,031	– 0,031	– 0,031	0,000
4	E_{wbgr}	$S_{gr} \cdot (1 - S_e)$ $- \gamma \cdot m_e \cdot h \cdot (1 - S_e)$ $+ (\gamma + S_{gr}) \cdot m_e \cdot \alpha \cdot (1 + S_{olz})$	**1,085**	1,081	**1,057**	1,051	1,271	1,207	1,020	0,751
5	E_{wpgr}	$S_{gr} \cdot (1 - S_e)$	**0,812**	0,780	**0,751**	0,812	1,008	0,932	0,707	0,751

*   Der Faktor α, d. h. der Faktor, mit dem der der Gewerbesteuermessbetrag nach § 35 EStG zu multiplizieren ist, wird in dieser Tabelle generell mit dem Wert von 3,8 angesetzt. Klargestellt sei, dass in Fällen, in denen keine Gewerbesteuer entsteht (me = 0), es nicht zu einer Anrechnung von Gewerbesteuer kommen kann. Der Grundsteuersatz Sgr wird mit dem Wert 1,4 % berücksichtigt. Dies entspricht einem Grundsteuerhebesatz von 400 %. Der Faktor γ wird mit 1,68 % angesetzt. Dies entspricht einer Kürzung nach § 9 Nr. 1 GewStG von 1,2 % und einer Multiplikation mit 140 % nach § 121a BewG.

**   Der Hauptanwendungsfall eines Einkommensteuersatzes von 25 % ist der des Abgeltungssteuersatzes i. S. d. § 32d Abs. 1 EStG.

Tabelle T-8:　　Teilbemessungsgrundlagen und kombinierte Steuersätze bei Kapitalgesellschaften*

Zeile	Teilbemessungs-grundlagen (Spalte 1)	Kombinierte Steuersätze in allgemeiner Form (Spalte 2)	Konkrete kombinierte Steuersätze in % der jeweiligen Teilbemessungsgrundlage					
			Spalte 3	Spalte 4	Spalte 5	Spalte 6	Spalte 7	Spalte 8
			$Sk\ddot{o}$ = 15 % $Solz$ = 0 % h = 400 %	$Sk\ddot{o}$ = 15 % $Solz$ = 5,5 % h = 400 %	$Sk\ddot{o}$ = 15 % $Solz$ = 0 % h = 500 %	$Sk\ddot{o}$ = 15 % $Solz$ = 0 % h = 300 %	$Sk\ddot{o}$ = 25 %** $Solz$ = 0 % h = 400 %	$Sk\ddot{o}$ = 40 %*** $Solz$ = 0 % h = 400 %
1	E	$Sk + me \cdot h$	29,000	29,825	32,500	25,500	39,000	54,000
2	E_k	Sk	15,000	15,825	15,000	15,000	25,000	40,000
3	H_{ge}	$me \cdot h$	14,000	14,000	17,500	10,500	14,000	14,000
4	E_{wbgr}	$(1 - Sk) \cdot Sgr - (\gamma + Sgr)$ $\cdot me \cdot h$	0,759	0,747	0,651	0,867	0,619	0,409

*　In dieser Tabelle werden me mit 3,5 % und γ mit 1,68 % angesetzt. Letzteres entspricht einer Kürzung nach § 9 Nr. 1 GewStG von 1,2 % und einer Multiplikation mit 140 % nach § 121a BewG. Außerdem wird der Grundsteuersatz mit 1,4 % (Sgr = 1,4 %) konstant gehalten. Dies entspricht einem Grundsteuerhebesatz von 400 %.

**　Dieser Körperschaftsteuersatz entspricht demjenigen, der während der Jahre 2001 bis 2007 anwendbar war. Abweichend von der Behandlung hier war die Gewerbesteuer damals eine abzugsfähige Betriebsausgabe.

***　Ein Körperschaftsteuersatz von 40 % entspricht demjenigen, der während der Jahre 1999 und 2000. d. h. in der Schlussphase des körperschaftsteuerlichen Anrechnungsverfahrens, anwendbar war. Abweichend von der Behandlung hier war die Gewerbesteuer damals eine abzugsfähige Betriebsausgabe.

Tabelle T-9:   *Nettozinssätze bei Kapitalgesellschaften in Abhängigkeit vom Bruttozinssatz und von den verschiedenen steuerlichen Einflussfaktoren*

Zeile	Bruttozins-satz	Nettozinssätze $i_{n/kap}$						
	Spalte 1	Spalte 2	Spalte 3	Spalte 4	Spalte 5	Spalte 6	Spalte 7	Spalte 8
	i_b	skö = 15 % Solz = 5,5 % h = 300 % β = 0	skö = 15 % Solz = 5,5 % h = 400 % β = 0	skö = 15 % Solz = 5,5 % h = 500 % β = 0	skö = 15 % Solz = 5,5 % h = 400 % β = 0,25	skö = 30 % Solz = 5,5 % h = 400 % β = 0	skö = 15 % Solz = 0 % h = 400 % β = 0	skö = 0 % Solz = 0 % β = 0
1	0,5 %	0,368 %	0,351 %	0,333 %	0,368 %	0,272 %	0,355 %	0,500 %
2	2,0 %	1,474 %	1,404 %	1,334 %	1,474 %	1,087 %	1,420 %	2,000 %
3	6,0 %	4,421 %	4,211 %	4,001 %	4,421 %	3,261 %	4,260 %	6,000 %
4	10,0 %	7,368 %	7,018 %	6,668 %	7,368 %	5,435 %	7,100 %	10,000 %
5	12,0 %	8,841 %	8,421 %	8,001 %	8,841 %	6,522 %	8,520 %	12,000 %
6	14,0 %	10,315 %	9,825 %	9,335 %	10,315 %	7,609 %	9,940 %	14,000 %

Tabelle T-10: Nettozinssätze einer von einer natürlichen Person getätigten Supplementinvestition nach dem Grundtarif 2010

Kirchensteuersatz 0 %, Solidaritätszuschlag 0 %, Gewerbesteuerhebesatz 400 %, Gewerbesteuermesszahl 3,5 %

Zeile	Spalte 1 zu versteuerndes Einkommen in T€	Spalte 2 Entspricht Sei i. H. v.	Spalte 3 i_b = 4 % β = 0	Spalte 4 i_b = 6 % β = 0	Spalte 5 i_b = 8 % β = 0	Spalte 6 i_b = 10 % β = 0	Spalte 7 i_b = 12 % β = 0	Spalte 8 i_b = 4 % β = 0,25	Spalte 9 i_b = 6 % β = 0,25	Spalte 10 i_b = 8 % β = 0,25	Spalte 11 i_b = 10 % β = 0,25	Spalte 12 i_b = 12 % β = 0,25
1*	≤ 8,004	0,00 %	3,440 %	5,160 %	6,880 %	8,600 %	10,320 %	3,580 %	5,370 %	7,160 %	8,950 %	10,740 %
2	8,005	14,00 %	3,412 %	5,118 %	6,824 %	8,530 %	10,236 %	3,419 %	5,128 %	6,838 %	8,547 %	10,257 %
3	10	17,64 %	3,266 %	4,900 %	6,533 %	8,166 %	9,799 %	3,273 %	4,910 %	6,547 %	8,183 %	9,820 %
4	15	24,67 %	2,985 %	4,478 %	5,970 %	7,463 %	8,956 %	2,992 %	4,488 %	5,984 %	7,480 %	8,977 %
5	20	26,96 %	2,894 %	4,341 %	5,787 %	7,234 %	8,681 %	2,901 %	4,351 %	5,801 %	7,252 %	8,702 %
6	25	29,25 %	2,802 %	4,203 %	5,604 %	7,005 %	8,407 %	2,809 %	4,214 %	5,618 %	7,023 %	8,428 %
7	30	31,53 %	2,711 %	4,066 %	5,421 %	6,777 %	8,132 %	2,718 %	4,077 %	5,435 %	6,794 %	8,153 %
8	35	33,82 %	2,619 %	3,929 %	5,238 %	6,548 %	7,858 %	2,626 %	3,939 %	5,252 %	6,566 %	7,879 %
9	40	36,11 %	2,528 %	3,792 %	5,055 %	6,319 %	7,583 %	2,535 %	3,802 %	5,069 %	6,337 %	7,604 %
10	45	38,39 %	2,436 %	3,654 %	4,872 %	6,091 %	7,309 %	2,443 %	3,665 %	4,886 %	6,108 %	7,330 %
11	50	40,68 %	2,345 %	3,517 %	4,689 %	5,862 %	7,034 %	2,352 %	3,528 %	4,703 %	5,879 %	7,055 %
12	≥ 52,882 ≤ 250,73	42,00 %	2,292 %	3,438 %	4,584 %	5,730 %	6,876 %	2,299 %	3,449 %	4,598 %	5,748 %	6,897 %
13	> 250,73	45,00 %	2,172 %	3,258 %	4,344 %	5,430 %	6,516 %	2,179 %	3,269 %	4,358 %	5,448 %	6,537 %

Nettozinssätze $i_{n/persu}$

* Mangels Einkommensteuerbelastung kommt es in Zeile 1 nicht zu einer Anrechnung von Gewerbesteuer (α = 0).

Tabelle T-11: Nettozinssätze einer von einer natürlichen Person getätigten Supplementinvestition nach dem Grundtarif 2010

Kirchensteuersatz 9 %, Solidaritätszuschlag 5,5 %, Gewerbesteuerhebesatz 400 %, Gewerbesteuermesszahl 3,5 %

Zeile	zu versteuerndes Einkommen in T€	entspricht Sei i. H. v.	Nettozinssätze $i_{n/persu}$									
	Spalte 1	Spalte 2	Spalte 3 $ib = 4\ \%$ $\beta = 0$	Spalte 4 $ib = 6\ \%$ $\beta = 0$	Spalte 5 $ib = 8\ \%$ $\beta = 0$	Spalte 6 $ib = 10\ \%$ $\beta = 0$	Spalte 7 $ib = 12\ \%$ $\beta = 0$	Spalte 8 $ib = 4\ \%$ $\beta = 0,25$	Spalte 9 $ib = 6\ \%$ $\beta = 0,25$	Spalte 10 $ib = 8\ \%$ $\beta = 0,25$	Spalte 11 $ib = 10\ \%$ $\beta = 0,25$	Spalte 12 $ib = 12\ \%$ $\beta = 0,25$
1*	< 8,004	0,00 %	3,440 %	5,160 %	6,880 %	8,600 %	10,320 %	3,580 %	5,370 %	7,160 %	8,950 %	10,740 %
2	8,005	14,00 %	3,368 %	5,052 %	6,736 %	8,420 %	10,104 %	3,368 %	5,051 %	6,735 %	8,419 %	10,103 %
3	10	17,64 %	3,206 %	4,809 %	6,412 %	8,015 %	9,618 %	3,206 %	4,808 %	6,411 %	8,014 %	9,617 %
4	15	24,67 %	2,896 %	4,344 %	5,792 %	7,240 %	8,688 %	2,896 %	4,343 %	5,791 %	7,239 %	8,687 %
5	20	26,96 %	2,796 %	4,194 %	5,592 %	6,990 %	8,388 %	2,796 %	4,193 %	5,591 %	6,989 %	8,387 %
6	25	29,25 %	2,696 %	4,044 %	5,392 %	6,740 %	8,089 %	2,696 %	4,044 %	5,392 %	6,740 %	8,088 %
7	30	31,53 %	2,597 %	3,895 %	5,194 %	6,492 %	7,791 %	2,597 %	3,895 %	5,193 %	6,492 %	7,790 %
8	35	33,82 %	2,498 %	3,747 %	4,996 %	6,245 %	7,494 %	2,498 %	3,747 %	4,995 %	6,244 %	7,493 %
9	40	36,11 %	2,400 %	3,599 %	4,799 %	5,999 %	7,199 %	2,399 %	3,599 %	4,799 %	5,998 %	7,198 %
10	45	38,39 %	2,302 %	3,452 %	4,603 %	5,754 %	6,905 %	2,301 %	3,452 %	4,602 %	5,753 %	6,904 %
11	50	40,68 %	2,204 %	3,306 %	4,408 %	5,510 %	6,611 %	2,204 %	3,305 %	4,407 %	5,509 %	6,611 %
12	≥ 52,882 ≤ 250,73	42,00 %	2,148 %	3,222 %	4,295 %	5,369 %	6,443 %	2,147 %	3,221 %	4,295 %	5,369 %	6,442 %
13	> 250,73	45,00 %	2,020 %	3,031 %	4,041 %	5,051 %	6,061 %	2,020 %	3,030 %	4,040 %	5,050 %	6,060 %

* Mangels Einkommensteuerbelastung kommt es in Zeile 1 nicht zu einer Anrechnung von Gewerbesteuer ($\alpha = 0$).

Tabelle T-12: Nettozinssätze einer von einer natürlichen Person getätigten Supplementinvestition nach dem Grundtarif 2010 ohne Zuschlagsteuern, d. h. ski = 0 und solz = 0 bei unterschiedlichen gewerbesteuerlichen Einflussfaktoren me, h, α und β bei einem Zinssatz von ib = 10 %

			Nettozinssätze in/persu bzw. in/nat									
Zeile	zu versteuerndes Einkommen in T€	entspricht Sei i. H. v.	Spalte 3	Spalte 4	Spalte 5	Spalte 6	Spalte 7	Spalte 8	Spalte 9	Spalte 10	Spalte 11	Spalte 12
	Spalte 1	Spalte 2	me = 3,5 % h = 300 % β = 0 α = 3,0	me = 3,5 % h = 400 % β = 0 α = 3,8	me = 3,5 % h = 500 % β = 0 α = 3,8	me = 3,5 % h = 300 % β = 0,25 α = 3,0	me = 3,5 % h = 400 % β = 0,25 α = 3,8	me = 3,5 % h = 500 % β = 0,25 α = 3,8	me = 3,5 % h = 400 % β = 0,25 α = 0,9	me = 3,5 % h = 400 % β = 0,25 α = 1,8	me = 3,5 % h = 400 % β = 0 α = 2,7	me = 0,0 % h = 0 β = 0 α = 0
1*	8,004	0,00 %	8,950 %	8,600 %	8,250 %	9,213 %	8,950 %	8,688 %	8,950 %	8,950 %	8,600 %	10,000 %
2	8,005	14,00 %	8,600 %	8,530 %	8,180 %	8,600 %	8,547 %	8,285 %	7,786 %	8,022 %	8,145 %	8,600 %
3	10	17,64 %	8,236 %	8,166 %	7,816 %	8,236 %	8,183 %	7,921 %	7,422 %	7,658 %	7,781 %	8,236 %
4	15	24,67 %	7,533 %	7,463 %	7,113 %	7,533 %	7,480 %	7,218 %	6,719 %	6,955 %	7,078 %	7,533 %
5	20	26,96 %	7,304 %	7,234 %	6,884 %	7,304 %	7,252 %	6,989 %	6,490 %	6,727 %	6,849 %	7,304 %
6	25	29,25 %	7,075 %	7,005 %	6,655 %	7,075 %	7,023 %	6,760 %	6,262 %	6,498 %	6,620 %	7,075 %
7	30	31,53 %	6,847 %	6,777 %	6,427 %	6,847 %	6,794 %	6,532 %	6,033 %	6,269 %	6,392 %	6,847 %
8	35	33,82 %	6,618 %	6,548 %	6,198 %	6,618 %	6,566 %	6,303 %	5,804 %	6,041 %	6,163 %	6,618 %
9	40	36,11 %	6,389 %	6,319 %	5,969 %	6,389 %	6,337 %	6,074 %	5,576 %	5,812 %	5,934 %	6,389 %
10	45	38,39 %	6,161 %	6,091 %	5,741 %	6,161 %	6,108 %	5,846 %	5,347 %	5,583 %	5,706 %	6,161 %
11	50	40,68 %	5,932 %	5,862 %	5,512 %	5,932 %	5,879 %	5,617 %	5,118 %	5,354 %	5,477 %	5,932 %
12	≥ 52,882 ≤ 250,73	42,00 %	5,800 %	5,730 %	5,380 %	5,800 %	5,748 %	5,485 %	4,986 %	5,223 %	5,345 %	5,800 %
13	> 250,73	45,00 %	5,500 %	5,430 %	5,080 %	5,500 %	5,448 %	5,185 %	4,686 %	4,923 %	5,045 %	5,500 %

* Mangels Einkommensteuerbelastung kommt es in Zeile 1 nicht zu einer Anrechnung von Gewerbesteuer ($\alpha = 0$). Der Anrechnungsfaktor der Gewerbe- auf die Einkommensteuer α nimmt jeweils den angegebenen Wert an.

Tabelle T-13: *Gleichwertige Einkommen unter Zugrundelegung des Einkommensteuergrundtarifs 2010 bei* $ski = 9\,\%$, $solz = 5,5\,\%$, $me = 3,5\,\%$, $h = 400\,\%$, $\alpha = 3,8$ *und* $\beta = 0$

Jahr des Verknüp-fungszeitraums	Gleichwertige Einkommen in €		
	ib = 4 %	ib = 8 %	ib = 12 %
Spalte 1	Spalte 2	Spalte 3	Spalte 4
0	< 8005	< 8005	< 8005
1	8163	8082	8169
2	8338	8427	8694
3	8516	8789	9255
4	8699	9166	9854
5	8886	9561	10493
6	9077	9974	11177
7	9272	10406	11908
8	9472	10858	12689
9	9676	11330	13687
10	9885	11823	17248
11	10099	12340	21055
12	10317	12880	25128
13	10541	13445	29486
14	10769	15728	34150
15	11003	18194	39143
16	11242	20773	44489
17	11487	23472	≥ 52882
18	11737	26297	
19	11993	29253	
20	12255	32348	
21	12523	35587	
22	12797	38978	
23	13077	42530	
24	13364	46249	
25	14220	≥ 52882	
26	15416		
27	16641		
28	17893		
29	19175		
30	20486		
31	21827		
32	23200		
33	24604		
34	26041		
35	27511		
36	29016		
37	30556		
38	32131		
39	33744		
40	35394		
41	37083		
42	38811		
43	40581		
44	42391		
45	44245		
46	46142		
47	48084		
48	≥ 52882		

Anhang 2: Abbildungen

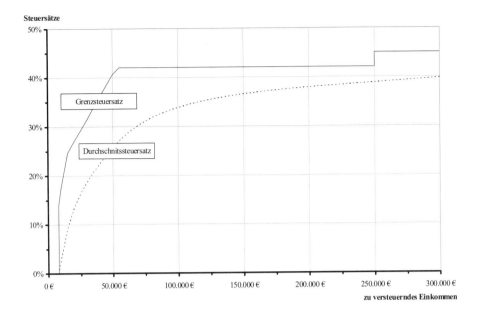

Abbildung A-1: *Durchschnitts- und Grenzsteuersätze bei Anwendung des Grundtarifs der Jahre ab 2010 ohne Kirchensteuer und Solidaritätszuschlag*

Einkommen in €

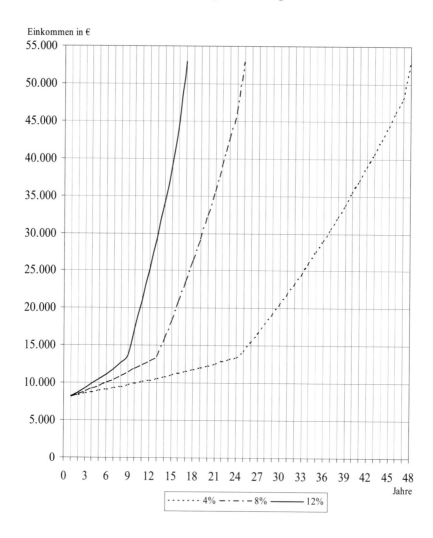

Abbildung A-2:   *Gleichwertigkeitskurven unter Zugrundelegung des Einkommen-*
                    steuergrundtarifs 2010 bei ski = 9 %, solz = 5,5 %, me = 3,5 %,
                    h = 400 %, α = 3,8 und β = 0 %

Anhang 3: Wichtige Formeln

I. Mit römischen Zahlen gekennzeichnete Formeln

Nachfolgend sind die im Text mit römischen Zahlen versehenen Formeln aufgelistet. Sie sind für den Gang der Untersuchung von herausragender Bedeutung. Sie sind hier in derselben Weise mit römischen Zahlen numeriert wie im laufenden Text.

(I) $S_{nat} = E \cdot (s_e + s_{ge}) + E_e \cdot s_e + H_{ge} \cdot s_{ge} - A_{n/gewst} \cdot (1 + s_{olz})$

$+ E_{wbgr} \cdot (1 - s_e) \cdot (s_{gr} - \gamma \cdot s_{ge}) + E_{wpgr} \cdot s_{gr} \cdot (1 - s_e).$

(Ia) $S_{nat} = E \cdot \{s_e + m_e \cdot [h - \alpha \cdot (1 + s_{olz})]\} + E_e \cdot s_e$

$+ H_{ge} \cdot m_e \cdot [h - \alpha \cdot (1 + s_{olz})]$

$+ E_{wbgr} \cdot [s_{gr} \cdot (1 - s_e) - \gamma \cdot m_e \cdot h \cdot (1 - s_e) + (\gamma + s_{gr}) \cdot m_e \cdot \alpha \cdot (1 + s_{olz})]$

$+ E_{wpgr} \cdot s_{gr} \cdot (1 - s_e).$

(Ib) $S_{nat} = E \cdot (s_e - m_e \cdot h \cdot s_{olz}) + E_e \cdot s_e - H_{ge} \cdot m_e \cdot h \cdot s_{olz}$

$+ E_{wbgr} \cdot \{s_{gr} \cdot [1 - s_e + m_e \cdot h \cdot (1 + s_{olz})] + \gamma \cdot m_e \cdot h \cdot (s_e + s_{olz})\}$

$+ E_{wpgr} \cdot s_{gr} \cdot (1 - s_e).$

(II) $S_{kap} = E \cdot (s_k + s_{ge}) + E_k \cdot s_k + H_{ge} \cdot s_{ge} - S_{\S37} + S_{\S38}$

$+ E_{wbgr} \cdot [(1 - s_k) \cdot s_{gr} - (\gamma + s_{gr}) \cdot s_{ge}].$

(IIa) $S_{kap} = E \cdot (s_k + m_e \cdot h) + E_k \cdot s_k + H_{ge} \cdot m_e \cdot h - S_{\S37} + S_{\S38}$

$+ E_{wbgr} \cdot [(1 - s_k) \cdot s_{gr} - (\gamma + s_{gr}) \cdot m_e \cdot h].$

(III) $S_{ges/a/pv} = (A - F_{e\S20}) \cdot s_{e\S32d}.$

(IIIa) $S_{ges/a/bv} = \delta \cdot A \cdot s_{e\S32a}.$

(IIIb) $S_{ges/a/kap} = 0{,}05 \cdot A \cdot (s_k + m_e \cdot h).$

(IV) $i_{n/kap} = i_b \cdot [1 - s_k - m_e \cdot h \cdot (1 - \beta)].$

(V) $\text{in/persu} = \{1 - \text{se}\S32a - \text{me} \cdot [h \cdot (1 - \beta) - \alpha \cdot (1 + \text{solz}) \cdot (1 - \beta)]\} \cdot \text{ib.}$

(Va) $\text{in/persu} = (1 - \text{se}\S32a) \cdot \text{ib.}$

(IV) $\text{in/kap} = \text{ib} \cdot [1 - \text{sk} - \text{me} \cdot h \cdot (1 - \beta)].$

(V) $\text{in/persu} = \{1 - \text{se}\S32a - \text{me} \cdot [h \cdot (1 - \beta) - \alpha \cdot (1 + \text{solz}) \cdot (1 - \beta)]\} \cdot \text{ib.}$

(VI) $\text{se}_t = \dfrac{\text{se}_{t+1} - \text{me} \cdot [h - \alpha \cdot (1 + \text{solz})] \cdot \text{in/persu}_{t+1}}{1 + \text{in/persu}_{t+1}}.$

(VII) $\text{Se} = E \cdot (\text{sk} + \text{sge}).$

(VIII) $\text{Sf} = E \cdot (\text{sk} + \text{sge}) - Zi \cdot (\text{sk} + \text{sge}) + \beta \cdot Zi \cdot \text{sge.}$

(IX) $\text{Se} - \text{Sf} = Zi \cdot (\text{sk} + \text{sge}) - \beta \cdot Zi \cdot \text{sge.}$

(IXa) $\text{Se} - \text{Sf} = Zi \cdot [\text{sk} + \text{sge} \cdot (1 - \beta)].$

II. Zusätzliche mit arabischen Zahlen versehene Formeln

Von den mit arabischen Zahlen versehenen Formeln sind lediglich die in Teil I mit (12) und (13) versehenen für das gesamte Buch von Bedeutung. Sie lauten:

(12) $\text{se} = \dfrac{\text{Sei} \cdot (1 + \text{ski})}{1 + \text{ski} \cdot \text{Sei}}$

(13) $\text{se} = \dfrac{\text{Sei} \cdot (1 + \text{solz} + \text{ski})}{1 + \text{ski} \cdot \text{Sei}}$

III. Tariffunktionen und Grenzsteuersatzfunktionen für die Veranlagungszeiträume ab 2010

Tarifbereiche in €	Tariffunktionen	Grenzsteuersatzfunktionen
$0 \leq E^* \leq 8.004$	$E_{st} = 0$	$S_{e'} = 0$
$8.005 \leq E^* \leq 13.469$	$E_{st} = 9{,}1217 \cdot E^{*2} \cdot 10^{-6}$ $- 0{,}0060202 \cdot E^*$ $- 536{,}1872653$	$S_{e'} = 18{,}2434 \cdot E^* \cdot 10^{-6} - 0{,}0060202$
$13.470 \leq E^* \leq 52.881$	$E_{st} = 2{,}2874 \cdot E^{*2} \cdot 10^{-6}$ $+ 0{,}178082 \cdot E^*$ $- 1.775{,}5530056$	$S_{e'} = 4{,}5748 \cdot E^* \cdot 10^{-6} + 0{,}178082$
$52.882 \leq E^* \leq 250.730$	$E_{st} = 0{,}42 \cdot E^{*2} - 8.172$	$S_{e'} = 0{,}42$
$E^* \geq 250.731$	$E_{st} = 0{,}45 \cdot E^* - 15.694$	$S_{e'} = 0{,}45$

Die aufgeführten Tariffunktionen und Grenzsteuersatzfunktionen der einzelnen Tarifbereiche wurden entsprechend der in Teil I, Gliederungspunkt 3.2.1 aufgeführten Vorgehensweise ermittelt.

Durch Einsetzen des zu versteuernden Einkommens E^* in die Tariffunktion oder in die Grenzsteuersatzfunktion, kann die Einkommensteuer E_{st} oder der Grenzsteuersatz $S_{e'}$ des entsprechenden Veranlagungszeitraums und Tarifbereichs ermittelt werden.

Verzeichnis der Gesetze

AktG: Aktiengesetz in der Fassung vom 6.9.1965, BGBl 1965 I, S. 1089, zuletzt geändert durch Art. 5 Bilanzrechtsmodernisierungsgesetz vom 25.5.2009, BGBl 2009 I, S. 1102.

AO: Abgabenordnung in der Fassung vom 1.10.2002, BGBl 2002 I. S. 3866, zuletzt geändert durch Art. 13 Abs. 9 Bilanzrechtsmodernisierungsgesetz vom 25.5.2009, BGBl 2009 I, S. 1102.

BewG: Bewertungsgesetz in der Fassung vom 1.2.1991, BGBl 1991 I, S. 230, zuletzt geändert durch Art. 2 Erbschaftsteuerreformgesetz vom 24.12.2008, BGBl 2008 I, S. 3018.

BGB: Bürgerliches Gesetzbuch in der Fassung vom 2.1.2002, BGBl 2002 I S. 42, berichtigt S. 2909 und BGBl. 2003 I, S. 738, zuletzt geändert durch Art. 3 Gesetz zur Strukturreform des Versorgungsausgleichs vom 3.4.2009, BGBl 2009 I, S. 700.

BilMoG: Gesetz zur Modernisierung des Bilanzrechts vom 25.5.2009, BGBl 2009 I, S. 1102.

ErbStG: Erbschaftsteuer- und Schenkungsteuergesetz vom 27.2.1997, BGBl 1997 I, S. 378, zuletzt geändert durch Art. 1 Erbschaftsteuerreformgesetz vom 24.12.2008. BGBl 2008 I, S. 3018.

EStDV: Einkommensteuer-Durchführungsverordnung 2000 in der Fassung vom 10.5.2000, BGBl 2000 I, S. 717, zuletzt geändert durch Art. 2 Gesetz zur Sicherung von Beschäftigung und Stabilität in Deutschland vom 2.3.2009, BGBl 2009 I, S. 416.

EStG: Einkommensteuergesetz in der Fassung vom 19.10.2002, BGBl 2002 I, S. 4210, berichtigt BGBl 2003 I, S. 179, zuletzt geändert durch Art. 3 Bilanzrechtsmodernisierungsgesetz vom 25.5.2009, BGBl 2009 I, S. 1102.

GewStDV: Gewerbesteuer-Durchführungsverordnung in der Fassung vom 15.10.2002, BGBl 2002 I, S. 4180, zuletzt geändert durch Art. 6b Drittes Mittelstandsentlastungsgesetz vom 17.3.2009, BGBl 2009 I, S. 550.

GewStG: Gewerbesteuergesetz in der Fassung vom 15.10.2002, BGBl 2002 I, S. 4167, zuletzt geändert durch Art. 6a Drittes Mittelstandsentlastungsgesetz vom 17.3.2009, BGBl 2009 I, S. 550.

GG: Grundgesetz für die Bundesrepublik Deutschland in der Fassung vom 23.5.1949, BGBl 1949, S. 1, zuletzt geändert durch Art. 1 Änderungsgesetz (Art. 106, 106b, 107, 108) vom 19.3.2009, BGBl 2009 I, S. 606.

GmbHG: Gesetz betreffend die Gesellschaften mit beschränkter Haftung in der Fassung vom 20.5.1898, RGBl 1898, S. 846, zuletzt geändert durch Art. 8 Bilanzrechtsmodernisierungsgesetz vom 25.5.2009, BGBl 2009 I, S. 1102.

GrStG: Grundsteuergesetz vom 7.8.1973, BGBl 1973 I, S. 965, zuletzt geändert durch Art. 38 Jahressteuergesetz 2009 (JStG 2009) vom 19.12.2008, BGBl 2008 I, S. 2794.

GrEStG: Grunderwerbsteuergesetz in der Fassung vom 26.2.1997, BGBl 1997 I, S. 418, berichtigt S. 1804, zuletzt geändert durch Art. 13 Jahressteuergesetz 2009 (JStG 2009) vom 19.12.2008, BGBl 2008 I, S. 2794.

HGB: Handelsgesetzbuch vom 10.5.1897, RGBl 1897, S. 219, zuletzt geändert durch Art. 1 Bilanzrechtsmodernisierungsgesetz vom 25.5.2009, BGBl 2009 I, S. 1102.

InvZulG: Investitionszulagengesetz 2007 in der Fassung vom 23.2.2007, BGBl 2007 I, S. 282, zuletzt geändert durch Art. 2 Gesetz zur Schaffung einer Nachfolgeregelung und Änd. des InvZulG 2007 vom 11.12.2008, BGBl 2008 I, S. 2350.

KapErhG: Gesetz über steuerliche Maßnahmen bei Erhöhung des Nennkapitals aus Gesellschaftsmitteln vom 10.10.1967, BGBl 1967 I, S. 977, zuletzt geändert durch das Steuersenkungsgesetz vom 23.10.2000, BGBl 2000 I, S. 1433.

KStG: Körperschaftsteuergesetz in der Fassung vom 15.10.2002, BGBl 2002 I, S. 4144, zuletzt geändert durch Art. 2 Entfernungspauschale-Fortführungsgesetz vom 20.4.2009, BGBl 2009 I, S. 774.

MomiG: Gesetz zur Modernisierung des GmbH-Rechts und zur Bekämpfung von Missbräuchen vom 23.10.2008, BGBl 2008 I, S. 2026.

SolzG: Solidaritätszuschlagsgesetz 1995 in der Fassung In der Fassung vom 15.10.2002, BGBl 2002 I, S. 4130, zuletzt geändert durch Art. 5 Familienleistungsgesetz vom 22.12.2008, BGBl 2008 I, S. 2955.

UmwG: Umwandlungsgesetz vom 28.10.1994, BGBl 1994 I, S. 3210, berichtigt BGBl 1995 I, S. 428, zuletzt geändert durch Art. 13 Abs. 4 Bilanzrechtsmodernisierungsgesetz vom 25.5.2009, BGBl 2009 I, S. 1102.

UmwStG: Umwandlungssteuergesetz in der Fassung vom 7.12.2006, BGBl 2006 I, S. 2782, zuletzt geändert durch Art. 6 Jahressteuergesetz 2009 (JStG 2009) vom 19.12.2008, BGBl 2008 I, S. 2794.

UStG: Umsatzsteuergesetz in der Fassung der Bekanntmachung vom 21.2.2005, BGBl 2005 I, S. 386, zuletzt geändert durch Art. 8 Steuerbürokratieabbaugesetz vom 20.12.2008, BGBl 2008 I, S. 2850.

Verzeichnis der Artikelgesetze

Steuerreformgesetz 1990 vom 25.7.1988, BStBl 1988 I, S. 224.

Gesetz zur Einführung eines befristeten Solidaritätszuschlags und zur Änderung von Verbrauchsteuer- und anderen Gesetzen (Solidaritätsgesetz) vom 24.6.1991, BGBl 1991 I, S. 1318.

Gesetz zur Entlastung der Familien und zur Verbesserung der Rahmenbedingungen für Investition und Arbeitsplätze (Steueränderungsgesetz 1992 - StÄndG 1992) vom 25.2.1992, BGBl 1992 I, S. 297.

Gesetz über Maßnahmen zur Bewältigung der finanziellen Erblasten im Zusammenhang mit der Herstellung der Einheit Deutschlands, zur langfristigen Sicherung des Aufbaus in den neuen Ländern, zur Neuerung des bundesstaatlichen Finanzausgleichs und zur Entlastung der öffentlichen Haushalte (Gesetz zur Umsetzung des Föderalen Konsolidierungsprogramms - FKPG) vom 23.6.1993, BGBl 1993 I, S. 944.

Gesetz zur Verbesserung der steuerlichen Bedingungen zur Sicherung des Wirtschaftsstandorts Deutschland im Europäischen Binnenland (Standortsicherungsgesetz - StandOG) vom 13.9.1993, BGBl 1993 I, S. 1569.

Gesetz zur Bekämpfung des Mißbrauchs und zur Bereinigung des Steuerrechts (Mißbrauchsbekämpfungs- und Steuerbereinigungsgesetz - StMBG) vom 21.12.1993, BGBl 1993 I, S. 2310.

Jahressteuergesetz (JStG) 1997 vom 20.12.1996, BStBl 1996 I, S. 2049.

Gesetz zur Fortsetzung der Unternehmensteuerreform vom 29.10.1997, BGBl 1997 I, S. 2590.

Gesetz zur Senkung des Solidaritätszuschlags vom 21.11.1997, BGBl 1997 I, S. 2743.

Steuerentlastungsgesetz 1999/2000/2002 vom 24.3.1999, BGBl 1999 I, S. 402.

Gesetz zur Familienförderung vom 22.12.1999, BGBl 1999 I, S. 2552.

Gesetz zur Bereinigung steuerlicher Vorschriften (Steuerbereinigungsgesetz 1999 - StBereinG 1999) vom 22.12.1999, BGBl 1999 I, S. 2601.

Gesetz zur Senkung der Steuersätze und zur Reform der Unternehmensbesteuerung (Steuersenkungsgesetz - StSenkG) vom 23.10.2000, BGBl 2000 I, S. 1433.

Gesetz zur Ergänzung des Steuersenkungsgesetzes (Steuersenkungsergänzungsgesetz - StSenkErgG) vom 19.12.2000, BGBl 2000 I, S. 1812.

Steueränderungsgesetz 2007 vom 24.7.2006, BGBl 2006 I, S. 1652.

Unternehmensteuerreformgesetz 2008 vom 14.08.2007, BGBl 2007 I, S. 1912.

Gesetz zur Umsetzung steuerrechtlicher Regelungen des Maßnahmenpakets „Beschäftigungssicherung durch Wachstumsstärkung" vom 21.12.2008, BGBl 2008 I, S. 2896.

Gesetz zur Reform des Erbschaftsteuer- und Bewertungsrechts (Erbschaftsteuerreformgesetz - ErbStRG) vom 24.12.2008, BGBl 2008 I, S. 3018.

Verzeichnis der Parlamentaria und Verwaltungsanweisungen

Parlamentaria

BR-Drucksache 612/93 vom 3.9.1993: Entwurf eines Gesetzes zur Bekämpfung des Mißbrauchs und zur Bereinigung des Steuerrechts (Mißbrauchsbekämpfungs- und Steuerbereinigungsgesetz - StMBG).

BT-Drucksache 8/3648 vom 8.2.1980: Entwurf eines Gesetzes zur Änderung des EStG, KStG und anderer Gesetze.

BT-Drucksache 270/09 vom 27.3.2009: Gesetz zur Modernisierung des Bilanzrechts (Bilanzrechtsmodernisierungsgesetz - BilMoG)

Richtlinien

ErbStR 2003   Erbschaftsteuer-Richtlinien 2003 in der Fassung vom 17.03.2003, BStBl 2003 I Sondernummer 1, S. 2.

EStR 2008   Einkommensteuer-Richtlinien 2008 vom 16.12.2005, BStBl 2005 I Sondernummer I, in der Fassung der EStÄR 2008 vom 18.12.2008, BStBl. 2008 I, S. 1017.

KStR 2004   Körperschaftsteuer-Richtlinien 2004 in der Fassung vom 13.12.2004, BStBl 2004 I, Sondernummer 2, S. 2.

GewStR 1998   Gewerbesteuer-Richtlinien 1998 in der Fassung vom 21.12.1998, BStBl 1998 I, Sondernummer 2, S. 91.

UStR 2008   Umsatzsteuer-Richtlinien 2008 in der Fassung vom 10.12.2007, BStBl 2007 I, Sondernummer 2, S. 3.

BdF- und BMF-Schreiben

Datum	Aktenzeichen	Fundstelle
19.4.1971	IV B 2 - S 2170 - 31/71	BStBl 1971 I, S. 264
21.3.1972	F/IV B 2 - S 2170 - 11/72	BStBl 1972 I, S. 188
13.12.1973	IV B 2 - S 2170 - 94/73	DB 1973, S. 2485
22.12.1975	IV B 2 - S 2170 - 161/75	DB 1976, S. 172 - 173
18.11.1986	IV B 2 - S 2240 - 25/86 II	BStBl 1986 I, S. 537
23.12.1991	IV B 2 - S 2170 - 115/91	BStBl 1992 I, S. 13
25.3.1998	IV B 7 - S 1978 - 21/98	BStBl 1998 I, S. 342
15.12.2000	IV D 2 - S 1551 - 188/0	BStBl 2000 I, S. 1532
31.5.2007	IV A 5 - S 7100/07/0031	BStBl 2007 I, S. 503
4.7.2008	IV C 7 - S 2742 - a/07/10001	BStBl 2008 I, S. 718
24.2.2009	III C 6 - S 2296 - a/08/10002	BStBl 2009 I, S. 440
26.3.2009	IV C 6 - S 2171 - b/o	BStBl 2009 I, S. 514

OFD-Verfügung

OFD Stuttgart vom 13.1.1987, S 2240 A-9-St 31

OFD Koblenz vom 28.2.2007, S 2243 A-St 312

Verzeichnis der Beschlüsse und Urteile

Beschlüsse des Bundesverfassungsgerichtes

Datum	Aktenzeichen	Fundstelle
12.3.1985	1 BvR 571/81	BStBl 1985 II, S. 475
22.6.1995	2 BvL 37/91	BStBl 1995 II, S. 655

Beschlüsse und Urteile des Bundesfinanzhofs

Datum	Aktenzeichen	Fundstelle
6.5.1965	IV 135/64U	BStBl 1965 II, S. 502
3.2.1969	GrS 2/68	BStBl 1969 II, S. 291
26.1.1970	IV R 144/66	BStBl 1970 II, S. 264
9.7.1970	IV R 16/69	BStBl 1970 II, S. 722
8.11.1971	GrS 2/71	BStBl 1972 II, S. 63
2.8.1972	IV 87/65	BStBl 1972 II, S. 796
15.5.1975	IV R 89/73	BStBl 1975 II, S. 781
14.8.1975	IV R 30/71	BStBl 1976 II, S. 88
16.6.1982	I R 118/80	BStBl 1982 II, S. 662
9.11.1983	I R 174/79	BStBl 1984 II, S. 212
1.8.1984	I R 88/80	BStBl 1985 II, S. 44
27.2.1985	I R 235/80	BStBl 1985 II, S. 456
6.8.1985	VIII R 280/81	BStBl 1986 II, S. 17
12.10.1988	X R 5/86	BStBl 1989 II, S. 152
24.8.1989	IV R 135/86	BStBl 1989 II, S. 1014
5.7.1990	GrS 4-6/89	BStBl 1990 II, S. 847
23.8.1990	IV R 71/89	BStBl 1991 II, S. 172
11.12.1990	VIII R 14/87	BStBl 1991 II, S. 510
25.2.1991	GrS 7/89	BStBl 1991 II, S. 691
12.2.1992	XI R 18/90	BStBl 1992 II, S. 723
27.3.1996	I R 89/95	BStBl 1997 II, S. 224
6.7.1999	VII R 46/94	BStBl 1999 II, S. 720

10.7.2002	I R 71/01	BStBl 2003 II, S. 191
30.4.2003	I R 102/01	BStBl 2004 II, S. 804
26.9.2007	I R 58/06	DStR 2008, S. 187

Literaturverzeichnis

Baan, Willem, Kapitalwertmethode, 1980: Substanz- und Ertragsteuern in der Kapitalwertmethode, in: DB 1980, S. 700 - 703 und 746 - 750.

Baetge, Jörg/Kirsch, Hans-Jürgen/Thiele, Stefan, Bilanzanalyse, 2004: Bilanzanalyse, 2. Auflage, Düsseldorf 2004.

Baetge, Jörg/Kirsch, Hans-Jürgen/Thiele, Stefan, Bilanzen, 2007: Bilanzen, 9. Auflage, Düsseldorf 2007.

Bareis, Peter, Halbeinkünfteverfahren, 2000: Das Halbeinkünfteverfahren im Systemvergleich, in: StuW 2000, S. 133 - 143.

Bareis, Peter, Maßgeblichkeit, 2008: Maßgeblichkeit der Handels- für die Steuerbilanz de lege lata und de lege ferenda, in: Steuerliche Gewinnermittlung nach dem Bilanzrechtsmodernisierungsgesetz, hrsg. von Ute Schmiel/ Volker Breithecker, Berlin 2008, S. 31 - 67.

Beck'scher Bilanzkommentar, 2006: Beck'scher Bilanzkommentar. Handels- und Steuerbilanz - §§ 238 bis 339, 342 bis 342e HGB mit EGHGB und IAS/ IFRS-Abweichungen, hrsg. von Helmut Ellrott/Gerhart Förschle/Martin Hoyos/Norbert Winkeljohann, begr. von Wolfgang Dieter Budde/Hermann Clemm/Max Pankow/Manfred Sarx, 6. Auflage, München 2006.

Beck HdR: Beck'sches Handbuch der Rechnungslegung, hrsg. von Edgar Castan u. a., Band I, München, Stand Mai 2008.

Beinert, Jörg, Familienkapitalgesellschaften, 1979: Familienkapitalgesellschaften im Zivil- und Steuerrecht, in: StbJb 1978/79, Köln 1979, S. 269 - 299.

Berninghaus, Jochen, Refinanzierung, 1998: Refinanzierung von Leasinggesellschaften, in: Praxishandbuch Leasing, hrsg. von. Hans E. Büschgen, München 1998, S. 607 - 626.

Bieg, Hartmut, Leasing, 1997: Leasing als Sonderform der Außenfinanzierung, in: StB 1997, S. 425 - 435.

Bieg, Hartmut/Kußmaul, Heinz, Finanzierung, 2000: Investitions- und Finanzierungsmanagement, Band II: Finanzierung, München 2000.

Bieg, Hartmut/Kußmaul, Heinz, Investition, 2000: Investitions- und Finanzierungsmanagement, Band I: Investition, München 2000.

Bitz, Michael, Investition, 2005: Investition, in: Vahlens Kompendium der Betriebswirtschaftslehre, Band 1, hrsg. von Michael Bitz/Michael Domsch/ Ralf Ewert/Franz W. Wagner, 5. Auflage, München 2005, S. 105 - 172.

Bitz, Michael/Schneeloch, Dieter/Wittstock, Wilfried, Jahresabschluß, 2003: Der Jahresabschluß, 4. Auflage, München 2003.

Blohm, Hans/Lüder, Klaus/Schaefer, Christina, Investition, 2006: Investition: Schwachstellenanalyse des Investitionsbereichs und Investitionsrechnung, 9. Auflage, München 2006.

Blümich, Walter, Kommentar: EStG - KStG - GewStG, Einkommensteuergesetz, Körperschaftsteuergesetz, Gewerbesteuergesetz, Kommentar, hrsg. von Bernd Heuermann, begr. von Walter Blümich, München, Stand April 2009.

Bordewin, Arno/Tonner, Norbert, Leasing, 2008: Leasing im Steuerrecht, 5. Auflage, Heidelberg 2008.

Börner, Dietrich/Krawitz, Norbert, Steuerbilanzpolitik, 1977: Steuerbilanzpolitik, Herne/Berlin 1977.

Boruttau, Ernst Paul, Grunderwerbsteuergesetz, 2007: Grunderwerbsteuergesetz Kommentar, 16. Auflage, München 2007.

Brähler, Gernot, Umwandlungssteuerrecht, 2008: Umwandlungssteuerrecht, 4. Auflage, Wiesbaden 2008.

Brandmüller, Gerhard, Betriebsaufspaltung, 1997: Die Betriebsaufspaltung nach Handels- und Steuerrecht einschließlich Betriebsverpachtung, 7. Auflage, Heidelberg 1997.

Brönner, Herbert, Besteuerung, 2007: Die Besteuerung der Gesellschaften, bearb. von Herbert Brönner/Peter Bareis/Jens Poll, 18. Auflage, Stuttgart 2007.

Brönner, Herbert/Bareis, Peter, Bilanz, 1991: Die Bilanz nach Handels- und Steuerrecht, 9. Auflage, Stuttgart 1991.

Buchna, Johannes, Fragen, 1995: Ausgewählte Fragen zum Umwandlungsgesetz und Umwandlungssteuergesetz 1995, in: DStZ 1995, S. 449 - 462.

Burk, Rainer, Rechtsformbesteuerung, 1983: Rechtsform- und Umwandlungsbesteuerung - Ein betriebswirtschaftlicher Steuerbelastungsvergleich der Alternativen GmbH und OHG, Berlin 1983.

Büschgen, Hans E., Grundlagen, 1998: Allgemeine Grundlagen, in: Praxishandbuch Leasing, hrsg. von Hans E. Büschgen, München 1998, S. 1 - 36.

CDU/CSU, Regierungsprogramm, 2009: „Wir haben die Kraft - Gemeinsam für unser Land". Regierungsprogramm 2009 bis 2013 der CDU/CSU. Zum Zeitpunkt der Drucklegung abrufbar im Internet unter: http://www.cdu.de/doc/pdfc/090628-beschluss-regierungsprogramm-cducsu.pdf.

Coenenberg, Adolf Gerhard, Jahresabschluss, 2005: Jahresabschluss und Jahresabschlussanalyse: Betriebswirtschaftliche, handelsrechtliche, steuerrechtliche und internationale Grundsätze - HGB, US-GAAP -, 20. Auflage, Stuttgart 2005.

Dedner, Martin/Günther, Rolf, Ertragsteuerplanung, 1980: Zur Ertragsteuerplanung unter Berücksichtigung des zeitlichen Auseinanderfallens von Steuerschuld und Steuerzahlung auf der Grundlage modellexogener Daten, in: ZfB 1980, S. 853 - 874.

Dellmann, Klaus, Wahl, 1973: Die optimale Wahl zwischen Auflösung und Übertragung stiller Reserven bei Einbringung eines Betriebes in eine Kapitalgesellschaft, in: StuW 1973, S. 242 - 249.

Dieckmann, Karl, Steuerbilanzpolitik, 1972: Steuerbilanzpolitik, Wiesbaden 1972.

Dinkelbach, Andreas, Ertragsteuern, 2009: Ertragsteuern, 3. Auflage, Wiesbaden 2009.

Dötsch, Ewald/Jost, Werner/Pung, Alexandra/Witt, Georg, Körperschaftsteuer: Die Körperschaftsteuer: Kommentar zum Körperschaftsteuergesetz und zu den einkommensteuerrechtlichen Vorschriften des Anrechnungsverfahrens Stuttgart, Stand Juni 2009.

Drukarczyk, Jochen, Finanzierung, 2008: Finanzierung: Eine Einführung mit sechs Fallstudien, 10. Auflage, Stuttgart 2008.

Eilenberger, Guido, Finanzwirtschaft, 2003: Betriebliche Finanzwirtschaft, 7. Auflage, München 2003.

Engel, Johanna, Leasing, 1997: Miete, Kauf, Leasing, 2. Auflage, Bonn 1997.

Ettinger, Jochen/Schmitz, Markus, Anwachsung, 2008: Die erweiterte Anwachsung: Änderung nach dem SEStEG, in: GmbHR 2008, S. 1089 - 1092.

FDP, Deutschlandprogramm, 2009: „Die Mitte stärken. Deutschlandprogramm 2009". Programm der Freien Demokratischen Partei zur Bundestagswahl 2009, Zum Zeitpunkt der Drucklegung abrufbar im Internet unter: http://www.liberale.de/files/653/Deutschlandprogramm09_Endfassung.PDF.

Federmann, Rudolf, Bilanzierung, 2000: Bilanzierung nach Handelsrecht und Steuerrecht, 11. Auflage, Berlin 2000.

Fehrenbacher, Oliver/Tavakoli, Anusch, GmbH & Co. KG, 2007: Besteuerung der GmbH & Co. KG, Wiesbaden 2007.

Förster, Guido/Felchner, Jan, Einlagefiktion, 2008: Weite vs. enge Einlagefiktion bei der Umwandlung von Kapitalgesellschaften in Personenunternehmen, in: DB 2008, S. 2445 - 2451.

Freidank, Carl-Christian, Zielformulierungen, 1998: Zielformulierungen und Modellbildungen im Rahmen der Rechnungslegungspolitik, in: Rechnungslegungspolitik: Eine Bestandsaufnahme aus handels- und steuerrechtlicher Sicht, hrsg. von Carl-Christian Freidank, Berlin 1998, S. 85 - 153.

Fromm, Rüdiger, Obergesellschaft, 2005: „Wert des Betriebsvermögens" bei Veräußerung oder Vererbung der Obergesellschaft einer doppelstöckigen Personengesellschaft, in: GmbHR 2005, S. 425 - 427.

Früchtl, Bernd, Anwachsung, 2007: Die Anwachsung gem. § 738 I 1 BGB - - Unbeachteter Eckpfeiler und gestaltbares Instrument des Personengesellschaftsrechts, in: NZG 2007, S. 368 - 372.

Gabele, Eduard/Dannenberg, Jan/Kroll, Michael,   Immobilien-Leasing,   2001:
Immobilien-Leasing: Vertragsformen, Vor- und Nachteile, steuerliche Analyse, 4. Auflage, Wiesbaden 2001.

Ganske, Joachim, Umwandlungsrecht, 1995: Umwandlungsrecht: Textausgabe des Umwandlungsgesetzes (UmwG) und des Umwandlungssteuergesetzes (UmwStG); mit Begründung der Regierungsentwürfe, Stellungnahmen des Bundesrates mit Gegenäußerungen der Bundesregierung, Berichten des Rechtsausschusses und des Finanzausschusses des Deutschen Bundestages, Stichwortverzeichnis, 2. Auflage, Düsseldorf 1995.

Göke, Elena, Organschaft, 2006: Die ertragsteuerliche Organschaft als Gestaltungsinstrument für Mittelstandskonzerne, Lohmar/Köln 2006.

Grobshäuser, Uwe/Maier, Walter/Kies, Dieter, Besteuerung, 2009: Besteuerung der Gesellschaften, 2. Auflage, Stuttgart 2009.

Grotherr, Siegfried, Einfluß, 2000: Einfluß des Steuerentlastungsgesetzes 1999/ 2000/2002 auf die handelsrechtliche Rechnungslegung, in: Investororientierte Unternehmenspublizität. Neue Entwicklungen von Rechnungslegung, Prüfung und Jahresabschlussanalyse, hrsg. von Laurenz Lachnit/Carl-Christian Freidank, Wiesbaden 2000, S. 255 - 297.

Grotherr, Siegfried, Grundlagen, 2003: Grundlagen der internationalen Steuerplanung, in: Handbuch der internationalen Steuerplanung, hrsg. von Siegfried Grotherr, 2. Auflage, Herne/Berlin 2003, S. 1 - 28.

Günther, Rolf, Ermittlung, 1980: Ermittlung der Grenzsteuerzuwachsraten. Ein Verfahren zur Ertragsteuerplanung, in: StuW 1980, S. 31 - 50.

Haase, Klaus/Schneeloch, Dieter, Analyse, 1983: Analyse des Referentenentwurfs eines § 8a KStG: Steuerbelastung, Konzeption und Alternativen, in: Besteuerung der Gesellschafter-Fremdfinanzierung, hrsg. von Klaus Haase/ Dieter Schneeloch/Theodor Siegel, Stuttgart 1983.

Haberstock, Lothar, Ansatz, 1970: Zum Ansatz des Kalkulationszinsfußes vor und nach Steuern in investitionstheoretischen Partialmodellen, in: ZfbF 1970, S. 510 - 516.

Haberstock, Lothar/Breithecker, Volker, Einführung, 2008: Einführung in die Betriebswirtschaftliche Steuerlehre mit Fallbeispielen, Übungsaufgaben und Lösungen, 14. Auflage, Bielefeld 2008.

Hagen, Oliver/Schynol, Daniela, Besteuerung, 2001: Die Besteuerung außerordentlicher Einkünfte nach dem Steuersenkungsgesetz und dem Steuersenkungsergänzungsgesetz, in: DB 2001, S. 397 - 407.

Hansen, Herbert, Stellenwert, 2004: Der gestiegene wirtschaftliche Stellenwert der GmbH, in: GmbHR 2004, S. 39 - 42.

Hastedt, Uwe-Peter/Mellwig, Winfried, Leasing, 1998: Leasing: Rechtliche und ökonomische Grundlagen, Heidelberg 1998.

Heidemann, Otto, Rechtsformwahl, 1992: Rechtsformwahl für ein Ein-Mann-Unternehmen, Düsseldorf 1992.

Heinhold, Michael, Steuerplanung, 1979: Betriebliche Steuerplanung mit quantitativen Methoden, München 1979.

Heister, Matthias, Rentabilitätsanalyse, 1962: Rentabilitätsanalyse von Investitionen, Köln 1962.

Hering, Thomas, Unternehmensbewertung, 2006: Unternehmensbewertung, 2. Auflage, München/Wien 2006.

Hering, Thomas, Investitionstheorie, 2008: Investitionstheorie, 3. Auflage, München 2008.

Herrmann, Carl/Heuer, Gerhard/Raupach Arndt, Kommentar: Einkommensteuer- und Körperschaftsteuergesetz, Kommentar, hrsg. von Carl Herrmann/ Gerhard Heuer/Arndt Raupach, begr. von Alfons Mrozek, Köln, Stand Juni 2009.

Herzig, Norbert/Briesemeister, Simone, Einheitsbilanz, 2009: Das Ende der Einheitsbilanz - Abweichungen zwischen Handels- und Steuerbilanz nach BilMoG-RegE -, in: DB 2009, S. 1 - 11.

Herzig, Norbert/Förster, Guido, Steuerentlastungsgesetz, 1999: Steuerentlastungsgesetz 1999/2000/2002: Die Änderung von § 17 und § 34 EStG mit ihren Folgen, in: DB 1999, S. 711 - 718.

Hinz, Michael, Sachverhaltsgestaltungen, 1994: Sachverhaltsgestaltungen im Rahmen der Jahresabschlußpolitik, Düsseldorf 1994.

Hinz, Michael, Grundlagen, 1995: Grundlagen der Unternehmensbesteuerung, 2. Auflage, Herne/Berlin 1995.

Houben, Henriette, Zusammenwirken, 2006: Das Zusammenwirken von Fünftelregelung nach § 34 Abs. 1 und ermäßigten Steuersatz nach Abs. 1 EStG bei außerordentlichen Einkünften, in: DStR 2006, S. 200 - 206.

IDW, Stellungnahme HFA 2/1997, 1997: Stellungnahme HFA 2/1997 i. d. F. 2000: Zweifelsfragen der Rechnungslegung bei Verschmelzungen, in: WPg 1997, S. 235 - 240.

IDW, Stellungnahme HFA 3/1997, 1997: Hauptfachausschuß Stellungnahme 3/1997: Zum Grundsatz der Bewertungsstetigkeit, in: WPg 1997, S. 540 - 542.

IDW, Stellungnahme RS HFA 18, 2006: IDW Stellungnahme zur Rechnungslegung: Bilanzierung von Anteilen an Personengesellschaften (IDW RS HFA 18), in: WPg 2006, S, 1302 - 1314.

IDW, Standard 1 i. d. F. 2008, 2008: IDW Standard: Grundsätze zur Durchführung von Unternehmensbewertungen (IDW S 1 i. d. F. 2008), in: WPg Supplement 2008, Heft 3, S. 68 - 89.

Jacobs, Otto H., Unternehmensbesteuerung, 2002: Unternehmensbesteuerung und Rechtsform: Handbuch zur Besteuerung deutscher Unternehmen, 2. Auflage, München 2002.

Jacobs, Otto H., Unternehmensbesteuerung, 2007: Internationale Unternehmensbesteuerung: Deutsche Investitionen im Ausland; Ausländische Investitionen im Inland, hrsg. von Otto H. Jacobs, 6. Auflage, München 2007.

Jacobs, Otto H./Scheffler, Wolfram, Rechtsform, 1996: Steueroptimale Rechtsform - Eine Belastungsanalyse für mittelständische Unternehmen, 2. Auflage, München 1996.

Kirchhof, Paul, Einfach zu kompliziert, 2007: Kommentar: Es ist einfach zu kompliziert, in: Handelsblatt vom 14.11.2007, S. 18.

Kirchhof, Paul/Söhn, Hartmut/Mellinghoff, Rudolf, EStG: Einkommensteuergesetz Kommentar, Heidelberg, Stand Mai 2009.

Klein, Hans-Dieter, Konzernbilanzpolitik, 1989: Konzernbilanzpolitik, Heidelberg 1989.

Klingebiel, Jörg/Patt, Joachim/Rasche, Ralf/Krause, Torsten, Umwandlungssteuerrecht, 2008: Umwandlungssteuerrecht, 2. Auflage, Stuttgart 2008.

Korn, Klaus, Umsatzsteuerprobleme, 1995: Umsatzsteuerprobleme bei Gesellschaften und Gesellschaftern, in: KÖSDI 1995, S. 10165 - 10178.

Korn, Klaus, Einschränkung, 2000: Einschränkung des betrieblichen Schuldzinsenabzugs nach § 4 Abs. 4a EStG - Konsequenzen für die Praxis, in: KÖSDI 2000, S. 12548 - 12562.

Kornblum, Udo, Rechtstatsachen, 2009: Bundesweite Rechtstatsachen zum Unternehmens- und Gesellschaftsrecht, Stand 1.1.2005, in: GmbHR 2006, S. 28 - 40.

Kruschwitz, Lutz, Investitionsrechnung, 2009: Investitionsrechnung, 12. Auflage, München 2009.

Kußmaul, Heinz, Steuerlehre, 2008: Betriebswirtschaftliche Steuerlehre, 5. Auflage, München 2008.

Küting, Karlheinz, Bilanzpolitik, 2008: Bilanzpolitik, in: Saarbrücker Handbuch der Betriebswirtschaftlichen Beratung, hrsg. von Karlheinz Küting, 4. Auflage, Herne/Berlin 2008, S. 747 - 830.

Küting, Karlheinz/Weber, Claus-Peter, HdR, 1995: Handbuch der Rechnungslegung, Kommentar zur Bilanzierung und Prüfung, Band Ia, 4. Auflage, Stuttgart 1995.

Küting, Karlheinz/Weber, Claus-Peter, Bilanzanalyse, 2006: Die Bilanzanalyse. Beurteilung von Abschlüssen nach HGB und IFRS, 8. Auflage, Stuttgart 2006.

Lange, Joachim, Janssen, Bernhard, Gewinnausschüttung, 2007: Verdeckte Gewinnausschüttungen - Systematische Darstellung der Voraussetzungen und Auswirkungen, 9. Auflage, Herne 2007.

Laule, Gerhard, Steuerplanung, 1983: Steuerplanung in Verlustjahren, in: DStZ 1983, S. 311 - 319.

Ley, Ursula, Personengesellschaft, 2004: Die Anwendung von § 15a EStG auf doppelstöckige Personengesellschaften, in: DStR 2004, S. 1498 - 1504.

Loos, Gerold, Umwandlungs-Steuergesetz, 1969: Umwandlungs-Steuergesetz 1969: Umwandlung, Fusion, Einbringung, Düsseldorf 1969.

Lutter, Marcus, UmwG, 2009: Umwandlungssteuergesetz, Kommentar, Band II, 4. Auflage, Köln 2009.

Mag, Wolfgang, Entscheidung, 1977: Entscheidung und Information, München 1977.

Maiterth, Ralf/Müller, Heiko, Gründung, 2001: Gründung, Umwandlung und Liquidation von Unternehmen im Steuerrecht, München 2001.

Marettek, Alexander, Entscheidungsmodell, 1970: Entscheidungsmodell der betrieblichen Steuerbilanzpolitik - unter Berücksichtigung ihrer Stellung im System der Unternehmenspolitik, in: BFuP 1970, S. 7 - 31.

Marettek, Alexander, Steuerbilanzpolitik, 1971: Steuerbilanz- und Unternehmenspolitik, Freiburg i. Br. 1971.

Marettek, Alexander, Ermessensspielräume, 1976: Ermessensspielräume bei aktienrechtlichen Wertansätzen, in: WiSt 1976, S. 515 - 520.

Marettek, Alexander, Steuerbilanzplanung, 1980: Steuerbilanzplanung, Herne/ Berlin 1980.

Märkle, Rudi, Rechtsprechung, 1994: Neue Rechtsprechung zur Betriebsaufspaltung, Stand: 1.1.1994, in: BB 1994, S. 831 - 841.

Märkle, Rudi, Betriebsaufspaltung, 2000: Die Betriebsaufspaltung an der Schwelle zu einem neuen Jahrtausend, in: BB 2000, Beilage 7/2000.

Marten, Kai-Uwe/Klopsch, Elisabeth, Steuerbilanzpolitik, 1994: Steuerbilanzpolitik - Darstellung empirischer Ergebnisse anhand einer Fallstudie, in: DStR 1994, S. 1910 - 1918.

Mayer, Lars, Steuerbilanz, 2003: Steuerbilanzielle Behandlung von Mehrwerten bei Erwerb einer Beteiligung an einer doppelstöckigen Personengesellschaft - Anwendung der Spiegelbildmethode in der Steuerbilanz, in: DB 2003, S. 2034 - 2040.

Mellerowicz, Konrad, Unternehmenspolitik, 1978: Unternehmenspolitik, Band III: Operative Teilpolitiken und Konzernführung, 4. Auflage, Freiburg i. Br. 1978.

Mellwig, Winfried, Überlegungen, 1980: Sensitivitätsanalyse des Steuereinflusses in der Investitionsplanung - Überlegungen zur praktischen Relevanz einer Berücksichtigung der Steuern bei der Investitionsentscheidung, in: ZfbF 1980, S. 16 - 39.

Mellwig, Winfried, Modellprämissen, 1981: Die Berücksichtigung von Steuern in der Investitionsplanung - Modellprämissen und Ausmaß des Steuereinflusses, in: ZfbF 1981, S. 53 - 55.

Mennel, Annemarie/Förster, Jutta, Steuern: Steuern in Europa, Amerika und Asien, hrsg. von Annemarie Mennel/Jutta Förster, Herne/Berlin, Stand 2009.

Mertens, Peter, Ertragsteuerwirkungen, 1962: Ertragsteuerwirkungen auf die Investitionsfinanzierung - ihre Berücksichtigung in der Investitionsrechnung, in: ZfbF 1962, S. 570 - 588.

Michels, Rolf, Wahlrechte, 1982: Steuerliche Wahlrechte, Wiesbaden 1982.

Moldenhauer, Thomas, Leasing, 2006: Leasing mobiler Anlagegüter - Eine betriebswirtschaftliche Analyse unter besonderer Berücksichtigung steuerlicher Aspekte, Münster 2006.

Moxter, Adolf, Bestimmung, 1961: Die Bestimmung des Kalkulationszinsfußes bei Investitionsentscheidungen, in: ZfhF 1961, S. 186 - 200.

Müller-Kröncke, Gerhard, Entscheidungsmodelle, 1974: Entscheidungsmodelle für die Steuerbilanzpolitik. Analyse der Möglichkeiten zur Bilanzbeeinflussung nach geltendem und künftigem Ertragsteuerrecht, Berlin 1974.

Nickel, Jörg/Bodden, Guido, Verlustausgleich, 2003: Verlustausgleich und Verlustverrechnung nach § 15a EStG bei doppelstöckigen Kommanditgesellschaften, in: FR 2003, S. 391 - 396.

Obermeier, Thomas/Gasper, Richard, Unternehmensbewertung, 2008: Investitionsrechnung und Unternehmensbewertung, München 2008.

Okraß, Jochen, Steuerbarwertminimierung, 1973: Zur Praktikabilität des Modells der Steuerbarwertminimierung, in: BFuP 1973, S. 492 - 511.

Orth, Manfred, Anwachsung, 1999: Umwandlung durch Anwachsung, in: DStR 1999, S. 1011 - 1019 und S. 1053 - 1061.

Patt, Joachim/Rasche, Ralf, Unternehmenssteuerreform, 2001: Unternehmenssteuerreform: Tarifermäßigung nach § 34 EStG für Einbringungsgewinne (§§ 20 Abs. 5 und 24 Abs. 3 UmwStG) sowie für Gewinne aus der Veräußerung einbringungsgeborener Anteile (§ 21 UmwStG), in: FR 2001, S. 175 - 185.

Pedack, Elke, Besteuerung, 2001: Besteuerung außerordentlicher Einkünfte gem. § 34 EStG in der Fassung des Steuersenkungsergänzungsgesetzes, in: INF 2001, S. 165 - 168.

Perridon, Louis/Steiner, Manfred, Finanzwirtschaft, 2007: Finanzwirtschaft der Unternehmung, 14. Auflage, München 2007.

Pfleger Günter, Bilanzpolitik, 1991: Die neue Praxis der Bilanzpolitik. Strategien und Gestaltungsmöglichkeiten im handels- und steuerrechtlichen Jahresabschluß, 4. Auflage, Freiburg i. Br. 1991.

Rahier, Gabriele, Zusammenführung, 1999: Zusammenführung von Unternehmen durch Verschmelzung nach dem Umwandlungsgesetz, Lohmar/Köln 1999.

Ramb, Jörg/Schneider, Josef, Einnahmen-Überschussrechnung, 2007: Die Einnahme-Überschussrechnung von A - Z, Gewinnermittlung nach § 4 Abs. 3 EStG, 4. Auflage, Stuttgart 2007.

Rau, Günter/Dürrwachter, Erich/Flick, Hans/Geist, Reinhold, Umsatzsteuergesetz: Kommentar zum Umsatzsteuergesetz, 8. Auflage, Köln, Stand April 2009.

Ritzrow, Manfred, Sonderbetriebsausgaben, 2001: Sonderbetriebseinnahmen und Sonderbetriebsausgaben bei Personengesellschaften, in: BuW 2001, S. 52 - 63.

Rödder, Thomas, Steuerplanungslehre, 1988: Steuerplanungslehre und steuerliche Gestaltungsfindung, in: BB 1988 Beilage zu Heft 34, S. 1 - 11.

Rödder, Thomas/Herlinghaus, Andreas/van Lishaut, Ingo/ Umwandlungssteuergesetz, 2008: Umwandlungssteuergesetz: Kommentar, hrsg. von Thomas Rödder, bearb. von Karsten Birkemeier, Köln 2008.

Rose, Gerd, Steuerbelastung, 1973: Die Steuerbelastung der Unternehmung - Grundzüge der Teilsteuerrechnung, Wiesbaden 1973.

Sagasser, Bernd/Bula, Thomas/Brünger, Thomas R., Umwandlungen, 2002: Umwandlungen, 3. Auflage, München 2002.

Samuelson, Paul A., Aspects, 1936/37: Some Aspects of the Pure Theory of Capital, in: The Quarterly Journal of Economics 1936/37, S. 469 - 496.

Schaumburg, Harald, Verschmelzung, 1995: Die Verschmelzung von Kapitalgesellschaften und Personengesellschaften nach neuem Umwandlungssteuerrecht, in: FR 1995, S. 211 - 224.

Scheffler, Wolfram, Entwicklungsstand, 1998: Entwicklungsstand der Modelldiskussion im Bereich der Steuerbilanzpolitik, in: Rechnungslegungspolitik: Eine Bestandsaufnahme aus handels- und steuerrechtlicher Sicht, hrsg. von Carl-Christian Freidank, Berlin 1998, S. 407 - 448.

Scheffler, Wolfram, Besteuerung II, 2007: Besteuerung von Unternehmen II, Steuerbilanz und Vermögensaufstellung, 5. Auflage, Heidelberg u. a. 2007.

Schiffers, Joachim, Änderung, 1994: Änderung der §§ 16 EStG und 24 UmwStG durch das Mißbrauchsbekämpfungs- und Steuerbereinigungsgesetz, in: BB 1994, S. 1469 - 1473.

Schmidt, Bärbel, Wiedereinführung, 2000: Wiedereinführung des halben durchschnittlichen Steuersatzes für Veräußerungsgewinne, in: DB 2000, S. 2401 - 2403.

Schmidt, Ludwig, Anmerkungen, 1989: Anmerkungen zum BFH-Urteil vom 25.10.1988 VIII R 339/82, in: FR 1989, S. 19.

Schmidt, Ludwig, EStG, 2009: Einkommensteuergesetz: Kommentar, hrsg. von Walter Drenseck, begr. von Ludwig Schmidt, 28. Auflage, München 2009.

Schmitt, Joachim/Hörtnagl, Robert/Stratz, Rolf-Christian, Umwandlungsgesetz, 2006: Umwandlungsgesetz - Umwandlungssteuergesetz, begr. von Martin Dehmer, 4. Auflage, München 2006.

Schneeloch, Dieter, Besteuerung 1972: Besteuerung und Investitionsfinanzierung: Eine Analyse bei geplanten Realinvestitionen von Kapitalgesellschaften, Berlin 1972.

Schneeloch, Dieter, Steuerbelastungsvergleiche, 1975: Steuerbelastungsvergleiche. Einzelwirtschaftliche Analysen ausgewählter Steuergestaltungsmöglichkeiten im Einpersonen- und im Ehegattenfall, unveröffentlichte Habilitationsschrift, Berlin 1975.

Schneeloch, Dieter, Bewertungsstetigkeit, 1987: Bewertungsstetigkeit in Handels- und Steuerbilanz, in: WPg 1987, S. 405 - 417.

Schneeloch, Dieter, Bilanzpolitik, 1990: Bilanzpolitik und Grundsätze der Maßgeblichkeit, in: DStR 1990, S. 96 - 104.

Schneeloch, Dieter, Betriebsaufspaltung 1991: Betriebsaufspaltung - Voraussetzungen und Steuerfolgen, in: DStR 1991, S. 761 - 765 und 804 - 810.

Schneeloch, Dieter, Steuerpolitik, 1994: Besteuerung und betriebliche Steuerpolitik, Band 2: Betriebliche Steuerpolitik, München 1994.

Schneeloch, Dieter, Steuerpolitik, 2002: Besteuerung und betriebliche Steuerpolitik, Band 2: Betriebliche Steuerpolitik, 2. Auflage, München 2002.

Schneeloch, Dieter, Beiheft 2004: Beiheft zu Besteuerung und betriebliche Steuerpolitik, Band 2: Betriebliche Steuerpolitik, 2. Auflage, München 2004.

Schneeloch, Dieter, Rechtsformwahl, 2006: Rechtsformwahl und Rechtsformwechsel mittelständischer Unternehmen, 2. Auflage, München 2006.

Schneeloch, Dieter, Besteuerung, 2008: Betriebswirtschaftliche Steuerlehre, Band 1: Besteuerung, 5. Auflage, München 2008.

Schneeloch, Dieter/Trockels-Brand, Tanja, Anrechnungsverfahren, 2000: Körperschaftsteuerliches Anrechnungsverfahren versus Reformpläne, in: DStR 2000, S. 907 - 915.

Schneider, Dieter, Investition, 1992: Investition, Finanzierung und Besteuerung, 7. Auflage, Wiesbaden 1992.

Schön, Wolfgang, Steuerliche Maßgeblichkeit, 2005: Steuerliche Maßgeblichkeit in Deutschland und Europa, Köln 2005.

Schoor, Hans Walter, GmbH und Co. KG, 2003: Steuerliche Behandlung der GmbH und Co. KG, in: BuW 2003, S. 96 – 102.

Schult, Eberhard, Steuerpolitik, 1977: Die Steuern des Betriebes - Betriebswirtschaftliche Steuerlehre in drei Bänden - Band 3 - Steuerpolitik -, Freiburg i. Br. 1977.

Schult, Eberhard, Steuerbasic, 1993: Steuerbasic, 3. Auflage, München/Wien 1993.

Schultz, Florian, Gewerbesteuerpflicht, 1994: Gewerbesteuerpflicht beim Aufstockungsmodell nach dem StBMG?, in: DStR 1994, S. 521 - 524.

Schulz, Horst-Günther, Leasing, 1998: Leasing im Einkommen- und Körperschaftsteuerrecht, in: Praxishandbuch Leasing, hrsg. von Hans E. Büschgen, München 1998, S. 528 - 581.

Schüppen, Matthias, Nichtanwendbarkeit, 1997: Die Nichtanwendbarkeit des Vermögensteuergesetzes ab 01.01.1997: offene Fragen und ein zusätzliches „Steuergeschenk", in: DStR 1997, S. 225 - 228.

Schwarz, Hansjürgen, Umwandlung, 1995: Umwandlung mittelständischer Unternehmen im Handels- und Steuerrecht: Erläuterungen zum neuen UmwG und UmwStG mit Hinweisen zur Wahl der optimalen Rechtsform, Bielefeld 1995.

Schwarz, Horst, Investitionsentscheidungen, 1962: Zur Berücksichtigung erfolgssteuerlicher Gesichtspunkte bei Investitionsentscheidungen, in: BFuP 1962, S. 135 - 153 und S. 199 - 211.

Segebrecht, Helmut, Einnahmen-Überschussrechnung, 2005: Die Einnahmen-Überschussrechnung nach § 4 Abs. 3 EStG, 11. Auflage, Herne/Berlin 2005.

Selchert, Friedrich Wilhelm, Besteuerung, 1975: Besteuerung und Unternehmenspolitik, in: ZfB 1975, S. 429 - 448 und 561 - 576.

Siegel, Theodor, Verfahren, 1972: Verfahren zur Minimierung der Einkommensteuerbarwertsumme, in: BFuP 1972, S. 65 - 80.

Siegel, Theodor, Auseinanderfallen, 1980: Auseinanderfallen von Steuerentstehung und Steuerzahlung bei der Steuerbilanzplanung, in: ZfB 1980, S. 377 - 386.

Siegel, Theodor, Steuerwirkungen, 1982: Steuerwirkungen und Steuerpolitik in der Unternehmung, Würzburg/Wien 1982.

Siegel, Theodor, Wahlrecht, 1986: Wahlrecht, in: Handwörterbuch unbestimmter Rechtsbegriffe im Bilanzrecht des HGB, hrsg. von Ulrich Leffson/Dieter Rückle/Bernhard Großfeld, Köln 1986, S. 417 - 427.

Siegel, Theodor, Steuerbarwertminimierung, 1989: Steuerbarwertminimierung nach dem Einkommensteuertarif 1990, in: WISU 1989, S. 269 - 272.

Siegel, Theodor, Lifo-Methode, 1991: Grundsatzprobleme der Lifo-Methode und des Indexverfahrens, in: DB 1991, S. 1941 - 1948.

Siegel, Theodor/Diller, Markus, Stellungnahme, 2008: Fünftelregelung und Progressionsvorbehalt: Eine Stellungnahme, in: DStZ 2008, S. 178 - 181.

Sigloch, Jochen, Unternehmenssteuerreform, 2000: Unternehmenssteuerreform 2001 - Darstellung und ökonomische Analyse, in: StuW 2000, S. 160 - 176.

Sölch, Otto/Ringleb Karl, UStG: Umsatzsteuergesetz Kommentar, hrsg. von Gerhard Mößlang, München, Stand September 2008.

SPD, Regierungsprogramm, 2009: „Sozial und Demokratisch. Anpacken. Für Deutschland.". Das Regierungsprogramm der SPD. Zum Zeitpunkt der Drucklegung abrufbar im Internet unter http://www.spd.de/de/pdf/ parteiprogramme/ Regierungsprogramm2009_LF_navi.pdf.

Sprey, Ralf, LIFO-Verfahren, 1997: Das LIFO-Verfahren als Steuervergünstigung?: Eine ökonomische Analyse der steuerrechtlichen Vorratsbewertung bei Preis- und Geldwertänderungen, Hamburg 1997.

Statistisches Bundesamt, Arbeitsstättenzählung, 1990, Unternehmen und Arbeitsstätten: Fachserie 2, Arbeitsstättenzählung vom 25.5.1987, Wiesbaden 1990.

Statistisches Bundesamt, Fachserie 14, Reihe 8, Finanzen und Steuern, Umsatzsteuer, 2007.

Swoboda, Peter, Einflüsse, 1967: Einflüsse der Besteuerung auf die Ausschüttungs- und Investitionspolitik von Kapitalgesellschaften, in: ZfbF 1967, S. 1 - 16.

Swoboda, Peter, Investition, 1996: Investition und Finanzierung, 5. Auflage, Göttingen 1996.

Tacke, Helmut R., Leasing, 1999: Leasing, 3. Auflage, Stuttgart 1999.

Valentin, Achim, Bürogebäude, 1996: Das Bürogebäude als wesentliche Betriebsgrundlage in der Betriebsaufspaltung, in: DStR 1996, S. 241 - 247.

Vogt, Fritz J., Bilanztaktik, 1963: Bilanztaktik, Wahlrechte des Unternehmens beim Jahresabschluß, 6. Auflage, Heidelberg 1963.

Wagenhofer, Alfred/Ewert, Ralf, Externe Unternehmensrechnung, 2007: Externe Unternehmensrechnung, 2. Auflage, Berlin u. a. 2007.

Wagner, Franz W., Steuereinfluß, 1981: Der Steuereinfluß in der Investitionsplanung - Eine Quantite negligeable?, in: ZfbF 1981, S. 47 - 52.

Wagner, Franz W./Dirrigl, Hans, Steuerplanung, 1980: Die Steuerplanung der Unternehmung, Stuttgart/New York 1980.

Wameling, Hubertus, Unternehmensbewertung, 2004: Die Berücksichtigung von Steuern im Rahmen der Unternehmensbewertung, Wiesbaden 2004.

Wehrheim, Michael, Betriebsaufspaltung, 1989: Die Betriebsaufspaltung in der Finanzrechtsprechung, Wiesbaden 1989.

Welling, Berthold, Zinsschranke, 2007: Die Zinsschranke. Übersteigerte politische Zielvorgabe an einer Neuordnung der Regelung zur Gesellschafter-Fremdfinanzierung, in: FR 2007, S. 735 - 739.

Westphalen, Friedrich Graf von, Leasingvertrag, 2008: Der Leasingvertrag, 6. Auflage, Köln 2008.

Widmann, Siegfried/Mayer, Dieter, Umwandlungsrecht: Umwandlungsrecht Kommentar, Bonn, Stand Februar 2009.

Winnefeld, Robert, Bilanz-HB, 2006: Bilanz-Handbuch, Handels- und Steuerbilanz, rechtsformspezifisches Bilanzrecht, bilanzielle Sonderfragen, Sonderbilanzen, IFRS/IAS/US-GAAP, 4. Auflage, München 2006.

Wöhe, Günter, Bilanzierung, 1997: Bilanzierung und Bilanzpolitik. Betriebswirtschaftlich - Handelsrechtlich - Steuerrechtlich, 9. Auflage, München 1997.

Wöhe, Günter/Bilstein, Jürgen, Unternehmensfinanzierung, 2002: Grundzüge der Unternehmensfinanzierung, 9. Auflage, München 2002.

Wollseiffen, Guido Franz, Steuerplanung, 1998: Steuerplanung bei Verlusten, Verlustausgleich und Verlustabzug im Rahmen der betrieblichen Steuerpolitik, Lohmar/Köln 1998.

Zimmermann, Reimar/Hottmann, Jürgen/Hübner, Heinrich/Schaeberle, Jürgen/ Völkel, Dieter, Personengesellschaft, 2007: Die Personengesellschaft im Steuerrecht, 9. Auflage, Achim 2007.

Zündorf, Horst, Bewertungswahlrechte, 2008: Bewertungswahlrecht, in: Das neue deutsche Bilanzrecht, Handbuch für den Übergang auf die Rechnungslegung nach dem Bilanzrechtsmodernisierungsgesetz (BilMoG), hrsg. von Karlheinz Küting/Norbert Pfitzer/Claus-Peter Weber, Stuttgart 2008, S. 83 - 100.

Stichwortverzeichnis